DAS BUCH

Dies ist das Standardwerk über die Geschichte der Schwarzen in den USA, das seit seinem ersten Erscheinen 1947 als die klassische Gesamtdarstellung des Themas gilt. Die vorliegende aktualisierte und erweiterte Ausgabe beruht auf der Neuauflage von 1994 und enthält neben neuen Kapiteln auch eine vollständig überarbeitete Bibliographie.

Die beiden Autoren Franklin und Moss skizzieren zunächst die afrikanische Vorgeschichte der Schwarzen, deren gewaltsame Entwurzelung, die menschenverachtende Institution des Sklavenhandels und die Sklaverei. Sie betrachten die Rolle der Schwarzen in der Amerikanischen Revolution, die besonderen Probleme der freigelassenen Sklaven, den Beginn der sogenannten *Jim-Crow*-Gesetzgebung, die Errichtung der Segregation nach dem Bürgerkrieg.

Beschrieben wird auch der starke Einfluß der afrikanischen Kultur auf die Moderne in den USA und Europa, die *Harlem-Renaissance*, in der unvergängliche afroamerikanische Kunstwerke entstanden. Die Rassenunruhen und die Bürgerrechtsbewegung in den 60er Jahren mit dem Ausblick auf die heutige Situation der Schwarzen bilden den Schlußpunkt dieser detailreichen und intelligenten Untersuchung.

Ein Buch nicht nur für Nordamerika-Spezialisten, sondern für jeden am Thema interessierten Leser.

DIE AUTOREN

John Hope Franklin, geboren 1915 in Oklahoma, ist James B. Duke Professor (emeritus) an der Duke University in Durham, North Carolina. Er gilt als führender Experte für die Geschichte des Südens der USA und der Afroamerikaner. Zu diesen Themen hat er zahlreiche wissenschaftliche Werke veröffentlicht. Franklin war Präsident der American Historical Association und der Organisation of American Historians.

Alfred A. Moss, Jr. ist Professor für Geschichte an der Universität von Maryland in College Park. Außerdem absolvierte er die Episcopal Divinity School und ist Priester der Episkopalkirche. Er hat Bücher zur Geschichte der Afroamerikaner veröffentlicht.

JOHN HOPE FRANKLIN
ALFRED A. MOSS, JR.

VON DER SKLAVEREI ZUR FREIHEIT

DIE GESCHICHTE DER SCHWARZEN
IN DEN USA

AUS DEM AMERIKANISCHEN ÜBERSETZT
VON ANGELA ADAMS

Ullstein Buchverlage GmbH & Co. KG, Berlin
Taschenbuchnummer: 26550

Titel der amerikanischen Originalausgabe:
From Slavery to Freedom. A History of African Americans, erschienen bei Alfred A. Knopf, Inc., New York

Deutsche Erstausgabe
Juni 1999

Umschlaggestaltung: Theodor Bayer-Eynck
Foto: AKG, Berlin

Alle Rechte vorbehalten
© 1947, 1956, 1967, 1974, 1980, 1988, 1994 by McGraw Hill, Inc.

© der deutschen Ausgabe 1999 by Ullstein Buchverlage GmbH & Co. KG, Berlin

Printed in Germany 1999
Satz: MPM, Wasserburg
Druck und Bindung: Ebner Ulm
ISBN 3 548 26550 2

Gedruckt auf alterungsbeständigem Papier mit chlorfrei gebleichtem Zellstoff

Die Deutsche Bibliothek -
CIP-Einheitsaufnahme

Franklin, John Hope:
Von der Sklaverei zur Freiheit. die Geschichte der Schwarzen in den USA/John Hope Franklin/Alfred A. Moss.. - Aus d. Amerik. von Angela Adams. - Deutsche Erstausgabe - Berlin: Ullstein, 1999
(Ullstein-Buch; Nr. 26550)
Einheitssacht.:From slavery to freedom <dt.>

Für Aurelia

INHALT

EINLEITUNG 13

1. Kapitel Das Land ihrer Vorfahren 15
   Ghana 17
   Mali 19
   Songhai 22
   Andere Staaten 25

2. Kapitel Die Lebensweise der Afrikaner 31
   Politische Institutionen 31
   Das wirtschaftliche Leben 34
   Soziale Organisation 36
   Religion 41
   Kunst 44
   Die Verpflanzung der afrikanischen Kultur 48

3. Kapitel Der Sklavenhandel und die neue Welt . . . 51
   Europäische und asiatische Interessen 51
   Afrikaner in der Neuen Welt 55
   Das grosse Geschäft mit dem Menschenhandel 59
   Überfahrt ohne Rückkehr 65
   Kolonialwirtschaft in der Karibik 72
   Das Plantagensystem 74
   Die Sklaverei auf dem lateinamerikanischen Festland 82

4. Kapitel Sklaverei in den nordamerikanischen Kolonien ... 91
Virginia und Maryland ... 91
Die beiden Carolina und Georgia ... 97
Die Mittleren Kolonien ... 100
Schwarze in Neuengland ... 104

5. Kapitel Alle Menschen sollen frei sein ... 107
Sklaverei und revolutionäre Weltanschauung ... 107
Schwarze kämpfen für die amerikanische Unabhängigkeit ... 112
Die Bewegung zur Freilassung der Schwarzen ... 122
Die konservative Reaktion ... 125

6. Kapitel Die Schwarzen in der jungen Republik ... 129
Die schwarze Bevölkerung im Jahr 1790 ... 129
Die Sklaverei und die industrielle Revolution ... 132
Unruhen in der Karibik ... 134
Das Ende des Sklavenhandels ... 138
Das Streben nach Unabhängigkeit ... 140

7. Kapitel Die Schwarzen und die Expansion nach Westen ... 155
Der Einfluß der »frontier« ... 155
Schwarze Pioniere auf dem Marsch nach Westen ... 157
Der Krieg von 1812 ... 159
Der Aufstieg des Baumwollimperiums ... 162
Der Binnenhandel mit Sklaven ... 166
Die Fortdauer des Handels
mit afrikanischen Sklaven ... 176

8. Kapitel Diese sonderbare Institution ... 179
Ausmaß und Ausdehnung ... 179
Der Sklavenkodex ... 181
Die Plantage ... 185
Tätigkeiten außerhalb der Landwirtschaft ... 192
Soziale Faktoren ... 194

Die Reaktion der Sklaven
auf ihre Unterdrückung 204

9. KAPITEL QUASI-FREIE SCHWARZE 217
Eine amerikanische Anomalie 217
Die Stellung in WirtSchaft und Gesellschaft 224
Der Kampf im Norden und Westen 238
Kolonisierung 242

10. KAPITEL DIE SKLAVEREI UND DER KONFLIKT ZWISCHEN
NORD UND SÜD 247
Der Norden attackiert 247
Schwarze Abolitionisten 256
Die »Underground Railroad« 264
Der Süden schlägt zurück 270
Die Spannungen der fünfziger Jahre 276

11. KAPITEL DER BÜRGERKRIEG 285
Die unschlüssige politische Strategie des Bundes 285
Schritte zur Freiheit 295
Die politische Strategie
der Südstaatenkonföderation 301
Schwarze kämpfen für die Union 308
Sieg! 312

12. KAPITEL BEMÜHUNGEN UM DEN ERHALT DES FRIEDENS . 317
Die Wiedereingliederung in die Nation – Reconstruction 317
Gegensätzliche politische Strategien 322
Staatliche Unterstützung und Rehabilitierung 327
Wirtschaftliche Eingliederung 334
Politische Strömungen 341

13. KAPITEL DER FRIEDEN GEHT VERLOREN 353
Der Kampf um die Vorherrschaft 353
Das Scheitern der Wiedereingliederung 359
Der Weg zum Entzug des Wahlrechts 364
Der Triumph der weißen Vorherrschaft 371

14. Kapitel Philanthropie und Selbsthilfe 379
Philanthropie und Bildung für Afroamerikaner 379
Das Zeitalter Booker T. Washingtons 386
Der Kampf ums wirtschaftliche Überleben 397
Gesellschaftliches und kulturelles Wachstum 405

15. Kapitel Die Barriere der Hautfarbe 417
Der neue amerikanische Imperialismus 417
Amerikas Imperium über dunkelhäutige Völker 428
Probleme in den Städten 435
Muster der Gewalt 441
Neue Lösungen für alte Probleme 449

16. Kapitel Kämpfen für die Demokratie 457
Der Erste Weltkrieg 457
Die Einberufung von Afroamerikanern 461
Der Dienst in Übersee 468
Die Heimatfront 479

17. Kapitel Die Demokratie rückt in weite Ferne 487
Die Reaktion 487
Die Stimme des Protestes 499

18. Kapitel Die Harlem renaissance und die politische Rolle der afroamerikanischen Kultur .. 509
Sozioökonomische Probleme
und afroamerikanische Literatur 509
Harlem, Sitz und Zentrum 513
Der Kreis wird weiter 527

19. Kapitel Der New Deal 533
Die Weltwirtschaftskrise 533
Die politische Wiedergeburt 537
Schwarze in Roosevelts »Regierung« 546
Regierungsbehörden und staatliche
Unterstützung für Schwarze 551

Die schwarze Arbeiterschaft
und die Gewerkschaften 560

20. KAPITEL DAS AMERIKANISCHE DILEMMA 567
Trends im Bildungswesen 567
Chancen zur Selbstdarstellung 581
Die Welt der Afroamerikaner 592
Eine Welt oder zwei Welten 600

21. KAPITEL DER KAMPF FÜR DIE VIER FREIHEITEN 607
Waffenschmiede der Demokratie 607
Schwarze im Militär 614
Der Beitrag der Heimat 625
Die Vereinten Nationen und
die Wohlfahrt der Menschen 634

22. KAPITEL DIE AFROAMERIKANER IM KALTEN KRIEG 643
Fortschritt 643
Reaktion 651
Die Urbanisierung und ihre Folgen 656
Schriftsteller und Künstler
am Ende des Jahrhunderts 664
Von Millionen gehört und gesehen 673

23. KAPITEL DIE REVOLUTION DER SCHWARZEN 681
Richtung Revolution 681
Die Anfänge 686
Marschieren für die Freiheit 694
Die Illusion der Gleichheit 700
Der Höhepunkt der Revolution 715
Eine Bilanz der Revolution 726

24. KAPITEL NEUE FORMEN DES AKTIVISMUS 731
Die Reagan-Jahre 731
Die neue wirtschaftliche und politische Dynamik 737
Vier Jahre Bush 742
Bewegte Zeiten 750

    Die Afroamerikaner und die übrige Welt 757
    »Am Puls des Morgens« 767

Anhang 773
    Die Emanzipationserklärung 773
    Ausführungsverordnung über faire Beschäftigungschancen
    Ausführungsverordnung des Präsidenten Nr. 8802 775
    Die Verantwortung des Staates zur Sicherung
    der Bürgerrechte 777
    Das Urteil des Obersten Bundesgerichts über die Aufhebung
    der Rassentrennung an den Schulen vom 17. Mai 1954, *Brown
    et al. v. Board of Education of Topeka et al.* 780
    John F. Kennedy: Sonderbotschaft an den Kongreß zur
    Bürgerrechtsfrage vom 28. Februar 1963 782
    Das Bürgerrechtsgesetz von 1964 – Civil Rights Act 784

Bibliographical Notes 802

Personenregister 851

EINLEITUNG

In dem halben Jahrhundert, seit diese Arbeit 1947 zum ersten Mal erschien, ist das Interesse an ihrem Gegenstand erheblich gestiegen. Das wird an Zahl und Umfang der Arbeiten deutlich, die sich mit verschiedenen Aspekten des Themas beschäftigen, an der zunehmenden Zahl der Kurse, die an Oberschulen und Universitäten unterrichtet werden, aber auch an der Benutzung von damit zusammenhängenden Materialien bei der Diskussion und Formulierung staatlicher Politik. Diese Entwicklung hat sich ihrerseits auf die mehrfache Überarbeitung dieses Buches ausgewirkt, wobei wir uns der Bedeutung bewußt sind, die Integrität und Verläßlichkeit dieser Arbeit zu bewahren. Das Buch selbst ist ein Teil der laufenden Diskussion um die Probleme gewesen und hat zur Ausformung einer Gesellschaft beigetragen, die Gleichheit, Gerechtigkeit und gegenseitige Achtung zum Ziel hat.

Bei der Bezeichnung der hier behandelten Gruppe als Afroamerikaner sind wir uns der Tatsache bewußt, daß sich die Bezeichnung in den vergangenen Jahren immer wieder verändert hat. Selbst in den Jahren, die dieses Buch nun auf dem Markt ist, hat es drei unterschiedliche Namen zur Bezeichnung der Gruppe gegeben: *Negro* – Neger, *black* – Schwarze und *African Americans* – Afroamerikaner. (Die Bezeichnungen *Afro-American* und Farbige – *persons of color* – wurden bis etwa Ende des 19. Jahrhunderts benutzt.) Während heute zunehmend Afroamerikaner – *African American* gebräuchlich ist, muß das doch nicht heißen, daß es bei dieser Bezeichnung auf Dauer bleiben wird, denn die politischen und kulturellen Strömungen, die sie hervorgebracht haben, wirken weiter. Sie mögen frühere Bezeichnungen ablösen und zu einem noch späteren Zeitpunkt eine heute noch unbekannte Bezeichnung hervorbringen.

Es wäre falsch und auch ungeschickt, die Bezeichnung Afroamerikaner dann zu benutzen, wenn die Gruppe vor dem Ende des Bürgerkriegs benannt werden soll. Weder die Gruppenmitglieder selbst noch irgendwer sonst benutzte im Rechtssystem und im Alltag etwas anderes als Schwarze, Farbige oder Neger. Wenn wir die Veränderungen der jüngsten Zeit aufnehmen, so müssen wir doch darauf achten, diese neueren Bezeichnungen nicht für Menschen in einer früheren Periode zu verwenden. Deshalb haben wir uns nachdrücklich darum bemüht, jeweils die Termini zu gebrauchen, die zu dem behandelten historischen Zeitraum passen, wobei wir uns der Tatsache bewußt sind, daß die Suche nach stilistisch befriedigenden Lösungen bisweilen zu Variationen in der Terminologie einlädt, soweit sie für die behandelte Zeitspanne angemessen sind.

Wir waren sehr bestrebt, die detaillierte und wichtige Forschung zu unserem Gegenstand zu berücksichtigen. Sie hat unser Denken, unseren Ansatz und unsere Gesamtperspektive beeinflußt. Manchmal ist ihr Einfluß eindeutig an der Korrektur von »Tatsachen«-Behauptungen gegenüber früheren Auflagen ablesbar, manchmal an einer neuen Interpretation, die sich aus der neueren Forschung ergeben hat. Häufig hat sie unsere Sichtweise eines von uns behandelten Problems mit beeinflußt und damit auch die Gewißheit, mit der wir die Vielschichtigkeit und Bedeutung gewisser Probleme besser einordnen können. Derartige Einflüsse sind manchmal so subtil, daß sie nicht gleich erkennbar sind, doch mindert das ihre Bedeutung nicht. Darüber hinaus haben wir einige Aspekte, die wir bereits in der sechsten Auflage eingeführt hatten, verstärkt betont. Ein Beispiel dafür sind die wesentlich zahlreicheren Quellentexte in den »Kästen«, die als Primärquellen unsere Textinterpretation durch ihre Authentizität bereichern. Ein weiteres Beispiel ist die vermehrte Beachtung der Popkultur und des Beitrags von Frauen.

John Hope Franklin
Alfred A. Moss, Jr.

1. KAPITEL

DAS LAND IHRER VORFAHREN

Im letzten Drittel des 20. Jahrhunderts wurde es für die Afroamerikaner normal, einfühlsam über das Land ihrer Vorfahren zu sprechen und zu schreiben. Während einige nur sehr vage auf den riesigen Kontinent Afrika verweisen konnten, vermochten andere ziemlich genau bestimmte Gegenden zu benennen, aus denen ihre Vorfahren gekommen waren. Als die westafrikanischen Staaten Ghana, Mali, Tschad, Niger, Nigeria, Gambia und Obervolta unabhängig wurden, löste das bei vielen Afroamerikanern ein Gefühl der Zusammengehörigkeit und Identifikation aus, obwohl zwischen diesen neuen Staaten des 20. Jahrhunderts und den Jahrhunderte früher bestehenden Nationen und Staaten gleichen Namens nur eine sehr lose Verbindung bestand. Dennoch: Es gab da eine Verbindung, und ein Afrikaner, der z. B. um 1800 Whydah in Richtung Neue Welt verlassen hatte, konnte durchaus Wurzeln in einem der mittelalterlichen Staaten Afrikas gehabt haben. Diese Staaten waren das Land der Vorfahren der Sklaven der Neuen Welt, und sie waren natürlich auch das Land der Ahnen ihrer Nachkommen im 20. Jahrhundert.

Als die Araber ihre ersten Vorstöße nach Westafrika unternahmen, waren die dortigen Kulturen schon Jahrhunderte alt. Zwischen anderen zivilisierten Teilen der Welt und dem Land zwischen Atlantik und Nil hatten zwar begrenzte Kontakte bestanden, doch war der größte Teil der Kultur, den die Araber vorfanden, autochthon. Man muß dazu anmerken, daß die Informationsquellen zur Geschichte, ja selbst zur Existenz dieser Staaten zwar allmählich zahlreicher werden, aber noch immer begrenzt sind. Primär liegen uns Beobachtungen von Reisenden, Berichte von Menschen, die ihre Informationen nur aus zweiter oder dritter Hand haben, oder mündlich weitergegebene Tradition vor.

Jahrhundertelang hatten einige der einheimischen Völker kein Interes-

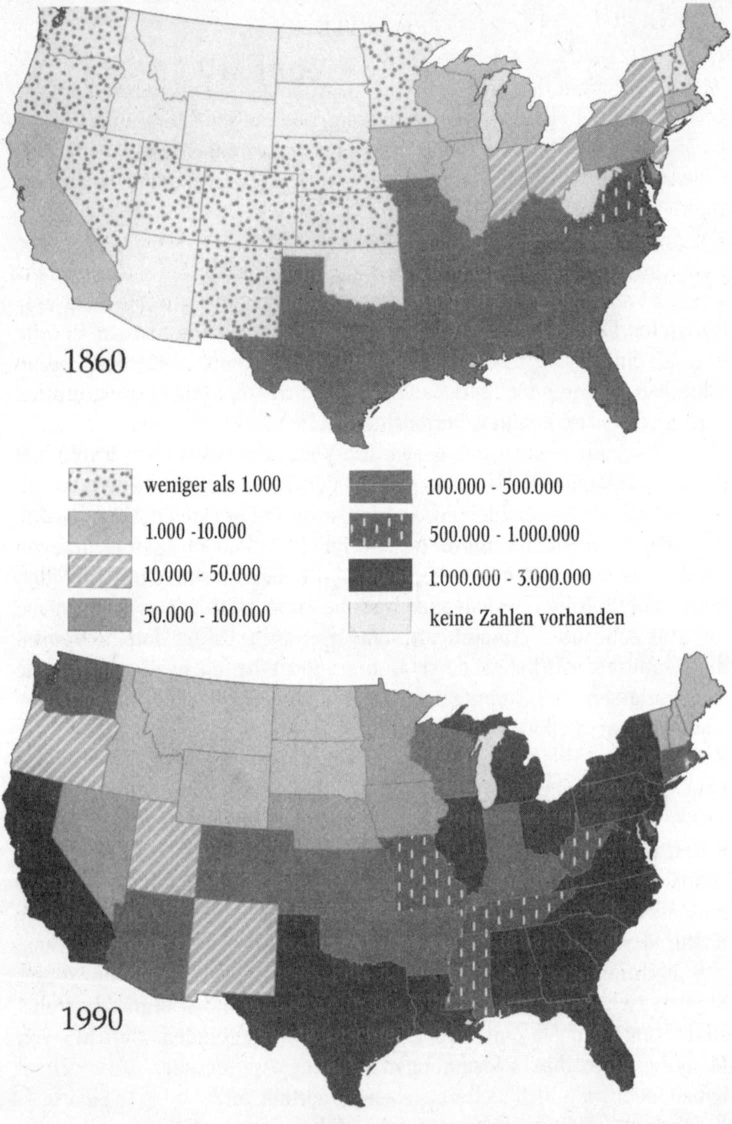

DAS LAND IHRER VORFAHREN

- weniger als 1.000
- 1.000 - 10.000
- 10.000 - 50.000
- 50.000 - 100.000
- 100.000 - 500.000
- 500.000 - 1.000.000
- 1.000.000 - 3.000.000
- keine Zahlen vorhanden

Die afroamerikanische Bevölkerung der Vereinigten Staaten, 1860 und 1990

se daran, sich als Staaten zu organisieren, vielleicht weil sie weder eine Notwendigkeit noch einen Vorteil darin sahen, politische Institutionen zu haben. Andere Völker hatten eine andere Einstellung und andere Bedürfnisse und richteten Regierungssysteme ein, um diese Bedürfnisse zu befriedigen. In der Tat waren viele entwickelte Staaten entstanden und wieder erloschen, noch bevor bleibende Kontakte zwischen Westafrika und dem Nahen Osten bestanden. Alle diese Staaten entwickelten sich in etwa dem gleichen geographischen Raum: vom Mittelmeer südlich bis zum Golf von Guinea und vom Atlantik ostwärts bis fast zum Nil. Nacheinander entstanden in dieser Region Ghana, Mali, Songhai und viele weniger bedeutende Staaten.

Ghana

Der erste westafrikanische Staat, über den es frühe schriftliche Aufzeichnungen gibt, ist Ghana, das etwa 800 km nordwestlich seines modernen Namensvetters lag. Man kannte es auch unter dem Namen seiner Hauptstadt Kumbi Saleh. Obwohl seine genau dokumentierte Geschichte nicht weiter als bis ins 7. Jahrhundert zurückreicht, gibt es doch Zeugnisse darüber, daß seine politische und kulturelle Geschichte bereits in der Zeit des frühen Christentums begann. Die frühesten Aufzeichnungen über Ghana stammen aus einer Zeit, als es aus einer losen Konföderation von Siedlungen in den Grasniederungen des Senegal und des oberen Niger bestand. Seine Grenzen waren nicht genau bestimmt und änderten sich zweifellos mit dem Geschick des Königreichs. Die meisten öffentlichen Ämter waren erblich, und die hierarchische Gesellschaftsordnung tendierte dazu, sich zu verfestigen.

Die bäuerliche Bevölkerung Ghanas lebte in einem gewissen Wohlstand, bis durch anhaltende Dürreperioden die Wüste auf ihr Acker- und Weideland übergriff. Solange Landwirtschaft betrieben werden konnte, war das Land übersät mit Gärten und Hainen von Dattelpalmen, grasten große Schaf- und Rinderherden weiter außerhalb. Die Ghaneser waren auch Kaufleute und Händler, und die Hauptstadt Kumbi Saleh war im Mittelalter ein wichtiges Handelszentrum. Seit Beginn des 10. Jahrhunderts machte sich der Einfluß des Islam aus dem Osten deutlich bemerkbar. Kumbi Saleh bestand aus einem einheimischen und einem arabischen Stadtteil, und die Bevölkerung bekannte sich mit der Zeit zum Islam. Der Wohlstand, der sich im Zuge der arabischen Zuwanderung ausbreitete, vermehrte die Macht Ghanas, er breitete sich in alle Himmelsrichtungen aus. Im 11. Jahrhundert, als auch der König zum Islam übergetreten war, konnte sich Ghana eines starken Heeres und eines lukrativen Handels quer durch die große Wüste rühmen. Aus den moslemischen Ländern wurden Weizen, Früchte und Zucker eingeführt. Von jenseits der Wüste kamen Karawanen mit Textilien, Bronze, Perlen und Salz. Ghana tauschte Elfenbein, Sklaven und Gold dafür ein. Der König, der den Wert dieses Handelsverkehrs erkannte, erhob Ein- und Ausfuhrzölle und setzte einen Einnehmer ein, der seine Interessen vertrat.

Unter den Herrschern der Dynastie der Sisse stand Ghana auf dem Höhepunkt seiner Macht. Bis weit in den Norden bei Tichit, im heutigen Mauretanien, waren Stämme dem König von Ghana tributpflichtig, während sich sein Einflußbereich im Süden bis zu den Goldminen des Faleme und von Bambuk erstreckte. Die Ausbeute dieser Minen füllte die Schatzkammern der Sisse mit dem Gold, das sie für den Handel mit den marokkanischen Karawanen brauchten. Im weit entfernten Kairo und selbst in Bagdad war Ghana unter Kaufleuten und in religiösen Kreisen ein wichtiges Gesprächsthema.

Die Herrschaft (Tunka) Menins im 11. Jahrhundert ist ein guter Zeitpunkt, um einen Blick auf das Königreich Ghana zu werfen. Seit 1062 regierte (Tunka) Menin sein ausgedehntes Reich. Die Steuereinnahmen und die Tributzahlungen der Provinzfürsten hatten ihn ungeheuer reich gemacht. Arabische Chronisten berichten, daß er in einem befestigten Palast lebte, der durch Skulpturen, Gemälde und Fenster der höfischen Künstler aufs prächtigste ausgeschmückt war. In den Palastanlagen befanden sich Tempel, in denen afrikanische Götter verehrt wurden, ein Gefängnis, in dem politische Feinde eingekerkert waren, und die Gräber verstorbener Herrscher. Der König hielt prachtvoll Hof und wurde von seinen Untertanen zutiefst verehrt.

Während der Herrschaft (Tunka) Menins hing die Bevölkerung Ghanas einer animistischen Religion an, die auf dem Glauben gründete, daß allen Dingen gute oder böse Geister innewohnten, die beschwichtigt oder verehrt werden mußten, sollte es den Menschen gut gehen. Natürlich war der König auch das religiöse Oberhaupt. 1076 fiel eine moslemische

Schar, die Almoraviden, in Ghana ein und unterwarf das Land seiner religiösen und wirtschaftlichen Oberhoheit. Sie eroberten die Hauptstadt und führten den Islam ein. Der Konflikt, der sich nun entwickelte, richtete das Königreich Ghana allmählich zugrunde. Gegen Ende des 11. Jahrhunderts begann für Ghana eine Periode des wirtschaftlichen Niedergangs, ausgelöst durch anhaltende Dürre in den landwirtschaftlich wichtigen Landesteilen Wagadu und Bagana. Unter diesen ungünstigen Umständen war Ghana eine leichte Beute für die Eroberer, die im 12. und 13. Jahrhundert in mehreren Wellen einfielen und das Königreich endgültig zerstörten.

Mali

Mit dem Niedergang Ghanas entstand weiter südlich ein neues Königreich, das Ghana an Bedeutung noch weit übertreffen sollte. Im Jahre 1235 begann die Entwicklung Malis, auch Melle genannt, zu einem organisierten Königreich. Der Kern dieser politischen Einheit läßt sich allerdings bis ins 7. Jahrhundert zurückverfolgen. Bis ins 11. Jahrhundert blieb es ziemlich unbedeutend, und seine Könige (oder Mansas) besaßen wenig Ansehen oder Einfluß.

Die Ehre, das Königreich Mali geeint und gestärkt zu haben, gebührt der legendären Gestalt Sundjata Keita. Im Jahr 1240 besiegte er das Volk der Sosso und nahm die frühere Hauptstadt Ghanas ein. Doch es sollte einem seiner Nachfolger vorbehalten bleiben, die Bewohner Malis zu großem Ansehen zu führen. König Mansa Musa oder auch Kankan Musa genannt, der außerordentliche Herrscher der Keita-Dynastie, regierte von 1312 bis 1337 ein Reich, das etwa das Gebiet des heutigen frankophonen Afrika einschließt. Er konnte seine ganze Aufmerksamkeit darauf richten, den Gewerbefleiß seiner Untertanen zu fördern und seinen Reichtum zur Schau zu stellen. Die Bevölkerung Malis betrieb vor allem Landwirtschaft, doch hatten viele Bewohner auch handwerkliche Berufe oder arbeiteten in den Minen. Die legendär reichen Goldminen von Bure gehörten inzwischen zu Mali und füllten obendrein die königlichen Schatzkammern.

Die besten zeitgeschichtlichen Informationen über die Errungenschaften dieser afrikanischen Königreiche stammen aus Berichten über die königlichen Pilgerreisen nach Mekka. Die Könige waren, gerade zum Islam konvertiert, ebenso strenggläubig wie die Araber ihrer Zeit. Als gute Moslems wollten sie unbedingt die traditionelle Pilgerreise nach Mekka unternehmen. Überdies war eine solche Reise eine gute Gelegenheit für den König, seine Reichtümer zu zeigen und neue Handelsbeziehungen zu knüpfen. Die historische Pilgerreise Mansa Musas im Jahre 1324 stellte alle früheren Reisen königlicher Pilger aus dem Westen in den Schatten. El Omari aus Kairo schrieb darüber, daß das Gefolge aus Tausenden von Menschen bestanden habe, darunter eine bedeutende Militäreskorte. Großzügig wurden Geschenke an die Bevölkerung verteilt und Moscheen da errichtet, wo es noch keine gab. Als die Kamele sich Mekka näherten, war ihre Last bereits viel leichter als bei ihrem Aufbruch gen Osten.

Da eine solche Pilgerreise ebenso dazu diente, Reichtum und Macht zu demonstrieren, wie den schwarzen Stein in der Kaaba zu küssen, mußte man keineswegs auf dem kürzesten Wege nach Mekka reisen. Mansa Musa besuchte zunächst verschiedene Teile seines eigenen Reiches, um seinen Untertanen und Vasallen seinen unglaublichen Reichtum zu zeigen und seine Großzügigkeit zu beweisen. Sodann begab er sich nach Tuat in das Land der Berber, und nachdem er auch dort einen tiefen Eindruck hinterlassen hatte, durchquerte er die Wüste, wandte sich nach Kairo und besuchte schließlich die heiligen Städte Mekka und Medina. Seinen Rückweg nahm er über Ghadames in Tripoli, wo er mit Ehrenbezeugungen überhäuft wurde. Von hier aus begleitete ihn El Mamer, der Begründer des Herrscherhauses der Almohaden, bis in sein Königreich. Doch Mansa Musa brachte einen noch bedeutenderen Gast von seiner Reise mit, den aus Granada stammenden arabischen Dichter und Architekten Abu Issak, genannt Ibrahim Es Saheli. Ihm übertrug er die Aufsicht über den Bau prunkvoller Moscheen in Timbuktu, Djenne, Gao und anderenorts. Diese Bauwerke mehrten den Ruhm des bereits hochentwickelten Königreichs Mali.

Als Mansa Musa 1337 starb, konnte Mali sich rühmen, ein ebenso mächtiger, wohlorganisierter Staat zu sein wie jeder andere seiner Zeit. Der gefeierte arabische Geograph Ibn Battuta, der einige Jahre später das Land bereiste, zeigte sich beeindruckt von »der Disziplin der Amtsinhaber und Provinzgouverneure, dem ausgezeichneten Zustand der staatlichen

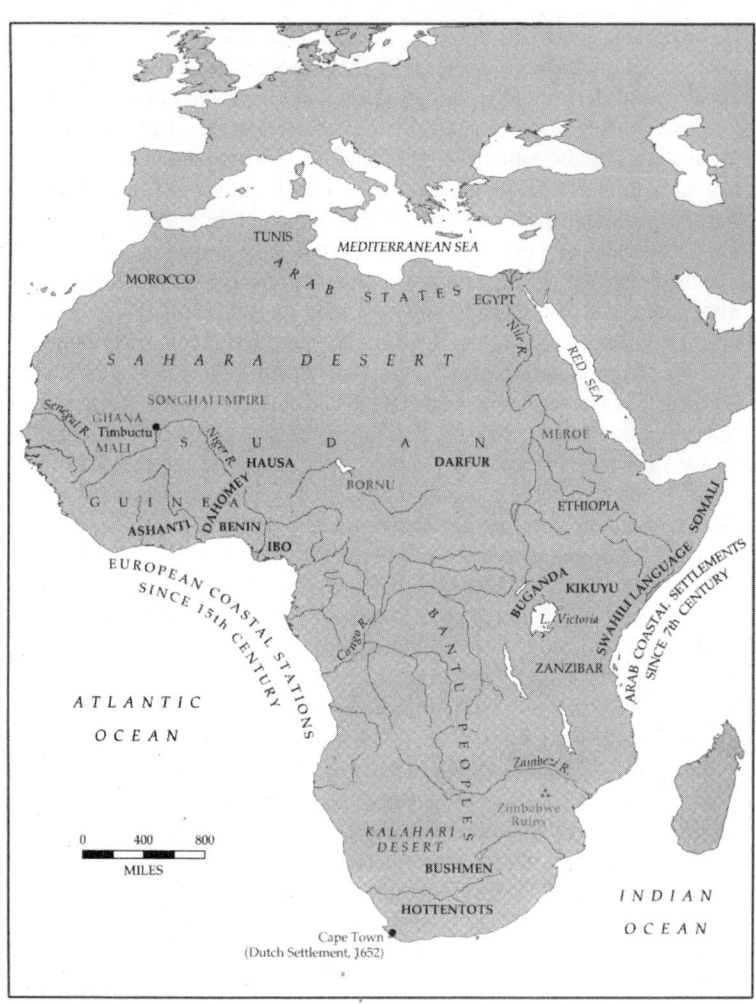

Das präkoloniale Afrika. Diese Karte zeigt Afrika vor dem Eindringen der Europäer im 19. Jahrhundert. Es ist schwierig, Grenzen einzutragen, da selbst die ausgedehnten afrikanischen Königreiche unbestimmte, sich verändernde Grenzen hatten. Die Bezeichnungen in grauer Schrift weisen auf antike und mittelalterliche Zentren hin, die in der Moderne nicht mehr bestehen.

Finanzen, dem Luxus sowie dem strengen und komplizierten Zeremoniell bei Hofe und dem Respekt, den man Richtersprüchen und der Autorität des Herrschers zollte«. Mitte des 14. Jahrhunderts machten sich in Europa gerade erst die Auswirkungen der Veränderungen im Handelssystem bemerkbar, und die zahlreichen europäischen Staaten hatten noch keine nationale Einheit erlangt, als sich Mali unter Mansa Musa und seinem Nachfolger Suleiman einer blühenden Wirtschaft mit internationalen Handelsbeziehungen erfreute und voller Stolz auf ein stabiles politisches System verweisen konnte, dessen Machtbereich sich über Hunderte von Kilometern vom Tschadsee bis zum Atlantik erstreckte. Die Bevölkerung hing einer Staatsreligion an, die internationale Verbindungen eröffnete, und die Wissenschaften prosperierten in den vielen neu gegründeten Schulen und Universitäten. Erst im 15. Jahrhundert machten sich erste Anzeichen des Niedergangs und Zerfalls bemerkbar. Die kräftigen Vorstöße der Songhai, verbunden mit den Angriffen der Mossi, schwächten die Macht Malis. Der Niedergang wurde jedoch aufgehalten, und noch viele Jahre bestand Mali als kleiner, halb unabhängiger Staat fort.

Songhai

Nur ein Königreich war im 15. Jahrhundert stark genug, die Machtposition Malis in Frage zu stellen: Songhai. Es hatte bereits eine lange, wechselvolle Geschichte hinter sich. Seine Anfänge gehen ins frühe 8. Jahrhundert zurück, als Gao, nahe dem Nigerbogen gelegen, die Hauptstadt des kleinen, unbedeutenden Reiches war. Eine Zeitlang wurde es durch das mächtige Mali unterworfen, und seine Führer waren Vasallen von Mansa Musa und seinen Nachfolgern. Doch unerschrocken warteten die Bewohner Songhais auf die erste Möglichkeit, das Joch Malis abzuwerfen und ihre eigene Herrschaft zu errichten. Im Jahr 1355 waren sie schließlich unter Sonni Ali (1464–1492) erfolgreich, der nach den Worten von Philip Curtin »aus dem kleinen Flußanrainer Songhai ein bedeutendes Reich« machte.

Als Sonni Ali die Macht in Songhai übernahm, war der größte Teil Westafrikas reif, erobert zu werden. Malis Stern verblaßte zusehends, und die kleineren Staaten, obwohl machthungrig, hatten weder die Führung noch die nötigen Mittel, ihre Oberherrschaft durchzusetzen. Die Stunde der Songhai war gekommen. Sonni Ali entwickelte eine Strategie, wie er durch den Aufbau einer Flußstreitmacht die gesamte Nigerregion erobern und beide Ufer unter seine Kontrolle bringen würde. 1469 hatte er Timbuktu als wichtige Stadt erobert und nahm anschließend Djenne und andere Städte ein. Schließlich griff er das Königreich Mali an und machte durch diese Eroberung Songhai zur führenden Macht in Westafrika. Da er wenig Begeisterung für die islamische Religion zeigte, gab es starken Widerstand gegen den Aufstieg Sonni Alis, doch er ließ sich nicht beirren. Sein Leben war demzufolge von Kämpfen durchzogen, doch als er 1492 starb, war das Königreich Songhai als bedeutendste Macht Westafrikas fest etabliert.

Doch die Tage SonniAlis und seines Hauses waren gezählt. 1493 stürzte Askia Mohammed, einer der mächtigsten Generäle der Songhai-Armee, die Dynastie. Er selbst sollte zu einem der bedeutendsten Herrscher Songhais aufsteigen. Von 1493 bis 1528 richtete er all seine Kraft auf die Stärkung des Reiches, er mehrte den Reichtum der Bevölkerung und setzte sich für die Verbreitung der Wissenschaften ein. Aus Sklaven und Kriegsgefangenen rekrutierte er ein Berufsheer und konnte so seine Untertanen für die Arbeit in der Landwirtschaft und im Handwerk freistellen. Lokalfürsten, vier Vizekönige und Askias Bruder Omar als oberster Statthalter sicherten den Frieden und verwalteten das Reich. 1494 eroberte Omar mit dem Heer Massina, und in den folgenden Jahren unterwarfen die Truppen Songhais den größten Teil Malis, die Hausa-Staaten und viele kleinere westafrikanische Königreiche. Schließlich erstreckte sich das Reich der Songhai vom Atlantik bis Bornu und vom Land der Berber im Norden bis zum Reich der Mossi und bis Benin im Süden. Es war mit Abstand das größte und mächtigste Reich in der Geschichte Westafrikas.

Askia Mohammed war ein strenggläubiger Moslem. Und doch hat man nicht den Eindruck, daß seine Pilgerreise nach Mekka im Jahr 1497 Ausdruck seiner Verehrung Allahs war oder der Zurschaustellung seiner Macht dienen sollte. Dieser überaus geschickte Herrscher wollte die Position seines Reiches stärken und wußte, daß sich eine Pilgerreise in vielerlei Hinsicht als profitabel erweisen würde. Sein Gefolge bestand hauptsächlich aus Gelehrten und Ministern, das von einer Militäreskorte von nur 1500 Mann begleitet wurde. Er und seine Gefolgsleute führten

Gespräche mit Ärzten, Mathematikern, Naturwissenschaftlern und Gelehrten, und sie zogen zweifellos großen Nutzen aus diesen Begegnungen. Sie lernten viel über Verbesserungen in den Verwaltungsangelegenheiten der Regierung, über die Vereinheitlichung des Rechts, über die Förderung von Handel und Gewerbe und die Anhebung des Bildungsniveaus in ihrem Land. Selbst Askia Mohammeds Investitur zum Kalifen des Sudan kann man als einen Schritt zur Stärkung seines Landes interpretieren.

Nach seiner Rückkehr aus dem Osten führten Askia Mohammed und seine Berater viele der Reformen durch, die sie auf der Reise kennengelernt hatten. Er setzte sorgfältig ausgewählte Gouverneure ein, Fari genannt, die Teilbereiche des Reiches regierten, und ernannte hohe Beamte, Noi genannt, die Provinzen oder große Städte verwalteten. Er führte eine Heeresreform mit dem Ziel größerer Effizienz durch und machte die Gebote Mohammeds und des Islam zur Grundlage der Rechtsprechung. Im Bereich der Wirtschaft wurde das Bank- und Kreditwesen verbessert, ein einheitliches System für Maße und Gewichte eingeführt und Eichmeister für regelmäßige Kontrollen beschäftigt. Araber und die einheimische Bevölkerung von Songhai sahen sich ermutigt, Handel mit anderen Ländern zu treiben. Regelmäßig besuchten Händler aus Europa und Asien die Märkte von Gao und Timbuktu. In Zusammenarbeit mit dem Staat kam die Bevölkerung Songhais zu großem Wohlstand. Alexander Chamberlain bemerkt: »Seine Persönlichkeit, seine administrativen Fähigkeiten, sein Einsatz für die Wohlfahrt seiner Untertanen, seine Aufgeschlossenheit gegenüber fremden Einflüssen ... machten König Askia jedem durchschnittlichen europäischen Monarchen seiner Zeit ebenbürtig und vielen überlegen.«

Im Bildungswesen schließlich setzte Askia die wichtigsten Reformen durch. Überall ließ er Universitäten errichten. Gao, Walata, Timbuktu und Djenne waren geistige Zentren, in denen sich die bedeutendsten Gelehrten Westafrikas aber auch Asiens und Europas trafen, um ihr Wissen auszutauschen und zu forschen. Rechtsgelehrte, wie El Akit und Bagayogo, studierten in Timbuktu. Im 16. und 17. Jahrhundert entwickelte sich eine eigene sudanesische Literatur. An der Universität von Sankore (in Timbuktu) studierten schwarze und weiße Studenten nebeneinander Grammatik, Geographie, Jura, Literatur und Chirurgie, während Askia selbst und seine Untertanen in den Moscheen des Landes ihre Kenntnisse der islamischen Religion vertieften, um sie noch besser ausüben und fördern zu können.

Bürgerkriege, Massaker, erfolglose Militäraktionen folgten der Regierungszeit Askias, der von seinem ältesten Sohn entthront wurde. Obwohl es kurze Perioden der Erholung gab, begann der Niedergang des mächtigen Reiches. Die Mauren warfen begehrliche Blicke auf den Sudan und unternahmen immer öfter Vorstöße durch die Wüste. Spanische Abtrünnige verbündeten sich mit den Marokkanern, die schließlich Songhai unterwerfen und ihre eigene kurze Herrschaft über Timbuktu errichten konnten.

Andere Staaten

Zu den anderen Königreichen Westafrikas gehörte Wagadugu, eines der sogenannten Mossi-Reiche. Es wurde in der Mitte des 11. Jahrhunderts von dem Abenteurer Ubri gegründet. Niemals zu besonderer territorialer Ausdehnung gelangt, beherrschte es das Gebiet südlich des Nigerbogens und war dicht besiedelt. Die Bevölkerung hatte einen ausgeprägten Sinn für Unabhängigkeit. Eine Zeitlang bestand eine lose Föderation aus fünf Staaten, deren Zusammenhalt in Zeiten der Bedrängnis am stärksten war. Angriffe von Mali und Songhai konnten abgewehrt werden, und bis zum 19. Jahrhundert, als die Franzosen die Mossi-Staaten ihrem Kolonialreich einverleibten, konnten sie sich mehr oder weniger ihre Unabhängigkeit bewahren. Die Gouverneure der fünf Mossi-Staaten bildeten eine Art Staatsrat, sie waren die wichtigsten Minister der Föderation. Ihnen unterstellt waren weitere elf Minister, die für bestimmte Bereiche wie Verteidigung und Finanzen zuständig waren. Diesen war ein hierarchisch gegliederter Beamtenstab unterstellt, dem auch der unbedeutendste Amtsinhaber des kleinsten Dorfes angehörte.

Die Stärke der Mossi lag in ihrem effizienten politischen und militärischen System. Die Macht des Herrschers war absolut, seine Untergebenen erfüllten ihre Pflichten nach genau festgelegten, strengen Regeln. Jeden Morgen empfing der König seine Minister und nahm ihre Berichte über die Staatsgeschäfte entgegen. Abends widmete er sich den Fragen der öffentlichen Ordnung und der Rechtsprechung. Das Vorgehen der Anhörung und Urteilsfindung erinnert verblüffend an unser Schwurgerichtsverfahren. Es gab kein stehendes Heer, aber das politische und soziale System war so organisiert, daß die Einberufung aller wehrfähigen Männer zum Kriegsdienst jederzeit in kürzester Frist möglich war. Daß die Mossi-Staaten sich in einer Region behaupten konnten, die von den mächtigen Reichen Mali und Songhai beherrscht wurde, zeugt von der Tüchtigkeit ihrer Bewohner und der Weisheit ihrer Führung.

Die Hausa sollen ursprünglich sieben Staaten gegründet haben, deren bekannteste Kano, Zaria und Katsina sind. Die Hausa-Staaten befanden sich etwa auf dem Gebiet des heutigen Nordnigeria. Jedes der Königreiche wahrte seine Eigenständigkeit, doch im Wechsel traten mal Kano, mal Katsina abwechselnd eine Zeitlang ins Rampenlicht. Die Hausa unterhielten Handelsbeziehungen zu anderen afrikanischen Staaten und beteiligten sich am Transsahara-Handel. Katsina wurde zu einem wichtigen Bildungszentrum, in dem vor allem Jura und Theologie gelehrt und die Sprache des Volkes besonders gepflegt wurde. Erst am Anfang des 19. Jahrhunderts, als der Islam spürbar in die Hausa-Staaten vordrang, unterwarfen sich die Hausa-Staaten allmählich fremden Einflüssen.

Östlich und westlich des Tschadsee siedelten die Leute von Kanem, nördlich davon die von Bornu. In diesen Völkern fanden sich eine Vielzahl von Stämmen zusammen, die vor langer Zeit von den Oasen und vom Tschadsee angelockt worden waren. Einige waren Berber, andere Negride. Als organisierter Staat geht das vereinigte Kanem-Bornu etwa auf das Jahr 1220 zurück, doch die folgenden zwei Jahrhunderte waren noch von einer gewissen Instabilität gekennzeichnet. Die Kupferminen des Gebietes am Tschadsee brachten der Bevölkerung Wohlstand, und im 16. Jahrhundert hatte sich unter Idris Alooma (1573–1603) die Macht gefestigt. Im 17. und 18. Jahrhundert versuchten Moslems diese Völker zu unterwerfen und zu missionieren, allerdings mit geringem Erfolg. Völliger Fremdherrschaft wurde man erst um 1900 unterworfen, als ein Teil von Bornu britisches Protektorat wurde und ein anderer Teil unter französischen Einfluß geriet.

Da es in einigen Gebieten südlich des Äquators kaum unüberwindbare geographische Hindernisse gibt, konnten ständig Wanderstämme in diese Gebiete einfallen und so die politische Stabilität beeinträchtigen. Die Gebiete der Bantu, Buschleute oder San, Khoikhoi und Pygmäen besaßen sicher gewisse politische Organisationsformen, und es gibt ethnologische

»OLAUDAH EQUIANO (GUSTAVUS VASSA) BESCHREIBT SEINE HEIMAT«

Der Teil Afrikas, der unter dem Namen Guinea bekannt ist und bis zu dem der Sklavenhandel reicht, erstreckt sich über mehr als 5000 km die Küste von Senegal bis Angola entlang und schließt mehrere Königreiche ein. Das bedeutendste von ihnen ist das Königreich Benin, sowohl was seine Ausdehnung als auch seinen Reichtum, seine Naturschätze und seine Landwirtschaft, die Macht seines Königs und die Zahl und Kriegslust seiner Einwohner angeht ... Dieses Königreich ist in viele Provinzen oder Bezirke unterteilt. In einem der entlegensten und fruchtbarsten von ihnen, genannt Eboe, wurde ich im lieblichen und fruchtbaren Essaka-Tal im Jahr 1745 geboren. Die Entfernung dieser Provinz von der Hauptstadt Benins und der Küste muß beträchtlich gewesen sein, denn ich hatte noch nie von weißen Männern oder Europäern oder vom Meer gehört. Unsere Unterordnung unter den König von Benin bestand wohl nur dem Namen nach, denn jede Regierungshandlung ... wurde von den Häuptlingen oder Ältesten am Ort durchgeführt ... Mein Vater war einer der Ältesten ... und wurde als Embrenche bezeichnet, eine Bezeichnung, die meiner Erinnerung nach eine hohe Auszeichnung war und in unserer Sprache ein Zeichen der Größe bedeutete. Diese Auszeichnung wird der Person verliehen, indem man seine Haut am oberen Rand seiner Stirn einschneidet und bis zu den Augenbrauen hinunterzieht. Dabei wärmt man sie mit der Hand und reibt sie, bis sie zu einem dicken Strang quer über den unteren Teil der Stirn zusammenschrumpft ... Mein Vater hatte dieses Zeichen schon lange getragen.

Wir sind so etwas wie eine Nation der Tänzer, Musiker und Dichter. Jedes große Ereignis, wie eine siegreiche Rückkehr aus dem Kampf oder ein anderer Grund für öffentlichen Jubel, wird durch öffentliche Tänze gefeiert, die durch dem Anlaß entsprechende Lieder und Musik begleitet werden ... Wir kennen viele Musikinstrumente, besonders unterschiedliche Trommeln, ein Instrument, was einer Gitarre gleicht und ein anderes, das einem Stickado ähnelt ... Ich wurde Olaudah genannt, das in unserer Sprache Schicksalsschlag oder Glück bedeutet, aber auch jemand, der eine laute Stimme hat und gut reden kann ...

The Interesting Narrative of the Life of Olaudah Equiano or Gustavus Vassa the African, hrsg. von Paul Edwards (New York, 1966), S. 1-4

und archäologische Forschungsergebnisse, welche die Ansicht stützen, daß in manchen Gebieten recht hochentwickelte Kulturen bestanden. Keine dieser Kulturen konnte jedoch die Größe und den Einfluß der westafrikanischen Reiche Mali und Songhai erreichen.

Zwischen der Nigermündung und dem Kap der Guten Hoffnung hatte vor dem 16. Jahrhundert eine Reihe von Staaten eine kurze Blüte erlebt, zum Beispiel das Königreich Brama, das zwischen Kongomündung und Kap Lopez lag und über das man so gut wie nichts weiß. Das sogenannte Kongo-Reich wurde im 14. Jahrhundert gegründet und beherrschte das Gebiet zwischen Setté Cama im Norden und Benguella im Süden. Im Landesinneren reichte es bis zum oberen Sambesi. Mit ihrer Hauptstadt in Banya, dem modernen São Salvador, hatten seine Könige Probleme, die Kontrolle über die Stämme im Tal des Kongo aufrechtzuerhalten. Im 17. Jahrhundert schrumpfte das Gebiet stetig, nicht zuletzt, weil die Ankunft der portugiesischen Sklavenhändler für chaotische Zustände sorgte.

Südlich des Kongo-Königreiches existierte in der Gegend des heutigen Moçamedes in Angola ein Staat, dessen Bevölkerung sich aus Buschleuten, Damara und anderen Stämmen zusammensetzte und dessen Herrscher sich Mataman nannte. Im heutigen Südafrika gab es einen großen Staat, bevölkert von Betschuana, Basuto, Zulu und Buschleuten. An der Ostküste fanden sich die Matabele (Ndebele) und Makalaka in einem alten Staatswesen zusammen, das bis ins 10. Jahrhundert zurückreichte. Es wurde durch ständige Einfälle der westlich davon lebenden kannibalistischen Wasimba erschüttert. Die restliche Ostküste war schon früh unter den Einfluß von Moslems geraten. Araber und Perser gründeten hier Sultanate und kontrollierten weite Teile Ostafrikas. Im Landesinnern lagen die Königreiche der Barotse, Katanga und Balubo, deren Machtbereiche sich bis zum Sambesi und Tanganjikasee erstreckten.

Als die Marokkaner 1591 Songhai eroberten, wurde dadurch der Transsahara-Handel nicht unterbrochen, die Endpunkte der Handelswege im Süden verschoben sich lediglich nach Osten zu den Hausa-Staaten und zum Reich Kanem-Bornu. Im frühen 20. Jahrhundert, als Großbritannien, Frankreich und Deutschland die Eroberung der westafrikanischen Staaten beendeten, hatte sich das Machtzentrum schon längst aus den Königreichen der Savanne in die Staaten des Waldgürtels am Golf von Guinea nach Süden verlagert. Als Portugiesen im 15. Jahrhundert als erste die westafrikanische Küste entlang südwärts segelten, entdeckten sie zwei bedeutende Mächte: Benin, westlich vom Nigerdelta gelegen und das Königreich Kongo im Delta des Kongo. In Benin kauften die Portugiesen Sklaven, Glasperlen und Stoffe, die sie bei afrikanischen Völkern weiter westlich im Gebiet des heutigen Ghana gegen Goldstaub tauschten. Der Überfluß bestimmter afrikanischer Waren beeindruckte die europäischen Kaufleute derart, daß sie Küstenabschnitte des Golfs von Guinea nach diesen »Handelsgütern« benannten: Pfeffer, Elfenbein, Gold und Sklaven.

Der Sklavenhandel, der sich zum wichtigsten Wirtschaftszweig der Gegend entwickelte, spielte für die wirtschaftliche Entwicklung der Königreiche des Waldgürtels eine entscheidende Rolle. Das Volk der Yoruba, westlich von Benin ansässig, gründete eine Reihe von Gemeinwesen, deren mächtigstes Oyo war. Das Auseinanderbrechen dieses Reiches im frühen 19. Jahrhundert führte zu inneren Unruhen und Kriegswirren, die ihrerseits den Verkauf zahlloser Yoruba in die Sklaverei verursachten. Während Oyos Stern verblaßte, warf Dahomey, ein Königreich, das in den Grenzen des modernen Dahomey und heutigen Benin lag, das Joch seiner früheren Herren ab. Ironischerweise nahm Dahomey, das seine Entstehung im 17. Jahrhundert der Entschlossenheit verdankte, sich aus dem atlantischen Sklavenhandel herauszuhalten, gegen Ende des 18. Jahrhunderts eine Schlüsselstellung im Sklavenexport Westafrikas ein. Im 19. Jahrhundert verlegte sich dieser stark zentralistische Staat dann vom Sklavenhandel auf den Handel mit Palmölprodukten. Nichtsdestoweniger benutzten die Europäer das Klischee eines grausamen, barbarischen Sklavenhalterstaates, um zumindest teilweise die französische Invasion und Eroberung in den 90er Jahren des vorigen Jahrhunderts zu rechtfertigen.

Ein ähnliches Schicksal erlitten die Stadtstaaten des Nigerdeltas. Die Kaufleute der Ibo waren zwar vom Sklavenhandel auf den Palmölhandel umgestiegen, aber britische Pläne, Afrika für den europäischen Handel zu öffnen, gewannen die Oberhand. Zwischen 1807 und 1901 führte Großbritannien zehn Kriege gegen das mächtige Reich der Aschanti im heutigen Ghana, die schließlich in der Unterwerfung dieses Landes ihren Höhe- und Endpunkt fanden.

Bei den in diesem Kapitel erwähnten Staaten handelt es sich keineswegs um eine vollständige Liste aller politischen Einheiten Westafrikas. Außerdem erlebten auch andere Regionen Afrikas die Entstehung mächtiger Reiche. Einige wie Ägypten, Kusch und Karthago hatten ihre Blüte bereits in vorchristlicher Zeit. Andere folgten später. Simbabwe und die Länder der Savanne südlich des Kongobeckens erfuhren den Aufstieg neuer Zivilisationen auf den Fundamenten früherer Kulturen. Moslemische Stadtstaaten am Indischen Ozean, in denen man Swahili sprach, trieben Handel mit Asien, Indien und Indonesien zu einer Zeit, als die europäischen Mächte in die Kreuzzüge verstrickt waren. Die Bewohner Äthiopiens können auf eine fast zweitausendjährige Geschichte verweisen. Andere Königreiche sind wesentlich jünger. Erst im 19. Jahrhundert wurde zum Beispiel das Reich der Zulu zu einer mächtigen Nation. Doch sie alle hatten, einige mehr und andere weniger, etwas mit der »Bevölkerung« der Neuen Welt durch schwarze Völker zu tun.

2. KAPITEL
DIE LEBENSWEISE DER AFRIKANER

Es ist natürlich unmöglich, allgemeingültige Aussagen über die Lebensweise der Menschen eines Kontinents zu machen, der so große klimatische und geographische Unterschiede aufweist und dessen Bevölkerung derart vielfältig ist. Wie in anderen Teilen der Erde zeigt sich in Afrika das gesamte Spektrum der menschlichen Zivilisation, alle Stufen von einfachsten bis zu erstaunlich entwickelten Kulturen sind vertreten. Im Rahmen dieses Buches kann nicht mehr getan werden, als die verschiedenen Aspekte der afrikanischen Lebensweise zu beleuchten und dadurch ein besseres Verständnis für das kulturelle Erbe derjenigen zu wecken, die in den letzten Jahrhunderten Anspruch auf die Anteilnahme von Europäern und Amerikanern erhoben haben. Sollte der Eindruck entstehen, daß das Hauptaugenmerk hier vor allem auf das Leben in Westafrika gerichtet ist, so deshalb, weil es angemessen ist, so detailliert wie möglich, gerade für die Region Verständnis zu bekommen, in der die Mehrzahl der Menschen lebte, die später das Heer der schwarzen Arbeiter in Nord- und Südamerika stellten.

Politische Institutionen

Wo immer wir den Völkern Afrikas begegnen, stoßen wir auf irgendeine Form von politischer Organisation, sogar in sogenannten staatenlosen Gebieten. Nicht immer handelte es sich um durchorganisierte Königreiche, mitunter bildeten sich nur einfache, verstreute Familienstaaten*, aber sie

---

* Die Verwendung von »state« für die politische Organisation von Familien, Clans und Dörfern in diesem Abschnitt ist im Englischen ebenso ungewöhnlich wie die Entsprechung im Deutschen. Anm. des Übers.

alle zeigen die ganz normale Fähigkeit und das Verlangen, Regierungen zu bilden, um so die Probleme zu lösen, denen sich jede Gemeinschaft gegenübersieht. Der Familienstaat bestand auf Dauer in solchen Gebieten, in denen das Land unter mehrere separate Familien aufgeteilt war und diese Familien sich weder dazu veranlaßt sahen noch wünschten, ihre Ressourcen zusammenzulegen, um so einen stärkeren Staat zu bilden. In diesen Konstellationen war das Staatsoberhaupt außerordentlich mächtig, weil seine politische Stärke noch durch die Macht ergänzt wurde, die es in seiner Eigenschaft als Familienoberhaupt besaß. Manchmal taten sich einige dieser Staaten, deren konstituierende Glieder gemeinsame Ahnen hatten, zusammen und bildeten als mächtigere Einheit einen Clanstaat. Konnte man die Hürden der Tradition und des Clanwesens überwinden, dann fanden sich mehrere Gruppen, die gemeinsam einen Dorfstaat bildeten oder den Regierungssitz des Stammes begründeten.

Solche Dorfstaaten existierten überall in Westafrika. Wachstum und Wohlstand veranlaßten einige, sich – freiwillig oder unfreiwillig – zusammenzuschließen und kleine Königreiche zu bilden, die häufigste Form politischer Organisation in Afrika. Kamen mehrere günstige Voraussetzungen zusammen – eine fähige Führung, ausreichende Ressourcen und eine starke militärische Organisation –, dann konnten solche Königreiche ihrerseits zu Föderationen oder Imperien zusammenwachsen, wie zum Beispiel Mali oder Songhai. Diese verschiedenen Stufen der politischen Organisation liefen jeweils parallel zur Stufe der kulturellen Entwicklung. Und ungeachtet der Tatsache, daß diese Staaten zu verschiedenen Zeiten und in unterschiedlichen Regionen existierten, scheinen erstaunlicherweise dieselben wesentlichen Merkmale der Entwicklung in allen bestanden zu haben.

Die Regierungsgewalt eines Staates lag im allgemeinen bei einer Familie und wurde von ihr weitervererbt. Außerdem waren zwei weitere Familien mit wichtigen Aufgaben bei der Bestimmung des Thronanwärters betraut: die »Wahlfamilie« und die »Inthronisierungsfamilie«. Die Wahlfamilie konnte innerhalb der königlichen Familie den Thronanwärter bestimmen. In dieser Weise wurde von den Afrikanern die stabilisierende Wirkung genutzt, die die Existenz einer königlichen Familie auf das Wohlergehen der Gemeinschaft haben konnte. Gleichzeitig wußten sie sehr wohl, daß der älteste Sohn des Königs nicht zwangsläufig auch der fähigste oder von allen gewünschte Thronfolger war und behielten es sich vor, ihren Herrscher aus dem Kreis der männlichen Mitglieder der königlichen Familie zu wählen. Der neue König hatte so lange keinerlei Machtbefugnisse, bis er in aller Form von dafür durch die Inthronisierungsfamilie ausgewählten Personen in sein Amt eingeführt war. Für die Bevölkerung war dadurch gewährleistet, daß der Herrscher ihren Wünschen eher entsprach, als dies durch jede automatische Weitergabe der Macht der Fall gewesen wäre.

Jedem einigermaßen bedeutenden afrikanischen König standen eine Reihe von Ministern und Beratern zur Seite. Und in einigen Staaten gebot es der Brauch, daß der König eine bestimmte Zahl von Beratern mit einflußreichen Ämtern betrauen mußte. Meistens waren diese Ministerämter traditionell an bestimmte Familien fest vergeben. Diese Minister bildeten zusammen mit anderen Beratern und Adligen eine Art Parlament, das in manchen Bereichen große Machtfülle besaß. Es ist interessant, daß eine spezifisch afrikanische Sitte nur dazu diente, die Macht vieler Könige zu begrenzen. Wenn der König nicht zu der Familie gehörte, deren Mitglieder als erste das Land seines Königreichs in Besitz genommen hatten, so besaß er keine Verfügungsgewalt über das Land. Alle das Land betreffenden Fragen wurden von der Familie entschieden, die Nachfahre der ersten Siedler dort war. Das konnten die unbedeutendsten Untertanen des Königs sein, selbst Kriegsgefangene. Offenbar haben sich die meisten Könige an diesen alten Brauch gehalten.

Die Bedeutung der zentralen politischen Gewalt bei den Afrikanern kann möglicherweise auch überschätzt werden. Sicher hatten der König, seine Minister und untergeordnete Häuptlinge erhebliche Machtbefugnisse, doch unterhalb dieser äußeren Form nationaler Einheit existierten die starke Bindung und Loyalität des einzelnen gegenüber der örtlichen Autorität. Jede Kommune hatte ihren eigenen »König«, und in vielen lokalen Fragen übte diese königliche Person völlig unbestritten Macht aus. Durch dieses Konzept der Aufteilung der Macht – eine Art zweigeteilter Souveränität – wurden auch große Könige immer an die Möglichkeit von Konflikten in ihrem Herrschaftsbereich erinnert. Nur wenige mächtige Könige der großen Reiche und Imperien besaßen schließlich so viel Macht, daß sie das Gefühl der lokalen Herrscher, selbst eine gewisse Souveränität zu besitzen, völlig auslöschen konnten. Stabilität konnte nur durch umfassende militärische Organisation und eine sorgsam organisierte Zentralgewalt gewährleistet werden. Daß diese Stabilität immer wieder erreicht wurde, zeugt von der Weisheit, Kraft und nicht selten Skrupellosigkeit der einzelnen Königreiche.

Das wirtschaftliche Leben

Es wäre falsch anzunehmen, daß die Afrikaner vor allem Nomaden oder Bauern waren. Es gibt in Afrika eine solche geographische Vielfalt, daß es für die Menschen ganz unmöglich wäre, in den verschiedenen Teilen des Kontinents identische Lebensweisen zu entfalten. Hauptsächlich in der Landwirtschaft tätig, entwickelten die Völker Afrikas jedoch ein hohes Maß an Spezialisierung innerhalb dieser althergebrachten Wirtschaftsform. Die afrikanische Vorstellung von Landbesitz resultierte aus der Bedeutung der Landwirtschaft für die Lebensweise dieser Völker. Land wurde als so wichtig für die Gemeinschaft angesehen, daß es nicht dem einzelnen, sondern jener Gemeinschaft gehörte, die aus den ersten Besitzern des Bodens bestand. Einer der wichtigsten Würdenträger des Ortes war der »Herr des Bodens«, der gleichzeitig Oberpriester der örtlichen Religion und Verwalter von Grund und Boden war. Die Bedeutung dieses Amtsträgers zeigt sich deutlich in der bereits erwähnten Tatsache, daß nicht einmal der Herrscher ohne Zustimmung des »Herrn des Bodens« über das Land verfügen konnte. Einzelpersonen oder kleine Gruppen konnten das Recht erwerben, ein Stück Grund und Boden zu bearbeiten, aber das schloß nicht das Recht ein, das Land zu veräußern oder anderweitig darüber zu verfügen. Wenn das Land nicht mehr landwirtschaftlich genutzt wurde, fiel es in kollektiven Besitz zurück.

Ob das Land einem einzelnen oder einer Gemeinschaft gehörte – beides kam offenbar vor –, die Bauern widmeten sich mit ganzer Kraft dem Ackerbau. Das Land wurde urbar gemacht, indem Bäume gefällt und das Unterholz abgebrannt wurde. Die Asche diente als Dünger für den Boden, der mit Hilfe von breiten Spaten an kurzen Griffen bearbeitet wurde. Samen oder Schößlinge wurden in die sorgfältig vorbereiteten Mulden oder Rillen gesät oder gepflanzt. Ständig mußte Unkraut gejätet werden, besonders auf neu angelegten Feldern, damit die jungen Pflanzen nicht überwuchert wurden. Hirse, Weizen, Reis, Kassava, Baumwolle, Früchte und Gemüse waren die üblichen Feldfrüchte. Überall im Land sah man Wächter auf Türmen, die Vögel und andere Tiere von den Feldern verscheuchten. Während der Ernte ging es hektisch zu. Das Getreide mußte gemäht, gedroschen, gemahlen und eingelagert werden, Früchte und manche Getreidesorten wurden zu alkoholischen Getränken fermentiert, Baumwolle gesponnen und zu Tuch verwoben.

Haustiere gab es auf fast jedem Anwesen, doch in manchen Gebieten widmete sich die Landbevölkerung fast ausschließlich der Rinder- und Schafzucht und züchtete Hühner und anderes Geflügel. Einige Stämme im Nordosten Afrikas waren für ihr großes Geschick bei Rinderzucht und -haltung bekannt. In einigen Dörfern des Ostens maß man der Rinderzucht so große Bedeutung bei, daß der Reichtum eines Mannes an der Zahl seiner Rinder gemessen wurde. Bantu und Buschleute betrieben sowohl Ackerbau als auch Viehzucht im großen Maßstab.

Auch das Handwerk nahm im wirtschaftlichen Leben einen bedeutenden Platz ein. Selbst bei den sogenannten primitiven Stämmen gab es ausgesprochene Meister auf handwerklichem Gebiet. Manche Völker verstanden sich hervorragend auf Korbflechterei, Weben, Töpfern, Schnitzen oder Metallverarbeitung. Die Pygmänen stellten Stoffe aus Baumrinde und Körbe aus Holzfasern her, und die Buschleute verwandten viel Zeit und Mühe auf die Herstellung von Textilien aus Stoff, Fellen und Pelz. Die Aschanti an der Goldküste webten Läufer und Teppiche und glasierten kunstvoll ihre Tonwaren. In weiten Teilen des Sudan stellte man große Mengen Holzwaren, Werkzeuge und Geräte her.

Eisen wurde schon früh in Afrika verarbeitet und wirtschaftlich genutzt. Von Äthiopien bis zum Atlantik gibt es überall Beispiele für die Geschicklichkeit bei der Verarbeitung und Verwendung von Eisen. Viele ernstzunehmende Wissenschaftler, die sich mit primitiven Kulturen beschäftigen, vertreten die These, einheimische Afrikaner seien die Erfinder der Eisenverarbeitung. Der Anthropologe Franz Boas behauptete mit Nachdruck, daß man in Afrika bereits Eisen verarbeitet habe, als in Europa noch die Steinzeit herrschte. Die einfachen Methoden, die sich in Afrika nachweisen lassen, und das inzwischen belegte frühere Datum für den Beginn der Eisenherstellung lassen die Vermutung zu, daß die Afrikaner und nicht die kleinasiatischen Hethiter die Entdeckung der Nutzung von Eisen sind. Afrika exportierte viele Jahre lang Eisen, und überall gab es Schmiede und andere eisenverarbeitende Handwerker. Mit Hilfe einfacher Blasebälge und Holzkohlenfeuer schmolzen die einheimischen Schmiede das Erz und schmiedeten Werkzeuge wie Messer, Sägen und Äxte. Und die Afrikaner bearbeiteten auch Silber, Gold, Kupfer und Bronze. In Benin bezeugen Werkzeuge und Kunstgegenstände aus Bronze und Kupfer die hohe Kunst der Schmiede, während die Künstler der Yoruba und des alten Mali Schmuck aus Silber und Gold herstellten.

Das Interesse, das Afrika schon früh an der übrigen Welt hatte, läßt sich am ehesten an seinen intensiven Handelsbeziehungen ablesen. Viele Stämme tendierten dahin, sich auf bestimmte Produkte zu spezialisieren. Das machte wirtschaftliche Beziehungen zu anderen Stämmen und mit anderen Ländern nötig, denn nur so konnte die Versorgung mit den nicht selbst hergestellten Waren gewährleistet werden. Manche Dörfer gingen zum Beispiel ausschließlich dem Fischfang nach, andere verlegten sich auf die Metallverarbeitung, während wieder andere Waffen, Gebrauchsgegenstände und anderes herstellten. Bei Stämmen, die sich derart spezialisiert hatten, übernahmen reisende Händler den Verkauf und Austausch der Waren. Kehrten sie in ihr Heimatdorf zurück, waren sie mit fremden Waren beladen, die sie an die Dorfbewohner verkauften. Einige Händler von der Westküste kamen bis ans Mittelmeer und sogar nach Ägypten und tauschten ihre Waren gegen Güter aus anderen Erdteilen ein. Dabei muß man sich daran erinnern, daß die Pilgerreisen der Könige und Herrscher viel dazu beitrugen, diesen internationalen Handel zu fördern. Afrika war also nie ein Gebilde aus isolierten, selbstgenügsamen Gesellschaften, sondern eine Region mit weitreichenden Wirtschaftsinteressen, die auf der Landwirtschaft, dem Handel und Gewerbe fußten. Die Auswirkungen dieser Kontakte auf die Kultur sind unermeßlich. Doch läßt sich feststellen, daß auf den wichtigen Handelsstraßen mit den Waren auch die Kultur und ihre Güter transportiert wurden, und Afrika anderen viel von seiner Kultur gab, so wie es vieles im Gegenzug erhielt.

Soziale Organisation

Wie bei anderen Völkern bildete auch in Afrika die Familie die Grundlage aller sozialen Organisationen. Sie war auch das Fundament des wirtschaftlichen und politischen Lebens in Afrika, denn sie übte einen nicht zu unterschätzenden Einfluß auf die einzelnen Mitglieder aus. Obgleich das älteste männliche Familienmitglied im allgemeinen das Familienoberhaupt war, war es dennoch weit verbreitet, die Verwandtschaftsverhältnisse über die Mutter und nicht über den Vater zu bestimmen. In Gebieten mit matrilinearem System gehörten die Kinder ausschließlich zur Familie der Mutter, deren ältester Bruder die väterlichen

Rechte und Pflichten wahrnahm und die volle Verantwortung für die Kinder trug. In Stämmen, in denen nur die weiblichen Verwandtschaftsverhältnisse zählten, war der Bruder der Mutter mütterlicherseits das Familienoberhaupt. Dagegen war in den patrilinear organisierten Stämmen der leibliche Vater auch das Familienoberhaupt. In beiden Gruppen bildeten die noch lebenden Nachkommen desselben Vorfahren die Familie, derselben Frau in matrilinearen, desselben Mannes in patrilinearen Gesellschaften.

Im allgemeinen wurde die Frau nicht als Mitglied der Familie ihres Ehemannes betrachtet. Auch nach der Heirat blieb sie Mitglied ihrer eigenen Familie. Da diese weiterhin an ihrem Wohlergehen interessiert war, erwartete man vom Ehemann eine Sicherheit, daß er die Frau gut behandelte und ihrer Familie einen Brautpreis zahlte, als Ausgleich für die Abwerbung eines Familienmitglieds. Der Brautpreis war keine Bezahlung, wie oft angenommen wird, denn die Frau wurde nicht zum legalen Besitz des Mannes, sie blieb vielmehr in ihrer eigenen Familie. Natürlich schwankte die Höhe des Brautpreises je nach Stammesbrauch und sozialer Stellung des Bräutigams. In manchen Stämmen wurde diese Sitte symbolisch aufrechterhalten, als Zeichen des Respekts vor einer Tradition, die für die Beziehungen der Stämme aufeinander einmal wirkliche Bedeutung gehabt hatte.

Obwohl es Polygamie eigentlich überall in Afrika gab, wurde sie doch nicht überall praktiziert. Das Familienoberhaupt kam im allgemeinen für die Kosten auf, die anfielen, wenn ein junger Mann die erste Ehe einging. Wollte dieser dann eine zweite Frau nehmen, mußte er alle Kosten selbst tragen. Auch die jeweilige Religion bestimmte mit darüber, wie viele Frauen ein Mann haben durfte. Die einheimischen Religionen erlegten keinerlei Beschränkungen auf, doch als die Moslems an Einfluß gewannen, verboten sie den Gläubigen mehr als vier Frauen. Und wo immer Christen permanent siedelten, bestanden sie bedingungslos auf Monogamie. Jedenfalls scheint praktizierte Polygamie keine schlimmen Folgen gehabt zu haben. Vielmehr verringerte die Aufteilung der Pflichten in einem polygamen Haushalt die Aufgaben und Arbeiten jeder einzelnen Frau; ein sehr erstrebenswerter Zustand aus der Sicht von Frauen, deren Ehemänner sich weder Diener noch Sklaven leisten konnten.

Der Clan bestand aus all den Familien, die sich von einem gemeinsa-

> »Salih Bilal erinnert sich an Massina im Jahr 1844«
> [aus einem Brief von James Hamilton Couper]
>
> Seine Heimatstadt ist Kianah im Bezirk Temourah, im Königreich Massina ... Aus dem Gespräch mit ihm entnehme ich, daß die Stadt Kianah ... eine Foulah oder Fellatahsiedlung ist, die bei den älteren Völkern des Sudan angesiedelt ist und sich von ihnen durch die Sprache unterscheidet ... Es gibt zweierlei Häuser. Die Häuser der reicheren Schichten werden aus zylindrischen Ziegelsteinen gebaut, die aus einem an der Sonne getrockneten Gemisch aus Ton und Reishäcksel bestehen. Sie haben nur zwei Räume, einer wird als Lagerraum, der andere als Eß- und Schlafzimmer der ganzen Familie benutzt ... Die ärmeren Schichten wohnen in kleinen spitzen Hütten aus Pfählen, die an der Spitze verbunden und mit Stroh gedeckt werden.
> Die Einheimischen treiben Ackerbau und haben große Herden Pferde, Kühe, Schafe, Ziegen und einige Esel. Das Hauptgetreide ist Reis ... Außer Reis bauen sie eine besondere Art roten Mais, Hirse und Guinea-Mais an. Außerdem pflanzen sie Bohnen, Kürbisse, Okra, Tomaten, Gurken und Baumwolle an ... Die normale Nahrung besteht aus Reis, Milch, Butter, Fisch, Rind- und Hammelfleisch. Als Haustiere haben sie Pferde zum Reiten, Esel und Kamele zum Transport von Lasten, Rinder für Milch und Fleisch – die Bullen haben Höcker auf ihren Rücken –, Schafe mit sehr langer Wolle ... Ziegen, Geflügel und Hunde zur Bewachung. Sie haben keine Schweine ...
> Sein Vater und seine Mutter besaßen erhebliches Vermögen. Als er etwa zwölf Jahre alt war und zu Pferd von Djenne nach Kianah zurückkehrte, wurde er von einer Räuberbande entführt und nach Segu gebracht. Er wurde von einem Herrn zum nächsten weitergereicht, bis er bei Anomabu an die Küste kam ... Nachdem er Bambara verlassen hatte, das sind seine eigenen Worte, hatten die Menschen keine Religion mehr, bis er in dieses Land kam [die Goldküste].
>
> William B. Hodgson, *Notes on Northern Africa, the Sahara, and the Soudan* (New York, 1844), in: Philip D. Curtin, Hg., Africa Remembered (Madison, 1967), S. 147–151

men Vorfahren herleiteten. Ein Clan entstand zunächst in einem Ort oder einer Gegend, doch teilte er sich auf, wenn er zu groß wurde und einige Familien anderenorts bessere Chancen für sich sahen. Eine oder mehrere Familien zogen dann in ein anderes Gebiet, um dort zu leben. Außer wenn die Trennung nach einem gewalttätigen Streit oder Kampf erfolgt war, betrachteten sich auch die ortsfernen Familien weiterhin als Teil des Clans. War die Einheit aber erst einmal durch Abwanderung zerstört, so löste sich der Clan meist allmählich auf, denn ein Zusammenstehen im Krieg, gemeinsames wirtschaftliches Handeln und religiöses Leben waren praktisch nicht mehr möglich. Unter dem Druck, den die Abspaltung im Lauf der Zeit erzeugte, wurden die Traditionen und Bräuche des Clans nach und nach unverständlich und unwichtig. Und so blieb wenig mehr als der gemeinsame Namen, der die Mitglieder eines Clans miteinander verband. Irgendwann führten dann eine neue Umgebung und der Einfluß neuer Sprachen dazu, daß auch der Name geändert oder abgewandelt wurde. Mitglieder ein und desselben Clans, die an unterschiedlichen Orten lebten, hatten damit keine Möglichkeit mehr, sich wiederzuerkennen.

Schon früh waren in Afrika Anzeichen sozialer Schichtung in den Stämmen erkennbar. An der Spitze stand der Adel, das waren die »guten Männer«, die nachweisen konnten, daß sie von Freien abstammten. Da sie den Namen eines angesehenen Clans für sich beanspruchen konnten, hatten sie Anrecht auf eine gehobene Stellung und ein angesehenes Amt innerhalb der Sozialordnung. Ihnen unterstand die große Masse derjenigen, die einen gesicherten Stammbaum nur mit Mühe oder gar nicht nachweisen konnten, der genauer Prüfung standhielt. Obwohl sie einen guten Clannamen führten, konnten sie ihr Anrecht darauf nicht nachweisen und waren somit nicht für eine Position in der Oberschicht qualifiziert. Am unteren Ende der Sozialstruktur befanden sich alle diejenigen, die weder politische noch soziale Rechte hatten. Das waren Sklaven, Kriegsgefangene, in Ungnade gefallene und erniedrigte Menschen, die außerhalb des Gesetzes standen. Hinzu kam, daß die Sozialstruktur auch ein wirtschaftliches Fundament hatte und die Oberschicht einen Großteil des Vermögens besaß. Die Zugehörigkeit zu einer Schicht wurde durch die Familie nicht durch den einzelnen bestimmt. Da es Familien waren, die über wirtschaftliche Macht verfügten, entweder aufgrund wichtiger politischer Ämter oder durch ihre beherrschende Stellung in einem Gewerbe oder einem anderen Bereich der Wirtschaft, beeinflußten sie schon dadurch das Wesen der Gesellschaftsordnung. Nicht die Arbeit an sich bestimmte über den höheren oder niedrigen Rang einer Familie, sondern die Art der Arbeit. Einige Beschäftigungen genossen gesellschaftlich ein eindeutig hohes Ansehen, während andere ebenso eindeutig als gesellschaftlich niedrig eingestuft wurden. Ackerbau galt als die geschätzteste aller Tätigkeiten. Darauf folgten dicht aufeinander Viehzucht, Jagd, Fischfang, Hausbau, Schiffahrt, Handel, Goldgewinnung und die Herstellung von Waren wie etwa Seife, Öl oder Bier. Von Stamm zu Stamm gab es zwar Unterschiede, doch allen gemeinsam war die Tendenz, eine Familie wegen der Tätigkeit, der sie nachging, zu ehren oder gering zu schätzen.

Und dennoch darf man nicht annehmen, daß Menschen aus den unteren Gesellschaftsschichten keine besonderen Rechte oder kein Ansehen genossen. Jeder wurde als nötiges Mitglied der Gemeinschaft betrachtet und wegen seines Beitrags zur Gemeinschaft respektiert. So wurden zahlreiche Vorrechte deshalb gewährt, weil jemand über bestimmte anerkannte Fertigkeiten verfügte, ihm wurde das Recht verliehen, sich frei zu bewegen, den Wohnort zu wechseln und in Gruppen aufgenommen zu werden, die ihm sonst verschlossen geblieben wären. Man darf also nicht davon ausgehen, daß die Gesellschaftsordnung der afrikanischen Stammesgesellschaft absolut starr war. Wie bei anderen Völkern konnten Spezialwissen, Reichtum oder Glück die Voraussetzung für eine gewisse Durchlässigkeit in afrikanischen Gesellschaften schaffen. Ein Mitglied einer Bergarbeiterfamilie mochte sich berufen fühlen, Bauer zu werden. Obwohl diese neue Tätigkeit für ihn noch nicht den Aufstieg aus dem niedrigeren gesellschaftlichen Rang seiner Familie bedeutete, konnte er im Laufe der Zeit doch so viel Respekt und Anerkennung als guter Bauer finden, daß er schließlich als legitimes Mitglied der Schicht der höher eingestuften Klasse der Ackerbauern betrachtet wurde. Wie in fast allen Gesellschaften der Welt konnten Macht und Reichtum häufig an die Stelle adliger Herkunft treten.

Die Sklaverei war ein wichtiger Bestandteil des sozialen und wirtschaftlichen Lebens in Afrika. Sie war weit verbreitet und möglicherweise so alt wie die afrikanische Gesellschaft. Zu Sklaven wurden vor allem Kriegsgefangene. Wer sie erbeutet hatte, konnte sie behalten oder verkaufen. Im allgemeinen wurden sie als Eigentum des Stammeshäuptlings oder des Familienoberhauptes betrachtet. Rechtlich hatten Sklaven den Status von beweglicher Habe, praktisch aber wurden sie oft zu treuen Mitarbeitern ihrer Eigentümer und lebten faktisch wie Freie. Manche wurden allerdings auch verkauft und in ferne Länder verschleppt, wieder andere von Königen beim königlichen Ahnenkult geopfert. Die Kinder der Sklaven durften nicht verkauft werden und bildeten so einen integralen und unveräußerlichen Teil des Familienbesitzes. Sie genossen damit einen erheblichen Schutz, und es war nicht ungewöhnlich, daß die Kinder von Sklaven von ihren Eigentümern freigelassen wurden.

Religion

Bis zur Zeit des Einfalls der Europäer in Afrika praktizierte die Mehrzahl der Menschen religiöse Bräuche und Riten, die in Afrika beheimatet waren. Diese Riten waren Ausdruck bestimmter religiöser Vorstellungen und sagten wie die Symbole in anderen Religionen nichts über das eigentliche Wesen des Glaubens aus. Die Religion der frühen Afrikaner kann man am besten als Ahnenverehrung beschreiben, glaubten die Afrikaner doch, daß die Geister ihrer Vorfahren unbegrenzte Macht über ihr Leben hätten. Deshalb war auch hier – wie in allen anderen Lebensbereichen – die Großfamilie besonders wichtig. Man war zutiefst davon überzeugt, daß der Geist, der in einem Verwandten lebte, bei dessen Tod zur Gottheit wurde, weiterlebte und aktiv in das Leben der Familie eingriff. Die Geister der lang verstorbenen Ahnen hatten über die Jahre schon so viel Einfluß gewinnen können, daß sie sehr viel mächtiger waren als die der erst kürzlich Verstorbenen; daher die tiefe Verehrung und vollkommene Vergötterung der frühen Ahnen. Man verehrte aber nicht nur die Geister verstorbener Familienmitglieder, ebensoviel Achtung zollte man den Geistern, die auf dem Grund und Boden der Familien, in Bäumen und Felsen in der Umgebung der Großfamilie und im Himmel lebten.

Wegen der Familienbezogenheit der afrikanischen Religionen waren die Patriarchen der Familien zugleich Priester. Als älteste noch lebende Nachkommen der Urahnen hatten sie die irdischen Vorrechte ihrer Vorgänger geerbt. So besaßen sie die Verfügungsgewalt über den Grund und Boden der Familie, über das Wasser und die Luft. Es war der Patriarch der Familie, der mit den Seelen der Ahnen und den Naturkräften seiner unmittelbaren Umgebung Verbindung aufnahm. Nur er durfte die religiösen Zeremonien leiten. Stätte der Verehrung konnte jedes Gebäude werden, das man für diesen Zweck aussersah. Meist bewahrte man dort heilige Objekte auf, etwa die Knochen der Toten, geweihte Gegenstände aus Holz, Fels oder Metall oder Statuetten, die Kultobjekte darstellten. Kleine Glocken und Rasseln halfen den Gläubigen, die Geister zu beschwören, das Blut von Opfertieren – Hühnern, Schafen, Ziegen – oder von Menschen sollte die Götter gnädig stimmen. Menschenopfer waren in Afrika nie weit verbreitet, aber in manchen Gegenden wurden Kriegsgefangene oder Straftäter bei Kulthandlungen verschiedenen Göttern geopfert. Auch Trankopfer aus Palmwein, Bier oder anderen alkoholischen Getränken wurden bei Kulthandlungen dargebracht. Gebete und Lieder waren ebenso Ausdrucksformen der Verehrung.

In afrikanischen Gesellschaften glaubte man natürlich an die magische Kraft von Amuletten, Talismanen und ähnlichem. Alles, was half, das Unerklärliche faßbar zu machen und zu erklären, wurde als Ergänzung der Stammesbräuche bereitwillig aufgegriffen. Deshalb spielte die Magie eine große Rolle. Der afrikanische Magier setzte sich mit den unbekannten, nur ihm vertrauten Mächten in Verbindung und stellte so sicher, daß durch seine speziellen Techniken und Riten den besonderen Wünschen der Individuen, die ihn aufsuchten, Rechnung getragen wurde. War die Religion der kollektive Versuch, Sühne für die Gesamtheit der Großfamilie zu erhalten, so war die Magie der individuelle Versuch, die Erfüllung bestimmter Dinge für den einzelnen zu erlangen. Selbst in Gegenden, wo animistische Kulte vorherrschten, war der Glaube an die Magie weit verbreitet. Viele Menschen vertrauten der Macht magischer Riten, und es mag durchaus sein, daß dieses blinde Vertrauen in die Weissagungen der Zauberer mitverantwortlich für die Entdeckung der Zivilisation in Afrika war.

Die große Sorgfalt, mit der man überall auf dem Kontinent Begräbnisriten ausführte, zeigt deutlich, welche Beachtung die Einheimischen der Vorstellung beimaßen, daß die Geister der Toten im Leben der Familien eine wichtige Rolle spielten. Das Begräbnis war der Höhepunkt des Lebens, kostspielige und zahlreiche Rituale abzuhalten war die heilige Pflicht der Überlebenden. Zumeist wurden die Toten in der Erde bestattet, entweder unter ihren Hütten oder auf Friedhöfen. Im allgemeinen fand das Begräbnis einige Tage nach dem Tod statt, manchmal zögerte man es aber auch um Wochen hinaus. Das Grab wurde erst dann endgültig geschlossen, wenn alle Familienmitglieder Opfergaben dargebracht und an den festgelegten Begräbnisriten teilgenommen hatten. Nichts verdeutlicht den inneren Zusammenhalt afrikanischer Familien besser als die feierlichen Sitten und Bräuche, die in Zusammenhang mit dem Tod und Begräbnis eines Familienmitglieds stehen.

Der frühe Einfluß des Islam auf die afrikanische Lebensweise ist bisher sehr überschätzt worden. Das gilt auf alle Fälle für die Zeit vor dem 14. Jahrhundert. Moslems durchquerten das Land im 7. Jahrhundert von Arabien aus nach Ägypten und hatten im folgenden Jahrhundert überall in Nordafrika beachtlichen Erfolg. Aber die Schwarzen südlich der Sahara waren nur schwer zum Übertritt zum Islam zu bewegen. Man erinnere sich daran, daß die Königreiche Ghana, Mali und Songhai den Islam nur zögernd annahmen und andere Bevölkerungsgruppen ihn gänzlich ablehnten. Einige afrikanische Könige unterwarfen sich dem Islam lediglich aus wirtschaftlichen oder politischen Erwägungen heraus, während ihre Untertanen zäh an den Stammesreligionen festhielten. So konnten die Moslems die Bevölkerung in Mali, im Hausaland oder die Yoruba niemals bekehren. Allerdings waren vor allem die von den Moslems gebotenen wirtschaftlichen Chancen verlockend. Die Anhänger des Propheten erkannten die Afrikaner als gesellschaftlich Gleichberechtigte an und boten ihnen die Chance, die Vorteile der Erziehung und kulturellen Entwicklung ihrer Religion zu nutzen. Selbst als Sklave wurde der schwarze Moslem als Bruder betrachtet. Für viele schwarze Afrikaner waren diese Aspekte zweifellos ebenso wichtig wie die rein rituellen Inhalte der neuen Religion. Trotzdem lehnten unzählige Schwarze den Islam ab und blieben den Kulten und Riten treu, die von alters her Teil ihres Lebens waren.

Das Christentum faßte früh in Nordafrika Fuß. Es hatte seinen festen Platz, als der Islam im 7. Jahrhundert auftauchte, und bald entbrannte zwischen diesen beiden großen Glaubensrichtungen ein erbitterter Streit um die Vorherrschaft in dieser Region. In Westafrika mit seiner hohen Bevölkerungsdichte, wo die meisten Sklaven ausgehoben wurden, blieb das Christentum praktisch unbekannt, bis die Portugiesen im 16. Jahrhundert die ersten Missionsstationen errichteten. Es war eine seltsame Religion, dieses Christentum, das Gleichheit und Brüderlichkeit predigte und doch zugleich in großem Umfang die Menschen aus ihrer Heimat verschleppte, in fremde Länder transportierte, wo sie zu Sklaven wurden. Wenn die Afrikaner südlich der Sahara das Christentum nur zögerlich annahmen, so lag es nicht nur daran, daß sie ihren eigenen Stammesbräuchen sehr verhaftet waren, sie besaßen auch nicht die übermenschliche Fähigkeit, die Widersprüche der neuen Religion in ihren Vorstellungen in Einklang zu bringen.

Kunst

Die Afrikaner erreichten in vielen Kunstformen ein hohes Maß an Ausdruckskraft. Ihre Schnitzereien und Skulpturen aus Holz, Stein und Elfenbein offenbaren große Originalität im technischen Können und in der Wahl des Sujets, sie zeigen auch die große Befähigung der Afrikaner zu künstlerischem Ausdruck. Natürlich gab es eine große Variationsbreite im Niveau des künstlerischen Ausdrucks, doch gab es kaum einen Stamm, der sich nicht in irgendeiner Kunstform auszudrücken suchte. Die Bronze- und Kupferarbeiten aus Benin – Rosetten, Türschilder, Gefäße – zeigen höchste Vollendung im Umgang mit diesem schwierigen Material. Die eleganten Terrakottafiguren der Yoruba bezeugen die ungewöhnliche künstlerische Begabung dieses Volkes. Die Skulpturen von Mensch und Tier, die fast überall in Afrika bei religiösen Ritualen eine Rolle spielten, beweisen, daß sich in fast allen Gesellschaften einzelne Mitglieder künstlerisch betätigten. Zwischen Timbuktu und Zaire wurden beachtliche Werke aus Holz, Gold, Silber, Elfenbein, Ton und anderen Werkstoffen geschaffen. Man wird nicht bestreiten können, und viele dieser Arbeiten belegen es, daß die afrikanische Kunst sich eigenständig entwickelt hat und den Namen Kunst zu Recht trägt.

Um die Schönheit und den Wert von Gegenständen für den Verkauf oder den eigenen Gebrauch zu steigern, wurden sie auf mannigfaltige Weise verziert. Töpferwaren wurden bemalt und glasiert, hölzerne Löffel oder Messer hübsch geschnitzt. Goldener Filigranschmuck, fein gewobene Matten, Stoffe und Teppiche sind hervorragende Beispiele für die Anwendung der Kunst in serienmäßiger Fertigung. Auch beim Bau von Häusern, Palästen und Tempeln zeigt sich die Vorliebe zur ornamentalen Verzierung. Nachdem moslemische Architekten und Naturwissenschaftler in die Gebiete südlich der Sahara vorgedrungen waren, wurde eine Vervollkommnung von Symmetrie und Schönheit der westafrikanischen Architektur deutlich. Und dennoch bleibt hier festzuhalten, was zahllose Beispiele belegen, daß viele Grundelemente der Schönheit der afrikanischen Architektur schon vor dem Eindringen der Moslems vorhanden waren.

Ein ganz wichtiges Medium, in dem sich das ästhetische Empfinden der Afrikaner ausdrückt, ist die Musik. Zu den wichtigsten in Afrika entwickelten Instrumenten gehören Xylophon, Trommel, Gitarre, Zither, Harfe und Flöte. Die meist ausgeübte Form der Musik war natürlich der Gesang – mit oder ohne Instrumentalbegleitung. Die Lieder waren zumeist Wechselgesänge und durch starke Rhythmisierung gekennzeichnet. Einige waren in ihrem Tonumfang, Rhythmus und Aufbau ziemlich kompliziert, und die Variationsbreite der musikalischen Formen war außerordentlich groß, von Schlafliedern, Tanzgesängen, Arbeitsliedern bis hin zu religiösen Gesängen. Auch der afrikanische Tanz hatte viele Ausdrucksformen. So gab es Tänze für die Freizeit oder für Gemeinschaftsanlässe, während andere religiöse oder rituelle Funktionen erfüllten. Sowohl die Musik als auch der Tanz wurden von den Afrikanern als integraler Bestandteil ihrer Kultur betrachtet.

Die Vielzahl der in Afrika gesprochenen Sprachen stellte für die Entwicklung literarischer Formen immer ein Hindernis dar. Zwischen dem Atlantik und Äthiopien – im Herzen des Kontinents sozusagen – wurden Sudansprachen gesprochen. Im südlichen Afrika herrschten Bantusprachen vor, daneben gibt es mehr als zehn semitohamitische Sprachen, vom Arabischen, das in Nordafrika gesprochen wird, bis zu den Berberdialekten in der Sahara. Hinzukommen viele Stammessprachen, die keine erkennbare Verwandtschaft mit den großen Sprachgruppen aufweisen, darunter Sprachen wie Suto, Ruanda und Banda. Wo selbst auf kleinstem Raum eine solche Heterogenität der gesprochenen Sprachen herrscht, ergeben sich naturgemäß schier unüberwindliche Schwierigkeiten für die Entwicklung einer umfassenden Verständigung.

Im frühen Afrika gab es kaum Schriftsprachen. Die Literatur bestand daher vor allem in mündlichen Überlieferungen, die es in Hülle und Fülle gab. Zumeist über die Familiengruppe tradiert, enthielt diese mündliche Literatur Märchen und Mythen, Sprichwörter, epische Dichtungen, Satiren, Liebeslieder, Begräbnisgesänge und Scherzgeschichten. Einzelne Männer, die Griots, sammelten diese mündliche Literatur und trugen sie vor Königen ebenso wie vor einfachen Familien vor. Sie sangen, rezitierten Verse und erzählten Geschichten. In ihrem Gedächtnis bewahrten sie die Geschichte, die Gesetze und die Traditionen ihres Volkes, waren eine Art lebendiges Nachschlagewerk und leisteten ihrem Volk bisweilen unschätzbare Dienste. Nach dem 14. Jahrhundert war der Gebrauch des Arabischen unter gebildeten moslemischen Afrikanern sehr verbreitet, und damit wurde es auch möglich, einige Beispiele der mündlich überlieferten Literatur schriftlich festzuhalten. Beispiele hierfür sind der Tarikh-es-Sudan, die Geschichte des Sudan, aufgezeichnet von Es-Sadi, und der Tarikh-el-Fettach, aufgeschrieben von dem Sudanesen Kati. Einige afrikanische Gelehrte versuchten sogar, das arabische Alphabet für die Niederschrift einer der afrikanischen Sprachen zu adaptieren, indem sie diakritische Zeichen für solche Laute einführten, die im Arabischen nicht vorkommen. Durch diesen äußerst schwierigen Kunstgriff wurde die Anwendung des Arabischen weiter ausgedehnt und eine geschriebene Literatur für die Afrikaner entwickelt.

So etwa sah das Leben in Afrika noch bis zum Ende des 16. Jahrhunderts aus. Dieser Entwicklungsstand war erreicht, als die Europäer einfielen, um mit der Ware Mensch Handel zu treiben. Es war keineswegs eine primitive Lebensweise, die die Weißen vorfanden. Die Grundprobleme der menschlichen Existenz waren gelöst. Die politischen, wirtschaftlichen und gesellschaftlichen Institutionen waren im allgemeinen stabil. Ob es sich bei den Staaten um große Königreiche oder nur kleine politische Einheiten handelte, sie waren als konstitutionelle Monarchien mit unzähligen Beamten gut organisiert. Klar umrissene Konzepte von Recht und Ordnung galten, und selbst wenn es große Rivalitäten und sogar Konflikte zwischen den Staaten gab, innerhalb der verschiedenen Regierungen herrschte ein hohes Maß an Ordnung. Die Bürger nahmen ihre Aufgaben und Pflichten offenbar ernst. Die Völker Afrikas waren im allgemeinen sehr diszipliniert, und es gibt kaum Berichte über Revolten oder Revolutionen. Das heißt freilich nicht, daß alle Herrscher wohlwollend waren oder alle Untertanen frei von Unterdrückung lebten. Es heißt nur, daß ein relativ befriedigendes Gleichgewicht zwischen Herrscher und Untertanen bestand. Usurpatoren und Thronprätendenten gab es durchaus, und zuweilen verursachten sie chaotische Zustände. Aber das waren Ereignisse, die wahrscheinlich nicht schlimmer waren als die Kämpfe und das Chaos, die im Europa des späten Mittelalters und der frühen Neuzeit ausbrachen.

Gemeinhin waren die Verhältnisse innerhalb der afrikanischen Staaten und zwischen ihnen stabil genug, um eine gesunde wirtschaftliche

Entwicklung zu ermöglichen. Die vorhandene Arbeitsteilung und Spezialisierung auf bestimmte Berufe zeigen eine bemerkenswerte Flexibilität und Vielseitigkeit der Begabungen und des Geschmacks. Das Interesse am Handel und die Tatsache, daß man die wirtschaftliche Bedeutung des Kontakts zur asiatischen und europäischen Welt erkannte, zeugen von einem Realismus, der dem der Staaten der übrigen Welt in jener Zeit in nichts nachsteht.

Betrachtet man die gesellschaftlichen Institutionen Afrikas, so beeindruckt vor allem die bindende Kraft der Familie. Die Kernfamilie, der Clan und der Stamm waren die sicheren Stützen, auf denen alle Bereiche des Lebens ruhten. Die in der Familie durchgesetzte Disziplin war weitgehend für die Stabilität verantwortlich, die in vielen Bereichen des Lebens zu beobachten war. Einfluß und Macht des Patriarchen über die Mitglieder seiner Familie bildeten die Grundlage für die Stabilität, die auch für das gesamte Gebiet charakteristisch war. Die tiefe Loyalität und Zuneigung des Individuums seiner Familie gegenüber grenzten fast an Ehrfurcht und waren tatsächlich die Grundlage der meisten religiösen Handlungen, bei denen die Ahnenverehrung eine so wichtige Rolle spielte. Die Religionen Afrikas waren das Produkt einer Umgebung, in der die Menschen in engem Kontakt zur Natur lebten. Die heiligen Riten waren Ausdruck der verzweifelten Suche nach Lösungen für die Unwägbarkeiten des Lebens. Die Götter griffen direkt in das tägliche Leben ein, und die Menschen erwarteten wirkungsvolle, praktische Demonstrationen der göttlichen Macht, die sich in reichen Ernten oder im Sieg über die Feinde ausdrückten. Wenn die Afrikaner den Göttern anderer Stämme oder gar anderen Religionen gegenüber eine gewisse Skepsis zeigten und nicht leicht geneigt waren, sie zu übernehmen, so lag es wohl daran, daß sie nicht einsahen, wie weitere Götter ihnen größere Erfolgschancen bei ihren Unternehmungen bieten könnten.

Diese Menschen, die zwangsläufig ihre ganze Kraft und Aufmerksamkeit der alles entscheidenden Frage des Überlebens widmen mußten, vernachlässigten dennoch die ästhetischen Aspekte des Lebens nicht. Überall finden sich Beispiele eines ausgeprägten Wunsches nach künstlerischem Ausdruck. Ob in der Malerei, der Bildhauerei, der Schnitzkunst – überall sind ein großes Feingefühl und eine Wertschätzung für das Schöne spürbar, die eine grundlegende Achtung vor den schönen Dingen des Lebens erkennen lassen. Selbst bei serienmäßig hergestellten Gegenständen des Kunstgewerbes nahmen sich die Afrikaner Zeit, ihre Produkte mit all ihrem Talent und Können künstlerisch zu verschönern. Gesang und Tanz spielten eine wichtige Rolle im Leben der Gemeinschaft. Mit Streichinstrumenten und Trommeln feierten sie fröhliche Feste mit den Freunden, begleiteten die Verehrung der Götter und untermalten die Totenfeiern. Doch auch auf literarischem Gebiet zeigte sich ihre ästhetische Neigung. Wie bei jeder anderen Betätigung waren auch die literarischen Aktivitäten der Afrikaner eng mit dem täglichen Leben verbunden. Die mündliche Literatur bestand aus Märchen, Sprichwörtern, Epen, Legenden und Gesetzen, sie diente erzieherischen Zwecken, aber auch der reinen Unterhaltung und als Anleitung für die Verwaltung des Landes sowie für die Durchführung religiöser Zeremonien. Wenn die schriftliche Literatur nicht sehr umfangreich war, so lag das nicht an mangelndem literarischen Interesse, sondern vielmehr an den technischen Schwierigkeiten, die der Entwicklung von Schriftsprachen im Weg standen. Die überlieferten, überwiegend in Arabisch verfaßten Abhandlungen lassen erkennen, daß wenn das Problem der Schriftsprache einmal gelöst war, die aufgezeichneten Werke einen Vergleich mit den zeitgenössischen Schriften der übrigen Welt durchaus lohnen. Wichtiger aber ist es, daß sie den eigenen Vorgaben und Maßstäben gerecht wurden.

Die Verpflanzung der afrikanischen Kultur

Afrikanische und amerikanische Gelehrte diskutieren seit Jahren die Frage, in welchem Umfang afrikanische Kultur verpflanzt und in der Neuen Welt erhalten wurde. Eine große Zahl von Gelehrten hat lange Zeit behauptet, daß in Afrika überhaupt nichts existierte, was einer Kultur gleichkam, und folglich auch nichts mitgebracht werden konnte. Als die gegenteiligen Beweise immer zahlreicher wurden, war diese Ansicht nicht länger haltbar. Es blieb jedoch die Frage, ob die Afrikaner, abgesehen von ihrer Hautfarbe, weiterhin Afrikaner geblieben waren und ob irgendwelche unzweideutig afrikanischen Kulturelemente in den allgemeinen Akkulturationsprozeß, der in Amerika stattfand, eingingen. Soziologen wie E. Franklin Frazier und Robert E. Park konnten im gegenwärtigen Leben der Afroamerikaner nichts finden, was auf deren afrikanische Herkunft hindeutete. Carter G. Woodson, Melville J. Herskovits, Lorenzo Turner, John Blassingame und Albert Raboteau betonen dagegen nachdrücklich, daß man das afrikanische kulturelle Erbe in vielen Bereichen des amerikanischen Lebens noch heute erkennen kann. In den 60er und 70er Jahren lebte die Diskussion erneut auf. Viele Schwarze und auch einige Weiße erklärten, daß ein wesentlicher Teil der afrikanischen Kultur die Überfahrt über den Atlantik nicht nur überstanden hatte, sondern bis zum heutigen Tag fortbesteht. Diese Kontroverse ist noch nicht entschieden, und doch scheint es möglich, eine vorläufige Stellungnahme zu dieser wichtigen Frage abzugeben.

Die afrikanischen Sklaven kamen aus einem komplexen gesellschaftlichen und wirtschaftlichen Leben und wurden von den Erlebnissen und Erfahrungen in der Neuen Welt weder überwältigt noch eingeschüchtert. Trotz der Heterogenität, die für viele Bereiche des afrikanischen Lebens charakteristisch war, verfügten die Schwarzen über genügend gemeinsame Erfahrungen, die es in der Neuen Welt möglich machten, neue Sitten und Gebräuche auszubilden und die gemeinsame afrikanische Herkunft mit einzubringen. Mindestens zwei Akkulturationsprozesse liefen in der Neuen Welt parallel zueinander ab. Dadurch, daß Afrikaner mit unterschiedlichen Erfahrungen zusammenlebten, kam es zu einer Wechselwirkung der verschiedenen afrikanischen Kulturen. Daraus entwickelten sich leicht abgewandelte Sitten und Bräuche, die aber immer noch tief in die afrikanische Welt zurückreichten. Das galt vor allem dann, wenn eine große Zahl von Afrikanern zusammenlebte, etwa auf den Westindischen Inseln. Hier konnten sie religiöse Bräuche und sogar Eigenheiten der Sprache beibehalten. Gleichzeitig kam es aber auch zu einer Vermischung von afrikanischer und westlicher Kultur, was zweifellos die kulturellen Muster beider Gruppen veränderte. Es sei daran erinnert, daß europäische Institutionen nicht überall gleich fest verankert waren. Wo europäische Verhaltensweisen relativ schwach vertreten waren, stiegen entsprechend die Chancen für das Fortleben afrikanischer Bräuche.

Innerhalb des kulturellen Konflikts, der nach der Ankunft der Afrikaner in der Neuen Welt ausgetragen wurde, spielte sich der Akkulturationsprozeß an verschiedenen Orten und unter unterschiedlichen Bedingungen auch unterschiedlich ab. An manchen Orten war er alles andere als schnell erledigt, da nämlich, wo die Übereinstimmung der Erfahrungen der Afrikaner ausreichend groß war und sie die westliche Kultur fast vollständig in den Kategorien ihrer eigenen Erfahrung neu interpretieren konnten. Anderenorts, und zwar vor allem in Brasilien und auf einigen Westindischen Inseln, ermöglichten erfolgreiche Revolten die fast vollständige Verpflanzung der afrikanischen Lebensweise. Und wieder anderswo vollzog sich die normale Akkulturation allmählich. Immer aber haben zumindest gewisse Elemente der afrikanischen Kultur überlebt. Wenn es jedoch darum geht, Umfang und Bedeutung der Beibehaltung afrikanischer Kulturelemente in der Neuen Welt – und vor allem in den Vereinigten Staaten – zu bestimmen, steht man vor einer schwierigen Aufgabe. Überbleibsel zeigen sich in der Sprache (z. B. in Wörtern wie »yam«, »goober«, »canoe« und »banjo«). In der Literatur haben afrikanische Elemente als Volksmärchen überlebt, die vor wenigen Jahren von amerikanischen Schriftstellern aufgezeichnet wurden. In der Religion gibt es verschiedene Kulthandlungen und Formen der Weissagung, deren afrikanische Ursprünge deutlich erkennbar sind. Bei der Arbeit, beim Spiel, in sozialen Organisationen und in verschiedenen künstlerischen Ausdrucksformen offenbaren sich Spuren afrikanischer Kultur.

Wenn afrikanische Kulturelemente in unterschiedlich starker Ausprägung in Amerika überlebten, heißt das jedoch keineswegs, daß sich die Afrikaner nur in begrenztem Umfang an die Bedingungen der Neuen Welt anpaßten. Ganz im Gegenteil verweist es auf die Tatsache, daß die Welt, aus der sie kamen, so tiefe Wurzeln hatte und die Beibehaltung einiger Sitten und Traditionen ermöglichte. Es spricht einiges für die Ansicht, daß im Wettstreit der Kulturen nur solche Elemente überdauern, deren Wert und Überlegenheit ihnen die nötige Stärke und Durchsetzungskraft hierfür mitgegeben haben. Die Überbleibsel afrikanischer Kultur in Amerika verweisen darüber hinaus auf eine ausgesprochene Flexibilität der afrikanischen Institutionen. Durch die intensiven Beziehungen zwischen einzelnen Stämmen und Staaten hatten die Afrikaner bereits die wichtige Erfahrung gemacht, wie sie die Vorstellungen derjenigen, mit denen sie in Kontakt kamen, übernehmen und gleichzeitig vieles von ihrer früheren Lebensweise beibehalten konnten.

3. KAPITEL
DER SKLAVENHANDEL UND DIE NEUE WELT

Europäische und asiatische Interessen

Als sich die Christen Westeuropas im 15. und 16. Jahrhundert dem Menschenhandel zuwandten, führten sie damit keine neue Praktik ein. Obwohl sie in Methode und Vorgehen viel Originalität zeigten, ließen sie sich auf ein Geschäft ein, das schon viele Jahrhunderte lang betrieben worden war. Tatsächlich war die Sklaverei in der frühesten uns bekannten Geschichte Afrikas genauso verbreitet wie in anderen Kontinenten. Und zweifellos war die Sklaverei in Afrika mit Grausamkeit und Unterdrückung verbunden, wie überall, wo sich diese Institution entwickelte. Zumindest hatte die Sklaverei in einigen Teilen Afrikas keinen rassischen Hintergrund. Die Ägypter machten alle Kriegsgefangenen zu Sklaven. Mal waren es Semiten, mal Angehörige der Mittelmeervölker oder Schwarze aus Nubien. Die Sklaverei im antiken Griechenland und im Römischen Reich ist bekannt. In beiden Epochen lieferte der Menschenhandel aus Westasien und Nordafrika einen ständigen Strom von Sklaven für die persönlichen Dienste und die Feldarbeit der herrschenden Klasse. Weder in Griechenland noch in Rom wurde die Dienstleistung als erniedrigend angesehen. Die Chancen zur Ausbildung und kulturellen Weiterbildung standen deshalb den Sklaven offen. Es war nicht ungewöhnlich, in dieser Klasse Menschen zu finden, die über eine hohe Intelligenz und beträchtliche Bildung verfügten, wie man sie normalerweise nicht bei Sklaven erwartete.

Als die Moslems nach Afrika vordrangen, leisteten sie einen wesentlichen Beitrag zur Entwicklung der Institution der Sklaverei, indem sie Frauen für ihre Harems und Männer für den Militärdienst und andere Dienste mitnahmen. Sowohl durch Kauf als auch durch Eroberung beschafften die Moslems afrikanische Sklaven und transportierten sie übers Meer nach Arabien, Persien und in einige andere islamische Länder. Als afrikanische Könige und Fürsten zum Islam übertraten, arbeiteten sie mit den Arabern beim Export dieser menschlichen Fracht zusammen. Lange vor der Expansion des Sklavenhandels durch die Europäer waren viele grundlegende Praktiken des internationalen Sklavenhandels etabliert. Es muß jedoch angemerkt werden, daß die Sklaverei bei den Moslems keine Institution war, die vornehmlich zur Herstellung von Waren diente, die ihrerseits Gewinn abwarfen und Vermögen schufen. Es gab keine großen Baumwoll-, Tabak- und Zuckerrohrplantagen in Arabien, Persien und Ägypten. Die Sklaven in diesen Ländern waren hauptsächlich Diener, und die Nachfrage hing vor allem vom Reichtum der potentiellen Eigentümer ab. Die Sklaverei war also eine Manifestation von Reichtum, und die Institution hatte wenig von der Härte und Strenge an sich wie in den Gegenden, wo sie die Grundlage zur Schaffung von Reichtum war. Obwohl der Übertritt zum Islam einen Sklaven nicht von seinen Pflichten entband, stiegen jedoch sein Ansehen und Rang gegenüber anderen. Das mag angesichts des weiteren Sklavendaseins von zweifelhaftem Wert gewesen sein, und doch konnte es von Sklaven eines späteren und brutaleren Systems als Strohhalm verstanden werden, an den man sich klammern konnte.

Es waren die Kräfte, die in der Renaissance und der sogenannten Revolution des Handelssystems freigesetzt wurden, die die modernen Institutionen der Sklaverei und des Sklavenhandels schufen. Die Renaissance gab dem Menschen eine neue Art der Freiheit – die Freiheit, jene Ziele zu verfolgen, die für die Entwicklung von Seele und Körper am vorteilhaftesten waren. Ihre Entwicklung endete in der Zerstörung lange bestehender Praktiken und Glaubensgrundsätze und sogar in der Zerstörung der Rechte anderer, dieselben Ziele zu ihrem eigenen Nutzen zu verfolgen. W. E. B. Du Bois hat darauf hingewiesen, daß dies eine Freiheit war, die Freiheit zu zerstören, die Freiheit einiger, die Rechte der anderen auszubeuten. Denn wenn Menschen entschlossen waren, frei zu sein, wer sagte ihnen dann, daß sie kein Recht hatten, andere zu Sklaven zu machen?

Verbunden mit dieser neuen Vorstellung von Freiheit, war ein Erstarken der Wirtschaft in Europa, in Gang gesetzt durch die Revolution des Handels. Der Zusammenbruch des Feudalismus, der Aufstieg der Städte, das stärkere Interesse an kaufmännischer Tätigkeit und die neue Erkenntnis von der Stärke und Macht des Kapitals waren allesamt wesentliche Elemente der Revolution des Handels, und sie führten zu einem neuen Typ des Wettbewerbs, der gekennzeichnet war durch die rücksichtslose Ausbeutung aller Waren, die als Wirtschaftsgüter angesehen werden konnten. Der Aufstieg mächtiger Nationalstaaten in Westeuropa – Spanien, Frankreich, Portugal, England und später Holland – stellte die politischen Mittel bereit, mit denen die neuen Wirtschaftskräfte gelenkt werden konnten. Während der Staat innerhalb seiner Grenzen die Funktion des Schiedsrichters gegenüber Konkurrenten wahrnahm, stimulierte er auch den Wettbewerb zwischen seinen eigenen und ausländischen Kaufleuten. Der Geist der Renaissance, der diese Form rücksichtsloser Freiheit sanktionierte, und die Praktiken der Handelsrevolution, mit ihren neuen Techniken der Ausbeutung, wirkten zusammen und ebneten neue Wege zu Reichtum und Macht. Dazu gehörte die Schaffung der Institution der modernen Sklaverei und die damit verbundene Praxis des Imports und Exports von Sklaven.

Zweifellos waren einige Afrikaner, die während der moslemischen Herrschaft in den Norden oder Osten verkauft worden waren, auf die Märkte Westeuropas gelangt. Doch erst am Ende des 14. Jahrhunderts brachten die Europäer selbst Sklaven nach Europa. Spanische und portugiesische Seeleute erkundeten die Küste Afrikas im Sog der großen Expansionswelle, die ganz Europa erfaßt hatte. Sie kamen auf die Kanarischen Inseln und in zahllose Häfen des Festlandes bis zum Golf von Guinea. Sie nahmen Afrikaner mit nach Europa und machten sie zu Dienern; sie fühlten sich dazu berechtigt, weil die Afrikaner so die Gelegenheit bekommen sollten, ihr Heidentum aufzugeben und die christliche Religion anzunehmen. Mitte des 15. Jahrhunderts verkauften Europäer auf ihren Märkten viele afrikanische Waren, darunter Nüsse, Früchte, Olivenöl, Gold und Sklaven. Innerhalb weniger Jahre wurde der Sklavenhandel zum allgemein anerkannten und profitablen Teil des europäischen Handels. Nachhaltig gefördert durch Prinz Heinrich, erkannten die Seeleute und Kaufleute Portugals früh die wirtschaftlichen Vorteile, die der afrikanische Sklavenhandel bot. Als Prinz Heinrich 1460 starb, wurden sieben- bis achthundert Sklaven jährlich nach Portugal verbracht.

Die letzte Hälfte des 15. Jahrhunderts kann in der Geschichte des Sklavenhandels als Vorbereitungsphase angesehen werden. Europäer, hauptsächlich Spanier und Portugiesen, nahmen direkte Handelsbeziehungen zu den Afrikanern auf und bauten Forts und Handelsposten, um von dort ihren Geschäften nachzugehen. Es war die Zeit, in der Europäer sich daran gewöhnten, daß schwarze Afrikaner ihre Arbeit machten, und in der sie Möglichkeiten sondierten, welche neuen Betätigungen sich finden ließen. Die Europäer versuchten, untereinander die Frage zu entscheiden, wer an diesem Handel beteiligt sein sollte und wer nicht; und der wilde Kampf um das Handelsmonopol noch vor Ende des Jahrhunderts läßt erkennen, für wie wichtig dieser Handel gehalten wurde. Und schließlich war dies die Zeit, in der die Europäer ihre Taten aus dem christlichen Glauben zu begründen und zu rechtfertigen suchten. Portugiesen und Spanier waren federführend in Europa, als es darum ging, den missionarischen Eifer des Christentums zur Rechtfertigung ihrer Aktivitäten an der afrikanischen Küste zu bemühen. Wenn sie Afrikaner aneinanderketteten, um sie einer lebenslangen Zwangsknechtschaft auszuliefern, so war dies die »heilige Sache«, für die sie den Segen ihres Königs und ihrer Kirche hatten.

Für die afrikanische Sklaverei gab es in Europa niemals eine profitable Zukunft. Obwohl Europa im 15. und 16. Jahrhundert einen dramatischen wirtschaftlichen Wandel durchmachte, hatten die neuen wirtschaftlichen Institutionen für die Afrikaner keine Verwendung in einem so breiten Umfang, daß der Sklavenhandel außergewöhnlich profitabel gewesen wäre. Bankhäuser, Werften, Handelshäuser und die Häuser der Neureichen hatten nur für eine begrenzte Zahl von Sklaven Verwendung. Sicher, es gab viele Tätigkeiten zu verrichten, aber auch viele Weiße, denen ihr Land durch die Einhegungsbewegung in England und auf dem Kontinent genommen worden war, waren auf Arbeitssuche. Wenn Stellen frei waren, dann beanspruchten die mittellosen Europäer sie für sich. Aber die neue Wirtschaftsära und ihre Entwicklungen kündigten einige Aktivitäten an, bei denen Afrikaner vielleicht gebraucht werden konnten. Es war nicht zu erwarten, daß sich diese Aktivitäten auf Europa beschränken würden, als der internationale Wettbewerb entbrannt war. Die Suche nach neuen Handelswegen, neuem Land, nach neuen Waren bot schließlich die Einsatzmöglichkeiten für afrikanische Sklaven, nach denen die Europäer lange gesucht hatten. Die Neue Welt mit ihren unermeßlichen Naturschätzen und ihren noch unerschlossenen Gebieten konnte die Sklaverei und den Sklavenhandel profitabel machen, wenn sie denn irgendwo profitabel sein konnten.

Afrikaner in der Neuen Welt

Bereits im Jahr 1920, als Leo Wiener, Professor an der Harvard-Universität, *Africa and the Discovery of America* veröffentlichte, vertraten einige Wissenschaftler die Ansicht, daß Afrikaner schon vor Columbus in der Neuen Welt gesiedelt hatten. Wiener und mehrere Wissenschaftler, die sich seiner Meinung anschlossen (vor allem Ivan Van Sertima, dessen *They Came Before Columbus* 1976 veröffentlicht wurde), erklärten, daß zahlreiche Belege für Handels- und andere Kontakte zwischen Afrika und der Neuen Welt darauf hindeuteten, daß Afrikaner und nicht Europäer die Pioniere des transatlantischen Westens waren. Sie vertraten ihre These vehement und untermauerten sie mit linguistischen, archäologischen und historischen Beweisen. So erklärte Van Sertima, daß »afrikanische Kontakte zum präkolumbianischen Amerika ... heute durch eine überwältigende und noch wachsende Zahl zuverlässiger Zeugnisse bewiesen sind«. Obwohl die meisten Wissenschaftler diese Behauptungen noch nicht akzeptiert haben, geschieht dies weniger, weil die Argumente nicht überzeugend sind, sondern weil sie sich weigern, Behauptungen nunmehr zu bestreiten, die seit mehr als vier Jahrhunderten tief verwurzeltes konventionelles Wissen darstellen. Und folglich bleibt die traditionelle Fassung der Geschichte, wie die Afrikaner in die Neue Welt kamen, im wesentlichen unverändert.

Vom Anbeginn der Ausbeutung der Neuen Welt durch die Europäer kamen Afrikaner als Entdecker, Diener und Sklaven hierher. Selbst wenn Pedro Alonso Niño in Columbus' Mannschaft kein »Neger« war, wie behauptet worden ist, gab es viele Schwarze, die andere europäische Eroberer in die Neue Welt begleiteten. Schon 1501 hob Spanien das frühere Verbot auf und gestattete Afrikanern, in die spanischen Besitzungen der Neuen Welt zu gehen. Dreißig Afrikaner, unter ihnen Nuflo de Olano, gehörten zur Mannschaft von Balboa, als er den Pazifischen Ozean entdeckte. Cortés nahm Schwarze mit nach Mexiko, und einer von ihnen säte und erntete den ersten Weizen in der Neuen Welt. Zwei Schwarze begleiteten 1520 Velas. Als Alvarado nach Quito aufbrach, nahm er zweihundert Schwarze mit. Schwarze nahmen an Pizarros Expedition nach Peru teil und trugen den Ermordeten in die Kathedrale. Die Afrikaner in den Expeditionen von Almagro und Valdivia retteten 1525 ihre spanischen Herrn vor den Indianern.

Auch als die spanischen und portugiesischen Entdecker in das Innere

Nordamerikas vordrangen, halfen Afrikaner bei den Erkundungen. Sie nahmen an Alarcóns und Coronados Eroberung von New Mexiko teil. Sie begleiteten 1527 Narváez auf seiner Expedition und Cabeza de Vaca bei der Erkundung des südwestlichen Teils der heutigen Vereinigten Staaten. Einer der hervorragendsten afrikanischen Entdecker war Estevanico, der den Spaniern den Weg nach New Mexiko und Arizona erschloß. Der kleine Stephan, wie Estevanico von seinen Begleitern genannt wurde, drang ins Innere vor und sandte hölzerne Kreuze zurück, die anzeigten, wie weit er vorgedrungen war. Als die Kreuze immer größer wurden, bis sie Menschengröße erreicht hatten, wurde den Spaniern klar, daß der schwarze Entdecker sehr erfolgreich war. Indianer brachten die Nachricht von Estevanicos Anmarsch auf die sagenumwobenen sieben Städte, von denen man schon soviel gehört hatte. Kurz nachdem Estevanico die Stadt betreten hatte, töteten ihn die Indianer, weil sie ihn für einen Betrüger hielten, als er sagte, er sei der Gesandte zweier weißer Männer. Obwohl Estevanico am Ende ermordet wurde, bereitete er den Spaniern doch den Weg zur Eroberung des Südwestens.

Afrikaner begleiteten auch die Franzosen auf ihren Entdeckungsreisen in der Neuen Welt. An den Expeditionen durch Kanada nahmen sie mit den Missionaren der Jesuiten teil. Als die Franzosen im 17. Jahrhundert das Mississippital unter großen Anstrengungen eroberten, waren viele Afrikaner unter den Pionieren, die sich in dieser Gegend niederließen. Um 1790 errichtete Jean Baptiste Point du Sable, ein französisch sprechender Schwarzer, das erste Gebäude an einem Ort, der später unter dem Namen Chicago bekannt wurde. Die Engländer hatten auf ihren Entdeckungsreisen in der Neuen Welt keine Afrikaner in ihrer Begleitung. Aber es entbehrt nicht einer gewissen Ironie, daß Afrikaner in so großen Umfang daran beteiligt waren, die Neue Welt für die europäische Entwicklung zu öffnen. Wenn also Schwarze daran beteiligt waren, den Vorhang zum Drama des Wirtschaftslebens in der Neuen Welt zu heben, so spielten sie eine noch bedeutendere Rolle bei der Ausbeutung ihrer Naturschätze. Nachdem sie einmal lebenslang auf den Status von Sklaven festgelegt waren, wurden sie integraler Bestandteil des Wirtschaftslebens der Alten und der Neuen Welt.

Als die Staaten Europas daran gingen, die Neue Welt zu erschließen, waren sie hauptsächlich an der Ausbeutung der natürlichen Ressourcen interessiert. Dafür brauchte man Arbeitskräfte, und je billiger sie waren desto besser. Es war nur natürlich, daß die Indianer, die unmittelbar zur Verfügung standen, als erste dazu benutzt wurden. Die Europäer bewiesen eine schreckliche Unmenschlichkeit bei der Beschäftigung von indianischen Sklaven in den Bergwerken auf Haiti, und die Arbeit auf den Feldern der Westindischen Inseln rottete die Indianer nahezu aus. Aufgrund der großen Anfälligkeit für die Krankheiten, die die Europäer einschleppten, und ihres einfachen wirtschaftlichen Lebens waren sie nicht in der Lage, die Arbeitsdisziplin auf den Plantagen zu ertragen. So schieden sie als Arbeiter in dem Wirtschaftssystem, das die Europäer errichteten, aus. Nirgends war die indianische Sklaverei gewinnbringend. Selbst wenn sie es gewesen wäre, wäre sie doch unzureichend für das harte Leben in der Landwirtschaft gewesen, das die europäischen Kolonien im 17. Jahrhundert etablierten. Andere Quellen zur Beschaffung von Arbeitskräften mußten angezapft werden, wenn die landwirtschaftliche Entwicklung in der Neuen Welt nicht durch den Mangel an Arbeitskräften verzögert werden sollte. Die Suche nach geeigneten Arbeitern in großen Mengen wurde zur Hauptbeschäftigung der englischen und spanischen Kolonisten im 17. Jahrhundert.

Obwohl es im 17. Jahrhundert recht viele Afrikaner in Europa gab und sie mindestens seit 1501 in der Neuen Welt gewesen waren, sahen die europäischen Imperialisten in ihnen zunächst nicht die Lösung ihres Arbeitskräfteproblems. Sicher, sie wurden beschäftigt, aber den Kolonisten und ihren Geldgebern in der Alten Welt wurde erst allmählich bewußt, daß sie die bestmöglichen Arbeitskräfte für die schwierigen Aufgaben in der Neuen Welt waren. Bevor sie dies erkannten, griffen sie auf die armen Weißen in Europa zurück. In der ersten Hälfte des 17. Jahrhunderts verschifften sie land- und mittellose Weiße zum Roden der Wälder und zur Bestellung der Felder in die Neue Welt. Als sich der Nachschub an Freiwilligen, die sich für etliche Jahre zum Dienst verpflichteten, als unzureichend erwies, griffen die Engländer zu anderen Mitteln. Wie desperat sie waren, kann man daran ersehen, daß es gang und gäbe wurde, Kinder, Frauen, Strafgefangene und Trunkenbolde aufzugreifen und zu verschiffen. Eric Williams hat die Schrecken dieser Menschen auf der Überfahrt in die Neue Welt geschildert, die vergleichbar denen aller Gruppen vor ihnen und nach ihnen waren. In den englischen Kolonien versuchten viele Grundbesitzer, dieses Gesinde auf den Status von Sklaven hinabzudrücken. Nur allmählich erreichten Mitglieder des Gesindes in den Kolonien eine respektierte Stellung.

England erkannte, daß das weiße Gesinde keine Lösung war. Und es wurde befürchtet, daß diese Menschen sich zum Schaden Englands stärker für die Industrie als für die Landwirtschaft interessieren könnten. Selbst mit den weitgehenden Mitteln zur Anwerbung von Arbeitskräften reichte der Nachschub nicht aus, da die Tabak-, Reis- und Indigoplantagen eine fast unstillbare Gier auf Arbeiter entwickelten. Die Fristen für den Dienst von Vertragsgesinde waren Anlaß permanenter Sorge für alle Betroffenen. Mitglieder des Gesindes lehnten sich nicht nur dagegen auf, bis zum Ablauf ihrer Frist bleiben zu müssen, viele gingen auch so weit, ihre Herrn und die Schiffskapitäne wegen illegaler Freiheitsberaubung zu verklagen. Viele von ihnen machten sich auf und davon, und da andere ihresgleichen in unbesiedelte Gebiete weiterwanderten, wurde es immer schwieriger und kostspieliger, sie wieder einzufangen, wenn sie erst mal geflohen waren. Die Engländer fragten sich allmählich, warum sie sich mit weißem Gesinde plagen sollten, wenn ihnen Schwarze soviel weniger Schwierigkeiten bereiteten als Weiße. Wegen ihrer Hautfarbe konnten Afrikaner leichter eingefangen werden. Außerdem konnten sie vorbehaltlos gekauft werden, wodurch für den Eigentümer der Bestand an Arbeitskräften nicht dauernder Fluktuation unterlag. Schwarze aus einem heidnischen Land, für die ethische Werte des Christentums nicht galten, konnten härteren disziplinarischen Maßnahmen unterworfen und moralisch und seelisch stärker gedemütigt werden, wenn dies für die Stabilität auf der Plantage von Nutzen war. Auf lange Sicht waren afrikanische Sklaven tatsächlich billiger. In einer Zeit, da wirtschaftliche Überlegungen lebenswichtig waren, wog dies besonders schwer. Die Sklaverei von Afrikanern wurde damals zu einer festen Institution und war die Lösung für eins der schwierigsten Probleme, das sich in der Neuen Welt gestellt hatte. Da der Nachschub von Afrikanern anscheinend unerschöpflich war, würde es kein Arbeitskräfteproblem mehr geben. Manche der europäischen Länder konnten ihren Landsleuten dankbar sein, die als erste die Küsten Afrikas erforscht und das schwarze Gold nach Europa gebracht hatten. Es war der Schlüssel zur Lösung eines der drückendsten Probleme Amerikas. Gleichzeitig begründete es für die Europäer eine weitere wichtige wirtschaftliche Einrichtung, den Sklavenhandel. Wahrscheinlich war der Sklavenhandel als letzter Schritt der Handelsrevolution die Quelle enormen Reichtums für alle, die mit Menschenseelen handelten.

Das grosse Geschäft mit dem Menschenhandel

Als sich im Jahr 1517 Bischof Bartolomeo de Las Casas für die Förderung der Einwanderung in die Neue Welt einsetzte, indem den Spaniern die Einfuhr afrikanischer Sklaven erlaubt wurde, war dies der förmliche Beginn des Menschenhandels in der Neuen Welt. Las Casas war entschlossen, die Indianer von der schweren Bürde der Sklaverei zu befreien, und empfahl die Versklavung von Afrikanern. (Später bedauerte er zutiefst, je diese Meinung vertreten zu haben, und widerrief sie nachdrücklich.) Das Verbot über die Verwendung von Afrikanern wurde aufgehoben, und Karl II. vergab Konzessionen an mehrere flämische Großkaufleute für den Transport von Afrikanern in die spanischen Kolonien. Das Handelsmonopol ging an die Meistbietenden. Manchmal erwarben es holländische Großkaufleute, ein andermal Portugiesen, Franzosen oder Engländer. Je größer und wichtiger die westindischen Plantagen wurden, desto umfangreicher und profitabler wurde der Sklavenhandel mit tausenden Beschäftigten und einem Kapitaleinsatz von mehreren Millionen Dollar. Für das Jahr 1540 wurde der jährliche Import von afrikanischen Sklaven auf die Westindischen Inseln auf 10 000 Menschen geschätzt.

Obwohl Portugal das erste europäische Land war, das in den afrikanischen Sklavenhandel einstieg, gehörte es nicht zu den Ländern, die daraus den größten Profit zogen. Zu einer Zeit, da andere Länder das Monopol mächtigen, staatlich unterstützten Handelskompanien verliehen, zog Portugal es vor, den Handel in die Hände von Kaufleuten zu legen, die der Konkurrenz aus den anderen Ländern nicht gewachsen waren. Erst 1692 vergab Portugal eine Konzession an die portugiesische Kompanie von Cacheo. Zu dieser Zeit hatten mehrere mächtige Handelskompanien anderer Länder den Sklavenhandel so monopolisiert, daß Portugal nur noch die sprichwörtlichen Brosamen vom Tisch der Reichen auflesen konnte. Spanien war durch den päpstlichen Schiedsspruch von 1493 in Afrika nicht präsent und mußte sich damit begnügen, das begehrte *asiento*, das Privileg, Sklaven in seine Kolonien zu bringen, an verschiedene Handelskompanien und einzelne Großkaufleute anderer Länder zu vergeben.

Der Menschenhandel, der sich im 17. und 18. Jahrhundert zum ganz großen Geschäft entwickelt hatte, lag weitgehend in den Händen der holländischen, französischen und englischen Handelskompanien. Nachdem sich Holland im späten 16. Jahrhundert von der spanischen Oberherrschaft befreit hatte, startete es einen kühnen Versuch, den anderen europäischen Ländern ihren Anteil am Reichtum der Neuen Welt abzujagen. Als es Angola und Brasilien nicht für sich gewinnen konnte, begnügte es sich mit relativ kleinen territorialen Besitzungen und konzentrierte alle seine Kräfte darauf, die Kontrolle über die Handelswege in die Neue Welt zu bekommen. 1621 wurde die niederländische Westindische Kompanie mit einem Monopol sowohl für den Afrikahandel als auch für den Handel mit den niederländischen Kolonien in der Neuen Welt ausgestattet. Sofort versuchte die Kompanie, das Handelsprivileg Portugals an der afrikanischen Küste anzufechten, und Mitte des 17. Jahrhunderts hatte sie dort fest Fuß gefaßt. Während England vornehmlich mit dem Bürgerkrieg im eigenen Land beschäftigt war, baute Holland seine Stellung sowohl in Afrika als auch in Amerika aus. Niederländische Sklavenhändler waren im 17. Jahrhundert in den Hafenstädten fast aller amerikanischen Kolonien zu finden. Sie brachten die ersten Afrikaner auf mehrere französische Inseln, einschließlich Martinique und Guadeloupe. Gelegentlich brachten sie auch Afrikaner auf die spanischen Inseln, gegen den Willen Spaniens, ihrer früheren Vormacht.

Im späten 17. Jahrhundert schwächten Hollands Kriege gegen Frankreich und England das Land beträchtlich, und es gewann niemals wieder die beherrschende Stellung im Sklavenhandel, die es innegehabt hatte. Viele niederländische unabhängige Großkaufleute wollten in Afrika zu Reichtum gelangen, ein Ziel, dem die Kompanie durch das Angebot von Konzessionen zuvorzukommen suchte. Wegen seiner aggressiven Handelspolitik geriet Holland im 18. Jahrhundert erneut in Schwierigkeiten mit anderen Staaten. Seine Kaufleute drangen in Afrika in Gebiete vor, die zur französischen Interessensphäre gehörten, während die holländische Inbesitznahme einiger portugiesischer Besitzungen an der Küste Guineas große Beunruhigung in England auslöste. Seine Besitzungen auf den Westindischen Inseln und in Südamerika benutzte Holland als Zentren für die Verteilung von Sklaven in der Neuen Welt. Das Ende des Jahrhunderts sah einen deutlichen Niedergang holländischer Macht in Afrika und in der Neuen Welt, doch dies geschah erst, nachdem die holländischen Großkaufleute eine überreiche Ernte aus dem Sklavenhandel eingebracht hatten.

Lange bevor Sir John Hawkins den englischen Sklavenhandel in

Gang setzte, war das Interesse englischer Kaufleute am Handel mit Afrika und der Neuen Welt geweckt worden. Vor dem Ende der Regierungszeit von Heinrich VIII. nahmen britische Kaufleute Handelsbeziehungen entlang der Küste Guineas und entlang der brasilianischen Küste auf. Mitte des 17. Jahrhunderts zeigten viele Personen und Organisationen, einschließlich der mächtigen Ostindischen Kompanie, Interesse am afrikanischen Sklavenhandel. Der wachsende Bedarf in den prosperierenden englischen Kolonien der Neuen Welt und die chaotischen politischen Verhältnisse im Mutterland weckten Besorgnisse und führten gleichzeitig zu Investitionen in den Sklavenhandel. Die relative Stabilität der Restaurationszeit setzte neuerliche Aktivitäten in Gang, die von beträchtlichem Erfolg gekrönt waren. 1672 konzessionierte der König die Royal African Company, eine reorganisierte Gesellschaft, die bereits ein Jahrzehnt lang das Monopol innegehabt hatte. Fast ein halbes Jahrhundert lang sollte diese Kompanie den englischen Sklavenhandel beherrschen und zum bedeutendsten Sklavenhandelsunternehmen auf der ganzen Welt werden. Sie wachte eifersüchtig über das Monopol, das ihr der König verliehen hatte, und versuchte gleichzeitig, Franzosen und Holländer aus Westafrika zu verdrängen. Die wachsende Zahl unabhängiger Kaufleute in England kämpfte erbittert gegen das Monopol der Kompanie im Afrikahandel. Und schließlich führte der Druck im Mutterland 1698 für die Kompanie zum Monopolverlust. Obwohl sie weiterhin im Menschenhandel tätig war, verringerte sich ihr Gewinn. Im Jahr 1731 zog sie sich aus dem Sklavenhandel zurück und konzentrierte sich auf den Handel mit Elfenbein und Goldstaub.

England war bei der Kontrolle der Westküste mehr Erfolg beschieden als der Royal African Company bei ihren Bemühungen, das staatliche Monopol zu behalten. Nach entscheidenden Niederlagen der Holländer gegen Briten und Franzosen im späten 17. Jahrhundert stieg Englands Prestige in Afrika. Und nach Frankreichs Rückschlag im Spanischen Erbfolgekrieg konnte sich England das *asiento* – das Monopol für den Sklaventransport in die spanischen Kolonien auf dreißig Jahre sichern. Gleichzeitig brachten die britischen Kolonien in der Karibik und auf dem amerikanischen Festland mit ihrer mächtigen Produktivität beachtliche Dividende ein. Damit hatte der englische Handel die beherrschende Stellung im Welthandel inne. Mit einer verstärkten Kriegsmarine und nahezu unbegrenztem Kapital für Investitionen konnte England nicht nur die wachsende Nachfrage der eigenen Kolonien nach Sklaven befriedigen, sondern auch die der anderen Kolonien in der Neuen Welt.

Im Laufe des Siebenjährigen Krieges brachte England mehr als zehntausend Sklaven nach Kuba und annähernd vierzigtausend nach Guadeloupe. 1788 wurden zwei Drittel aller Sklaven, die auf englischen Schiffen in die Neue Welt transportiert wurden, an fremde Kolonien verkauft. Natürlich protestierten die Plantagenbesitzer in den englischen Kolonien dagegen, daß ihre Konkurrenten in der Neuen Welt von britischen Händlern mit Sklaven versorgt wurden. Vielleicht hatten die Plantagenbesitzer nicht begriffen, daß der Sklavenhandel selbst zu einem bedeutenden Faktor in Englands Wirtschaftsleben geworden war. So wie Englands Kolonien das Fundament seines Wirtschaftssystems darstellten, so war, zumindest im 18. Jahrhundert, der Sklavenhandel ein bedeutender Eckpfeiler dieses Systems.

Da es England gelang, den Sklavenhandel unter seine Kontrolle zu bringen, kann man davon ausgehen, daß die Mechanismen für die Durchführung des Handels überwiegend ein Produkt englischer Erfindungsgabe waren. England besaß sicher kein Monopol auf die Entwicklung der Praktiken des Sklavenhandels, aber seine umfangreichen Interessen und der große Erfolg machten es zu dem Land, dem andere nacheiferten. Aus diesem Grund wurden diese Praktiken fast ausschließlich mit England in Verbindung gebracht. Die Techniken des Sklavenhandels wurden über viele Jahre mit manchen Rückschlägen entwickelt. Handelsposten und Niederlassungen an der Küste waren unerläßliche Operationsbasen. Nachdem sie eingerichtet waren – je mehr desto besser –, konnte der Handel beginnen. Schiffsladungen mit europäischen Waren brachten entweder die Kaufleute dorthin oder versorgten jene, die bereits vor Ort waren mit Handelswaren. Baumwolltextilien aller Art, Messingwerkzeuge, Zinn und Elfenbein, Perlenkästen verschiedener Größe und Form, Kanonen, Gewehre und Schießpulver, Spirituosen – Whiskey, Brandy und Rum – und alle möglichen Nahrungsmittel waren einige der wichtigsten Dinge, die gegen Sklaven eingetauscht wurden. Der Wert einer Ladung war je nach Schiffsgröße und Zeitpunkt des Geschäfts unterschiedlich. Die *King Solomon* scheint eine typische Ladung an Bord gehabt zu haben, als sie im Jahr 1720, laut Inventar, mit Waren im Wert von 4250 Pfund an Bord London verließ, um nach Cape Castle an der Westküste Afrikas zu segeln. An jedem Handelsposten war eine Anzahl von Handelsvertretern stationiert, Sklavenhändler, die freundschaftliche Beziehungen zu den Afrikanern unterhielten, um Sklaven erwerben zu können. Die Handelsposten waren oft zum Bersten voll mit europäischen Waren, gut befestigt und von Soldaten bewacht.

Bei seiner Ankunft in einem Handelsposten in Afrika nahm der Kaufmann sowohl Kontakt zu den Vertretern im Posten als auch mit den dort ansässigen Afrikanern auf, die dabei halfen, die gewünschten Sklaven zu beschaffen. Die gewöhnliche Vorgehensweise bestand darin, den Häuptling des Stammes aufzusuchen, Absprachen mit ihm zu treffen und sich »die Erlaubnis« für den Handel auf seinem Gebiet zu besorgen. Der Häuptling ernannte dann, wenn er durch Geschenke überzeugt worden war, verschiedene Helfer, die dem Kaufmann zur Verfügung standen. Am wichtigsten war der *caboceer**, der die Aufgabe übernahm, jene zu versammeln, die verkauft werden sollten – zu Preisen, über die sich Händler und Häuptling vorher handelseinig geworden waren. Der Verkauf ging rasch vonstatten, wenn die Gefangenen dem Händler erst einmal zur Inspektion vorgeführt worden waren. Dieses Verfahren wurde von Anfang bis Ende von den Sklavenhändlern selbst organisiert, so die These von Robert Rodney. Für den Kaufmann war es absolut notwendig, vor einem Kauf einen Arzt und andere Ratgeber zu befragen. Oft waren die zukünftigen Sklaven kahl geschoren und derart in Palmöl getränkt worden, daß es sehr schwierig war, ihr Alter oder ihre körperliche Verfassung festzustellen. Die Preise waren höchst unterschiedlich und hingen vom Alter und von der Verfassung des Sklaven, dem Zeitpunkt des Kaufs und dem Standort des Handelspostens ab. Häufig waren es reine Tauschgeschäfte, aber es gibt Berichte, die darauf hindeuten, daß in der Mitte des 18. Jahrhunderts 20 Pfund Sterling der normale Preis für einen gesunden jungen Mann in Cape Castle oder einem anderen wichtigen Posten an der Küste Guineas war.

Man darf nicht annehmen, daß der Handel mit Sklaven bedeutete, in einen Hafen zu segeln, das Schiff voll Sklaven zu laden und wieder abzusegeln. Außer den verschiedenen Höflichkeitsbesuchen und Verhandlungen, die das Protokoll vorschrieb, und an die sich die Kaufleute schon deshalb hielten, um die ansässigen Häuptlinge bei Laune zu halten, war es oft schwierig, »geeignete« Sklaven zu finden, um ein einigermaßen

---

* Bezeichnung für einen westafrikanischen Häuptling. Anm. des Übers.

großes Schiff voll zu beladen. Oft mußten Händler an einer Niederlassung zwei oder drei Wochen ausharren, bevor genügend Sklaven zusammengetrieben worden waren, damit sich die Verhandlungen lohnten. Es war nicht ungewöhnlich, daß ein Schiff vier oder fünf Handelsposten anlaufen mußte, um fünfhundert Sklaven zu kaufen. Ortsansässige mußten oft das Landesinnere durchstreifen und mit roher Gewalt genügend Sklaven beschaffen, um die Forderungen der Händler zu erfüllen.

Auch die Verteilung der aus Europa mitgebrachten Ladung und die Beladung des Schiffes mit Proviant und Waren für die Fahrt nach Amerika verzögerten das Auslaufen. Aus Erfahrung wußten die Händler, was gebraucht wurde, aber manchmal hatten sie Waren an Bord, die dort, wo sie Sklaven kaufen konnten, nicht besonders gefragt waren. Wenn sie die offiziellen Vertreter in den Handelsposten nicht davon überzeugen konnten, die Ware anzunehmen, mußten sie diese Ladung wieder mit nach England zurücknehmen. In der Niederlassung und von den Afrikanern erwarben die Händler Proviant für die Heimreise über den Atlantik: Mais, weiße Bohnen, Yams, Früchte, Kokosnüsse und Bananen waren die wichtigsten Lebensmittel. Außerdem wurde ein Vorrat diverser Medikamente angelegt, die der Schiffsarzt den Sklaven verabreichen konnte, die mit Sicherheit auf der Fahrt krank wurden. Der letzte Handelsposten, an dem die Sklavenhändler solche Einkäufe tätigen konnten, war Gorée an der Küste von Senegal.

Die Afrikaner leisteten bei ihrer Gefangennahme, ihrem Verkauf und dem Transport in die unbekannte Neue Welt hartnäckigen Widerstand. Blutige Kriege brachen dann zwischen Stämmen aus, wenn die Angehörigen des einen die Stammesangehörigen des anderen gefangennehmen und an die Händler verkaufen wollten. Sklaven, die zum Verkauf in die Posten gebracht wurden, waren immer in Ketten, denn der *caboceer* und die Kapitäne der Sklavenschiffe hatten schon sehr früh begriffen, daß die Sklaven ohne solche Vorsichtsmaßnahmen flüchten würden. Ein Händler berichtete, daß die »Neger so eigensinnig und unwillig waren, ihr Land zu verlassen, daß sie schon oft aus Kanus, Booten oder Schiffen ins Meer gesprungen und so lange unter Wasser geblieben sind, bis sie ertrunken waren«, nur um ihren Häschern zu entkommen. Bei der ersten sich bietenden Gelegenheit sprangen viele, um der Sklaverei in der Neuen Welt zu entgehen, von Bord und wurden Opfer der hungrigen Haifische.

> »OLAUDAH EQUIANO (GUSTAVUS VASSA, DER AFRIKANER) WIRD IN
> DIE SKLAVEREI VERKAUFT – 1756«
>
> Die ersten Dinge, die meine Augen wahrnahmen, als ich an der Küste ankam, waren das Meer und ein Sklavenschiff, das auf Reede lag und auf seine Fracht wartete ... Als ich mich auf dem Schiff umsah ... und einen großen Heizkessel oder Kessel kochen sah und eine Masse schwarzer Menschen unterschiedlichsten Aussehens aneinander gekettet – alles an ihnen drückte Niedergeschlagenheit und Trauer aus –, da war mir mein Schicksal endgültig klar, und überwältigt von Schrecken und Angst sank ich ohnmächtig auf Deck nieder ... Jetzt wußte ich, daß ich keine Möglichkeit mehr hatte, in mein Heimatland [Nigeria] zurückzukehren, ja selbst der letzte Hoffnungsfunke, wieder an Land zu gelangen, war dahin ... Aber man erlaubte mir nicht, mich lange meinem Schmerz hinzugeben; ich wurde unter Deck verbracht und erfuhr dort eine »Begrüßung«, wie meine Nase sie noch nie im Leben bekommen hatte. Dieser ekelerregende Gestank und dazu mein Weinen machten mich so krank und elend, daß ich überhaupt nicht essen konnte ... aber schon bald boten mir zu meinem Leid zwei der weißen Männer etwas Eßbares an, und als ich ablehnte, hielt mich der eine fest ... hielt mich, glaube ich, über die Ankerwinde, band meine Füße fest, während der andere mich fürchterlich auspeitschte ... An einem Tag mit ruhiger See und wenig Wind schafften es zwei meiner erschöpften Landsleute, die aneinander gekettet waren, ... irgendwie durch das Tauwerk zu kommen, sie zogen den Tod einem Leben im Elend vor und sprangen ins Meer, sofort folgte ihnen ein weiterer deprimierter Leidensgenosse ... und ich glaube, es wären ihm schon bald viele andere gefolgt, wenn die Mannschaft sie nicht daran gehindert hätte ...
>
> *The Interesting Narrative of the Life of Olaudah Equiano
> or Gustavus Vassa the African*, hg. von Paul Edwards
> (New York, 1966), S. 25-32

ÜBERFAHRT OHNE RÜCKKEHR

Die Überfahrt über den Atlantik, als mittlerer Teil der Odyssee der Sklaven vielfach beschrieben und mit dem Kürzel »middle passage« benannt, war ein echter Alptraum. Überfüllte Schiffe waren die Regel. Es gibt amtliche Unterlagen, nach denen ein Schiff von nur 90 Tonnen zusätzlich zur Mannschaft und zum Proviant 390 Sklaven geladen hatte.

66 DER SKLAVENHANDEL UND DIE NEUE WELT

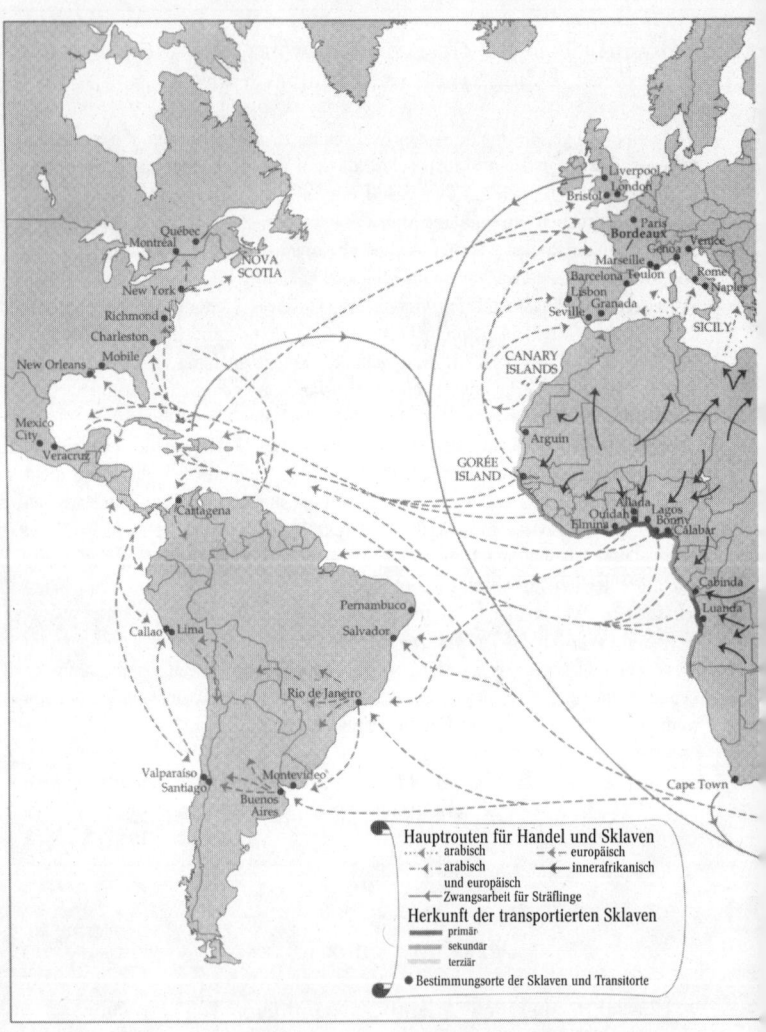

Diese Karte zeigt die allgemeine Richtung der Hauptseefahrtsrouten des arabischen, europäischen und amerikanischen Handels mit afrikanischen Sklaven bis zum Jahr 1873. Unter den ausgewählten Bestimmungsorten sind: Ankunftshäfen und Siedlungs-

ÜBERFAHRT OHNE RÜCKKEHR 67

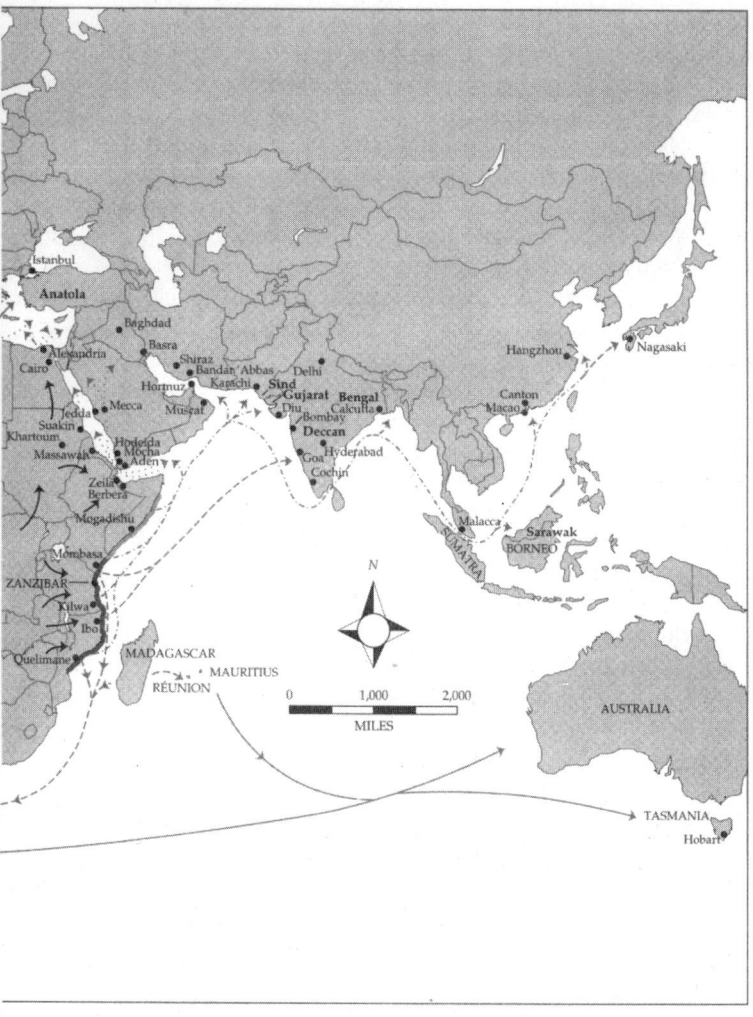

gebiete von Sklaven; Häfen, die von afrikanischen Schiffsmannschaften angesteuert wurden; Orte, in die Sklaven von Sklavenbesitzern und Offizieren auf Heimaturlaub mitgenommen wurden und Orte in England und Kanada, in die Sklaven nach dem Amerikanischen Unabhängigkeitskrieg im Jahr 1783 mitgenommen wurden.

Das Überladen von Sklavenschiffen wurde so normal, daß das britische Parlament sich gezwungen sah, im Detail festzulegen, daß nicht mehr als fünf Sklaven je drei Tonnen Ladung eines Schiffes von 200 Tonnen befördert werden durften. Doch diese Bestimmung, wie viele andere auch, wurde nicht durchgesetzt. Mehr Sklaven bedeuteten höhere Gewinne, und wenige Sklavenhändler konnten der Versuchung widerstehen, noch ein paar mehr unter Deck zu zwängen. Es gab kaum Platz zum Stehen, Sitzen oder Liegen. Je paarweise aneinandergekettet, an Händen und Füßen, hatten die Sklaven keinerlei Bewegungsfreiheit.

Zweifellos trug die Überfüllung auf den Schiffen zu enorm hohen Krankenzahlen und Epidemien während der Überfahrt nach Amerika bei. Die Pocken waren eine der gefürchteten Krankheiten jener Zeit, und ein erfahrener Zeitgenosse notierte, daß wenige Schiffe mit Sklaven an Bord dieser Krankheit entgingen. Mehr Todesopfer als die Pocken forderte wahrscheinlich die Ruhr, eine tödliche Krankheit, von der die Weißen an Bord der Sklavenschiffe anscheinend verschont blieben. Bisweilen verschlechterten Hungerstreiks die ungünstigen hygienischen Bedingungen und führten zu Krankheiten, wo es vorher keine gegeben hatte. Dreck und Gestank als Folge der engen Unterbringung verursachten weitere Krankheiten, und die Sterblichkeitsrate stieg entsprechend. Möglicherweise wurden nicht mehr als die Hälfte der in Afrika an Bord gebrachten Sklaven jemals taugliche Arbeitskräfte in der Neuen Welt. Viele, die nicht an Krankheiten gestorben waren oder mit einem Sprung über Bord Selbstmord begangen hatten, wurden für immer arbeitsunfähig wegen der bleibenden Schäden einer schlimmen Krankheit oder der Verstümmelungen, verursacht durch die schweren Ketten. Kein Wunder, daß einer der Händler, der in Barbados mit 372 seiner ursprünglich 700 Sklaven ankam, gerührt erklärte: »Kein Goldsucher kann eine derart widerliche Plackerei* aushalten wie diejenigen, die Neger transportieren; denn der hat mal eine Atempause und seine Befriedigung, aber wir ertragen ein doppeltes Elend; und die hohe Sterblichkeit ruiniert uns auch noch unsere Überfahrten, und wir grämen und ärgern uns zu Tode, wenn wir daran denken, daß wir so viel durchmachen und uns so mühen müssen für so wenig.«

Man kann mit Fug und Recht bezweifeln, daß die Lage so unvorteilhaft

---

* Im Englischen »slavery« in anderem Wortsinn, was den Text noch doppelbödiger macht. Anm. des Übers.

war, wie dieser Händler sie schildert. Sicher gab es Probleme unterschiedlichster Art, nicht zuletzt die hohe Mortalität unter den Weißen. Doch trotz der hohen Unkosten, die mit dem Handel verbunden waren, und der hohen Verlustrate der Sklaven bei der Überfahrt war der Sklavenhandel im 17. und 18. Jahrhundert noch immer eine der wichtigsten Quellen des Reichtums in Europa. Im späten 18. Jahrhundert war es für einen Kapitän möglich, durch den Verkauf von 307 Sklaven eine Provision von 360 Pfund und für den Händler, bei demselben Verkauf 465 Pfund zu verdienen. Es war nicht ungewöhnlich, daß ein Schiff mit 250 Sklaven an Bord einen Reingewinn von mehr als 7000 Pfund auf einer Reise machte. Gewinne von 100 Prozent waren für Liverpooler Kaufleute nicht ungewöhnlich. Vielleicht mußten alle, die sich auf diesen Handel einließen, so manches erleiden, aber wenn sie Profit machen wollten (und wer unter ihnen hatte ein anderes Motiv?), dann stimmt es wohl kaum, wenn einer von ihnen meint, daß sie »so viel für so wenig durchmachten«.

Die genaue Zahl der aus Afrika in die Neue Welt importierten Sklaven kennen wir nicht. In den elf Jahren von 1783 bis 1793 zeichneten allein Liverpooler Kaufleute für die Einfuhr von 303 737 Sklaven, in den folgenden elf Jahren sicher für sehr viel mehr verantwortlich. Die letzten Jahre des 18. Jahrhunderts brachten den Höhepunkt des Sklavenhandels, der in den vorangegangenen zwei Jahrhunderten stetig zugenommen hatte.

Im Jahr 1861 stellte Edward E. Dunbar Schätzungen über die Zahl der in die Neue Welt importierten Sklaven an. Seine Zahlen wurden ein Jahrhundert lang weitgehend akzeptiert. Er schätzte, daß im 16. Jahrhundert 887 500 importiert wurden, 2 750 000 im 17. Jahrhundert, 7 000 000 im 18. Jahrhundert und 3 250 000 im 19. Jahrhundert. Im Jahr 1936 kam R. R. Kuczynski auf eine Zahl von 14 650 000 Afrikanern. Diese Schätzungen stellte Philip D. Curtin 1969 in Frage. Grundlage seiner Zahlen waren die gründliche Analyse der Nachlässe und anderer Dokumente von Sklavenhändlern, der Einfuhrdokumente für Sklaven, der Zahl der Sklaven in der Neuen Welt zu unterschiedlichen Zeitpunkten, der regionalen und ethnischen Herkunftsgebiete der in die Neue Welt importierten Sklaven und andere relevante Daten. Curtin kam zu folgender Schätzung: Im 16. Jahrhundert wurden 241 400 Sklaven importiert, im 17. Jahrhundert 1 341 100, zwischen 1701 und 1810 waren es 6 051 700 und zwischen 1810 und 1870 nochmals 1 898 400. Daraus ergibt sich für Curtin zwischen 1451 und 1870 eine geschätzte Gesamtzahl von 9 566 100. Curtins

Zahlen wiederum wurden von J. E. Inikori bezweifelt, der darauf bestand, daß die Quellenlage »außerordentlich stark darauf hindeutet, daß die von Curtin vorgelegten Schätzungen deutlich nach oben revidiert werden müssen«. Er lehnte es ab, eine Gesamtzahl für die gesamte Ära des Sklavenhandels zu nennen, erläuterte aber für die britischen Exporte zwischen 1750 und 1807, daß Curtins Schätzung bei 1 616 100 liege, seine eigenen Forschungen aber auf wenigstens 2 365 014 Sklaven hindeuteten. Es ist eindeutig, daß Inikori die Gesamtzahl wesentlich höher ansetzen würde als die von Curtin geschätzten 9 566 100.

Angesichts der vielen Sklaven, die getötet wurden, als sie sich der Gefangennahme widersetzten, und der zusätzlichen Anzahl jener, die auf der Überfahrt starben, und der Millionen, die schließlich in Amerika ankamen, nähert sich die Gesamtzahl einer schwindelerregenden Größenordnung. Die Zahlen, ob Dunbars, Kuczynskis, Curtins oder Inikoris, belegen die sagenhaften Gewinne, die in diesem schmutzigen Geschäft gemacht wurden, zeugen von der Skrupellosigkeit, mit der die Kaufleute vorgegangen sein müssen, und der enormen Nachfrage nach Arbeitskräften bei den Siedlern der Neuen Welt. Vielleicht hat der Dichter Leopold Sedar Senghor, der erste Präsident der Republik Senegal, die Summe all dessen gefunden, als er schrieb, der Sklavenhandel habe »das schwarze Afrika wie ein verheerendes Buschfeuer durchlaufen und dabei Ideen und Werte in einem gewaltigen Inferno ausgelöscht«.

Noch schwieriger, als die Zahl der verschleppten Menschen zu schätzen, ist es, die Auswirkungen dieses Vorgangs auf das afrikanische Leben zu ermessen. Der Verlust der Heimat von Millionen Afrikanern in weniger als vierhundert Jahren stellt eine der weitreichendsten und tiefgreifendsten gesellschaftlichen Revolutionen in der Geschichte der Menschheit dar. Es muß daran erinnert werden, daß die Händler nur die besten der Eingeborenen nahmen. Sie verlangten die gesündesten, die größten, die jüngsten, die fähigsten, die mit der besten Bildung. Der weitaus größte Teil des Sklavenhandels wurde in dem Gebiet Westafrikas betrieben, das den höchsten Stand der Zivilisation auf dem Kontinent erreicht hatte, mit der möglichen Ausnahme Ägyptens. Die Verschleppung der afrikanischen Bevölkerung beraubte den Kontinent einer unersetzlichen Ressource. J. E. Inikori hat nachdrücklich betont, daß ohne den überseeischen Sklavenhandel die afrikanische Bevölkerung im 19. Jahrhundert sehr viel größer, gesünder und wohlhabender gewesen wäre. Die Euro-

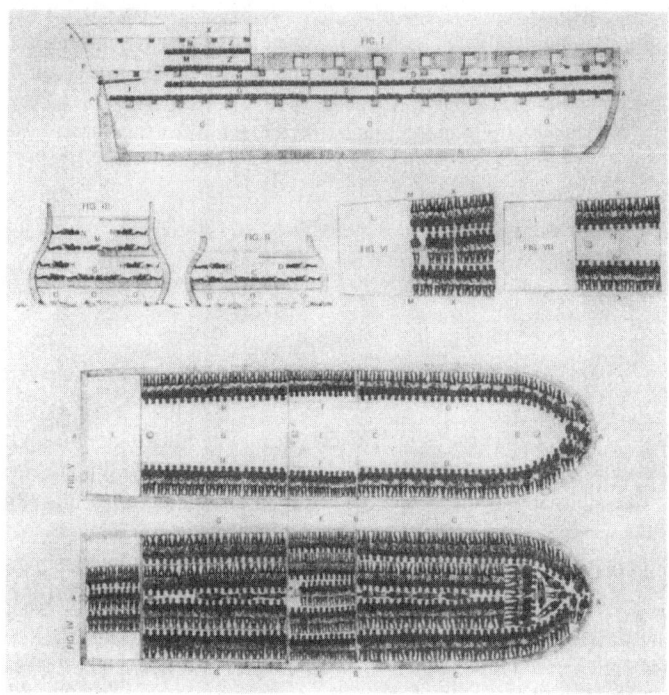

Der Plan der *Brookes*. Die *Brookes* war mit 320 t eines von 18 Sklavenschiffen, das von einem Parlamentsausschuß inspiziert wurde, bevor der Ausschuß dem britischen Parlament 1788 Empfehlungen zur Regulierung solcher Schiffe vorlegte. Die Abolitionisten behaupteten, daß die *Brookes,* die für den Transport von 451 Menschen gebaut worden war, auf einer ihrer Reisen 609 Sklaven transportiert hatte. A) Unterdeck; B) Unterdeck, Breite; C) Schlafsaal Männer; D) Hängeböden Männerschlafsaal; E) Schlafsaal Jungen; F) Hängeböden Jungenschlafsaal; G) Schlafsaal Frauen; H) Hängeböden Frauenschlafsaal; I) Kanone; K) Achterdeck; L) Kabine; M) Zwischendeck; O) Frachtraum; P) Oberdeck. I) Längsschnitt; II) Querschnitt des Männerteils; III) Querschnitt des Frauenteils; IV) Unterdeck mit Hängeböden; V) Unterdeck ohne Hängeböden; VI) Zwischendeck mit Hängeböden; VII) Zwischendeck ohne Hängeböden. *(Aus einer Broschüre von Thomas Clarkson, London, 1839. Carnegie Institution in Washington)*

päer begünstigten die Kämpfe unter den Afrikanern durch die Lieferungen von europäischen Schußwaffen. Das machte es den Afrikanern später noch schwieriger, sich von dem harten Schlag zu erholen, den ihnen der Sklavenhandel versetzt hatte. Afrika, das sich zu Beginn des 15. Jahrhunderts kulturell in einem meßbaren Abstand zu Europa befand, war dem schlimmsten Einfluß von seinen christlichen Nachbarn im Norden ausgesetzt. Unter diesen widrigen Umständen setzte eine Phase allgemeinen Niedergangs ein, und mit der imperialistischen Versklavung im 19. Jahrhundert erhielt der Kontinent den Gnadenstoß.

Kolonialwirtschaft in der Karibik

Der Sklavenhandel wurde hauptsächlich wegen der Entwicklungen in der Neuen Welt ein immens wichtiger Faktor im europäischen Wirtschaftsleben. Der Menschenhandel wäre unbedeutend geblieben, wenn er auf die Einfuhr weniger Dienstboten nach Europa beschränkt geblieben wäre. Er erlebte seinen größten Aufschwung, als immer mehr Kolonien in der Neuen Welt entstanden und expandierten, mit einem rapide steigenden Bedarf an Arbeitskräften, die das Land urbar machen und die Felder pflügen sollten. Es ist deshalb kein reiner Zufall, daß das 17. Jahrhundert als Zeuge der ersten entscheidenden Vorstöße im Sklavenhandel auch das wachsende Interesse der Europäer an der Kolonisierung und am wirtschaftlichen Aufbau in der Neuen Welt erlebte. Die Karibik war der Schauplatz für die ersten ernsthaften Bemühungen, eine ertragreiche und gewinnbringende Landwirtschaft in der Neuen Welt zu entwickeln. Auf die karibischen Inseln wurden die ersten großen Schiffsladungen mit Sklaven gebracht.

Die Rivalität unter den europäischen Mächten um die Herrschaft in der Karibik kündigte im 17. Jahrhundert die noch größere Rivalität um die Hegemonie auf dem Festland an, die im folgenden Jahrhundert entstehen sollte. Spanien besaß dank der Entdeckungsreisen seiner Seefahrer im 15. Jahrhundert und des päpstlichen Vertrags von 1493 ältere Ansprüche auf die Inseln. Die Spanier nutzten diese Stellung zu ihrem Vorteil und steckten ihre Kräfte und ihr Kapital in die Entwicklung dieser Besitzungen, deren wichtigste Kuba, Puerto Rico, Hispaniola und Jamaika waren.

Obwohl sie einige der Inseln in kriegerischen Auseinandersetzungen wieder verlieren sollten, wirtschafteten sie durchaus erfolgreich, indem sie mit Hilfe der Sklaven einige Kulturpflanzen in großem Maßstab für den Markt anbauten, vor allem Tabak und Zucker. Zu Beginn des 16. Jahrhunderts wurden große Sklaventransporte auf den spanischen Inseln angelandet. So erteilte die spanische Krone im Jahr 1518 einem Kaufmann das Privileg, 4000 Afrikaner auf die spanischen Inseln zu bringen. 1540 hatte der jährliche Import etwa 10 000 erreicht. Darüber hinaus entwickelte sich ein illegaler Handel von unbekannten Ausmaßen. Auch das darf man nicht außer acht lassen.

Das Aufbrechen des spanischen Monopols in der Karibik ist eng mit dem Sklavenhandel verbunden. Die Engländer suchten zunächst einen Weg, am Karibikhandel teilzuhaben, der sich in den ersten Regierungsjahren Elizabeths I. sehr vielversprechend entwickelte und profitabel zu werden versprach. Als Spanien diesen Versuch abwies, kamen die Engländer, in Wort und Tat von John Hawkins beflügelt, zu dem Ergebnis, daß das Monopol nur mit Gewalt gebrochen werden konnte. Hawkins plante, Sklaven in die Neue Welt zu transportieren und hoffte darauf, daß die Gier der Kolonisten nach Sklaven größer sein würde als ihre Achtung vor dem königlichen Verbot des nicht lizenzierten Handels. Das Beispiel, das er mit dem Verkauf von Sklaven und anderen afrikanischen Waren 1563 in Hispaniola gab, wurde von anderen und weniger skrupellosen Engländern schnell nachgeahmt, die allesamt festgenommen und von den spanischen Beamten auf der Insel bestraft wurden. Obwohl die Spanier den Übergriffen von Hawkins und anderen für den Augenblick Einhalt geboten hatten, war es nur eine Frage der Zeit, bis sie wertvollen Boden preisgeben mußten, sowohl hinsichtlich des Handelsmonopols als auch der alleinigen Herrschaft über die Inseln.

Im 17. Jahrhundert verlor Spanien die Alleinherrschaft über die Westindischen Inseln. Dänemark, Holland, Frankreich und England erwarben Land in der Karibik. Holländische Piraten setzten sich 1640 auf Curaçao, St. Eustatius und Tobago fest; die »Niederländisch-Westindische-Kompanie«, von der Regierung kräftig unterstützt, beteiligte sich am Sklavenhandel. Ungefähr zur selben Zeit besiedelte die »Französische Kompanie der Inseln von Amerika« Guadeloupe, Martinique und Marie Galante. In den 50er Jahren erwarb Frankreich St. Lucia und Grenada. Die Engländer sicherten sich 1623 die Herrschaft über St. Christopher, 1625 über Barbados und in den Jahren nach 1630 über Nevis, Antigua und Montserrat. Und 1655 gewannen sie eine der »Perlen der Karibik«, als sie die Spanier aus Jamaika vertrieben. 1671 erwarb die dänische Krone St. Thomas. Damit war das spanische Monopol gebrochen, und die Westindischen Inseln waren nicht nur zu einem Spielball der europäischen Diplomatie geworden, sondern auch zu einer beträchtlichen Einkommensquelle für Europäer. Afrikanische Sklaven waren unverzichtbar beim Aufbau gewinnbringender Unternehmen im karibischen Raum.

Das Plantagensystem

Afrikaner wurden zuerst auf den Tabakplantagen der Westindischen Inseln eingesetzt. Als die europäischen Märkte 1639 mit Tabak überschwemmt wurden, fielen die Preise, und die westindischen Plantagenbesitzer erlitten enorme Verluste. Einige gingen zum Anbau von Baumwolle und Indigo über, die sich jedoch nicht als so profitabel erwiesen, wie sie gehofft hatten. Einige folgten dem Rat niederländischer Großkaufleute, es mit Zucker zu versuchen. Das schien vielversprechend, und mit dem von holländischen und englischen Kaufleuten geborgten Kapital begannen die westindischen Plantagenbesitzer, Zuckerrohr anzubauen. Die Ergebnisse übertrafen ihre kühnsten Erwartungen, und sie machten sofort Pläne zur Vergrößerung der Anbauflächen. Doch damit wurde das Problem der Arbeitskräfte akut, und die Pflanzer gingen verstärkt zum Einsatz von Sklaven über, und so begann Mitte des 17. Jahrhunderts die Einfuhr von Afrikanern auf die Westindischen Inseln.

1640 gab es erst einige hundert Afrikaner auf Barbados. 1645, als die neuen Zuckerrohrplantagen ihre Gewinnträchtigkeit bewiesen hatten, waren es 6000 Afrikaner, und Mitte des Jahrhunderts war ihre Zahl auf 20 000 gestiegen. Zwischen 4000 und 5000 Afrikaner »guter Qualität« wurden in den 60er Jahren auf die Inseln geliefert und fanden bei den Herren der Zuckerrohrplantagen einen aufnahmebereiten Markt. Ende des 17. Jahrhunderts hatte Barbados eine schwarze Bevölkerung von mehr als 80 000. Ähnliche Zuwachsraten waren auf vielen der Westindischen Inseln im 17. Jahrhundert zu verzeichnen. Die Dynamik der Importe war am Ende des Jahrhunderts so groß, daß die Einfuhr in den nächsten hundert Jahren, als die Nachfrage nach Sklaven auf den Inseln nachließ, nicht nur weiterging, sondern an den meisten Stellen sogar zunahm. Bis 1763 waren 60 000 afrikanische Sklaven nach Kuba verbracht worden. In den folgenden drei Jahrzehnten steigerten sich Tempo und Anzahl erheblich. Durch ein System von Sonderkonzessionen für die Importeure konnte Spanien in einem einzigen Jahr der 1770er Jahre 17 000 Afrikaner nach Kuba einführen. Zwischen 1763 und 1790 waren es etwa 41 000 Sklaven und zwischen 1791 und 1825 wurden nicht weniger als 320 000 neu importierte Afrikaner allein in Havanna gezählt. Jamaika, Nevis, Montserrat, St. Christopher, St. Vincent und St. Lucia verzeichneten proportional vergleichbare Wachstumsraten.

Die Tendenz, die Inseln in der Karibik zu übervölkern, erwuchs aus mehreren wichtigen Faktoren. Natürlich gingen viele Sklaven, die zunächst auf die Inseln importiert wurden, weiter in andere Gebiete. Darüber hinaus scheint es bis zur Sklavenbefreiung in den 1830er Jahren keinen wesentlichen Anstieg der schwarzen Bevölkerung auf den Inseln durch Geburten gegeben zu haben. Vielmehr war die Sterblichkeit so außerordentlich hoch, daß sie die Frage nach der Behandlung der Sklaven aufwirft. In einem einzigen Jahr wurden auf St. Vincent zum Beispiel 2656 Afrikaner geboren, aber im selben Jahr gab es 4205 Sterbefälle. Auf einer Plantage auf Jamaika starb mehr als die Hälfte im Kindesalter, und die Zahl der Fehlgeburten war hoch. Einige Wissenschaftler haben die hohe Sterblichkeitsrate auf die schlechte Ernährung und die verheerenden Krankheiten zurückgeführt. Diese Bedingungen existierten zweifellos. Aber in den Augen vieler Plantagenbesitzer war es billiger, Sklaven zu kaufen als großzuziehen, und folgerichtig zwangen sie Männer und Frauen ungeachtet ihrer körperlichen Verfassung und ihres Alters zu übermäßiger Arbeit, die dann mehr Todesfälle verursachte als irgend etwas anderes.

Es gab nur wenige Beweise für eine menschenfreundliche Einstellung auf den Plantagen der Westindischen Inseln. Die Sklaverei war vor allem eine wirtschaftliche Einrichtung. Sklaven wurden extrem ausgebeutet für den einzigen Zweck, Zucker und andere Feldfrüchte für den Markt zu produzieren. Weil man Sklaven für die Erwirtschaftung der hohen Erträge einsetzen konnte, gewannen die Inseln große Bedeutung für ihre Mutterländer. Wie ein Autor schreibt, waren die Inseln »von unermeßlicher Bedeutung für die Größe und den Wohlstand Englands«. Wenn der

Import von mehr Sklaven größeren Reichtum bedeutete – und so sah es für die Plantagenbesitzer aus –, dann wurden sie fast ausschließlich aus wirtschaftlichem Kalkül importiert.

Dieses System der im Ausland lebenden Plantagenbesitzer war eins der wichtigsten Faktoren für die Entwicklung von Praktiken, die so offensichtlich Leben und Gesundheit der Sklaven zerstörten. Einige englische Grundbesitzer argumentierten, daß das Klima in den Zuckerrohrkolonien »für die Konstitution eines Engländers so unzuträglich sei, daß niemand freiwillig dort leben geschweige denn sich permanent dort niederlassen werde, es sei denn, er könne hoffen, einen sehr viel angenehmeren Lebensstil für seine Familie finanzieren oder mehr Geld sparen zu können, als er dies bei jedem anderen Geschäft in England oder in einer unserer Festlandkolonien in Amerika erwarten kann«. Die Inseln wurden deshalb nicht als möglicher Wohnort betrachtet, sondern allein als Quelle möglichen Reichtums. Wenn ein Pflanzer »nach draußen« in die Karibik kam, so betrachtete er das als einen vorübergehenden Aufenthalt. Bald würde er in die Heimat zurückkehren, sich mit dem angehäuften Vermögen einen Landsitz kaufen und wie ein Gentleman leben. Warum sollte er sich für Schulen, Kirchen und Gesetze interessieren, die die Lebensbedingungen für jeden verbessern würden?

Da ständig neue Sklaven aus Afrika ankamen, hielten es die Aufseher für notwendig, eine Methode der »Einarbeitung« für die Neuankömmlinge zu entwickeln. In einigen Gebieten wurden sie unter die Sklaven verteilt, die sich schon eingewöhnt hatten oder lange am Ort waren. Deren Aufgabe war es, den neuen Sklaven in die Lebensweise der Neuen Welt einzuweisen. Anderenorts wurden die Neuankömmlinge als Gruppe für sich von einer besonderen Wach- und Inspektionsmannschaft beaufsichtigt, die Erfahrung mit der Einarbeitung solcher Sklaven hatte, von denen man Widerstand bei der Eingewöhnung in die neue Umgebung erwarten konnte. Die Sterblichkeitsrate unter den neuangekommenen Sklaven war außerordentlich hoch, die Zahl der Toten soll sich auf fast 30 Prozent in einer Eingewöhnungszeit von drei bis vier Jahren belaufen haben. Alte und neue Krankheiten, Klima- und Ernährungswechsel, Gefahren bei Fluchtversuchen, Selbstmord und extremes Auspeitschen waren die Hauptursachen für die hohe Sterblichkeitsrate.

Auf den Westindischen Inseln wurden die Sklaven im Morgengrauen auf die Felder geschickt, arbeiteten den ganzen Tag mit einer 30-Minuten-

Frühstückspause und einer zweistündigen Unterbrechung während der größten Tageshitze, die häufig genutzt wurde, um leichtere Arbeiten zu erledigen. Während der Ernte war der Arbeitstag wesentlich länger, manchmal achtzehn Stunden lang. Der Antreiber oder Aufseher unterschied nicht zwischen Männern und Frauen bei den Arbeitsanforderungen oder beim Einsatz der Peitsche für ein Pflichtversäumnis. Untersuchungen, die vom britischem Parlament 1790-1791 durchgeführt wurden, brachten ans Licht, daß schwangere Frauen gezwungen wurden, bis zur Niederkunft zu arbeiten, und ihnen ein Maximum von einem Monat für die volle gesundheitliche Wiederherstellung nach der Geburt gewährt wurde. Schwangere Frauen wurden heftig ausgepeitscht, wenn sie nicht in der Lage waren, mit den anderen Arbeitskräften Schritt zu halten. Frauen, die ihre Feldarbeit unterbrachen, um ihre Neugeborenen zu versorgen, die sie auf dem Rücken trugen, wurden mit Kutscherpeitschen geschlagen, weil sie ihre Zeit vertrödelten.

Die Nahrung war für die Sklaven unzureichend. Kaum je unterstützten die Pflanzer den Anbau verschiedener Feldfrüchte, die auch als Nahrung für die Arbeitskräfte hätten dienen können. Wo dies geschah, erhielten die Sklaven kleine Parzellen, manchmal weit entfernt von ihren Unterkünften, auf denen sie in ihrer freien Zeit etwas anbauen konnten. Auf Barbados, wo man den Pflanzern nachsagte, besser für ihre Sklaven zu sorgen als auf anderen Inseln, waren die Sklaven allgemein schlecht ernährt. Jeder erwachsene Sklave auf einer Plantage bekam eine knappes halbes Pfund* Getreide und einen halben Hering (nicht selten vergammelt) für einen ganzen Tag. Die berühmte Untersuchung von 1790-1791 fand keine Plantage, auf der ein Sklave mehr als viereinhalb Kilogramm Mais und ein Pfund gepökeltes Fleisch in der Woche erhielt. Man importierte den billigsten Fisch aus den Kolonien Neuenglands, und wo dies geschah, erwarb sich der Pflanzer den Ruf besonderer Mildtätigkeit.

Auf vielen Inseln war die afrikanische Bevölkerung größer als die weiße. So gab es 1673 schon 10 000 Schwarze auf Jamaika und nur 8000 Weiße. 1724 waren es 32 000 Schwarze und 14 000 Weiße. Am Ende des Jahrhunderts belief sich die Zahl der schwarzen Bevölkerung von St. Christopher auf über 20 000, »beinah das Zwanzigfache der weißen Bevölkerung«. Diese Überzahl der Schwarzen gegenüber den Weißen war

---

* Das Maß war 1 pint = 0,47 l. Anm. des Übers.

der Hintergrund für den Erlaß eines Gesetzeskodex für Sklaven von außerordentlicher Härte. Der politische Einfluß der Plantagenbesitzer in England machte die Verabschiedung des Gesetzes »An Act to regulate the Negroes on the British Plantations« möglich. Es bezeichnet die Afrikaner in der Karibik, als »von wildem, barbarischem und grausamem Wesen, die nur mit äußerster Härte kontrolliert werden können«. Sklaven durften die Plantage nicht ohne Passierschein verlassen, sie durften keine Waffen tragen. Hatte ein Sklave einen Christen geschlagen, wurde er grausam ausgepeitscht und beim zweiten Mal mit einem glühenden Eisen im Gesicht gebrandmarkt. Hatte ein Pflanzer einen Sklaven versehentlich zu Tode gepeitscht, wurde er weder zu einer Geld- noch zu einer Haftstrafe verurteilt. Die anderen europäischen Länder hatten vergleichbare Gesetze, aber es scheint beträchtliche Unterschiede bei der praktischen Durchsetzung gegeben zu haben. Während der bekannte französische »Code Noir« relativ human war, wurde er in den Händen einiger französischen Kolonisten zu einem Instrument großer Brutalität. Als Ogé und seine Mitverschwörer im letzten Jahrzehnt des 18. Jahrhunderts der Vorbereitung einer Revolte für schuldig befunden wurden, wurden alle grausam hingerichtet. »Arme, Hüften, Beine und Rückgrat wurden ihnen auf dem Schafott mit Keulen gebrochen. Sie wurden so auf ein Rad gebunden, daß ihr Gesicht nach oben gewandt und der prallen Sonne ausgesetzt war.« Der Richter ordnete an: »Hier sollen sie so lange bleiben, wie es Gott gefällt, sie leben zu lassen.« Dann wurden ihnen die Köpfe abgehackt und auf langen Stangen zur Schau gestellt.

Ein wichtiges Instrument der Eingewöhnung war die Peitsche des Aufsehers. Typisch war jene aus geflochtenem Rindsleder. In den Händen eines strengen Aufsehers konnte sie einem Sklaven noch durch die Hosen hindurch blutige Striemen zufügen. Manchmal waren die Auspeitschungen so brutal und hinterließen so große Wunden, daß man einen Finger hineinlegen konnte. Eine andere beliebte Art der Bestrafung bestand darin, den Sklaven mit Stricken an einen Baum zu hängen und Eisengewichte um den Hals und um die Hüfte zu befestigen. Das mag so aussehen, als verkürzten solche Strafen das Leben oder verringerten die Effizienz von Arbeitskräften, und deshalb sei daran erinnert, daß bis zum Beginn des 19. Jahrhunderts Afrikaner in immer größerer Zahl importiert wurden und deshalb wenig Neigung zur Erhaltung ihres Lebens existierte.

Wenn die grausame Behandlung dazu bestimmt war, Revolten und Flucht zu verhindern, so war sie außerordentlich erfolglos. Von fast jeder Insel wird von einem Aufstand gegen das Plantagensystem berichtet, und von überall gibt es Beweise, daß ständig Sklaven wegliefen. Als die Engländer Mitte des 17. Jahrhunderts Jamaika in Besitz nahmen, flohen die meisten Sklaven sofort in die Berge, wo immer wieder andere Flüchtlinge zu ihnen stießen. Diese entlaufenen Sklaven, Maronen *(maroons)* genannt, verunsicherten die Plantagenbesitzer durch Diebstähle und Tauschgeschäfte mit deren Sklaven, die sie auch zur Flucht verleiteten. Bis 1730 hatten diese Ex-Sklaven, unter ihrem schlagkräftigen Führer Cudgo, die Weißen in einem solchen Ausmaß terrorisiert, daß England gezwungen war, zwei zusätzliche Regimenter zum Schutz der Plantagenbesitzer nach Jamaika zu entsenden.

Haiti hatte schon 1620 seine Maronen, und diese Kolonie der Vogelfreien wuchs derart, daß die Kolonialregierung sie im Jahr 1784 anerkannte. Nachgewiesen ist, daß die Maronen maßgeblich für die Aufstände auf Haiti von 1679, 1691 und 1704 verantwortlich waren. Mitte des 18. Jahrhunderts hatten die aufsässigen Schwarzen Haitis in Macandal einen in Afrika geborenen, herausragenden Führer gefunden, der verkündete, er sei der schwarze Messias und gesandt, die Weißen von der Insel zu vertreiben. Im Jahr 1758 arbeitete er detaillierte Pläne für einen Staatsstreich aus. Das Wasser von Le Cap sollte vergiftet werden, und während sich die Weißen in Krämpfen wanden, würden die Schwarzen unter der Führung von Macandal und seiner Maronen die Macht ergreifen. Durch einen Zufall wurde der Plan aufgedeckt und Macandal von den aufgeschreckten Pflanzern gejagt, gefangengenommen und hingerichtet. Bei seiner Hinrichtung warnte er seine Feinde und tröstete seine Freunde mit der Prophezeiung, eines Tages werde er schrecklicher denn je wiederkehren. Viele Schwarze und vielleicht auch mancher Weiße glaubten später, Toussaint L'Ouverture sei die Reinkarnation Macandals.

Selbst auf den kleinen dänischen Inseln gibt es Aufzeichnungen über Widerstand von Sklaven. Die völlig unzureichende Ernährung verleitete viele Sklaven zum Stehlen und zur Arbeitsverweigerung. 1726 ließ die Obrigkeit siebzehn der schlimmsten Gesetzesbrecher hinrichten, aber dadurch wurden die Sklaven nicht friedlicher. Die Lage spitzte sich zu, und 1733 gab der Gouverneur von St. Thomas einen drastischen Erlaß heraus, der harte Strafen für straffällige Sklaven verhängte, darunter:

Verbrennen, Auspeitschen und Aufhängen. Zwei Monate später sollten die dänischen Inseln auf St. John den schlimmsten Aufstand erleben. Schwarze, die Holz transportieren mußten, drangen in ein Fort der Dänisch-Westindischen-Kompanie ein und erstachen den Wachposten. Eine andere Gruppe der Sklaven griff sechs Soldaten an und tötete fünf von ihnen. Nachdem die Garnison in ihrer Hand war, hißten sie die Flagge und feuerten drei Kanonenschüsse ab, das Signal für den Beginn des Aufstands auf allen Plantagen der Insel. Erst nach mehreren Tagen des Terrors wurde der Aufstand durch einen Hauptmann der Miliz unter Kontrolle gebracht.

Überall war es dasselbe – Verschwörungen, Aufstände, Revolten. Die Saat der Grausamkeit ging reichlich auf und führte zu Blutvergießen, Totschlag und Mord. Mit den Jahren gewöhnten sich die Sklaven an ihre Pflichten und erledigten sie, wenn auch widerwillig. Mit der Zeit konnten sie sich auch auf das Klima und die Ernährung in der Neuen Welt umstellen. Obwohl ihre Arbeitsbedingungen auf den Inseln keineswegs befriedigend waren, wurden sie nach drei oder vier Jahren als »erfahren« eingestuft und waren von den Pflanzern auf dem Festland mehr gefragt als die »rohen Neger«, frisch aus der »Wildnis« Afrikas.

Ständig wurden Sklaven von den Inseln exportiert, und zwar besonders von den britischen Inseln. Britische Kaufleute wollten auch den Sklavenhandel mit den Inseln anderer Nationen übernehmen und transportierten zu diesem Zweck Sklaven zunächst auf eine der britischen Inseln, um sie dann heimlich weiter nach Kuba, Puerto Rico oder eine der anderen nichtbritischen Inseln zu bringen. Es ist unmöglich, die Zahl der von den britischen Inseln nach Kuba transportierten Afrikaner zu schätzen, jedoch ganz eindeutig ist, daß sie der wichtigste Herkunftsort kubanischer Sklaven waren. Jamaika allein exportierte 1756 mehr als 10000 Sklaven dorthin. Von 90331 Afrikanern, die zwischen 1784 und 1787 auf die britischen Westindischen Inseln verbracht wurden, wurden etwa 19964 wieder exportiert. Unklar ist, ob sie auf französischen, spanischen oder portugiesischen Märkten, auf anderen britischen Inseln oder auf dem Festland weiterverkauft wurden.

Als der Wohlstand der Westindischen Inseln zu Beginn des 18. Jahrhunderts abnahm und Europa sich stärker für das nordamerikanische Festland zu interessieren begann, wurden zweifellos mehr Sklaven von den Inseln aufs Festland verkauft. Die Nachfrage nach Sklaven in den

Festlandkolonien stieg kontinuierlich, und Sklaven von den Inseln wurden eindeutig bevorzugt. 1764 wurden mehrere Schiffsladungen von Sklaven von den Westindischen Inseln nach South Carolina verbracht, von St. Christopher, Antigua, Barbados und sogar aus Havanna. Obwohl die Inseln die wachsende Nachfrage nach Sklaven auf dem Festland nicht befriedigen konnten, exportierten sie Jahr für Jahr einen Teil ihres Überschusses. Das geht aus den Unterlagen eindeutig hervor. Die Wiederausfuhr an sich wurde ein einträgliches Geschäft, an dem viele Menschen verdienten. Auf den Inseln St. Christopher, Barbados und Jamaika bestand das Hauptgeschäft einiger Handelshäuser in der Wiederausfuhr von Sklaven auf andere Inseln und auf das Festland. In den Kolonien betrieben viele Handelshäuser ihre direkten Geschäfte mit den Händlern auf den Inseln.

Die Kosten der Zuckerproduktion stiegen, als der Boden nach einem Jahrhundert intensiven Anbaus ausgelaugt war. Überdies stieg der Preis für Sklaven, weil die Nachfrage auf dem Festland wuchs. Der weißen Gesellschaft mangelte es vollständig an einer innovativen und intelligenten Führung, so daß sie außerstande war, neue wirtschaftliche Aufgabenfelder zu finden, um die Verluste zu kompensieren, die sie bei den traditionellen Tätigkeiten erlitt. Verzweifelt versuchte man in Europa und auf den Inseln, Weiße zur Auswanderung nach Westindien zu ermuntern. Einige Inseln schrieben den Pflanzern vor, proportional zur Zahl aller importierten Sklaven eine gewisse Anzahl Weiße ins Land zu holen, aber viele Pflanzer zogen eine Geldstrafe vor. Angesichts des Sklavenüberschusses waren die Einwohner der Westindischen Inseln durchaus bereit, viele Sklaven in die Festlandskolonien zu verkaufen.

Der steigende Export von Sklaven aus den Kolonien der Karibik ist ein deutlicher Hinweis auf deren gesellschaftlichen und wirtschaftlichen Erschöpfungszustand. Nach mehreren Jahrhunderten der europäischen Besetzung waren die religiösen Institutionen noch schwach, Laster und Sittenlosigkeit jeder Art florierten. Das Bildungsniveau hatte einen Tiefstand erreicht, und selbst viele Weiße waren ungebildet. Die Wirkungslosigkeit zeigte sich in ihrer Unfähigkeit, Flucht und Aufstände der Sklaven und die weitverbreitete Rassenmischung zu verhindern. Als die Westindischen Inseln viele ihrer Sklaven auf das Festland verkauften, signalisierten sie damit der übrigen Welt, daß sie ihre langjährige wirtschaftliche Vormachtstellung in der Neuen Welt an das Festland abgetreten hatten.

Die Sklaverei
auf dem lateinamerikanischen Festland

Im Jahr 1501 genehmigte die spanische Krone die Einfuhr von Afrikanern, um den Mangel an indianischen Arbeitskräften auszugleichen, die von den Spaniern viel stärker eingesetzt worden waren als von den Engländern. Die Einschränkung, daß nur Afrikaner genommen werden sollten, die im Machtbereich christlicher Herrn geboren waren, ignorierte man schnell, als die Nachfrage nach Arbeitskräften zunahm. Bereits 1506 wurden sie in so großer Zahl nach Kuba importiert, daß sich die spanische Regierung aus Angst vor einem Sklavenaufstand veranlaßt sah, weitere Einfuhren zu verbieten. Ein Jahrzehnt lang verringerte sich die Einfuhr von Afrikanern auf ein kleines Rinnsal, und man setzte wieder überwiegend Indianer ein. Im Jahr 1516 vergab Karl II. Konzessionen für die Einfuhr von Afrikanern in die spanischen Kolonien an mehrere flämische Kaufleute. Im darauffolgenden Jahr wurde das Verbot aufgehoben, Afrikaner als Arbeitskräfte einzusetzen, unter der Bedingung, daß ein Drittel der Importe Afrikanerinnen sein sollten. Als Cortés sich anschickte, Mexiko zu erobern, befanden sich auf allen spanischen Inseln Afrikaner, und innerhalb kürzester Zeit waren sie auch auf dem Festland zu finden.

In den ersten Jahren der spanischen Kolonien wurde der Sklavenhandel als unchristlich und illegal angesehen. Um diese doppelte Ablehnung zu überwinden, mußte ein Kaufmann eine Sondererlaubnis, das *asiento*, erwerben, um Sklaven in die spanischen Kolonien einführen zu können. Das machte es der Krone relativ leicht, den Sklavenhandel einer strengen Kontrolle zu unterziehen. Da die Abmachungen, oder Konzessionen, monopolistisch waren, mußten die Inhaber für jeden importierten Sklaven eine Steuer an die Krone abführen. Die Krone behielt sich das Recht vor, das *asiento* zu widerrufen, wenn die Händler keine wahrheitsgetreuen Berichte über die Zahl der eingeführten Sklaven abgaben oder wenn die importierten Sklaven nicht gesund oder in anderer Hinsicht unerwünschte Arbeitskräfte waren. Ganz gleich, ob Privatpersonen oder Handelsgesellschaften, Spanier oder Ausländer das *asiento* besaßen, die spanische Krone konnte ihre Vollmacht als effektive diplomatische und ökonomische Waffe benutzen, um ihre Macht auf beiden Seiten des Atlantik zu vergrößern.

Es wäre falsch anzunehmen, daß die Sklavenhändler in den spanischen Kolonien Amerikas ihre Aktivitäten auf die Inseln in spanischem Besitz beschränkten. Von Anbeginn an transportierten sie Sklaven nach Mexiko, Panama, Kolumbien, Peru und Argentinien, von wo aus die Sklaven in alle Himmelsrichtungen weiterverteilt wurden. Nur die direkten Nachschubwege aus Afrika oder von den karibischen Stapelplätzen wurden offiziell registriert, aber Schmuggler und Zwischenhändler waren durchaus bereit, Afrikaner aus den englischen, französischen und niederländischen Kolonien oder von anderswo zu liefern, wenn das genügend Gewinn versprach. Über diese unterschiedlichen Handelswege kamen im ersten Jahrhundert nach der Eroberung mehr als 60 000 Afrikaner nach Mexiko. Im folgenden Jahrhundert waren es noch mehr. Während die Inseln und das angrenzende Festland nur eine begrenzte Aufnahmekapazität für Sklaven besaßen, war der mexikanische Markt ein wahres Paradies für Händler. Der Jesuitenpater Andrés de Rivas schätzte, daß jedes Jahr 3000 bis 4000 Sklaven ins Land kamen. Der mexikanische Historiker Gonzalo Aguirre Beltrán schreibt, daß eine konservative Schätzung für das 17. Jahrhundert eine Zahl von 120 000 nennen würde. Im 18. und 19. Jahrhundert sanken die Einfuhren rapide, und nicht mehr als 20 000 Sklaven wurden für diese Zeitspanne bei der Einfuhr in das Vizekönigtum Neuspanien registriert. Als Alexander von Humboldt 1793 Mexiko bereiste, gab es nach seinem Bericht nur 10 000 Sklaven. Mit Sicherheit waren bis zu diesem Zeitpunkt 200 000 ins Land gekommen, aber die Mehrheit hatte sich so gründlich mit Weißen und Indianern gemischt, daß sie vielleicht nicht mehr als eigenes Element der Bevölkerung erkennbar waren.

In der Kolonialzeit war Mittelamerika weitgehend Teil des Vizekönigtums von Neuspanien, und so gibt es keine separaten Zahlen für die Sklaveneinfuhr in diese Region. Die Afrikaner in Mittelamerika waren wohl ein kleiner, aber wichtiger Teil der Bevölkerung. Schon 1524, nach der Eroberung durch die Spanier, wurden die ersten nach Guatemala importiert. Zwar waren es nie mehr als 10 000, dennoch machten sie der spanischen Obrigkeit sehr viel Ärger. Entlaufene Sklaven bildeten in den Wäldern der Sierra de las Minas Banden und terrorisierten das Land im Umkreis von vielen Meilen mit Pfeil und Bogen. Die geballte Militärmacht von Guatemala-Stadt schaffte es nicht, sie unschädlich zu machen. Einige der Sklaven wurden freigelassen und waren angesehene Bürger.

Einer dieser Freigelassenen besaß große Ländereien und Herden. Obwohl er an den Milchprodukten, die er in der Stadt Guatemala verkaufte, sehr gut verdiente, glaubte die Obrigkeit, daß vielleicht doch ein geheimer Schatz die wahre Quelle seines Reichtums sei. Von Zeit zu Zeit dementierte er das und blieb bis zu seinem Tod ein Beispiel dafür, was ein Afrikaner in Mittelamerika hatte erreichen können.

Die wahrscheinlich größte Konzentration von Schwarzen im spanischen Amerika auf dem Festland existierte im Vizekönigtum Neu Granada, dessen Gebiet die heutigen Staaten Panama, Kolumbien, Venezuela und Ecuador umfaßt. Die Häfen an der Karibischen See wurden schon früh Stapelplätze für den Handel mit schwarzen Sklaven, die von hier aus weiter ins Innere verteilt wurden. Panama, Caracas und Cartagena gehörten zu den größten Sklavenmärkten der Neuen Welt. Für den Zeitpunkt, von dem die ersten zuverlässigen Zensuszahlen für dieses Gebiet vorliegen, war die Zahl der Schwarzen beträchtlich. In der Audiencia von Santa Fé – dem heutigen Panama und Kolumbien – lebten 1810 annähernd 210 000 Neger und Mulatten, sowohl Sklaven als auch Freie, in einer Gesamtbevölkerung von 1,4 Millionen. Im Generalkapitanat von Caracas – dem heutigen Venezuela – betrug, ebenfalls 1810, die Zahl von Negern und Mulatten 493 000 in einer Gesamtbevölkerung von 900 000. Etwa zur selben Zeit wurden in der Präsidenschaft von Quito – dem heutigen Ecuador – 50 000 Neger und Mulatten in einer Gesamtbevölkerung von 600 000 gezählt.

Eine auffällige Besonderheit der Verteilung der Schwarzen im spanischen Amerika ist die Tatsache, daß auch in der Kolonialzeit eine große Zahl an der Pazifikküste lebte. Fernando Romero hat dargelegt, »daß der Sklavenhandel in den spanischen südamerikanischen Kolonien auf eingefahrenen Routen von Norden nach Süden und von Süden nach Norden stattfand und beide sich in Peru trafen«. Auf dem Gebiet des Vizekönigreichs Peru – annähernd das heutige Chile und Peru – waren besonders viele Afrikaner konzentriert. Lima nahm nicht nur seinen Anteil zur eigenen Ausbeutung, sondern fungierte auch als Markt, auf dem die Plantagen- und Herdenbesitzer aus den Anden ihre schwarzen Arbeitskräfte kaufen konnten. Einige Schwarze kamen aus den weit entfernten Vizekönigreichen Panama und Cartagena, und andere kamen direkt aus Afrika rund um Kap Horn. 1622 verzeichnete der Vizekönig in seinem Bericht die Anwesenheit von 30 000 Schwarzen in seinem Herrschaftsgebiet, davon 22 000 in Lima. In der Mitte des folgenden Jahrhunderts schrieb ein anderer Beobachter, es gäbe viele Schwarze, aber man könne unmöglich genaue Zahlen erhalten, weil die Eigentümer fürchteten, die Regierung würde solche Zahlen als Grundlage zur Berechnung einer neuen Steuer benutzen.

Als 1791 der erste zuverlässige Zensus durchgeführt wurde, hatte Peru eine Bevölkerung von etwa 1,25 Millionen Menschen. Davon waren 40 000 Schwarze und 135 000 Weiße. Alle übrigen waren Indianer, *mestizos*, – Menschen mit indianischen und weißen Vorfahren – Mulatten und verschiedenste Kombinationen der Rassen. Schwarze machten 25 Prozent der Bevölkerung Limas aus. Etwa zur selben Zeit hatte Chile eine Bevölkerung von etwa 500 000, wovon 30 000 Schwarze und Mulatten waren. Doch diese Zahlen sagen nicht alles über die afrikanische Bevölkerung im Vizekönigreich Peru. Genaue Statistiken waren immer schwer zu bekommen, weil die Eigentümer aus Furcht vor zusätzlichen Steuern ihre Sklaven vor den Volkszählern versteckten. Die enorm schnelle Vermischung der Afrikaner mit der Gesamtbevölkerung erschwert es ebenso, einzuschätzen, welchen Einfluß sie auf die Region hatten, in die sie verbracht worden waren.

Im heutigen Uruguay und Argentinien gibt es keine größere Gruppe von Schwarzen, aber das bedeutet nicht, daß Spanien diese Kolonien nicht mit afrikanischen Sklaven versorgte. Es weist vielmehr auf die dort stattgefundene bemerkenswerte biologische und kulturelle Vermischung hin. Montevideo und Buenos Aires waren in der Kolonialzeit wichtige Häfen für die Einfuhr von Sklaven. Es gibt zwar keine Gesamtzahl für die afrikanische Bevölkerung im Vizekönigtum La Plata, aber es muß eine große Zahl von Schwarzen gegeben haben, besonders im Mündungsgebiet des Rio de la Plata. Ein Zeitgenosse schätzte 1805, daß jährlich etwa 2500 Sklaven importiert wurden. Im Jahr 1803 lebten in Montevideo 1040 Schwarze in einer Gesamtbevölkerung von 4726 Menschen. Es gibt genügend Hinweise, daß auch Buenos Aires einen beträchtlichen schwarzen Bevölkerungsanteil hatte. Noch 1827 existierten sieben Vereinigungen von Afrikanern in der argentinischen Hauptstadt. Das Verschwinden der Afrikaner im südlichen Teil Südamerikas ist ein beredtes Zeugnis für die völlige Absorption eines Volkes in der gewaltigen Einwanderung von Europäern während des 19. Jahrhunderts.

Es war nur natürlich, daß die Portugiesen, die als erste die Bedeutung der Arbeitskraft afrikanischer Sklaven erkannt hatten, etwas unternehmen würden, um ihren Teil der Neuen Welt mit Sklaven zu versorgen. Obwohl sie im 16. Jahrhundert indianische Arbeitskräfte in großem Umfang einsetzten, importierten sie bereits 1538 mit der ersten Lieferung von der Küste Guineas, die in Bahia ankam, Afrikaner nach Brasilien. Mit dem Zuckerrohranbau in der Kolonie, etwa um 1540, setzte auch die Sklaveneinfuhr ein und ging anschließend unvermindert weiter. Während der spanischen Herrschaft von 1580 bis 1640 entwickelte sich der Sklavenhandel in Brasilien überdurchschnittlich. 1585 gab es 14 000 Sklaven in der Kolonie mit einer Bevölkerung von 57 000. Gegen Ende des Jahrhunderts führten die Spanier viele Sklaven aus Guinea, São Thomé, Mosambik und anderen Gebieten Afrikas ein. Sie waren hauptsächlich auf Pernambuco, Bahia und Rio de Janeiro konzentriert, verteilten sich aber auch in alle Himmelsrichtungen auf die Zuckerrohr- und Kaffeeplantagen in den fruchtbaren Tälern des Landesinneren.

Es gab fünf Zentren, von denen aus Sklaven in die übrigen brasilianischen Landesteile verteilt wurden. Von Bahia und Sergipe aus wurden sie in die Küstenregion gebracht und als Arbeitskräfte auf den Plantagen oder als Dienstpersonal beschäftigt, von Rio de Janeiro und São Paulo aus wurden sie auf Zuckerrohr- und Kaffeeplantagen verkauft oder blieben in der Hauptstadt, von Minas Gerais aus gingen die meisten Sklaven in die Goldbergwerke, zum Beispiel von Goiás, die Sklaven aus Pernambuco bedienten die Zuckerrohranbaugebiete im Nordosten, und Sklaven aus Maranhão und Pará kamen auf die Baumwollplantagen im Norden. Im 17. Jahrhundert wurde die Zahl der jährlich importierten Afrikaner auf mehr als 44 000 geschätzt, während das 18. Jahrhundert jährliche Einfuhrzahlen von 55 000 Schwarzen sah. Die Gesamtzahl der nach Brasilien importierten Afrikaner schwankt je nach Schätzung zwischen 5 und 18 Millionen. Unabhängig von der genauen Zahl ist unbestritten, daß zwischen 1538 und 1828 so viele Afrikaner importiert wurden, daß Menschen afrikanischer Herkunft noch immer einen erheblichen Anteil der Bevölkerung ausmachen.

Die erste zuverlässige Schätzung aus dem Jahr 1798 gibt die Bevölkerung mit 406 000 freien Schwarzen und 1 582 000 Sklaven in einer Gesamtbevölkerung von 3 250 000 an. Bis 1818 war die Gesamtbevölkerung auf 3 817 000 angewachsen, wovon 1 930 000 Sklaven und 585 000 Freigelassene waren. Man kann daran erkennen, daß in diesen zwanzig

Jahren vor allem Afrikaner für das Bevölkerungswachstum verantwortlich waren. 1830 betrug ihr Anteil an der Bevölkerung 28,6 Prozent, und 1847 gab es in einer Bevölkerung von 7 360 000, darunter 800 000 eingebürgerten Indianern, 3 120 000 afrikanische Sklaven, 1 100 000 freie Farbige und 180 000 in Afrika geborene Freie. Im Jahr 1888, dem Jahr der Sklavenbefreiung in Brasilien, zählte man 723 419 Sklaven.

Es gab drei unterschiedliche Gruppen Sklaven im Brasilien der Kolonialzeit. Die städtischen Sklaven arbeiteten als Dienstboten in den Stadtvillen der Pflanzer, in Läden und Werkstätten, auf den Werften und in vielen anderen Berufen. Alles in allem trugen sie kein schweres Los. Einige hatten ein Handwerk oder Kunsthandwerk gelernt und leisteten einen wertvollen Beitrag zur Verbesserung der Lebensbedingungen in den Städten. Wenn es nicht genug Arbeit gab, schickten die Eigentümer ihre Sklaven los, Arbeit für sich zu finden. Diese Selbständigen, *negros de ganho*, standen an Straßenecken und boten ihre Hilfe Kunden mit schweren Einkaufspaketen an, oder sie gingen von Haus zu Haus und offerierten ihre Dienste denjenigen, die keine eigenen Dienstboten hatten. Viele hatten ganz ordentliche Einkünfte, weil sie ausgebildet waren und lesen und schreiben konnten. Diese Chance, sich selbst außerhalb des Hauses zu verdingen, brachte nicht nur den Eigentümern Geld ein. Die Sklaven konnten vielmehr Geld für den Erkauf ihrer Freiheit verdienen.

Nach ersten Goldfunden im 17. Jahrhundert wurden zahllose Sklaven in den Goldgruben eingesetzt. Da die Zuckerbranche im gleichen Zeitraum eine Flaute durchmachte, verkauften oder verliehen viele Plantagenbesitzer ihre Sklaven an Goldsucher und Grubenbesitzer. Schwarze Brasilianer begannen ins Landesinnere in die Nähe von Goiás, Corumba und auf die Hochebene des Matto Grosso abzuwandern. Einige wurden nicht in den Bergwerken beschäftigt, sondern bewiesen ihr Geschick und Können als Arbeiter in den Eisenhütten, als Schuster, ja als Architekten und Steinmetze.

Die große Mehrheit der Schwarzen – vielleicht fünf Sechstel – wurde immer auf den großen Zuckerrohr-, Kaffee-, Baumwoll- und Kakaoplantagen eingesetzt. Diesen Landarbeitern ging es in Brasilien am dreckigsten. Sie arbeiteten von Sonnenauf- bis Sonnenuntergang und wurden meistens von Aufsehern bewacht, die mit der Peitsche drohten, Angst und Schrecken verbreiteten und sie mißhandelten, damit die Arbeit verrichtet wurde. Wie in den spanischen Kolonien gab es auch hier Gesetze zum

Schutz der Sklaven vor brutalen Herren und Aufsehern, aber weil die Durchsetzung dieser Gesetze sehr schwierig war, halfen sie nicht viel. Die Entwicklung der Folterinstrumente muß den Erfindungsgeist der Folterer herausgefordert haben. Da gab es den *tronco* aus Holz oder Eisen, in dem die Knöchel eines Sklaven mehrere Tage lang fixiert wurden, der *libambo* machte dasselbe mit den Armen. *Novenas* und *trezenas* hießen die Strafen, bei denen ein Sklave festgebunden wurde, mit dem Gesicht nach unten, und in neun oder dreizehn aufeinanderfolgenden Nächten geschlagen wurde.

Es gab einige mildernde Elemente in der brasilianischen Sklaverei. Da es kein gesetzliches Verbot gab, Sklaven das Lesen und Schreiben beizubringen, beherrschten viele ihre Sprache mündlich wie schriftlich. Das Gesetz verlangte, daß ein Sklave innerhalb von einem Jahr nach seiner Ankunft getauft werden mußte. Danach wurde von ihnen erwartet, daß sie regelmäßig zur Messe und zur Beichte gingen. Die Freilassung von Sklaven wurde in Brasilien aktiv unterstützt. Treu dienende Krankenschwestern wurden häufig freigelassen. Es war allgemein Sitte, einer Sklavin nach der Geburt von zehn Kindern die Freiheit zu geben. Die Priester drängten fromme Gläubige, ihre Sklaven bei ihrem Tod oder früher freizulassen. Es gibt wohl keine Unterlagen darüber, daß ein Eigentümer sich weigerte, einen Sklaven freizulassen, wenn der seine Freiheit erkaufen konnte. Schließlich ist sich die Forschung darin einig, daß die Brasilianer der Kolonialzeit kaum Rassenvorurteile kannten. Schwarze erhielten viele Chancen, sich zu bilden und aufzusteigen, und freie Schwarze waren vor dem Gesetz Weißen gleichgestellt.

Aber Sklaven waren in Brasilien wie anderenorts nicht nur eine Quelle des Profits, sondern auch des permanenten Ärgers. Sie waren in kleinen, überfüllten Hütten untergebracht und erhielten magere Kost, das machte sie aufsässig, und oft versuchten sie, die Ketten der Sklaverei abzuwerfen. Im Jahr 1550 verübten die Sklaven von Santa Marta in Kolumbien Greueltaten und brannten die Stadt nieder. Fünf Jahre später führte ein Afrikaner, der sich selbst als König bezeichnete, einen gewaltsamen Aufstand an, der nur nach großen Anstrengungen von der Obrigkeit niedergeschlagen werden konnte. Zum verzweifeltsten Versuch, die Freiheit in der Neuen Welt zu erlangen, kam es im 17. Jahrhundert in Brasilien. In Alagoas, im Nordosten des Landes, existierte zwischen 1630 und 1697 die Republik Palmares, ein Staat der Afrikaner. Entlaufene

Sklaven aus den Städten und von den Plantagen zwischen Bahia und Pernambuco drangen in die dichten Wälder vor und ließen sich im Tal des Rio Mundahu nieder. Trotz mehrerer Belagerungen durch die Portugiesen und Holländer, die 1644 diesen Teil Brasiliens unterwerfen wollten, hielten die Maronen bis 1697 stand. Erst die überlegene Militärmacht portugiesischer Soldaten konnte die Befestigungen von Palmares überwinden und die Stadt einnehmen. Doch der Anführer der Maronen und seine Gefährten ergaben sich nicht, sondern stürzten sich von einem Felsvorsprung oberhalb der Stadt in den sicheren Tod. Obwohl andere Aufstände und andere von Maronen begründete Gemeinden im spanischen und portugiesischen Amerika nicht annähernd den Rang von Palmares hatten, waren viele von ihnen bedeutender als alles, was Sklaven im britischen Teil Amerikas unternahmen.

Mehrere Faktoren unterschieden die Sklaverei in Lateinamerika von der in Britisch-Amerika. Ein Faktor war die vergleichsweise geringe Zahl der Spanier und Portugiesen in ihren Kolonien im Vergleich zur großen Zahl der Briten in den englischen Kolonien. Es war durchaus nicht ungewöhnlich, daß es sehr viel mehr Sklaven als spanische oder portugiesische Eigentümer und Beamte der Krone an einem Ort gab, weil diese keine oder nur eine kleine Familie hatten und oft überhaupt nur zu seltenen Besuchen auf ihren Besitzungen in der Neuen Welt auftauchten. Diese Überzahl der Schwarzen ermöglichte die vielen erfolgreichen Aufstände und Maronensiedlungen in Lateinamerika eher als in Britisch-Amerika. Vielleicht hatte es aber auch etwas mit der präzisen Sklavengesetzgebung zu tun, die in Lateinamerika früher als in Britisch-Amerika eingeführt wurde.

Ein weiterer Faktor war die große Rolle der katholischen Kirche in Lateinamerika. Häufig nahmen Priester an Entdeckungsreisen teil und waren schon am Ort, bevor die ersten Siedler ankamen. Sie bestanden darauf, daß Sklaven in der römisch-katholischen Religion unterwiesen und getauft wurden. Die Eigentümer durften ihre Sklaven sonntags und an etwa dreißig Feiertagen des Jahres nicht arbeiten lassen. Katholische Sklaven wurden kirchlich getraut, und die Aufgebote wurden regelmäßig öffentlich bekanntgegeben. Es gab kein Gesetz, das ihnen verbot, den Katechismus lesen zu lernen, wodurch sich für sie die Welt des geschriebenen Wortes öffnete. Zur gleichen Zeit konnten in den britischen Kolonien Sklaven keinen rechtsgültigen Vertrag abschließen, und die einzige

Voraussetzung für eine Eheschließung war die Erlaubnis des Eigentümers. Obwohl viele Sklavenhalter in den britischen Kolonien die Sklaven zur Frömmigkeit und zum regelmäßigen Kirchgang anhielten, ermutigte die Ordnung der anglikanischen Kirche zwar die Eigentümer, für das religiöse Wohl ihrer Sklaven zu sorgen, aber sie schrieb es ihnen nicht vor. Weit davon entfernt, Sklaven das Lesen und Schreiben beizubringen, wurde dies in den britischen Kolonien behindert und in manchen Kolonien geradewegs verboten. Wenn die Kirche in Lateinamerika einen gewissen heilsamen Einfluß auf die Behandlung der Sklaven hatte, so konnte sie Grausamkeiten doch nicht völlig verhindern, wie David Brion Davis und andere uns dargelegt haben.

Ein letzter Faktor war, daß Schwarze ein höheres Ansehen in den lateinamerikanischen Kolonien genossen als in den britischen, was vielleicht erklärt, warum es sehr viel mehr Eheschließungen von Spaniern und Portugiesen als von Engländern mit Schwarzen gegeben hat. Natürlich lebten relativ wenige spanische und portugiesische Frauen in der Neuen Welt. Das Angebot war deshalb begrenzt. Und trotzdem war so gut wie kein Stigma damit verbunden, einen schwarzen Partner zu heiraten, zumal die Heirat kirchlich vollzogen wurde. Wenn Bewohner Britisch-Amerikas zur selben Zeit ein intimes Verhältnis mit Schwarzen hatten, so geschah dies im verborgenen und ohne kirchlichen Beistand.

Und doch folgt daraus nicht zwangsläufig, daß das Los der Sklaven in Lateinamerika besser als in Britisch-Amerika war. Unmenschlichkeit und Grausamkeit gab es reichlich in allen Teilen der Neuen Welt. Und man sollte nicht vergessen, daß in den 1830er Jahren, lange nachdem die Vereinigten Staaten den Sklavenhandel gesetzlich verboten hatten, Brasilien 400 000 Sklaven aus Afrika importierte. Auch wenn sie in Lateinamerika zum Christentum konvertiert und getauft waren, wurden die Sklaven taxiert und genau wie andere Waren verkauft. Man darf nie vergessen, daß es geradezu unmöglich ist, von der Sklaverei zu reden, ohne ihre Unmenschlichkeit zu behandeln, und daß wenige Institutionen, die Kirchen eingeschlossen, etwas taten, um mäßigend zu wirken auf die überall herrschende Brutalität und Gefühllosigkeit eines Menschen, der absolute Gewalt über einen anderen hatte.

4. KAPITEL
SKLAVEREI IN DEN NORDAMERIKANISCHEN KOLONIEN

Virginia und Maryland

Die zwanzig Afrikaner, die 1619 bei Jamestown vom Kapitän einer holländischen Fregatte an Land gebracht wurden, waren rechtlich gesehen keine Sklaven. Und die Bewohner Virginias schienen sich der weitreichenden Konsequenzen der Einfuhr von Afrikanern in die noch junge Kolonie nicht bewußt gewesen zu sein. Diese Neuankömmlinge, die zufällig schwarz waren, waren normales, auf Zeit verdingtes Gesinde.* In den Volkszählungen von 1623 und 1624 wurden sie als Gesinde aufgeführt, und noch 1651 wurde einigen Schwarzen, die ihren Dienst voll abgeleistet hatten, Land zugewiesen, wie den Weißen, die ihre Vertragszeit erfüllt hatten. In den ersten fünfzig Jahren seines Bestehens hatte Virginia viele Schwarze, die sich als Gesinde verdingten, und die historischen Quellen weisen eine wachsende Zahl freier Schwarzer aus.

Doch mit der Zeit konnte der wachsende Bedarf an Arbeitskräften in Virginia immer weniger durch Indianer und verdingtes Gesinde befriedigt werden. Erst jetzt begannen die Kolonisten, ernsthaft über eine »permanente Leibeigenschaft« von Schwarzen nachzudenken. In Virginia begann man zu begreifen, was man auf den benachbarten Inseln in der Karibik bereits erkannt hatte, daß Schwarze kaum fliehen konnten, weil sie leicht identifizierbar waren; daß sie ungestraft gezüchtigt und bestraft werden konnten, weil sie keine Christen waren, und daß der Nachschub offenbar unerschöpflich war. Schwarze Arbeitskräfte waren genau das, was Virginia brauchte, um die Wälder schneller roden und mehr und besseren Tabak ernten zu können. Es bedurfte nur noch der Legalisierung einer Praxis, die viele Kolonisten bereits eingeführt hatten. Denn tatsäch-

---

* »Indentured servants« bezahlten mit ihrem mehrjährigen Dienst als Gesinde nachträglich ihre Überfahrt. Anm. des Übers..

lich waren bis 1640 schon einige Afrikaner in Virginia zu Leibeigenen auf Lebenszeit gemacht worden. Die Trennungslinie zwischen schwarzem und weißem Gesinde wurde allmählich immer deutlicher gezogen. In diesem einen Jahr wurden drei entlaufene Knechte, zwei von ihnen Weiße und ein Schwarzer, wieder eingefangen. Das Gericht verurteilte die weißen Knechte dazu, ein Jahr länger demselben Herrn zu dienen. Der Schwarze wurde dazu verurteilt, »besagtem Herrn oder dessen Rechtsnachfolgern zeit seines natürlichen Lebens hier oder anderswo zu dienen«. So wurde schon in den ersten Jahrzehnten der Existenz Virginias die zeitlich begrenzte Verdingung von Afrikanern zur Sklaverei.

Die eigentliche gesetzliche Regelung und damit Anerkennung der Sklaverei in Virginia erfolgte 1661. Der Status der Schwarzen, die bereits im Land waren, wurde nicht berührt, wenn sie ihre Vertragszeit abgeleistet hatten und frei waren. Die Anerkennung geschah fast nebenbei, sie wurde wie beiläufig in einem Gesetz erwähnt, das dem weißen Gesinde galt: »Für den Fall, daß ein englischer Knecht in Begleitung von Negern wegläuft, die keine Genugtuung durch zusätzliche Dienstzeit leisten können, ... soll der entlaufene Engländer ... für die Zeit dienen, die die besagten Neger abwesend sind, wie sie das für die eigene Zeit sollen.« Im darauffolgenden Jahr, 1662, ging Virginia einen weiteren Schritt in Richtung Sklaverei und wies in seinen Gesetzen darauf hin, daß Kinder, die in der Kolonie geboren wurden, dem Status ihrer Mutter folgend frei oder leibeigen waren. Eine gewisse Milderung sollte ein Gesetz von 1667 bewirken, das die christliche Taufe von Sklaven gestattete. Um die Institution der Sklaverei gleichzeitig zu schützen, bestimmte das Gesetz jedoch auch, daß »die Erteilung der Taufe nicht den Status einer Person hinsichtlich ihrer Leibeigenschaft oder Freiheit verändert«. So »können sich mehr Herren, dieser Sorge ledig, gründlicher um die Verbreitung des Christentums bemühen«.

Anfangs wuchs die schwarze Bevölkerung Virginias ziemlich langsam. 1625 gab es nur 23 Schwarze in der Kolonie, und noch zur Jahrhundertmitte wurden kaum 300 gezählt. Mit der Konzessionierung der Royal African Company im Jahr 1672 wurde der Transport von Sklaven in die Kolonie beschleunigt. Ende des Jahrhunderts waren es etwas mehr als 1000 im Jahr. Erst im 18. Jahrhundert begann die schwarze Bevölkerung in einem Ausmaß zu wachsen, das einige Kolonisten für beängstigend hielten. 1708 lebten 12 000 Schwarze und 18 000 Weiße in Virginia. 1756 waren es 120 156 Schwarze und 173 316 Weiße, wobei die Schwarzen in vielen Gemeinden in der Überzahl waren.

Obwohl die Einwohner Virginias die Bedeutung der Sklavenarbeit für die Entwicklung der Kolonie durchaus erkannten, regten sich schon bald Ängste und Bedenken, weil so viele Schwarze unter den Weißen lebten. Schon mischten sich Weiße und Schwarze, und eine Mulattenbevölkerung war im Entstehen. Darüber hinaus gab es ständig Gerüchte über Verschwörungen zum Aufstand, und viele Weiße fürchteten um ihr Leben. Schließlich ergriffen die derart Beunruhigten die Initiative und versuchten, die Einfuhr von Sklaven zu reglementieren. Doch die Vertreter der Handelsinteressen wehrten diese Bemühungen mit den ihnen zur Verfügung stehenden Mitteln ab und waren jedenfalls für den Augenblick erfolgreich.

Aber die Furcht vor einem Aufstand war nicht unbegründet. Innerhalb von zwei Jahren nach der ersten gesetzlichen Regelung der Sklaverei zeigten sich bei den Schwarzen Virginias deutliche Anzeichen ihrer Unzufriedenheit, sie bereiteten den Aufstand gegen ihre Herren vor. 1687 plante eine Gruppe von Schwarzen im Northern Neck einen Aufstand, während sich die Bewohner zu einem Begräbnis versammelten, doch der Plan flog noch vor seiner Durchführung auf. Die Gerüchte verstummten nicht, und Komplotte verschiedenster Größenordnung wurden aufgedeckt. Wo es keine Verschwörung gab, herrschten Ungehorsam und Zügellosigkeit. 1694 waren die Sklaven Virginias so unregierbar geworden, daß Gouverneur Edmund Andros sich darüber beklagte, die Sklavengesetze würden nicht ausreichend durchgesetzt, obwohl sie zu diesem Zeitpunkt detailliert genug waren, um die meisten Handlungen von Sklaven abzudecken.

Die Sklavengesetze Virginias regelten jeden Lebensbereich. Sie übernahmen viele Bestimmungen aus der Karibik und dienten ihrerseits als Modell für die Gesetze anderer Kolonien auf dem Festland. Sklaven durften die Plantage nicht ohne schriftliche Genehmigung ihres Herrn verlassen. Sklaven, die ohne Genehmigung angetroffen wurden, wurden zu ihrem Herrn zurückgebracht. Sklaven, die wegen Mordes oder Vergewaltigung verurteilt wurden, wurden erhängt. Zur Ahndung schwerer Verbrechen, wie Diebstahl oder Raub aus einem Haus oder Geschäft, erhielt ein Sklave 60 Hiebe mit der Peitsche, wurde an den Pranger gestellt, wo ihm die Ohren abgeschnitten wurden. Wegen geringerer Vergehen, wie Unverschämtheit oder Kontakten zu Weißen oder freien Schwarzen, wurden sie ausgepeitscht, gebrandmarkt oder verstümmelt. Die Fügsamkeit der Sklaven, mit der viele Herren prahlten, wurde also durch eine umfassende Gesetzgebung mit detaillierten Strafbestimmungen erreicht, deren Androhung auch den Willen der jähzornigsten Schwarzen zähmen sollte. Mit den Sheriffs, Gerichten und sogar den Weißen, die keine Sklaven besaßen, auf ihrer Seite hätten die Sklavenbesitzer eigentlich keine Probleme haben dürfen, Ruhe und Ordnung unter ihren Sklaven zu wahren.

Während die Sklaverei in Maryland erst 1663 gesetzlich geregelt wurde, existierte sie bereits 1634, kurze Zeit, nachdem die ersten Siedlungen entstanden waren. Schon 1638 wurden Sklaven in einigen Debatten des Abgeordnetenhauses erwähnt, und 1641 besaß der Gouverneur selbst mehrere Sklaven. Es war deshalb relativ naheliegend für die Kolonisten, die Frage nach dem Rechtsstatus Schwarzer aufzuwerfen und übereinzukommen, daß ein Gesetz ihre rechtliche und gesellschaftliche Stellung als Sklaven festschreiben müsse. Das Gesetz von 1663 war außerordentlich rigoros. Es erklärte alle Schwarzen in der Kolonie zu Sklaven, obwohl einige von ihnen bereits frei waren, und es wollte alle in der Kolonie geborenen Schwarzen zu Sklaven machen, unabhängig vom Rechtsstatus ihrer Mutter. Erst 1681 wurde das Gesetz an bereits bestehende Regelungen angepaßt, indem es nunmehr erklärte, daß ein schwarzes Kind einer weißen Mutter und jedes Kind einer freien schwarzen Mutter auch frei sein sollten.

Die Anteil der Sklaven an der Bevölkerung Marylands wuchs langsam, nicht weil die Siedler abgeneigt waren, Sklaven zu besitzen, sondern weil das Angebot in den ersten Jahren der Kolonie knapp war. Das ist der Hauptgrund für Gesetze, die in der Zeit der englischen Restauration mit dem Ziel verabschiedet wurden, die Einfuhr von Sklaven zu fördern und zu erleichtern. 1671 erklärte das Abgeordnetenhaus, daß der Übertritt von Sklaven zum Christentum ihren Rechtsstatus nicht berühre. Damit meinten die Eigentümer, sie könnten afrikanische Heiden importieren, sie zum Christentum bekehren und so die Tatsache rechtfertigen, daß sie als Sklaven gehalten wurden. Am Ende des Jahrhunderts nahm der Import von Sklaven ständig zu. 1708 berichtete der Gouverneur, daß während der vorangegangenen zehn Monate 600 oder 700 importiert worden waren. 1750 lebten 40 000 Schwarze unter 100 000 Weißen.

Wie in Virginia zeigten die Schwarzen in Maryland schon früh ihren Unwillen gegen ihre rechtliche Stellung als Sklaven. Mehrfach starben weiße Herren von der Hand ihrer Sklaven, und es gab mehr als nur einen

Neu angekommene Sklaven werden auf den Sklavenmarkt getrieben. Vor der Amerikanischen Revolution war die Sklaverei in allen dreizehn britischen Kolonien in Nordamerika erlaubt. Als Folge davon wurden Sklaven und Sklavinnen aller Altersstufen wie jede andere Ware taxiert und verkauft. *(Bettmann Archiv)*

Fall, wo ein schwarzer Koch seinen Besitzer vergiftete. 1742 wurden sieben Schwarze wegen Ermordung ihrer Herren hingerichtet. Andere wurden wegen Sabotageakten wie Brandstiftung, Diebstahl und der brutalen Behandlung von Vieh verurteilt.

Die Zunahme der schwarzen Bevölkerung und die Ängste der Weißen um ihre persönliche Sicherheit führten zum Erlaß strenger Gesetze, die Verhalten und Aktivitäten regelten. 1659 wurden Gesetze über die Rückgabe und Behandlung entlaufener Sklaven verabschiedet. Bald gab es Gesetze, die Sklaven den Handel mit gestohlenen Waren und alkoholischen Getränken verboten, und weitere Gesetze, die für freie Schwarze und Sklaven Mord, Brandstiftung, Diebstahl, Kontakte zu Weißen, Unverschämtheit und Herumlaufen ohne Genehmigung unter Strafe stellten. Die Strafen reichten von der Todesstrafe bis zu Brandmarkung und Auspeitschen. Die Gesetze wurden mit aller Härte vollstreckt, doch häufig ließ man auch Milde walten. Es gibt zahlreiche Beispiele für die Intervention von Herren zugunsten der von ihnen angeklagten Sklaven, wobei diese zwar die strikte Anwendung des Gesetzes forderten, aber »nur in diesem einen Fall« für ein wenig Nachsicht plädierten.

Es ist durchaus möglich, daß die Schwarzen in Maryland ein Faktor im Glaubenskampf waren. Seit seiner Gründung im Jahr 1634 erlebte Maryland die erbitterte Rivalität zwischen Katholiken, die von der herrschenden Familie Calvert bevorzugt wurden, und Protestanten, die durch die Vormachtstellung der Puritaner in England ermutigt worden waren. 1689 gab es Gerüchte, daß die Katholiken einen Aufstand gegen die Regierung von Maryland planten. Indianer wurden geheimer Absprachen mit Katholiken verdächtigt, und die Schwarzen in einigen südlichen Landkreisen wurden ebenfalls mißtrauisch beobachtet. Das war zweifellos der Hintergrund für das Gesetz von 1695, das regelmäßige Versammlungen von Schwarzen verbot. Im 18. Jahrhundert, als einige Kolonisten in Maryland auf die Nachfolge der Jakobiter auf dem englischen Thron hofften, überwachte die Gegenseite permanent alle Katholiken, Indianer und Schwarzen, um sicherzugehen, daß sie sich nicht zu einem Teufelspakt verschworen. Es kam nie zu einem wirklichen Aufstand, aber es zeichnete die Schwarzen aus, verdächtigt zu werden, Teil einer internationalen Verschwörung zum Sturz der Regierung von Maryland zu sein, um die Kolonie dann den Franzosen, den Indianern oder den englischen Katholiken oder allen dreien zu überantworten.

Die beiden Carolina und Georgia

Es stand von vornherein fest, daß Sklaven in die beiden Carolina eingeführt werden würden, sobald das möglich war. Schließlich waren vier der Eigentümer (Proprietors) der Kolonie auch Gesellschafter der Royal African Company und kannten zur Genüge die beim Sklavenhandel zu erzielenden Profite. Die Beispiele von Virginia und Maryland verleiteten sie bis 1680 dazu zu glauben, auch Carolina könne reich werden, wenn die Plantagensklaverei eine der wichtigen Grundlagen des Wirtschaftslebens der Kolonie bildete. Vielleicht hatte John Locke das im Sinn, als er in seinen *Fundamental Constitutions* schrieb: »Jeder Freisasse in Carolina soll absolute Macht und Autorität über seine Negersklaven haben, ganz gleich welcher Überzeugung oder Religion sie sind.« Diese Aussage sanktionierte die Sklaverei eindeutig und schützte sie vor möglichen Einbußen durch den Übertritt von Sklaven zum Christentum.

Faktisch gab es seit den Anfängen der Kolonie Schwarze in Carolina. Das war zweifellos das Ergebnis einer bewußten Förderung des Sklavenimports durch die Eigentümer der Kolonie. 1663 boten sie den ersten Siedlern 20 Acres für jeden schwarzen Sklaven und 10 Acres für jede schwarze Sklavin an, die im ersten Jahr in die Kolonie gebracht wurden. In den Folgejahren gab es etwas geringere Anreize für die Sklaveneinfuhr. Bereits zwanzig Jahre nach der ersten Besiedlung war die schwarze Bevölkerung in den beiden Carolina genauso groß wie die weiße, und 1750 gab es mehr Schwarze als Weiße, 10 500 gegenüber 6250. Im Jahr 1724 waren es dreimal soviel Schwarze wie Weiße, und das Wachstum der schwarzen Bevölkerung hielt in den nächsten Jahrzehnten noch an.

Wie in anderen Kolonien führte das Wachstum der schwarzen Bevölkerung zum Erlaß von Gesetzen, die die Aktivitäten von Sklaven regulieren sollten. Schon 1686 verbot die Kolonie Carolina den Schwarzen, Handel zu treiben, und untersagte ihnen, das Verlassen der Plantagen ihrer Herren ohne schriftliche Erlaubnis. 1722 erhielten weiße Friedensrichter die Erlaubnis, Schwarze nach Gewehren, Schwertern und »anderen Angriffswaffen« zu durchsuchen und sie ihnen abzunehmen, es sei denn, sie konnten eine Zulassung vorweisen, die nicht älter als ein Monat war und zum Tragen einer derartigen Waffe berechtigte. Patrouillen erhielten die Erlaubnis, Schwarze zu durchsuchen und den zu schlagen, der den

Frieden und die gute Ordnung gefährden könnte. Die Strafen für die Vergehen von Sklaven waren hart und wurden schnell vollstreckt.

Die Bewohner der beiden Carolina hatten ihre Kontrollen nicht zu früh eingerichtet, denn schon 1711 gab es Gerüchte, daß die Schwarzen nicht mehr zu bändigen seien. 1720 wurden mehrere Sklaven bei lebendigem Leib verbrannt, andere wurden des Landes verwiesen, weil sie an einem Aufstand bei Charleston beteiligt waren. In den folgenden Jahren gab es weitere Aufstände oder zumindest Gerüchte darüber. 1739 kam es dreißig Kilometer westlich von Charleston zur Stone Rebellion, die das Land in Angst und Schrecken versetzte. Nachdem Sklaven zwei Wachposten in einem Lagerhaus getötet und Waffen erbeutet hatten, begannen sie eine großangelegte Offensive, die Sklaverei in dieser Region zu beenden. Der Aufstand wurde niedergeschlagen, doch er dauerte mehrere Tage und kostete 30 Weißen und 44 Schwarzen das Leben. Der Historiker Peter Wood hat dargelegt, daß die schwarze Mehrheit in South Carolina eine permanente Quelle der Angst bleiben sollte. Im Verlauf des 18. Jahrhunderts kam es zu weiteren Aufständen, und die allgemeine Lage führte zu einer vollständigen Revision des Sklavengesetzes.

Vor der Revolution hatte South Carolina, das jetzt von North Carolina getrennt war, mit die konsequentesten Sklavengesetze erlassen, die es überhaupt in der Neuen Welt gab. Der Verkauf alkoholischer Getränke an Sklaven war verboten. Besitzer wurden vor übertriebener Grausamkeit gewarnt, die Sklaven zum Widerstand anstacheln konnte. Besitzern wurde verboten, Sklaven mehr als 15 Stunden täglich zwischen dem 25. März und dem 25. September arbeiten zu lassen und mehr als 14 Stunden täglich zwischen dem 25. September und dem 25. März. Diese letztgenannten Vorschriften waren ein stillschweigendes Eingeständnis, daß Sklaven zum Aufstand motiviert werden konnten. Die Bewohner der beiden Carolina erkannten zu spät, daß Sklaven nicht so lenkbar waren, wie sie glaubten, und daß die Gefahr, inmitten einer so großen Sklavenbevölkerung zu leben, tatsächlich existierte und nicht eingebildet war.

Wenn die Lebensbedingungen der Sklaven in den beiden Carolina überhaupt verbessert wurden, so war dies der Arbeit der Gesellschaft zur Verbreitung der Heiligen Schrift im Ausland (Society for the Propagation of the Gospel in Foreign Parts) zu verdanken. Die Missionare der Gesellschaft (SPG) wollten Lebensweise und Bildungsniveau unter den Weißen ebenso wie unter den Schwarzen verbessern. In einigen Fällen hatten sie beträchtlichen Erfolg. Sie schlugen vor, Sklaven Zeit einzuräumen, die Heilige Schrift zu studieren und lesen und schreiben zu lernen. Oft unterrichteten sie selbst, und in einem bemerkenswerten Beispiel wurde mit ihrer Hilfe eine Schule für Schwarze in Charleston eingerichtet, in der schwarze Sklaven, die zum Besitz der Gesellschaft gehörten, als Lehrer tätig waren. Diese wichtigen Verbesserungen der Lebensbedingungen waren auch ein Beleg für die Zustimmung zur grundlegenden Idee der Versklavung, und mit der religiösen Billigung der Sklaverei durch die Missionsgesellschaft fühlten sich die Plantagenbesitzer in ihrem Glauben an die Gerechtigkeit dieser Institution bestätigt.

Die Anwesenheit von Quäkern in North Carolina beeinflußte die Lage der Sklaven in der Kolonie positiv. Die Quäker forderten die Einrichtung von regelmäßigen Zusammenkünften der Sklaven, und die Sklavenhalter unter ihnen wurden von ihren Glaubensgenossen gedrängt, ihre Schwarzen gut zu behandeln. Noch vor dem Ende der Kolonialzeit machte sich unter den Quäkern die Meinung breit, ihren Glaubensgenossen vom Kauf neuer Sklaven abzuraten, und schließlich bezeichnete ihre Vereinigung 1770 den Sklavenhandel als »eine frevelhafte Praxis« und setzte sich für sein Verbot ein. Auch Mitglieder der Missionsgesellschaft (SPG) bemühten sich, die Lebensbedingungen der Schwarzen ebenso wie der Indianer zu verbessern, und forderten, wie in South Carolina, die Sklavenhalter auf, ihren Sklaven den Besuch von Gottesdiensten zu erlauben.

Es ist durchaus bemerkenswert, daß es in der Kolonialzeit keinen ernsthaften Sklavenaufstand in North Carolina gab. Die Tatsache, daß die Sklavenbevölkerung relativ klein war und die Beziehungen auf den Plantagen in North Carolina nicht so unpersönlich wie anderswo waren, war zweifellos für diesen friedlichen Zustand mitverantwortlich. Im Vergleich zu den Nachbarkolonien bot North Carolina in der Zeit vor dem Unabhängigkeitskrieg ein Bild bemerkenswerter Ruhe.

Georgia war die einzige wichtige Kolonie der Neuen Welt, die im 18. Jahrhundert von England gegründet wurde. Sie unterschied sich in mehreren wesentlichen Punkten von den älteren englischen Kolonien: Eigentumsrechte an Grund und Boden sollten nicht kostenlos erteilt werden; der Genuß alkoholischer Getränke sollte ebenso wie die Sklaverei verboten werden. Sofort nach ihrer Gründung im Jahr 1733 geriet jedoch jedes dieser Verbote unter enormen Druck der Siedler, und eins nach dem anderen wurde aufgehoben. 1750 setzte die dritte Petition der Siedler die

Aufhebung des verhaßten Verbots der Sklaverei schließlich durch. Von nun an wuchs die schwarze Bevölkerung, und die Sklaverei florierte. 1760 lebten 6000 Weiße und 3000 Schwarze in Georgia. 1773, als die letzte Bevölkerungsschätzung vor dem Unabhängigkeitskrieg durchgeführt wurde, war die Zahl der Weißen auf 18 000, die der Schwarzen auf 15 000 gestiegen.

Die Sklavengesetzgebung Georgias aus dem Jahr 1755 wurde zum großen Teil aus dem Codex von South Carolina übernommen und spiegelte weit stärker die Situation South Carolinas als Georgias wider. So war das Verbot, daß nicht mehr als sieben Schwarze ohne weiße Begleitung im Freien sein durften, Ausdruck der generellen Furcht vor Sklavenaufständen in South Carolina. Zwischen Samstagabend und Montagmorgen durften nicht einmal die Sklaven, die einen Waffenschein hatten, diese Waffe tragen. Unter gar keinen Umständen durften sie im Lesen und Schreiben unterwiesen werden.

Zwar kam es zu keinem richtigen Sklavenaufstand in Georgia, aber die Sklaven leisteten dennoch Widerstand gegen ihre Versklavung, indem sie nach Florida flüchteten oder Sabotageakte begingen. Merkwürdig ist, daß Georgia die Möglichkeit von Aufständen relativ gleichgültig hinnahm und Sklaven sogar zum Dienst in der Miliz zwang. Vielleicht machte gerade die Chance, die Spanisch-Florida den unzufriedenen Schwarzen als Fluchtziel bot, die paradoxe Praxis möglich, Schwarze in der Miliz von Georgia einzusetzen, um so flüchtige Sklaven nach Georgia zurückzuholen.

Die Mittleren Kolonien

Obwohl die Holländer vor allem am Sklavenhandel interessiert waren und am Transport von Sklaven in verschiedene Kolonien gut verdienten, versorgten sie auch ihre eigenen Besitzungen in der Neuen Welt. Es gab große Plantagen in den Neu-Niederlanden, besonders im Hudson-Tal, und 1638 wurden bereits viele von ihnen weitgehend durch Sklaven bewirtschaftet. Die Form der Sklaverei – wie sie von den Holländern der Neuen Welt praktiziert wurde – war relativ gemäßigt. Die Sklaven wurden verhältnismäßig menschlich behandelt, und ihre Rechte wurden weitgehend respektiert. Das holländische Sklavengesetz war nicht umfangreich, und die Freilassung war keine ungewöhnliche Belohnung für lange und treue Dienste. Obwohl die Nachfrage immer größer war als das Angebot, erreichte die Zahl der von den Holländern eingeführten Sklaven nie eine Größenordnung, die zu ernsten Besorgnissen oder Schwierigkeiten in der Zeit der holländischen Herrschaft Anlaß gegeben hätte.

Der Charakter der Sklaverei änderte sich, als die Engländer 1664 die Herrschaft über die Neu-Niederlande übernahmen. 1665 erkannte das Abgeordnetenhaus der Kolonie die Sklaverei dort an, wo sich Menschen bereitwillig in die Leibeigenschaft verkauft hatten; und das Gesetz von 1684 bezeichnete die Sklaverei als eine legitime Einrichtung in der Provinz New York. In den folgenden Jahren wuchs die schwarze Bevölkerung von New York beträchtlich. 1698 gab es nur 2170 Schwarze bei einer Gesamtbevölkerung von 18 067, während 1723 schon 6171 Sklaven registriert waren. 1771 war die schwarze Bevölkerung auf 19 883 Menschen bei einer Gesamtbevölkerung von 168 007 angewachsen.

Die Sklavengesetzgebung von New York wurde zu Beginn des 18. Jahrhunderts präzisiert. 1706 wurde ein Gesetz mit der Bestimmung verabschiedet, daß die Taufe eines Sklaven keinen Anspruch auf Freiheit begründete. Eine weitere, zweifellos bedeutende Vorschrift besagte, daß ein Sklave niemals ein kompetenter Zeuge in einem Prozeß gegen einen freien Bürger sein konnte. 1715 verabschiedete das Abgeordnetenhaus ein Gesetz mit der Bestimmung, daß, wenn Sklaven 60 km nördlich von Albany – vermutlich auf dem Weg nach Kanada – aufgegriffen wurden, aufgrund der Aussage von zwei vereidigten und glaubwürdigen Zeugen hinzurichten seien. Inzwischen erließ die Stadt New York eine Verordnung zur besseren Kontrolle von Sklaven. 1710 verbot die Stadt Schwarzen, »nach Einbruch der Dunkelheit ohne eine Laterne mit brennender Kerze darin auf der Straße« zu sein.

Die Konzentration einer wachsenden Zahl von Sklaven in der Stadt New York brachte größere Gefahren für die weiße Bevölkerung mit sich. Schwarze widersetzten sich der Obrigkeit und verstießen gegen Gesetze. 1712 entlud sich das unregierbare Temperament der New Yorker Schwarzen in einem gut organisierten Aufstand, bei dem sich dreiundzwanzig mit Gewehren und Messern bewaffnete Sklaven in einem Obsthain trafen und das Haus eines Sklavenbesitzers in Brand steckten. Im Verlauf des Kampfes wurden neun Weiße getötet und sechs verwundet. Einundzwanzig der angeklagten Schwarzen wurden vom Gericht anschließend für schuldig befunden und hingerichtet.

Fast dreißig Jahre später, im Jahr 1741, kursierten Gerüchte von einem noch größeren bevorstehenden Aufstand. Nach einer Reihe von Bränden verbreitete sich das Gerücht, daß Schwarze und arme Weiße sich verschworen hätten, Gesetz und Ordnung in der Stadt zu zerstören und selbst die Macht zu übernehmen. Nachdem die Stadt großzügige Belohnungen für die Ergreifung der Verschwörer ausgesetzt hatte, wurden fast 200 Weiße und Schwarze festgenommen und angeklagt. Mindestens 100 Schwarze wurden verurteilt, von denen 18 gehängt, 13 bei lebendigem Leib verbrannt und 70 ausgewiesen wurden. Vier Weiße, darunter zwei Frauen, wurden gehängt. Während der Kolonialzeit kam es zu keinen größeren Unruhen mehr, und zu Beginn der Revolution begann man in New York, die moralische und wirtschaftliche Unerwünschtheit der Versklavung von Menschen zu erkennen.

Südlich von New York billigten die Kolonien New Jersey, Pennsylvania und Delaware jede auf ihre Weise die Einrichtung der Sklaverei. Nachdem die Engländer die Herrschaft über New Jersey erlangt hatten, förderten sie die Sklaverei in jeder Hinsicht. Schon bald nahm die schwarze Bevölkerung ständig zu. 1726 waren es 2581, 1738 schon 3981 und 1745 bereits 4606 bei einer Bevölkerung von 61 000. In Pennsylvania gab es vor allem wegen des Widerstandes der Quäker gegen die Sklaverei kein so schnelles Wachstum. 1688 veröffentlichten einige Quäker in Germantown ihren berühmten Protest, und 1693 protestierte George Keith mit anderen Bewohnern Pennsylvanias dagegen, Menschen in lebenslanger Knechtschaft zu halten. Aber 1685 äußerte kein geringerer als William Penn die Ansicht, daß afrikanische Sklaven bessere Arbeitskräfte seien als weißes Gesinde, was manche Kreise sehr ermutigte, die Sklaverei zu fördern. 1721 wurde die schwarze Bevölkerung von Pennsylvania auf 2500 bis 5000 geschätzt. Dreißig Jahre später gab es in der Kolonie ungefähr 11 000 Schwarze. 1790 waren es 10 274 Schwarze, davon 3737 Sklaven und 6537 Freie.

In Pennsylvania wurden die Schwarzen in gewissem Umfang als menschliche Wesen respektiert, und diese Haltung begünstigte eine früh einsetzende Bewegung für die Freilassung aller Sklaven. Selbst diejenigen, für die die Einrichtung der Sklaverei akzeptabel war, schreckten vor einer massenhaften und unterschiedslosen Versklavung der Schwarzen zurück. Pennsylvania war nicht nur relativ frei von Gewalt und Rassenkonflikten, sondern die Schwarzen dort machten große Fortschritte in Richtung einer echten Anpassung an ihre neue Umgebung. Die Kommunikation zwischen Schwarzen und Weißen war nicht völlig abgebrochen, und erstere profitierten enorm von diesen Kontakten. Schulen und Kirchen waren Teil des Lebens der Schwarzen, die Institution der Ehe wurde allgemein respektiert, und die schwarze Familie war viel stabiler als bei den Schwarzen der meisten anderen englischen Kolonien.

Bereits 1636 gab es Sklavenhaltung auf dem rechten Ufer des Delaware River. Da Delaware bis 1703 zu Pennsylvania gehörte, galten dessen Gesetze auch in Delaware. Als es selbständig wurde, wuchs die Sklavenbevölkerung schneller als in Pennsylvania. Im Laufe dieser Entwicklung wurde die Distanz zur Mutterkolonie immer größer, und Delaware richtete sich allmählich stärker nach den Wirtschaftsinteressen der Nachbarkolonien im Süden.

WEISSE UND SCHWARZE IN DEN KOLONIEN, 1750
(GESCHÄTZT)

Kolonie	Weiße	Schwarze
New Hampshire	26 955	550
Massachusetts	183 925	4 075
Rhode Island	29 879	3 347
Connecticut	108 270	3 010
New York	65 682	11 014
New Jersey	66 039	5 354
Pennsylvania	116 794	2 872
Delaware	27 208	1 496
Maryland	97 623	43 450
Virginia	129 581	101 452
North Carolina	53 184	19 800
South Carolina	25 000	39 000
Georgia	4 200	1 000

Quelle: U. S. Department of Commerce, *Historical Statistics of the United States: Colonial Times to 1970,* [Teil 2] (Washington, D. C., 1975)

Die Sklavenhaltung in den mittleren Kolonien war wirtschaftlich niemals erfolgreich. Da ihr wirtschaftlicher Schwerpunkt der Handel war, ergänzt durch Landwirtschaft für den Eigenbedarf, bestand keine größere Nachfrage nach Sklavenarbeit, und viele der Sklaven, die in New York und den pennsylvanischen Häfen an Land gekommen waren, wurden anschließend in die südlichen Kolonien transportiert. Selbst da, wo es große Landwirtschaftsbetriebe gab, bestand kein Wunsch, Sklaven zu beschäftigen, denn die Holländer, Schweden und Deutschen bewirtschafteten ihre Felder überaus gründlich und machten das offenbar lieber selbst. Darüber hinaus gab es etliche, die moralische Skrupel gegen den Einsatz von Sklaven hatten. So begrüßten viele Menschen in den mittleren Kolonien die Argumente gegen die Sklaverei, die in der Revolutionszeit immer lauter wurden.

Schwarze in Neuengland

Obwohl Neuenglands Interesse an der Sklaverei vor allem im Handel mit Schwarzen lag, kamen einige Schwarze schon früh nach Massachusetts und Connecticut. 1638 gingen mehrere Afrikaner in Boston von Bord eines in Salem beheimateten Schiffes, und im folgenden Jahr lebten Schwarze in Hartford. Bevor ein Jahrzehnt vergangen war, wurden Schwarze beim Bau von Häusern und Forts in Connecticut eingesetzt. In der Mitte des Jahrhunderts setzten die Flüchtlinge, die Rhode Island gegründet hatten, Schwarze beim Aufbau ein. Während der Rechtsstatus dieser schwarzen Neuengländer in den Anfangsjahren ziemlich unklar war, wurde es allmählich in allen Neuengland-Kolonien ersichtlich, daß die Sklaverei eine legitime Einrichtung war.

Ob Sklaven in Neuengland an Land gingen, um dort zu bleiben oder in andere Kolonien verschifft zu werden, jedenfalls waren sie wichtig für den Handel Neuenglands. Seine Sklavenhändler engagierten sich in diesem Handel, obwohl sie sich gegenüber der Konkurrenz der großen europäischen Handelskompanien im Hintertreffen befanden. Nachdem sich England 1713 das Monopol für den Sklavenhandel mit der Neuen Welt gesichert hatte, begrüßte es das Engagement der Kaufleute Neuenglands, da seine eigenen Sklavenhändler mehr als genug zu tun hatten. In der ersten Hälfte des 18. Jahrhunderts florierte das Geschäft der Kaufleute Neuenglands. In den Häfen von Boston, Salem, Providence und New London herrschte geschäftiges Treiben, auslaufende Schiffe wurden mit Rum, Fisch und Milchprodukten beladen, während von den eingelaufenen Schiffen Afrikaner, Melasse und Zucker entladen wurden. Bis zum Unabhängigkeitskrieg war der Sklavenhandel für das Wirtschaftsleben Neuenglands lebenswichtig.

Die schwarze Bevölkerung Neuenglands wuchs langsam. Im Jahr 1700, als die Gesamtbevölkerung dieser ganzen Region ungefähr 90 000 Menschen betrug, lebten dort nur 1000 Schwarze. Im 18. Jahrhundert beschleunigte sich das Wachstum. Massachusetts hatte mit 2000 im Jahr 1715 und mit 5249 im Jahr 1776 die Spitzenposition. Conneticut lag an zweiter Stelle mit 1500 Schwarzen 1715 und mit 3585 im Jahr 1756. Den höchsten Anteil an Schwarzen verzeichnete Rhode Island, wo es 1774 immerhin 3761 Schwarze gegenüber 54 435 Weißen gab. Die Zahl der Schwarzen in New Hampshire blieb während der ganzen Kolonialzeit unbedeutend.

Die Sklaverei in Neuengland brauchte kaum gesetzliche Regelungen für ihre Entwicklung. Als die Gesetzgebung Ende des 17. Jahrhunderts eingeführt wurde, war die Sklavenhaltung bereits fest etabliert. 1670 erließ Massachusetts ein Gesetz, nach dem die Kinder von Sklaven in die Sklaverei verkauft werden konnten, und zehn Jahre später erließ es Vorschriften über die Bewegungsfreiheit von Schwarzen. 1660 schloß Connecticut Schwarze vom Militärdienst aus und verbot ihnen dreißig Jahre später, ohne Genehmigung die Stadt zu verlassen. Die restriktiven Vorschriften gegen die Bildung von Sklaven waren nicht so groß wie anderenorts, und oft lernten Schwarze schreiben und lesen.

Da die Zahl der Sklaven in Neuengland in der Kolonialzeit relativ gering blieb, bestand kaum Furcht vor Aufständen. Aber viele Sklaven zeigten deutlich ihre Ablehnung, indem sie wegliefen. Andere überfielen ihre Herren und ermordeten sie sogar. Wieder andere planten Aufstände. 1658 entschlossen sich einige Schwarze und Indianer in Hartford, die Freiheit zu erlangen, indem sie mehrere Häuser ihrer Herren zerstörten. Im 18. Jahrhundert gab es mehrere Verschwörungen in Boston und anderen Städten in Massachusetts. Die Lage in Boston war 1723 so ernst, daß die Stadtältesten Vorsichtsmaßnahmen für nötig erachteten und den Sklaven verboten, nachts auf der Straße zu sein und »untätig herumzulungern«.

Trotz gewisser Einschränkungen besaßen die Schwarzen in Neuengland offenbar die Freiheit, sich mit ihresgleichen oder mit friedlichen Indianern zu treffen. Die Häuser einiger freier Schwarzer wurden zum Treffpunkt, wo man tanzte, spielte und Geschichten erzählte. Sklaven wie Lucy Tarry in Deerfield, Massachusetts, und Senegambia in Narragansett, Rhode Island, verfügten über einen schier unerschöpflichen Vorrat an Erzählungen aus Afrika und anderen fernen Ländern, mit denen sie ihre Zuhörer stundenlang begeistern und erfreuen konnten. Darüber hinaus gab es viele Gelegenheiten für die Schwarzen, mit Weißen zusammenzusein, denn ob es der gemeinsame Bau eines Hauses oder einer Kirche, das gesellige Schälen von Äpfeln oder Mais war, ein Teil der Sklaven war immer dabei. Am Guy Fawkes Day,* so berichtet Lorenzo Greene, »gesellten sich Neger zur lärmenden Menge, die sich durch die Straßen von Boston schob, sehr zum Ärger anderer Fußgänger«.

Die Schwarzen Neuenglands befanden sich im Amerika der Kolonialzeit in einer einzigartigen Lage. Sie waren nicht den strengen Gesetzen oder der brutalen Behandlung ausgesetzt wie ihre Schicksalsgenossen in den Kolonien des Südens. Und doch übertreibt man möglicherweise die menschenfreundlichen Seiten ihrer Behandlung. Die Sklavenbesitzer Neuenglands hatten die Institution fest im Griff und beachteten die kleine Minderheit kaum, die für die Freiheit der Sklaven plädierte. Obwohl der Neuengländer seine Religion ernst nahm, durfte sie seiner Wertschätzung der Gewinne aus Sklavenhaltung und Sklavenhandel nicht in die Quere kommen. Andererseits vermied er es, den heimischen Markt mit Sklaven zu übersättigen und ihre Zahl so anwachsen zu lassen, daß er um seine Sicherheit besorgt sein mußte. So legte der Neuengländer die typische Schläue des Yankee an den Tag, wenn er den Stellenwert der Sklaverei für sein wirtschaftliches und gesellschaftliches Dasein austarierte.

---

* Am Guy Fawkes Day wurde die Strohpuppe des Führers der Londoner Verschwörung vom 5. November 1605 jedes Jahr in einem Freudenfeuer öffentlich verbrannt. Anm. des Übers.

5. KAPITEL
ALLE MENSCHEN SOLLEN FREI SEIN

Sklaverei und revolutionäre Weltanschauung

In der Mitte des 18. Jahrhunderts war die Sklaverei in den anglo-amerikanischen Kolonien integraler Bestandteil eines im Wachstum begriffenen Wirtschaftssystems. Es hatte Proteste gegen den Sklavenhandel gegeben, einige Kolonien hatten abschreckende Einfuhrzölle erhoben, und einige religiöse Gruppen, besonders die Quäker, hatten das Recht des Menschen angezweifelt, einen anderen in Leibeigenschaft zu halten. Es hatte jedoch keinen direkten Angriff auf die Institution gegeben. Selbst im Norden, wo Sklaven vergleichsweise kaum als Arbeitskräfte eingesetzt wurden, beachtete die Mehrheit der Kolonisten, die sich öffentlich äußerten, die Sklaverei wenig. Die Kolonisten waren voll und ganz mit ihren wirtschaftlichen und politischen Beziehungen zu England beschäftigt. Das erklärt die verbreitete Gleichgültigkeit gegenüber der Sklaverei. Die Probleme mit dem Mutterland waren so vordringlich, daß den Kolonisten wenig Zeit blieb, sich mit humanitären Dingen auseinanderzusetzen. Solange man sichergehen konnte, daß die Schwarzen weder einen Aufstand planten, noch Franzosen oder Indianern Hilfe oder Unterstützung anboten, bestand keine Veranlassung, sich darüber den Kopf zu zerbrechen.

Diese Haltung herrschte generell bis zum Ende des *French and Indian War** *i*m Jahr 1763 vor. Es war ein bedeutsames Jahr, das nicht nur den Beginn einer neuen britischen Kolonialpolitik markierte, sondern auch eine neue Sichtweise der Kolonisten auf die Probleme der Sklaverei einleitete. Denn zwischen beiden Entwicklungen bestand ein deutlicher Zusammenhang. Als die Kolonisten in Englands neuer Kolonialpolitik eine Bedrohung für die wirtschaftliche und politische Freiheit sahen, die sie seit mehreren Generationen genossen hatten, begannen sie offenbar

---

* In Europa der Siebenjährige Krieg. Anm. des Übers.

auch, sich des inneren Widerspruchs ihrer eigenen Situation bewußt zu werden, gleichzeitig unterdrückte Kolonisten und Sklavenhalter zu sein. John Woolman, ein Quäker aus New Jersey, und Anthony Benezet, ein Hugenotte aus Philadelphia, waren in ihren Kolonien bereits mit einer Anti-Sklaverei-Kampagne aktiv, andere, wie Benjamin Franklin und Benjamin Rush, hatten sich der Sache der Sklavenbefreiung angeschlossen. Aber bisher hatte es keine aufsehenerregende Verurteilung der Sklaverei durch einen prominenten Politiker in den Kolonien gegeben. Die Wiederbelebung der verhaßten Navigation Acts und der Erlaß neuer Handelsbestimmungen, z. B. des Zuckergesetzes von 1764, beflügelten die Kolonisten zu beredten Plädoyers für ihre Position. Ein einziges Gesetz des Parlaments hatte, wie James Otis erklärte, »den Leuten in sechs Monaten mehr zu denken gegeben als in ihrem ganzen Leben zuvor«. Sie begannen, über ihre Doppelrolle als Unterdrückte und Unterdrücker nachzudenken. Fast über Nacht trugen die ernsthaften, aber ruhigen Bemühungen von Benezet und Woolman Früchte, und einige führende Politiker in den Kolonien verurteilten nicht nur Englands neue Empirepolitik, sondern auch die Sklaverei und den Sklavenhandel.

Die Whig-Politik der »vorteilhaften Vernachlässigung« der Kolonien durch das Mutterland hatte den Gedankenaustausch über den Atlantik ebenso zugelassen, wie sie beim klammheimlichen Warenfluß in die unterschiedlichsten Richtungen ein Auge zugedrückt hatte. Es gibt keinen Grund anzunehmen, daß die Kolonisten nicht die revolutionäre Literatur aus der Feder französischer Denker wie Rousseau kannten. Doch es gab vor allem genug revolutionäres Gedankengut in England, um eine Bewegung gegen die Verbotspolitik des Mutterlandes anzuregen. Lange vor 1776 betrachteten die meisten Amerikaner John Lockes politische Abhandlungen *Two Treatises of Government* als politisches Evangelium, und nach 1763 benutzten sie dieses Werk häufig zur Untermauerung ihrer Argumente. Lockes *Constitutions of Carolina* (Verfassungen von Carolina) hatten die Sklavenhaltung in dieser Kolonie anerkannt, seine *Two Treatises* verteidigten die Ablösung Jakobs II. durch William and Mary. Wenn Locke die Revolution von 1688 rechtfertigen konnte, dann konnte dieselbe Argumentation das Verhalten der Kolonien in den 1760er und 1770er Jahren rechtfertigen.

Es war für die Kolonisten fast selbstverständlich, eine Verbindung zwischen dem Problem der Sklaverei der Schwarzen und dem eigenen

Kampf gegen England zu sehen. Der Kampf der Schwarzen um ihre Freiheit verstärkte sich. Als James Otis seinen beredten Protest *Rights of the British Colonies* (Die Rechte der britischen Kolonien) verfaßte und darin das unveräußerliche Recht der Schwarzen, frei zu sein, bekräftigte, forderten einige Schwarze in einer Bittschrift an das Repräsentantenhaus (General Court) von Massachusetts die Freiheit, weil sie ihr natürliches Recht sei. Eine Begebenheit in Boston im März 1770 muß vielen Kolonisten den inneren Widerspruch ihrer Position deutlich vor Augen geführt haben. Die Präsenz britischer Soldaten in Boston löste Empörung in der Bevölkerung aus, und viele fragten sich, was man dagegen tun konnte. Das entschied eine Gruppe, die im Prozeß gegen die britischen Soldaten von John Adams als Verteidiger später so beschrieben wurde: »ein bunt zusammengewürfelter Pöbel aus Rotznasen, Negern und Mulatten, Iren und exotischen Matrosen«. Angeführt von Crispus Attucks, einem entlaufenen Sklaven, brüllten sie: »Wollt Ihr die Soldaten loswerden, dann greift die Hauptwache an«, und rannten in die King Street, um den Worten Taten folgen zu lassen. Mehrere Männer aus Hauptmann Prestons Kompanie eröffneten das Feuer. Attucks fiel als erster, zwei andere waren auf der Stelle tot, zwei weitere erlagen später ihren Verletzungen.

Attucks kann kaum als Rotznase bezeichnet werden. Noch hatte er die anderen Grobheiten verdient, die John Adams über jene sagte, die während des Bostoner Massakers umkamen. Attucks war 47 Jahre alt und hatte seinen Lebensunterhalt zwanzig Jahre lang auf auslaufenden Schiffen im Bostoner Hafen verdient, seit er seinem Besitzer in Framingham davongelaufen war. Als Seemann hatte er die Einschränkungen durch Englands neue Navigationsakte hautnah zu spüren bekommen. Er hatte sich entschlossen, den Protest in einer Form vorzutragen, die England verstehen würde. Attucks Rolle als Märtyrer ist bedeutsam, nicht weil er der erste war, der im Kampf gegen England geopfert wurde. Schließlich folgten fast fünf Jahre Frieden, und es schien fast so, als sollten Samuel Adams und seine Gruppe nicht ihren Willen bekommen. Die Bedeutung von Attucks Tod liegt vielmehr in dem Hinweis auf den Zusammenhang zwischen dem Kampf der Kolonisten gegen England und dem Rechtsstatus der Schwarzen in Amerika. Hier war ein entlaufener Sklave, der mit bloßen Händen unter Einsatz seines Lebens Widerstand gegen England leisten wollte. Es war bemerkenswert, meinten die Kolonisten, daß einer für ihre Freiheit kämpfte, der nicht so frei war wie sie.

In den Jahren, die auf das Bostoner Massaker folgten, verurteilten die Kolonisten, wie von Gewissensbissen geplagt, häufig gleichzeitig die Sklaverei und Englands Politik. 1773 ging der Reverend Isaac Skillman so weit zu erklären, daß, wenn es nach dem Naturrecht ginge, Sklaven gegen ihre Herren rebellieren müßten. Und 1774 schrieb Abigail Adams an ihren Mann: »Ich habe es immer für eine äußerst ungerechte und schändliche Sache gehalten, daß wir für etwas kämpfen, das wir täglich jenen rauben und stehlen, die ein ebenso gutes Recht auf Freiheit haben wie wir.« Und etwa zur selben Zeit verfaßte Thomas Jefferson *A Summary View of the Rights of British America* (Ein kurzer Überblick über die Rechte von Britisch-Amerika) und schrieb darin, daß die Abschaffung der Sklaverei der eine große Wunsch der Kolonien sei, seine Verwirklichung über die Jahre aber immer schwieriger geworden sei, weil Großbritannien permanent alle Versuche blockiert habe, den Sklavenhandel zu beenden.

So hatte sich im Denken einiger Kolonisten etwas bewegt: Von der Billigung der Sklaverei zu der Überzeugung, daß sie unvereinbar war mit dem Kampf gegen England, und schließlich zu der Ansicht, daß England verantwortlich war für das Weiterbestehen der Sklaverei. Diese Meinung wurde im Herbst 1774 in die Praxis umgesetzt, als der Kontinentalkongreß sich darauf einigte, nach dem 1. Dezember 1775 keine Sklaven mehr einzuführen. Georgia, als einzige nicht anwesende Kolonie, faßte im Juli 1775 einen gleichlautenden Beschluß. Hierbei handelte es sich jedoch nicht um Maßnahmen gegen die Sklaverei als solche. Man darf nicht vergessen, daß eine allgemeine Ablehnung gegenüber Englands »Intolerable Acts« (Unzumutbare Gesetze) herrschte, die im gleichen Jahr verabschiedet worden waren, und daß viele Beschlüsse des Ersten Kontinentalkongresses Vergeltungsmaßnahmen vorläufiger Art waren.

Die Prüfung für die wahre Einstellung der Kolonisten zur Sklaverei war ihre Reaktion auf die Unabhängigkeitserklärung, die dem Kontinentalkongreß von Thomas Jefferson vorgelegt wurde. Die von ihm formulierte umfassende politische Theorie zur Rechtfertigung des radikalen Schritts, den die Kolonisten vorhatten, war insgesamt annehmbar, sogar der Satz, daß alle Menschen gleich geschaffen und mit »gewissen unveräußerlichen Rechten« ausgestattet sind, nämlich »Leben, Freiheit und dem Streben nach Glück«. Jeffersons direkte Anklagen gegen den König waren hart und kompromißlos. Darunter die folgenden:

Er hat einen grausamen Krieg gegen die menschliche Natur geführt, indem er die heiligsten Rechte des Lebens und der Freiheit bei den Angehörigen eines fernen Volkes dadurch verletzte, daß er diese Menschen, die ihn niemals beleidigten, gefangennahm und sie zur Sklaverei auf einen anderen Kontinent verbrachte, sofern sie nicht auf dem Transport dorthin eines elenden Todes starben. Diese Piratenkriegführung, die Schandtat *ungläubiger* Völker, ist der Krieg des christlichen Königs von Großbritannien. Entschlossen, den Markt offenzuhalten, auf dem MENSCHEN gekauft und verkauft werden sollten, hat er sein Veto damit beschmutzt, alle Versuche der Legislative, diesen abscheulichen Handel zu verbieten oder einzuschränken, zunichte zu machen; und damit diese Ansammlung von Schrecknissen keine deutlicheren Formen annehmen soll, stachelt er jetzt diese Menschen auf, die Waffen gegen uns zu erheben und die Freiheit zu suchen, die er ihnen geraubt hat, indem sie das Volk mit Morden heimsuchen, dem *er* sie aufgezwungen hat; auf diese Weise will er frühere Verbrechen vergessen machen, die er gegen die *Freiheiten* eines Volkes begangen hat, durch Verbrechen, die es gegen das *Leben* eines anderen begehen soll.

Diese Anklagen, die John Adams als »leidenschaftliche Philippika gegen die Sklaverei der Neger« bezeichnete, waren für die Delegierten der Südstaaten im Kontinentalkongreß unannehmbar.

Die Mitglieder des Kontinentalkongresses erkannten zweifellos, daß Jeffersons kühne Anklagen gegen den König sich weit von der Wahrheit entfernt hatten. Sklavenhandel hatten nicht nur britische Kaufleute, sondern genauso Kolonisten getrieben, und in einigen Kolonien hatte man nicht den geringsten Versuch unternommen, ihn auch nur gesetzlich zu regeln. Darüber hinaus herrschte in den südlichen Kolonien vielfach eine durchaus positive Einstellung zur Sklaverei, eine Haltung, die viel mehr Menschen teilten, als die »wenigen mutigen und unerschütterlichen Befürworter der Sklaverei«, die George Livermore beschrieben hat. Alle, die die Sklaverei auch nur etwas unterstützten, erkannten: Wenn sich Jeffersons Auffassung in der Unabhängigkeitserklärung durchsetzte, würde es keine Rechtfertigung für diese Einrichtung mehr geben, nachdem die Verbindung zu England vollständig gekappt sein würde. Deshalb war es besser, diese starke Sprache abzulehnen, mit der die volle Verantwortung Georg III. zugeschoben wurde. Die Kolonisten lehnten es also ab, den König wegen des Fortbestands der Sklaverei und des Sklavenhandels anzuklagen, und gaben sich nach den Worten von Rufus Choate mit »glänzenden Verallgemeinerungen« zufrieden und mit einer allzu vagen

Verbindung zwischen dem Rechtsstatus der Schwarzen und dem Postulat von der Freiheit aller Menschen.

Das Schweigen der Unabhängigkeitserklärung zur Sklaverei und zum Sklavenhandel machte es für Gegner wie Befürworter der Sklaverei gleichermaßen schwierig, sich auf dieses Dokument zu berufen. Jefferson hatte zwar erklärt, daß alle Menschen gleich geschaffen sind, aber man konnte nicht einfach vergessen, daß die Passagen der Unabhängigkeitserklärung gegen die Sklaverei allesamt abgelehnt worden waren. Wenn man alle Menschen mit unveräußerlichen Rechten ausstattete, die jenseits des positiven Rechts bestanden, so war dies eine permanente Aufforderung zum Aufstand. Das konnten nur wenige akzeptieren. Die Implikationen der Unabhängigkeitserklärung waren, obwohl vage, derart mächtig, daß die Sklavenbesitzer des Südens, die in ihr dargelegten selbstverständlichen Wahrheiten lieber leugneten und bereit waren, sich mit den Abolitionisten in einer kritischen Phase des Landes darüber auseinanderzusetzen, was genau die Erklärung für die amerikanische Gesellschaft im 19. Jahrhundert bedeutete.

Schwarze kämpfen für die amerikanische Unabhängigkeit

Seit dem Beginn der Feindseligkeiten im Frühjahr 1775 stand ständig die quälende Frage im Raum, ob man die Schwarzen, Sklaven und Freie, bewaffnen sollte, und das zu einer Zeit, in der die Patrioten auch ohne diesen erschwerenden Umstand Ärger genug hatten. Die Furcht vor Sklavenaufständen hatte die Kolonisten dazu veranlaßt, Schwarze aus dem Milizdienst auszuschließen, sogar in Massachusetts (1656) und in Connecticut (1660). Trotz dieses Ausschlusses nahmen Schwarze häufig an Kriegen gegen die Franzosen und Indianer teil und begründeten so eine Tradition des Militärdienstes, die zur Zeit des Unabhängigkeitskrieges lebendig war. Schon in den Scharmützeln von Lexington und Concord im April 1775 griffen Schwarze zur Waffe gegen britische Soldaten. Ihre Teilnahme an den weiteren Schlachten im Frühjahr und Sommer dieses ereignisreichen Jahres ist ein wichtiger Bestandteil der Militärgeschichte dieses Krieges.

Im Mai 1755 griff der Sicherheitsausschuß – besser bekannt als Hancock- und Warren-Ausschuß – das Thema des Einsatzes von Schwarzen in den Streitkräften auf und kam zu dem bedeutsamen Ergebnis, daß nur Freie eingesetzt werden dürften, da der Einsatz von Sklaven »unvereinbar mit den Prinzipien, für die wir kämpfen«, sei. Es ist zweifelhaft, ob diese Richtlinie befolgt wurde, denn in der Schlacht von Bunker Hill kämpften sowohl Sklaven als auch freie Schwarze. Außerdem wurden viele Sklaven freigelassen, um in der Armee dienen zu können. Und in der Tat war einer der herausragendsten Helden dieser Schlacht, Peter Salem, noch kurz vor der Schlacht Sklave in Framingham, Massachusetts, gewesen. Eine letztlich nicht bewiesene Anekdote besagt, daß Salem die Bewunderung seiner Kampfgenossen gewann, als er Major Pitcairn auf britischer Seite niederschoß. Pitcairn, der mehr Mut als Verstand bewies, hatte mit dem Ruf die Schanze erstürmt: »Der Tag ist unser«, und die volle Ladung von Peter Salems Muskete abbekommen. Major Pitcairns Tod war Teil des moralischen Siegs, den die Patrioten am 17. Juni 1775 errangen.

Peter Salem war nicht der einzige Schwarze, der sich in Bunker Hill besonders hervortun konnte. Auch Salem Poor, ein Soldat in einer Kompanie und einem Regiment, das zum größten Teil aus Weißen bestand, wurde von seinen Vorgesetzten gelobt, weil er sich in der Schlacht »wie ein erfahrener Offizier und ausgezeichneter Soldat verhielt«. In einer offiziellen Empfehlung an den General Court von Massachusetts erklärten diese Offiziere: »Wir erlauben uns, darauf hinweisen, daß in der Person genannten Negers ein tapferer und mutiger Soldat steckt. Welche Belohnung einer so bedeutenden und hervorragenden Persönlichkeit zukommt, überlassen wir dem Kongreß.« Während sich Peter Salem und Salem Poor durch ihre Heldentaten hervortaten, waren andere Schwarze in die Kompanien von Weißen integriert und übernahmen Aufgaben, für die man sie später auszeichnete. Unter ihnen waren Caesar Brown aus Westford, Massachusetts, der sein Leben ließ, Barzillai Lew, ein Pfeifer und Trommler, Titus Colburn und Alexander Ames aus Andover, Prince Hall, später ein Abolitionist und Freimaurerführer, und viele andere Schwarze aus Massachusetts wie Cuff Hayes, Caesar Dickerson, Cato Tufts, Grant Cooper und Sampson Talbert. Dies ist sicher keine vollständige Liste, aber sie weist auf den frühen Einsatz von Schwarzen im Unabhängigkeitskrieg hin.

Der schwarze Soldat hatte keineswegs das Recht erlangt, für die

Unabhängigkeit der Vereinigten Staaten zu kämpfen. Bei der Formulierung der Richtlinien, kurz nachdem General Washington das Kommando übernommen hatte, wurde entschieden, daß die Dienste von Schwarzen nicht gebraucht wurden. Nach der Sitzung des Kriegsrates unter Washingtons Leitung am 9. Juli 1775 wurde an die Werbeoffiziere der Befehl ausgegeben, daß keine »Deserteure der Regierungsarmee, keine Landstreicher, Schwarzen oder Vagabunden für die Armee angeworben werden durften, keine Person, die verdächtig war, ein Feind der Freiheit Amerikas zu sein, und keiner unter 18 Jahren«. Es war ein ziemlich merkwürdiger Ausdruck der Dankbarkeit für die von Schwarzen geleisteten Dienste, daß Washington und sein Oberkommando es vorzogen, Schwarzen den Eintritt in die Armee zu verweigern.

Das Verbot der Anwerbung von Schwarzen hatte natürlich keine Auswirkungen auf die Schwarzen, die bereits Dienst taten. Aber innerhalb weniger Monate war eine Bewegung im Gange, alle Schwarzen aus der Armee zu entlassen. Am 26. September 1775 stellte Edward Rutledge aus South Carolina den Antrag im Kontinentalkongreß, alle Schwarzen aus der Armee auszumustern. Obwohl er von vielen südstaatlichen Delegierten vehement unterstützt wurde, unterlag er in der Abstimmung. Am 8. Oktober trat ein Kriegsrat unter General Washington mit den Generalmajoren Ward, Lee und Putnam und mehreren Brigadegenerälen zusammen und erörterte den Einsatz von Schwarzen. Einstimmig wurde beschlossen, alle Sklaven, und mit großer Mehrheit, Schwarze insgesamt abzulehnen. Zehn Tage später traf sich eine Gruppe von Zivilisten, unter ihnen Benjamin Franklin und Thomas Lynch, mit Washington und den stellvertretenden Gouverneuren von Rhode Island und Connecticut, um die Pläne zur Rekrutierung einer neuen Armee zu diskutieren. Wieder kam man überein, alle Schwarzen abzulehnen. Am 12. November 1775 erließ General Washington einen Befehl, der die Werber anwies, keine Schwarzen, keine Jungen, die noch keine Waffen tragen konnten, und keine alten Männer aufzunehmen, die die Strapazen eines Feldzugs nicht durchstehen konnten.

Damit hatte die neue Armee unter George Washington die Frage der Rekrutierung schwarzer Soldaten geklärt und entschieden, keine Schwarzen, weder Sklaven noch Freie, anzuwerben. Es gibt keinen Hinweis darauf, daß man diese strategische Entscheidung revidiert hätte, wenn die Briten nicht einen politischen Schritt unternommen hätten, der die schwache Kontinentalarmee fast mehr beunruhigte als eine größere Truppenbewegung. Am 7. November 1775 verkündete Lord Dunmore, der Gouverneur von Virginia, in einer Proklamation, die unter den Patrioten große Unruhe auslöste: »Ich erkläre hiermit ... alles verdingte Gesinde, Schwarze oder andere (die Rebellen gehören), die in der Lage und bereit sind, Waffen zu tragen, zu Freien, wenn sie sich den Truppen Seiner Majestät so schnell wie möglich anschließen, damit diese Kolonie so rasch wie möglich ihre angemessene Würde wiedererlangt.« Wenn Washington diese Proklamation am 12. November gekannt hätte, hätte er vermutlich seinen Befehl nicht erlassen, der die Rekrutierung von Schwarzen verbot. Sobald er von Dunmores Plänen erfuhr, zeigte er große Besorgnis. Im Dezember war er äußerst beunruhigt über die Konsequenzen, die der massenhafte Eintritt von Schwarzen in die britische Armee in Virginia haben könnte. Einen Tag nach Weihnachten behauptete Washington in einem Brief an Richard Henry Lee, wenn es nicht gelinge, Dunmore vor Beginn des Frühjahrs zu zermalmen, würde er zum gefährlichsten Feind für die Sache der Unabhängigkeit werden. Seine Militärmacht würde anwachsen »wie ein Schneeball, der rollt, oder schneller, wenn wir kein Mittel finden, um Sklaven und Gesinde von der Schwäche seines Plans zu überzeugen«.

Washington mußte schnell handeln. Am 31. Dezember revidierte er teilweise seine Richtlinien zum Eintritt von Schwarzen in die Armee und erklärte in einem Bericht an den Präsidenten des Kontinentalkongresses, daß er die Dienstverpflichtung von freien Schwarzen gestattet. Weiter schrieb er, die freien Schwarzen, die bereits gedient hatten, seien sehr unzufrieden über ihre Ausmusterung. Er berichtete schließlich, man befürchte, sie würden in den Dienst der britischen Armee eintreten, wenn man ihnen nicht erlaubte, bei den Patrioten zu dienen. Am 16. Januar 1776 stimmte der Kontinentalkongreß einer neuen Richtlinie zu, die den freien Schwarzen, »welche in der Armee bei Cambridge treu gedient hatten«, den Wiedereintritt gestattete. Jedoch machte er ebenso deutlich, daß keine anderen aufgenommen würden.

Die Einwohner Virginias waren beunruhigt. Der verhaßte Dunmore warb offen bei ihren Sklaven um Unterstützung. Sie sahen sich gezwungen, auf dieses Angebot mit Bitten und Versprechen an die Schwarzen zu reagieren. Am 23. November 1775 erschien ein Artikel in einer Williamsburger Zeitung, der Dunmores Proklamation scharf angriff und die

Schwarzen davon überzeugen wollte, daß die britischen Motive vollkommen egoistisch waren. Er beschwor die Schwarzen, sich Dunmores Armee nicht anzuschließen, und versprach ihnen gute Behandlung, wenn sie den Patrioten Virginias treu blieben. Am 13. Dezember verfaßte der Ausschuß des Konvents von Virginia eine offizielle Antwort auf die Proklamation Dunmores. Darin verurteilte er die Briten wegen der Abwerbung von Sklaven und versprach darüber hinaus, allen Sklaven zu verzeihen, die innerhalb von zehn Tagen an ihre Arbeit zurückkehrten.

Die Besorgnisse des militärischen Oberkommandos und der Einwohner Virginias waren völlig gerechtfertigt. Edmund Pendleton schrieb am 27. November 1775 an Richard Henry Lee, daß die Sklaven in Scharen zu Dunmore strömten. Im März des folgenden Jahres berichtete Dunmore dem britischen Staatssekretär, daß die Anwerbung von Schwarzen außerordentlich gut liefe »und schon weiter fortgeschritten wäre, wenn sich nicht ein Fieber unter ihnen eingeschlichen hätte, das viele prächtige Burschen dahingerafft hat«. Im Verlauf des Krieges flohen viele Schwarze zu den britischen Truppen und fanden dort die Freiheit, die man ihnen in den Kolonien verwehrt hatte. Wo immer die britischen Armeen hinmarschierten, zogen sie viele Schwarze an, und in Maryland, Virginia und South Carolina war man unabhängig vom Ausgang des Krieges außerordentlich besorgt über die Zukunft der Sklaverei. Noch 1781 schrieb Richard Henry Lee an seinen Bruder, daß zwei Nachbarn »alle Sklaven, die sie besaßen« eingebüßt hätten, und »das ist ganz generell allen passiert, die sich in der Nähe des Feindes befanden«.

Die Anwesenheit der britischen Truppen in Amerika und der Krieg an sich hatten eine destabilisierende Wirkung auf die Sklaverei. Viele Sklaven flohen, selbst wenn sie nicht die Absicht hatten, Zuflucht bei den britischen Truppen zu suchen. Thomas Jefferson schätzte, daß 1778 in einem einzigen Jahr mehr als 30 000 Sklaven in Virginia davonliefen. Und der Historiker David Ramsay aus South Carolina behauptete, daß sein Staat von 1775 bis 1783 mindestens 25 000 Schwarze verloren habe. Schätzungen für Georgia sprechen von einer Einbuße von bis zu 75 Prozent der 15 000 Sklaven im Verlauf des Krieges. Wie effektiv die Briten dieses Menschenpotential einsetzten, ist völlig unklar. Hie und da, wie im Fort Cornwallis, gibt es Berichte über Schwarze in der britischen Armee. Vielleicht war ihr Dienst wertvoller, als bisher angenommen. Noch 1786 nannte sich ein Korps entlaufener Schwarzer, das während der

Belagerung Savannahs von den Briten ausgebildet worden war, »Soldaten des Königs von England«. Sie terrorisierten die ländlichen Gebiete Georgias als eine Widerstandsbewegung des 18. Jahrhunderts.

Das britische Werben um die Schwarzen während des Krieges hatte eine liberalisierende Wirkung auf die offizielle Haltung der Kolonisten gegenüber den Schwarzen. Nicht nur Washington befahl die Rekrutierung von einigen freien Schwarzen, sondern die meisten Staaten nahmen – entweder aufgrund von Gesetzen oder einer Änderung ihrer Richtlinien – sowohl Sklaven als auch freie Schwarze in ihre Streitkräfte auf. 1776 gestattete ein New Yorker Gesetz, einberufene Weiße durch Schwarze zu ersetzen. Im selben Jahr ging Virginia so weit, freie Mulatten als Trommler, Pfeifer und Pioniere zuzulassen, und im folgenden Jahr verlangte Virginia nur noch, daß alle Schwarzen, die sich meldeten, eine von einem Friedensrichter ausgestellte Bescheinigung über ihren Rechtsstatus als Freie vorweisen mußten. Rhode Island und Massachusetts gestatteten es 1778 Sklaven, als Soldaten zu dienen. Im selben Jahr machte North Carolina in seinem Gesetz über entlaufene Sklaven klar, daß die genannten Strafen nicht auf die in Diensten North Carolinas oder der Vereinigten Staaten stehenden befreiten Sklaven anzuwenden seien.

Unter den liberaleren Gesetzen der Einzelstaaten meldeten sich Schwarze in großer Zahl zur Armee der Staaten und zur Kontinentalarmee. Im Jahr 1778 stellten Massachusetts und Rhode Island fest, daß in ihren Staaten genug schwarze Soldaten ausgehoben werden konnten, um eigene Regimenter zu bilden. Es sah tatsächlich ganz so aus, als ob die Staaten sich gegenseitig überbieten wollten, Schwarze in ihre Armeen aufzunehmen. New Hampshire bot schwarzen Soldaten dasselbe Handgeld wie Weißen, und die Sklavenbesitzer bekamen großzügige Prämien als Gegenleistung für die Freilassung ihrer Sklaven. Als die Zahl der angeworbenen weißen Soldaten in Connecticut zurückging, setzte eine Welle der Rekrutierung von Schwarzen ein. New York bot allen Sklaven die Freiheit, die drei Jahre lang in der Armee dienen wollten, während ihre Besitzer durch Grundbesitz entschädigt wurden. Noch vor Kriegsende verpflichteten die meisten Einzelstaaten ebenso wie der Kontinentalkongreß Sklaven für die Armee in der stillschweigenden Übereinkunft, daß sie mit ihrer Entlassung die Freiheit erhielten.

Nur zwei Staaten – Georgia und South Carolina – widersetzten sich weiterhin dem Eintritt von schwarzen Soldaten in die Armee. Diese

Weigerung war äußerst peinlich für Oberst John Laurens, der 1778 angewiesen wurde, mehrere schwarze Bataillone in seinem Heimatstaat South Carolina auszuheben. 1779 forderte der Kontinentalkongreß dazu auf, 3000 Schwarze in Georgia und South Carolina zu rekrutieren. Der Kongreß war bereit, den Besitzern bis zu 1000 Dollar für jeden rekrutierten Sklaven zu zahlen, der am Ende des Krieges freigelassen werden und ein Handgeld von 50 Dollar erhalten sollte. Georgia und South Carolina waren äußerst beunruhigt von diesem Plan und lehnten ihn summarisch ab. Trotz mehrerer dringender Gesuche von Laurens gestattete keiner der beiden Staaten jemals die Rekrutierung von Schwarzen. Zu diesem Zeitpunkt hatte Washington die Idee schwarzer Soldaten so gänzlich akzeptiert, daß er über South Carolina und Georgia schreiben konnte: »Der Geist der Freiheit, der zu Beginn dieses Konfliktes alles mit Freuden der Erreichung seines Zieles geopfert hätte, existiert schon lange nicht mehr, und alle möglichen Egoismen haben seinen Platz eingenommen.« Doch auch in diesen Staaten liefen Schwarze davon, um auf seiten der Briten zu kämpfen und so ihre Freiheit zu erlangen oder mit den Patrioten, die Freiheit ihres Landes und die eigene Freiheit zu erkämpfen.

Von den 300 000 Soldaten, die für die Sache der Unabhängigkeit kämpften, waren annähernd 5000 Schwarze. Trotz der Tatsache, daß die Mehrheit der schwarzen Bevölkerung im Süden lebte, stammte der größte Teil der schwarzen Soldaten aus dem Norden. Sie dienten in jeder Phase des Krieges und unter den unterschiedlichsten Bedingungen. Einige meldeten sich freiwillig, andere wurden einberufen, während wieder andere die Stelle von einberufenen Weißen einnahmen. Es gab nur einige getrennte schwarze Einheiten. In Massachusetts wurden zwei Kompanien Schwarzer aufgestellt, eine unter Major Samuel Lawrence und die andere – die »Bucks of America« – unter Middleton, einem schwarzen Kompaniechef. Connecticut schickte eine schwarze Kompanie unter Führung von Hauptmann David Humphreys ins Feld, während die schwarze Kompanie von Rhode Island dem Befehl von Oberst Jeremiah Olney und später von Oberst Christopher Greene unterstand. Einige dieser Einheiten errangen die Bewunderung und den Respekt ihrer Offiziere und der Bürger. Die Kompanie von Lawrence wurde als eine Truppe beschrieben, »über deren Mut, militärische Disziplin und Treue« Lawrence immer voller Hochachtung sprach. Einmal retteten ihn seine Männer, als er vollständig vom Feind umzingelt war.

Weiße Offiziere vermieden es zunächst entschieden, das Kommando über eine schwarze Kompanie zu übernehmen. Deshalb war es einigermaßen schwierig, einen Kompaniechef für eine rein schwarze Kompanie in Connecticut zu finden. Schließlich bot Hauptmann Humphreys seine Dienste an, und unter seiner Führung tat sich die Einheit in einer Weise hervor, daß sich die Offiziere später um eine Ernennung ebenso rissen, wie sie diese vorher abgelehnt hatten. In der Schlacht von Rhode Island am 29. August 1778 zeichnete sich das schwarze Regiment unter Oberst Greene »durch Taten größten Heldenmuts« aus. Dreimal wurden die Angriffe der hessischen Soldaten abgewehrt, die auf sie einstürmten, um eine strategisch wichtige Stellung einzunehmen. 1781, als Oberst Greene bei Points Bridge in New York überrumpelt und getötet wurde, verteidigten seine schwarzen Soldaten ihn, bis alle niedergemetzelt waren und ihn der Feind nur über die Leichen seiner treuen Männer erreichen konnte. Ein weißer Veteran beschrieb sie als »tapfere, ausdauernde Truppe. Sie halfen uns, die Freiheit und die Unabhängigkeit zu erringen.«

Die große Mehrheit der schwarzen Soldaten diente in Einheiten, die überwiegend aus Weißen bestanden. Die Integration war so vollkommen, daß der hessische Offizier Schloezer erklärte, daß »man kein Regiment finden wird, in dem es nicht Neger in Hülle und Fülle gibt, darunter gutgebaute, starke und tapfere Burschen«. Sie kämpften nicht nur in den Regimentern der Neuengland- und der mittleren Atlantikstaaten, sondern auch Seite an Seite mit ihren weißen Kameraden in den Südstaaten. Es gab zwischen 1775 und 1781 kaum eine militärische Aktion ohne Beteiligung von Schwarzen. Sie kämpften in Lexington, Concord, Ticonderoga, Bunker Hill, Long Island, White Plains, Trenton, Princeton, Bennington, Brandywine, Stillwater, Bemis Heights, Saratoga, Red Bank, Monmouth, Rhode Island, Savannah, Stony Point, Ft. Griswold, Eutaw Springs und Yorktown.

Wie bei allen Unternehmungen, an denen eine große Anzahl Menschen beteiligt ist, werden die meisten Schwarzen, die im Unabhängigkeitskrieg kämpften, für immer anonym bleiben. Es gab jedoch einige, die aufgrund ihrer hervorragenden Pflichterfüllung die Hochachtung ihrer Zeitgenossen gewannen und einen bedeutenden Platz in der Geschichte des Unabhängigkeitskrieges einnehmen. Zwei Schwarze, Prince Whipple und Oliver Cromwell, überquerten mit General Washington am

Weihnachtstag 1776 den Delaware. Tack Sisson rammte eine Tür mit seinem Schädel ein und half so bei der Gefangennahme des britischen Generals Richard Prescott in Newport, Rhode Island, am 9. Juli 1777. Im selben Jahr schloß sich Lemuel Haynes, später Geistlicher in weißen Kirchengemeinden, der Expedition nach Ticonderoga an, die die Vorstöße von Burgoynes Nordarmee stoppen sollte. Und im Jahr 1779 wurde der Sieg von Anthony Wayne bei Stony Point durch die Spionage eines schwarzen Soldaten namens Pompey möglich. Bei der Belagerung Savannahs im Jahr 1779 standen mehr als 700 haitische freie Schwarze an der Seite der französischen Truppen, die die Stadt retteten. Unter den Ver-

---

AUCH SKLAVEN WOLLEN DIE FREIHEIT - 1777

An den Ehrenwerten Rat & das Repräsentantenhaus des Staates Massachusetts Bay, das in gemeinsamer Sitzung tagt, 13. Januar 1777.
Die Petition einer großen Anzahl Schwarzer, die im Stand der Sklaverei inmitten eines freien & christlichen Landes gehalten werden, weist demütig darauf hin, daß Ihre Bittsteller wahrnehmen, daß ihnen mit allen anderen Menschen gemeinsam ist das natürliche und unveräußerliche Recht auf die Freiheit, die der große Vater des Universums gleichermaßen der ganzen Menschheit übertragen hat und deren sie nie durch einen Vertrag oder eine Vereinbarung irgendeiner Art verlustig gegangen sind – daß sie vielmehr zu Unrecht durch die Hand einer grausamen Macht von ihren liebsten Freunden und einige von ihnen sogar aus den Armen ihrer lieben Eltern weggezerrt worden sind – aus einem bevölkerungsreichen, angenehmen und fruchtbaren Land, und in Verletzung des Naturrechts und des Völkerrechts und zum Hohne der sanften Gefühle der Menschlichkeit hierher gebracht wurden und wie ein Stück Vieh verkauft und wie solches zur lebenslangen Sklaverei verdammt wurden – und das unter einem Volk, das sich zum milden Glauben an Jesus bekennt, einem Volk, das nicht unfühlsam ist für die Geheimnisse eines rationalen Wesens noch ohne Mut, sich gegen die ungerechten Ansprüche anderer aufzulehnen, um selbst nicht in den Stand der Knechtschaft und der Unterdrückung niedergedrückt zu werden. Eure Ehren müssen nicht darüber informiert werden, daß ein Leben der Sklaverei, wie das Ihrer Bittsteller, ein Leben, das jeglichen Rechts der Gemeinschaft entbehrt, aller Dinge, die das Leben erst erträglich machen, weit schlimmer ist, als überhaupt nicht zu existieren.

Collection, Massachusetts Historical Society,
5. Serie, III (Boston, 1877), S. 436 f.

wundeten befand sich auch Christophe, der später eine wichtige Rolle bei der Befreiung Haitis spielen sollte.

Viele Schwarze dienten während des Unabhängigkeitskrieges in der Marine. Da sie vor dem Krieg Schiffe durch die Küstengewässer gelotst hatten, wurden ihre Dienste schließlich in den dunklen Tagen des Krieges akzeptiert. Sie waren fähige und ordentliche Seeleute, Lotsen, Bootsmann- und Geschützoffiziersmaate. Sie dienten auf den Küstenseglern, die Georgia, North Carolina, South Carolina und Virginia verteidigten. Luther P. Jackson hat auf die Beteiligung schwarzer Seeleute aus Virginia während der Revolution hingewiesen. Sie kämpften an Bord der *Patriot*, *Liberty*, *Tempest*, *Dragon*, *Diligence* und vieler anderer Schiffe. Einige hatten sich für zehn oder elf Jahre verpflichtet. Auch in Connecticut und Massachusetts dienten Schwarze in der Marine, so die drei schwarzen Seeleute an Bord von Kapitän David Porters *Aurora* und die vier in der Mannschaft des Freibeuters *General Putnam*. Er war erst vierzehn Jahre alt, als James Forten Pulvermaat auf der *Royal Louis* unter Stephen Decatur war und den Sieg über mehrere englische Schiffe miterlebte. Als er gefangen genommen wurde und man ihm ein Zuhause in England anbot, lehnte er das ab, weil er meinte, er sollte das Los eines Gefangenen für die Sache der Unabhängigkeit mit erleiden, denn weniger als das hieße, sein Land zu verraten.

Schwarze Patrioten erkannten sehr genau, welche Konsequenzen für ihre eigene Zukunft der Kampf gegen England hatte. Sie wollten individuelle Freiheit ebenso wie staatliche Unabhängigkeit. Noch bevor Abigail Adams auf die Unvereinbarkeit von Unabhängigkeitskampf und gleichzeitig bestehender Sklaverei hinwies, sagten es Schwarze laut und vernehmlich. Schon 1766 suchten sie ihre Freiheit vor Gericht und durch gesetzgeberische Maßnahmen zu erlangen. Im Januar 1773 bat eine Gruppe »etlicher Sklaven« den General Court von Massachusetts, sie »aus dem Stand der Sklaverei« in die Freiheit zu entlassen. 1774 drückte eine Gruppe von Schwarzen ihr Erstaunen darüber aus, daß die Kolonisten Unabhängigkeit von Großbritannien erlangen wollten und die Bitten der Sklaven, ihnen ihre Freiheit zu geben, nicht beachteten. Schwarze verfaßten Dutzende von Petitionen und Protesten und trugen auf diese Weise ganz wesentlich dazu bei, daß der ideologische Horizont dieses Konflikts erweitert wurde und neben der staatlichen Unabhängigkeit zumindest einzelne Aspekte der Freiheit des Individuums behandelt wurden. Tatsache bleibt, was Edmund Morgan so auf den Punkt gebracht hat, daß die »Amerikaner ihre Unabhängigkeit [weitgehend] mit Sklavenarbeit kauften«. Man mußte abwarten, ob ihnen die individuelle Freiheit im allgemeinen genauso teuer war wie die staatliche Unabhängigkeit.

Die Bewegung zur Freilassung der Schwarzen

Am Ende des Unabhängigkeitskrieges war die Ideologie des Kampfes, die so klar definiert und am Anfang so laut verkündet worden war, getrübt und gedämpft worden durch die grausigen und offenbaren Realitäten des Krieges. Leicht war zu erkennen, daß die Zielsetzung der führenden Politiker eher politisch als gesellschaftlich war. Dennoch waren einige Kräfte in Bewegung gesetzt worden, die für eine Veränderung der rechtlichen und gesellschaftlichen Stellung der Schwarzen eintraten. Es ist kein reiner Zufall, daß zum Zeitpunkt des Kampfes bei Lexington die erste Antisklavereigesellschaft an ihrem Aktionsprogramm arbeitete. Diese und ähnliche Organisationen reflektierten die gesellschaftlichen Folgen der revolutionären Weltanschauung. Diese Weltanschuung beeinflußte das Denken des Volkes dermaßen, daß fast jeder Einzelstaat, der Sklaven für die Armee rekrutierte, sie entweder sofort freiließ oder ihnen die Freilassung am Ende ihrer Militärzeit versprach. Die Archive mehrerer Einzelstaaten im Jahrzehnt nach 1780 verwahren zahllose Freilassungsurkunden schwarzer Soldaten und ihrer Familien. Die genaue Zahl ist zwar nicht mehr feststellbar, doch kann man relativ leicht zu dem Ergebnis kommen, daß Hunderte, wenn nicht Tausende von Sklaven am Ende des Krieges ihre Freiheit erhielten.

Doch die so erlangte Freiheit einiger schwarzer Soldaten war am Ende des Krieges nicht unumstritten. Einige Besitzer versuchten, ihre Sklaven zurückzubekommen, selbst wenn sie für die Unabhängigkeit von Großbritannien gekämpft hatten, und General Washington hielt es für notwendig, mehrere Untersuchungsgerichte der Armee mit der Feststellung der Gültigkeit solcher Ansprüche zu beauftragen. Schließlich machten einige Einzelstaaten Gebrauch davon, ein Gesetz zu verabschieden, wie etwa Virginia im Jahr 1783, das allen Sklaven die Freiheit verlieh, die »im letzten Krieg gedient haben«. Allerdings wurde klar unterschieden zwischen den Schwarzen, die in der Armee der amerikanischen Staaten gedient hatten und jenen, die entlaufen oder zu den britischen Linien übergelaufen waren. Selbst General Washington war über die Nachricht alarmiert, daß Schwarze im Begriff waren, in verschiedenen amerikanischen Häfen mit der britischen Flotte in See zu stechen, und er bat einen Freund in New York, ihm dabei behilflich zu sein, einige seiner eigenen entlaufenen Sklaven zurückzuholen, die er in New York vermutete.

Es gab neben der Freilassung der Soldaten-Sklaven weitere Anzeichen dafür, daß die revolutionäre Weltanschauung Wirkung zeigte. Dies waren die Aktivitäten einzelner Menschen unmittelbar nach dem Krieg. Zwar ging keine so berühmte Persönlichkeit wie etwa Thomas Jefferson im Kampf gegen die Sklaverei auf die Barrikaden, aber zahlreiche Menschen von beachtlichem Format erhoben ihre Stimme gegen diese Institution. Samuel Hopkins aus Rhode Island, Ezra Stiles aus Connecticut und Jeremy Belknap aus Massachusetts waren die prominentesten unter den Theologen, die öffentlich gegen die Sklaverei auftraten. In Virginia wurde St. George Tuckers *Dissertation on Slavery* von den Studenten des Autors am William-and-Mary-College gelesen, aber auch von den Sklavenbesitzern in der Umgebung von Virginia. Andere Gelehrte, die sich gegen die Sklaverei aussprachen, waren Jedidiah Morse, der Vater der amerikanischen Geographie und William Rogers vom College of Philadelphia. Benjamin Franklin und Benjamin Rush protestierten weiterhin dagegen, während es unter den Juristen prominente Vertreter mit Zepheniah Swift, Noah Webster und Theodore Dwight gab.

Es entstanden nach dem Krieg immer mehr Freilassungs- und Anti-Sklaverei-Gesellschaften. Den Quäkern, die 1775 die erste Gesellschaft gegründet hatten, schlossen sich viele weitere Gruppen in dieser und in anderen Organisationen an. 1785 wurde die New Yorker Gesellschaft zur Emanzipation von Sklaven mit John Jay als Präsidenten gegründet. In Delaware wurde 1788 eine ähnliche Gesellschaft gegründet, und 1792 existierten in jedem Staat von Massachusetts bis Virginia Anti-Sklaverei-Gesellschaften. Einige wollten den Sklavenhandel verhindern, andere befaßten sich mit der Deportation von Schwarzen aus ihrem Einzelstaat. Die meisten stellten sich ein, wenn auch vages Modell der völligen Abschaffung der Sklaverei vor. Örtliche Gesellschaften sammelten Informationen über die Sklaverei und veröffentlichten Berichte über Fortschritte bei der Freilassung. Andere veröffentlichten Reden und Vorträge, die in der Öffentlichkeit eine Stimmung gegen die Sklaverei erzeugen sollten.

Die Gesetzgebung gegen den Sklavenhandel, die vor dem Krieg als Maßnahme gegen Englands Handelsherrschaft begonnen worden war, wurde auch nach den Feindseligkeiten fortgeführt. 1783 verbot Maryland den Handel mit Schwarzen. 1786 erhöhte North Carolina den Einfuhrzoll auf jeden importierten Schwarzen beträchtlich. Ein Zoll von 15 Pfund wurde z. B. auf einen direkt aus Afrika importierten Schwarzen zwischen zwölf und dreißig Jahren erhoben. Dieses Gesetz wurde 1790 aufgehoben. 1787 verbot South Carolina den Import von Sklaven für mehrere Jahre. Ein Gesetz, das bis 1803 regelmäßig erneuert wurde, bis es mit der Begründung aufgehoben wurde, es sei nicht vollstreckbar.

Noch vor der Kapitulation bei Yorktown hatte der Staat Pennsylvania im Jahr 1780 Vorkehrungen zur stufenweisen Abschaffung der Sklaverei getroffen. Das Gesetz sah vor, daß Schwarze oder »Neger«, die nach diesem Datum geboren wurden, nach Erreichen des 28. Lebensjahres nicht mehr als Sklaven gehalten werden durften und bis dahin wie verdingtes Gesinde oder Lehrlinge behandelt werden sollten. Die Einwohner Pennsylvanias erinnerten an den Kampf gegen England und erklärten, daß sie sich dazu berufen fühlten, die Ernsthaftigkeit ihrer Freiheitsbekundungen zu beweisen und einen handfesten Beweis für ihre Dankbarkeit zu erbringen, indem sie einen Teil ihrer Freiheit auf andere ausdehnten, »die, obwohl anderer Hautfarbe, Geschöpfe desselben Allmächtigen sind«. Bis 1783 hatten die Gerichte von Massachusetts die Sklaverei mit der Begründung abgeschafft, daß die Verfassung von 1780 die Institution mißbillige, da sie doch erkläre, daß »alle Menschen von Natur aus frei und gleich geschaffen sind«. 1784 verabschiedeten Connecticut und Rhode Island Gesetze, die die Sklaverei stufenweise abschafften. Emanzipationsgesetze wurden 1785 in New York und 1786 in New Jersey verabschiedet, aber eine wirkungsvolle Gesetzgebung konnte in diesen Staaten erst 1799 bzw. 1804 durchgesetzt werden. Während die Nordstaaten die Sklaverei also annullierten, erließen einige der Südstaaten, wie Virginia und North Carolina, Gesetze, die es den Sklavenbesitzern erleichterten, ihr menschliches Eigentum freizulassen. Höhepunkt der Antisklavereibewegung der Nachkriegsjahre war wohl das Jahr 1787, als der

Kongreß bei der Beratung der Northwest Ordinance die Bestimmung hinzufügte, daß es weder Sklaverei noch unfreiwillige Knechtschaft auf dem Territorium im Nordwesten der Vereinigten Staaten geben sollte, für das dieses vorläufige Grundgesetz galt.

Die konservative Reaktion

Trotz aller Anstrengungen waren die Antisklavereiführer nicht dazu in der Lage, der Sklaverei nach dem Unabhängigkeitskrieg den Todesstoß zu versetzen. Der Widerstand gegen die Vorstellungen der Abolitionisten verstärkte sich in den Südstaaten, wo viel Kapital in Sklaven investiert worden war und wo dieser Institution bereits eine neue wirtschaftliche Bedeutung zugeschrieben wurde. In den 1780er Jahren nahmen Ernüchterung und Furcht darüber zu, daß das gesellschaftliche Konzept, wie es aus dem Kampf gegen Großbritannien hervorgegangen war, außer Kontrolle geraten und die Grundlagen des gesellschaftlichen und wirtschaftlichen Lebens in Amerika gefährden könnte. Als die einfachen Leute ein liberales und demokratisches Bodenrecht, Stundung ihrer Schulden und stärkere Menschenrechtsgarantien verlangten, forderten sie damit die Autorität der kleinen Elite heraus, die in Amerika die staatliche Macht innehatte. Fügt man dieser »schrecklichen Vision der Unordnung«, wie sie manche Politiker heraufbeschworen, noch die beharrliche Forderung der Antisklavereibewegung nach Abschaffung des Besitzes von Menschen und Ausdehnung der Freiheit auf alle Menschen hinzu, so konnte die Frage nur lauten: Wohin soll das alles noch führen! Die Rebellion von Daniel Shays in Massachusetts gab die Antwort: richtige Revolution, schlicht und einfach. Die führenden Politiker des Landes hatten bereits zum Gegenangriff geblasen, als sie 1787 den Verfassungskonvent in Philadelphia zusammenriefen, um ein stärkeres und stabileres Regierungssystem zu schaffen und die Woge der gesellschaftlichen Revolution aufzuhalten.

Es war nur natürlich, daß die Sklaverei in der verfassunggebenden Versammlung zu einem wichtigen und kontroversen Thema wurde. In den heißen Debatten um die Grundlage der Repräsentation im künftigen Kongreß tauchte die Frage auf, wie Sklaven berücksichtigt werden sollten. Für die meisten Delegierten aus dem Norden waren Sklaven nichts als Eigentum, und sie billigten ihnen keine Vertretung im Kongreß zu.

Die Delegierten von Georgia und South Carolina traten nachdrücklich dafür ein, daß die Schwarzen ebenso berücksichtigt werden müßten wie die Weißen. Gouverneur Morris erklärte, daß die Bevölkerung Pennsylvanias sich dagegen wehren würde, mit Sklaven auf die gleiche Stufe gestellt zu werden, während Rufus King aus Massachusetts die Sklaverei in einer feurigen Rede geißelte und jeden Vorschlag ablehnte, der die Anerkennung der Sklaverei in der Verfassung bedeutete. Der Drei-Fünftel-Kompromiß, der schließlich in die Verfassung aufgenommen wurde, war sicher für keine Seite befriedigend, aber er belegt, wie stark die Pro-Sklaverei-Interessen im Konvent vertreten waren. Der Passus wurde in Art. 1, Abschnitt 2, eingefügt und lautet wie folgt:

> Die Abgeordnetenmandate und die direkten Steuern werden auf die einzelnen Staaten, die dieser Union angeschlossen sind, im Verhältnis zu ihrer Einwohnerzahl verteilt; diese wird ermittelt, indem zur Gesamtzahl der freien Personen, einschließlich der in einem befristeten Dienstverhältnis stehenden, jedoch ausschließlich der nicht besteuerten Indianer, drei Fünftel der Gesamtzahl aller übrigen Personen hinzugezählt werden.

Wie oben geschildert, waren mehrere Staaten bereits zur Tat geschritten und hatten den Sklavenhandel verboten. 1787 hofften die Gegner des Menschenhandels inständig, daß die verfassunggebende Versammlung dieses Übel aus der Welt schaffen würde. Dazu verfaßte die Pennsylvania Abolition Society eine Denkschrift, in der der Kongreß dringend gebeten wurde, den Sklavenhandel zum Thema seiner Beratungen zu machen, und übergab sie Benjamin Franklin zur Vorlage im Konvent. Als klar war, daß der Konvent das Problem auf jeden Fall behandeln würde, entschied er, die Denkschrift nicht vorzulegen, um nicht das Mißtrauen der südstaatlichen Delegierten unnötig zu wecken. Er richtete damit mehr Schaden als Nutzen an. Als die Angelegenheit im Konvent zur Debatte stand, kam es zur leidenschaftlichsten Diskussion, die die Delegierten je erlebt hatten. Charles Pinckney erklärte, South Carolina werde nie und nimmer eine Verfassung annehmen, die den Sklavenhandel verbot. Und er fügte bezeichnenderweise hinzu: »Wenn man den Einzelstaaten in dieser Sache freie Hand läßt, dann wird South Carolina vielleicht von sich aus schrittweise das tun, was man wünscht, genauso wie es Virginia und Maryland bereits getan haben.« Sein Cousin, General C. C. Pinckney, beurteilte Virginia und Maryland kritischer. Er behauptete, daß diese Staaten vom Stopp der Importe profitieren würden. Virginias Sklaven würden an Wert gewinnen, und es wäre »beispiellos, von South Carolina und Georgia zu verlangen, sich bei so ungleichen Bedingungen der Konföderation anzuschließen«. Die Furcht vor dem Bruch veranlaßte in diesem kritischen Augenblick die Staaten des Nordens und oberen Südens dazu, sich auf einen Kompromiß mit den Staaten des unteren Südens einzulassen und den Sklavenhandel für weitere zwanzig Jahre zu gestatten. Die schließlich angenommene Verfassungsbestimmung in Artikel I, Abschnitt 9 lautet:

> Die Einwanderung oder Einfuhr solcher Personen, deren Zulassung einer der derzeit bestehenden Staaten für zweckmäßig hält, darf vom Kongreß vor dem Jahre 1808 nicht verboten werden, doch kann eine solche Einfuhr mit Steuer oder Zoll von nicht mehr als zehn Dollar für jede Person belegt werden.

Es ist bedeutsam, daß es fast keinen Widerstand gegen den Vorschlag gab, Einzelstaaten sollten entlaufene Sklaven ihren Besitzern zurückgeben. Die staatliche Verpflichtung, entlaufene Sklaven zurückzugeben, die bereits in mehrere Indianerverträge zwischen 1781 und 1786 aufgenommen worden war, wurde 1787 im Nord-West-Territorium in Verbindung mit dem Verbot der Sklaverei in diesem Gebiet festgelegt. Als die Bestimmung dem Konvent zur Behandlung vorgelegt wurde, gingen die Verhandlungen des Konvents ihrem Ende zu. Es war der 28. August, und die Delegierten warteten ungeduldig darauf, nach Hause zurückkehren zu können. Außerdem hatten die Sklavenbesitzer die verfassungsmäßige Anerkennung der Sklaverei bereits so weitgehend durchgesetzt, daß die Frage der entlaufenen Sklaven ein Antiklimax zu den großen rhetorischen Gefechten war. Als Roger Sherman aus Connecticut behauptete, er könne »nicht mehr Anstand in der Ergreifung und Auslieferung eines Sklaven oder Knechtes durch den Staat erkennen als bei einem Pferd«, fand er selbst bei seinen Kollegen aus Neuengland keine Unterstützung. Ohne ernstliche Opposition wurde deshalb die folgende Bestimmung in Artikel IV, Abschnitt 2 eingefügt:

> Keine zu einem Dienst- oder Arbeitsverhältnis in einem Einzelstaat gesetzlich verpflichtete Person, die in einen anderen Staat flieht, darf auf Grund dort geltender Gesetze oder Bestimmungen von ihrer Dienst- oder Arbeitspflicht befreit werden. Sie ist vielmehr auf Antrag desjenigen, dem sie zu Dienst oder Arbeit verpflichtet ist, auszuliefern.

Als die Delegierten der verfassunggebenden Versammlung im September 1787 in ihre Heimatorte zurückkehrten, konnten sie auf drei Monate politischer und wirtschaftlicher Interessenpolitik zurückblicken, die erfolgreich dem Trend zur gesellschaftlichen Umwälzung Einhalt geboten hatte. Und wohl auf keinem Gebiet war der Erfolg so groß wie beim Abblocken der Antisklavereibewegung. Die Quäker und andere Gruppen mochten das neue Dokument als bar jeder Garantie für die Menschenrechte ansehen, und radikale Reformer mochten die Verfassung als einen Sieg der Reaktion betrachten, doch ihre Einwände wurden zum Schweigen gebracht durch die effiziente Organisation der Ratifizierung, die bereits vor dem Ende der letzten Sitzung des Konvents angelaufen war. Die Väter der Verfassung hatten sich dem Satz verschrieben, daß »der Staat sich auf die Herrschaft des Eigentums stützen soll«. Für den Süden hieß das Sklaven, für den Norden bedeutete es ebenso eindeutig Handel und Gewerbe. Mit dem Schutz des Eigentums hatte die Verfassung auch die Institution der Sklaverei des Menschen anerkannt, und es sollte 75 Jahre dauern, das rückgängig zu machen, was 1787 in Philadelphia beschlossen worden war.

Die Annahme der Bundesverfassung markiert nicht nur das Ende einer Ära in der politischen Geschichte der Vereinigten Staaten, sondern auch in der Geschichte der Afroamerikaner. Mit dem Ende der britischen Herrschaft und der Errichtung eines stabilen Regierungssystems konnten die Amerikaner die Verantwortung für die Sklaverei nicht länger dem Mutterland anlasten. Sie nahmen die Herausforderung und die Verantwortung ihrer neuen politischen Freiheit erhobenen Hauptes an und setzten gleichzeitig eine Maschinerie und Mechanismen in Gang, die die Fortdauer der Versklavung der Schwarzen sicherstellten. Ironischerweise war es gerade Amerikas Freiheit, die der Sklaverei im eigenen Land ein längeres Überleben sichern sollte als im britischen Empire. Doch schon tauchten neue Faktoren am Horizont auf, die auch für die Sklaverei einen Neubeginn ankündigten, noch während der alte Zustand währte.

6. KAPITEL
DIE SCHWARZEN IN DER JUNGEN REPUBLIK

Die schwarze Bevölkerung im Jahr 1790

Unmittelbar nach George Washingtons Amtseinführung als erster Präsident der Vereinigten Staaten sahen ausländische Beobachter mit kritischen Augen das niedrige kulturelle Niveau und den Fortbestand der Sklaverei in der jungen Republik, doch konnte er nicht leugnen, daß die Zukunftsaussichten aufgrund der stetig wachsenden Bevölkerung gut waren. Die Vereinigten Staaten hatten fast vier Millionen Einwohner, und jeder Besucher konnte überall sehen, daß die Zeichen auf Wachstum standen. Das galt auch für die schwarze Bevölkerung, die 1790 etwas mehr als 750 000 Menschen zählte. Natürlich lebte die große Mehrheit, fast 89 Prozent, in den Südstaaten entlang der Atlantikküste (South Atlantic states), wo das Plantagensystem für die größte Nachfrage nach schwarzen Arbeitskräften sorgte. Bereits 1790 hatte Virginia die größte schwarze Bevölkerung und sollte diesen Platz während der gesamten Periode der Sklaverei behalten. Mit 304 000 hatte Virginia fast dreimal so viele schwarze Einwohner wie South Carolina, sein schärfster Rivale. Die meisten Staaten dieser Region wiesen eine enorme Zahl an schwarzer Bevölkerung auf. Nur zwei, Georgia und Delaware, das man nicht mehr zur selben Gruppe wie Pennsylvania rechnen durfte, hatten weniger als 100 000 schwarze Einwohner. Es gab 641 691 Sklaven in allen Südatlantik-Staaten zusammen und 32 048 freie Schwarze.

In Anbetracht ihrer Lage und ihrer wirtschaftlichen Interessen hatten die Staaten der mittleren Atlantikküste (Middle Atlantic states), New York, New Jersey und Pennsylvania, eine beträchtliche schwarze Bevölkerung. Von den 50 000 Schwarzen in der Region lebte annähernd die Hälfte in New York, es folgten New Jersey mit 14 000 und Pennsylvania mit etwas mehr als 10 000. Der Rückgang der Sklaverei in dieser Region wird an der Tatsache deutlich, daß 1790 dort annähernd 14 000 freie

Schwarze lebten, das waren etwa 28 Prozent der gesamten schwarzen Bevölkerung. Diese Zahl zollt auf ihre Weise der unauffälligen, aber wirksamen Arbeit der Antisklaverei-Gruppen Tribut, die die revolutionäre Weltanschauung in ihrem Sinne nutzten, solange sie wenige Jahre nach dem Unabhängigkeitskrieg noch Konjunktur hatte.

ZENSUS DER SCHWARZEN BEVÖLKERUNG, 1790

Staat	Sklaven	Freie
Maine		536
New Hampshire	157	630
Vermont		269
Massachusetts		5 369
Rhode Island	958	3 484
Connecticut	2 648	2 771
New York	21 193	4 682
New Jersey	11 423	2 762
Pennsylvania	3 707	6 531
Delaware	8 887	3 899
Maryland	103 036	8 043
Virginia	292 627	12 866
North Carolina	100 783	5 041
South Carolina	107 094	1 801
Georgia	29 264	398
Kentucky	12 430	114
Tennessee	3 417	361
Gesamt	697 624	59 557

Quelle: *Negro Population in the United States 1790–1915.* Arno Press and the New York Times (New York, 1968), S. 57

Um 1790 ging die Sklaverei in Neuengland rasch ihrem Ende entgegen. Die 3700 Sklaven in der Region machten nur ein Viertel der gesamten schwarzen Bevölkerung von mehr als 13 000 aus. Tatsächlich wurden in den beiden Einzelstaaten Vermont und Massachusetts überhaupt keine Sklaven gezählt. Dagegen hielt Connecticut hartnäckig an einer Sklavenbevölkerung fest, und die 2600 Sklaven in diesem Staat machten das

Gros der Sklavenbevölkerung Neuenglands aus. Die Zeit war jedoch nicht mehr fern, da in den Grenzen aller Neuenglandstaaten nur noch freie Schwarze lebten.

Obwohl 1790 weder Kentucky noch Tennessee Staaten waren, wurden diese Gebiete schnell besiedelt und erfüllten schon bald die Voraussetzungen für die Eigenstaatlichkeit. Im Zensus, der den neuen Status als Staat untermauern sollte, wurden als Einwohner auch die Schwarzen mitgezählt, die von ihren Besitzern aus Virginia und den beiden Carolina auf ihrem Zug über die Berge mitgenommen worden waren. 1790 gab es mehr als 12 000 Sklaven in Kentucky, in Tennessee 3400. Zusammen zählten die beiden angehenden Staaten nur 475 freie Schwarze. Die Migration von Schwarzen in diese neuen Gebiete gab das Muster vor, das dann im 19. Jahrhundert voll etabliert werden sollte.

Die schwarze Bevölkerung von 1790 war im wesentlichen eine ländliche. Doch einige größere und kleinere Städte konnten auf eine beträchtliche schwarze Bevölkerung verweisen. Unter ihnen die Stadt New York, die bereits für ihre heterogene Bevölkerung bekannt war. Dort lebten 3252 Schwarze, davon 2184 Sklaven und 1078 Freie. In Philadelphia waren es 1630 Schwarze, aber nur 210 davon waren Sklaven. Am anderen Ende der Skala befand sich Baltimore mit 1578 Schwarzen, von denen lediglich 323 frei waren. Nur eine einzige amerikanische Stadt konnte sich rühmen, daß sie keine Sklaven hatte: Alle 761 Schwarze in Boston waren frei.

Es gab so gut wie keine Anzeichen dafür, daß die schwarze Bevölkerung in den Jahren nach dem ersten, alle zehn Jahre durchgeführten Zensus abnehmen würde. Ganz im Gegenteil waren Kräfte am Werk, die die Sklaverei noch dauerhafter verankern, und wenigstens zeitweise, die Sklavenimporte ins Land noch steigern sollten. Ira Berlin hat für das Ende des 18. Jahrhunderts die Existenz von drei spezifisch afroamerikanischen Subkulturen nachgewiesen: im Norden, im Gebiet der Chesapeake Bay und im tiefen Süden, jede mit eigenen Mustern schwarzer Anpassung und Differenzierung von der dominanten weißen Gesellschaftsordnung. 1790 lag das Zentrum der schwarzen Bevölkerung 30 km westsüdwestlich von Petersburg, in Dinwiddie County, Virginia. Wachstum und Wanderung waren die Ursache dafür, daß sich nach Ablauf eines jeden Jahrzehnts die Lage veränderte. Und dieses Phänomen allein beweist, daß die Schwarzen eine der vitalsten ethnischen Gruppen in Amerika war.

Die Sklaverei und die industrielle Revolution

In den Jahren unmittelbar nach dem Friedensvertrag mit Großbritannien (1783) erlebten die Gebiete mit der höchsten Konzentration von Sklaven eine schwere wirtschaftliche Depression. Die Tabakplantagen litten unter zwei Problemen: Auslaugung der Böden und Übersättigung des Marktes. Mit dem Reis- und Indigo-Anbau konnten die Pflanzer nur geringe Gewinne erwirtschaften. Der Preis für Sklaven sank, und es gab einigen Grund für die Annahme, die Institution der Sklaverei würde darunter leiden. Doch damit fanden die Pflanzer sich nicht ab und taten alles, die Verluste zu tragen, bis bessere Zeiten anbrachen. Sie brauchten nicht lange zu warten. Die Fertigungsverfahren von Baumwolltextilien unterlagen einem geradezu revolutionären Wandel. Mit der Erfindung von Spinn- und Webmaschinen wurde die Produktion so verbilligt, daß die Nachfrage nach Baumwollprodukten enorm stieg. Entsprechend unersättlich war die Nachfrage nach Baumwolle, denn die neuentwickelten Maschinen mußten bestückt werden, und das zu einem Zeitpunkt, da die Plantagenbesitzer in den Vereinigten Staaten verzweifelt nach einem Produkt suchten, das eine Wiedergeburt des daniederliegenden Plantagensystems einleiten konnte.

Baumwolle war schon seit langem von Produzenten auf der ganzen Welt als äußerst vielversprechender Textilrohstoff betrachtet worden. Technologische Probleme hatten jedoch eine Expansion der Produktion verhindert. Jetzt, da Baumwolle leicht gesponnen und gewebt werden konnte, mußten noch zwei zusätzliche technologische Probleme gelöst werden, damit Baumwolle zum wichtigsten Textilrohstoff überhaupt werden konnte: Man mußte eine Sorte entdecken, deren Fasern leichter von den Samen getrennt werden konnten, und eine Maschine erfinden, die das konnte. Schon 1786 bauten die Plantagenbesitzer in Georgia und den beiden Carolina die langfasrige, seidige Sea-Island-Baumwolle an und experimentierten damit. Sie war der grünsamigen, kurzfasrigen Sorte weit überlegen, die in geringem Umfang bereits seit vielen Jahren angebaut wurde. Das Ergebnis war außerordentlich zufriedenstellend, und selbst ohne Maschinen zur Trennung von Samen und Samenhaaren konnte man mehr produzieren, weil die Arbeit wesentlich einfacher war. Auf den Plantagen South Carolinas und Georgias wurde von nun an mehr Baumwolle angepflanzt. Die Sklaven wurden nicht nur beim Anbau eingesetzt, sondern auch bei der Trennung der Faser vom Samen. Das Gebiet, in dem man die Sea-Island-Baumwolle anbauen konnte, war jedoch begrenzt, und bis man eine Methode entwickelt hatte, mit der auch kurzfasrige Baumwolle entsamt werden konnte, die unter unterschiedlichsten Bedingungen gedieh, war eine Expansion des Baumwollanbaus großen Stils im gesamten Süden nicht möglich.

Die südlichen Plantagenbesitzer waren optimistisch, daß eine Erfindung sie schon bald aller Sorgen entledigen würde. 1792 ging man in Georgia so weit, eine Kommission zu beauftragen, die Möglichkeiten der Erfindung einer Entkörnungsmaschine zu prüfen. Im darauffolgenden Jahr kam ein junger Lehrer und Yankee, Eli Whitney, auf Stellensuche in den Süden. Was er über die Schwierigkeiten bei der Baumwollentkörnung hörte, weckte sein Interesse. Er begriff schnell, worin das Problem bestand und wollte eine Lösung finden. Innerhalb weniger Tage hatte er ein Modell angefertigt, das eine befriedigende Lösung anzubieten versprach. Es dauerte wenige Wochen, bis die wichtigsten mechanischen Schwierigkeiten überwunden waren und Whitney und sein Gastgeber, Phineas Miller, Pläne für die kommerzielle Fertigung der Entkörnungsmaschine *(cotton gin)* machen konnten. Whitney versuchte vergeblich, das Monopol für die Herstellung der Entkörnungsmaschine zu erhalten, sein Scheitern in dieser Frage bedeutete jedoch nur, daß mehr Maschinen zu niedrigeren Preisen erhältlich waren.

Innerhalb weniger Jahre nach der Erfindung der Baumwollentkörnungsmaschine begann im Süden ein tiefgreifender Prozeß wirtschaftlichen Wandels, den diese Entwicklung eingeleitet hatte. Da der Baumwollanbau kaum Kapital erforderte, gingen viele, auch ärmere Farmer, vom Reis-, Indigo- oder Tabakanbau zum Anbau von Baumwolle über. Die Erträge stiegen, neues Land wurde gerodet, und schwarze Arbeitskräfte konnten jetzt ausschließlich im Anbau eingesetzt werden statt bei der mühseligen Aufgabe der Baumwollentkörnung. Der Export stieg rapide, England und die anderen verarbeitenden Länder nahmen weiterhin zu hohen Preisen die gesamte Baumwolle ab, die die Vereinigten Staaten liefern konnten. Am Anfang schien es, als ob alle Farmer in den Südstaaten durch die Expansion des Baumwollanbaus reich werden würden. Im Lauf der Jahre kauften die finanzkräftigeren Pflanzer jedoch mehr Land und Sklaven, und die mittellosen Pflanzer gerieten immer stärker ins Hintertreffen, bis sie gezwungen waren, an die zu verkaufen, die aufgrund ihrer Mittel Baumwolle im großen Stil anbauen konnten.

Die Erfindung der *cotton gin*, der Baumwollentkörnungsmaschine, und die Ausdehnung des Baumwollanbaugebiets leiteten eine Periode wirtschaftlichen Wandels im Süden ein, die in ihrer Größenordnung den Vergleich mit anderen Phasen der Geschichte der Landwirtschaft nicht zu scheuen braucht. Eines der wichtigsten Zeichen für diese Veränderungen war die steigende Nachfrage nach schwarzen Sklaven. Jetzt bestand nicht nur die Chance, die Sklaven einzusetzen, die viele gegen bessere Einsicht behalten hatten, sondern darüber hinaus die Möglichkeit, noch mehr Sklaven einzusetzen, wenn sie denn beschafft werden konnten. So florierte in den letzten Jahren des 18. Jahrhunderts und in den Anfangsjahren des 19. Jahrhunderts der Import von Sklaven in die Vereinigten Staaten. Für 1803 schätzt man die Zahl der importierten Sklaven nach Georgia und South Carolina auf nicht weniger als 20 000. Im Wettlauf mit der Zeit versorgten die Kaufleute Neuenglands die Pflanzer des Südens mit der kostbaren menschlichen Ware. In der Tat sollte die Einfuhr schon wenige Jahre später (1808) durch die Verfassung verboten werden.

Unruhen in der Karibik

Während die Vereinigten Staaten ihr politisches System zu stabilisieren suchten und der Süden den verzweifelten Versuch unternahm, sein wirtschaftliches System zu retten, gab es nicht weit entfernt davon Unruhen, die sowohl das politische als auch das wirtschaftliche Gleichgewicht der Vereinigten Staaten beeinträchtigten. Nach dem Ausbruch der Französischen Revolution im Jahr 1789 hofften die Schwarzen in den französischen Kolonien, dieselben Freiheiten für sich erringen zu können, für die die Franzosen im Mutterland kämpften. Auf Santo Domingo forderten auch die Bewohner des östlichen, spanischen Teils der Insel jene Gleichheit, die die Französische Revolution versprach. Als die weißen Inselbewohner sich weigerten, diese Rechte auf Schwarze auszudehnen, kam es im August 1791 zu einem Aufstand; sein Umfang und seine Intensität bewiesen die Entschlossenheit der Schwarzen, Freiheit und Gleichheit zu erlangen. Die Schwarzen töteten ihre weißen Herren derart brutal, daß die französische Nationalversammlung sich genötigt sah, die bereits gewährten Rechte wieder zurückzunehmen und Truppen zu entsenden, die den Aufruhr niederschlagen sollten. Doch die Schwarzen ließen sich durch die französischen Soldaten nicht einschüchtern, und es folgte ein erbitterter Kampf, der mehr als zwei Jahre dauerte. Ruhe und Ordnung konnten erst wieder hergestellt werden, nachdem die französische Republik ein Dekret erließ, das allen Sklaven, die die Sache der Revolution unterstützten, die Freiheit zubilligte.

Auf Haiti war Toussaint L'Ouverture der unerschrockene Anführer der schwarzen Truppen. Er war ein fähiger und erfahrener Soldat, der sich 1794 auf Gedeih und Verderb der Revolutionsarmee verschrieb. Sechs Jahre lang war er die beherrschende Gestalt auf der Insel und wurde zu immer höheren militärischen Ehren befördert. 1800 stand er im Zenit seiner Macht. Doch Napoleon betrachtete Toussaint als Hindernis bei der Schaffung eines großen französischen Reiches in der Neuen Welt. Durch den Besitz von Louisiana und mit St. Domingo als Schlüssel zur Karibik glaubte er, die gesamte westliche Hemisphäre beherrschen zu können, oder einen wesentlichen Teil davon. Er entsandte eine Armee von 25 000 Mann unter General Le Clerc zur Eroberung der Insel. Obwohl es den Franzosen durch mehrere Tricks gelang, Toussaint gefangenzunehmen und nach Frankreich zu bringen, konnten sie die Insel nicht unterwerfen. Der Ausbruch von Gelbfieber und die erbitterte Entschlossenheit von Toussaints Anhängern, frei zu bleiben, machten die Politik Napoleons zunichte.

Die Konsequenzen dieser Ereignisse für den Gang der amerikanischen Geschichte waren außerordentlich bedeutsam. W. E. B. Du Bois schrieb über Toussaint: »Er wurde durch blutigen Terror zum Anführer, schuf ein Neger-›Problem‹ für die westliche Hemisphäre, verstärkte und präzisierte die Antisklavereibewegung, wurde zu einem und vermutlich dem wichtigsten Grund, der Napoleon dazu brachte, Louisiana für ein Butterbrot zu verkaufen, und machte durch das Zusammenwirken all dieser Dinge schließlich das endgültige Verbot des Sklavenhandels in den Vereinigten Staaten 1807 möglich.« Die Amerikaner wurden durch Nachrichten aus Haiti in Angst und Schrecken versetzt. Seit 1791 waren viele Amerikaner mehr als ein Jahrzehnt lang über die Ereignisse auf Haiti tiefer beunruhigt als über den Kampf auf Leben und Tod zwischen Frankreich und England. Trotz der Tatsache, daß die Südstaaten mehr Sklaven wünschten, schreckten sie davor zurück, sie zu importieren. 1792 hielt man es in South Carolina für unklug, Schwarzen »aus Afrika, den Westindischen Inseln oder anderen Orten in Übersee« zwei Jahre lang die Einreise zu gestatten, aber viele kamen illegal ins Land. 1794 verabschiedete North Carolina ein Gesetz, »um den weiteren Import und die Zufuhr von Sklaven zu verhindern«. Virginia und Maryland verschärften ihre gesetzlichen Einfuhrverbote. Die Staaten der mittleren Atlantikküste und die Neuenglandstaaten waren nicht so beunruhigt über Haiti wie ihre südlichen Nachbarn, und doch unternahmen Quäker und andere humanitäre Gruppen den Versuch, die Situation zu nutzen und verschiedene Elemente der Antisklaverei-Gesetzgebung zu verstärken. Es ist nicht übertrieben, wenn man behauptet, daß die Revolution auf den Westindischen Inseln mehr als alles andere den Import von Sklaven in die Vereinigten Staaten beeinflußte und verringerte.

Schon 1790 legten verschiedene Organisationen dem Kongreß Denkschriften vor, darunter die Quäker im Yearly Meeting of Friends in New York und die Pennslyvania Abolition Society, und forderten das sofortige gesetzliche Verbot des Sklavenhandels. Der entschiedene Widerstand der Abgeordneten aus den Südstaaten verhinderte wesentliche Fortschritte. Die Antisklaverei-Organisationen setzten ihre Aktivitäten in den folgenden Jahren fort. Die Nachrichten aus der Karibik beschleunigten die Gesetzgebung des Kongresses. 1794 wurde vom Repräsentantenhaus und vom Senat ein Gesetz verabschiedet, das den Sklavenhandel mit ausländischen Häfen unterbinden und verhindern sollte, daß ausländische Schiffe in den Häfen der Vereinigten Staaten für den Sklavenhandel ausgerüstet wurden. Das war kein Sieg für die Antisklaverei-Kräfte in den Vereinigten Staaten. Es war nur ein Zeichen für die Furcht vieler Bürger, daß die Revolution der Schwarzen Haitis auf die Vereinigten Staaten überspringen könnte.

Eng verknüpft mit dem Sklavenhandel war die Frage der entlaufenen Sklaven. Schwarze aus der Karibik waren während des Konflikts in die Vereinigten Staaten geflohen und konnten sich ziemlich frei von Ort zu Ort bewegen. Sklaven flohen in dieser unruhigen Zeit von den Plantagen, wie sie es zu allen Zeiten getan hatten. Setzte sich dieser Trend fort, so lag es im Bereich des Möglichen, daß unzufriedene Schwarze zu Verzweiflungstaten schritten, um die Sklaverei zu beseitigen. Es schien deshalb klug, Gesetze zur praktischen Durchsetzung der Verfassungsvorschrift über entlaufene Sklaven zu verabschieden. 1793 wurde das erste derartige Gesetz in Kraft gesetzt. Es ermächtigte den Besitzer eines in einen anderen Staat entflohenen Sklaven, ihn festzunehmen, wo immer er ihn fand, ihn dem Friedensrichter eines Bundes- oder Einzelstaatsgerichts am Ort der Festnahme vorzuführen und eine Bescheinigung für den Rücktransport des Sklaven zu erhalten, in den Staat, aus dem er geflohen war. Dieses Gesetz sah keine Verhandlung vor einem Geschworenengericht vor und forderte für eine Verurteilung einzig die mündliche Aussage des Antragstellers oder eine eidesstattliche Erklärung vor einem Friedensrichter des Einzelstaates, aus dem der Sklave angeblich geflohen war. Verschiedene Gruppen protestierten erfolglos gegen die Annahme des Gesetzes. Seine Durchsetzung sollte sich als überaus schwierig erweisen, aber es blieb Bestandteil des Bundesrechts und war damit für viele ein Beweis der Befürwortung der Sklaverei durch den Bund.

Der Kauf von Louisiana stand im Zusammenhang sowohl mit den Unruhen in der Karibik als auch mit der Sklaverei in den Vereinigten Staaten. Louisiana war bereits ein Zentrum des Zuckerrohranbaus, als es noch zu Frankreich bzw. Spanien gehörte. Angehörige beider Völker lebten in New Orleans und an den Flußufern, um die fruchtbaren Böden des Mississippi-Deltas landwirtschaftlich zu nutzen. Schwarze Sklaven waren bereits von kreolischen Plantagenbesitzern importiert worden, und Ende des 18. Jahrhunderts wurden Sklaven aus der Karibik nach Louisiana gebracht. Der Erwerb Louisianas durch Frankreich im Jahr 1800 störte die Vereinigten Staaten sehr, da die junge Republik 1795 mit Spanien ein befriedigendes Abkommen über die Schiffahrt auf dem Mississippi abgeschlossen hatte. Vertreter der Vereinigten Staaten versuchten, von Frankreich die Zusage zu erhalten, daß Farmer aus dem Westen weiterhin den Fluß befahren durften. Daraufhin bot Frankreich ganz Louisiana an, und die Vereinigten Staaten machten den Kauf 1803 perfekt. Wahrscheinlich waren es mehrere Dinge, die Napoleon zum Verkauf veranlaßten. Ein wichtiger Grund war, daß er Haiti nicht halten konnte und die Aussichten düster waren für die Errichtung eines großen Reiches in der Neuen Welt mit Louisiana und Haiti als Angelpunkt. So waren vor allem die schwarzen Haitianer für den Kauf Louisianas durch die Vereinigten Staaten verantwortlich. Der Kauf dieses neuen Territoriums aber ermöglichte die Ausdehnung des Baumwoll- und Zuckerrohranbaus durch die Pflanzer der Südstaaten und damit die Festigung der Sklaverei in diesem Gebiet.

Das Ende des Sklavenhandels

Trotz der Einzelstaatsgesetze, die den Sklavenhandel verboten, florierte der Handel zwischen Afrika und den Vereinigten Staaten im ersten Jahrzehnt nach Gründung der Union. Die Sklavenhalter befanden sich mit ihren Interessen in einem merkwürdigen Dilemma. Einerseits fürchteten sie den Import von primitiven und aufsässigen Schwarzen aus Afrika ebenso wie von revolutionären und ausgebildeten Schwarzen aus der Karibik, und andererseits benötigten sie dringend mehr Sklaven für den Anbau der Baumwolle, nach der jetzt große Nachfrage herrschte. Praktische, nicht korrupte Erwägungen zwangen Kaufleute und Plantagenbesitzer, sich für weitere Importe zu entscheiden; wobei sie hofften, daß die Vorkehrungen des Bundes und der Einzelstaaten ausreichten, einer Welle des Aufruhrs in den Vereinigten Staaten Einhalt zu gebieten. Ungeachtet der örtlichen Gesetze setzten Kaufleute aus Neuengland den Sklavenhandel in großem Stil fort, während die Plantagenbesitzer im Süden Sklaven nahmen, gleichgültig, woher sie auch stammten.

Anfang des 19. Jahrhunderts nahmen Antisklaverei-Gruppen ihre Bemühungen wieder auf, umfassende Bundesgesetze gegen den Sklavenhandel durchzusetzen. Im Januar 1800 verlangten die freien Schwarzen von Philadelphia in einem ersten Schritt vom Kongreß, die Gesetze über den Sklavenhandel und über entlaufene Sklaven zu revidieren. Als South Carolina 1803 seine Häfen wieder für den Sklavenhandel öffnete, drangen die Antisklaverei-Kräfte auf schnelles Handeln. Resolutionen zur Verurteilung des Sklavenhandels wurden dem nächsten Kongreß zur Abstimmung vorgelegt, ohne greifbares Ergebnis. 1804 wurde der Versuch unternommen, den Import von Sklaven nach Louisiana zu verhindern. Doch die betreffende Resolution fand kaum Beachtung.

Die Frage des Sklavenhandels wurde der Nation im Dezember 1805 deutlich vor Augen geführt, als Senator Stephen R. Bradley aus Vermont eine Gesetzesvorlage zum Verbot des Sklavenhandels nach dem 1. Januar 1808 einbrachte. Nach der zweiten Lesung wurde die Erörterung bis auf weiteres vertagt. Im Februar 1806 brachte der Abgeordnete Barnabas Bidwell aus Massachusetts eine ähnliche Gesetzesvorlage ein, aber sie wurde nicht behandelt. In seiner Botschaft an den Kongreß vom 2. Dezember 1806 wies Präsident Jefferson den Kongreß auf den näherrückenden Termin hin, an dem der Sklavenhandel verboten werden konnte. Er schlug vor, Maßnahmen zu ergreifen, um »Expeditionen nach Afrika zu verhindern, die nicht vor dem 1. Januar 1808 beendet sein können«. Am 2. März 1807 wurde das Gesetz über das Verbot des afrikanischen Sklavenhandels verabschiedet. Personen, die wegen Verstoßes gegen das Gesetz verurteilt wurden, sollten Geld- und Haftstrafen erhalten. Die Geldstrafen reichten von 800 Dollar für den wissentlichen Kauf von illegal importierten Schwarzen bis zu 20 000 Dollar für die Ausrüstung eines Sklavenschiffes. Die weitere Verfügungsgewalt über die importierten Schwarzen wurde der einzelstaatlichen Gesetzgebung überlassen. Schließlich wurde der Küstenhandel mit Sklaven verboten, wenn er auf Schiffen von weniger als 40 Tonnen betrieben wurde. Jede einzelne Klausel im Gesetzentwurf wurde von den Abgeordneten der Sklaven- und der sklavenfreien Staaten heftig debattiert.

1807 jubelten die Antisklaverei-Organisationen in England und in den Vereinigten Staaten. England hatte den Sklavenhandel für illegal erklärt, und im selben Jahr waren die Vereinigten Staaten gefolgt. In den Vereinigten Staaten gab es jedoch kaum wirklichen Grund zur Freude, denn von Anfang an wurde das Gesetz nicht durchgesetzt. Zuständig für die Durchsetzung des Gesetzes war zuerst der Finanzminister, dann der Marineminister. Zeitweise wurden sogar dem Außenministerium einige Kompetenzen zur Durchsetzung übertragen. Bei einem derartigen Zuständigkeitsgewirr und Kompetenzgerangel ist es nicht erstaunlich, daß das Gesetz so wenig realisiert wurde. Einige Südstaaten verabschiedeten widerstrebend Zusatzgesetze, wie mit illegal importierten Afrikanern zu verfahren sei, während andere nichts dergleichen taten. Die Verstöße gegen das Gesetz waren zahlreich. Kapitäne aus Neuengland, Kaufleute aus der mittleren Küstenregion und südstaatliche Plantagenbesitzer setzten sich über die bundes- und einzelstaatlichen Gesetze hinweg, wenn sie es für vorteilhaft hielten. Alle, die ein uneigennütziges Interesse am Ende des Sklavenhandels hatten, wußten, daß in den wenigen Jahren nach 1808 kaum etwas geschehen war. Der ruchlose Handel war nur in die Illegalität getrieben worden.

Das Streben nach Unabhängigkeit

Die industrielle Revolution in England, die Erfindung der Baumwollentkörnungsmaschine, die Ausdehnung der Sklaverei auf neue Territorien und die Fortdauer des Sklavenhandels im 19. Jahrhundert hatten zur Folge, daß die Sklaverei in den Vereinigten Staaten dauerhafter etabliert war als je zuvor. Als das 19. Jahrhundert begann, bestand kaum Hoffnung, daß sie jemals aufhören würde zu existieren. Die Atmosphäre, in der Schwarze lebten, ob im Norden oder im Süden, war schwer belastet durch den dauerhaften Charakter der Sklaverei im Land. Selbst in den Neuenglandstaaten, wo Gesetze der Sklaverei ein Ende machten, konnten die Schwarzen weder besonders optimistisch noch vertrauensvoll in die Zukunft blicken, denn sie wußten, daß einheimische Kaufleute noch immer Sklaven in den Süden transportierten, und es herrschte noch immer keine große moralische Entrüstung über die Institution außer in isolierten Kreisen und Gruppen. Seit dem Beginn der amerikanischen Revolution mußten die Schwarzen Mittel und Wege suchen, am Unabhängigkeitskampf ihres Landes teilzunehmen und für sich selbst ein gewisses Maß an Unabhängigkeit zu erringen, selbst in einer Atmosphäre der Unterordnung, Unterwürfigkeit und Mißachtung ihrer Person. Diese äußerst schwierige Aufgabe schloß auch den Versuch ein, getrennte Institutionen zu schaffen. Es war eine wichtige Phase im Leben und in der Geschichte der Schwarzen, ein Schritt zur Anpassung und Akkulturation in Amerika.

Einer der ersten Schwarzen, der diesen Weg zu intellektueller und religiöser Unabhängigkeit einschlug, war Jupiter Hammon, ein Sklave aus Long Island. Er wurde erwachsen, als die Erweckungsbewegung Wesleys sowohl in England als auch in Amerika viele Menschen anzog, und auch ihn schlugen die Schriften von Charles Wesley und William Cowper in ihren Bann. 1761 veröffentlichte er »An Evening Thought. Salvation by Christ, with Penitential Cries«, und 1778 folgte ein 21strophiges Gedicht »To Miss Phillis Wheatley«. In den nächsten zwei Jahrzehnten erschienen weitere Gedichte und Prosastücke. In »An Address to the Negroes of the State of New York«, das 1787 erschien, beschrieb Hammon, daß er es für seine Pflicht hielt, die Sklaverei geduldig zu ertragen, erklärte aber im gleichen Atemzug, es sei ein verderbtes System, und junge Schwarze sollten freigelassen werden. Er erlebte selbst, wie sein

Phillis Wheatley wurde 1753 in Afrika geboren und kam als junges Mädchen nach Amerika. Ihre Kurzprosa und Lyrik wurden schon zu ihren Lebzeiten ebenso anerkannt wie ihre Beherrschung westlicher Etikette und Sitten. 1773 gaben ihre Besitzer ihr die Freiheit, und sie reiste nach England, wo ihr erstes Buch veröffentlicht wurde. *(The Schomburg Center For Research In Black Culture, New York Public Library)*

Besitzer im Testament verfügte, einigen seiner Sklaven mit 28 Jahren die Freiheit zu geben, und konnte ein Jahr vor seinem Tod, im Jahr 1799, endlich frohlocken, als der Staat New York ein Gesetz verabschiedete, das auf die schrittweise Emanzipation der Sklaven im Staat hinauslief.

Von allen Schwarzen jener Jahre war Phillis Wheatley die bekannteste. Sie wurde um 1753 in Afrika geboren und als kleines Mädchen nach Amerika gebracht. Als Zofe von Susannah Wheatley in Boston, wurde sie offenbar freundlich behandelt und erhielt Gelegenheit, sich zu bilden. Sie konnte schon bald die Bibel lesen und begann sich für Geschichte, Astronomie, Geographie und die lateinischen Klassiker zu interessieren. 1770 erschien ihr erstes Gedicht »On the Death of the Reverend George Whitefield«. 1773 wurde sie freigelassen und aus gesundheitlichen Gründen nach England geschickt. Sie lernte die Gräfin Huntingdon kennen, der sie eines ihrer ersten Gedichte widmete, und erlangte rasch Berühmtheit. Bevor sie England verließ, wurde die Veröffentlichung ihres ersten Buches vorbereitet, *Poems on Various Subjects, Religious and Moral*. Zurück in Amerika, verfaßte sie »His Excellency General Washington«, »Liberty and Peace« und zahlreiche andere Gedichte. Sie starb 1784. Phillis Wheatley wollte dichten. Sie beschäftigte sich nicht mit den Problemen der Schwarzen oder des Landes. Selbst das Gedicht über General Washington ist sehr unpersönlich, und das Gedicht »Liberty and Peace« behandelt nur ganz am Rand den Kampf gegen England. Ihre Schriften sind vielleicht ein gutes Beispiel für das Streben nach Unabhängigkeit durch die Flucht aus der Realität. Das sollte ein besonders beliebter Ausweg von Schwarzen in einem späteren Jahrhundert werden.

Während Gustavus Vassa ebensolange in England, Montserrat und Jamaika lebte wie in den Vereinigten Staaten, wurde seine Lebensbeschreibung so oft in Amerika gedruckt und gelesen, daß er als Repräsentant der wachsenden geistigen Unabhängigkeit gelten kann, die Schwarze am Ende des 18. Jahrhunderts bewiesen. Vassa wurde 1745 in Benin geboren. Im Alter von elf Jahren wurde er entführt und nach Amerika gebracht. Nachdem er auf einer Plantage in Virginia gearbeitet hatte, wurde er Diener eines britischen Marineoffiziers. Als er später im Dienst eines Kaufmanns in Philadelphia stand, sparte er soviel Geld, daß er sich seine Freiheit erkaufen konnte. Dann ging er nach England, wo er sich zwischen langen Reisen niederließ. Er schloß sich der Antisklavereibewegung an und legte 1790 dem Parlament eine Bittschrift für das Verbot des Sklavenhandels vor. 1789 veröffentlichte er *The interesting Narrative of the Life of Oloudah Equiano, or Gustavus Vassa.* Die zweibändige Autobiographie war sofort erfolgreich, in fünf Jahren erschienen acht Auflagen. Niemand kann Vassas Verachtung für die Sklaverei bezweifeln, denn in seinem Bericht verurteilt er die Christen wegen der Versklavung der Schwarzen auf das heftigste. Nur ein Mensch, der ein so hohes Maß persönlicher Unabhängigkeit erreicht hatte, konnte die Sklaverei in dieser Sprache verurteilen:

> O Ihr Christen dem Namen nach! Darf Euch denn ein Afrikaner fragen – habt Ihr das von Eurem Gott gelernt, der Euch saget: Und wie ihr wollt, daß euch die Leute tun sollen, also tut ihnen gleich auch ihr? Reicht es nicht aus, daß wir unserer Heimat und unseren Freunden entrissen wurden, um für Euren Luxus und Eure Gier nach Gewinn zu schuften? Muß jede zarte Gefühlsregung Eurer Habgier geopfert werden? ... Warum müssen Eltern ihre Kinder, Brüder ihre Schwestern, Männer ihre Frauen verlieren? Wahrlich, das ist eine neue Verfeinerung der Grausamkeit, sie kann durch nichts gesühnt werden, sie verschlimmert die Pein und fügt selbst dem Elend der Sklaverei neue Schrecken hinzu.

Der wohl gebildetste Schwarze in den ersten Jahren der Union war Benjamin Banneker. Er wurde 1731 in Maryland geboren, besuchte eine Privatschule in der Nähe von Baltimore, die weiße und schwarze Schüler aufnahm, und entwickelte ein lebhaftes Interesse an Naturwissenschaften und Mathematik. Schon als junger Mann verblüffte er Familie und Nachbarn, als er eine Uhr aus Holz baute. Dieser Beweis für seine technische Begabung machte George Ellicott auf ihn aufmerksam, einen Quäker, der in die Nachbarschaft gezogen war, um eine Getreidemühle zu betreiben. Banneker besuchte häufig die Mühlen Ellicotts während der Bauphase, und sein Wissen über die mathematischen und technischen Probleme brachte die beiden einander näher. Ellicott lieh Banneker schon bald Bücher über Mathematik und Astronomie, und nach wenigen Wochen hatte Banneker nicht nur den Stoff durchgearbeitet, sondern sogar mehrere Fehler in den Berechnungen der Autoren entdeckt. 1789 hatte er so gründliche Kenntnisse in der Astronomie, daß er eine Sonnenfinsternis sehr genau vorhersagen konnte.

1791 begann Banneker mit der Veröffentlichung seiner Almanache, einem verdienstvollen Unternehmen, das er bis 1802 fortsetzte. Unter den berühmten Männern, die diesen »Black Poor Richard« lasen, war James McHenry, der spätere Kriegsminister im Kabinett von Präsident John Adams. McHenry vermittelte Banneker eine Reihe wichtiger Bekanntschaften zu Mitarbeitern der Bundesregierung und erklärte über Bannekers Arbeit, er habe sie »begonnen und vollendet ohne die geringste Information oder Unterstützung eines anderen Menschen oder eines weiteren Buchs«. Dem fügte er hinzu, Banneker »ist der erneute Beweis dafür, daß die geistige Kraft nichts zu tun hat mit der Hautfarbe, oder, anders ausgedrückt, in auffallendem Gegensatz steht zu Mr. [David] Humes Doktrin, daß die Neger von Natur aus den Weißen unterlegen sind und unempfänglich für die Errungenschaften von Kunst und Wissenschaft«.

> BENJAMIN BANNEKER SCHREIBT AN THOMAS JEFFERSON – 1791
>
> Sir, ich bin seit langem davon überzeugt, daß, falls Ihre Liebe zu Ihresgleichen, und zu den unschätzbaren Gesetzen, die Ihnen die Menschenrechte bewahrt haben, aufrichtig ist, Sie um so eifriger darauf bedacht sein sollten, daß jedes Individuum, jeden Ranges und jeder Art, mit Ihnen gemeinsam die Segnungen davon genießen kann, und Sie könnten sich auch nicht mit weniger als den äußersten Anstrengungen Ihrerseits zufriedengeben, damit diejenigen aus dem Stand der Erniedrigung emporgehoben werden, in die ungerechtfertigte Grausamkeit und barbarische Handlungen von Menschen sie niedergedrückt haben ...
>
> Benjamin Banneker an Thomas Jefferson, 19. August 1791,
> *Early American Imprints, 1639–1800*

Banneker schickte eine handschriftliche Kopie seines ersten Almanachs an Thomas Jefferson und plädierte in seinem Begleitbrief für eine liberalere Haltung gegenüber den Schwarzen. Seine eigenen Leistungen führte er als Beweis dafür an, daß die »Reihe der falschen und absurden Ideen und Meinungen, die allgemein hinsichtlich des Negers herrschen, jetzt ausgerottet werden sollten«. Jefferson lobte den Almanach und schickte ihn an Condorcet, den Sekretär der Akademie der Wissenschaften in Paris, denn, so schrieb er an Banneker, dies sei »ein Dokument, auf das Ihre ganze Rasse ein Anrecht hat, weil darin die Zweifel, die man ihr gegenüber hegt, vielfach widerlegt werden«.

Seine höchste Anerkennung erfuhr Banneker, als er in die Kommission berufen wurde, die für den District of Columbia den Grenzverlauf festlegen und die Straßen vermessen sollte. Wahrscheinlich hatte sein Freund George Ellicott ihn vorgeschlagen, der selbst Mitglied der Kommission war, und Jefferson schlug Bannekers Namen Präsident Washington vor. Als er zusammen mit Major L'Enfant und Ellicot auf dem Bundesterritorium eintraf, beschrieb der *Weekly Ledger* in Georgetown ihn als »einen Äthiopier, dessen Fähigkeiten als Landvermesser und Astronom bereits beweisen, daß Mr. Jeffersons Meinung, diese Menschenrasse entbehre jeglicher geistiger Gaben, jeder Grundlage entbehrt«. Nach seiner Arbeit bei der Kommission kehrte er nach Maryland zurück, nahm seine Arbeit an seinen Almanachen wieder auf und setzte seine astronomischen Forschungen fort.

Die verheerenden Kriege des Jahres 1793 beunruhigten Banneker zutiefst, und er beschäftigte sich intensiv damit, wie man Kriege ein für allemal beenden konnte. In seinem Almanach von 1793 brachte er einen langen Artikel von Benjamin Rush, der schrieb, ein Einwand gegen das neue Regierungssystem sei, daß darin kein Kabinettsposten vorgesehen sei »zur Förderung und Bewahrung des ewigen Friedens in unserem Land«. Rush schlug die Ernennung eines Friedensministers vor, »der keines der verbreiteten absurden und vulgären europäischen Vorurteile über das Regieren teilen sollte«. Es kann keinen Zweifel geben, daß Banneker den Artikel von Rush veröffentlichte, weil er Rushs Ansichten über den Frieden leidenschaftlich unterstützte. Er stellte die Seiten seines Almanachs häufig denjenigen zur Verfügung, die konstruktive Vorschläge zur Verbesserung der Menschheit machten. Sein ganzes Leben strebte er nach Unabhängigkeit, indem er Probleme behandelte, die über die Grenzen von Rassen und Nationen hinausgingen.

Ein berühmter Zeitgenosse Bannekers war James Derham, der wahrscheinlich der erste Arzt afrikanischer Abstammung in den Vereinigten Staaten war. Er wurde 1762 in Philadelphia als Sklave geboren. Sein erster Besitzer war selbst Arzt, brachte ihm lesen und schreiben bei und unterwies ihn als Arzthelfer. Während des Unabhängigkeitskrieges war Derham dann Sklave eines britischen Arztes, von dem er noch sehr viel mehr über die ärztliche Kunst lernte. Am Ende des Krieges wurde er von einem Arzt in New Orleans gekauft, unter dessen Anleitung er seine medizinische Ausbildung abschloß. Dann kaufte er sich seine Freiheit und gründete eine eigene Praxis, die bald sehr groß und einträglich war. Derham sprach fließend französisch, spanisch und englisch, und sein Ruf als begabter Arzt verbreitete sich schnell. Benjamin Rush hielt Derham für einen exzellenten und gebildeten Mediziner, von dem er selbst viel gelernt hatte.

Wirtschaftliche Unabhängigkeit und die Selbstachtung der Gruppe waren die Ziele etlicher Schwarzer, unter ihnen auch Paul Cuffe als einem der hervorragendsten in der nachrevolutionären Phase. Sein Interesse am Handel entwickelte sich früh, und 1775 heuerte er mit 16 Jahren auf einem Walfänger an. Im folgenden Jahr, auf seiner zweiten Reise, wurde er von den Briten gefangengenommen und drei Monate lang in New York festgehalten. Während des Unabhängigkeitskriegs lehnten er und sein Bruder die Zahlung von Steuern in Massachusetts mit der Begründung ab, man verweigere ihnen das Wahlrecht. Kurz danach verabschiedete Massachusetts ein Gesetz, das den freien steuerpflichtigen Schwarzen alle Rechte eines Bürgers zubilligte. 1780 begann Cuffe, eigene Schiffe zu bauen und Handel zu treiben. Mit steigenden Gewinnen dehnte er seine Seeschiffahrt aus und baute größere Schiffe. 1806 besaß er ein Vollschiff, zwei Briggs und mehrere kleine Schiffe, daneben beträchtlichen Grundbesitz. Nachdem er der Society of Friends beigetreten war, interessierte er sich wie viele andere Quäker intensiv für das Wohl der Schwarzen und wollte etwas unternehmen, um ihr Los zu verbessern. 1811 fuhr er auf einem eigenen Schiff nach Sierra Leone, um die Möglichkeiten zu prüfen, freie Schwarze zurück nach Afrika zu bringen. Der Krieg gegen England im folgenden Jahr hinderte ihn an der Umsetzung seiner Pläne. Doch 1815 nahm er auf eigene Kosten - drei- bis viertausend Dollar - 38 Schwarze mit nach Afrika. Er machte die Erfahrung, die auch spätere Kolonisatoren immer wieder machen sollten, daß die Ausgaben für die Rückführung der Schwarzen nach Afrika viel zu hoch und damit untragbar waren.

Die individuellen Anstrengungen von Jupiter Hammon, Phillis Wheatley, Gustavus Vassa, Benjamin Banneker und Paul Cuffe stehen nicht nur für den Versuch aller Schwarzen Ende des 18. Jahrhunderts, ein gewisses Maß an Unabhängigkeit für sich zu erringen, sondern sie sind auch Beispiele für das Streben der Amerikaner nach intellektueller und wirtschaftlicher Selbständigkeit, die so charakteristisch für diese Zeit war. Man kann wohl behaupten, daß diese Afroamerikaner in gewissem Sinn die Richtung wiesen, da sie sowohl die entwürdigende Stellung ihrer Rasse als auch die psychologische und intellektuelle Benachteiligung überwanden, unter der alle Amerikaner jener Zeit litten. Einzig bei den schwarzen Gruppen, die in denselben Jahren beschlossen, eigene Institutionen für ihre Bevölkerungsgruppe zu begründen, kann man ein vergleichbar intensives Streben nach Unabhängigkeit erkennen.

Die Schwarzen Philadelphias unterstützen Cuffes Kolonisierungsplan in Afrika – 1815

In Anbetracht dessen, daß Kapitän Paul Cuffe, ein Bürger von Massachusetts, beim Kongreß der Vereinigten Staaten, in der Sitzungsperiode 1814, die Genehmigung beantragte, eine Schiffsreise nach Afrika zu unternehmen, mit dem Ziel, zur Zivilisation und zum Fortschritt der Bewohner des Landes dort beizutragen und gleichzeitig dieses wünschenswerte Ziel zu befördern, einige ordentliche und fleißige Familien mit sich zu nehmen, daß aber die Lage der öffentlichen Angelegenheiten zu diesem Zeitpunkt ungünstig für diesen Plan war und sein Vorschlag nicht durchgeführt werden konnte, jetzt aber mit dem Segen der göttlichen Vorsehung die Hindernisse fortgeschafft sind, und er wiederum Vorbereitungen für diese Reise trifft, in Begleitung von zwei Familien dieser Stadt, die Afrika besuchen und sich dort niederlassen wollen.

Die Afrika-Gesellschaft (African Institution of Philadelphia), die zur Förderung dieses Plans gegründet wurde, hält es für ihre Pflicht, zum Ausdruck zu bringen, daß sie sich Paul Cuffe herzlich verbunden fühlt bei seiner uneigennützigen und mildtätigen Unternehmung und sie die Familien von Anthony Survance und Samuel Wilson der Friendly Society von Sierra Leone als Menschen guten moralischen Charakters empfiehlt, die ihre Verpflichtungen hier so weit geregelt zu haben scheinen. Die Afrika-Gesellschaft erbittet im Namen dieser Abenteurer die freundliche Aufmerksamkeit all jener, zu denen sie kommen mögen.

Gezeichnet im Namen der Afrika-Gesellschaft von Philadelphia

James Forten, Präs't
Russel Parrott, Sekr'r

Poulson's American Daily Advertiser, 20. September 1815, aus Lamont D. Thomas, *Rise to Be a People: A Biography of Paul Cuffe* (Urbana, Ill., 1986) S. 97

Bei den eigenen Anstrengungen, sich zu bilden, profitierten die Schwarzen vom allgemeinen Trend der Einrichtung von Schulen und Verbesserung der Schulbildung in den ersten Jahren der jungen Republik. Es gab auch eine Stimmung zugunsten der Schulbildung von Schwarzen, die von den verschiedenen Gesellschaften zur Freilassung der Schwarzen vor der Jahrhundertwende artikuliert wurde. Besonders in den Staaten von Neuengland bis Pennsylvania war man aktiv auf diesem Gebiet. Weiße unterrichteten schwarze Kinder in Boston sowohl privat als auch in öffentlichen Einrichtungen. 1798 gründete ein weißer Lehrer eine Schule nur für schwarze Kinder im Haus von Primus Hall, einem prominenten Afroamerikaner. Zwei Jahre später stellten Schwarze den Antrag auf eine eigene Schule bei der Stadt, aber die Bürger Bostons lehnten ab. Die Schwarzen gründeten die Schule trotzdem und stellten zwei Absolventen von Harvard als Lehrer ein. Viele Jahre lang arbeitete die Schule, und 1820 wurde schließlich in Boston die erste öffentliche Grundschule für schwarze Kinder eingerichtet.

Eine der bekanntesten Schulen war die African Free School von New York, die 1787 von der Gesellschaft zur Freilassung (Manumission Society) gegründet worden war. Anfangs hatte sie vierzig Schüler, und es wurden nie mehr als sechzig in den ersten zehn Jahren ihres Bestehens. Der Widerstand gegen die Schule war zuerst heftig, aber mit der Jahrhundertwende wurde ein konstruktives Interesse an der Schule erkennbar. Einen neuen Impuls zu weiterem Wachstum erhielt sie 1810, als der Staat von den Sklavenbesitzern verlangte, daß alle Sklavenkinder im Lesen der Heiligen Schrift unterrichtet werden müßten. 1820 besuchten mehr als 500 schwarze Kinder die Schule.

New Jersey begann 1777 mit dem Unterricht für schwarze Kinder. Bis 1801 waren Schulen in Burlington, Salem und Trenton gegründet worden, die jeweils nur kurze Zeit existierten. Außerdem unterrichteten Quäker und andere religiöse und humanitäre Gruppen privat schwarze Kinder. Schon 1774 gründeten die Quäker von Philadelphia eine Schule für schwarze Kinder, und nach dem Unabhängigkeitskrieg wurde das Programm erweitert, unterstützt durch Gelder von Wohltätern wie Anthony Benezet. 1787 wurde eine Schule gebaut, und zehn Jahre später gab es nicht weniger als sieben Schulen für Schwarze in Philadelphia. Dieses Interesse am Ausbau des Schulwesens für Schwarze setzte sich bis ins 19. Jahrhundert fort.

Das Interesse im Süden war nicht annähernd so groß. 1801 betrieb ein Mitglied der Gesellschaft zur Abschaffung der Sklaverei (Abolition Society) von Wilmington in Delaware eine Schule für schwarze Kinder am ersten Tag jeder Woche und unterrichtete sie im Lesen, Schreiben und Rechnen. 1816 wurden eine Schule und eine Bücherei mit einem schwarzen Lehrer eingerichtet. Ein paar Jahre später wurde eine Akademie für den Unterricht von jungen schwarzen Frauen gegründet. In Maryland gab es Ende des 18. Jahrhunderts Pläne für die Eröffnung einer Akademie, aber die Schule kam nie zustande. In Virginia wurden Schulen in Richmond, Petersburg und Norfolk gegründet. Quäker wie Robert Pleasants boten Land und Geld für den Aufbau von Schulen in Virginia und den beiden Carolina an, aber der Aufstand von 1800 versetzte die Plantagenbesitzer in den Südstaaten so in Angst und Schrecken, daß die weitere Expansion des Schulwesens gebremst wurde. Im 19. Jahrhundert mußten sich die Schwarzen in den Südstaaten meist mit geheimen Schulen und mit Privatlehrern zufrieden geben.

Auf dem Gebiet der Religion zeigten die Afroamerikaner die entschiedensten Anstrengungen, wahre Unabhängigkeit zu erlangen. Eine Zeitlang schien es in den noch jungen Vereinigten Staaten so, daß die Kirchen auf der völligen Integration der Schwarzen in das religiöse Leben der Nation bestehen und Vorkämpfer beim Angriff auf die Institution der Sklaverei bilden würden. 1784 erklärten z. B. die Methodisten, daß die Sklaverei »gegen die zehn Gebote verstoße«, und gaben ihren Mitgliedern zwölf Monate Zeit, ihre Sklaven freizulassen. Diese Haltung sollte sich jedoch als voreilig erweisen, da Virginia und andere Südstaaten eine Rücknahme der Resolution erzwangen. 1789 erklärten die Baptisten, daß die Sklaverei ein »gewaltsamer Raub der Naturrechte und unvereinbar mit einem republikanischen Regierungssystem« sei. Auch sie wurden nach und nach gezwungen, von dieser Position wieder abzurücken.

Nach dem Unabhängigkeitskrieg nahmen viele Kirchen Schwarze auf, aber die Weißen befürchteten auch, daß sich eine allzu liberale Haltung verheerend auf eine wirkungsvolle Kontrolle der Sklaverei auswirken würde. Schwarze Geistliche und Kirchenvertreter, meinte man, würden zuviel Macht über ihre Gemeindemitglieder haben und vielleicht Ärger auf den Plantagen verursachen.

Die amerikanischen Kirchen hatten ihre eigenen Probleme und deshalb kaum Zeit, sich den Problemen der Schwarzen zu widmen. Die politisch konservative Einstellung vieler anglikanischer Geistlicher veranlaßte viele Amerikaner, auf der Trennung von Kirche und Staat zu bestehen. Jede Konfession, mit Ausnahme der römisch-katholischen, war darüber hinaus energisch bemüht, sich als selbständigen und von der europäischen Mutterkirche getrennten Teil zu organisieren, und selbst die Katholiken der Vereinigten Staaten sollten von einem besonderen apostolischen Präfekten geleitet werden. Damit vor allem beschäftigte man sich und verdrängte das Problem der Schwarzen im eigenen kirchlichen Bereich, was zumindest teilweise der Grund für die Gründung von rassisch getrennten Kirchen war.

Während des Unabhängigkeitskrieges entstanden an vielen Orten schwarze Baptistenkirchen. George Liele, ein fleißiger und findiger Schwarzer, gründete 1779 eine Baptistenkirche in Savannah, bevor er schließlich das Land verließ und sich auf Jamaika niederließ. Die Arbeit in Georgia wurde von seinem Stellvertreter, Andrew Bryan, weitergeführt, der sowohl vor Weißen als auch vor Schwarzen predigte. Am Ende des Krieges versuchten die Weißen, die Kirche zu schließen, indem sie die Mitglieder auspeitschten und Bryan ins Gefängnis warfen. Aber sein wohlwollender Besitzer unterstützte ihn, und schließlich wurde Bryans Kirche die Keimzelle für die Organisation aller schwarzen Baptisten in Georgia. Schwarze in Virginia gründeten Baptistenkirchen in Petersburg (1776), in Richmond (1780) und in Williamsburg (1785). Manchmal wurden sie dabei von weißen Geistlichen unterstützt.

Aber in den Gemeinden im Norden kamen Schwarze mit der Gründung eigenständiger Kirchen am weitesten voran. Das beste Beispiel für diese Entwicklung war die Arbeit von Richard Allen und seinen Anhängern in Philadelphia. Dieser künftige Führer bewies seinen Fleiß und seine Entschlossenheit, indem er Geld sparte, um sich im Jahr 1777 von seinem Besitzer in Delaware freizukaufen, im selben Jahr, in dem er auch bekehrt wurde. Wenige Jahre später predigte er bereits und gewann die Gunst von Bischof Asbury. 1786 zog er nach Philadelphia, wo er Massenandachten für seine Gruppe abhielt. Sein Vorschlag, ein eigenes Gotteshaus für Schwarze zu bauen, wurde von Weißen und von einigen Schwarzen abgelehnt. Erst als der Gemeinderat der St.-Georgs-Kirche, in der er oft predigte, vorschlug, die große Zahl seiner schwarzen Zuhörer wegen ihrer Rasse getrennt zu setzen, wurde ihm und anderen bewußt, daß die Schwarzen eine eigene Kirche brauchten. Die Entscheidung fiel endgültig, als eines Tages Kirchenvertreter Richard Allen, Absolom Jones und William White mitten aus dem Gebet hochrissen. Allen organisierte mit Hilfe von Jones sofort die unabhängige Free African Society. Obwohl Jones nicht auf Dauer mit ihm zusammenarbeitete und 1801 der erste schwarze episkopalische Priester wurde, gelang es Allen, 1794 die Bethel Church zu organisieren und einzuweihen. 1799 wurde er von Bischof Asbury zum Diakon ordiniert und später in den Stand eines Ältesten erhoben. Seine Kirche wurde unter dem Namen Bethel African Methodist Episcopal Church bekannt.

Gemeinden der African Methodist Episcopal Church (AME) entstanden in Baltimore, Wilmington und anderen Städten in Pennsylvania und in New Jersey, und viele fähige Männer, wie Daniel Coker, Nicholson Gilliard und Morris Brown, unterstützten Allen. Die Gemeinden wuchsen, und 1816 wurde es möglich, sie offiziell in einer Organisation zu vereinigen. Die Synode wählte Daniel Coker zum Bischof, der die Wahl jedoch nicht annahm, und so wählte sie Allen an seiner Stelle. Sie beschloß Statuten, die denen der Wesleyaner ähnelten, und beschritt damit einen Weg, der die AME Church zur führenden Organisation unter schwarzen Methodisten machen sollte. 1820 gab es allein in Philadelphia 4000 schwarze Methodisten und in und um Baltimore fast 2000. Die Organisation breitete sich schnell bis nach Pittsburgh im Westen und Charleston im Süden aus. Nur der starke Widerstand gegen schwarze Organisationen überhaupt im Gefolge des Vesey-Aufstands von 1822 (siehe Kapitel 8), war in der Lage, das Wachstum des schwarzen Methodismus in den Südstaaten zu bremsen.

Die weißen Methodisten in New York hatten in etwa dieselbe Einstellung ihren schwarzen Brüdern gegenüber wie ihre Glaubensgenossen in Philadelphia. Das Ergebnis war der Auszug der Schwarzen aus der John Street Methodist Episcopal Church und die Gründung der African Methodist Episcopal Zion Church 1796. Führer dieser Bewegung waren Peter Williams, der Vater des ersten schwarzen Priesters in der Protestant Episcopal Church, James Varick, der 1822 zum ersten Bischof gewählt wurde, sowie George Collins und Christopher Rush. Sie konnten niemanden in der episkopalischen oder methodistischen Kirche finden, der ihre Kirchenältesten ordinieren und konsekrieren wollte und mußten es schließlich selbst tun. Nachdem die Kirche Schismen und Anfeindungen von außen überwunden hatte, war sie 1822 gefestigt genug, um einen Bischof zu wählen und Expansionspläne zu konzipieren.

Derselbe Trend zur Bildung unabhängiger Organisationen bestand bei den Baptisten. 1809 wurden dreizehn schwarze Mitglieder aus einer weißen Baptistengemeinde in Philadelphia ausgeschlossen und zur Gründung ihrer eigenen Kirche aufgefordert. Unter der Führung des Reverend Burrows, einem früheren Sklaven, wurde diese Kirche zu einer wichtigen Einrichtung für die Schwarzen Philadelphias. Die schwarzen Baptisten in Boston gründeten unter der Führung des Reverend Thomas Paul 1809 ihre eigene Kirche. Zur gleichen Zeit half er bei der Gründung der Kirche in New York, die später als die Abyssinian Baptist Church bekannt wurde. In jedem dieser Fälle kam es zu einer Neugründung deshalb, weil die Schwarzen aus den weißen Gemeinden ausgestoßen wurden.

Die Errichtung separater Gotteshäuser für Afroamerikaner, so unvereinbar sie mit der Glaubenslehre war, zu der sie sich bekannten, gab den Schwarzen die seltene Gelegenheit, eine Elite herauszubilden. Da sie von der Teilnahme am politischen Leben ausgeschlossen waren und nur wenige Bildungschancen für sie offenstanden, waren die religiösen Einrichtungen der einzige Bereich, in dem die unterschiedlichsten Tätigkeiten gelernt werden konnten. Obwohl die Schwarzen oft die Initiative zur Trennung ergriffen, wurde ein solcher Schritt doch erst unternommen, wenn offenkundig war, daß sie in der weißen Kirche unerwünscht waren. Dieses Gespür für Diskriminierung und der daraus folgende Aufbau von eigenen und unabhängigen religiösen Organisationen waren später die Ursache dafür, daß im 19. und 20. Jahrhundert die Kirche im Leben der Schwarzen einen so wichtigen Platz einnehmen sollte.

Schwarze gründeten nicht nur eigene Kirchen, sondern auch andere karitative und soziale Organisationen. Am 6. März 1775 nahm eine Freimaurerloge der britischen Armee, die zu einem Regiment unter General Gage in der Nähe von Boston gehörte, fünfzehn Schwarze auf, darunter Prince Hall, einen jungen Schwarzen, der zehn Jahre zuvor von Barbados aufs Festland gekommen war. Hall war Geistlicher und ein anerkannter Führer und Sprecher der Schwarzen. Er und seine schwarzen Brüder beantragten bei den weißen Freimaurern in Amerika die Gründung einer eigenen schwarzen Freimaurerloge, doch ihr Ersuchen wurde abgelehnt. Daraufhin wandten sie sich 1784 an die Großloge von England und erhielten sofort die gewünschte Lizenz. Doch erst 1787 konnte die Gründung abgeschlossen und Hall zum Meister der Afrikanischen Loge Nr. 459 mit Sitz in Boston gemacht werden. 1792 wurde eine schwarze

Großloge gegründet, mit Hall als Großmeister. Fünf Jahre später erteilte er dreizehn Schwarzen, die in England und Irland aufgenommen worden waren, eine Lizenz zur Gründung einer Loge in Philadelphia, eine weitere wurde in Providence organisiert. Allmählich breitete sich die schwarze Freimaurerei überall im Land aus, bis 1815 drei Großlogen existierten. Obwohl es anfangs starke Widerstände gegen schwarze Freimaurer gab, besuchten weiße Freimaurer schon bald schwarze Logen und arbeiteten mit ihnen auf verschiedenen Gebieten zusammen.

1796 wurde von vierundvierzig Schwarzen in Boston die African Society gegründet. Ihr Zweck, erklärte sie, sei die Mildtätigkeit, und sie werde »niemanden in die Gesellschaft aufnehmen, der ein Vergehen oder Verbrechen gegen die Gesetze ihres Landes begeht«. Man sagt, daß diese und ähnliche Organisationen viel für den Zusammenhalt von Schwarzen taten und ihnen die Erfahrung der Organisation und Zusammenarbeit vermittelte, die später einmal wichtig werden sollte. Schwarze suchten früh die Integration in das politische, gesellschaftliche und wirtschaftliche Leben der Nation. Da sie im allgemeinen zurückgewiesen wurden, bestand für sie nur die Alternative, mit ihren begrenzten Mitteln und ihrer geringen Ausbildung eigene Institutionen zu schaffen. Es ist um so bedeutsamer, daß diese Institutionen, ebenso wie einzelne Personen sehr darum bemüht waren, an der allgemeinen Entwicklung ihres Landes teilzuhaben und etwas zu seinem Wachstum beizutragen. Um die Jahrhundertwende war das Streben der Schwarzen nach Unabhängigkeit im wesentlichen ein Kampf um die gesellschaftliche Stellung, die sie in der sich entwickelnden amerikanischen Zivilisation für sich beanspruchten.

7. KAPITEL
DIE SCHWARZEN
UND DIE EXPANSION NACH WESTEN

Der Einfluss der »frontier«

Noch vor der Jahrhundertwende gab es unverkennbare Anzeichen für einen tiefen wirtschaftlichen und gesellschaftlichen Wandel in Amerika. Nach 1800 waren die Hinweise darauf noch deutlicher. Man sprach in den Vereinigten Staaten bereits von Industrialisierung, und amerikanische Geschäftsleute blickten neidvoll auf die Entwicklungen in England und Europa. Europäer begannen wieder, in die Neue Welt auszuwandern, und hofften auf eine glänzende Zukunft in Amerika. Das Land jenseits der besiedelten Gebiete, die *frontier*, lockte neue Siedler an und beeinflußte das Leben in Amerika von Jahr zu Jahr stärker. Dieses Land am Horizont, die *frontier*, wurde schnell zu einem einflußreichen Faktor in der Entwicklung der Sklaverei und damit auch in der Geschichte der Schwarzen in Amerika.

Im frühen 19. Jahrhundert konnten die Vereinigten Staaten das Land im Westen als einen ihrer wertvollsten Aktivposten verbuchen, besonders nach dem Kauf von Louisiana im Jahr 1803. Obwohl es noch Jahre dauern sollte, bis das Land besiedelt war, zogen Amerikaner und Europäer rasch in die Territorien jenseits der Berge. Junge abenteuerlustige Männer aus den Küstenstaaten, Schotten, Iren und Deutsche aus der Alten Welt verlegten die *frontier* immer weiter nach Westen und wurden Bürger der neuen Staaten, die in die amerikanische Union aufgenommen wurden.

Viele Siedler im neuen Westen gehörten zu Religionsgemeinschaften, für die Gleichheit und brüderliche Liebe zentrale Werte waren, die anderen, die nicht besonders fromm waren, hatten nicht die Mittel zum Aufbau einer auf der Sklaverei basierenden Zivilisation. So herrschte anfangs ein freiheitlicher Geist an der *frontier*, der doch allzu bald unwichtig und wirkungslos werden sollte, weil in den älteren Staaten des Ostens wirtschaftliche und gesellschaftliche Kräfte ganz anderer Art am

Werk waren. Einige Bewohner der Küstenstaaten zog es in das neue Land, weil sie Anpassungsschwierigkeiten an ihre bisherige Umgebung hatten. Andere konnten das, was sie zum Leben brauchten, nicht in den bereits besiedelten Gebieten verdienen, wo die Konkurrenz erbittert war und relativ wenige die Chancen unter sich aufteilten. Wieder andere, von denen viele zur Oberschicht gehörten, wollten neues Land erwerben, um darauf Baumwolle anzubauen. Oft verfügten sie über Kapital, manchmal über Sklaven und begannen so, das wirtschaftliche und gesellschaftliche Leben an der *frontier* zu beherrschen und den Charakter des Lebens dort zu verändern. Die *frontier* war der Zufluchtsort der gesellschaftlich Unzufriedenen und der wirtschaftlich hoffnungslosen Taugenichtse gewesen, jetzt sollte dort der Kampf zwischen den Anhängern der Freiheit und jenen ausgetragen werden, die auch im Westen die Institution der Sklaverei fest etablieren wollten.

Die Verfechter der Freiheit hatten keine Chance, den Kampf gegen die Sklavenhalter zu gewinnen. Die industrielle Revolution und die Erfindung der Baumwoll-Entkörnungsmaschine hatten den Gang der Dinge an der amerikanischen *frontier* bereits vorgegeben. Die Freiheitsideale waren den mächtigen Kräften, die die Sklaverei forderten, unterlegen, und das verlockende Land am südlichen Golf von Mexiko machte die Errichtung eines Baumwollimperiums auf der Basis der Sklaverei geradezu zwangsläufig. Zuerst bekämpften die Siedler an der *frontier* das System des Ostens, aber als erkennbar wurde, daß alle an diesem Reichtum teilhaben würden, unterstützten auch sie nach und nach die Sklaverei.

Es sollte noch etwas über die Art und Weise gesagt werden, in der die *frontier* den Marsch der Sklaverei nach Westen beeinflußte. Die freiheitliche und demokratische Grundstimmung im Westen stammte ebenso von einem neuen Typ Siedler – Deutschen, Schotten, Iren, u. a. – wie von einer Veränderung im Charakter der Menschen, die von der Küste ins Hinterland zogen. Der größere Teil derjenigen, die aus den atlantischen Küstenstaaten fortzogen, bekannte sich zur Institution der Sklaverei und zeigte dies, wenn möglich, indem sie Sklaven mitbrachten. Wenn der Geist der Freiheit sie überhaupt berührte, dann in der Weise, daß er ihnen das Recht bestätigte, über andere Menschen zu verfügen und die natürlichen und menschlichen Ressourcen so rücksichtslos auszubeuten, wie das an der *frontier* sanktioniert war. Das Ideal des Westens bestand nicht im Recht eines jeden Menschen, seine oder ihre Persönlichkeit in ganzer

Größe verwirklichen zu können, wie Frederick Jackson Turner, ein Historiker der *frontier*, gemeint hat. Es bestand vielmehr im Recht jedes einzelnen, jede sich bietende Gelegenheit zum eigenen Vorteil zu nutzen, um das zu erreichen, was er oder sie sich als Ziel gesetzt hatte, und dabei die grundlegende ethische Hemmung zu ignorieren, die den Unterschied zwischen Freiheit und Zügellosigkeit ausmacht. Man kann sich deshalb vorstellen, daß im frühen 19. Jahrhundert die *frontier* mit ihrem verlockenden Land und ihrem Geist zügelloser Freiheit tatsächlich den Marsch der Sklaverei nach Westen begünstigte.

Schwarze Pioniere auf dem Marsch nach Westen

Allzu oft übersehen Historiker die Rolle der Afroamerikaner bei der Erkundung und Besiedlung des amerikanischen Westens. Wann immer weiße Amerikaner sich daran machten, den Westen zu erobern, waren schwarze Amerikaner beteiligt, Sklaven ebenso wie Freie. Als Meriwether Lewis und William Clark 1803 aufbrachen, um im Auftrag von Präsident Jefferson Louisiana zu erkunden, das kurz zuvor von Frankreich erworben worden war, nahm Clark seinen treuen Sklaven York mit. York, ein großer und kräftiger Mann, trug zum Erfolg der Expedition bei, indem er freundschaftliche Beziehungen zu den Indianern aufnahm und sie freundlich stimmte. Mit seinem großen Geschick beim Jagen und Fischen versorgte er die Entdecker mit Eßbarem. Nach dem Ende der Expedition ließ Clark ihn frei, und eine Legende besagt, daß York tief ins Innere des Westens zurückkehrte und dort Häuptling eines Indianerstammes wurde.

Am außerordentlich gewinnbringenden Pelzhandel, der auf den Spuren von Lewis' und Clarks Expedition folgte, waren auch schwarze Trapper beteiligt, die sehr oft die verläßlichste Verbindung zwischen den weißen Händlern und den Indianern waren. Während ihre Zuverlässigkeit und Integrität von vielen renommierten Historikern des Westens angezweifelt wurden, wird man ihre Beteiligung, ja ihre Leistungen kaum leugnen können. In den 1820er Jahren arbeitete z. B. Edward Rose als Führer, Jäger und Übersetzer für die Missouri Fur Company. Ungeachtet der Tatsache, daß Washington Irving zu denen gehörte, die von seinem schlechten Charakter und Ruf berichteten, schrieb sein Zeitgenosse Colonel Henry Leavenworth im Jahr 1823, daß Rose mehrere Jahre bei den Indianern gelebt hatte, »ihre Sprache beherrschte und sie ihm sehr zugetan waren«. Leavenworth und erst jüngst Kenneth W. Porter würdigten seine unschätzbaren Verdienste um den Pelzhandel im Westen.

Im Minnesota-Territorium gab es mehrere Schwarze, die als Trapper und Händler berühmt wurden. Zu ihnen gehörte Pierre Bonga, der zuverlässige Sklave eines kanadischen Pelztierjägers der North West Company. Bonga war ein geschickter Übersetzer und verhandelte häufig im Namen der Company mit den Chippewas. Sein Sohn, George, war noch wesentlich bewanderter, denn er hatte englisch, französisch, chippewa und mehrere andere Sprachen gelernt. Als Assistent und Übersetzer des Gouverneurs des Michigan-Territoriums, Lewis Cass, handelte George Bonga Verträge mit den Indianern aus, während er als *Voyageur** für die American Fur Company arbeitete. Nach einigen Jahren wurde er ein freier Mann und ein »prominenter Händler, der Vermögen und Einfluß besaß«. Laut William L. Katz wurde Bonga Township im Landkreis Cass in Michigan nach ihm benannt.

Bei weitem der unerschockenste und bemerkenswerteste Schwarze, der den amerikanischen Westen erkundete, war James P. Beckwourth. Er kam 1798 als Kind einer Mischehe zur Welt und machte als junger Mann eine Schlosserlehre bei einem Schmied in St. Louis. Weil er mehr Freiheit suchte, floh er nach Westen und bekam eine Anstellung bei der Rocky Mountain Fur Company. Bald beherrschte er perfekt alle Kampfformen der Wildnis und gebrauchte Gewehr, Bowiemesser und Tomahawk gleichermaßen geschickt. 1824 wurde er von den Crow-Indianern adoptiert und unter seinem neuen Namen »Morning Star« sehr verehrt. Der Häuptling gab ihm seine Tochter zur Frau. Bei zahlreichen blutigen Überfällen war er der Anführer der Crows, die ihn, nachdem er zum Häuptling aufgestiegen war, »Bloody Arm« nannten. Er führte ein wildes und wechselvolles Leben: diente als Kundschafter im dritten Seminolenkrieg in Florida, war Trapper und Goldsucher in Kalifornien und erkundete 1850 den Paß über die Sierra Nevada bei Reno, der noch heute seinen Namen trägt.

Wieder andere Schwarze, wie John Marsant und John Stewart, waren

---

* Ein *Voyageuer* besorgte für eine Pelzgesellschaft den Transport von Trappern und Fellen, meist per Boot. Anm. des Übers.

Missionare bei den Indianern. Zu den Afroamerikanern, die am großen Marsch nach Westen teilnahmen, gehörten auch John Randolphs freigelassene Sklaven aus Virginia, die sich in Ohio ansiedelten, dazu gehörten jene, die aus Northampton County in North Carolina fortzogen und sich in Indiana ansiedelten, und dazu gehörte die gefeierte Bildhauerin Edmonia Lewis, in deren Adern Chippewa-Blut floß. Sie studierte zuerst am Oberlin College, später in Boston bildende Kunst, und wurde durch ihre Werke berühmt. Es gab noch Hunderte anderer – unbekannte und berühmte in ihrer Zeit –, die eine Spur als Schwarze, die bei der Eroberung des Westens ihren Beitrag leisteten, hinterließen.

Der Krieg von 1812

Die Expansion in den Westen wurde durch die diplomatische Krise und den Krieg, in dem diese gipfelte, zu Beginn des 19. Jahrhunderts nicht ernstlich beeinträchtigt. In gewissem Sinn gehörte der Krieg von 1812 vielmehr gerade zu der auf Expansion gerichteten Politik derjenigen, die den Westen besiedelten. Es gab zwar Konflikte mit Großbritannien wegen des Pressens amerikanischer Seeleute in die britische Marine und wegen Verletzung der Rechte Neutraler, aber da bestand außerdem die Möglichkeit, daß ein Krieg zur Aneignung neuen Territoriums führen konnte. Wenn dieses neue Territorium dann im Norden lag, konnte es Siedler aus dem alten Norden anziehen, die sonst vielleicht in das aufstrebende Baumwollimperium ziehen und die Ausdehnung der Sklaverei verhindern würden. Sollten die Expansionisten zusätzliches Territorium im Südwesten bekommen, dann konnte damit vielleicht der Appetit eines Wirtschaftssystems gestillt werden, das bereits deutliche Anzeichen seiner Unersättlichkeit erkennen ließ. In jedem Fall würde ein erfolgreicher Krieg die Ausdehnung der Sklaverei fördern, und die Falken und Expansionisten wußten das.

Als der Krieg schließlich 1812 ausbrach, hatten die Schwarzen einmal mehr Gelegenheit, ihrem Land zu dienen. Die Zahl schwarzer Soldaten blieb jedoch gering, weil die Staaten, aus denen sie normalerweise gekommen wären – von Neuengland bis Pennsylvania –, wenig Begeisterung für den Krieg aufbrachten. Es gab keine ernsthaften Einwände gegen schwarze Soldaten in den Streitkräften der Vereinigten Staaten, aber es bestand wenig Neigung, sie anzuwerben. Im Jahr 1814 verabschiedete der Staat New York ein Gesetz, das die Aufstellung von zwei farbigen Regimentern vorsah. Jedes sollte aus etwas mehr als 1000 Mann bestehen, die denselben Sold wie andere Soldaten erhalten sollten. Wenn sich Sklaven mit der Erlaubnis ihrer Besitzer zum Dienst verpflichteten, sollten sie bei Kriegsende die Freiheit erhalten. Zweifellos dienten diese schwarzen Soldaten treu, denn 1854 wurde beim New Yorker Veteranentreffen der 1812er eine Resolution verabschiedet, die den Kongreß bat, den Offizieren, Soldaten und ihren Witwen eine großzügige Rente zu gewähren, »und diese Maßnahmen sollten auch für Mitglieder der indianischen und der afrikanischen Rasse gelten, ... die in diesem Krieg als Soldaten dienten und die zusammen mit dem weißen Mann unsere Rechte verteidigten und unsere Unabhängigkeit sicherten«.

Schwarze dienten auch in weißen Einheiten, dort allerdings meistens in den niederen Rängen. Aber es gab auch einige, die so tapfer kämpften, daß die Überlieferung ihren Heldenmut bezeugt. Einer der tapfersten Soldaten in der Schlacht von North Point war William Burleigh, ein Schwarzer aus Philadelphia. Nach der Besetzung Washingtons befürchteten Philadelphia und einige andere Städte an der Ostküste, dasselbe Schicksal zu erleiden. Das Selbstschutzkomitee von Philadelphia wandte sich an drei führende schwarze Bürger, James Forten, Bischof Richard Allen und Absolom Jones, und bat sie um die Mithilfe von Schwarzen beim Bau angemessener Befestigungen für die Stadt. Mehr als 2500 Schwarze trafen sich hinter dem Parlamentsgebäude (State House) und marschierten zu Grays Ferry, wo sie fast ununterbrochen zwei Tage lang arbeiteten. Dieser Einsatz trugen ihnen das Lob und die Dankbarkeit der Stadt ein. Ein Bataillon von Schwarzen wurde in Philadelphia aufgestellt und sollte gerade an die Front abmarschieren, als der Frieden verkündet wurde.

Eine große Zahl Schwarzer hatte in der Marine angeheuert, oft ohne daß ihre Rasse erwähnt wurde. Man schätzt, daß mindestens ein Zehntel der Mannschaften in der Flotte auf den Oberen Seen Schwarze waren. Kapitän Oliver Perry war höchst unzufrieden, daß ihm »Schwarze, Soldaten und Knaben« geschickt wurden. Kommodore Chauncey besänftigte Perry, er solle stolz auf jeden sein, den er bekomme, und fügte hinzu, daß die fünfzig Schwarzen auf seinem Schiff zu seinen besten Männern gehörten. Nach der Schlacht auf dem Erie-See lobte Perry die schwarzen Mannschaftsmitglieder uneingeschränkt und erklärte, daß sie »absolut furchtlos gegenüber der Gefahr auftraten«. Andere Marineoffiziere sprachen von der Tapferkeit der schwarzen Seeleute. Nathaniel Shaler, der Kommandeur der *Governor Tompkins* erklärte, daß der Name von John Johnson, einem schwarzen Seemann auf seinem Schiff in das Ruhmesbuch eingetragen werden sollte. Als Johnson schon im Sterben lag, nachdem er von einem 24-Pfünder getroffen worden war, brüllte er noch »Feuert weiter Jungs, keiner holt die Fahne runter!« Und John Davis, der ebenso verwundet war, bettelte, man möge ihn über Bord werfen, denn er sei bloß im Wege.

Auch unter dem Kommando von General Andrew Jackson sollten Schwarze im Krieg von 1812 ihre wertvollsten Dienste leisten. Als Jackson im Herbst 1814 seine Streitmacht vergrößern mußte, rief er die freien Schwarzen von Louisiana auf, dem Ruf ihres Landes zu den Waffen zu folgen. Er bekannte, daß es ein Fehler der Politik der Vereinigten Staaten gewesen war, die Schwarzen vom Militärdienst auszuschließen. Er versprach, daß alle Schwarzen, die sich zum Dienst verpflichteten, dieselbe Bezahlung und dasselbe Handgeld wie weiße Soldaten bekommen würden. Zwar würden ihre Offiziere Weiße sein, doch würden die Unteroffiziere aus ihren Reihen kommen. Schon vor der Schlacht von New Orleans, nachdem mehrere Einheiten schwarzer Soldaten rekrutiert worden waren und in den vorbereitenden Feldzügen gekämpft hatten, versicherte Jackson ihnen, sie hätten mit ihrem Einsatz seine Hoffnungen weit übertroffen. Er versprach, daß der Präsident davon in Kenntnis gesetzt werden würde und »die Abgeordneten der amerikanischen Nation Eure Tapferkeit loben werden, so wie Euer General jetzt Euren leidenschaftlichen Einsatz lobt«.

In der Schlacht von Chalmette Plains, die als die Schlacht von New Orleans bekannt ist, hielten schwarze Soldaten eine Stellung von strategischer Bedeutung. Sie standen dicht bei Jacksons Hauptstreitmacht auf dem linken Ufer des Mississippi rechts von der angreifenden linken Kolonne der Briten. Ein Bataillon unter Major Lacoste bestand aus Farbigen aus New Orleans und war etwa 280 Mann stark. Das andere Bataillon unter Major Daquin bestand aus Schwarzen aus St. Domingo und war etwa 150 Mann stark. Diese schwarzen Soldaten türmten den Verteidigungswall aus Baumwollsäcken vor Jackson auf und trugen wesentlich zum amerikanischen Sieg bei. Als die Briten unter General Pakenham die Stellung Jacksons im Sturm nehmen wollten, starteten Grenzer, Schwarze, reguläre Soldaten u. a. hinter ihrer Brustwehr einen Gegenangriff, der für die Briten verheerend endete. Der Krieg war bereits vorbei, aber dieser verspätete Sieg für die Amerikaner war sowohl psychologisch als auch militärisch wichtig.

Im Verlauf des Krieges liefen aber auch immer wieder Schwarze zu den Briten über, um ihrer Freiheit willen. Denn wie im Unabhängigkeitskrieg versprachen die Briten allen entflohenen Sklaven die Freiheit. Es ist unmöglich zu schätzen, wie viele hinter die britischen Linien flohen, aber es ist bekannt, daß einige später auf den britischen Westindischen Inseln und in Kanada lebten. Einige der Schwarzen auf den Westindischen Inseln waren jedoch in die Sklaverei verkauft worden. Viele Sklaven zogen für Amerika in den Krieg und erwarteten danach ihre Freilassung. Manche bekamen sie, aber andere wurden am Ende des Krieges wieder zu ihren Besitzern zurückgeschickt. So betrogen beide Seiten einen Teil der Schwarzen, die in der Hoffnung Soldat geworden waren, die Freiheit zu erlangen. Der Vertrag von Gent regelte die gegenseitige Rückerstattung von Eigentum. Dazu gehörten das persönliche Eigentum – Sklaven – ebenso wie Territorien, die im Krieg erobert worden waren. Da die Briten entlaufene Sklaven auf die Westindischen Inseln verkauft hatten, verlangten die Amerikaner Entschädigung für Sklaven und anderes Eigentum, das von den Briten nicht zurückerstattet wurde. 1828 beugte sich Großbritannien schließlich den Forderungen der Vereinigten Staaten und bewilligte mehr als eine Million Dollar als Entschädigung.

Der Aufstieg des Baumwollimperiums

Der Friedensvertrag mit Großbritannien 1815 brachte Frieden im ganzen Land und bildete die Ausgangsbasis für die beschleunigte Expansion in den Westen, die schon vor dem Krieg eingesetzt hatte. Die Bewohner des Südens und des Westens, die den Krieg begeistert unterstützt hatten, pochten nun auf ihr Recht, weiter im Westen besseres Land zu erwerben. Viele von den Indianern drohende Gefahren waren nicht mehr akut, und die Nachfrage nach Baumwolle stieg, jetzt, da auf der ganzen Welt

Frieden herrschte. Die Jahre unmittelbar nach Kriegsende erlebten eine Bevölkerungsbewegung nach Westen ohnegleichen. In die Region am Golf von Mexiko zogen die Siedler scharenweise, um das fruchtbare Land zu roden und Baumwolle auf riesigen Feldern anzubauen. Louisiana war bereits 1812 zum Staat erklärt worden, und die Bevölkerung wuchs weiter, während Baumwolle und Zuckerrohr hohe Erträge für Plantagenbesitzer mit Sklaven als Arbeitskräfte brachten. Mississippi und Alabama wurden 1817 bzw. 1819 als Staaten in die Union aufgenommen. Noch 1810 hatten in diesem Gebiet nur etwa 40 000 Menschen gelebt, 1820 waren es 200 000 Einwohner, und zwanzig Jahre später hatte die Bevölkerung fast eine Million erreicht. Die schwarze Bevölkerung hatte sich ebenfalls schnell vermehrt. 1820 lebten nur 75 000 Schwarze in der Region Alabama/Mississippi, während es 1840 fast eine halbe Million war. Die Zunahme der weißen Bevölkerung, verbunden mit dem ungeheuren Bevölkerungswachstum der Schwarzen, und zwar weitgehend von Sklaven, war eng mit Entstehung und Aufstieg des Baumwollimperiums verknüpft.

Eine beträchtliche Zahl von Plantagenbesitzern zog aus den Küstenstaaten in das neue Baumwollimperium, weil sie erkannten, daß die Sklaverei nur in diesen neuen Gebieten die Chance hatte, profitabel zu werden. Die Versuche, Baumwolle in Virginia und North Carolina anzupflanzen, hatten kein ganz befriedigendes Ergebnis gebracht. Zu Beginn des Jahrhunderts hatten die südöstlichen Staaten die meiste Baumwolle angebaut. 1821 produzierten die South-Central-Staaten über ein Drittel der gesamten in den Vereinigten Staaten geernteten Baumwolle. 1834 produzierten die Küstenstaaten 160 Millionen Pfund, während Alabama, Mississippi, Louisiana und die anderen neu besiedelten Gebiete mit 297,5 Millionen Pfund den Markt beherrschten. Kein Wunder also, daß die Sklavenhalter ins Baumwollimperium zogen. 1832 beklagte sich die Lynchburger Zeitung, der *Virginian*, darüber, daß »die ständige Auswanderung unserer wichtigsten Bürger, Halt und Stütze des Landes, in den großen Westen ... tagtäglich Gegenstand von Klagen unserer Geschäftsleute ist; und unsere leeren Straßen und unbewohnten Häuser liefern den anschaulichen Beweis dafür«. Vier Jahre später schrieb ein Einwohner South Carolinas: »Der Geist der Auswanderung ist noch sehr lebendig in unserer Gemeinde, und aus diesem Grund haben wir schon viele unserer wertvollsten Mitbürger verloren und fürchten, es werden noch mehr werden.«

Als die Einkünfte der Plantagenbesitzer in der neuen Region enorm stiegen und die Nachrichten über ihren Wohlstand zurück in den Osten gelangten, schwoll auch der Strom der Auswanderer an. Die Nachfrage nach Sklaven wuchs, und natürlich stieg auch ihr Preis. Diese verrückte Jagd nach Land im Westen, nach Sklaven, um das Land zu bewirtschaften, nach riesigen Profiten, durch die man noch weiter expandieren konnte, waren die Faktoren, die das Baumwollimperium zu einer der wirtschaftlich und gesellschaftlich dynamischsten Regionen in der ersten Hälfte des 19. Jahrhunderts machten. Der Aufstieg des Baumwollimperiums, in dem die Arbeit hauptsächlich von schwarzen Sklaven geleistet wurde, hatte zur Folge, daß die Golfregion auf das System der Sklaverei festgelegt wurde und der Süden von nun an als Einheit gegen jede Gruppe oder jedes regionales Interesse stand, die diese spezifischen Interessen des Südens und des Baumwollimperiums bedrohten.

Der Erwerb von Florida, 1819, die Besiedlung von Missouri und dessen Aufnahme in die Union als Sklavenhalterstaat, 1821, und die Bewegung, die in der Aufnahme von Texas im Jahr 1845 gipfelte, waren das Ergebnis von Kräften, die der Aufstieg des Baumwollimperiums freigesetzt hatte. Um die Sklavenbesitzer vor der Flucht ihrer Sklaven auf spanisches Gebiet zu schützen, wurde der Besitz von Florida als wünschenswert und auch als notwendig angesehen. Die Kontroverse um die Aufnahme Missouris in die Union zeigte die Entschlossenheit des Südens, wenn möglich ein politisches Gleichgewicht zu erreichen, und ebensolche Entschlossenheit auf seiten des Nordens, die politische Vorherrschaft zu behalten. Das Problem der Schwarzen wurde infolgedessen ins öffentliche Bewußtsein der ganzen Nation katapultiert, und der gesamte Vorfall stand für die unwiderrufliche Festlegung des Südens auf die Institution der Sklaverei. Nichts belegt die unersättliche Gier der Plantagensklaverei auf neue Gebiete deutlicher als der eine ganze Generation währende Kampf um die Annektierung von Texas. Das war wohl der Höhepunkt der Bemühungen des Südens, sich sämtliche Gebiete einzuverleiben, auf die das Baumwollimperium ausgedehnt werden konnte.

Kurz vor dem Krieg von 1812 entwickelten die Bewohner des Westens die Doktrin, die später als *manifest destiny** bekannt wurde. So schrieb

---

* »Das offenkundige Schicksal« bestimmt den gesamten Kontinent zum natürlichen Territorium der Vereinigten Staaten. Anm. des Übers.

R. M. Johnson aus Kentucky z. B., er könne nicht beruhigt sterben, bevor nicht alle nordamerikanischen Besitzungen Großbritanniens den Vereinigten Staaten einverleibt seien. Ansichten wie diese wurden immer wieder von Einwohnern der Sklavenstaaten geäußert, und auch viele Nordstaatler teilten solche Auffassungen. Einer der wichtigsten Gründe für die Expansionspolitik sollte die Ausdehnung des Territoriums der Freiheit sein. Das Gebiet der Vereinigten Staaten mußte ausgedehnt werden, damit ein großes »Reich der Freiheit« in der Neuen Welt entstehen konnte. Es war allerdings sehr befremdlich, diese Doktrin aus dem Mund von Sklavenhaltern zu hören, die ihre Position als Sklavenhalter und ihr Eintreten für die Ausbreitung von Freiheit und Demokratie durchaus nicht für unvereinbar hielten.

Man kann ruhig behaupten, daß die Ausdehnung der Demokratie vermutlich nicht das primäre Motiv der südstaatlichen Anhänger der Expansionspolitik war und für viele nicht einmal an zweiter Stelle rangierte. Es ging ihnen um die Ausdehnung des Territoriums, aber nicht für die Freiheit, sondern für die Sklaverei. Viele Südstaatler forderten die Annektierung neuer Gebiete, um diejenigen in Schach halten zu können, die die Rechte der Südstaaten bekämpften. Damit wurde *manifest destiny* zu einem Programm, mit dem die Sklavenhalter für eine Ausdehnung der Institution der Sklaverei eintreten konnten. Für die Bewohner der Südstaaten waren die Schwarzen nicht Teil ihrer religiösen und moralischen Vorstellungen von Freiheit, statt dessen hatten sie die neue Formel entwickelt, die Versklavung der Schwarzen sei für die Freiheit des weißen Mannes wichtig. Man darf deshalb ruhig behaupten, daß *manifest destiny* als eine der dramatischsten Losungen Amerikas im 19. Jahrhundert ganz wesentlich zur Ausdehnung der Sklaverei in der Generation unmittelbar vor dem Bürgerkrieg beitrug.

Schwarze zogen nicht nur unfreiwillig mit in die Golfregion, wo die Sklaverei tief verwurzelt war, sondern sie zogen auch freiwillig in den Mittelwesten, wo es wahrscheinlich keine Sklaverei geben würde. 1830 gab es mehr als 16 000 Schwarze in Ohio, Indiana, Illinois und Michigan, und obwohl die Northwest Ordinance Sklaverei nicht gestattete, gab es 1830 nicht weniger als 788 Sklaven in diesem Gebiet. Einige waren entlaufene Sklaven, andere Ex-Sklaven, die ebenso bessere Chancen suchten wie die Weißen, die nach dem Krieg von 1812 in den Mittleren Westen weiterwanderten.

Ein Beispiel für einen entlaufenen Sklaven, der in diese Region ging, war William Trail, der seinem Besitzer in Maryland 1814 davonlief und mit Hilfe eines gefälschten Passes nach Indiana kam. Obwohl er verfolgt und zweimal festgenommen wurde, gewann er schließlich durch einen Gerichtsbeschluß seine Freiheit. Er ließ sich in Union County, Indiana, nieder und wurde ein wohlhabender Farmer. Ein freier Schwarzer an der *frontier* war »Free Frank«, der als Sklave in Kentucky zur Welt gekommen war, aber die Freiheit für sich und seine Frau kaufte und nach Illinois ging. Er gründete dort die Gemeinde New Philadelphia und betätigte sich in verschiedenen Gewerben. Ein bekannter Bürger von Cleveland war John Melvin. Er stammte aus Prince County, Virginia, und war der Sohn eines Sklaven und einer freien Mutter. Melvin hatte nach der Ausübung verschiedener Berufe genug Geld gespart, um sich ein Schiff für das Speditionsgeschäft auf den Großen Seen zu kaufen. Er half bei der Gründung der ersten Baptistenkirche und widersetzte sich der Rassentrennung in der Kirche so energisch, daß man sich auf eine freie Sitzordnung einigte. Ebenso unterstützte er die Gründung der ersten Schule für schwarze Kinder in Cleveland und förderte den Aufbau weiterer Schulen in Ohio. Dasselbe Streben nach Unabhängigkeit, das die Schwarzen in den Küstenstaaten charakterisierte, gab es also auch bei den Schwarzen in den neubesiedelten Staaten im Westen.

Der Binnenhandel mit Sklaven

Einer der wichtigsten Faktoren, der die Expansion nach Westen mit anschob, war der Binnenhandel mit Sklaven. Obwohl viele Migranten ihre Sklaven mitnahmen, taten das weniger finanzkräftige Siedler auf der Binnenwanderung nicht. Waren sie aber erst in der Golfregion angekommen und konnten einigen Profit aus ihrem Unternehmen verbuchen, begannen die Farmer, nach Sklaven zu suchen. Die beste Quelle waren die Staaten an der Atlantikküste, in denen es immer schwieriger wurde, aus der Sklavenhaltung Gewinn zu ziehen. Bei der wirtschaftlichen Neuordnung, die die Umstände den Gesellschaften von Maryland, Virginia und den Carolinas aufzwangen, waren der Sklavenhandel und eine diversifizierte Landwirtschaft Teil der Lösung, mit der die wirtschaftliche

Neuorientierung bewältigt wurde. Schon vor 1800 existierte in Virginia und Maryland ein hochentwickelter Binnenhandel mit Sklaven. Staaten wie South Carolina, die den Import aus Afrika verboten, gestatteten ihren Bürgern, Sklaven aus anderen Staaten zu kaufen, und stimulierten so den Binnenhandel erheblich. Nach der Jahrhundertwende warf der zwischenstaatliche Handel allmählich Gewinne ab, und die damit verbundene Wertsteigerung des Sklavenbesitzes brachte die öffentliche Stimmung gegen die Sklaverei in Maryland und Virginia fast zum Verstummen.

Mit dem offiziellen Einfuhrverbot afrikanischer Sklaven im Jahr 1808 wurde der Binnenhandel profitabler, und ab 1815, als die große Bevölkerungswanderung ins Baumwollimperium einsetzte, wurde er zu einer der wichtigsten Wirtschaftsbranchen überhaupt. Das Instrumentarium zur Abwicklung des Handels war schnell entwickelt, und vor den Augen der Amerikaner entstand als Ersatz oder Ergänzung des Handels mit afrikanischen Sklaven etwas, das nur wenig anstößiger und abscheulicher in seinen Auswirkungen auf die Gesellschaft war. Viele Firmen, die mit Gütern des landwirtschaftlichen Bedarfs und Vieh handelten, boten in einer »Sparte« Sklaven an. Auktionatoren, die Immobilien und bewegliches Vermögen versteigerten, verkauften Sklaven zusammen mit den anderen Gebrauchsgegenständen. Pflanzer, die ihre Farm aufgaben oder sich irgendwie verkleinerten, verbreiteten entweder mündlich oder durch eine Anzeige in der Zeitung, daß sie Sklaven zu verkaufen hatten. Karitative Organisationen brachten Sklaven häufig durch ein Lotterieverfahren an den Mann.

In fast jeder Gemeinde in Maryland und Virginia gab es Händler oder Agenten, die landauf, landab nach Sklaven suchten, die sie möglichst billig kaufen und im Baumwollimperium zu Höchstpreisen verkaufen konnten. Firmen wie Woolfolk, Saunders and Overly in Maryland und Franklin and Armfield in Virginia konnten ihre Geschäftstätigkeit in der Sklavensparte so stark expandieren, daß die Firmenbesitzer damit reich wurden. Obwohl man im allgemeinen auf sie herabsah, wurden sie gesellschaftlich toleriert, weil sie eine Dienstleistung erbrachten, die für die Sklavenhalter ebenso wichtig war wie für jeden, der Sklaven erwerben wollte. Benjamin Lundy nannte Austin Woolfolk ein »Ungeheuer in Menschengestalt«. Als Woolfolk sich dafür an Lundy rächte und ihn fürchterlich verprügelte, verurteilte ihn das Gericht zu einer Geldstrafe von einem Dollar und erklärte dazu, daß die allgemeine Geringschätzung der Sklavenhändler sehr oberflächlich sei. Die Zeitungen arbeiteten mit den Händlern auf vielerlei Weise zusammen. Sie veröffentlichten nicht nur die Anzeigen der Händler, sondern nahmen häufig auch Bestellungen an und traten als Vermittler zwischen Verkäufer und Käufer auf.

Sklavenhändler waren allgegenwärtig. Man traf sie in Läden, in Kneipen, auf den Jahrmärkten und auf den Plantagen. Wann immer sie hörten, Sklaven könnten verkauft werden, waren sie zur Stelle. Sollte ein Vermögen vererbt oder liquidiert werden, suchten sie die Betroffenen auf und drängten sie, ihnen alle Sklaven zu überlassen. Sie konnten einen Bewohner Virginias ebenso eindringlich davon überzeugen, daß er keine Sklaven mehr brauchte, wie einem Einwohner Mississippis klarmachen, daß er mindestens zehn neue Feldarbeiter benötigte. Ihre Anzeigen erinnern an die Methoden des 20. Jahrhunderts. 1834 annoncierten Franklin and Armfield, sie zahlten für 500 Schwarze in bar und zwar höhere Preise »als jeder andere Käufer, der jetzt oder möglicherweise später ein Angebot macht«. Kein Wunder, daß diese Magnaten in der Lage waren, jedes Jahr Tausende von Sklaven von einem Gebiet, wo man sie nicht brauchte, in eine Region zu befördern, wo große Nachfrage herrschte.

Baltimore, Washington, Richmond, Norfolk und Charleston waren die wichtigsten Handelszentren in den älteren Staaten, während Montgomery, Memphis und New Orleans die größten Märkte in den neuen Gebieten waren. Washington, obwohl nicht der größte, war der berüchtigte Sklavenmarkt, bis der Sklavenhandel im District of Columbia 1850 beendet wurde. Die Händler im zwischenstaatlichen Handel hatten im District of Columbia ihr Hauptquartier und operierten von dort aus in Maryland und Virginia. Alexandria, das bis 1846 zum District of Columbia gehörte, war darüber hinaus ein guter Ausgangspunkt für den Versand von Sklaven zu Wasser oder zu Land. Der District of Columbia wurde deshalb treffend als »Sitz und Zentrum des Sklavenhandels« bezeichnet. Ausländische Besucher der Hauptstadt wunderten sich über den Anblick von Versteigerungspodesten, Gefängnissen und Holzverschlägen für Sklaven. Viele von ihnen, aber auch viele Amerikaner, wie John Randolph aus Roanoke, verurteilten unumwunden die Praxis, Menschen in der Hauptstadt der demokratischsten Nation der Welt zu verkaufen. Washington war jedoch nicht die einzige Stadt mit Gebäuden und anderen Symbolen des Sklavenhandels. Praktisch fand man in jeder Stadt des Südens Verschläge,

Gefängnisse und sonstige für den effizienten Ablauf des gewinnträchtigen Handels nötige Vorrichtungen. Konnte irgend jemand bestreiten, daß Gefängnisse nötig waren? Und waren denn nicht einige Sklaven aufsässig, faul oder noch schlimmer, verdächtig, Verschwörer zu sein?

Einige Sklaven wurden in den Zentren des oberen Südens verkauft und auf dem Wasserweg von der Atlantikküste in das Baumwollimperium am Golf verschifft. Weit nördlich, in New York und Philadelphia, wurden Sklaven auf Frachter verladen und in den tiefen Süden transportiert. Die Häfen an der Chesapeake Bucht, Baltimore, Washington und Norfolk, waren für den Sklavenhandel besonders wichtig. New Orleans war der wichtigste Zielhafen und wurde zum bedeutendsten Zentrum des Sklavenhandels im tiefen Süden. Andere Sklaven wurden über Land gebracht, durch das südwestliche Virginia bis nach Tennessee, von dort nach Alabama, Mississippi und Louisiana. Über Land gehen hieß häufig, daß sie den größten Teil des Weges zu Fuß zurücklegten. Wenn sie die Flüsse Ohio, Tennessee oder Mississippi erreichten, wurden sie auf Flachboote verladen und wie jede andere Ladung flußabwärts gebracht. Meistens, ob beim Transport zu Wasser oder zu Land, wurden sie in Ketten gelegt. Viele Reisende waren entsetzt beim Anblick der Wandersklaven, die entweder in Handschellen oder aneinander gekettet waren oder beides. Immer beobachteten und wachten Händler oder ihre Agenten darüber, daß keiner entkam, aus Furcht, ihre Profite könnten entsprechend sinken.

Solange die Nachfrage groß war, bestand die Furcht, der Nachschub an Sklaven könnte eines Tages erschöpft sein. Eine der Methoden, mit der sich die Sklavenhalter gegen diesen beunruhigenden Eventualfall schützten, war die systematische Zucht von Sklaven. Es war eine der verstiegensten Manipulationen menschlichen Lebens in der Geschichte der Menschheit. Viele Kenner der Geschichte der amerikanischen Sklaverei bestreiten oder beschönigen es, und doch kann kein Zweifel daran bestehen, daß unzählige Sklavenhalter bewußt die Zahl verkäuflicher Sklaven steigerten: Sie veranlaßten die Paarung zu ihrem Vorteil und förderten die Fruchtbarkeit in jeder erdenklichen Weise. Bereits 1796 erklärte ein Sklavenhalter in South Carolina, daß er die 50 Sklaven, die er nun zum Kauf anbot, als Bestand und zur Züchtung gekauft hatte. 1832 gestand Thomas R. Dew ein, daß Virginia ein »Negerzuchtstaat« war und als Zuchterfolg 6000 Sklaven im Jahr exportieren konnte.

Moncure Conway aus Fredericksburg, Virginia, behauptete mutig, »die Haupteinnahmequelle in den Grenzstaaten ist die Züchtung von Sklaven. Ich sage das mit tiefem Bedauern, es sprechen allzu viele Beweise für die Anschuldigungen, daß die allgemeine Zügellosigkeit unter den Sklaven von einigen Herren erzwungen und von vielen gefördert wird, zum Zweck einer schnelleren Vermehrung.« Experimente zur Aufzucht von Sklaven wurden, wenn auch heimlich, genauso durchgeführt, wie Versuche, mit denen man neue Sorten finden wollte, die auf den ausgelaugten Böden wachsen würden. Die Sklavenzucht war ein weite-

---

WILLIAM WELLS BROWN SCHILDERT DEN SKLAVENHANDEL AM MISSISSIPPI - 1847

Innerhalb von acht oder neun Wochen hatte Mr. Walker [ein Sklavenhändler] seine Ladung Menschenfleisch zusammen. In seiner Gruppe waren mehrere alte Männer und Frauen, einige schon mit grauen Locken. Wir verließen St. Louis auf dem Dampfer Carlton unter Kapitän Swan mit dem Ziel New Orleans ... Ich bekam den Befehl, den alten Männern die Barthaare zu rasieren und die grauen Haare auszuzupfen, wenn es nicht zu viele waren; in dem Fall hatte er ein Mittel zur Schwarzfärbung präpariert, das wir mit einem Pinsel auftrugen. Ich hatte das noch nie gemacht, und wir machten das in einem Raum, in dem uns die anderen Passagiere nicht beobachten konnten ... nach der Schwarzfärbung sahen sie zehn bis fünfzehn Jahre jünger aus ...

Am nächsten Tag [hinter Natchez] fuhren wir bis New Orleans ... Es dauerte nicht lange, und Pflanzer kamen in Scharen zu unserem Verschlag, um Sklaven zu kaufen. Bevor die Sklaven für den Verkauf präsentiert wurden, wurden sie angezogen und in den Hof getrieben. Einige mußten tanzen, einige springen, andere singen, einige Karten spielen. Das machte man, damit sie fröhlich und zufrieden aussahen. Mein Job war es, sie in diesen Zustand zu versetzen, bevor die Käufer eintrafen, und ich habe sie oft zum Tanzen gebracht, während ihnen die Tränen die Backen hinunterliefen. Weil die Nachfrage nach Sklaven damals groß war, hatten wir sie schnell alle verkauft ...

William Wells Brown, »Narrative of William Wells Brown, A Fugitive Slave, Written By Himself«, in: Gilbert Osofky, *Puttin' On Ole Massa* (New York, 1969), S. 191–194

rer Beweis für die Verzweiflung, die den oberen Süden nach dem Verlust seiner wirtschaftlichen Führungsrolle an die Staaten des Baumwollimperiums gepackt hatte.

Merkwürdigerweise wurde die Zucht von Sklaven als Methode zur Akkumulation von landwirtschaftlichem Kapital durchaus gebilligt. Die Sklavenhändler wurden von der Pflanzeraristokratie als unmenschlich, unmoralisch und äußerst korrupt gegeißelt; sklavenzüchtende Grundbesitzer waren demgegenüber weit häufiger, und ihr gesellschaftliches Ansehen war bedeutend höher. Ein angesehener Plantagenbesitzer in Virginia prahlte damit, seine Sklavinnen seien »ungewöhnlich gute Zuchtstuten«, und er habe noch von keinem Baby gehört, das schneller auf die Welt komme als auf seiner Plantage. Das erfreulichste an der Sache war natürlich, daß »jedes einzelne ... beim ersten Atemzug ... 200 Dollar wert war«. Tatsächlich war die Zucht so einträglich, daß viele Sklavinnen schon als Mädchen von dreizehn oder vierzehn Jahren Mutter wurden. Mit zwanzig hatte manche Sklavin schon fünf Kinder geboren. Prämien und Preise wurden für besondere Fruchtbarkeit ausgesetzt, und es gibt Fälle, in denen Sklavinnen die Freiheit gewährt wurde, die ihre Besitzer durch die Geburt von zehn bis fünfzehn Kindern reicher gemacht hatten. Die Argumente einiger Wissenschaftler in jüngerer Zeit, die die Züchtung von Sklaven bestreiten, können diese und andere zeitgenössische Aussagen über die Praxis nicht erfolgreich widerlegen.

Da es sich beim Binnenhandel und der Zucht von Sklaven um wirtschaftliche und nicht um humanitäre Tätigkeiten handelte, überrascht es nicht, daß beim Verkauf von Sklaven ihre Familien ständig getrennt wurden. Männer wurden von ihren Frauen getrennt und Mütter von ihren Kindern. Das soll nicht heißen, daß eine gewisse Achtung vor der Familie von Sklaven nie zum Tragen gekommen wäre. Hie und da gab es genügend Respekt vor den grundlegenden Menschenrechten oder genügend Sentimentalität, die die Auflösung von Familien verhinderten, aber ein gutes Geschäft war es nicht unbedingt, Familien zusammenzulassen. Weil die Menschen primär aus wirtschaftlichen Gründen Sklaven kauften und verkauften, verletzten sie die eigenen Vorstellungen von Anstand, die eine Trennung von Familienmitgliedern sonst gesellschaftlich mißbilligt hätten. Louisiana verbot die Trennung einer Mutter von ihrem Kind, das noch nicht zehn Jahre alt war, und einige andere Staaten versuchten, die Auflösung von Familien einzuschränken. Diese Gesetze hätten, wenn sie durchgesetzt worden wären, die Bedingungen für Sklaven sehr verbessert, doch sie wurden fast völlig mißachtet.

Wenige Besitzer hatten so wenig menschlichen Anstand und waren so fühllos, daß sie zugaben, die Mitglieder von Sklavenfamilien auch einzeln verkaufen zu wollen. Tatsächlich wurde häufig der gemeinsame Verkauf von Familienmitgliedern annonciert, aber sie wurden nicht immer zusammen verkauft. Sklaven brachten oft höhere Preise, wenn sie einzeln verkauft wurden. Und die große Zahl einzelner Sklaven auf dem Markt zeugt von der eher rücksichtslosen Trennung der Familien während der gesamten Sklaverei. Frederic Bancroft behauptet, daß »der Einzelverkauf von Kindern, privat und öffentlich, häufig und allbekannt war«. Anzeigen, in denen Händler schwarze Kinder zwischen acht und zwölf Jahren suchten, waren nicht ungewöhnlich. Einige Händler machten kein Hehl daraus, daß der An- und Verkauf von Kindern ihre Spezialität war.

Um die Praxis der Familientrennung zu rechtfertigen, argumentierte man, daß die Familienbande unter Sklaven ohnehin ausgesprochen lose waren oder nicht bestanden und den Sklaven deshalb die Trennung gleichgültig war. Wie Herbert Gutman nachgewiesen hat, war das keineswegs der Fall. Die Sklaven reagierten auf diese Angriffe auf ihre Familienbeziehungen mit einer Neuformierung ihrer sozialen Beziehungen, die manchmal an ihr afrikanisches Erbe anknüpften, und etablierten spezifisch afroamerikanische Beziehungen, die oft ihre Familien auch noch angesichts schwierigster Bedingungen aufrechterhielten. In jedem Sklavenzug, der zu Wasser oder zu Land ins Baumwollimperium verfrachtet wurde, waren die Sklaven mit Handschellen gefesselt oder aneinander gekettet, und hartgesottene Händler gaben oft zu, daß mal Junge und mal Alte ihre Familien nicht verlassen wollten. Noch beredter widerlegen die Suchanzeigen für entlaufene Sklaven die Behauptungen der Besitzer, daß die Familienbande bei Sklaven schwach entwickelt seien. Nur allzuoft räumten die Besitzer darin ein, daß die Flüchtigen sich vielleicht an einem bestimmten Ort aufhielten, von dem man wußte, daß dort Frau, Mann oder Kinder lebten. Die Häufigkeit solcher Anzeigen straft auch die Behauptung Lügen, daß die Mitglieder von Sklavenfamilien selten, wenn überhaupt, voneinander getrennt wurden.

Die Preise für Sklaven auf dem einheimischen Markt sind ein Spiegelbild all der Kräfte, die zusammen für Angebot und Nachfrage sorgten. Im frühen 19. Jahrhundert waren die Preise für erstklassige Feldarbeiter

Durchschnittspreise für erstklassige Feldarbeiter
(Junge Sklaven in guter Verfassung, aber ungelernt)

	1800 $	1808 $	1813 $	1818 $	1828 $	1837 $	1843 $	1848 $	1853 $	1856 $	1860 $
Washington, Richmond und Norfolk	350	500	400	700		900			1250	1300	
Charleston, S.C.	500	550	450	850	450	1200	500	700	900		1200
Louisville, Ky.	400		550	800	500	1200				1000	1400
Mittel-Georgia	450	650	450	1000	700	1300	600	900	1200		1800
Montgomery, Ala.				800	600	1200	650	800			1600
New Orleans, La.	500	600		1000	700	1300	800	900	1250	1500	1800

Quelle: Ulrich Bonnell Phillips, *The Slave Economy of the Old South: Selected Essays in Economic and Social History*, Hrsg. von Eugene D. Genovese (Baton Rouge, 1968), S. 142

bescheiden, sie reichten von 350 Dollar in Virginia bis etwa 500 Dollar in Louisiana. Später, als die Nachfrage im tiefen Süden wuchs, stiegen die Preise sowohl auf den Märkten des Nordens wie des Südens. Die Verkaufsspitze auf dem einheimischen Markt wurde kurz vor der Börsenpanik von 1837 erreicht, als Virginia in einem einzigen Jahr nicht weniger als 120 000 Sklaven in den tiefen Süden exportierte. Nach dem Kurssturz war der Rückgang bei den Preisen und bei der Nachfrage so dramatisch, daß einige Händler ihre Sklaven wieder nach Virginia und Maryland zurücktransportieren mußten und hohe Verluste erlitten. Es waren politische und wirtschaftliche Kräfte, die am starken Anstieg der Sklavenpreise im letzten Jahrzehnt vor dem Bürgerkrieg beteiligt waren. Um sich und die Abolitionisten davon zu überzeugen, daß die Sklavenhaltung ein moralischer und wirtschaftlicher Wert war, und um ihre Nachbarn von ihrem Wohlstand zu überzeugen, kauften die Plantagenbesitzer weiterhin alle Sklaven auf dem Markt. Die Preise schossen in die Höhe, und 1860 wurden erstklassige Feldarbeiter in Virginia für 1000 Dollar und in New Orleans für 1500 Dollar verkauft.

Eng verbunden mit dem Sklavenhandel war die Praxis, Sklaven zu vermieten. Besitzer hatten verschiedene Gründe, ihre Sklaven zu vermieten, statt sie zu verkaufen. Einige wollten den Ertrag aus der Investition über einen langen Zeitraum verteilen, andere wollten einem wie auch immer gearteten Stigma entgehen, das einem als Sklavenverkäufer anhängen mochte, und wieder andere wollten ihre Sklaven behalten, entweder zu deren eigenem Wohl oder um des Prestiges willen, das ein Eigentümer genoß. Jedenfalls bestand fast immer die Möglichkeit, befristet über Sklaven zu disponieren, weil es ständig Nachfrage nach solchen Arbeitskräften gab. Einige Weiße stellten Sklaven ein, weil sie momentan keine ausreichenden Mittel für einen Kauf hatten, andere hatten nur einen zeitweiligen Bedarf für die Dienste eines Sklaven und hielten einen Kauf deshalb für unnötig, wieder andere argumentierten, daß es langfristig wirtschaftlicher sei, sich Dienstleistungen zu kaufen als Eigentum, denn dadurch entgingen sie der Verantwortung, die einem Besitzer im Krankheitsfall eines Sklaven oder für dessen hohes Alter oblag.

Sklaven wurden für einen Tag, einen Monat oder ein Jahr angemietet. Der Arbeitgeber versprach im Vertrag, für Nahrung, Kleidung, Unterkunft und medizinische Versorgung zusätzlich zum vereinbarten Lohn zu sorgen. Wenn der Sklave krank wurde oder weglief, mußte der Lohn weitergezahlt werden. Wenn der Sklave starb, wurde die Lohnzahlung eingestellt, aber derjenige, an den der Sklave vermietet worden war, mußte gemeinhin nachweisen, daß er in keiner Weise für den Tod des Sklaven verantwortlich war. Die Jahresverträge liefen über 51 Wochen und sparten die Zeit zwischen Weihnachten und Neujahr aus. Der Vertragsbeginn war der 1. Januar oder irgendein anderer Tag zu Beginn des neuen Jahres. Einige Gemeinden setzten einen besonderen Miettag an und gaben allen Interessierten Gelegenheit, ihr Geschäft bequem abzuwickeln, damit sich Besitzer und Interessenten leicht einig werden konnten. Am 1. Januar 1858, dem Miettag in Warrenton, Virginia, wurden 500 Sklaven als Mietarbeiter angeboten.

Das Mietgeschäft war fast so gut durchorganisiert wie der Sklavenhandel. Es gab Agenten für die Vermietung, die die Papiere vorbereiteten, das Geld einsammelten und noch andere Dienste verrichteten. Manchmal waren diese Agenten auch Sklavenhändler. In einigen Fällen waren es jedoch Männer, die nicht über die nötigen Mittel verfügten, um in den Sklavenhandel einzusteigen. Interessanterweise war mit dem Geschäft eines Mietagenten kein Stigma verbunden, und die Agenten führten in ihren Anzeigen oft stolz die Namen ihrer »Kunden« auf.

Sklaven wurden für Arbeiten unterschiedlichster Art eingestellt, aber es war üblich, die Art der Arbeit im Vertrag zu nennen. Sie wurden von kleinen Farmern gimietet, die während der Ernte einige zusätzliche Arbeitskräfte brauchten. Sie arbeiteten als Holzfäller und Terpentinarbeiter im Wald. Und man konnte gemietete Sklaven in Fabriken und Bergwerken, beim Eisenbahn- und Kanalbau antreffen. Natürlich gab es in den Städten viele, die als Dienstmädchen, Träger, Boten, Köche usw. dienten. Ihr Lohn variierte beträchtlich, je nach Ausbildung und Können der Sklaven und je nach Angebot. Im Jahr 1800 brachte ein Sklave im tiefen Süden 100 Dollar pro Jahr ein, 1860 waren es 200 Dollar oder mehr. Gegen Ende der Sklavenzeit in den Vereinigten Staaten wurde ein junger Schmied in Mississippi für 500 Dollar vermietet, während mehrere Sklaven in Texas mehr als 600 Dollar einbrachten.

Der Handel und die Vermietung von Sklaven waren also wesentliche Bereiche der Wirtschafts- und Gesellschaftsstruktur des Südens. Während gewisse Praktiken, die sich ins System eingeschlichen hatten, mißbilligt wurden, wurde das Prinzip des Kaufens und Verkaufens von Menschen beinahe durchweg akzeptiert. Für die Besitzer im oberen Süden war damit die Chance verbunden, die Menschen auf den Markt zu werfen, die eine schwere finanzielle Belastung in der Phase des wirtschaftlichen Umbruchs waren. Als sie dann Sklaven für den Markt züchteten, konnten dieselben Besitzer zu ihrer eigenen wirtschaftlichen Sanierung beitragen. Für die Sklavenhändler sprangen dabei Provisionen und Gewinne heraus, die zwischen fünf und 30 Prozent des Kaufpreises eines Sklaven rangierten, kein schlechter Gewinn bei einer kurzfristigen Investition. Das gesellschaftliche Stigma des Sklavenhandels verringerte gleichzeitig die Konkurrenz und erhöhte die Chancen, Profit zu machen. Den Pflanzern im tiefen Süden sicherte der Binnenhandel mit Sklaven das Angebot an Arbeitskräften, das sie für die Rodung und Bewirtschaftung neuer Anbauflächen brauchten. Ohne die Sklaven des oberen Südens fühlten sie sich matt gesetzt und frustriert. Mit diesen Sklaven schienen ihre Chancen, Reichtum und Einfluß zu gewinnen, fast grenzenlos.

Die Fortdauer des Handels mit afrikanischen Sklaven

Als die Nachfrage nach Sklaven im 19. Jahrhundert anwuchs und die Preise stiegen, gerieten Kaufleute und Händler in große Versuchung, wieder Handel mit afrikanischen Sklaven zu treiben, obwohl er 1808 durch ein Bundesgesetz offiziell beendet worden war. Die lange, unbewachte Küste, die sichere Nachfrage und die Aussicht auf riesige Gewinne waren zuviel für etliche amerikanische Kaufleute, und sie erlagen der Versuchung. Nach dem Krieg von 1812 wurde kein Hehl daraus gemacht, daß amerikanisches Kapital, amerikanische Schiffe und amerikanische Seeleute in großem Umfang im Sklavenhandel zwischen Afrika und der Neuen Welt engagiert waren. England war äußerst beunruhigt, weil es sich auf ein Programm zur Abschaffung des Sklavenhandels verpflichtet hatte. In allen Verträgen mit den neuen Republiken Lateinamerikas zwang England seine Partner zu der Zusage, sich nicht am Sklavenhandel zu beteiligen. Deshalb war es unangenehm berührt, daß der Feind von gestern, zu dem man nun gute Beziehungen pflegte, weiterhin bei schweren Verstößen gegen die eigenen Gesetze ein Auge zudrückte. England konnte wenig tun, außer mit Hilfe der Weltöffentlichkeit Druck auf die Vereinigten Staaten auszuüben, aber die amerikanischen Bürger schämten sich ihrer Aktivitäten überhaupt nicht und beachteten nicht einmal die Ermahnungen der eigenen politischen Führung.

1839 schlug Präsident Van Buren einen Zusatz zum Gesetz gegen den Handel mit afrikanischen Sklaven vor, zur Wahrung der »Integrität und Ehre unserer Fahne«. Im Juni 1841 erklärte Präsident Tyler, daß er guten Grund für die Annahme habe, daß der Handel zunehme. Fast jedes Jahr erging ein Aufruf des Präsidenten oder eines anderen führenden Politikers, dem Gesetz endlich Geltung zu verschaffen, aber nichts wurde unternommen. Selbst die schamlosesten Verletzungen brachten die öffentliche Meinung nicht soweit gegen die Profiteure des Handels auf, daß Anklage erhoben wurde, und diesmal profitierte nicht nur eine einzige Region. New Yorker Kaufleute verdienten am illegalen Handel genauso wie Kaufleute in New Orleans. 1836 berichtete der amerikanische Konsul in Havanna, daß ganze Schiffsladungen neu angekommener Sklaven aus Afrika täglich auf amerikanischen Schiffen nach Texas transportiert würden, es seien innerhalb weniger Monate mehr als 1000 gewesen. Zwei

Monate später schätzte man, daß in einem Jahr 15 000 Afrikaner nach Texas gebracht wurden. Bay Island, im Golf von Mexiko, diente als Lager, wo manchmal bis zu 16 000 Afrikaner darauf warteten, nach Florida, Texas, Louisiana oder auf andere Märkte verschifft zu werden.

Schließlich waren die Beteiligten am Handel mit afrikanischen Sklaven dreist genug geworden, um 1854 offen für die offizielle Wiederaufnahme des Handels zu agitieren. Zwischen 1854 und 1860 stand auf der Tagesordnung jedes Handelstages im Süden der Antrag, den Handel wieder zu eröffnen. Auf dem Treffen in Montgomery fand 1858 eine heftige Diskussion zu diesem Problem statt. William L. Yancey, der »Feuerfresser« aus Alabama, argumentierte überaus logisch: »Wenn es richtig ist, Sklaven in Virginia zu kaufen und sie nach New Orleans zu transportieren, warum ist es dann nicht richtig, sie in Kuba, Brasilien oder Afrika zu kaufen und sie auch dahin zu bringen?« Im folgenden Jahr stimmte die Jahrestagung in Vicksburg einer Resolution zu und empfahl, daß »alle einzelstaatlichen oder Bundesgesetze, die den Handel mit afrikanischen Sklaven verbieten, aufgehoben werden sollten«. Nur die Staaten des oberen Südens, die am Binnenhandel mit Sklaven gut verdienten, stimmten gegen die Wiedereröffnung des afrikanischen Sklavenhandels.

Das Bundesgesetz von 1808 war so schwach und seine Durchsetzung so lax, daß eine Aufhebung des Gesetzes für die Wiedereröffnung des Handels unnötig war. Wurden Gesetzesbrecher erwischt, so wurden sie unter Zollverschluß gelegt, den sie sofort verfallen ließen. Ganz selten wurden die Gesetzesbrecher angeklagt. So war der Handel im letzten Jahrzehnt vor dem Bürgerkrieg faktisch in vollem Gang, sehr zum Kummer der Quäker und ähnlicher Organisationen. Als der Konflikt zwischen Nord und Süd an Intensität zunahm, wurden die Importe in die südlichen Häfen »dreist, häufig und allbekannt«. Neu angekommene Schwarze wurden offen zum Verkauf angeboten, und die meisten Städte des Südens hatten Lager, wo man sie kaufen konnte, wenn aus irgendeinem Grund Schwarze aus dem oberen Süden nicht gewünscht wurden. Die Südstaatler taten alles Erdenkliche, um den Handel mit afrikanischen Sklaven offenzuhalten, weil sie sich vor dem Eventualfall schützen wollten, daß der einheimische Markt eines Tages zusammenbrechen könnte. Und wenn sie das Angebot an Sklaven vergrößern konnten, bestand außerdem die Möglichkeit, die gewünschten Sklaven billiger einkaufen zu können.

Ohne die Sklaverei und ohne den Sklavenhandel hätte die Expansion nach Westen an der südlichen *frontier* nicht erfolgreich sein können. Es waren die Sklaven, die von Siedlern oder Händlern mitgebracht worden waren, die die südliche *frontier* von einer Wildnis in blühende Baumwoll- und Zuckerrohrplantagen und Farmen verwandelten. Und es waren die Sklaven, die darüber hinaus eine der Hauptformen des Kapitals im Baumwollimperium darstellten. Frederick Jackson Turner hat es immer so geschildert, als seien die Händler vor den Farmern an der *frontier* angekommen. Er meinte natürlich diejenigen, die Tauschhandel mit den Indianern trieben. Aber hier *folgten* die Händler den Farmern. Sie lieferten den Farmern die Arbeitskräfte. Die Reihenfolge ist in diesem Fall umgekehrt, und doch kann man mit Fug und Recht behaupten, daß die Sklavenhändler mit ihren schwarzen Arbeitskräften die Geschichte der südlichen *frontier* viel stärker prägten als die Händler, die den Indianern Plunder und Feuerwasser verkauften.

8. KAPITEL
DIESE SONDERBARE INSTITUTION

Ausmass und Ausdehnung

Die Plantagensklaverei, wie sie sich im Baumwollimperium entwickelte, war in gewisser Weise eine Anomalie an der amerikanischen *frontier*. Obwohl die Sklavenhaltung fast so alt war, wie es permanente Siedlungen in Amerika gab, hatte sie bis zum 19. Jahrhundert das gesamte Dasein der Siedler nicht derart in Anspruch genommen, daß sie andere Formen von Arbeit bedroht hätte. Die *frontier* war ein Gebiet gewesen, wo ein Mann vor allem durch eigene Arbeit ein Vermögen machen und verlieren konnte. Die Ausbreitung der großen Baumwollplantagen leitete eine Form der Ausbeutung menschlicher und natürlicher Ressourcen ein und trug zur Durchsetzung eines neuen Sittenkodex in den ländlichen Gebieten bei. Was dabei entstand, kann man bestenfalls als einen »sonderbaren Zustand« bezeichnen. Jeder einzelne Aspekt der Landwirtschaft und des Landlebens im Süden der Vereinigten Staaten erlebte eine vollständige Transformation als Ergebnis der neuen, durch die industrielle Revolution freigesetzten wirtschaftlichen und gesellschaftlichen Kräfte. Was die industrielle Revolution für das kapitalistische System bedeutete, das waren neues Land und die Aussicht auf Wohlstand durch den Baumwollanbau für das System der Sklaverei. Die Bewirtschaftung in großem Stil war angesagt. Die Farm wurde zur Plantage, die ihrerseits zur Landwirtschaftsfabrik mit der Anonymität eines großen Wirtschaftsunternehmens wurde. Das Antlitz der südlichen *frontier* hatte sich vollkommen verändert. Baumwolle und Sklaverei waren die beiden großen Faktoren des Wandels.

Eine der am schnellsten wachsenden Bevölkerungsgruppen waren die Sklaven. 1790 gab es weniger als 700 000 Sklaven, 1830 waren es mehr als 2 Millionen. Die Staaten an der Atlantikküste von Delaware bis Florida standen zahlenmäßig mit 1 300 000 noch an der Spitze, während die Staaten des tiefen Südens, keiner davon war 1790 Teil der Union, jetzt 604 000 schwarze Sklaven hatten. Beim letzten Zensus vor dem Bürgerkrieg betrug die Zahl der Sklaven 3 953 760. Die Staaten des Baumwollimperiums hatten die Führung übernommen mit 1 998 000 Sklaven in ihrer Region. Virginia hatte als Einzelstaat noch immer die meisten Sklaven, aber Alabama und Mississippi gewannen rasch an Boden. Insgesamt nahm die Sklavenbevölkerung in allen Staaten des tiefen Südens schnell zu, während sie im oberen Süden entweder langsam wuchs oder wie in Maryland abnahm. Das Wachstum der Sklavenbevölkerung auf nahezu 4 Millionen im Jahr 1860 belegt eindrucksvoll den Grad, in dem die Sklaverei in den Südstaaten fest verwurzelt war.

Hier soll nicht den Eindruck erweckt werden, daß alle Weißen im Süden, es waren 1860 rund 8 Millionen, die Früchte der Sklavenarbeit ernteten. Vielmehr befanden sich die Sklaven sehr konzentriert im Besitz relativ weniger Plantagenbesitzer. 1860 gab es nur 384 884 Besitzer von schwarzen Sklaven. Drei Viertel der weißen Bevölkerung des Südens besaßen also weder Sklaven, noch hatten sie ein unmittelbares wirtschaftliches Interesse an der Aufrechterhaltung der Sklaverei oder der Plantagenwirtschaft. Und doch sollte die Sklaverei das politische und wirtschaftliche Denken des gesamten Südens beherrschen und die Gesellschaft in ihren Grundmustern prägen. Das aus zwei Gründen: Der Anbau weniger Kulturen für den Markt, teilweise von Monokulturen, fand ganz überwiegend auf den Plantagen durch Sklavenarbeit statt, die Besitzer hatten damit weit mehr politischen Einfluß als ihrer Zahl entsprach. Außerdem hegten die meisten Farmer ohne Sklaven die Hoffnung, daß auch sie eines Tages Sklavenbesitzer sein würden. Und so übernahmen sie Verhalten und Mentalität der Sklavenhalter, noch bevor sie tatsächlich zu dieser auserwählten Schicht gehörten.

Während die Sklaven in den Gebieten konzentriert waren, wo die wichtigsten Kulturen für den Markt in großem Umfang angebaut wurden, bestand die Masse der Sklavenbesitzer aus kleinen Farmern. Es ist generell zu wenig bekannt, daß 1860 mehr als 200 000 Sklavenbesitzer nur fünf oder weniger Sklaven besaßen. Ganze 338 000 Besitzer oder 88 Prozent aller Sklavenbesitzer hatten 1860 weniger als zwanzig Sklaven. (Man darf sich durch diese Zahlen nicht in die Irre führen lassen, denn mehr als die Hälfte der Sklaven waren als Feldarbeiter auf Plantagen mit mehr als zwanzig Sklaven beschäftigt, und mindestens 25 Prozent der

Sklaven lebten auf Plantagen mit mehr als fünfzig Sklaven.) Die meisten Fachleute gehen davon aus, daß man für eine wirklich gewinnbringende landwirtschaftliche Einheit zwischen 30 und 60 Sklaven brauchte. Wenn das stimmt, dann gab es weniger Plantagen im Süden, die ausreichend mit Arbeitskräften ausgestattet waren, als generell angenommen wird. Die Tatsache, daß 88 Prozent aller Sklavenbesitzer zur Gruppe mit wenigen Sklaven gehörten, ist in mehrfacher Hinsicht wichtig. Erstens wird dadurch noch einmal unterstrichen, daß der Einfluß der großen Besitzer enorm gewesen sein muß, da sie es geschafft haben, späteren Generationen die irrige Auffassung zu vermitteln, daß Plantagen, auf denen es viele Sklaven gab, typisch waren. Zweitens heißt das ganz eindeutig, daß die Mehrzahl der Sklavenhalter kleine Farmer (*yeomen*) und nicht Großgrundbesitzer (*gentry*) waren. Und schließlich bedeutet das für die Analyse der Sklaverei, daß man bei Gesamtaussagen über diese Institution zwischen dem Besitz von einem oder zwei Sklaven und dem Besitz von fünfzig oder mehr Sklaven unterscheiden sollte.

Es war die enorme Produktivität der großen Plantagen, die den mächtigen Sklavenhaltern so gewaltigen politischen Einfluß verschaffte. 1860 produzierten die Südstaaten 5 387 000 Ballen Baumwolle jährlich. Vier Staaten, Mississippi, Alabama, Louisiana und Georgia, produzierten allein mehr als 3 500 000 Ballen. Es ist kein Zufall, daß diese Staaten auch die Liste mit den meisten großen Sklavenhaltern anführten. Unter den Staaten mit Sklavenhaltern, die mehr als zwanzig Sklaven besaßen, hatte Mississippi die meisten, und es produzierte die meiste Baumwolle, auf den nächsten Rängen folgten Alabama, Louisiana und Georgia.

Der Sklavenkodex

Nachdem die Kolonien ihre Unabhängigkeit erlangt und ihre eigenen Regierungssysteme etabliert hatten, bedachten sie bei den neuen Gesetzen, die sie in Kraft setzten, auch die Sklaverei. Wo die Sklavenhaltung zunahm, wie im tiefen Süden am Ende des 18. und zu Beginn des 19. Jahrhunderts, wurden neue und schärfere Gesetze verabschiedet. Im Süden insgesamt entstand jedoch ein Bündel von Gesetzen, das man gemeinhin als den eigentlichen Sklavenkodex betrachtet, Gesetze, die jeden Lebensbereich der Sklaven regelten. Es gab Unterschiede von Staat zu Staat, aber die Grundhaltung, die in den meisten zum Ausdruck kam, war in allen dieselbe: Ein Sklave ist keine Person, er ist Eigentum; die Gesetze sollten den Besitz dieses Eigentums ebenso wie die Weißen insgesamt vor den möglichen Gefahren schützen, die sich aus der Anwesenheit so vieler Sklaven ergeben konnten. Dazu meinte man, daß Sklaven in angemessener Unterordnung gehalten werden sollten, damit ein Höchstmaß an Disziplin und Arbeit durchgesetzt werden konnte.

Die Ausführungsgesetze waren unverhüllt repressiv, und die Weißen machten daraus auch kein Hehl. Diese Gesetze reduzierten die Weltanschauung des Südens, soweit sie die Institution der Sklaverei betraf, auf ihren rechtlichen Kern. Ein Sklave hatte keinen rechtlichen Status vor Gericht. Er konnte bei einem Zivilprozeß nicht Partei sein, er konnte keine Zeugenaussage machen, außer gegenüber einem anderen Sklaven oder einem freien Schwarzen; da er rechtlich nicht verantwortlich war, war sein Eid unverbindlich. Er konnte keinen Vertrag abschließen. Eigentum war ihm prinzipiell verboten, obwohl einige Staaten einem Sklaven erlaubten, ein gewisses bewegliches Vermögen zu besitzen. Ein Sklave durfte einen Weißen nicht schlagen, auch nicht in Selbstverteidigung; aber die Tötung eines Sklaven, wie arglistig die Tat auch immer war, wurde nur selten als Mord eingestuft; die Vergewaltigung einer Sklavin wurde als Verbrechen angesehen, aber nur weil es sich um einen rechtswidrigen Übergriff handelte.

Der größere Teil der Sklavengesetze bestand aus den vielen Einschränkungen, unter denen Sklaven lebten, um den größtmöglichen Schutz der weißen Bevölkerung zu gewährleisten und die Disziplin unter den Sklaven aufrechtzuerhalten. Diese Regeln waren vor allem negativ. Die Sklaven durften die Plantage nicht ohne Erlaubnis verlassen, und jeder Weiße, der einen Sklaven ohne Erlaubnis antraf, durfte ihn festnehmen und einem Sheriff oder Friedensrichter übergeben. Sie durften keine Schußwaffen besitzen, und in Mississippi durften sie weder trommeln noch Horn blasen. Sie durften sich selbst nicht ohne Erlaubnis verdingen oder sich in irgendeiner Form wie freie Menschen verhalten. Sie konnten weder Waren kaufen noch verkaufen. Ihre Beziehungen zu Weißen und freien Schwarzen sollten auf ein Mindestmaß beschränkt bleiben. Sie durften die Häuser von Weißen oder freien Schwarzen nicht besuchen und diese auch nicht in ihren Wohnungen als Gäste empfangen. Sie durften sich niemals in Gruppen versammeln, es sei denn ein Weißer war anwesend, und sie durften keinerlei aufwiegelnde Literatur, die zur Anstiftung von Aufständen bestimmt war, erhalten, besitzen oder weitergeben.

Wann immer es einen Aufstand gab oder auch nur Gerüchte darüber, wurden gewöhnlich noch schärfere Gesetze in Kraft gesetzt, um die Aktivitäten und Bewegungen der Sklaven besser zu kontrollieren. Nach dem Vesey-Aufstand von 1822 verabschiedete South Carolina zum Beispiel ein Gesetz, das die Festsetzung aller schwarzen Seeleute verfügte, solange ihr Schiff im Hafen lag. Der Nat-Turner-Aufstand von 1831 und der gleichzeitige Vorstoß der Abolitionisten gegen die Sklaverei führten zum Erlaß vieler neuer repressiver Maßnahmen sowohl in anderen Teilen des Südens als auch in Virginia und den benachbarten Staaten. Lange vor dem Ende der Sklaverei waren die Sklavengesetze in allen Südstaaten so detailliert, daß sie kaum modifiziert werden mußten, als neue Bedrohungen auftauchten, die die Institution in ihren Grundfesten erschütterten.

Ein umfassender Mechanismus wurde in Gang gesetzt, um die wirksame Durchsetzung und Ausführung des Sklavenkodex zu sichern. In einigen Staaten wurden Sklaven bei Gesetzesverstößen vor regulären Gerichten angeklagt. In anderen Staaten hatten speziell dafür eingerichtete Sklaventribunale die Aufgabe, Beweismittel zu prüfen und über Schuld oder Unschuld von Sklaven zu befinden. Einige Staaten verlangten Verfahren vor einem Geschworenengericht mit Sklavenhaltern als Geschworene, während andere eine Verhandlung vor einem, zwei oder drei Friedensrichtern forderten. Die meisten kleinen Vergehen waren mit Auspeitschen zu bestrafen, schwerere durch Brandmarkung, Gefängnis oder die Todesstrafe. Brandstiftung, die Vergewaltigung einer weißen Frau und Verschwörung zum Aufstand waren in allen Sklavenstaaten Kapitalverbrechen. Allerdings zögerte man offenbar, einen Sklaven für lange Zeit einzusperren oder ihn hinzurichten, aus dem einfachen Grund, daß ein Sklave eine Investition darstellte. Denn nahm man dem Besitzer die Arbeitskraft oder das Leben seines Sklaven, so büßte auch der Staat entsprechend viel Vermögen ein. Sklavenhalter waren außerordentlich vorsichtig, einen angeklagten Sklaven nicht voreilig zu verurteilen, weil die Gefahr bestand, daß sie zu einem späteren Zeitpunkt einen eigenen Sklaven durch ein solches Verfahren verlieren könnten. Das soll nicht heißen, daß Sklaven auch nur annähernd ein rechtsstaatliches Verfahren erlebten oder ihnen Gerechtigkeit widerfuhr, in dem für freie Menschen gültigen Sinn. Da man Sklaven immer mit Mißtrauen begegnete und da einige Verbrechen als Bedrohung der bestehenden Ordnung betrachtet wurden, wurden Sklaven oft für Verbrechen verurteilt, die sie nicht begangen hatten. Sie standen dann hilflos vor einer Gruppe von Sklavenhaltern, die von panischer Angst gepackt, schon in dem Gerücht von einem Aufstand die langsame, aber sichere Unterwanderung ihres Systems sahen.

Eines der Instrumente zur Durchsetzung des Sklavenkodex und Aufrechterhaltung der Institution der Sklaverei war die Patrouille, die man ganz richtig als eine Sonderform der Miliz beschrieben hat. Die Landkreise wurden gewöhnlich in »Reviere« oder Patrouillenviertel eingeteilt, und freie weiße Männer wurden für eine bestimmte Zeit – einen, drei oder sechs Monate – zur Patrouille eingezogen. Patrouillen sollten Sklaven festnehmen, sie zu ihren Besitzern zurückbringen oder ins Gefängnis stecken, Sklavenquartiere durchstreifen und sie nach Waffen durchsuchen, die bei einem Aufstand benutzt werden konnten; sie sollten Versammlungen von Sklaven beobachten, auf denen es zu Unruhen kommen oder auf denen eine Verschwörung geplant werden konnte. Dieses System erwies sich für einige Bürger als so lästig, daß sie regelmäßig die Geldstrafen bezahlten, die ihnen bei Nichterscheinen auferlegt wurden. Eine korrumpierte Form des Patrouillensystems war das Selbstschutzkomitee, das nur im Ernstfall eines Aufstandes oder bei entsprechenden Gerüchten gebildet wurde. In solchen Zeiten war es nicht ungewöhnlich für die Mitglieder, jede Vorsicht und Zurückhaltung aufzugeben und jeden Schwarzen zu töten, den sie bei einer Suchaktion antrafen. Häufig hatte die Aktion eines Selbstschutzkomitees kein greifbares Ergebnis und endete doch in einem Lynchmord.

Obwohl der Sklavenkodex derart detailliert war, was die Zahl der Gesetze und das Instrumentarium zu ihrer Durchsetzung betraf, gab es dennoch zahllose Verstöße, die ungesühnt blieben. Wenn die Zeiten ruhig waren, neigte man dazu, die Gesetze zu ignorieren und Sklaven ein Verhalten durchgehen zu lassen, das man während einer Krise als höchst ungehörig angesehen hätte. Darüber hinaus bestand bei jedem Besitzer der Wunsch, alle Angelegenheiten, die seine Sklaven betrafen, selbst zu regeln und über Strafen selbst zu bestimmen. Der starke Individualismus auf den Plantagen an der *frontier* und die Selbsteinschätzung der Pflanzer als Quelle von Recht und Gerechtigkeit führten dazu, daß Gesetze mißachtet wurden, selbst wenn sie im Interesse des Plantagensystems erlassen worden waren. Sklavenhalter hatten immer das Gefühl, daß sie mit ihren eigenen Sklaven ganz gut selbst fertig wurden, solange man auf der Nachbarplantage in der Lage war, für Ordnung zu sorgen. Diese Einstellung war keine Basis für die wirksame Durchsetzung des Sklavenkodex.

Die Plantage

Man darf nie vergessen, daß es oberstes Anliegen der Besitzer war, eine möglichst hohe Arbeitsleistung aus ihren Sklaven herauszuholen. Dabei waren die Sklaven überwiegend in der Landwirtschaft beschäftigt, man schätzt, daß 1850 nur 400 000 Sklaven in Groß- und Kleinstädten lebten. Annähernd 2,8 Millionen Sklaven arbeiteten also auf Farmen und Plantagen. Die meisten, nämlich 1,8 Millionen, waren auf den Baumwollplantagen und die übrigen hauptsächlich beim Anbau von Tabak, Reis und Zuckerrohr beschäftigt. Die Baumwollfarm oder -plantage war deshalb der typische Ort für das Leben schwarzer Sklaven. Wenn die Farmer nur ein paar Sklaven besaßen, was bei vielen der Fall war, arbeiteten Sklaven und Besitzer auf den Feldern zusammen und mußten notgedrungen viele und unterschiedliche Arbeiten gemeinsam verrichten. Auf den größeren Plantagen war die Organisation differenziert und arbeitsteilig wie in einer modernen Fabrik. Die Sklaven wurden vom Besitzer, vom Aufseher oder von beiden überwacht, und unter den Sklaven bestand Arbeitsteilung. Die großen Plantagen hatten mindestens zwei unterschiedliche Gruppen von Arbeitskräften unter den Sklaven, Haussklaven und Feldarbeiter. Die Haussklaven hielten das Haus, den Hof und die Gärten in Ordnung, bereiteten als Köche die Mahlzeiten zu, waren Kutscher und verrichteten andere für Dienstboten typische Arbeiten. Genoß ein Haussklave die Gunst seines Besitzers, so reiste er mit ihm und genoß andere Privilegien beim Essen, bei der Bekleidung, der Erziehung und sonstigen Gelegenheiten.

Leider gibt es nur wenige historische Quellen über das Leben und die Arbeit von Sklaven auf kleineren Farmen. Um so mehr Aufhebens ist davon gemacht worden, daß es auf Plantagen sehr viele Dienstboten gab, was deshalb bekannt ist, weil etliche der großen Sklavenhalter Tagebücher, Aufzeichnungen und andere Unterlagen hinterließen, die ein plastisches Bild ihres täglichen Lebens vermitteln. In einigen Fällen waren viel mehr Hausklaven beschäftigt als nötig. Wenn ein Plantagenbesitzer oder eine Plantagenbesitzerin über eine beträchtliche Zahl an Hausklaven verfügten, so erweckten sie damit den – häufig ganz falschen – Eindruck, daß er oder sie in großem Wohlstand, ja fast im Luxus lebten. Die Gruppe der Hausklaven tendierte dazu, ihre Beschäftigung beizubehalten und andere dazuzugewinnen. War ein Sklave einmal Dienstbote, dann lehnte er es ab, auf dem Feld zu arbeiten und wehrte sich gegen ein solches Ansinnen mit allen Kräften. Hausklaven waren darauf bedacht, ihre Kinder für diese begehrtere Tätigkeit »einzuarbeiten« und sie mit den Kindern anderer Hausklaven zu verheiraten. Als Folge davon gab es bald mehr Hausklaven, als das durchschnittliche Haus eines Plantagenbesitzers brauchte.

Die eigentlich produktive Arbeit wurde auf den Feldern von der Hauptgruppe der Sklaven geleistet. Wo es nicht genügend Sklaven gab, um Hausarbeit und Feldarbeit getrennt zu erledigen, litt die Landwirtschaft kaum. In diesen Fällen mußten die Sklaven die Arbeit in Haus und Garten dann erledigen, wenn sie gewöhnlich frei hatten. Der Anbau der jeweiligen Feldfrüchte war eine schwierige Aufgabe, und die Zukunft der Sklaven und der Besitzer hing davon ab, wie das Ergebnis letztlich aussah. Außer auf den Reisplantagen, wo den Sklaven jeden Tag eine besondere Arbeit oder Aufgabe zugewiesen wurde, wurde in Kolonnen gearbeitet. Die Sklaven wurden in Kolonnen auf das Feld geführt und unter der Aufsicht des Besitzers oder Aufsehers zur Arbeit angehalten. Der Vorarbeiter bestimmte, wann sie mit der Arbeit anfingen, wann sie aßen und wann sie die Arbeit beendeten. Die Sklaven trugen in diesem System keinerlei Verantwortung und hatten wenig Gelegenheit, Initiative zu entfalten. Einige neuere Veröffentlichungen haben behauptet, daß die Sklaverei für die Sklaven dann erträglicher gewesen wäre, wenn die Besitzer sie für ihre Arbeit entlohnt hätten. Das ist vor diesem Hintergrund sehr unwahrscheinlich.

Man ging generell davon aus, daß man je einen Sklaven für die Bewirtschaftung von drei Acres* Baumwolle brauchte. Da die Aussaat, die

---

* Ein acre entspricht der Fläche von einem halben Fußballfeld. Anm. des Übers.

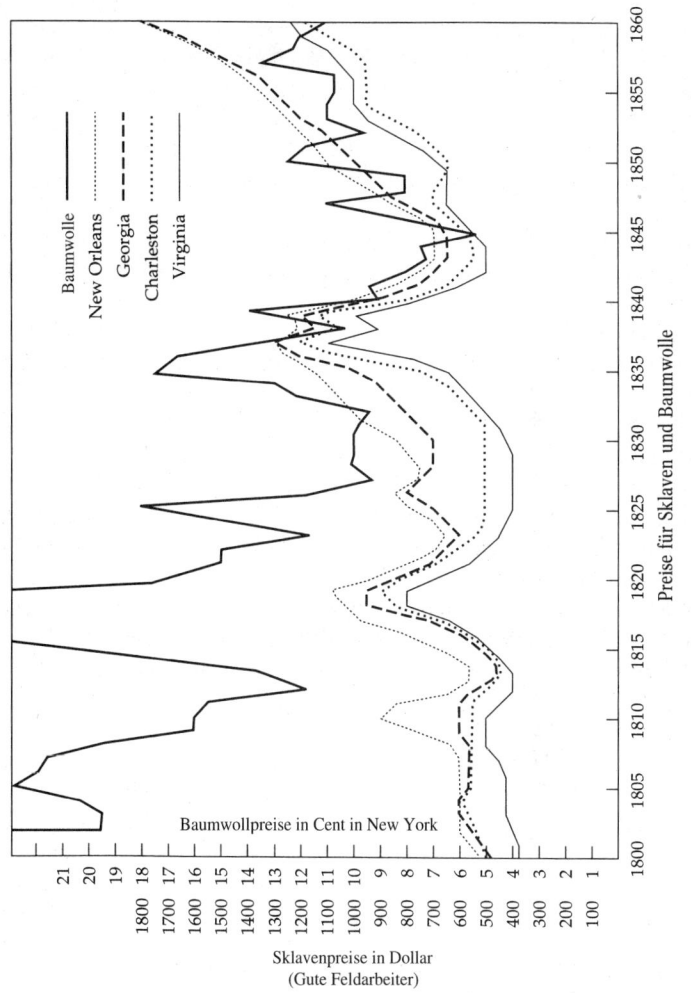

Die Preise für Sklaven und Baumwolle. In dem Maß, in dem der Baumwollpreis auf dem New Yorker Markt schwankte, schwankte der Preis für Sklaven auf den wichtigsten Sklavenmärkten im Süden. Die Korrelation zwischen beiden ist deutlich erkennbar. Aus: Ulrich B. Philipps, *American Negro Slavery* (New York, 1966), S. 371

Kultivierung und das Pflücken von Baumwolle wenig Geschicklichkeit erforderten, aber viel Zeit, konnten Männer, Frauen und Kinder eingesetzt werden. Doch man kann mit Fug und Recht bezweifeln, ob sehr junge und sehr alte Sklaven wirklich von Wert für die Plantage waren. Neben den Arbeiten rund um den Anbau waren andere Dinge zu tun, wie das Roden von Land, das Abbrennen von Unterholz, das Wegrollen von Baumstämmen, Holzhacken, Wassertragen, die Ausbesserung von Zäunen, Düngen, Pflügen von Brachen und ähnliches mehr. Kein Wunder, daß viele Sklaven nicht nur von Sonnenaufgang bis Sonnenuntergang arbeiteten, sondern oft bis tief in die Dunkelheit. Während der Ernte war die Arbeitszeit am längsten, da der Pflanzer unbedingt alles einbringen wollte, bevor schlechteres Wetter die Ernte ruinierte. Unter solchen Umständen wurden die Sklaven erbarmungslos zur Arbeit angetrieben. 1830 pflückten zum Beispiel 14 Sklaven in Mississippi jeder durchschnittlich 292 Pfund Baumwolle an einem Tag. Dabei war man sich einig, daß 136 Pfund gepflückter Baumwolle am Tag für einen erwachsenen Sklaven ein gutes Ergebnis war. Auf den Zuckerrohrplantagen in Louisiana war es nicht ungewöhnlich, daß Sklaven in der Erntezeit 18 bis 20 Stunden täglich arbeiteten.

Ohne strenge Aufsicht wurde im System der Sklaverei wenig geleistet. Schwarze Sklaven spürten keinen inneren Drang, sich bei ihrer Arbeit besonders anzustrengen, wenn der Pflanzer oder Aufseher sie nicht dazu zwang. Die Leistungen, die sie erhielten, waren dieselben – außer auf einigen wenigen Plantagen, wo ein System von Belohnungen und Prämien entwickelt worden war –, ganz gleich, ob Sklaven gewissenhaft arbeiteten oder ob sie sich bei jeder Gelegenheit drückten. Man hörte viele Klagen über die Untätigkeit und Faulheit von Sklaven, aber das brachte das System der Zwangsarbeit mit sich. So meinte George Washington einmal über seine Sklaven, daß die Zimmerleute notorische Trödler seien und er nicht einem einzigen seiner Haussklaven trauen könne. Wenn sich ein Sklave überarbeitet fühlte, täuschte er häufig Krankheit vor oder verschwand einfach für einen Tag oder länger oder vielleicht für immer. Das ständige Sich-Drücken vor der Arbeit war einer der Gründe, warum die Pflanzer ständig meinten, sie brauchten mehr Sklaven, um die Produktivität ihrer Plantagen zu erhöhen.

Bei dem Versuch, mehr Arbeitsleistung aus den Sklaven herauszuholen, wurde häufig die Peitsche eingesetzt. Es war eine weit verbreitete

Überzeugung, entstanden aus einer naiven oder finsteren rassistischen Rechtfertigung der Institution der Sklaverei, daß Afrikaner eine kindliche Rasse seien und wie Kinder bestraft werden sollten. Einige Pflanzer gingen so weit, die Größe und Art der richtigen Peitsche sowie die Zahl der Schläge für bestimmte Vergehen festzulegen. Fast niemand lehnte das Auspeitschen als wirksame Art der Bestrafung ab, und der übermäßige Gebrauch der Peitsche war eine der krassesten Mißhandlungen und Mißbräuche der Institution. Viele Sklaven flohen wegen der brutalen Schläge ihres Besitzer oder Aufsehers. Leider sind die Fälle, bei denen man Art und Ausmaß der Bestrafung feststellen kann, zahlenmäßig so gering, daß Bemühungen um eine statistische Berechnung der Auspeitschungen unsinnig, ja lächerlich sind.

Die meisten Plantagen wurden von den Pflanzern selbst verwaltet. Ein Aufseher wurde nicht gebraucht, wenn es nicht mehr als zwanzig Sklaven gab oder der Pflanzer nicht auf der Plantage lebte. Häufig arbeiteten die Pflanzer selbst mit auf dem Feld und teilten die Arbeitserfahrung ihrer Sklaven. Unter diesen Bedingungen war es wahrscheinlich, daß es auf der Seite der Aufsichtspersonen weniger Brutalität und auf der Seite der Arbeitskräfte mehr Arbeitsleistung als unter anderen Umständen gab. Die Pflanzer in den Südstaaten spielten die zentrale Rolle im wirtschaftlichen, gesellschaftlichen und politischen Leben ihrer Gemeinschaft, und natürlich hatten sie das Gefühl, sie müßten vollständig über das Leben ihres schwarzen Eigentums bestimmen. Wenn sie zu Mildtätigkeit und Wohlwollen neigten, hatten die Sklaven Glück. Neigten sie dazu, ihre Autorität voll auszuspielen und die damit häufig verbundene Grausamkeit genossen, dann hofften die Sklaven vermutlich auf eine Gelegenheit, fliehen zu können oder an einen besseren Besitzer verkauft zu werden.

Auf den Plantagen mit Aufsehern gab es die meisten grausamen und brutalen Handlungen. Da die Aufseher aus einer Gesellschaftsschicht stammten, die weder Sklaven noch Land besaß, hatten sie nur ein vorübergehendes Interesse an der Sklavenhaltung, aber kein eigenes wirtschaftliches Interesse. Allzuoft haßten sie das System und begegneten Sklaven mit besonderer Verachtung, weil sie meinten, die Sklaverei sei für ihre eigene wirtschaftliche Misere mitverantwortlich. Ihre Aufgabe war es, die Plantage in der Abwesenheit des Pflanzers zu verwalten oder jedenfalls einen erheblichen Teil der Verwaltung in eigener Verantwortung zu übernehmen, wenn die Plantage für die alleinige Verwaltung durch den Pflanzer zu groß war. In beiden Fällen war ihre Macht über die Sklaven fast unbegrenzt. Die Besitzer verlangten, daß die Aufseher die Sklaven zur Arbeit zwangen und eine gute Ernte einbrachten. Mit diesem Auftrag im Rücken behandelten die Aufseher die Sklaven rücksichtslos und außerordentlich grausam. Häufig entwickelten sich Schlägereien aus den Versuchen der Aufseher, Sklaven zu bestrafen, und mehrfach wurden Aufseher durch aufgebrachte Sklaven von der Plantage getrieben. Bevor ein Plantagenbesitzer dann Gelegenheit hatte, den Aufseher für seine bestialische Grausamkeit zu maßregeln, hatte dieser oft irreparablen Schaden angerichtet. Man darf dabei nicht vergessen, daß die Grausamkeit schon ganz außergewöhnlich sein mußte, damit sich die Pflanzer überhaupt damit befaßten. Auf einigen Plantagen wurde ein Schwarzer zum sogenannten Antreiber gemacht, um dem Besitzer oder dem Aufseher beim Antreiben der Sklaven zu helfen. Die anderen Sklaven nahmen die Übertragung von Aufsichtsbefugnissen an einen der ihren häufig übel, und der Antreiber wurde manchmal als Verräter betrachtet, besonders, wenn er seine Aufgabe ernst nahm.

Die Verantwortung, die Sklaven mit dem Lebensnotwendigen zu versorgen, war groß. Aber man war generell durch die Kultivierung der Hauptanbauprodukte für den Markt derart in Anspruch genommen, daß für den Anbau von Nahrung für den eigenen Bedarf zu wenig Zeit blieb. Charles S. Sydnor hat festgestellt, daß nur wenige Plantagenbesitzer in Mississippi genügend Pflanzen für den Eigenbedarf anbauten oder Schlachttiere hielten. Folglich waren viele Plantagen gezwungen, Lebensmittel und andere Bedarfsartikel nicht nur für die Familie des Pflanzers, sondern auch für die Sklaven zu kaufen. Ob die Nahrungsmittel von der eigenen Plantage stammten oder aus anderen Landesteilen beschafft wurden, die Verpflegung war in keinem Fall besonders vielseitig und bestand hauptsächlich aus Maismehl und Fleisch. Auf einigen der größeren Plantagen gab es eine zentrale Küche, wo das Essen zubereitet wurde, aber auf einer normalen Plantage war jeder Sklave selbst für die Zubereitung seines Essens verantwortlich. Er erhielt täglich oder wöchentlich seine Ration Maismehl und gepökeltes Schweinefleisch. Für Erwachsene bestand die wöchentliche Ration aus etwa einem Peck* Maismehl und 3 bis 4 Pfund Fleisch. Das wurde manchmal ergänzt durch Süßkartoffeln,

---

* Ein Peck entspricht als Trockenmaß einem Viertel Scheffel = 8,8 l. Anm. des Übers.

Erbsen, Reis, Sirup und Früchte. Einige Sklaven hatten einen eigenen Garten und Hühner, aber sie mußten immer damit rechnen, sich den Unwillen des Besitzers oder Aufsehers zuzuziehen, wenn sie damit zuviel Zeit verbrachten. Eine weitere nahrhafte Ergänzung zum Essen konnte man sich beim Jagen oder Fischen beschaffen.

Es wäre übertrieben zu meinen, Sklaven hätten immer der Versuchung widerstanden, sich Essen aus der Speisekammer des Besitzers zu holen, wenn sich die Gelegenheit dazu ergab. Die Vorratskammer war jedoch abgeschlossen, und mit Ausnahme weniger Haussklaven hatten Sklaven keinen Zugang. Aber die Haussklaven, die gewöhnlich dasselbe Essen wie die Weißen aßen, ob sie es durften oder nicht, waren wahrscheinlich weniger gewillt, Essen zu stehlen, außer es gab ein Komplott, die Vorräte des Besitzers systematisch zu dezimieren. Eine Abwechslung in der eintönigen und spärlichen Verpflegung gab es an Feiertagen wie Weihnachten, wenn der Besitzer manchmal Dinge wie Käse, Kaffee und Süßigkeiten als Beitrag zur festlichen Stimmung beisteuerte.

Das Beschaffen von leicht verderblichen Waren wie Nahrungsmitteln war einfach im Vergleich zu den Mühen, die ein Sklave bei der Ergänzung seiner Kleidung hatte. Einige Haussklaven waren durch die abgelegten Kleidungsstücke ihrer Besitzer besser dran, aber der durchschnittliche Sklave trug, was allgemein als »Negerkleidung« beschrieben wurde. Sie bestand aus Jeansstoff, grobem Halbwoll- oder Wollzeug und Leinwand bei den Männern und aus Kattun und selbstgewebten Stoffen bei den Frauen. Auf einigen Plantagen spannen und webten die Sklavinnen den Stoff, aus dem sie dann Kleider nähten. Derbe Schuhe, genannt »Negro Brogans«, wurden nur für die Wintermonate gestellt. Es wurde überhaupt nur das absolut Notwendige an Kleidung gestellt. Die Plantagenbesitzer überlegten sich, daß Sklaven vielleicht ausreichend zu essen brauchten, um gut arbeiten zu können, aber sie sahen kaum einen Zusammenhang zwischen Kleidung und Arbeit. In einem so kraß materialistischen System wie der Plantagensklaverei bestand wenig oder keine Neigung, Ausgaben für Sklaven zu tätigen, wenn davon keine Steigerung der Produktivität erwartet werden konnte.

Die Unterkünfte für Sklaven waren besonders armselig. Die kleinen, primitiven Hütten waren meist ebenso unzulänglich wie unbequem. Fenster und Holzfußböden gab es fast nie. Frederick Olmsted war entsetzt, als er die Sklavenhütten auf einigen Plantagen sah, die er besuchte.

Sie waren klein und baufällig, ohne Fenster, mit Ritzen in den Wänden und praktisch ohne Möbel. Eine der besseren Hütten hatte ein Bett, eine Truhe, einen Holzstuhl, einiges irdene Geschirr und Kochgefäße. Viele Hütten hatten gar keine Betten, und Sklaven waren gezwungen, auf Stepp- oder Wolldecken, auf etwas Stroh oder Laub auf der Erde zu schlafen. Die räumliche Enge war noch schlimmer als das Fehlen jeder Annehmlichkeit oder jeglichen Komforts. Ein Pflanzer in Mississippi hatte 24 Hütten, jede 5 m mal 4,50 m groß, für seine 150 Sklaven. Ulrich B. Phillips und andere haben die erschreckende und unzureichende Unterbringung der Sklaven mit der Begründung verteidigt, erstens hätten die Plantagen so dicht an der *frontier* gelegen, wo nur wenige Plantagenbesitzer selbst völlig befriedigende Wohngebäude hatten, und zweitens hätten sich die Sklaven die meiste Zeit nicht in ihren Hütten aufgehalten und deshalb auch kein wirkliches Bedürfnis nach besseren Unterkünften gehabt. Allerdings hätten diese Apologeten der Fairneß halber hinzufügen sollen, daß diese schlimme Wohnbedingungen, nicht wenig an Verbrechen, Straftaten und Abneigung gegenüber »zivilisierenden« Tendenzen auf der Plantage erklären, deren sie die Sklaven so lauthals anklagten.

Tätigkeiten ausserhalb der Landwirtschaft

Im Jahr 1850 lebten 400 000 Sklaven in Städten. Man kann davon ausgehen, daß sie mehrheitlich nicht in der Landwirtschaft eingesetzt wurden und daß sich ihre Zahl durch solche Sklaven von Plantagen erhöhte, die von ihren Besitzern an Städter vermietet wurden. Es gibt keine Möglichkeit herauszufinden, wie viele solcher Sklaven vermietet wurden, aber es müssen, besonders in der Zeit zwischen Ernte und neuer Aussaat, Tausende gewesen sein. Bei diesen Tätigkeiten außerhalb der Landwirtschaft konnten Sklaven ihre vielfältigen Begabungen und Ausbildungen beweisen. Auch viele Plantagen hatten ihre eigenen Sklaven, die Zimmerleute, Maurer und Mechaniker waren, aber ausgebildete Sklaven waren zumeist in den Städten zu finden. Sehr viele städtische Sklaven verstanden sich auf ein Handwerk. Die Volkszählung von 1848 in Charleston zum Beispiel ergab mehr Zimmerleute unter den Sklaven als unter freien Schwarzen oder Weißen. Dasselbe galt für die Böttcher. Außerdem gab es unter den Sklaven Schneider, Schuster, Möbeltischler, Maler, Stukkateure, Näherinnen usw. Viele Besitzer begriffen, daß es für sie vorteilhaft war, ihre Sklaven ein Handwerk lernen zu lassen, denn damit stieg deren Erwerbsfähigkeit ganz erheblich, und sollte der Sklave jemals zum Verkauf angeboten werden, brachte er vielleicht doppelt soviel wie ein Feldsklave gleichen Alters ein.

Weiße Handwerker wehrten sich häufig dagegen, Schwarze in ihrem Handwerk auszubilden. Ein weißer Geselle in Mississippi zum Beispiel erklärte, daß er eher sterben würde, als einen Sklaven in seinem Handwerk zu unterweisen. Aber viele Plantagenbesitzer und Befürworter der Sklaverei plädierten für die handwerkliche Ausbildung von Schwarzen. Das steigerte nicht nur deren Wert, sondern führte auch zu breiterer und begeisterter Unterstützung des Systems, wenn die Arbeit der Sklaven erst umfassender genutzt wurde. Wenn die Städte genau wie die Plantagen vollkommen abhängig von Sklavenarbeit wurden, würde sich die teilweise bestehende Gleichgültigkeit gegenüber der Sklaverei in wärmste Unterstützung verwandeln.

Nur demagogische Negerhasser behaupteten, daß es nicht möglich sei, Schwarze in einem Handwerk auszubilden. Doch es gab allzu viele Gegenbeispiele, die diese Behauptung widerlegten. Es gab keinen Einzelstaat und wenige Kommunen, die nicht hochqualifizierte schwarze Sklaven oder anders als auf Plantagen eingesetzte Sklaven besaßen. Natürlich wurde die Mehrheit der Sklaven im nichtlandwirtschaftlichen Bereich als Dienstbote, Träger oder gewöhnlicher Arbeiter in den Städten beschäftigt. Aber es gab genügend Handwerker, die bewiesen, daß Sklaven eine solche Ausbildung machen konnten. Oft beschrieben Verkaufs- oder Suchanzeigen einen Sklaven z. B. als »erstklassigen Stiefel- und Schuhmacher«, einen »erfahrenen Weber und Spinner« oder einen »ausgezeichneten Zimmermann«. In Virginia wurden sie in den Werkstätten, Eisenhütten und Tabakfabriken eingesetzt. Die Saluda-Textilfabrik in South Carolina beschäftigte 98 Facharbeiter. Sklaven arbeiteten auch in den Textilfabriken von Florida, Alabama, Mississippi und Georgia. In Kentucky wurden sie in den Salzbergwerken von Clay County und den Eisen- und Bleibergwerken von Caldwell County und Crittenden County beschäftigt. Die Southern Railroads beschäftigten viele Sklaven beim Eisenbahnbau. 1838 kaufte ein Unternehmen 140 Sklaven für 159 000 Dollar, die beim Bau der Eisenbahn zwischen Jackson und Brandon in Mississippi eingesetzt werden sollten. Zehn Jahre lang war ein Schwarzer Lokomotivführer bei der West Feliciana Railroad, einer der ältesten Eisenbahngesellschaften im Süden der Vereinigten Staaten. Und schließlich arbeiteten Sklaven in der Flußschiffahrt und in den Häfen. Entgegen Frederick Olmsteds Beobachtung, daß irische Arbeiter zum Entladen der Frachter auf dem Mississippi eingestellt wurden, weil Sklaven zu wertvoll waren, wurden Sklaven häufig für solche Arbeiten verwendet. Und sie arbeiteten auf den Kais von New Orleans, Savannah, Charleston, Norfolk und in anderen Häfen des Südens.

Selbst Erfinder gab es unter den Sklaven. 1835 und 1836 erhielt Henry Blair, ein »Farbiger« aus Maryland, Patente für zwei Getreidemähmaschinen, die er entwickelt hatte. Doch 1858 entschied der Justizminister, da ein Sklave kein Bürger sei, könne die Regierung kein Abkommen mit ihm schließen, indem sie ihm ein Patent erteile, auch könne der Sklave die Erfindung seinem Besitzer nicht übertragen. Benjamin Montgomery, ein Sklave im Besitz von Jefferson Davis, erfand kurz vor dem Ende der Sklaverei eine Schiffsschraube. Davis versuchte, sie auf seinen Namen patentieren zu lassen, was ihm nicht gelang. Das erklärt vielleicht, warum der Konföderationskongreß 1861 ein Gesetz verabschiedete, das bestimmte, wenn ein Besitzer einen Eid leistete, daß sein Sklave tatsächlich einen Gegenstand erfunden hatte, sollte das Patent auf den Namen des Besitzers ausgestellt werden. Erst nach dem Bürgerkrieg konnten Schwarze ihre Erfindungen ohne Schwierigkeiten patentieren lassen.

Soziale Faktoren

Allzu häufig wurde behauptet, daß die Sklaverei nicht nur den Besitzern, sondern auch den Sklaven ein idyllisches Dasein bescherte. Tatsächlich war nicht einmal das Leben eines Plantagenbesitzers immer angenehm. Es gab wenig an entspannender Unterhaltung und Ablenkung auf den Plantagen oder in den Städten des Südens, das die Lebensfreude erhöht hätte. Das Leben war im allgemeinen so öde, daß man es selbst unter günstigen Bedingungen kaum als »gutes Leben« beschreiben konnte. Eine Plantage war von Natur aus isoliert und entsprechend gesellschaftlich und kulturell auf sich selbst angewiesen, was häufig völligem geistigem Stillstand gleichkam, der die kulturelle Leere noch verstärkte. Für Sklaven gab es wenig Vergnügen und Befriedigung in den freien Momenten oder Stunden nach der Arbeit. Man darf nicht vergessen, daß Sklaven meistens keine Zeit wirklich für sich hatten, nicht selten arbeiteten sie solange, daß sie die freien Stunden unbedingt zum Ausruhen brauchten. Und selbst wenn es keine Arbeit gab und sich eine Gelegenheit zur Zerstreuung bot, konnten Sklaven niemals vergessen, daß sie Sklaven waren und jede ihrer Bewegungen, jede ihrer Tätigkeiten fast ständig sorgfältig überwacht wurden. Wenn Sklaven die freie Zeit genießen konnten, dann besaßen sie entweder eine bemerkenswerte Fähigkeit zur Anpassung, oder sie hatten überhaupt kein Empfinden für ihre tiefe Erniedrigung.

Die meisten Kinder von Sklaven konnten sich auf der Plantage frei bewegen und spielten ohne Hemmungen mit den weißen Kindern innerhalb und außerhalb des »großen Hauses«, in oder in der Nähe der Hütten und in den Höfen. Wenn Schwarze das arbeitsfähige Alter erreichten, und das war sehr früh, blieb nicht mehr viel Zeit zum Spielen. Wenn sie erwachsen wurden, waren die Spiele mit den weißen Altersgenossen vorbei, und sie mußten sich an das Leben gewöhnen, das das Schicksal von Sklaven war. Es gab fast nichts, was ein Sklave tagtäglich zur Entspannung tun konnte. Wenn die Plantage in der Nähe eines Flusses lag, war es vielleicht ab und zu möglich zu fischen; aber nicht selten war dies zur Ergänzung der Nahrung nötig und diente kaum der Erholung. Wenn die Weißen nachts jagen gingen, nahmen sie gewöhnlich einige Schwarze mit, aber auf einer großen Plantage bekamen viele Sklaven nie diese Gelegenheit. Aus Anlaß von Rennen, Jahrmärkten, Milizmusterungen und Wahltagen wurden die Regeln auf der Plantage gelockert. Einige Sklaven erhielten sogar die Erlaubnis zum Besuch dieser Veranstaltungen. An solchen Tagen hatten sie aufgrund der festlichen Stimmung auf der Plantage die Möglichkeit zu singen, zu tanzen und Besuche zu machen.

Sklaven freuten sich auf zwei besondere Zeiten im Jahr, die für sie Entspannung und Erholung boten: Das Lay-by, eine Pause im Sommer, und Weihnachten. Nach Beendigung der Feldbestellung gab es viel weniger Pflichten, und die Sklaven bekamen Gelegenheit, entweder Arbeiten für sich zu erledigen oder sich irgendwie zu entspannen. In der Weihnachtszeit ruhten alle Arbeiten, außer dem unumgänglichen Kochen und Waschen, und eine Woche lang hatten die Sklaven auf den Plantagen und in der Stadt Zeit zum Feiern. Entlang der Atlantikküste fanden viele Feiern rund um das John-Canoe-Fest statt, einer Sitte aus der Karibik und vielleicht aus Afrika, bei der die Schwarzen sangen, tanzten, tranken und die Weißen besuchten und von ihnen Weihnachtsgeschenke erbaten. Hochzeiten, Jahrestage und ähnliche Feste, gleichgültig, ob bei Weißen oder Schwarzen, waren ebenso Gelegenheiten zum Feiern. Einige Plantagenbesitzer veranstalteten sogar Tanzvergnügen für ihre Sklaven. Zweifellos waren dies Ausnahmen. Wenige der vier Millionen Sklaven kannten 1860 etwas anderes als ein äußerst hartes Leben, mit einigen seltenen Augenblicken der Freude, wenn sie ein wehmütiges Lied sangen, ein Banjo zupften, eine Geschichte erzählten oder ein Spielchen wagten.

Solange geeignete Vorsichtsmaßnahmen getroffen wurden, gab es kaum Widerstand gegen eine gewisse religiöse Betätigung der Sklaven. Die Besitzer hegten begründetes Mißtrauen, wenn die Betonung auf dem Unterricht lag oder wenn Anführer der Sklaven teilnahmen. Ansonsten unterstützten sie entweder ein religiöses Programm für Sklaven oder verhielten sich passiv und gleichgültig. Es gab einige schwarze Gemeinden auf den größeren Plantagen und in den Städten. Richmond, Charleston und Lexington (Kentucky) sind Beispiele für Städte, in denen es Kirchen für Sklaven gab. Ein Plantagenbesitzer in Mississippi ließ eine kleine Kirche im gotischen Stil bauen und bezahlte einem Geistlichen 1500 Dollar, damit er vor ihm und seinen Sklaven predigte. Die Zahl der schwarzen Priester war immer hoch, und die meisten Plantagen hatten wenigstens einen schwarzen Prediger.

Als die Abolitionisten ihren Kreuzzug gegen die Sklaverei begannen, wurden die Plantagenbesitzer vorsichtiger und kontrollierten stärker die religiösen Aktivitäten der Schwarzen. In den meisten Staaten wurden zwischen 1830 und 1835 schwarze Prediger verboten, und die Gottesdienste für Sklaven wurden von nun an von einem Weißen beaufsichtigt. Immer häufiger mußten die Sklaven die Gottesdienste in den Kirchen ihrer Herren besuchen. Diese zwiespältige Haltung gegenüber einer eigenständigen religiösen Betätigung der Sklaven macht die Ängste der Weißen deutlich, daß es schwierig, wenn nicht unmöglich sein würde, den Glauben und die religiösen Handlungen von Sklaven, die fromme Christen waren, zu kontrollieren und zu überwachen. Die Befürchtungen sollten sich als berechtigt erweisen, denn viele der frömmsten und einflußreichsten Sklaven verstanden sehr genau den Unterschied zwischen dem Evangelium, das die Befürworter der Sklaverei ihnen predigten, und der Botschaft der Heiligen Schrift des Christentums von der göttlichen Bestrafung der Unterdrücker und der Befreiung der Gläubigen. Albert Raboteau hat einige der vielfältigen Wege nachgezeichnet, auf denen Sklaven ihre afrikanische religiöse Kultur mit ausgewählten Aspekten des Christentums verbanden und so eine sie stützende und manchmal die Umwelt herausfordernde Glaubensgemeinschaft schaffen konnten – »die unsichtbare Institution des ante-bellum-Südens«.

Die Einladung an Schwarze, die Kirchen der Weißen zu besuchen, grenzte an Zwang und war kein Schritt zu mehr Brüderlichkeit. Sie war vor allem ein Mittel der Weißen, die Sklaven besser im Auge zu behalten. Man glaubte, daß viele Verschwörungen bei religiösen Versammlungen geplant wurden und die Abolitionisten dort Gelegenheit hatten, aufwieglerische Ideen und Literatur zu verbreiten. Als Bischof Atkinson aus North Carolina die Frage aufwarf: »Wo sind unsere Neger?«, meinte er nicht nur, daß sie in anderen Kirchen als der Episkopalischen Kirche waren, sondern daß sie sich außerhalb des zügelnden Einflusses des konservativen Elements der weißen Gesellschaft befanden. Besuchten Sklaven Gottesdienste in den Kirchen der Besitzer, dann saßen sie gewöhnlich entweder auf der Galerie oder getrennt von den anderen. Die frühesten Beispiele für Rassentrennung gab es in den Kirchen. In einem Fall baute die weiße Gemeinde eine mehr als einen Meter hohe Mauer, um die Besitzer von den Sklaven zu trennen.

Im tiefen Süden hatten die baptistische und die methodistische Konfession den stärksten Einfluß auf die Sklaven der Plantagen. Diese evangelikalen Kirchen gingen zum Volk und paßten ihr Programm den jeweiligen Bedürfnissen an. Die methodistischen und baptistischen Versammlungen, die im Freien oder einem großen Zelt stattfanden, waren nicht nur Veranstaltungen zur Erneuerung des Glaubens, sondern auch des sozialen Austauschs und Miteinanders. Bei diesen Gottesdiensten konnte man den im monotonen Dasein des ländlichen Südens angestauten Emotionen freien Lauf lassen. Deshalb nahmen Weiße in Scharen daran teil und, wie Gilbert Seldes gezeigt hat, erlebten »eine Zeit der Erquickung«. In dieser Situation sangen Weiße und Schwarze zusammen, beteten lauthals zusammen und verausgabten sich emotional

Familiengottesdienst auf einer Plantage in South Carolina. Dieser Stich wurde von einem englischen Künstler für die *Illustrated London News* vom 5. Dezember 1863 angefertigt bei seinem Besuch auf einer Plantage in der Nähe von Port Royal in South Carolina. Die Darstellung der Stellung des Plantagenbesitzers als »Zustand nahezu patriarchalischer Schlichtheit« ist ein deutlicher Hinweis auf die verständnisvolle Haltung vieler Engländer gegenüber der Konföderation im Bürgerkrieg.

zusammen. Hier im Süden kam man einer religiösen Gemeinschaft verschiedener Rassen am nächsten.

Nachdem sich die Plantagenbesitzer einmal davon überzeugt hatten, daß eine Bekehrung zum Christentum nicht mit der Emanzipation ihrer Sklaven einherging, versuchten sie, die Kirche als Kraft zur Aufrechterhaltung der Institution der Sklaverei zu benutzen. Die Geistlichen wurden ermuntert, die Sklaven zu Unterwürfigkeit und Gehorsam anzuhalten. Bischöfe und hohe Kirchenbeamte scheuten sich nicht, Sklaven zu besitzen und die Aufrechterhaltung der Sklaverei zu unterstützen. In Louisiana besaß der episkopalische Bischof Polk 400 Sklaven, und obwohl er sie regelmäßig im Glauben unterwies, gibt es keinen Hinweis darauf, daß er sie freilassen wollte. Presbyterianer und Quäker scheinen in ihrer Einstellung Schwarzen gegenüber am liberalsten gewesen zu sein, aber es gab unter ihnen kaum große Sklavenhalter. Die fand man in der Episkopalkirche in den Staaten an der Atlantikküste und in den baptistischen und methodistischen Gemeinden im Baumwollimperium. In den letzten drei Jahrzehnten vor dem Bürgerkrieg wurde die Kirche zu einem der stärksten Verbündeten der Sklavenhalter. Und die Sklaven, die Zuflucht und Trost in der Unterweisung im Glauben bei weißen Geistlichen gefunden hatten, hatten nun allen Grund zu meinen, daß sie von einem Feind in die Falle gelockt worden waren, der ihnen vorher seine Freundschaft angeboten hatte.

Trotz rechtlicher Beschränkungen und trotz der Behauptung von Südstaatlern wie John Calhoun, daß Sklaven nicht bildungsfähig seien, wurden Sklaven auch im Süden vielerorts unterrichtet. Bemerkenswert ist, wie durchgängig gesetzliche Verbote der Unterweisung von Sklaven mißachtet wurden. Viele Plantagenbesitzer regten sich über die Verbreitung von abolitionistischer Literatur im Süden auf, aber sie sorgten kaum für ein Verbot des Unterrichts der Sklaven im Lesen, sonst hätte die abolitionistische Literatur keine Wirkung haben können. Tatsächlich unterrichteten einige Besitzer ihre Sklaven selbst. William Pease aus Hardman County, Tennessee, wurde von seinen Besitzern unterrichtet. Es gab den merkwürdigen Fall, daß ein Plantagenbesitzer seinen Sklaven lesen beibrachte, aber nicht schreiben. Ein Plantagenbesitzer im nördlichen Mississippi brüstete sich mit seinen zwanzig Sklaven, die lesen konnten und sich ihre eigenen Bücher kauften. Der Fall von Frederick Douglass, den seine Besitzerin unterrichtet hatte, ist vielleicht der bekannteste. In einigen Fällen, in denen die Besitzer Unterricht für ihre Sklaven ablehnten, lehrten die Kinder des Besitzers die Sklaven lesen und schreiben. Es gibt historische Berichte über Sklavenvermieter und sogar Aufseher, die die Sklaven unterrichteten.

Die Unterweisung von ein oder zwei Sklaven wurde nicht als schwerwiegend angesehen und obwohl sie einen Verstoß gegen das Gesetz darstellte, bestand kaum die Gefahr strafrechtlicher Verfolgung. Der Unterricht für Sklaven in Schulen war etwas ganz anderes, und selbst der fand an verschiedenen Orten im Süden statt. Natürlich mußte man die Schüler sorgfältiger aussuchen und vorsichtig bei der Verbreitung der Informationen über die Schulen sein, aber es gab Schwarze und Weiße, die das Risiko einer Strafverfolgung und gesellschaftlichen Mißbilligung auf sich nahmen, um die Sklaven zu unterrichten. Wir wissen von der Existenz schwarzer Schulen in Savannah (Georgia), Charleston (South Carolina), Fayetteville, New Bern und Raleigh (North Carolina), Lexington und Louisville (Kentucky), Fredericksburg und Norfolk (Virginia) und in verschiedenen anderen Städten in Florida, Tennessee und Louisiana. Francis Cardozo ging bis zum Alter von zwölf Jahren in Charleston zur Schule. Nachdem Frederika Bremer, eine Besucherin aus Europa, eine Weile gesucht hatte, fand sie schließlich eine der Schulen in Charleston und besichtigte sie. 1847 gab es eine Schule für Schwarze in Louisville, Kentucky, die Sklaven besuchen durften, wenn sie eine Genehmigung ihres Besitzers vorweisen konnten.

Es gibt keine Möglichkeit festzustellen, wie viele Schwarze die Schulen der Weißen besuchten. 1840 durften Schwarze in Wilmington (Delaware) gemeinsam mit weißen Kindern zur Schule gehen. Ein interessanter, obwohl vermutlich erfundener Bericht von einem Julius Melbourn schildert, wie er von seiner Besitzerin an eine weiße Akademie in der Nähe von Raleigh (North Carolina) geschickt wurde, und angeblich dort blieb, bis man entdeckte, daß er kein Weißer war. Andere Mulatten hatten möglicherweise mehr Erfolg als Melbourn. Es gibt auch keine Möglichkeit, einigermaßen genau festzustellen, wie gebildet die Sklaven schließlich waren. Einige weiße Südstaatler behaupteten, daß Schwarze unfähig seien zu lernen. Einige Abolitionisten im Norden erklärten, daß die Umstände im Süden so miserabel seien, daß fast kein Schwarzer wirklich die Chance zu lernen hatte. Amos Dresser glaubte, daß einer von fünfzig Sklaven im Südwesten lesen und schreiben konnte, und C. G. Parsons schätzte, daß das für 5000 von Georgias 400 000 Sklaven der Fall war. Welche Zahl auch immer richtig ist, die Alphabetisierung war ein klarer Schritt hin zur Amerikanisierung und machte den Prozeß der Gewöhnung an die Freiheit zumindest für einige etwas weniger schwierig.

Die Familien von Sklaven hatten große Probleme, den eigenen Zusammenhalt in einem System zu bewahren, in dem wenig Möglichkeiten bestanden, Wünsche und Gefühle zum Ausdruck zu bringen. Allzu selten respektierte der Besitzer die Familie von Sklaven als eine erhaltenswerte Institution, und oft bewirkten die dem System innewohnenden Kräfte ihre Zerstörung. Eine Phase des Freiens und normale Beziehungen vor der Ehe gab es selten. Nur wenn der Besitzer ein wirkliches Interesse an der religiösen und moralischen Erziehung seiner Sklaven zeigte, bemühte er sich auch, der Familie von Sklaven eine stabile Grundlage zu geben. Es

---

HARRIET JACOBS ERINNERT SICH AN IHRE ZEIT ALS JUNGE SKLAVIN

Aber jetzt begann mein fünfzehntes Lebensjahr – eine schreckliche Zeit im Leben eines Sklavenmädchens. Mein Herr flüsterte mir schmutzige Wörter ins Ohr. Und so jung ich auch war, war ich doch gezwungen, ihren Sinn zu begreifen. Ich versuchte, gleichgültig und voller Verachtung darauf zu reagieren. Das Alter meines Herrn, meine extreme Jugend und die Angst, sein Verhalten werde meiner Großmutter berichtet werden, führten dazu, daß ich diese Behandlung viele Monate lang duldete. Er war ein verschlagener Mann und verfiel auf die unterschiedlichsten Mittel, um sein Ziel zu erreichen. Manchmal war er wild, ja fürchterlich, so daß seine Opfer zitterten; manchmal wurde er so sanft, weil er meinte, damit erreiche er sein Ziel. Mir war von beidem die stürmische Art lieber, obwohl mir dabei die Knie zitterten. Er versuchte alles, um die Grundsätze der Keuschheit, die meine Großmutter mir eingeflößt hatte, zu korrumpieren. Er füllte mein junges Gehirn mit so schmutzigen Bildern, wie sie sich nur ein gemeines Monstrum ausdenken kann. Ich wendete mich voller Ekel und Haß von ihm ab. Aber er war mein Herr, und ich mußte unter demselben Dach mit ihm wohnen – wo ich einen Mann, der vierzig Jahre älter war als ich, tagtäglich dabei beobachtete, wie er die heiligsten Gebote der Natur verletzte. Er sagte zu mir, ich sei sein Eigentum, daß ich ihm in allem gehorchen müsse. Meine Seele bäumte sich gegen diese gemeine Tyrannei auf. Aber an wen konnte ich mich als Beschützer wenden? Ganz gleich, ob eine junge Sklavin so schwarz wie Ebenholz oder so hellhäutig wie ihre Herrin ist, es besteht auch nicht der Schimmer eines Gesetzes, sie vor Beleidigungen, vor Gewalt oder selbst vor dem Tod zu bewahren, denn dies alles wird ihr von Unholden angetan, die in der Gestalt von Männern auftreten. Die Herrin aber, die das hilflose Opfer beschützen sollte, hat keinerlei Mitgefühl, sie fühlt nichts als Eifersucht und Wut.

Harriet A. Jacobs, *Incidents in the Life of a Slave Girl Written By Herself* (Cambridge, Mass., 1987), S. 27–28

gab Fälle, in denen die Plantagenbesitzer auf einer religiösen Zeremonie bei der Hochzeit von Sklaven bestanden, und es ist der Fall einer Besitzerin bekannt, die darauf bestand, über alle Bewerber ihrer Sklavinnen »ein Urteil abzugeben«. Eine Sache, die fast alle Sklavenbesitzer beunruhigte, war der Wunsch von Sklaven und Sklavinnen, jemanden von einer anderen Plantage zu heiraten. Eine solche Verbindung, das wußten die Besitzer, brachte es mit sich, daß der betreffende Sklave oder die Sklavin sich gelegentlich von der eigenen Plantage entfernten und die Arbeitsleistung nachließ. Sklaven wurden deshalb ermutigt, sich, wenn möglich, auf der eigenen Plantage zu verheiraten. Wenn das nicht möglich war, versuchten die Besitzer, entweder den Ehemann der Sklavin zu kaufen oder den Sklaven an den Besitzer der Ehefrau zu verkaufen.

Die Dauer der Ehe von Sklaven hing davon ab, inwieweit das Paar Gelegenheit erhielt, zusammen zu arbeiten und zu leben, und sich so durch gemeinsame Erfahrungen fester aneinander zu binden. Es gibt zahlreiche Beispiele für das Entstehen stabiler Familien von Sklaven, besonders wenn das Band durch Kinder gefestigt wurde und die Eheleute nicht durch Verkauf auseinandergerissen wurden. Und so hat E. Franklin Frazier zwar sehr richtig bemerkt, daß die wirtschaftlichen Interessen der Besitzer dem Familienleben der Sklaven häufig diametral entgegenstanden, aber John Blassingame und Herbert Gutman haben gezeigt, daß die Sklavenfamilien trotzdem sehr oft eine lebensfähige Institution waren.

Ein Kind auszutragen war für Sklavinnen oft außerordentlich schwer. Die fehlende medizinische Versorgung wirkte sich besonders negativ auf den Gesundheitszustand der Sklavinnen während der Schwangerschaft, der Geburt und in der unmittelbar darauffolgenden Zeit aus, was u. a. an der hohen Letalität der Neugeborenen von Sklavinnen ablesbar ist. Obwohl eine Sklavin durch ihre Beobachtung der weißen Familie bestimmte Elemente des sogenannten Anstands und Selbstrespekts gelernt hatte, wurde sie oft von ihrem Besitzer zum Beischlaf und zur Schwangerschaft gezwungen. In einem solchen Fall war die Basis der Familie sehr fragwürdig. Vielleicht lernte eine Sklavin mit der Zeit, ihren Ehemann, der ihr aufgezwungen worden war, zu schätzen, aber die Wahrscheinlichkeit war nicht sehr groß. Und sie hatte kaum Gelegenheit, wirkliche Zuneigung zu ihren Kindern zu entwickeln. Für die Geburt wurde sie nur kurze Zeit von der Arbeit freigestellt, und das Aufziehen der Kinder wurde eher dem Zufall überlassen, wobei die Mutter, genau wie jeder andere, jeglicher

Verantwortung enthoben war. Nichtsdestoweniger tat eine Sklavin als Mutter alles, um ihre Familie zu stabilisieren und sie zusammenzuhalten. Der Trennung durch Verkauf setzte sie heftigen Widerstand entgegen. J. W. Loguens Mutter zum Beispiel mußte an den Webstuhl gebunden werden, als ihr die Kinder weggenommen wurden, um verkauft zu werden, und Josiah Hensons Mutter mußte »in herzzerreißendem Kummer« zusehen, als ihre Kinder eins nach dem anderen verkauft wurden.

Sir Charles Lyell schrieb, daß »es eins der schlimmsten Übel der Sklaverei ist, häusliches Glück beständig zunichte zu machen; die Angst der Eltern um ihre Söhne und die ständige Furcht vor sittenlosem Verkehr mit Sklaven ist ungeheuer schmerzlich«. Doch dieses »Übel« ruinierte nicht nur das Glück der weißen Familie, sondern war auch einer der mächtigsten Faktoren bei der Zerstörung der Sklavenfamilien. Die verbreitete Rassenmischung war vor allem das Ergebnis des gemeinsamen Lebens und Arbeitens und der Wehrlosigkeit der Sklavinnen gegenüber den Launen und Wünschen weißer Männer. Manchmal kam es zur Rassenmischung als Ergebnis einer Verbindung zwischen einem schwarzen Mann und einer weißen Frau, aber das war nur ein kleiner Prozentsatz der Gesamtzahl. Trotz aller Gesetze gegen die Vermischung der Rassen ging sie weiter, und ihr Fortbestand ist ein weiteres Beispiel für die Weigerung der Mitglieder der herrschenden Schicht, sich an die Gesetze zu halten, die sie selbst geschaffen hatten.

In Städten wie Charleston, Mobile und New Orleans war die Rassenmischung weit verbreitet. In New Orleans hielten sich so viele junge weiße Männer junge schwarze Frauen in einer Art Konkubinat, daß diese Praxis fast gesellschaftlich akzeptiert wurde. Einige Beziehungen waren das Ergebnis physischen Zwangs durch den weißen Mann, der Widerstand der Frauen wurde oft brutal gebrochen. Viele Sklavinnen nahmen Narben mit ins Grab, die von ihren Besitzern oder von anderen weißen Männern stammten, weil sie sich Annäherungsversuchen widersetzt hatten. Andere Sklavinnen wehrten sich nicht, weil es aussichtslos war, weil eine solche Beziehung ein gewisses Prestige mit sich brachte oder weil daraus materielle Vorteile erwuchsen. Kinder aus solchen Verbindungen waren Sklaven; und als Ergebnis dieser umfangreichen Mischung wurden 1850 bei einer Gesamtzahl von 3,2 Millionen Sklaven immerhin 246 000 Mulatten gezählt. 1860 waren es 411 000 Mulatten bei einer Gesamtzahl von 3,9 Millionen Sklaven. Wahrscheinlich war die Zahl größer, denn die Volkszähler registrierten als Mulatten nur denjenigen, der so aussah, als habe er verschiedenrassige Eltern, aber es gab viele Mulatten, denen man das nicht ansah.

Die Reaktionen weißer Väter auf ihre schwarze Nachkommenschaft waren unterschiedlich. Einige empfanden keine Zuneigung und verkauften die Kinder, wenn sich die Gelegenheit dazu ergab, wie sie jeden anderen Sklaven verkauft hätten. Sie wurden darin nicht selten von ihren Frauen bestärkt, die sich über die Existenz von schwarzen Kindern ihrer Ehemänner ärgerten. Andere Männer entwickelten jedoch eine große Liebe zu ihren schwarzen Kindern, gaben ihnen die Freiheit und sorgten für sie. Oft machten alte, reumütige Männer ihre Jugendsünden wieder gut, indem sie ihre Mulattenkinder freiließen und ihnen Land und Geld gaben. Wenige jedoch vermachten einem farbigen Kind soviel wie John Stewart aus Petersburg, der seiner »natürlichen farbigen Tochter« ein Haus, ein Grundstück und sein gesamtes Geld, das sich auf 19 500 Dollar belief, hinterließ.

DIE REAKTION DER SKLAVEN AUF IHRE UNTERDRÜCKUNG

Sklavenbesitzer suchten fast immer den Eindruck zu erwecken, daß ihr menschliches Eigentum gefügig, folgsam und glücklich sei. Das gehörte, je länger, desto stärker zu ihrer Verteidigung der Sklaverei als Institution, und sie gingen dabei bis zum Äußersten. Oft behaupteten auch die Gegner der Sklaverei, daß Sklaven leicht beherrschbar seien, und erklärten damit die Ausbeutung durch die Besitzer. Jede Gruppe neigte deshalb auf ihre Weise dazu zu übertreiben und lehnte es ab, eine realistische Einschätzung der tatsächlichen Reaktion der Sklaven auf ihre Lage zu geben. Es besteht kein Grund zu glauben, daß die Persönlichkeit des Sklaven auf Dauer Schaden nahm, weil die Beziehung zwischen Sklave und Besitzer zu Falschheit und Doppelzüngigkeit verleitete. Man muß sich vor Augen führen, daß einige Handlungen von Sklaven rein äußerlich abliefen und die Besitzer über ihre wahren Gefühle täuschen sollten. Im Verlauf der Anpassung wurden unzählige Techniken entwickelt, wie man Arbeit und Bestrafung vermeiden konnte, und häufig waren sie erfolgreich. Wenn man die Reaktionen auf den Status als Sklave verstehen will, dann muß man unbedingt berücksichtigen, daß der Sklave eine gespaltene Persönlichkeit besaß: Er war eine Person zu einem Zeitpunkt und eine ganz andere zu einem anderen Zeitpunkt.

So alt wie die Institution der Sklaverei auch war, die Menschen hatten es im 19. Jahrhundert doch nicht soweit gebracht, daß sie sich ohne Protest und Widerstand darein fügten. Widerstand war überall, wo immer es Sklaverei gab, und die Sklaverei in den Vereinigten Staaten bildete keine Ausnahme. Allzuoft bestanden auf beiden Seiten, bei Besitzern und bei Sklaven, Mißverständnisse, Mißtrauen und Haß. Sie waren natürliche Feinde, und bei vielen Gelegenheiten verhielten sie sich auch so. Wenn es zahllose Beispiele für Freundlichkeit und Verständnis auf seiten der Besitzer gab und für Fügsamkeit – die wohl zutreffender als Anpassung bezeichnet werden muß – und Gehorsam auf seiten der Sklaven, so blieben das doch unnatürliche Beziehungen, und der Natur der Dinge, den inneren Gesetzen des Systems entsprachen solche Beispiele nicht.

Die Brutalität, die einem System der Ausbeutung des Menschen durch den Menschen offensichtlich innewohnte, existierte in jeder Gemeinschaft, in der die Sklavenhaltung eingeführt wurde. Die Verschwendung und Zügellosigkeit des Plantagensystems machten bei den menschlichen Ressourcen keine Ausnahme. Sklaven waren für den wirtschaftlichen Profit da, und wenn Schläge ihre Arbeitsleistung erhöhten – und das wurde allgemein geglaubt –, sollten Rute und Peitsche nicht geschont werden. Die Plantage war keineswegs eine zivilisierende Institution, sondern förderte anstößige und unanständige Beziehungen zwischen den Menschen. Sklave und Sklavin waren direkte Opfer dieses barbarischen Systems, das das Geschlecht der Sklavinnen und die Arbeitskraft aller ausbeutete. Und schließlich stimulierte die psychologische Situation der Besitzer-Sklave-Beziehung deshalb Terror und Brutalität, weil die Besitzer sich sicher fühlten und ihre Rolle häufig so interpretierten, daß sie dieses Verhalten verlangte. Viele Besitzer und auch Sklaven hatten den Ruf, »böse« zu sein, und das verminderte die Spannungen keineswegs, die überall mit dem Ausbau des Systems zu wachsen schienen.

Gesetze, die den Schutz von Sklaven zum Ziel hatten, gab es kaum, und sie wurden selten durchgesetzt. Es war fast unmöglich, einen Besitzer zu verurteilen, der seinen Sklaven mißhandelt hatte. Da Besitzer und Besitzerinnen das wußten, neigten sie dazu, das Gesetz selbst in die Hand zu nehmen. Aufseher waren für ihre Brutalität berüchtigt, und die Berichte über Mißhandlungen und Übergriffe, die sie und die Mieter von

Sklaven verübten, sind zahlreich. Besitzer und Besitzerinnen waren wahrscheinlich fast ebenso schuldig. 1827 beschloß eine *Grand Jury** in Georgia die Eröffnung des Hauptverfahrens gegen einen Sklavenbesitzer wegen Totschlags, weil er seinen Sklaven zu Tode geprügelt hatte. Doch der Besitzer wurde in der Hauptverhandlung freigesprochen. Mehrere Jahre später wurde Thomas Sorrell aus demselben Staat schuldig gesprochen, weil er einen seiner Sklaven mit einer Axt getötet hatte, aber die Geschworenen empfahlen ihn der Gnade des Richters. In Kentucky war Mrs. Maxwell überall dafür bekannt, ihre Sklaven und Sklavinnen im Gesicht und am Körper zu züchtigen. Und der erschreckende Bericht über Mrs. Alpheus Lewis besagt, sie habe ihrer jungen Sklavin mit heißen Zangen rund um den Hals Brandwunden zugefügt. Betrunkenen Besitzern war vollkommen gleichgültig, was sie ihren Sklaven zufügten. Das schlimmste Beispiel dafür lieferte ein Mann aus Kentucky, der seinen Sklaven zerstückelte und Stück für Stück ins Feuer warf. Ein Besitzer in Mississippi zerrte einen schlafenden Sklaven aus dem Bett, weil er ihn des Diebstahls verdächtigte, und versetzte ihm mehr als tausend Peitschenhiebe. Die Beschreibungen von flüchtigen Sklaven enthalten immer wieder Sätze wie »große Narbe an der Hüfte«, »keine Kennzeichen außer auf dem Rücken«, »viele Narben durch Peitschenhiebe« oder »zweifellos zu sehen die Spuren jüngsten Auspeitschens«. Sie weisen auf eine Brutalität hin, die sicherlich zum Entschluß der Sklaven beitrug, sich auf und davon zu machen.

Auf die Brutalitäten und die Institution als solche reagierten die Sklaven ganz unterschiedlich. Dank der Religion ihrer Besitzer konnten manche die ganze Angelegenheit gleichmütig betrachten und sich in Ritual und Gesang flüchten. Die Betonung des Jenseits in den Liedern der Sklaven machte ihre erbitterte Unzufriedenheit mit ihrer Stellung auf Erden deutlich. »Dere's a Great Camp Meetin' in de Promised Land«, »Look away in de Heaven, Lord«, »Fo' My Soul's Goin' to Heaven Jes' Sho's You Born« und »Heaven, Heaven, Everybody Talkin' 'Bout Heaven Ain't Goin' There«** waren nur einige Lieder, die Sklaven in der

---

* In einer *grand jury* sitzen Geschworene, die ausschließlich über die Anklageerhebung vor einem ordentlichen Gericht befinden. Anm. des Übers.

** »Da ist eine große Versammlung der Gläubigen im gelobten Land«, »Schau weg, in den Himmel, Herr«, »Denn meine Seele kommt in den Himmel, Jesus weist dir den Weg«, »Himmel, Himmel, jeder spricht vom Himmel und kommt doch nicht hin«.

Hoffnung sangen, daß ihre Bürde im Jenseits von ihnen genommen würde. Solange sie in dieser Welt waren, mußten sie das Beste aus einer schlimmen Lage machen, und so bummelten sie bei der Arbeit, simulierten Krankheit auf den Feldern und bei der Versteigerung und beteiligten sich an umfangreichen Sabotageplänen. Sklaven gingen so schlecht mit den landwirtschaftlichen Geräten um, daß man Extrageräte für sie entwickelte. Sie trieben die Tiere mit einer Grausamkeit zur Arbeit an, die vermuten läßt, daß sie sich an ihnen rächten, und sie konnten die Aussaat so skrupellos zerstören, daß nur bei äußerst sorgfältiger Überwachung das weitere Wachstum der Feldfrüchte bis zur Ernte gesichert werden konnte. Sklaven zündeten Wälder, Scheunen und Häuser an. Oft hatten Mitglieder der Patrouillen Angst davor, ihre Häuser zu verlassen, weil sie fürchteten, man könnte sich durch Brandstiftung an ihrem Eigentum rächen.

Selbstverstümmelung und Selbstmord waren verbreitete Formen des Widerstandes gegen die Sklaverei. Sklaven hackten sich Zehen und Hände ab oder verstümmelten sich auf andere Weise, um sich als Arbeiter unbrauchbar zu machen. Ein Zimmermann in Kentucky hackte sich eine Hand ab und die Finger der anderen, als er erfuhr, daß man ihn flußabwärts verkauft hatte. Es gibt viele Fälle, in denen Sklaven sich in die Hand oder in den Fuß schossen, besonders wenn sie nach einer Flucht zurückgebracht wurden. Die Zahl der Selbstmorde scheint hoch gewesen zu sein, und sicher war Selbstmord weit verbreitet. Frisch aus Afrika angekommene Sklaven begingen in großer Zahl Selbstmord. 1807 hungerten sich zwei Schiffsladungen gerade angekommener Sklaven in Charleston zu Tode. Als man seine Sklavin und »Frau« 1829 tot fand, die sich erhängt hatte, war ein Plantagenbesitzer in Georgia erstaunt, da er keinen Grund sah, warum sie sich das Leben hatte nehmen können. Als 1858 zwei Sklaven in Louisiana zu ihrem Besitzern zurückgebracht wurden, nachdem sie gestohlen worden waren, ertränkten sie sich. Einer der reichsten Plantagenbesitzer des Südens, Charles Manigault, verlor einen Sklaven auf ähnliche Weise, weil der Aufseher mit Strafe gedroht hatte. Manchmal töteten Sklavinnen die eigenen Kinder, um ihnen ein Leben in der Sklaverei zu ersparen.

Weit beunruhigender für den Süden waren die zahlreichen Fälle, in denen sich die Gewalt der Sklaven gegen die Besitzer richtete. Man hatte ständig Angst vor Vergiftungen, und vermutlich hatten einige

Plantagenbesitzer wirklich das Gefühl, einen offiziellen Vorkoster zu brauchen. Schon 1761 schrieb die Charleston *Gazette*, daß »Neger mit der höllischen Tat der Vergiftung begonnen haben«. Arsen und ähnliche Präparate wurden dafür benutzt. Wo man das nicht bekommen konnte, behalfen Sklaven sich damit, zermahlenes Glas in die Bratensoße für die Herrschaften zu mischen. Etliche Sklaven wurden wegen Mordes an ihren Besitzern und Aufsehern verurteilt, aber einige entkamen. 1797 wurde in Screven County, Georgia, ein Plantagenbesitzer von seinem frisch aus Afrika importierten Sklaven getötet. Ein anderer Besitzer in Georgia wurde von seinem Sklaven mit sechzehn Messerstichen ermordet. Der Sklave wurde später bei lebendigem Leib verbrannt. Der Sklave von William Pearce aus Florida tötete seinen Besitzer mit einer Axt, als Pearce ihn bestrafen wollte. Eine Carolina Turner aus Kentucky wurde von einem Sklaven erwürgt, den sie gerade auspeitschte. Obwohl ihre Mitbürger sich schon lange über die unbarmherzige Brutalität dieser Frau gegenüber den Sklaven beklagt hatten, wurde der Mörder im Schnellverfahren für seine Tat gehängt. Die Fälle, in denen Aufseher und Besitzer von Sklaven im Wald oder auf den Feldern getötet wurden, waren außerordentlich zahlreich, was man bei sorgfältiger Lektüre fast jeder Zeitung in den Südstaaten entnehmen kann.

Jede Gemeinde im Süden zog Jahr für Jahr Sklaven groß, die dann flüchteten. Es gab Bundes- und Einzelstaatsgesetze, die die Rückführung unterstützen sollten, aber viele Sklaven entkamen für immer. Die Flucht von Sklaven griff derart um sich, daß die Staaten ihre Patrouillen und andere Wachen verstärkten, doch das nützte nichts. Es gab fast keine Zeitung ohne Suchanzeigen nach flüchtigen Sklaven und manchmal sogar mit mehreren Spalten solcher Anzeigen. Die folgende ist typisch:

> Entlaufen ist von der Forest-Plantage des verstorbenen William Dunbar am Sonntag, den 7. dieses Monats, eine sehr hübsche Mulattin mit Namen Harriet, etwa dreizehn Jahre alt, mit glattem schwarzem Haar und schwarzen Augen. Das Mädchen war kürzlich in New Orleans und soll dort einen Mann getroffen haben, den sie für ihren Vater hält und der jetzt oder kürzlich auf dem Mississippi, etwas oberhalb der Einmündung des Caffalaya, lebte. Es ist höchst wahrscheinlich, daß ein Plan zur Flucht des Mädchens dahinter steckt.

Schon lange bevor die *Underground Railroad** eine wirksame Einrichtung gegen die Sklaverei wurde (siehe Kapitel 10), flohen Sklaven: Männer, Frauen und Kinder, allein, zu zweit oder in Gruppen. Manchmal gingen sie so weit, sich in Gruppen, Maronen genannt, zusammenzuschließen und in besonderen Gemeinschaften zu leben, nach Art der Maronen von Palmares in Brasilien. Die Wälder, Berge und Sümpfe der Südstaaten waren ihre bevorzugten Plätze, und sie verursachten viel Ärger für die Besitzer, die auf ihren Plantagen Ruhe und Ordnung haben wollten.

Einige Sklaven verkleideten sich oder verschafften sich einen Passierschein, wenn sie fliehen wollten. Andere machten sich einfach auf und davon und hofften wohl, daß ihnen das Schicksal gnädig sein würde und sie endgültig entkommen würden. Einige waren unermüdliche Flüchtlinge wie eine Sklavin aus North Carolina, die nicht weniger als sechzehn Mal von der Plantage ihres Besitzers floh. Andere waren nicht so zäh und gaben nach einem erfolglosen Versuch auf. Obwohl es nicht möglich ist, auch nur annähernd die Zahl der flüchtigen Sklaven festzustellen, ist eines klar: Die Flucht war eine der wirksamsten Formen des Widerstandes von Sklaven. Sie stand für den ständigen Kampf der Sklaven gegen ihre Besitzer.

Die dramatischste und verzweifeltste Reaktion der Sklaven gegen ihre Unterdrückung waren Verschwörung und Revolte. Für die Schwarzen, die die Kraft und den Mut aufbrachten, als Gruppe für ihre Freiheit zu kämpfen, war das so etwas wie »den Feind auf seinem eigenen Terrain zu schlagen« und dabei zu hoffen, dieser Kampf werde ein für allemal die Erniedrigung der Versklavung von Menschen beenden. Für die Weißen war es eine wahnsinnige, böse Tat verzweifelter Wilder, die mit dem Teufel im Bunde standen und die menschenfreundliche Wirkung der Institution nicht zu schätzen wußten, sondern es wagten, das Blut ihrer Wohltäter zu vergießen. Bei Revolten kam es zu Blutvergießen auf beiden Seiten. Die Schwarzen akzeptierten das als Preis für die Freiheit, während die Weißen schon bei dem Gedanken daran von Panik gepackt wurden. Selbst Gerüchte über Aufstände verbreiteten Angst und Schrecken unter

---

* Dieses Verbindungsnetz im Untergrund half Sklaven durch Informationen und Anlaufpunkte auf der Flucht in den Norden, vor allem zwischen dem Ohio und den großen Seen. Anm. des Übers.

> ### Henry Bibb schreibt seinem früheren Besitzer – 1844
>
> Sie werden vielleicht schlecht von uns denken, weil wir aus der Sklaverei weggelaufen sind, aber ich für mein Teil kann dafür nur eine Entschuldigung vorbringen und das ist diese: Ich bedaure nur, daß ich es nicht früher getan habe. Ich hätte schon viel früher frei sein können, als ich es war. Aber Sie hätten mich viel länger bei sich behalten können, als Sie es taten. Ich glaube, es ist sehr wahrscheinlich, daß ich noch heute als Sklave auf Ihrem Land schuften würde, wenn Sie mich anders behandelt hätten.
>
> Wenn man gezwungen ist, danebenzustehen und zuzusehen, wie Sie meine Frau gnadenlos gepeitscht und geschlagen haben, und ich konnte sie nicht beschützen, ich konnte noch nicht einmal mich selbst an ihrer Stelle zum Auspeitschen anbieten, das war mehr als ein Sklave als Ehemann erdulden muß, während man doch nach Kanada gehen konnte. Mein kleines Kind wurde von Mrs. Gatewood auch häufig geschlagen, nur weil es weinte, und seine Haut war ganz purpurn geschunden. Diese Behandlung hat mich aus Heim und Familie vertrieben, um ein besseres Zuhause für sie zu finden. Aber ich bin bereit, die Vergangenheit zu vergessen. Ich würde gern von Ihnen hören, wenn Sie dies erhalten haben, und ich würde gern mit Ihnen korrespondieren, wenn Sie das möchten. Ich unterzeichne als ein Freund der Unterdrückten und der Freiheit, auf ewig.
>
> »Narrative of the Life and Adventures of Henry Bibb, an American Slave«, in: Gilbert Osofsky, Hrsg., *Puttin' on Ole Massa*, (New York, 1969), S. 155-156

den Sklavenhaltern und lösten größte Anstrengungen aus, sich vor dem befürchteten Eventualfall zu schützen.

Zu Aufständen oder Verschwörungen zum Aufstand kam es bis zum Ende des Bürgerkriegs im Jahr 1865. Es gab sie seit den Anfängen der Sklaverei, und sie waren erst vorbei, als diese abgeschafft war. Deshalb kann man sagen, daß sie ein Teil der Institution waren, ein Wermutstropfen im ansonsten süßen Leben der Sklaverei, den die Weißen schlucken mußten. Als sich das Land zu Beginn des 19. Jahrhunderts dem Jeffersonschen Republikanismus zuwandte, glaubten viele, daß für die kleinen Leute ein neuer Tag angebrochen sei. Einige Schwarze waren jedoch der Überzeugung, sie müßten diesen neuen Tag selbst erzwingen, indem sie der Sklaverei den Rücken kehrten. In Henrico County, Virginia, entschlossen sie sich, unter der Führung von Gabriel Prosser und Jack Bowler zum Aufstand gegen die Sklavenhaltung. Monatelang planten sie den verzweifelten Schritt, sammelten Knüppel, Schwerter und ähnliches für den festgesetzten Tag. Am 30. August 1800 trafen sich über tausend Sklaven außerhalb von Richmond und marschierten auf die Stadt zu, als ein gewaltiges Gewitter die Aufständischen beinahe in die Flucht schlug. Zwei Sklaven hatten bereits die Weißen informiert. Gouverneur Monroe handelte sofort, bot mehr als 600 Soldaten auf und benachrichtigte jeden Kommandeur der Miliz im Staat. Noch rechtzeitig wurden Dutzende von Sklaven festgenommen und fünfunddreißig von ihnen hingerichtet. Gabriel Prosser wurde Ende September gefangen, und nachdem er es abgelehnt hatte, mit irgend jemandem zu sprechen, ebenfalls hingerichtet.

Die Weißen stellten wilde Vermutungen über die Zahl der an diesem großen Aufstand beteiligten Sklaven an. Schätzungen reichten von 2000 bis 50 000. Und solche Zahlen und die Tatsache, daß die Sklaven ganz offensichtlich ihr eigenes Leben nie schonten, ließen die Weißen erzittern. Die abweisende Haltung, mit der die Sklaven zu allem schwiegen, vermehrte den nackten Terror der Situation. Wer gefragt wurde, was er zu sagen habe, antwortete ruhig:

> Ich habe nicht mehr vorzubringen als General Washington vorgebracht hätte, wenn er von britischen Offizieren gefangengenommen und angeklagt worden wäre. Ich habe mein Leben für die Freiheit meiner Landsleute gewagt und bin bereit, für ihre Sache mit dem Leben zu bezahlen; ich bitte um die Gnade, sofort zur Hinrichtung geführt zu werden. Ich weiß, daß sie von vornherein entschlossen sind, mein Blut zu vergießen, warum dann diese Farce eines Gerichtsverfahrens?

Die Unruhe unter den Sklaven dauerte im folgenden Jahr selbst in Virginia an, und über Verschwörungen wurde in Petersburg und Norfolk und an verschiedenen anderen Orten in North Carolina berichtet. Dort stiegen die Spannungen derart, daß viele Sklaven ausgepeitscht, gebrandmarkt und mit Knüppeln verprügelt wurden, mindestens fünfzehn wurden wegen angeblicher Beteiligung an Verschwörungen gehängt. In den folgenden Jahren bis zum Krieg mit England gab es Berichte über Aufstände an verschiedenen Orten an der Atlantikküste. Und es gab erste Berichte von Verschwörungen jenseits der Berge im Westen, so wurde

1810 ein Komplott in Lexington, Kentucky, aufgedeckt. Im folgenden Jahr mußte ein Aufstand von mehr als 400 aufständischen Sklaven in Louisiana von Bundes- und Einzelstaatstruppen niedergeschlagen werden. Mindestens 75 Sklaven verloren bei dem Gefecht und den nachfolgenden Prozessen ihr Leben. Wieder ein Jahr später kam es in New Orleans zu einer Rebellion.

Nach dem Krieg von 1812 gab es weiter Aufstandsversuche. 1815 beschloß ein Weißer in Virginia, George Boxley, den Versuch zu unternehmen, die Sklaven zu befreien. Er arbeitete sehr detaillierte Pläne aus, aber eine Sklavin verriet ihn und seine Mitverschwörer. Obwohl Boxley selbst entkam, wurden sechs Sklaven gehängt und weitere sechs verbannt. Beim Ausbruch der Revolutionen in Lateinamerika und in Europa brachten die Amerikaner ihr Lob und ihre Unterstützung für die Freiheitskämpfer uneingeschränkt zum Ausdruck. Der Süden stimmte in den Lobgesang ein, während die Sklaven die Emanzipationsbewegungen zur Befreiung der Sklaven in Lateinamerika und der Karibik aufmerksam beobachteten. Vielleicht hatten alle diese Entwicklungen etwas zu tun mit der ausgeklügeltsten, wenn auch nicht der erfolgreichsten Verschwörung der Zeit: dem Denmark-Vesey-Aufstand.

Denmark Vesey hatte sich zur Jahrhundertwende seine Freiheit gekauft und mehrere Jahre lang als Zimmermann in Charleston, South Carolina, gut verdient. Er war ein empfindsamer, freiheitsliebender Mann, und sein eigenes relativ komfortables Leben befriedigte ihn nicht. Er glaubte an die Gleichheit aller und beschloß, etwas für seine versklavten Brüder und Schwestern zu tun. Über einen Zeitraum von mehreren Jahren plante er sorgfältig seinen Aufstand und suchte sich seine Helfer. Sie fertigten zusammen ihre Waffen an und sammelten sie: 250 Speerspitzen und Bajonette und 300 Dolche. Und er holte sich Hilfe aus Haiti. Er setzte als Tag des Aufstandes den zweiten Sonntag im Juli 1822 fest; als das durchzusickern begann, zog er den Termin einen Monat vor. Aber seine Helfer, die kilometerweit verstreut rund um Charleston lebten, erhielten nicht alle die Nachricht. Inzwischen wußten die Weißen ziemlich genau, was vor sich ging, und begannen, die Verdächtigen festzunehmen. Mindestens 139 Schwarze wurden verhaftet, 47 davon abgeurteilt. Auch vier weiße Männer wurden zu einer Geldstrafe verurteilt und eingesperrt, weil sie den Aufstand unterstützt hatten. Schätzungen der Zahl der am Aufstand Beteiligten sprechen von bis zu 9000 Schwarzen.

Nat Turner ermahnt seine Anhänger. Die Revolte von Nat Turner und seinen Anhängern in Virginia endete 1831 mit dem Tod seines Besitzers und vieler anderer Weißer. Als die Revolte niedergeschlagen war, verschärften die schockierten Weißen den Sklavenkodex und verdoppelten die Überwachung. Der Künstler gibt die Furcht der Weißen vor jeder Zusammenkunft von Schwarzen wieder, die ohne Kontrolle der Besitzer stattfand. (Culver Pictures)

Das darauffolgende Jahrzehnt lang herrschte im gesamten Süden gespannte Furcht vor möglichen Aufständen. Durch das Wiedererwachen der Antisklavereibewegung und die Veröffentlichung eines so aufrührerischen Werkes wie David Walkers *Appeal* war die Stimmung im Süden äußerst gereizt. 1829 gab es Berichte über mehrere Revolten auf Plantagen in Louisiana; und 1830 baten Bürger von North Carolina ihre Legislative um Hilfe, weil ihre Sklaven »fast unkontrollierbar« geworden seien. Die Panik der zwanziger Jahre gipfelte im Aufstand von Nat Turner im Jahr 1831. Dieser Sklave aus Southampton County, Virginia, war eine geheimnisvolle, rebellische Persönlichkeit. Er war schon einmal geflohen und hatte sich dann entschlossen, zu seinem Besitzer zurückzukehren. Vermutlich hatte er schon damals das Gefühl, daß er von einer überirdischen Macht auserwählt sei, sein Volk aus der Sklaverei zu befreien.

Während einer Sonnenfinsternis im Februar 1831 kam Turner zu dem Entschluß, daß die Zeit gekommen sei, sein Volk aus der Sklaverei zu führen. Er bestimmte den 4. Juli als den Tag, aber als er krank wurde, verschob er den Aufstand, bis er ein anderes Zeichen sah. Am 13. August, als die Sonne sich in »sonderbares Grünblau« verfärbte, rief er zur Revolte am 21. August auf. Er und seine Gefolgsleute töteten zuerst Turners Besitzer, Joseph Travis, und seine Familie. In rascher Folge wurden andere Familien durch die Schläge der Schwarzen ermordet. Innerhalb von 24 Stunden waren 60 Weiße getötet worden. Die Revolte breitete sich immer schneller aus, bis der Haupttrupp der Schwarzen von Einzelstaats- und Bundestruppen gestellt und überwältigt wurde. Mehr als 100 Sklaven wurden bei dem Gefecht getötet, dreizehn Sklaven und drei freie Schwarze wurden sofort gehängt. Turner wurde am 30. Oktober gefangengenommen und keine zwei Wochen später, am 11. November, hingerichtet.

Der Süden war angesichts der Revolte von Southampton völlig verstört. Die Lage wurde in vielen Gemeinden maßlos übertrieben. In einigen Berichten hieß es, daß Weiße zu Hunderten in Virginia ermordet worden seien. So ist es kaum verwunderlich, daß in mehreren Staaten die Abgeordnetenhäuser zu Sondersitzungen einberufen wurden, um den Notstand zu erörtern. Die meisten Einzelstaaten verschärften ihren Sklavenkodex, und Bürger blieben nachts wach, weil sie eine weitere Rebellion der Sklaven erwarteten. Die Aufstände gingen weiter. 1835 wurden mehrere Sklaven in Monroe County, Georgia, wegen Beteiligung an einer Verschwörung gehängt oder zu Tode gepeitscht. Im folgenden Jahrzehnt gab es mehrere Aufstände in Alabama, Louisiana und Mississippi. 1853 wurde eine gefährliche Revolte in New Orleans, an der 2500 Sklaven beteiligt waren, durch die Denunziation eines freien Schwarzen vereitelt. 1856 begaben sich die Maronen in den Landkreisen Bladen und Robeson in North Carolina »auf Kriegspfad« und terrorisierten das umliegende Land. Noch während des Bürgerkriegs und bis zu dessen Ende bewiesen Sklaven ihren heftigen Widerstand gegen die Sklaverei durch immer neue Erhebungen.

Generell wenig bekannt sind bei den Sklavenrevolten die Ermunterung und Unterstützung durch Weiße. Zwei Franzosen sollen an Gabriel Prossers Aufstand beteiligt gewesen sein. 1802 gestand ein Sklave in Virginia, daß einige weiße Männer ihm Hilfe beim Besorgen von Waffen und Munition für einen Aufstand versprochen hatten. Und vier Weiße wurden, wie gesagt, wegen Unterstützung des Denmark-Vesey-Aufstands verurteilt. In Mississippi wurden 1835 ganze 21 »gebleichte und ungebleichte« Verschwörer gehängt. Im selben Jahr waren weiße Männer in Georgia an einem Aufstand beteiligt, und zwei Weiße wurden in Louisiana gehängt, weil sie bei der Planung eines Aufstands geholfen hatten. Es gab immer Berichte, daß Weiße, deren Namen besonders schwer herauszufinden sind, in der einen oder anderen Weise die Aufstände von Schwarzen unterstützten. Und es ist keineswegs merkwürdig, daß einige Weiße Schwarze zu Revolten ermutigten. Wenn man die große Zahl der Weißen im Süden berücksichtigt, die ihre wirtschaftliche und soziale Misere direkt auf die Sklaverei zurückführen konnten, ist es vielmehr erstaunlich, daß sich nicht mehr Weiße an den Versuchen beteiligten, die Institution der Sklaverei auszulöschen.

9. KAPITEL
QUASI-FREIE SCHWARZE

Eine amerikanische Anomalie

Nach dem Verbot der Sklaverei in mehreren Nordstaaten und aufgrund der Programme zur stufenweisen Emanzipation in anderen Staaten noch vor dem Ende des 18. Jahrhunderts war es nur natürlich, daß freie Schwarze im Lauf der Zeit einen wesentlichen Teil der Bevölkerung ausmachten. Die Sklaverei war darüber hinaus im gesamten Nordwest-Territorium verboten worden, bestand dort allerdings auch nach 1787 noch mehrere Jahrzehnte weiter. In der Kolonialzeit hatte es immer freie Schwarze gegeben, aber ihre Zahl war fast immer unbedeutend und ihr Einfluß gering gewesen. Die Revolution hatte mit ihrer Theorie der Gleichheit dazu beigetragen, daß die Zahl der freien Schwarzen nicht nur im Norden zunahm, sondern auch im Süden, wo einige Besitzer die Theorie in die Praxis umsetzten. Doch im Süden sollte die Existenz einer großen Gruppe freier Schwarzer eine Quelle ständiger Beunruhigung für die Sklavenhalter werden, denn sie tendierte dazu, das Fundament der Sklaverei zu untergraben. Die zukünftigen Beziehungen zwischen Weißen und Schwarzen im Süden hingen von der unbestrittenen Herrschaft der Weißen über die Schwarzen ab. Freie Schwarze durften davon ungeachtet der Rechte, die ihnen theoretisch zustanden, keine Ausnahme bilden. Für die Südstaatler wurde es daher notwendig, einen Verleumdungsfeldzug gegen freie Schwarze zu führen, um »sie in ihre Schranken zu verweisen«. In der aufgeheizten Atmosphäre ihrer Kampagne nannte einer der Fanatiker die freien Schwarzen »einen Alpdruck für das Land«.

Trotz des Widerstandes gegen die Anwesenheit freier Schwarzer im Süden waren oft gerade Weiße verantwortlich für ihre wachsende Zahl. Es waren Besitzer, die von Gewissensbissen getrieben, von ihrer Zuneigung gedrängt oder der Versuchung erlegen waren, ihrer Verantwortung zu entgehen und ihre Sklaven in großer Zahl freiließen, bis neue Gesetze sie entweder davon abhielten oder es rundweg unmöglich machten. Viele Sklaven wurden von ihren Besitzern durch Freilassungsurkunden aus der Sklaverei entlassen. In einigen Fällen waren die Freigelassenen Kinder des Besitzers mit einer seiner Sklavinnen. Andere wurden durch Testamente freigelassen, wie mehr als 400 Sklaven von John Randolph, die bei seinem Tod 1833 zu freien Schwarzen wurden. In einigen Testamenten gab es Klauseln, daß die Sklaven freigelassen werden sollten, wenn sie ein bestimmtes Alter erreicht hatten, oder nach dem Tode der Erben des Erblassers. Gelegentlich ließen einzelne Besitzer oder der Staat Sklaven aufgrund großer Verdienste frei. Der Sklave, der das Capitol von Georgia vor einer Brandkatastrophe bewahrte, wurde 1834 freigelassen. Pierre Chastang aus Mobile wurde durch öffentliche Spenden freigekauft in Anerkennung seiner außerordentlichen Leistungen im Krieg von 1812 und während der Gelbfieberepidemie von 1819.

Geschäftstüchtige Sklaven konnten genügend Kapital ansammeln, um ihre Freiheit zu erkaufen, besonders wenn ihre Besitzer mit ihnen kooperierten. Es gibt mehrere Beispiele, in denen Besitzer Programme zur Selbstvermietung von Sklaven aufstellten, die sich freikaufen wollten. Einige Sklaven sparten, unabhängig von der Haltung ihrer Besitzer, genügend Geld, um sich freizukaufen. Lunsford Lane aus Raleigh zum Beispiel verbrachte seine Freizeit mit der Herstellung von Pfeifen, der Hühnerzucht und der Erfüllung anderer Aufgaben, um seinen Wunsch, frei zu sein, verwirklichen zu können. Ein Sklave konnte einem Besitzer nicht immer trauen, der die Freiheit nach der Zahlung einer bestimmten Summe zugesagt hatte: Das mußte einer von Lanes Freunden erleben, der seinem Besitzer 800 Dollar gezahlt hatte und dann trotzdem fliehen mußte. Tausende freier Schwarzer erlangten ihre Freiheit denn auch durch Flucht.

Die Zahl der freien Schwarzen wuchs stetig durch diese Art und Weise, die Freiheit zu bekommen, und sie nahm auch durch den natürlichen Geburtenüberschuß zu. Von freien schwarzen Frauen geborene Kinder waren auch frei, und hatte eine freie schwarze Familie erst eine gewisse Stabilität erreicht, wurden auch deren Kinder ein wichtiger Faktor zur Vergrößerung der Gesamtzahl der freien Schwarzen. Darüber hinaus gab es einen Zuwachs durch die Geburt von Mulattenkindern durch weiße Mütter. Verbindungen zwischen weißen Frauen und schwarzen Männern waren in der Kolonialzeit recht verbreitet und hatten bis 1865 nicht zu existieren aufgehört.

Zum Zeitpunkt der ersten Volkszählung im Jahr 1790 gab es 59 000 freie Schwarze in den Vereinigten Staaten. Etwas mehr als 27 000 von ihnen lebten in den Staaten des Nordens und 32 000 im Süden. Im folgenden Jahrzehnt stieg ihre Zahl um annähernd 82 Prozent und im darauffolgenden Jahrzehnt um 71 Prozent. Nach 1810 sank die Zuwachsrate abrupt, ein Trend, der sich bis 1860 fortsetzte. Dieser Rückgang war vor allem auf Gesetze gegen die Freilassung von Sklaven zurückzuführen und auf den Widerstand derjenigen, die die wachsende Zahl freier Schwarzer mit großer Sorge beobachteten. Viele Einzelstaaten verlangten von den Schwarzen, den Staat nach ihrer Freilassung zu verlassen. 1830 gab es 319 000 freie Schwarze in den Vereinigten Staaten, und dreißig Jahre später war ihre Zahl auf 488 000 gestiegen, davon lebten 44 Prozent in den Staaten der Atlantikküste südlich von Delaware und 46 Prozent im Norden. Der Rest verteilte sich auf die Staaten am Golf und im Westen. Maryland hatte 1860 mit 83 900 freien Schwarzen die höchste Zahl, eine Zahl, die nur geringfügig unter der der Sklavenbevölkerung lag. Virginia folgte mit 58 000 freien Schwarzen, dicht gefolgt von Pennsylvania mit 56 000, seiner gesamten schwarzen Bevölkerung.

1860 waren die freien Schwarzen auf sechs Gebiete konzentriert: die Küstenniederungen Virginias und Marylands; das Fußhügelland (Piedmont) von Virginia und North Carolina; die Städte im Süden: Baltimore, Washington, Charleston, Mobile und New Orleans; und im Norden: Boston, New York, Cincinnati und Philadelphia; einzelne Gebiete im alten Nordwesten wie Cass County (Michigan), Hammond County (Indiana) und Wilberforce (Ohio); Gemeinden, in denen sich Schwarze mit Indianern vermischt hatten, wie in Massachusetts, North Carolina und Florida. Freie Schwarze fühlten sich vom städtischen Leben angezogen. 1860 lebten 25 600 in Baltimore, 22 000 in Philadelphia, 12 500 in New York, 10 600 in New Orleans und 3200 in Charleston. Die besseren wirtschaftlichen und sozialen Chancen waren zweifellos der Hintergrund für ihre Tendenz, konzentriert in einigen Städten zu wohnen.

Wo immer sich freie Schwarzer niederließen, wurden sie in gewisser Weise von den Weißen oft gerade eben geduldet. Ihr rechtlicher Status war während der Kolonialzeit recht hoch und wurde in der Revolution und unmittelbar danach noch um einiges gefestigt. Danach verschlechterte sich ihr Status, bis am Ende der Sklavenzeit der Unterschied zwischen Sklaven und freien Schwarzen so gering geworden war, daß er in einigen

Fällen kaum noch erkennbar war. Es war für freie Schwarze außerordentlich schwierig, frei zu bleiben. Ein Weißer konnte behaupten, wenn auch mit Arglist, ein bestimmter Schwarzer sei ein Sklave, und der oder die Schwarze konnten dagegen wenig ausrichten. Es bestand die Gefahr für einen Schwarzen, verschleppt zu werden, was oft geschah. Die Möglichkeit, durch Gerichtsbeschluß in den Gesindestand oder zum Sklaven erniedrigt zu werden, war ebenfalls groß. Die große Mehrheit freier Schwarzer lebte in der täglichen Furcht, zu verlieren, was sie an Freiheit besaßen. Ein winziger Gesetzesbruch oder eine Unkenntnis des Gesetzes konnten sie in die Sklaverei zurückwerfen. Mehrere Staaten, wie Virginia, Tennessee, Georgia und Mississippi, verlangten ihre Registrierung. Florida, Georgia und mehrere andere Staaten zwangen einem freien Schwarzen einen weißen Vormund auf. Alle Südstaaten verlangten von ihnen Bescheinigungen, und wenn jemand ohne seine Freiheitsbescheinigung aufgegriffen wurde, behandelte man ihn wie einen Sklaven.

Die Kontrollen, die der Einzelstaat und die Kommune über freie Schwarze ausübten, verschärften sich ständig. Eine besonders störende Vorschrift schränkte ihre Bewegungsfreiheit ein: In keinem der Südstaaten konnten sie sich ungehindert bewegen, wie sie wollten, und in einigen nördlichen Gemeinden war es gefährlich, es zu versuchen, wenn sie nicht für flüchtige Sklaven gehalten werden wollten. North Carolina verbot freien Schwarzen, sich weiter als einen zusätzlichen Landkreis von ihrem Wohnort zu entfernen. Schon 1793 hatte Virginia freien Schwarzen die Einreise verboten, und bis 1835 hatten die meisten Südstaaten und mehrere der Nordstaaten die Einwanderung freier Schwarzer eingeschränkt oder verboten. Die Strafen bei Übertretung dieser Gesetze waren hoch. In Georgia zum Beispiel wurde ein Verstoß mit 100 Dollar geahndet, und wenn jemand die Strafe nicht bezahlen konnte, – was zu erwarten war –, wurde er in die Sklaverei verkauft. Es gab auch Gesetze dagegen, daß freie Schwarze über eine bestimmte Zeit hinaus ihren Einzelstaat verlassen durften, wie etwa 60 oder 90 Tage, wenn sie anschließend zurückkehren wollten.

Insgesamt existierten eine Unmenge Gesetze, die alle die Weißen vor Bedrohungen oder Gefahren durch freie Schwarze schützen sollten. Virginia, Maryland und North Carolina u. a. verboten freien Schwarzen, Waffen ohne Waffenschein zu tragen oder zu besitzen. Der Waffenschein wurde jährlich erteilt, und zwar nur an Schwarze mit einwandfreiem Lebenswandel. Bis 1835 war fast allen freien Schwarzen im gesamten Süden das Versammlungsrecht aberkannt worden. Sie durften keine Gottesdienste abhalten ohne die Anwesenheit eines ordinierten weißen Geistlichen. Wohltätigkeitsvereine und vergleichbare Organisationen durften keine Versammlungen veranstalten. In Maryland durften freie Schwarze keine »Lehrstätten, Logen, freiwillige Feuerwehren oder Vereine zur literarischen, dramatischen, sozialen, moralischen oder karitativen Fortbildung« gründen. In vielen Gemeinden wurde der Kontakt zu Sklaven auf ein Minimum beschränkt, und Gesetze gegen den geselligen Umgang mit ihnen oder selbst Besuche bei Sklaven wurden besonders energisch durchgesetzt.

Eine Anzahl von Vorschriften machte es für freie Schwarze besonders schwer, ihren Lebensunterhalt zu verdienen. 1805 verbot Maryland freien Schwarzen, Mais, Weizen oder Tabak ohne Konzession zu verkaufen. 1829 erklärte es Georgia für illegal, freie Schwarze als Schriftsetzer zu beschäftigen. Zwei Jahre später verlangte North Carolina von allen schwarzen Händlern und Hausierern eine Lizenz, während South Carolina die Beschäftigung freier Schwarzer als kaufmännische Angestellte oder Büroangestellte verbot. Eine große Anzahl von Staaten verbot Schwarzen den Kauf und Verkauf von alkoholischen Getränken. In Georgia konnte ein freier Schwarzer keine Käufe auf Kredit tätigen ohne die Erlaubnis seines Vormundes. Trotz dieser Einschränkungen verlangte jeder Einzelstaat von freien Schwarzen, daß sie arbeiteten und die Art und Weise ihres Lebensunterhalts nachweisen konnten. Schon 1725 hatte Pennsylvania ein Modell für dieses Verfahren geschaffen, indem es anordnete: »Wenn ein freier Neger, der arbeitsfähig ist, keiner Arbeit nachgeht und herumlungert und seine Zeit vergeudet ... dann sind zwei Friedensrichter ermächtigt ... und angewiesen, solchem Neger von einem aufs andere Jahr eine Stellung anzuweisen, wie sie ihnen für den Betreffenden angemessen erscheint.« Andere Einzelstaaten verabschiedeten ähnliche Gesetze in den 1790er Jahren, einige verlangten von freien Schwarzen Kautionen, falls sie je der Öffentlichkeit zur Last fallen sollten. Es wurden nicht nur erwachsene freie Schwarze vermietet oder in Stellung gegeben, auch ihre Kinder wurden ihnen weggenommen und der Fürsorge von Weißen anvertraut. Uneheliche Kinder, deren Eltern gegen ein Gesetz verstoßen oder nicht die Mittel hatten, sie aufzuziehen, wurden in eine Lehre gegeben, damit sie einen Beruf lernten und in sittlichem Verhalten unterwiesen wurden.

In einigen Einzelstaaten schlossen die in der Revolutionszeit geschriebenen Verfassungen die Schwarzen nicht vom Wahlrecht aus. Mehrere Jahre lang wählten sie in Maryland, North Carolina, New York und Pennsylvania in erheblicher Zahl. Aber alle Südstaaten, außer Tennessee, die nach 1789 in die Union aufgenommen wurden, entzogen den Schwarzen das Wahlrecht. Und in einem von Präsident Jefferson 1802 unterzeichneten Gesetz wurde ihnen in der neugegründeten Hauptstadt, Washington, D.C., das Wahlrecht vorenthalten. Gleich zu Beginn des 19. Jahrhunderts wurde ihnen im Rahmen der Kampagne, den Rechtsstatus der freien Schwarzen einzuschränken, das Wahlrecht von Staaten im Norden und im Süden aberkannt. Marylands freie Schwarze büßten 1810 das aktive Wahlrecht ein, in Tennessee wurde es ihnen 1834 aberkannt, und im folgenden Jahr wurde es ihnen auch in North Carolina entzogen. Selbst Pennsylvania beschränkte 1838 das Wahlrecht auf weiße Männer. In seiner Verfassung von 1821 führte New York eine Besitzqualifikation von 250 Dollar und eine Residenzpflicht von drei Jahren für das Wahlrecht freier Schwarzer ein. Weiße hingegen mußten keinen Besitz und nur einen einjährigen Wohnsitz in New York nachweisen, um wählen zu können. In den Staaten, die den Schwarzen das Wahlrecht nicht aberkannten, hatten sie fast keinen politischen Einfluß, und nach 1830 gingen nirgends mehr Schwarze in größerer Zahl zur Wahl.

Trotz dieser entscheidenden Einschränkungen ihres Rechtsstatus wurde von freien Schwarzen erwartet, dieselben Lasten wie andere Bürger zu tragen, und in einigen Fällen wurde von ihnen sogar noch mehr erwartet. In Pensacola, Florida, mußten sie zwei Dollar Steuern für eine Unterhaltungsveranstaltung zahlen. In Baltimore (1859) und anderen Orten mußten sie Schulsteuern zahlen, aber ihre Kinder durften öffentliche Schulen nicht besuchen. Im allgemeinen wurde ihnen der Dienst in der Miliz ihres Einzelstaates verwehrt, außer als Musiker oder Dienstboten. Zwei bedeutsame Ausnahmen waren das New Yorker Gesetz von 1814, das die Aufstellung von zwei schwarzen Regimentern anordnete und zwei Gesetze in Louisiana von 1812, die ein Milizkorps freier Farbiger und ein Polizeikorps freier Schwarzer zuließen.

Das Recht, Eigentum zu besitzen und darüber zu verfügen, wurde den freien Schwarzen allgemein zugestanden. Als Texas Republik geworden war, wurde kurze Zeit diskutiert, ob freie Schwarze Land besitzen könnten oder nicht. Doch 1845, als Texas in die Union aufgenommen wurde,

wurde ihnen dieses Recht zumindest teilweise zugestanden. Nur Georgia verbot 1818 freien Schwarzen, Grundbesitz oder Sklaven zu besitzen, widerrief das Gesetz aber im folgenden Jahr, außer für die Städte Savannah, Augusta und Darien.

Vor Gericht konnte die Zeugenaussage freier Schwarzer in keinem Prozeß verwendet werden, an dem Weiße beteiligt waren. Das krasseste Beispiel für die Geringschätzung freier Schwarzer war die Regelung, vor Gericht die Aussage von Sklaven, die vor dem Gesetz als gänzlich unverantwortlich angesehen wurden, gegen freie Schwarze zuzulassen. In der Praxis verhielten sich die Gerichte allerdings ziemlich milde gegenüber freien Schwarzen. Von den Gerichten und besonders von den höheren Instanzen wurde ihnen insgesamt der größte Schutz gewährt. Der Maryland Court of Appeals, das Berufungsgericht von Maryland, wies die Forderung eines Weißen zurück, einem Schwarzen das Gericht zu verbieten, weil er nicht den Nachweis erbracht habe, daß er frei sei. Das Gericht entschied, ein Schwarzer könne vor Gericht auftreten, ohne seine Freiheit nachzuweisen. Ein Richter des Obersten Gerichts von North Carolina ging so weit zu verkünden, daß ein freier Schwarzer einen weißen Mann in Selbstverteidigung schlagen dürfe: »Ein freier Neger genießt, so gering auch seine gesellschaftliche Stellung sein mag, ›den allgemeinen Landfrieden‹, und ihn dieses Rechts zu berauben hieße ihn einem Vogelfreien gleichzustellen.«

Die Sklavenstaaten bewiesen ihr Interesse am Wohlergehen der freien Schwarzen in ganz sonderbarer Weise. Da deren Leben besonders schwierig war, waren die Gesetzgeber der Meinung, diesen Menschen sollte die Chance eröffnet werden, sich selbst ihre Besitzer auszusuchen und sich zu versklaven. 1857 erließ Tennessee ein Gesetz zur Erleichterung der Wiederversklavung. Im folgenden Jahr verabschiedete Texas ein vergleichbares Gesetz, 1859 folgte Louisiana und 1860 Maryland. Mehrere andere Staaten, darunter North Carolina, diskutierten ausführlich ähnliche Gesetze, unterließen es aber aus verschiedenen Gründen, sie in Kraft zu setzen. Arkansas ging wohl am weitesten: 1859 verabschiedete die Legislative ein Gesetz, freie Schwarze und Mulatten aus dem Staat zu vertreiben, indem man alle, die blieben, am Ende eines Jahres zwang, sich Besitzer auszusuchen, »die dafür bürgen mußten, dafür zu sorgen, daß solche Neger sich nicht wie Freie verhalten«.

Die Stellung in Wirtschaft und Gesellschaft

Es war nur natürlich, daß freie Schwarze große Schwierigkeiten hatten, auch nur einen gewissen Wohlstand und etwas wirtschaftliche Selbständigkeit zu erreichen. Zunächst mußte eine beträchtliche psychologische Anpassung beim Übergang von der Sklaverei zur Freiheit von all jenen geschafft werden, die nicht frei geboren waren. Der Erfolg und die Schnelligkeit dieser Übergangsphase hingen oft davon ab, wieviel Verantwortung jemandem bereits als Sklave übertragen worden war. Eine andere, an einigen Orten fast unüberwindliche Schwierigkeit war der starke Widerstand vieler weißer Arbeiter gegen Schwarze, besonders unter den Handwerkern. Weiße verlangten bestimmte Gesetze, die Schwarze von der Ausübung bestimmter Berufe ausschließen sollten. Waren sie mit dieser Forderung gescheitert, verlegten sie sich häufig auf Einschüchterung und Gewaltanwendung, um die Konkurrenz freier Schwarzer auszuschalten. Schließlich wurden Gesetze verabschiedet, die die Mobilität freier Schwarzer einschränkten, sie aus bestimmten Berufen ausschlossen und sie auf andere Weise benachteiligten. Ihre große Mehrheit hatte keine fachliche Ausbildung und mußte sich mit einem Leben als Landarbeiter oder in den Städten als einfacher Arbeiter begnügen. Dank des Ausbildungssystems von Lehrlingen in einigen Staaten und der Praxis, viele Sklaven ein Handwerk lernen zu lassen, besaß eine erheblich Zahl freier Schwarzer eine fachliche Qualifikation, mit der sie es zu einem gewissen Maß an wirtschaftlicher Unabhängigkeit und an Wohlstand vor dem Bürgerkrieg bringen konnten.

Trotz des großen Widerstands weißer Arbeiter gingen die freien Schwarzen in den Städten ihrem Metier nach. Selbst ungelernte Arbeiter fanden irgendeine Arbeit, weil sie konzentriert in solchen Gebieten lebten, aus denen weiße Arbeiter in den Westen abwanderten. Bei dem so herrschenden Arbeitskräftemangel war sogar ein Schwarzer, auf den man herabsah, willkommen. Bei seinen Untersuchungen in Charleston fand Charles H. Wesley freie Schwarze in mehr als fünfzig Berufen, von denen viele eine Spezialausbildung erforderten. Sie arbeiteten in den Bauberufen, stellten Kleidung und Lebensmittel her, bedienten Maschinen und lotsten Schiffe. In North Carolina übten freie Schwarze mehr als siebzig unterschiedliche Berufe aus. Unter den Fachkräften in Baltimore gab es 1860 mehrere Konditoren, Drogisten und Lebensmittelhändler. Obwohl

Grundbesitz freier Schwarzer in vierzehn Städten, 1850

Städte	Wert des Grundbesitzes	Anzahl der Besitzer	Durchschnittswert des Besitzes
(in Dollar [$])			
New Orleans	22 354 640	650	3 623
Philadelphia	327 000	77	4 248
Cincinnati	317 780	118	2 693
Charleston	200 600	47	4 268
Brooklyn	145 785	98	1 488
Baltimore	137 488	101	1 361
New York	110 010	71	1 549
Washington	108 816	178	611
Louisville	95 650	63	1 518
Pittsburgh	74 200	38	1 953
Buffalo	57 610	41	1 405
St. Louis	49 650	16	3 103
Albany	44 400	32	1 388
Boston	41 900	13	3 223

Quelle: Leonard P. Curry, *The Free Black in Urban America, 1800–1850: The Shadow of the Dream*, (Chicago, 1983) S. 267

es 1860 nur etwas mehr als 2000 freie Schwarze in Boston gab, gingen sie fast einhundert Berufen nach, dazu gehörten Tapezierer, Graveure, Steinmetze, Photographen und Schneider. Und sie arbeiteten als Geistliche, als Lehrer, als Juristen und Zahnärzte. Dasselbe kann man über die Tätigkeiten freier Schwarzer in New York und in einem geringeren Maße in Cincinnati sagen. In Philadelphia gingen 1859 Schwarze mehr als 130 Berufen nach, die alle die Beherrschung eines Metiers erforderten. Selbst im tiefen Süden waren freie Schwarze in Tätigkeiten bis hin zu akademischen Berufen tätig, die all jene zutiefst verstört hätten, die ihre Weiterbildung ablehnten, und die all jene überrascht hätten, die von ihrer mangelnden Zukunftsplanung überzeugt waren. In Atlanta zum Beispiel praktizierte 1859 Roderick Badger als Zahnarzt. In New Orleans, wo Norbert Rillieux 1845 eine Vakuumpfanne zur Verdampfung von Sirup bei der Zuckerherstellung erfunden hatte, gab es 1860 schwarze Lehrer, Juweliere, Architekten und Lithographen. Fast jede Gemeinde hatte ihre freien schwarzen Zimmerleute, Barbiere, Tischler und Ziegelbrenner, und in vielen Gemeinden gab es schwarze Ladenbesitzer, Verkäufer und Büroangestellte, und zwar selbst dort, wo dies gegen das Gesetz verstieß.

Die finanzielle Unterstützung durch einige Besitzer und auch durch einige Organisationen wie die Society of Friends (die Quäker), die Pennsylvania Society for the Abolition of Slavery (Gesellschaft zur Abschaffung der Sklaverei) und die North Carolina Manumission Society (Gesellschaft zur Freilassung) half freien Schwarzen beim Start ins Berufsleben. Diese Unterstützung war oft hoch genug, um erstes Eigentum, gewöhnlich bewegliches, erwerben zu können. Ein mildtätiger Besitzer in Baltimore übereignete seinem freigelassenen Sklaven 1859 ein Haus und ein Grundstück im Wert von mehr als 12 000 Dollar. Mehrere Besitzer schenkten den aus ihrem Besitz entlassenen Schwarzen sogar 100 acres Land. Durch solche Mildtätigkeit und eigene Anstrengung bildeten freie Schwarze allmählich Eigentum. Schon 1800 besaßen sie in Philadelphia fast 100 Häuser und Grundstücke. 1837 besaßen sie in New York zur Steuer veranlagten Grundbesitz im Wert von 1,4 Millionen Dollar und Einlagen in Höhe von 600 000 Dollar bei den Banken. In Cincinnati betrug der Wert des Eigentums freier Schwarzer mehr als 500 000 Dollar. Diese Beweise für wirtschaftlichen Wohlstand veranlaßten einen europäischen Beobachter, von »gescheiten und vernünftigen Schwarzen« zu sprechen.

Freie Schwarze in den Südstaaten häuften ebenfalls Eigentum an. In Maryland bezahlten sie 1860 Steuern für Grundbesitz im Wert von mehr als einer Million Dollar, dabei besaßen zwölf Schwarze Eigentum im Wert von mehr als 5000 Dollar. Luther P. Jackson fand bei seinen Forschungen heraus, daß freie Schwarze in Virginia 1860 mehr als 60 000 acres Farmland besaßen und ihr Grundbesitz in den Städten 463 000 Dollar wert war. In North Carolina besaßen sie 1860 Grundbesitz im Wert von 480 000 Dollar und 564 000 Dollar bewegliches Vermögen. 1859 bezahlten 352 Schwarze in Charleston Steuern auf ein Eigentum im Wert von über 778 000 Dollar. Tennessees freie Schwarze besaßen 1860 Grundbesitz und bewegliches Vermögen im Wert von etwa 750 000 Dollar. Der Wohlstand einer großen Zahl freier Schwarzer in New Orleans ist allgemein bekannt. Sie besaßen 1860 Eigentum im Wert von mehr als 15

Millionen Dollar. Es ist kaum verwunderlich, daß im Jahr zuvor die *Daily Picayune* gezwungen war, von ihnen als von einer »nüchternen, fleißigen und tugendhaften Klasse, die sehr gebildet und sehr zivilisiert ist« zu sprechen.

Das Ausmaß der Sklavenhaltung unter freien Schwarzen ist erst jüngst Gegenstand der historischen Forschung geworden. Die Mehrheit der schwarzen Sklavenbesitzer hatte ein persönliches Interesse an ihrem Eigentum. Oft kaufte der Ehemann seine Frau und umgekehrt, oder die Sklaven waren die Kinder eines freien Vaters, der seine Frau gekauft hatte, oder sie waren anderweitig verwandt oder Freunde, die vor den schlimmsten Erscheinungsformen der Sklaverei durch einige wohlhabende freie Schwarze gerettet worden waren. Es gab jedoch Fälle, in denen freie Schwarze ein echtes wirtschaftliches Interesse an der Sklaverei hatten und sich Sklaven zur Verbesserung ihrer wirtschaftlichen Lage hielten. Das traf auf Cyprian Ricard zu, der in Louisiana Ländereien mit 91 Sklaven kaufte, und auf Charles Rogues und Marie Metoyer, die 47 bzw. 58 Sklaven besaßen. In der Umgebung von Charleston wie auch bei New Orleans gab es freie Schwarze, die so viele Sklaven hatten, daß man daraus auf ein wirtschaftliches Interesse an der Sklaverei schließen kann. Freie Schwarze stellten gelegentlich auch Weiße bei sich ein. Thomas Day, North Carolinas berühmtester Tischler, beschäftigte mehrere Jahre lang einen weißen Gesellen. Jim Dungey, ein freier schwarzer Fuhrmann aus Nashville, Tennessee, hatte seine eigenen Probleme mit Arbeitern, denn das *Republican Banner* berichtete im Oktober 1859, er »hatte eine Schlägerei mit einem Weißen, der bei ihm angestellt ist«.

Einzelne Fälle von Wohlstand unter freien Schwarzen gibt es also durchaus. Solomon Humphries war ein führender Kaufmann in Macon, Georgia. Bis zu seinem Tod hatte er Eigentum im Wert von mehr als 20 000 Dollar angehäuft, darunter mehrere Sklaven. Jehu Jones, Besitzer eines der ersten Hotels in Charleston, erwirtschaftete ein Vermögen von mehr als 40 000 Dollar und ließ seinen Sohn in Amherst studieren. James Forten, der als Botenjunge im Hafen von Philadelphia angefangen hatte, wurde Segelmacher und sammelte ein Vermögen von mehr als 100 000 Dollar an. Thomy Lafon, der einflußreichste Geschäftsmann in New Orleans, hinterließ ein Erbe von 500 000 Dollar. Er hatte die Entwicklung der Stadt so nachhaltig geprägt, daß das Abgeordnetenhaus von Louisiana eine Büste von Lafon in Auftrag gab und sie in einem öffentlichen

Gebäude von New Orleans aufstellen ließ. Viel typischer war das Handwerkerdasein von James Boon in North Carolina, der trotz seiner Qualitätsarbeit als Zimmermann meistens damit beschäftigt war, seine Zahlungsfähigkeit zu erhalten, und dessen Besitz, so begrenzt er war, häufiger seinen Gläubigern überschrieben war, als ihm selbst zur Verfügung stand.

Am Anfang wurde in der amerikanischen Gesellschaft kaum ein Unterschied im gesellschaftlichen Rang aufgrund der Rassenzugehörigkeit gemacht. Doch als sich die rassische Rechtfertigung der Sklaverei immer stärker durchsetzte, drang in den Sittenkodex der amerikanischen Gesellschaft allmählich die Unterscheidung zwischen Schwarzen und Weißen ein. Eins der ersten Zeichen dafür war die Verabschiedung von Gesetzen gegen die Mischehe. Mit der Zeit wurde allerdings immer deutlicher, daß der wirkliche Schnitt zwischen Weißen und den Schwarzen gemacht wurde, die einen gewissen Anspruch auf Freiheit besaßen. Im 19. Jahrhundert war es aus der Sicht der Sklavenhalter notwendig, Schutzvorrichtungen zur Kontrolle der freien Sklaven einzurichten. Daraus entstand eine regelrechte Mauer um die Schwarzen, die gezwungen waren, ihr eigenes Leben mit eigenen Institutionen zu entwickeln. Zwischen den Schwarzen und dem Rest der Welt bestand nur noch ein Minimum an Kommunikation und selbst diese Kommunikation nahm ständig ab.

Die freie schwarze Familie war das Ergebnis aus drei unterschiedlichen Faktoren sozialer Beziehungen: der Heirat innerhalb der Gruppe, der Heirat mit Sklaven und legalen oder heimlichen Beziehungen zu Weißen und Indianern. Ein freier Schwarzer unterlag nicht immer denselben sozialen Kontrollen wie der Rest der Gesellschaft. Deshalb wurden die Beziehungen, aus denen die freien schwarzen Familien entstanden, den herrschenden gesellschaftlichen Konventionen gemäß, für unmoralisch und unzivilisiert erklärt. Wenn freie Schwarze untereinander heirateten, so taten sie das gewöhnlich mit amtlicher Beglaubigung und einer weltlichen oder religiösen Feier. Die Heirat von freien Schwarzen mit Sklaven oder Sklavinnen war nicht ohne die Erlaubnis des Sklavenbesitzers möglich und war häufiger eine formlose Verbindung ohne amtliche Registrierung. Beziehungen zu Weißen waren ebenfalls formlos. Ein freier Schwarzer »ließ sich mit einer Weißen ein«, oder wie in New Orleans, wo sich ein wohlhabender weißer Mann eine freie Schwarze in einer *placage* oder im Konkubinat hielt. Diese Beziehungen erklären zusammen mit der Freilassung schwarzer Kinder durch weiße Väter die immerhin 159 000 freien Mulatten in den Vereinigten Staaten im Jahr 1850.

An organisierter Unterhaltung existierte für freie Schwarze wenig. Als Freizeitvergnügen gab es für sie so einfache Dinge wie gegenseitige Besuche, gemeinsames Singen und die Teilnahme an Zusammenkünften von Organisationen, deren Mitglieder sie waren. Es wurde ziemlich viel getrunken, aber nicht so viel, wie viele Weiße behaupteten. Glücks- und Kartenspiele um Geld waren untereinander, mit Sklaven oder mit Weißen, obwohl verboten, eine weitere Zerstreuung für freie Schwarze. In den Städten besuchten sie Tanzveranstaltungen verschiedener Vereine und Wohltätigkeitsorganisationen. Tanzwettbewerbe wie die *Cakewalks* und Bälle waren besondere Feste in Baltimore, auf die sich viele freie Schwarze freuten. Die bekanntesten Tanzveranstaltungen waren die *Quadroon*-Bälle in New Orleans und in einigen anderen Städten des Südens. Aber man kann sie kaum zu den Freizeitvergnügen der freien Schwarzen zählen, da nur weiße Männer und die *Quadroons* daran teilnehmen konnten: Das waren entweder junge Frauen, die bereits von weißen Männern als Konkubinen ausgehalten wurden, oder die sich dafür anboten. Nur die Schwarzen in New York konnten sich eines »Afrikanischen Theaters« rühmen, das nach seiner Gründung 1821 mehrere Jahre lang bestand.

Eine wichtige Rolle im Leben von freien Schwarzen spielten ihre Wohltätigkeitsvereine und Vereine zur gegenseitigen Unterstützung. Die Freimaurer gewannen auch in der Generation unmittelbar vor dem Bürgerkrieg immer mehr Mitglieder. In Maryland etwa waren sie bis 1845 so groß geworden, daß die Bildung der ersten farbigen Großloge, der First Colored Grand Lodge, betrieben wurde und zwei Jahre später bereits eine zweite gegründet wurde. 1843 organisierte eine Gruppe von freien Schwarzen unter Führung von Peter Ogden den Grand United Order of Odd Fellows, eine der wichtigsten Organisationen zur Förderung gemeinsamer Interessen der Schwarzen. Schwarze hielten es für sinnvoll, sich für ihre gesellschaftliche und kulturelle Förderung, ihr wirtschaftliches Vorwärtskommen und zur gegenseitigen finanziellen Unterstützung in Notfällen zu organisieren. So entstand eine große Anzahl von Wohltätigkeitsvereinen, von denen einige geheim waren. In Baltimore gab es bereits 1821 einen solchen Verein junger freier schwarzer Männer, und 1835 waren es fünfunddreißig. Die Friendship Benevolent Society for Social Relief, die Star in the East Association und die Daughters of Jerusalem waren einige der prominentesten Organisationen mit beträchtlichem Vermögen in Baltimore. In anderen Städten gab es Wohltätigkeitsvereine von Schlossern, Kutschern, Kalfaterern und anderen Berufen. Ein Hinweis darauf, daß die Schwarzen sich etwa zur selben Zeit wie die Weißen gewerkschaftlich organisierten. Im tiefen Süden sahen die meisten Weißen diese Organisationen nicht gern und veranlaßten in vielen Gemeinden ihr Verbot. Trotzdem bestanden die Vereine an einigen Orten weiter. Noch 1860 wurden in New Orleans weitere Mitglieder angeworben, z. B. durch die Band Society unter dem Motto »Liebe, Einheit, Frieden« und einer Satzung, die von ihren Mitgliedern forderte, »hin und wieder aufzubrechen und sich gegenseitig in Liebe zu besuchen« und die Insignien der Vereinigung bei besonderen Anlässen zu tragen.

Die Kirche war für freie Schwarze ebenso wichtig wie für Sklaven. Gottesdienste waren Gelegenheiten für das gesellschaftliche Miteinander ebenso wie zur religiösen Erbauung. Die Bewegung unabhängiger Kirchen im Norden wuchs weiter. Die Zahl der Gläubigen in der African Methodist Episcopal Zion Church nahm bei gleichzeitiger Ausdehnung ihres Einzugsbereichs ständig zu. Als Schwarze in den Westen abwanderten, gründeten sie neue Gemeinden dieser Religionsgemeinschaften. 1847 begann die African Methodist Episcopal Church mit der Veröffentlichung einer Wochenschrift, *The Christian Herald*, die ab 1852 unter dem neuen Namen *The Christian Recorder* erschien. Weil die schwarzen Methodisten ihre überregionalen Organisationen beibehielten, übten sie über wichtige Institutionen Einfluß in der amerikanischen Gesellschaft aus.

Insgesamt gehörten mehr freie Schwarze zu den verschiedenen Baptistenkirchen, aber da deren Kirchen dezentral organisiert waren, war ihr Einfluß nicht dem der Methodisten vergleichbar. Wo eine schwarze Baptistenkirche mit anderen Kirchen kooperierte, waren es eher weiße Kirchen derselben Region als schwarze Kirchen anderswo. Das war zwar ein wichtiger Schritt zur Amerikanisierung, bedeutete aber, daß die schwarzen Baptisten keine große Anhängerschaft unter den eigenen Leuten hatten. Es gab mächtige Kirchen der Baptisten in vielen Städten des Nordens, wie Philadelphia, New York und Boston, und in einigen Städten des Westens, wie Cleveland, Cincinnati, Detroit und Chicago.

Der Süden ächtete und verbannte das religiöse Leben der Schwarzen zwischen 1820 und 1860. Obwohl die African Methodist Episcopal Church in Charleston z. B. großen Zulauf gehabt hatte, wurde die Organisation 1822 unter dem Druck der öffentlichen Meinung zerstört. Viele Weiße glaubten, daß schwarze Methodisten an der Denmark-Vesey-Verschwörung beteiligt gewesen waren. Der Reverend Morris Brown – der später Bischof wurde – erkannte die Sinnlosigkeit, gegen eine solche Übermacht anzukämpfen und führte seine Gemeinde in den Norden. Andere freie schwarze Prediger im Süden machten noch Schlimmeres durch. Obwohl John Chavis einer der beliebtesten presbyterianischen Geistlichen North Carolinas war, wurde ihm nach 1831 nicht mehr erlaubt zu predigen. Henry Evans, der die erste Methodistenkirche in Fayetteville, North Carolina, gegründet hatte, wäre mit Sicherheit seines Postens enthoben worden, hätte er 1831 noch gelebt. Ralph Freeman, ein bekannter baptistischer Geistlicher, war so entschlossen, auch nach 1831 zu predigen, daß die Pee Dee Baptist Association in North Carolina sich gezwungen sah, eine Zeitungsnotiz zu veröffentlichen, die ihm riet, »davon Abstand zu nehmen, eigene abendliche Veranstaltungen abzuhalten«. Weiße Episkopale und Presbyterianer lösten das Problem der freien Schwarzen auf ihre Weise, indem sie sie zu Gottesdiensten zuließen, gewöhnlich in abgetrennten Abteilungen ihrer Kirchen. Als zunächst mächtige und unabhängige Institution unter den freien Schwarzen begann die Kirche bis zum Ausbruch des Bürgerkriegs, ihren Einfluß einzubüßen.

Große Verdienste erwarben sich schwarze religiöse Führer, indem sie vor Weißen predigten. Lemuel Haynes, Soldat im Unabhängigkeitskrieg, hatte ein Beispiel gegeben, als er viele Jahre vor weißen Gemeinden in mehreren Städten des Nordens gepredigt hatte. Andere Geistliche waren Samuel Ringgold Ward, Pastor einer weißen Gemeinde in Cortlandville, New York, und Henry Highland Garnet, der in einer weißen Kirche in Troy, New York, predigte. Viele schwarze Geistliche in den Südstaaten, wie Freeman, Evans und Chavis, predigten vor weißen Gemeinden, bis die Gesetze in den 1820er und 1830er Jahren dies verboten.

In den Kommunen des Nordens verbesserten sich im 19. Jahrhundert die Bildungschancen für Schwarze. An vielen Orten blieb es allerdings bei nach Hautfarbe getrennten Schulen. Boston gründete 1820 Schulen für schwarze Kinder, andere Städte in Massachusetts folgten kurze Zeit später. In der allgemeinen Stimmung gegen die Sklaverei wurde an dieser Praxis Kritik laut, und 1855 erlaubten sowohl Boston als auch New Bedford schwarzen Kindern den Besuch öffentlicher Schulen zusammen mit Weißen. Rhode Island und Connecticut behielten getrennte Schulen bei, gestanden ihnen aber im letzten Jahrzehnt vor dem Bürgerkrieg mehr Finanzmittel zu. Erst 1824 begann der New Yorker Common Council, African Free Schools finanziell zu unterstützen (vgl. Kapitel 6). 1834 übernahm die Stadt sie ganz in eigener Regie. Obwohl einige Gemeinden des Staates New York schwarzen Kindern den Besuch von Schulen mit Weißen ermöglichten, stellte die Einzelstaatslegislative 1841 fest, daß jeder Schulbezirk getrennte Schulen einrichten durfte. Auch New Jersey behielt getrennte Schulen für schwarze Kinder bei. Die Bürger Pennsylvanias unterstützten weiterhin Schulen für schwarze Kinder mit öffentlichen und privaten Mitteln, wobei die Zahl der Schulen besonders im Westen des Staates ständig zunahm.

Im Westen waren die Bürger angesichts der wachsenden Zahl zugewanderter Schwarzer mit dem Problem der Schulbildung ebenfalls konfrontiert. Ohio schloß sie im Jahr 1829 per Gesetz vom Besuch öffentlicher Schulen aus. Zwanzig Jahre später sah der Staat getrennte Schulen vor, stellte aber nie genug Geld zur Verfügung, als daß etwas Ordentliches zustande kommen konnte. Die Bürger von Indiana und Illinois verhielten sich ebenfalls gleichgültig. Michigan und Wisconsin verfolgten eine demokratischere Schulpolitik, aber die meisten Schwarzen im Westen mußten bis nach dem Bürgerkrieg warten, bevor sie in größerer Zahl öffentliche Schulen besuchen konnten.

Die freien Schwarzen im Süden standen vor wesentlich größeren Schwierigkeiten. Das öffentliche Interesse an Bildungsfragen war ausgesprochen gering. Da die Verantwortung für die Bildung und Ausbildung der Jugend weitgehend in privater Hand lag, hatten freie Schwarze, die von öffentlichen Bildungseinrichtungen direkt ohnehin nicht profitiert hätten, noch nicht einmal den indirekten Gewinn, Kontakt zu einer gebildeteren weißen Bevölkerung zu haben. Darüber hinaus bestand eine ausgesprochen starke öffentliche Stimmung gegen den Schulbesuch freier Schwarzer. Man glaubte, daß sie sich beim Lesen möglicherweise aufwieglerische und umstürzlerische Ansichten aneignen könnten. Alle Südstaaten machten es für freie Schwarze extrem schwierig, eine Schulbildung zu erhalten, indem sie Gesetze verabschiedeten, die eine Unterrichtung freier Schwarzer gesetzlich verboten. Eine erstaunlich große

Zahl erwarb dennoch zumindest Grundkenntnisse. In Baltimore gab es 1820 fast zweihundert erwachsene Schwarze, die intensiv lernten, um nur ein Beispiel zu nennen. Fünf Jahre später wurde eine Tages- und Abendschule betrieben, in der viele Fächer unterrichtet wurden, einschließlich Latein und Französisch. Die Bethel Charity School, 1816 von Daniel Coker als Teil des erweiterten Programms der African Methodist Episcopal Church gegründet, hatte einige Jahre starken Zulauf. Und es gab mehrere andere Schulen für freie Schwarze in Maryland.

Bald nach der Gründung von Washington D.C. unterrichteten mehrere weiße Lehrer schwarze Kinder, darunter Henry Potter und eine Mrs.

JAMES THOMAS, EIN FREIER SCHWARZER, BESUCHT IN TENNESSEE DIE SCHULE – UM 1830

Einen Teil des Jahres (in manchen Jahren) erlaubte der Magistrat, daß Schule für die Kinder freier Personen gehalten wurde. In dieser Schule lernte ich lesen und schreiben. Für ganz viele Weiße war es ein überraschender Anblick, einen farbigen Jungen oder Mann mit einer Zeitung zu sehen. Oft fragten sie mich, »Kannst Du lesen?« Es war für viele Leute die Frage, ob es richtig sei, eine Schule für die freien Leute zu haben, und zwar aus zwei Gründen: Erstens könnten sie Passierscheine für Sklaven schreiben; zweitens könnte es die Sklaven dazu bringen, dasselbe zu wollen. Das Gesetz verbot, Sklaven zu unterrichten, aber viele Familien hatten Dienstboten, die von den Kindern unterrichtet wurden, und die Familie tat nichts dagegen, sondern ermunterte sie dazu ...

Schule wurde nur manchmal gehalten. Und es wurde immer als große Gunst betrachtet, wenn es irgendwann erlaubt wurde. Jeder Schüler oder Student bezahlte einen Dollar im Monat. Oft war keine Schule, weil kein Lehrer da war. Als ich noch ganz jung war, war es ein farbiger Mann, der unterrichtete, und der war selbst ein guter Student. Eines Nachts wurde er rausgeholt von den sogenannten *Slicks* und fast totgepeitscht. Der Anführer der Gang war der Sohn des bekanntesten Juristen im Staat ... Danach hatten die farbigen Lehrer Angst, es zu versuchen. Schließlich kam ein weißer Mann von außerhalb und unterrichtete. Wenn Mutter mich bei ihrer Arbeit entbehren konnte, ging ich zur Schule.

From Tennessee Slave to St. Louis Entrepreneur:
The Autobiography of James Thomas,
hrsg. von Loren Schweninger (Columbia, Mo., 1984), S. 31–32

Haley. Später gründete Maria Billings eine Schule in Georgetown. 1807 bauten mehrere freie Schwarze, darunter George Bell, Nicholas Franklin und Moses Liverpool, das erste Schulhaus für Schwarze in Washington, doch erst 1824 erteilte auch ein schwarzer Lehrer namens John Adams Unterricht. Allmählich entstanden immer mehr schwarze Schulen, und nach wenigen Jahren zählten einige von ihnen zu den besten in Washington. Schwarze Schüler aus Maryland und Virginia besuchten die Washingtoner Schulen, um bei schwarzen Lehrern zu lernen.

Freie Schwarze erhielten in Virginia und North Carolina Privatunterricht von Weißen und von freien Schwarzen, aber kaum in Schulen. Fast dreißig Jahre lang hatte John Chavis in Raleigh, North Carolina, eine Schule, an der er tagsüber Weiße und abends freie Schwarze unterrichtete, aber nach 1831 schränkte er seinen Unterricht auf weiße Kinder ein. Die Schwarzen von Fredericksburg, Virginia, baten 1838 das Abgeordnetenhaus des Staates um die Erlaubnis, ihre Kinder außerhalb von Virginia zur Schule schicken zu dürfen, aber ihre Bitte wurde rundweg abgelehnt. Es gibt jedoch jede Menge Beweise dafür, daß viele freie Schwarze in den Städten Virginias und North Carolinas noch bis zum Bürgerkrieg unterrichtet wurden. In South Carolina existierten die besten Ausbildungsmöglichkeiten für sie in Charleston. Schon 1810 hatten Schwarze die Minor-Society-Schule für heranwachsende Waisen gegründet, und andere besuchten sie ebenfalls. In Florida schickten einige freie Schwarze ihre Kinder auswärts zur Schule, während andere selbst Lehrer für ihre Kinder einstellten, so in St. Augustine und Pensacola. New Orleans hatte mehrere Schulen für freie Schwarze. Die *École des Orphelins Indigents* war 1840 gegründet worden und wurde großzügig von so wohlhabenden freien Schwarzen wie Thomy Lafon, Madame Couvent und Aristide Mary unterstützt, der der Schule 5000 Dollar vermachte. Einige Schwarze gingen zur Ausbildung nach Frankreich, wie Edward Dede, der in Paris Musik studierte.

Durch diese vielfältige Bildungsarbeit entwickelte sich eine besser ausgebildete schwarze Bürgerschaft. Es steht außer Zweifel, daß freie Schwarze sehr auf Bildung und Ausbildung bedacht waren. 1850 gingen von 2038 freien Schwarzen in Boston fast 1500 zur Schule. In Baltimore waren es 1400 Schüler und in New Orleans 1000. In den Einzelstaaten und Territorien gingen 1860 insgesamt 32 629 Schwarze zur Schule. In jeder Gemeinde lernten freie Schwarze in dem Glauben, daß Bildung einige ihrer Probleme lösen würde. Wo es keine Möglichkeiten gab, bemühten sie sich selbst, welche zu schaffen und unterstützten ihre eigenen Einrichtungen begeistert. So wie Lafon und Madame Couvent in New Orleans ein Beispiel für Philanthropie gaben, taten es freie Schwarze in anderen Teilen des Landes. In mehreren Gemeinden gründeten sie Phoenix Societies mit dem spezifischen Ziel, »Moral, Literatur und Handwerk« zu fördern. Das »Mental Feast«, ein Fest des Geistes, das auch ein gesellschaftliches Ereignis war, lebte noch dreißig Jahre später in den Städten des Hinterlandes von Pennsylvania und des Westens weiter. Es war ein Zeichen dafür, daß die Schwarzen am großen Erwachen teilhatten, das Amerikas Bildungswesen in der Generation vor dem Bürgerkrieg erfaßt hatte.

Auch die Hochschulen standen ersten schwarzen Studenten offen. 1826 machten Edward Jones und John Russwurm ihre Examen am Amherst College bzw. Bowdoin College, und vor dem Bürgerkrieg besuchten Schwarze das Oberlin-, Franklin- und Rutland-College, die Harvard Medical School und andere Hochschulen. Mehrere Bildungsanstalten, die in diesen Jahren gegründet wurden, sollten später Colleges vornehmlich für Schwarze werden. 1851 ging eine junge weiße Frau aus New York, Myrtilla Miner, nach Washington, um eine Akademie für schwarze Mädchen zu eröffnen. Der Widerstand dagegen wurde so massiv, daß die Schule nur unter großen Schwierigkeiten weiterbestehen konnte. Bei Ausbruch des Bürgerkrieges war sie noch immer klein, aber die Idee für ein solches College in Washington, das lange ihren Namen tragen sollte, war damit geboren. 1839 gab es Pläne für ein Institute for Colored Youth (Institut für farbige Jugendliche) in Philadelphia. Das College wurde 1842 gegründet und begann zehn Jahre später unter der Führung von Charles L. Reason aus New York, erfolgreich zu arbeiten. Eine Schenkung von 300 000 Dollar durch den Reverend Charles Avery führte 1849 zur Gründung eines Colleges für Schwarze in Allegheny City, Pennsylvania, das den Namen seines Wohltäters erhielt. Ausgestattet mit reichlichen Finanzmitteln und Lehrern beider Rassen, ging es dem College gut. In diesen Jahren unterrichteten Reason, William G. Allen und George B. Vashon jeweils für eine bestimmte Zeit am Central College für weiße Studenten in McGrawville, New York.

Zwei konfessionelle Hochschulen, die in diesen Jahren gegründet wurden und mit den Jahren wuchsen, sind die Lincoln-Universität in

Pennsylvania und die Wilberforce-Universität in Ohio. Die Lincoln-Universität war als Ashmun Institute von den Presbyterianern ins Leben gerufen worden, wurde 1854 inkorporiert und nahm zwei Jahre später die ersten Studenten auf. 1855 beschloß die Cincinnati Conference der Methodist Episcopal Church, Geld zur Errichtung eines schwarzen College zu sammeln, das im folgenden Jahr als Wilberforce-Universität inkorporiert wurde. Die ersten Studenten dort waren hauptsächlich Mulattenkinder von südstaatlichen Plantagenbesitzern. Nach einer kurzen Unterbrechung zu Beginn des Bürgerkriegs wurde sie in der Regie der African Methodist Episcopal Church wieder eröffnet.

In den Jahren vor dem Bürgerkrieg äußerten sich die Schwarzen in Wort und Schrift viel stärker als im vorangegangenen Jahrhundert. Es gab Dichter, Dramatiker, Historiker, Zeitungsherausgeber und andere, die der übrigen Welt die Perspektive der Schwarzen vermittelten. In North Carolina verfaßte George Moses Horton, der faktisch frei war, vielgelesene Gedichte. 1829 veröffentlichte er einen Band mit dem Titel *The Hope of Liberty* und schrieb in den nächsten dreißig Jahren für Studenten an der Universität von North Carolina und für verschiedene Zeitungen. Bedauerlicherweise schwand sein Interesse am Dichten, als er zu trinken anfing. Er erkannte wohl, daß es für ihn keine Hoffnung auf Freiheit gab. Daniel A. Payne, der eine glänzende Karriere als Bischof in der African Methodist Episcopal Church machte, veröffentlichte 1850 einen schmalen Band mit dem Titel *Pleasures and Other Miscellaneous Poems*. Seine Gedichte ließen zwar wenig Phantasie erkennen, aber immerhin schrieb ein Kritiker, daß »er mit seiner Liebe zu Ordnung und Präzision ein Gefühl für den Versbau hatte«. Frances Harper, deren *Poems on Miscellaneous Subjects* 1854 erschienen, schrieb ihre bedeutendsten Arbeiten nach dem Bürgerkrieg. *Our Nig; Or Sketches From the Life of a Free Black*, der erste Roman eines Afroamerikaners überhaupt und einer Afroamerikanerin dazu, erschien 1859. Die Autorin Harriet E. Wilson war eine freie Schwarze, die wahrscheinlich in Massachusetts lebte. Henry Louis Gates, Jr., der *Our Nig* entdeckte, schreibt darüber, der Roman »ist das ›fehlende Glied‹ ... zwischen der lange bestehenden und weit entwickelten Tradition schwarzer Autobiographie und den Anfängen einer spezifisch schwarzen Stimme in der Belletristik«. Das kulturelle Leben der Schwarzen in New Orleans wurde am besten durch eine Gruppe von siebzehn Dichtern repräsentiert, die 1845 einen Gedichtband mit dem Titel *Les*

Cenelles veröffentlichten. Der Herausgeber, Armand Lanusse, und mehrere Autoren des Bandes hatten in Frankreich gelebt oder studiert, und ihre Arbeit zeigt deutlich den Einfluß von Lamartine und Béranger.

Die größte und vielleicht bedeutendste Gruppe der schwarzen Schriftsteller waren Ex-Sklaven – entlaufene oder freigelassene –, die ihre Erfahrungen in Form von Erzählungen aufschrieben. Sie wurden häufig von Abolitionisten dazu angeregt und dabei unterstützt, die ihre Werke als Argumente gegen die Sklaverei benutzen wollten. Einige Erzählungen waren jedoch ausschließlich das Werk ehemaliger Sklaven, die nur minimalen Unterricht genossen hatten. Aufgrund ihres Inhalts wirken die meisten dieser Werke sehr dramatisch; die Phantasie allein hätte, ohne durch die Schule der Erfahrung gegangen zu sein, schwerlich eine solche Dramatik erreichen können. Zu den Sklaven, die zwischen 1840 und 1860 ihre erzählenden Berichte veröffentlichten, gehörten William Wells Brown (1842), Lunsford Lane (1842), Moses Grandy (1844), Frederick Douglass (1845), Lewis Clarke (1846), Henry Bibb (1849), J. W. C. Pennington (1850), Solomon Northup (1853), Austin Steward (1857) und J. W. Loguen (1859). Während und nach dem Bürgerkrieg wurden noch weitere autobiographische Erzählungen veröffentlicht, die bei aller Subjektivität eine wichtige Quelle für die Erforschung der Sklaverei in Amerika sind.

Von einigen dieser Schriftsteller gibt es auch andere Arbeiten. William Wells Brown beschrieb seine Auslandsreisen sehr lebendig in *Three Years in Europe* (1852) und verfaßte als erster Schwarzer ein Theaterstück, *The Escape* (1858), und einen Roman, *Clotel, or the President's Daughter* (1853). J. W. C. Pennington hatte, noch bevor er seine Lebensgeschichte veröffentlichte, ein *Textbook of the Origin and History of the Colored People* (1841) geschrieben. Ein besserer Historiker war William C. Nell, dessen Buch *Services of Colored Americans in the Wars of 1776 and 1812* zum ersten Mal 1852 erschien. Drei Jahre später wurde es in einer wesentlich überarbeiteten Ausgabe mit dem Titel *The Colored Patriots of the American Revolution with Sketches of Several Distinguished Colored Persons to Which Is Added a Brief Survey of the Condition and Prospects of Colored Americans* veröffentlicht. Martin R. Delany, ein führender schwarzer Arzt, der an der Harvard Medical School studiert hatte, publizierte 1852 *The Condition, Elevation, Emigration and Destiny of the Colored People of the United States.* Fortsetzungen seines Romans *Blake, or the Huts of America* erschienen 1859 in sieben Folgen in der Zeitschrift

Anglo-African. Ähnliche Bücher über die Lebensbedingungen von Schwarzen waren ein deutliches Anzeichen dafür, daß Schwarze zur Selbstbeobachtung und Selbstkritik fanden, ein unfehlbares Zeichen für ihre Reife und Anpassung. Eine andere Kategorie war die Arbeit von James McCune Smith aus New York. 1846 veröffentlichte dieser Absolvent des Medical College der Universität von Glasgow eine Arbeit über das Thema »Der Einfluß des Klimas auf die Langlebigkeit, unter besonderer Berücksichtigung von Lebensversicherungen«.

Die meisten schwarzen Zeitungen behandelten hauptsächlich den Kampf gegen die Sklaverei. Am bekanntesten war die erste schwarze Zeitung, *Freedom's Journal,* gegründet 1827 von Samuel Cornish und John Russwurm, und der *North Star* von Frederick Douglass, der zum ersten Mal 1847 erschien. Unter seinem ab 1850 neuen Namen *Frederick Douglass's Paper* hatte die Zeitung mehrere Jahre lang eine hohe Auflage. Andere, kurzlebige, Zeitschriften waren *Mystery* (Pittsburgh, 1843); *Colored Man's Journal* (New York, 1851); *Mirror of the Times* (San Francisco, 1855) und *Anglo-African* (New York, 1859).

Der Kampf im Norden und Westen

Die Migration der Schwarzen aus dem Süden nach Norden und Westen begann schon dreißig Jahre vor dem Bürgerkrieg. Es waren nicht nur flüchtige Sklaven, sondern auch freie Schwarze, die nach Norden blickten und hofften, dort bessere Chancen und eine bessere Behandlung zu finden. Sie wanderten in Scharen in die Städte des Nordostens und, wie die Einwanderer aus Europa, auch in den alten Nordwesten. Zwischen 1850 und 1860 machte z. B. Michigans schwarze Bevölkerung einen Sprung von von 2500 auf 6700 Personen; in Iowa verdreifachte sie sich; und in Kalifornien wuchs sie von 962 auf 4086. Die Reaktion auf die starke Zuwanderung von Schwarzen war nicht gerade freundlich. Die Weißen im Norden waren gegenüber den Schwarzen, die bereits in ihrer Mitte lebten, nicht besonders feindselig gewesen, aber die groben, ungehobelten Menschen aus dem Süden waren bei ihnen nicht willkommen. Tatsächlich hofften sie wohl, den Norden und Westen nicht nur frei von Sklavenhaltung, sondern auch von den Schwarzen halten zu können.

Die Feindseligkeiten zwischen den Rassen nahmen im Norden und Westen zu und entluden sich vielfach in Gewalttätigkeiten. In Philadelphia steinigten 1819 drei weiße Frauen eine Schwarze zu Tode. Wenige Jahre später beschlossen die Bürger Philadelphias, Schwarze von den Feiern auf dem Independence Square am 4. Juli fernzuhalten, da man ihnen keinen Anteil am Aufbau der Nation zubilligte. 1831 versetzte der Vorschlag des Abolitionisten Simeon Jocelyn, ein College für Schwarze zu gründen, die Bevölkerung von New Haven, Connecticut, in Erregung, und sie beschloß, dieses Vorhaben mit allen Mitteln zu verhindern. Als John Randolphs freigelassene Sklaven nach Ohio gebracht wurden, protestierten deutsche Siedler so heftig, daß Randolphs Testamentsvollstrecker einen anderen Ort für sie finden mußte. Und in den Bergwerken an der kalifornischen *frontier* gab es mehr als eine Schlägerei aus den Ressentiments der Weißen gegen die Schwarzen.

Manchmal wuchsen sich die Gewalttätigkeiten zu Krawallen oder gar Rassenunruhen aus. 1830 verjagte der Pöbel acht Schwarze aus Portsmouth, Ohio. Und 1829 griffen drei Tage lang Banden weißer Raufbolde zur Selbstjustiz und verjagten solche schwarzen Bewohner aus Cincinnati, die eine gesetzlich vorgeschriebene Kaution nicht aufbringen konnten. Mehr als eintausend Schwarze hielten es für ratsam, die Stadt zu verlassen. Opfer solcher Unruhen waren wiederum Schwarze, als die Prosklavereikräfte von Cincinnati das Büro zerstörten, in dem James G. Birney eine Antisklaverei-Zeitung, den *Philantropist,* herausgegeben hatte. Wehrlose Schwarze wurden in ihren Häusern angegriffen, und viele verließen die Stadt. Die Krawalle gegen flüchtige Sklaven im Jahr 1841 trafen auch viele Schwarze, die überhaupt nichts mit solchen flüchtigen Sklaven zu tun hatten.

Im Staat New York kam es in Utica, Palmyra und in der Stadt New York 1834 und 1839 zu Rassenunruhen. Die schlimmsten Krawalle gegen Schwarze gab es jedoch in Pennsylvania. Am 12. August 1834 marschierte weißer Pöbel in das schwarze Viertel von Philadelphia und verübte zahlreiche Gewalttaten. Am folgenden Tag zerstörte die Menge die African Presbyterian Church, steckte Häuser in Brand und schlug brutal mehrere Schwarze zusammen. Diese Herrschaft des Terrors konnte erst am dritten Tag von der Polizei beendet werden. Zu vergleichbaren Unruhen kam es 1835 und wieder 1842. In diesem Jahr waren viele Weiße aufgrund der schweren Wirtschaftsdepression arbeitslos. Als die Schwarzen Philadelphias die Abschaffung der Sklaverei auf den Westindischen Inseln mit einem Fest feierten, sprengten die Arbeitslosen ihren Festumzug, griffen viele Schwarze tätlich an und brannten die New African Hall and Presbyterian Church erneut nieder. Einzelstaatstruppen mußten zu Hilfe gerufen werden, um der Polizei bei der Wiederherstellung von Ruhe und Ordnung in der Stadt zu helfen. 1839 kam es in Pittsburgh zu Rassenunruhen, in deren Verlauf Weiße im Schwarzenviertel der Stadt beträchtlichen Schaden anrichteten, als sie Häuser anzündeten und demolierten.

Der Süden spielte die Feindseligkeit der Nordstaatler gegen Schwarze sehr gern hoch. Als ein zeitgenössischer Beobachter bemerkte, daß die Schwarzen in New York und Philadelphia hauptsächlich durch ihre »Abneigung gegenüber jeglicher Arbeit und ihren Hang zur Schurkerei« auffielen, wurde er in der südstaatlichen Presse überall zitiert. Südstaatler erzählten mit Genuß, daß ein Schwarzer nach Georgia zurückgekehrt war, nachdem er zwei Jahre lang versucht hatte, in Ohio und Kanada zu leben, und beide Orte aus tiefstem Herzen verachten gelernt hatte. Sie berichteten auch über Schwarze aus Louisiana, die in der Stadt New York so sehr gelitten hatten, daß sie reisende Südstaatler baten, sie doch wieder mit zurückzunehmen. Als ein freier Schwarzer aus North Carolina erzählte, er sei in Cincinnati so herumgestoßen und gedemütigt worden, daß er gern in den Süden zurückkehren würde, berichtete eine Zeitung in Greensboro nicht nur von diesem Fall, sondern druckte denselben Artikel fünf Jahre später noch einmal ab, als sei er gerade erst passiert.

Es kann keinen Zweifel daran geben, daß viele Schwarze im Norden und Westen schlecht behandelt und schlimm mißhandelt wurden. Beobachter wie Fanny Kemble und Frederick L. Olmsted geben Beispiele von solchen Vorfällen in ihren Aufzeichnungen. Kemble schrieb über die Schwarzen im Norden: »Sie sind keine Sklaven, aber sie sind Parias, Ausgeschlossene aus jeder Gemeinschaft außer der ihrer eigenen, verachteten Rasse ... Alle Hände sind ausgestreckt, um sie auszustoßen, alle Finger zeigen vorwurfsvoll auf ihre dunkle Haut, in allen Sprachen ... hat man gelernt, allein den Namen ihrer Rasse schon in eine Beleidigung und in einen Vorwurf zu verkehren.« Olmsted scheint dem Schwarzen in Louisiana geglaubt zu haben, der ihm erzählte, daß ein Schwarzer im Süden leichter Umgang mit Weißen haben konnte als im Norden und er lieber im Süden lebte, weil es dort weniger wahrscheinlich war, beleidigt zu werden. Über solche Ansichten waren die Sklavenhalter beglückt, denn sie bestärkten sie in dem Glauben, daß die Sklaverei für Schwarze besser sei als die Freiheit.

Die Südstaatler scheinen jedoch nicht erkannt zu haben, daß der wesentliche Unterschied zwischen dem Süden einerseits und dem Norden und Westen andererseits darin lag, daß ein Schwarzer in letzteren das Recht eher auf seiner Seite hatte und sich deshalb gegen die Verletzung seiner Rechte wehren konnte. Schwarze im Norden konnten sich zusammenschließen und dafür kämpfen, was sie für ihre Rechte hielten, und es gab eine beträchtliche Anzahl weißer Bürger, die sie sowohl moralisch als auch materiell unterstützte. 1830 fand in Philadelphia ein Kongreß der Schwarzen mit Delegierten aus New York, Pennsylvania, Maryland, Delaware und Virginia statt, »um Mittel und Wege zur Verbesserung unserer Lage zu finden«. James Forten, John B. Vashon, Samuel Cornish und andere führende Schwarze nahmen daran teil. Sie diskutierten, ob man Mittel für die Gründung eines Colleges für Schwarze sammeln und Schwarze zum Auswandern nach Kanada ermutigen sollte. Viele Schwarze lehnten solche Ideen ab, weil sie darin keine echte Lösung ihrer Probleme sahen, und es gab einige, die bereits einen Kongreß der Schwarzen an sich ablehnten.

Mehrere Jahre lang traten diese Kongresse regelmäßig zusammen, und führende weiße Bürger wie Arthur Tappan, John Rankin und William Lloyd Garrison nahmen daran teil. 1847 trafen sich zahlreiche Delegierte, unter ihnen auch William C. Nell, in Troy, New York, und forderten, daß Schwarze die Zulassung zu weißen Colleges beantragen sollten. Nell meinte, daß fleißige und begabte schwarze Studenten den Respekt ihrer Feinde gewinnen und sie zu Freunden machen könnten. 1850 beschloß ein Kongreß in Columbus, Ohio, sich der Unterdrückung in jeder Form zu widersetzen, die allgemeine Schulbildung zu fördern und Schwarze zur Aufnahme handwerklicher, landwirtschaftlicher und akademischer Berufe zu ermutigen

Im Jahrzehnt vor dem Bürgerkrieg gab es mehr Kongresse der Schwarzen als je zuvor. Sie fanden in Rochester, Cleveland, New York, Philadelphia und anderen Städten statt. Auf einem der wichtigsten wurde 1853 in Rochester die Gründung eines National Council of Colored People beschlossen. Man richtete eine aufrüttelnde Denkschrift, die auch von Frederick Douglass unterzeichnet war, an das amerikanische Volk und erklärte, daß es »mit Ausnahme der Juden auf der ganzen Welt kein Volk gibt, das unbarmherziger mit Vorurteilen und Schikanen verfolgt worden ist als die freien Farbigen der Vereinigten Staaten«. Nachdem die Denkschrift verschiedene Formen der Mißhandlung und Demütigung aufgeführt hatte, erklärte sie, daß keine andere Rasse »angesichts derart durchgängiger und schwerer Herabsetzung« größere Fortschritte hätte machen können. »Sie würde auch den Stolzesten demütigen, die Kräfte des Stärksten zunichte machen und das Fortkommen des Gescheitesten verlangsamen. Angesichts unserer Situation können wir, ohne uns zu brüsten, Gott danken und Mut fassen, denn wir haben es soweit gebracht, uns mit Menschen ehrlich messen zu können, deren Situation weit günstiger ist.«

Es gab auch Kongresse einzelner Gruppen. 1848 wurde die Citizens Union of Pennsylvania gegründet, um für die Gleichberechtigung der Schwarzen als Bürger zu kämpfen. 1850 wurde die American League of Colored Laborers in New York gebildet, um die Zusammenarbeit zu fördern und die Ausbildung junger Schwarzer in Landwirtschaft, Handwerk und Handel zu unterstützen.

Kolonisierung

Das Problem, was mit den Schwarzen geschehen sollte, die sich nicht an das amerikanische Leben »anpaßten«, war alt. Es entstand gleich nach der Ankunft der ersten Afrikaner in Amerika. Die Verbannung war eine frühe Form der Bestrafung für Verbrechen sowohl Weißer als auch Schwarzer. Als die Zahl freier Schwarzer wuchs, meinte man, daß sie des Landes verwiesen werden müßten, wenn das Eigentum an Sklaven sicher sein sollte. Denn es konnte keine völlige Kontrolle über die Sklaven geben, solange es freie Schwarze in ihrer Mitte gab. Selbst in Kommunen im Norden spürte man, daß die Freilassung und das Zugeständnis gleicher Rechte nicht ausreichten, weil beide Rassen nicht auf Dauer harmonisch zusammenleben konnten. Die herrschende Meinung faßte J. C. Galloway aus North Carolina treffend so zusammen: »Es ist für uns unmöglich, glücklich zu sein, wenn sie nach ihrer Freilassung unter uns bleiben.«

Schon 1714 hatte ein »im Lande geborener Amerikaner« vorgeschlagen, er soll in New Jersey gelebt haben, Schwarze nach Afrika zurückzuschicken. Diese Idee lebte weiter. Unmittelbar nach dem Unabhängigkeitskrieg diskutierten Samuel Hopkins und der Reverend Ezra Stiles die Möglichkeit, sie in die Praxis umzusetzen, und 1777 arbeitete ein Komitee der Legislative von Virginia unter dem Vorsitz von Thomas Jefferson einen Plan zur stufenweisen Freilassung und Deportation aus. Mehrere Organisationen wie die Connecticut Emancipation Society setzten sich als eines ihrer Ziele die Kolonisierung freier Schwarzer. Vielleicht hat nichts dem Land die Möglichkeit der Kolonisierung so nachhaltig vor Augen geführt wie Paul Cuffes Transport von 38 Schwarzen nach Afrika auf eigene Kosten. Diese Aktion machte deutlich, daß mehr getan werden konnte, wenn sich mehr Menschen oder gar die Regierung dafür interessierten. Sie machte auch deutlich, daß einige Schwarze tatsächlich am Verlassen der Vereinigten Staaten interessiert waren.

Zwei Jahre nach Cuffes Reise wurde die American Colonization Society gegründet, mit Bushrod Washington als Präsident und Henry Clay und John Randolph of Roanoke als prominenten Mitgliedern. Man plante, eine Kolonie in Afrika mit Hilfe der Bundes- und Einzelstaatsregierungen zu gründen und die Öffentlichkeit für die Unterstützung dieses Projekts zu gewinnen. Beauftragte der Gesellschaft sammelten überall im Land Geld und versuchten, freie Schwarze für die Auswanderung nach Liberia zu interessieren, dessen Hauptstadt den ehrenvollen Namen Präsident Monroes erhielt. Schon bald flossen Tausende von Dollars in die Kassen der Gesellschaft zum Kauf und Chartern von Schiffen für den Transport der Schwarzen. Bis 1832 hatten mehr als ein Dutzend Einzelstaatsparlamente ihre offizielle Unterstützung für die Gesellschaft erklärt, darunter auch Sklavenhalterstaaten wie Maryland, Virginia und Kentucky. Andere Staaten wie North Carolina und Mississippi hatten eigene örtliche Kolonisierungsgesellschaften. Zunächst wurden nur freie Schwarze nach Afrika gebracht. Nach 1827 wurden auch einige Sklaven, die ausdrücklich zu diesem Zweck freigelassen worden waren, nach Liberia verschifft. Bis 1830 hatte die Gesellschaft 1420 Schwarze in der Kolonie angesiedelt.

Die ersten zehn Jahre des Bestehens der American Colonization Society waren ihre besten. 1831 wandten sich die Abolitionisten unter Führung von Garrison, der zunächst ein Freund der Kolonisierung gewesen war, von dem Projekt ab. Arthur Tappan, Gerrit Smith und James G. Birney stellten sich auf die Seite der Kritiker. Viele Unterorganisationen, die größere Autonomie wünschten, sagten sich von der Dachorganisation los, die 1834 zahlungsunfähig war. In Liberia, wo die Lebenshaltungskosten hoch waren und die Geschäfte der Kolonie schlecht verwaltet wurden, waren viele Siedler unzufrieden. Die American Colonization Society ging schweren Zeiten entgegen, aber es gelang ihr, noch mehrere Jahre weiterzumachen, bevor sie im Jahrzehnt vor dem Bürgerkrieg endgültig scheiterte.

Obwohl die American Colonization Society die größte Gruppe war, die sich für die »Repatriierung« der Sklaven interessierte, gab es andere nicht weniger engagierte Gruppen und Personen. Einige Zeitungen in den Südstaaten z. B. taten, was sie konnten, um freie Schwarze außer Landes zu jagen. Eine Zeitung in Mississippi veröffentlichte eine Anzeige, in der Haiti als überaus angenehmer Ort für Schwarze aus den Vereinigten Staaten angepriesen wurde. Tatsächlich war Haiti sehr daran gelegen, freie Schwarze für die Insel zu gewinnen. Eine Zeitung in North Carolina beschwor die freien Schwarzen, die Lösung ihrer Probleme in der Emigration zu suchen, und schlug Kanada, Mexiko, Südamerika oder den amerikanischen Westen als Zielorte vor. Doch nur wenige Weiße unterstützten die Idee, daß freie Schwarze im Westen siedeln sollten, nachdem die Westwanderung der Weißen nach dem Ende des Krieges von 1812 eingesetzt hatte.

Trotz aller Programme, freie Schwarze aus den Vereinigten Staaten abzuschieben, wanderten noch nicht einmal 15 000 aus, die meisten mit den annähernd 12 000 im Rahmen der American Colonization Society. In anderen Gegenden als Liberia ließ sich nur eine Handvoll nieder. Aus unterschiedlichen Gründen scheiterten all diese Programme. Zum einen war es wirtschaftlich nicht machbar, Hunderttausende Schwarzer nach Afrika oder anderswohin zu schicken. Die Kosten für Transport und Unterhalt von mehreren hunderttausend Menschen wären weit in die Millionen, wenn nicht Milliarden Dollar gegangen, und es gab nicht genug Unterstützung für diese Idee, so daß sie kaum eine reelle Chance erhielt. Zum anderen war die Gruppe derjenigen, die die Idee aktiv unterstützten, so heterogen, daß sie sich langfristig nicht auf ein einheitliches Programm einigen konnten. Einige Befürworter der Kolonisierung hofften, ein Ende der Sklaverei herbeiführen und alle Schwarzen in das Land ihrer Väter zurückbringen zu können. Andere unterstützten derartige Programme aus der Überzeugung heraus, daß Schwarze grundsätzlich zur Anpassung an die Zivilisation des Westens unfähig seien und es ihnen in ihrer ursprünglichen Umgebung besser gehen würde. Wieder andere sahen in der Rückführung die Chance, Christentum und Zivilisation nach Afrika zu bringen. Sklavenhalter hofften natürlich, die freien Schwarzen abschieben und dadurch die Institution der Sklaverei besser absichern zu können. Derart unterschiedliche Beweggründe verurteilten das Projekt der Kolonisierung zum Scheitern. Und die Einstellung der Schwarzen selbst trug sehr viel zu diesem Scheitern bei.

Kurz nach Gründung der American Colonization Society traf sich eine Gruppe freier Schwarzer in Richmond und stimmte dem Konzept der Kolonisierung zögernd zu, sie wollten aber lieber irgendwo in den Vereinigten Staaten leben, etwa im Tal des Missouri, als in Afrika. Weiter im Süden fügten sich freie Schwarze, die es leid waren, hoffnungslos zu kämpfen, in die Kolonisierung. Die große Mehrheit der Schwarzen, die nach Afrika ging, stammte aus den sklavenhaltenden Staaten. Im Norden wurde die Kolonisierung in Afrika durchweg abgelehnt. Unter dem Vorsitz von Richard Allen und James Forten kamen 1817 in Philadelphia 3000 Schwarze zusammen und brachten ihre Einwände gegen die Kolonisierung vor. Sie baten »die menschenfreundlichen und wohlwollenden Einwohner von Philadelphia« dringend, das Projekt rundweg abzulehnen, und kennzeichneten es scharf als »Verbrechen, das kein anderes Ziel hat, als den Wirtschaftsinteressen der Sklavenhalter des Landes zu nutzen«.

Innerhalb von zehn Jahren hatte sich die Ablehnung zu einem erbitterten Widerstand gesteigert. In Baltimore, Boston, New York, Hartford, New Haven, Pittsburgh und vielen anderen Städten wurden Versammlungen abgehalten. Die Schwarzen von New York sprachen von den Befürwortern der Kolonisierung als von »Männern mit falschen Ansichten«, während Schwarze aus Lyme in Connecticut die Kolonisierung als »eines der barbarischsten Projekte, das jemals von aufgeklärten Menschen gefördert wurde«, bezeichneten.

Jeder Kongreß der Schwarzen lehnte die Kolonisierung scharf ab, und die führenden Schwarzen sprachen und schrieben gegen das Projekt. Martin R. Delany war der American Colonization Society gegenüber besonders feindselig und beschrieb sie als »antichristlich ihrem Wesen nach und menschenfeindlich in ihrem vorgetäuschten Mitgefühl«. Er beschimpfte die Führer als »abgefeimte Heuchler«, die eine Organisation leiteten, die ganz offensichtlich »einer der schlimmsten Feinde der Neger« war. Das Hauptmotiv für die Kolonisierung, behauptete er, sei der

Wunsch, die Schwarzen aus den Vereinigten Staaten loszuwerden. Deshalb habe man in Afrika einen Staat gebildet, der »nicht unabhängig ist, – sondern eine *armselige Farce* – die Karikatur eines Staates«.

Aber nicht alle Schwarzen im Norden lehnten die Kolonisierung ab. Selbst Martin Delany meinte, daß es den Schwarzen in Mittel- und Südamerika gut gehen würde, und bei einer Gelegenheit beschrieb er diese Region als ihre zukünftige Heimat in der Neuen Welt. Er hielt auch Westkanada (das obere Kanada) für eine zufriedenstellende Heimat, wenn es nicht von den Vereinigten Staaten annektiert würde. Ein solcher Eventualfall würde bedeuten, daß »das Schicksal aller Farbigen, wie frei sie auch vorher waren, besiegelt, besiegelt, auf ewig besiegelt ist«. Mehrere prominente Geistliche unterstützten die Kolonisierung mit der Begründung, dadurch würde sich das Christentum in heidnischen Ländern ausbreiten. Zu ihnen gehörten Daniel A. Payne und Alexander Crummell, die zur Förderung des Christentums und der Kolonisierung nach Afrika gingen. Lott Cary und Colin Teague gingen 1821 unter der Schirmherrschaft der African Baptist Missionary Society in Richmond und der General Baptist Missionary Convention 1821 nach Liberia. Während Cary sich nicht für die Politik der American Colonization Society erwärmen konnte, arbeitete er dennoch bis zu seinem Tod 1828 unter den Siedlern in Afrika. Doch die Kolonisierung insgesamt war zum Scheitern verurteilt: Die Afroamerikaner gehörten so permanent zum festen Bestandteil der amerikanischen Gesellschaft wie nur irgend etwas anderes.

So gingen Schwarze den schrecklichen Leidensweg in die Freiheit. Selbst über die vom Schicksal Begünstigtesten wird man nicht sagen können, daß sie vollkommen frei waren. Sie waren Kränkungen und Beleidigungen, rechtlichen Benachteiligungen und wirtschaftlichen Entbehrungen, gewalttätigen Angriffen und verbalen Verleumdungen ausgesetzt. Ihre Reaktionen waren, selbst wenn sie nüchtern und vernünftig waren, die Reaktionen eines frustrierten, geschlagenen Volkes. Die schlechte Behandlung der freien Schwarzen war nicht regional begrenzt. Allenfalls war die Situation im Norden vergleichsweise erträglicher als im Süden. Es kann also kaum verwundern, daß Hoffnungslosigkeit und Verzweiflung herrschten, und noch weniger, daß im Süden einige wenige freie Schwarze wieder Sklaven wurden. Allzu wenige erkannten, daß im eskalierenden Konflikt zwischen Nord und Süd eine Chance für die Unterdrückten und Hoffnung für die Verzagten lag.

10. KAPITEL
DIE SKLAVEREI UND DER KONFLIKT ZWISCHEN NORD UND SÜD

Der Norden attackiert

Eine grundsätzliche Einstellung gegen die Sklaverei, wie sie durch die humanitäre Weltanschauung des 18. Jahrhunderts geweckt worden war, verschwand in Amerika niemals vollständig. Zwar gab es eine Periode der Ruhe, während der Süden neue profitable Beschäftigungsmöglichkeiten von Sklaven fand und der Norden sich vordringlich mit eigenen wirtschaftlichen und politischen Problemen befaßte. Aber einige Menschen lehnten die Sklaverei als Institution weiterhin ab, und lange bevor um 1838 die militanten Abolitionisten die Szene betraten, waren die überzeugendsten Argumente gegen die Sklaverei bereits voll entwickelt. Bald nach dem Krieg von 1812 wurde die Kluft zwischen dem Norden und Süden offensichtlich, als der Norden voll auf die Industrialisierung einschwenkte, und der Süden, noch immer der Landwirtschaft verhaftet, klar erkannte, daß die Interessen der beiden Regionen zunehmend antagonistischer wurden. Tatsächlich veränderte die Industrialisierung des Nordens die Sicht der Dinge in dieser Großregion. In dem Maß, wie die Menschen enger zusammenrückten, versuchten sie, ihre drängenden Probleme durch Zusammenarbeit zu lösen. Dagegen ließ im Süden das Plantagensystem die Unabhängigkeit der *frontier* fortbestehen: Es existierten so gut wie kein Gemeinschaftsleben, nur wenig staatsbürgerliche Verantwortung und geringes Interesse an den unterschiedlichsten Programmen zum Fortschritt der Menschheit. Der Missouri-Konflikt brachte überdies die Auseinandersetzung zwischen Nord und Süd auf den Punkt und unterstrich die Bedeutung der Sklaverei als nationale Streitfrage.

Die öffentliche Stimmung gegen die Sklaverei verstärkte sich im Norden nach 1815 beständig, denn immer mehr Geistliche, Journalisten und andere Meinungsführer der Öffentlichkeit prangerten die Übel dieser Institution an. Es dauerte mehrere Jahre, bis fast alle diese Kritiker allein im Norden zu finden waren. 1817 veröffentlichte Charles Osborn in Ohio den *Philanthropist*, eine Antisklavereizeitung, aber zwei Jahre später zog er nach Tennessee und veröffentlichte dort den *Manumission Intelligencer*. 1820 gab Elihu Embree in Jonesboro, Tennessee, den *Emancipator* heraus, während William Swaim die Ablehnung der Sklaverei durch die Quäker im *Patriot* zum Ausdruck brachte, der in Greensboro, North Carolina, erschien. Im Jahr 1821 begann der umherziehende Benjamin Lundy mit der Herausgabe des *Genius of Universal Emancipation*, in dem er ein vollständiges Programm zur Emanzipation und Kolonisierung der Schwarzen verkündete. Obwohl ihm die emotionale Leidenschaft späterer Absolutionisten fehlte, zeichneten ihn doch Mut und Hingabe für die Sache der Freilassung der Sklaven aus.

Innerhalb von zehn Jahren, nachdem Lundy mit seiner Arbeit begonnen hatte, zeigten drei Ereignisse an, daß die Zeit der militanten Abolitionisten gekommen war. Es waren dies die Veröffentlichung von David Walkers *Appeal*, das Erscheinen von William Lloyd Garrisons *Liberator* und Nat Turners Aufstand, von dem viele fälschlicherweise meinten, er sei durch die Aktivitäten von Männern wie Garrison inspiriert worden (siehe Kapitel 8). David Walker war ein freier Schwarzer aus North Carolina, der nach Boston gegangen war, wo er mit gebrauchter Kleidung handelte. Sein tiefer Haß auf die Sklaverei hatte nach dem Verlassen des Südens nicht abgenommen, er hatte sich eher verstärkt. Im September 1829 erschien sein Aufsatz: »Walkers Aufruf in vier Artikeln, mit einer Einführung an die farbigen Bürger der ganzen Welt, aber vor allem und ganz ausdrücklich an die in den Vereinigten Staaten.« Es war eine der heftigsten Anklagen gegen die Sklaverei, die jemals in den Vereinigten Staaten gedruckt wurde. In unmißverständlicher Sprache rief er die Schwarzen auf, sich zu erheben und das Joch der Sklaverei abzuschütteln:

> Sind wir Menschen? Ich frage euch ... sind wir MENSCHEN? Hat uns unser Schöpfer erschaffen, um für Staub und Asche wie wir selbst Sklaven zu sein? Sind sie nicht sterbliche Würmer wie wir auch? ... Wie konnten wir uns einer Gruppe Menschen *unterwerfen*, von denen wir nicht einmal wissen, ob sie so gut sind wie wir oder nicht, das werde ich niemals begreifen ... Amerika ist viel eher unser Land als das der Weißen – wir haben es mit unserem *Blut und unseren Tränen* reich gemacht. Die größten Reichtümer in ganz Amerika sind durch unser Blut und unsere Tränen geschaffen worden: Und sie werden uns von unserem Grund und Boden und unseren Häusern vertreiben, die wir mit unserem Blut verdient haben.

Walker schloß seinen Aufruf mit einem Zitat aus der Unabhängigkeitserklärung zum Beweis für die Berechtigung des Widerstandes der Schwarzen gegen die Unterdrückung durch die weißen Herren, wenn nötig mit Gewalt. Verblüfft und erschrocken las das Land die Worte dieses Schwarzen, der zu militanten Aktionen aufrief.

Im Januar 1831 erschien die erste Nummer von Garrisons *Liberator*. Garrison hatte seine Lehrzeit als Lundys Assistent beim *Genius of Universal Emancipation* absolviert und hatte wegen Verleumdung eines Kapitäns, der Sklaven nach New Orleans transportiert hatte, im Gefängnis gesessen. Er hatte die Phase gemäßigter Ideen hinter sich und war von einem Unterstützer der Kolonisierung zu ihrem Gegner geworden. In der ersten Nummer seiner Zeitung berief auch er sich auf die Unabhängigkeitserklärung und behauptete, daß der Schwarze genau dasselbe Recht auf »Leben, Freiheit und Streben nach Glück« habe wie der Weiße. Die sofortige und bedingungslose Abschaffung der Sklaverei war von seinem Standpunkt aus die einzige Lösung. Er schrieb eine aufrüttelnde Kampfansage an die Sklaverei:

> Ich *will* hart sein wie die Wahrheit und kompromißlos wie die Gerechtigkeit. Über diese Frage will ich nicht mit Mäßigung denken, sprechen oder schreiben ... Ich bin entschlossen – ich werde nichts im unklaren belassen – ich werde nichts entschuldigen – ich werde keinen Zentimeter zurückweichen – UND ICH WERDE GEHÖRT WERDEN.

Auf diese Weise wurde Garrison zu dem am meisten beachteten Repräsentanten, der die gewaltlose militante Abschaffung der Sklaverei forderte. Für eine ganze Generation war er eine der wichtigsten Persönlichkeiten, die sich für die Freiheit der Sklaven einsetzten. Es war ein vielversprechender Anfang einer aufregenden Karriere. Kein Wunder, daß die Menschen im Süden die sogenannten aufrührerischen Schriften von Walker und Garrison mit den Aufständen von Nat Turner u. a. in Verbindung brachten, aber Garrison verfolgte immer eine Strategie des gewaltlosen, passiven Widerstands.

Die militante Antisklavereibewegung, die sich bis 1831 entwickelt hatte, stellte einen mächtigen religiösen Kreuzzug dar – und war Teil der größeren humanitären Bewegung, die sich in ganz Europa und den nördlichen Vereinigten Staaten ausbreitete. Sie entstand aus der wach-

> ### David Walker fordert Gerechtigkeit – 1829
>
> Ich frage jeden von Euch, der ein Herz hat und mit der Gunst des Glaubens gesegnet ist – ist denn Gott nicht ein gerechter Gott für *alle* seine Geschöpfe? Und antwortet Ihr, er ist es? Und wenn er den Tyrannen Frieden und Ruhe beschert und ihnen erlaubt, unsere Väter, unsere Mütter, uns selbst und unsere Kinder in ewiger Unwissenheit und ewigem Elend zu halten, nur um für sie und ihre Familien zu arbeiten, ist er dann ein *gerechter* Gott für uns? Ich frage Euch, o Ihr *Christen!!!*, die Ihr uns und unsere Kinder in so tiefer Unwissenheit und Erniedrigung haltet, wie sie nur je ein Volk seit der Schöpfung heimgesucht haben – und ich sage Euch, wenn Gott Euch Frieden und Ruhe gibt und es zuläßt, daß Ihr uns und unsere Kinder weiter so heimsucht, wir, die wir Euch nie in irgendeiner Art und Weise herausgefordert haben – ist er dann für uns ein *gerechter Gott?* Wenn Ihr aber zugebt, daß wir MENSCHEN sind, die füreinander fühlen, ruft dann nicht das Blut unserer Väter und das unsrige, ihrer Kinder, laut den Herrn Zebaoth gegen Euch an, um der Grausamkeiten und Morde willen, mit denen Ihr uns heimgesucht habt und noch immer heimsucht.
>
> *Walker's Appeal in Four Articles, Together with a Preamble to the Coloured Citizens of the World, But in Particular, and very Expressly, to those of the United States of America*
> (Boston, 1830), S. 68

senden Sorge um das Wohlergehen unterprivilegierter Menschen und wurde manifest in der Antisklavereibewegung, im Kampf für bessere Arbeitsbedingungen in England und der Suche nach einem besseren Leben in Amerika. Sie war in vieler Hinsicht eng verbunden mit Bewegungen für den Frieden, für Frauenrechte, für Abstinenz und andere Reformprogramme. Im Westen war sie verbunden mit der großen Erweckungsbewegung, in der Charles G. Finney die beherrschende Gestalt war. Er betonte, wie wichtig es war, ein nützliches Mitglied der Gemeinschaft zu sein, und gab damit einen starken Impuls für Gesellschaftsreformen. Die jungen Bekehrten schlossen sich Finney's Holy Band an, und da für sie die Abschaffung der Sklaverei ein Weg war, Gott zu dienen, schlossen sie sich eifrig und mit ganzer Seele der Bewegung an.

Die Abolitionisten verfaßten eine sorgfältige Begründung gegen den Fortbestand der Sklaverei. Als erstes und wichtigstes betonten sie, daß sie im Widerspruch zu den Lehren des Christentums stand, da Jesus die Brüderlichkeit aller Menschen gelehrt hatte und es einer der zentralen Lehrsätze des christlichen Glaubens sei, daß alle Menschen nach dem Ebenbild Gottes geschaffen seien. James G. Birneys *Letter to the Ministers and Elders* (1834) und Theodore Welds *The Bible Against Slavery* (1837) führten diese religiösen Argumente gegen die Sklaverei folgerichtig weiter. Zweitens behaupteten die Abolitionisten, daß die Sklaverei den Grundprinzipien der amerikanischen Lebensform widersprach, nach deren Wertvorstellungen Freiheit das unveräußerliche Recht jedes Individuums war. Den Sklaven wurde dieses Recht abgesprochen: Sie waren bei der Arbeitssuche nicht frei, sie besaßen keine religiöse Freiheit, keine Rechte für ihre Ehe oder Familie, keinen Schutz durch das Recht und wenige Möglichkeiten, eine Ausbildung zu erhalten. Darüber hinaus argumentierten die Abolitionisten, daß die Sklaverei wirtschaftlich unsinnig sei, weil man von den Arbeitern keine großen Leistungen erwarten konnte und in der Plantagenwirtschaft menschliche und natürliche Ressourcen vergeudet wurden. Kultur und Zivilisation des Südens litten zudem darunter, daß die Sklave-Herr-Beziehung gerade keine vornehme Geisteshaltung fördere, sondern die niederen Elemente in der Natur auf beiden Seiten zum Vorschein brächte. Theodore Weld brachte diese Ansicht auf den Punkt, wenn er erklärte, daß die Beherrschung eines Menschen durch einen anderen im Kern unzivilisiert sei: »Willkür wirkt auf die Seele wie Alkohol auf den Körper, sie vergiftet.« Schließlich verurteilten die Abolitionisten die Sklaverei als Bedrohung von Frieden und Sicherheit im Land. Der Süden werde allmählich zu einem bewaffneten Lager, in dem Weiße in ständiger Furcht vor einem großen Sklavenaufstand lebten. Diese Furcht, so behaupteten sie, erzeuge Gewalt und sei die Ursache für Blutvergießen.

Obwohl die Gegner der Sklaverei jahrelang geglaubt hatten, daß die Kolonisierung ein Weg sei, auf dem das Land von seinem gefürchteten »Negerproblem« befreit werden könne, lehnten die militanten Abolitionisten unverändert die Kolonisierung ab. Sie waren auch deshalb mißtrauisch, weil sie von Sklavenhaltern unterstützt wurde, die an der Abschaffung der Sklaverei nicht interessiert sein konnten. Die Abolitionisten meinten genau wie die große Mehrheit der Schwarzen, daß die Kolonisierung hauptsächlich dem Ziel der Abschiebung der freien Schwarzen und damit der stärkeren Stabilisierung der Sklaverei diente.

Garrison erklärte, daß die American Colonization Society »freien Schwarzen und Sklaven großen Schaden zugefügt hat; erstens, weil sie die Vorurteile im Volk vertieft hat; zweitens, weil sie allen, die frei waren, von der Ausbildung abgeraten hat; drittens, weil sie die Verabschiedung strenger Gesetzesbestimmungen angeregt hat, und schließlich, weil sie das Land in tiefen Schlaf gelullt hat«. Noch schärfere Anklagen enthalten seine 1832 veröffentlichten *Thoughts on Colonization*.

Aufgrund ihrer eigenen Prinzipien, die nicht notwendig egalitär waren, waren die Abolitionisten nunmehr bereit, sich zu organisieren und die Institution der Sklaverei auszulöschen. 1831 wurde die New England Anti-Slavery Society gegründet. Sie begann als kleine Gruppe mit fünfzehn Mitgliedern, denen Garrison die Idee der sofortigen Emanzipation der Sklaven intensiv vermittelte. Mit zunehmender Mitgliederzahl wurden sie radikaler und vertraten die Stimme Garrisons nun lautstark. Besonders in New York und Philadelphia lehnten einige von Anfang an die radikalen Ansichten Garrisons ab. Diese gemäßigte Gruppe war durch die Abschaffung der Sklaverei im britischen Empire ermutigt worden und unterstützte 1833 die Gründung der American Anti-Slavery Society in Philadelphia. Arthur Tappan, ein reicher New Yorker Kaufmann, war der erste Präsident. Andere führende Persönlichkeiten waren Theodore Weld, James G. Birney, William Goodell, Joshua Leavitt, Elizur Wright, Samuel May und Beriah Green, von denen die meisten schon in örtlichen Antisklaverei-Gesellschaften aktiv gewesen waren. Doch Garrison war die beherrschende Figur der Organisation und konnte, als die Gründungsstatuten mit einer Absichtserklärung veröffentlicht wurden, seine Ansichten in das Dokument einbringen. Ein Programm für die Öffentlichkeitsarbeit wurde weitgehend der New Yorker Gruppe entworfen und ausgeführt. Vier Zeitschriften wurden publiziert: *Human Rights*, *Anti-Slavery Record*, *Emancipator* und *Slave's Friend*. Flugschriften wurden im Norden und wenn möglich auch im Süden verteilt. Über ihre vielen Vertreter wurden Ortsgruppen gegründet und Geld gesammelt zur Unterstützung weiterer Programme für die Sache der Emanzipation. 1836 hatte man siebzig Redner, die überall Vorträge hielten. Sie stammten weitgehend aus der Geistlichkeit, aus theologischen Seminaren und Colleges.

Im Westen war die Antisklavereibewegung 1830 zu einem wahren Kreuzzug geworden. Die meisten der führenden Männer, die den Süden verließen, gingen in den Westen. James G. Birney ging von Alabama nach Kentucky und weiter nach Ohio. Levi Coffin verließ North Carolina und setzte seine Tätigkeit in Indiana fort. Später schlossen sich ihnen andere an, denen in ihren Heimatorten eine besonders feindselige Atmosphäre wegen ihrer Antisklaverei-Ideen entgegengeschlagen war. Als Theodore Dwight Weld seine Tätigkeit am Lane Theological Seminary, einer theologischen Hochschule, in Cincinnati aufnahm, ermunterte er die Studenten, über das Problem der Sklaverei zu diskutieren, und die freien und offenen Diskussionen gewannen viele Anhänger, darunter auch Südstaatler, für die Sache der Emanzipation. Die Studenten setzten ihre Ansichten in die Praxis um, gingen in die Gemeinden und organisierten Gruppen, die Sklaven helfen sollten, sie unterrichteten jugendliche Schwarze und engagierten sich bei den gefährlichen Aktivitäten der *Underground Railroad*. Als Lane eine konservative Leitung bekam, verließen die Studenten die Hochschule, statt sich unterzuordnen und gingen in großer Zahl ans Oberlin College. Dort war ein theologisches Seminar mit Geldern gegründet worden, die von Philanthropen und Gegnern der Sklaverei wie Arthur und Lewis Tappan aus New York zur Verfügung gestellt worden waren. Seit dieser Zeit war Oberlin ein Zentrum von Aktivitäten gegen die Sklaverei. Auch Western Reserve war ein College, an dem den Studenten die Ideen der Antisklaverei-Bewegung vermittelt wurden, die sie dann weitertrugen. Nie zuvor hatten die Colleges eine so wichtige Rolle in einem Programm der Gesellschaftsreform gespielt.

Doch der Eiferer Garrison war selbst mit einer landesweiten Organisation wie der American Anti-Slavery Society unzufrieden, deren Mitglieder sich alle dem Kampf für die sofortige Abschaffung der Sklaverei verschrieben hatten. Sie machten ihm nicht genug Druck, sie waren nicht bereit, Frauen als Gleichberechtigte in den führenden Positionen der Bewegung anzuerkennen, und sie zögerten mit ihrer Kritik an den Kirchen, die keine eindeutige Stellung bezogen. 1839 entschlossen sich Garrison und seine Anhänger, die Macht in der nationalen Organisation zu übernehmen. Auf dem Kongreß im darauffolgenden Jahr wurden die Anhänger Garrisons in die wichtigen Ämter gewählt, und Frauen erhielten verantwortungsvolle Positionen. Die New Yorker Gruppe, die sich Garrisons Griff nach der Macht widersetzte, gründete unter Lewis Tappans Leitung die American and Foreign Anti-Slavery Society. Sie pflegte ihre Beziehungen zu den Kirchen und versuchte, diese für die Abschaffung der Sklaverei zu benutzen. Und sie glaubte, daß nur durch politische Arbeit die verfassungsmäßigen und rechtlichen Hindernisse auf dem Weg zur Emanzipation der Schwarzen zu überwinden seien.

Die Mitglieder dieser neuen Gesellschaft wurden der Kern der Liberty-Partei, die 1840 gegründet wurde. In zwei aufeinanderfolgenden Präsidentschaftswahlen nominierten sie James Birney, der jedoch selbst auf dem Höhepunkt ihres Einflusses 1844 nur 60 000 Stimmen erhielt. Dieses traurige Ergebnis bewies ein für allemal, daß, auch wenn Millionen Menschen gegen die Sklaverei waren, eine politische Partei mehr bieten mußte, um gewählt zu werden, als ein Antisklaverei-Programm. Die Republikanische Partei zeigte im nächsten Jahrzehnt, daß sie diese Lektion gelernt hatte.

Als 1840 die Kräfte der Abolitionisten in zwei nationale Organisationen aufgespalten waren, wurde die effektive Arbeit von einzelstaatlichen und lokalen Organisationen geleistet. Sie hatten ihre Vertreter vor Ort, veröffentlichten Zeitungen und verteilten Antisklaverei-Literatur im Land. Garrisons Einfluß blieb in Neuengland bis zum Ende stark. Zu seinen Gefolgsleuten konnte er John Greenleaf Whittier, den Dichter der Emanzipation zählen, Wendell Phillips, »die goldene Trompete der Emanzipation« und Frauen wie Lucretia Mott, Lydia Maria Child und Maria Weston Chapman. In den Randstaaten zum Süden und im Westen hatten dagegen Birney und Weld größeren Einfluß, und im Unterschied zu Garrison rieten sie weiterhin zur Mäßigung und bestanden auf aktiver politischer Arbeit.

Obwohl Garrisons Spielart mehr Widerstände auslöste als die anderen Formen des Abolitionismus, gab es immer, und auch im Norden, eine beträchtliche öffentliche Stimmung gegen jede Art von Agitation gegen die Sklaverei. David M. Reese nannte die American Anti-Slavery Society »den reinsten Humbug«, und der episkopalische Bischof John H. Hopkins aus Vermont lehnte sie ab, weil er überzeugt war, daß es den Schwarzen als Sklaven besser gehe denn als Freie. Die Ablehnung der Abolitionisten äußerte sich häufig gewalttätig. Elijah P. Lovejoy wurde aus St. Louis gejagt, weil er die Milde eines Richters in einem Prozeß gegen einige Weiße kritisiert hatte, die angeklagt waren, einen Schwarzen lebendig verbrannt zu haben. Später wurde er in Alton, Illinois, getötet, als ein aufgebrachter Pöbel zum vierten Mal die Druckerpresse zerstörte, auf der der *Alton Observer* gedruckt wurde. In Cincinnati zerstörte 1836 eine wütende Menge James Birneys Druckerei, er konnte nur mit Mühe entkommen.

Die Redner der Antisklavereibewegung hatten oft Schwierigkeiten, Räume für ihre Vorträge zu mieten. Selbst wenn es ihnen gelungen war, konnten sie nicht sicher sein, daß ihr Programm wie geplant ablaufen würde, denn viele Versammlungen wurden vom Pöbel gesprengt. Selbst Frauen, die den Kreuzzug gegen die Sklaverei unterstützten, mußten Beleidigungen und Kränkungen befürchten. Als Prudence Crandall, Mitglied der Quäker und Lehrerin, eine schwarze Schülerin in ihre Schule in Canterbury, Connecticut, aufnahm, boykottierten die weißen Eltern die Schule. Nachdem sie sich entschlossen hatte, eine Schule für schwarze Mädchen mit Hilfe von Abolitionisten wie Garrison und Lewis Tappan zu eröffnen, schlugen Bürger ihr die Fensterscheiben ein, beleidigten sie und ließen sie verhaften wegen Verstoßes gegen ein Gesetz von Connecticut, das Lehrern die Unterrichtung von Schwarzen verbot, die keine Bürger des Staates waren.

Die Abolitionisten konnten auf wenig Hilfe oder Schutz von der Bundesregierung rechnen. Schon 1828 richteten sie eine Petition an den Kongreß, die Sklaverei im District of Columbia abzuschaffen, aber nichts geschah. Als eine Flut von Petitionen gegen die Sklaverei das Repräsentantenhaus erreichte, stimmte es 1836 für eine Geschäftsordnungsregel, nach der solche Petitionen angenommen und zurückgestellt werden sollten. Diese »Maulkorbregel« *(gag rule)*, wie die Abolitionisten sie nannten, wurde von Männern wie John Quincy Adams aus Massachusetts und Joshua Giddings aus Ohio scharf angegriffen, aber erst 1845 aufgehoben. Solange die Regel galt, klagten die Abolitionisten, daß ihnen das geheiligte Recht, Petitionen zur Abstellung von Mißständen an die Legislative zu richten, verwehrt werde.

Die Billigung von Gewalt durch manche Abolitionisten brachte viele ordnungsliebende Bürger dazu, sie abzulehnen, und machte jegliche finanzielle Unterstützung ihrer Programme durch die Regierung aussichtslos. Weil sie überzeugt davon waren, daß die Sklavenhalter die Gesetze des Landes auf ihrer Seite hatten, beriefen sich die Abolitionisten auf ein höheres Recht, das sie ihrer Meinung nach dazu berechtigte, Gesetze zu umgehen oder zu brechen. Garrison und seine Anhänger erklärten, obwohl sie selbst gewaltlos vorgingen, daß die Gewalt beim Nat-Turner-Aufstand unvermeidbar gewesen sei. Und 1839 erklärte Jabez

Hammond aus New York, daß nur mit Gewalt das Ende der Sklaverei erreicht werden könne und deshalb militärische Ausbildungsstätten für Schwarze in Kanada und Mexiko eingerichtet werden sollten. Als Sklaven an Bord der *Creole* auf der Fahrt von Hampton Roads nach New Orleans revoltierten, lehnte es der Abgeordnete Joshua Giddings nicht nur ab, daß man die Sklaven wie gewöhnliche Kriminelle behandelte, sondern er lobte sie ausdrücklich, weil ihr Ziel die Freiheit gewesen sei. Das Repräsentantenhaus war über diese offene Mißachtung des Gesetzes schockiert und sprach gegen Giddings einen Tadel aus. Er legte sofort sein Mandat nieder, kehrte nach Ohio zurück und wurde von seinen Wählern, die die Sklaverei ablehnten, gleich wieder in den Kongreß gewählt. Dieser respekteinflößende Giddings lobte später noch andere Schwarze und Weiße dafür, daß sie die Sklaverei abschaffen wollten, und schließlich gewöhnte sich das Repräsentantenhaus an seine Tiraden gegen die Sklavenhaltung. Bis 1850 war die Billigung von Gewalt so sehr ein integraler Bestandteil der Lehren der Abolitionisten geworden, daß viele den Abolitionismus als Bewegung der Anarchie betrachteten.

Schwarze Abolitionisten

Die Weißen standen nicht allein mit ihrer Ablehnung der Sklaverei. Von Anfang an unterstützten Schwarze, die am meisten unter der Unterjochung ihrer Rasse litten, die Emanzipation begeistert. Eine strikt abolitionistische Doktrin war von Schwarzen schon gepredigt worden, lange bevor Garrison geboren war. Bereits vor dem Unabhängigkeitskrieg klagten Sklaven in Massachusetts gegen ihre Herren, um die Freiheit zu erlangen, die sie als ihr unveräußerliches Recht ansahen. Während und nach dem Revolutionskrieg versuchten Schwarze, die Abschaffung der Sklaverei durch Petitionen an die Einzelstaatsregierungen und die Bundesregierung zu erreichen. Sie forderten das Verbot des Sklavenhandels und die Entwicklung eines Programms zur allgemeinen Freilassung. Prince Hall, Benjamin Banneker, Absolom Jones und Richard Allen verurteilten vor 1800 in ihren Veröffentlichungen die Sklaverei scharf, und Organisationen wie die Free African Society in Philadelphia verabschiedeten Resolutionen, die die Abschaffung forderten. Im 19. Jahrhundert gründeten Schwarze Antisklaverei-Organisationen, von denen es 1830 fünfzig Gruppen gab, darunter eine sehr aktive in New Haven und mehrere in Boston, New York und Philadelphia. Eine der mächtigsten hatte ihren Sitz in New York und war nach dem berühmten englischen Gegner der Sklaverei Thomas Clarkson benannt worden.

Das Jahr 1829 war für die schwarzen Abolitionisten ein besonders wichtiges Jahr. Aus Boston kam mit David Walkers *Appeal* ein Signal zum Kampf gegen die Sklaverei, und aus Raleigh, North Carolina, kam der Protest von George Moses Horton in seiner *Hope of Liberty:*

> *Bid Slavery hide her haggard face,*
> *And Barbarism fly:*
> *I scorn to see the sad disgrace*
> *In which enslaved I lie;*

Ebenfalls 1829 veröffentlicht Robert A. Young sein *Ethiopian Manifesto, issued in defence of the black man's rights, in the scale of universal freedom.* Er prophezeite wie Walker, daß unter den Schwarzen ein Messias erscheinen würde, der stark genug wäre, sein Volk zu befreien. Young weckte nicht so viele Ängste wie Walker, obwohl er für ebenso drastische Maßnahmen plädierte, um die Sklaverei zu beenden.

Als die Zeit des militanten Abolitionismus gekommen war, waren Schwarze bereit, sich den Weißen im Kampf gegen die verhaßte Institution anzuschließen. Sie organisierten ihren ersten nationalen Kongreß im Jahr vor der Veröffentlichung von Garrisons *Liberator* und verabschiedeten selbst scharfe Anklagen gegen Kolonisierung und Sklaverei, die keinen Amerikaner im Zweifel darüber ließen, wo sie standen. Der starke Wunsch der schwarzen Abolitionisten, sich der Bewegung zur Befreiung aus der Sklaverei anzuschließen, ist an ihrer Reaktion auf das Erscheinen des *Liberator* ablesbar. Von den 450 Abonnenten im ersten Jahr waren 400 Schwarze, und ein begeisterter, wohlhabender schwarzer Abolitionist schickte Garrison 50 Dollar. Derartige Spenden ermöglichten seine erste Reise nach England.

Schwarze waren besonders aktiv bei der Gründung der American Anti-Slavery Society. Die Mitglieder, die es übernommen hatten, die Gründungsstatuten zu entwerfen, trafen sich in Philadelphia im Haus von Lewis Evans, einem Schwarzen. Fünf führende Schwarze saßen im ersten

Vorstand: Peter Williams, Robert Purvis, George B. Vashon, Abraham Shadd und James McCrummell. Diese schwarzen »Gründungsväter« waren Männer mit mannigfaltigen Interessen und Fähigkeiten. Purvis, in Charleston als Sohn eines wohlhabenden weißen Vaters geboren, der großzügig für ihn sorgte, hatte das Amherst College besucht und engagierte sich für viele kommunale Anliegen, einschließlich der *Underground Railroad*. Vashon, ein Absolvent des Oberlin College, war Dichter, Rechtsanwalt und Lehrer. Auf den meisten der jährlichen Mitgliederversammlungen meldeten sich schwarze Delegierte häufig zu Wort. Als die American and Foreign Anti-Slavery Society gegründet wurde, waren Schwarze in dieser Organisation nicht weniger aktiv. Zu den Förderern der Organisation, die sich der politischen Arbeit verschrieben hatte, gehörten Christopher Rush, Samuel Cornish, Charles B. Ray und James W. C. Pennington.

Die örtlichen und regionalen Antisklaverei-Organisationen, die die Hauptlast der Arbeit trugen, erhielten tatkräftige Unterstützung von Schwarzen, die Zeit, Kraft und Geld investierten. Der erste Vorsitzende der Philadelphia Female Anti-Slavery Society war der dort ansässige Zahnarzt, James McCrummell. Frederick Douglass wurde 1847 zum Präsidenten der New England Anti-Slavery Society gewählt. In Selbstschutzkomitees, die Gelder zur Unterstützung von entflohenen Sklaven sammelten, hatten Schwarze oft das Sagen. 1835 wurde David Ruggles Sekretär des New Yorker Komitees und blieb es, bis sein Augenlicht versagte. In Philadelphia leitete Robert Purvis das erste Selbstschutzkomitee, viele Jahre später sollte ihm William Still in diesem Amt folgen.

Schwarze taten sich in der Abolitionsbewegung als Vertreter und Sprecher für verschiedene Organisationen hervor. Mehrere waren fest

---

Zur nebenstehenden Abbildung:

Führende freie Schwarze: William Wells Brown, Martin R. Delaney, Henry Highland Garnet, Robert Purvis, Sojourner Truth (Isabella Baumfree), und Harriet Tubman. Diese mutigen Männer und Frauen wehrten sich gegen Mißhandlung und Erniedrigung, denen ihr Volk ausgesetzt war. Sie widerlegten damit die These von der Minderwertigkeit der Schwarzen, begründeten die Legitimität der Forderung nach gleichen staatsbürgerlichen Rechten und waren für die Mitglieder ihrer Rasse einflußreiche Vorbilder. *(The Schomburg Center For Research In Black Culture, New York Public Library. Sojourner Truth aus der Sophia Smith Collection, Smith College)*

Sarah Parker Remond, eine Abolitionistin aus Salem, Massachusetts, hielt in den Vereinigten Staaten und Europa Vorträge gegen die Sklaverei. Nach dem Studium der Medizin heiratete sie einen Italiener und ließ sich in Florenz nieder, wo sie bis zu ihrem Tod im Alter von 68 Jahren als Ärztin praktizierte. *(Peabody und Essex Museum, Salem, Massachusetts)*

angestellt bei lokalen oder nationalen Organisationen. Zu den bekannteren Vertretern gehörten Frederick Douglass, Theodore S. Wright, William Jones, Charles Lenox Remond und seine Schwester Sarah, Frances E. W. Harper, Henry Foster, Lunsford Lane, Henry Highland Garnet, Charles Gardner, Andrew Harris, Abraham Shadd, David Nickens, James Bradley und William Wells Brown. Eine bemerkenswerte schwarze Abolitionistin war Isabella Baumfree, die unter ihrem angenommenen Namen Sojourner Truth bekannter war. Von New York aus reiste sie durch Neuengland und den Westen und hielt Vorträge, bei denen sie die Zuhörer durch ihre seltsame Art zu sprechen, ihre tiefe und wohlklingende Stimme bewegte und mit ihrem Haß auf die Sklaverei mitriß, den sie eigenartig religiös mystisch verklärte.

Weiße Abolitionisten stellten ihrem skeptischen Publikum voller Stolz schwarze Mitglieder vor, denn damit konnten sie zeigen, was Schwarze erreichen konnten, wenn sie die Gelegenheit dazu bekamen. Sie gehörten zu den besten Rednern. Bei einer Versammlung sprang Garrison auf, nachdem Douglass die Zuhörer mit seiner außerordentlichen Beredsamkeit begeistert hatte, und schleuderte die Frage in den Saal: »Ist das ein Mensch oder eine Sache?« Henry Highland Garnet redete im Gestus eines »außerordentlichen Hochgefühls«, und von William Wells Brown weiß man, daß er seine Zuhörer, wo immer er sprach, tief beeindruckte. So ist es kaum verwunderlich, daß viele dieser Redner aufgefordert wurden, die Botschaft der amerikanischen Abolitionisten nach Europa zu tragen. Mehr als zwanzig schwarze Abolitionisten bereisten England, Schottland, Frankreich und Deutschland, darunter Douglass, Brown, Remond, Pennington, Garnet, Nathaniel Paul, Ellen und William Craft, Samuel Ringgold Ward, Sarah Parker Remond und Alexander Crummell. Sie wurden fast überall mit Begeisterung empfangen und trugen dazu bei, eine Verbindung zwischen der humanitären Bewegung in Europa und den verschiedenen amerikanischen Reformbewegungen herzustellen.

Schwarze Abolitionisten plädierten für die Emanzipation der Schwarzen in Wort und Schrift. Die meisten vor dem Bürgerkrieg gegründeten Zeitungen von Schwarzen waren abolitionistische Blätter. Ihr wahrscheinlich bester Journalist war Samuel Cornish, der 1827 zusammen mit John Russwurm das *Freedom's Journal* als erste Zeitung der Schwarzen gründete und zwei Jahre später eine zweite Zeitung, *Rights of All,* ein äußerst radikales, aber kurzlebiges Blatt folgen ließ. 1836 veröffentlichte er den *Weekly Advocate*, und im folgenden Jahr gab er mit der Hilfe von Charles B. Ray und Phillip A. Bell den *Colored American* heraus. Andere abolitionistische Zeitungen der Schwarzen waren der *National Watchman*, herausgegeben von William G. Allen und Henry Highland Garnet, der *Mirror of Liberty*, eine Vierteljahresschrift, veröffentlicht von David Ruggles, und natürlich der *North Star* von Frederick Douglass.

FREDERICK DOUGLASS' REDE AM UNABHÄNGIGKEITSTAG IN ROCHESTER – 1852

Ich bin nicht Teil der Gemeinde dieses glorreichen Jubiläums! Ihre großartige Unabhängigkeit enthüllt nur die unermeßliche Distanz zwischen uns! Die Segnungen, deren Sie sich heute erfreuen, genießen wir nicht gemeinsam. Das reiche Erbe der Gerechtigkeit, der Freiheit, des Wohlstands und der Unabhängigkeit, das Ihnen von Ihren Vätern vererbt wurde, haben Sie gemeinsam empfangen, nicht ich. Das Sonnenlicht, das Ihnen Licht und Heilung brachte, hat mir Striemen und Tod gebracht. Dieser vierte Juli gehört *Ihnen*, nicht *mir. Sie* mögen jubeln, *ich* muß trauern. Einen Menschen in Fesseln in den grandiosen erleuchteten Tempel der Freiheit zu zerren und ihn aufzufordern, mit in die frohen Hymnen einzustimmen, das war unmenschliche Verhöhnung und frevlerische Ironie. Wolltet Ihr Bürger mich denn verhöhnen, als Ihr mich aufgefordert habt, heute zu sprechen? Wenn dem so ist, dann gibt es da eine Parallele zu Ihrem Verhalten. Und ich warne Sie, daß es gefährlich ist, das Beispiel eines Volkes zu kopieren, dessen Verbrechen sich bis zum Himmel auftürmten, bis diese Verbrechen durch den Hauch des Allmächtigen in sich zusammenstürzten und das Volk in ewigem Verderben unter sich begruben! Ich kann heute das Klagelied eines entblößten und leidgeprüften Volkes anstimmen!

»An den Ufern von Babylon ließen wir uns nieder. Ja, wir weinten, als wir an Zion dachten. Wir hingen unsere Harfen an die Weiden inmitten des Flusses. Denn dort verlangten jene, die uns in die Gefangenschaft geführt hatten, ein Lied von uns, und jene, die uns zerstört hatten, verlangten Heiterkeit von uns und sagten, singt uns ein Lied von Zion. Doch wie können wir das Lied des Herrn in einem fremden Land singen? Wenn ich Dich je vergesse, o Jerusalem, dann laß meine rechte Hand alle Geschicklichkeit vergessen. Wenn ich mich nicht mehr an Dich erinnern kann, laß meine Zunge am Gaumen festkleben.«

Philip S. Foner, *The Life and Writings of Frederick Douglass*, Bd. 2 (New York, 1950), S. 181–204

Douglass war der prominenteste schwarze Abolitionist. Selbst ein entflohener Sklave, kam er zum ersten Mal mit den Abolitionisten in Berührung, als er 1841 am Antisklaverei-Kongreß auf Nantucket, Massachusetts, teilnahm. Nachdem er dort gesprochen hatte, wurde er von verschiedenen Organisationen zu Vorträgen eingeladen und schnell zu einem der bekanntesten Redner der Vereinigten Staaten, der im Norden, an der Ostküste und in England Vorträge hielt. Sein Lebensbericht wurde 1845 veröffentlicht. Zwei Jahre später begann er mit der Herausgabe des *North Star*, was zum Bruch mit Garrison führte, der bis dahin einer seiner Hauptförderer gewesen war. Douglass war auf Kongressen der Schwarzen aktiv, half bei der *Underground Railroad* und engagierte sich für viele andere Projekte zur Verbesserung der Lebensbedingungen seiner Rasse. Die Natur hatte ihn mit den körperlichen Attributen eines klassischen Redners ausgestattet: eine herrliche große Gestalt, ein von einem gewaltigen Haarschopf gekröntes Haupt, tiefliegende Augen, energisches Kinn und eine volle, melodiöse Stimme. Wenige der führenden Gegner der Sklaverei taten so viel wie er, um der Generation vor dem Bürgerkrieg das Schicksal der Sklaven vor Augen zu führen, und zwar in den Vereinigten Staaten und in Europa.

In ihrer militanten Verbitterung standen die schwarzen Abolitionisten ihren weißen Gesinnungsgenossen in nichts nach und übertrafen sie manchmal. David Walker war keineswegs der einzige, der Gewaltanwendung forderte. 1844 gründete der Reverend Moses Dickson in Cincinnati eine Art Geheimbund, den »Order of Twelve of the Knights and Daughters of Tabor«, um das System der Sklaverei zu stürzen. Zwei Jahre später rief er die Knights of Liberty in St. Louis aus. 1843 sprach Henry Highland Garnet zu den Delegierten der Buffalo Convention of Colored Citizens und schockierte selbst viele Abolitionisten: »Brüder erhebt Euch! Erhebt Euch! Kämpft für Euer Leben, Eure Freiheit. Dies ist der Tag, dies ist die Stunde. Laßt jeden Sklaven im ganzen Land sich erheben, und die Tage der Sklaverei sind gezählt. Als freier Mann zu sterben ist besser als in Sklaverei zu leben ... Erhebt Euch, erhebt Euch! Millionen Stimmen rufen Euch auf! Euer Motto sei Widerstand! Kein unterdrücktes Volk hat je seine Freiheit ohne Widerstand erlangt.« Obwohl viele Schwarze diese Worte voller Schrecken vernahmen, waren die Kongresse der Schwarzen 1854 bereit zur Gewalt. So erklärte eine zu jener Zeit angenommene Resolution, daß »alle jene, die, ohne ein Verbrechen begangen zu haben, von einer Regierung für vogelfrei erklärt werden, gegenüber deren Gesetzen keine Treuepflicht mehr haben können, [und] ... wir raten allen Unterdrückten zu dem Motto: ›Freiheit oder Tod‹.« Die schwarzen Abolitionisten waren in ihrer Gefolgschaft Garrisons nunmehr so fanatisch geworden wie irgendein anderer Jünger des hohen Priesters des Abolitionismus.

Die »Underground Railroad«

Vielleicht hat nichts den Konflikt zwischen dem Norden und dem Süden so angeheizt und in dramatischer Weise die Entschlossenheit der Abolitionisten, die Sklaverei zu beenden, verdeutlicht wie die *Underground Railroad*. Sklaven, die flohen, waren Ärgernis und Störfaktor genug, und der Süden litt seit den ersten Tagen der Sklaverei darunter. Aber wenn freie Schwarze und Weiße, von einem fast fanatischen Eifer angetrieben, systematisch den Kern einer Institution unterminierten, die derart viel für den Süden bedeutete, und für chaotische Zustände sorgten, war das kaum noch zu ertragen. Es war dieser organisierte Versuch, die Sklaverei auszuhöhlen, diese Manifestation der Gültigkeit eines angeblich höheren Rechts, das die Spannungen zwischen den beiden Großregionen so verschärfte und Antagonisten und Protagonisten der Sklaverei in den 1850er Jahren frontal aufeinanderprallen ließ, beide entschlossen, nicht nachzugeben.

Der Ursprung der *Underground Railroad* reicht zurück bis ins 18. Jahrhundert. Vermutlich gab es genauso lange Menschen, die Flüchtlingen halfen, wie es entflohene Sklaven gab. Am Ende des Unabhängigkeitskrieges scheint jedoch der organisierte Widerstand Form angenommen zu haben. Zumindest meinte George Washington das, als er sich 1786 über einen aus Alexandria nach Philadelphia geflüchteten Sklaven beklagte, »den eine Organisation der Quäker, die dafür gegründet worden ist, befreien wollte«. Im folgenden Jahr ließ sich Isaac T. Hopper in Philadelphia nieder, und obwohl er noch keine zwanzig war, entwickelte er ein Programm zur systematischen Unterstützung der aus dem Süden geflüchteten Sklaven. Schon nach wenigen Jahren erhielten sie Unterstützung in einer Anzahl von Städten in Pennsylvania und New Jersey, und allmählich breitete sich das Netz solcher Hilfsmaßnahmen gegen die Sklaverei in alle Himmelsrichtungen aus.

Henrietta Buckmast gibt 1804 als das Jahr der »Patentierung« der *Underground Railroad* an. In diesem Jahr kaufte General Thomas Boude, ein Offizier des Revolutionskrieges, einen Sklaven, Stephen Smith, und brachte ihn in sein Haus nach Columbia, Pennsylvania, wohin ihm Smiths Mutter folgte, die geflüchtet war, um ihren Sohn zu suchen. Die Boudes nahmen sie auf. Nach einigen Wochen erschien die Besitzerin von Smiths Mutter und verlangte ihr Eigentum zurück. Nicht nur die Boudes lehnten die Herausgabe der Sklavin ab, auch die Bevölkerung des Ortes trat für die Flüchtige ein. Die Einwohner Columbias beschlossen, sich der Sache der flüchtigen Sklaven anzunehmen. 1815 wurde eine ähnliche Haltung in Ohio deutlich erkennbar, und seit 1819 wurden geheime Fluchthilfemethoden benutzt, um Sklaven zur Flucht aus North Carolina anzuregen und sie dabei zu unterstützen. Schon vor der Zeit des militanten Abolitionismus war die Bewegung, die unter der Bezeichnung *Underground Railroad* bekannt werden sollte, eine weit verzweigte Einrichtung geworden.

Der Name *Underground Railroad* wurde vermutlich kurz nach 1831 geprägt, als die Dampflokomotiven auftauchten. Es gibt verschiedene Versionen, wie die Bewegung zu ihrem Namen kam. Eine plausible Fassung besagt, daß im Jahr 1831 der Sklave Tice Davids seinem Besitzer in Kentucky fortlief und den Ohio überquerte. Obwohl der Besitzer ihm dicht auf den Fersen war, verlor er jede Spur des Sklaven, nachdem dieser den Fluß überquert hatte, und das irritierte ihn so, daß er erklärte, der Sklave müsse »über eine Straße im Untergrund verschwunden« sein. Das war durchaus möglich, denn 1831 gab es eine Menge »Untergrund«-Straßen auf und am Ohio, mit Haltestellen, Fluchthelfern, sogenannten *conductors*, und Transportmitteln. Von dieser Zeit an, die genau mit dem Auftreten von Garrison und seinen militanten Anhängern zusammenfiel, bis zum Ausbruch des Bürgerkriegs funktionierte das Netzwerk der *Underground Railroad* und war ein permanenter Verstoß gegen die Bundesgesetze über entflohene Sklaven. Es war die offenste Herausforderung der Sklavenhalter, die von den Abolitionisten kommen konnte.

Bei einem so abenteuerlichen und gefährlichen Unternehmen wie der *Underground Railroad*, ist es immer schwierig, Legenden von Tatsachen zu trennen. Es gibt Berichte von atemberaubenden Fluchtunternehmen und aufregenden Erlebnissen, die einigermaßen unglaubwürdig wären, gäbe es nicht ganz unanfechtbare Bestätigungen durch zuverlässige Quellen. Nachdem die *Underground Railroad* eine gut funktionierende Organisation entwickelt hatte, bildete sich ein generelles Muster heraus, das eine kurze Beschreibung ihres Systems möglich macht. Fast alle Aktivitäten fanden nachts statt, denn das war die einzige Zeit, in der sich die Flüchtlinge und ihre Helfer zumindest teilweise sicher fühlten. Sklaven bereiteten ihre Flucht vor, indem sie sich Wegzehrung bei ihren Besitzern stahlen und sich, wenn nötig, verkleideten. Flüchtige mit hellerer Haut wurden häufig für Weiße gehalten und gaben sich manchmal als ihre eigenen Herren aus. Dunkelhäutigere gaben sich als Sklaven aus, die auf dem Wege zu ihren Besitzern waren. Es gibt mehrere bekannte Fälle, in denen man einer Sklavin auf der Flucht in einem kritischen Augenblick ein weißes Baby gab, um ihre Behauptung, ein Kindermädchen zu sein, überzeugender erscheinen zu lassen. Manchmal gaben sich Männer als Frauen aus und Frauen als Männer.

In den frühen Tagen der *Underground Railroad* waren die meisten Flüchtlinge Männer, und sie flohen gewöhnlich zu Fuß. Später, als der Strom anschwoll und Frauen und Kinder flüchteten, wurde für begleitende Fluchthelfer und Fahrzeuge gesorgt. Die Fluchthelfer transportierten ihre Menschenlast in Wagen mit Verdeck, geschlossenen Kutschen und Lastwagen mit abgetrennten Abteilen. Schwarze wurden manchmal in Kisten versteckt und als Frachtgut mit der Eisenbahn oder dem Schiff transportiert. So wurde Henry Box Brown von der Adams Express Company von Richmond nach Philadelphia gebracht. Wenn sie nachts über Land reisten, richteten sich Fluchthelfer und Flüchtlinge nach dem Polarstern, nach Nebenflüssen des Ohio, anderen Flüssen und nach Gebirgsketten. In Nächten mit bedecktem Himmel, wenn es keine anderen Mittel gab, die Richtung zu bestimmen, tasteten sie sogar die Baumstämme nach Moos ab und wußten dann, wo Norden war.

Da die Flucht fast ausschließlich nachts geschah, brauchte man Stationen, die relativ dicht, d. h. gut 15 bis 30 km voneinander entfernt lagen, wo sich die entflohenen Sklaven ausruhen, essen und die nächste Nacht abwarten konnten. Über Tag wurden sie in Scheunen, in Dachräumen und an anderen abgelegenen Plätzen versteckt. Inzwischen wurde die nächste Station mit Hilfe der sogenannten »Flüstertelegraphie« benachrichtigt, daß Flüchtlinge unterwegs waren. Eine verschlüsselte Nachricht, die 1859 von einem Fluchthelfer an den nächsten Stationsvorsteher geschickt wurde, enthielt weit mehr Informationen, als sich dem oberflächlichen Beobachter enthüllt. Sie lautete: »Mit der morgigen Abendpost werden zwei Bände des Buches ›Der nicht unterdrückbare Konflikt‹, mit schwarzem Einband, ankommen. Nach Durchsicht bitte gleich weiterschicken.«

Alle Wege der *Underground Railroad* führten nach Norden. Sie begannen auf verschiedenen Plantagen im Süden und verliefen, nicht genau festgelegt – und voller Gefahren – flußaufwärts, durch Täler und über Berge bis zu einem gewissen Punkt am Ohio oder am oberen Mississippi im Westen und bis zu bestimmten Orten in Pennsylvania und New Jersey im Osten. Wenn der Norden erreicht war, wurde die Route erkennbarer, war aber kaum mit weniger Gefahren verbunden, denn Plantagenbesitzer, Sklavenhändler und Sheriffs verfolgten Flüchtlinge erbarmungslos und nahmen Zuflucht zu den verwegensten Mitteln, um sie zurückzubekommen.

Zwar benötigte die *Underground Railroad* keine Lizenz, aber sie brauchte Kapital. Die flüchtigen Sklaven brauchten Essen und Kleidung, und oft gab es unerwartete Ausgaben, so z. B. für eine plötzliche Eisenbahnfahrt, um dem verfolgenden Besitzer zu entkommen, oder für ein wohlhabendes Auftreten, um so den Eindruck eines Menschen zu erwecken, der lange genug frei war, um reich geworden zu sein. Quäker und ähnliche Gruppen sammelten Spendengelder, um die Arbeit fortsetzen zu können. Die Selbstschutzkomitees von Philadelphia und von New York baten um Spenden. Philanthropen spendeten genauso wie die Fluchthelfer und andere »Funktionsträger« der *Underground Railroad*. Harriet Tubman, eine der großartigsten Fluchthelferinnen schied immer mal einige Monate aus, wenn sie nicht mehr genügend Bargeld hatte, verdingte sich als Dienstmädchen, um wieder Geld zu verdienen und anschließend Sklaven in die Freiheit zu führen.

Die *Underground Railroad* schien keinen Mangel an Mitarbeitern gehabt zu haben. Wilbur H. Siebert hat die Namen von mehr als 3200 aktiven Mitgliedern gefunden, und es gibt gute Gründe für die Annahme, daß es sehr viel mehr waren, die für immer namenlos bleiben werden. Unter den weißen Mitarbeitern war der Quäker Levi Coffin eine Kategorie für sich. Er war der sogenannte Präsident der *Underground Railroad*. Sein strategisch günstiger Wohnort im südlichen

Indiana und sein bemerkenswerter Einsatz ermöglichten es ihm, mehr als 3000 Sklaven bei der Flucht zu helfen. Calvin Fairbanks, der als Student am Oberlin College die Sklaverei hassen gelernt hatte, reiste von 1837 an in den Süden mit dem gefährlichen Vorhaben, Sklaven zu befreien. Von Kentucky aus betrieb er regelmäßig den Transport von Sklaven über den Ohio. Einmal verhalf er zusammen mit einer Lehrerin aus Vermont, die als Miss Webster bekannt war, drei Sklaven zur weiteren Flucht, indem er sie als ihre Dienstboten ausgab. Man erzählte sich, daß kein einziger von ihm betreuter Flüchtling jemals wieder gefangen wurde, doch er selbst verbrachte mehrere Jahre wegen seiner Arbeit im Gefängnis.

In vielerlei Hinsicht der verwegenste weiße Fluchthelfer der *Underground Railroad* war John Fairfield. Er stammte aus einer Familie mit Sklavenbesitz in Virginia, wollte mit der Sklavenhaltung nichts zu tun haben und beschloß deshalb, in einem Staat ohne Sklaven zu leben. Bevor er in den Norden zog, half er einem Sklaven, der sein Freund war, nach Kanada zu entkommen. Die Nachricht von seiner Tat verbreitete sich: Nicht nur die Weißen seiner Gemeinde suchten ihn und wollten ihn festnehmen lassen, sondern Sklaven baten ihn um Hilfe bei der Flucht. Er konnte sich diesen Bitten um Hilfe nicht entziehen, und so begann seine Karriere als Fluchthelfer bei der *Underground Railroad*. Er lieferte Sklaven »auf Bestellung«. Schwarze im Norden und in Kanada gaben ihm Geld und eine Beschreibung ihrer Freunde oder Verwandten, und er brachte sie zu ihnen. Manchmal beförderte er bis zu fünfzehn auf einmal. Er gab sich als Sklavenbesitzer, Sklavenhändler oder als Geflügelhändler aus, um in Louisiana, Alabama, Mississippi, Tennessee oder Kentucky das Vertrauen der Sklavenbesitzer zu gewinnen. Er war in jeder dieser Rollen so überzeugend, daß er selten verdächtigt wurde, an der Flucht eines Sklaven beteiligt gewesen zu sein. Schwarze, die er nicht ganz nach Kanada begleitete, übergab er Levi Coffin, der sich um den Rest ihrer Reise kümmerte. Sein größter Triumph war die Befreiung von 28 Sklaven, die er zu einem Leichenzug zusammenstellte. Seine Arbeit war mit Entbehrungen und ständiger Gefahr verbunden, einmal wurde er niedergeschossen, aber er setzte seine Freiheitsmission bis zu seinem Tod im Jahr 1860 fort; er soll bei einem Sklavenaufstand in Tennessee umgekommen sein. John Brown, der mit zwölf Sklaven aus Missouri floh und später Harpers Ferry bei einem versuchten Aufstand überfiel, ist von den

Historikern stärker beachtet worden, doch Fairfield konnte sich als erfolgreicher Kämpfer gegen die Sklaverei mit jedem vor dem Bürgerkrieg messen.

Es gab viele schwarze Mitarbeiter der *Underground Railroad*. Jane Lewis aus New Lebanon, Ohio, ruderte regelmäßig flüchtige Sklaven über den Ohio. John Parker, der sich selbst für 2000 Dollar freigekauft hatte, arbeitete mit John Rankin und anderen weißen Mitarbeitern der *Underground Railroad* zusammen. Josiah Henson wurde als Sklave geboren, entkam mit seiner Frau und zwei Kindern nach Kanada, lernte lesen und schreiben und kehrte wiederholt in den Süden zurück, um Sklaven bei der Flucht zu helfen. Einmal reiste er auf dem Umweg über New York, Pennsylvania und Ohio nach Kentucky, um keinen Verdacht zu wecken. Er nahm dreißig entflohene Sklaven aus Kentucky mit und brachte sie innerhalb von zwei Wochen nach Toledo. Elijah Anderson hat man den Leiter der *Underground Railroad* im Nordwesten Ohios genannt. Von 1850 bis zu seinem Tod, sieben Jahre später, im Staatsgefängnis von Kentucky, arbeitete er ohne Unterlaß für entflohene Sklaven. Bis 1855 hatte er mehr als 1000 in die Freiheit geführt. John Mason, selbst ein entflohener Sklave aus Kentucky, war einer der gerissensten Fluchthelfer. Laut William Mitchell, einem schwarzen Missionar in Kanada, brachte Mason im Laufe von 19 Monaten 265 Sklaven in sein Haus. Einmal wurde er gefangengenommen und wieder in die Sklaverei verkauft, aber ihm glückte erneut die Flucht. Insgesamt führte er mehr als 1300 Sklaven in die sklavenfreien Staaten.

Die mit Abstand hervorragendste Fluchthelferin der *Underground Railroad* war Harriet Tubman. Obwohl sie körperlich zart war und unter periodisch auftretenden Schwindelanfällen litt, war sie nicht nur selbst aus der Sklaverei geflohen, sondern konnte auch vielen anderen zur Freiheit verhelfen, darunter ihrer Schwester, ihren zwei Kindern, ihrer alten Mutter und ihrem alten Vater. Sie soll neunzehnmal in den Süden gegangen sein und mehr als 300 Sklaven befreit haben. Sie konnte nicht lesen und nicht schreiben und war doch bemerkenswert erfinderisch bei der Leitung ihrer Flüchtlingsgruppen. Am liebsten begann sie die Reise am späten Samstagabend, so daß sie schon ein gutes Stück Weges zurückgelegt hatte, bevor die Besitzer am folgenden Montag Gelegenheit hatten, die Flucht ihrer Sklaven anzuzeigen. Sie duldete keine Feigheit und drohte jedem Sklaven, der umkehren wollte, mit dem Tod. In

Philadelphia, New York und Boston kannte man sie gut, weil sie dort häufig Sklaven abgeliefert hatte, aber nach der Verabschiedung des Fugitive Slave Act von 1850 geleitete sie sie am liebsten bis nach Kanada, denn Uncle Sam – erklärte sie – könne sie ihr Volk nicht länger anvertrauen.

Die Natur dieser Einrichtung läßt eine genaue Schätzung der Zahl der Sklaven nicht zu, die durch die *Underground Railroad* in die Freiheit gelangten. Gouverneur Quitman aus Mississippi erklärte, daß der Süden 100 000 Sklaven im Wert von mehr als 30 Millionen Dollar zwischen 1810 und 1850 einbüßte. Das ist eine weit höhere Zahl, als sie der Zensus für Schwarze im Norden angibt, die in Staaten mit Sklavenhaltung geboren worden waren. Doch Wilbur H. Siebert hält diese Zahl für einigermaßen zutreffend. Er ist sich sicher, daß annähernd 40 000 entflohene Sklaven allein durch Ohio kamen.

Die *Underground Railroad* verstärkte den Unmut im Süden gegen jede Einmischung von außen. Man erkannte nicht, daß die *Underground Railroad* auch innerhalb des Südens operierte. Sie wurde nicht allein von Nordstaatlern betrieben, vielmehr gehörten Weiße und Schwarze aus dem Süden zu ihren wertvollsten Fluchthelfern und Organisatoren, und alle »Reisenden« waren Schwarze, die um jeden Preis der »sonderbaren Institution« des Südens entkommen wollten.

Der Süden schlägt zurück

Ungeachtet der Tatsache, daß es in der Kolonialzeit und den ersten Jahren der Republik im Süden eine starke öffentliche Stimmung gegen die Sklaverei gab, hatte die Institution hier auch immer ihre Verteidiger. Von Anfang an blieb kein Angriff auf die Sklaverei unbeantwortet. Als Samuel Sewall *The Selling of Joseph* schrieb, antwortete John Saffin diesem Angriff auf die Sklaverei im Jahr 1701 mit einer leidenschaftlichen Entgegnung. Menschen vom Format George Whitefields, dem großen Evangelisten, und sein Freund James Habersham verteidigten in der Mitte des 18. Jahrhunderts die Sklaverei. Als in den Jahren nach Gründung der Vereinigten Staaten Zweifel über die Zukunft der Sklaverei aufkamen, machten die meisten südstaatlichen Kongreßabgeordneten klar, daß sie eine

Einmischung in die Sklavenhaltung nicht dulden würden. Seit der Veröffentlichung von Jeffersons *Notes on Virginia* benutzten Politiker aus den Südstaaten dieses Werk, um ihre Behauptung zu belegen, daß Schwarze von Natur aus eine unterlegene Rasse seien und deshalb versklavt werden sollten. Einige Südstaatler räumten ein, daß die Sklaverei ein politisches Übel sei, aber fast keiner stimmte mit den Gegnern der Sklaverei darin überein, daß diese Institution auch ein großes moralisches Übel sei.

Im frühen 19. Jahrhundert wurde die Frage der Sklaverei von anderen politischen und wirtschaftlichen Problemen überschattet. Die außenpolitische Lage war gespannt, und die Nation versuchte mit allen Mitteln, nicht in die Napoleonischen Kriege in Europa hineingezogen zu werden. Amerika war primär damit beschäftigt, wirtschaftlich unabhängiger als bisher zu werden. Das führte im Norden dazu, alle Kräfte zunächst auf die Schiffahrt und später auf die Industrieproduktion zu konzentrieren, während die Sklavenhalterwirtschaft des Südens den Übergang vom Tabak- und Reisanbau zur alles beherrschenden Baumwolle vollzog. Es wäre jedoch nicht richtig, die Einstellung zur Sklavenhaltung in den beiden Großregionen in dieser Periode als völlig indifferent zu beschreiben. Da einige Menschen die Sklaverei weiterhin angriffen, meldeten sich auch ihre Verteidiger zu Wort und entwickelten schrittweise die klassische Rechtfertigung, die in der Folgezeit mit soviel emotionalem Nachdruck ständig wiederholt werden sollte.

Noch vor der großen Kontroverse um die Aufnahme von Missouri in die Union wurde die Antisklavereibewegung in gewisser Weise mit der einen Großregion identifiziert. Die Emanzipation der Sklaven in den Nordstaaten hatte zu einer Zeit stattgefunden, als sich das System im Süden mit der Entwicklung des Baumwollimperiums immer mehr festigte. Mit der Abwanderung der meisten männlichen und weiblichen Sklavereigegner aus den Sklavenhalterstaaten büßte der Süden darüber hinaus die Möglichkeit ein, im Gespräch mit Nachbarn die Argumentation der anderen Seite zu hören. Dwight L. Dumond hat nachdrücklich darauf hingewiesen, daß diese Abwanderung dem Süden Männer und Frauen raubte, »deren Intelligenz, moralischer Mut und christliche Wohltätigkeit zusammen entscheidend dazu beigetragen hätten, mäßigend auf die brutalen Erscheinungsformen der Sklaverei zu wirken, den überwältigenden Konsens in der Großregion, die Sklaverei als ein positives Gut zu unterstützen, verhindert und den Geist des freien Meinungsaustauschs erhalten hätte«. Später, als sich die Männer und Frauen der Antisklavereibewegung aus den Kolonisierungsprojekten zurückzogen und militante Antisklaverei-Organisationen gründeten, meinte der Süden, nicht länger Feinde der Sklaverei in seiner Mitte dulden zu können. Die Kontroverse um Missouris Aufnahme in die Union, der Aufstand von Denmark-Vesey und die zunehmenden Aktivitäten der Abolitionisten überzeugten die Menschen im Süden davon, daß sie ihre Institution engagierter verteidigen mußten. Einmal gerufen, fanden sich zahlreiche und eifrige Verteidiger der Sklaverei, und sie gaben es den Verleumdern aus dem Norden Schlag um Schlag zurück.

Die Südstaatler waren jetzt entschlossen, sich nicht für die Sklaverei zu entschuldigen. Sie betrachteten sie nicht mehr als eine Sache mit unerwünschten Begleiterscheinungen, sondern entwickelten das Konzept, hielten mit äußerster Hartnäckigkeit daran fest, daß die Sklaverei eine positive Sache sei. 1826 veröffentlichte Edward Brown seine *Notes on the Origin and Necessity of Slavery*, die sich wesentlich auf Ideen eines im Vorjahr publizierten Pamphlets von Whitemarsh B. Seabrook stützten. Brown erklärte, »die Sklaverei ist immer die Stufe gewesen, über die Nationen den Schritt von der Barbarei zur Zivilisation gemacht haben ... Sie scheint ... der einzige Zustand zu sein, in dem die Neigung zu Unabhängigkeit und Bequemlichkeit, die dem Menschen angeboren ist, sich zugunsten seiner Arbeitsmoral und Schutzbedürftigkeit auswirkt, die zur Befriedigung seiner physischen Bedürfnisse notwendig sind«. Wenige Monate später veröffentlichte Thomas Cooper aus South Carolina seine erste Pro-Sklaverei-Flugschrift. Einer nach dem anderen begannen Lehrer und Geistliche der Südstaaten, die Sklaverei zu verteidigen: Der Krieg der Argumente war voll entbrannt.

Die Rechtfertigung der Sklaverei wurde aus einer Theorie der rassischen Unterlegenheit und biologischen Ungleichheit der Schwarzen hergeleitet. Diese Theorie hatte vier Hauptthesen. Erstens wurde behauptet, daß die Arbeitsleistung von Sklaven entscheidend für die wirtschaftliche Entwicklung und den Wohlstand des Südens sei. Gouverneur Hammond aus South Carolina machte diesen Standpunkt sehr klar:

> In allen gesellschaftlichen Systemen muß es eine Klasse geben, die die niederen Arbeiten verrichtet, die die Plackerei erledigt ... Was sie als Eigenschaften braucht, sind Kraft, Fügsamkeit, Treue. Eine solche Klasse muß man haben, oder man hat

jene andere Klasse nicht, die für Fortschritt, Zivilisation und Kultiviertheit sorgt. Sie bildet den eigentlich tragenden Balken einer Gesellschaft und eines politischen Systems. Man kann genauso gut versuchen, ein Haus in der Luft zu bauen, wie das eine oder das andere ohne diese tragenden Balken zu errichten.

Zweitens wurde behauptet, daß die schwarze Rasse unterlegen sei und vom Schicksal ausersehen, eine untergeordnete Stellung einzunehmen. In seinem *Southern Institutes* verteidigte George S. Sawyer diesen Standpunkt mit Nachdruck:

> Die gesellschaftliche, moralische und politische, ebenso wie die biologische Geschichte der Negerrasse sprechen durch vielerlei Belege gegen jene; sie liefern den unwiderlegbaren Beweis für deren geistige Unterlegenheit. Zu keiner Zeit und unter keinen Bedingungen haben wahre Neger die Fähigkeit besessen, die Ketten der Barbarei und der Brutalität abzuwerfen, die die Nationen dieser Rasse lange niedergehalten haben, oder die Nebel allgemeiner Unwissenheit zu durchbrechen, die immer noch über ihnen hängen.

Ärzte wie John H. Van Evrie, Joseph Clark Nott und viele andere veröffentlichten Arbeiten, in denen sie eine ethnologische Rechtfertigung der Sklaverei der Schwarzen lieferten.

Ein weiteres Argument führender Verteidiger der Sklaverei besagte, daß die Kirche zu allen Zeiten die Sklaverei als Mittel sanktioniert habe, Heiden zum Christentum zu bekehren. Natürlich gab es da eine gewisse Ungereimtheit zwischen der Theorie, daß Schwarze unfähig zum zivilisatorischen Fortschritt seien, und der Vorstellung, daß sie in der Sklaverei zivilisiert und christianisiert werden könnten; aber diesem offensichtlichen Widerspruch wurde wenig Aufmerksamkeit geschenkt, und jedes Argument wurde nach Belieben da angeführt, wo es am besten paßte. Reverend James Henley Thornwell, Bischof Stephen Elliott und Dr. B. M. Palmer waren nur drei von vielen führenden Geistlichen in den Südstaaten, die bei dieser Meinung blieben und sie in ihren Predigten und Schriften ständig wiederholten. Da viele führende Geistliche des Nordens die entgegengesetzte Ansicht vertraten, war der Konflikt innerhalb der Konfessionen zwischen Vertretern beide Regionen unvermeidlich. Und schon fünfzehn Jahre vor dem Bürgerkrieg hatten sich Baptisten, Methodisten und Presbyterianer jeweils in Nord und Süd gespalten.

Schließlich besagte ein Argument für die Sklaverei, daß die weiße

Rasse durch die Sklaverei nicht etwa degeneriert sei, sondern eine einzigartige, hohe Kulturstufe erreicht habe. George Fitzhugh, Beverly Tucker und andere behaupteten, daß eine Gesellschaft, in der jeder frei sei, scheitern müsse. Der Süden habe seine Probleme dadurch gelöst, daß er die Tatsache anerkannt habe, daß Kultur und Zivilisation nur entstehen und blühen könnten, wenn Sklaven zur Erledigung der Arbeit vorhanden seien.

Der Meinungsstreit wurde so erbittert geführt, und die Atmosphäre im Süden war so gespannt, daß eine unvoreingenommene Analyse und freie Rede unmöglich wurden. Menschen, die mit ihren Ansichten von der herrschenden Meinung zugunsten der Sklaverei abwichen, wurden aus dem Süden verjagt. Die Colleges wurden zu Brutstätten der Sezession, und jede staatliche und gesellschaftliche Stelle wurde zur Verteidigung der Sklaverei eingesetzt. Selbst Gelehrte wie William Gilmore Simms schrieben Essays, Gedichte und Lieder zur Rechtfertigung der Sklaverei. Verbal schlug der Süden massiv zurück.

Doch der Süden liebte die Tat zu sehr, um den Konflikt auf einer akademischen Ebene auszutragen. Und außerdem gab es ein praktisches Problem: Die lautstarken Prediger gegen die Sklaverei mußten zum Schweigen gebracht werden, wenn sie den Institutionen des Südens keinen irreparablen Schaden zufügen sollten. Im Oktober 1831 setzte das Abgeordnetenhaus von Georgia 4000 Dollar für die Verhaftung von Garrison aus. Auch auf Arthur Tappans Kopf waren Prämien ausgesetzt: 12 000 Dollar in Macon und 20 000 Dollar in New Orleans. Das Selbstschutzkomitee von South Carolina bot 1500 Dollar für die Festnahme von jedem, der den *Liberator* oder Walkers *Appeal* verteilte. Die meisten führenden Abolitionisten und die Aktivisten bei der *Underground Railroad* konnten sich rühmen, daß sie im Süden steckbrieflich gesucht wurden.

Die führenden Südstaatler gingen mit ihrem Widerstand noch einen Schritt weiter, sie waren entschlossen, die Schriften der Abolitionisten aus dem Land zu verbannen, wenn nötig mit Gewalt. Sie entfachten so starke Ressentiments im Volk gegen die Verbreitung abolitionistischer Literatur im Süden, daß die Bürger die Angelegenheit selbst in die Hand nahmen. Im Juli 1835 stürmte eine Gruppe das Postgebäude von Charleston, brachte die Antisklaverei-Zeitungen an sich und verbrannte sie offen auf dem Platz vor dem Gebäude. In anderen Städten folgte man diesem

Beispiel. Als offenkundig wurde, daß die Bundesregierung das nicht bestrafen würde, sortierten die Vorsteher der Post auf eigene Faust die abolitionistische Literatur aus den Postsendungen.

Einwohner des Südens, ob sie dort geboren waren oder aus dem Norden kamen, fanden es ratsam, mit äußerster Vorsicht über die Frage der Sklaverei zu sprechen. Ein Weißer wurde in Petersburg, Virginia, ausgepeitscht und aus der Stadt gewiesen, weil er die Meinung vertreten hatte, daß »Schwarze, rein theoretisch, ein Recht auf ihre Freiheit haben«. Ein Bürger Georgias, der den *Liberator* abonniert hatte, wurde von einer Menge aus seinem Haus gezerrt, geteert und gefedert, angezündet, in den Fluß geworfen und dann an einen Pfahl gebunden und ausgepeitscht. Amos Dresser, ein ehemaliger Student am Lane-Seminar, ging nach Tennessee, um Bibeln zu verkaufen. Als vor Gericht nicht bewiesen werden konnte, daß er abolitionistisches Gedankengut verbreitet hatte, peitschte ihn der Pöbel eines Nachts auf einem öffentlichen Platz unter lautstarkem Beifall mehrerer tausend Zuschauer aus. Mit Weißen, die auch nur im entferntesten von gleich zu gleich mit Schwarzen verkehrten, machte man kurzen Prozeß. In Georgia und South Carolina wurden mehrere ermordet, weil sie das »Verbrechen« begangen hatten, in der Öffentlichkeit mit Schwarzen gesehen worden zu sein.

Führende Verfechter der Sklaverei trugen den Kampf bis ins feindliche Territorium. Sie gingen nicht nur nach Norden, um ihre entflohenen Sklaven zu verfolgen, sondern versuchten auch das Gedankengut zugunsten der Sklaverei zu verbreiten und die Abolitionisten auszuspionieren. Ein Sklavenbesitzer aus Kentucky ging als Quäker verkleidet nach Indiana, um Informationen über die *Underground Railroad* zu bekommen. Weil er Redewendungen und Riten der Quäker zu wenig kannte, wurde er bald entlarvt. Ein anderer ging soweit, sich als Antisklaverei-Redner auszugeben. Er trat in mehreren Orten in Indiana und Ohio auf, entdeckte, daß sich dort flüchtige Sklaven versteckt hielten und benachrichtigte ihre Besitzer, die sofort kamen und die Herausgabe ihres Eigentums forderten. Aber er befand sich in einem Ort, dessen Bürger die Sklaverei ablehnten und darauf bestanden, daß die Sklaven gehört werden mußten. Das Gericht entschied, daß die Forderung der Besitzer nichtig war, so daß die Sklaven freigelassen wurden.

Im Jahrzehnt vor dem Bürgerkrieg erreichte der Konflikt zwischen Nord und Süd einen neuen Höhepunkt. Unter den Abolitionisten kam es zur Spaltung und zu Meinungsverschiedenheiten über die richtige politische Strategie, doch unter den führenden Verfechtern der Sklaverei war man sich einiger denn je. Im Norden entschlossen sich die aktiven Abolitionisten, die Sklaverei durch Ausbau der *Underground Railroad* und durch Ansiedlung der Schwarzen im staatenlosen Territorium des Westens zu unterwandern. Im Süden entschlossen sich die aktiven Verfechter der Sklaverei, die Institution der Sklaverei in reinster Form zu bewahren, indem auch jede Spur eines Gedankens, der sie angriff, vernichtet wurde. Wenn der Erhalt der Konformität das Verbrennen von Büchern und Zeitungen voraussetzte, das Ausspionieren des Feindes, um einen erfolgreichen Gegenangriff starten zu können, oder sogar die Ermordung von Schwarzen oder Weißen, dann mußte das in einer Situation, in der soviel auf dem Spiel stand, einfach getan werden.

Die Spannungen der fünfziger Jahre

Vielleicht war kein Jahrzehnt in der Geschichte der Vereinigten Staaten so voller spannungsreicher und kritischer Augenblicke wie die zehn Jahre vor dem Bürgerkrieg, und die meisten Krisen waren eng mit dem Problem der Sklaverei verbunden. Eingeleitet wurde diese Periode mit der Kontroverse um die Sklaverei in den neuerworbenen Territorien im Südwesten. Angesichts der Goldfunde in Kalifornien im Jahr 1848 und der schnellen Besiedlung vieler Gebiete der mexikanischen Gebietsabtretung mußte eine Entscheidung über die weitere politische Linie getroffen werden. Einige Politiker schlugen vor, das neue Territorium analog zum Missouri-Kompromiß in Gebiete mit und ohne Sklaven aufzuteilen. Selbstverständlich wollten die Abolitionisten und viele andere im Norden ein totales Verbot der Sklaverei in den Territorien, ein Standpunkt, der in der Wilmot-Klausel formuliert wurde. Andere vertraten die Ansicht, daß diese Frage von denen entschieden werden sollte, die in den neuen Territorien lebten, ein Ansatz, der durch Stephen A. Douglas populär wurde. Schließlich gab es jene, die darauf pochten, daß die Sklaverei nirgends gesetzlich verboten werden könne, ein Standpunkt, der nachdrücklich von John C. Calhoun vertreten wurde. Außerdem war die Frage der entlaufenen Sklaven sehr akut. Die Besitzer aus dem Süden waren nie sehr erfolgreich dabei gewesen, sie zurückzuerhalten. 1842 entschied das Oberste Bundesgericht im Fall *Prigg gegen Pennsylvania*, daß Einzelstaatsbeamte bei der Rückführung flüchtiger Sklaven keine Amtshilfe leisten mußten. Diese Entscheidung trug sehr dazu bei, alle Bemühungen, Sklaven zurückzuerhalten, aussichtslos zu machen.

1850 wurden diese Fragen ausführlich im Kongreß erörtert. Man bemühte sich intensiv, zu einer Lösung zu kommen, die den Streit zwischen Nord und Süd entschärfen würde. Nach einer bemerkenswerten Debatte, an der Clay, Calhoun, Douglas, Seward und Chase teilnahmen, kam man zu einer Übereinkunft, die vorsah, daß 1. Kalifornien der Union als sklavenfreier Staat beitreten sollte; daß 2. die anderen Territorien organisiert werden sollten, ohne die Sklaverei zu erwähnen; daß 3. Texas einige Gebiete an New Mexiko abtreten und dafür entschädigt werden sollte; daß 4. Sklavenbesitzer durch ein schärferes Gesetz über geflohene Sklaven geschützt werden sollten; und daß es 5. keinen Sklavenhandel im District of Columbia geben sollte. Der Kompromiß von 1850 war keineswegs für alle befriedigend, und Georgia, Mississippi, Alabama und South Carolina erwogen ernsthaft die Sezession. Viele Südstaatler erklärten, sie würden nur solange in der Union bleiben, wie der Kompromiß strikt eingehalten wurde, und zwar insbesondere bei der Durchsetzung des Gesetzes über entlaufene Sklaven.

Schon bald wurde deutlich, daß keine der beiden Regionen sich wirklich mit dem Kompromiß von 1850 als endgültiger Lösung der Frage der Sklaverei abfand. Die militanten Abolitionisten waren immer noch entschlossen, flüchtigen Sklaven zu helfen, und die neue Bundesgesetzgebung schreckte sie nicht ab. 1851 gingen sie soweit, einen Sklaven namens Shadrach aus den Händen eines US-Marshalls* in Boston zu retten, der die Rückführung an den Besitzer vorbereitete. Es war der fanatische Eifer der Sklavenbesitzer, der die Abolitionisten besonders aufbrachte. Mit dem neuen Gesetz gegen geflohene Sklaven im Rücken, starteten die Sklavenbesitzer massive Menschenjagden. Sie waren entschlossen, selbst jene in die Sklaverei zurückzuholen, die schon jahrelang als freie Menschen gelebt hatten. So nahmen sie z. B. Jerry McHenry fest, der mehrere Jahre lang in Syracuse gelebt hatte und als angesehener Bürger geachtet war. Doch Mitglieder der Liberty-Partei, die sich dort

---

* Vollzugsbeamter des Bundes. Anm. des Übers.

versammelt hatten, befreiten McHenry unter Führung von Gerrit Smith und William Seward und ließen ihn weiterziehen. Das waren nur zwei Beispiele für die offene Mißachtung des Gesetzes durch militante Abolitionisten. Ihre Haltung überzeugte den Süden davon, daß der Norden nicht gewillt war, sich an den Kompromiß von 1850 zu halten.

Das Erscheinen von *Onkel Tom's Hütte* im Jahr 1852 verschärfte die Spannungen in den Beziehungen zwischen Nord und Süd. Dieser Roman von Harriet Beecher-Stowe wurde im ersten Jahr mehr als 300 000mal verkauft, wurde bald überall im Norden als Theaterstück aufgeführt. Die Darstellung der verabscheuungswürdigen Grausamkeit der Besitzer und Aufseher, die Beschreibung der Entbehrungen und des Leidens der Sklaven und die vollständige Verurteilung der Lebensform des Südens brachte viele Tausende Anhänger auf die Seite der Abolitionisten. Sie überließ den führenden Südstaatlern die Aufgabe, den Wahrheitsgehalt des Romans zu bestreiten. Der Schaden war jedoch angerichtet, und als die Südstaatler die Wirkung dieses einen Schlages betrachteten, erkannten sie, daß sie verheerend war.

Das regionale Stillhalteabkommen, das der Kompromiß von 1850 bewirkt hatte, war zu Ende. Doch wenn ein weiterer gesetzgeberischer Akt zu seinem definitiven Abschluß nötig war, dann leistete das der Kansas Nebraska Act von 1854. Das Gesetz wurde von Stephen A. Douglas aus Illinois im Senat eingebracht und sah vor, daß Kansas und Nebraska als Territorien organisiert werden und die Frage der Sklaverei von den Abgeordnetenhäusern des jeweiligen Territoriums entschieden werden sollte. Was immer die Motive von Douglas gewesen sein mögen, die Verabschiedung des Gesetzes beschwor einen heftigen Kampf zwischen dem Norden und dem Süden über die Kontrolle von Kansas herauf. Der Missouri-Kompromiß war damit faktisch widerrufen worden, und die Seite, die in Kansas die stärksten Regimenter aufbieten konnte, konnte es für sich gewinnen. In den folgenden Jahren kämpften Gruppierungen der Abolitionisten und der Befürworter der Sklaverei gegeneinander und vergossen ihr Blut für Kansas. Das Land wurde zu einem vorgezogenenen Schlachtfeld des Bürgerkriegs. Es herrschte kaum noch die Spur von Frieden zwischen Nord und Süd. Obwohl allein das Klima jede großflächige Entwicklung der Plantagensklaverei in Kansas verhindert hätte, ging es für beide Seiten ums Prinzip, und sie verhielten sich entsprechend.

Der Kansas Nebraska Act überzeugte viele führende Gegner der Sklaverei davon, daß nur durch politische Arbeit der unermüdliche Vormarsch der Prosklaverei-Kräfte zur Ausdehnung der Sklaverei bekämpft werden konnte. Whigs aus dem Norden, *Free Soilers** und Demokraten, die gegen die Verabschiedung des Gesetzes gekämpft hatten, setzten sich zusammen, und aus ihren Diskussionen entstand die Republikanische Partei. Diese neue politische Organisation, die selbst unwiderruflich gegen die Sklaverei votierte, profitierte von den Fehlern früherer Antisklavereiparteien und entwickelte ein breites Programm, das auch Wähler anziehen konnte, die der Sklaverei gleichgültig gegenüberstanden. Einige Südstaatler versuchten indessen, als Reaktion auf die neue Partei, eine weitere Ausdehnung der Sklaverei und die Wiedereröffnung des afrikanischen Sklavenhandels zu erreichen.

Die Bedeutung dieser neuen Entwicklungen war noch kaum zu erkennen, als das Oberste Bundesgericht 1857 eine Entscheidung im Fall *Scott gegen Sanford* verkündete, die die Kluft zwischen Süden und Norden noch vertiefte. Dred Scott war ein Sklave aus Missouri, dessen Besitzer ihn zunächst mit ins sklavenfreie Illinois genommen hatte und dann in ein Fort im nördlichen Territorium des Louisiana-Landkaufs, wo die Sklaverei durch den Missouri-Kompromiß verboten war. Nach seiner Rückkehr nach Missouri strengte Scott eine Klage an, um seine Freiheit zu erlangen, und begründete sie damit, daß sein Aufenthalt auf freiem Boden ihn zum freien Bürger gemacht habe. Die Mehrheit des Gerichts erklärte, daß Scott kein Bürger sei und deshalb bei Gericht keine Klage erheben könne. Der Vorsitzende Richter, Roger B. Taney, verkündete, da der Missouri-Kompromiß verfassungswidrig sei, könnten Besitzer ihre Sklaven überall in die Territorien mitnehmen und dennoch ihren Besitzanspruch behalten. Die Entscheidung war ein klarer Sieg für den Süden, und der Norden nahm sie zutiefst alarmiert auf. Wenn das höchste Gericht des Landes offen die Doktrin der Sklaverei verkündete, dann bestand kaum Hoffnung, daß irgend etwas außer einer tiefgreifenden politischen oder gesellschaftlichen Revolution das Ende der Sklaverei herbeiführen konnte. Nicht alle Abolitionisten waren so optimistisch wie Frederick Douglass, aber sie hofften mit ihm, daß »das Oberste Bundesge-

---

* Die 1848 gegründete Partei war entschieden gegen die Sklaverei und forderte u. a. freies Land für freie Siedler. Anm. des Übers.

John Browns Begegnung mit einer Sklavenmutter. Brown wurde 1859 gehängt, nachdem er vergeblich versucht hatte, durch die Besetzung des Bundesarsenals in Harpers Ferry die Sklaverei zu bekämpfen. Auf dem Weg zur Hinrichtung begrüßte er eine Sklavenmutter und ihr Kind. *(John Hope Franklin Collection)*

richt ... nicht die einzige Macht auf der Welt [war]. Wir, die Abolitionisten und die farbige Bevölkerung, sollten diese Entscheidung, so unerwartet und ungeheuerlich sie für uns ist, zuversichtlich hinnehmen. Gerade dieser Versuch, die Hoffnungen eines versklavten Volkes für immer zunichte zu machen, ist vielleicht ein notwendiges Glied in der Kette der Ereignisse, um die vollständige Vernichtung des gesamten Sklavensystems vorzubereiten.«

Tatsächlich waren nur noch zwei weitere Glieder notwendig, um den erbitterten Krieg beginnen zu lassen, der den Sklaven die Freiheit brachte: Das erste war der Überfall von John Brown und das zweite der Wahlsieg der Republikaner im Jahr 1860. Brown hatte sich jahrelang für die Sache der Freiheit engagiert. Er hatte die Aktivisten gegen die Sklaverei in Kansas unterstützt und bei der *Underground Railroad* von Missouri aus mitgearbeitet. Doch 1859 wurde er ungeduldig und wollte mit einer bedeutenderen Aktion etwas für die Freiheit der Sklaven tun. Er reiste durch den Norden, sammelte Geld und sprach mit weißen und schwarzen Abolitionisten. Schließlich entwickelte er einen Plan zum Angriff auf die Sklavenbesitzer zur Befreiung ihrer Sklaven. Am Abend des 16. Oktober, einem Sonntag, besetzte er mit einer kleinen Gruppe von weniger als 50 Männern das Waffenarsenal des Bundes in Harpers Ferry, Virginia, in der Hoffnung, genug Munition zu erbeuten und damit eine großangelegte Operation gegen die Sklavenbesitzer von Virginia durchführen zu können. Doch die Landbevölkerung wurde sofort alarmiert, und der Bund entsandte ebenso wie Virginia Truppen, die Brown und seine Männer überwältigten. Zu Browns Leuten gehörten mehrere Schwarze, darunter Lewis Sheridan Leary, Dangerfield Newby, John Anthony Copeland, Shields Green und Osborn Perry Anderson. Leary und Newby wurden getötet, Copeland und Green aufgehängt, Anderson entkam.

Dieser Überfall alarmierte den Süden. Er überzeugte die Sklavenbesitzer davon, daß die Abolitionisten vor nichts haltmachen würden, um die Sklaverei zu beseitigen. Niemand fühlte sich mehr sicher, weil Gerüchte über weitere bevorstehende Aufstände ebenso umliefen wie Klagen, daß die Sklaven aufsässig seien, weil sie wüßten, daß der Tag ihrer Befreiung nahte. Der gesamte Süden wurde in einen kriegsähnlichen Zustand versetzt, die Truppen exerzierten regelmäßig, sogar tief im Süden, etwa in Georgia, und die Befehlshaber der Miliz der meisten Einzelstaaten forderten ständig mehr Waffen und Munition an.

Am 2. Dezember 1859 wurde John Brown gehängt, doch vorher beeindruckte er das Land durch seine Worte und sein Verhalten nach dem Gerichtsverfahren. Einem Reporter des *New York Herald* erklärte er: »Ich habe Mitleid mit den armen Sklaven, die niemanden haben, der ihnen hilft. Deshalb bin ich hier, nicht aus persönlicher Feindschaft, Rache oder aus Vergeltung. Es ist mein Mitgefühl für die Unterdrückten und Benachteiligten, die genauso gut sind wie Sie und vor Gott genauso wertvoll ... Sie können mich ganz einfach vernichten, aber in der Negerfrage ist das letzte Wort noch nicht gesprochen, dies ist nicht das Ende.« Als er den Urteilsspruch gehört hatte, sagte er ruhig: »Da es also nötig scheint, daß ich im Kampf für die Gerechtigkeit mein Leben verliere und sich mein Blut mit dem meiner Kinder und dem Blut von Millionen in diesem Sklavenland mischen muß, deren Rechte von sündigen, grausamen, ungerechten Gesetzen mißachtet werden, so sage ich: Also soll es geschehen.«

Manche hielten Brown für einen Verrückten, aber nur wenige, die ihn gesehen und gehört hatten, dachten so. Gouverneur Wise von Virginia sagte: »Alle, die meinen, er sei ein Verrückter, irren sich ganz gewaltig ... Er besitzt einen klaren Kopf, Mut, innere Kraft und eine schlichte Aufrichtigkeit.« Er versetzte den Süden durch eine Tat in Angst und Schrecken und nahm den Norden ganz für sich ein. Viele waren im Kampf für die Freiheit gestorben, aber keiner starb so heldenhaft und in einer so günstigen Stunde. Der Kreuzzug gegen die Sklaverei hatte jetzt einen Märtyrer, und nichts verschafft einer guten Sache so viele Anhänger wie ein Märtyrer. Buchstäblich Tausende, die bis dahin gleichgültig gewesen waren, waren jetzt davon überzeugt, daß die Sklaverei abgeschafft werden müsse. Ganz ohne Zweifel wählten 1860 viele Bürger aus dieser Überzeugung heraus die Republikaner.

Als klar wurde, daß der Republikanische Präsidentschaftskandidat mit einem Antisklavereiprogramm in den Wahlkampf ziehen würde, drohte der Süden wiederum verschiedentlich mit Sezession. Doch über die Nominierung von Abraham Lincoln anstelle eines expliziten Abolitionisten wie Seward aus New York oder Chase aus Ohio waren auch die Abolitionisten besorgt. Sie waren sich nicht sicher, wie weit Lincoln gehen würde, um die Sklaverei abzuschaffen. Und das, obwohl seine Worte und Taten zwanzig Jahre lang eindeutig gegen die Sklaverei gerichtet gewesen waren, wie Dwight Dumond nachgewiesen hat. Er hatte viele Male erklärt, daß die Sklaverei der Feind des armen Mannes sei. In seiner einmaligen Amtszeit als Abgeordneter im Kongreß hatte er getan, was er konnte, um die Territorien sklavenfrei zu halten, damit sich die armen Leute dort sicher fühlen konnten. Er hatte gesagt, daß das Recht der Schwarzen, die Früchte ihrer Arbeit zu genießen, geschützt werden sollte, und er hatte die Dred-Scott-Entscheidung heftig verurteilt. Und trotzdem waren Garrison, Phillips, Sumner und andere Abolitionisten skeptisch, weil er nicht einer der ihren war. Lincolns Wahl, bei der viele Demokraten ihre Niederlage eingestehen mußten, nachdem sie sich auf den Parteikongressen in Charleston und Baltimore in Fraktionen aufgespalten hatten, markierte die Übernahme der Macht durch eine Partei, deren Weltanschauung vom Standpunkt des Südens aus revolutionär und destruktiv war. Für Einzelstaaten, die unverändert an der Aufrechterhaltung und Ausdehnung der Sklaverei festhielten, war kein Platz mehr in der Union. Die Wahlen im November, die den Sieg der Republikaner brachten, waren das Signal zur Einberufung von Kongressen im Süden, die über den einen Schritt entscheiden sollten, den Extremisten und führende Prosklaverei-Politiker bereits beschlossen hatten.

In dem durch die Sklaverei geschaffenen Klima wurden die Waffen für den Bürgerkrieg gewetzt. Es war die Frage der Sklaverei, die Norden und Süden spaltete und dazu zwang, einen blutigen Krieg zu führen. Die humanitäre Reformbewegung hätte sich schrittweise entwickeln können, wenn es keine Sklaven gegeben hätte, denn die Bewegungen für Temperenz, Frauenrechte und ähnliche Anliegen wären überall dort großzügig unterstützt worden, wo es die Bereitschaft gab, staatsbürgerliche Verantwortung zu übernehmen. Doch die Frage der Sklaverei spitzte den Kampf für Reformen unerhört zu und führte das Land in die Sackgasse von 1860. Ohne die Sklaverei wäre die Frage, wieviel Macht der Bund in den Territorien hatte, akademisch geblieben und hätte offen und friedlich diskutiert werden können. Ohne die Sklaverei wäre der Süden ein Land geblieben, wo man die Gedankenfreiheit respektiert hätte und sich nicht alle Institutionen gezwungen gesehen hätten, einen von der Pflanzeraristokratie vorgeschriebenen Kurs zu verfolgen. So wie die Antisklavereibewegung ihre Wurzeln in der liberalen Weltanschauung der amerikanischen Revolution hatte, so hatten der Kampf zwischen dem Norden und dem Süden und der Bürgerkrieg selbst ihre Ursachen in der Frage der Zukunft der Schwarzen in den Vereinigten Staaten.

11. KAPITEL
DER BÜRGERKRIEG

Die unschlüssige politische Strategie des Bundes

Als der zum Präsidenten gewählte Lincoln Ende Februar 1861 in Washington ankam, fiel die Nation, die er in den nächsten vier Jahren regieren sollte, in rasantem Tempo auseinander. Sieben Staaten des tiefen Südens waren bereits abgefallen, und es hieß, daß auch alle übrigen Sklavereistaaten denselben folgenschweren Schritt unternehmen würden. Noch vor seiner Amtseinführung betrachtete es Lincoln als seine wichtigste und schwierigste Aufgabe, den schnellen Zerfall der Nation aufzuhalten. In seiner sorgfältig formulierten Amtseinführungsrede verdammte er die Bürger des Südens – nicht die Staaten –, die sich auflehnten, und mag damit Freunde in den noch schwankenden Randstaaten gewonnen haben. Doch für die Abolitionisten waren diese Worte kaum ermutigend, denn die Zeit des Redens war ihrer Meinung nach vorbei. Jetzt mußte gehandelt werden, um der Institution ein Ende zu bereiten, gegen die die Republikanische Partei im Wahlkampf eindeutig Stellung bezogen hatte. Doch Lincoln mußte behutsam vorgehen, um die acht Sklavenhalterstaaten, die noch in der Union waren, nicht zu verprellen. Und unendlich lange konnte keine noch so große Vorsicht den Frieden erhalten, ohne die Autorität der Bundesregierung im Süden preiszugeben. Als der Zeitpunkt kam, Fort Sumter zu verteidigen, handelte Lincoln sofort. Die Verteidigung des Forts kostete ihn vier weitere Sklavenhalterstaaten und stürzte das Land in den Bürgerkrieg.

Auch wenn das Problem nicht bestanden hätte, die noch verbliebenen Sklavenstaaten – Delaware, Maryland, Kentucky und Missouri – in der Union zu halten, gab es im Norden immer noch viele Menschen, die vor einem Krieg gegen die Sklaverei zurückgeschreckt wären. Lincoln mußte nicht nur die Randstaaten unter den Sklavenhalterstaaten beschwichtigen, sondern er mußte auch eine Politik vermeiden, an der Tausende von Bürgern im Norden Anstoß genommen hätten, die der Abolitionisten überdrüssig waren. In der Zwischenzeit konnte er hoffen, Angriffe, die die Abolitionisten mit Sicherheit gegen ihn richten würden, dadurch abzumildern, daß er an weniger sensiblen Punkten nachgab.

Als die Schwarzen der Unionsarmee in Scharen ihre Dienste anboten, wurden sie abgewiesen. In nahezu jeder Kommune, ob groß oder klein, gab es eine große Anzahl von Schwarzen, die in der Armee der Union dienen wollten; als sie nicht aufgenommen wurden, warteten sie ab und halfen, wo sie konnten. In New York gründeten sie einen Militärklub und exerzierten regelmäßig, bis die Polizei sie daran hinderte. Mehrere Schwarze in Philadelphia boten sich an, in den Süden zu gehen und Sklavenrevolten zu organisieren, aber das war ganz undenkbar. Im Kriegsministerium der Hauptstadt stellten sie immer wieder Anträge, in die Armee aufgenommen zu werden. Auf einem Kongreß in Boston verabschiedeten sie eine Resolution, die die Regierung nachdrücklich aufforderte, sie in den Dienst der Armee zu stellen: »Unsere Gefühle drängen uns, unseren Landsleuten zu sagen, daß wir bereit sind, zu helfen und unser Gemeinwesen als Gleiche zusammen mit ihren weißen Beschützern zu verteidigen, und als gute Bürger ›unser Leben, unser Vermögen und unsere heilige Ehre‹* für die Sache der Freiheit einzusetzen; und wir ersuchen Sie, Ihre Gesetze zu ändern und uns in den Dienst der Armee aufzunehmen, so daß den patriotischen Gefühlen, die in der Brust des farbigen Mannes lodern, freier Lauf gelassen werden kann.«

Die Abolitionisten fragten sich schon, ob sie nicht in Lincoln den falschen Kandidaten unterstützt hatten. Ihre Zweifel wuchsen, als sie die von der Regierung eingeschlagene schwankende Politik gegenüber Sklaven, die zu den Unionstruppen flohen, sahen. In Wirklichkeit gab es keine politische Grundsatzentscheidung, jeder Befehlshaber handelte nach eigenem Gutdünken. Im Frühjahr 1861 suchten Schwarze Zuflucht hinter den Linien der Unionstruppen bei Fort Monroe in Virginia. Als General Butler hörte, daß Sklaven beim Bau von Verteidigungsanlagen der Konföderierten eingesetzt worden waren, erklärte er sofort, daß sie »Kriegskonterbande« darstellten und ihren Besitzern nicht zurückgegeben werden sollten. Statt dessen setzte man sie zu Arbeiten bei den Unionstruppen ein.

---

* Zitat aus der Unabhängigkeitserklärung. Anm. des Übers.

Mehrere Monate lang war nicht klar, ob die vorgesetzten Stellen in Washington diese Maßnahme billigen würden, und mehrere Antworten des Kriegsministeriums auf Butlers Bitten um eine klärende Grundsatzentscheidung waren ausweichend.

Im Juni 1861 sprachen sich mehrere Offiziere für die Rückgabe aller flüchtigen Sklaven aus. Im Westen handelte General Halleck nach diesem Grundsatz. Aber das Fehlen einer einheitlichen Linie wird durch zwei Vorkommnisse im Juli 1861 klar unterstrichen. Am 9. Juli verabschiedete das Repräsentantenhaus eine Resolution des Inhalts, daß es nicht die Pflicht der Unionstruppen sei, flüchtige Sklaven gefangenzunehmen oder zurückzugeben. Eine Woche später übermittelte General Winfield Scott im Namen von Präsident Lincoln die Aufforderung an Brigadegeneral McDowell, Besitzern von geflohenen Sklaven in Virginia zu erlauben, den Potomac zu überqueren und flüchtige Sklaven wieder in ihren Besitz zu bringen, die hinter den Linien der Union Zuflucht gefunden hatten. Es nimmt kaum Wunder, daß unter den Abolitionisten angesichts dieser Politik der Union große Unzufriedenheit herrschte. Phillips, Sumner und Garrison griffen die Regierung offen an und verlangten ein direkteres Eintreten für die Flüchtigen und für die Emanzipation. Doch es sollte bis zum Erlaß des Beschlagnahmegesetzes (Confiscation Act) vom 6. August 1861 dauern, bis eine einigermaßen einheitliche Behandlung von flüchtigen Sklaven durch die Bundesregierung erfolgte. Das Gesetz bestimmte, daß jede Art von Eigentum, das mit Zustimmung des Besitzers und mit seinem Wissen bei der Rebellion gegen die Vereinigten Staaten eingesetzt wurde, legal konfisziert werden konnte, wo immer es gefunden wurde. Wenn das Eigentum aus Sklaven bestand, dann waren sie für immer frei.

Als die Unionsarmeen in den Süden vordrangen, strömten die Schwarzen zu Tausenden hinter die Linien der Union. Doch die politischen Richtlinien des Bundes betreffs Versorgung und Beschäftigung waren kaum eindeutiger als zu der Zeit, da die Legalität ihrer Aufnahme insgesamt zweifelhaft war. Wieder schien jeder Befehlshaber nach eigenem Gutdünken zu verfahren. Im Westen Tennessees sah sich General Grant veranlaßt, John Eaton im November 1862 die Verantwortung für alle flüchtigen Sklaven in seinem Gebiet zu übertragen. Ein besonderes Lager für die Schwarzen wurde in Grand Junction, Tennessee, eingerichtet, wo Eaton die Arbeitsvermittlung dieser Exsklaven kontrollierte, verlassene Plantagen an Weiße verpachtete, die diese Exsklaven beschäftigten, und aufpaßte, daß sie für ihre Arbeit bezahlt wurden. In Louisiana vermittelte General Benjamin Butler Schwarze an loyale Plantagenbesitzer, die den Exsklaven zehn Dollar im Monat zahlten. Es war nicht einfach, die Zusammenarbeit von Soldaten und Offizieren sicherzustellen, die nicht in den Geruch kommen wollten, zusammen mit Schwarzen ihren Dienst zu versehen. Die Übergangsperiode war für die Schwarzen außerordentlich schwierig, und aufgrund der konfusen und ständig wechselnden Richtlinien des Bundes litten sie zuweilen unter Hunger und Kälte. Zwar mußten sie keine brutalen Bestrafungen hinnehmen, aber es gab viele Fälle ungerechter Behandlung, ein äußerst kompliziertes Problem für Offiziere, deren Hauptverantwortung darin lag, Krieg gegen den Feind zu führen.

Im Dezember 1862 unternahm Rufus Saxton, Leiter der Bundesbehörde für den Süden, den Versuch, die unübersichtliche Lage hinsichtlich der Beschäftigung und Versorgung von flüchtigen Sklaven zu klären, er gab in einem Tagesbefehl einen Gesamtplan bekannt, dem überall Folge geleistet werden mußte. Die Nutzung von verlassenem Grundbesitz sollte Exsklaven zugute kommen. Schwarzen Familien wurden pro arbeitsfähigem Mitglied zwei *Acres* zugeteilt; sie sollten Mais und Kartoffeln für den Eigenbedarf anbauen und erhielten dafür von der Regierung Gerät gestellt; gepflügt wurde von extra dafür bestimmten Arbeitern. Alle Schwarzen mußten eine bestimmte Menge Baumwolle für den Regierungsbedarf anbauen. In vielen Gebieten wurden Inspektoren für »Negerangelegenheiten« ernannt, deren Aufgabe es war, eine Volkszählung der schwarzen Bevölkerung durchzuführen, darauf zu achten, daß sie Arbeit und das Lebensnotwendigste hatten, das von der Regierung für ihre Nutzung bestimmte Land zu verwalten, und Arbeiter zu schützen, die sich selbst an weiße Arbeitgeber verdingt hatten. Einige Inspektoren, wie der Reverend Horace James in North Carolina, erledigten ihre Pflichten gewissenhaft, andere zeigten nicht viel Interesse für die Probleme von Schwarzen.

Wirkliche Unterstützung war fast immer schwierig, weil zu wenig Land für die Nutzung durch Schwarze zur Verfügung stand. In seinem Bericht für 1864 schrieb der Reverend James: »Wir verwalten riesige Flächen schiffbarer Gewässer und die Zugänge zum Meer, aber wir haben kaum genug Land, um unsere Zelte aufzubauen.« Die Regierung verkaufte einen Großteil des Landes, das sie aufgrund von Steuerschulden einbehalten hatte, an Privatpersonen. Kapitalisten und Philanthropen aus dem Osten kauften das meiste Land, das in South Carolina angeboten wurde, doch häufig, wenn auch nicht immer, zeigten diese Besitzer nur geringes Interesse an der Notlage der Schwarzen.

Eine weitere Schwierigkeit entstand, weil das Finanzministerium dem Kriegsministerium die Kompetenz bestritt, die Angelegenheiten der Schwarzen zu verwalten. Obwohl auch der Kriegsminister die Verwaltung des gesamten beschlagnahmten Eigentums durch das Finanzministerium wünschte, ausgenommen Liegenschaften, die das Militär benutzte, waren die Offiziere vor Ort der Ansicht, daß sie alles am besten regeln könnten. Während diese Auseinandersetzung in den Jahren 1863 und 1864 tobte, litten die Schwarzen unter dem Fehlen jeder koordinierten Leitung. In seiner Botschaft an den Kongreß der Südstaatenkonföderation im Herbst 1863 übte Präsident Davis scharfe Kritik am Norden wegen dessen Handhabung der Angelegenheiten der Schwarzen. Er schilderte Hunger und Leiden der Schwarzen in den »Kontrabande«-Lagern und erklärte dann, »es gehört nicht viel dazu, vorherzusagen, daß überall, wo der Feind vorübergehend Fuß gefaßt hat, die Neger, die sich unter unserer Fürsorge sechsfach vermehrt haben ... im Verlauf des Krieges durch die hohe Sterblichkeit auf weniger als die Hälfte ihrer ursprünglichen Zahl reduziert sein werden«. Zwar kann man diese Kritik nicht als objektiv bezeichnen, aber es gab in der Tat viele Entbehrungen und eine hohe Sterblichkeit unter den Schwarzen. 1864 räumte ein Beamter der Union ein, daß die Sterblichkeit in den Lagern der Schwarzen »erschreckend hoch« sei und »kompetente Beobachter sie auf nicht weniger als 25 Prozent in den letzten zwei Jahren schätzten«.

Die Richtlinien des Bundes für die staatliche Unterstützung der befreiten Sklaven wurde so langsam ausgearbeitet, daß Privatpersonen, sowohl Schwarze als auch Weiße, die Ergänzung übernahmen. Schon im Februar 1862 wurden Versammlungen in Boston, New York und anderen Städten des Nordens mit dem ausdrücklichen Ziel abgehalten, wirksamere Unterstützungsmaßnahmen für die Schwarzen im Süden zu organisieren. Am 22. Februar wurde die National Freedmen's Relief Association in New York gegründet und bald darauf die Contraband Relief Association in Cincinnati, die ihren Namen später in Western Freedmen's Aid Commission abänderte. Die Friends Association for the Relief of Colored Freedmen wurde in Philadelphia ins Leben gerufen, und eine Gruppe Chicagoer Bürger bildete die North-Western Freedmen's Aid Commission. 1865 wurden alle in der American Freedmen's Aid Commission zusammengefaßt. Religiöse Organisationen wie die United States Christian Commission und die American Missionary Association leisteten ebenfalls Hilfe für Schwarze. Sammlungen wurden durchgeführt, Kleidung und Lebensmittel gespendet und Mitarbeiter in den Süden entsandt, um sich der Bedürfnisse der Exsklaven anzunehmen.

Ein bedeutender Beitrag zur Eingliederung ehemaliger Sklaven in ihre neue gesellschaftliche Situation wurde von privaten Organisationen im Bildungsbereich geleistet. Obwohl die Bundesregierung keine eigene Bildungspolitik hatte, war sie zur Zusammenarbeit mit philanthropischen Organisationen bereit. Deren Bildungsarbeit mit Schwarzen begann 1861, als Lewis Tappan, Schatzmeister der American Missionary Association, an General Butler schrieb und ihm die Dienste seiner Organisation anbot. Butler begrüßte dieses Hilfsangebot, und der Reverend L. C. Lockwood wurde entsandt, um ein Programm zu entwickeln. Am 15. September 1861 eröffnete er eine Sonntagsschule für Schwarze im Haus von Expräsident Tyler, und zwei Tage später begann der erste tägliche Unterricht mit Mary S. Peake als Lehrerin. Innerhalb weniger Monate hatte die American Missionary Association Schulen für Schwarze in Hampton, Norfolk, Portsmouth und Newport News in Virginia und auf mehreren Plantagen eingerichtet. 1864 besuchten mehr als 3000 Schwarze Schulen mit 52 Lehrern, von denen mindestens fünf Schwarze waren. Sie wurden von den Organisationen bezahlt, aber die Regierung steuerte Mittel bei.

In Washington wurden mehrere Schulen für Flüchtlinge gegründet, und die Hilfsorganisationen für befreite Sklaven in Boston und Philadelphia stellten Lehrer zur Verfügung. In North Carolina zeigten die Geistlichen der nördlichen Regimenter früh Interesse an der Schulbildung von Schwarzen, und später dehnten die American Missionary Association und andere Hilfsorganisationen ihre Programme auf dieses Gebiet aus. Die ersten Tagesschulen öffneten im Juli 1863 ihre Pforten. Ein Jahr später gab es Schulen in Beaufort, Washington, Plymouth, Morehead und anderen Plätzen mit 3000 Schülern und 66 Lehrern. Abendschulen für Erwachsene wurden ebenfalls eingerichtet. General Butler zeigte großes Interesse an dieser Arbeit und unterstützte finanziell den Bau eines großen Gebäudes in Hampton, um 800 Studenten unterzubringen.

Die New England Freedmen's Aid Society begann 1862 mit dem Unterricht für Schwarze in South Carolina, als dort 31 Lehrer und

Lehrerinnen ankamen. Auf größeren Plantagen und in den Ortschaften wurden Schulen eingerichtet, und im Juni 1863 besuchten schätzungsweise schon 5000 Schwarze Schulen. Schrittweise wurde der Unterricht für Schwarze auf die meisten von den Unionstruppen besetzten Gebiete ausgedehnt. 1863 richtete General Banks ein öffentliches Schulsystem ein, das der Bundesbehörde für das Golfgebiet unterstand. Ein Board of Education for Freedmen (Schulamt für Freigelassene) hatte die Aufsicht über die Schulen. Ende 1864 waren bereits 95 der Behörde unterstellte Schulen mit 162 Lehrern, darunter 130 Südstaatler und mehrere Schwarze, in dieser Region eingerichtet worden. Die Tagesschulen wurden von 9571 Schülern besucht, die Abendschulen von weiteren 2000.

Die Begeisterung der Nordstaatler für Bildung und Ausbildung von Schwarzen war ganz enorm. Im letzten Kriegsjahr unterrichteten mindestens 1000 junge Männer und Frauen aus den Nordstaaten Exsklaven und kümmerten sich um sie. Sie brachten Schiefertafeln, Bleistifte, Fibeln, Lesebücher, Wandtafeln und Kreide mit. Während sie bei der Mehrzahl der weißen Südstaatler auf starke Ablehnung stießen, gab es einige, die den Erfolg der schwarzen Schulen nicht nur begrüßten, sondern auch unterstützten. Überall im Süden gab es einheimische Weiße, die vor Kriegsende Schwarze unterrichteten.

Einige Schwarze richteten Schulen für die eigenen Leute ein. In Natchez z. B. wurden während des Krieges drei Schulen von schwarzen Frauen ins Leben gerufen. In Savannah konnten Schwarze nicht nur voller Stolz auf die Einrichtung von zwei großen Schulen verweisen, sondern auch auf ein schwarzes Schulamt, das über die Schulangelegenheiten entschied. Die meisten Schulen für Schwarze hatten schlechte Räumlichkeiten, unzulängliche Materialien und nicht genügend Lehrer, aber die Afroamerikaner besuchten sie in ständig wachsender Zahl. Die für die Einrichtung dieser Schulen Verantwortlichen – Nordstaatler und Südstaatler, Weiße und Schwarze – leisteten einen überaus wichtigen Beitrag zur Eingliederung der aus der Sklaverei kommenden Schwarzen.

Die ablehnende Haltung der Regierung zu Beginn des Krieges, schwarze Soldaten einzusetzen, löste bei den Abolitionisten deutliche Kritik aus. Es setzte eine erhebliche Agitation zur Bewaffnung der Schwarzen ein. Garrison und Phillips erklärten, daß es grausam sei, den Schwarzen die Gelegenheit zu nehmen, für die Freiheit ihrer Brüder zu kämpfen. Weiße Nordstaatler, die nicht zu den Abolitionisten gehörten, lehnten es ab, für die Freiheit der Schwarzen zu kämpfen, wenn die Schwarzen nicht auch selbst kämpften. Aber es gab auch viele, einschließlich einiger Soldaten, die nicht wollten, daß Schwarze die Uniform der Union trugen, denn diese sollte denen vorbehalten bleiben, deren Staatsbürgerschaft unbestritten war. Lincoln befürchtete, daß die Randstaaten Anstoß an einer Bewaffnung der Schwarzen nehmen würden und ein solcher Schritt die Unterstützung im Norden ernstlich beeinträchtigen könnte. Er erwog deshalb vor dem Frühjahr 1862 nicht ernstlich, sie zu bewaffnen, und wurde dann dazu gezwungen.

Auf den beträchtlichen Druck von seiten der Offiziere im Feld hin bevollmächtigte der geschäftsführende Kriegsminister im Oktober 1861 General Thomas W. Sherman, »geflohene Sklaven in den Waffengattungen einzusetzen, für die sie sich eignen ... in einer Organisationsform, die sie für diese Gattung für sinnvoll erachten; wobei es sich hierbei nicht um ihre generelle Bewaffnung für den Militärdienst handeln soll«. Während Sherman diese Ermächtigung, einige Sklaven zu bewaffnen, nicht nutzte, rief sein Nachfolger, David Hunter, im Mai 1862 die Schwarzen auf, in der Armee zu dienen. Innerhalb weniger Monate hatten sich genug Schwarze für das erste Freiwilligenregiment, das First South Carolina Volunteer Regiment, gemeldet, um in Dienst gestellt zu werden. Doch umgehend wurde Hunter gezwungen, es aufzulösen und die Männer ohne Bezahlung und unzufrieden wieder nach Hause zu schicken. Im Herbst 1862 gestattete Lincoln die Anwerbung einiger Schwarzer. General B. F. Butler musterte ein ganzes Regiment freier Schwarzer in Louisiana, und Hunters Regiment in South Carolina wurde von General Saxton neu zusammengestellt. Im Dezember übernahm General Augustus Chetlain das Kommando über schwarze Freiwillige in Tennessee, und danach wurde das Programm endgültig als erfolgversprechend angesehen.

Die organisatorischen Voraussetzungen zur Rekrutierung von schwarzen Soldaten im Süden wurden im Frühjahr 1863 durch den Generaladjutanten Lorenzo Thomas geschaffen, der zur praktischen Umsetzung ins Mississippi-Tal geschickt wurde. Eine besondere Abteilung wurde in seinem Amt zur »Erledigung aller die Organisation von Negertruppen betreffenden Angelegenheiten« eingerichtet. Rekrutierungsbeamte wurden ausgewählt und Büros in Maryland, Tennessee, Missouri und an anderen strategischen Punkten geschaffen. Alle diensttauglichen Schwarzen konnten für den Militärdienst ausgewählt werden. Wenn loyale

> ### Susie King Taylor möchte gern die Yankees sehen – 1862
>
> ... ich hatte schon so viel über die »Yankees« gelesen und wollte sie unbedingt sehen. Die Weißen sagten ihren Farbigen, daß sie nicht zu den Yankees gehen sollten, denn die würden sie vor ihre Wagen spannen und sie die Wagen an Stelle von Pferden ziehen lassen. Einmal habe ich Großmutter gefragt, ob das wahr ist. Sie antwortete: »Bestimmt nicht!« und daß die Weißen nicht wollten, daß ihre Sklaven zu den Yankees gingen und ihnen deshalb solche Sachen erzählten, um ihnen Angst zu machen ... Und ich wollte diese wundervollen »Yankees« so gern sehen, weil ich hörte, wie meine Eltern sagten, der Yankee würde alle Sklaven freilassen. Oh, wie die Menschen beteten, frei zu werden! Ich weiß noch, wie meine Großmutter eines Nachts in einen der Vororte der Stadt zu einer Andacht in der Kirche ging und wie sie inbrünstig den alten Choral sangen:
>
> > *Yes, we all shall be free,*
> > *Yes, we all shall be free,*
> > *Yes, we all shall be free,*
> > *When the lord shall appear.**
>
> und die Polizei in die Kirche kam und alle, die da waren, verhaftete und erklärte, sie bereiteten ihre Freiheit vor und sängen nur »der Herr« anstelle von »Yankee«, weil sie einen möglichen Lauscher täuschen wollten.
>
> Susie King Taylor, *Reminiscences of My Life in Camp* (Boston, 1902), S. 7–8

Besitzer der Einberufung ihrer Sklaven zustimmten, sollten sie 300 Dollar für jeden Sklaven bekommen. Wenn in einem Gebiet nicht innerhalb von dreißig Tagen ausreichend Rekruten zusammenkamen, wurden Sklaven ohne die Zustimmung der loyalen Besitzer rekrutiert. Obwohl es zwei Jahre gedauert hatte, bevor sich die Bundesregierung für eine eindeutige Politik in der Frage der schwarzen Soldaten entschieden hatte, bewies sie nun, daß sie unter günstigen Umständen eine Politik verfolgen konnte, die energisch genug war, selbst die fanatischsten Abolitionisten zu befriedigen.

Diese Monate der Unschlüssigkeit bezüglich der Behandlung entflohener Sklaven, der staatlichen Unterstützung für Schwarze und ihren Mili-

---

* »Ja, wir werden alle frei sein, wenn der Herr kommt.« Anm. des Übers.

tärdienst hatten eine verunsichernde Wirkung auf die gesellschaftliche Stellung der Schwarzen während des Bürgerkriegs. Wenn nicht einmal die Bundesregierung offen für sie eintrat, konnten sie von Privatpersonen nicht viel erwarten. Weiße Reformer schlossen sich führenden Schwarzen wie Douglass, Langston, Remond und Brown im Kampf um die Anerkennung der Schwarzen an, doch der Erfolg war gering. Zeitungen im Norden, die in Opposition zur Lincoln Administration standen, beklagten, daß die Regierung das Land in einen kostspieligen Krieg gestürzt habe, um Schwarzen zu helfen, die das nicht verdienten. So konnte man in der Zeitung *Age* in Philadelphia lesen, daß Abolitionisten den Krieg herbeigeführt hätten, um ihre »Ebenholzideale« zu verwirklichen, und dabei die Interessen von Millionen freier weißer Männer außer acht gelassen hätten. Die Chefredakteure dieser Zeitungen taten alles, um die öffentliche Meinung negativ zu beeinflussen, und nicht selten gelang es ihnen. Jede Anschuldigung, daß eine weiße Frau von einem Schwarzen vergewaltigt worden sei, wurde zur Schlagzeile und die Behauptung, daß Abolitionisten zur Rassenmischung aufforderten, ständig wiederholt. Dieser unverantwortliche Sensationsjournalismus hatte den gewünschten Erfolg: Die feindselige Haltung gegenüber Schwarzen nahm tatsächlich in vielen nördlichen Gemeinden während des Krieges zu.

Offen feindselig waren vor allem weiße Arbeiter im Norden. Sie befürchteten, daß die Freilassung der Sklaven einen allgemeinen Exodus von Exsklaven in den Norden auslösen, die verstärkte Konkurrenz um Arbeitsplätze aber die Löhne drücken und zu höherer Arbeitslosigkeit führen würde. Vielerorts wollten weiße Arbeiter durch Streiks ihre Löhne verbessern, doch die Bereitschaft der Unternehmer, Schwarze als Streikbrecher einzusetzen, machte ihnen klar, daß die Konkurrenz mit schwarzen Arbeitern bereits begonnen hatte. Die Folgen waren Schlägereien und Unruhen da, wo Schwarze Arbeit suchten. In New York wurde 1862 eine Gruppe von schwarzen Frauen und Kindern, die in einer Tabakfabrik arbeiteten, vom Pöbel angegriffen. Die Beschäftigung von schwarzen Arbeitern bei der Camden-Amboy-Eisenbahngesellschaft in New Jersey löste erhebliche Unruhe, Agitation und Drohungen mit Vergeltungsmaßnahmen durch arbeitslose Weiße aus. Hafenarbeiter in Chicago, Detroit, Cleveland, Buffalo, New York und Boston wehrten sich gegen schwarze Arbeiter, wann immer sie eingestellt wurden.

Die New Yorker Einberufungskrawalle von 1863 hingen aufs engste mit dem Konkurrenzkampf zwischen Weißen und Schwarzen auf dem Arbeitsmarkt zusammen. Kurz bevor die Unruhen begannen, traten 3000 Hafenarbeiter in einen Lohnstreik. Schwarze nahmen unter Polizeischutz ihre Plätze ein. Als die Regierung damit begann, arbeitslose Weiße einzuberufen, empfanden sie das als blanken Hohn, der das Unrecht der Entlassung verdoppelte: Man hatte auf ihre Arbeitsplätze Schwarze gesetzt und schickte sie jetzt in einen Krieg, der noch mehr Schwarze befreien sollte. Folglich widersetzten sie sich der Einberufung und scheuten auch nicht vor Gewaltanwendung zurück. Während der Rassenunruhen im Juli wurden Häuser, Geschäfte und Firmen von schwarzen Arbeitern angezündet. Die Hilfsorganisationen für freigelassene Sklaven, die zur Unterstützung von Schwarzen aus dem Süden gegründet worden waren, sahen sich veranlaßt, Schwarzen in New York zu helfen. Vermutlich ist die Behauptung nicht übertrieben, daß zwischen der unschlüssigen Politik des Bundes und der feindseligen Haltung vieler weißer Bürger im Norden gegenüber ihren dunkelhäutigen Mitbürgern ein erkennbarer Zusammenhang bestand.

Schritte zur Freiheit

Seit Beginn des Krieges waren Vermutungen angestellt worden, ob bzw. wann die Sklaven freigelassen werden würden. Die meisten Anhänger der Demokraten im Norden waren dagegen und sagten unmißverständlich, daß die Sklaverei der beste Zustand für die Schwarzen sei. Die Abolitionisten hatten die Republikaner 1860 hauptsächlich deshalb unterstützt, weil ihr Parteiprogramm sich explizit gegen die Sklaverei aussprach. Nun verlangten sie, daß die Partei ihr Versprechen halten und die Sklaven befreien mußte. Lincoln mußte jedoch aus verfassungsrechtlichen, politischen und militärischen Gründen behutsam vorgehen. Seine Ansichten zur Befreiung der Sklaven waren wohlbekannt. Schon 1849 hatte er dem Kongreß einen Gesetzentwurf zur stufenweisen Emanzipation der Sklaven im District of Columbia vorgelegt, und im darauffolgenden Jahrzehnt äußerte er seine Überzeugung mehrfach. Für die Abolitionisten war die schrittweise Emanzipation schlimm genug, wenn man aber noch nicht einmal entscheidende Schritte in diese Richtung unternahm, so war das unverzeihlich.

Der gesamte Fragenkomplex erfüllte Lincoln mit großer Sorge. Als er schließlich seinen Plan zur Emanzipation der Sklaven konkretisierte, erschien er in noch schlechterem Licht, weil er es für nötig hielt, enthusiastische Offiziere zu bremsen, die Sklaven ohne seine Erlaubnis freiließen. 1861 verkündete General John C. Frémont die Sklavenbefreiung durch das Militär in Missouri, doch Lincoln mußte dieses Vorgehen modifizieren, um das Beschlagnahmegesetz nicht zu verletzen. 1862 verkündete General David Hunter, daß Sklaven in Georgia, Florida und South Carolina für immer frei waren. Als Lincoln von diesem Befehl zehn Tage nach dessen Bekanntgabe erfuhr, annullierte er ihn sofort per Proklamation und erinnerte die Sklavenhalter daran, daß sie noch immer sein Programm der Freilassung gegen Entschädigung wahrnehmen könnten.

Präsident Lincoln setzte sein Programm zur Lösung der Probleme der Schwarzen in Amerika allmählich um. Er hoffte darauf, die Freilassung über die Entschädigung der Besitzer für ihr Menscheneigentum zu erreichen, und wollte die Befreiten anschließend in einem anderen Weltteil eine Kolonie gründen lassen. Im Herbst 1861 machte er in Delaware zum ersten Mal das Experiment: Freilassung der Sklaven gegen Entschädigung der Besitzer. Er drängte seine Parteifreunde vor Ort, dies dem Abgeordnetenhaus von Delaware vorzuschlagen. Er ging sogar so weit, einen Entwurf des Gesetzes zu verfassen, das die schrittweise Emanzipation beinhaltete, und entwarf anschließend ein weiteres, das die Beteiligung der Bundesregierung an den Entschädigungszahlungen für die Besitzer vorsah. Obwohl diese Gesetzesvorlagen gründlich diskutiert wurden, war der Widerstand zu groß, um sie einzubringen.

Konkretere Schritte zur Emanzipation wurden im Frühjahr 1862 unternommen. In einer Sonderbotschaft an den Kongreß empfahl Präsident Lincoln die Annahme einer Resolution, nach der die Vereinigten Staaten mit jedem Einzelstaat zusammenarbeiten würden, der ein Programm zur stufenweisen Emanzipation bei gleichzeitiger befriedigender Entschädigung der Besitzer verabschieden würde. Er drängte die Kongreßabgeordneten aus Delaware, Maryland, West Virginia, Kentucky und Missouri, diesen Vorschlag zu unterstützen. Sie lehnten ihn jedoch ab, weil ihre Wähler nicht auf Sklaven verzichten wollten. Einer gemeinsamen Resolution, die von Roscoe Conkling dessen ungeachtet vorgelegt wurde, stimmten beide Häuser des Kongresses zu, und der Präsident unterzeichnete sie am 10. April 1862. Die Abolitionisten waren wütend. Sie waren der

Meinung, daß die Sklavenbesitzer in den Südstaaten nicht dafür bezahlt werden sollten, daß sie Eigentum herausgaben, das ihnen rechtmäßig gar nicht gehörte. Wendell Phillips sprach in Cincinnati zu einer Menge, die seine Ansichten feindselig aufnahm, er kritisierte die Regierung und erklärte, die rechte Hand der Aristokratie des Südens sei die Sklaverei, aber die linke Hand sei der ignorante weiße Mann. Überall im Norden lehnten die Abolitionisten Lincolns Programm der Freilassung gegen Entschädigung entschieden ab.

Eine weitere Vorlage Lincolns, die im April 1862 Gesetz wurde, bestimmte die Freilassung der Sklaven im District of Columbia. Es gab selbstverständlich eine Entschädigung, aber nicht mehr als 300 Dollar für jeden Sklaven. Ein wichtiger Bestandteil des Gesetzes war die Bereitstellung von 100 000 Dollar zur Förderung der freiwilligen Auswanderung der Exsklaven nach Haiti und Liberia. Die Kolonisierung war für Lincoln offenbar fast so wichtig wie die Freilassung. Im August 1862 lud er eine Gruppe prominenter freier Schwarzer zu sich ins Weiße Haus und beschwor sie, die Kolonisierung zu unterstützen. Er erläuterte ihnen: »Die Angehörigen Ihrer Rasse leiden sehr, jedenfalls viele von ihnen, unter dem Zusammenleben mit uns; aber unsere leiden auch unter Ihrer Anwesenheit. Kurz, wir leiden beide. Wenn wir das eingestehen, dann kennen wir auch den Grund, warum wir getrennt leben sollten.« Vermutlich sagten ihm einige ihre Unterstützung zu, denn in seiner zweiten Jahresbotschaft konnte er erklären, daß viele freie Schwarze an der Kolonisierung teilnehmen wollten. Das Außenministerium machte auf Lincolns Vorschlag hin Anfragen bei südamerikanischen Regierungen und einigen karibischen und afrikanischen Regierungen über die Möglichkeiten zur Kolonisierung der schwarzen Amerikaner. Nur zwei Antworten waren für Lincoln voll befriedigend. Sie schlugen vor, daß Exsklaven sich in Panama und auf der Ile à Vache in der Karibik ansiedeln sollten. Bis zum Ende des Krieges behielt Lincoln die Hoffnung bei, zumindest einen Teil der freigelassenen Schwarzen anderswo ansiedeln zu können.

Ab Juni 1862 nahm die Regierungspolitik zur Freilassung der Sklaven schnell Gestalt an. Am 19. Juni unterzeichnete der Präsident ein Gesetz, das die Sklaverei in den Territorien abschaffte. Am 17. Juli wurde eine Bestimmung Gesetz, die allen Sklaven die Freiheit gab, die von illoyalen Besitzern auf das von der Union kontrollierte Territorium kamen. Lincoln rief wiederum Kongreßabgeordnete aus den Randstaaten mit Sklaverei zu sich und erklärte ihnen, da die Sklaverei abgeschafft werden würde, wenn der Krieg nur lange genug dauerte, sollten sie sein Programm der Freilassung gegen Entschädigung akzeptieren. Seine Bitte stieß auf taube Ohren. Doch da er bereits so weit gegangen war, erwog Lincoln nun eine Erklärung zur Freilassung aller Sklaven in aufständischen Staaten und diskutierte diese Idee mit seinen Außen- und Marineministern, Seward und Welles.

Zwei Tage lang, am 21. und 22. Juli, erörterte das Kabinett Lincolns Entwurf einer Emanzipationserklärung. Den Rebellen sollten die Strafen des Beschlagnahmegesetzes vor Augen geführt, und sie sollten an die Möglichkeit der Freilassung ihrer Sklaven gegen Entschädigung erinnert werden. Alle Sklaven sollten am 1. Januar 1863 freigelassen werden. Nur zwei Kabinettsmitglieder, Seward und Chase, stimmten, und dies auch nur in Teilen, Lincolns Entwurf zu. Seward riet ihm dringend, die Emanzipationserklärung so lange nicht zu verkünden, bevor die militärische Lage nicht günstiger war. Offenbar bestand aufgrund von Gerüchten bei manchen die Hoffnung, daß der Präsident die Emanzipation im August verkünden würde. Als dies nicht geschah, waren die Verfechter der Emanzipation bitter enttäuscht. Horace Greeley beschwor Lincoln in einem Artikel in der *New York Tribune*, die Freilassung zu proklamieren. Abgesandte der Antisklavereibewegung wurden beim ihm vorstellig. Einer solchen Delegation gegenüber erklärte der Präsident interessanterweise, daß er die Sklaven im Rahmen der bestehenden Verfassung nicht befreien könne, weil das in den Rebellenstaaten nicht durchgesetzt werden könne. Jede Erklärung würde etwa so effektiv sein, nach Lincolns Ansicht, »wie eine päpstliche Bulle gegen den Kometen«.

Der Sieg der Union bei Antietam am 17. September 1862 veranlaßte Lincoln zu handeln. Fünf Tage später gab er eine vorläufige Emanzipationserklärung heraus. In diesem Dokument erinnerte er an die Möglichkeit der Freilassung gegen Entschädigung und erklärte, daß er weiterhin die freiwillige Kolonisierung der Schwarzen »auf diesem Kontinent oder anderswo« unterstützen werde. Doch die Zeit war reif für konkretere Schritte, und er verkündete, daß ab 1. Januar 1863 »alle als Sklaven gehaltenen Personen in einem Einzelstaat oder einem genau bezeichneten Teil eines Einzelstaats, deren Bevölkerungen sich zu diesem Zeitpunkt im Zustand der Rebellion gegen die Vereinigten Staaten befinden werden, dann, fortan und für immer frei sein sollen«.

Die Reaktion im Norden war überwiegend negativ. Viele Weiße hatten den Eindruck, daß der Krieg nicht länger geführt wurde, um die Union zu erhalten, sondern um die Sklaven zu befreien, und einige Soldaten quittierten lieber den Dienst, als für diese Sache zu kämpfen. Die *Peace Democrats* beschuldigten die Regierung, das Leben weißer Bürger in einem kostspieligen Krieg der Abolitionisten zu verheizen. Die Abolitionisten zögerten, die Erklärung zu verdammen, da sie besser war als nichts, aber sie sahen darin nicht mehr als eine dürftige Entschädigung für all die Anstrengungen und Opfer, die sie seit mehr als einer Generation gebracht hatten. Und außerdem: Was war denn, wenn der Krieg zu Ende wäre und es am 1. Januar 1863 keine rebellierenden Staaten mehr gäbe? Diese Möglichkeit jagte jedem überzeugten Abolitionisten kalte Schauer über den Rücken. Die tatsächliche Reaktion konnte man an den Wahlergebnissen im November ablesen. Obwohl die Republikaner die Mehrheit im Kongreß behielten, konnten die Demokraten viele Wahlkreise im Norden gewinnen und dadurch beträchtliche Gewinne im Repräsentantenhaus und im Senat verbuchen.

Die vorläufige Emanzipationserklärung begeisterte trotz dieser kritischen Reaktion die Arbeiter überall auf der Welt, die darin ein großes humanitäres Dokument sahen, und wann immer Sklaven davon erfuhren, legten sie ihr Werkzeug nieder und empfanden die Aura ihrer neu erlangten Freiheit. Ende Dezember 1862 steigerte sich die Spannung bis hin zur endgültigen Verkündung ganz außerordentlich, und, noch bevor sie verlesen wurde, hatte die Emanzipationserklärung die Bedeutung eines der größten Dokumente aller Zeiten erhalten. Am 31. Dezember wurden an vielen Orten im Land von Schwarzen und Weißen Andachten als nächtliche Wachen abgehalten, bei denen Dankgebete für die Befreiung der Sklaven gesprochen wurden. Im Tremont Temple in Boston hörten Frederick Douglass, William Wells Brown, William Lloyd Garrison, Harriet Beecher-Stowe, Charles B. Ray und andere Freiheitskämpfer am 1. Januar 1863 die Worte, die mehr als Dreiviertel der Sklaven befreiten. Präsident Lincoln gab allen Sklaven die Freiheit, nahm aber diejenigen aus, die in Einzelstaaten oder Teilen davon lebten, die sich zu diesem Zeitpunkt nicht im Zustand der Rebellion gegen die Vereinigten Staaten befanden. Diese Ausnahme betraf die vier loyalen Sklavenhalterstaaten und 13 Gemeinden in Louisiana, einschließlich der Stadt New Orleans, die 48 Bezirke von Virginia, die zusammen West Virginia bildeten, und 7 Bezirke im Osten Virginias, einschließlich der Städte Norfolk und Portsmouth.

Lincoln legte seine Rechtfertigung der Emanzipationserklärung *(Emancipation Proclamation)* zweifelsfrei dar. Zweimal erwähnte er die *militärische* Notwendigkeit, diesen Kurs weiterzuverfolgen. Er kennzeichnet sie als »geeignete und notwendige kriegerische Maßnahme«, um die Rebellion niederzuschlagen, die er kraft seines Amtes als Oberbefehlshaber von Armee und Marine durchführen konnte. Im letzten Abschnitt erklärte er seine feste Überzeugung, daß »diese Verfügung, die wir aufrichtig für eine Verfügung der Gerechtigkeit halten, ... durch die Verfassung aufgrund einer militärischen Notwendigkeit gerechtfertigt ist«. Er riet den Sklaven jedoch, jegliche Gewaltanwendung zu vermeiden, es sei denn zur Selbstverteidigung, und weiter getreu gegen vernünftige Bezahlung zu arbeiten.

Wenn die Emanzipationserklärung im Kern eine Kriegsmaßnahme war, dann hatte sie die gewünschte Wirkung, weil sie im Süden für Verwirrung sorgte und die Südstaatenkonföderation vieler ihrer wertvollen Arbeitskräfte beraubte. Als diplomatisches Dokument war sie erfolgreich, weil sie Tausende englischer und europäischer Arbeiter auf die Sache des Nordens einschwor, die ihrerseits voller Ungeduld für die Freiheit der Arbeiter auf der ganzen Welt kämpften. Als humanitäres Dokument vermittelte sie Millionen Schwarzen die Hoffnung, daß bessere Tage kommen würden, und erneuerte bei Tausenden der Mitstreiter den Glauben an die Durchsetzung der Freiheit in Amerika, für die sie lange gekämpft hatten,

In den Kriegsjahren hatten die Schwarzen wichtige Schritte in Richtung Freiheit gemacht. Viele von ihnen gehörten jedoch zu den ersten, die erkannten, daß das Ziel noch nicht erreicht war. Selbst nach der Veröffentlichung der Erklärung gab es noch mehr als 800 000 Sklaven in den Randstaaten mit Sklaverei, die davon nicht berührt waren, ganz zu schweigen von den Hunderttausenden, wenn nicht Millionen in der Konföderation, die erst viele Monate später etwas von der Emanzipationserklärung hören sollten. Politische und wirtschaftliche Freiheit hatten die Schwarzen weder im Süden noch im Norden. Ihre führenden Politiker waren darüber sehr besorgt. Die National Convention of Colored Men, die im Oktober 1864 in Syracuse zusammenkam, erörterte Fragen des Arbeitsmarktes, des Wahlrechts und der Erweiterung der

Freiheit. Wenn die Schwarzen keine Antworten auf diese Fragen hatten, dann lag das an der Komplexität und Größe der Probleme, die bei der Anpassung von mehr als vier Millionen Menschen an ein neues Klima der Freiheit auftauchten.

Die politische Strategie der Südstaatenkonföderation

Eine der größten Sorgen des Südens bei Kriegsbeginn betraf das Verhalten der Sklaven. Eine Reaktion der Sklaven gegen ihren gesellschaftliche Stellung gefährdete nicht nur die Sicherheit der weißen Bevölkerung, sondern auch die Stabilität des Wirtschaftssystems, ohne die es keinerlei Hoffnung gab, erfolgreich Krieg führen zu können. Die Besitzer riskierten nichts. In Friedenszeiten war es ganz in Ordnung, von der Liebe der Sklaven zu ihren Herren zu erzählen, aber in Kriegszeiten konnte man mit schönen Worten und Wunschdenken keinen Sieg erringen. Die Stimmung zur stärkeren Kontrolle der Sklaven war stark verbreitet. Die Patrouillengesetze wurden in der gesamten Südstaatenkonföderation verschärft. Anstelle vierzehntägiger Patrouillen verlangte Florida 1861 von den Patrouillen, mindestens einmal wöchentlich die Runde abzureiten oder öfter, »wenn sie durch einen glaubwürdigen Bürger Hinweise auf Aufsässigkeit und Ungehorsam, den drohenden Ausbruch von Unruhen oder einen Sklavenaufstand erhielten«. 1862 widerrief Georgia alle Freistellungen von der Patrouillenpflicht, und Louisiana verhängte eine Geldstrafe von 10 Dollar oder eine Gefängnisstrafe von 24 Stunden bei Nichterscheinen.

Die Befürchtungen der Südstaatler waren völlig berechtigt. Ein gewöhnlicher Notstand mochte die Sklaven nicht erschüttern, aber nun wurde ihnen allmählich bewußt, daß es in diesem Krieg um ihre Freiheit ging. Natürlich gab es Sklaven, die weiter zuverlässig auf der Plantage für ihren Herrn arbeiteten und die Herrin beschützten, aber wie Bell I. Wiley dargelegt hat, »müssen diese Beweise der Loyalität angesichts zeitgenössischer Berichte als Ausnahmen gelten«. Die am weitesten verbreitete Form der Illoyalität war die Desertion. Man kann sie kaum als Weglaufen oder Flucht wie vor Kriegsbeginn bezeichnen. Zwischen 1861 und 1865 verließen Schwarze einfach ihre Plantagen, und wenn die Streitkräfte der Union nahe genug waren, liefen sie zu ihnen über und bekamen Nahrung und Kleidung. In Arkansas verließen, laut Thomas Staples, »wann immer sich die Unionstruppen näherten, die meisten kräftigen, erwachsenen Schwarzen ihre Besitzer und suchten Zuflucht hinter den Unionslinien«. Fast alle Sklaven der Shirley-Plantage in Virginia liefen zu den Unionstruppen über. Im August 1862 schätzte ein General der Südstaatenarmeen, daß Sklaven im Wert von mindestens einer Million Dollar zu den Unionstruppen in North Carolina flohen.

Beamte der Konföderation und der Einzelstaaten versuchten, den Massenexodus der Sklaven aufzuhalten, indem sie Plantagenbesitzer zum sogenannten »running the Negroes« (Negertreiben) aufforderten. Wenn der Einmarsch von Unionstruppen in einem Gebiet unmittelbar drohte, brachten Plantagenbesitzer ihre Sklaven in Sicherheit, gewöhnlich ins Innere des Landes. Mehr als 2000 wurden im Herbst 1862 aus den Landkreisen Washington und Tyrell ins Innere von North Carolina gebracht. Es war ein eigentümlicher Anblick, die Plantagenbesitzer mit ihrem »schwarzen Kapital« umherziehen zu sehen, manchmal zu Fuß, manchmal auf Planwagen oder Karren, aber immer in großer Eile. Nicht alle Schwarzen fügten sich der Idee des »Flüchtens«, jedenfalls nicht gemeinsam mit ihren Besitzern, und manchmal leisteten sie offen Widerstand und liefen in die entgegengesetzte Richtung zu den Unionstruppen.

Häufig waren Sklaven unverschämt gegenüber den Weißen, und zwar besonders wenn die Unionsarmeen langsam auf die Ländereien vordrangen. 1862 schrieb ein Bürger in Mississippi dem Gouverneur, daß »der Landkreis dringend eine Kompanie berittener Ranger braucht..., um den Negern Respekt einzuflößen, die sehr unverschämt werden. Unsere Nähe zum Feind hat einen deutlich spürbaren Einfluß auf sie.« Die Lage in Georgia wurde so beunruhigend, daß ein Gesetz eingebracht wurde, »Sklaven und freie Farbige für beleidigende und unverschämte Bemerkungen gegenüber Weißen zu bestrafen«. Der *Enquirer* in Richmond berichtete von einem Kutscher, der, als er hörte, daß er frei sei, »direkt in das Ankleidezimmer seines Herrn ging, dessen beste Kleidungsstücke anzog, die beste Taschenuhr mit Kette einsteckte, den Stock ergriff, in die Halle zurückkehrte, wo der Herr saß, und ihm frech ins Gesicht sagte, er könne in Zukunft seine Kutsche selbst lenken«. In North Carolina faßte ein Bürger die bei den Weißen vorherrschende Meinung 1864 folgendermaßen zusammen: »Unsere Neger zeigen allmählich, daß sie begreifen, was Sache ist. Frechheit und Aufsässigkeit sind sehr verbreitet.«

Als die Kriegslage immer hoffnungsloser wurde, verweigerten viele Sklaven die Arbeit und lehnten sich gegen Bestrafung auf. Ein Plantagenbesitzer in South Carolina beklagte sich 1862, »wir sind nur mit Mühe durch diese Saison gekommen, die Neger weigern sich zu arbeiten, ganz gleich, was es ist«. Ein anderer verzweifelter Plantagenbesitzer schrieb: *Ich wünschte, alle Neger würden das Anwesen verlassen,* denn sie machen doch nur, was sie wollen, verlassen morgens das Haus, wann es ihnen beliebt und kommen zurück, wann es ihnen gefällt usw.« Einige Sklaven in Louisiana verlangten Lohn für ihre Arbeit. In Texas verfluchte ein Sklave seinen Herrn »in Grund und Boden«, als der ihn bestrafen wollte. Die Beziehungen waren in einigen Gebieten so gespannt, daß die Herrschaften aus Angst vor schlimmen Vergeltungsakten nicht mehr wagten, ihre Sklaven zu bestrafen.

Die Aufkündigung der Loyalität der Sklaven drückte sich auch darin aus, daß sie den Unionstruppen Informationen gaben und den Weg zeigten, sich des Eigentums der Besitzer bei der Ankunft der Truppen bemächtigten bzw. bei dessen Zerstörung mithalfen und weiße Zivilisten angriffen. Viele Südstaatler lebten während des Krieges in ständiger Furcht vor einem Sklavenaufstand, insbesondere nach der Emanzipationserklärung. Gerüchte von Aufständen waren alltäglich, und viele Sklavenbesitzer waren über die Aussicht blutiger Aufstände so entsetzt, daß sie die Unionstruppen immer wieder um Schutz baten.

Einer der Haupteinwände der weißen Südstaatler gegen die Einberufung war die Befürchtung, daß dadurch die weiße männliche Bevölkerung reduziert würde, was die Schwarzen zur Revolte ermutigen würde. 1864 stand im *Whig* in Richmond zu lesen: »Wenn man alle oder fast alle kräftigen Weißen wegholt und die Neger der schwachen Aufsicht der Frauen, Kinder und alten Männer überläßt, dann besteht die Gefahr, daß man zum Aufstand noch eine Hungersnot dazu bekommt.« In mehreren Orten in Alabama und Georgia wurden Schwarze wegen Anstiftung zum Aufstand aufgehängt, viele wurden wegen Beteiligung an solchen Vorbereitungen ins Gefängnis gesteckt. Die Zahl der Aufstände war tatsächlich relativ gering, weil die Schwarzen auch ohne Gewaltanwendung ihre Freiheit erlangen konnten. Gängige Praxis im Süden waren jedoch Schnellverfahren, wenn man die verdächtigen Personen für Aufrührer hielt, die von großangelegten Aufständen abschrecken sollten.

Da die Landwirtschaft in den Südstaaten auf dem Anbau weniger Kulturen basierte, die ausschließlich für den Markt produziert wurden, gab es große Schwierigkeiten, sie auf eine Kriegswirtschaft umzustellen, die genug Nahrung für die kämpfende Truppe liefern könnte. Fast überall wurde die Anbaufläche für Baumwolle durch gesetzliche Vorschriften verkleinert, und in großem Maßstab wurde der Anbau auf Mais, Weizen und andere Getreide umgestellt. Die Arbeitskräfte waren das größte Problem. Die Aufsicht über Sklaven, die wenig über den Getreideanbau wußten und daran nicht interessiert waren, lag in den Händen weißer Frauen, nicht kriegstauglicher weißer Männer und getreuer Sklaven.

Sklaven wurden nicht nur auf Farmen, sondern auch in Fabriken eingestellt. In Eisenfabriken in Virginia und Alabama wurden sie während des gesamten Krieges beschäftigt. 1862 suchten die berühmten Tredegar-Betriebe in Annoncen tausend Sklaven. In den Betrieben hackten sie Holz für die Herstellung von Holzkohle, transportierten Eisen zu Verladestellen und verrichteten unterschiedliche Arbeiten, für die man eine Ausbildung brauchte. 1864 arbeiteten 4301 Schwarze und 2518 Weiße in den Eisenbergwerken der konföderierten Staaten östlich des Mississippi. Und auch in den Kohlebergwerken und Salzfabriken gab es Sklaven. Der Historiker James Brewer hat dargelegt, wie unentbehrlich sie für Virginias Kriegsindustrie waren. Es konnte jedoch gefährlich werden, sich auf das Fachwissen von Sklaven zu verlassen. Robert Smalls, ein Sklave und Lotse im Hafen von Charleston, brachte das Konföderations-Dampfschiff *The Planter* in seine Gewalt, steuerte es mit seiner Familie an Bord aus dem Hafen und übergab es dem Unionsgeschwader, das die Hafeneinfahrt blockierte.

Die Regierungen der Südstaatenkonföderation und der Einzelstaaten stützten sich auf schwarze Arbeitskräfte, Sklaven und Freie bei der Ausführung schwerer Arbeiten, die zur Fortführung des Krieges absolut notwendig waren. Sklavenarbeiter heuerte man durch Verträge mit ihren Besitzern an, indem man sie für kurze Zeit mietete oder requirierte. Im Herbst 1862 war der Arbeitskräftemangel im Süden so akut, daß die meisten Staaten die Requirierung von Sklaven autorisiert hatten. 1863 verabschiedete die desperate Konföderation ein allgemeines Requirierungsgesetz und ein Jahr später die gesetzliche Requirierung von 20 000

Sklaven. Bis zum Ende des Krieges forderte Präsident Davis ständig, daß mehr Sklaven requiriert werden müßten. Das Ergebnis war keineswegs befriedigend. Zum einen mochten die Sklavenbesitzer die Requirierung prinzipiell nicht, weil dadurch ihr Eigentum zu einem von der Regierung festgelegten Preis beschlagnahmt werden konnte. Folgerichtig lehnten sie in vielen Fällen die Kooperation einfach ab. Auch die Sklaven mochten Requirierungen nicht, weil die Arbeit für das Militär weit anstrengender war als die gewohnte Arbeit für ihre Besitzer, wenn sie denn überhaupt geneigt waren zu arbeiten. Da Besitzer *und* Sklave die Requirierung ablehnten, hatte sie wenig Aussicht auf Erfolg.

Doch auch ohne sie waren die Südstaatenkonföderation und die Einzelstaaten in der Lage, sich die Dienste Tausender von Sklaven zu sichern, die viele wichtige Aufgaben übernahmen. Viele Köche in der Südstaatenarmee waren Sklaven. Die Regierung erkannte ihren Wert für die Moral und die körperliche Leistungsfähigkeit der Soldaten an, indem sie vier Köche für jede Kompanie vorsah und festlegte, daß jeder 15 Dollar im Monat und Kleidung erhalten sollte. Viele Fuhrleute, Handwerker, Krankenpfleger, Ambulanzfahrer und gewöhnliche Arbeiter waren Sklaven. Ein Großteil der Arbeiten bei der Anlage von Befestigungen wurde von Schwarzen ausgeführt. Als die Unionsarmeen in den Süden vordrangen, Eisenbahnschienen herausrissen und Brücken zerstörten, reparierten schwarze Arbeiter sie. Außerdem wurden sie in großem Umfang bei der Herstellung von Schießpulver und Waffen eingesetzt. 1865 waren von den 400 Arbeitern in den Marinearsenalen in Selma, Alabama, 310 Schwarze.

Wohlhabende Bürger der Südstaatenkonföderation nahmen ihren schwarzen persönlichen Diener mit in den Krieg. Diese Männer hielten die Quartiere sauber, wuschen die Wäsche, brachten die Uniform in Ordnung, polierten Schwerter, Koppelschlösser und Sporen, machten Botengänge, besorgten Essensrationen, schnitten das Haar und versorgten die Tiere. Einige nahmen sogar an den Kämpfen teil. Im November 1861 soll ein Diener »wie ein Mann gekämpft haben« und vier Unionssoldaten getötet haben. Als der Kampf hoffnungsloser wurde und die Rationen knapper, wurden die meisten Diener nach Hause geschickt. Die konföderierten Soldaten waren zu der Erkenntnis gekommen, daß nur in mittelalterlichen Ritterromanen Platz für persönliche Diener auf dem Schlachtfeld war.

Es war eine Sache, Schwarze alle möglichen Arbeiten verrichten zu lassen, selbst in der Armee, und eine ganz andere, ihnen Waffen in die Hand zu geben. Einige Südstaatler hatten von Anfang an verlangt, Schwarze zu bewaffnen, und örtliche Stellen hatten freien Schwarzen erlaubt, in der Armee zu dienen. 1861 ermächtigte das Abgeordnetenhaus von Tennessee den Gouverneur, alle freien Schwarzen im Alter von 15 bis 50 Jahren in die Miliz von Tennessee aufzunehmen. In Memphis wurde sogar ein Rekrutierungsbüro für sie eingerichtet. Die öffentliche Meinung war im allgemeinen jedoch gegen die Bewaffnung von Schwarzen. Natürlich bestand die Furcht, daß sie sich gegen ihre Herren auflehnen würden. Darüber hinaus hätte ihre Aufnahme ins Militär die Anerkennung ihrer Gleichheit mit Weißen bedeutet. Als eine ganze Kompanie aus 60 freien Schwarzen sich 1861 in Richmond zum Dienstantritt melden wollte, dankte man höflich und schickte sie nach Hause. Eine Kompanie freier Schwarzer in New Orleans durfte an einer Parade teilnehmen, aber nicht in die Schlacht ziehen.

Trotz der eisernen Weigerung der Führung der Südstaaten, Schwarze in die Armee aufzunehmen, ging die Agitation für ihre Einberufung während des ganzen Krieges weiter. Nach Niederlagen im Herbst 1863 wurde die Diskussion intensiver, und das Abgeordnetenhaus von Alabama befürwortete die Bewaffnung vieler Sklaven. 1864 empfahl General Patrick Cleburne den Offizieren der Armee Tennessees, eine große Einheit nur mit Sklaven aufzustellen und ihnen die Freiheit nach Kriegsende zuzusagen. Dieser Vorschlag eines ranghohen Offiziers löste eine beträchtliche Diskussion aus, und Präsident Davis, der befürchtete, ein solcher Schritt würde der Sache der Südstaaten nur schaden, befahl, keine derartige Einheit aus Sklaven aufzustellen. Die Diskussion war damit jedoch nicht zu Ende, und bei einem Treffen der Gouverneure von North und South Carolina, Georgia, Alabama und Missouri im Oktober 1864 wurde eine Resolution angenommen, die den Einsatz von Sklaven als Soldaten empfahl. Davis lehnte diesen Plan immer noch ab und machte das in einer Botschaft an den Kongreß der Südstaaten im folgenden Monat auch deutlich, fügte dem aber hinzu: »Sollten wir jemals vor der Alternative stehen Unterjochung oder Einsatz von Sklaven als Soldaten, dann besteht wohl kein Zweifel, wie unsere Entscheidung aussehen müßte.«

Der Kongreß der Südstaatenkonföderation diskutierte im Winter

1864/1865 offen über die Bewaffnung von Sklaven. Ein Vertreter aus Mississippi mißbilligte die bloße Idee, die Sklaven zu bewaffnen, und beschwor die Versammlung: »Gott behüte, daß wir diesem trojanischen Pferd Einlaß bei uns gewähren.« Der Herausgeber des *Mercury* in Charleston erklärte unumwunden, daß South Carolina an der Fortsetzung des Krieges kein Interesse mehr hätte, wenn Sklaven bewaffnet würden.

Im Senat der Südstaatenkonföderation wurde 1865 ein Gesetz vorgelegt, das die Dienstverpflichtung von 200 000 Schwarzen und ihre Freilassung vorsah, wenn sie während des ganzen Krieges loyal dienten. Die Befürworter dieser Maßnahmen bemühten sich um die Zustimmung von General Robert E. Lee. Der angesehenste Soldat des Südens erklärte, daß diese Maßnahme nicht nur ratsam sei, sondern auch notwendig, daß Schwarze gute Soldaten sein würden, und alle, die dienten, am Ende des Krieges freigelassen werden sollten. Am 13. März 1865 wurde von Präsident Davis das Gesetz unterzeichnet, das ihn berechtigte, von jedem Staat eine festgelegte Quote zusätzlicher Soldaten anzufordern, ungeachtet ihrer Hautfarbe, unter der Bedingung, daß die eingezogenen Sklaven eines Staates nicht mehr als 25 Prozent der gesunden männlichen Sklavenbevölkerung zwischen 18 und 45 Jahren ausmachten. Unmittelbar nach Unterzeichnung wurden Rekrutierungsoffiziere ernannt, um Schwarze für die Konföderiertenarmee zu rekrutieren.

Die Einberufung von Schwarzen ging im Westen sehr langsam vor sich. Ein Bürger Mississippis schrieb an den Gouverneur, daß die Schwarzen flüchteten, um sich der Einberufung zu entziehen. An der Ostküste hatte man mehr Erfolg, vielleicht weil die Offiziere Tanzvergnügen und Paraden veranstalteten, um unter den Schwarzen Begeisterung für die Sache der Südstaaten zu wecken. Doch das kam alles zu spät, weil die Südstaatenkonföderation durch den Ansturm der Unionstruppen, interne Konflikte und die eigene Desorganisation bereits ruiniert war. Es gibt unbestätigte Berichte, daß einige schwarze Soldaten auf seiten der Südstaaten zum Einsatz kamen, wenn das stimmt, dann war ihre Zahl jedenfalls sehr gering. Wenn die Konföderation die Entscheidung zum Einsatz von schwarzen Soldaten zwei Jahre früher getroffen hätte, hätte sie damit eine erhebliche Streitmacht aufstellen können. Angesichts der verbreiteten Illoyalität der Sklaven kann man jedoch bezweifeln, daß Schwarze tatkräftig für die Sache der Südstaaten gekämpft hätten.

Schwarze kämpfen für die Union

Als Schwarze schließlich Soldaten in der Unionsarmee werden konnten, taten sie es bereitwillig und begeistert. Im Norden waren führende Schwarze wie Frederick Douglass als Rekrutierer tätig. Auf Massenversammlungen forderten die Redner alle Schwarzen auf, sich freiwillig zu melden, und sie strömten in Boston, New York und Philadelphia in Scharen in die Rekrutierungsbüros. Auch im Süden meldeten sich viele, aber nicht alle hielten es für notwendig, als Soldat zu kämpfen, wenn sie die Freiheit auch kampflos erhielten. Die Anwerbung von Schwarzen war jedoch ein bemerkenswerter Erfolg: Mehr als 186 000 Männer ließen sich bis zum Ende des Krieges für die Unionsarmee anwerben. Aus den abtrünnigen Staaten waren es 93 000 und aus den Randstaaten mit Sklaven 40 000. Der Rest, annähernd 53 000, kam aus den sklavenfreien Staaten. Es ist möglich, daß die Gesamtzahl größer war, denn einige Zeitgenossen bestehen darauf, daß viele Mulatten in weißen Regimentern dienten, ohne als Schwarze angegeben worden zu sein.

Schwarze Einheiten wurden in Regimentern der leichten und schweren Artillerie, Kavallerie, Infanterie und bei den Pionieren aufgestellt. Um sie von den weißen Soldaten zu unterscheiden, wurden sie als »United States Colored Troops« bezeichnet und unterstanden dem Befehl von zumeist weißen Offizieren und einigen schwarzen Unteroffizieren. Zuerst war es schwierig, weiße Offiziere für schwarze Einheiten zu finden, weil die regulären Offiziere im allgemeinen Schwarze in der Armee ablehnten. Joseph T. Wilson schreibt, daß besonders die Absolventen von West Point mehr als nur abgeneigt waren, diese Einheiten zu befehligen, und Kameraden gesellschaftlich ächteten, die diese Aufgabe übernahmen. Doch es gab auch Offiziere, die die Verantwortung begeistert wahrnahmen und schnell ein so hohes Ansehen für sich und ihre Männer erlangten, so daß es gegen Ende des Krieges nicht schwierig war, weiße Offiziere für schwarze Einheiten zu ernennen. Unter ihnen waren so hervorragende Offiziere wie Oberst Thomas Wentworth Higginson von den First South Carolina Volunteers, Oberst Robert Gould Shaw vom 54. Massachusetts-Regiment und General N. P. Banks, der eine Zeitlang die First and Third Louisiana Native Guards befehligte.

Einige Schwarze bekleideten Offiziersstellen in der Unionsarmee. Zwei Regimenter von General Butlers *Corps d'Afrique* waren ausschließlich mit schwarzen Offizieren besetzt, unter anderen Major F. E. Dumas und Hauptmann P. B. S. Pinchback. Eine Batterie in Lawrence, Kansas, wurde von Hauptmann H. Ford Douglass und von Oberleutnant W. D. Matthews angeführt. Das 104. Regiment hatte zwei schwarze Offiziere, Major Martin R. Delany und Hauptmann O. S. B. Wall. Zu den schwarzen Chirurgen, die Offizierspatente erhielten, gehörten Alexander T. Augusta vom 7. Regiment und John V. DeGrasse vom 35. Charles B. Purvis, Alpheus Tucker, John Rapier, William Ellis, Anderson Abbott und William Powell waren Chirurgen im Lazarett in Washington. Zu den schwarzen Feldgeistlichen im Offiziersrang gehörten Henry M. Turner, William Hunter, James Underdue, William Waring, Samuel Harrison, William Jackson und John R. Bowles.

Am Anfang wurden schwarze Soldaten bei der Besoldung diskriminiert. Das Gesetz über den Wehrdienst *(Enlistment Act)* vom 17. Juli 1862 regelte, daß Weiße im Rang eines einfachen Soldaten 13 Dollar im Monat und 3,50 Dollar für Kleidung erhielten, aber Schwarze im gleichen Rang nur 7 Dollar bzw. 3 Dollar. Schwarze Soldaten und ihre weißen Offiziere protestierten heftig gegen diese Diskriminierung. Das 54. Massachusetts-Regiment diente lieber ein Jahr lang ohne Sold, als den unterschiedlichen Sold zu akzeptieren, und zog 1864 in Florida mit dem Lied in die Schlacht »Drei Hurras für Massachusetts und sieben Dollar im Monat«. Im 3. South-Carolina-Regiment wurde Feldwebel William Walker standrechtlich erschossen, weil er »die Kompanie angeführt hatte, als sie eine Gewehrpyramide vor dem Zelt ihres Hauptmanns aufgetürmt hatte, und zwar mit der ausdrücklichen Begründung, daß die Männer von ihrem Dienst entbunden seien, weil die Regierung sich weigerte, ihren Teil des Vertrags zu erfüllen«. Nach vielen Protesten bewilligte das Kriegsministerium ab 1864 gleichen Sold für schwarze Soldaten.

Schwarze verrichteten die unterschiedlichsten Aufgaben in der Unionsarmee. Als Stoßtrupps wurden sie hinter die Linien der Konföderierten geschickt, um Befestigungen und Nachschublager zu zerstören. Da sie das Gelände in den Südstaaten besser kannten als die meisten weißen Soldaten und sich als Sklaven ausgeben konnten, wurden sie häufig als Spione und Kundschafter eingesetzt. Weiße Offiziere verließen sich auf die Informationen von schwarzen Spionen. Harriet Tubman wurde von den Unionstruppen an vielen Orten der Ostküste als Spionin eingesetzt.

Schwarze Soldaten bauten Befestigungen entlang der Küste und den

Flußufern. Ihnen wurden so viele untergeordnete Aufgaben übertragen, daß sie nicht zum Einsatz kamen und ihre Offiziere mehrfach Beschwerde einlegten. Ein Offizier erklärte, er wolle lieber im gleichen Glied wie seine Soldaten kämpfen, als Aufseher von schwarzen Arbeitern sein. 1864 nahm General Lorenzo Thomas diese Lage der Dinge zur Kenntnis und erließ den Befehl, daß schwarzen Einheiten nicht übermäßig viele Aufgaben übertragen werden sollten und »daß sie nur ihren angemessenen Anteil am Arbeitsdienst übernehmen müssen genau wie die Weißen. Das ist notwendig, um sie auf die höheren Pflichten im Kampf gegen den Feind vorzubereiten.«

Die »höheren Pflichten im Kampf« hatten sie bereits übernommen, denn Schwarze wurden schon im Herbst 1862 gegen konföderierte Truppen eingesetzt. Bis zum Ende des Krieges verging kaum eine Schlacht, ohne daß schwarze Soldaten den Feind sahen. Sie kamen, laut George Washington Williams, in mehr als 250 Scharmützeln zum Einsatz. In der Schlacht von Port Hudson kämpften acht schwarze Infanterieregimenter.

Natürlich war die Südstaatenkonföderation entsetzt über den Einsatz von schwarzen Soldaten durch den Norden. Und sofort kam die Frage auf, ob sie als feindliche Soldaten oder als aufrührerische Sklaven zu behandeln seien. Die überwiegende Mehrheit der weißen Südstaatler sah schwarze Soldaten als rebellierende Sklaven an und bestand darauf, sie als solche zu behandeln. 1862 ordnete Präsident Davis an, daß alle Sklaven, die bewaffnet in Gefangenschaft gerieten, an ihren Herkunftsstaat ausgeliefert werden und dort nach den Einzelstaatsgesetzen behandelt werden sollten. Die Union bestand darauf, daß gefangengenommene Schwarze als Kriegsgefangene zu behandeln seien, aber die Konföderierten akzeptierten diesen Standpunkt erst 1864.

Einige gefangengenommene Schwarze, aber wahrscheinlich nicht viele, wurden in die Sklaverei verkauft, andere wurden getötet. Der Kriegsminister der Südstaaten befürwortete die Hinrichtung einiger schwarzer Gefangener, um ein Exempel zu statuieren. 1864 wies ein Offizier der Konföderationsarmee, Oberst W. P. Shingler, seine Untergebenen an, über die Gefangennahme von Schwarzen nicht mehr Bericht zu erstatten. Der schlimmste Fall war der Fort-Pillow-Skandal. Am 12. April 1864 fiel das Fort in die Hände der konföderierten Truppen unter dem Kommando von General Nathan B. Forrest. Den schwarzen Soldaten wurde nicht gestattet, sich zu ergeben, sie wurden erschossen und einige bei lebendigem

Leib verbrannt. Und doch wurden viele Schwarze von der Südstaatenarmee gefangengenommen und als Kriegsgefangene interniert. 1863 berichtete General Butler, daß 3000 Schwarze Kriegsgefangene der Konföderierten seien. Ende 1864 arbeiteten annähernd 1000 schwarze Gefangene an den Befestigungen der Konföderierten bei Mobile.

Schwarze kamen auf fast jedem Kriegsschauplatz des Bürgerkriegs zum Einsatz. Sie waren bei Milliken's Bend in Louisiana, bei Olustee in Florida, bei Vicksburg in Mississippi und bei der Belagerung von Savannah dabei. Sie kämpften in Arkansas, Kentucky, Tennessee und North Carolina. Sie waren an der Bezwingung von Petersburg beteiligt und erlebten am 9. April 1865 die Kapitulation im Appomattox Court House mit. Der Kongreß verlieh Decatur Dorsey einen Tapferkeitsorden für seinen Einsatz als Oberfeldwebel der 39. United States Colored Troops bei Petersburg am 30. Juli 1864. James Gardner vom 36. Regiment wurde geehrt, weil er vor seiner Brigade in die Schlacht stürmte und einen Offizier der Konföderierten, der seine Männer in den Kampf führte, niederschoß. Vier Männer des 54. Massachusetts-Infanterieregiments erhielten den Gilmore-Orden für ihre Tapferkeit beim Angriff auf Fort Wagner, bei dem der kommandierende Offizier, Oberst Robert Gould Shaw, im Kampf fiel. Generalmajor Gilmore erließ folgenden Tagesbefehl, um schwarze Soldaten unter seinem Kommando für ihren mutigen Einsatz lobend zu erwähnen:

> Am 7. März 1865 verließ eine Gruppe farbiger Soldaten und Kundschafter, dreißig an der Zahl ... Jacksonville, Florida, und drang quer durch den Landkreis Marion ins Innere des Landes ein. Sie retteten 91 Neger aus der Sklaverei, machten vier weiße Gefangene und konfiszierten zwei Wagen und 24 Pferde und Maultiere; sie zerstörten eine Zuckerfabrik und eine Brennerei ... und verbrannten die Brücke über den Oclawaha. Bei ihrer Rückkehr wurden sie von einer Kavallerietruppe von mehr als 50 Mann angegriffen, die sie besiegten, wobei sie den Rebellen Verluste von mehr als 30 Mann zufügten ... Diese Aktion wurde von farbigen Soldaten unter dem Kommando eines farbigen Unteroffiziers geplant und ausgeführt, sie gereicht den tapferen Teilnehmern und ihrem Führer zur Ehre.

Ähnliche Aussagen machten die **Generalmajore E. R. S. Canby, Godfry Weitzel**, James G. Blunt, S. A. Hurlbut, Alfred H. Terry und W. F. Smith sowie Männer anderer Dienstgrade. Ihre lobenden Worte bezeugen die Tatsache, daß schwarze Soldaten taten, was sie konnten, um die Union zu retten und die eigene Freiheit zu erlangen.

Mehr als 38 000 schwarze Soldaten ließen im Bürgerkrieg ihr Leben. Man schätzt, daß ihre Todesrate fast 40 Prozent höher lag als bei den weißen Truppen. Bei der 5. United States Colored Heavy Artillery ließen 829 Männer ihr Leben, das war die höchste Zahl an Toten unter allen Einheiten der Unionsarmee. Das 65. Colored-Infanterieregiment hatte mehr als 600 Sterbefälle allein durch Krankheiten zu beklagen. Diese hohe Mortalitätsrate unter den Schwarzen läßt sich durch mehrere ungünstige Faktoren erklären, darunter große Strapazen, schlechte Ausrüstung, ungenügende medizinische Versorgung, die Fahrlässigkeit und die Eile, mit der Schwarze in den Kampf geschickt wurden, und die Politik des »kein Pardon«, mit der die Konföderierten gegen sie kämpften – besonders die Weigerung, sie als Soldaten, die unter den allgemein akzeptierten Konventionen der Kriegführung kämpften, zu betrachten. Es ist unmöglich, die Zahl der Schwarzen zu schätzen, die von der Hand des Feindes fielen, aber es müssen Tausende gewesen sein. Deshalb kann überhaupt kein Zweifel daran bestehen, daß Schwarze einen großen Beitrag zum Sieg der Unionstruppen im zweiten großen Freiheitskrieg leisteten.

Sieg!

Die Kapitulation der Konföderationsarmee 1865 bedeutete nicht nur den Sieg für die überzeugende Militärmacht des Nordens, sondern auch für die unauflösliche Union. Damit war ein für allemal die Frage geklärt, ob Einzelstaaten das Recht hatten, sich von der Union loszusagen. Die Frage nach dem genauen Verhältnis zwischen Einzelstaaten und Bund konnte sich immer wieder stellen, aber alle Einzelstaaten mußten künftig die übergeordnete Souveränität des Bundes anerkennen.

Die Kapitulation der Südstaatenkonföderation war auch ein persönlicher Sieg für Präsident Lincoln und seine Politik. Er hatte die Theorie entwickelt, daß nicht die Einzelstaaten sich losgesagt hatten, sondern aufständische Bürger der Kontrolle entglitten waren. Nun konnte er aufgrund dieser außerordentlich großmütigen Theorie schnell daran gehen, die Wunden der Nation zu heilen. Lincoln hatte mit zu den frühesten Vertretern des öffentlichen Lebens gehört, die gegen die Sklaverei Stellung bezogen. Jetzt sah er mit Befriedigung ihre Abschaffung, die mit seiner Kriegserklärung eingeleitet und mit der Annahme des 13. Zusatzartikels zur Verfassung Ende 1865 abgeschlossen wurde.

Das Ende des Krieges bedeutete einen Sieg für die Abolitionisten. Noch nie in der Geschichte der Vereinigten Staaten hatte eine Interessengruppe so stark die öffentliche Meinung beeinflußt und dann deren Umsetzung in die Praxis erreicht. Eine Generation lang hatten die Abolitionisten unermüdlich gearbeitet, Beschimpfungen und sogar körperliche Angriffe ertragen. Sie betrachteten den Kampf als moralischen Kreuzzug und waren weder wehleidig noch nachtragend. Erfolgreicher als jede andere Bewegung davor, rüttelten sie das Gewissen der Nation für die eigenen Sünden und Missetaten wach. Bis auf den heutigen Tag spüren Amerikaner die Auswirkungen dieser Betonung der Moral in den zwischenmenschlichen Beziehungen, die das Glaubensbekenntnis der Abolitionisten ausmachte.

Für die Schwarzen bedeutete Lees Kapitulation den Sieg. Endlich hatten auch sie erlangt, was Menschen überall und zu allen Zeiten wollten, ihre Freiheit. Mit dem Kriegsende ging eine Zeit der Versklavung zu Ende, die fast 250 Jahre gedauert hatte. Der Wunsch nach Freiheit war jahrhundertelang von den Schwarzen wachgehalten worden, die durch ihr Verhalten bewiesen hatten, daß Freiheit und das Recht darauf über Rassengrenzen hinweg reichten. Ihr Sieg wurde durch ihren jahrhundertelangen Kampf ebenso errungen wie durch ihren Einsatz in den letzten Schlachten.

Paradoxerweise bedeutete das Ende des Krieges auch einen Sieg für den Süden. Sicher hatte er militärische Niederlagen und Verluste erlitten. Aber er war von der Herrschaft einer Institution befreit worden, die seine wirtschaftliche Entwicklung gehemmt und jedes geistige Leben erstickt hatte. Im Süden hatte es kaum Chancen für größere Entwicklungen auf neuen Gebieten des Wirtschaftslebens gegeben, und weil die Region sehr empfindlich auf jede Kritik an der Sklaverei reagiert hatte, hatte sie die Meinungsfreiheit unterbunden und solche Begabungen ausgesperrt, die nur in Freiheit gedeihen können. Es war ein großer Tag für den Süden, als er endlich eine realistische Grundlage für sein Wirtschaftsleben bekam, und Kirchen, Schulen und Schriftsteller der Wahrheit ins Auge blicken und sie so darstellen konnten, wie sie sie sahen. Endlich verlangte die Sklaverei nicht mehr, daß sie anders handelten.

Kompanie E, 4. US-Farbigen-Infanterieregiment. Mehr als 186 000 Schwarze kämpften auf seiten der Union im Bürgerkrieg. Kompanie E gehörte zu den Einheiten, die abgeordnet waren, um die Hauptstadt Washington zu schützen. *(Kongreßbibliothek)*

Das Ende des Krieges war darüber hinaus der Anfang einer neuen Ära in der Geschichte der Vereinigten Staaten. Die wirtschaftliche Revolution brach sich Bahn durch die enormen Kräfte, die der Krieg freigesetzt hatte, sie veränderte jeden Aspekt des amerikanischen Lebens und schuf neue Probleme und Ungerechtigkeiten, deren Lösung die Reformer nun angehen mußten. In dieser neuen Ära mußten die Republikaner neue Ideale für ihre Partei finden und die Abolitionisten neue gesellschaftliche Mißstände, die es zu beseitigen galt. Die Schwarzen mußten ihre Freiheit in einer Gesellschaft ausbauen, die sich in so schnellem Wandel befand und eine Anpassung selbst für gebildete Schwarze schwierig machte. Für alle Amerikaner aber stellte sich als das größte Problem, das sich aus dem Bürgerkrieg und seinen wirtschaftlichen Nachwirkungen ergab, wie sie die Freiheit erhalten konnten, die fast zu einer Obsession für sie geworden war, und gleichzeitig die Sicherheit genießen konnten, die durch die neue Wirtschaftsordnung immer stärker bedroht wurde. Schwarze und Weiße machten sich nunmehr daran, einen wirklichen Ausgleich zwischen Freiheit und wirtschaftlicher Sicherheit im Nachbürgerkriegsamerika zu finden. Damit stand die Demokratie vor einer neuen Herausforderung.

12. KAPITEL
BEMÜHUNGEN UM DEN ERHALT DES FRIEDENS

Die Wiedereingliederung in die Nation – »Reconstruction«

In wenigen Perioden unserer Geschichte ist das Gesamtgefüge des amerikanischen Lebens so grundlegend verändert worden wie während des Bürgerkriegs und in der Zeit unmittelbar danach. Da waren zunächst die gesellschaftlichen und wirtschaftlichen Veränderungen, die sich aus der Freilassung von vier Millionen Sklaven im Süden ergaben. Diese Veränderungen waren so durch und durch mit anderen Konsequenzen des Krieges verwoben, daß man die beiden Phasen nicht voneinander trennen kann. So erlebte der Süden z. B. keine bedeutende industrielle Entwicklung im Krieg, wie sie im Norden stattfand und so gewaltige Kräfte freisetzte, daß diese den Gesamtverlauf der Wiedereingliederung des Südens *(Reconstruction)* beeinflußten. Die politischen Veränderungen, die mit der Sezession der Südstaaten begonnen hatten, betrafen die ganze Nation, der wirtschaftliche Transformationsprozeß, der durch zahlreiche Veränderungen in Produktion und Vertrieb in Gang gesetzt wurde, erforderte den Einsatz jedes praktisch veranlagten und interessierten Menschen in den Vereinigten Staaten.

Zu Recht hat Howard K. Beale darauf hingewiesen, daß man die Wiedereingliederung des Südens überhaupt nur verstehen kann, wenn man zumindest den Versuch unternimmt, sie in ihrem Umfeld zu analysieren. Sie ist weder eine Geschichte der »Negerherrschaft«, wie viele Historiker die Phase der »Radikalen Wiedereingliederung« getauft haben, noch ist sie ausschließlich Teil der Geschichte der Südstaaten, auch wenn viele Forscher in der Vergangenheit sie aus solch regionaler Perspektive betrachtet haben. Sie ist integraler Bestandteil der Nationalgeschichte, und man findet die Erklärung für merkwürdige Ereignisse in Alabama nicht unbedingt und ausschließlich in den Aktivitäten der Bevölkerung dieses Staates, sondern auch in gesellschaftlichen Bewegungen und wirtschaftlichen Transaktionen der Bürger Bostons, New Yorks oder Philadelphias. Von 1865 bis zum Ende des Jahrhunderts nahmen die Vereinigten Staaten die losen Enden ihres gesellschaftlichen, politischen und wirtschaftlichen Lebens wieder auf, die 1861 so abrupt gekappt worden waren, und versuchten, sie zu einer neuen Struktur zusammenzufügen. Das politische Leben South Carolinas nach 1865 wurde nicht nur durch die Anwesenheit von Schwarzen in der Einzelstaatslegislative und anderen öffentlichen Ämtern verändert. Es wurde ebenso vom dynamischen Wandel der wirtschaftlichen Wiedereingliederung des Südens in die Nation beeinflußt. Die *Reconstruction* vollzog sich 1865 in der gesamten Nation.

Weiße Bürger der Südstaaten, die nach dem Bürgerkrieg in den Norden reisten, waren über die Veränderungen erstaunt, die wenige Jahre im Wirtschaftsleben dieser Großregion bewirkt hatten. Die Dringlichkeit der militärischen Bedürfnisse, die hohe Inflationsrate der Unionswährung und die stimulierende Wirkung von Schutzzollbestimmungen hatten alle bei der Industrialisierung des Nordens zusammengewirkt. Die Stahlwerke hatten sehr viel mehr produziert, als für die Fortsetzung des Krieges notwendig war, und die Eisenbahnlinien verbanden schon bald den Norden und den Westen. Hunderte von technologischen Entwicklungen machten die Produktion von Waren möglich, deren Erfindung zwei Jahrzehnte zuvor noch die Vorstellungskraft überfordert hätte. Neue Organisationsformen der Wirtschaft nahmen Gestalt an, deren Expansionsmöglichkeiten überall im Land und auf der ganzen Welt fast unbeschränkt waren und deren Wirtschaftsführer von der Idee besessen waren, um jeden Preis Monopole zu schaffen und riesige Profite einzuheimsen. Die Bürger im Norden wollten genausoviel an Exkonföderierte verkaufen wie an Nordstaatler. Und die klügeren unter den weißen Bewohnern der Südstaaten mußten erkennen, daß diese neue Lage Ergebnis des Triumphs der Industrialisierung über die Agrargesellschaft war. Das rege Treiben in neuen und alten Städten war das äußere Zeichen des Triumphs, während verwüstete und verlassene Landstriche im Süden die Niederlage der alten agrarischen Lebensform symbolisierten. Weiße Bewohner des Südens konnten zudem erkennen, daß ihrer Region der wirtschaftliche und psychologische Niedergang drohte, der ebenso vernichtend sein würde wie der militärische Zusammenbruch.

Die politische Lage war in der Phase nach dem Bürgerkrieg sehr verworren, und das Problem der Reorganisation der abtrünnigen Staaten war nur ein Teil des noch ungeregelten Zustands des politischen Lebens insgesamt. Während des Krieges hatte der Präsident mehr Machtbefugnisse gehabt, als das in Friedenszeiten geduldet worden wäre, und noch vor Kriegsende machte der Kongreß recht erbost klar, daß er darauf bedacht sein werde, das Gleichgewicht zwischen den drei Gewalten wiederherzustellen. Aus der Sicht vieler Kongreßmitglieder mußte das Pendel zurückschwingen, und nicht einmal ein Lincoln durfte die sensiblen Prozesse des Verfassungssystems behindern. Die unerwartete Übernahme des Präsidentenamtes durch Andrew Johnson komplizierte die Lage. Der Kongreß war nun entschlossener denn je, seine Rolle bei der Regierung des Landes voll wahrzunehmen. Die Furcht der Republikaner, daß sie politischen Einfluß und die Mehrheit im Kongreß einbüßen würden, die Einflußnahme der neuen Industriellen auf die Verabschiedung für sie vorteilhafter Gesetze und widersprüchliche Konzepte für die Wiedereingliederung des Südens sind alles Aspekte, die bei der Analyse der Politik dieser Periode nicht außer acht gelassen werden dürfen.

Das politische Chaos der Nachkriegszeit brachte gewisse Elemente der Korruption zum Tragen. Es hatte völlig überhöhte Ausgaben für den Krieg gegeben, die Korruption begünstigten, und die Nutznießer von Schmiergeldern und Bestechung hatten nicht die Absicht, sich am Ende des Krieges zurückzuziehen. Sicher blieben viele Schieber und Kriegsgewinnler in den Grenzen der Respektabilität, aber in der Nachkriegszeit waren Hemmungen zur Wahrung der Respektabilität nicht mehr angebracht. Die Begabteren gingen in die Industrie und andere Wirtschaftsbranchen, und die Inkompetenten, die leichte Opfer gerissener Industrieller und skrupelloser Politiker waren, übernahmen leitende Funktionen in der Politik. Ein solider wirtschaftlicher und politischer Wiederaufbau wurde immer schwieriger, und die Vereinigten Staaten wurden in den Nachkriegsjahren zu einem Vorzeigeobjekt der Korruption.

Das Problem der politischen Unreife Amerikas nach dem Bürgerkrieg kann nicht damit abgetan werden, daß es vier Millionen Schwarze gab, die keinerlei politische Erfahrung hatten. Hinzu kamen die vielen Millionen Europäer, die als Einwanderer ins Land strömten und die politischen Gewässer beträchtlich aufwühlten. Viele von ihnen hatten niemals aktiv an einem politischen Prozeß teilgenommen, und die meisten von ihnen verstanden das Funktionieren eines auf Repräsentation beruhenden Regierungssystems nicht. Die große Mehrheit der Einwanderer sprach »merkwürdige« Sprachen und besaß kaum Schulbildung. Diese Faktoren und ihr niedriger Lebensstandard machten das Einleben in der Neuen Welt schwierig. Natürlich wurden sie häufig Opfer käuflicher und korrupter Politiker und unwissentlich zu Mitschuldigen an den Verbrechen korrupter Regierungen. Darüber hinaus zogen die Städte Millionen Landbewohner an, und obwohl diese überwiegend amerikanische Bürger waren, kannten sie sich in den städtischen Gepflogenheiten so wenig aus, daß sie den Machenschaften städtischer Politiker ebenfalls zum Opfer fielen. All diese Faktoren zusammen verstärkten das politische Chaos der Wiedereingliederung des Südens und gestalteten sie noch schwieriger.

Die drängenden Probleme der Wiedereingliederung waren zahlreich. Eines der wichtigsten war der Wiederaufbau des vom Krieg zerstörten Südens und die Erneuerung seiner Wirtschaft auf der Grundlage freier Arbeitskräfte. Bei Kriegsende hatten die beiden Carolina, Georgia, Florida, Alabama, Mississippi und Texas keine zivile Regierung mehr. Viele verzweifelte Südstaatler gaben ihre Farm auf oder verließen den Süden ganz. Andere, die den Neubeginn wagen wollten, wußten nicht, wo sie anfangen sollten. Ganze Landstriche waren von den Armeen der Union verwüstet, öffentliche Gebäude und Wohnhäuser waren niedergebrannt worden. Die Qualität der Böden hatte darunter gelitten, daß wenig oder gar nichts mehr angebaut worden war, und Besitzansprüche auf Grund und Boden oder die Erträge waren in vielen Gebieten umstritten. Überall litten die Menschen Hunger und unter Krankheiten. Viele freigelassene Schwarze wanderten ohne Unterkunft und ohne Arbeit von Ort zu Ort und lösten Widerwillen und Ängste bei den Weißen aus. Die ideologische Verranntheit der Weißen war beunruhigend: Sie hatten Probleme damit, einen Schwarzen als freien Menschen anzusehen, und das Problem, sich an die neue gesellschaftliche Stellung der Schwarzen zu gewöhnen, türmte sich so gewaltig vor ihrem inneren Auge auf, daß sie für eine objektive Betrachtung anderer dringender Probleme blind wurden.

Die Bedürfnisse des Südens waren zahlreich und vielfältig. Da bestand das wichtige Problem, wie man die abtrünnigen Staaten wieder in die Union zurückführen konnte. Das war nicht so einfach, wie einen verlorenen Sohn erneut in der Familie aufzunehmen. Man mußte Vorsorge treffen, daß die Einzelstaatsregierungen nicht in die Hände unversöhnlicher Exkonföderierter fielen, die die Errungenschaften des Krieges wieder rückgängig machen wollten. In diesem Zusammenhang mußten die Fragen beantwortet werden, wie hoch die führenden Männer der Südstaatenkonföderation bestraft werden sollten, und ob ihre Staaten sich faktisch überhaupt losgesagt hatten. Dieses Problem war diffizil, aber es sah so aus, als ob es bald gelöst werden könnte und die Vereinigten Staaten wieder wirklich vereint sein würden.

Untrennbar verbunden mit den Problemen des Wiederaufbaus des Südens und seiner Reintegration in die Union war die Lage der befreiten Sklaven. Niemand bezweifelte, daß es ihnen elend ging, aber es wurde ernsthaft darüber diskutiert, wer ihre Bedürfnisse am besten befriedigen konnte. Ihr Rechtsstatus als freie Individuen wurde nicht angezweifelt, aber über mögliche Unterschiede zwischen ihnen und Weißen entstanden Meinungsverschiedenheiten. Noch schwerwiegender war das Problem, ob ihr Status geklärt und ihre Lebensbedingungen verbessert sein mußten, bevor die Südstaaten wieder in die Union zurückkehren durften.

Ein großes Hindernis bei der Lösung dieser dringenden Nachkriegsprobleme war das Vermächtnis des Hasses aus den generationslangen Auseinandersetzungen zwischen Nord und Süd. Wahrscheinlich war diese Feindschaft die tiefste Wunde, die geheilt werden mußte, denn sie schwärte tief in den Herzen der Weißen im Norden und im Süden, und niemand wußte, wie man sie behandeln sollte. Es bestand kaum Hoffnung, auch nur eines der Probleme zu lösen, bevor nicht ein neuer Geist der Versöhnung und des guten Willens geschaffen wurde. In dieser vagen und schwer faßbaren Sphäre lag der Schlüssel zum Frieden zwischen beiden Regionen.

So war die Wiedereingliederung des Südens, die *Reconstruction*, im Kern eine nationale Aufgabe und nicht nur das Problem einer Großregion oder Rasse. Die Haupthindernisse auf dem Weg zu einer befriedigenden Lösung waren das Ergebnis von Entwicklungen, die primär die ganze Nation betrafen. Aus der Distanz von mehr als hundert Jahren wird heute zunehmend klar, daß nur wenige Krisen in der Geschichte der Vereinigten Staaten so nachdrücklich ein nationales Eingreifen verlangten. Fast ebenso offensichtlich ist die Tatsache, daß das Problem der *Reconstruction* im wesentlichen das Problem war, wie die Nation auf den Weg zu mehr wirtschaftlicher und politischer Demokratie gebracht werden konnte.

Gegensätzliche politische Strategien

Lincoln erkannte früh die Notwendigkeit, eine politische Strategie festzulegen, wie man die Südstaaten behandeln sollte, wenn sie vor der Unionsarmee kapitulierten, und was man mit der großen Zahl der Schwarzen machen sollte, die vor Kriegsende in den Herrschaftsbereich der Vereinigten Staaten gerieten. Da er darauf bestand, daß der Krieg eine Rebellion von Bürgern der Südstaaten war und keine Revolte der Einzelstaaten, konnte er die Bürger der Südstaatenkonföderation aufgrund der Annahme behandeln, daß sie ihre Einzelstaatsregierungen irregeführt hätten. Es war seiner Meinung nach die Aufgabe des Präsidenten, alle notwendigen Maßnahmen zur Reorganisation der Südstaaten zu ergreifen. Als die einzelstaatlichen Strukturen zusammenbrachen, ernannte Lincoln Militärgouverneure, die solange über alle Macht verfügten, bis Zivilregierungen eingerichtet werden konnten. Im Dezember 1863 legte er dem Kongreß seinen umfassenden Plan zur Wiedereingliederung vor und verkündete in einer Proklamation dessen wesentliche Elemente.

Präsident Lincoln ging davon aus, daß die Wiedereingliederung eine Angelegenheit der Exekutive war und sprach eine Generalamnestie für die Bevölkerung des Südens aus, mit Ausnahme bestimmter hoher Zivilbeamter und Militärs der Konföderierten, die er zum Treuegelöbnis gegenüber den Vereinigten Staaten aufforderte. Wenn ein Zehntel der Wähler eines Staates, die 1860 zur Wahl gegangen waren, der Emanzipationserklärung zustimmte, konnte eine Regierung gebildet werden, die vom Präsidenten anerkannt wurde. Obwohl Lincolns Erklärung im allgemeinen gut aufgenommen worden war und die Südstaaten aufgrund der Vorschriften mit der Reorganisation begannen, waren einige Kongreßmitglieder der Meinung, daß der Präsident zu nachsichtig sei und daß die Wiedereingliederung des Südens Sache des Kongresses sein sollte. Sie verabschiedeten als eigene Maßnahme das Wade-Davis-Gesetz, das vielen Bürgern der Exkonföderation das Wahlrecht entzog, alle weiteren Schritte verschob, bis die Weißen sich mehrheitlich als loyale Wähler qualifiziert hatten und bessere Garantien für die Loyalität von seiten der neuen Regierungen verlangte. Der Präsident weigerte sich, das Gesetz zu unterzeichnen, ließ jedoch auch diesen Weg als Möglichkeit zu, wenn ein Einzelstaat sich auf eigenen Wunsch auf dieser Grundlage reorganisieren wollte.

Was die befreiten Sklaven betraf, erkannte Lincoln, daß es eine befriedigende Klärung ihres Status geben mußte, wenn der Frieden im Süden erhalten bleiben sollte. Während des gesamten Krieges hatte Lincoln die Hoffnung gehegt, daß die Schwarzen in erheblicher Zahl aus den Vereinigten Staaten auswandern würden, und hatte sich um die Unterstützung des Kongresses für diesen Plan bemüht. Mit der Zeit muß ihm allerdings klar geworden sein, daß das Problem auf diesem Weg nicht gelöst werden konnte und er nach einer Lösung suchen mußte, die vom Verbleiben der Schwarzen in den Vereinigten Staaten und im Süden ausging. Mit seiner Zustimmung wurde eine Reihe von Ämtern für »Negerangelegenheiten« eingerichtet, die zuständig für die Regelung der Bedürfnisse von Schwarzen in den ersten Kriegsjahren waren. Schrittweise wurde die Arbeit dieser Ämter vom Freedmen's Bureau übernommen.

In der Frage der Anerkennung der Schwarzen als Vollbürger war Lincoln der Meinung, daß sich die Schwarzen bei entsprechender Schulbildung dafür qualifizieren konnten, zumindest in gewissen Grenzen. 1864 wandte er sich mit der Frage an den Gouverneur von Louisiana, George M. Hahn, »ob nicht einige Farbige [für das Wahlrecht] zugelassen werden können, zum Beispiel die hochintelligenten und besonders jene, die tapfer an unserer Seite gekämpft haben«. Zweifellos war er enttäuscht, als die neue Legislative im Herbst 1864 zusammenkam und überhaupt keinem Schwarzen in Louisiana das Wahlrecht gab, ungeachtet der Tatsache, daß viele von ihnen intellektuell und wirtschaftlich viel geleistet hatten.

Es gibt Hinweise auf einen Konflikt zwischen dem Präsidenten und dem Kongreß über die Wiedereingliederung des Südens vor Lincolns Tod im April 1865. Kurz nachdem Andrew Johnson das Amt des Präsidenten übernommen hatte, machte er deutlich, daß er im wesentlichen Lincolns Plan der Wiedereingliederung folgen wollte. Und es gab Anzeichen dafür, daß er darüber hinausgehen würde. Als Charles Sumner, ein vehementer Verfechter der Rechte der Schwarzen, kurz nach Johnsons Amtsübernahme mit ihm sprach, versicherte Johnson ihm, daß sie in der Frage des Wahlrechts für Schwarze einer Meinung waren. In seiner Erklärung vom Mai 1865 rief er zur vollständigen Abschaffung der Sklaverei auf, zur Nichtanerkennung der Kriegsschulden der Südstaatenkonföderation, zur Ungültigerklärung der Sezessionsverfügungen und zum Verlust des Wahlrechts für Personen, die Lincoln davon ausgeschlossen hatte, und zusätzlich aller Südstaatler, die Eigentum im Wert von zwanzigtausend Dollar oder mehr besaßen. Er ernannte Interims-Gouverneure in den Südstaaten und forderte die gesetzgebenden Versammlungen auf, die allein von Weißen gewählt worden waren, die Einzelstaatsverfassungen in Übereinstimmung mit der Verfassung der Vereinigten Staaten zu ändern.

In den Jahren 1865 und 1866 übernahmen die Weißen des Südens allmählich die Regierungsverantwortung für ihre Bevölkerung. Die größte Sorge der Südstaatler galt dem Problem der Herrschaft über die Schwarzen. Es kursierten die übelsten Gerüchte über einen allgemeinen Aufstand, in dem Schwarze Rache an den Weißen nehmen und sie enteignen wollten. Obwohl die meisten Weißen des Südens das Ende der Sklaverei anerkannten und sogar für die Annahme des 13. Zusatzartikels stimmen wollten, waren sie dennoch überzeugt davon, daß schnellstens Gesetze erlassen werden müßten, um die Schwarzen zu zügeln und ihre Rolle als Arbeitskräfte des Südens sicherzustellen. Diese Gesetze, *Black Codes* genannt, wiesen verblüffende Übereinstimmungen mit der Sklavengesetzgebung (Sklavenkodex) der Vorkriegszeit auf (siehe Kapitel 8) und können kaum als Bestimmungen beschrieben werden, die die Rechte der Schwarzen als freie Menschen respektierten. Mehrere Gesetze legten bestimmte Gegenden fest, in denen Schwarze eine Immobilie mieten, pachten oder kaufen konnten. Gesetze gegen Landstreicherei sahen hohe Geldstrafen vor, die alle Schwarzen zur Aufnahme einer Arbeit zwingen sollten, ob sie wollten oder nicht. Die Gewalt weißer Arbeitgeber über schwarze Beschäftigte entsprach in etwa der von Sklavenbesitzern zuvor. Ein Schwarzer, der seinen Arbeitsplatz aufgab, konnte festgenommen und wegen Vertragsbruchs ins Gefängnis gesteckt werden. Schwarze konnten vor Gericht nicht als Zeugen auftreten, außer in Fällen, in die Angehörige ihrer Rasse verwickelt waren. Für viele Tatbestände wurden Geldstrafen verhängt, so für aufrührerische Reden, für Beleidigungen durch Geste oder Handlung, für Fernbleiben von der Arbeit, Verstoß gegen das Sperrstundengesetz und den Besitz von Schußwaffen. Selbstverständlich gab es kein Wahlrecht für Schwarze und keinen Hinweis darauf, daß sie in Zukunft die vollen Bürgerrechte erhalten und an der demokratischen Willensbildung beteiligt sein würden.

Als den Protagonisten der Schwarzen im Norden klar wurde, daß die Wiedereingliederungspolitik von Präsident Johnson eine Form der weißen Selbstbestimmung im Süden billigte, die der Herrschaft der Weißen vor dem Bürgerkrieg auffallend ähnelte, reagierten sie voller Wut. Die Freunde der Schwarzen lehnten es ab, eine Politik zu dulden, die den im Krieg gewonnenen Boden wieder aufgab. Die Abolitionisten nahmen den aktiven Kampf wieder auf, forderten die Bürgerrechte und das Wahlrecht für Schwarze und verlangten eine härtere Gangart gegenüber dem Süden. Die Realpolitiker unter den Republikanern hatten Angst vor den politischen Konsequenzen eines von den Demokraten beherrschten Südens und waren überzeugt davon, daß das Wahlrecht für Schwarze im Süden weitere Gewinne für die Republikanische Partei mit sich bringen würde. Die Industriellen waren an den Märkten und billigen Arbeitskräften im Süden interessiert und fürchteten, daß die Demokraten das alte Agrarsystem wieder zum Leben erwecken würden. Diese Interessengruppen schlossen sich zusammen, um Johnsons Wiedereingliederungspolitik wesentlich zu modifizieren.

Als der Kongreß im Dezember 1865 zusammenkam, war er entschlossen, die Wiedereingliederung des Südens selbst in die Hand zu nehmen. Falls es je Zweifel an der Richtung gegeben hatte, die der Süden einschlagen wollte, dann wurden sie durch die Wahl der südstaatlichen Delegierten in den Kongreß zerstreut. Einer war Vizepräsident der Südstaatenkonföderation gewesen, vier hatten als Generäle, fünf als Oberste der Konföderiertenarmee gedient, sechs hatten dem Kabinett und 58 dem Kongreß der Südstaatenkonföderation angehört. Keiner von ihnen konnte den Amtseid leisten, und ihre Wahl zeigte an, daß der Süden fest hinter seinen besiegten Führern stand. Thaddeus Stevens, ein schlauer Fuchs unter den führenden Republikanern und entschiedener Verfechter einer harten Linie gegenüber dem Süden, war außer sich. Er schlug vor, daß der Kongreß die Kontrolle über den Wiedereingliederungsprozeß übernehmen sollte, und behauptete, daß die Politik des Präsidenten im Grunde eine Interimspolitik gewesen sei. Der Kongreß stimmte einer Resolution von Stevens zur Schaffung des Wiedereingliederungskomitees beider Kammern (Joint Committee on Reconstruction) zu, das die Verhältnisse in den Südstaaten untersuchen und Vorschläge für eine neue Politik machen sollte.

Mit zwei Gesetzen versuchte der Kongreß, seine Macht zugunsten der Schwarzen einzusetzen: ein Gesetz stärkte das Freedmen's Bureau und verlängerte dessen Bestehen, das andere garantierte die Bürgerrechte von

Schwarzen. Präsident Johnson legte gegen das Gesetz über das Freedmen's Bureau sein Veto mit der Begründung ein, daß es verfassungswidrig sei und mehr für die Schwarzen tue, als jemals für Weiße getan worden sei. Der Versuch, das Veto zu überstimmen, scheiterte. Auch gegen das Bürgerrechtsgesetz legte Johnson sein Veto ein und erklärte, daß Schwarze für die Rechte und Gleichbehandlung als Bürger noch nicht reif waren. Johnsons Veto dieser beiden Gesetze, seine Ablehnung des Entwurfs für den 14. Zusatzartikel zur Verfassung und seine Angriffe gegen Stevens, Sumner und andere führende Politiker aus dem Norden verärgerten den Kongreß. Infolgedessen verabschiedete der Kongreß am 9. April 1866 das Bürgerrechtsgesetz diesmal mit Zweidrittelmehrheit und überstimmte damit das Veto des Präsidenten.

Jetzt herrschte offener Kampf zwischen Präsident und Kongreß. Beide glaubten, genügend Rückhalt für die Durchsetzung ihres Willens finden zu können. Johnson war so zuversichtlich, daß er sich entschloß, das Volk entscheiden zu lassen, er rief die Wähler im Herbst 1866 auf, nur Männer in den Kongreß zu wählen, die sein Programm unterstützten. Sein Verhalten während seiner berühmten »Wahlkampfreise« war so unpassend, und seine Äußerungen waren so unbedacht, daß das ganze Land entrüstet war. Er erlebte eine herbe Abfuhr bei den Wahlen, als das Land einen Kongreß wählte, der mit überwältigender Mehrheit Johnson und sein Wiedereingliederungsprogramm ablehnte.

Die Ablehnung des 14. Zusatzartikels durch die Südstaaten, ihre Verabschiedung der *Black Codes*, das verbreitete Chaos im Süden und Präsident Johnsons wachsende Sturheit überzeugten viele Menschen davon, daß dem Süden gegenüber eine härtere Gangart nötig war. Deshalb brachte das Joint Committee im Kongreß eine Vorlage ein, die schließlich Grundlage des zentralen Gesetzes zur Wiedereingliederung von 1867 werden sollte. Durch diese Verordnung wurden die Ex-Konföderationsstaaten mit Ausnahme von Tennessee, wo die Wiedereingliederung zufriedenstellend verlief, in fünf Militärbezirke eingeteilt, in denen weiter das Kriegsrecht gelten sollte. Auf der Basis des allgemeinen Wahlrechts für Männer sollte in jedem der Staaten ein Konvent eine neue Verfassung ausarbeiten, die für den Kongreß annehmbar war. Keiner der Staaten sollte vor der Ratifizierung des 14. Zusatzartikels wieder aufgenommen werden. Ehemalige Rebellen, die den ehernen Eid nicht leisten wollten, besaßen selbstverständlich kein Wahlrecht. Präsident Johnson legte dagegen sein Veto ein und erklärte, es sei verfassungswidrig und unfair gegenüber den Einzelstaaten, die bereits reorganisiert worden waren. Außerdem wüßten die Schwarzen, die das Wahlrecht nicht gefordert hätten, nicht einmal, was das Wahlrecht bedeutete. Der Kongreß überstimmte das Veto und verabschiedete weitere Verfügungen im Rahmen des neuen Programms der Wiedereingliederung.

Der Sieg des Kongresses über den Präsidenten war perfekt. Er hatte den Schwarzen im District of Columbia das Wahlrecht gegeben, das Freedmen's Bureau auf eine solide Grundlage gestellt, sein Programm der Wiedereingliederung des Südens durch unnachgiebige und strenge Maßnahmen fortgeführt und Pläne zur Unterordnung des Präsidentenamtes durch die Absetzung des Amtsinhabers geschmiedet. Der Sieg des Kongresses markierte nicht nur den Beginn einer schroffen Politik gegenüber dem Süden, er bedeutete auch den Triumph einer Interessenkoalition von Abolitionisten, Politikern und Industriellen, die alle hofften, aus der Wiedereingliederung, wie sie der Kongreß betrieb, entscheidenden Nutzen ziehen zu können. Doch dieser Sieg schuf auch neue Konflikte, die erbitterter waren als die vorangegangenen, und er schuf soviel Verwirrung und Chaos in fast allen Lebensbereichen, daß viele der Probleme noch länger als ein Jahrhundert weiterbestehen sollten.

Staatliche Unterstützung und Rehabilitierung

In den letzten Kriegsmonaten und unmittelbar danach herrschte das blanke Elend im Süden. Verlassene Landstriche, Mangel an Nahrung und Kleidung, Tausende Vertriebener und das Fehlen jeder organisierten zivilen Autorität, die sich der Not annehmen konnte, lassen das Maß von Chaos und Leiden nur ahnen. Eine besonders auffallende und schmerzliche Besonderheit der Zeit waren die Ex-Sklaven, die nach Mann, Frau oder Kindern suchten, von denen sie Jahre zuvor durch Verkauf oder andere Eigentumsübertragungen getrennt worden waren. Wie es Herbert Gutman treffend beschrieben hat, nichts veranschaulicht die erstaunliche Stabilität und Zähigkeit der schwarzen Familie mehr als die Versuche der Familienmitglieder, wieder zusammen zu kommen, und – in vielen Fällen – ihr Bemühen, ihre Ehe und ihre Kinder vor dem Gesetz anerkennen zu lassen, nachdem sie Jahre und Jahrzehnte als Sklaven ohne Trauschein zusammengelebt hatten. Darüber hinaus waren die Schwarzen nicht nur deprimiert, weil es am Nötigsten fehlte, sie befürchteten im Innersten, und zwar besonders nach dem Tod von Präsident Lincoln, daß sie allmählich wieder in eine Situation zurückgleiten würden, die kaum besser war als die von Sklaven. Leon Litwack hat in seinem Buch *Been in the Storm So Long* geschildert, daß Ex-Sklaven sich ständig die Frage stellten, was es denn hieß, frei zu sein, und wie frei denn tatsächlich frei sei? In diesen ersten Tagen nach Kriegsende empfanden sie es als immer schwieriger, ihren Vorstellungen von Freiheit gemäß zu leben, der Freiheit, von der sie während der Sklaverei geträumt hatten. Im Sommer und Herbst 1865 hielten sie mehrere Kongresse ab, auf denen es immer um die Verbesserung ihrer Situation ging. Ein Kongreß von Schwarzen in Nashville protestierte gegen die Entsendung einer Delegation aus Tennessee zum Kongreß, da die Einzelstaatslegislative keine gerechten Gesetze für Afroamerikaner verabschiedet hatte. Er forderte außerdem die Anerkennung der Bürgerrechte von Schwarzen durch den Kongreß. Eine Gruppe von 120 schwarzen Delegierten, die sich in Raleigh, North Carolina, traf, forderte gerechten Lohn, Schulbildung für ihre Kinder und die Aufhebung der diskriminierenden Gesetze, die von der Einzelstaatslegislative verabschiedet worden waren. Schwarze in Mississippi protestierten gegen die reaktionäre Politik ihres Staates und forderten vom Kongreß, ihnen das Wahlrecht zu geben. Dasselbe geschah in Charleston und Mobile: Schwarze verlangten das Wahlrecht, die Aufhebung der *Black Codes* und Maßnahmen zur Linderung ihres Elends.

Während die Bitten der Schwarzen im Süden weitgehend ungehört blieben, bemühten sich im Norden Weiße und Schwarze um die Verbesserung der Notsituation. Private Organisationen hatten während des Krieges mit dieser Arbeit begonnen, und schon 1863 wurde beträchtlicher Druck auf den Kongreß ausgeübt, die Verantwortung für die Unterstützung bedürftiger Weißer und Schwarzer im Süden zu übernehmen. Vielfach taten Befehlshaber der Armee in dieser Hinsicht, was sie konnten oder an Unterstützung leisten wollten.

Man brauchte jedoch eine umfassende und einheitliche Stelle für die Freigelassenen. Erst im März 1865 wurde das Bureau of Refugees, Freedmen and Abandoned Lands eingerichtet, bekannt als Freedmen's Bureau. Seine Mitarbeiter arbeiteten in jedem der Südstaaten und unterstützten

> ### Schwarze aus North Carolina bitten um staatliche Unterstützung – 1865
>
> Wir sind uns der Tatsache bewußt, daß wir nicht länger mit der Anwesenheit von Mitarbeitern oder Truppen der Regierung rechnen können, die uns vor der schlechten Behandlung durch irrationale, voreingenommene und ungerechte Menschen schützen. Wir wollen nicht in der Fremde nach Schutz und Mitleid suchen, denn wir wissen, daß wir beides zu Hause, bei den Menschen unseres Staates finden müssen und es uns durch Fleiß und ein ernsthaftes und anständiges Auftreten verdienen müssen, oder aber lange und nachhaltig leiden werden ... Wir wünschen aus tiefster Seele, daß die rechtlichen und wirtschaftlichen Benachteiligungen, unter denen wir früher gelebt haben, aufgehoben werden und alle unterdrückerischen Gesetze, die aufgrund von Rasse oder Hautfarbe ungerechte Diskriminierungen enthalten aus den Gesetzbüchern dieses Staates entfernt werden. Wir erbitten Ihren Schutz für die Unverletzlichkeit unserer Familienbeziehungen. Ist das zu viel verlangt? ...
> Auch wenn daran viele Erinnerungen des Leidens ebenso wie der Freude hängen, haben wir unser Zuhause immer geliebt und als schlimmstes aller Übel die gewalttätige Vertreibung gefürchtet. Jetzt, da die Freiheit und ein neuer Lebensweg vor uns liegen, lieben wir dieses Land und seine Bevölkerung mehr denn je. Hier haben wir geschuftet und gelitten, hier liegen unsere Eltern, Frauen und Kinder begraben, und in diesem Land wollen wir bleiben, es sei denn, man vertreibt uns mit Gewalt ...
>
> »Address from the Convention of the Colored People of North Carolina«, New York, *Daily Tribune*, 7. Oktober 1865

Flüchtlinge und befreite Sklaven, indem sie Vorräte bereitstellten, für die medizinische Betreuung sorgten, Schulen gründeten, Verträge zwischen befreiten Sklaven und ihren Arbeitgebern überwachten, beschlagnahmten und aufgegebenen Grund und Boden verwalteten und Teile davon an die befreiten Sklaven verpachteten und verkauften.

Die Atmosphäre, in der das Freedmen's Bureau arbeitete, war ausgesprochen feindselig. Viele Weiße im Norden betrachteten es als kostspielige Behörde, deren Existenz in Friedenszeiten ungerechtfertigt war. Im Süden war die Ablehnung seiner Arbeit vehement. Es gab ernst zu nehmenden Widerstand gegen die Einmischung der Union in das Verhältnis von Arbeitern zu Arbeitgebern. Darüber hinaus vermuteten manche, daß dieses Amt die politischen Ziele verfolgte, den Schwarzen das Wahlrecht zu geben und eine starke Republikanische Partei im Süden aufzubauen.

Es steht außer Zweifel, daß das Freedmen's Bureau die Not von Schwarzen und Weißen linderte. Zwischen 1865 und 1869 verteilte es z. B. 21 Millionen Lebensmittelrationen, von denen annähernd 5 Millionen an Weiße und 15 Millionen an Schwarze gingen. Bis zum Jahr 1867 gab es 46 Krankenhäuser unter seiner Leitung mit Ärzten, Chirurgen und Krankenschwestern. Die medizinische Abteilung gab über 2 Millionen Dollar aus, um den Gesundheitszustand der befreiten Sklaven zu verbessern, und behandelte mehr als 450 000 Kranke. Die Mortalität unter befreiten Sklaven sank, und die hygienischen Verhältnisse wurden verbessert.

Das *Bureau* half vielen Menschen, sich neu anzusiedeln, die im Verlauf des Krieges vertrieben worden waren. Wegen des dringenden Bedarfs an Arbeitskräften in der Landwirtschaft wurde den befreiten Sklaven freier Transport gewährt, damit sie dicht besiedelte Gebiete verlassen und sich als Farmer selbst ernähren konnten. Bis 1870 waren mehr als 30 000 Menschen umgesiedelt worden. Obwohl das aufgegebene und beschlagnahmte Land aufgrund der von Lincoln und Johnson verkündeten Amnestien im allgemeinen an seine Besitzer zurückgegeben wurde, verteilte das *Bureau* einigen Grund und Boden an befreite Sklaven. In mehreren Staaten wurden Siedlungen für gebrechliche, mittellose und vagabundierende Schwarze errichtet, deren kleine Parzellen zunächst verlost und dann zur selbständigen Bewirtschaftung an sie verpachtet wurden.

Das Freedmen's Bureau bemühte sich auch darum, die Schwarzen bei der freien Wahl ihres Arbeitgebers und einer Beschäftigung für gerechten Lohn zu schützen. Beide Vertragspartner sollten die Abmachungen einhalten. Mitarbeiter des Amtes sprachen mit Plantagenbesitzern und befreiten Sklaven, drängten erstere, sich fair zu verhalten, und machten letzteren klar, daß es für den Unterhalt ihrer Familien und ihre eigene Selbständigkeit und wirtschaftliche Sicherheit nötig sei zu arbeiten. Tausende Schwarze kehrten unter neuen und besseren Arbeitsbedingungen, als sie bestanden hatten, bevor das *Bureau* die Beziehungen zu den Arbeitgebern überwacht hatte, an ihren Arbeitsplatz zurück. General Oliver Otis Howard, der Leiter des *Bureau*, berichtete, daß »in einem einzigen Staat nicht weniger als 50 000 [Arbeits]verträge aufgesetzt wurden«. Auch wenn sie nicht alle Vertragsklauseln kannten, hegten viele frühere Sklaven den Verdacht, daß ihre Arbeitgeber nicht alle erfüllten. Die »erste Schwierigkeit«, schrieb ein Freigelassener in South Carolina, sei es, daß »wir kein Fleisch kriegen«, obwohl er annahm, sie müßten laut Vertrag welches bekommen.

Als man merkte, daß man die Sache der Schwarzen nicht den örtlichen Gerichten anvertrauen konnte, richtete das *Bureau* Gerichte und Schlichtungsstellen für befreite Sklaven ein. Sie besaßen die Zivil- und Strafgerichtsbarkeit bei minderen Delikten, bei denen eine oder beide Parteien befreite Sklaven waren. Oft reichte es schon aus, daß das Amt sein Interesse an einem Fall bekundete, um befreiten Sklaven auch vor den regulären Gerichten zu ihrem Recht zu verhelfen. In Maryland z. B. wurde der Fall eines weißen Arztes, der einen Schwarzen ohne Anlaß angegriffen hatte, von einem Vertreter des Amtes vor das Oberste Gericht von Maryland gebracht, der die Zeugenaussagen von Schwarzen zuließ und den Arzt verurteilte.

Seine größten Erfolge aber konnte das *Bureau* im Schul- und Bildungswesen erzielen. Es gründete oder hatte die Aufsicht über die unterschiedlichsten Schulformen: Tagesschulen, Abendschulen, Sonntagsschulen, Gewerbeschulen und Colleges. Es arbeitete beim Aufbau vieler Bildungsanstalten eng mit philanthropischen und religiösen Organisationen im Norden zusammen. Zu den in diesen Jahren mit Hilfe des *Bureau* gegründeten Schulen und Hochschulen gehörten die Howard Universität, das Hampton Institute, das St. Augustine's College, die Atlanta-Universität, die Fisk-Universität, das Storer College und das Biddle Memorial Institute (heute Johnson-C.-Smith-Universität). Die American Missionary Association, Baptisten, Methodisten, Presbyterianer und Episkopale, sie alle errichteten Schulen. Das Bildungs- und Unterrichtswesen wurde so stark gefördert, daß es 1867 Schulen im »entlegensten Landkreis jedes der konföderierten Staaten« gab.

Lehrer und Hochschullehrer kamen in großer Zahl aus dem Norden. Neben Edmund Ware an der Atlanta-Universität, Samuel C. Armstrong am Hampton Institute und Erastus M. Cravath an der Fisk-Universität gab es Hunderte, über deren Arbeit wenig bekannt ist. 1869 arbeiteten 9503 Lehrer in den Schulen für befreite Sklaven im Süden. Obwohl einige weiße Lehrer aus den Südstaaten stammten, kam die Mehrheit von ihnen aus dem Norden. Robert Morris hat in seinem Buch *Reading, Riting, and Reconstruction* daran erinnert, daß schwarze Kollegen von vielen weißen Lehrern diskriminiert wurden. So beobachtete ein schwarzer Bewohner von Natchez, Mississippi, offensichtliche Unterschiede in der Behandlung weißer und schwarzer Lehrer, und zwar durch einen führenden weißen Antisklaverei-Veteran, den Reverend Sela G. Wright, der die Schulaufsicht hatte und den er als »Copperhead-Prediger«* bezeichnete. Die Zahl der schwarzen Lehrer nahm ständig zu, und allmählich übernahmen sie auch die Schulleitung und -aufsicht einiger Schulen.

Bis 1870, als das *Bureau* seine Arbeit im Erziehungswesen einstellte, besuchten 247333 Schüler 4329 Schulen. Berichte aus allen Gegenden »zeigten deutlich steigende Schülerzahlen, Fortschritte im Unterrichtsniveau sowie einen ebenso pünktlichen wie regelmäßigen Schulbesuch, der besser aussah als bei den Schulen im Norden«. Das *Bureau* hatte mehr als 5 Millionen Dollar für die Schulbildung von Schwarzen ausgegeben. Mängel in der Ausbildung und Bildungslücken von Schwarzen entstanden nicht aus Mangel an Eifer auf seiten der Lehrer, sondern aus Unkenntnis der Bedürfnisse der Schwarzen. Schwarze Schüler und Studenten mußten sich außerdem primär mit Problemen des Überlebens in einer feindseligen Welt auseinandersetzen.

Trotz der feindseligen Haltung des Südens gegenüber dem *Bureau* und trotz der Ineffizienz vieler seiner Mitarbeiter leistete es einen ungeheuer wichtigen Beitrag. Als staatliche Hilfsorganisation verdient es in einem Atemzug mit den großen Anstrengungen in den Wirtschaftskrisen und Kriegen der jüngeren Vergangenheit genannt zu werden. Es bewies, daß der Staat ein umfangreiches Unterstützungs- und Rehabilitationsprogramm leiten und verwalten konnte, und wies damit einen Weg, wie die Nation ihre dringendsten sozialen Probleme anpacken konnte. Sicher gab es Korruption und Ineffizienz, aber das hinderte das *Bureau* nicht daran, bemerkenswerte Erfolge bei seinem Dienst an den Menschen und ihrer Wohlfahrt zu verzeichnen.

Eine andere Einrichtung, die seelische und materielle Hilfe in den Jahren der Wiedereingliederung leistete, waren die Kirchen der Schwar-

---

* »Copperhead« ist der Name einer Schlangen- und Vipernart, aber auch die Bezeichnung für einen nordstaatlichen Sympathisanten des Südens im Bürgerkrieg und für einen Menschen, dessen Loyalität zweifelhaft ist. Anm. des Übers.

zen. Nach Kriegsende erfolgte eine Expansion der schwarzen unabhängigen Kirchen. Es gab auch im Süden keine Gesetze mehr, die schwarzen Pastoren das Predigen und getrennte Kirchen verboten.

Nachdem sie ihre Freiheit errungen hatten, begannen die Schwarzen mit dem Auszug aus den Kirchen der Weißen, und ihre eigenen Kirchen wuchsen nach dem Krieg schnell. 1865 gründeten Mitglieder der weißen Primitive-Baptist-Kirchen des Südens eine eigene Organisation, die Colored Primitive Baptists in Amerika. 1869 organisierten sich die schwarzen Mitglieder der Vollversammlung der Cumberland Presbyterian Church in der Colored Cumberland Presbyterian Church. Eine der wichtigsten separaten schwarzen Kirchen entstand in der *Colored Methodist Episcopal Church*. Bis 1870 hatten die Schwarzen bereits fünf Synoden organisiert und veranstalteten nun die erste Generalsynode, auf der weiße Bischöfe die beiden ersten Schwarzen, W. H. Miles und R. H. Vanderhorst, zu Bischöfen weihten, denen drei Jahre später L. H. Holsey, J. A. Beebe und Isaac Lane folgen sollten.

Die älteren Kirchen der Schwarzen erlebten eine neue Phase der Expansion. Die *African Methodist Episcopal Church*, die 1856 nur 20 000 Mitglieder hatte, zählte zehn Jahre später stolze 75 000. Und 1876 waren es mehr als 200 000 Mitglieder, womit auch ihr Einfluß und ihr Vermögen dementsprechend zugenommen hatten. Die Baptisten erlebten ein ähnlich phänomenales Wachstum. Über Nacht entstanden örtliche Kirchen mit ungebildeten, aber beseelten Predigern. 1866 organisierten die schwarzen Baptisten North Carolinas den ersten Einzelstaatskonvent, und nach wenigen Jahren gab es in jedem der Südstaaten eine große Organisation der schwarzen Baptisten. Ihre Mitgliederzahl stieg von 150 000 im Jahr 1850 auf 500 000 im Jahr 1870. Diese Kirchen waren die ersten gesellschaftlichen Institutionen in Amerika, die vollständig von Schwarzen geleitet wurden und ihnen die Chance boten, Führungseigenschaften und eine Elite auszubilden. Es ist deshalb kein Zufall, daß viele führende Schwarze in der Phase der Wiedereingliederung Geistliche waren. Bischof H. M. Turner aus Georgia, der Reverend R. H. Cain aus South Carolina und Bischof J. W. Hood aus North Carolina waren einige der führenden Politiker, die viel aus ihrer Arbeit in der Kirche der Schwarzen gelernt hatten.

Wirtschaftliche Eingliederung

Es war eine Sache, den befreiten Sklaven befristet Unterstützung zukommen zu lassen, aber etwas ganz anderes, ihnen den Weg zu wirtschaftlicher Stabilität und Selbständigkeit zu weisen. Die Entlassung von vier Millionen Menschen aus der Sklaverei hatte für die wirtschaftliche Struktur des Südens schwerwiegende Implikationen zu einem Zeitpunkt, als sie für Störungen am anfälligsten war. Natürlich wollten viele befreite Sklaven nicht arbeiten, einige, weil sie von ihrer neuen Freiheit ganz benommen waren, andere, weil sie die niedrigen Löhne verschmähten und kein Vertrauen zu ihren Arbeitgebern hatten. Aber viele taten etwas, und alle waren potentielle Konkurrenten auf dem Arbeitsmarkt. Für weiße Arbeiter war die Lage außerordentlich beunruhigend. Die weißen Plantagenbesitzer wollten, auch um selbst wieder auf die Beine zu kommen, möglichst billige Arbeitskräfte einstellen, und selbst wenn sie die Freiheit der Schwarzen akzeptierten, waren sie selten in der Lage, zu verstehen, daß Schwarze damit auch das Recht hatten, eine Arbeit abzulehnen. Viele potentielle Arbeitgeber versuchten deshalb, Schwarze zur Arbeit zu zwingen, und die *Black Codes* waren in vielen Fällen in genau dieser Absicht formuliert worden.

Die *Black Codes* stellten den Versuch des Südens dar, die durch die Existenz ehemaliger Sklaven geschaffenen Probleme zu lösen, so wie das Freedmen's Bureau für den Einsatz der Bundesregierung stand, dasselbe Ziel zu erreichen. Die Einrichtung des Freedmen's Bureau und die Bildung von Regierungen der Radikalen Wiedereingliederung bedeuteten nicht, daß die *Black Codes* gescheitert waren, sondern daß Washington die politische Macht über den Süden übernommen hatte. Letztendlich lösten weder die *Black Codes* noch Maßnahmen der Radikalen Wiedereingliederungspolitik die wirtschaftlichen Probleme der befreiten Sklaven. Wo es, wenn auch unbefriedigende Lösungen gab, wurden sie zwischen weißem Arbeitgeber und schwarzem Arbeiter ausgehandelt, in einigen Fällen unter der Aufsicht des Freedmen's Bureau. Da der Bund den Schwarzen wenig Land gab, kehrten sie langsam auf die alten Farmen zurück und nahmen die Arbeit unter Bedingungen wieder auf, die kaum besser waren als vor dem Krieg. Schwarze Landarbeiter waren der Willkür weißer Plantagenbesitzer ausgeliefert. Arbeitsverträge, die beide Parteien verpflichten sollten, wurden oft ignoriert. Die Arbeitgeber bezahlten nicht die vereinbarten Löhne, und die Arbeiter erfüllten nicht die im Vertrag angeführten Aufgaben.

Wenn die Schwarzen erst einmal als Arbeiter zurück auf der Farm waren, erhielten sie entweder einen Monatslohn oder einen Anteil an der Ernte. Die Löhne auf den Plantagen reichten von neun bis fünfzehn Dollar im Monat für Männer und fünf bis zehn Dollar für Frauen, zusätzlich gab es Verpflegung, Unterkunft und Heizmaterial. Unter dem System der Erntebeteiligung *(Sharecropping System)* erhielten frühere Sklaven zwischen einem Viertel und der Hälfte der Baumwoll- und Maisernte und zusätzlich ein Haus, Heizmaterial und in einigen Fällen Nahrungsmittel. Es gab für die Vertragspartner unzählige Möglichkeiten, ihr Wort nicht zu halten. Guter Glaube war die einzig wirksame Basis von Verträgen. Da erübrigt es sich, darauf hinzuweisen, daß überall, wo Haß

Dr. Norton spricht über Exkonföderierte – 1866

Washington, den 3. Februar, 1866, Dr. Daniel Norton (farbig) vereidigt und befragt durch Mr. [Jacob M.] Howard, [Senator für Michigan]

Frage: *Wo wohnen Sie?*
Antwort: Ich wohne in Yorktown, Virginia.
Frage: *Wie alt sind Sie?*
Antwort: Etwa 26 Jahre alt.
Frage: *Sind Sie ein ordentlich approbierter Arzt?*
Antwort: Das bin ich.
Frage: *Wo sind Sie ausgebildet worden?*
Antwort: Im Staat New York. Ich habe privat bei Dr. Warren studiert.
Frage: *Sind Sie ein gebürtiger Bürger Virginias?*
Antwort: Ja, ich wurde in Williamsburg, Virginia, geboren.
Frage: *Was ist die Gefühlslage der Rebellen in der Umgebung von Yorktown gegenüber der Regierung der Vereinigten Staaten?*
Antwort: Sie zeigen keine besonders freundlichen Gefühle gegenüber der Regierung der Vereinigten Staaten. Es gibt natürlich einige, aber die Mehrheit scheint keine positive Einstellung oder solche Gefühle ...
Frage: *Was fühlen die Farbigen gegenüber der Regierung der Vereinigten Staaten?*
Antwort: Sie sind entschlossen, gesetzestreue Bürger zu sein. Andere Gefühle gibt es da nicht.

> FRAGE: *Sind Sie als Delegierter einer Vereinigung nach Washington entsandt worden?*
>
> ANTWORT: Ja, das bin ich. Ich wurde von drei Landkreisen entsandt und vertrete hier etwa fünfzehn- bis zwanzigtausend Menschen. Das große Problem ist, meiner Meinung nach, die Tatsache, daß nicht mehr Farbige in ihre frühere Heimat zurückkehren wollen, aufgrund der Behandlung, die diejenigen erfahren haben, die zurückgekehrt sind.
>
> FRAGE: *Erklären Sie ganz allgemein, ob die Behandlung dieser Farbigen, die sie durch ihre alten weißen Herren erfahren, freundlich oder unfreundlich ist...*
>
> ANTWORT: Es ist in meinen Augen keine freundliche oder gute Behandlung...
>
> FRAGE: *Falls das Militär aus Ihrer Umgebung abgezogen wird und das Freedmen's Bureau ebenfalls, was würden dann die Weißen mit Ihnen machen?*
>
> ANTWORT: Ich glaube nicht, daß die Farbigen dann sicher wären. Sie wären der Gefahr ausgesetzt, gejagt oder getötet zu werden. Die Stimmung der Weißen gegen die Schwarzen ist viel schlimmer als vor dem Krieg...
>
> *Report of the Joint Committee on Reconstruction*
> (Washington, 1866), S. 51-51

und Verbitterung herrschten, und das war in vielen Teilen des Südens der Fall, das schlechte Verhältnis zwischen Arbeitgebern und Arbeitern häufig eine effiziente Bewirtschaftung verhinderte.

Zweifellos arbeitete die Mehrheit der Schwarzen trotz der Zweifel der Südstaatler an ihrer Tauglichkeit als freie Arbeiter. Viele von ihnen nahmen die Unterstellung übel, daß sie nicht arbeiten würden. Der Chefredakteur einer schwarzen Zeitung erklärte 1865, man müsse die Schwarzen nicht ermahnen, Müßiggang und Landstreicherei zu meiden. Schließlich, schrieb er abschließend, »begreift jeder Mensch, der sein ganzes Leben gearbeitet hat, absolut, daß es nötig ist zu arbeiten«. Die Schwarzen hatten keine andere Wahl, als sich mit ihren früheren Herren zu arrangieren und dabei zu helfen, die wirtschaftliche Stabilität des ländlichen Südens wiederherzustellen. Bis 1870 hatte man im Baumwollimperium die meisten Verluste wettgemacht, und 1875 hatten die Weißen im Süden erkannt, daß die billigen Arbeitskräfte die Basis für ein profitables Landwirtschaftssystem bilden konnten. Die Baumwollernte von 1870 hatte noch nicht dieselben Erträge wie unmittelbar vor dem Krieg erreicht, aber schon 1880 produzierte der Süden mehr Baumwolle denn je. Während sich die Erträge beim Zucker langsamer normalisierten, war auch hier eine anhaltende Steigerung erkennbar. So leisteten schwarze Landarbeiter einen beträchtlichen Beitrag zur wirtschaftlichen Erholung des Südens. Als freie Arbeiter brachte ihnen das jedoch wenig ein. 1867 war ihr Lohn niedriger als der von Mietsklaven früherer Jahre. Beim System der Erntebeteiligung, dem *Sharecropping*, waren die Lebens- und Unterhaltskosten so hoch, daß die Exsklaven am Ende des Jahres ihrem Arbeitgeber den größten Teil ihrer Ernte schuldeten und manchmal mehr, als sie geerntet hatten. Der weiße Süden erholte sich wirtschaftlich im allgemeinen sehr viel schneller als die ehemaligen Sklaven.

Viele ehemalige Sklaven hatten den Eindruck gewonnen, daß das von früheren Besitzern aufgegebene und konfiszierte Land im Januar 1866 in Großparzellen von jeweils 40 Acres verteilt werden sollte. Dieser Eindruck beruhte auf Befürchtungen der Konföderierten während des Krieges, daß die Unionsregierung ihr Land beschlagnahmen und an Exsklaven verteilten wollte, und auf dem Gesetz zur Einrichtung des Freedmen's Bureau, das diesen Plan stillschweigend unterstützte. Obwohl daraus nichts wurde, versuchte die Bundesregierung, eine größere Streuung der Bevölkerung aus den dicht besiedelten Zentren über das weite Land zu erreichen, indem sie mit dem Heimstättengesetz, dem Southern Homestead Act, von 1866 öffentliches Land in Alabama, Mississippi, Louisiana, Arkansas und Florida für Siedler, gleichgültig welcher Rasse, freigab. Jedes Familienoberhaupt konnte 80 Acres erwerben. Innerhalb eines Jahres erwarben Exsklaven in Florida Heimstätten auf einer Gesamtfläche von 160 960 Acres, in Arkansas ließen sie sich auf 116 von 243 vergebenen Heimstätten nieder. Bis zum Jahr 1874 besaßen Schwarze in Georgia mehr als 350 000 Acres Land. »40 Acres und ein Maultier« war als Geschenk des Bundes nicht Wirklichkeit geworden, aber die Schwarzen erwarben, wo immer es möglich war, Land, um so wirtschaftliche Sicherheit zu erlangen.

Weder die weißen noch die schwarzen Südstaatler waren sich der revolutionären Bedeutung des sich vollziehenden industriellen Wandels bewußt. Während der Süden mit der Wiederherstellung seines Agrarsystems beschäftigt war, reagierte der Rest des Landes auf das zunehmende Tempo des Lebens, das die Industrialisierung mit sich brachte. Die meisten Schwarzen blieben in den ländlichen Gebieten, aber eine beträchtliche Zahl ging in die städtischen Zentren des Nordens und Südens. Sie wanderten nicht etwa in die Städte ab, weil sie von der industriellen Entwicklung gehört hatten, sondern aus Widerwillen gegenüber dem Plantagenleben, das sie immer noch mit der Sklaverei verbanden. Der Krieg war gerade erst vorbei, da wurde die tiefe Kluft zwischen weißen und schwarzen Arbeitern erkennbar. Weiße Handwerker und Fabrikarbeiter spürten intensiv dieselbe Bedrohung ihrer sicheren wirtschaftlichen Stellung, die landlose Weiße im Süden vor dem Krieg so verbittert hatte. Afroamerikanische Schmiede, Maurer, Lotsen, Möbeltischler, Maler und andere Facharbeiter bekamen die entschiedene Ablehnung von weißen Handwerkern zu spüren, wo immer sie Beschäftigung suchten. In vielen Fällen steigerte sich die Ablehnung zu Gewalttätigkeiten, im Norden genauso wie im Süden.

Durch die Art, wie schwarze Arbeitskräfte eingesetzt wurden, wurde es für schwarze Arbeiter schwierig, eine sichere und respektierte Stellung in der Arbeitswelt einzunehmen. Fabrikbesitzer und Unternehmer zögerten nicht, Schwarze einzustellen, um die Gewerkschaften der weißen Arbeiter in die Knie zu zwingen. 1867 z. B. wurden schwarze Kalfaterer aus Portsmouth, Virginia, nach Boston gebracht, um den Kampf der weißen Arbeiter für den Achtstundentag niederzuschlagen. Die Manager von Eisenwerken, Baumwollfabriken und Baufirmen der Eisenbahngesellschaften sahen sich im Süden nach billigen Arbeitskräften um, selbst wenn das bedeutete, Arbeiter mit einem viel höheren Lebensstandard zu ersetzen. Die bewußte Schlechterstellung der schwarzen Arbeitskräfte durch weiße Arbeitgeber in allen Regionen des Landes machte es für schwarze und weiße Arbeiter unmöglich, sich zu verbünden oder eine Einheitsfront gegen die Arbeitgeber zu bilden.

Meistens waren Schwarze in den Gewerkschaften der Nachkriegszeit nicht willkommen. Von einigen örtlichen Einzelgewerkschaften wurden sie aufgenommen, etwa bei den Zimmerleuten und Tischlern in Boston im Jahr 1866, aber die meisten Ortsgruppen lehnten das ab. Die Ortsgruppen verhinderten darüber hinaus bei den landesweiten Gewerkschaften, daß sie Leitlinien gegen die Diskriminierung verabschiedeten, mit der Begründung, die Autonomie vor Ort müsse bestehen bleiben. Als 1866 die National Labor Union in Baltimore gegründet wurde, wurden Schwarze zur Mitarbeit in der Gewerkschaftsbewegung eingeladen, man machte ihnen aber sofort klar, daß sie die wahren Grundsätze der Gewerkschaftsreform vertreten müßten, wenn man sie für vertrauenswürdig halten sollte. Es sah ganz so aus, als ob Schwarze faktisch aus der weißen Gewerkschaftsbewegung ausgeschlossen werden sollten. Als Folge davon traf sich im Dezember 1869 eine Gruppe schwarzer Arbeiter, um die National Negro Labor Union zu gründen, die sich in den nächsten Jahren um den Anschluß an die weiße Gewerkschaftsbewegung bemühte, allerdings erfolglos. Örtliche Gewerkschaftsgruppen von Schwarzen setzten sich für die Sache der schwarzen Arbeiter ein. Aber weiße Arbeiter taten alles, um die Weiterentwicklung einer schwarzen Gewerkschaftsbewegung zu behindern, und führende Schwarze benutzten diese Organisationen allzuoft für ihre politischen Zwecke. Bis nach 1880 blieben die schwarzen Arbeiter unfreiwillig außerhalb der organisierten Gewerkschaftsbewegung. In der Zwischenzeit erwarben sie sich als Opfer rücksichtsloser und skrupelloser Arbeitgeber den Ruf, Streikbrecher zu sein, die für niedrigere Löhne arbeiteten als die Weißen. Dieser Ruf verfolgte sie nach dem Ende des Bürgerkriegs noch mehrere Generationen lang.

In der Phase der Wiedereingliederung des Südens unternahmen Bürger überall im Land den Versuch, durch unterschiedlichste Unternehmen und Geschäfte wirtschaftlich unabhängig zu werden. Das versuchten die Schwarzen auch. Der Mangel an Kapital behinderte ihren Erfolg im Geschäftsleben. 1865 gründeten Schwarze in Baltimore die Chesapeake and Marine Railway and Dry Dock Company mit einem Anfangskapital von 40 000 Dollar, das in achttausend Anteile aufgeteilt war. Nach fünf Jahren kaufte die Gesellschaft eine Werft, und es ging ihr wirtschaftlich offenbar gut, doch nach 1873 begannen die Gewinne zu sinken, und 1883 existierte die Gesellschaft nicht mehr. In Savannah investierten Schwarze 50 000 Dollar in ein Spekulationsgeschäft, das platzte. Ebenso scheiterten sie bei dem Versuch, ein Grundstücks- und Bauholzunternehmen zu betreiben, in das sie 40 000 Dollar investiert hatten. Es gab andere Gruppen und Einzelpersonen, die ihren Lebensunterhalt durch die Eröffnung eines Geschäftes oder Betriebes verdienen wollten. Doch viele von ihnen scheiterten, weil sie nicht die Kenntnisse besaßen, die man brauchte, um einen Betrieb zu leiten, und die das wußten, gerieten voll in die Depression, die auf die Panik von 1873 folgte.

Ein Versuch, ehemaligen Sklaven bei ihrer wirtschaftlichen Eingliederung zu helfen, war die Unterstützung beim Sparen. Es hatte schon während des Krieges mehrere Experimente mit Sparkassen für Schwarze gegeben. Nachdem das Überweisungssystem entwickelt worden war, sparten viele Soldaten regelmäßig einen Teil ihres Soldes bei zu diesem Zweck eingerichteten Banken. Die bekanntesten waren die Free Labor Bank, die General Banks in New Orleans und eine weitere, die General Butler in Norfolk gegründet hatte. Gegen Ende des Krieges konnten Schwarze ihre Ersparnisse auch in der Freedmen's Savings and Trust Company sparen, die 1865 von der Bundesregierung konzessioniert wurde. Diese Sparkasse war unter der Leitung ihres Präsidenten William Booth den Geschäften schwarzer Bürger vorbehalten, und zwei Drittel ihrer Einlagen mußten in Staatspapieren der Vereinigten Staaten angelegt werden.

Am 4. April 1865 wurde die Zentrale der Freedmen's Bank, wie sie genannt wurde, in New York eröffnet. Innerhalb weniger Monate folgten Niederlassungen in Washington, New Orleans, Nashville, Vicksburg, Louisville und Memphis. 1872 gab es 34 Zweigstellen, davon nur zwei im Norden – in New York und Philadelphia. 1874 beliefen sich die Einlagen aller Zweigstellen auf insgesamt 3 299 201 Dollar.

Doch es gab unverkennbare Hinweise auf ihr Scheitern: Die Buchführung war ungenau, und einige Kassierer waren unfähig. Anfangs wurden fast keine schwarzen Mitarbeiter beschäftigt, aber mit der Zeit gab es auch schwarze Bankangestellte. Einige, aber nicht alle, waren der ihnen gestellten Aufgabe gewachsen. Um Kredite zu bekommen, ließ man politische Verbindungen spielen. Zu einem Zeitpunkt, als seine Bank bereits wankte, nahm Jay Cooke einen Kredit von 500 000 Dollar zu einem Zinssatz von nur 5 Prozent auf, und Henry Cooke lud zusammen mit anderen Finanziers zweifelhafte Anleihen bei der Bank ab. Nachdem 1873 große Geldinstitute zusammengebrochen waren, gab es einen Sturm auf die Bank, viele leitende Angestellte, die spekuliert hatten, traten zurück und überließen es den zurückgebliebenen Schwarzen, die Schuld auf sich zu nehmen. Im März 1874 wurde Frederick Douglass zum Präsidenten gewählt. Doch die Bank war bereits am Ende, obwohl weder er noch die Öffentlichkeit die Tatsachen kannten. Als Douglass die wahre Lage erkannte, griff er zu verzweifelten Mitteln, um die Bank doch noch zu retten, er setzte sein eigenes Geld ein und bat den Finanzausschuß des Senats um Mittel. Der Kongreß erklärte die Zahlungsunfähigkeit der Bank, um so eine Reorganisation zu ermöglichen, aber es war zu spät.

Das Vertrauen in die Bank war ruiniert, und am 28. Juni 1874 wurde sie geschlossen. Tausende von schwarzen Sparern erlitten Verluste, die sie nicht verkraften konnten. Führende Schwarze, von denen einige unschuldig waren, wurden von ihren schwarzen Mitbürgern getadelt, während Cooke und andere, die am meisten abgeschöpft hatten, ohne öffentlichen Tadel davonkamen.

Am nachhaltigsten scheiterte die Wiedereingliederung des Südens wohl auf wirtschaftlichem Gebiet. Am Ende dieses Prozesses lebten weiße und schwarze Arbeiter im Süden in Armut und Not. Im Norden, wo es ihnen wesentlich besser ging, hatten sie noch nicht gelernt, wie man die mächtigen Industriellen in Schach halten konnte, die staatliche Stellen als ihre engsten Verbündeten benutzten und Amtsinhaber mit größerer Regelmäßigkeit bestachen, als sie ihre Mitarbeiter entlohnten. Während die führenden weißen Politiker des Südens vor allem damit beschäftigt waren, den Schwarzen das Wahlrecht und die Bürgerrechte zu verweigern, ergriffen Finanzmagnaten und Industrielle aus dem Norden die Gelegenheit, ihre wirtschaftliche Vorherrschaft auf den Süden auszudehnen und mehrere Generationen lang weitgehend zu behaupten. Die Unfähigkeit der Schwarzen, ihre Probleme zu lösen, ging nicht allein auf ihr eigenes Konto. Sie war ein Symptom für die Vielschichtigkeit des neuen industriellen Amerika, die selbst die klügsten Köpfe des Landes verblüffte.

Politische Strömungen

Der Reconstruction Act zur Wiedereingliederung des Südens von 1867 zwang dem weißen Süden ein System auf, das schwerer als die Niederlage zu ertragen war. Eine große Anzahl weißer Südstaatler besaß nicht mehr das Wahlrecht. Schwarze und ihre Verbündeten, das waren loyale Weiße und diejenigen aus dem Norden, die permanent im Süden bleiben wollten, konnten wählen. Verfassunggebende Versammlungen wurden mit dem ausdrücklichen Ziel einberufen, die letzten Überbleibsel der alten Ordnung auszulöschen. Aus der Sicht weißer Südstaatler sollte alle Macht in die Hände derjenigen gelegt werden, die am wenigsten qualifiziert waren, über aller Schicksal zu entscheiden. Zwei Jahre weißer Selbstbestimmung waren in Verruf geraten, weil weiße Südstaatler angeblich versucht hatten, das Rad der Zeit bis vor dem Krieg zurückzudrehen. Jetzt, meinten die weißen Südstaatler, werde das Rad der Zeit bis in die Tage der Barbarei zurückgedreht.

In allen Verfassungskonventen, die nach dem Wiedereingliederungsgesetz einberufen wurden, saßen schwarze Delegierte. Nur in South Carolina hatten sie die Mehrheit unter den Delegierten, in Louisiana hatten sie genau wie die Weißen 49 Delegierte. In einigen Einzelstaaten war der Anteil der Schwarzen gering, so in Texas, wo nur neun von neunzig Mitgliedern des Konvents Schwarze waren. In den meisten Staaten waren die Schwarzen nur eine respektable Minderheit, und in sechs Staaten besaßen im Süden geborene Weiße die Mehrheit. Einige schwarze Mitglieder waren ehemalige Sklaven, andere waren schon immer frei gewesen, zu ihnen gehörten auch die Zuwanderer aus dem Norden. Einige Schwarze hatten beachtliches intellektuelles Format. In Florida war man einhellig der Meinung, daß Jonathan Gibbs »das kultivierteste Mitglied des Konvents« war. Meistens gehörten die schwarzen Mitglieder des Konvents politisch zu den Gemäßigten. Ein großzügiges Lob sprach die *Daily News* aus Charleston den Mitgliedern einer schwarzen Delegation aus: »Ganz zweifellos sind die besten Männer dieses Konvents unter den Farbigen zu finden. In Anbetracht der Einflüsse, unter denen sie zusammengerufen wurden, und angesichts ihrer unzulänglichen Kenntnis der Geschäftsordnungsregeln haben die meisten von ihnen bemerkenswerte Mäßigung und Würde an den Tag gelegt ... Sie sind nicht als politische Drahtzieher wie einige hierher gekommen, noch als Profiteure wie andere, sondern mit dem Ziel, zum Wohl ihrer Rasse gesetzgeberisch tätig zu sein.« Typisch für den Edelmut der Schwarzen sind die Worte von Beverly Nash vor dem Verfassungskonvent von South Carolina:

> Ich glaube, meine Freunde und Mitbürger, wir sind noch nicht ausreichend vorbereitet auf das Wahlrecht. Aber wir können lernen. Wenn man einem Mann Werkzeuge gibt und er sie benutzen kann – dann wird er nach einiger Zeit ein Handwerk erlernt haben. So ist es auch mit dem Wählen. Wir mögen es anfangs noch nicht verstehen, aber schon bald werden wir lernen, unsere Pflicht zu tun ... Wir sehen im weißen Mann des Südens den wahren Freund des schwarzen Mannes ... Bei diesen öffentlichen Anliegen müssen wir uns mit unseren weißen Mitbürgern zusammentun. Sie sagen uns, daß ihnen das Wahlrecht aberkannt worden ist, wir aber sagen dem Norden, daß in den Sälen des Kongresses niemals Ruhe einkehren wird, bis wir diese Beschränkung aufgehoben haben.

Die 1867 und 1868 entworfenen Einzelstaatsverfassungen waren die progressivsten, die der Süden jemals hatte. Die meisten schafften Besitzqualifikationen für das aktive und passive Wahlrecht ab, einige annullierten Gefängnisstrafen bei Verschuldung. Alle beseitigten die Sklaverei, und einige zielten darauf ab, die Rassenunterschiede beim Besitz oder der Vererbung von Eigentum zu beseitigen. Obwohl die Plantagenbesitzer in Louisiana meinten, ihre Verfassung sei »das Werk des primitivsten und korruptesten Gremiums, das jemals im Süden zusammengetreten ist«, bilden die auf der Grundlage dieser Verfassung kodifizierten Gesetze zusammen mit den später in drei Codizes verabschiedeten Gesetzen bis heute das Grundgesetz des Staates. In jedem der Einzelstaaten wurde das Wahlrecht auf alle männlichen Einwohner ausgedehnt, mit Ausnahme bestimmter Kategorien von Exkonföderierten, und es ist schon bedeutsam, daß einige Schwarze wie Nash aus South Carolina und Pinchback aus Louisiana entschieden jegliche Disqualifizierung von Exkonföderierten ablehnten.

Die konservativen Elemente des Südens verurteilten nahezu einmütig die neuen Verfassungen und kämpften gegen ihre Ratifizierung. Als sie am Ende der Phase der *Reconstruction* an Macht gewannen, waren sie allerdings vornehmlich darauf bedacht, nur die Verfassungsparagraphen abzuändern, die den Schwarzen das Wahlrecht gegeben hatten. Florida ratifizierte schließlich 1885 eine neue Verfassung, Mississippi folgte 1890, South Carolina 1895, Louisiana 1898 und Virginia 1902. Wie die Verfassungen, die unmittelbar nach der Abkehr von der *Reconstruction* geschrieben wurden, ähnelten auch diese jenen Dokumenten in bemerkenswerter Weise, die so rundweg abgelehnt worden waren. Die Sieger aus den Wahlkämpfen, die sich für die Vormachtstellung der Weißen *(white supremacy)* eingesetzt hatten, waren klug genug, das öffentliche Schulwesen, die modernisierte Bürokratie der kommunalen Selbstverwaltung und andere Bestimmungen aus den Verfassungen der Phase der Wiedereingliederung beizubehalten, die den Weg in einen progressiveren Süden wiesen.

In der Periode der Wiedereingliederung hatten Schwarze öffentliche Ämter in den Südstaaten inne. Sie saßen in den Parlamenten, diskutierten und verabschiedeten Gesetze, die sowohl Lob als auch Tadel erbitterter Parteigänger ernteten. In South Carolina hatten sie den größten Einfluß. Im ersten Repräsentantenhaus saßen 87 Schwarze und 40 Weiße.

South Carolinas Oberster Richter Jonathan Jasper Wright. Der erste Afroamerikaner, der an das Gericht von Pennsylvania gewählt wurde (1866). Er ging nach South Carolina, wurde 1870 zum Obersten Richter gewählt und war dort bis 1876 aktiv. *(Cortesy of the South Carolina Library, University of South Carolina)*

Von Anfang an dominierten jedoch die Weißen den Senat des Staates und ab 1874 auch das Repräsentantenhaus. Der Gouverneur war immer ein Weißer. Deshalb kann man auch sagen, daß die Schwarzen zu keinem Zeitpunkt in South Carolina die Oberhand hatten. Es gab zwei schwarze Vize-Gouverneure, Alonzo J. Ransier im Jahr 1870 und Richard H. Gleaves, 1872. Samuel J. Lee war 1872 Sprecher des Repräsentantenhauses, und 1874 bekleidete Robert B. Elliott dieses Amt. Francis L. Cardozo, ein gebildeter Schwarzer, der an den Universitäten in Glasgow und in London studiert hatte, war von 1868 bis 1872 Staatssekretär für Inneres und von 1872 bis 1876 Finanzminister.

Die Schwarzen von Mississippi waren nicht so stark in ihrer neuen Regierung und im Parlament vertreten. Im ersten Parlament nach dem Bürgerkrieg saßen 40 Schwarze, von denen einige Sklaven gewesen waren. 1873 hatten Schwarze drei wichtige Ämter inne: A. K. Davis war Vize-Gouverneur, James Hill Staatssekretär für Inneres und T. W. Cardozo

Präsident des Repräsentantenhauses von Mississippi. John Roy Lynch wurde 1869 in Mississippi zum Abgeordneten und 1872 zum Präsidenten des Abgeordnetenhauses gewählt, bevor er drei Legislaturperioden im Repräsentantenhaus der Vereinigten Staaten saß. *(Culver Pictures)*

Schulinspektor. Insgesamt hatten die Schwarzen wenig Einfluß auf die Gesetzgebung, aber einige waren Vorsitzende wichtiger Parlamentsausschüsse. 1872 war John R. Lynch Sprecher des Repräsentantenhauses und wurde am Ende der Sitzungsperiode von einem weißen Demokraten gelobt, »ob seiner Würde, Unparteilichkeit und Zuvorkommenheit im Amt des Vorsitzenden«.

Zwischen 1868 und 1896 hatte Louisiana 133 schwarze Parlamentarier, darunter 38 Senatoren und 95 Abgeordnete. Zu keinem Zeitpunkt dominierten sie die Politik. John W. Menard wurde in den Kongreß gewählt, aber die Wahrnehmung seines Sitzes wurde ihm verweigert. Drei Schwarze, Oscar J. Dunn, P. B. S. Pinchback und C. C. Antoine, waren

Der erste Afroamerikaner im amerikanischen Senat war Hiram R. Revels, der 1870 durch seine Wahl den Sitz des vormaligen Präsidenten der Südstaatenkonföderation Jefferson Davis einnahm. *(Bettmann Archiv)*

Vize-Gouverneure, Pinchback war im Winter 1873 für 43 Tage amtierender Gouverneur, nachdem Henry C. Warmoth abgesetzt worden war. Obwohl die Schwarzen nicht die Mehrheit hatten, versuchten sie, die Verhältnisse in der Politik zu verbessern. Oscar J. Dunn z. B. kämpfte an führender Stelle gegen Korruption und Verschwendung.

In der politischen Führung von Alabama spielten die Schwarzen während der Phase der Wiedereingliederung keine Rolle. Sie saßen in beiden Häusern des Parlaments, waren aber zu wenige, um einflußreiche Positionen einzunehmen. Aber sie unterstützten die Annahme des 14. und 15. Zusatzartikels zur Verfassung und die Einführung des Systems öffentlicher Schulen.

Obwohl Schwarze in das erste Parlament Georgias nach dem Bürgerkrieg gewählt wurden, hatten sie Schwierigkeiten, ihre Sitze einzunehmen und zu behalten. Im September 1868 erklärte das Repräsentantenhaus, daß schwarze Mitglieder nicht wählbar seien, und erst ein Jahr später, als der Oberste Gerichtshof des Staates sie für wählbar erklärt hatte, konnten sie ihre Sitze wieder einnehmen. Die schwarzen Abgeordneten brachten viele Gesetze zum Bildungswesen, zur Geschworenengerichtsbarkeit, zur Reform der Kommunalverwaltung und zum Frauenwahlrecht ein. Zwei besonders fähige schwarze Abgeordnete, Jefferson Long und H. M. Turner, verlangten höhere Löhne für schwarze Arbeiter, aber sie erhielten wenig Unterstützung von ihren Kollegen, die nur allzuoft die Ziele der Industriellen unterstützten, d. h. die Ausbeutung aller Formen natürlicher und menschlicher Ressourcen.

Unmittelbar nach dem Bürgerkrieg waren schwarze Abgeordnete und Politiker in Florida und North Carolina hauptsächlich an Fragen staatlicher Unterstützung, Bildung und am Wahlrecht interessiert. In Jonathan Gibbs, dem Vorsitzender der Schulverwaltung von 1872 bis 1874, hatten sie einen fähigen Führer und einen Kämpfer für gleiche Rechte für alle Bürger. H. S. Harmon war der führende Politiker im Kampf um ein befriedigendes Schulgesetz. Mit anderen schwarzen Abgeordneten unterstützte er das Heimstättengesetz und Maßnahmen, die für die Masse der Bürger größere wirtschaftliche Sicherheit gewährleisten sollten. Die Schwarzen in North Carolina unterstützten die Schaffung eines öffentlichen Schulsystems. Hervorragend war insbesondere das Engagement des Reverend J. W. Hood in allen Fragen des Bildungswesens. Er hatte die Verfassung von 1868 mit verfaßt und war anschließend stellvertretender Inspektor für die Schulen.

Sehr wenige Schwarze hatten ein Amt im neuen Regierungssystem von Virginia. 27 saßen im ersten Parlament, andere nahmen weniger wichtige Stellen ein. Die Schwarzen waren nie mächtig genug, die Regierungspolitik mitzubestimmen, außer bei den wenigen Gelegenheiten, auf die A. A. Taylor hingewiesen hat, bei denen sie das Zünglein an der Waage zwischen militanten weißen Gruppierungen waren. Dasselbe kann man über den Einfluß der Schwarzen in Tennessee, Arkansas und Texas sagen.

Bedeutender war der Einfluß der Schwarzen auf die Politik durch ihre Wahl in den Kongreß. Zwischen 1869 und 1901 saßen zwei Schwarze im Senat und zwanzig im Repräsentantenhaus. Die beiden Senatoren waren Hiram R. Revels und Blanche K. Bruce, beide Vertreter von Mississippi. Revels war ein freier Schwarzer aus North Carolina, der über Indiana, Ohio und Illinois nach Norden gewandert war und seine Ausbildung in einem Priesterseminar in Ohio und am Knox-College in Illinois erhalten hatte. Zur Zeit des Bürgerkriegs war er Pastor der African Methodist Episcopal Church und hatte an mehreren Orten Unterricht erteilt. Während des Kriegs warb er Schwarze für die Unionsarmee an, gründete eine Schule für befreite Sklaven in St. Louis und diente als Militärgeistlicher eines schwarzen Regiments in Mississippi. Nach dem Krieg ließ er sich in Natchez nieder und wurde ein prominenter Politiker in Mississippi. 1870 wurde er in den Senat der Vereinigten Staaten gewählt, wo er den Sitz von Jefferson Davis übernahm. Er trat für die Aufhebung aller rechtlichen Einschränkungen der politischen Betätigung von Exkonföderierten ein und vertrat die Interessen seines Staates nachdrücklich. Er erklärte, daß er in seinem Jahr im Senat fair behandelt worden sei, selbst in Fragen der Ämtervergabe.

1874 wurde Blanche K. Bruce in den Senat gewählt, der einzige Schwarze, der für eine volle Amtszeit gewählt wurde, bis zur Wahl von Edward Brooke 1866 – Republikaner aus Massachusetts. Bruce war als Sklave in Virginia geboren worden. Bei Ausbruch des Krieges floh er von St. Louis nach Hannibal, Missouri, und gründete eine Schule für Schwarze. Nach dem Krieg studierte er mehrere Jahre lang im Norden. 1869 ging er nach Mississippi und begann seine politische Karriere. Er arbeitete sich hoch, übte nacheinander das Amt eines Steuerbeamten, Sheriffs und schließlich des Schulinspektors aus. Im Senat stimmte er gewöhnlich mit seiner Partei und brachte eine Reihe von Gesetzen zur Verbesserung der Lage der Schwarzen ein. Als es P. B. S. Pinchback verwehrt wurde, seinen Sitz im Senat einzunehmen, auf den er in Louisiana gewählt worden war, setzte sich Bruce vergeblich für ihn ein. Erfolge konnte er mit der Verabschiedung mehrerer Rentengesetze verbuchen und vor allem bei seiner Ausschußtätigkeit im Ausschuß für Industrie, Arbeit und Ausbildung (Manufactures, Education, and Labor Committee) und im Rentenausschuß. Als Vorsitzender des Untersuchungsausschusses über die Freedmen's Bank leitete er eine gründliche Untersuchung der Hintergründe ihres Zusammenbruchs. Das breite Spektrum seiner Interessen als Gesetzgeber kann man an der Vorlage unterschiedlichster Gesetze ablesen: dem Genfer Schiedsspruch zu den Forderungen Alabamas, Gesetzen zur finanziellen Unterstützung der Ausbildung und des Eisenbahnbaus und einem Gesetz zur Entschädigung der Sparer der Freedmen's Bank.

Von den zwanzig schwarzen Abgeordneten im Repräsentantenhaus kamen mit acht die meisten aus South Carolina, North Carolina folgte mit vier, von denen drei nach dem Bürgerkrieg gewählt wurden. Alabama folgte mit drei Abgeordneten; Georgia, Mississippi, Florida, Louisiana und Virginia entsandten je einen. Im 41. Kongreß nahmen 1869 zum ersten

Mal überhaupt schwarze Abgeordnete auf Bundesebene ihren Sitz ein. Es waren zunächst drei und im nächsten Kongreß fünf. Die höchsten Zahlen wurden im 43. und 44. Kongreß erreicht, als sieben Schwarze im Repräsentantenhaus saßen. Die längste Amtszeit hatten J. H. Rainey und Robert Smalls, beide aus South Carolina, mit je fünf aufeinanderfolgenden Legislaturperioden. John R. Lynch aus Mississippi und J. T. Walls aus Florida folgten mit drei und sechs weitere Schwarze mit zwei Legislaturperioden im Repräsentantenhaus.

Die meisten schwarzen Kongreßabgeordneten hatten schon, bevor sie nach Washington gingen, Erfahrungen in öffentlichen Ämtern gesammelt, und zwar als Delegierte zu Verfassungskonventen, als Senatoren oder Abgeordnete in ihrem Staat oder als Amtsträger auf einzelstaatlicher oder kommunaler Ebene. Obwohl ihr Hauptinteresse Fragen der Bürgerrechte und der Bildung galt, befaßten sie sich keineswegs ausschließlich mit den Problemen von Schwarzen. Viele setzten sich für Investitionen in ihren Staaten und Kommunen ein, wie den Bau neuer öffentlicher Gebäude und Bundesmittel für den Ausbau von Flüssen und Häfen. Mehrere kämpften für Schutzzölle zugunsten heimischer Produkte, so die Abgeordneten Walls aus Florida und Lynch aus Mississippi. Walls war auch an der diplomatischen Anerkennung Kubas interessiert. Hyman aus North Carolina forderte ein Programm zur Unterstützung bedürftiger Indianer, und Nash aus Louisiana bemühte sich nachdrücklich um ein friedliches Verhältnis zwischen dem Norden und dem Süden.

Über die Arbeit der schwarzen Kongreßmitglieder schrieb der weiße Historiker James Ford Rhodes: »Sie beeinflußten die Gesetzgebung ihrer Zeit nicht im mindesten; keiner von ihnen tat sich im Vergleich zu ihren weißen Mitstreitern auch nur im geringsten hervor.« Dazu muß man daran erinnern, daß es andere Kanäle gab, durch die Kongreßmitglieder ihren Einfluß zum Tragen bringen konnten, selbst wenn wenige Vorlagen von Schwarzen als Gesetze verabschiedet wurden. Viele Gesetzesvorlagen, die sie einbrachten, wurden einer ernsthaften Behandlung nicht für wert befunden, aber das traf auf die Mehrheit der Gesetzesinitiativen im Kongreß zu. Andere überlebten den mühsamen Weg vom Repräsentantenhaus zum Senat und auf den Schreibtisch des Präsidenten nicht. Keines der schwarzen Mitglieder genoß so hohes Ansehen, daß es Vorsitzender eines wichtigen Ausschusses geworden wäre, und für alle war es sehr schwierig, auch nur den Respekt der eigenen Parteifreunde zu gewinnen. Zu einer Zeit, da der Kongreß zu seinen Mitgliedern Männer zählte, die in einige der skandalösesten und korruptesten Geschäfte in der Geschichte des Landes verwickelt waren, bedeutete es schon etwas, daß ein früheres Kongreßmitglied und ehemaliger General der Konföderierten, Roger A. Pryor, sich 1873 veranlaßt sah zu erklären: »Es ist uns noch nicht zu Ohren gekommen, daß ein Neger unter den Kongreßmitgliedern irgendwie in den Credit-Mobilier-Skandal verwickelt war.« Für James G. Blaine, der die meisten schwarzen Kongreßmitglieder kannte, »machten die Farbigen, die ihren Platz im Senat und im Repräsentantenhaus einnahmen, keinen unerfahrenen oder hilflosen Eindruck. Sie waren in der Regel fleißige, ernsthafte, ehrgeizige Männer, deren Wahrnehmung ihres Amtes ... jeder Rasse zur Ehre gereichen würde.«

Wichtiger als die Männer, Weiße oder Schwarze, die ein Amt während der Wiedereingliederung des Südens innehatten, waren die Kräfte, die ihre Handlungen permanent beeinflußten. Obwohl es schwarze Kongreßmitglieder, Vizegouverneure, Sheriffs, Ankläger und Amtsrichter gab, kann man zu keinem Zeitpunkt von einer Herrschaft der Schwarzen im Süden sprechen. Ja, man kann mit einiger Berechtigung behaupten, daß es keine Herrschaft der Profiteure aus dem Norden *(carpetbag rule)* gab, so wie man den Begriff im allgemeinen versteht. Der Süden war genau wie der Norden außerordentlichen dynamischen politischen und wirtschaftlichen Veränderungen unterworfen, wie sie die amerikanische Gesellschaft noch nicht erlebt hatte. Die wirtschaftliche Revolution, nicht die Wiedereingliederung, bestimmte das Muster des öffentlichen Handelns nach 1865. Gesetze für Schutzzölle waren wichtiger als für Bürgerrechte, Eisenbahnsubventionen waren wichtiger als das Wahlrecht. Die Industriellen aus den Nordstaaten, die in der Republikanischen Partei nun das Sagen hatten, suchten eine befriedigende Regelung des Südstaatenproblems, um bei der Ausbeutung der Ressourcen des Südens rasch voranzukommen und auf seinen Märkten schnell präsent zu sein. Als das Programm der Radikalen Wiedereingliederung ihren Zwecken diente, unterstützen sie es aktiv, so in der Zeitspanne, als sie günstige Bedingungen von den Parlamenten der Südstaaten haben wollten. Doch als das Programm Frieden und Ordnung nicht wiederherstellte und damit den Wohlstand hinauszögerte, setzten sie sich für die Wiederauflage der Selbstbestimmung des Südens ein.

Es ist bezeichnend, daß nördliche Industrielle sich während der gesamten Wiedereingliederung im Süden engagierten. Wie Horace Mann Bond nachgewiesen hat, waren William D. Kelly und andere nördliche Kapitalisten so sehr darauf bedacht, die reichen Ressourcen und billigen Arbeitskräfte von Alabama auszubeuten, daß sie ihren Einfluß einsetzten, um eine schnelle, wenn auch unbefriedigende Wiedereingliederung dieses Staates zu erreichen. Die Interessen der Eisenindustrie und der Eisenbahngesellschaften waren in Alabama mächtig, und viele nördliche Kapitalisten arbeiteten hinter den Kulissen und beeinflußten die Akteure, die offen für die Wiedereingliederung agierten. 1867 zum Beispiel bewilligte die Legislative von Alabama die Zahlung von 12 000 Dollar pro Meile für den Eisenbahnbau an Unternehmen und erhöhte den Betrag später auf 16 000 Dollar. Zwischen 1867 und 1871 erhielten die Louisville and Nashville Railroad und die Alabama and Chattanooga Railroad 17 Millionen Dollar an Zahlungen und Darlehen. Diese Subventionen wurden zu den Schulden der Wiedereingliederung addiert.

Schätzungen besagen, daß von 305 Millionen Dollar, welche die elf Südstaaten 1871 schuldeten, mindestens 100 Millionen aus bedingten und zukünftigen Verbindlichkeiten bestanden, die sie durch die Ausgabe von Eisenbahnanleihen eingegangen waren. Süd- und Nordstaatler, Republikaner und Demokraten hatten alle gemeinsam die Kredite ihrer Staaten für Eisenbahninvestitionen zur Verfügung gestellt. Ein Überblick über die Verschuldung der Wiedereingliederungsphase zeigt deutlich, daß die Legislativen der Südstaaten nicht besonders verschwenderisch beim Kauf von Whisky und Zigarren für ihre Mitglieder waren, aber dem Druck von nördlichen Finanzinteressen für vorteilhafte und kostspielige Gesetze allzu sehr nachgaben. Darüber hinaus machten die Ausgaben für völlig legitime Programme, etwa für den Straßenbau, das staatliche Bildungswesen und andere Sozialprogramme den Hauptteil der Schulden der *Reconstruction* aus.

Amtsmißbrauch und Korruption jener Jahre waren weder neu noch typisch für den Süden. Ein öffentliches Amt wurde zu häufig zur persönlichen Bereicherung genutzt, als daß man diese Praxis einer besonderen Gruppe, Region oder Zeit zuschreiben könnte. Die Immobilienhändler des Südens, die in der Zeit Van Burens öffentliche Mittel stahlen, würden heute als ausgezeichnete Diebe dastehen. Der Norden sank während des Bürgerkriegs auf eine neue Stufe der öffentlichen Unmoral herab. Bestechung und Diebstahl grassierten während der Wiedereingliederung im

Süden, aber zweifellos hatten sie dieselben Wurzeln wie die Kräfte, die im Norden mit dem Tweed Ring in New York und zahlreichen Skandalen der Regierung Grant Schande über das ganze Land brachten. Vergleichbare Kräfte haben auch später in Amerika zu ähnlichen Konstellationen geführt.

Aus gesamtstaatlicher Sicht war die Wiedereingliederung des Südens eine Zeit, in der die Vereinigten Staaten ihre Position in der Weltwirtschaft ständig verbesserten und erst dadurch ihren enormen Einfluß auf die Weltpolitik in der Folgezeit gewinnen und ausüben konnten. Der 14. Zusatzartikel zur Verfassung gab den Amerikanern eine erste präzise Definition ihrer Rechte als Staatsbürger und stärkte ihre Position als Individuen in einer komplexen Gesellschaftsordnung. Gleichzeitig bot es den Unternehmen große Entwicklungschancen im Rahmen der weiten Interpretation dieses Zusatzartikels, wie sie das Oberste Bundesgericht schon bald formulierte. Der 15. Zusatzartikel garantierte eine Ausdehnung des Wahlrechts und hob die Verweigerung des Wahlrechts aufgrund der Rasse auf. Im Süden legte die Wiedereingliederung in die gesamtstaatliche Ordnung die Fundamente für ein demokratischeres Leben, indem sie alle qualifizierenden Vorbedingungen für das aktive und passive Wahlrecht hinwegfegte und ein umfassendes kostenloses öffentliches Bildungssystem für jedermann schuf. Doch es gelang während der Wiedereingliederung des Südens nicht, ehemaligen Sklaven wirtschaftliche Sicherheit zu garantieren. Damit hatten sie keine Alternative, als sich ihren alten Herren erneut zu unterwerfen, eine Unterwerfung, die es den südstaatlichen Weißen leichter machte, die Wiedereingliederung insgesamt rückgängig zu machen und ein System, das auf der weißen Vorherrschaft basierte, wiederherzustellen.

13. KAPITEL
DER FRIEDEN GEHT VERLOREN

Der Kampf um die Vorherrschaft

Der Krieg war kaum zu Ende, als die Sieger erkennen mußten, daß es einfach war, in Washington zu sitzen und den Frieden durch einen Erlaß des Präsidenten oder per Gesetz zu verkünden, aber sehr schwierig, den Frieden in einem Lande durchzusetzen, das noch vom Bürgerkrieg zerrissen war. General Grant meinte zwar, der Süden werde den militärischen Ausgang als historisches Urteil akzeptieren, doch es gab andere, die nicht an die Bereitschaft des Südens zur Versöhnung glaubten. Carl Schurz kehrte von einer Reise durch die Südstaaten mit dem Eindruck zurück, der Süden hätte sich nur ergeben, weil er keine Alternative gesehen habe. Er war beunruhigt, »keine Anzeichen für eine herzliche Verbundenheit mit der großen Republik« gefunden zu haben. Zu seinem Entsetzen wurde der Verrat im Süden nicht mit Abscheu behandelt. Die tragische Versprengung der konföderierten Truppen am Ende des Krieges bildete einen kläglichen Kontrast zur Präsenz der Invasionstruppen des Nordens: Nicht nur weiße, sondern auch schwarze Einheiten, und zwar viel weniger als die ehemals Konföderierten behaupteten, waren an strategischen Punkten zur Aufrechterhaltung des Friedens stationiert. Ein Beweis für die Überzeugung der Nordstaaten, daß der Süden barbarisch war und der Geist der Sklaverei »die Seele des Südens verdorben, Recht und Freiheit zerstört und alle weißen Elemente vergiftet habe, auf die sich eine wiederhergestellte Union stützen könnte«. Der Norden und der Süden waren jeweils zutiefst davon überzeugt, daß der andere niederträchtig war und man ihm unter den bestehenden Umständen nicht trauen konnte, daß er das Richtige tat.

Die Republikaner, die in den frühen Jahren der Wiedereingliederung politisch die Oberhand hatten, waren entschlossen, ihre Position auszubauen und weiter an der Macht zu bleiben. Sie bedienten sich zu diesem Zweck wirksamer Propaganda. Sie konnten das Land daran erinnern, daß der Süden Verrat begangen und für die Zerstörung der Union gekämpft hatte, daß ehemalige Sklavenhalter nur auf eine Gelegenheit warteten, die Schwarzen wieder zu versklaven und daß die Republikanische Partei die Nation vor dem kompletten Ruin durch Demokraten des Nordens und des Südens gerettet hatte. Der wunde Punkt der Demokraten wurde von Schurz folgendermaßen zusammengefaßt: »Es gibt keine schwerere Bürde für eine politische Partei als die, im Krieg den Eindruck erweckt zu haben, unpatriotisch zu sein.« Natürlich behaupteten die Demokraten, Männer des Friedens und der Einheit der Nation zu sein, aber das klang eher bescheiden im Vergleich zu den weitreichenden und gerechten Ambitionen der Republikaner. Viele Republikaner nahmen sich, aus welchen altruistischen Gründen auch immer, der Sache der Schwarzen fast ausschließlich aus der Erwägung der politischen Nützlichkeit und Taktik an. Es wäre für sie unnatürlich gewesen, ihre Partei nicht durch das Wahlrecht für Afroamerikaner zu stärken und diese als loyale Wähler zu gewinnen. Es wäre genauso unnatürlich für die Demokraten gewesen, besonders für die Partei im Süden, dieses clevere politische Manöver stillschweigend hinzunehmen.

Der Kampf dieser beiden Parteien um die führende Rolle in der Bundespolitik drückte der Wiedereingliederung des Südens ihren Stempel auf und ließ schließlich beide dabei scheitern, den Frieden zu erhalten. Die Demokraten lehnten durchgängig jede Maßnahme der Republikaner ab, ganz gleich, ob sie berechtigt war oder nicht. Die Republikaner waren so sehr von der Treulosigkeit und dem Verrat der Demokraten überzeugt, daß sie ihr Heil in einer Koalition suchten, die zu egozentrisch war, als daß sie altruistisch oder effektiv sein konnte. So muß beiden Parteien ein Teil der Schuld am totalen Scheitern des Versuchs, den Frieden zwischen Nord und Süd und zwischen beiden Rassen herzustellen, zugeschrieben werden.

Angesichts der Präsenz von Unionstruppen im Süden und einer steigenden Zahl von Bundesbeamten, von denen die meisten loyale Republikaner waren, versuchten die Republikaner, eine starke Organisation ihrer Partei im Süden aufzubauen. Viele Mitarbeiter des Freedmen's Bureau waren nicht nur am Wohlergehen der ehemaligen Sklaven interessiert, sondern auch am Gedeihen der Republikanischen Partei. Dabei wurden sie begeistert von missionarisch eifernden Gruppen und Lehrern aus dem

Norden unterstützt, die in der Republikanischen Partei ein Instrument sahen, mit dem der Süden aus der Barbarei errettet werden konnte. Trotzdem wäre es falsch, daraus zu schließen, daß die Motive oder Aktivitäten dieser Gruppen hauptsächlich politisch waren. Die Organisation, die neue Mitglieder und Anhänger für die Republikanische Partei und zwar besonders unter Schwarzen warb, war die Union League.

Die Union League of America wurde während des Krieges im Norden gegründet. Sie warb erfolgreich um Unterstützung für den Krieg, wo immer es eine starke Opposition gab. Später dehnte sie ihre Arbeit auf den Süden aus, um die Früchte des Unionssieges zu schützen. Als eine Schutz- und Wohlfahrtsorganisation nahm sie gern Schwarze als Mitglieder auf und erteilte ihnen Unterricht in politischer Arbeit. Im gleichen Maß, in dem das Freedmen's Bureau und andere staatliche Stellen des Nordens im Süden aktiver wurden, wuchs auch der Einfluß der Union League, die viele Schwarze anwarb. In der Phase der Radikalen Wiedereingliederung entwickelte sich die League zum Vorkämpfer der Republikanischen Partei im Süden. Da die Schwarzen in vielen Gebieten die zahlenmäßig stärkste Gruppe der Wahlberechtigten stellten, hing die League von ihrer massenhaften Unterstützung für ein starkes Abschneiden der Republikaner ab.

Im Herbst 1867 gab es überall im Süden Ortsgruppen der League. Allein in South Carolina waren es 88, und angeblich war fast jeder Schwarze im Staat Mitglied. Ihre Rituale, die Geheimhaltung, nächtliche Versammlungen und ihr offenes Bekenntnis für die Freiheit und für gleiche Rechte für alle machten die League für Schwarze besonders attraktiv. Vor Wahlen wandten sie sich an ihre Ortsgruppen um Rat für ihre Entscheidung. Wenn Zweifel an den Republikanischen Kandidaten aufkamen, brauchte die League die Schwarzen nur daran zu erinnern, daß die Republikanische Partei die Partei Abraham Lincolns und der Befreiung war. Eine Stimme für die Demokraten war eine Stimme für die Rückkehr zur Sklaverei, hieß es dann. Die Union League und kleinere Organisationen, wie die Lincoln Brotherhood und die Red Strings, sorgten dafür, daß die Stimmen der Schwarzen für die Republikanischen Partei abgegeben wurden, bundesweit ebenso wie bei den Wahlen in Einzelstaaten und Kommunen.

Solange Lincoln und Johnson einige Weiße aus den Südstaaten an der Wiedereingliederung des Südens mitwirken ließen, glaubten die Weißen, daß sie mit den Schwarzen fertig werden und die Demokratische Partei wiederbeleben könnten. Und wenn sie über die Anwesenheit von schwarzen Truppen empört waren, konnten sie dagegen energisch beim Präsidenten protestieren, wie Wade Hampton 1866, und konnten auf schnelle Hilfe rechnen. Diese weißen Südstaatler waren entschlossen, ihr Schicksal selbst zu bestimmen und die Schwarzen zu kontrollieren. Als die Radikale Wiedereingliederung dies unmöglich machte, schlugen sie 1867 rasend vor Wut zurück.

Die Gewalt, die in der Ku-Klux-Klan-Bewegung gipfelte, entstand jedoch nicht allein durch die Einführung der Radikalen Wiedereingliederung und die konsequente Ausschaltung der Südstaatler aus dem öffentlichen Leben. Schon 1866, als die Weißen aus den Südstaaten fast ausschließlich für die Wiedereingliederung verantwortlich waren, wurde eine Art Guerilla-Krieg gegen die Schwarzen und Weißen geführt, die die Bundesregierung im Süden repräsentierten. Der Leiter des Freedmen's Bureau in Georgia beklagte sich, daß Banden, die sich selbst Regulators, Jayhawkers und Black Horse Cavalry nannten, die »scheußlichsten und teuflischsten Greueltaten an befreiten Sklaven« begingen, und zwar mit der Zustimmung nicht nur der Bevölkerung, sondern auch der neueingesetzten Regierungen. Überall im Süden gab es unzählige dieser Zwangsorganisationen. Sie wurden als weiße Schutzorganisationen gegründet, und während die führenden Südstaatenpolitiker die neuen *Black Codes* verabschiedeten, gingen sie daran, »den Neger in seine Schranken zu verweisen« und auf Nordstaatler zu schießen, die in den Süden gekommen waren.

Die Geheimbünde gewannen immer mehr Mitglieder und breiteten sich überall aus, als für die Südstaatler offenkundig wurde, daß durch die Radikale Wiedereingliederung ihre Vorherrschaft beseitigt werden sollte. In den zehn Jahren nach 1867 entstanden die Knights of the White Camelia, die Constitutional Union Guards, die Pale Faces, die White Brotherhood, der Council of Safety, die '76 Association und die Knights of the Ku-Klux-Klan. Unter den zahlreichen lokalen Organisationen waren die White League in Louisiana, die White Line in Mississippi und die Rifle Clubs in South Carolina. Weiße Südstaatler hatten die Absicht, mit extralegalen und offenkundig illegalen Mitteln zu erreichen, was rechtlich nicht erlaubt war: die absolute Herrschaft über die Schwarzen auszuüben, ihnen und ihren Verbündeten die Macht zu entreißen und die

»Vorherrschaft der Weißen« wiederherzustellen. Die Radikale Wiedereingliederung sollte, koste es, was es wolle, beendet werden, und die Methoden terroristischer Gruppen waren der erste Schritt der führenden Weißen der Südstaaten, dieses Ziel zu erreichen.

Die Camelias und der Klan waren die mächtigsten Geheimbünde. Mit Gewehren, Schwertern und anderen Waffen patrouillierten ihre Mitglieder in einigen Teilen des Südens bei Tag und Nacht. Im Land verstreute Unionstruppen erwiesen sich als völlig außerstande, mit ihnen fertig zu werden, denn die Mitglieder waren zur Geheimhaltung verpflichtet, vermummten und tarnten ihre Aktionen auf vielerlei Weise und besaßen die Anerkennung und Unterstützung der weißen Bevölkerung. Sie setzten Einschüchterung, Gewalt, Ächtung unter Geschäftsleuten und in der Gesellschaft, Bestechung bei den Wahlen, Brandstiftung und sogar Mord zur Durchsetzung ihrer Absichten ein. Den Schwarzen die politische Gleichheit vorzuenthalten wurde zur Mission eines heiligen Kreuzzugs, dessen edler Zweck jedes Mittel rechtfertigte. Schwarze wurden aus ihren Gemeinden verjagt, wenn sie den Befehl mißachteten, nicht zur Wahl zu gehen, und die beherzteren und somit aufmüpfigen Schwarzen wurden ausgepeitscht, verstümmelt und aufgehängt. 1871 wurde mehreren schwarzen Amtsträgern in South Carolina für ihren Rücktritt eine Frist von fünfzehn Tagen eingeräumt und die Drohung hinzugefügt, wenn sie es unterließen, werde »die ausgleichende Gerechtigkeit so sicher folgen wie die Nacht auf den Tag«. In Kentucky spielte sich in etwa dasselbe ab. Der Hauptzweck der Gewalt gegen Schwarze war es, ihre Beteiligung am politischen Leben zu beenden. Ein Ausschuß der Colored Convention, die 1874 in Atlanta zusammentrat, teilte der Einzelstaatslegislative mit, daß sie »keinen Ort in Georgia finden könnten, von dem wir wahrhaftig sagen können, daß unser Leben und unsere Freiheit dort vollkommen sicher sind«.

Lokale Bemühungen, ein Verbot der Femeorganisationen durchzusetzen, waren, insgesamt gesehen, erfolglos. So trat 1868 in Alabama ein Gesetz in Kraft, das hohe Geldstrafen und lange Gefängnisstrafen für jeden vorsah, der außerhalb seines Hauses vermummt angetroffen wurde oder bei Handlungen, wie der Zerstörung von Eigentum oder der Belästigung von Menschen, gefaßt wurde, aber das Gesetz wurde im allgemeinen ignoriert. Der Kongreß versuchte, den Klan und ähnliche Gruppen durch eine Reihe in den Jahren 1870 und 1871 verabschiedeter Gesetze zu verbieten. Danach war es eine strafbare Handlung, einen anderen durch Bestechung, Gewaltanwendung oder Einschüchterung vom Wählen abzuhalten, und der Präsident wurde ermächtigt, die Land- und Seestreitkräfte einzusetzen, um derartige Verbrechen zu verhindern. 1871 wurde ein zweites Gesetz zur Bekräftigung des ersten verabschiedet. Nach einer umfassenden Untersuchung waren Mitglieder des Kongresses davon überzeugt, daß der Klan noch aktiv war, und im April 1871 wurde ein Gesetz mit dem Ziel verabschiedet, das Ende des Klans herbeizuführen. Der Präsident wurde ermächtigt, das Recht auf *habeas corpus*, die richterliche Vorführung zur Haftprüfung, außer Kraft zu setzen, um »bewaffnete Vereinigungen« zu bekämpfen. Handlungen, die Teil einer Verschwörung waren, wurden gleichgesetzt mit dem Tatbestand der Rebellion und entsprechend bestraft. In der Folge kam es zu Hunderten von Festnahmen, und von den Verhafteten wurden viele der Verschwörung für schuldig befunden. In South Carolina allein wurden in einem Jahr einhundert Menschen zu Gefängnis- und Geldstrafen verurteilt.

Der Kampf zwischen den organisierten Weißen des Südens auf der einen Seite und der Union League, dem Freedmen's Bureau, den Unionstruppen und den Schwarzen auf der anderen war im Kern ein Kampf um die politische Vormachtstellung im Süden. Aus der Sicht des Nordens ging es um die Frage, ob die Errungenschaften des Krieges von den Rebellen annulliert werden durften, die die Nation 1861 an den Rand des Abgrunds gebracht hatten. Aus der Sicht des Südens ging es um die Selbstbestimmung des Südens – *home rule* – ein Recht, das der Süden bis zum bitteren Ende verteidigen wollte, und es ging darum, wer die Selbstbestimmung vor Ort ausüben sollte, eine für Südstaatler eher akademische Frage, da Schwarze nicht qualifiziert waren. Ebenso eindeutig wie der Kampf zwischen 1861 und 1865 war auch der Konflikt von 1865 bis 1877 ein Bürgerkrieg, er wurde mit genausoviel Erbitterung und Haß, allerdings mit weniger Blutvergießen geführt. Der Frieden ging verloren, weil beide Parteien und Großregionen alles taten, die eigene Schlagkraft aus den Trümmern des Krieges neu zu formieren. Frieden konnte es unter derart kriegsähnlichen Bedingungen nicht auf Dauer geben.

Das Scheitern der Wiedereingliederung

Die Wiedereingliederung des Südens wurde nicht abrupt als Folge einer Entscheidung des Kongresses oder des Präsidenten beendet. Ihr Ende vollzog sich eher allmählich, Beschränkungen wurden gelockert und harte Gesetzesbestimmungen außer Kraft gesetzt. Genauso wie die Wiedereingliederung lange vor Kriegsende begonnen hatte, ging sie ihrem Ende lange vor dem endgültigen Truppenabzug vom Boden des Südens entgegen. Schon 1865 hatten viele Südstaatler ihren Platz als geachtete Bürger ihrer Gemeinden wieder eingenommen und kehrten ins politische Leben zurück, nachdem sie den Treueeid abgelegt hatten. Selbst in der Phase der Radikalen Wiedereingliederung kehrten viele in die aktive Politik zurück und arbeiteten mit bei der Wiederherstellung der Selbstbestimmung des Südens. 1869 erhielten die Exkonföderierten von Tennessee das Wahlrecht zurück. Und innerhalb weniger Monate erlangten zahllose Südstaatler in anderen Einzelstaaten ihre Rechte als Staatsbürger durch Einzelamnestie wieder. 1871 wurde der »eherne Eid«, den der Kongreß zu Beginn der Radikalen Wiedereingliederung durchgesetzt hatte, um viele Exkonföderierte auszuschließen, aufgehoben. Im folgenden Jahr gab eine Generalamnestie allen, außer 600 ehemaligen konföderierten Amtsinhabern, das Wahlrecht zurück. Nunmehr konnte der Süden dort weitermachen, wo er 1861 aufgehört hatte, und sich selbst regieren.

Die Folgen der Begnadigung weißer Südstaatler konnte man schon bald an der Wiedergeburt der Demokratischen Partei erkennen. 1870 wählten die Randstaaten zum Süden die Demokraten; North Carolina und Virginia wurden von den Konservativen regiert, die mehr Stimmen bekamen als die Kombination der Republikaner aus Schwarzen, *Scalawags* (weißen Republikanern im Süden) und *Carpetbaggers* (weißen Republikanern im Norden). Im folgenden Jahr kehrten die Demokraten in Georgia an die Macht zurück. In anderen Staaten, in denen die Republikaner die Mehrheit hatten, konnten die Demokraten partiell die Mehrheit erkämpfen, besonders in den sogenannten weißen Landkreisen. 1874 und 1875 übernahmen sie die Regierungsgewalt in Texas, Arkansas und Alabama. Die Republikaner konnten 1876 im Süden nur noch South Carolina, Florida und Louisiana für sich gewinnen. Die Sache der Demokraten hatte so viel an Eigendynamik gewonnen, daß der Sturz des Republikanismus von vielen als ein hehres Ziel angesehen wurde.

Es sah fast so aus, als sollte erneut der Bürgerkrieg ausbrechen, als die Demokraten auf jedes erdenkliche Mittel verfielen, um die Radikalen zu stürzen. 1875 stand Mississippi am Rande des Krieges. Die schwarze Miliz von Gouverneur Adelbert Ames war für die aufstrebenden Demokraten ein besonderes Ärgernis, und als der Gouverneur einhundert Exemplare der *Infantry Tactics* bestellte, vermutlich für die Schwarzen, hielten die Weißen die Zeit für gekommen, eine »schützende« weiße Miliz einschreiten zu lassen. Beide Seiten importierten Waffen, hielten Paraden ab und lieferten sich Scharmützel. Obwohl Ames versprach, die schwarze Miliz aufzulösen, gingen die Unruhen und Morde bis zu den Wahlen weiter, bei denen die Demokraten mit mehr als 30 000 Stimmen die Mehrheit im Staat errangen. Innerhalb von zwei Monaten wurde die Republikanische Partei aufgelöst. In Louisiana gründeten die Konservativen White Leagues und planten offensichtlich schon 1874 den Sturz der Regierung der Radikalen unter Einsatz von Gewalt. Die Radikalen versuchten, der Waffen der White Leagues habhaft zu werden, und lösten dabei in New Orleans Rassenunruhen aus, bei denen vierzig Menschen getötet und mehr als einhundert verletzt wurden. Immer wieder flackerten die Kämpfe bis zu den Wahlen von 1876 auf, und es gab keinen Frieden, bis Präsident Hayes im darauffolgenden Jahr die Bundestruppen abzog. In South Carolina traten die »Red Shirts« massiv bei Wahlversammlungen auf und trugen offen Waffen als »Schutzmaßnahme« gegen die »Tyrannei« der Radikalen. Vereinigungen Demokratischer Arbeiter wurden gegründet, und Weiße wurden unter Druck gesetzt, nur Demokraten zu beschäftigen. Viele Teile des Staates befanden sich in ständigem Aufruhr, besonders Edgefield County, wo Ben Tillman schnell zu politischer Prominenz gelangte.

Die Stadt Hamburg in South Carolina war Schauplatz eines der blutigsten Rassenkrawalle. Als die schwarze Miliz am 4. Juli 1876 die Straße entlang marschierte, wurden mehrere Schwarze wegen Behinderung des Verkehrs festgenommen. Als der Prozeß verschoben wurde, strömten Hunderte von bewaffneten weißen Männern in die Stadt, um dafür zu sorgen, daß die schwarzen Übeltäter ihre Strafe bekamen. Ein ehemaliger General der Konföderierten befahl den Schwarzen, sich zu entschuldigen und ihre Waffen abzuliefern, was sie jedoch ablehnten. Daraufhin wurden schwere Waffen und weitere Munition von den Weißen herbeigeschafft. Feuergefechte folgten. Die Schwarzen versuchten zu

> ### John R. Lynch prophezeit das Ende der Republikanischen Herrschaft – 1874
>
> Ich war mir der Tatsache wohl bewußt ... daß es die Ergebnisse der Einzelstaats- und Kongreßwahlen von 1874 im Norden waren, die die Südstaatendemokraten davon überzeugten, daß die Republikanische Vorherrschaft auf Bundesebene bald ein Ding der Vergangenheit sein würde – daß die Demokraten in den Präsidentschaftswahlen und den Kongreßwahlen von 1876 erfolgreich sein würden und diese Partei anschließend mindestens ein Vierteljahrhundert an der Macht bleiben würde. Dies, und nicht der gescheiterte Versuch, ein Bundeswahlgesetz zu verabschieden, war es, was den deutlichen, überall spürbaren Wandel auslöste. Alles schien diesen Eindruck zu bestätigen und darauf hinzudeuten, daß der bundesweite Erfolg der Demokraten abgemachte Sache war.
> 1873 hatte es eine katastrophale Börsenpanik gegeben, die ohne Frage hauptsächlich für den politischen Umbruch von 1874 verantwortlich war, aber das verlor man ganz aus dem Blick, als man nach Gründen für das Ergebnis suchte. Eigentlich machten sie überhaupt keinen Versuch, es zu erklären oder zu begründen, außer auf ihre Art. Die Demokraten hatten die Mehrheit im Land errungen, und die Gründe dafür deuteten sie so, wie es ihnen paßte. Die von ihnen gewählte Deutung lautete, daß es sich um eine nationale Verurteilung und Ablehnung der Pläne des Kongresses für die Wiedereingliederung handelte und daß sie die Absicht hatten, sich entsprechend zu verhalten.
>
> John Roy Lynch, *Reminiscences of an Active Life*
> (Chicago, 1970), S. 164-65

entkommen, aber es war zu spät, mehrere wurden auf der Flucht getötet, und weitere fünf wurden getötet, nachdem sie bereits gefangengenommen waren. Erst 1877, als Wade Hampton Nachfolger von Daniel H. Chamberlain im Amt des Gouverneurs wurde, herrschte in South Carolina, zumindest äußerlich, Frieden.

Der Sturz der Radikalen wurde nicht nur durch die Rückkehr der Südstaatler auf die politische Bühne und die Machtübernahme durch konservative Regierungen erreicht, sondern auch durch weitere, für die weißen Südstaatler günstige Umstände. Die Einschüchterung der Schwarzen hatte Erfolg. Auch wo es keine Unruhen gab, hielten die Weißen die Schwarzen durch Terror vom Wählen ab und sicherten so den Sieg der

Demokraten. Nach der offiziellen Auflösung des Ku-Klux-Klan 1869 benutzten sie andere Methoden der Einschüchterung, um die Schwarzen von der politischen Macht fernzuhalten. Tatsächlich war die Einschüchterung nach 1870 am wirkungsvollsten, obwohl der Ku-Klux-Klan jede Verantwortung für die zunehmenden Gewalttätigkeiten von sich wies. Die Felder von Schwarzen wurden verwüstet und ihre Ernte zerstört, Scheunen und Häuser wurden in Brand gesteckt, sie wurden ausgepeitscht und gelyncht, weil sie die Republikanische Partei wählten. Die organisierten Weißen wurden immer dreister, sie patrouillierten vor den Wahllokalen, um »faire, friedliche und demokratische« Wahlen zu garantieren. Immer mehr Schwarze blieben zu Hause, und die politische Macht ging von den Republikanern auf die Demokraten über.

Enthüllungen über die Korruption Republikanischer Regierungen beschleunigten den Sturz der Radikalen Wiedereingliederung. Die Sache der Demokraten gewann an Überzeugungskraft, als sie auf Fälle von Mißwirtschaft durch Bestechung, Unterschlagung und Veruntreuung von Geldern und andere korrupte Praktiken hinweisen konnten. Die Bundesregierung konnte den südstaatlichen Regierungen der Republikaner nicht zu Hilfe eilen, weil sie selbst Probleme hatte, sich vom Verdacht der Korruption zu befreien. Es spielte keine Rolle, daß weiße Südstaatler vor dem Krieg ebenfalls korrupt oder daß Übergangsregierungen unter Johnson verschwenderisch und korrupt gewesen waren. Die Demokraten waren 1874 nicht an der Macht und damit im Besitz der Vorteile, die eine Opposition gewöhnlich in solchen Fällen genießt. Die Fälle von Korruption brachten die Radikale Wiedereingliederung in Mißkredit, sie büßte ihre überzeugten, aber desillusionierten Anhänger ein. Das war die Basis für die vollständige Wiederherstellung der Herrschaft der Weißen im Süden.

Im Norden war man des Kreuzzugs für die Sache der Schwarzen müde geworden. Vielleicht hätten Stevens, Sumner, Butler und andere der alten Antisklavereiführer den Kampf weiterführen können, aber jüngere Politiker, denen die Sache der Schwarze nicht so am Herzen lag, nahmen ihre Plätze ein. Es waren loyale Parteigenossen, an der Praxis orientierte Politiker, die sich stärker für die Fragen der industriellen Entwicklung im Norden und im Süden interessierten als für die Radikalen Regierungen im Süden. Als Männer wie Rutherford B. Hayes, James G. Blaine, Roscoe Conkling und John A. Logan bei den Republikanern die Führung übernahmen, war das für die Partei das Signal, sich profitableren und nützlicheren Dingen zuzuwenden.

Nicht einmal das Oberste Bundesgericht zögerte den Untergang der Radikalen Wiedereingliederung hinaus. Vielmehr beschleunigten seine Entscheidungen das Ende der *Reconstruction*. 1875 wurde gegen mehrere Personen aufgrund des Enforcement Act von 1870 Anklage vor Gericht erhoben, weil sie Schwarze an der Ausübung ihres Wahlrechtes gehindert hatten. Im Fall *United States gegen Reese* entschied das Oberste Gericht, daß der 15. Zusatzartikel zur Verfassung nicht jedem Bürger das Wahlrecht verlieh: »Es hindert die Vereinigten Staaten daran ... einen Bürger der Vereinigten Staaten einem anderen ... vorzuziehen ... aufgrund von Rasse, Hautfarbe oder seinem früheren Status als Sklave.« Im Fall *United States gegen Cruikshank* erklärte das Gericht, daß der Enforcement Act von 1870 mehr Vergehen benannte, als nach dem Wortlaut des 15. Zusatzartikels strafbar waren, und daß es deshalb verfassungswidrig sei. Weder Schwarze noch Republikaner konnten viel Unterstützung von einem Gericht erwarten, das die Gesetze beiseite schob, von denen sie sich die Durchsetzung des Zusatzartikels über das Wahlrecht erhofft hatten. Was das Oberste Bundesgericht betraf, so hatte aus seiner Sicht der Süden freie Hand, seine Probleme, so gut er konnte, selbst zu regeln.

Der Wahlkampf von 1876 war der große Test für beide Parteien. Die Demokraten hatten sich in ihrem Programm verpflichtet, die Wiedereingliederung des Südens zu beenden, die Republikaner hatten das nicht offen versprochen, aber es gab zumindest einen Flügel der Partei, der die Truppen abziehen und den Süden sich selbst überlassen wollte. In den drei Staaten, die nicht »wiederhergestellt« worden waren, South Carolina, Louisiana und Florida, nahm der Wahlkampf Züge eines Bürgerkriegs an. Als Folge davon war das Wahlergebnis in South Carolina und Louisiana äußerst umstritten: Beide Seiten beanspruchten den Sieg für sich und bildeten je ihre eigene Regierung. Auch die Wahl des Präsidenten der Vereinigten Staaten hing davon ab, wem die umstrittenen Stimmen zugesprochen wurden. Als Ausweg aus der Sackgasse versprachen die Republikaner nicht nur, die Truppen abzuziehen, sondern auch den langgehegten Wünschen des Südens nach Bundesanleihen für die Infrastruktur und nach einer besseren Vertretung in Washington zu entsprechen. Als Hayes daraufhin Präsident wurde, wurde der Schmerz des Südens bald durch den schnellen Abzug der Truppen gelindert. Endlich konnte der Süden sich selbst regieren ohne Einmischung des Nordens und ohne Einfluß der Schwarzen.

Nachdem die Truppen den Süden verlassen hatten und der Geist der Versöhnung einkehrte, nahm der Kongreß weitere Einschränkungen zurück. 1878 wurde der Einsatz der Streitkräfte bei Wahlen verboten. 1894 wurden die Mittel für besondere Friedensrichter des Bundes und für Aufsichtsbeamte bei Wahlen gestrichen. 1898 wurden die letzten rechtlichen Einschränkungen der politischen Betätigung von illoyalen und an der Rebellion beteiligten Südstaatlern in einer Schlußamnestie aufgehoben. Noch vor der Jahrhundertwende gab es damit eine vollständige rechtliche Anerkennung dessen, was der Süden selbst faktisch schon vor der Wahl von 1876 erreicht hatte.

Der Weg zum Entzug des Wahlrechts

Nachdem die Demokraten im Süden an die Macht zurückgekehrt waren, standen sie vor dem Problem, Wege zu finden, entweder die politische Macht der Schwarzen zu neutralisieren oder ihnen das Wahlrecht als solches zu entziehen. Vor der vollen Annullierung des Wahlrechts durch ein einzelstaatliches Gesetz schreckte man zurück, solange der 14. und 15. Zusatzartikel Teil der Verfassung waren. Bis der Ausschluß von den Wahlen machbar war, bedienten sich die Demokraten anderer Methoden – einige davon außergesetzlich und andere in Einzelstaatsgesetzen enthalten –, um eine Beteiligung der Schwarzen am politischen Prozeß zu verhindern. Die Einschüchterung von Schwarzen ging im großen Maßstab weiter. Früher hatte man sie damit gerechtfertigt, daß man unwürdigen Republikanern die politische Macht entreißen müsse, seien sie nun Weiße oder Schwarze. Da sie nun an der Macht waren, hielten es die feinfühligeren unter den weißen Südstaatlern für unverantwortlich, sich auf die Aktivitäten nächtlicher Reiter und Red Shirts zu stützen, um an der Macht zu bleiben. Für viele weiße Südstaatler blieb jedoch Gewalt das zuverlässigste Mittel, um sicherzustellen, daß die Schwarzen politisch machtlos blieben, und an vielen Orten durften sie sich am Wahltag unter Androhung schwerer Repressalien nicht im Ort blicken lassen.

Andere Methoden waren kaum legaler als Gewalt und Einschüchterung, sahen auf den ersten Blick jedoch korrekter aus. Wahllokale wurden häufig weit entfernt von den Wohnvierteln der Schwarzen eingerichtet, und selbst besonders eifrige Schwarze konnten sie nicht erreichen, weil sie auf Straßensperren stießen oder die Fähre ausgerechnet am Wahltag nicht verkehrte. Manchmal wurden Wahllokale verlegt, ohne daß die schwarzen Wähler davon benachrichtigt wurden; oder sie wurden benachrichtigt, und die Wahlleiter änderten in letzter Minute den Wahlort. Die Wahlgesetze waren so lückenhaft, daß in manchen Gemeinden keine einheitlichen Stimmzettel vorgeschrieben waren, und so gab ein Wahlleiter den Demokraten einen Wink, die dann Extrastimmzettel anfertigten und sie zusätzlich einwarfen. Die Praxis, Wahlurnen mit gefälschten Stimmzetteln aufzufüllen, war weit verbreitet. Und kriminelle Manipulationen bei der Auszählung veranlaßten einen begeisterten Demokraten zu dem Ausspruch, »weiße und schwarze Republikaner haben vielleicht die Mehrheit beim Wählen, aber wir kriegen die Mehrheit beim Auszählen«.

Um die wenigen abgegebenen und gezählten schwarzen Stimmen konkurrierten die weißen Parteien. Tanzvergnügen und Feste, mit Barbecue und Whisky, wurden am Vorabend der Wahlen für schwarze Wähler veranstaltet, als sanfter Hinweis, daß sie für ihre Wohltäter stimmen sollten. Einige Plantagenbesitzer brachten ihre schwarzen Arbeiter gleich mit bis zur Wahlurne und »ließen sie wie eine Herde Rindviecher ohne Sinn und Verstand wählen«. Manchmal wurden schwarze Kandidaten von Weißen aufgestellt, um die Stimmen der schwarzen Rasse zu spalten, während alle Weißen einen Kandidaten ihrer Rasse wählten. Einige wenige Kandidaten bemühten sich um die Stimmen der Schwarzen, indem sie für Maßnahmen zu ihren Gunsten eintraten. Als Tom Watson 1882 für das Repräsentantenhaus von Georgia kandidierte, konnte er viele schwarze Stimmen auf sich vereinigen, weil er kostenlose Schulen für Schwarze forderte und das System der Sträflingsvermietung verurteilte, unter dem besonders die Schwarzen litten.

Wo immer möglich, halfen die Einzelstaatsparlamente, Schwarzen faktisch das Wahlrecht zu entziehen, denn in ihnen hatten jetzt fanatische Demokraten und Verfechter der weißen Vorherrschaft die Mehrheit. Gebiete mit einem hohen Anteil von Schwarzen wurden so willkürlich auf unterschiedliche Wahlkreise aufgeteilt, daß die Stimmen der Schwarzen quasi unter den Tisch fielen. Die Erhebung von Wahlsteuern, umfangreiche und verwirrende Wahlsysteme, komplizierte Stimmzettel und äußerst zentralisierte Wahlbestimmungen waren alles Tricks im Rahmen der Gesetze, durch die Schwarze ihr Wahlrecht einbüßten. Einige Staaten gingen bis zum äußersten bei der Errichtung von »legalen« Barrieren, die das Wahlrecht der Schwarzen behinderten. Virginia zum Beispiel teilte seine Wahlkreise innerhalb von 17 Jahren fünfmal neu und willkürlich auf, um die Stimmen der Schwarzen zu neutralisieren. Geringfügige Diebstähle, für die zahlreiche Schwarze verurteilt wurden, wurden der langen Liste von Gründen für den Ausschluß von der Wahl hinzugefügt und die Wahlsteuer zur Vorbedingung der Wahl gemacht. Das komplizierte Wahlgesetz von 1894 verlangte, daß ein Wähler vor der Stimmabgabe eine Bescheinigung vorweisen mußte, daß er als Wähler registriert worden war und die Wahlsteuer bezahlt hatte. Es bestimmte weiter, daß die Namen der Kandidaten auf dem Stimmzettel nicht nach Parteien, sondern nach Ämtern aufgeführt wurden (eine äußerst verwirrende Anordnung für Wähler, die kaum oder gar nicht lesen konnten), und daß ein Wähler nicht länger als zweieinhalb Minuten in der Wahlkabine verweilen durfte, falls andere davor warteten.

In South Carolina war man am raffiniertesten, das Wählen kompliziert zu gestalten. Das Gesetz von 1882 verlangte, daß in jedem Wahllokal für jedes aufgeführte Amt besondere Stimmzettel vorhanden sein und Wahlurnen aufgestellt werden mußten und daß die Wähler den richtigen Stimmzettel in die jeweils vorgesehene Wahlurne werfen mußten. Es war verboten, mit einem Wähler zu sprechen, und wenn er nicht die richtige Urne fand, war seine Stimme ungültig. South Carolina und Virginia standen nicht allein bei der Erfindung solch ausgeklügelter Systeme zur Ausschaltung der Stimmen der Schwarzen. Jeder der Südstaaten benutzte den einen oder anderen Trick. Das Ergebnis war anscheinend insgesamt so befriedigend, daß Henry W. Grady 1889 erklären konnte: »Der Neger kann als politische Kraft von jetzt an vernachlässigt werden.«

Merkwürdigerweise führte die Ausschaltung der Schwarzen aus dem politischen Leben zu Umständen, die sie wieder auf der Bildfläche erscheinen ließen. In den 1880er Jahren stellte der schwarze Republikanismus keine Bedrohung mehr dar, und damit war auch ein entscheidendes Moment des Zusammenhalts unter den südstaatlichen Weißen verschwunden. Fast umgehend wurden scharfe Klassenunterschiede sichtbar, und das Wählerverhalten wurde weniger verläßlich. Jetzt, da die

Furcht vor der »Negerherrschaft« für die weißen Farmer in den Südstaaten nicht mehr existierte, rückte die Sorge um ihre eigene wirtschaftliche Misere in den Vordergrund, und sie machten die herrschenden Weißen für ihren drohenden Ruin verantwortlich. Die Koalition von Klassen, deren Gemeinsamkeit nur in der Abwehr einer anderen Rasse bestand, begann auseinanderzufallen, denn das Mißtrauen der armen Weißen gegenüber den »Bourbonen«* nahm vor dem Hintergrund ernster wirtschaftlicher und politischer Probleme ständig zu.

Nach 1870 erlebte der Süden eine Depression in der Landwirtschaft, weitgehend verursacht durch die übermäßige Expansion des Baumwollanbaus und die damit gestiegene Baumwollproduktion. Die Börsenpanik von 1873 wirkte sich verheerend aus, weil Tausende kleiner Farmer ihr Land verloren. In ihrer Not richteten sie ihre Wut gegen die Finanzinstitutionen, die die Zwangsvollstreckung betrieben, gegen die Eisenbahngesellschaften, die überhöhte Frachtgebühren erhoben, aber selbst Subventionen aus Steuermitteln des Bundes und der Einzelstaaten erhielten, gegen die Unternehmen, die höhere Außenzölle forderten und im eigenen Land höhere Preise für Landwirtschaftsmaschinen berechneten, und gegen die Regierung, die ständig die Steuern erhöhte. Im Süden hatte es darüber hinaus bedeutende Veränderungen in der Führung der Demokratischen Partei gegeben. Die Partei folgte nicht länger allein dem »alten Adel« der Plantagenbesitzer, mit denen die kleinen Farmer gewisse gemeinsame Interessen zu haben meinten, zur Führung waren Industrielle und Kaufleute hinzugestoßen, die von den kleinen Farmern zutiefst verabscheut wurden. Sie übernahmen allmählich wichtige Parteiämter und wurden in einigen Staaten die beherrschenden Männer. Die radikalen Farmer, die eine staatliche Preisbindung für die Eisenbahngesellschaften ebenso wie Subventionen für die Landwirtschaft und höhere Unternehmenssteuern verlangten, akzeptierten diese neue Parteiführung nicht und schwankten deshalb in ihrer Treue zur Partei. Die Gefahr, daß die Schwarzen im Kräftegleichgewicht den Ausschlag geben könnten, schreckte die notleidenden weißen Farmer nicht, deren Gleichgültigkeit in der Rassenfrage wiederum loyale Demokraten beunruhigte. Kein Wun-

---

* »Bourbonen« als Bezeichnung für die alte, quasi-aristokratische, reaktionäre Elite. Anm. des Übers.

der, daß Henry W. Grady die schwindende Parteibasis bei den Weißen beklagte, die er überall beobachtete.

Radikale Landwirtschaftsorganisationen waren nach dem Bürgerkrieg überall in den Vereinigten Staaten aus dem Boden geschossen. In die National Grange oder die Patrons of Husbandry traten um 1870 Tausende von Farmern ein. Ihr Einfluß blieb im Süden während der Wiedereingliederung jedoch begrenzt, weil die Gefahr einer Herrschaft von »Neger-Radikalen« bestand. Doch die südstaatlichen Farmer, die durch die Depression wirtschaftlich ruiniert waren, organisierten sich und verabschiedeten ein radikales Programm. Bis 1889 hatte die *Southern Farmers' Alliance* Zweigstellen in allen Südstaaten eingerichtet. Obwohl sie selbst keine schwarzen Mitglieder aufnahm, vertrat sie die Meinung, daß Schwarze sich in einer entsprechenden Organisation zusammenschließen sollten. Im Jahr 1886 wurde deshalb die Colored Farmers' National Alliance and Cooperative Union gegründet. Sie wuchs schnell und hatte eigenen Angaben zufolge 1891 mehr als eine Million Mitglieder in zwölf Einzelstaatsverbänden. Wo immer es genügend schwarze Farmer gab, bestand eine Ortsgruppe. Nachdem 1888 eine bundesweite Organisation ins Leben gerufen worden war, arbeiteten die weißen und die schwarzen Gruppen eine Zeitlang eng zusammen. Als die Colored Farmers' Alliance dann allerdings einen Generalstreik der schwarzen Baumwollpflücker vorschlug, lehnte Leonidas L. Polk, der Präsident der National Farmers' Alliance, das mit dem Argument ab, die Schwarzen versuchten, ihre Lage zum Nachteil der Weißen zu verbessern. Er beharrte darauf, daß Farmer eher ihre Baumwolle auf dem Feld lassen sollten, als über 50 Cents für das Pflücken von 90 Pfund Baumwolle zu bezahlen.

Im Verlauf der letzten zwei Jahrzehnte des 19. Jahrhunderts wurde ein radikales Agrarprogramm entwickelt, schwarze und weiße Farmer näherten sich in ihren Zielen einander an, und die Solidarität unter den Weißen wurde immer schwieriger. Ein radikaler Politiker wie Tom Watson aus Georgia erklärte armen Weißen und Schwarzen, man spalte sie absichtlich und plündere sie aus. Er rief sie dazu auf, solidarisch für die gemeinsamen Interessen zusammenzuarbeiten. Er lehnte es wie andere führende Politiker ab, daß den Schwarzen das Wahlrecht entzogen wurde, und plante eine Koalition aus schwarzen und weißen Farmern, um die alte Elite der »Bourbonen« zu entmachten. Dadurch sollte es möglich werden, fortschrittliche Gesetze im Interesse der Armen durchzubringen.

Der Historiker C. Vann Woodward schreibt, daß es die führenden radikalen Agrarier waren, die den weißen Massen in den Südstaaten allmählich beibrachten, die Schwarzen als ihre politischen Verbündeten zu betrachten, weil gemeinsame wirtschaftliche Interessen und eine gemeinsame Zukunft sie verbanden. »Nie zuvor und niemals danach waren sich die beiden Rassen im Süden so nahegekommen wie während der Auseinandersetzungen um den Populismus.«

Die Populist party oder People's party war der politische Arm der aktiv werdenden Farmer. In der Wahl von 1892 versuchten die Populisten, die Stimmen der Schwarzen in den meisten Südstaaten zu gewinnen, und verfielen häufig auf verzweifelte Methoden, um das Wahlrecht der Schwarzen in Gemeinden durchzusetzen, in denen es ihnen seit mehr als einem Jahrzehnt faktisch und gewohnheitsmäßig vorenthalten worden war. Die Demokraten waren total verschreckt und machten den Populisten Angebote, aber ohne Erfolg. Dann wandten sie sich an die Schwarzen. In einigen Gemeinden wurden Schwarze von eben den Leuten gezwungen, Kandidaten der Demokraten zu wählen, die sie nur wenige Jahre zuvor unter Drohungen davon abgehalten hatten, dieses »Vorrecht des weißen Mannes« für sich in Anspruch zu nehmen. Schwarze wurden in die Städte transportiert und genötigt, mehrfach zu wählen. Bis nach Augusta in Georgia wurden sie aus South Carolina gebracht, um für die Demokraten zu stimmen.

Viele Schwarze blieben den Populisten treu, die sich für die politische, wenn nicht gesellschaftliche Gleichheit stark machten. Einer der engagiertesten Mitstreiter von Tom Watson in Georgia war der junge schwarze Prediger H. S. Doyle, der trotz zahlreicher Einschüchterungsversuche 63 Reden für Watson hielt. Die Demokraten scheuten vor Gewalt nicht zurück. Ein schwarzer Populist in Dalton, Georgia, wurde in seinem Haus ermordet, und man schätzt, daß 1892 allein bei den Wahlen dieses Staates fünfzehn Menschen getötet wurden. Rassenunruhen brachen auch in Virginia und North Carolina aus. Wenn die Herrschaft der Schwarzen für die Demokraten gleichbedeutend mit Chaos und Unruhen war, dann reichte allein deren drohende Gefahr aus, selbst zur Gewalt zu greifen.

In einigen Staaten kam es zu erfolgreichen Zusammenschlüssen zwischen den frisch organisierten Populisten und den Überbleibseln der alten Organisationen der Republikaner. 1894 gewann eine solche Koalition die Mehrheit im Parlament von North Carolina. Sofort wurden die Wahlmechanismen der Demokraten unterbunden und die Wahl so vereinfacht, daß mehr Schwarze wählen und ihren Einfluß erneut zur Geltung bringen konnten. Schon bald wurde es normal, daß Schwarze in einem schwarzen Bevölkerungsgürtel im Osten des Staates ein Amt übernahmen. Das Vorgehen des Fusionsparlaments von 1895 führte zur Wahl von dreihundert Schwarzen in Ämter. Viele Land- und Stadtkreise hatten einen schwarzen stellvertretenden Sheriff. Wilmington hatte vierzehn schwarze Polizisten, und New Bern hatte sowohl schwarze Polizisten als auch schwarze Stadträte. Ein prominenter Schwarzer, James H. Young, wurde zum Inspektor für Düngemittel und zum Direktor des Staatlichen Blindenheims gemacht; ein anderer, John C. Dancy, wurde zum obersten Zollinspektor für den Hafen von Wilmington ernannt.

Weiße Konservative, die das politische Wiedererstarken der Schwarzen in North Carolina, Georgia und anderen Südstaaten beobachteten, verurteilten die Machtausübung von Schwarzen außerordentlich, wenn diese nicht unter ihrer Aufsicht geschah. Als Schwarze als Wähler und auch als Wahlkampfthema wieder eine Rolle spielten, verstärkte sich die ablehnende Stimmung gegen ihren Einfluß in der Politik. Die Demokraten, denen es nicht gelang, die Stimmabgabe der Schwarzen zu manipulieren, beklagten die Rückkehr des schwarzen Republikanismus aus. Selbst wenn sie die Schwarzen unter Kontrolle hätten, so erklärten sie, sei deren Teilnahme gleichbedeutend mit Korruption in der Politik. Obwohl die Populisten die Stimmen der Schwarzen gelegentlich hätten bekommen können, zogen sie offenkundig eine Nichteinmischung vor, weil es zu riskant war. Die Wahlgesetze konnten in der vorliegenden Fassung auch gegen arme, ungebildete Weiße benutzt werden, falls die Demokraten sich rächen und die Populisten zusammen mit deren schwarzen Verbündeten von Wahlen ausschließen wollten. Es war deshalb sehr viel besser, den Schwarzen das Wahlrecht eindeutig und verfassungskonform zu entziehen und die weißen Gruppierungen die Wahlen unter sich austragen zu lassen. Wo die Populisten die Stimmen der Schwarzen nicht für sich verbuchen konnten, wie etwa 1894 in Georgia, waren sie der Meinung, daß die Demokraten den Schwarzen das Wahlrecht nie vollständig entzogen hatten, weil sie deren Stimmen für den eigenen Machterhalt brauchten. Diese Überzeugung veranlaßte den enttäuschten Tom Watson nach seiner Niederlage, einen Zusatzartikel zur Verfassung zu unterstützen, der den Schwarzen das Wahlrecht entzog – eine Kehrtwendung gegenüber seiner Haltung von 1895, als er South Carolina scharf verurteilt hatte, weil es einen entsprechenden Zusatzartikel verabschiedet hatte.

Mit dem Zusammenbruch der Agrarrevolte im Jahr 1896 wuchs die Bewegung zur völligen Aberkennung des Wahlrechts für Schwarze und trug zur neuerlichen Einheit unter den weißen Südstaatlern bei. Die armen, ungebildeten weißen Farmer kehrten zu ihren alten Gewohnheiten im Denken und Handeln zurück. Die Versicherung der Konservativen, daß die »Negerherrschaft« unter allen Umständen verhindert werden müsse, koste es, was es wolle, hatte sie mit ihrer Armut versöhnt. Sie mochten noch manchmal an die 1890er Jahre zurückdenken, als sie sich beinahe mit ihren dunkelhäutigen Brüdern und Schwestern im Kampf für die gemeinsame Sache vereint hätten. Doch nun konnten die weißen Armen mit einem ihrer führenden Politiker sagen, daß die »Negerfrage« ein ewiges Problem war, das alles überschattete, den Fortschritt der weißen Armen behinderte und sie davon abhielt, in sozialen, wirtschaftlichen und politischen Fragen realistisch zu werden.

Der Triumph der weissen Vorherrschaft

Als offenkundig wurde, daß weiße Parteien um die Stimmen der Schwarzen konkurrierten und Schwarze häufig das Zünglein an der Waage waren, war es Zeit für den völligen Ausschluß der Schwarzen von den Wahlen – trotz des 15. Zusatzartikels. Darin stimmten die meisten Weißen im Süden überein. Unterschiedliche Meinungen gab es nur über die Methode zur Aberkennung des Wahlrechts. Herrschende Meinung war, daß nur Männer mit Besitz und Intelligenz wählen sollten. Ein Autor drückte diese Ansicht der weißen Südstaatler so aus, daß »niemand das Wahlrecht besitzen soll, wenn er nicht sein permanentes Interesse und seine Verbundenheit mit der Gemeinschaft ausreichend nachweisen kann«. Und doch lehnten viele einen derart rigorosen Ausschluß vom Wahlrecht ab, weil er auch zahlreiche Weiße getroffen hätte. Es konnte nicht überraschen, daß die Ärmeren unter den Weißen besonders besorgt waren. Einige konnten bereits aufgrund früherer Bestimmungen nicht wählen, und als die Konkurrenz zwischen den rivalisierenden weißen

Gruppierungen schärfer wurde, schlossen die Konservativen tatsächlich die Radikalen unter den Weißen aus und ließen ihre eigenen schwarzen Anhänger zur Wahl zu. Durch jede neue Bestimmung wurden immer mehr arme Weiße vom Ausschluß betroffen. Die Befürworter eines strengeren Wahlrechts mußten sich vorsehen, nicht gegen den 15. Zusatzartikel zu verstoßen. Trotz der Tatsache, daß das Oberste Bundesgericht es abgelehnt hatte, ihn in den Fällen *Reese* und *Cruikshank* anzuwenden, gab es keine Garantie, daß das Gericht bei jedem einzelstaatlichen Vorgehen, das darauf abzielte, einer Gruppe wegen ihrer Rasse das Wahlrecht zu entziehen, ein so zustimmendes Urteil fällen würde.

Das waren die Probleme, die von den Verfassungskonventen der Einzelstaaten gelöst werden mußten, wenn sie in ihrem Grundgesetz die weiße Vorherrschaft garantieren wollten. In Mississippi, wo die Mehrheit der Bevölkerung schwarz war, wurde das Problem zuerst angegangen und gelöst. Schon 1886 gab es eine starke Strömung für die Revision der Verfassung, und 1890 trat ein Konvent zu dem einzigen Zweck zusammen, den Schwarzen das Wahlrecht zu entziehen. Ein Zusatzartikel zum Wahlrecht legte eine Wahlsteuer von zwei Dollar fest, schloß alle diejenigen von den Wahlen aus, die wegen Bestechung, Einbruch, Diebstahl, Brandstiftung, Meineid, Mord oder Bigamie verurteilt worden waren, sowie alle, die einen Abschnitt der Verfassung von Mississippi nicht lesen konnten oder ihn nicht verstanden, wenn er ihnen vorgelesen wurde, oder ihn nicht vernünftig interpretieren konnten. Isaiah T. Montgomery, der einzige schwarze Delegierte des Konvents, erklärte, daß die Wahlsteuer und die Anforderungen an die Bildung zusammen 123 000 Schwarze und nur 11 000 Weiße von den Wahlen ausschließen würden. Trotzdem stimmte er dem Zusatzartikel zu. Vor Beginn des Konvents hatten sich schwarze Delegierte aus vierzig Landkreisen getroffen und bei Präsident Harrison gegen den drohenden Ausschluß von den Wahlen protestiert. Sie hätten ohne Frage auch gegen die Ratifizierung gekämpft, aber die Konservativen wollten eine Ablehnung ihres Werkes nicht riskieren. Nachdem der Konvent der Verfassung zugestimmt hatte, wurde sie proklamiert und in Kraft gesetzt.

South Carolina folgte Mississippi und entzog 1895 den Schwarzen das Wahlrecht. Ben Tillman hatte auf dieses Ziel hingearbeitet, seit er 1890 zum Gouverneur gewählt worden war, hatte jedoch erst 1894 die nötige Unterstützung für einen Verfassungskonvent erreicht. Tillman war zu dieser Zeit Senator in Washington, kehrte in den Konvent zurück, um als Vorsitzender des Wahlrechtsausschusses zu fungieren und so sicherzugehen, daß der Ausschluß der Schwarzen auch wirklich durchgesetzt wurde. Der betreffende Verfassungsartikel setzte als Bedingungen fest: einen Aufenthalt von zwei Jahren, eine Wahlsteuer von einem Dollar, die Fähigkeit, jeden Abschnitt der Verfassung lesen und schreiben oder ihn verstehen zu können, wenn er vorgelesen wurde, oder Eigentum im Wert von 300 Dollar, außerdem waren alle Strafgefangenen vom Wahlrecht ausgeschlossen.

Schwarze Delegierte verurteilten diesen umfassenden Ausschluß vom Wahlrecht aufs schärfste. Als Reaktion auf Tillmans Behauptung, daß Schwarze nichts getan hätten, um ihre Befähigung zum Regieren zu beweisen, antwortete Thomas E. Miller, daß sie verantwortlich gewesen seien für die »Finanzgesetze, die Gesetze zum Bau von Justiz- und Fürsorgeanstalten, vor allem aber zum Aufbau des öffentlichen Schulsystems«. Er erklärte, daß zahlreiche Reformgesetze, »die jedes Verwaltungsressort auf Einzelstaats-, Kreis- und Kommunalebene betreffen ... [in der Gesetzessammlung von Süd-Carolina] als Belege dafür existieren, daß die Neger fähig sind, als Gesetzgeber über die Menschenrechte abzustimmen und zu entscheiden«. Und James Wigg aus dem Landkreis Beaufort erklärte:

> Der Neger ... hat ein Recht darauf, zu fordern, daß er, seinem Vermögen, seiner Intelligenz und seinen Verdiensten um den Staat entsprechend, einen gleichen und genauen Anteil an dessen Regierung erhält ... Sie behaupten, der Neger sei zu unwissend, als daß man ihm das Wahlrecht anvertrauen könnte. Meine Antwort ist, daß Sie schon bisher keinen reinen Wissenstest für das Stimmrecht durchgeführt haben und auch nicht wagen, das zu tun. Sie erklären, er sei eine Galionsfigur, eine Belastung für den Staat, denn er zahle wenig oder gar keine Steuern. Meine Antwort ist, daß Sie schon bisher keinen reinen Eigentumstest für das Stimmrecht durchgeführt haben und auch nicht wagen, das zu tun ... Wir unterbreiten unsere Sache dem Urteil einer aufgeklärten Öffentlichkeit und dem Schiedsspruch einer christlichen Zivilisation.

Nur zwei Weiße stimmten mit den sechs Schwarzen gegen die Verfassung von 1894.

Der Ablauf in Louisiana war 1889 im wesentlichen derselbe, doch als neuer Trick wurde die »Großvaterklausel« *(grandfather clause)* in die

Verfassung aufgenommen. Diese Klausel bestimmte, daß die permanente Liste der Wähler ergänzt werden müsse durch die Namen aller männlichen Wähler, deren Väter und Großväter bereits am 1. Januar 1867 hatten wählen dürfen. Natürlich war kein Schwarzer in Louisiana an diesem Tag wahlberechtigt gewesen. Wenn überhaupt Schwarze wählen wollten, dann mußten sie die Bildungs- und Eigentumsklauseln erfüllen. Booker Washington versuchte, an das Gewissen der Demokraten in Louisiana zu appellieren, als er an sie schrieb, er hoffe, das Gesetz werde so eindeutig sein, daß »niemand, der ein staatliches Amt bekleidet, versucht sein wird, seinen Amtseid zu brechen und sich selbst zu erniedrigen, indem er das Gesetz auf die eine Art für einen Weißen und eine andere Art für einen Schwarzen auslegt«. T. B. Stamps und D. W. Boatner erschienen mit einer Gruppe von Schwarzen vor dem Wahlrechtsausschuß und räumten ein, daß ein eingeschränktes Stimmrecht angesichts der zerrütteten Verhältnisse Abhilfe schaffen könnte, aber sie plädierten für einen ehrlich durchzuführenden Test.

Bis 1898 war das Muster für den verfassungskonformen Entzug des Wahlrechts der Schwarzen voll etabliert. In den nächsten Jahren folgten andere Staaten dem Beispiel von Mississippi, South Carolina und Louisiana. 1910 hatte man den Schwarzen in North Carolina, Alabama, Virginia, Georgia und Oklahoma das Wahlrecht durch verfassungskonforme Bestimmungen faktisch entzogen. Die Spannungen, die sich während der Kampagnen um das Wahlrecht für Weiße aufbauten, entluden sich bisweilen in gewalttätigen Rassenunruhen. In Wilmington, North Carolina, wurden 1898 bei Krawallen drei Weiße verwundet, elf Schwarze getötet und fünfundzwanzig verwundet. Und 1906 brachen nach einer Wahl in Atlanta, deren Hauptthema der Entzug des Wahlrechts war, viertägige Rassenunruhen aus. Raub, Mord und Brutalität waren nicht ungewöhnlich in diesen Jahren.

Die Sache der weißen Vorherrschaft profitierte deutlich von den Auswirkungen der neuen Bestimmungen. 1896 waren 130 344 Schwarze in Louisiana als Wähler registriert und hatten in 26 Wahlkreisen die Mehrheit. 1900, zwei Jahre nach Inkrafttreten der neuen Einzelstaatsverfassung, waren nur noch 5320 Schwarze in den Wahllisten aufgeführt, und in keinem Wahlkreis stellten sie die Mehrheit. Von 181 471 männlichen Schwarzen im Wahlalter waren in Alabama im Jahr 1900 aufgrund der neuen Verfassungsbestimmungen nur 3000 registriert. Im Verfassungskonvent von Virginia hatte Carter Glass erklärt, daß die Delegierten gewählt worden seien, »um bis an die von der Bundesverfassung gerade noch erlaubten Grenzen so zu diskriminieren, daß möglichst jeder Neger legal als Wähler ausgeschlossen wird, ohne die weiße Wählerschaft zahlenmäßig substantiell zu schwächen«. Das erreichte man nicht nur in Virginia, sondern in jedem Staat, in dem die Weißen zu solchen Mitteln griffen.

DIE BEVÖLKERUNG DER EHEMALS KONFÖDERIERTEN STAATEN VON AMERIKA UNTERTEILT NACH RASSE (WEISSE UND SCHWARZE) IM JAHR 1880

Einzelstaat	Weiße (in tausend)	Schwarze (in tausend)
Alabama	662	600
Arkansas	592	211
Florida	143	127
Georgia	817	725
Louisiana	455	484
Mississippi	479	650
North Carolina	867	531
South Carolina	391	604
Tennessee	1139	403
Texas	1197	393
Virginia	881	632

Quelle: U.S. Bureau of the Census, *Historical Statistics of the United States, Colonial Times to 1970, Bicentennial Edition* [Teil 2] (Washington, D.C., 1975), S. 24-37

Im Süden wurde der Entzug des Wahlrechts für Schwarze als konstruktiver und staatsmännischer Schritt allgemein begrüßt. Afroamerikaner wurden als Fremde betrachtet, deren Unwissen, Armut und rassische Unterlegenheit unvereinbar mit den logischen und ordentlichen Verfahren eines Regierungssystems seien. Weiße in den Südstaaten behaupteten, daß Schwarze nichts getan hätten, um sich das Stimmrecht zu verdienen. Aber als Schwarze in vielen Lebensbereichen Fortschritte machten, wurde es immer schwieriger, darauf zu beharren, daß sie von Natur aus träge und zu keinem Fortschritt in der Lage seien. Die Schöpfer der neuen Wahlrechtsgesetzgebung hatten sich jedoch den vollständigen und permanenten Entzug des Wahlrechts für Schwarze, unabhängig von deren Fortschritt, zum Ziel gesetzt. Die Sicht weißer Südstaatler wurde von J. K. Vardaman aus Mississippi so zusammengefaßt: »Ich habe genausoviel gegen Booker Washington als Wähler mit all seinem angelsächsischen juristischen Gehabe wie gegen den kokosnußköpfigen, schokoladenfarbigen, typischen kleinen Nigger, Andy Dotson, der mir jeden Morgen die Schuhe putzt. Keiner von beiden ist geeignet, die höchste Aufgabe, die es für einen Staatsbürger gibt, zu übernehmen.« Die Südstaatler mußten sich mehr und mehr auf die praktische Anwendung der Wahlrechtsbestimmungen verlassen, um den Schwarzen das Wahlrecht weiterhin vorzuenthalten, denn es gab viele, die mit der Zeit selbst die rigidesten Vorbedingungen der Verfassung erfüllten. Die weiße Vorherrschaft hatte den bleibenden Glauben an die rassische Ungleichheit zur Voraussetzung, der möglicherweise durch den Haß aus bitterer Erfahrung verstärkt wurde.

Nachdem man den Schwarzen erst einmal das Wahlrecht entzogen hatte, konnte alles Weitere zur Sicherung der weißen Vorherrschaft getan werden. Nach der Einführung von Vorwahlen nur für Weiße bei den Demokraten, von denen alle Schwarzen durch die Parteistatuten ausgeschlossen waren, planten Weiße ihre politische Strategie in geschlossenen Parteigremien, und die Demokratische Partei wurde zur eigentlichen Regierung des Südens. Weiße beschlossen feierlich, die Rassen vollständig getrennt zu halten, denn es konnte keine normalen Beziehungen zwischen ihnen geben. Gesetze zur Rassentrennung waren in der Phase der Wiedereingliederung kurz aufgetaucht, verschwanden 1868 jedoch wieder. Als die Konservativen an die Macht kamen, ließen sie die Rassentrennung wieder aufleben. Ab 1870 verabschiedeten weiße Südstaatler zunächst in Tennessee und anschließend in allen anderen Südstaaten Gesetze gegen Mischehen beider Rassen. Fünf Jahre später verabschiedete Tennessee das erste »Jim-Crow«-Gesetz, und der Rest des Südens folgte schon bald. Schwarze und Weiße wurden in Zügen, auf Bahnhöfen und an Hafenkais getrennt. Nachdem das Oberste Bundesgericht 1883 die Bürgerrechtsgesetze (Civil Rights Acts) von 1875 außer Kraft gesetzt hatte, durften Schwarze alle Hotels, Friseurläden, Restaurants und Theater, in denen Weiße verkehrten, nicht mehr besuchen. Bis 1885 gab es in den meisten Südstaaten Gesetze, die getrennte Schulen vorsahen. Mit der Annahme der neuen Verfassungen hatten die Einzelstaaten die »*color line*«, die Barriere zwischen den Rassen, durch äußerst scharfe Rassentrennungsbestimmungen fest verankert, und 1896 bestätigte das Oberste Bundesgericht die Rassentrennung in seiner »*separate but equal*«-Doktrin im Urteil des Falles *Plessy gegen Ferguson.*

Die Weißen des Südens zahlten einen hohen Preis für die Rassentrennung. Da alle anderen Belange der »Negerfrage« untergeordnet wurden, war die freie und offene Diskussion über Fragen, die alle betrafen, unmöglich. Es durfte kein Zweiparteiensystem geben, denn das Risiko, daß man die Schwarzen als Schiedsrichter zwischen den konkurrierenden Parteien anrufen würde, wäre zu groß. Das Interesse an der Politik verringerte sich bis zu dem Punkt, da sich nur noch Berufspolitiker, die das Interesse geschickt von allgemeinen Problemen auf die Rassenfrage umleiteten, mit dem öffentlichen Leben befaßten. Die Kosten für den Unterhalt eines doppelten Schulsystems und anderer öffentlicher Einrichtungen waren hoch, aber nicht zu hoch für die Verfechter der weißen Vorherrschaft, die die Rassen getrennt halten wollten, um die Dinge so zu belassen, wie sie nun einmal waren.

Der Frieden war im Süden noch nicht eingekehrt. Das neue Jahrhundert begann tragisch: In den ersten zwei Jahren kam es zu 214 Fällen von Lynchjustiz. Fast täglich gab es Zusammenstöße zwischen den Rassen, und in der gespannten Atmosphäre, in der die Menschen beider Rassen lebten, war kaum mehr möglich als der schlichte Kampf ums Überleben und ein vorsichtiges Tasten in Richtung Fortschritt. Das Recht, die Gerichte, die Schulen und fast jede Institution im Süden begünstigte die Weißen. Das war die weiße Vorherrschaft.

14. KAPITEL
PHILANTHROPIE UND SELBSTHILFE

Philanthropie und Bildung für Afroamerikaner

Das Ende der Wiedereingliederung des Südens brachte nur geringe Verbesserungen für die wirtschaftliche und soziale Lage der Afroamerikaner. Gleichzeitig ging das politisch Erreichte angesichts der vehementen und kompromißlosen Attacken der Weißen in den Südstaaten, die alles zunichte machen wollten, schnell verloren. Nur im Bildungswesen war eine bessere Situation für die Schwarzen gesichert, denn vielen Schulen, die unmittelbar nach dem Krieg gegründet worden waren, ging es weiterhin gut (siehe Kapitel 12). Trotz des Widerstands vieler weißer Südstaatler gegen Schulen für Schwarze war die Bereitschaft, expandierende Bildungsstätten zu dulden, offenbar größer als bei allen anderen Institutionen, die Schwarze zum eigenen Fortkommen gründeten. Auf die Förderung von Bildung und Ausbildung verwendeten die Afroamerikaner deshalb einen Großteil ihres Engagements. Die umfassende Wissensvermittlung wurde von vielen als die wichtigste Chance begriffen, den wachsenden Beschränkungen und Demütigungen durch die Weißen zu entkommen. So nimmt es nicht Wunder, daß Schwarze ihre Kinder selbst trotz großer Schwierigkeiten zur Schule schickten. Schwarze Väter und Mütter brachten unsägliche Opfer, um ihren Kindern die Bildung und Ausbildung zu ermöglichen, die ihnen selbst vorenthalten worden war.

Parallel zur Expansion der afroamerikanischen Schulen im Süden tauchte eine neue Quelle zur Förderung von Bildungsinstitutionen auf: die Philanthropie. Als sich das Freedmen's Bureau aus dem Süden zurückzog, kam die einzige äußere Unterstützung für die verarmten Schulen der Schwarzen von konfessionellen Stellen. Die American Missionary Association setzte ihre Arbeit fort, führte ihr interessantes Experiment mit der gemeinsamen Ausbildung der Rassen im Berea College in Kentucky weiter und finanzierte und leitete Akademien und Colleges überall im Süden. Die Freedmen's Aid Society der Methodist Episcopal Church hatte 1878 ihren Tätigkeitsbereich auf höhere Schulen und Colleges ausgeweitet und darüber hinaus auf zwei Medizinische und drei Theologische Hochschulen. Die Baptisten leisteten wertvolle Arbeit über ihre Home Mission Society, und auch die Presbyterianer, Episkopalen und Katholiken verstärkten ihre Bildungsarbeit. Jede der großen Konfessionen der Schwarzen unterhielt weiterführende Schulen und Colleges, und die Schwarzen selbst interessierten sich offenbar immer stärker für ihre Schulen.

Bei vielen Menschen erweckten die kirchlichen Organisationen den – mit Sicherheit falschen – Eindruck, sie seien hauptsächlich an der Vermehrung ihrer Mitglieder und nicht so sehr an der Verbesserung der Lage der Schwarzen interessiert. Folglich führte die Gründung großer Stiftungen im Erziehungsbereich, die zum allergrößten Teil von der neuen Gruppe vermögender Amerikaner finanziert wurden, zur Erweiterung des bisherigen Bildungskonzepts für die Schwarzen im Süden. Diese neureichen Amerikaner interessierten sich keineswegs nur für Schwarze, vielmehr erlebte die Zeit zwischen 1860 und 1900 die Gründung von 260 Institutionen der höheren Bildung, von denen viele hauptsächlich weiße Studenten ausbildeten. Beispiele sind Vanderbilt (1873), Johns Hopkins (1876), Leland Stanford (1885) und die Universität von Chicago (1892), die alle von wohlhabenden Philanthropen finanziert und teilweise nach ihnen benannt wurden. Es war das Zeitalter der Philanthropie, und das afroamerikanische Bildungswesen profitierte beträchtlich davon. Zwischen dem Ende des Bürgerkriegs und dem Beginn des Ersten Weltkriegs entstanden viele große Stiftungen, die sich die Förderung der afroamerikanischen Bildung und Ausbildung im Süden unmittelbar zur Aufgabe machten: darunter der Peabody Education Fund, John F. Slater Fund, General Education Board, Anna T. Jeanes Fund, Julius Rosenwald Fund und der Phelps-Stokes Fund.

George Peabody, der ein gewaltiges Vermögen als Großkaufmann und Finanzier in England und Amerika erworben hatte, gründete nicht nur das Institut in Baltimore und die Museen in Harvard und Yale, die seinen Namen tragen, sondern stiftete 1867 auch einen Erziehungsfonds »zur Förderung und Anregung der geistigen, moralischen oder handwerklichen Bildung der jungen Leute in den ärmeren Gegenden des Südens und Südwestens«. In zwei unabhängigen Schenkungen gab er fast 2,5 Millionen Dollar, die von einem Kuratorium verwaltet werden sollten, das ermächtigt war, die Zinsen und 40 Prozent des Kapitals zu verwenden. Die Schenkungen sollten sofort zur Förderung des allgemeinen Schulwesens benutzt werden und zur Unterstützung des Aufbaus eines dauerhaften öffentlichen Bildungswesens im Süden. Zwischen 1867 und 1914 stellte die Stiftung mehr als 3,5 Millionen Dollar zur Förderung der Bildung im Süden zur Verfügung.

1882 gründete John F. Slater, ein Unternehmer der Textilbranche aus Norwich, Connecticut, den Fonds, der seinen Namen trägt. Durch den Erfolg des Peabody Education Fund ermutigt, spendete Slater eine Million Dollar »zur Hebung des Bildungsstands der erst kürzlich befreiten Bevölkerung der Südstaaten und ihrer Nachkommen, dadurch daß ihnen der Segen einer christlichen Erziehung zuteil wird«. Das Kuratorium machte sich unter dem Vorsitz des früheren Präsidenten Rutherford B. Hayes sofort daran, zwölf Einrichtungen der Lehrerbildung zu unterstützen, die afroamerikanische Lehrer ausbildeten. Zwischen 1882 und 1911 gab die Stiftung Gelder an private und konfessionelle Bildungsanstalten für die Lehrerbildung und machte Schenkungen an öffentliche Schulen, deren Bedarf und Arbeit das rechtfertigten. 1911 begann die Stiftung mit der Unterstützung von Einrichtungen zur Lehrerbildung auf dem Land und gab innerhalb eines Jahrzehnts Gelder an mehr als hundert dieser Anstalten. Die Ausgabenprogramme der Peabody-Stiftung und der Slater-Stiftung wurden überwiegend von J. L. M. Curry verwaltet, der auch Berater des Southern Education Board war, in dem die meisten einflußreichen Philanthropen des Nordens saßen.

1902 sicherte John D. Rockefeller, der die Schulen und Colleges der Baptisten großzügig unterstützt und die Gründung der Universität von Chicago finanziert hatte, die Zahlung von einer Million Dollar für eine Bildungsbehörde zu, die zur Förderung der Bildung ohne Ansehen der Rasse, des Geschlechts oder des Glaubens gegründet werden sollte. Im folgenden Jahr wurde das General Education Board gegründet und ging sofort daran, verschiedene Programme der Wissensvermittlung auf den unterschiedlichsten Gebieten zu unterstützen. Zu seinen Hauptzielen gehörten die allgemeine Verbesserung des höheren Schul- und Hochschulwesens in den Vereinigten Staaten, die Unterstützung des Bildungswesens im Süden und Hilfen für private und staatliche Bildungseinrichtungen für Afroamerikaner. Zwischen 1902 und 1909 überließ Rockefeller dem Board 53 Millionen Dollar an Spenden und ermächtigte die Kuratoriumsmitglieder, über das Kapital zu verfügen, wann immer sie es für angebracht hielten. Das Kuratorium war besonders an der Bereitstellung von Mitteln für die Ausbildung von Lehrern für afroamerikanische Schulen überall im Süden interessiert und gewährte deshalb Einrichtungen, die sich dieser Aufgabe widmeten, großzügige Unterstützung.

1905 spendete Anna T. Jeanes, Quäkerin und Tochter eines vermögenden Kaufmanns in Philadelphia, dem General Education Board 200 000 Dollar für die Verbesserung ländlicher Schulen für Schwarze im Süden. Das Geld wurde als Anna T. Jeanes Fund for the Assistance of Negro Rural Schools in the South speziell für diesen Zweck ausgegeben. Zwei Jahre später folgte eine zweite Schenkung von Miss Jeanes in Höhe von einer Million Dollar zur Erweiterung des Programms. Unter Leitung von James H. Dillard bemühte sich die Stiftung um die Einstellung von Lehrern für den Berufsschulunterricht an ländlichen Schulen und von speziellen Lehrern für die Erwachsenenbildung. Außerdem wurden Vertreter in den Landkreisen eingesetzt, deren Aufgabe es war, Heime und Schulen auf dem Land zu verbessern und die Unterstützung der Öffentlichkeit für die Förderung von afroamerikanischen Schulen zu gewinnen. Die Stiftung zahlte die Gehälter dieser Speziallehrer, und Angestellte des Kreises übernahmen allmählich einen Teil der Verantwortung. Die Arbeit der Stiftung bewirkte, daß mehrere andere philanthropische Organisationen zusätzliche Mittel zur Verfügung stellten.

1910 wurde dem Vermächtnis von Caroline Phelps-Stokes folgend, eine Stiftung gegründet, die ihren Namen trug. Von Anfang an zeigte die Stiftung ein besonderes, wenn auch kein ausschließliches Interesse an der Schulbildung für Afroamerikaner. Sie widmete sich besonders der Verbesserung der bestehenden Institutionen, die bereits Erfahrung hatten und für Kontinuität sorgten und führte Spezialuntersuchungen über Bildungseinrichtungen und -probleme durch, deren Ergebnisse bei der Planung weiterer Programme helfen sollten.

Bereits im Jahr 1910 interessierte sich Julius Rosenwald für die Verbesserung der Lebensbedingungen der Schwarzen. Im folgenden Jahr besuchte er das Tuskegee Institute und akzeptierte 1912 einen Platz in dessen Kuratorium. Sein Interesse an ländlichen Schulen für Afroamerikaner und seine Unterstützung gehen auf diese Jahre zurück. Er gehörte zunächst zu den kleineren Geldgebern und spendete 5000 Dollar, wurde aber schon bald zu einem der großen Spender für die Verbesserung der Bildungsstätten für Schwarze im Süden (siehe Kapitel 20).

Einer der Hauptunterschiede zwischen der Wohltätigkeit der Kirchen und der Philanthropie der großen Stiftungen mit Bildungsauftrag bestand, einmal abgesehen von den wesentlich größeren Summen, die für die direkte Förderung des Bildungswesens zur Verfügung standen – in ihren Motiven. Während die kirchliche Philanthropie entweder einen erkennbaren sozialen Mangel beheben sollte oder Einrichtungen unterstützte, die die eigenen Interessen förderten, ging es den Stiftungen mit Bildungsauftrag darum, die Öffentlichkeit auf bestehende und von der Gesellschaft noch nicht erkannte Bedürfnisse hinzuweisen. Die neuen Einrichtungen hofften, für den einzelnen und genauso für den Staat, das Prinzip der Selbsthilfe einzuführen. Vielleicht traf hier das Interesse der Geschäftsleute aus dem Norden am Süden mit ihren Bemühungen zusammen, Verbesserungen für die Bürger im Süden, sowohl für Schwarze als auch für Weiße, zu schaffen. 1882 behauptete Dexter Hawkins, ein New Yorker Rechtsanwalt, daß die Entwicklung des Bildungswesens im Süden diese Region in die Lage versetzen würde, einen höheren Anteil der Bundessteuern zu tragen. 1888 erklärte der Reverend A. D. Mayo, daß man das Kapital aus dem Norden nur anlocken und die Ressourcen im Süden besser entwickeln könne, wenn die arbeitenden Massen in fachlicher Hinsicht besser ausgebildet und zur Zuverlässigkeit erzogen würden. Je mehr die Unternehmer aus dem Norden beträchtliche Summen in Eisenbahngesellschaften, Textilfabriken und Stahlwerke im Süden investierten, desto klarer wurde ihnen der Bedarf an gut ausgebildeten Arbeitskräften, die die Maschinen bedienen und weitere Aufgaben in einer industrialisierten Wirtschaft verrichten konnten. Deshalb waren sie zumindest an der Verbesserung der Normalschulen interessiert, und einige unterstützen auch die Verbesserung der höheren Schulen und Hochschulen. Kritiker haben die Philanthropen aus dem Norden beschuldigt, eine bessere Ausbildung für Schwarze und für Weiße angestrebt zu haben, um die einen gegen die anderen als Konkurrenten um Arbeitsplätze ausspielen zu können. Ganz gleich, ob diese Kritik berechtigt ist oder nicht, bleibt die Tatsache bestehen, daß ihre Großzügigkeit beiden, Schwarzen und Weißen, außerordentlich nützte.

Darüber hinaus gab es ein weiteres Motiv: das Gefühl des erfolgreichen Geschäftsmannes, daß »Adel verpflichtet«. Die Bewilligungen der großen Stiftungen geschahen genau wie die Spenden von Einzelpersonen, wie Robert C. Ogden, H. H. Rogers, Collis P. Huntington, Andrew Carnegie und William Baldwin, zumindest teilweise aus dem Gefühl heraus, daß sie eine gewisse Verantwortung übernehmen und Mittel beisteuern sollten, die das Wirtschaftssystem nicht direkt für gesellschaftliche Aufgaben bereitstellen konnte. Die Unternehmer der Vereinigten Staaten bewiesen ein Gefühl der Verpflichtung all denen gegenüber, die an den Gewinnen der Wirtschaftsordnung nicht teilhatten.

Die Philanthropen trugen ganz entscheidend zur Erneuerung des Bildungssystems im Süden bei. Durch Zuschüsse, die unter bestimmten Vorbedingungen an solche Institutionen vergeben wurden, die ihre Eignung bereits bewiesen hatten, gaben die Philanthropen starke Impulse zur Selbsthilfe von seiten einzelner Menschen, Institutionen und Staaten des Südens. Das öffentliche Bildungswesen konnte enorm verbessert werden, nachdem die Stiftungsräte die Gehälter der Lehrer erhöhten, Inventar kauften und neue Schulen bauten. Die Philanthropen aus dem Norden erfreuten sich großer Zustimmung, als die weißen Bürger des Südens entdeckten, daß ihre Wohltäter ein geringes oder gar kein Interesse an der Gleichstellung der Rassen oder an der Beseitigung der weißen Vorherrschaft zeigten.

Obwohl die Philanthropen insgesamt eine breitere Unterstützung für das öffentliche Bildungssystem im Süden in der Bevölkerung bewirkten, taten sie wenig für eine gerechte Verteilung von Steuergeldern für die Schulbildung aller Kinder in den Südstaaten. Wahrscheinlich waren die Weißen im Süden der Meinung, wenn die Philanthropen für die Schulbildung der Schwarzen aufkamen, könne man das Geld der Steuerzahler für weiße Schüler verwenden. Außerdem waren sie der festen Überzeugung, da die Schwarzen wenig Steuern zahlten, hätten sie keinen Anspruch auf größere Zahlungen für ihre Bildungseinrichtungen. So betrugen die Pro-Kopf-Ausgaben für Bildung 1898 in Florida 5,92 Dollar für Weiße und 2,27 Dollar für Schwarze. Zwei Jahre später gaben die Einwohner von Adams County, Mississippi, 22,25 Dollar für die Schulbildung eines weißen und nur 2 Dollar für die eines schwarzen Kindes aus. Natürlich bestritten die Afroamerikaner, daß sie angeblich ihre eigenen Institutionen nicht mit ihren Steuern finanzierten. Auf der sechsten Atlanta-Konferenz »For the Study of Negro Problems« im Jahr 1901 wurde dargelegt, daß zwischen 1870 und 1899 Schwarze insgesamt 25 Millionen Dollar an direkten Schulsteuern gezahlt hatten und die von ihnen bezahlten indirekten Steuern sich auf mehr als 45 Millionen Dollar beliefen. Darüber hinaus wurde berichtet, daß Schwarze mehr als 15 Millionen Dollar Unterrichts- und Schulgeld an private Bildungseinrichtungen bezahlt hatten. Der Bericht schloß mit der nachdrücklichen Behauptung, daß Schwarze viel getan hätten, um sich in der auf die Wiedereingliederungsphase folgenden Generation selbst zu helfen: »Eine eher vorsichtige Schätzung besagt ... daß amerikanische Neger in einer Generation für die Ausbildung ihrer Kinder 40 Millionen schwer verdienter Dollar als direkte Kosten aufbrachten.«

Auch Schulen und Hochschulen hatten viel für den eigenen Unterhalt getan. Die Jubilee Singers der Fisk-Universität gaben anderen Institutionen ein Beispiel. Der Schatzmeister des College, George L. White, hatte die Idee, daß eine Gruppe afroamerikanischer Studenten mit ihrem Gesang die Herzen und auch die Portemonnaies der Bürger im Norden öffnen könnte. White borgte sich Geld von Professoren und Bürgern in Nashville und fuhr 1875 mit einer Studentengruppe nach Oberlin, Ohio, wo sich die Kongregationalisten zum National Council of Congregational Churches versammelten. Die Synodalen waren begeistert, wie die jungen Schwarzen Spirituals und afroamerikanische Arbeitslieder vortrugen, und die Jubilee Singers wurden schnell berühmt. An der Ostküste sangen sie in vielen Sälen unter der Schirmherrschaft von Henry Ward Beecher aus Brooklyn. Zahllose Engagements folgten und brachte ihnen viel Geld ein. In späteren Jahren traten sie in England, Deutschland und in anderen europäischen Ländern und mehrfach vor königlichen Zuhörern auf. Innerhalb von sieben Jahren hatten sie 150 000 Dollar verdient, von denen ein Teil zum Bau der Jubilee Hall benutzt wurde. Studentenquartette, Redner und unterschiedlichste Gruppen aus anderen Colleges traten in Städten und Gemeinden auf, und in manchen Orten verdienten sie mit Aktivitäten auf Jahrmärkten und bei Kundgebungen Geld. Schulen und Hochschulen lernten, daß sie auf vielerlei Weise einen Beitrag zum eigenen Unterhalt und weiteren Wachstum leisten konnten, wenn sie die Talente ihrer Studenten richtig einsetzten.

Das Ergebnis der Bemühungen, Bildung und Ausbildung der Afroamerikaner sicherzustellen, war erfreulich. Im Jahr 1900 gab es 28 560 schwarze Lehrer. Zur gleichen Zeit besuchten mehr als 1,5 Millionen schwarze Kinder die Schule. Es existierten 34 Bildungseinrichtungen für Afroamerikaner auf College-Niveau, und noch mehr Afroamerikaner studierten auf Universitäten und Colleges im Norden. Virginia, Arkansas, Georgia und Delaware hatten alle ein staatliches College für Schwarze, und andere Institutionen, die privat von Gruppen oder einzelnen ins Leben gerufen worden waren, wurden später von den Einzelstaaten weitergeführt. Um 1900 hatten mehr als 2000 Afroamerikaner bereits einen College-Abschluß oder mehr, und zu dieser Zeit besuchten mehr als 700 ein College. Der große Aufbruch im Bildungswesen war in den letzten Jahren des 19. und in den ersten Jahren des 20. Jahrhunderts überall in den Vereinigten Staaten spürbar und bei Schwarzen ebenso deutlich erkennbar wie bei den anderen ethnischen Bevölkerungsgruppen.

Für die Afroamerikaner waren mit Bildung und Ausbildung jedoch spezielle Probleme verbunden, die andere Gruppen nicht kannten. Bei den meisten Weißen herrschte der Eindruck vor, für Schwarze hingen Erfolg oder Mißerfolg der Anpassung von der Art der Ausbildung ab, die sie erhielten. Einige meinten, die Schul- und Weiterbildung für Schwarze könnte und sollte begrenzt sein, möglicherweise auf das absolut Notwendigste. Andere vertraten die Ansicht, Afroamerikaner sollten nicht als Gruppe behandelt werden, für die Bildung in einem bestimmten Umfang oder einer bestimmten Art angeboten werden müßte. Wieder andere waren der Meinung, daß die Afroamerikaner, auf dem gegenwärtigen Stand ihrer Entwicklung, sich und ihrem Land dann am besten dienen könnten, wenn Schule und Ausbildung sie möglichst schnell dazu befähigten, einen unentbehrlichen Platz in der amerikanischen Gesellschaft zu finden. In diese Kontroverse mischte sich Booker T. Washington ein, der für mehr als dreißig Jahre die Diskussion so eindeutig beherrschte, daß er dieser Periode den Stempel seines Namens und seiner Persönlichkeit aufdrückte.

Das Zeitalter Booker T. Washingtons

Im Jahr 1903 schrieb W. E. B. Du Bois: »Mit Abstand das eindrucksvollste in der Geschichte des amerikanischen Negers ist der Aufstieg von Mr. Booker T. Washington seit 1876.« Der Aufstieg dieses Mannes ist eine der spannendsten und bedeutsamsten Episoden in der Geschichte des ameri-

Booker T. Washington. Die Büste dieses hervorragenden afroamerikanischen Pädagogen wurde von Richmond Barthé geschaffen, einem der führenden amerikanischen Bildhauer. Sie steht in der Ruhmeshalle der New-York-Universität, zu deren Mitglied Washington 1945 gewählt wurde und damit der erste Afroamerikaner war, dem diese Ehrung zuteil wurde. *(The Hall of Fame for Great Americans of New York University)*

kanischen Bildungswesens und der Rassenbeziehungen. Washington kam 1872 als junger Mann mit etwa 16 Jahren ans Hampton Institute, eine höhere Gewerbeschule, die ganz geprägt war vom Konzept einer praxisbezogenen Bildung und Ausbildung, wie Samuel Chapman Armstrong, sein Gründer, sie entworfen hatte. Armstrong lehrte seine Studenten, daß Arbeit eine »geistige Kraft [ist], und körperliche Arbeit nicht nur die Fähigkeit erhöht, Geld zu verdienen, sondern Zuverlässigkeit, Sorgfalt, Ehrlichkeit, Geduld und Intelligenz fördert«. Er betonte nachdrücklich, wie wichtig es sei, Grund und Boden, ein Haus, einen Beruf und eine Ausbildung zu besitzen. Washington machte sich Armstrongs Lehren so zu eigen, daß er später der beredteste Vertreter von dessen Idealen wurde. Als er nach dem Examen das Hampton Institute verließ, war Washington überzeugt davon, daß Afroamerikaner, wenn sie Erfolg haben wollten, etwas Nützliches anbieten mußten, etwas, das die Welt brauchte. Seit dieser Zeit war er hauptsächlich damit beschäftigt, Mittel und Wege zu finden, wie sein Volk einen nützlichen Beitrag leisten konnte.

Als Washington 1881 nach Tuskegee ging, fand er dort keinerlei Einrichtungen vor, mit denen sich eine Bildungsstätte aufbauen ließ, und er traf auf eine weiße Gemeinde, die auf die Idee einer höheren Gewerbeschule für Schwarze feindselig reagierte. Er stand deshalb vor der doppelten Aufgabe, die notwendigen Mittel für den Betrieb einer Schule zu beschaffen und die Weißen zu beschwichtigen. Es war die ideale Ausgangslage, um Ausbildung und Leben miteinander zu verbinden. Alle Arbeiten, die beim Aufbau und Betrieb in Tuskegee anfielen, erledigten die Schüler gemeinsam, sie errichteten Gebäude, produzierten Nahrungsmittel, kochten ihr Essen und verrichteten zahllose andere Arbeiten. Der Bevölkerung des Ortes lieferte man vielerlei Beweise, daß die Schüler da waren, um etwas zu leisten und nicht, um zu polarisieren. Washington glaubte, die Weißen im Süden müßten davon überzeugt werden, daß die Ausbildung der Schwarzen im wahren Interesse des Südens lag. Die Schüler boten viele Dienstleistungen an und lieferten zahlreiche der Naturprodukte, die die weiße Bevölkerung brauchte, und so nahm die Feindseligkeit gegenüber der neuen Gewerbeoberschule allmählich ab. Washington gab den Schwarzen den Rat, die Gesetze zu achten und mit der weißen Obrigkeit bei der Wahrung des Friedens zusammenzuarbeiten. Auf diese Weise erwarb er sich das Wohlwollen der herrschenden Klasse.

Da Washington die positive Wirkungen seines Programm sowohl auf den weißen Süden als auch auf seine schwarzen Schüler und Studenten sah, wuchs seine Gewißheit, daß dies das richtige Modell war, um die Stellung der Afroamerikaner überall im Süden zu stärken. Er wurde zum Apostel einer Form des Gewerbeunterrichts, die den weißen Süden nicht zum Gegner machte und gleichzeitig für die Schwarzen in der Gesellschaft einen fest definierten Dienstleistungsplatz schuf. Sicher war ein Ausbildungsprogramm für Afroamerikaner, das sie zu Farmern, Mechanikern und Hausangestellten machte, für J. K. Vardaman aus Mississippi sehr viel akzeptabler als ein klassisches Bildungsprogramm, für das viele Pädagogen aus dem Norden eintraten. Einige Jahre früher hatte Vardaman gesagt: »Der Norden schickt kein Geld in den Süden, sondern Dynamit: Die Bildung verdirbt unsere Neger. Sie fordern Gleichheit.« Washington verlangte das nicht, und es gefiel den Weißen im Süden, von ihm 1895 auf der Ausstellung in Atlanta zu hören: »In allen Dingen, die ausschließlich die Gesellschaft betreffen, können wir voneinander getrennt sein wie fünf Finger und müssen doch bei allem, was für den beiderseitigen Fortschritt wesentlich ist, eine Hand bilden.« Seine eigenen

Leute ermahnte er so: »Denjenigen Angehörigen meiner Rasse, die ihre Lage nur in der Fremde verbessern können oder die unterschätzen, wie wichtig die Pflege freundschaftlicher Beziehungen zum weißen Mann im Süden ist ... möchte ich sagen: ›Laßt Euch nieder, wo Ihr seid‹ – laßt Euch nieder und schließt auf vielerlei Art und Weise Freundschaft ›wie Männer‹ mit den vielen Menschen aller Rassen, die um uns herum leben. Laßt Euch nieder in der Landwirtschaft, im Handwerk, im Handel, im Haushalt und in den freien Berufen!«

Washington wurde niemals müde, die Schwarzen zu ermuntern, Verhaltensweisen und fachliches Können zu entwickeln, die ihnen einen festen Platz in dem Ort im Süden sichern würden, in dem sie lebten. Er ermutigte sie, mit Verstand eine Farm zu bewirtschaften, Land zu erwerben, Eigenschaften wie Sparsamkeit, Geduld und Ausdauer zu pflegen ebenso wie hohe moralische Standards und gute Manieren. Und er erklärte, auch die Afroamerikaner müßten lernen, daß alle Rassen vor allem dadurch auf die Beine gekommen seien, indem sie sich ein eigenes wirtschaftliches Fundament geschaffen hätten, wobei sie im allgemeinen mit richtigem landwirtschaftlichem Anbau und Grundbesitz begonnen hätten. Er war über die massenhafte Abwanderung der Schwarzen vom Land in die Stadt sehr unglücklich und versuchte, sie mit seiner ganzen Überzeugungskraft zur Rückkehr zu bewegen. Er mißbilligte das Studium solcher Fächer wie die Naturwissenschaften, Mathematik und Geschichte nicht, aber er wies immer wieder darauf hin, daß sie aus seiner Sicht zu theoretisch waren. Er glaubte, und das sagte er immer wieder, daß »noch auf viele Jahre die Menschen meiner Rasse so beraten werden sollten, daß der größte Teil der geistigen Kraft der Massen auf die praktischen Dinge des alltäglichen Lebens verwandt werden muß, auf Dinge, die getan werden müssen, und auf Dinge, die sie in der Gemeinde, in der sie wohnen, tun dürfen«.

Washingtons Forderung von Gewerbeunterricht oder genauer gesagt einer berufsbezogenen Bildung für die große Masse der Schwarzen wurde von den Weißen im Norden und im Süden begrüßt. Einige Weiße aus dem Norden, die der Rassen- und Regionalkonflikte müde waren, sahen darin eine Formel für den Frieden im Süden, weil ein befriedigendes wirtschaftliches und soziales Gleichgewicht zwischen den Rassen hergestellt wurde. Andere waren skeptisch bezüglich der Fähigkeit der Afroamerikaner, sich vollständig an eine sehr komplexe Zivilisation anzupassen, und sahen darin einen Weg für Schwarze, einen »angemessenen Platz« in der amerikanischen Gesellschaft zu finden. Wieder andere Nordstaatler meinten im Hinblick auf den Markt und auf das Reservoir billiger Arbeitskräfte im Süden, eine derartige Ausbildung würde die weitere wirtschaftliche Entwicklung des Südens ermöglichen. Aus all diesen Gründen haben einige Historiker über diese Jahre der Neugründung von Bildungsstätten und über die Unterstützung des weißen Südens für Washington und seine Weltanschauung geschrieben, daß sie »eine Ausbildung für eine neue Sklaverei« gefördert hätten.

Den weißen Südstaatlern gefiel Washingtons vergleichsweise geringes Interesse an politischen Rechten und Bürgerrechten für Schwarze. Sie mochten die Art, wie er Vertrauen zu den Weißen im Süden hatte, was deren gute Behandlung von solchen Schwarzen betraf, die sich als nützliche, gesetzestreue Bürger erwiesen. Sie stimmten seinen Argumenten für diese Art der Ausbildung zu, weil sie glaubten, sie würde den Afroamerikanern einen untergeordneten wirtschaftlichen und sozialen Rang in der Gesellschaft des Südens zuweisen. Schließlich bewunderten sie sein Einfühlungsvermögen und sein diplomatisches Geschick, mit denen er alle Gruppen, den Norden und den Süden, miteinander versöhnte, obwohl sie nicht immer angetan davon waren, daß er seine Stimme für den weißen Süden ebenso wie für den schwarzen Süden erhob. Nur zweimal war er nahe daran, sein Ansehen bei den Weißen im Süden zu gefährden. Das war einmal durch eine Rede in Chicago, in der er rassische Vorurteile geißelte und behauptete, sie schwächten die Vitalität des Südens. Das war zum anderen eine Einladung ins Weiße Haus mit anschließendem Essen mit dem Präsidenten Theodore Roosevelt. Ein Ereignis, das von den meisten Südstaatlern als schwerer Verstoß gegen die Rassenetikette betrachtet wurde (siehe Kapitel 15). Nachdem er Washington vierzehn Jahre lang aus nächster Nähe erlebt und gut gekannt hatte, konnte J. L. M. Curry, ein führender weißer Pädagoge des Südens, sagen, daß seines Wissens der Direktor von Tuskegee niemals etwas Unkluges gesagt oder getan habe. Curry wußte mit Sicherheit nicht, daß Booker T. Washington insgeheim einige der ersten Gerichtsverfahren gegen die Rassentrennung finanziert hatte. Tatsache ist, und das hat Louis R. Harlan offengelegt, daß er »durch Privatklagen gegen die Lynchjustiz, gegen den Entzug des Wahlrechts, die Vermietung von Sträflingen an Unternehmer, die Diskriminierung im Bildungswesen und gegen die Rassentrennung kämpfte«.

> ## Booker T. Washington zur Eintracht zwischen den Rassen und zum Fortschritt der Schwarzen – 1884
>
> Jede Bewegung zur Hebung der Lebensumstände des Negers im Süden ist, um erfolgreich sein zu können, bis zu einem gewissen Grad auf die Kooperation der Weißen des Südens angewiesen. Sie haben die politische Macht, und sie besitzen Land und Eigentum – was immer dem Schwarzen nützt, nützt auch dem Weißen ...
> Verstand, Eigentum und Charakter braucht der Neger, dann erledigt sich die Frage der Bürgerrechte von selbst. Die beste Strategie in Hinblick auf das Bürgerrechtsgesetz im Süden ist es, es in Ruhe zu lassen, laßt es in Ruhe, und es regelt sich von selbst ... Einmal angenommen, in einer Gemeinde lebt ein Neger, der durch sein größeres Wissen ... fünfzig *bushel* Mais je *acre* erntet, und sein weißer Nachbar erntet nur dreißig; dann kommt der weiße Nachbar zum Schwarzen und möchte von ihm lernen ...
> Nun zu dem, was ich zum Verhältnis zwischen den beiden Rassen gesagt habe. Es sollte da kein unmännliches Ducken oder Kriechen geben, nur um die unsinnigen Launen der weißen Südstaatler zu befriedigen, aber es ist doch gnädig und weise, sich daran zu erinnern, daß es zweihundert Jahre Unterweisung in Vorurteilen gegenüber den Negern sind, die die ehemaligen Sklavenbesitzer heute in sich bezwingen müssen ... Und genau hier liegt die große Aufgabe der gewerblichen Ausbildung, kombiniert mit geistiger Bildung. Sie »fängt zwei Fliegen mit einer Klappe«, d. h. sie sichert die Kooperation der Weißen und hat gleichzeitig die bestmögliche Auswirkung für die Schwarzen ... Wenn man den Schwarzen geistig und gewerblich bildet, dann wird niemand an seinem Wohlstand zweifeln; denn die Rasse, die überlebt hat und in den letzten zwanzig Jahren 25 bis 30 Cent Zinsen auf den Dollar bezahlt hat, um Nahrung vorgeschossen zu bekommen, und das ohne jede Bildung, diese Rasse kann mit Sicherheit für sich selbst sorgen, wenn sie erst geistig und gewerblich ausgebildet ist.
>
> > Booker T. Washington, »A Speech before the National Educational Association«, Madison, Wisconsin, 16. Juli 1884, in: Louis R. Harlan, *The Booker T. Washington Papers*, Bd. 2 (Urbana, 1972), S. 255–262

Aufgrund ihres starken Interesses an den Nahzielen Washingtons sahen wenige Weiße, daß er als Führer der Schwarzen deren vollständige Anerkennung und Integration in die amerikanische Gesellschaft anstrebte. So erklärte er bei einer Gelegenheit: »Ich möchte den Errungenschaften des Negers in den Künsten, in der Literatur oder in der Staatskunst keine Grenzen setzen, aber ich glaube, der sicherste Weg, diese Ziele zu erreichen, besteht darin, das Fundament mit den kleinen Dingen des Lebens zu legen, jenen, die unmittelbar vor jedermanns Tür liegen. Ich plädiere für die gewerbliche Aus- und Fortbildung des Negers, nicht, weil ich ihn einengen will, sondern weil ich ihn befreien will. Ich möchte erleben, wie er in die allmächtige Geschäfts- und Handelswelt Einlaß findet.« Washington trat immer für die Zulassung der Afroamerikaner zu den akademischen Berufen und allen anderen Bereichen ein. Es sei daran erinnert, daß er die Schwarzen ermutigte, Freundschaft mit ihren weißen Nachbarn zu schließen, »wie ein Mann«. Washington glaubte, daß die Afroamerikaner, die mit so wenig begonnen hatten, sich allmählich hocharbeiten müßten, bevor sie eine mächtige und angesehene Stellung im Süden einnehmen konnten. Andererseits meinten manche Weiße häufig, wenn sie Washingtons Programm betrachteten, das nur Mittel zum Zweck sein sollte, darin die endgültige Lösung des »Negerproblems« zu sehen und glaubten, daß der Platz der Schwarzen auf Dauer durch Washingtons Rezept festgelegt sei.

Als Washingtons Prestige den Punkt erreicht hatte, an dem er nicht nur allseits als Verfechter der gewerblichen Bildung bekannt war, sondern auch als Sprecher von Millionen Afroamerikanern, wuchs die Opposition unter den Schwarzen gegen ihn. Sicher war dabei auch Neid im Spiel, aber eine relativ kleine Gruppe Schwarzer hatte schwerwiegende Einwände gegen Washingtons Weltanschauung und den Methoden, mit denen er sie umsetzte. Der bedeutendste seiner Gegner war W. E. B. Du Bois, ein junger Schwarzer, der an der Fisk-Universität, in Harvard, wo er den Doktor der Philosophie erwarb, und in Berlin studiert hatte. Obwohl er in Massachusetts geboren war, unterrichtete Du Bois an der Atlanta-Universität; und durch die Forschungsreihe, die er über die Lebensbedingungen der Afroamerikaner im Süden durchführte, besaß er beachtliche Informationen aus erster Hand über die Gruppe, für die er seine Stimme erhob. In Büchern, Artikeln und Reden kritisierte er das aus seiner Sicht zu enge Bildungsprogramm Washingtons, das in seinen Zielen zu ausschließlich auf die Wirtschaft orientiert war. Sein Buch *Souls of Black Folk* (1903) enthielt mehrere tiefschürfende kritische Beiträge über Washington. Er klagte Washington an, er predige »ein Evangelium von Arbeit und Geld

William Edward Burghardt Du Bois. Diese Photographie des berühmten Publizisten, Autors und Führers seines Volkes wurde von Carl Van Vechten aufgenommen, der sich mehr als dreißig Jahre lang mit dem Leben und der Kultur der Afroamerikaner beschäftigte. Van Vechten wies darauf hin, daß der Hintergrund der Photographie ein »hinduistisches Muster mit einer abgewandelten Swastika ist. Dieses Muster ist in Asien sehr bekannt. Hier liegt seine Bedeutung darin, daß sich Dr. Du Bois für die farbigen Völker überall auf der Welt interessierte.« *(The Moorland-Spingarn Research Center, Howard University)*

von solcher Ausschließlichkeit, daß die höheren Ziele des Lebens fast vollständig dahinter verschwinden«. In einem Artikel mit dem Titel »The Talented Tenth« (Das begabte Zehntel) schrieb Du Bois: »Wenn wir Geld zum Ziel der Erziehung des Menschen machen, ziehen wir Geschäftsleute, aber nicht unbedingt Menschen heran; wenn wir handwerkliche Fähigkeiten zum Ziel unserer Erziehung machen, dann erhalten wir Handwerker, aber ihrer Natur nach keine Menschen. Menschen werden wir nur bekommen, wenn wir das Menschsein zum Ziel der höheren Schulen machen – Intelligenz, tiefes Mitgefühl, Kenntnis der Welt, wie sie war und wie sie ist, und das Verhältnis der Menschen zu ihr – das ist der Lehrplan für die höhere Bildung, die das Fundament des wahren Lebens sein muß.« Er verurteilte besonders die Art und Weise, in der Washington die

Institutionen der höheren Bildung tadelte, und bestand darauf, daß weder die Normalschulen der Schwarzen noch Tuskegee auch nur einen einzigen Tag offenbleiben könnten, wenn sie nicht Lehrer hätten, die schwarze Colleges besucht hätten oder von deren Absolventen unterrichtet worden wären.

Du Bois billigte nicht, wie Washington die faktische Zerstörung der politischen und staatsbürgerlichen Rechte der Schwarzen im weißen Süden übersah oder diesbezüglich ein Auge zudrückte. Er war der Überzeugung, daß die Schwarzen den weißen Südstaatlern die Hand der Versöhnung ausgestreckt hatten und im Gegenzug den Entzug des Wahlrechts und die gesetzliche Schaffung eines Sonderstatus der staatsbürgerlichen Unterlegenheit hinnehmen mußten. Du Bois behauptete, daß es unter modernen Wettbewerbsbedingungen für schwarze Handwerker, Geschäftsleute und Grundbesitzer ohne das Wahlrecht nicht möglich sei, ihre Rechte zu verteidigen und zu überleben. Darüber hinaus vertrat er die Meinung, daß der Rat, schweigend den Status eines Bürgers zweiter Klasse zu erdulden, mit Sicherheit die Stärke jeder Rasse auf lange Sicht schwächen würde. Er nannte Washingtons Rede auf der Ausstellung in Atlanta den »Atlanta-Kompromiß«, bezeichnete sie als »das Bemerkenswerteste an Mr. Washingtons Karriere« und räumte ein, daß sie ihn zum berühmtesten Südstaatler seit Jefferson Davis gemacht habe. Sie habe ihn auch zum Führer seines Volkes gemacht, nicht weil das Volk ihn dazu erwählt habe, sondern durch die Art und Weise, in der die Weißen im Norden und im Süden ihn dazu ausgerufen hätten. Er wurde »zum Schiedsmann zwischen dem Süden, dem Norden und dem Neger«, und man bat ihn um Rat, wann immer Probleme mit Schwarzen irgendwo in den Vereinigten Staaten auftauchten. Als der artikulierteste Sprecher einer wachsenden Zahl von Schwarzen war Du Bois zutiefst beunruhigt, welche äußerste Konsequenz Washingtons Führung haben würde.

Es gibt etliches, was man zugunsten von Washingtons Einstellung sagen kann (und Du Bois räumte die Bedeutung vieler Lehrmeinungen Washingtons ein), aber seine Lehre enthielt einige Schwächen, die vielleicht heute klarer zutage treten als damals. Er übernahm kritiklos die herrschende Lehre der amerikanischen Unternehmer, als er darauf bestand, daß jedermann seine Zukunft selbst gestaltet, daß »derjenige Erfolg hat, der ihn verdient, und je größer die Hindernisse, desto größer auch der Sieg nach ihrer Überwindung ist«. Dies war die Lehre des glorreichen Kapitalismus, die durch Washingtons Kontakte zu Ogden, Huntington und andere vermögende amerikanische Geschäftsleute noch intensiviert wurde. Die Negro Business League, die Washington im Jahr 1900 zur Förderung von Handel und Industrie gründete, basierte auf der Theorie, daß jemand, der eine bessere Ware herstellen und sie billiger verkaufen, die Weltmärkte beherrschen konnte. Wenn jemand etwas produzierte, das ein anderer brauchte, würde der Käufer nicht danach fragen, wer der Verkäufer sei. Wenn man außerdem Takt, gutes Benehmen, Entschlossenheit und eine nicht ermüdende Bereitschaft zu harter Arbeit hatte, würde man durch wirtschaftliche Erfolge belohnt werden. Wie Sterling Spero und Abram Harris aufgezeigt haben, war dies eine Übernahme von Theorien des freien Wettbewerbs und des politischen Individualismus, die von der klassischen politischen Ökonomie gelehrt worden waren und um 1900 unrealistischer denn je wurden. Die Ausbreitung von »vertikalen und horizontalen Konzernen mit Kapital von Hunderten von Millionen Dollar diskreditierte das Konzept, daß ein Mann mit geringem Kapital es durch harte Arbeit und Sparsamkeit zu Reichtum und Macht bringen konnte«. Washington begriff diese Realität nicht, als er sein Programm für das wirtschaftliche Heil der Afroamerikaner entwickelte.

Der besondere Typ der berufsbezogenen Ausbildung, den Washington forderte, bei dem die Entwicklung einer Handwerkerklasse stark betont wurde, war bereits überholt, als er ihn entwickelte. Er schien die Folgen der Industriellen Revolution auf die Aufgabenfelder, die jahrhundertelang von Arbeitern in Handarbeit ausgeführt worden waren, nicht ganz zu begreifen. Sicherlich, Maurer, Zimmerleute, Schmiede und andere Handwerker brauchte man weiterhin, aber ihre Aufgaben verringerten sich im industriellen Zeitalter auf ein Minimum. Viele Berufe, zu deren Aufnahme Washington die Schwarzen ermunterte, verschwanden fast völlig. Als Fundament für die Ausbildung zum Industriearbeiter waren die Lehrpläne und Ausbildungsstätten, für die Washington sich einsetzte, keineswegs ausreichend. Weder Washington noch die Gewerbeschulen für Schwarze nahmen die speziellen Probleme des Lohnabhängigen in der modernen Industrie zur Kenntnis. Wenn Washington sich über die Gewerkschaften ausließ, ging er so weit, zu erklären, daß Schwarze eine »Organisation nicht schätzen, die auf einer unpersönlichen Feindschaft gegenüber dem Mann beruht, der sie beschäftigt«. Er vermochte deshalb überhaupt keine Beziehung zwischen Arbeiterklasse und Industrieller Revolution zu erkennen und riet zu einer Lösung der Arbeiterfrage, die faktisch die Tradition der Herr-und-Sklave-Beziehung fortsetzte.

Als Washington den Schwarzen riet, auf dem Land zu bleiben, übersah er nicht nur, daß das Vordringen von teuren landwirtschaftlichen Maschinen die Lage der verarmten afroamerikanischen Farmer außerordentlich verschlechterte, sondern auch, daß die Industriestädte für Schwarze und Weiße unendlich viel attraktiver waren. Es gab, zumindest auf den ersten Blick, unzählige Verdienstmöglichkeiten in der Stadt. Obendrein existierten in den Städten unvergleichlich mehr Angebote, um sich kulturell und intellektuell weiterzubilden. Wenn sich Washington für sein Volk Bildungschancen und Berufschancen wünschte, die dessen Anpassung und Anerkennung erleichtern sollten, so mußten ihm die Städte eigentlich wie Oasen in der Wüste der Hoffnungslosigkeit erscheinen. Ja, man könnte meinen, daß nichts so intensiv bewies, daß die Schwarzen typisch amerikanische Verhaltensweisen zeigten, wie ihre Neigung am Ende des 19. Jahrhunderts und Anfang des 20. Jahrhunderts, vom Land in die Stadt zu ziehen.

Ungeachtet der Tatsache, daß es Schwarze gab, die Washingtons Führung vehement ablehnten, und daß es einige gewichtige Einwände gegen sein Programm zur »Rettung seines Volkes« gab, war er zweifellos die zentrale Gestalt, ja, die beherrschende Persönlichkeit in der Geschichte der Afroamerikaner bis zu seinem Tod im Jahr 1915. Die große Mehrheit der Schwarzen betrachteten ihn als ihren Führer, und nur wenige Weiße befaßten sich mit Fragen der Rassenbeziehungen, ohne seinen Rat einzuholen. Zu seinen Lebzeiten nahm die Zahl der Lynchmorde nur geringfügig ab, den Schwarzen wurde das Wahlrecht faktisch wieder entzogen, und schwarze Arbeiter wurden systematisch aus den großen Gewerkschaften ausgeschlossen, und doch war Washingtons Einfluß, in guten und manchmal in schlechten Tagen, so groß, daß man diese Periode mit einiger Berechtigung als das Zeitalter Booker T. Washingtons bezeichnen kann.

Der Kampf ums wirtschaftliche Überleben

Während die Philanthropen des Nordens für Bildung und Ausbildung der Afroamerikaner immer höhere Beiträge spendeten und die Kontroverse über die praktikabelste und erfolgreichste Art ihrer Ausbildung in vollem Schwange war, stand die große Mehrheit vor der schwierigen Aufgabe, ihren Lebensunterhalt zu verdienen. Sie tat das in der wachsenden Überzeugung, daß sie ihr Heil selbst bewerkstelligen müßten und zwar mit den ihnen unmittelbar zur Verfügung stehenden Mitteln. Da mehr als 75 Prozent der Afroamerikaner in den Vereinigten Staaten auch 1880 noch in den früheren konföderierten Staaten lebten und hauptsächlich in der Landwirtschaft beschäftigt waren, sah es ganz danach aus, als ob die meisten von ihnen gezwungen sein würden, sich auf den Farmen irgendwie wirtschaftlich einzurichten. Sie hatten kein Kapital, um Land zu kaufen, und waren deshalb weiterhin auf die verschiedenen Formen von Pachtverhältnissen und *Sharecropping* angewiesen, die sich während der Wiedereingliederung entwickelt hatten. Viele Schwarze waren bloße Landarbeiter, die nichts als ihre Arbeitskraft in die landwirtschaftliche Produktion einbrachten und dafür einen kargen Lohn erhielten. 1902 bekam ein Landarbeiter in South Carolina 10,79 Dollar im Monat, in New York waren es immerhin 26,13 Dollar. Einige wurden wöchentlich, einige monatlich bezahlt, wieder andere wurden erst am Ende der Saison entlohnt, eine Methode, die die Arbeiter bis nach der Ernte auf der Farm halten sollte.

Es war schwierig für Afroamerikaner, gutes Farmland zu kaufen, selbst wenn sie das nötige Kapital hatten. Nach der Abschaffung der Institution der Sklaverei betrachteten Weiße Grund und Boden als ihre einzige wichtige Kapitalinvestition. Sie zögerten, Land an Schwarze zu verkaufen, weil sie ihnen nicht die Macht einräumen wollten, die im Süden mit dem Eigentum an Grund und Boden verbunden war. Die Anzahl schwarzer Farmbesitzer blieb in der Zeit vor dem Ersten Weltkrieg gering. Im Süden, wo die Schwarzen im Jahr 1900 annähernd 50 Prozent der Bevölkerung ausmachten, besaßen sie 158 479 Farmen, während die Weißen 1 078 635 Farmen besaßen. Vor 1890 war fast nichts getan worden, um die Afroamerikaner mit den Methoden der modernen Landwirtschaft vertraut zu machen. Dementsprechend war die Produktivität gering, und über Fragen des günstigen Verkaufs der Ernte und Ankaufs von Vorräten herrschte allgemeine Unkenntnis. Booker T. Washington wollte 1892 diese Situation verbessern, als er zum ersten Mal zu einer Konferenz von Farmern in Tuskegee aufrief. In diesem und in den folgenden Jahren hörten Afroamerikaner aus dem Umland Vorträge über »Probleme des Hypothekensystems«, »das Einraumhaus«, »Kreditkäufe«, »die Bedeutung des Hausbesitzes« und »Sparen bei der Bank«, »der Bau von Schulen und die Verlängerung der Unterrichtszeit« und »die Verbesserung der moralischen und religiösen Zustände«. Broschüren und Rundbriefe mit einigen wesentlichen Verbesserungvorschlägen für die Landwirtschaft wurden an die Farmer verteilt, und in unregelmäßigen Abständen schickte ihnen das Institut weitere zu. Nach 1907 konnten dank der Spenden von Philanthropen und der Zusammenarbeit mit den südstaatlichen Schulbehörden landwirtschaftliche Berater eingesetzt werden, die durch praktische Demonstrationen bei der Verbesserung der Situation halfen.

Trotz der Bemühungen der afroamerikanischen Farmer, sich besser auf die Landwirtschaft und ihre Bedingungen einzustellen, verlor das Leben auf der Farm für viele an Anziehungskraft. Die Rückkehr von Ex-Konföderierten an die Macht, sporadisch auftretende Rückschläge in der Landwirtschaft, die unfaire und zuweilen brutale Behandlung durch Pachtherren und Händler und Gerüchte von den großen Möglichkeiten in der Stadt und in anderen Landesteilen setzten eine enorme Abwanderung von Schwarzen aus dem ländlichen Süden in Gang, die schon 1879 begann. Tausende verließen Mississippi, Louisiana, Alabama und Georgia und wanderten in den Norden und Westen ab. Kansas wurde geradezu überrannt, wobei Henry Adams aus Louisiana und »Pap« Singleton aus Tennessee die Führung übernahmen. Adams behauptete, er habe 98 000 Menschen für den Treck nach Westen organisiert. Vielleicht hatte er so viele Namen zusammengetragen, von Menschen, die ihre Bereitschaft mitzukommen erklärt hatten. Singleton verteilte ein Rundschreiben mit dem Titel »Der Vorteil, in einem [sklaven]freien Staat zu leben« und veranlaßte mehrere tausend Menschen zum Aufbruch. Charles Banks und Isaiah Montgomery in Mississippi, Edward P. McCabe in Kansas und Oklahoma, Allen Allensworth in Kalifornien und David Turner, Thomas Haynes und James E. Thompson in Oklahoma führten die Bewegung an, wirtschaftlich lebensfähige und politisch unabhängige, nur von Schwarzen bewohnte Orte und ländliche Siedlungen zu gründen und zu fördern und so eine Lösung für das Dilemma der Schwarzen anbieten zu können. Die meisten dieser Unternehmungen waren totale Fehlschläge.

Einige Schwarze erwogen ernstlich die Möglichkeit, nach Afrika auszuwandern und suchten Unterstützung bei der American Colonization Society. Viele Weiße im Süden waren über die Abwanderung der Schwarzen und die Perspektive ständig steigender Zahlen der Abwanderung offensichtlich beunruhigt. Man benutzte vielfältige Methoden, um die Schwarzen auf den Plantagen im Süden zu halten: So wurden Gesetze über Landstreicherei und Arbeitsverträge durchgesetzt, neue Gesetze wurden verabschiedet, die die Aufforderung von Arbeitern zur Abwanderung unter Strafe stellten. Und es wurden Peonagesysteme eingeführt, in denen Schwarze vom Landkreis zur Leiharbeit vermietet wurden und mit ihrem Lohn Geldstrafen oder Schulden zurückzahlen mußten. Umsichtigere Weiße bemühten sich, Schwarze zum Bleiben zu bewegen, indem sie ihnen gute Behandlung und höhere Löhne versprachen.

Die führenden Afroamerikaner waren höchst unterschiedlicher Meinung, ob Schwarze den Süden verlassen sollten oder nicht. Frederick Douglass sprach sich gegen die Abwanderung aus, weil die Regierung die Bürger dort schützen müsse, wo sie lebten, und weil die Abwanderung auf Dauer keine Lösung für das Elend der Schwarzen sei. Er befürchtete, daß Schwarze zu Nomaden werden könnten und die Stärke einbüßen würden, die ihnen eine seßhafte Existenz im Süden geben konnte, wo sie konzentriert waren. Richard T. Greener, Harvards erster afroamerikanischer Absolvent und später Professor an der Universität von South Carolina, plädierte für die Abwanderung der Schwarzen, um endlich der schlechten Behandlung durch die Weißen im Süden zu entgehen. Er vertrat die Auffassung, daß die Abwanderung den Schwarzen nicht nur bessere wirtschaftliche und Bildungschancen verschaffen würde, sondern auch denen nützte, die im Süden blieben. Möglicherweise hatte keines dieser Argumente großen Einfluß, denn es waren die Verhältnisse und nicht die Argumente, die über das Schicksal der Afroamerikaner entschieden. Die meisten von ihnen hatten weder die Mittel noch die Entschlußkraft, in neue Regionen aufzubrechen. Die es wagten, ließen sich verführen wie die übrige amerikanische Landbevölkerung jener Jahre. Sie konnten der Versuchung einfach nicht widerstehen, in die Industriegebiete des Nordens und einige wenige Städte im Süden zu gehen und ihr Glück in einem neuen Lebensstil zu suchen.

In den letzten zwei Jahrzehnten des 19. Jahrhunderts begann auch der Süden die Auswirkungen der ökonomischen Revolution zu spüren, die bereits den Norden ergriffen hatte. In Tennessee und Alabama entwickelte sich verstärkt die Eisenindustrie, Textilien wurden in den beiden Carolina hergestellt, und das Speditionsgeschäft von Waren aus den Fabriken zu den Verbrauchern im Norden und Süden wurde zum wichtigen Wirtschaftszweig. Zahlreiche neue Chancen eröffneten sich, und Schwarze versuchten genau wie Weiße, sich das zunutze zu machen. Meistens war es für Schwarze in den Städten der Südstaaten ausgesprochen schwierig, die neuen wirtschaftlichen Möglichkeiten für sich zu nutzen. Im Jahr 1891 beschäftigten 196 Arbeitgeber in der Industrie des Südens 7395 Afroamerikaner. Zehn Jahre später war die Zahl erheblich höher, und einige waren in Ölmühlen für Baumwollsamen, Sägemühlen, Möbelfabriken, in Gießereien, Maschinenfabriken und Kesselschmieden beschäftigt. 1910 war die Zahl der afroamerikanischen Fabrikarbeiter auf mehr als 350 000 gestiegen, im allgemeinen übten sie die am wenigsten begehrten Tätigkeiten aus. Die städtischen Schwarzen des Südens hatten sogar Schwierigkeiten, eine Anstellung in ihren traditionellen persönlichen Dienstleistungsberufen bei Städtern zu finden. Schwarze Barbiere bekamen starke Konkurrenz durch neue Einwanderer, während Köche und Dienstboten von Luxushotels ihre Stellung verloren, die auch oft erst gar keine Schwarzen einstellten. Überall war man gegen die Beschäftigung von Schwarzen in Tätigkeiten, die auch nur den geringsten Hauch von Respektabilität besaßen. Die Schwarzen in den Städten des Südens fanden schnell heraus, daß das städtische Leben fast so frustrierend sein konnte wie das Leben auf dem Land.

Afroamerikaner hatten selbst einiges zur fortschreitenden Industrialisierung Amerikas geleistet. Jan E. Matzeliger, der als Schustergeselle in Philadelphia und in Lynn, Massachusetts, gearbeitet hatte, erfand eine Wendemaschine für die Schuhfabrikation. Sie wurde von der United Shoe Machinery Company in Boston aufgekauft und verringerte die Kosten für die Herstellung von Schuhen um mehr als 50 Prozent. 1884 erfand John P. Parker eine »Spindel für Tabakpressen«. Er gründete die Ripley Foundry and Machine Company und stellte Pressen für viele Betriebe her. Elijah McCoy ließ fünfzig verschiedene Erfindungen patentieren, hauptsächlich für automatische Schmiervorrichtungen bei Maschinen. Der Anspruch auf Authentizität für eines seiner Produkte war der Ursprung für die Redewendung »ein echter McCoy«. Granville T. Woods, der seit 1885 Erfindungen anmeldete, leistete wichtige Beiträge auf den Gebieten der Elektrizität, der Dampfkessel und der automatischen Luftdruckbremsen. Mehrere seiner Erfindungen wurden von der General Electric Company, der Westinghouse Air Brake Company und der American Bell Telephone Company erworben.

Der afroamerikanische Arbeiter in den Städten des Nordens und Südens stand vor dem Problem, Mitglied in einer der Gewerkschaften zu werden, die eine immer wichtigere Rolle in der Industrie spielten. Vorurteile gegen schwarze Arbeiter und die Weigerung vieler Weißer, mit Schwarzen zusammenzuarbeiten, hatten häufig zur Folge, daß sie nicht aufgenommen wurden. Andere Faktoren kamen hinzu und verwehrten Schwarzen den Zutritt zur Industriearbeit über die organisierte Arbeiterschaft. Die meisten Schwarzen verfügten nicht über die für die Mitgliedschaft in vielen der Facharbeitergewerkschaften notwendige fachliche Ausbildung. Außerdem meinten manche Arbeiter, daß Schwarze von Natur aus nicht in der Lage seien, qualifizierte maschinelle Arbeiten zu verrichten. In einem Bericht des *Manufacturers Record* von Baltimore im Jahr 1893 stand, daß eine Studie über die Reaktion von Arbeitgebern auf schwarze Fabrikarbeiter ergeben habe, daß sich Schwarze nicht für Fabrikarbeit eigneten. Obwohl die geäußerten Meinungen nicht auf schlüssigen Beweisen beruhten, überzeugten sie einige Fabrikbesitzer davon, daß die Einstellung von schwarzen Arbeitern ökonomisch unvernünftig sei.

Von den großen Gewerkschaften nach dem Bürgerkrieg zeigten nur die Knights of Labor, die keinen großen Wert auf eine Fachausbildung legten, ein gewisses Interesse an afroamerikanischen Mitgliedern. 1885 schlug ihr nationaler Kongreß vor, daß für jeden der Südstaaten ein Afroamerikaner als Gewerkschaftsvertreter mit Organisationsaufgaben ernannt werden sollte. Obwohl die Resolution angenommen wurde, geschah in dieser Sache weiter nichts. Im folgenden Jahr zeigte sich der Schatzmeister hoch erfreut, daß Afroamerikaner in Scharen zu den Knights of Labor strömten und den Wunsch äußerten, organisiert und ausgebildet zu werden. Einige Ortsgruppen hatten schwarze und weiße Mitglieder, andere getrennte Organisationen. Annähernd 60 000 Afroamerikaner waren bis 1886 Mitglieder der Knights of Labor geworden. Die Gewerkschaft verlor bei den Arbeitern an Boden, seit sie durch radikale

Elemente aus dem Ausland unterwandert wurde und angeblich in die Unruhen am Haymarket Square in Chicago im Jahr 1886 verwickelt war. Zeitgleich gewann die American Federation of Labor (AFL) als Zusammenschluß autonomer Facharbeitergewerkschaften an Einfluß. Anfangs bezog die AFL aktiv Stellung gegen die Diskriminierung von Afroamerikanern. 1890 erklärte der Gewerkschaftskongreß, daß er mit »Mißfallen feststelle, daß manche Gewerkschaften Bestimmungen haben, die Personen aufgrund ihrer Rasse und Hautfarbe als Mitglieder ausschließen«. Diese Resolution wurde 1893 erneut angenommen. Die Gewerkschaftsführer erkannten jedoch allmählich, daß diese eindeutige Haltung in der Rassenfrage die Expansion der Gewerkschaft verhinderte, denn einige unabhängige Facharbeitergewerkschaften, die Afroamerikaner nicht als Mitglieder aufnahmen, lehnten es ab, sich der AFL anzuschließen.

Um mächtige Gewerkschaften wie die National Machinists Union zum Beitritt zu bewegen, ermöglichte die American Federation of Labor Gewerkschaften den Beitritt, wenn sie per Satzung nicht Afroamerikaner von der Mitgliedschaft ausschlossen. Damit wurde der Ausschluß lediglich von der Ebene der Satzung auf die Ebene des Gewohnheitsrecht verlagert und den Mitgliedern nahegelegt, nur weiße Arbeiter als neue Mitglieder vorzuschlagen. Viele ausschließlich weiße Gewerkschaften traten der AFL bei, und die Mitgliederzahlen stiegen schnell. Um Afroamerikaner nicht völlig auszuschließen, erkannte die AFL rein afroamerikanische Ortsgruppen an, aber das geschah selten, wenn die weißen Arbeiter am Ort das nicht akzeptierten. Durch den faktischen Ausschluß der Schwarzen aus den großen Gewerkschaftsorganisationen, sei es über die Satzung oder die übliche Aufnahmeprozedur, machten es die weißen Gewerkschaften den Schwarzen unmöglich, in nennenswertem Umfang an dem sich vollziehenden großen industriellen Prozeß aktiv teilzunehmen. Es gab einige Versuche, unabhängige afroamerikanische Gewerkschaften zu gründen, wie die National Association of Afro-American Steam and Gas Engineers and Skilled Workers in Pittsburgh, aber keine von ihnen kam gegen das Monopol der weißen Gewerkschaften in den einzelnen Industriezweigen an.

Es war nur natürlich, daß Afroamerikaner, die in diesen Gründerjahren den Aufstieg von Unternehmen unter der Führung starker Gründerpersönlichkeiten miterlebten, auch in die Welt von Handel und Industrie strebten. Nachdem sie daran gehindert worden waren, an der Entwicklung von weißen Unternehmen teilzunehmen, setzten sie ein Programm zur Gründung von schwarzen Unternehmen, »Negro business enterprise«, in Gang, in denen sie selbst Produzenten und Arbeitgeber sein wollten. Führende Schwarze, die das fast hoffnungslose Elend von Millionen Schwarzen im Süden vor Augen hatten, drängten ihre Leute, die Armut durch den Schritt in die Selbständigkeit hinter sich zu lassen, indem sie selbst Geschäfte und Fabriken gründeten. In seiner Rede bei der Vierten Atlanta-Universitäts-Konferenz 1898 erklärte John Hope, Professor an der dortigen Universität, daß das wirtschaftliche Elend der Afroamerikaner nicht ausschließlich auf Unwissenheit und mangelnde Ausbildung zurückzuführen sei, sondern zumindest teilweise auf den Konkurrenzkampf um Arbeitsplätze in den neuen Branchen zwischen den Rassen. Er rief die Schwarzen dazu auf, die lohnabhängige Klasse zu verlassen und selbständig zu werden. Die Konferenz verabschiedete eine Resolution, die dazu aufforderte, daß »Neger vermehrt in die Wirtschaft gehen sollten« und »die Masse der Neger lernen muß, bei Geschäften und Unternehmen zu kaufen, die von Angehörigen der eigenen Rasse betrieben werden, selbst wenn ihnen dadurch ein geringer Nachteil entsteht. Wir müssen zusammenarbeiten, sonst sind wir verloren.« Die Konferenz sprach sich auch dafür aus, Informationen über die Notwendigkeit von Geschäftsgründungen durch Afroamerikaner zu verbreiten und auf lokaler, einzelstaatlicher und nationaler Ebene Industrie- und Handelskammern schwarzer Geschäftsleute, Negro Business Men's Leagues, zu gründen.

Im Jahr 1900 war Booker T. Washington zu der Überzeugung gelangt, daß die unternehmerische Tätigkeit von Afroamerikanern so schnell wie möglich gefördert und verbessert werden mußte. Er rief eine Gruppe afroamerikanischer Geschäftsleute in Boston zusammen und gründete die National Negro Business League. Es kamen mehr als 400 Delegierte aus 34 Einzelstaaten und wählten Washington zu ihrem ersten Präsidenten. Washington glaubte, daß steuerzahlende, intelligente und durchsetzungsfähige Afroamerikaner fast immer respektvoll von Weißen behandelt würden, und forderte mit Nachdruck, daß man aus faulen, untätigen und unnützen Afroamerikanern nützliche und gesetzestreue Bürger machen müsse. Er forderte auch, daß sich mehr Schwarze in den unterschiedlichen Branchen engagieren sollten. In seinem Buch *The Negro in Business* äußerte er seine Befriedigung über die große Anzahl neuer Unternehmen, die im ersten Jahr seit Bestehen der League entstanden seien. Viele örtliche Kammern wurden gegründet, und 1907 hatte die nationale Organisation 320 Mitglieder.

Am Ende des Jahrhunderts betrieben Afroamerikaner zahllose Geschäfte und Betriebe unterschiedlicher Art und Größenordnung. Sie hatten Lebensmittelgeschäfte, Gemischtwarenläden und Drugstores; sie waren Restaurantbesitzer, Lieferanten, Konditoren, Bäcker, Schneider, Bauunternehmer. Einige betrieben eine Textilfabrik für Oberhemden, eine Baumwollspinnerei, einen Betrieb der Gummiverarbeitung, eine Sägemühle und Teppichfabrik. Es gab viele Genossenschaften, wie die Bay Shore Hotel Company in Hampton, Virginia, die Capital Trust Company in Jacksonville, Florida, die South View Cemetery Association in Atlanta, Georgia, und die Southern Stove Hollow-Ware and Foundry Company in Chattanooga, Tennessee. Der Erfolg einiger schwarzer Geschäftsleute reichte zwar nicht an den Erfolg weißer Geschäftsleute jener Jahre heran, war aber trotzdem bedeutsam. Eins der neuen florierenden Unternehmen war Mrs. C. J. Walkers Fabrik für Haar- und Hautpräparate, das erste von vielen solchen Unternehmen, die in den nächsten fünfzig Jahren entstehen sollten. 1898 gab es zwei Immobilienmakler in New York City, deren Besitz auf jeweils mehr als 150 000 Dollar veranschlagt wurde und einen in Cleveland mit 100 000 Dollar. Ein Fischgroßhändler in Concord, North Carolina, besaß ein Vermögen von 25 000 Dollar, während mehrere Bauunternehmer und Kaufleute ein Vermögen von mehr als 10 000 Dollar besaßen. Großunternehmen, Kaufhäuser und Konzerne machten das Überleben von selbständigen Geschäftsleuten mit geringem Eigenkapital, ganz gleich, ob sie Schwarze oder Weiße waren, immer schwieriger, und es kann nicht überraschen, daß in jedem Jahr etliche Betriebe Bankrott machten.

Im Bankensektor unternahmen die Afroamerikaner besondere Anstrengungen, eigene Institutionen aufzubauen, was nach dem Zusammenbruch der Freedmen's Bank von 1874 schwierig war. Im Jahr 1888 gründete der Reverend W. W. Browne in Richmond die erste Bank, die ausschließlich von Schwarzen betrieben wurde, die Savings Bank of the Grand Fountain United Order of True Reformers. Noch im selben Jahr entstand die Capital Savings Bank in Washington. 1889 entstand die Mutual Bank and Trust Company in Chattanooga, es folgte die Gründung der Alabama Penny Savings Bank in Birmingham. Bis 1914 waren annähernd 55 Banken gegründet worden. Die meisten von ihnen kooperierten eng mit genossenschaftlichen Versicherungsgesellschaften oder Kirchen. Weil das Engagement von afroamerikanischen Sparern und Kreditnehmern in Handel, Industrie oder Geschäftsleben nicht umfangreich genug war, um die Geldinstitute ausreichend zu unterstützen, bestanden die meisten Banken nur kurze Zeit. So liegt die wahre Bedeutung dieser Banken darin, daß sie einen Versuch der Afroamerikaner darstellten, unternehmerische Leitbilder und gesellschaftliche Werte des übrigen Amerika zu übernehmen und sich auf diesem Weg vollständiger anzupassen.

Gesellschaftliches und kulturelles Wachstum

Es war für Afroamerikaner wichtiger, ein separates Dasein auf gesellschaftlichem und kulturellem Gebiet zu bewahren, als wirtschaftlich unabhängig zu sein. Weiße im Süden und in großem Umfang auch im Norden bewahrten einen gewissen Abstand zum Alltag von Schwarzen, und in dem Maß, in dem die Probleme der Abwanderung und der Existenz in einer komplexen industriellen Gesellschaft das Leben schwieriger machten, mußten die Schwarzen eine eigene Überlebensstrategie entwickeln. Eine wichtige Einrichtung, die zum Erhalt der Gruppe beitrug und Selbsthilfe leistete, waren die Kirchen. Obwohl die Zahl der Kirchenmitglieder stieg, durchliefen alle Glaubensgemeinschaften, ob weiß oder schwarz, in diesen Jahren eine kritische Phase. Die Konservativen besaßen die Macht, und sie widmeten sich der Sündhaftigkeit junger Leute, die sie verurteilten, und ihrer obersten Sorge, dem Jenseits. Sie wurden jedoch durch progressive Kräfte herausgefordert, die es ablehnten, die groben Kategorien der Bibelinterpretation und die »groteske Vision des Jenseits«, wie sie von den Konservativen an die Wand gemalt wurde, zu akzeptieren. Gebildete Afroamerikaner begannen, die Kirche als Institution des Heils abzulehnen, und wandten sich verstärkt den konkreten, vor ihnen liegenden Problemen zu. Sie artikulierten, ohne zu zögern ihre Ungeduld mit der Kirchenleitung, verlangten einen Wechsel in der Führung, der ihnen mehr Einfluß in der Kirche verschaffen sollte, und bestanden auf Änderungen in der Form des Gottesdienstes, die ihrer höheren Bildung eher entsprachen. Häufig zogen sich fortschrittliche

Kirchenmitglieder von den Baptisten und Methodisten zurück und schlossen sich den Kongregationalisten, Presbyterianern, Episkopalen und Katholiken an, von denen einige flexibler auf die von ihnen geforderten Reformen reagierten.

Bei den Baptisten bestand nicht nur der Konflikt zwischen fortschrittlichen und konservativen Kräften, sondern auch zwischen Weißen und Schwarzen. Vielerorts versuchten Weiße, schwarze Baptistenvereinigungen und -konvente zu dominieren, sehr zum Mißfallen der führenden Afroamerikaner. Als diesen verwehrt wurde, in der Leitung der American Baptist Home Mission Society mitzuarbeiten, begann der offene Konflikt, und es kam zum Bruch, als die American Baptist Publication Society unter dem Druck südstaatlicher Kirchen Spenden von Afroamerikanern für die Sonntagsschulbücher ablehnte. 1886 gründeten die Afroamerikaner die National Baptist Convention, um den Einfluß weißer überregionaler Organisationen unter Schwarzen zu begrenzen. Bald verteilte der überregionale Verlag, National Baptist Publishing House, unter Leitung von R. H. Boyd, seine eigenen Lektüren für die Sonntagsschule. Einige Schwarze benutzten weiterhin das Lektürematerial der weißen Verlagsgesellschaft, andere das Material aus Boyds Verlag. Streit und Verwirrung waren die Folge und hörten bis ins 20. Jahrhundert nicht auf.

Trotz der Meinungsverschiedenheiten innerhalb der Kirche setzten religiöse Einrichtungen ihr soziales Engagement fort, ja verstärkten es und sorgten für die Bedürfnisse ihrer Mitglieder. Selbst die Konservativen gaben den Forderungen der fortschrittlichen Mitglieder nach, die Kirche müsse auch eine Einrichtung zur Verbesserung der sozialen und moralischen Verhältnisse unter Afroamerikanern sein. Wie bereits vor dem Bürgerkrieg förderte die Kirche die Bildung ihrer Mitglieder hauptsächlich, indem sie sie zum Lesen der Bibel anregte. Außerdem unterstützte sie die Gründung von literarischen Gesellschaften unter den Jugendlichen. Den deutlichsten Beweis für ihr soziales Engagement lieferte sie jedoch durch ihre verstärkte Tätigkeit als Wohlfahrtsorganisation. Zahllose Leistungen wurden den Gemeindemitgliedern von den neu institutionalisierten Kirchen angeboten. Einige arbeiteten in Armenvierteln und Gefängnissen, andere richteten Missionsstationen in den Armenviertel im Norden und im Süden ein, wieder andere gründeten und finanzierten Heime für ältere Menschen und Waisen. In Atlanta unterhielt H. H. Proctors kongregationalistische Kirche eine Kindertagesstätte, eine Vorschule, eine Sporthalle, eine Musikschule, ein Stellenvermittlungsbüro und eine Bibelschule. W. N. DeBerry aus Springfield, Massachusetts, war der führende Kopf der kongregationalistischen Gemeinde, der die Gemeindemitglieder dazu bewegte, ein Heim für junge Arbeiterinnen in Amherst einzurichten und eine Wohlfahrtsliga für Frauen, Werkstätten für Jungen und Mädchen, eine Abendschule für Hauswirtschaftslehre und ein kostenloses Stellenvermittlungsbüro. Kirchen in New York, Detroit, Chicago, St. Louis und anderen Städten waren in ähnlicher Weise aktiv. Diese fortschrittliche Entwicklung verbesserte nicht nur die Lebensbedingungen in den Städten, sondern machte auch den Beruf des Geistlichen in den afroamerikanischen Kirchen für besser ausgebildete junge Männer attraktiv.

Ein weiterer Beleg für den Kampf der Afroamerikaner für gesellschaftliche Selbständigkeit waren die überall entstehenden Brüderschaften und karitativen Organisationen. Freimaurer und Odd Fellows hatten zahlreiche schwarze Mitglieder; und daneben warben Organisationen wie die Knights of Pythias und die Knights of Tabor um Mitglieder unter schwarzen Männern. Zu den Organisationen für schwarze Frauen gehörten der Order of the Eastern Star und die Sisters of Calanthe. Andere Geheimbünde wie International Order of Good Samaritans, Ancient Sons of Israel, Grand United Order of True Reformers und der Independent Order of St. Luke boten ihren Mitgliedern Versicherungen gegen Krankheit und Tod an, halfen Witwen und Waisen von verstorbenen Mitgliedern und waren Orte des geselligen Beisammenseins. Einige waren nur örtlich stark vertreten, andere hatten Mitglieder in mehreren Einzelstaaten und besaßen die Gebäude, in denen ihr Hauptbüro untergebracht war, und darüber hinaus weitere Immobilien, die sie an schwarze Geschäftsleute vermieteten.

Eine Variante der Brüderschaften, bei denen das Charakteristikum geheimer Rituale fehlte, waren die Wohltätigkeitsvereine und Versicherungsgesellschaften, die in diesen Jahren immer zahlreicher wurden. Diese Organisationen kassierten im allgemeinen von ihren Mitgliedern wöchentliche Beiträge von 25 Cents bis 50 Cents. Die Young Mutual Society in Augusta, Georgia, gegründet 1886, und die Beneficial Association in Petersburg, Virginia, 1893 gegründet, sind Beispiele für örtliche Wohltätigkeitsvereine. Einen wesentlich größeren Wirkungskreis und mehr Mitglieder hatte die Workers Mutual Aid Association in Virginia.

Bis 1898, vier Jahre nach ihrer Gründung, hatte sie mehr als viertausend Mitglieder. Obwohl diese Vereinigungen ziemlich hohe Mitgliedsbeiträge erhoben, waren sie ein wichtiges Übungsterrain, auf dem Afroamerikaner Geschäftserfahrungen sammeln konnten, und sie entwickelten Formen von Selbsthilfe, die zu Beginn des neuen Jahrhunderts immer dringlicher wurden.

Eine logische Weiterentwicklung der Wohlfahrtsvereine auf Gegenseitigkeit war die Gründung von schwarzen Versicherungsgesellschaften, die eher wirtschaftliche als soziale Aufgaben erfüllten. In Washington löste S. W. Rutherford seine Verbindungen zu den True Reformers und gründete eine Gesellschaft, aus der dann schließlich die National Benefit Life Insurance Company hervorging, die mehr als eine Generation lang die größte afroamerikanische Lebensversicherung und Organisation ihrer Art blieb. In Durham, North Carolina, konnte John Merrick, der im Weiterbildungsprogramm der True Reformers gearbeitet hatte, mehrere einflußreiche Bürger für die Gründung einer Versicherungsgesellschaft gewinnen. Zusammen mit A. M. Moore, James E. Shepard, W. G. Pearson und anderen wurde er 1898 Gründungsmitglied der später unter dem Namen North Carolina Mutual Life Insurance Company bekannten Gesellschaft. Sie erlebte nach 1899 ihren größten Aufschwung, als C. C. Spaulding Vorstandsmitglied und die Gesellschaft reorganisiert wurde. In Atlanta, Georgia, übernahm A. F. Herndon die Leitung der Atlanta Mutual Aid Association und wandelte sie in die mächtige Atlanta Life Insurance Company um. Diese und ähnliche Unternehmen erlebten eine Wachstumsphase, während immer mehr Gesellschaften von Weißen nur widerstrebend Afroamerikaner versicherten und diese den Wert verschiedener Versicherungsarten schätzen lernten.

Obwohl Afroamerikaner wenig Überschußkapital für philanthropische und wohltätige Zwecke abführen konnten, wurden große Anstrengungen unternommen für die materielle Unterstützung der armen und benachteiligten Menschen. Vielerorts wurden Waisenhäuser, Altersheime, Krankenhäuser und Erholungsheime eingerichtet, von denen einige nur von Afroamerikanern unterhalten wurden. So wurden das Tennessee Orphanage and Industrial School, ein Waisenhaus mit Gewerbeschule in Nashville, das Carrie Steel Orphanage, ein Waisenhaus in Atlanta, Georgia, und das Pickford Tuberculosis Sanitarium, eine Lungenheilstätte in Southern Pines, North Carolina, ausschließlich oder hauptsächlich aus den

Spenden von Afroamerikanern finanziert. Viele Organisationen wurden vor allem zu wohltätigen Zwecken gegründet. Unter ihnen war die Louisiana Association for the Benefit of Colored Orphans zugunsten afroamerikanischer Waisenkinder, die Thomy Lafon, ein schwarzer Immobilienmakler in New Orleans, finanziell großzügig unterstützte. 1895 organisierten afroamerikanische Frauen die National Association of Colored Women und errichteten, ihrem Leitsatz folgend, »Lifting As We Climb« (Andere beim Aufstieg mitnehmen), über ihre Ortsvereine Mädchenheime, Krankenhäuser und andere soziale Einrichtungen. Die Frauenliga, Colored Women's League, wurde 1892 in Washington gegründet, sie richtete eine Vorschule ein und arbeitete sehr stark im Fürsorgebereich, und die Farmer's Improvement Society in Texas startete 1891 ein Wohltätigkeitsprogramm, das in 36 Ortschaften des Staates lief. Die Young Men's Christian Association und die Young Women's Christian Association dehnten in diesen Jahren ihre Arbeit auf Afroamerikaner aus.

Obwohl die Kongresse nicht ganz an die Veranstaltungen vor dem Bürgerkrieg heranreichten, war das »Negerproblem« Thema zahlloser Konferenzen gegen Ende des Jahrhunderts. Auf zwei dieser Projekte von Booker T. Washington wurde bereits verwiesen, die jährlich in Tuskegee stattfindende Farmerkonferenz und das Treffen der National Negro Business League. Auf der Lake-Mohonk-Konferenz zur »Negro Question« im Jahr 1890 diskutierten prominente Weiße Fragen des Glaubens, der Bildung und der wirtschaftlichen Lage von Schwarzen. An der Konferenz nahmen keine Afroamerikaner teil. Die Hampton-Konferenz wurde teilweise von Afroamerikanern geleitet und behandelte hauptsächlich für Afroamerikaner spezifische Probleme ebenso wie die Capon-Springs-Konferenz.

Mit der Gründung der Afro-American League of the United States im Jahr 1890 erreichte die Förderung der Selbsthilfe der Schwarzen einen wichtigen Scheidepunkt. Unter der Führung von T. Thomas Fortune trafen sich mehr als einhundert Afroamerikaner aus dem ganzen Land in Chicago und verpflichteten sich gegenseitig, jede Form der Rassentrennung und Diskriminierung zu bekämpfen. Sieben Jahre später gründeten Alexander Crummell, W. E. B. Du Bois, John W. Cromwell, Kelly Miller und andere afroamerikanische Intellektuelle die American Negro Academy, eine nationale Institution, zu deren Mitgliedern einige der gebildetsten und prominentesten Vertreter der schwarzen Elite gehörten. Sie hegten die große Hoffnung, daß diese »ausgebildeten und gelehrten

Männer« die Führung übernehmen, »die Meinungen und Gewohnheiten der unreifen Massen« formen würden und sich gleichzeitig schützend vor die Afroamerikaner stellen könnten, bei Angriffen von denen, die sie verachteten. Über einen Zeitraum von 31 Jahren förderte die Akademie den Gedankenaustausch unter schwarzen Intellektuellen. Sie veranstaltete jährliche Treffen und Konferenzen zu Einzelthemen, veröffentlichte Vorträge und kompilierte gedruckte Materialien über Schwarze, sie setzte sich für die Einrichtung von Forschungszentren ein, die sich dem Studium Afrikas und der afroamerikanischen Bevölkerungsgruppe widmeten. Damit half die Akademie, die Tradition des schwarzen Protestes über eine Phase der Anpassung und Ächtung hinwegzuretten.

Ein weiterer Beitrag war die Conference on Negro Problems, die zwischen 1896 und 1914 jährlich an der Atlanta-Universität unter der Gesamtleitung von W. E. B. Du Bois abgehalten wurde. Hier trafen sich Afroamerikaner nicht nur, um über ihre Probleme zu diskutieren, es wurde auch jedes Jahr eine Studie über einen bestimmten Aspekt der afroamerikanischen Lebenswelt vorgelegt. Guy B. Johnson hielt diese Arbeiten für die »ersten wirklich soziologischen Forschungen im Süden«, und Du Bois erklärte, daß die 2172 Seiten der gedruckten Berichte eine »aktuelle Enzyklopädie der Probleme des amerikanischen Negers« bildeten. Zu den wichtigeren Veröffentlichungen der Konferenz gehören *Some Efforts of Negroes for Social Betterment* (1898), *The Negro in Business* (1899), *The College-bred Negro* (1900) und *The Negro Common School* (1901). Mehrere der Berichte wurden erweitert und bei späteren Konferenzen auf den neuesten Stand gebracht.

So versuchten die Afroamerikaner auf vielerlei Weise, ihr Schicksal in die eigene Hand zu nehmen und ihre Probleme, so gut sie konnten, zu lösen. Die Methoden, die sie dabei einsetzten, benutzten die Amerikaner aller Rassen. Dazu gehörten die Nutzung bereits bestehender Institutionen, wie Schulen und Kirchen, und die Gründung neuer Einrichtungen, wie der Unterstützungsvereine auf Gegenseitigkeit und der Handelskammern. Kein Wunder, daß der Herausgeber der Publikationen der Atlanta-Universität 1898 erklären konnte:

> Verglichen mit modernen zivilisierten Gruppen ist die Organisierung bei den amerikanischen Negern äußerst schlicht ... Und doch haben sie 23 000 Kirchen mit ungewöhnlich breitgefächerten Aktivitäten, die jährlich mindestens 10 000 000

Dollar ausgeben. Es gibt Tausende von Geheimbünden mit ihren Komponenten der Versicherungstätigkeit und Geselligkeit für Mitglieder, zahlreiche Wohltätigkeitsorganisationen ... es gibt eine langsame Vermehrung bei genossenschaftlichen Wirtschaftsunternehmen ... Schließlich entstehen allmählich Organe, durch die die Gruppe die asozialen Handlungen und Unfälle ihrer Mitglieder unterbinden oder verringern will. Es ist als Bild menschlicher Bemühungen ungewöhnlich schlicht ..., aber überaus menschlich und wert, weiter untersucht zu werden.

Als ein Ergebnis ihrer gesellschaftlichen und kulturellen Bemühungen gab es bald eine beträchtliche Zahl Schwarzer, die den intellektuellen Fortschritt und die befriedigende Assimilation an die amerikanische Gesellschaft bezeugten. Diese Entwicklung läßt sich deutlich an den literarischen Aktivitäten dieser Periode ablesen. In Geschichtswerken und Biographien bestand eine für die Literatur dieser Jahre charakteristische Tendenz, heroische Taten und spektakuläre Erfolge zu schildern. In seinem Buch *The Colored Cadet at West Point* (1889) schilderte Henry Ossian Flipper, wie er als erster Afroamerikaner ein Offizierspatent an der Militärakademie der Vereinigten Staaten erhielt. 1881 vervollständigte Frederick Douglass den Bericht über seine wechselvolle Laufbahn in *The Life and Times of Frederick Douglass* bis in die Gegenwart und setzte ihn 1892 fort. Unter den Autobiographien ragt Booker T. Washingtons *Up from Slavery* (1900) heraus, das zum Klassiker unter den amerikanischen Biographien wurde. Sie war der Typ der Erfolgsgeschichte, die auch viele weiße Amerikaner erzählten. Auch andere führende Afroamerikaner wie Bischof Daniel A. Payne und John M. Langston schrieben in jenen Jahren ihre Autobiographien. Zwei der besseren Biographien waren Sarah Bradfords Arbeit über das Leben von Harriet Tubman, *Harriet, the Moses of Her People* (1886), und Charles W. Chesnutts *Frederick Douglass* (1899).

1872 veröffentlichte William Still seine *Underground Rail Road*, ein Buch, das wohl kaum den Rang eines historischen Werkes hat, aber das erwachende Interesse der Afroamerikaner an ihrer Vergangenheit bezeugte. Etliche Kirchengeschichten, die vorwiegend von Pfarrern und Kirchenfunktionären verfaßt wurden, waren als Sammlung von Quellenmaterial wichtiger denn als maßgebliche Analysen. Joseph T. Wilson schrieb mehrere historische Bücher, darunter *Emancipation; Its Course and Progress from 1481 B. C. to A. D. 1875* (1882) und *The Black Phalanx* (1888), eine Geschichte der Schwarzen im Bürgerkrieg. Vergleichbare Historiker waren auch John Wallace, der *Carpetbag Rule in Florida* (1888) schrieb, und E. A. Johnson, Autor von *A School History of the Negro Race in America* (1891). Weitaus fähiger als Historiker war George Washington Williams aus Pennsylvania, der als Soldat im Bürgerkrieg gedient hatte und in Massachusetts zur Schule gegangen war. 1882 veröffentlichte der Verlag Putnam's seine *History of the Negro Race in America from 1619 to 1880* in zwei Bänden, das Ergebnis jahrelanger sorgfältiger und gründlicher Forschung. Es war die erste historische Forschungsarbeit eines Afroamerikaners, die von amerikanischen Wissenschaftlern ernst genommen wurde. Fünf Jahre später publizierte der Verlag Harper and Brothers seine *History of the Negro Troops in the Rebellion*. Booker T. Washington's zweibändiges *Story of the Negro* (1909) bedeutete gegenüber der früheren Arbeit von Williams keinen Fortschritt. 1896 erschien als erste geschichtswissenschaftliche Monographie eines Afroamerikaners W. E. B. Du Bois *The Suppression of the African Slave Trade, 1638-1870* und war gleichzeitig der erste Band der Harvard Historical Studies. Sie war ein Meilenstein in der intellektuellen Entwicklung der Afroamerikaner und wird noch heute von seriösen Historikern geschätzt.

In den Wirtschaftswissenschaften, der Soziologie und der Politologie waren die Arbeiten der Schwarzen weder so zahlreich noch so befriedigend wie auf dem Gebiet der Geschichte. Natürlich gab es die Schriftenreihe der Atlanta-Universität, die hauptsächlich von Du Bois verfaßt und bereits erwähnt wurden. Als Dozent an der Universität von Pennsylvania sammelte Du Bois Material über die Schwarzen in Philadelphia und veröffentlichte es 1900 unter dem Titel *The Philadelphia Negro*. 1892 begann Ida B. Wells ihren langen Kampf mit der Veröffentlichung von *A Red Record, Tabulated Statistics and Alleged Causes of Lynching in the United States*. Im gleichen Jahr schrieb Anna Julia Cooper in einem Aufsatzband, *A Voice From the South: By a Black Woman of the South* mit sehr viel Einfühlungsvermögen und Durchblick über die Herausforderungen und Chancen von afroamerikanischen Frauen, die einerseits in einer weißen kapitalistischen Gesellschaft etwas erreichen wollten, in der Schwarze unterdrückt wurden, und sich andererseits in einer patriarchalischen Gesellschaft durchsetzen wollten, in der Frauen unterdrückt wurden. Booker T. Washington schrieb zahlreiche Bücher auf den Gebieten der Bildung, der Rassenbeziehungen, der Wirtschaft und Soziologie. Einige seiner Titel sind *The Future of the American Negro* (1899), *The Education of the Negro* (1900), *Tuskegee and Its People* (1905) und *The*

Negro in Business (1907). Es waren überwiegend wiederholte Darlegungen seiner Position zur Rolle der Schwarzen in der amerikanischen Gesellschaft. T. Thomas Fortune verfaßte mehrere wichtige Beiträge auf dem Gebiet der Wirtschafts- und Politischen Wissenschaften, darunter *Black and White: Land, Labor and Politics in the South* (1884) und *The Negro in Politics* (1885). Ersteres unterstützte die Gewerkschaftsbewegung unter den Schwarzen, während letzteres ein scharfer Angriff auf Frederick Douglass' These war, daß für Afroamerikaner »die Republikanische Partei das Schiff ist, alles andere ist der Ozean«.

In der Belletristik erschienen noch immer Kurzgeschichten und Skizzen über das Leben im Süden von einigen der führenden Gegner der Sklaverei. 1880 veröffentlichte William Wells Brown sein letztes Buch, *My Southern Home*. Der Schriftsteller, der in dieser Zeit den nachhaltigsten Eindruck hinterließ, war Charles W. Chesnutt, dessen Romane und Kurzgeschichten viel gelesen und überschwenglich gelobt wurden. Zwischen 1899 und 1905 wurden vier seiner Bücher wegen ihrer lebendigen Charakterschilderungen und ihrer farbigen Erzählweise sehr wohlwollend aufgenommen: *The Conjure Woman* (1899), *The House Behind the Cedars* (1900), *The Marrow of Tradition* (1901) und *The Colonel's Dream* (1905). Über *The Conjure Woman* schrieb Vernon Loggins, daß ein so ernstzunehmendes literarisches Werk »den Beweis liefert, daß die Literatur der Neger den Kinderschuhen entwachsen ist«. Die Verleihung der Spingarn Medal des NAACP an Chesnutt gegen Ende seiner literarischen Karriere war der deutlichste Ausdruck für die Hochachtung, die sein Werk in der afroamerikanischen Bevölkerung genoß.

Obwohl Paul Laurence Dunbar mehrere Romane in seinem kurzen Leben schrieb, darunter *The Uncalled* (1898) und *The Love of Landry* (1900), kennt man ihn doch hauptsächlich wegen seiner Gedichte, und William Dean Howells beschrieb ihn als den ersten Afroamerikaner, »der das Leben der Neger ästhetisch erfühlte und lyrisch ausdrückte«. Frederick Douglass sah in Dunbar »den vielversprechendsten Schwarzen seiner Zeit«, und der Schriftsteller Ralph Ellison beschrieb ihn als den ersten Afroamerikaner, der in die amerikanische Literatur das »gewisse etwas [einbrachte], das unsere [afroamerikanische] Stärke ausmacht, unsere Ausdauer und Hoffnung«. Nur wenige Dichter in Amerika konnten so vollkommen die Seele einiger Aspekte des amerikanischen Lebens ein-

> ### Anna J. Cooper über die Herausforderungen und Chancen »farbiger Frauen« zu Beginn des 20. Jahrhunderts
>
> Die farbige Frau von heute nimmt eine einzigartige Stellung in diesem Land ein, das kann man wohl behaupten ... Sie sieht sich der Frauenfrage und dem Rassenproblem gegenüber und ist bis jetzt ein unbekannter und nicht anerkannter Faktor. Während die Frauen der weißen Rasse voller gelassener Zuversicht die Arbeit aufnehmen können, für die sie sich von Natur aus berufen fühlen und dabei die loyale Unterstützung und anerkennende Ermunterung ihrer Männer für ihre Bemühungen erfahren ... sieht sich die farbige Frau allzu oft behindert und beschämt durch eine weniger liberale Einstellung und eine konservative Haltung derjenigen, deren Ansichten ihr am teuersten sind. Das ist nicht durchgängig wahr, das will ich gern zugeben. Es gibt auch äußerst konservative weiße Männer, und es gibt äußerst liberale farbige Männer. Doch nach meiner Erfahrung ist der durchschnittliche Mann unserer Rasse weniger häufig bereit zuzugeben, daß die robusteren Wesen auf dieser Welt die Hilfe und den Einfluß der Frau wirklich brauchen ...
>
> Aber eine Frau der Negerrasse in Amerika zu sein und die große Bedeutung der Chancen dieser Krise zu begreifen, das ist ein Erbe, das einzigartig ist in der Geschichte der Welt. Erstens ist diese Rasse jung und voller Spannkraft und Hoffnung der Jugend. Sie blickt nicht auf die meisterhaften Triumphe der Zivilisation des 19. Jahrhunderts mit diesem blasierten, leicht müden Blick zurück, der die alten, erschöpften und ausgelaugten Rassen charakterisiert, die ihre besten Tage sozusagen schon hinter sich haben.
>
> So schrieb ein europäischer Schriftsteller erst kürzlich: »Außer dem Slawen, ist der Neger das einzig ursprüngliche und unverwechselbare Genie, das sich noch voll entfalten muß – und es herrscht das Gefühl vor, es zu hegen und weiterzuentwickeln.«
>
> > Anna J. Cooper, »The Status of Women in America«,
> > aus: *A Voice from the South*, (Xenia, Ohio, 1892)

fangen und in so wunderbare Verse schmieden. Seine Lyrikbände *Oak and Ivy* (1893), *Majors and Minors* (1896) und *Lyrics of Lowly Life* (1896) veranlaßten viele Kritiker, von ihm als dem »gefeierten Dichter der Negerrasse« zu sprechen. Seine Gedichtbände erschienen in vielen Auflagen, und als er 1906 starb, war er einer der berühmtesten Männer der amerikanischen Literatur. Der begeisterte Beifall für Dunbar ließ die

Arbeiten von James Madison Bell, Albery A. Whitman und Frances E. W. Harper in den Hintergrund treten, die sonst als Dichter einer mündigen Rasse höher bewertet worden wären.

Afroamerikanische Verleger und Chefredakteure mußten zwar nicht mehr dieselben Schlachten schlagen wie einst Frederick Douglass und Samuel Cornish, aber sie kämpften nicht weniger um die bessere Integration der afroamerikanischen Bürger in die amerikanische Gesellschaft. Selbst in den Nachkriegsjahren war die *New National Era* von Douglass ein Fehlschlag, und sein Nachfolger, *The Commoner*, 1875 von George W. Williams in Washington publiziert, erschien nur ein paar Wochen lang. Zeitschriften wie *The Southern Workman*, die in Hampton nach 1872 herauskam, und die *AME Review,* die 1884 erschien, beschäftigten sich hauptsächlich mit Bildungs-, Literatur- und Religionsfragen, während die Tageszeitungen wirtschaftliche und politische Streitthemen ausfochten. Im Jahr 1900 gab es drei Tageszeitungen für Afroamerikaner – in Norfolk, Virginia, Kansas City, Kansas, und Washington, D. C. Alle mußten ihr Erscheinen schon bald einstellen. In der gleichen Zeitspanne existierten annähernd 150 Wochenzeitungen, die eine breite Leserschaft unter Afroamerikanern hatten. In Georgia und Texas gab es jeweils nicht weniger als 23, in North Carolina 10. Die übrigen Wochenzeitungen waren auf mehr als 26 Staaten verteilt. Einige hatten viele Leser, die sie zu heftigen Diskussionen provozierten. In Boston begannen z. B. George Forbes und Monroe Trotter 1901 mit der Veröffentlichung des *Guardian*, der das Programm von Booker T. Washington bekämpfte und die sofortige und völlige Gleichheit für die Afroamerikaner forderte. Während Washington auf einige der Wochenblätter großen Einfluß hatte, war die Mehrzahl der Zeitungen kompromißlos, und ihre Titel lassen etwas von Temperament und Geist der Herausgeber erkennen. Darunter *San Antonio X-Ray, Austin Searchlight, Baltimore Crusader, Columbus New Light* und *Albany Iconoclast.*

Das Ende des Jahrhunderts sah die Afroamerikaner in einer stärkeren Position. Sie verfügten über Bildungseinrichtungen, in denen sie sich weiterentwickeln und Sozialeinrichtungen, mit denen sie ihre gesellschaftliche Lage verbessern konnten. Die finanzielle Unterstützung, die sie von Philanthropen erhielten, erleichterte ihr Dasein erheblich, aber ihre Erfahrungen in Wirtschaft und Gesellschaft der Weißen bestärkten sie in der Überzeugung, daß die Hauptlast der Entwicklung der Schwar-

Ida B. Wells. Kämpferin für die Gerechtigkeit. Sie wurde vom Pöbel aus Memphis verjagt, wo sie eine Zeitung herausgab, weil sie Gewalt und insbesondere Lynchaktionen verurteilte. Ihren Kampf setzte sie in Chicago fort, wo sie auch die Weltausstellung von 1892 kritisierte, weil diese die Afroamerikaner bei den Exponaten nicht berücksichtigte. *(The Schomburg Center for Research in Black Culture, New York Public Library)*

zen von den Afroamerikanern selbst getragen werden mußte. Sie übernahmen diese Verantwortung, ohne zu zögern, und strebten in typisch amerikanischer Manier nach einem größeren Anteil an den Segnungen der Freiheit. Doch als sie ihre eigenen Institutionen aufbauten und in beachtlichem Umfang ein eigenes Kulturleben schufen, wurde immer deutlicher, daß der amerikanische Schmelztiegel – jedenfalls für die Afroamerikaner – nicht kochte, er köchelte kaum.

15. KAPITEL

DIE BARRIERE DER HAUTFARBE

Der neue amerikanische Imperialismus

Eine der langfristigsten Folgen der Wiedereingliederung des Südens und der parallel verlaufenden Industriellen Revolution war das Wiedererstarken des amerikanischen Nationalismus, der nur vorübergehend vom Konflikt zwischen Nord und Süd in den Hintergrund gedrängt worden war. Erneut betrachteten sich die Amerikaner als Wächter der Zivilisation in der Neuen Welt und wollten folglich die Segnungen, die sie selbst genossen, auf andere Völker ausdehnen. Da sie als Volk wiedervereinigt waren, fühlten sich die Amerikaner verpflichtet, erneut den Einfluß in der Neuen Welt auszuüben, der schon früher ihre Politik charakterisiert hatte. Um die Neue Welt gegen Übergriffe vom alten Kontinent zu schützen, hielt man eine größere und bessere Marine für notwendig. Gleichzeitig dehnten Missionare ihre Tätigkeit auf die Inseln in der Karibik, auf Lateinamerika und bis in den Pazifik aus.

Diese Perspektive gipfelte logischerweise im Aufbrechen der bisherigen außenpolitischen Isolierung und einer imperialistischen Politik, vergleichbar dem Imperialismus europäischer Staaten. Die Vereinigten Staaten beobachteten mit großem Interesse die verstärkten imperialistischen Aktivitäten Frankreichs und Englands und der neuen Kolonialmächte Belgien, Italien und Deutschland. David Livingstone, Cecil Rhodes und Henry M. Stanley führten der industrialisierten Welt in dramatischer Weise die Bedeutung Afrikas vor Augen, während der schwarze Kontinent im Namen des belgischen Königs Leopold, des deutschen Kaisers Wilhelm und der britischen Königin Victoria aufgeteilt wurde. Im Winter 1884/1885 trafen sich die Kolonialmächte zu einer internationalen Konferenz in Berlin, in deren Mittelpunkt Afrika stand. Das Kongobecken wurde von den Konferenzteilnehmern Leopold von Belgien zugesprochen, und den übrigen Mächten wurde der Weg zur Inbesitznahme geebnet: für

Deutschland in Ostafrika, Südwestafrika, Togoland und Kamerun, für England in einem riesigen Landstrich vom Kap der Guten Hoffnung bis nach Kairo und für Frankreich in einem beträchtlichen Teil Westafrikas. Am Ende des Jahrhunderts hatten die europäischen Großmächte Afrika faktisch unter sich aufgeteilt, und sie hielten Ausschau nach weiteren Gebieten, die sie erobern könnten. Doch zumindest ein Afroamerikaner, George Washington Williams, – Historiker, Politiker und Abgeordneter in Ohio – kritisierte die Politik König Leopolds im Kongo scharf.

Was den Imperialismus anging, so waren die Vereinigten Staaten in der Zeit nach dem Bürgerkrieg nicht vollkommen passiv gewesen. Mit der Zunahme der Industrieproduktion suchten amerikanische Unternehmer nach neuen Märkten und nach neuen Rohstoffquellen. Die Großindustrie, die auf einem gewaltigen Überschußkapital saß, suchte nach neuen Gebieten, um ihre Gewinne zu investieren. Als Folge schnellte der Export in die Höhe, und die Auslandsinvestitionen stiegen enorm. Während die Einwanderung in die Vereinigten Staaten weiter zunahm, wurde das Land im Westen schnell voll besiedelt, und die Vereinigten Staaten hatten, wie in anderen Phasen ihrer Geschichte, das Gefühl, »Lebensraum« zu brauchen. Ein Amerika, das sein Selbstbewußtsein wiedergewonnen hatte, wandte seinen Blick nach draußen. Der Nord-Süd-Konflikt war vorüber, die wirtschaftliche Revolution hatte die größten Hindernisse überwunden, und die Bevölkerung war es leid, sich mit der relativ uninteressanten Frage zu beschäftigen, wie das amerikanische Wirtschaftssystem noch perfekter werden könnte. Die Vereinigten Staaten waren bereit, eine Rolle in der Weltpolitik zu übernehmen.

In gewisser Hinsicht kann man das territoriale Wachstum der Vereinigten Staaten seit dem Erwerb von Louisiana im Jahr 1803 als imperialistische Entwicklung betrachten, aber das hinzugekaufte Land westlich der Alleghenies grenzte unmittelbar an die Vereinigten Staaten und war, mit Ausnahme der Indianer, von Menschen bewohnt, die ein ähnliches kulturelles Erbe hatten wie die Mehrheit der frühen amerikanischen Siedler. Doch schon lange vor dem Ende des 19. Jahrhunderts waren die Vereinigten Staaten durch den Kauf Alaskas von Rußland im Jahr 1867 in den Bund der imperialistischen Mächte aufgenommen worden. Obwohl es zunächst einigen Widerstand gegen den Erwerb von Rußlands »Kühlschrank« gab, schmolzen die Einwände schnell angesichts der grandiosen

Verlockungen eines neuen »offenkundigen Schicksals«, des *manifest destiny* Amerikas.

Schon weckten die Inseln Hawaiis das Interesse vieler amerikanischer Überseekaufleute. Nachdem viele von ihnen die Inseln besucht hatten, erkannten sie deren Bedeutung als Standort für einen Marinestützpunkt, eine Bunker- und Kabelstation. 1875 konnten Zucker und andere Produkte Hawaiis zollfrei in die Vereinigten Staaten eingeführt werden. 1884 pachteten die Vereinigten Staaten Pearl Harbor auf der Insel Oahu als Marinestützpunkt. Unter diesem zusätzlichen militärischen Schutz flossen große Kapitalsummen amerikanischer Investoren auf die Inseln, so daß die amerikanischen Plantagen 1890 mehr als 25 Millionen Dollar wert waren. Ungeachtet der Tatsache, daß die Bevölkerung Hawaiis ein rassisch und kulturell ganz und gar anderes Erbe hatte als jede andere amerikanische Bevölkerungsgruppe, wurde der Wunsch nach Annexion der Inseln durch die Vereinigten Staaten immer lauter. Nach einigem Hin und Her auf den Inseln und auf dem Festland annektierte der Kongreß sie 1898 durch einen gemeinsamen Beschluß beider Häuser. In gleicher Weise wurden Vorkehrungen getroffen, Tutvila zu übernehmen, als die Samoa-Inseln unter Großbritannien, Deutschland und den Vereinigten Staaten aufgeteilt wurden.

Im gleichen Zeitraum erlangten die Vereinigten Staaten die Oberhoheit über viele weitere kleine Inseln im Pazifik, einschließlich Wake, Midway, Palmyra und Howland. Vor dem Ende des Jahrhunderts waren die Vereinigten Staaten auf dem Weg, ein Imperium zu erwerben, dessen Völker hauptsächlich dunkelhäutig waren – Polynesier, Japaner, Chinesen und andere. Die führende Macht der westlichen Hemisphäre paßte sich dem vorherrschenden Muster des Imperialismus an, der die Welt überzogen hatte: Der Geist der Industrialisierung verstärkte wie ein Aufputschmittel das Programm zur Beherrschung der weniger entwickelten Regionen der Erde. Ohne Unterschied waren diese Völker dunkelhäutig, und häufig waren sie afrikanischer Abstammung.

Doch es war Lateinamerika, wo die Vereinigten Staaten ihre neue imperialistische Politik am nachdrücklichsten verfolgten; und selbst dort, wo es nicht um Gebietsgewinne ging, wirkten finanzielle und politische Einflußnahme Wunder. Damit brachte Amerika, während es sich auf Südamerika und die Karibik konzentrierte, Millionen Menschen afrikanischer oder gemischter Abstammung in seine Einflußsphäre. In der Karibik übten die Vereinigten Staaten ihren Einfluß am offensten und wirksamsten aus.

Am Ende des Bürgerkrieges herrschte Spanien nur noch über zwei Inseln, Kuba und Puerto Rico. Sie waren übrig von einem riesigen Reich in der Neuen Welt, das sich einst vom oberen Lauf des Mississippi bis nach Kap Horn erstreckt hatte. Spaniens permanenter Niedergang als koloniale Großmacht hatte das Land nicht geläutert oder weiser werden lassen in seinem Verhalten gegenüber den abhängigen Völkern. Auf seinen beiden Inseln verfolgte man noch immer eine Politik, die um nichts aufgeklärter war als im 17. Jahrhundert. Von den neuen imperialistischen Trends war Spanien unberührt geblieben und schien überhaupt nicht beeindruckt von gewissen Gesten Englands, selbst einigen der rückständigsten Gebiete eine gewisse Selbstbestimmung zuzubilligen. Unterdrückung und scharfe Überwachung aller Bereiche des Lebens hatten auf Kuba zahlreiche Revolten gegen Spanien ausgelöst. Bis zur Mitte des 19. Jahrhunderts wurden sie häufiger und heftiger.

Gegen Ende des Jahrhunderts wurden die Kubaner immer entschlossener, ihre Unabhängigkeit zu erlangen. Und diese Entschlossenheit paßte gut zum wachsenden Interesse einiger Bürger der Vereinigten Staaten an der Insel, die bereits beachtliche Investitionen auf Kuba getätigt hatten. Bis 1890 hatten Amerikaner bereits mehr als 50 Millionen Dollar in Plantagen und Zuckerraffinerien investiert. Als die Kubaner dann 1895 revoltierten, waren die Vereinigten Staaten über den Schaden auf amerikanischen Plantagen und in amerikanischen Fabriken beunruhigt. Zu ihrem materiellen Interesse gesellte sich im folgenden Jahr ein humanitäres Interesse, als Spanien General Valeriano Weyler zur Niederschlagung der Rebellion entsandte. Er bewies eher Entschlossenheit als Klugheit, als er einen Großteil der Landbevölkerung in Lager einsperren ließ, da es außerordentlich schwierig war, regierungstreue und aufständische Kubaner zu unterscheiden und voneinander zu trennen. Hunger und Krankheit forderten unter den Kubanern so viele Todesopfer, daß die amerikanische Presse den spanischen General als »Schlächter« Weyler titulierte. Allein in der Provinz Havanna starben mehr als 50 000 Menschen.

Es war für die Amerikaner unvorstellbar, daß solche Brutalität so nahe am Zentrum der Freiheit der westlichen Welt existieren konnte. Ein empörtes Amerika vergaß für einen Augenblick den heißen Präsidentschaftswahlkampf von 1896 und die Kampagne, den Schwarzen in den

Südstaaten das Wahlrecht zu entziehen. Die Boulevardpresse schürte die Wogen der Entrüstung, bis der Kongreß schließlich den Kriegszustand auf Kuba anerkannte. Nur die feste Haltung Präsident Clevelands hielt das Land davon ab, noch weiterzugehen. In gewissem Maße von den Vereinigten Staaten ermutigt, waren die Kubaner entschlossener denn je, ihre Unabhängigkeit zu erkämpfen. Unter der Führung des Mulatten Antonio Maceo als General und Quintin Bandera, genannt »der Schwarze Blitz«, führten die Aufständischen einen Feldzug der systematischen Verwüstung, der bei den Amerikanern immer größere Unterstützung fand. Im Januar 1898 wurde das amerikanische Schlachtschiff *Maine* nach Havanna entsandt, um das Leben und Eigentum amerikanischer Bürger zu schützen und den Spaniern deutlich zu machen, daß die Regierung der Vereinigten Staaten bereit war, entschlossen einzugreifen. Am 15. Februar 1898 sank die *Maine* nach einer Explosion an Bord im Hafen von Havanna, mehr als 250 Offiziere und Mannschaften kamen ums Leben. Dieser Vorfall löste eine Kette von Ereignissen aus, die zwei Monate später im Krieg zwischen den Vereinigten Staaten und Spanien gipfelten. Er war Amerikas erster internationaler Konflikt seit mehr als fünfzig Jahren, und er demonstrierte deutlich Amerikas wachsendes Interesse an der Lage außerhalb der eigenen Grenzen.

Von Anfang an nahmen Afroamerikaner am Krieg gegen Spanien teil. Ja, es waren mindestens dreißig Schwarze auf der *Maine*, als sie explodierte. Zweiundzwanzig wurden getötet, vier verwundet und vier kamen unverletzt davon. Die Afroamerikaner waren bereits von Maceos und Banderas Soldaten beeinflußt und betrachteten »den Weylerismus als Synonym für eine barbarische Kriegführung«. Die Mehrheit der Afroamerikaner wollte die Ehre der Vereinigten Staaten verteidigen und dazu beitragen, den Kubanern Unabhängigkeit und Freiheit zu erkämpfen, die in ihren Augen vor allem Schwarze und Mulatten waren. Als der Präsident 200 000 Freiwillige zu den Waffen rief, um die unzureichenden regulären Truppen zu ergänzen, meldeten sich die Schwarzen ebenso begeistert zum Dienst mit der Waffe wie alle anderen Bevölkerungsgruppen. Einige Afroamerikaner waren jedoch artikulierte Anti-Imperialisten, die erklärten, daß der Erwerb von Kolonien durch die Vereinigten Staaten nur Schlimmes für die derzeitigen und zukünftigen farbigen Mitglieder der amerikanischen Gesellschaft erwarten ließ. Diese Dissenter, von denen sich die meisten mit den kubanischen Rebellen (insbesondere den schwarzen) identifizierten, wiesen immer wieder darauf hin, daß Spanien trotz seiner grausamen und undemokratischen Herrschaft kein rassisches Kastensystem in Kuba errichtet hatte. Sie weigerten sich, Teil eines Krieges zu sein, in dem Afroamerikaner, die selbst Opfer von diskriminierenden Gesetzen und rassistischen Praktiken waren, dazu benutzt wurden, farbige Bewohner von Kolonien diesem selben System zu unterwerfen.

In der regulären Armee, die 1898 nur 28 000 Mann zählte, gab es vier afroamerikanische Einheiten, die alle bereits bei Militäraktionen gegen Indianer im Westen eingesetzt worden waren. Das 9. Kavallerieregiment war in der Zone des Platte-Flusses und das 10. Kavallerieregiment war in Assiniboine, Montana, stationiert. Das 24. Infanterieregiment lag in Fort Douglas bei Salt Lake City, Utah, und das 25. Infanterieregiment in Missoula, Montana. Diese Einheiten waren kurz nach dem Bürgerkrieg aufgestellt worden und hatten zahlreiche Aufgaben in den Indianerkriegen und an der Grenze erfüllt. Das 9. Kavallerieregiment z. B. hatte in Fort Lancaster, Texas, in Santa Fé, New Mexico, in Fort Riley, Kansas, und in Fort McKinney, Wyoming, Dienst getan. Diese Soldaten wurden häufig die »Buffalo Soldiers« genannt, ein Name, den ihnen die Kiowa, Cheyenne und Apachen nach Zusammenstößen gegeben hatten. Als sie zusammen mit anderen schwarzen und weißen regulären Einheiten im spanisch-amerikanischen Krieg zum Einsatz kamen, erwiesen sich ihre Ausrüstung und Ausbildung für den Kampf in den Tropen als unzureichend.

Neben den vier schwarzen Einheiten in der regulären Armee und vier weiteren Einheiten, die nach dem Sondergesetz des Kongresses rekrutiert worden waren, dienten zusätzliche schwarze Gruppen unterschiedlicher Größe im Krieg gegen Spanien. Mehrere Einzelstaaten gestatteten Afroamerikanern, eigene Einheiten aufzustellen und sich zum Militärdienst zu melden, darunter das 3. Alabama-Freiwilligen-Infanterieregiment, das 3. North-Carolina-Infanterieregiment, das 6. Virginia-Infanterieregiment, das 9. Ohio-Infanterieregiment, das 23. Kansas-Infanterieregiment, das 8. Illinois-Infanterieregiment, zwei Kompanien des Indiana-Infanterieregiments und viele kleinere Gruppen. Die Kompanie »L« des 6. Massachusetts-Infanterieregiments war die einzige schwarze Kompanie, die als fester Bestandteil eines weißen Regiments eingezogen wurde. Sie hatte afroamerikanische Offiziere, und da sie während des Unabhängigkeitskriegs – als »Bucks of America« – aufgestellt worden war, war sie stolz darauf, die älteste afroamerikanische Militäreinheit in Amerika zu sein.

Die Frage afroamerikanischer Offiziere beschäftigte die Militärführung von Anfang an. Selbst als der Kongreß den vier neuen schwarzen Einheiten zugestimmt hatte, bestand das Kriegsministerium auf einem weißen Stab und weißen Offizieren ab dem Rang eines Leutnants. Die Mehrheit der weißen Soldaten in der regulären Armee sprach den Schwarzen Führungsqualitäten ab und verwies auf die Tatsache, daß es, ungeachtet der vier schwarzen Einheiten in der regulären Armee, nur einen afroamerikanischen Offizier gab, den Absolventen von West Point, Charles Young. Der Präsident ernannte schließlich etwa einhundert afroamerikanische Leutnants im Freiwilligenheer, während die Mehrheit der schwarzen Einheiten im Dienst der Einzelstaaten afroamerikanische Offiziere hatten. Das 3. North-Carolina-Infanterieregiment hatte ausschließlich afroamerikanische Offiziere. Der kommandierende Offizier war Oberst James H. Young, ein prominenter Afroamerikaner in diesem Einzelsstaat, seine persönlichen Adjutanten waren Oberstleutnant C. S. Taylor und Major Andrew Walker. Das 8. Illinois wurde von Oberst John R. Marshall befehligt, und Charles Young wurde zum Hauptmann im Rang eines Majors ernannt und bekam das Kommando über das 9. Ohio. Auch die Massachusetts Kompanie hatte afroamerikanische Offiziere. Das 6. Virginia erhielt zunächst weiße Offiziere, was geändert wurde, als mehrere schwarze Soldaten den Dienst quittierten, weil sie bei ihrer Meldung zum Militär davon ausgegangen waren, von afroamerikanischen Offizieren befehligt zu werden.

Sechs Unteroffiziere wurden im Feld zu Leutnants ernannt, wegen »besonderer Tapferkeit und Verdienste vor dem Feind«. Noch zwei weitere Offizierspatente wurden mit der Ernennung zum Zahlmeister im Rang eines Majors erteilt, und zwar an John R. Lynch, einen ehemaligen Kongreßabgeordneten aus Mississippi und vormals vierten Rechnungsprüfer im Finanzministerium, und an Richard R. Wright, den Präsidenten des College für Landwirtschaft und Technik in Georgia. Zwei Afroamerikaner wurden zu Militärgeistlichen ernannt, der Reverend C. T. Walker aus Georgia und der Reverend Richard Carroll aus South Carolina. Dr. Arthur M. Brown wurde zum stellvertretenden Chirurgen des 10. Kavallerieregiments ernannt und befehligte vom 2. August bis zum 8. Oktober 1898 als kommandierender Offizier seine Einheit.

Die Behandlung der schwarzen Soldaten im Verlauf des Krieges war ein Spiegelbild für die Zwänge, unter denen Afroamerikaner in einer

Jim-Crow-Gesellschaft lebten, ganz gleich, wie kampfentscheidend oder tapfer ihr Einsatz war. Wo immer schwarze Regimenter stationiert waren, lösten sie Feindseligkeit bei Weißen aus, die bewaffnete Schwarze in der Uniform ihres Landes ablehnten. Die Schwarzen waren rassistischen Anfeindungen ausgesetzt und konnten öffentliche Räumlichkeiten, wie Restaurants, Hotels etc., nicht benutzen, die ihren weißen Kameraden offenstanden. Afroamerikanische Soldaten protestierten aufs schärfste gegen diese und andere Beleidigungen bei ihren Offizieren, in Leserbriefen an Zeitungen und in der amerikanischen Öffentlichkeit. Die Tatsache, daß sie bewaffnet und uniformiert waren und als größere Gruppe zusammen durchs Land zogen, veranlaßte manche von ihnen, jedenfalls gelegentlich, die Jim-Crow-Praktiken zu ignorieren, und Personen, die sie verunglimpften, auch unter Gewaltanwendung zu bestrafen. Aber die meisten hielten sich zurück und ertrugen Beleidigungen und Mißhandlungen in dem Glauben, daß sie nur ihre Indifferenz gegenüber dem Rassismus demonstrieren müßten und ihren Patriotismus beweisen, um den Anspruch ihrer Rasse auf Gleichbehandlung zu untermauern. Doch dieser zusätzliche und letztlich weniger erfolgreiche Krieg gegen den Rassismus forderte einen hohen Preis, er verstärkte ihre Desillusionierung und Verbitterung.

Bei der überraschenden und entscheidenden Aktion, die den Vereinigten Staaten den Sieg brachte, wurden von den Afroamerikanern nur die vier Einheiten der regulären Armee in größerem Umfang eingesetzt. Im Juni 1898 wurden diese Einheiten von verschiedenen Häfen im Süden nach Kuba verschifft. Das 25. Infanterieregiment zum Beispiel stach am 7. Juni von Tampa, Florida, aus auf einem Truppentransporter in See. Während ihres einwöchigen Wartens im Hafen wurde den Männern ohne Begleitung eines Offiziers nicht erlaubt, fürs Baden und für Freiübungen von Bord zu gehen. Beim Auslaufen wurde dem 25. das unterste Deck angewiesen, wo durch kleine Bullaugen Licht und kaum Luft hereinkam. An Bord durften Schwarze und Weiße nicht miteinander verkehren. Als sie am 22. Juni in Daiquiri in der Bucht von Guantanamo an Land gingen, begann der Feldzug gegen die spanischen Streitkräfte auf Kuba.

Die afroamerikanischen Kontingente kamen hauptsächlich bei El Caney, Las Guasimas und San Juan Hill zum Einsatz. Am 24. Juni ritten zwei Bataillone des 1. Freiwilligen-Kavallerieregiments (Theodore Roosevelts Rough Riders) auf der Santiago-Landstraße nach Las Guasimas, wo sie auf den Feind trafen. In einer kritischen Gefechtsphase preschten mehrere Schwarze des 9. und 10. Kavallerieregiments nach vorn, rissen die behelfsmäßigen Barrikaden des Feindes nieder, schnitten den Stacheldraht durch und schlugen den Rough Riders eine Bresche, die dann die Spanier in die Flucht schlugen. Ein afroamerikanischer Unteroffizier, der ein Hotchkiss-Gewehr im Gefecht bediente, wurde auf seinem Posten getötet. Am 30. Juni wurde das 25. bei El Caney zur Verstärkung der Rough Riders abkommandiert. Bei diesem entscheidenden Einsatz lagen viele afroamerikanische Soldaten den größten Teil des Tages unter Geschützfeuer, mit dem strikten Befehl, das feindliche Feuer nicht zu erwidern. An drei Gefechtstagen wurden die meisten der schwarzen regulären Soldaten in Kuba eingesetzt und ernteten das Lob praktisch aller ihrer Offiziere.

Es ist vielfach behauptet worden, daß das 9. und 10. Kavallerieregiment die Rough Riders bei Las Guasimas vor dem Aufreiben retteten. Ein weißer Offizier aus dem Süden meinte: »Hätte es die Negerkavallerie nicht gegeben, wären die Rough Riders aufgerieben worden. Ich bin kein Negerfreund. Mein Vater kämpfte mit Mosbys Rangers, und ich bin im Süden aufgewachsen, aber die Neger brachten die Wende in diesem Gefecht, und eines Tages wird General Shafter ihre Tapferkeit anerkennen.« Ein anderer Offizier erklärte: »Ich bin ein geborener Südstaatler, und ich habe nie viel von Farbigen gehalten. Aber irgendwie denke ich jetzt sehr anders über sie ... Ich habe noch nie solche Kämpfer gesehen wie die Männer des 10. Kavallerieregiments. Sie schienen überhaupt keine Furcht zu kennen, und ihr Schlachtruf war das Lied ›There'll be a hot time in the old town tonight‹.« (Heute abend wird es in der Stadt hoch hergehen.) Selbst jene, die nicht behaupteten, daß die Afroamerikaner die Rough Riders gerettet hatten, waren voll des Lobes. Leutnant Thomas Roberts erklärte: »Ich habe nichts als das höchste Lob für die dunkelhäutigen Krieger auf dem Schlachtfeld. Von tapferen Männern angeführt, wagten sie sich ins dickste Kampfgetümmel, ja bis zu den tückischen Mündungen todbringender Kanonen, völlig unerschrocken.« Die *New York Mail and Express* schrieb:

> Den schwarzen Soldaten des tapferen 10. alle Ehre: Seit der Versenkung der *Maine* hat es kein so beeindruckendes Beispiel für Tapferkeit und Kaltblütigkeit gegeben wie von den farbigen Veteranen des 10. Kavallerieregiments beim Angriff auf

Caney letzten Samstag. An der Seite der Rough Riders folgten sie ihrem Anführer hinauf auf den schrecklichen Hügel, von dessen Kamm die verzweifelten Spanier das todbringende Feuer der Granaten und Musketen auf sie niederprasseln ließen. Keine Sekunde zögerten sie ... Feuerten beim Marschieren, trafen vorzüglich, bewiesen ihre Kaltblütigkeit und wurden für ihren Mut von ihren Kameraden bewundert ... Der Krieg hat keinen größeren Heldenmut gesehen.

Die Reaktion von Theodore Roosevelt auf die Leistung der afroamerikanischen Soldaten war je nach Anlaß unterschiedlich. Als er seine Abschiedsrede vor der recht heterogenen Gruppe aus Indianern, Viehzüchtern, Cowboys, College-Athleten und Afroamerikanern, die unter ihm gedient hatten, hielt, fand er Worte uneingeschränkten Lobs für die schwarzen Soldaten. »Die Spanier nannten sie ›Räucher-Yankees‹, aber wir haben gemerkt, daß sie eine ausgezeichnete Sorte Yankees sind. Ich bin mir sicher, daß ich die Gefühle der Offiziere und Männer in dieser Versammlung zum Ausdruck bringe, wenn ich sage, daß zwischen Ihnen und den anderen Kavallerieregimentern ein Band existiert, das niemals reißen wird.« In seinem Wahlkampf für das Amt des Gouverneurs von New York im Oktober 1898 sagte Roosevelt: »Ich habe selbst einen der Rough Riders nach dem Angriff auf San Juan sagen hören: ›Ja, die Männer vom 9. und 10. sind in Ordnung, die können aus unseren Feldflaschen trinken.‹« Roosevelt lobte die Afroamerikaner, die mit seinen Rough Riders die Attacke auf San Juan geritten waren, in den höchsten Tönen und schloß: »Ich glaube, kein Rough Rider wird jemals vergessen, was uns mit dem 9. und 10. Kavallerieregiment verbindet.« In einem Artikel in *Scribner's Magazine* im folgenden April schrieb Roosevelt jedoch, daß sich die Schwarzen zwar gut verhalten hätten, aber »sie sind natürlich in besonderer Weise abhängig von ihren weißen Offizieren ... Keiner der weißen Soldaten der Rough Riders ließ auch nur das geringste Anzeichen von Schwäche erkennen, aber unter dem Stress ... wurden die farbigen Infanteristen etwas ängstlich und fielen zurück.« Das habe er nicht zulassen können, sagte Roosevelt, und deshalb seinen Revolver ziehen müssen, um die zurückweichenden Schwarzen aufzuhalten. Er werde jeden Mann erschießen, habe er gedroht, der zurückweiche, unter welchem Vorwand auch immer.

Eine Erklärung für diesen Rückzug gab nicht Roosevelt, sondern Feldwebel Preston Holliday vom 10. Kavallerieregiment in der *New York*

Age vom 11. Mai 1899. Holliday erklärte, daß sich die Afroamerikaner auf Befehl von Leutnant Fleming zur Nachhut begeben hatten, um Verpflegung zu holen, Kanonen zu verschanzen und die Verwundeten in Sicherheit zu bringen. Fleming hätte das damals Oberst Roosevelt erklärt, und einige der Rough Riders hätten hinzugefügt, es bestehe kein Grund, auf Schwarze zu schießen. Die Antwort der schwarzen Soldaten war: »Wir bleiben bei Ihnen, Oberst.« Am folgenden Tag gab Roosevelt zu, daß er das Verhalten der afroamerikanischen Soldaten mißverstanden hatte, und entschuldigte sich dafür, sie so angeschnauzt zu haben. Deshalb waren afroamerikanische Soldaten und Zivilisten zutiefst verletzt, als Roosevelt sich nach weniger als einem Jahr abschätzig über sie äußerte. Sie konnten sich jedoch mit der Aussage von Generalmajor Nelson A. Miles, dem rangältesten Offizier der Armee der Vereinigten Staaten, trösten, der anläßlich einer Feier zum Friedensschluß im Oktober 1898 sagte: »Seite an Seite mit der weißen Rasse kämpfte die tapfere schwarze, als sie über die Schützengräben der Linien hinwegstürmte und später in den Krankenhäusern und kubanischen Lagern die Verwundeten freiwillig pflegte, die Sterbenden versorgte und die Toten begrub.« Wahrscheinlich dachte Generalmajor Miles an die Art und Weise, in der sich fast hundert Männer des 24. Infanterieregiments nach Ausbruch der Gelbfieberepidemie freiwillig als Krankenpfleger gemeldet hatten.

Afroamerikanische Soldaten dienten am Ende des Krieges als Besatzungstruppen. Einige der afroamerikanischen Einheiten, unter ihnen das 3. North Carolina, dienten im Pazifik. Das 23. Kansas-Infanterieregiment leistete Festungsdienst auf Kuba, und das 8. Illinois, das erst im August 1898 auf Kuba ankam, tat in der Provinz von Santiago Festungsdienst. Als ein Leitartikel in der *Washington Post* schwarze Soldaten und schwarze Offiziere herabwürdigte, wies Major Charles Douglass am 17. August 1898 im *Colored American* darauf hin, daß man das 8. Illinois ausgesucht hatte, um ein unzuverlässiges weißes Regiment zu ersetzen. Und er fügte hinzu: »Die Generäle an der Front schätzen den Wert der Neger als Soldaten, ob das die Schreiberlinge in der Nachhut nun wissen oder nicht.« Einen Teil seiner Laufbahn verbrachte Oberst John R. Marshall als Gouverneur von San Luis und Major R. R. Jackson als Bürgermeister von El Paso, Kuba.

Die Bürger der Vereinigten Staaten beobachteten die Bewaffnung der Afroamerikaner für den Einsatz im Krieg und als Besatzungstruppen nicht uneingeschränkt positiv. Wenn die Truppen auf dem Weg zu den Häfen durch die Südstaaten kamen, wurden sie von weißen Südstaatlern häufig voller Geringschätzung behandelt. Am Ende des Krieges, als die 3. North-Carolina-Volunteers aus Macon, Georgia, abgezogen wurden, überschrieb das *Atlanta Journal* seinen Leitartikel mit »Froh, sie los zu sein!« Und der Leitartikler schrieb unter anderem, daß man die Armee und das Land zur Ausmusterung der Schwarzen aus North Carolina beglückwünschen müsse, denn »eine so üble und aufrührerische Truppe Neger wie diese hat man bestimmt noch nie auf einem Haufen gesehen ... Während sie in Macon stationiert waren, wurden mehrere ihrer Leute entweder von den eigenen Kameraden bei Raufereien im Suff oder von Bürgern in Notwehr getötet.« Charles F. Meserve, der weiße Präsident der Shaw-Universität, hatte das North-Carolina-Regiment in ihrem Quartier besucht und war des Lobes voll gewesen. Er beschrieb Oberst James H. Young als einen Mann mit »außergewöhnlichen Führungsqualitäten, die ebenso wichtig wie selten sind«, und fügte hinzu, daß die Männer sich sehr diszipliniert verhalten hätten, im Lager und außerhalb.

AMERIKAS IMPERIUM ÜBER DUNKELHÄUTIGE VÖLKER

Am Ende des spanisch-amerikanischen Krieges konnten sich die Vereinigten Staaten als eine der Großmächte betrachten. Der Sieg über Spanien war schnell und eindeutig errungen worden, es erschien vielen nur natürlich, wenn die Vereinigten Staaten an die Stelle Spaniens als führender imperialer Macht treten würden. Der Friedensvertrag von Paris zwischen beiden Mächten ließ kaum Zweifel an der Stoßrichtung, in die sich die Vereinigten Staaten bewegten. Er sah vor, daß Spanien jeden Herrschaftsanspruch auf Kuba aufgab. Anstelle von Reparationen trat Spanien die Insel Puerto Rico und andere spanische Besitzungen auf den Westindischen Inseln an die Vereinigten Staaten ab. Nach einer Zahlung von 20 Millionen Dollar durch die Vereinigten Staaten mußte Spanien dem Sieger auch die Philippinen überlassen. Obwohl nicht sofort klar war, was die Vereinigten Staaten mit Kuba machen wollten, war eindeutig, daß die Insel auf unbestimmte Zeit unter der politischen und wirtschaftlichen Herrschaft der Vereinigten Staaten bleiben würde. Puerto

Rico war von Anfang an Teil des expandierenden amerikanischen Imperiums, das fast vollständig aus unterentwickelten Völkern bestand. Mit den Philippinen erhielten die Vereinigten Staaten die Ausgangsbasis, die sie in Asien brauchten, wenn sie mit Großbritannien, Frankreich und Rußland konkurrieren wollten.

Die nun von den amerikanischen oder europäischen imperialistischen Mächten beherrschten Regionen waren reich an Rohstoffen, die den Bedarf hochindustrialisierter Wirtschaftssysteme befriedigen konnten, und reich an Menschen, die potentielle Konsumenten von Waren waren, die von den Industrienationen hergestellt wurden. Die Regionen wurden durchweg von sogenannten rückständigen Völkern bewohnt, meist dunkelhäutig. In Afrika waren sie natürlich schwarz, in Asien »gelb«. Im amerikanischen Imperium lebten nebeneinander Menschen schwarzer, weißer und gelber Hautfarbe und jede Mischung. Auf Kuba lebten mehr als 600 000 Schwarze und Menschen mit afrikanischem Blut, auf Puerto Rico waren es 300 000. Selbst auf Hawaii und den Philippinen gab es einige Schwarze, dort bestand die Mehrheit der Bevölkerung aus dunkelhäutigen Menschen. Als die Vereinigten Staaten 1903 die Kanalzone erwarben, lebten viele Schwarze in diesem Gebiet, und viele kamen von den Karibischen Inseln zum Bau des Panamakanals hinzu.

Es war ironisch, daß afroamerikanische Soldaten, die selbst den Jim-Crow-Verboten unterlagen und von den meisten weißen Amerikanern für minderwertig gehalten wurden, daran beteiligt waren, andere Nichtweiße in großer Zahl der Herrschaft der Vereinigten Staaten zu unterwerfen. Für den Professor an der Howard-Universität Kelly Miller und den Journalisten John W. Cromwell – die beide Imperialisten und prominente Mitglieder der afroamerikanischen Bevölkerungsgruppe waren – sollte der amerikanische Sieg über Spanien die Chance für Schwarze eröffnen, Mitglieder der »schwächeren Rassen« auf ein höheres Niveau zu heben. Miller plädierte dafür, daß die Bundesregierung seine Universität damit beauftrage, kubanische, philippinische und puertorikanische Jugendliche auszubilden und zu amerikanisieren. Er rief Afroamerikaner mit unternehmerischer Initiative dazu auf, die wirtschaftlichen Möglichkeiten dieser Gebiete voll für sich auszunutzen, »wo die Chancen noch nicht wie in Amerika an andere vergeben sind und wo Verbote aufgrund der Rasse nicht so entmutigend sind«.

Amerika hatte, und das war auf den ersten Blick erkennbar, anders als die übrigen Kolonialmächte ein besonderes Problem mit seinem Imperium, da die Vereinigten Staaten ein Rassenproblem zu Hause hatten und deshalb in allem, was Rassenbeziehungen betraf, eine Politik verfolgen mußten, die das rassische Gleichgewicht in den Vereinigten Staaten nicht gefährdete. Auf Puerto Rico war zum Beispiel annähernd ein Drittel der Bevölkerung eindeutig afrikanischer Abstammung, und viele sogenannte weiße Puertorikaner hatten genügend schwarzes Blut in ihren Adern, um in den Vereinigten Staaten als Afroamerikaner zu gelten. Als 1900 das erste Grundgesetz für Puerto Rico vom Kongreß verabschiedet wurde, waren die Kongreßmitglieder aus den Südstaaten – und einige aus den Nordstaaten – bemüht darum, daß die Puertorikaner einerseits in allen Regierungsangelegenheiten sorgfältig überwacht wurden und andererseits die Schwarzen der Insel keine politischen Freiheiten bekamen, die die Afroamerikaner in den Vereinigten Staaten zum Kampf für ihre stärkere politische Beteiligung veranlassen würden. Der Gouverneur und alle wichtigen Amtsinhaber sollten vom Präsidenten der Vereinigten Staaten ernannt werden, und Amerikaner sollten im wichtigen Exekutivrat die Mehrheit gegenüber den Puertorikanern haben. Das zweite Grundgesetz von 1917 reorganisierte das politische System vor Ort so, daß es dem der Einzelstaaten der Vereinigten Staaten glich. Es gab zwei gesetzgebende Kammern, deren Mitglieder durch allgemeines Wahlrecht der Männer gewählt werden sollten, und alle Puertorikaner erhielten die amerikanische Staatsbürgerschaft. Das Vorrecht, alle wichtigen Amtsinhaber auf der Insel zu ernennen, wurde weiterhin dem Präsidenten der Vereinigten Staaten vorbehalten.

Das Hauptaugenmerk der Vereinigten Staaten auf Puerto Rico galt der Verbesserung des Bildungs- und Gesundheitswesens und der Infrastruktur und der Amerikanisierung der Puertorikaner. Auf allen diesen Gebieten erzielte man beträchtliche Fortschritte, aber die rückständige wirtschaftliche Lage der Bevölkerung, die vor allem auf der Konzentration des Reichtums in den Händen einiger weniger beruhte, verhinderte entscheidende Verbesserungen und veranlaßte Hunderttausende zur Auswanderung auf das Festland. Da amerikanische Investoren auf der Insel riesige Gewinne besonders beim Zuckerrohranbau machten, konnte der oberflächliche Beobachter annehmen, die amerikanische Herrschaft sei sehr erfolgreich. Die hohe Sterblichkeitsrate, die ungeheure Armut der Massen und die kulturelle und soziale Erschöpfung der Bevölkerung waren deutliche Hinweise darauf, wie notwendig eine neue amerikanische Perspektive war, die die Situation der Inselbewohner entscheidend verbessern würde. Bemühungen der Puertorikaner, die großen Plantagen abzuschaffen, um das Land neu zu verteilen, und die ablehnende Reaktion der amerikanischen Investoren darauf machten deutlich, daß Verbesserungen nur sehr langsam durchsetzbar waren.

Eine wichtige Expansion von Amerikas schwarzem Imperium war der Kauf der bisherigen dänischen Westindischen Inseln im Jahr 1917, um die man sich ein halbes Jahrhundert lang bemüht hatte. 1916 wurde der Kaufvertrag für die Inseln zum Preis von 25 Millionen Dollar ausgehandelt, und im Januar des folgenden Jahres wurden die Ratifikationsurkunden der beiden Staaten ausgetauscht. Amerikanische Marinesoldaten landeten kurz nach dem Kauf auf den Inseln, und eine Militärregierung wurde eingesetzt, die bis 1931 bestand, als Präsident Hoover mit seiner Unterschrift die Schaffung einer Zivilregierung auf den Jungferninseln anordnete.

Obwohl die Inseln primär wegen ihrer militärischen und strategischen Lage in der Karibik erworben worden waren, fühlten sich die Vereinigten Staaten in gewisser Weise verantwortlich für die Verbesserung der dortigen Verhältnisse. Die Weißen machten weniger als 10 Prozent einer Bevölkerung von annähernd 25 000 Menschen aus, und so wurde das Problem der Inseln von den Vereinigten Staaten hauptsächlich als ein »schwarzes Problem« angesehen. 1924 ernannte Präsident Coolidge nach Unruhen auf den Inseln eine Bundeskommission aus fünf schwarzen Amerikanern, um die Situation zu untersuchen. In ihrem Bericht kritisierte die Kommission besonders die Steuergesetzgebung und das Justizsystem. Sie empfahl die Verabschiedung eines neuen Grundgesetzes, »um die Annahme eines neuen Gesetzeskodex zu autorisieren, der auf amerikanischen Idealen beruht und dadurch die Durchführung und Durchsetzung von Gesetzen, so wie es amerikanische Praxis ist, sichern soll«. 1937 ernannte Präsident Roosevelt den bekannten afroamerikanischen Anwalt William Hastie zum Bundesrichter auf den Inseln. 1946 ernannte Präsident Truman Hastie zum Gouverneur der Inseln. Die Inselbewohner meinten in diesen Ernennungen ein neues und aufgeklärteres Interesse von seiten der Regierung und des Volkes der Vereinigten Staaten zu erkennen. Später wurden die Gouverneure aus den Reihen der Inselbewohner ernannt.

Amerikas Imperium über dunkelhäutige Völker wurde auch durch die Art und Weise wesentlich ausgedehnt, in der die Vereinigten Staaten erheblichen Einfluß auf unabhängige Staaten dunkelhäutiger Völker ausübten. Auf Santo Domingo zum Beispiel war ihre Kontrolle im 20. Jahrhundert so umfassend, daß sie einer vollständigen Beherrschung sehr nahe kam. Nach seiner Trennung von Haiti im Jahr 1844 war das Land, das hauptsächlich von Schwarzen und Mulatten bewohnt wurde, genau wie andere lateinamerikanische Nationen, unfähig, stabile politische und wirtschaftliche Verhältnisse herzustellen. Es ordnete sich der amerikanischen »Dollardiplomatie« unter, die ein lateinamerikanisches Land nach dem anderen in die Einflußsphäre der Vereinigten Staaten brachte. 1907 wurde ein amerikanischer Bürger zum obersten Zollbeamten ernannt mit der Vollmacht, 100 000 Dollar in jedem Monat zugunsten des Zins- und Tilgungsfonds zu deponieren, der für alle Gläubiger des Landes zu treuen Händen arbeitete. Im Mai 1916 landeten Marinesoldaten der Vereinigten Staaten auf Santo Domingo, um Ruhe und Ordnung aufrechtzuerhalten, und innerhalb weniger Monate gab es keine Zivilregierung mehr. Trotz heftiger Proteste des dominikanischen Gesandten in Washington blieben die Marinesoldaten bis 1924. Nun waren Ruhe und Ordnung wiederhergestellt, und die Geschäftsbeziehungen zwischen den Vereinigten Staaten und der Republik der Schwarzen waren inzwischen so verflochten, daß die Beherrschung des Wirtschaftslebens auf unbestimmte Zeit garantiert war.

Haitis Erfahrungen mit den Vereinigten Staaten waren ganz ähnlich wie die der Dominikanischen Republik. Weniger als ein Jahr nach Beginn des Ersten Weltkriegs handelten die Vereinigten Staaten und Haiti einen Vertrag aus und ratifizierten ihn. Er erlaubte den Vereinigten Staaten für zehn Jahre die Kontrolle über Haitis Finanzen und Polizei, womit sie einen Vorwand hatten, jeden Bereich des Lebens dieser zweitältesten Republik der Neuen Welt zu beherrschen. 1917 unterstellten die Vereinigten Staaten das Land vollständig der Militärherrschaft und erzwangen die Verlängerung des Vertrages von 1915 um weitere zehn Jahre. Die Art der Intervention verdeutlicht ein Telegramm, das ein Amerikaner an den Marineminister schickte: »Am nächsten Donnerstag ... werde ich, wenn ich keine andere Weisung erhalte, dem Kongreß gestatten, einen Präsidenten zu wählen.« Von Anfang an reagierten die Bewohner Haitis unwillig auf die amerikanische Besatzung ihres Landes, und die Marinesoldaten erschossen mehr als 2000 Einwohner, um Ruhe und Ordnung wiederherzustellen.

Die Welle der Sympathie, die den Haitianern entgegengebracht wurde, zeigt die Tatsache, daß eine Gruppe angesehener Amerikaner, darunter Felix Frankfurter, Zechariah Chafee Jr. und Moorfield Storey, 1922 ein kleines Buch mit dem Titel *The Seizure of Haiti by the United States, a Report of the Military Occupation of the Republic of Haiti and the History of the Treaty Forced upon Her* herausbrachten. Die Autoren verlangten, daß die Vereinigten Staaten den Vertrag von 1915 sofort aufheben sollten, »bedingungslos und ohne jede Einschränkung«, und einen neuen Vertrag aushandeln, der beide Seiten zufriedenstellen müsse und zwar »mit Methoden, wie sie zwischen freien und unabhängigen souveränen Staaten üblich sind«. 1924 brachte Dantes Bellegarde, der Vertreter Haitis beim Völkerbund, die Angelegenheit vor diesem Gremium zur Sprache. Obwohl es der Völkerbund ablehnte, das Thema auf die Tagesordnung zu setzen, war es bereits ein Sieg für Haiti, daß Bellegarde die Frage überhaupt vor den Völkerbund bringen durfte. Die Agitation ging weiter, und 1934, nach neunzehnjähriger Besatzungszeit, verließen die amerikanischen Truppen Haiti. Doch faktisch war Haiti bereits Teil des amerikanischen Imperiums der dunkelhäutigen Völker geworden.

Natürlich wurde Liberia von Anfang an von Realisten als Protektorat der Vereinigten Staaten betrachtet. Zu Beginn des 20. Jahrhunderts entwickelten sich dann enge Wirtschaftsbeziehungen zwischen beiden Ländern. 1909 entsandten die Vereinigten Staaten auf Bitten von Liberia drei Kommissare, die über Grenzkonflikte mit Großbritannien und Frankreich berichten und die Lage insgesamt im Hinblick auf weitere Empfehlungen untersuchen sollten. Im folgenden Jahr äußerten die Vereinigten Staaten ihre Bereitschaft, Liberia durch die Übernahme der Verantwortung für seine Finanzen, durch den Aufbau seines Militärs und durch die Regelung auftauchender Grenzstreitigkeiten zu helfen. Im Ersten Weltkrieg wuchs das amerikanische Interesse an Liberia, und 1921 arrangierten die Vereinigten Staaten eine Anleihe von 5 Millionen Dollar für Liberia, der der Kongreß nicht zustimmte. 1927 schloß die liberianische Regierung einen Vertrag mit der Firestone Rubber Company aus Akron, Ohio, über eine Anleihe von 5 Millionen Dollar ab, unter folgenden Bedingungen: daß Liberia dem Unternehmen 2000 *Acres* Land zu Versuchszwecken überließ, daß das Unternehmen zusätzlich eine Million *Acres* Land für die Kautschukgewinnung pachten und daß es in Monrovia einen Hafen mit eigenem Kapital und eigenen Ingenieuren bauen lassen konnte. Diese Ausgaben sollten später von der liberianischen Regierung zurückgezahlt werden. Da die Regierung der Vereinigten Staaten an ihrer Schutzpolitik festhielt und sich ein mächtiges amerikanisches Industrieunternehmen im Wirtschaftsleben des Landes massiv engagierte, konnten sich die Vereinigten Staaten zu Recht rühmen, daß sie, wie die europäischen Mächte, ein starkes materielles Interesse am schwarzen Kontinent hätten.

Und die Afroamerikaner selbst spielten eine wichtige Rolle bei der Expansion des Imperiums der Vereinigten Staaten. Vom Ende der Wiedereingliederung des Südens bis zum Beginn des Ersten Weltkrieges waren die amerikanischen Gesandten auf Haiti überwiegend Schwarze, und sie zeigten ein lebhaftes Interesse an der Vergrößerung des amerikanischen Einflusses. John M. Langston zum Beispiel ging 1877 als offizieller Vertreter der Regierung der Vereinigten Staaten nach Haiti und befaßte sich mit den politischen und wirtschaftlichen Verhältnissen auf der Insel. Er war bestürzt über die instabile politische Lage und machte der Regierung etliche Vorschläge, wie die Handelsbeziehungen verbessert werden könnten. J. E. W. Thompson, der 1885 entsandt wurde, und Frederick Douglass, der 1889 zum amerikanischen Gesandten ernannt wurde, befaßten sich besonders mit der Abfertigung der amerikanischen Schiffe in den Häfen Haitis. William F. Powell, der 1897 amerikanischer Gesandter war, bekämpfte energisch die diskriminierenden Steuern gegenüber ausländischen Kaufleuten, während Henry W. Furness Jahre später als Gesandter hauptsächlich Vorteile für amerikanische Kaufleute im Tarif- und Zollbereich durchsetzte.

Von 1871 bis heute sind die meisten amerikanischen Gesandten in Liberia Schwarze gewesen. Das begann 1871 mit J. Milton Turner, der engere Wirtschaftsbeziehungen zwischen Liberia und den Vereinigten Staaten einleiten half. Mehrere andere, darunter John Henry Smyth, E. E. Smith und Ernest W. Lyon, warben für die Ressourcen des Landes und ermunterten Amerikaner dazu, sich an der Entwicklung des Handels und der Wirtschaft von Liberia zu beteiligen. Lyon zum Beispiel soll viel zur Gründung der New-York-Liberia-Dampfschiffahrtsgesellschaft im Jahr 1905 beigetragen haben. In den 1970er Jahren setzten John Reinhardt und

W. Beverly Carter die Tradition der afroamerikanischen Botschafter in Liberia fort.

Man hat den Vereinigten Staaten immer zugestanden, eine aufgeklärtere imperiale Politik verfolgt zu haben als die europäischen Mächte. Die Versuche, Gesundheit, Bildung und den Lebensstandard der unterentwickelten Völker im amerikanischen Imperium zu verbessern, hat man selbst dann als aufrichtig angesehen, wenn sie nicht besonders erfolgreich waren. Aber der enorme Einfluß von Unternehmern und Finanzmagnaten brachte eine Außenpolitik hervor, die in Gebieten, die quasi unabhängig waren, von der Dollardiplomatie charakterisiert war, während die Politik in den abhängigen Gebieten durch Vernachlässigung oder schlechte Verwaltung geprägt war. Außerdem war die Neigung zu groß, Nationen militärisch zu kontrollieren, deren territoriale Integrität und Souveränität die Vereinigten Staaten eigentlich respektieren mußten. Meistens behauptete man, daß die Landung von Marinesoldaten auf Haiti, Santo Domingo und die Besetzung anderer Länder aus Sicherheitsgründen geschah, aber sie war ohne Frage vielmehr ein Zeichen für Demonstration von Stärke einer Nation, die erst kürzlich in die Familie der Großmächte aufgestiegen war. Es war wohl auch eine Art Eifersucht gegenüber den europäischen Mächten – aus Furcht geboren –, deren langjährige Erfahrung auf diesem Gebiet das Mißtrauen der Vereinigten Staaten weckte. Das Problem der Hautfarbe in diesem amerikanischen Imperium hing wie ein Damoklesschwert über den Vereinigten Staaten und gemahnte ständig, daß ihre imperiale Politik diese Tatsache endlich zur Kenntnis nehmen mußte. Für ein Amerika, das sich gern der aufgeklärtesten Politik auf der Welt rühmte, war das Rassenproblem zu Hause eine ständige Barriere für eine liberalere Politik innerhalb seines Imperiums der dunkelhäutigen Völker.

Probleme in den Städten

Das neue Jahrhundert war für fast jeden in Amerika mit Hoffnung verbunden. Eine Generation lang hatte sich das Land zu einer hochindustrialisierten Nation entwickelt mit weit höheren Produktionskapazitäten, als es selbst brauchte. Und am Ende dieser Phase erwarb Amerika ein

Imperium und stellte sich damit dem Wettbewerb der Großmächte der Welt. Man war voller Zuversicht, daß die neue Ära Wohlstand und Überfluß für jeden bringen würde. Das ungünstigste Zeichen am Horizont war die natürliche Tendenz von Kartellen, nicht mehr kontrollierbare Ausmaße anzunehmen und das Volk auszubeuten. Auch nahmen die sozialen und politischen Probleme in den Städten zu, da die städtische Bevölkerung in bisher unbekannter Weise wuchs. Nur wenige Menschen machten sich über diese innenpolitischen Probleme Sorgen, weil man sie für unvermeidliche Begleiterscheinungen des Wachstums hielt. Trotzdem hatte man bereits einiges zur Milderung dieser Erscheinungsformen unternommen. 1887 war das Interstate-Commerce-Gesetz verabschiedet worden, um die Eisenbahngesellschaften zügeln zu können, und 1898 war das Sherman-Antitrust-Gesetz verabschiedet worden, um das Wachstum der Monopole zu kontrollieren. Die Unternehmer selbst wetteiferten miteinander, viel Geld in Bildungs- und Wohltätigkeitsprojekte zu stecken. Die Amerikaner sahen dem neuen Jahrhundert voller Entschlossenheit und Optimismus entgegen.

Einen schwachen Hoffnungsschimmer gab es auch für Afroamerikaner. Obwohl man ihnen in den Südstaaten das Wahlrecht entzogen hatte und sie sich in einer wirtschaftlich schwierigen Lage befanden, hatten sie ebenso hochfliegende Hoffnungen für die Zukunft wie die übrigen Amerikaner. Ein Hauptgrund für diese neue Hoffnung war der Amtsantritt von Präsident Theodore Roosevelt im Jahr 1901. Afroamerikaner waren zwar über Roosevelts Artikel entsetzt gewesen, weil er den Einsatz der schwarzen Soldaten im spanisch-amerikanischen Krieg teilweise herabgemindert hatte. Aber er war noch nicht lange im Amt, bis er die Mehrheit der Afroamerikaner, wenigstens vorübergehend, zufriedenstellte, indem er für die Gleichheit aller eintrat. Er war erst seit einem Monat Präsident, als er Booker T. Washington ins Weiße Haus zu einem Gespräch beim Essen einlud. Die Südstaatler waren außer sich vor Wut. Der Richmonder *Dispatch* ereiferte sich: »Das hat er bewußt getan ..., und man darf es so verstehen, daß damit seine Politik gegenüber dem Neger als einem Faktor in Washingtons Gesellschaft umrissen wird ... Mit unseren seit langem gereiften Ansichten zum Thema des gesellschaftlichen Umgangs von Schwarzen und Weißen wollen wir heute nur so viel dazu äußern, daß wir den Geschmack des Präsidenten bedauern und seiner Klugheit nicht vertrauen.« Die Schwarzen überall im Land waren begeistert über diese beachtliche Anerkennung des führenden Schwarzen. Die Zeitung *Bee* in Washington behauptete: »Die Demokraten in den Südstaaten hofften und erwarteten, dem Präsidenten schmeicheln zu können, um uneingeschränkt ihre niederträchtige Herrschaft des Schreckens und der Verbote gegenüber der farbigen Rasse fortsetzen zu können. Sie sind schockiert, wütend, getroffen und außer sich. Mit einem einzigen mörderischen Schlag hat Mr. Roosevelt ihren liebsten Trugschluß zunichte gemacht. Sie äußern die gräßlichsten Verwünschungen gegen ihn und alles nur wegen eines Essens mit einem farbigen Gentleman, der bereits vom englischen Adel und von den hervorragendsten Persönlichkeiten in Amerika bewirtet worden ist.«

Die Diskussion über das Essen dauerte mehrere Monate, doch der Präsident nahm sie überhaupt nicht zur Kenntnis. Weniger als zwei Jahre später ernannte er einen hervorragenden afroamerikanischen Bürger, William D. Crum, zum Zollinspektor des Hafens von Charleston in South Carolina. Einmal mehr kritisierten die Bürger im Süden den Präsidenten. Doch diesmal schuf die Ernennung von Crum keinen Präzedenzfall. Afroamerikaner hatten vergleichbare Ämter in Wilmington, North Carolina, und in Savannah, Georgia, innegehabt. Die Weißen hatten jedoch die Eliminierung von Schwarzen aus allen Ämtern im Süden erwartet, nun befürchteten sie, Booker T. Washington diktiere die Politik des Weißen Hauses gegenüber dem Süden. Viele Afroamerikaner hatten schnell vergessen, daß McKinley in den Jahren 1899 und 1900 innerhalb von 19 Monaten doppelt so viele Schwarze auf Stellen des Bundes berufen hatte wie irgendein Präsident vor ihm. Roosevelt gewann zudem ihre Sympathie, als er erklärte, wenn kein anderer stichhaltiger Grund außer der Hautfarbe gegen Crum angeführt werden könne, halte er die Ernennung aufrecht. In einem Brief an einen Bürger Charlestons schrieb er, er werde vor keinem amerikanischen Bürger »die Tür der Hoffnung« verschließen. Diese explizite Stellungnahme des Präsidenten veranlaßte einen schwarzen Chefredakteur zu dem Kommentar, Roosevelts Worte seien »ein Hoffnungsstrahl für die Neger und ein tödlicher Nebel für die Weißen im Süden«. Als Crum im Amt bestätigt wurde, erklärte der Herausgeber des *Colored American*, die Afroamerikaner »erlebten den größten politischen Triumph der letzten zwanzig Jahre ... In dieser Kampagne gegen die Bestätigung von Crum hat der Süden seinem wachsenden Ansehen schwer geschadet, das der Norden gerade wieder für ihn zu hegen begann.«

Der dritte Vorfall, der die Afroamerikaner ermutigte und sie glauben ließ, daß es ihnen unter Roosevelts »Square Deal« gut gehen würde, war der Rücktritt der Leiterin der Post in Indianola, Mississippi. Diese afroamerikanische Frau war seit Harrisons Präsidentschaft im Amt gewesen, sie trat wegen des Drucks der weißen Bürger der Stadt zurück. Das Postministerium nahm ihren Rücktritt nicht an, und als sie nicht zum Dienst antrat, wurde das Postamt geschlossen, und mehrere Monate vergingen, bevor das Amt wieder mit einem weißen Leiter der Post geöffnet wurde. Inzwischen lobten viele Afroamerikaner Roosevelt wärmstens und nannten ihn »unseren Präsidenten – der erste, seit Lincoln uns befreit hat«.

Erst viel später, gegen Ende seiner zweiten Amtszeit begannen die Afroamerikaner zu begreifen, daß Roosevelts Freundschaft weder systematisch noch von Dauer war. Zuvor hatten sie jedoch erkennen müssen, daß das neue Jahrhundert alle Schwierigkeiten mitgeschleppt hatte, die sie schon aus dem vergangenen kannten, und noch einige neue draufsattelte. Auf der Suche nach besseren wirtschaftlichen Chancen setzten Schwarze wie ihre weißen Nachbarn die Abwanderung in die Städte des Nordens und auch des Südens fort. Die krasse Ablehnung, die sie von der armen weißen Landbevölkerung zu spüren bekamen, ließ ihnen keine andere Wahl, als sich schweren Herzens vom Boden zu trennen, weil das Leben unter betrügerischen Kaufleuten und grausamen, skrupellosen Pachtherren unerträglich geworden war. So wurden sie beispielsweise aus vielen Teilen von Arkansas vertrieben, und bevor Oklahoma ein eigener Staat wurde, forderten die weißen Bürger von Lawton die Schwarzen des Ortes auf, innerhalb von 24 Stunden zu verschwinden.

Parallel zum Aufstieg der Städte in der amerikanischen Gesellschaft verlief die Entwicklung einer afroamerikanischen Gemeinschaft in den Städten, eine Art *imperium in imperio*, was die gesellschaftlichen Aspekte ihres Daseins betraf. Im Jahr 1900 gab es 72 Städte mit mehr als 5000 Schwarzen. In Washington lebten mehr als 86 000, in Baltimore 79 000 und in New Orleans 77 000, mehr als 50 000 waren es je in Philadelphia, New York und Memphis. Die afroamerikanische Bevölkerung dieser Städte, ebenso wie die von Louisville und Atlanta, wuchs rasch. Die Schwarzen waren die Bevölkerungsmehrheit in Charleston, Savannah, Montgomery, Jacksonville, Shreveport, Vicksburg, Baton Rouge und mehreren anderen Städten im Süden. Mehr als die Hälfte der schwarzen Bevölkerung von Missouri lebte in Ortschaften und Städten, und ein Drittel der schwarzen Bevölkerung von Kentucky wohnte in städtischer Umgebung. Wenn Städte größere Chancen boten, dann wollten die Afroamerikaner davon profitieren.

Doch die Stellenangebote waren geringer als die Zahl der Menschen, die in die Städte kamen, und für Afroamerikaner war es sehr schwierig, Arbeit zu finden, außer in körperlich schweren und wenig attraktiven Tätigkeiten. Sie existierten weiterhin »am Rand des Abgrunds der Industrie«, wobei die Gewerkschaften ihnen ausgesprochen feindselig begegneten (siehe Kapitel 14). Nur die Cigarmakers' International Union und die United Mine Workers of America begrüßten den Beitritt afroamerikanischer Mitglieder, einige andere Gewerkschaften hatten ebenfalls schwarze Mitglieder. Afroamerikanische Frauen fanden schnell Arbeit als Hausangestellte, und die besseren Berufschancen für Frauen lockten mehr Frauen als Männer in die Städte. Viele weiße Unternehmer behaupteten, daß Schwarze nicht effizient arbeiteten, andere lehnten ihre Einstellung ab, weil die weißen Beschäftigten dagegen protestierten. Obwohl die Aussicht auf einen befriedigenden Arbeitsplatz nicht groß war, wanderten immer mehr Afroamerikaner in die Städte ab und potenzierten damit die Probleme für jene, die bereits dort lebten.

Das Wohnungsproblem hatten alle Zuwanderer in den Städten, doch für Afroamerikaner wurde es noch durch die Entschlossenheit weißer Bürger erschwert, sie auf bestimmte Stadtviertel zu beschränken. Weiße Vermieter konnten so die schwarzen Neuankömmlinge wesentlich leichter ausbeuten, weil diese kaum Alternativen in der Wohnungswahl hatten. Die Kommunen sanktionierten diese Praxis, indem sie Verordnungen zur Rassentrennung erließen. In den Jahren 1912 und 1913 wurde ein erstes Bündel derartiger Gesetze in Louisville, Baltimore, Richmond und Atlanta verabschiedet. Häuserblocks, in denen mehrheitlich Weiße wohnten, wurden als weiße Blocks, und Häuserblocks, in denen hauptsächlich Afroamerikaner wohnten, wurden als schwarze Blocks bezeichnet. Ein Schwarzer konnte nicht in einen weißen Häuserblock ziehen und umgekehrt. Aus diesen Einschränkungen bei der Wohnungswahl resultierte eine fürchterliche Enge, große Familien teilten sich kleine, unhygienische Wohnungen, und ein schlechter Gesundheitsstand sowie hohe Sterblichkeit waren die natürlichen Folgen.

Alle Übel, die man gemeinhin mit der fehlenden Anpassung an das städtische Leben verbindet, entstanden unter den ungünstigen Bedingungen, unter denen Schwarze in den amerikanischen Städten existierten, im Norden genauso wie im Süden. Die Jugendkriminalität nahm überhand, während die Situation in den Slums immer schlimmer wurde und zu wenige Maßnahmen von kommunalen Stellen oder von Privatpersonen zu Verbesserungen eingeleitet wurden. Die Bewegung zur Errichtung von Parks und Spielplätzen, die sich zu Beginn des Jahrhunderts überall im Land entwickelt hatte, tat wenig für die Schwarzen; und als sie selbst die Chance ergreifen wollten, öffentliche Freizeiteinrichtungen zu benutzen, kam es häufig zu gewalttätigen Auseinandersetzungen und Blutvergießen. Zerrüttete und zerstörte Familien waren die logische Folge der unzähligen Schwierigkeiten, denen sich Afroamerikaner gegenübersahen, und obwohl die Kirchen ständig mehr taten, um den Schwarzen zu helfen, vermehrten sich die Probleme viel schneller, als man sie lösen konnte. Das Jahrhundert, das mit soviel Optimismus begonnen hatte, ließ schon sehr früh Anzeichen von Hoffnungslosigkeit erkennen, die ebenso groß, wenn nicht größer waren als alles, was Afroamerikaner je erlebt hatten. Zweifel kamen auf, ob der systematische Entzug des Wahlrechts und die kontinuierliche Erniedrigung der Afroamerikaner nicht der Trend und das Washington-Roosevelt-Dinner und die Ernennung von Crum nur Ausnahmen waren. Die Bewegung der Progressiven *(Progressive Movement)* zu Beginn des neuen Jahrhunderts war offenbar »nur für Weiße« da.

Während die Probleme der Städte im Verlauf der Jahre immer ernster wurden, versuchten die Afroamerikaner, noch eine ganze Reihe weiterer Probleme zu bewältigen, die das Land zu Beginn des Jahrhunderts plagten. Die Ausbeutung der Menschen durch skrupellose Geschäftsleute war weit verbreitet, und der Kampf ums Überleben in der komplexen städtischen Gesellschaft machte keinen Unterschied zwischen den Rassen. Die Afroamerikaner kämpften mit denselben Schwierigkeiten wie alle anderen und mußten zusätzliche Barrieren wegen ihrer Hautfarbe überwinden. Gleichzeitig gab es anfangs des Jahrhunderts eine vehemente Attacke gegen Privilegierung und Ausbeutung durch die von Theodore Roosevelt »Muckrakers« genannten Schriftsteller und Journalisten. Sie kritisieren die Zustände in den Slums, die riesigen Unternehmenskartelle, die Korruption in den Stadtverwaltungen, die Unredlichkeit des Senats der Vereinigten Staaten, die üblen Machenschaften der Eisenbahngesellschaften und zahllose andere Mißstände. Die aufgerüttelte Öffentlichkeit war entschlossen, diese Mißstände zu beseitigen und begann, Druck auf die Gesetzgeber auszuüben, um diese Ziele zu erreichen. Einer der Muckraker, Ray Stannard Baker, beschäftigte sich intensiv mit dem Problem der Afroamerikaner in der amerikanischen Gesellschaft, aber sein Buch, *Following the Color Line,* stand kaum in der Tradition der Muckraker. Baker versuchte die Lynchjustiz, die er nicht verteidigte, mit dem Mißtrauen der weißen Südstaatler gegenüber der eigenen Justiz zu erklären. Während die Muckraker gemeinhin für eine gesetzgeberische Lösung gesellschaftlicher Mißstände plädierten, gab Baker den Rat, daß allein Zeit, Geduld und Bildung die Lösung für das »Negerproblem« sein könnten. Die Afroamerikaner konnten wirksame Unterstützung also weder vom Weißen Haus noch von den Muckrakern erwarten. Sie mußten sich langsam an eine neue Lösung für ihre alten Probleme herantasten. Doch bevor dieser Versuch unternommen werden konnte, wurde das Problem auf so dramatische und gewalttätige Weise erneut manifest, daß es Afroamerikanern und Weißen die Dringlichkeit der Lage vor Augen führte.

Muster der Gewalt

Gewalttätige Ausschreitungen als Ausdruck der Feindseligkeit gegenüber Afroamerikanern waren weder im Norden noch im Süden neu. Es hatte sie fast ununterbrochen gegeben, seit die ersten Schwarzen in der Neuen Welt angekommen waren (siehe vor allem die Kapitel 9 und 13). In den letzten sechzehn Jahren des 19. Jahrhunderts hatte es mehr als 2500 Fälle von Lynchjustiz gegeben, die überwiegende Mehrheit der Opfer waren Afroamerikaner gewesen, und Mississippi, Alabama, Georgia und Louisiana führten die Liste unter den Staaten an. Im Jahr des spanisch-amerikanischen Krieges war es während der Rassenunruhen in Wilmington, North Carolina, zu gewalttätigen Ausschreitungen und zu Blutvergießen gekommen. Einige hatten das für die letzten Zuckungen der Herrschaft des Terrors gehalten. Nur wenige hatten diese Ausbrüche der Gewalt als inhärenten Bestandteil des industriellen Imperialismus betrachtet, dem sich Amerika verschrieben hatte. Dabei waren sie mit Sicherheit integraler Bestandteil der imperialistischen Ideologie, die Schwarzen der Herrschaft einer Kaste und der Lohnsklaverei zu unterwerfen. Was auch immer die Motive waren, alle mußten schon bald erkennen, daß das neue Jahrhundert für Afroamerikaner mehr Gewalt und mehr Blutvergießen brachte, und zwar in Gestalt eines organisierten Banditentums gegenüber Leben und Eigentum, gegen das sich jeder Amerikaner wehrte, wenn aus Europa eingewanderte Gesetzesbrecher es praktizierten.

Im ersten Jahr des neuen Jahrhunderts wurden mehr als 100 Afroamerikaner gelyncht, bis zum Ausbruch des Ersten Weltkriegs war ihre Zahl auf mehr als 1100 gestiegen. Der Süden war der übrigen Nation weit voraus, aber mehrere Staaten im Norden, besonders im Mittelwesten, blieben bei ihrer althergebrachten barbarischen Gewohnheit der völligen Mißachtung von Gesetz und Recht. Obwohl generell der Eindruck bestand, daß gegen die meisten der gelynchten Schwarzen Anklage wegen Vergewaltigung einer weißen Frau erhoben worden war, läßt sich dieser Eindruck aufgrund der Akten nicht aufrechterhalten. In den ersten vierzehn Jahren des 20. Jahrhunderts waren nur 315 Lynchopfer wegen Vergewaltigung oder versuchter Vergewaltigung angeklagt, während mehr als 500 wegen Mord oder Raub, wegen Beleidigung von Weißen und zahlreicher weiterer »Vergehen« angeklagt waren. Doch ungeachtet des angeblichen Vergehens des Opfers, blieb die Lynchjustiz auch im 20. Jahrhundert ein wichtiger, wenn auch illegaler Teil der Strafjustiz in den Vereinigten Staaten.

Die Welle der Rassenunruhen, die das Land zu Beginn des Jahrhunderts überzog, löste in der afroamerikanischen Bevölkerung Furcht und Schrecken aus. Zwar ging die Zahl der Lynchmorde etwas zurück, doch dafür nahmen die Rassenunruhen merklich zu, und ihr dramatischer Verlauf verstärkte das Gefühl der Unsicherheit der Schwarzen überall im Land. Im August 1904 wurde Georgia von Vorfällen in dem kleinen Ort Statesboro erschüttert. Zwei Afroamerikaner wurden des brutalen Mordes an einem weißen Farmer, seiner Frau und seinen drei Kindern angeklagt. Nach zwei Wochen »sicherer Verwahrung« in Savannah wurden die Schwarzen zum Prozeß zurück nach Statesboro gebracht. Sie wurden zum Tod durch den Strang verurteilt. Inzwischen hatten sich die weißen Bürger in einen wahren Taumel des Rassenhasses hineingesteigert. Überall wurden Stimmen laut, daß die Schwarzen immer frecher würden. Als das Urteil verkündet wurde, stürmte ein wartender Mob die Treppen hinauf und verschaffte sich Zugang zum Gerichtssaal, nachdem er eine Kompanie der Bürgerwehr von Savannah überwältigt hatte, deren Gewehre »aus Rücksicht auf die Gefühle des Mobs« nicht geladen waren. Die Afroamerikaner wurden nach draußen gezerrt und bei lebendigem Leib verbrannt. Es war das Signal für den unterschiedslosen Terror gegen alle Afroamerikaner. Ein Schwarzer wurde brutal ausgepeitscht, weil er mit dem Fahrrad auf dem Gehweg fuhr, ein anderer wurde »aus prinzipiellen Gründen« geschlagen. Die schwarze Mutter eines drei Tage alten Neugeborenen wurde geschlagen und getreten, ihr Ehemann getötet. Häuser wurden verwüstet, und zahllose verängstigte Schwarze flohen. Zwar sprach man zunächst davon, die Anführer des Mobs zu bestrafen, aber unternommen wurde nichts.

Die Ereignisse in Statesboro machten deutlich, daß Afroamerikaner beiderlei Geschlechts und jeden Alters Opfer von rassistischer Gewalt wurden. Als die Schwarze Marie Thompson in Lebanon Junction, Kentucky, einen Weißen während eines Streites tötete, rief ihre Behauptung, es habe sich um Notwehr gehandelt – »eine Erklärung, die sie zweifellos gerettet hätte, wenn sie eine Weiße gewesen wäre« –, einen Lynchpöbel auf den Plan, der sie, ohne auf Gegenwehr zu stoßen, aus dem Gefängnis holte und daranging, »sie an einem Baum im Gefängnishof zu lynchen«. Die Zeitung *Courier-Journal* in Louisville berichtete, sie habe sich bis zum bitteren Ende gegen ihre Mörder gewehrt:

> Die Frau wehrte sich und kämpfte die ganze Zeit wie eine Löwin, aber der Mob überwältigte sie, und einen Augenblick später baumelte sie in der Luft, ihre Füße etliche Zentimeter über dem Boden. Ganz plötzlich drehte sie sich, packte einen Mann am Kragen, entwandt ihm sein Messer und zerschnitt das Seil, das ihr schon die Kehle zuschnürte und den Atem nahm.

Auf dem Boden angekommen, versuchte Thompson, sich durch den Lynchpöbel durchzukämpfen, brach aber »unter einem Gewehrhagel zusammen«. Dieser Lynchmord in Kentucky bestätigt, wie zahlreiche andere überall im Land, das Urteil von George C. Wright, daß »die Weißen ... nicht zögerten, das Gesetz in die eigene Hand zu nehmen, zu Seil oder Gewehr zu greifen, um den Schwarzen klarzumachen, wo ihr Platz war, und jede Spur von Militanz bei Afroamerikanern im Keim zu ersticken«.

Die aufsehenerregendsten Rassenunruhen des Südens erlebte Atlanta im September 1906. Monatelang hatte man sich in der Stadt in wüsten Rassenhaß hineingesteigert durch Verbreitung von Gerüchten und die Bewegung, den Afroamerikanern das Wahlrecht zu entziehen (siehe Kapitel 13). Eine unverantwortliche Presse veröffentliche Artikel, die die Ressentiments gegen die Schwarzen noch verschärften. Ein Redakteur rief zur Wiedergeburt des Ku-Klux-Klan auf, ein anderer ging noch weiter und setzte einen Preis für einen »Lynchwettbewerb« in Atlanta aus. Am Samstag, dem 22. September, berichteten Zeitungen über vier aufeinanderfolgende Übergriffe von Schwarzen auf weiße Frauen. Leute vom Land, die an diesem Tag in der Stadt waren, schlossen sich den Städtern zu einem wütenden, von panischem Schrecken erfaßten Mob an. Die Weißen griffen jeden Schwarzen an, auf den sie trafen.

Am folgenden Tag war es ruhig, aber am Montag gingen die Ausschreitungen in Brownsville, einem Vorort von Atlanta, weiter. Die Afroamerikaner dort hatten gehört, daß ihre Leute in Atlanta *en masse* abgeschlachtet wurden. Einige suchten Zuflucht in zwei schwarzen Institutionen in der Nachbarschaft, der Clark-Universität und im Theological Seminary von Gammon. Andere waren entschlossen, sich bis zum bitteren Ende zu verteidigen, und besorgten sich Waffen. Als Polizisten auftauchten, trieben sie die Schwarzen zusammen und verhafteten sie, weil sie bewaffnet waren. Ein Polizist schoß in eine Gruppe Schwarzer. Das Feuer wurde erwidert, ein Polizist wurde getötet und ein weiterer verletzt. Die Weißen gaben nun jede Zurückhaltung auf und legten richtig los, sie zerstörten wahllos den Besitz von Schwarzen und brachten sie um. Vier Afroamerikaner, die alle wohlhabende Bürger waren, wurden getötet und viele verletzt. J. W. E. Bowen, der Präsident des Theologischen Instituts von Gammon, bekam einen Gewehrkolben von einem Polizeibeamten übergezogen. Die Häuser von Schwarzen wurden geplündert und in Brand gesteckt. Die Stadt war mehrere Tage lang lahmgelegt: Die Fabriken blieben geschlossen, und öffentliche Verkehrsmittel fuhren nicht. Viele Schwarze verkauften ihre Habe und verließen die Stadt. Die Weißen waren beschämt über die Vorfälle und verurteilten die Krawallmacher. Eine Gruppe verantwortungsbewußter schwarzer und weißer Bürger setzte sich zusammen und organisierte die Atlanta Civic League, mit dem Ziel, die soziale Lage zu verbessern und weitere Unruhen zu verhindern. Doch den Krawallmachern geschah nichts. Verzweifelte Afroamerikaner protestierten laut, aber niemand beachtete sie. Selbst Roosevelts »Tür der Hoffnung« war ihnen offensichtlich vor der Nase zugeschlagen worden.

Präsident Roosevelts Behandlung der Rassenunruhen in Brownsville, Texas, überzeugte viele Afroamerikaner endgültig davon, daß er sich nicht ernstlich für ihre Notlage interessierte. Im August 1906 waren drei Kompanien des 25. Regiments, das aus Afroamerikanern bestand, an Ausschreitungen im texanischen Brownsville beteiligt, bei denen ein Bürger getötet, ein weiterer und der Polizeichef verletzt wurden. Weiße berichteten, daß Schwarze »die Stadt durch wüste Schießereien terrorisiert« hätten, und die rassistischen Emotionen erreichten den Siedepunkt. Nur die feste Haltung des Kommandeurs von Fort Brown verhinderte, daß die Krawalle zu noch schlimmeren Auswüchsen führten. Im November befahl Präsident Roosevelt auf der Grundlage des Berichts eines Inspektors, daß Schwarze die Bürger von Brownsville ermordet und verstümmelt hätten, den unehrenhaften Abschied des gesamten Bataillons und den Verlust der bürgerlichen Ehrenrechte für alle militärischen und zivilen Ämter der Vereinigten Staaten. Die Afroamerikaner, die immer stolz auf den Dienst ihrer Soldaten gewesen waren, waren empört. Viele Weiße protestierten, unter ihnen John Milholland, der mit Hilfe der Constitution League unerschrocken für die Soldaten kämpfte. Selbst Senator Tillman nannte Roosevelts Reaktion, zweifellos um den Präsidenten zu beschämen, einen »Lynchmord durch die Exekutive«.

Als der Kongreß im Dezember zusammenkam, forderte Senator Joseph B. Foraker aus Ohio nachdrücklich, daß es vor einer so drastischen Bestrafung ein umfassendes und faires Gerichtsverfahren hätte geben müssen. Am 22. Januar stimmte der Senat einer eingehenden Untersuchung der gesamten Angelegenheit zu, der Präsident hatte eine Woche zuvor den Verlust der bürgerlichen Rechte der entlassenen Soldaten widerrufen. Nach mehrmonatiger Untersuchung billigte die Mehrheit des Senatsausschusses das Verhalten des Präsidenten. Ein scharfes Minderheitenvotum von Senator Foraker prangerte die Untersuchungsergebnisse der Mehrheit aufs heftigste an. Der Senator aus Ohio gab den Kampf nicht auf. 1909 gelang es ihm, ein Gesetz im Kongreß durchzubringen, das ein Untersuchungsgericht einrichtete, um über die Fälle der entlassenen Soldaten erneut zu befinden. Es sah vor, daß alle entlassenen Soldaten, die für eine Weiterverpflichtung qualifiziert waren, einen Anspruch darauf haben sollten, und wenn sie wieder in die Armee eintraten, so behandelt werden sollten, als ob sie unmittelbar nach ihrer Entlassung – vor mehr als zwei Jahren – in den Dienst eingetreten wären. Diese Soldaten sollten »den Sold, Beihilfen und andere Rechte und Ansprüche erhalten, zu denen sie ihrem Dienstgrad entsprechend zum besagten Zeitpunkt der Entlassung berechtigt gewesen wären, wenn sie ehrenhaft entlassen worden wären ... und unmittelbar danach den Dienst wieder angetreten hätten«. Manche Beobachter sahen in der Einrichtung des Untersuchungsgerichtes »die schärfste und ungewöhnlichste Niederlage in Roosevelts Amtszeit«, doch für die meisten Afroamerikaner war die Brownsville-Affäre ein weiterer Beweis für die Hilflosigkeit einer Minderheit in einem feindseligen Land. Es dauerte bis 1972, volle 66 Jahre nach dem Vorfall, bis der Kongreß die unehrenhafte Entlassung aufhob und die schwarzen Mitglieder des Regiments, von denen die meisten tot waren, rehabilitierte.

Der Süden war nicht die einzige Region in Amerika, in der es zu Beginn des neuen Jahrhunderts zu Feindseligkeiten gegenüber Afroamerikanern kam. Gruppen weißer Schläger griffen häufig Schwarze in den großen Städten im Norden an. Mehrfach zerrten Weiße einen Schwarzen aus einer Straßenbahn in Philadelphia unter Gebrüll wie »Lyncht ihn, bringt ihn um!« Als die Zuwanderung der Afroamerikaner in den Norden anwuchs, verstärkte sich die feindselige Haltung ihnen gegenüber. Einige Städte tolerierten sie, andere nicht. Die Stadt Syracuse, Ohio, verbot jedem Schwarzen, sich dort niederzulassen, und mehrere Städte in Indiana erlaubten keinem Afroamerikaner, innerhalb der Stadtgrenzen zu wohnen.

Rassenunruhen im Norden waren genauso bösartig und fast so verbreitet wie im Süden. In Springfield, Ohio, kam es zweimal innerhalb weniger Jahre zu schweren Ausschreitungen. Die Unruhen von 1904 entsprachen perfekt dem Muster der Gewalt, das auch die Krawalle in anderen Teilen des Landes charakterisiert hatte. Bei einem Streit erschoß ein Afroamerikaner einen weißen Offizier. Der Mob rottete sich zusammen und drang in das Gefängnis ein, in dem der Schwarze festgehalten wurde. Die Einwohner ermordeten den Schwarzen im Eingang des Gefängnisses, hängten ihn an einen Telegrafenmast auf und durchsiebten seine Leiche mit Gewehrkugeln. Dann zogen sie weiter, um das Viertel der Schwarzen mutwillig zu zerstören. Als sie abzogen, waren acht Gebäude abgebrannt und viele Schwarze zusammengeschlagen worden, andere waren geflohen, um nie zurückzukehren. Zwei Jahre später spielte

> ## Mehrere farbige Bischöfe der Methodisten appellieren an das weisse Amerika – 1908
>
> Es wäre eine schwierige Aufgabe, alles aufzuzählen, all die staatsbürgerlichen, gesellschaftlichen, moralischen, rechtlichen und politischen Ungerechtigkeiten, die heute die Mitglieder unserer Rasse empören und belästigen ... wo man als Mitglied dieser Rasse auch hinblickt ... man ist durch ganz präzise enge Grenzen der »Barriere der Hautfarbe« *(Color Line)* eingeschränkt. Es geht immer nur »so weit« im Norden und »so weit« im Süden ...
> Wir appellieren an die Freunde der Menschlichkeit, ihren Einfluß geltend zu machen, damit dieses glorreiche Land von der Gewalt des Pöbels befreit wird, die so viele Menschen zu früh sterben läßt.
> Wir appellieren an alle, die an den fairen Umgang miteinander glauben, uns dabei zu unterstützen, aus unserem Land das System der Peonage und Sträflingsarbeit zu verbannen, das die letzten Reste der Würde des Menschen erniedrigt und zerstört und viele Menschen in die übelste Leibeigenschaft verweist.
> Wir appellieren an alle freiheitsliebenden Menschen in Amt und Würden, uns ihre Unterstützung durch Einsatz ihres Einflusses und ihrer Gesetzgebungskompetenz zu geben, um die »Jim-Crow«-Beförderungsgesetze abzuschaffen ...
> Wir appellieren an die Richter des Obersten Gerichts, die Gesetze zu annullieren, die die Bundesverfassung verletzen; an die Mitglieder der Südstaatenparlamente, wo Gesetze zum Entzug des Wahlrechts verabschiedet worden sind; an den Kongreß der Vereinigten Staaten, die Gesetze und Verordnungen zu widerrufen, die uns unserer von der Bundesverfassung garantierten Rechte berauben, [Rechte], die auf dem Schlachtfeld durch das von Schwarzen und von Weißen vergossene Blut erkämpft wurden.
>
> *The Christian Index*, 19. März 1908, aus: Herbert Aptheker, Hrsg., *A Documentary History of the Negro People in the United States, 1661–1910* (New York, 1951), S. 896–897

sich in Greensburg, Indiana, fast dasselbe ab. Ein geistig behinderter Schwarzer wurde verurteilt, weil er seine Arbeitgeberin, eine weiße Witwe, angegriffen hatte. Zwar konnte der zusammengerottete Mob den Schwarzen nicht aus der Obhut der Ordnungskräfte holen, aber er ließ sich nicht beirren: Viele Häuser von Afroamerikanern wurden beschädigt, mehrere unschuldige Menschen zusammengeschlagen und einige aus der Stadt getrieben.

Zu den schlimmsten Rassenunruhen im Norden, die das ganze Land erschütterten, kam es im August 1908 in Springfield, Illinois. Die Frau eines Straßenbahnschaffners behauptete, daß sie von einem Mann aus ihrem Bett gezerrt und vergewaltigt worden sei, den sie als den Afroamerikaner George Richardson identifizierte, der in der Nachbarschaft gearbeitet hatte. Richardson wurde verhaftet und ins Gefängnis geworfen. Vor dem Geschworenengericht gab die Frau zu, daß sie von einem weißen Mann verprügelt worden sei, dessen Identität sie nicht offenbaren wollte, und daß Richardson überhaupt nichts damit zu tun gehabt habe. Zu diesem Zeitpunkt herrschte bereits eine aufgebrachte Stimmung gegen Richardson. Als Vorsichtsmaßnahme brachten die Beamten ihn und einen anderen Schwarzen, der in Zusammenhang mit dem Mord an einem Weißen festgehalten wurde, in eine nahe gelegene Stadt, wo sie den Zug nach Bloomington bestiegen. Als der Mob, der sich zusammenrottete, hörte, daß die Schwarzen abtransportiert worden waren, wurde er wütend. Das Restaurant eines Geschäftsmannes, dessen Wagen für den Transport der Schwarzen benutzt worden war, wurde kurz und klein geschlagen, und weiter ging es durch die Stadt.

Die Stadtoberen begriffen, daß der Mob außer Kontrolle geriet, und unternahmen mehrere vergebliche Versuche, ihn zu zerstreuen. Schließlich rief der Gouverneur die Miliz zu Hilfe. Der Mob, der die Aufforderungen hoher Vertreter des Staates ignorierte, plünderte Läden für Gebrauchtwaren, beschaffte sich Gewehre, Äxte und andere Waffen und demolierte die Geschäfte von Afroamerikanern und verjagte sie aus Häusern und Wohnungen. Die Randalierer setzten ein Gebäude in Brand, in dem ein Schwarzer sein Friseurgeschäft hatte, lynchten den Friseur im Hof hinter dem Geschäft und wollten gerade die Leiche, die sie durch die Straßen geschleift hatte, anzünden, als die Miliz von Decatur die Menge durch Schüsse auseinandertrieb. In der folgenden Nacht wurde ein 84 Jahre alter Afroamerikaner nur einen Häuserblock vom Parlament entfernt gelyncht, er war mehr als dreißig Jahre lang mit einer Weißen verheiratet gewesen. Ruhe und Ordnung konnten erst wiederhergestellt werden, als mehr als fünftausend Milizsoldaten in den Straßen der Stadt Streife gingen. Insgesamt waren zwei Schwarze gelyncht, vier Weiße getötet und mehr als siebzig Menschen verletzt worden. Mehr als einhundert Personen wurden verhaftet und etwa fünfzig Anzeigen erstattet. Die angeblichen Anführer des Mobs kamen ungestraft davon.

Was von den Unruhen in Springfield berichtet wurde, war mehr, als Afroamerikaner ertragen konnten. Es erschien ihnen pervers, den nahenden einhundertsten Jahrestag von Lincolns Geburt auf diese Weise zu begehen. Afroamerikaner waren gelyncht worden, und das kaum einen halben Kilometer entfernt von dem einzigen Haus, das Lincoln je besessen hatte, und nur drei Kilometer entfernt von seiner letzten Ruhestätte. Das Maß war voll, und sie fanden kaum noch die Kraft, ihre Wut gegen die neuesten Greueltaten herauszuschreien. Die Realität sprach Booker T. Washingtons überall publizierter Weltanschauung von Aufstieg und Anpassung der Schwarzen Hohn, denn sie widerlegte seinen immer wieder geäußerten Glauben, daß man keinem intelligenten, anständigen und wirtschaftlich unabhängigen Schwarzen »lange den angemessenen Respekt und die Hochachtung vorenthalten wird«. Es war Zeit für ein massives Vorgehen. Irgendwie mußte man eine Lösung für das Rassenproblem finden, das Du Bois bereits das zentrale Problem des 20. Jahrhunderts genannt hatte.

Neue Lösungen für alte Probleme

Das erbärmliche Bild, das die Afroamerikaner im Amerika des 20. Jahrhunderts boten, hatte eine Gruppe junger Afroamerikaner schon 1905 dazu bewegt, sich für den entschlossenen und aggressiven Kampf um volle Bürgerrechte zu organisieren. Sie waren der Überzeugung, daß die Zeit des Hinhaltens und Lavierens vorüber sei, es herrschte Krieg, und sie waren entschlossen, bis zum bitteren Ende zu kämpfen. Diese Gruppe traf sich im Juni 1905 unter der Führung von W. E. B. Du Bois in Niagara Falls in Kanada und formulierte ein Programm für ein energisches Vorgehen. Sie forderten unter anderem: Redefreiheit und Freiheit der Kritik, das Stimmrecht für Männer, die Abschaffung aller gesellschaftlichen Unterschiede aufgrund der Rasse, die Anerkennung der Grundprinzipien der Brüderlichkeit und Respekt für den arbeitenden Menschen. Ungeachtet der scharfen Kritik an ihrer radikalen Haltung, schlossen sie sich zum Niagara Movement zusammen und kamen im folgenden Jahr in Harpers Ferry erneut zusammen.

Die Beschlüsse von Harpers Ferry waren von Du Bois, wie er später einräumte, in »großer emotionaler Erregung« verfaßt worden. Und Kelly Miller sagte über dieses Manifest, es sei »kaum zu unterscheiden von einem wilden und verzweifelten Aufschrei«. Es waren tatsächlich die Klagen einer verzweifelten, aber mutigen Gruppe, die gegenseitige Rücksichtnahme auf der Grundlage der Menschlichkeit einforderte und unter anderem erklärte:

> Im letzten Jahr florierte die Arbeit der Negerhasser im Land. Meter um Meter wichen die Verteidiger der Rechte der amerikanischen Bürger zurück. Das Werk, dem schwarzen Mann den Stimmzettel zu stehlen, hat Fortschritte gemacht, und die 50 und mehr Abgeordneten mit gestohlenen Stimmen sitzen noch immer in der Hauptstadt der Nation ... Niemals zuvor in der Moderne hat ein großes und zivilisiertes Volk gedroht, ein so feiges Kredo den eigenen Mitbürgern gegenüber anzunehmen, die doch im eigenen Land geboren und großgeworden sind. Aller wortreichen Ausflüchte beraubt und in seiner ganzen nackten Gemeinheit besagt das neue amerikanische Kredo: Fürchtet Euch, den Schwarzen auch nur die Chance zu geben, sich aus dem Staub zu erheben, denn sie könnten den Weißen gleich werden. Und das in dem Land, das sich dazu bekennt, Jesus Christus zu folgen. Die Blasphemie dieses Pfades wird nur noch von seiner Feigheit übertroffen.

Das Niagara Movement traf sich 1907 in Boston und bemühte sich auf der Sitzung in Faneuil Hall, den Geist des Abolitionismus alter Tage wiederzubeleben. Organisationen wie die New England Suffrage League und die Equal Rights League of Georgia unterstützten die Arbeit des Niagara Movement. Im folgenden Jahr fand das Treffen in Oberlin, Ohio, statt. Man hatte sich nun in Oberlin, dem Zentrum des Abolitionismus im Westen, in Boston, dem Zentrum des Abolitionismus im Osten, in Harpers Ferry, dem Schauplatz von John Browns Märtyrertum, und bei den Niagarafällen, einer wichtigen Station der *Underground Railroad*, getroffen. Doch zu weiteren Treffen sollte es nicht mehr kommen, denn kurze Zeit später wurde das Niagara Movement von einer neuen und stärkeren Organisation absorbiert.

Die Rassenunruhen von Springfield schockierten auch viele Weiße. Einer von ihnen war William English Walling, ein bekannter Schriftsteller, der sich an den Ort des Geschehens begab und Fakten für einen Artikel sammelte. In seinem Artikel »Race War in the North« (Rassenkrieg im Norden), der im *Independent* erschien, beschrieb Walling die Greueltaten in Springfield und erklärte: »Entweder wir erneuern den

Geist der Abolitionisten, den Geist von Lincoln und Lovejoy und kommen dahin, den Neger politisch und gesellschaftlich absolut gleich zu behandeln, oder Vardaman und Tillman werden den Rassenkrieg bald in den Norden getragen haben ... Doch wer erkennt den Ernst der Lage, und welche große und mächtige Bürgerinitiative ist bereit, ihnen zu Hilfe zu kommen?« Mary White Ovington, eine New Yorker Sozialarbeiterin, die sich bereits für die Probleme der Schwarzen interessierte, las den Artikel und besprach das Problem mit Walling und Henry Moskowitz. Sie beschlossen, an Lincolns Geburtstag im Jahr 1909 eine Konferenz einzuberufen, um Wallings Aufforderung nachzukommen. Oswald Garrison Villard, der Enkel von William Lloyd Garrison, verfaßte den Aufruf: »Wir rufen alle auf, die an die Demokratie glauben, sich zu einer bundesweiten Konferenz zu treffen, um die bestehenden Mißstände zu diskutieren, um Protesten Ausdruck zu geben und den Kampf um die staatsbürgerliche und politische Freiheit zu erneuern.« Der Abolitionismus hatte im Nachkommen seines bedeutendsten Vertreters erneut Gestalt angenommen.

Die jungen Radikalen des Niagara Movement wurden zur Konferenz eingeladen, und die meisten nahmen die Einladung an. Unter denen, die ihr nicht folgten, war Monroe Trotter, der den Motiven der Weißen mißtraute. Es war eine bemerkenswerte Zusammenkunft von Pädagogen, Professoren, Journalisten, Bischöfen, Richtern und Sozialarbeitern, darunter Jane Addams, William Dean Howells, Ida B. Wells, John Dewey, John Milholland, Du Bois und Villard. Die Teilnehmer planten die Gründung einer neuen permanenten Organisation, die als Nationale Vereinigung zur Förderung der Farbigen – National Association for the Advancement of Colored People (NAACP) – bekannt werden sollte. Ein Aktionsprogramm wurde verabschiedet, in dem die Organisation gelobte, sich für die Abschaffung jeglicher erzwungener Rassentrennung, für die gleiche Bildung von schwarzen und weißen Kindern, für das volle Wahlrecht von Afroamerikanern und für die Durchsetzung des 14. und 15. Zusatzartikels zur Verfassung einzusetzen. Der förmliche Gründungsakt wurde im Mai 1910 vollzogen, Moorfield Storey aus Boston wurde Präsident, und William E. Walling Vorsitzender des Exekutivausschusses. W. E. B. Du Bois war als Direktor für Öffentlichkeitsarbeit und Forschung der einzige afroamerikanische Funktionär. Die Tatsache, daß Du Bois einen Posten hatte, stempelte die Organisation von Anfang an als radikal ab. Viele fürchteten, daß dies eine unzurechnungsfähige, unverantwortliche Organisation war, die ihre Ideen hauptsächlich aus den Träumereien des Niagara Movement bezog. Von den meisten weißen Philanthropen wurde sie verurteilt, und selbst einige Schwarze hielten sie für unklug.

Im ersten Jahr ihres Bestehens startete die NAACP ein Programm, das die Chancen von Afroamerikanern in der Industrie verbessern, ihnen im Süden zu mehr Polizeischutz verhelfen und eine Kampagne gegen Lynchjustiz und Rechtsbrüche durchführen sollte. Ein wichtiges Hilfsmittel bei der Umsetzung ihres Programms war die Zeitschrift *Crisis*, eine Einrichtung das Legal Redress Committee. Hauptaufgabe von Du Bois war es, die Zeitschrift auf sichere Füße zu stellen: Im November 1910 erschien die erste Nummer. 1000 Exemplare waren schnell verkauft, und die Auflage stieg, bis sie 1918 monatlich 100 000 Exemplare erreichte. Die Zeitschrift führte eine machtvolle Kampagne gegen die Lynch- und Selbstjustiz. Ebenso groß wie ihr phänomenaler Verkaufserfolg war ihre Wirkung bei der Behandlung der dringendsten Probleme der Schwarzen.

Arthur B. Spingarn, der zusammen mit seinem Bruder Joel Mitglied des gemischtrassigen Vorstandes war, war auch Vorsitzender des Rechtsausschusses. Weiße und schwarze Anwälte arbeiteten eng mit ihm zusammen und gewannen innerhalb von fünfzehn Jahren drei wichtige Prozesse vor dem Obersten Gericht der Vereinigten Staaten. Im Jahr 1915 entschied das Oberste Gericht im Fall *Guinn gegen United States*, daß die »Großvaterklauseln« in den Verfassungen von Maryland und Oklahoma unvereinbar mit dem 15. Zusatzartikel zur Verfassung waren und deshalb für null und nichtig. 1917 erklärte das Gericht im Fall *Buchanan gegen Warley* die städtische Verordnung von Louisville für verfassungswidrig, die von Schwarzen verlangte, in bestimmten Vierteln der Stadt zu wohnen. 1923 ordnete das Gericht im Fall *Moore gegen Dempsey* ein neues Verfahren gegen einen wegen Mordes verurteilten Afroamerikaner vor einem Gericht in Arkansas an. Die Vertreter der NAACP hatten angeführt, daß der Tagelöhner in Arkansas kein faires Gerichtsverfahren bekommen hatte, weil unter anderem kein Afroamerikaner Geschworener sein durfte. Das Gericht teilte diese Auffassung. Damit wurde die Anrufung der Gerichte eine wirksame Waffe im Kampf um volle bürgerliche Rechte.

Mit der Zeit wurde die Arbeit der NAACP besser organisiert und durch die Gründung von Zweigstellen auf eine breitere Basis gestellt. Kurz nach dem ursprünglichen Gründungsakt entstand die erste Zweigstelle in

Chicago, innerhalb von zwei Jahren folgten neun weitere. Jedes Jahr, bis zum Ausbruch des Ersten Weltkriegs, verdoppelte sich die Zahl, und 1921 gab es mehr als 400 Zweigstellen überall in den Vereinigten Staaten. Sie sammelten Informationen und setzten vor Ort die Ziele der Zentrale durch. Es dauerte nicht lange, und die NAACP weitete ihre Aktivitäten über die Landesgrenzen hinaus aus. Du Bois wurde zum International Congress of Races in London entsandt, um einerseits die Organisation bei diesem bedeutenden Treffen zu repräsentieren und es andererseits Booker T. Washington, der 1910 eine Europareise unternommen hatte, gleichzutun. In seinen Reden vor dem Kongreß machte Du Bois sehr deutlich, daß im Gegensatz zu Washingtons Behauptung Afroamerikaner in den Vereinigten Staaten gravierenden rechtlichen und staatsbürgerlichen Diskriminierungen ausgesetzt waren. Er gewann neue Freunde für die NAACP unter den Delegierten aus vielen Ländern, und diese Kontakte sollten während und nach dem Krieg das Programm im eigenen Land stärken helfen.

Obwohl ein Programmpunkt der NAACP der Ausbau der wirtschaftlichen Chancen für Afroamerikaner war, fand man nicht die Zeit, viel auf diesem Gebiet zu tun. Die Notwendigkeit einer organisierten Anstrengung auf wirtschaftlichem Gebiet war jedoch nicht weniger dringend, und so entstand eine Organisation, die ihre volle Aufmerksamkeit dieser Aufgabe widmete. 1905, im gleichen Jahr, in dem das Niagara Movement auf den Weg gebracht wurde, wurden in New York zwei Organisationen gegründet, die den Kern für eine bundesweite Vereinigung bilden sollten. Es waren dies das Committee for Improving Industrial Conditions of Negroes in New York und die National League for the Protection of Colored Women. Unter den bekannten Weißen, die letztere unterstützten, waren Mrs. W. H. Baldwin, W. J. Schiefflin und A. S. Frissell. Etwa zur gleichen Zeit begann George Edmund Haynes, ein junger schwarzer Student an der Columbia-Universität, mit seinen Forschungen zur sozialen und wirtschaftlichen Lage der Afroamerikaner in New York City. Er trug seine Ergebnisse in einem Bericht auf einer gemeinsamen Sitzung der beiden Organisationen vor. Das Interesse an diesem Bericht, der später unter dem Titel *The Negro at Work in New York City* veröffentlicht wurde, war so groß, daß ein Ausschuß ernannt wurde, der als Koordinationsstelle verstärkt Angebote für das Gemeinschaftsleben der Schwarzen von New York ausarbeiten sollte.

Dem Ausschuß wurden Pläne zur Verbesserung der sozialen und wirtschaftlichen Verhältnisse unter den Afroamerikanern unterbreitet. Haynes, der weiterhin intensiv an dem Projekt interessiert war, ging an die Fisk-Universität, um einen Fachbereich für Soziologie aufzubauen und ein Zentrum zur Ausbildung von Sozialarbeitern einzurichten. Die Erfahrungen und die Daten, die er sammelte, stellte er dem Ausschuß zur Verfügung, und das Programm, das sich allmählich daraus entwickelte, konnte schließlich förmlich mit der Gründung einer Organisation abgeschlossen werden. Im Jahr 1911 schlossen sich die drei Institutionen zusammen zum Nationalen Bund über die Lage der Neger in den Städten – National League on Urban Conditions among Negroes (die gemeinhin als National Urban League bekannt ist), mit Haynes und Eugene Kinckle Jones als Geschäftsführer. E. R. A. Seligman von der Columbia-Universität war der erste Präsident der Urban League, die durch Julius Rosenwald, Mrs. Baldwin und andere finanziell unterstützt wurde. Unter den Sponsoren waren auch Booker T. Washington, Kelly Miller, Roger N. Baldwin, Robert R. Moton und L. Hollingsworth Wood.

Die Urban League wollte den Afroamerikanern in der Industrie neue Möglichkeiten eröffnen und unterstützte schwarze Neuankömmlinge in den Städten bei der Eingewöhnung. Sie richtete Zweigstellen in vielen großen Städten ein und führte Programme durch, die den Zuwanderern in den Städten nach ihrer Ankunft bei der Arbeits- und Wohnungssuche halfen und ihnen Informationen über das Leben in der Stadt vermittelten. Sie war erfolgreich in den Bemühungen, Arbeitgeber und Arbeitnehmer einander näher zu bringen und die gegenseitigen Anpassungsprobleme zu verringern. Die Urban League entwickelte ein Programm zur Ausbildung junger Männer und Frauen zu Sozialarbeitern und gewährte Stipendien für ein Studium an der School of Philanthropy in New York und »Teilstipendien« für ein Praktikum in der Zentrale der Urban League zur Vorbereitung der Arbeit vor Ort. Dieses Ausbildungsprogramm ermöglichte vielen berühmten amerikanischen Schwarzen die Ausbildung und machte sie zu führenden Sozialarbeitern der nächsten Generation.

Weitere Organisationen, die den Afroamerikanern bei der Gewöhnung ans Stadtleben halfen, waren der Christliche Verein Junger Männer – Young Men's Christian Association (YMCA) und der Christliche Verein Junger Frauen – Young Women's Christian Association (YWCA). Der erste schwarze YMCA war schon 1853 in Washington gegründet worden, schloß sich aber erst nach dem Bürgerkrieg der weißen Bewegung an. 1888 wurde William A. Hunton als erster bezahlter schwarzer Funktionär in die nationale Zentrale geholt, 1898 folgte ihm Jesse E. Moorland, der sich speziell den Problemen der Afroamerikaner in den Städten widmete. Anfang des Jahrhunderts wurden mehrere Unterabteilungen des Vereins gegründet. Gebäude, die als Hauptquartiere und Freizeitzentren genutzt werden konnten, wurden gebaut. 1907 stiftete George Foster Peabody in seiner Geburtsstadt Columbus, Georgia, ein Gebäude zur Nutzung durch afroamerikanische Männer und Jungen. 1910 spendete Julius Rosenwald 25 000 Dollar für den Bau des Gebäudes an der Wabash Avenue in Chicago, seine erste Spende für die YMCA-Bewegung der Afroamerikaner. In den folgenden Jahren summierten sich seine Spenden für insgesamt dreizehn Gebäude auf 325 000 Dollar. Da es überhaupt kein erfolgreiches öffentliches Programm zur nützlichen Beratung und Freizeitgestaltung gab, leisteten der YMCA, selbst mit seinen nach Rassen getrennten Einrichtungen, die sich auf längere Sicht als hinderlich erweisen sollten, den Afroamerikanern gute Dienste, wo immer sie bestanden.

1906 gab es kleine afroamerikanische Gruppen des YWCA in Washington, Philadelphia, New York und Baltimore. Allmählich entwickelte sich mit dem neu erwachten sozialen Bewußtsein die Schüler- und Studentenarbeit in der Stadt. Doch erst nach Ausbruch des Ersten Weltkriegs zeigte sich ein stärkerer Trend zur Arbeit unter Afroamerikanerinnen. Mehrere wichtige Gebäude wurden an strategischen Punkten errichtet, und mit der Unterstützung von Philanthropen wie Rosenwald und Rockefeller erwarb der YMCA Einrichtungen, in denen er ein Programm zur sozialen Förderung und Erziehung von jungen Afroamerikanerinnen durchführen konnte, das ihnen bei der Lösung der Probleme in den Städten sehr half.

Es gab einzelne Einrichtungen zur Lösung lokaler Probleme wie das soziale Hilfswerk des Flanner Settlement House in Indianapolis und die Nachbarschaftsvereine in New York. Verschiedentlich versuchte man, die Wohnbedingungen zu verbessern, etwa durch die Octavia Hill Association in Philadelphia und die Model Homes Company in Cincinnati. Das waren tatsächlich neue Lösungen für alte Probleme. Aber die Probleme der Afroamerikaner in den Vereinigten Staaten waren am Anfang des 20. Jahrhunderts so umfangreich und tiefgreifend in ihren Auswirkungen, daß man nur mit einem groß angelegten und umfassenden Ansatz hoffen konnte, mehr als ein Quentchen zu ihrer Lösung beizutragen. Die Programme der National Association for the Advancement of Colored People und der National Urban League waren insgesamt so angelegt, daß sie dieser Herausforderung gerecht werden konnten, und doch konnte niemand garantieren, daß sie das richtige Rezept für die Lösung hatten. Sozialreform und Erneuerung stellten so schwierige Aufgaben dar, daß Wissenschaft und Vernunft zusammen kaum die »Tür der Hoffnung« offenhalten konnten, wenn Emotionen und Vorurteile sie mit aller Kraft zudrücken wollten.

16. KAPITEL
KÄMPFEN FÜR DIE DEMOKRATIE

Der Erste Weltkrieg

Ein kritischer Beobachter auf dem International Races Congress in London konnte 1911 die Vorboten eines über Europa hereinbrechenden Krieges erkennen. Obwohl in der Alten und in der Neuen Welt zahllose Friedensvereinigungen aus dem Boden geschossen waren, war die bewaffnete Auseinandersetzung zwischen den beiden konkurrierenden europäischen Koalitionen um Märkte, billige Rohstoffe und billige Arbeitskräfte schon mehrere Jahre vor dem tatsächlichen Kriegsausbruch im Gang. Was die Beobachter jedoch nicht erkennen konnten, war die Tatsache, daß zivilisierte Länder gewillt waren, einen so hohen Preis wie einen Weltbrand für einen »Platz an der Sonne« zu bezahlen. Deutschland und seine Satelliten waren entschlossener denn je, einen beherrschenden Einfluß in Europa, Afrika und Asien auszuüben, während Rußland, Frankreich und Großbritannien genauso entschlossen waren, dafür zu sorgen, daß derartige Ambitionen wirksam gebremst wurden. Überall herrschten Verwirrung und Feindschaft, während das Intrigenspiel immer komplizierter wurde und auch die letzten Reste des internationalen Rechts mit Füßen getreten wurden.

Als der Krieg 1914 ausbrach, war das amerikanische Volk selbst auf die Rolle des Zuschauers gänzlich unvorbereitet, der aus der Distanz zusah, wie die Welt sich in den Irrsinn des Krieges stürzte. Die Amerikaner waren voll und ganz mit den eigenen innenpolitischen Problemen beschäftigt gewesen und hatten seit Woodrow Wilsons Versprechen einer »Neuen Freiheit – New Freedom« ihre volle Aufmerksamkeit den wirtschaftlichen und sozialen Mißständen zugewandt, die als Erbe der großen industriellen Umwälzung der zurückliegenden Generation vor ihnen lagen. Und die Afroamerikaner beschäftigten sich bestimmt nicht mit den europäischen Problemen. Sie hatten mehr als genug Schwierigkeiten, die ihre Aufmerksamkeit in Anspruch nahmen. Seit den Tagen der Wiedereingliederung des Südens standen sie der Demokratischen Partei skeptisch gegenüber und blickten gespannt nach Washington, um zu sehen, wie sich der erste, im Süden geborene Präsident seit dem Bürgerkrieg verhalten würde.

1912 waren die Afroamerikaner äußerst beunruhigt über die politische Lage. Seit der Brownsville-Affäre (siehe Kapitel 15) waren sie Theodore Roosevelt gegenüber mißtrauisch geworden, und zu Präsident Taft hatten sie überhaupt kein Vertrauen. Viele von ihnen wollten sich jedoch Roosevelt bei der Gründung einer neuen Partei anschließen, wenn sie die Zusicherung erhielten, daß die neue Partei eindeutig für volle Bürgerrechte für alle eintreten würde. Die Vertreter der NAACP gingen so weit, eine Erklärung zu verfassen, die in das Parteiprogramm der Progressiven Republikaner aufgenommen werden sollte und den Widerruf der diskriminierenden Gesetze und das volle Wahlrecht forderte. Als Roosevelt den weißen Delegierten aus dem Süden grünes Licht gab, die Erklärung ignorieren zu können und auch zuließ, daß einigen schwarzen Delegierten der Zutritt zum Parteikonvent verwehrt werde, erkannten die Afroamerikaner, daß die Bull-Moose-Bewegung ihnen wenig zu bieten hatte. Obwohl sie der Demokratischen Partei immer noch skeptisch gegenüberstanden, sahen sich einige von ihnen die Demokraten näher an. Dabei machte ihnen Wilsons Erklärung Mut, er wolle, daß »den Farbigen in jeder Hinsicht Gerechtigkeit widerfahren soll – und zwar keine widerwillige Gerechtigkeit, sondern eine Gerechtigkeit, die freigebig und mit aufrichtigem Wohlwollen geübt wird«. Viele Afroamerikaner wurden durch Wilsons deutliche Erklärungen des guten Willens für sein Lager gewonnen. Eine davon lautete: »Ich möchte Ihnen versichern, daß, sollte ich Präsident der Vereinigten Staaten werden, Sie auf mich für eine absolut faire Behandlung zählen können, für alles, wobei ich Ihnen helfen kann, die Interessen Ihrer Rasse in den Vereinigten Staaten durchzusetzen.« Die Stimmen der Schwarzen für Wilson waren keineswegs ausschlaggebend, aber es waren weit mehr als viele Republikaner für möglich gehalten hatten.

In den ersten Jahren der Präsidentschaft Wilsons blickten die Afroamerikaner deshalb aufmerksam nach Washington und nicht nach Paris und Berlin. Was sie sahen, löste große Bestürzung bei ihnen aus. Sie hatten wenig unmittelbares Interesse an den Zoll- und Bankreformen, und da sie aus so vielen Gewerkschaften ausgeschlossen waren, nützte ihnen die Ausnahmeregelung für Gewerkschaften im Clayton-Antitrust-Gesetz wenig. Washington hatte sie jedoch nicht vergessen. Im ersten Kongreß in Wilsons Amtszeit wurden mehr Gesetzesvorlagen, die diskriminierende Maßnahmen gegen Schwarze zum Inhalt hatten, eingebracht, als jemals einem Kongreß vorgelegt worden waren. Mindestens zwanzig Gesetzesvorlagen sahen die Rassentrennung in öffentlichen Verkehrsmitteln im District of Columbia vor, den Ausschluß von Schwarzen von der Offizierslaufbahn in Armee und Marine, getrennte Einrichtungen für schwarze und weiße Angestellte des Bundes und ein völliges Einwanderungsverbot für Menschen afrikanischer Abstammung. Auch im nächsten Kongreß wurden ähnliche Gesetzesvorlagen eingebracht. Obwohl die meisten dieser Vorlagen nicht als Gesetze verabschiedet wurden, ordnete Wilson per Exekutivgewalt an, daß schwarze und weiße Bundesangestellte getrennte Kantinen und Toiletten benutzen mußten, und erneuerte nicht die Verträge der meisten Schwarzen im öffentlichen Dienst.

Als Präsident Wilson 1914 seine Neutralitätserklärung verkündete, hielten die meisten Afroamerikaner einen Eintritt Amerikas in den Krieg für unwahrscheinlich. Die Schwarzen beschäftigten sich weiterhin mit ihren ureigensten Problemen. Einige zogen mit Monroe Trotter zum Weißen Haus, um gegen die Rassentrennung der afroamerikanischen Bundesangestellten zu protestieren, wurden aber abgewiesen, weil Wilson Trotters Sprache als »beleidigend« empfand. Andere begannen gegen die Verordnungen zur Rassentrennung in Wohnvierteln zu kämpfen, die überall im Land erlassen wurden. Als der Präsident 1915 die Besetzung von Haiti durch Marinesoldaten anordnete, protestierten die Afroamerikaner lautstark gegen die Verletzung der Souveränität und territorialen Integrität des Landes. Sie reagierten empört auf den Tod von mehreren hundert Einwohnern Haitis bei dem Versuch, Ruhe und Ordnung wiederherzustellen. Im gleichen Jahr kam der bis dahin bedeutendste Film in der jungen Geschichte dieses Mediums, *The Birth of a Nation,* in die Kinos und erregte großes Aufsehen. Dem Skript lagen die anti-afroamerikanische Schriften von Thomas Dixon zugrunde. Der Film erzählte eine ziemlich üble und ganz offensichtlich verdrehte Geschichte von der Emanzipation der Schwarzen, ihrem Wahlrecht und der Verführung weißer Frauen. Er trug mehr als irgend etwas anderes zur Verbreitung und Stärkung des Mythos von der Herrschaft und Zügellosigkeit der

Schwarzen während der Wiedereingliederung des Südens bei. Lynchmorde und andere Formen der Gewalt nahmen zu und vergrößerten noch die Sorgen der Afroamerikaner. 1916 wurde Jesse Washington in Waco, Texas, vor einer jubelnden Menge von tausenden Männern, Frauen und Kindern öffentlich verbrannt. In South Carolina fiel der Mob über den wohlhabenden schwarzen Farmer, Anthony Crawford, her und tötete ihn wegen »unverschämten Verhaltens«, weil er den Preis für seine Baumwollsaat nicht akzeptiert hatte. In Mexiko wurden 22 Schwarze der 10. Kavallerie während der Verfolgung eines Deserteurs im Dienst getötet.

Mitten in dieser Zeit großer Not starb Booker T. Washington Ende des Jahres 1915. Jetzt gab es keinen führenden Schwarzen mehr, den die Mehrheit der Bürger der Vereinigten Staaten respektierte, und es war auch niemand mit dem Prestige Washingtons da, der zu Geduld und Mäßigung riet. Damit, glaubten einige kämpferische Schwarze, war die Zeit gekommen, sich organisatorisch enger zusammenzuschließen und eine Einheit im Denken und Handeln zu erreichen, die vorher unmöglich gewesen war. Dieses Ziel setzte sich eine Konferenz, zu der 1916 in Joel Spingarns Haus nach Amenia in New York eingeladen wurde, um über die Misere der Afroamerikaner zu diskutieren. Die Konferenz brachte die wohl beste und prominenteste Gruppe von Afroamerikanern an einen Tisch, die sich seit vielen Jahren getroffen hatte. Sie gab kein leidenschaftliches Manifest heraus, und ihre Beschlüsse waren nicht verbittert. Aber alle Teilnehmer waren sich darin einig, daß sie sich stetig und ernsthaft für das Wahlrecht, die Abschaffung der Lynchjustiz und für die Durchsetzung von Gesetzen zum Schutz der Bürgerrechte einsetzen wollten. Es war ein glückliches Vorspiel zu Amerikas Eintritt in den Krieg. Angesichts der ruhigen, aber entschlossenen Einmütigkeit der führenden Afroamerikaner konnten die schwarzen Bürger der Vereinigten Staaten klüger und nachdrücklicher für ihre Beteiligung an eben der Demokratie kämpfen, die die Alliierten über die ganze Welt ausdehnen wollten.

Die Einberufung von Afroamerikanern

Von den 750 000 Mann in der regulären Armee und in der Nationalgarde waren zu Beginn des Krieges schätzungsweise 20 000 Schwarze. 10 000 von ihnen dienten in den schwarzen Einheiten der regulären Armee, und zwar im 9. und 10. Kavallerieregiment und im 24. und 25. Infanterieregiment. Weitere 10 000 waren auf unterschiedliche Einheiten der Nationalgarde verteilt: das 8. aus Illinois, das 15. aus New York, auf getrennte Bataillone des District of Columbia und von Ohio und auf getrennte Kompanien von Maryland, Connecticut, Massachusetts und Tennessee. Schon am 25. März 1917, zwei Wochen vor der offiziellen Kriegserklärung durch die Vereinigten Staaten, waren Schwarze der Nationalgarde des District of Columbia zum Schutz der Hauptstadt einberufen worden. Zwischen Juli und September wurden weitere schwarze Einheiten in den aktiven Dienst gestellt.

Afroamerikaner waren auch unter denen, die im April 1917 in die Rekrutierungsbüros strömten, um sich als Freiwillige zu melden, doch meist ohne Erfolg. Die Verabschiedung des Wehrdienstgesetzes, des Selective Service Act, am 18. Mai sah dann jedoch die Einberufung aller diensttauglichen Amerikaner zwischen 21 und 31 Jahren vor. Am 5. Juli, dem Tag der Erfassung, schrieben sich mehr als 700 000 Schwarze ein. Noch vor Ende der Meldefrist hatten sich 2 290 525 Schwarze gemeldet, 367 000 davon wurden eingezogen. Annähernd 31 Prozent der Schwarzen, die sich meldeten, wurden eingezogen, während von den Weißen 26 Prozent genommen wurden. Das lag nicht an der besseren körperlichen und geistigen Verfassung der Afroamerikaner, sondern an der Tendenz bei einigen Musterungskommissionen, Schwarze bei Freistellungen zu benachteiligen. Eine Musterungskommission in Georgia zum Beispiel wurde vom Dienst entbunden, weil es zu offenkundigen Diskriminierungen von Schwarzen bei Freistellungen gekommen war. Auch gegen andere Musterungskommissionen gab es vielfältige Klagen. Andererseits wurden keine besonderen Beispiele für schwarze Drückeberger bekannt, und selbst Schwarze, die den Krieg als imperialistischen Konflikt ablehnten, folgten der Vorladung ihrer Musterungskommission.

Afroamerikaner bemühten sich besonders darum, nicht nur als einfache Soldaten, sondern als Offiziere am Kampf teilzunehmen, und so waren sie außerordentlich entmutigt, als der ranghöchste schwarze Offizier, Oberst Charles Young, angeblich wegen hohen Blutdrucks seinen Dienst quittieren mußte. Um seine Tauglichkeit zu beweisen, ritt Oberst Young von Ohio nach Washington, aber die Ruhestandskommission blieb eisern. Als Schwarze die Ernennung von afroamerikanischen Offizieren durchsetzen wollten, stießen sie auf den unnachgiebigen Widerstand vieler hoher Stellen in Washington. Der Kongreß richtete Ausbildungslager für weiße Offiziere ein, traf aber keine Vorkehrungen zur Ausbildung von schwarzen Offizieren. Ein Komitee angesehener Bürger, geleitet von Joel Spingarn, fuhr nach Washington zu Beratungen mit der militärischen Führung, doch ergebnislos. Unmittelbar danach starteten Collegestudenten in Howard, Fisk, Atlanta, Tuskegee und anderen Bildungseinrichtungen für Schwarze ein Agitationsprogramm für die Ausbildung von afroamerikanischen Offizieren. Als Spingarn dieses Anliegen mit General Leonard Wood besprach, erklärte der, wenn 200 Schwarze mit Collegeabschluß nach ihrer Grundausbildung bereitstünden, würde er dafür sorgen, daß ein Ausbildungslager für sie eingerichtet werde. Anfang Mai 1917 wurde ein Central Committee of Negro College Men an der Howard-Universität gebildet, das innerhalb von zehn Tagen die Namen von 1500 afroamerikanischen College-Absolventen, die Offiziere in der Armee der Vereinigten Staaten werden wollten, sammelte. Das Komitee interviewte zahlreiche Kongreßmitglieder und legte ihnen eine Stellungnahme vor mit der Begründung für die Errichtung eines Ausbildungslagers für schwarze Reserveoffiziere. Mehr als 300 Senatoren und Abgeordnete des Repräsentantenhauses stimmten dem Vorschlag zu, und damit setzte die Bewegung zur Einrichtung eines Ausbildungslagers erst richtig ein. Massenveranstaltungen wurden zur Unterstützung abgehalten, die afroamerikanische Presse unterstützte die Ausbildung von Afroamerikanern zu Offizieren nachdrücklich, und Studenten sammelten Gelder, um den Kampf weiterführen zu können.

Einige Schwarze kritisierten die Idee eines separaten schwarzen Ausbildungslagers und behaupteten, eine solche Einrichtung werde den Kampf für volle Bürgerrechte unterlaufen. Doch die NAACP unterstützte den Vorschlag. Als die Regierung schließlich die Einrichtung des Lagers beschloß, erklärte Spingarn, führendes Mitglied der NAACP und ein Befürworter des Ausbildungslagers: »Die hohen Militärs wollen, daß das Lager scheitert. Das letzte, was sie wollen, ist, Farbigen zu helfen, Offiziere zu werden. Das Lager soll die Rassentrennung bekämpfen, nicht sie fördern. Farbige, die in einem eigenen Lager unter sich sind, werden alle eine faire Chance der Beförderung bekommen. Die Ablehnung von seiten der Neger hilft dem Süden, der gegen jede Art von militärischer Ausbildung für Neger ist.« Am 15. Oktober 1917 wurden in Fort Des Moines in Iowa 639 Afroamerikaner zu Offizieren ernannt – 106 zum Hauptmann, 329 zum Oberleutnant und 204 zum Leutnant. Später erhielten weitere Schwarze das Offizierspatent in Ausbildungslagern, die nicht nach Rassen getrennt waren, oder im Feld. In Colleges und Oberschulen im ganzen Land bereiteten sich Schwarze darauf vor, Offiziersanwärter zu werden und der Armee auf vielerlei Weise im Students' Army Training Corps und im Reserve Officers Training Corps (ROTC) zu dienen.

Wegen der steigenden Spannungen, die mit der Zuwanderung der Afroamerikaner in den Norden einhergingen, weiterer Lynchmorde an schwarzen Männern und Frauen und der Verbreitung von deutscher Propaganda in den Vereinigten Staaten hielt man es für klug, einen Afroamerikaner in die Regierung zu berufen, der zu allen Sachfragen, Schwarze betreffend, befragt werden konnte und deren Vertrauen genoß. Deshalb ernannte Kriegsminister Newton D. Baker am 5. Oktober 1917 Emmett J. Scott, der achtzehn Jahre lang Sekretär von Booker T. Washington gewesen war, zu seinem Sonderberater. Scott sollte als »persönlicher Berater in Angelegenheiten [fungieren], die die Interessen der zehn Millionen Neger in den Vereinigten Staaten und die Rolle betrafen, die sie in Zusammenhang mit dem gegenwärtigen Krieg spielen sollten«. Weiße und Schwarze zollten Baker für diese Ernennung großes Lob. Die *Mobile News Item* schrieb: »Diese Ernennung ist ein kluger Schritt und eine kluge Wahl ... Während die Regierung alle Interessengruppen des Landes in der einen Bewegung koordiniert, mit dem Ziel, den Krieg zu gewinnen, ... sollte sie die Farbigen nicht übersehen.« Kelly Miller von der Howard-Universität äußerte: »Ich betrachte die Ernennung von Mr. Scott ... als die bedeutendste Ernennung, die einem Farbigen bisher zuteil geworden ist.«

Scotts Aufgabe bestand hauptsächlich darin, die gleiche und gerechte Anwendung der Wehrpflichtbestimmungen durchzusetzen und Pläne zur Förderung einer gesunden Kampfmoral unter schwarzen Soldaten und Zivilisten auszuarbeiten. Er wurde zu seiner Meinung über fast jeden Lebensbereich der Afroamerikaner befragt und mußte tausende Anfragen von Schwarzen zu allen möglichen Themen beantworten. Er untersuchte Dutzende Fälle unfairer Behandlung und beschäftigte sich mit vielen

Fällen freiwilliger und obligatorischer Soldüberweisungen an Angehörige, Risikoversicherungen für den Krieg und Regierungsbeihilfen und -entschädigungen. Er arbeitete mit dem Committee on Public Information bei der Veröffentlichung neuester Informationen zusammen, die schwarze Soldaten und verschiedene Aktivitäten an der Heimatfront betrafen.

Während Afroamerikaner aus der Marineinfanterie völlig ausgeschlossen blieben und in der Marine nur die niedrigsten Ränge innehaben durften, dienten sie in fast jedem Teil der Landstreitkräfte außer bei den Piloten des Luftfahrtkorps. Nach einem langen Kampf durften sie sich Einheiten der Küsten- und Feldartillerie anschließen. Sie dienten in der Kavallerie, Infanterie, bei den Pionieren, der Fernmeldetruppe, der Sanitätstruppe, dem Lazarett- und Krankentransportkorps, dem Veterinärskorps, den Sanitäts- und Munitionszügen, den Stauerregimentern, den Arbeitsbataillonen und Depotbrigaden. Schwarze waren als Regimentsadjutanten, Kriegsgerichtsräte, Feldgeistliche, Nachrichtenoffiziere, Chemiker, Schreiber, Feldmesser, Zeichner, Automechaniker, Lastwagenfahrer und Mechaniker.

Das Problem der Ausbildung afroamerikanischer Soldaten innerhalb der Vereinigten Staaten beschäftigte das Kriegsministerium von Anfang an. Obwohl sich die Armee zur Aufstellung einer rein schwarzen Division verpflichtet hatte, der 92. Division, wurde nichts unternommen, um die Soldaten im gleichen Lager auszubilden. So wurden die Männer der rein schwarzen Division in sieben weit voneinander entfernten Lagern ausgebildet: von Camp Grant in Rockford, Illinois, bis Camp Upton in Yaphank, New York. Es war das einzige Mal, daß eine Division keinen Tag zusammen war, bevor sie an die Front kam. Eine andere schwarze Division, die 93., wurde nie auf ihre volle Stärke gebracht, und die einzelnen Einheiten wurden, nach ihrer Ausbildung an verschiedenen Orten, zu verschiedenen Zeitpunkten nach Übersee geschickt und dort unterschiedlichen französischen Heereseinheiten angegliedert. Weiße Südstaatler wehrten sich energisch dagegen, daß die Armee Afroamerikaner aus dem Norden zur Ausbildung in den Süden schickte. Der Widerstand war so beharrlich, daß man sich in Washington gezwungen sah, im August 1917 eine Konferenz einzuberufen, um die Angelegenheit zu besprechen. Man kam überein, daß »der Süden zwar Einwände dagegen erheben kann, Farbige aus den Nordstaaten in seine verschiedenen Ausbildungslager geschickt zu bekommen, aber die Annahme des Grundsatzes nicht verweigern kann, farbige Wehrpflichtige, wie sie in diesen Staaten zum Wehrdienst eingezogen werden können, in den Ausbildungslagern der Staaten, in denen sie leben, auch auszubilden«. Diese Regelung verursachte bei der Verwaltung des Ausbildungsprogramms der Armee solche Probleme, daß lange vor Ende des Krieges Schwarze in das Lager, im Norden oder im Süden, geschickt wurden, das im Interesse der Fortführung des Krieges das beste war.

Es kam häufig zu diskriminierenden Handlungen in der Armee und den zivilen Dienststellen, die für die Armee arbeiteten. Viel Taktgefühl und schnelles Handeln waren erforderlich, um schlimmere Ausbrüche zu verhindern, als es sie ohnehin gab. Der Federal Council of Churches schuf ein Committee on the Welfare of Negro Troops, zu dessen bekannten Mitgliedern Bischof W. P. Thirkield, Robert R. Moton, James H. Dillard und John R. Hawkins zählten. Die beiden für den Außendienst zuständigen Schriftführer des Komitees waren Charles H. Williams vom Hampton Institute und G. Lake Imes vom Tuskegee Institute. Sie untersuchten die Bedingungen im In- und Ausland und fanden viele eklatante Beweise für Diskriminierung und Rassentrennung in den Dienststellen der Armee. In Camp Greene, in der Nähe von Charlotte in North Carolina stellten sie fest, daß von fünf YMCA-Gebäuden keins für die 10 000 dort stationierten Afroamerikaner zur Verfügung stand. Auf einem Schild über dem einen Gebäude stand: »Zutritt nur für weiße Männer«, und vor dem Gebäude hatte der Sekretär einen Tisch aufgestellt, den die schwarzen Soldaten beim Schreiben von Briefen benutzen durften. In Camp Lee, in der Nähe von Petersburg, Virginia, patrouillierten weiße Soldaten um eine Feldandacht nur für Weiße, weil sie die Teilnahme von Schwarzen verhindern wollten.

Eine Flut von Klagen über ständige Beleidigungen von Schwarzen durch weiße Offiziere erreichte das Kriegsministerium. Sie hätten Afroamerikaner gesprächsweise »coons«, »niggers« und »darkies« genannt und sie häufig gezwungen, unter ungesunden und schwierigen Bedingungen zu arbeiten. Viele schwarze Soldaten behaupteten, daß weiße Offiziere es ihnen äußerst schwer machten, befördert zu werden, und sie pauschal Arbeitsbataillonen zuteilten, selbst wenn sie für andere Posten, die mehr Fachkenntnisse und höhere Intelligenz erforderten, qualifiziert waren. Die Reibereien zwischen schwarzen Soldaten und der Militärpolizei nahmen im Verlauf des Krieges an Intensität zu, und obwohl das

Kriegsministerium anordnete, schwarze Soldaten fair und unvoreingenommen zu behandeln, gab es kaum eine erkennbare Verbesserung.

Die Feindseligkeit, die schwarzen Soldaten von weißen Zivilisten entgegenschlug, machte es den Afroamerikanern nicht leicht, ihren Enthusiasmus, ihrem Lande dienen zu dürfen, beizubehalten. In vielen Orten im Norden bediente man sie nicht in Restaurants und verweigerte ihnen den Zutritt zum Theater. Als Afroamerikaner darauf bestanden, das Theater in Fort Riley, Kansas, besuchen zu dürfen, verkündete General C. C. Ballou, der Kommandeur der 92. Division, in einem Tagesbefehl, seine Männer hätten nicht dorthin zu gehen, wo man ihre Anwesenheit nicht wünsche. Er erinnerte sie daran, daß »Weiße die Division geschaffen haben, sie können sie genauso wieder abschaffen, wenn sie sich zum Unruhestifter entwickelt«. Ein Sturm der Entrüstung brach in der schwarzen Presse los, und die Afroamerikaner ließen sich nicht von der Tatsache trösten, daß General Ballou Anklage gegen die Betreiber des Theaters erhob, die seine Männer diskriminierten.

Reibereien im Süden verursachten die größten Probleme. So wurden im August 1917 die Männer des 24. Infanterieregiments in Rassenkrawalle mit weißen Bürgern in Houston, Texas, verwickelt. Nachdem die schwarzen Soldaten von den weißen Bürgern gereizt und beleidigt worden waren, wurden sie entwaffnet, weil man befürchtete, sie könnten ihre Waffen zu ihrer Verteidigung benutzen. Die Soldaten wollten sich nicht geschlagen geben, holten sich die Waffen zurück und töteten 17 Weiße. In einem Gerichtsverfahren, das nur dem Namen nach eines war, wurden 13 afroamerikanische Soldaten wegen Mord und Meuterei zum Tod durch Erhängen und 41 zu lebenslanger Haft verurteilt, 40 blieben in Haft, bis die Ermittlungen abgeschlossen waren. Seit der Brownsville-Affäre hatte nichts den Stolz der Afroamerikaner so verletzt und das Vertrauen in ihre Regierung so erschüttert. Wenn der Sohn Houstons Emmett J. Scott behauptete, daß der Vorfall »die Begeisterung der Farbigen nicht gedämpft hat, mit der sie für das Sternenbanner an die Front gingen«, so scheint das kaum zutreffend. Viele Männer des 24. Infanterieregiments schworen den Verantwortlichen Rache und warfen ihnen ein ungerechtes Verfahren vor. Eine afroamerikanische Zeitung in Baltimore empörte sich: »Die Neger im ganzen Land sehen in den dreizehn Negersoldaten Märtyrer«, während die *New York Age* verkündete: »Gerechtigkeit im engen Sinn ist geübt worden, aber volle Gerechtigkeit ist ihnen nicht zuteil geworden. Und so sicher, wie es einen Gott im Himmel gibt, wird ihnen irgendwann und irgendwie volle Gerechtigkeit zuteil werden.«

In Spartanburg, South Carolina, wo das 15. New Yorker Infanterieregiment ausgebildet wurde, meinten weiße Bürger, es müsse etwas geschehen, um die flotten Schwarzen aus New York in die Schranken zu verweisen. Im Oktober 1917, als Noble Sissle, der begabte Tambourmajor des Musikkorps, in einem Hotel eine Zeitung kaufen wollte, wünschte ihn der Besitzer zum Teufel und fragte ihn, warum er seinen Hut nicht abnehme. Noch bevor Sissle antworten konnte, hatte ihm der Weiße den Hut vom Kopf geschlagen, und als der junge Soldat sich bückte, um seinen Hut aufzuheben, wurde er mehrfach geschlagen und aus dem Hotel geworfen. Als die schwarzen Milizsoldaten hörten, was geschehen war, zogen sie zusammen mit ihren aufgebrachten weißen Kameraden aus New York los, um »das Hotel zu stürmen«. Aber Leutnant James R. Europe, der Musikmeister, der zufällig vorbeikam, rief die Männer zur Ordnung und befahl ihnen auseinanderzugehen. Am folgenden Abend hatten die Soldaten vor, Spartanburg »mit einer wilden Schießerei auf den Kopf zu stellen«, aber der kommandierende Offizier, Oberst William Hayward, überraschte sie, als sie losziehen wollten, und ordnete an, ins Lager zurückzukehren. Emmett J. Scott eilte an den Schauplatz, um den Vorfall zu untersuchen und bat die Männer inständig, nichts zu tun, was dem Regiment oder ihrer Rasse Schande machen könnte. Das Kriegsministerium hatte drei Optionen: Es konnte das Regiment in Camp Wadsworth lassen und einer heftigen Eruption die Stirn bieten; es konnte das Regiment in ein anderes Lager verlegen und damit den Eindruck erwecken, wann immer eine Gemeinde genug Druck ausübte, könnte sie das Kriegsministerium zwingen, unerwünschte Soldaten aus ihrer Mitte zu entfernen; oder es konnte das Regiment nach Übersee schicken. Man entschied sich für die dritte Option. Als das 15. New Yorker Regiment, das jetzt das 369. Heeresregiment der Vereinigten Staaten war, auf dem Weg nach Europa war und damit das erste Kontingent afroamerikanischer Kampftruppen auf dem Kriegsschauplatz werden sollte, konnte es mit einigem Recht behaupten, daß es in Europa erfolgreicher für die Demokratie kämpfen konnte als zu Hause. Sicher haben nicht viele der Versuchung widerstehen können, daraus den Schluß zu ziehen: daß die Strafe für die beharrliche Forderung nach voller Gleichheit in den Vereinigten Staaten darin bestand, den ganzen Krieg lang dem Ansturm der deutschen Armeen die Stirn bieten zu müssen.

Der Dienst in Übersee

Die ersten Afroamerikaner, die in Europa nach dem Kriegseintritt der Vereinigten Staaten ankamen – und zugleich mit die ersten Amerikaner überhaupt –, waren die Arbeiter und Stauer, die die gewaltige Aufgabe der Versorgung der Alliierten mit Kriegsmaterial bewältigen sollten. Das erste schwarze Stauerbataillon kam im Juni 1917 in Frankreich an. Von diesem Zeitpunkt an bis zum Ende des Krieges wurden es ständig mehr. Sie wurden in Stauerregimenter, Pionierbataillone, Arbeitsbataillone, Schlachterkompanien und Pionierinfanteriebataillone eingeteilt. Bis zum Ende des Krieges waren es mehr als 50 000 in 115 unterschiedlichen Einheiten, mehr als ein Drittel der gesamten amerikanischen Streitmacht. In Brest, St. Nazaire, Bordeaux, Le Havre und Marseille arbeiteten schwarze Stauer in Schlamm und Regen, manchmal in 24-Stunden-Schichten, und entluden die Schiffe mit Nachschub aus den Vereinigten Staaten. In einem Hafen setzte eine Mannschaft von schwarzen Stauern die Franzosen in Erstaunen, als sie 1200 Tonnen Mehl in neuneinhalb Stunden entlud, nachdem man geschätzt hatte, daß diese Arbeit mehrere Tage erfordern würde. Im September 1918 wurden in den amerikanischen Flottenstützpunkten in Frankreich 767 648 Tonnen an Land gebracht, hauptsächlich von Schwarzen, durchschnittlich also mehr als 25 000 Tonnen pro Tag. Ein amerikanischer Kriegskorrespondent sah sich zu der Bemerkung veranlaßt: »Wer die Neger als Stauer arbeiten sieht, bemerkt, wie schnell und fröhlich sie arbeiten und was für ein wichtiges Rad sie in der Kriegsmaschinerie sind.«

Die afroamerikanischen Kampftruppen, die ursprünglich die 93. Division bilden sollten, gehörten zu den ersten, die nach Übersee geschickt wurden; sie wurden auf verschiedene Divisionen des französischen Heeres verteilt. Nach einer schlimmen Überfahrt mit Maschinenschaden, Feuer und einer Kollision, kam das 369. Infanterieregiment der Vereinigten Staaten Anfang 1918 in Frankreich an, und einige der Männer wurden sofort in eine französische Divisionsausbildungsschule geschickt. Sie lernten, wie man Granaten werfen, Bajonette handhaben und mit den französischen Waffen umgehen mußte. Im April 1918, fast genau ein Jahr nach dem offiziellen Kriegseintritt der Vereinigten Staaten, wurden sie an die Front verlegt. Im Mai standen sie im dichtesten Kampfgetümmel in der Champagne und hielten eine Zeitlang einen ganzen Frontabschnitt, der 20 Prozent des gesamten von amerikanischen Truppen gehaltenen Gebiets ausmachte. Nach einer gewissen Entlastung dort wurden sie nach Minaucourt verlegt, wo eine deutsche Offensive erwartet wurde, und mußten Mitte Juli die Hauptlast der deutschen Angriffe abwehren. Von diesem Zeitpunkt an bis zum Ende der Feindseligkeiten waren die Männer des 369. Regiments fast ständig im Einsatz gegen die Deutschen. Sie konnten sich am Ende des Krieges zahlloser Heldentaten rühmen. Ihre Einheit war die erste der alliierten Armeen, die den Rhein erreichte. Das Regiment verlor keinen Mann durch Gefangennahme, es gab nie einen Schützengraben oder einen Fußbreit an Boden auf. Es war das amerikanische Regiment, das als erstes und am längsten Dienst als Teil eines ausländischen Heeres tat, es lag volle 191 Tage im Schützengraben. Von den Deutschen wurde diesen Soldaten die einzigartige Ehrung zuteil, als »Hell Fighters« bezeichnet zu werden. Das gesamte Regiment erhielt das Croix de Guerre für seinen Einsatz bei Maison-en-Champagne, und 171 Offiziere und Unteroffiziere und Mannschaften wurden für das Croix de Guerre und die französische Ehrenlegion wegen außerordentlicher Tapferkeit vor dem Feind lobend erwähnt.

Das 8. Illinois-Infanterieregiment, das umbenannt wurde in 370. Infanterieregiment der Vereinigten Staaten, landete im Juni 1918 in Frankreich. Es wurde mit französischen Waffen ausgerüstet und an die Front geschickt. Nach seinem Einsatz bei St. Michel wurde es abgezogen und in den Argonner Wald verlegt, wo es den größten Teil des Juli und August blieb. Im September übernahm es unter dem Oberbefehl der 59. französischen Heeresdivision einen ganzen Regimentsabschnitt im Gebiet von Mont des Tombes und Les Tueries. Von da an bis zum Ende des Krieges verfolgte das 370. gemeinsam mit mehreren Einheiten der französischen Armee den Feind von Frankreich bis ins Innere Belgiens. 21 Männer wurden mit dem Distinguished Service Cross, einer mit der Distinguished Service Medal und 68 mit verschiedenen Klassen des Croix de Guerre ausgezeichnet. Sie drangen als erste amerikanische Einheit in die französische Festung Laon ein, die sie den Deutschen nach vierjähriger Belagerung im Krieg abnahmen. Das 370. erbeutete im letzten Gefecht des Krieges, eine halbe Stunde nach Inkrafttreten des Waffenstillstands, einen deutschen Zug mit 50 Waggons und Mannschaften.

Das 371. Infanterieregiment, das im August 1917 in Camp Jackson, South Carolina, aufgestellt worden war, kam Ende April 1918 in Frankreich an. Es wurde nach französischem Muster reorganisiert und der 157. französischen Division angegliedert, der berühmten »Roten Hand« unter General Goybet. Es blieb mehr als drei Monate an der vordersten Front und verteidigte zunächst Avocourt und später die Unterabschnitte von Verrières, nordwestlich von Verdun. Während der großen Septemberoffensive nahm es mehrere wichtige Orte in der Nähe von Monthois ein, machte zahlreiche Gefangene, erbeutete viele Maschinengewehre und andere Waffen, ein Munitionsdepot, mehrere Eisenbahnwagen und anderes Nachschubmaterial. Für den Einsatz wurde seine Regimentsfahne von der französischen Regierung ausgezeichnet. Drei Offiziere wurden in die französische Ehrenlegion aufgenommen, während 34 Offiziere und 89 Unteroffiziere und Mannschaften das Croix de Guerre erhielten. 14 Offiziere und 12 Unteroffiziere und Mannschaften wurden mit dem Distinguished Service Cross ausgezeichnet.

Ein Soldat des 371. Regiments, Korporal Freddie Stowers aus Sandy Springs in South Carolina, wurde von seinem Kommandeur für die Congressional Medal of Honor vorgeschlagen, die höchste militärische Auszeichnung der Vereinigten Staaten. Stowers hatte seine Kompanie bei der siegreichen Attacke auf einen von Deutschen gehaltenen Hügel angeführt, bei der 50 Prozent seiner Kompanie fielen. Weil die Empfehlung »falsch abgeheftet« wurde, mußte Stowers 73 Jahre auf die Verleihung dieses Ordens warten; er war der einzige Schwarze der amerikanischen Streitkräfte im Ersten Weltkrieg, der für die Medal of Honor vorgeschlagen wurde. Im April 1991 überreichte Präsident George Bush die Auszeichnung posthum an Stowers ergraute Schwestern, nachdem der Historiker Leroy Ramsey Kritik am Militär der Vereinigten Staaten geübt hatte, weil es keinem der 1,5 Millionen Schwarzen, die im Ersten und Zweiten Weltkrieg gedient hatten, die Medal of Honor verliehen hatte.

Das 372. Infanterieregiment der Vereinigten Staaten war eine ziemlich zusammengewürfelte Einheit, das sich aus afroamerikanischen Nationalgardisten aus dem District of Columbia, aus Ohio, Massachusetts und Maryland zusammensetzte und aus etwa 250 wehrpflichtigen Soldaten. Nach der Ausbildung in den Vereinigten Staaten landete das Regiment im April 1918 in Frankreich und wurde zusammen mit dem 371. mit der französischen Rote-Hand-Division vereinigt. Ende Mai übernahm es die Aufgabe, den Westabschnitt des Argonner Walds zu halten und lag am

31. Mai in den Schützengräben an vorderster Front. Im Sommer stand die Einheit unter schwerem Artilleriefeuer im Frontabschnitt von Verdun und begann im September die Verfolgung des Feindes bei dessen Rückzug. Für seine Tapferkeit in der Endphase des Krieges zeichnete Vizeadmiral Moreau die Regimentsfahne mit dem Croix de Guerre und der Siegespalme aus, unmittelbar vor der Rückkehr der Einheit nach Amerika. Viele Soldaten wurden auch einzeln ausgezeichnet, besonders aus den Reihen des 1. Bataillons der Nationalgarde des District of Columbia.

Wegen des äußerst unüblichen Verfahrens, die Einheiten in getrennten Lagern ausbilden zu lassen, verschmolz die 92. Division erst spät zu einer schlagkräftigen Kampftruppe. Als sie im Juni 1918 in Frankreich ankam, erhielt sie acht Wochen lang eine intensive Ausbildung. Am 7. August konnte sie etappenweise zur Front vorstoßen und ihren ersten Frontabschnitt übernehmen. Ende August übernahm sie den Frontabschnitt bei St. Die und löste mehrere Regimenter der amerikanischen und französischen Streitkräfte ab. Zu diesem Zeitpunkt befand sich der Feind in der Offensive, und fast über Nacht hatte die einzige rein afroamerikanische Division ihre erste Berührung mit Gas und Schrapnell im Krieg. Die Division war zum Angriff mehr als bereit und bekam Anfang September die Gelegenheit dazu. Das Gefecht endete mit der Gefangennahme mehrerer Deutscher durch schwarze Soldaten und der Gefangennahme von zwei Schwarzen durch die Deutschen.

Als die Deutschen erkannten, daß die Division fast vollständig aus Afroamerikanern bestand, starteten sie einen Propagandafeldzug, um mit Worten zu erreichen, was sie mit Waffen nicht hatten erreichen können. Sie hatten schon andere afroamerikanische Truppen demoralisieren wollen, aber ihre umfassendste Propagandaoffensive reservierten die Deutschen offensichtlich für die 92. Division. Am 12. September warfen sie über der Front Flugblätter ab, die die Schwarzen davon überzeugen sollten, die Waffen niederzulegen. Darin hieß es, daß sie sich nicht täuschen und meinen sollten, sie kämpften für Menschlichkeit und Demokratie. »Was ist Demokratie? Persönliche Freiheit, alle Bürger haben dieselben Rechte in der Gesellschaft und vor dem Gesetz. Haben Sie dieselben Rechte wie die Weißen in Amerika, dem Land der Freiheit und Demokratie, oder werden Sie da drüben nicht wie Bürger zweiter Klasse behandelt? Können Sie in einem Restaurant essen, in dem Weiße speisen? Können Sie ein Theater besuchen, in dem Weiße sitzen? ... Handelt es sich bei der Lynchjustiz und den damit verbundenen schrecklichen Verbrechen um ein rechtmäßiges Verfahren in einem demokratischen Land?« Das Flugblatt behauptete, daß Deutsche den Schwarzen wohlgesonnen seien und man sie in Deutschland wie Gentlemen behandelte. »Warum dann gegen die Deutschen kämpfen, nur für den Profit der Wall-Street-Gangster, um die Millionen zu schützen, die sie den Briten, Franzosen und Italienern geliehen haben?« Die Afroamerikaner wurden aufgefordert, zu den deutschen Linien überzulaufen, wo sie Freunde finden würden, die mit ihnen für die Sache der Freiheit und Demokratie kämpfen würden. Keiner desertierte, und alle scheinen den Kampf gegen den Feind noch energischer weitergeführt zu haben.

Im September und Oktober lieferte die 92. Division ihren Beitrag und verteidigte zwei Frontabschnitte während dieser schweren Kämpfe. Sie erlitt hohe Verluste durch Gas und feindliches Artilleriefeuer. Die offiziellen Berichte vermerken, daß es in einigen Regimentern schwierig wurde, kleine Patrouillen auszusenden, da alle Offiziere und Soldaten

Singende »Buffaloes«, Mitglieder des 367. Infanterieregiments bei der Parade nach ihrer Rückkehr von der Front in Frankreich. *(Scott's Official History of the Negro in the Great War)*

sich dafür meldeten. Die Kompaniechefs entschieden solche Konflikte unter den Freiwilligen über den Vortritt bei Nachtpatrouillen und Stoßtrupps, indem sie Tage im voraus Plätze zusagten. Die Auszeichnungen und lobenden Erwähnungen für die Männer der 92. waren zahlreich. Das gesamte 1. Bataillon des 367. Infanterieregiments wurde wegen seiner Tapferkeit beim Vorstoß nach Metz lobend erwähnt und mit dem Croix de Guerre ausgezeichnet, ebenso wurde die Regimentsfahne auf Befehl des französischen Oberkommandos dekoriert. In der Division wurden 43 Unteroffiziere und Mannschaften und 14 afroamerikanische Offiziere für Tapferkeit im Gefecht lobend erwähnt und mit dem Distinguished Service Cross ausgezeichnet. Sowohl die französische als auch die amerikanische Regierung bedachten zahlreiche einzelne Soldaten der Division für ihren heldenmütigen Einsatz mit lobenden Erwähnungen und zeichneten sie mit Orden aus.

Die außergewöhnliche Tapferkeit der Afroamerikaner im Dienst ihres Landes war ebenso groß wie die anderer amerikanischer Soldaten. Zwei Beispiele mögen genügen. Am 10. November 1918 traf eine Granate das Haus, in dem sich die Funkzentrale in Point-à-Mousson befand. Feldwebel Rufus B. Atwood leistete wertvolle Arbeit bei der Reparatur der Schalttafel und stellte unter schwerem Granatfeuer die Verbindungen wieder her. Der Tagesbefehl gab folgenden Bericht:

> Nachdem der Schaden der ersten Explosion beseitigt worden war, folgten zwei weitere, die den Funkraum vollständig zerstörten und alle neu installierten Leitungen wieder herausrissen. Feldwebel Atwood blieb allein zurück und baute eine neue Schalttafel und stellte die bisherigen Verbindungen wieder her. Die Kaltblütigkeit, mit der er an die Arbeit ging, und die Entschlossenheit, mit der er die Situation bewältigte, rechtfertigt die Erwähnung im Tagesbefehl.

Eine der spektakulärsten Heldentaten des Krieges vollbrachten zwei gemeine Soldaten, Henry Johnson aus Albany in New York und Needham Roberts aus Trenton in New Jersey, beide Angehörige des 369. Infanterieregiments. Als die Männer im Mai 1918 in einem kleinen Vorposten Wache standen, unternahm ein starker Stoßtrupp der Deutschen von fast 20 Mann einen Überraschungsangriff und verwundete die beiden schwarzen Soldaten. Als die Deutschen nahe genug herangekommen waren, eröffnete Johnson das Feuer, und Roberts, der auf dem Boden lag, warf

Handgranaten. Die Deutschen kamen näher heran, und als die Gefangennahme der Schwarzen unmittelbar bevorstand, zog Johnson ein Bolomesser* aus dem Gürtel und griff die Deutschen im Nahkampf an. Es gelang ihm, Roberts aus den Händen der Deutschen zu befreien, die ihn wegschleifen wollten, und er hieb mit dem Bolomesser so gnadenlos auf sie ein, daß einige an ihren Wunden starben. Der Tod von mindestens vier feindlichen Soldaten und die Verwundung von vielleicht doppelt so vielen führte dazu, daß dieses Gefecht »The Battle of Henry Johnson« genannt wurde. Beide Männer erhielten das Croix de Guerre für ihre Tapferkeit.

Die Zahl der Opfer unter afroamerikanischen Soldaten weist wohl auf eine Mißachtung der eigenen Sicherheit hin, die die amerikanische Armee im allgemeinen charakterisierte und die wesentlich zum Sieg am 11. November 1918 beitrug. Die 92. Division zum Beispiel zählte 208 Unteroffiziere und Mannschaften als Gefallene, zusätzlich überlebten 40 ihre Verwundung nicht. 551 wurden verwundet, und 672 erlitten Gasvergiftungen. In einigen schwarzen Regimentern, die der französischen Armee angegliedert waren, war die Zahl der Opfer noch höher. Im 371. Regiment fielen 113 Männer, 859 wurden verwundet, und 25 starben an ihren Wunden.

Daß der Preis, den die Afroamerikaner für den Sieg bezahlten, von den Alliierten gewürdigt wurde, kann man an dem Lob ranghoher Militärs ablesen. General Goybet, der kommandierende General der 157. französischen Division, erklärte: »Niemals wird die 157. Division den unaufhaltsamen Vorstoß, den heldenmütigen Angriff der amerikanischen (Neger-) Regimenter zum Beobachtungsposten auf dem Kamm und weiter in die Ebenen von Monthois vergessen ... Diese großartigen Regimenter bewältigten jedes Hindernis mit Todesverachtung. Durch ihren nicht nachlassenden Eifer bereitete die ›Rote-Hand-Division‹ neun Tage lang in schweren Kämpfen dem siegreichen Vormarsch der Vierten Armee den Weg.« Im Januar 1919 sagte General Pershing, der Kommandeur des amerikanischen Expeditionskorps: »Ich möchte, daß Sie als Offiziere und Soldaten der 92. Division wissen, daß die Leistung der 92. Division seit ihrer Ankunft in Frankreich von niemandem in den Schatten gestellt worden ist. Ich bin stolz auf die Rolle, die Sie in diesem bedeutenden Konflikt gespielt haben, der am 11. November beendet wurde.«

---

* Ein langes, geschwungenes philippinisches Messer, ähnlich einer Machete. Anm. des Übers.

Um die Kampfmoral unter den Afroamerikanern während ihres Militäreinsatzes in Frankreich hochzuhalten, wurde einiges unternommen. Die meisten Kampfeinheiten hatten ein Musikkorps. Eines der bekanntesten war die »369. Regiment Band« unter Leitung von James R. Europe und seinem Mitarbeiter Noble Sissle. Auch die Band des 350. Artillerieregiments unter J. T. Bynum war bekannt. Man sagte damals, daß diese Musikeinheiten »Frankreich mit Jazz erfüllten« und den Bandmitgliedern die Bewunderung ihres Gastlandes einbrachten. Es gab keine afroamerikanische Theatertruppe in Übersee. Eine Truppe, die von Reverend H. H. Proctor als Sprecher geleitet wurde, reiste mit dem Vorsänger J. E. Blanton und Helen Hagan als Pianistin durch Frankreich und trat vor Soldaten auf. Weiße Unterhaltungsgruppen vermieden fast immer den Auftritt vor schwarzen Soldaten.

Für das Wohlergehen der Soldaten arbeiteten vor allem Mitarbeiter von YMCA und YWCA, obwohl auch die Knights of Columbus und der Federal Council of Churches die Soldaten in geringem Umfang betreuten. Von den 7850 »Y«-Arbeitern, die nach Übersee gingen, waren 87 Schwarze, darunter 19 Frauen. Nur drei der Frauen waren jedoch während der Kampfhandlungen in Frankreich. In den Flottenstützpunkten war es die Aufgabe der »Y«-Baracken, Klassen für Analphabeten einzurichten, Büchereien zu verwalten, Kantinen zu unterhalten, Möglichkeiten zum Briefeschreiben anzubieten und auf andere Weise für das Wohlergehen der Männer zu sorgen. Unter den Afroamerikanern, die diese Arbeit verrichteten, waren Matthew Bullock, J. C. Croom, John Hope, W. J. Faulkner, Max Yergan, Addie Hunton und Kathryn Johnson. Von den 60 afroamerikanischen Feldgeistlichen in der Armee der Vereinigten Staaten kümmerten sich annähernd 20 um das seelische Wohl der schwarzen Soldaten in Übersee. Obwohl viele afroamerikanische Krankenschwestern in den Vereinigten Staaten ihre Dienste anboten, hielt die Regierung es nicht für angebracht, ihr Angebot noch während der Kampfhandlungen anzunehmen und sie nach Übersee zu schicken. In Kampfpausen und Urlaubszeiten und als die Feindseligkeiten vorüber waren, besuchten Schwarze mehrere französische Universitäten, u. a. in Paris, Bordeaux, Toulouse und Marseille

Ein wichtiger Aspekt des Wohlbefindens der afroamerikanischen Soldaten war die Art, in der sie von den Franzosen behandelt wurden. Die meiste Zeit konnten sie sich in Frankreich frei bewegen und hatten

Frauenarbeit im Krieg. Rote-Kreuz-Schwestern im Dienst des Militärkrankenhauses von Camp Grant, Illinois. *(Scott's Official History of the Negro in the Great War)*

freundliche Kontakte zu Franzosen und Französinnen, sehr zum Ärger vieler weißer amerikanischer Soldaten. Einige Weiße meinten, die Franzosen vor den Afroamerikanern warnen zu müssen. So erzählten weiße Amerikaner den Franzosen, daß die Afroamerikaner nicht mit der üblichen freundlichen Höflichkeit behandelt werden könnten, daß sie Frauen vergewaltigten und die Amerikaner deshalb gezwungen seien, Schwarze zu lynchen und zu verbrennen, um sie in Schranken zu halten. Im August 1918 zirkulierte eine Schrift unter Franzosen: *Secret Information Concerning Black Troops*. Es sei notwendig, behauptete sie, die totale Trennung von Schwarzen und Weißen zu gewährleisten, sonst würden Schwarze über weiße Frauen herfallen und sie vergewaltigen. Es sei für französische Offiziere nicht ratsam, gesellschaftlichen Umgang mit schwarzen Offizieren zu pflegen oder mit ihnen jenseits des Militärdienstes Kontakt aufzunehmen. Weder die Zivilisten noch die Soldaten schienen den Rat der weißen Amerikaner ernst zu nehmen, denn sie luden weiterhin Afroamerikaner zu sich nach Hause ein und versuchten, ihren schwarzen Verteidigern das Leben so angenehm wie möglich zu machen.

Bei Kriegsende erreichten Berichte die Vereinigten Staaten, daß es zu zahlreichen Übergriffen afroamerikanischer Soldaten auf französische Frauen gekommen sei. Befürchtungen wurden laut, daß Afroamerikaner in Frankreich Gewohnheiten und Verhaltensweisen angenommen hätten, die nach ihrer Rückkehr in die Vereinigten Staaten die Stabilität der Rassenbeziehungen negativ beeinflussen würden. Diese Angelegenheit wurde so ernst genommen, daß im Dezember 1918 Robert R. Moton, Booker T. Washingtons Nachfolger in Tuskegee, gebeten wurde, nach Frankreich zu fahren, um den Gerüchten nachzugehen und die Lebensbedingungen der afroamerikanischen Soldaten zu untersuchen. Der Kriegsminister und der Präsident stellten Moton alle nötigen Mittel zur Verfügung, so daß er ungehindert die schwarzen Einheiten besuchen konnte. Der kommandierende General der 92. Division sagte aus, daß es bei seinen Männern häufig Fälle von Vergewaltigungen gegeben habe, in den letzten Monaten mindestens 26. Nach Analyse der Unterlagen, die der General ihm gab, kam Moton zu dem Ergebnis, daß in einer Division von mehr als 12 000 Männern nur sieben Fälle von Vergewaltigung vorgekommen waren. Zwei Männer waren für schuldig befunden worden und eins der Urteile war vom Hauptquartier verworfen worden. An anderen Orten stellte sich heraus, daß es wenige Anklagen gegen Afroamerikaner gab und noch weniger Verurteilungen. Moton fand auch heraus, daß entgegen anderslautenden hartnäckigen Gerüchten die 92. Division kein Versager war und daß nur eine kleine Einheit eines einzigen Bataillons in einem Regiment versagt hatte. General Pershing versicherte ihm, daß wahrscheinlich jeder Offizier unter ähnlichen Umständen gescheitert wäre.

Moton hielt viele Reden vor Gruppen afroamerikanischer Soldaten und schreibt in seiner Autobiographie, er habe ihnen gesagt:

> Sie sind auf eine außerordentliche Probe gestellt worden ... Ihre Leistung hat die Herzen von Millionen schwarzer und weißer Amerikaner, armer und reicher, denen ganz oben und ganz unten, in Freude und Befriedigung höher schlagen lassen ... Sie werden als die Helden, die Sie sind, nach Amerika zurückkehren. Sie werden so zurückkehren, wie Sie sich hier verhalten haben, ehrlich, mannhaft und bescheiden. Wenn ich an Ihrer Stelle wäre, würde ich so schnell wie möglich eine Stelle suchen und arbeiten ... Ich hoffe, daß niemand im Frieden etwas tun wird, was die hervorragende Leistung beschmutzen könnte, die Sie im Krieg vollbracht haben.*

Die afroamerikanischen Soldaten, die Motons Rede gehört hatten, berichteten, er habe ihnen gesagt, daß sie in den Vereinigten Staaten nicht die Freiheit erwarten könnten, die sie in Frankreich genossen hatten, und sich zu Hause mit derselben Stellung zufrieden geben müßten, die sie schon immer innegehabt hatten. Afroamerikanische Soldaten und Zivilisten waren empört und urteilten sehr hart über Moton. Unabhängig davon, was er tatsächlich sagte, wurde deutlich, daß er wenig getan hatte, um die Befürchtungen der Schwarzen zu beschwichtigen oder sie auf ihre Rückkehr in die Vereinigten Staaten vorzubereiten.

Viele Afroamerikaner in den Vereinigten Staaten und in anderen Erdteilen wollten nach dem Ende des Krieges die Not der dunkelhäutigen Völker zum Thema der Friedenskonferenz in Versailles machen. Einige Amerikaner lehnten den Friedensvertrag ab, weil sie fürchteten, daß die Mitgliedschaft dunkelhäutiger Völker aus der permanenten Friedensorganisation einen »farbigen Völkerbund« machen würde. Wieder andere befürchteten, daß einige Unterorganisationen des Völkerbundes versuchen würden, Einfluß auf die inneren Angelegenheiten der Vereinigten Staaten zu nehmen. Tatsächlich wurde die Lage der dunkelhäutigen Völker nur in einem Punkt berücksichtigt, und das war die Aufteilung der

---

* R. R. Moton, *Finding a Way Out (Garden Sity, New York, 1920),* S. 263

afrikanischen Kolonien der besiegten Nationen. Das Mandatssystem übertrug England, Frankreich, Belgien und Südafrika die Verwaltung über die früheren deutschen Kolonien unter der Aufsicht des Völkerbundes. Bis 1979 waren alle Mandatsgebiete unabhängig geworden, mit Ausnahme von Südwestafrika (Namibia), das noch der Herrschaft von Südafrika unterstand. Sein Reichtum an Rohstoffen und sein ausgezeichneter Hafen waren Aktivposten, die Südafrika nicht aufgeben wollte. Aber für Südafrika wurde es immer schwieriger, dem Druck von mehreren Seiten standzuhalten, darunter vom Sicherheitsrat der Vereinten Nationen, der SWAPO und Gegnern des Systems der Apartheid in Südafrika.

W. E. B. Du Bois wollte der Welt die Sache der dunkelhäutigen Völker drastisch vor Augen führen und berief deshalb den Panafrikanischen Kongreß gleichzeitig mit der Versailler Friedenskonferenz nach Paris ein. Du Bois war von der NAACP beauftragt worden, im Dezember 1918 nach Frankreich zu gehen, um die Behandlung der afroamerikanischen Soldaten zu untersuchen und Informationen über ihre Rolle im Krieg zu sammeln. Durch Vermittlung von Blaise Diagne, einem senegalesischen Abgeordneten des französischen Parlaments, der in politischen Kreisen Frankreichs großes Ansehen genoß, erhielt Du Bois die Zusage Clemenceaus, den Kongreß im Februar 1919 im Grand Hotel von Paris abhalten zu können. Es nahmen 57 Delegierte teil, darunter 16 Afroamerikaner, 20 Westinder und 12 Afrikaner. Obwohl die Konferenzergebnisse eher bescheiden waren, lenkte das Treffen die Aufmerksamkeit der Welt darauf, daß dunkelhäutige Völker in verschiedenen Teilen der Welt ein substantielles Interesse an den Beratungen in Paris hatten und für sich die demokratische Behandlung einforderten, für die sie gekämpft hatten. Und es diente auch dazu, das Interesse auf weitere Kongresse zu lenken, die in den folgenden Jahren durchgeführt werden sollten.

Die Heimatfront

Afroamerikaner, die den Krieg in der Heimat verbrachten, unterstützten den Krieg nicht weniger begeistert als die Soldaten, die den Deutschen an der Westfront gegenüberstanden. So besagen Schätzungen, daß während der fünf Aktionen für Kriegsanleihen Schwarze für mehr als 250 Millionen Dollar Staatspapiere und Marken kauften. Mary B. Talbert, Vorsitzende der National Association of Colored Women, berichtete, daß Afroamerikanerinnen allein Anleihen im Wert von mehr als 5 Millionen Dollar des dritten Liberty Loan kauften. Als eine schwarze Köchin in Memphis von ihrem Arbeitgeber darauf angesprochen wurde, ob sie nicht eine Hundert-Dollar-Anleihe kaufen wolle, antwortete sie, so eine geringe Anleihe wolle sie nicht haben. »Ich möchte eine Tausend-Dollar-Anleihe, und ich bezahle in bar.« Ein schwarzer Farmer in Georgia, dessen zwei Söhne in der Armee dienten, kaufte eine 1000-Dollar-Anleihe und brachte dadurch wieder Schwung in die Aktion am Ort. Die Versicherungsgesellschaften von Schwarzen kauften in großem Umfang Anleihen bei jeder neuen Kampagne. So kaufte etwa die North Carolina Mutual Life Insurance Company, eine Lebensversicherung, Anleihen im Wert von 300 000 Dollar in weniger als zwei Jahren. Ähnlich stark wurden auch die Finanzierungskampagnen von YMCA und YWCA und des amerikanischen Roten Kreuzes unterstützt.

Die Vereinigten Staaten waren besonders abhängig von afroamerikanischer Unterstützung für ihre Programme zur Produktion und Konservierung von Nahrungsmitteln wegen der großen Zahl schwarzer Farmer und Köche. Die Fortbildungsabteilung der Food Administration unter Leitung von A. U. Craig von der Dunbar-Oberschule in Washington bot Schwarzen ihre Informationen an. Herbert Hoover, der Direktor der Food Administration, wollte die Arbeit unter Schwarzen ausweiten und ernannte zu diesem Zweck Ernest Atwell vom Tuskegee Institute zum Vertreter in Alabama und später für die anderen Südstaaten. Im September 1918 ging Atwell nach Washington, wo er Direktor für afroamerikanische Angelegenheiten in der Zentrale der Food Administration war, und in einem offenen Brief an die Afroamerikaner der Vereinigten Staaten um ihre Mitarbeit bei der Nahrungsmittelkonservierung bat. Schwarze Direktoren wurden in 18 Staaten ernannt und die Organisationen verbessert, damit das Programm der Nahrungsmittelkonservierung ausgebaut werden konnte.

Eines der wichtigsten sozialen und wirtschaftlichen Phänomene der Heimatfront war die Abwanderung Hunderttausender Afroamerikaner und Afroamerikanerinnen aus dem Süden während des Krieges. Die eigentliche Ursache für den Exodus war wirtschaftlich, obwohl es sicherlich mehrere wichtige soziale Gründe gab. Die schwere Depression der

Jahre 1914 und 1915 im Süden drückte die Löhne auf 75 Cents und weniger am Tag. Die schweren Verluste bei der Baumwollernte durch den Befall mit Baumwollkapselkäfern in den Jahren 1915 und 1916 entmutigte viele, die von der Baumwolle abhängig waren. Überschwemmungen im Sommer 1915 ließen Tausende von Schwarzen mittel- und wohnungslos zurück, die nun bereit waren, fast alles zu akzeptieren, nur nicht das unsichere Leben im Süden. Gleichzeitig lief die Industrieproduktion im Norden auf immer höheren Touren, und die Nachfrage nach Arbeitskräften stieg. Der drastische Rückgang der Einwanderung von über einer Million Einwanderern im Jahr 1914 auf wenig mehr als 300 000 im folgenden Jahr hatte einen massiven Arbeitskräftemangel zur Folge, und die Anwerber reisten, so schnell sie konnten, in den Süden, um Schwarze und Weiße zu bewegen, im Norden in der Industrie zu arbeiten. Die Ungerechtigkeit der Justiz im Süden, der Mangel an Bürgerrechten, der Entzug des Wahlrechts, Rassentrennung und Lynchjustiz waren wichtige Impulse für viele Schwarze, den Süden zu verlassen. Der Norden galt als das »Gelobte Land«, und afroamerikanische Zeitungen taten das ihre, die Schwarzen im Süden davon zu überzeugen, daß sie eine Existenz aufgeben sollten, die ihnen nichts Besseres bot als ein Dasein als Bürger zweiter Klasse. Der *Chicago Defender* formulierte das so: »Ein Opfer des Frostes zu sein ist viel glorreicher, als ein Opfer des Pöbels zu werden.« Und 1917 schrieb der *Christian Recorder*: »Wenn in den nächsten zwölf Monaten eine Million Neger in den Norden und in den Westen ziehen, dann wird das eines der größten Ereignisse für die Neger seit der Emanzipationserklärung sein.«

1916 breitete sich die Bewegung wie ein Lauffeuer unter den Afroamerikanern aus, und im Sommer erreichte die Abwanderung aus den Staaten des tiefen Südens die Dimensionen einer Flutwelle. Die Pennsylvania Railroad holte sich 12 000 Schwarze für die Arbeit auf ihren Verschiebebahnhöfen und auf Strecken, mit Ausnahme von 2000 kamen alle aus Florida und Georgia. Selbst schwarze Akademiker und Freiberufler gingen in den Norden, um weiter ihre Klienten und Patienten zu versorgen. Der Süden war schockiert. Die Gemeinde Jacksonville, Florida, erhob von Migrationsagenten eine Gebühr von 1000 Dollar. Weiße Bürger in vielen Städten des Südens setzten Schwarze unter Druck, während die weiße Presse sie drängte, im Süden zu bleiben. Herrschaften waren ohne Hausangestellte, Farmer ohne Arbeiter, die Kirchen waren leer und Häuser verlassen. Nach

Schätzungen hatten bis Ende 1918 mehr als eine Million Afroamerikaner dem Süden den Rücken gekehrt. Doch diese Schätzungen sind wohl übertrieben, denn nach den Angaben des Bureau of the Census wiesen die Staaten des Nordens und des Westens laut Volkszählungen einen Zuwachs von 330 000 Afroamerikanern zwischen 1910 und 1920 auf.

DIE AFROAMERIKANISCHE BEVÖLKERUNG NACH STAATEN, 1920

Staat	Afroamerikanische Bevölkerung (in Tausend)	Staat	Afroamerikanische Bevölkerung (in Tausend)
Alabama	901	Montana	2
Alaska	(a)	Nebraska	13
Arizona	8	Nevada	(a)
Arkansas	472	New Hampshire	1
California	39	New Jersey	117
Colorado	11	New Mexico	6
Connecticut	21	New York	198
Delaware	30	North Carolina	763
District of Columbia	110	North Dakota	(a)
Florida	329	Ohio	186
Georgia	1206	Oklahoma	149
Hawaii	(a)	Oregon	2
Idaho	1	Pennsylvania	285
Illinois	182	Rhode Island	10
Indiana	81	South Carolina	865
Iowa	19	South Dakota	1
Kansas	58	Tennessee	452
Kentucky	236	Texas	742
Louisiana	700	Utah	1
Maine	1	Vermont	1
Maryland	244	Virginia	690
Massachusetts	45	Washington	7
Michigan	60	West Virginia	86
Minnesota	9	Wisconsin	5
Mississippi	935	Wyoming	1
Missouri	178		

(a) weniger als 500 Personen
Quelle: U.S. Bureau of the Census, *Historical Statistics of the United States, Colonial Times to 1970, Bicentennial Edition* [Teil 2], (Washington, D.C., 1975), S. 24–37

Obwohl die Massenwanderung der Afroamerikaner in den Norden und Westen von zahlreichen bedauerlichen Vorfällen begleitet war, erwies sich der Zeitpunkt der Wanderung als besonders günstig, denn die Schwarzen erhielten die Chance, Arbeit in der Industrie zu finden, die sie noch nie gehabt hatten, und gleichzeitig wurde der Arbeitskräftemangel in den entscheidenden Jahren des Krieges behoben. Das Arbeitsministerium, das die Bedeutung der Schwarzen auf dem Arbeitsmarkt schon zu Anfang des Kriegs erkannt hatte, schuf eine besondere Abteilung, Division of Negro Economics, unter Leitung von George Edmund Haynes. Die Abteilung sollte den Arbeitsminister und die Leiter einzelner Behörden bei der Erstellung von Plänen und Richtlinien zur Verbesserung der Arbeitsbedingungen für schwarze Arbeiter unterstützen und eine gute Zusammenarbeit mit weißen Arbeitern und Arbeitgebern im Sinne größtmöglicher Produktion gewährleisten. Mehrere einzelstaatliche und lokale Beraterkomitees wurden gegründet, um die Kooperation zu verbessern und die Reibereien zwischen weißen und schwarzen Arbeitern zu verringern. In zwölf Staaten wurden Konferenzen abgehalten mit der Unterstützung von Gouverneuren, Arbeitsämtern, Arbeitgebern und Arbeitnehmern. Als der Jahresbericht des beratenden Ausschusses, Negro Worker's Advisory Committee, von North Carolina veröffentlicht wurde, erklärte Gouverneur Bickett:»Wenn jeder in den Vereinigten Staaten, Weiße und Schwarze, diesen Bericht lesen und beherzigen würde, würde er viel zur Lösung all unserer Rassenprobleme beitragen.«

Auch die National Urban League unterstützte die Afroamerikaner, die erst vor kurzem in die Industriezentren des Nordens gekommen waren, bei der Eingewöhnung. 1916 veranstaltete sie eine bundesweite Konferenz in New York zum Thema »Migration« und veröffentlichte Empfehlungen und Ratschläge für Arbeitgeber und Neuankömmlinge. Sie eröffnete Zweigstellen in Städten wie Chicago, Detroit, Cleveland, St. Louis, Philadelphia und Pittsburgh und half bei der Eingewöhnung und Vermittlung von Arbeitsplätzen an Schwarze. Die Urban League versuchte auch, einige der heikleren Probleme lösen zu helfen, die mit der massenhaften Migration der Schwarzen verbunden waren, wie die Wohnungsfrage, Freizeiteinrichtungen und das Verhältnis zu den Gewerkschaften.

Viele Afroamerikaner standen den Gewerkschaften wegen ihrer Tradition des systematischen Ausschlusses von schwarzen Arbeitern mißtrauisch gegenüber. Sie gründeten deshalb selbst mehrere Gewerkschaften, wie die Associated Colored Employees of America. Im Jahr 1917 vertrat die American Federation of Labor (AFL) die Ansicht, daß Arbeiter aller Rassen sich vereinigen sollten, um eine gemeinsame Front gegenüber der Industrie zu bilden. Man hoffte, auch die Afroamerikaner in die Gewerkschaftsbewegung integrieren zu können, um sie als Streikbrecher auszuschalten. 1918 lud der Vorstand der AFL mehrere bekannte Afroamerikaner zu einer Diskussion darüber ein. Unter ihnen waren Robert R. Moton vom Tuskegee Institute, Emmett J. Scott aus dem Kriegsministerium, Eugene Kinckle Jones von der National Urban League und Fred Moore von der Zeitschrift *New York Age*. Außer der Bereitschaft beider Seiten, auch in Zukunft zusammenzuarbeiten, brachten die Beratungen keine konkreten Ergebnisse. Und während des Krieges nahmen nur wenige Gewerkschaften Schwarze als Vollmitglieder auf.

Afroamerikaner fanden während des Krieges im Norden Arbeit in den meisten Industriezweigen. Sie waren in Munitionsfabriken und Eisen- und Stahlwerken angestellt. Sie arbeiteten in Betrieben der Fleischverarbeitung und viele von ihnen in der Automobil- und Lastwagenproduktion und in der Elektroindustrie. 26 648 Schwarze waren in 46 der 55 für den Schiffsbau angegebenen Berufe tätig, die das U.S. Shipping Board auflistete. Der Schwarze Charles Knight brach im Betrieb der Bethlehem Steel Corporation in Sparrow's Point, Maryland, den Weltrekord im Nieten beim Bau von Stahlschiffen. Ein schwarzes Team brach den Weltrekord beim Einrammen von Pfählen, als es beim Kanalbau vor Hog Island, in der Nähe von Philadelphia, Pfeiler einrammte. Mehr als 75 000 Schwarze arbeiteten in den Kohlebergwerken von Alabama, Illinois, Pennsylvania, Ohio und West Virginia. Annähernd 150 000 Schwarze arbeiteten bei den Eisenbahnen, und weitere 150 000 waren bei der Aufrechterhaltung des Betriebs anderer lebenswichtiger Verkehrsmittel beschäftigt. In 152 typischen Industriebetrieben waren 21 547 Afroamerikanerinnen in 75 unterschiedlichen Beschäftigungen eingesetzt.

Es war durchaus nötig, daß sich hohe Regierungsbeamte eingehend mit dem Problem der Arbeitsmoral der Afroamerikaner während des Krieges auseinandersetzten, denn es gab viele Hinweise darauf, daß zeitgleich mit dem aktiven und nachdrücklichen Kampf für die Demokratie in Europa sie zu Hause immer mehr zerstört wurde. Mindestens 38 Afroamerikaner verloren im Jahr 1917 ihr Leben durch Lynchmorde, und im darauffolgenden Jahr stieg diese Zahl sogar auf 58 Tote. Die Zahl der

Rassenzusammenstöße im Norden und im Süden ging nicht zurück. In Tennessee folgten mehr als 3000 Zuschauer der Aufforderung einer Zeitung, Zeuge bei der Verbrennung »eines Negers bei lebendigem Leibe« zu sein. In East St. Louis, Illinois, wurden mindestens vierzig Schwarze bei Rassenunruhen getötet, die durch die Einstellung von Schwarzen in eine Fabrik, die Regierungsaufträge bekam, ausgelöst worden waren. Afroamerikaner wurden erstochen, zusammengeschlagen und aufgehängt, und ein zweijähriges schwarzes Kleinkind wurde erschossen und in den Hausflur eines brennenden Gebäudes geworfen. Die Deutschen schlachteten diese unglückseligen Vorfälle weidlich aus, wenn sie versuchten, unter Schwarzen eine Antikriegsstimmung zu verbreiten. Sie machten genaue Aufstellungen über die Lynchmorde und Angriffe der Weißen auf Schwarze und bearbeiteten die Afroamerikaner, sich aus einem Kampf herauszuhalten, in dem für sie nichts zu gewinnen war. Obwohl die Propaganda keine nennenswerte Wirkung auf die Arbeits- und Kampfmoral der Schwarzen hatte, hielt es der Präsident der Vereinigten Staaten schließlich für angebracht, eine energische Stellungnahme gegen die Lynchjustiz und die Gewalt des Mobs zu veröffentlichen.

Die meisten afroamerikanischen Zeitungen und Zeitschriften unterstützten begeistert den Krieg. Im Juni 1918 versammelte Emmett J. Scott 31 führende schwarze Zeitungsmacher zu einer Konferenz, die einerseits ihre Unterstützung des Krieges erklärten, aber gleichzeitig eine detaillierte Anklageschrift verfaßten, in der sie die Gewalt des Mobs verurteilten, sich für den Einsatz von schwarzen Rot-Kreuz-Schwestern einsetzten, die Rückkehr von Oberst Charles Young in den aktiven Dienst verlangten und für die Ernennung eines schwarzen Kriegskorrespondenten eintraten. Die meisten ihrer Forderungen wurden erfüllt, wenn auch etwas verspätet. Ralph Tyler aus Columbus, Ohio, wurde vom Committee on Public Information als Kriegskorrespondent zugelassen und ging nach Europa, um von dort Berichte über die Heldentaten der afroamerikanischen Soldaten nach Hause zu schicken. Die afroamerikanischen Zeitungen brachten seine Artikel, die im allgemeinen begeisterte Berichte über die Tapferkeit und den Heldenmut der schwarzen Einheiten waren. Der *Messenger*, eine in New York von A. Philip Randolph und Chandler Owen herausgegebene Zeitung, war eine der wenigen afroamerikanischen Zeitschriften, die sich weigerte, die rückhaltlose Unterstützung des Krieges mitzumachen. Für ihren Artikel »Deutschfreundliche Einstellungen unter Negern« wurden die Herausgeber zu zweieinhalb Jahren Gefängnis verurteilt und büßten das Vorzugsrecht der verbilligten Postbeförderung für ihre Zeitschrift ein. Unerwartete Unterstützung erhielten die Kriegsanstrengungen jedoch von der *Crisis*, deren Herausgeber W. E. B. Du Bois, im Juli 1918 einen Leitartikel »Schließt die Reihen!« schrieb und u. a. forderte: »Zögert nicht! Laßt uns, solange der Krieg dauert, unsere ureigensten Beschwerden vergessen und den Schulterschluß mit unseren weißen Mitbürgern und den alliierten Nationen üben, die für die Demokratie kämpfen.«

Die allgemeine Beschäftigung mit der Demokratie während des Krieges hatte selbst unter den militantesten Afroamerikanern vage Hoffnungen geweckt. Zu Hause und in Übersee hatten sie den Krieg unterstützt, der die Existenz der Demokratie auf dieser Welt sichern sollte. Die Hoffnung, in absehbarer Zukunft die volle Entfaltung der Demokratie erleben zu können, mochte ja übertrieben sein, aber es war nach Ansicht vieler Afroamerikaner nicht übertrieben, darauf zu hoffen, daß das Kriegsende eine neue Zeit einläuten würde, mit besseren wirtschaftlichen Chancen und Fortschritten auf dem Gebiet der Bürgerrechte. Sicher erkannten sie, daß die Verwirklichung der Demokratie ein andauernder Prozeß war, der lange, nachdem der letzte Schuß verhallt war, weitergehen mußte. Was sie nicht erkannten, war, daß viele der Kräfte, die einen dauerhaften Frieden auf der Welt verhinderten, und auch jene sonderbaren Kräfte im Lande, die sich im Herzen der amerikanischen Zivilisation entwickelt hatten, dazu beitragen würden, die Teilhabe an der Demokratie für die Afroamerikaner in genauso weite Ferne rücken würden wie die untergehende Sonne am Horizont.

17. KAPITEL
DIE DEMOKRATIE RÜCKT IN WEITE FERNE

Die Reaktion

Zwar zögerten einige afroamerikanische Soldaten, die in Frankreich gedient hatten, die Rückreise in die Vereinigten Staaten anzutreten, um nicht das, was sie an Demokratie und Freiheit fern der Heimat gefunden hatten, wieder zu verlieren, doch die große Mehrheit wollte offenbar so schnell wie möglich heimkehren. Einige glaubten zweifellos, daß die Verhältnisse besser sein würden als vor dem Krieg, während andere über ihre Zukunft kaum nachdachten und nur wieder zu Hause sein und das Leben genießen wollten. Sie brauchten nicht lange zu warten, um herauszufinden, welche Veränderungen sich in den Vereinigten Staaten vollzogen hatten. Schon kurz nach Unterzeichnung des Waffenstillstandes begann das amerikanische Militär mit den Vorbereitungen zur Rückkehr und der Demobilisierung der Streitkräfte. Einige afroamerikanische Einheiten blieben noch zurück, um bei Aufräumarbeiten in den Militärlagern und bei der Beseitigung der Trümmer auf den Schlachtfeldern zu helfen, aber die Mehrheit war innerhalb von vier Monaten nach Kriegsende auf dem Rückweg. Im April 1919 waren viele afroamerikanische Soldaten bereits in den Vereinigten Staaten, und einige wurden entlassen.

Da die meisten afroamerikanischen Einheiten im Raum New York an Land gingen, erhielten sie einen begeisterten ersten Empfang. New York City schien der nicht enden wollenden Militärparaden von schwarzen und weißen Soldaten nicht müde zu werden, die nach Anlegen der Schiffe fast ohne Pause im Triumphzug über die Fifth Avenue marschierten. Als New Yorks eigenes schwarzes Regiment, das 369., am 17. Februar 1919 zurückkehrte, wurden annähernd eine Million Menschen Zeuge der Parade von der Spitze Manhattans die Fifth Avenue hinauf bis nach Harlem. Ein ähnlicher Empfang wurde Einheiten der 92. Division bereitet, von denen die letzten am 12. März 1919 in Hoboken an Land gingen. Andere Städte wetteiferten jedoch mit New York beim Empfang ihrer schwarzen Truppen. Ganz Buffalo war auf der Straße, um seine dunkelhäutigen Brüder zu empfangen, und Menschenmassen füllten die Straßen von St. Louis, um den Schwarzen, die in Europa gekämpft hatten, zuzujubeln. Als das 370. Regiment, das »Alte 8.-Illinois«, in Chicago eintraf, kam das Geschäftsleben der Stadt zum Erliegen, da alle Veteranen willkommen heißen wollten. Die Soldaten marschierten durch die Loop und durch die South Side, Chicagos dichtbesiedeltes Schwarzenviertel, und an vielen Stellen waren die Menge und das Gedränge so groß, daß die Einheiten nicht in Formation marschieren konnten. Wenn es keine so großen Paraden und keine so große Begeisterung im Süden gab, so konnte man das wohl der Tatsache zuschreiben, daß es keine schwarzen Einheiten aus einzelnen Ortschaften gab, und darauf, daß die Weißen im Süden nicht besonders gern Afroamerikaner mit schweren Waffen marschieren sahen. Doch nur wenige dachten darüber ernsthaft nach. Es war eine Zeit des Jubels, und viele Afroamerikaner waren entschlossen, ihn zu genießen, solange er dauerte.

Die Zeit des Jubels war schnell vorbei, und die Notwendigkeit, sich auf das Leben nach dem Krieg einzustellen, wurde mit jedem Tag, der verstrich, dringender. Amerika wollte den Krieg so schnell wie möglich vergessen und zu einem Dasein unter Friedensbedingungen zurückkehren. Die Industrie wollte endlich den riesigen Auftragsrückstand von Waren abarbeiten, die während des Krieges nicht produziert und geliefert werden konnten. Die Gewerkschaften wollten endlich Forderungen stellen, die sie während des Krieges nicht hatten stellen können. Die Politiker konnten es kaum abwarten, die Friedensverträge vom Tisch zu bekommen, um 1920 freie Bahn für einen Wahlkampf zu haben, bei dem der Krieg kein Thema mehr sein sollte. Militante Führer der Schwarzen waren ebenfalls ungeduldig. Sie wollten nicht zur Normalität der Vorkriegszeit zurückkehren, sondern strebten ein demokratisches Leben auf neuer Grundlage in den Vereinigten Staaten an. Im Mai 1919 forderte der Herausgeber der *Crisis* im Namen der zurückkehrenden schwarzen Soldaten:

> Wir kehren aus der Sklaverei der Uniform zurück, die eine wahnsinnige Welt uns statt unserer zivilen Tracht angezogen hat. Wir sind wieder da und blicken Amerika direkt ins Gesicht und werden die Dinge beim Namen nennen. Wir

singen: Dieses, unser Land, ist trotz allem, was seine guten Seelen getan und geträumt haben, immer noch ein anstößiges Land.
Es *lyncht*... es *entzieht* seinen eigenen Bürgern das *Wahlrecht*... es fördert die *Unwissenheit*... Es bestiehlt uns... Es beleidigt uns...
Wir kehren zurück. Wir kehren vom Kampf zurück: Wir kehren kämpfend zurück. Platz da für die Demokratie! Wir haben sie in Frankreich gerettet, und beim Großen Jehovah, wir werden sie in den U.S.A. retten oder endlich wissen, woran wird sind.

Diese Mahnung kam nicht zu früh, denn wenn die Schwarzen entschlossen waren, sich ein größeres Stück der Demokratie zu sichern, so waren viele Weiße ebenso entschlossen, die Segnungen der Freiheit nicht pauschal allen zukommen zu lassen. Viele Weiße hatten sich auf den Tag vorbereitet, an dem die schwarzen Soldaten zurückkehren würden, sie waren gegen die Forderung gewappnet, daß Schwarze nun auch Bürger erster Klasse sein wollten, und sie waren bereit, die inzwischen noch verbesserte Maschinerie dagegen in Gang zu setzen. Der Ku-Klux-Klan war in den Südstaaten schon 1915 wieder aktiviert worden. Er konnte sich bis zum Ende des Krieges nur langsam ausbreiten, dann wartete er jedoch mit einem umfangreichen Programm auf, um »einheimische weiße Christen zur gemeinsamen Aktion zur Bewahrung der amerikanischen Institutionen und der Vorherrschaft der weißen Rasse zu vereinen«. Innerhalb eines Jahres wuchs er von einer unbedeutenden Organisation mit wenigen tausend Mitgliedern zu einer militanten Vereinigung von mehr als 100 000 »Rittern mit weißen Kapuzen«. Er sprach sich offen gegen »Neger«, Japaner und andere Asiaten, gegen Katholiken, Juden und alle im Ausland geborenen Menschen aus. Er profitierte von der isolationistischen Stimmung nach dem Krieg und breitete sich auch in Gegenden aus, in denen es zuvor wenig offene Ausbrüche von Rassenhaß gegeben hatte. Er übernahm es, Menschen zu bestrafen, die die Verbreitung seiner Ideen vielleicht gefährdeten, und führte die Bewegung der Gewalt und Einschüchterung von Afroamerikanern an. Innerhalb von zehn Monaten, unmittelbar nach Kriegsende, unternahm der Klan mehr als 200mal öffentliche Aktionen in 27 Staaten. Zellen seiner Organisation entstanden in mehreren Neuenglandstaaten sowie in New York, Indiana, Illinois, Michigan und anderen Staaten des Nordens und Mittelwestens. In vielen Orten befürchteten Politiker, die sich um ein öffentliches Amt bewarben, eine Niederlage, wenn sie sich nicht auf guten Fuß mit dem Klan stellten oder sogar Mitglied wurden. Die Übernahme einer halb-offiziellen Rolle durch den Klan, der zur Selbstjustiz griff und Staatsdiener zu seinen Mitgliedern machte, förderte Gesetzlosigkeit und Gewalt und charakterisierte die Zeit nach dem Ersten Weltkrieg in den Vereinigten Staaten.

Auf einer öffentlichen Veranstaltung rief ein Mitglied des Klans aus: »Wir wollen der farbigen Bevölkerung ihre Rechte nicht rauben, aber wir verlangen, daß sie die Rechte der weißen Rasse respektiert, in deren Land sie wohnen darf.« Tatsächlich gab es wenige Rechte von Afroamerikanern, die der Klan bereit war zu respektieren, und seine Militanz bestätigte in der Praxis nur seine Behauptung, daß die Vereinigten Staaten ein »Land des weißen Mannes« seien. In Texas wurde der Klan zum Instrument einer neuen Versklavung, er zwang Schwarze, zu Löhnen zu arbeiten und Baumwolle zu pflücken, die sie nicht akzeptiert hätten, wenn sie frei darüber hätten entscheiden können. Überall im Süden und Südwesten lebten die Afroamerikaner in ständiger Furcht vor den vermummten Kapuzenbanden der nächtlichen Reiter, die mit brennenden Kreuzen diejenigen in Angst und Schrecken versetzen wollten, die sie für unerwünscht hielten. Auch im Westen war der Klan aktiv, besonders gegen die japanische Bevölkerung. Wo immer er auftauchte, wurden ihm die in der Nachbarschaft begangenen Greueltaten, zu Recht oder zu Unrecht, angelastet. Es gab Auspeitschungen, Verätzungen mit Säure, gelegentliches Teeren und Federn, Hinrichtungen durch Erhängen und Verbrennen. Die Opfer waren meistens, aber nicht immer Afroamerikaner. Es war wirklich ein neuer Tag angebrochen – ein neuer Tag der Gewalt und des Terrors.

Weiße Bürger innerhalb und außerhalb des Klans ließen kurz nach dem Krieg ihre Wut an der schwarzen Bevölkerung aus, die kaum als eine angemessene Bestrafung, noch nicht einmal für Verräter, angesehen werden konnte. Mehr als siebzig Schwarze wurden im ersten Nachkriegsjahr gelyncht. Zehn schwarze Soldaten, von denen mehrere noch Uniform trugen, wurden gelyncht. Mississippi und Georgia erlebten die Ermordung von je drei zurückgekehrten Soldaten durch den Mob, in Arkansas wurden zwei Soldaten gelyncht, in Florida und Alabama mußte jeweils ein schwarzer Soldat sein Leben durch Gewalttaten des Pöbels lassen. Vierzehn Schwarze wurden öffentlich verbrannt, elf davon bei lebendigem Leib. In ungläubiger Verzweiflung schrieb ein schwarzer Journalist in Charleston, South Carolina: »Es vergeht kaum ein Tag, an dem Zeitun-

> ### Der Reverend Francis J. Grimke heisst die zurückkehrenden schwarzen Soldaten willkommen – 1919
>
> Gentlemen!
> Ich freue mich, Sie hier zu Hause begrüßen zu können, nach vielen Monaten der Abwesenheit in einem fernen Land, wo Sie Ihre Pflicht für das Vaterland erfüllt haben – ich freue mich, daß Sie zu uns ohne große Verluste zurückgekehrt sind...
> Wir, die wir zu Hause geblieben sind, haben Sie während Ihrer Abwesenheit in Gedanken mit größtem Interesse begleitet, und wir waren zutiefst empört, wenn uns zu Ohren kam, wie das von Zeit zu Zeit geschah, wie Sie von jenen höheren Orts behandelt wurden, von denen Sie angesichts der Umstände, die Sie nach Übersee brachten, und was Sie das kostete, allen Grund hatten, eine anständige, menschenwürdige Behandlung erwarten zu können und nicht die Behandlung, die man Ihnen zumutete. Die physischen Beschwerden, die zum Leben eines Soldaten in Kriegszeiten gehören, waren anstrengend genug und schwer genug zu ertragen... Dem noch Beleidigungen, bewußte Beleidigungen hinzuzufügen, mit denen sie überschüttet wurden, und nur deshalb, weil Sie Farbige waren, ist so schockierend, daß man es, wenn es keine eindeutigen Beweise gäbe, nicht glauben könnte...
> Noch einmal möchte ich Sie sehr herzlich zu Hause willkommen heißen und aus tiefster Seele die Hoffnung hinzufügen, daß jeder von Ihnen seine Rolle als ganzer Mann in dem längeren und noch schwierigeren Kampf übernehmen wird, der vor uns liegt, um für unsere Rechte hier zu Hause zu kämpfen. Wenn es die Sache wert war, nach Übersee zu gehen, um die Existenz der Demokratie auf dieser Welt zu sichern, dann ist sie es auch wert, ebenso entschieden dafür zu kämpfen, ihre Existenz hier zu Hause zu sichern. Wir wären zutiefst enttäuscht, wenn Sie das nicht tun würden – wenn Sie diese Aufgabe nicht übernähmen.
>
> Francis J. Grimke, *The Works of Francis J. Grimke.* Hrsg. von Carter G. Woodson, Bd. 1, *Addresses Mainly Personal and Racial* (Washington, 1942), S. 589-591

gen nicht davon berichten, wie ein schwarzer Soldat in seiner Uniform gelyncht wurde. Aber warum lynchen sie Neger denn überhaupt? Bei einem weißen Richter, weißen Geschworenen, einer weißen öffentlichen Meinung, weißen Gesetzeshütern ist es so unmöglich für den eines Verbrechens beschuldigten oder auch nur verdächtigten Neger, der Rache des weißen Mannes oder seiner Justiz zu entkommen, wie ein Rehkitz unmöglich entkommen kann, das zufällig in eine Höhle mit hungrigen Löwen gerät. Warum gebt Ihr ihnen nicht einmal die Spur eines Gerichtsverfahrens?«

Es war der Sommer des Jahres 1919, von James Weldon Johnson der »Rote Sommer« genannt, der die schlimmste Phase der Rassenkonflikte einleiten sollte, die die Nation je erlebt hatte. Vom Juni und bis zum Jahresende kam es annähernd 25mal zu Rassenunruhen. Manche waren größer, manche klein, aber alle waren ein Indiz für die zutiefst gestörten Rassenbeziehungen. Selbst nach dem Krieg ging die Abwanderung der Afroamerikaner in die Städte weiter und nahm in einigen Gebieten sogar noch zu. Freie Stellen waren nicht mehr so zahlreich wie in den Kriegsjahren, und der Kampf um Arbeitsplätze führte zu Spannungen zwischen Weißen und Schwarzen. Gleichzeitig waren die Mieten in den nach Rassen getrennten Wohngebieten weiterhin sehr hoch. Unruhe und Enttäuschung machten sich bei einem beträchtlichen Teil der afroamerikanischen Bevölkerung breit, und als klar wurde, daß viele Weiße ihnen die Fortschritte, die sie im Verlauf des Krieges gemacht hatten, wieder beschneiden wollten, schritten die Schwarzen zur Tat und bewiesen eine Entschlossenheit, sich zu verteidigen, die sie bisher noch nicht gezeigt hatten. Die Rassenunruhen waren nicht auf eine Region des Landes beschränkt, sie traten im Norden und Süden, im Osten und Westen auf – wo immer Weiße und Schwarze zusammenlebten. Aufgehetzt von einheimischen faschistischen Organisationen wie dem Ku-Klux-Klan begann das gesetzlose Element der Bevölkerung, die Schwarzen wiederum durch Terror zu unterjochen.

Im Juli 1919 erlebte Longview, Texas, alptraumartige Rassenunruhen. Auf mehrere weiße Männer war geschossen worden, als sie im Schwarzenviertel der Stadt nach einem schwarzen Lehrer suchten, den man beschuldigte, eine Mitteilung an den *Chicago Defender* zugunsten eines Afroamerikaners geschickt zu haben, der im vorangegangenen Monat gelyncht worden war. Weiße Einwohner der Stadt waren alarmiert über eine solche Demonstration der Stärke von seiten der Schwarzen und strömten in das Schwarzenviertel, entschlossen, ihnen eine Lektion zu erteilen. Viele Häuser wurden angezündet, ein schwarzer Schuldirektor wurde auf der Straße ausgepeitscht, und mehrere führende Bürger aus der Stadt gejagt. Es dauerte mehrere Tage, bis sich das Leben in der Stadt normalisierte. In der darauffolgenden Woche brach ein noch gewalttätigerer Aufstand in Washington aus. Zeitungsberichte schilderten Übergriffe von Schwarzen auf weiße Frauen und heizten das Klima unter den gewaltbereiten Elementen der Bevölkerung an, obwohl schnell klar wurde, daß die Berichte jeder Grundlage entbehrten. Eine aufgebrachte Menge, eine Mischung aus weißen Seeleuten, Soldaten und Marineinfanteristen, lief drei Tage lang Amok in den Straßen von Washington, tötete mehrere Afroamerikaner und verletzte noch Dutzende mehr. Am dritten Tag schlugen die Schwarzen zurück, als Rowdys in das Schwarzenviertel der Stadt eindringen und es anstecken wollten. Die Liste der Opfer wurde länger, doch bevor die Ordnung wiederhergestellt werden konnte, war die Zahl der getöteten und verwundeten Weißen beträchtlich gestiegen, als Ergebnis der verspäteten, aber entschlossenen Aktionen der Schwarzen.

Die schwersten Rassenunruhen ereigneten sich Ende Juli im sogenannten »Roten Sommer« in Chicago. Chicago war für die Schwarzen aus dem Süden zum »besten, was es auf der Welt gab« geworden, und Tausende waren in und nach dem Krieg auf der Suche nach Arbeit und Freiheit dorthin gezogen. In weniger als einem Jahrzehnt hatte sich die schwarze Bevölkerung der Stadt mehr als verdoppelt. Die Volkszählung von 1920 ergab, daß annähernd 109 000 Schwarze dort lebten. Es kam in den Betrieben zwar zu einigen Reibereien, aber wegen des großen Stellenangebots blieben sie minimal. Ernstliche Spannungen gab es im Wohnungs- und Freizeitbereich. Schwarze drangen bei der Wohnungssuche immer weiter in weiße Viertel vor, und Weiße versuchten das zu unterbinden, indem sie die Häuser von Schwarzen in Brand steckten. Gruppen junger Weißer nahmen sich vor, die Schwarzen so einzuschüchtern, daß sie sich unterordneten und nicht mehr weiter in die weißen Wohnviertel der Stadt vordrangen. Im Juni wurden zwei Schwarze umgebracht, und diese Morde lösten einen Monat lang dauernden Terror aus.

Der unmittelbare Anlaß für die Rassenunruhen, die am 27. Juli begannen, war ein Streit am Strand des Michigan-Sees. Ein junger Afroamerikaner war beim Schwimmen in ein Gebiet geraten, in dem normalerweise nur Weiße schwammen. Weiße Schwimmer forderten ihn auf, auf seinen Teil des Strandes zurückzukehren, und einige bewarfen ihn mit Steinen. Als der junge Mann unterging und ertrank, behaupteten die Schwarzen, er sei ermordet worden. Obwohl sein Leichnam keine äußeren Anzeichen dafür aufwies, daß er von Steinen getroffen worden war, war es zu spät, die Stadt vor Krawallen zu bewahren, die bereits begonnen hatten. Wilde Gerüchte über den Vorfall und die Ereignisse am Strand zirkulierten unter Schwarzen und Weißen. Gruppen von Randalierern rotteten sich in verschiedenen Teilen der Stadt zusammen, und die ganze Nacht über flackerten Kämpfe auf. Am nächsten Nachmittag legten sich weiße Passanten mit Schwarzen auf dem Heimweg von der Arbeit an. Einige wurden aus Straßenbahnwagen gezerrt und ausgepeitscht. Es gab viele Verletzte beider Rassen bei diesen Zusammenstößen und mindestens fünf Tote. Im Viertel der South Side erstach eine Gruppe junger Schwarzer einen alten italienischen Hausierer und den weißen Inhaber einer Wäscherei. An diesem und dem folgenden Tag breiteten sich die Unruhen weiter aus, und die Randalierer beider Seiten taten, was sie konnten, um die Gegenseite zu terrorisieren. Dreizehn Tage lang war Chicago eine Stadt, in der Gesetz und Ordnung keine Chance hatten, obwohl am vierten Tag der Unruhen die Miliz eingesetzt worden war. Als die Behörden die Opfer zählten, ergab sich eine Liste, die aussah, als habe ein kleinerer Krieg stattgefunden: 38 Menschen waren getötet worden, davon 15 Weiße und 23 Schwarze; von den 537 Verletzten waren 178 weiß und 342 schwarz, die übrigen 17 waren rassisch nicht zuzuordnen. Mehr als 1000 Familien, die meisten davon Schwarze, waren durch Brandstiftung und allgemeine Zerstörung obdachlos geworden. Es waren die schlimmsten Rassenunruhen der Nation gewesen, und selbst gleichgültige Beobachter mußten mit Erschrecken feststellen, daß die Rassenkonflikte in den Vereinigten Staaten ein bedenkliches Stadium erreicht hatten.

In den nächsten zwei Monaten kam es unter anderem in Knoxville, Tennessee, in Omaha, Nebraska, und in Elaine, Arkansas, zu Rassenkrawallen. Die Unruhen in Knoxville begannen, als eine weiße Frau beim Weglaufen vor einem Schwarzen stolperte, hinfiel und zu Tode kam. Der Schwarze wurde später wegen versuchten Überfalls angeklagt. Als er festgenommen wurde, rottete sich ein Mob zusammen und versuchte, ihn aus dem Gefängnis zu holen. Bei den nachfolgenden Krawallen wurden mehrere Dutzend Menschen verletzt, einige tödlich, und Eigentum im Wert von mehr als 50 000 Dollar wurde zerstört. Die eingesetzten Truppen zogen in das Schwarzenviertel und »schossen es zusammen«, nachdem das Gerücht verbreitet worden war, einige Schwarze hätten zwei

Weiße getötet. Schwarze wurden auf der Straße angehalten und durchsucht. Eine schwarze Zeitung schrieb: »Die Demütigungen, die farbige Frauen von der Hand dieser Soldaten erdulden mußten, würden dem Teufel die Schamröte ins Gesicht treiben.«

In Omaha zerstörte der Mob das Gerichtsgebäude fast vollständig durch Brandstiftung, um einen Schwarzen aus dem Gefängnis zu holen, der unter der Anklage stand, ein weißes Mädchen überfallen zu haben. Dem Pöbel gelang es, ihn zu ergreifen und durch die Straßen zu zerren, bis er schließlich von mehr als 1000 Schüssen durchsiebt und bis zur Unkenntlichkeit verstümmelt war. Schließlich wurde er an einer der verkehrsreichsten Kreuzungen im Stadtzentrum aufgehängt. In der Zwischenzeit waren viele Gebäude zerstört und etliche Schwarze brutal zusammengeschlagen worden. In Elaine, Arkansas, trafen sich Schwarze, um zu beratschlagen, wie sie ihre Vermieter zwingen könnten, faire Verträge mit ihnen abzuschließen. Die Versammlung wurde von einem stellvertretenden Sheriff und seinem Aufgebot an Helfern aufgelöst, wobei im Handgemenge der stellvertretende Sheriff getötet wurde. Danach herrschte der blanke Terror, auf Dutzende von Schwarzen wurde geschossen, und mehrere wurden getötet. In Gerichtsverfahren, die weniger als eine Stunde dauerten, wurden 12 schwarze Farmer zum Tode und 67 andere zu jahrelangen Gefängnisstrafen verurteilt. Die Urteile gegen die Afroamerikaner wurden später vom Obersten Gericht mit der Begründung aufgehoben, daß es sich nicht um faire Gerichtsverfahren gehandelt habe.

Obwohl die Rassenunruhen in den nächsten Jahren weitergingen, erreichten nur wenige die Ausmaße der Unruhen von 1919. Zwei Jahre später, im Juni 1921, kam es zwischen Schwarzen und Weißen in Tulsa, Oklahoma, zu Schlägereien, die manche Bewohner eher einen »Rassenkrieg« nannten, in dem 9 Weiße und 21 Schwarze getötet und mehrere Hundert verletzt wurden. Ein Schwarzer wurde beschuldigt, eine junge Weiße überfallen zu haben, und festgenommen. Als das andere Schwarze erfuhren, bewaffneten sie sich und zogen zum Gefängnis, um den Beschuldigten zu schützen, da sie das Gerücht gehört hatten, er solle gelyncht werden. Die Auseinandersetzungen zwischen Weißen und Schwarzen vor dem Gefängnis dehnten sich auf andere Teile der Stadt aus, und es kam zu Krawallen, Plünderungen und Brandstiftungen. Vier Kompanien der Nationalgarde wurden eingesetzt, und doch war, als die

Ordnung wiederhergestellt worden war, Eigentum im Wert von mehr als einer Million Dollar zerstört oder beschädigt worden. Im Jahr 1925 folgte als nächster Schauplatz Detroit, wo man einen afroamerikanischen Arzt, Dr. O. H. Sweet, daran hindern wollte, in einem Haus, das er sich im Weißenviertel gekauft hatte, zu leben. Als der Pöbel sein Haus umstellte und Steine warf, wurde ein Weißer durch Gewehrschüsse aus dem Haus getötet. Dr. Sweet, seinem Bruder und seinen Freunden, die sich mit ihm im Haus aufhielten, wurde der Prozeß gemacht. Die National Association for the Advancement of Colored People übernahm ihre Verteidigung und bestellte Clarence Darrow und Arthur Garfield Hays als Verteidiger. Letztlich wurden alle freigesprochen, aber nicht nur der Familie Sweet war irreparabler Schaden zugefügt worden, sondern auch den Rassenbeziehungen in Detroit.

Mit der Entschlossenheit zur Selbstverteidigung auch unter Einsatz des eigenen Lebens hatten die Afroamerikaner in die Rassenkonflikte nach dem Ersten Weltkrieg ein neues Element gebracht und damit Amerikas schwierigstes soziales Problem verändert. Es ging nicht mehr nur darum, daß eine Rasse die andere durch Einschüchterung unterdrückte. Jetzt war es ein Krieg im wahrsten Sinne des Wortes, und die Schwarzen waren ebenso entschlossen, ihn zu gewinnen, wie sie es in Europa gewesen waren. Die zunehmende Urbanisierung der Schwarzen, damit einhergehend ihre größere Selbstachtung und rassische Geschlossenheit, hatte viel mit dem Widerstand zu tun, den sie ihren potentiellen Unterdrückern entgegensetzten. Und sie hatten darüber hinaus voll die demokratischen Grundsätze aufgesogen, die während des Krieges überall verbreitet worden waren. Selbst wenn sie diesen einseitigen Kampf nicht gewinnen konnten, wollten sie eine gute Figur machen. Einer der bekanntesten Dichter dieser Jahre, Claude McKay, brachte die Gefühle vieler Afroamerikaner in den folgenden Zeilen zum Ausdruck:

> If we must die, let it not be like hogs
> Hunted and penned in an inglorious spot,
> While round us bark the mad and hungry dogs,
> Making their mock at our accursed lot.
> If we must die, O let us nobly die,
> So that our precious blood may not be shed
> In vain; then even the monsters we defy
> Shall be constrained to honor us though dead!

> O kinsmen! we must meet the common foe!
> And for their thousand blows deal one deathblow!
> What though before us lies the open grave?
> Like men we'll face the murderous, cowardly pack,
> Pressed to the wall, dying but fighting back!*

Viele Weiße ließen öffentlich verlauten, daß es ausländische Einflüsse, besonders die Beziehungen zu den Franzosen auf der Basis der Gleichberechtigung während des Krieges und die Propaganda der Bolschewisten nach dem Kriege waren, die die Schwarzen zum Zurückschlagen veranlaßt hatten. Schwarze machten sich jedoch über diese Ansicht lustig und behaupteten, daß sie nur für das kämpften, was sie für richtig und ihr Recht hielten. Im Oktober 1919 erklärte der *Pittsburgh Courier:* »Solange sich der Neger in Lynchjustiz, Brandstiftung und Unterdrückung fügt und nichts sagt, ist er ein loyaler amerikanischer Bürger. Doch wenn er beschließt, daß Lynchjustiz und Brandstiftung aufhören müssen, selbst um den Preis geringen Blutvergießens in Amerika, dann ist er ein Bolschewist.« Der militante *Crusader* betrachtete solche Anschuldigungen als Kompliment. Sein Chefredakteur verurteilte die Gewalt des Mobs und die Rassenunruhen in Amerika scharf und behauptete: »Wenn jeder, der für seine Rechte kämpft, ein Bolschewist ist, dann sind wir Bolschewisten, und sie können es damit halten, wie sie wollen!«

In radikalen und konservativen Organisationen protestierten die Afroamerikaner laut gegen Praktiken, die sie ungerecht und unterdrückerisch nannten. Sie gaben offen zu, daß die Demokratie in weite Ferne gerückt

---

* Wenn wir denn sterben müssen, dann nicht wie Schweine,
  Gejagt und eingepfercht in schmählicher Enge,
  Während rundum bösartige hungrige Hunde bellen,
  Die sich über unser verfluchtes Los lustig machen.
  Wenn wir denn sterben müssen, so sei es ein edler Tod,
  Daß unser kostbares Blut nicht vergebens vergossen ist;
  Dann sind selbst die Bestien, denen wir die Stirn bieten,
  Gezwungen uns, obwohl schon tot, zu ehren!
  O Brüder! Wir müssen uns dem gemeinsamen Feind stellen!
  Obwohl in der Minderheit, beweisen wir unsere Tapferkeit
  Und teilen für ihre tausend Hiebe einen Todeshieb aus!
  Und liegt auch vor uns das offene Grab?
  Wir stellen uns dem mörderischen, feigen Pack,
  An die Wand gedrückt, schlagen wir sterbend zurück!

> ### W. E. B. Du Bois über »Die Seelen der Weissen« – 1920
>
> Hier oben im Turm, sitze ich über den lauten Klagen der menschlichen Seele und kenne viele Seelen, die um sich schlagen, in den Strudel geraten und dahin sind, aber keine einzige fasziniert mich so wie die Seelen der Weißen.
> Sie sehe ich ganz ungewöhnlich hellsichtig. Ich sehe in sie hinein und durch sie hindurch. Ich sehe sie aus ungewöhnlicher Perspektive. Ich komme nicht als Fremder, denn ich bin ein Einheimischer, kein Fremder, in ihren Gedanken geboren, Fleisch ihrer Sprache. Nicht das Wissen des Reisenden oder der koloniale Verschnitt lieber Erinnerungen, Wörter und Wunder ist meines. Noch ist das mein Wissen, was Diener von ihren Herren oder die Masse von der Klasse oder Kapitalisten vom Handwerker haben. Vielmehr sehe ich, wie ihr Innerstes arbeitet. Ich kenne ihre Gedanken, und sie wissen, daß ich sie kenne. Dieses Wissen macht sie mal verlegen, mal wütend! Sie sprechen mir das Recht, zu leben und zu sein ab, und nennen mich eine Mißgeburt! Meine Rede ist für sie die pure Verbitterung, meine Seele der pure Pessimismus. Und doch, während sie predigen und großspurig tun und brüllen und drohen, und, während sie nach lumpigen Fakten und Phantasien grabschen, kriechend ihre Nacktheit verbergen wollen, verrenken sie sich und entschwinden dem Blick meiner müden Augen und ich sehe sie auf immer entblößt – häßlich, menschlich.
> Die Entdeckung der Weißheit einer Person ist unter den Völkern der Erde eine sehr moderne Sache – erst eine Sache des 19. und 20. Jahrhunderts. Die Antike hätte über eine derartige Unterscheidung nur gelacht. Das Mittelalter betrachtete die Hautfarbe mit gelinder Neugier, und selbst im 18. Jahrhundert hämmerten wir solange und voller Eifer an unserem nationalen Männeken, bis daraus der große Universale Mensch geworden war, und ignorierten Hautfarbe und Rasse noch mehr als die Geburt. Heute haben wir all das geändert, und die Welt hat in einer plötzlichen, emotionalen Wandlung entdeckt, daß sie weiß ist und nur deshalb wundervoll!
>
> W. E. B. Du Bois, *Darkwater, Voices from Within the Veil* (New York, 1920), S. 29–30

war, obwohl sie mit einem Ernst und Nachdruck dafür gekämpft hatten wie nur wenige Rassen zuvor. Desillusionierung und Verzweiflung machten sich unter ihnen breit, und ihre Äußerungen drückten wenig mehr als Abscheu aus, der sich vor allem und unterschiedslos gegen die weiße Bevölkerung richtete. Nachdem das *Challenge Magazine* aus Chicago die Verbrennung eines kleinen schwarzen Jungen bei lebendigem Leibe aus Vicksburg in Mississippi beschrieben hatte, schrieb es: »Die ›deutschen Hunnen‹ sind besiegt worden, aber die Welt ist für die Demokratie nicht sicherer geworden. Die Menschheit ist verteidigt worden, aber sie hat dadurch keine höhere Stufe erreicht. Ich hasse jeden Hunnen, und die schlimmsten, die ich kenne, sind solche, die sich im Schutz der freien Institutionen Amerikas voll entfalten können.« Es brauchte mehr als Worte, um für die Afroamerikaner in der amerikanischen Gesellschaft einen geachteten Platz zu erkämpfen. In der Tat wurde immer deutlicher, daß auch das hysterische Zurückschlagen nicht ausreichte, zu dem die Schwarzen in kritischen Situationen nun mutig Zuflucht nahmen. Es bedurfte der klugen Planung und praktischen Umsetzung. Doch die Schwierigkeit lag darin, mutige und entschiedene Schritte in einem Klima zu wagen, das so aufgeladen war mit Emotionen und Spannungen. Es ist kein Wunder, daß die Programme zur Rettung so verschiedene Ansätze und so unterschiedliche Ziele aufwiesen.

Die Stimme des Protestes

In den Jahren unmittelbar nach dem Ersten Weltkrieg meldete jeder Kongreß einer afroamerikanischen Organisation lauten Protest gegen das Versagen der Vereinigten Staaten an, die Afroamerikaner als Bürger erster Klasse zu akzeptieren. Im Juli 1919 faßte die National Association for the Advancement of Colored People auf ihrer Jahresversammlung in Cleveland Beschlüsse, in denen sie ihre große Besorgnis über die gesellschaftliche Stellung der Schwarzen zum Ausdruck brachte. Im September desselben Jahres folgte die National Equal Rights League bei ihrem Treffen in Washington dem Vorbild der NAACP. Im folgenden Monat traf sich der National Race Congress ebenfalls in Washington und verabschiedete Protestresolutionen. Etwa zur gleichen Zeit sprach sich die National Baptist Convention für die bessere Integration der Afroamerikaner in die amerikanische Gesellschaft aus. Doch es war die NAACP, die sich bei der Entwicklung eines Programms an die Spitze stellte, um Intoleranz und Ungerechtigkeit in Amerika zu bekämpfen. Im Mai 1919 veranstaltete sie eine landesweite Konferenz zur Lynchjustiz mit Charles Evans Hughes als Hauptredner. Man beschloß, einen schonungslosen Kreuzzug gegen die

Lynchjustiz zu führen und zu Spenden für das Programm aufzurufen, damit man es einer breiteren Öffentlichkeit bekanntmachen und verfolgte Afroamerikaner verteidigen konnte. Durch den Einsatz hauptsächlich von Mary Talbert und anderen erhielt die NAACP 1924 mehr als 45 000 Dollar an Spenden.

Ende 1919 unternahm die Organisation erste Schritte, mit denen ein Bundesgesetz gegen die Lynchjustiz durch den Kongreß gebracht werden sollte. Nachdem man sorgfältig daran gearbeitet hatte, die Unterstützung von Senatoren und Abgeordneten des Repräsentantenhauses zu gewinnen, gelang es 1921 dem Sprecher der NAACP, James Weldon Johnson, den Abgeordneten L. C. Dyer aus Missouri dazu zu bewegen, im Repräsentantenhaus ein Gesetz einzubringen, das »Personen, die der Gerichtsbarkeit der Einzelstaaten unterstanden, gleichen Schutz vor dem Gesetz sichern und Lynchen als Verbrechen bestrafen sollte«. Abgeordnete aus den Südstaaten begannen sofort mit der Organisation zur Ablehnung der Gesetzesvorlage. Sie verteidigten die Herrschaft des Mobs im Kongreß und warnten den Bund davor, sich in die inneren Angelegenheiten der Einzelstaaten einzumischen. Trotzdem konnten sie die Abstimmung im Repräsentantenhaus nicht verhindern, und das Gesetz wurde mit 230 zu 119 Stimmen angenommen. Die Überzeugungsarbeit im Senat war unendlich viel schwieriger, und die NAACP verdoppelte ihre Anstrengungen bei der Herkulesarbeit, um die Verabschiedung des Gesetzes zu erreichen. Eine Denkschrift wurde an den Senat geschickt, in der 24 Gouverneure, 39 Bürgermeister, 29 College-Präsidenten und Professoren und eine große Anzahl von Verlegern, Juristen und Anwälten mit ihrer Unterschrift nachdrücklich für die Verabschiedung plädierten. NAACP warb mit ganzseitigen Anzeigen in Zeitungen wie der *New York Times* und der *Atlanta Constitution* für die Dringlichkeit eines solchen Gesetzes. Als das Gesetz im Senat behandelt wurde, gelang es den Senatoren aus den Südstaaten, angeführt von Underwood aus Alabama und Harrison aus Mississippi, ein *filibuster** zu organisieren und mit dieser Verschleppungstaktik schließlich die Abstimmung zu verhindern. Die Republikaner zeigten deutlich ihr Desinteresse und stimmten dafür, die Gesetzesvorlage fallenzulassen. Mehrere vergleichbare Gesetze wurden in späteren Jahren eingebracht,

---

* Bei einem *filibuster* verhindern Abgeordnete durch mehrstündige Dauerreden, daß es überhaupt zur Abstimmung kommt.

darunter das Costigan-Wagner-Gesetz von 1935 und das Wagner-Gavagan-Gesetz von 1940, aber alle hatten dasselbe Schicksal.

Die NAACP unternahm gründliche Recherchen, um die an Afroamerikanern verübten Verbrechen zu erforschen und die Öffentlichkeit darüber zu informieren. 1919 wurde *Thirty Years of Lynching in the United States, 1889-1918* veröffentlicht, ein wahrer Enthüllungsbericht über die Ursachen der Lynchjustiz und die Umstände, unter denen diese Verbrechen geschehen waren. Walter White, ein junger hellhäutiger Ermittlungsbeamter, wurde beauftragt, die Orte der Verbrechen aufzusuchen und so viele Daten wie möglich über diese Tragödien zu sammeln. Die Berichte wurden von der NAACP veröffentlicht und in hoher Auflage verteilt. 1929 publizierte White sein Buch *Rope and Faggot, A Biography of Judge Lynch*, das die Ermittlungsergebnisse seiner zehnjährigen Arbeit enthielt. Die NAACP hielt weiter Protestversammlungen gegen die Lynchjustiz ab: 1921 zum Beispiel fanden mehr als 200 solche Versammlungen in verschiedenen Teilen der Vereinigten Staaten statt. Und die Spalten ihres offiziellen Organs, der *Crisis*, veröffentlichten ständig Berichte von Verbrechen an Afroamerikanern und Aufrufe, das Programm der Organisation zu unterstützen.

Die NAACP bemühte sich, Schwarzen vor Gericht zu dem Recht zu verhelfen, das ihnen sonst vorenthalten wurde. Und ermutigt durch ihre Erfolge bei den Urteilen zur »Großvaterklausel«, zur Rassentrennung in Wohnvierteln und zu den Mietsträflingen in Arkansas, versuchte sie, die Praxis der Südstaaten abzuschaffen, Schwarze von den Vorwahlen der Demokratischen Partei auszuschließen. Es gelang ihr im Fall *Nixon gegen Herndon*, ein Gesetz von Texas durch das Oberste Gericht der Vereinigten Staaten für null und nichtig erklären zu lassen, das Schwarze von den Vorwahlen der Demokratischen Partei in diesem Staat ausschloß. Als daraufhin Texas ein Gesetz verabschiedete, das dem Exekutivausschuß der Partei die Vollmacht gab, die Voraussetzungen für eine Parteimitgliedschaft festzulegen, gelang es der NAACP im Fall *Nixon gegen Condon*, das Gesetz mit der Begründung annullieren zu lassen, daß durch das Gesetz ein Parteiausschuß gegründet und zu einer staatlichen Behörde mit bestimmten Machtbefugnissen und Pflichten gemacht worden sei. 1935 mußte man dann eine Niederlage hinnehmen, als es das Oberste Gericht im Fall *Grovey gegen Townsend* ablehnte, sich in den Ausschluß der Afroamerikaner von den Vorwahlen der Demokraten einzumischen, wenn ein solcher Ausschluß durch den Beschluß eines einzelstaatlichen Parteikonvents beschlossen worden war. Den verlorenen Boden gewann man 1944 im Fall *Smith gegen Allwright* zurück, als das Oberste Gericht entschied, daß der Ausschluß von Afroamerikanern von den Vorwahlen der Demokratischen Partei einen eindeutigen Verstoß gegen den 15. Zusatzartikel zur Verfassung bedeutete. So gelangten mit der Zeit die NAACP und viele Schwarze zu der Überzeugung, daß das Oberste Gericht der verläßlichste Schutz für die Rechte aller Bürger sei.

Eine andere gemischtrassige Organisation, die sich mit Rassenproblemen beschäftigte, war die Commission on Interracial Cooperation. Sie war 1919 gegründet worden und wollte, »wenn möglich, die Flammen der Rassenfeindschaft löschen, die in diesen Jahren als tödliche Bedrohung in allen Teilen des Landes auflodertenn«. Die Kommission arbeitete hauptsächlich im Süden und entwickelte mit Hilfe von Will W. Alexander und anderen prominenten weißen Südstaatlern ein Aufklärungsprogramm über die Rassenbeziehungen auf einzelstaatlicher und lokaler Ebene. Es bot mehrere zehntägige Kurse für Weiße und Schwarze an, um Führungskräfte für die Förderung gemischtrassiger Arbeit auszubilden. Örtliche gemischtrassige Komitees wurden gegründet, und nachdem ausreichendes Interesse geweckt worden war, folgten einzelstaatliche Komitees. Die Kommission griff die Rassentrennung nicht an, sondern wandte sich gegen Diskriminierung. Mit Artikeln in ihrer Monatsschrift *Southern Frontier* und über andere Medien forderte sie gleiche Berücksichtigung bei staatlichen Wohlfahrtsprogrammen, Gleichheit vor dem Gesetz, Abschaffung der Lynchjustiz und das Stimmrecht für alle Bürger. Von ihren Büros in Atlanta aus wurde ein Forschungs- und Bildungsprogramm über die Probleme des Südens durchgeführt, das sich auf Fragen der Landwirtschaft, des Gesundheits- und Bildungswesens konzentrierte.

Trotz all ihrer energischen Bemühungen erreichten die NAACP und die Commission on Interracial Cooperation kaum mehr als eine kleine Minderheit der Schwarzen und Weißen im Land, und obwohl sie manches durchsetzen konnten, von dem alle Afroamerikaner profitierten, konnten sie keinen Zugang zu den Köpfen der Massen und damit keine Gefolgschaft gewinnen. Afroamerikaner der sozial und wirtschaftlich unteren Schichten hielten diese Organisationen für Interessenvertreter von Schwarzen aus der Oberschicht und liberalen Weißen, die nicht mit ihnen gemeinsam für ihren sozialen Aufstieg kämpften. Diese Stimmung, ob sie nun berechtigt war oder nicht, bildete den Hintergrund für den Erfolg von Marcus Garvey und seiner Universal Improvement Association (UNIA). Garvey hatte diese Organisation 1914 in seiner Heimat Jamaika gegründet. Zwei Jahre später kam er in die Vereinigten Staaten, um in New York eine Zweigstelle der UNIA zu gründen. Am Ende des Krieges wuchs die Vereinigung schnell und hatte nach Garveys Angaben Mitte 1919 bereits mehr als 30 Zweigstellen.

Die Basis von Garveys Popularität war sein Appell an den Rassenstolz zu einer Zeit, als Afroamerikaner im allgemeinen so wenig hatten, worauf sie stolz sein konnten. Die Anspannung, die es bedeutete, in einem feindseligen städtischen Umfeld zu leben, schuf die mentalen Voraussetzungen, aus denen Garvey Nutzen zog. Er forderte die Afroamerikaner auf, besonders die mit dunklerer Haut, ihm zu folgen. Garvey pries alles Schwarze, er behauptete, daß schwarz gleichbedeutend mit Stärke und Schönheit sei und nicht mit Minderwertigkeit. Er erklärte, daß die Afrikaner eine große Vergangenheit hätten und die Afroamerikaner stolz auf ihre Vorfahren sein sollten. In seiner Zeitung, der *Negro World*, erzählte er den Schwarzen, daß Rassenvorurteile so sehr Bestandteil der Zivilisation des weißen Mannes seien, daß es sinnlos wäre, an seinen Gerechtigkeitssinn und seine großartig klingenden demokratischen Prinzipien zu appellieren. Mit Blick auf die wachsende Bewegung für die Selbstbestimmung abhängiger Völker erklärte Garvey, daß die einzige Hoffnung für Afroamerikaner darin bestehe, Amerika zu verlassen, nach Afrika zurückzukehren und dort ihr eigenes Land aufzubauen. Und bei einer Gelegenheit rief er aus: »Erwache Äthiopien! Erwache Afrika! Laßt uns für das eine ruhmreiche Ziel, für eine freie, wiederhergestellte und mächtige Nation arbeiten. Laßt Afrika zu einem leuchtenden Stern unter den Nationen werden.«

Als Mann der Tat begann Garvey, sein Programm praktisch umzusetzen. Er wandte sich an den Völkerbund, um die Erlaubnis zu bekommen, eine Kolonie in Afrika zu gründen, und nahm Verhandlungen mit Liberia auf. Da man ihn in Afrika nicht mit friedlichen Mitteln Fuß fassen ließ, organisierte er die Universal African Legion, um die weißen Usurpatoren zu vertreiben. Andere Hilfsorganisationen waren: die Universal Black Cross Nurses, das Universal African Motor Corps, das Black Eagle Flying Corps und die Black Star Steamship Line. 1921 verkündete Garvey die Gründung des Afrikanischen Imperiums und ernannte sich zum Interims-

Präsidenten. Er regierte zusammen mit einem Potentaten und einem obersten stellvertretenden Potentaten. Zum Adel, den er gründete, gehörten die Ritter des Nils, die Ritter des edlen Dienst-Ordens Äthiopiens und die Herzöge von Niger und von Uganda. In New York und in anderen großen Städten paradierten Mitglieder der Universal Negro Improvement Association, die nun Bürger des neuen Imperiums waren, in prächtigen Uniformen und hielten Konferenzen und Kongresse ab.

Garveys Lehren wirkten auf ungebildete und naive schwarze Städter, die erst vor kurzem von der Farm in die Stadt gezogen waren, wie ein Magnet. Tausende jubelten ihm als dem wahren Führer der schwarzen Rasse zu. Obwohl Garveys Behauptung, daß er 1920 bereits 4 Millionen Anhänger hatte und drei Jahre später 6 Millionen, zweifellos übertrieben ist, räumen selbst seine schärfsten Kritiker ein, daß die UNIA etwa eine halbe Million Mitglieder hatte. Die meisten führenden Afroamerikaner griffen ihn als unseriösen, egozentrischen Schwindler an, doch er konterte, indem er sie Opportunisten, Lügner, Diebe und Verräter nannte. Du Bois kritisierte Garvey besonders heftig und bezeichnete den UNIA als »bombastisch und unvernünftig«. Später äußerte sich Du Bois, daß Garveys Pläne den erfolgreichen Aufbau der Panafrikanischen Kongresse behindert hätten. Als sich der dritte Kongreß 1923 traf, zeigten sich schon deutliche Zeichen des Niedergangs, und der vierte im Jahr 1927 war nur noch eine »leere Geste, um die Idee am Leben zu halten«. Für Du Bois und andere Führer der NAACP hatte Garvey nichts als Verachtung übrig. So schrieb er einmal: »Die NAACP möchte, daß wir durch Verschmelzung alle Weiße werden, aber sie wagen es nicht, ehrlich die Wahrheit zu sagen. Ein Neger zu sein ist keine Schande, sondern eine Ehre, und wir von der UNIA wollen keine Weißen werden ... Wir sind stolz und angesehen. Wir lieben unsere Rasse und respektieren und bewundern unsere Mütter.«

Garveys Geschäftsgebaren bei der Leitung seiner Dampfschiffahrtsgesellschaft machte seinem kometenhaften Aufstieg schließlich ein Ende. Nach Aussage seiner Frau hatte er zwischen 1919 und 1921 zehn Millionen Dollar gesammelt. Mehr als eine Million Dollar waren für den Kauf und die Ausrüstung von Schiffen für die Black-Star-Linie ausgegeben worden. 1923 wurde Garvey vor einem Bundesgericht angeklagt, die Bundespost zum betrügerischen Sammeln von Geld für seine Schiffahrtslinie benutzt zu haben. Das Gericht sprach ihn schuldig, und zwei Jahre später trat er seine fünfjährige Gefängnisstrafe in Atlanta an. Vielleicht war Arthur Brisbanes Äußerung übertrieben, Garvey festzuhalten, das sei so, als wolle man »einen Regenbogen einsperren«, aber Garvey leitete tatsächlich seine Bewegung aus seiner Zelle in Atlanta weiter. In einem Brief an seine Anhänger schrieb er:

> Die Monate der zwangsweisen Entfernung aus Eurer Mitte – ich sitze im Gefängnis als Strafe dafür, daß ich für die Sache unserer wahren Emanzipation gekämpft habe – haben mir weder die Hoffnung geraubt, noch mich verzagen lassen; ganz im Gegenteil, ich sehe einen hellen Lichtstrahl – sehe, wie die mächtige politische Wolkendecke aufreißt und Euch völlige Freiheit bringt ...
> Wir haben allmählich das Vertrauen des afrikanischen Gottes wiedergewonnen, und Er wird mit donnernder Stimme sprechen und die Pfeiler einer korrupten und ungerechten Welt zum Wanken bringen und Äthiopien wieder in seinem alten Glanz erstehen lassen ...
> Haltet fest am Glauben! Verlaßt nicht das Glied, sondern marschiert als tapfere Soldaten weiter bis zum Sieg. Ich bin glücklich und werde es auch bleiben, solange ihr die Fahne hochhaltet.

Garvey blieb im Gefängnis, bis ihn Präsident Coolidge 1927 begnadigte und seine Ausweisung als unerwünschter Ausländer anordnete. Obwohl er sich bemühte, seine Bewegung in Jamaika und später in London, wo er 1940 starb, wiederzubeleben, war der »Negro Zionism« zum Scheitern verurteilt. So unzufrieden die Afroamerikaner mit ihrer Situation in den Vereinigten Staaten auch waren, sie waren in den 1920er Jahren ebenso wenig gewillt, wie ihre Vorfahren ein Jahrhundert zuvor, die ungewisse Aufgabe auf sich zu nehmen, Afrika zu erretten. Das verbreitete Interesse an Garveys Programm ist eher als Protest gegen schwarzenfeindliche Kampagnen der Nachkriegsjahre zu verstehen denn als Zustimmung zu den phantastischen Plänen dieses schwarzen Führers. Seine Bedeutung besteht darin, daß es sich um die erste Massenbewegung unter Afroamerikanern handelte, die zudem ein Indikator dafür war, wie starke Zweifel die Afroamerikaner hegten, ob sie jemals Bürger erster Klasse in dem einzigen Vaterland, das sie hatten, werden würden.

Während die meisten Schwarzen sich damit zufrieden gaben, in den Vereinigten Staaten zu leben, und an der Verbesserung ihrer Lage mit den regulären Mitteln zu arbeiten, die allen Bürgern zur Verfügung standen, hofften andere auf die schnelle Verwandlung der Wirklichkeit in

> ## Marcus Garvey träumt von einer besseren Welt für die Schwarzen – 1923
>
> Ich las von den Zuständen in Amerika. Ich las »Up from Slavery« von Bookter T. Washington, und da wurde mir mein Verhängnis klar – wenn ich es denn so nennen kann –, daß ich ein Führer meiner Rasse sein würde, das war in London, nachdem ich durch halb Europa gereist war.
> Ich fragte: »Wo ist die Regierung des Schwarzen?«, »Wo ist sein König und wo sein Königreich?«, »Wo sind sein Präsident, sein Land und sein Botschafter, seine Armee, seine Marine, seine großen Staatsmänner?« Ich konnte sie nicht finden und erklärte deshalb, »Ich werde dazu beitragen, daß es sie geben wird.«
> ... ich war entschlossen, daß der Schwarze nicht weiter von allen anderen Rassen und Nationen auf der Erde herumgeschubst werden würde, wie ich das in Westindien, in Süd- und Mittelamerika und in Europa gesehen hatte und wie ich das über Amerika gelesen hatte. Mein junger und ehrgeiziger Geist ließ Visionen großer Phantasie vor mir entstehen. Damals sah ich vor mir und sehe das noch heute, eine neue Welt der Schwarzen, keine Sträflinge, Leibeigenen, Hunde und Sklaven, sondern eine Nation starker Männer, die ihren Beitrag zur Zivilisation leisten und ein neues Licht über der menschlichen Rasse aufgehen lassen. Ich konnte nicht länger in London bleiben. Mein Gehirn glühte. Es galt, eine Welt des Denkens zu erobern. Ich mußte damit beginnen, bevor es zu spät und das Werk nicht getan war. Ich ging sofort in Southampton an Bord und kam in Jamaika am 15. Juli 1914 an. Fünf Tage nach meiner Ankunft wurde die Universal Negro Improvement Association and African Communities (Imperial) League gegründet und organisiert, deren Programm es war, alle Negervölker der Welt in einem großen Gemeinwesen zu vereinen, ein Land mit einer Regierung einzurichten, die ganz und gar die ihre war.
>
> Marcus Garvey, *Current History*, Bd. 18
> (September 1923), S. 951–957

ein Paradies. Zu ihnen gehörten die Anhänger von George Baker, der als Father Divine bekannter ist. Er begann 1919 in Sayville, New York, eine kleine Gruppe aufzubauen und erweiterte sie in den folgenden zwei Jahrzehnten derart, daß einige Beobachter amüsiert und andere verblüfft waren. Obwohl seine Anhänger aus ihren jeweiligen Kirchen austraten und ihn Gott nannten, handelte es sich ebenso um eine soziale wie religiöse Bewegung. 1930 lud er jedermann in die Häuser seiner Bewegung ein und verteilte dort Tausende von Mahlzeiten in Ausgabestellen, die als »Himmel« bezeichnet wurden. Als sich Leute zu wundern begannen, wo er das Geld für so üppige Feste hernahm, antwortete er mit einem nahezu unverständlichen Wortschwall: »Ich habe Euer Gewissen so nutzbar gemacht wie Franklin die Elektrizität, nun ist es an Euch, Eure Emotionen so einzusetzen wie Edison die Elektrizität, die Franklin entdeckt hatte.« Seine Gefolgschaft wuchs in den 1930er Jahren enorm, und »Himmel« oder Friedensmissionen wurden in vielen Städten der Ostküste und in einigen Gemeinden des Mittelwestens gegründet. Schon 1926 hatte die Bewegung nicht mehr nur schwarze Anhänger, und innerhalb weniger Jahre war die Zahl der Weißen beträchtlich gestiegen, unter ihnen einige sehr wohlhabende. Daß diese Bewegung zu ihrer Zeit so erfolgreich war, ist ein deutlicher Beweis für das Vorhandensein großer sozialer Mißstände, an denen das Gemeinwesen krankte, und ein weiterer Hinweis auf die gewaltige Frustration bei vielen Schwarzen und auch einigen Weißen.

18. KAPITEL
DIE HARLEM RENAISSANCE UND DIE POLITISCHE ROLLE DER AFROAMERIKANISCHEN KULTUR

Sozioökonomische Probleme und afroamerikanische Literatur

Nach dem Ersten Weltkrieg entstand eine völlig neue literarische Bewegung in den Vereinigten Staaten. Zu Beginn des Jahrhunderts hatte es die schockierenden Enthüllungen der Muckrakers gegeben und einen stärkeren literarischen Realismus in den Arbeiten von Howells und anderen. Der Krieg hatte jedoch ein so intensives Klima des Patriotismus geschaffen, daß mehr Energie darauf verwendet wurde, die amerikanische Lebensweise zu loben, als sie zu kritisieren. Es hatte ganz den Anschein, als ob keine weitere Kritik an der amerikanischen Form des Daseins geübt werden würde, da jedermann offenkundig zufrieden war, zur Normalität zurückzukehren, alles, was in Amerika falsch war, vergaß, und sich darauf konzentrierte, die Segnungen des bestehenden Systems zu genießen. Darüber hinaus gab es den expandierenden Bolschewismus, und der alarmierte die Amerikaner so sehr, daß sie intolerant gegenüber Zynikern wurden, die darauf bestanden, Fehler in den bestehenden Verhältnissen zu finden. Und trotzdem gab es eine Handvoll Schriftsteller, die sich aus dieser Stimmung der Ruhe, die Amerikas Genuß von Frieden und Wohlstand umgab, lösten und auf die Versäumnisse und Unzulänglichkeiten der kapitalistischen Demokratie in Amerika hinwiesen. 1920 legte Sinclair Lewis in *Main Street* seinen Finger auf die Oberflächlichkeit und die falschen Werte des amerikanischen Kleinstadtlebens. Zwei Jahre später veröffentlichte er eine erschütternde Anklage gegen den amerikanischen Geschäftsmann in *Babbitt*. Und 1925 zeigte Theodore Dreiser die verheerenden Auswirkungen der falschen Werte der kommerziellen Zivilisation in *An American Tragedy* auf.

Amerikanische Schriftsteller interessierten sich für viele soziale und wirtschaftliche Probleme. Probleme der Arbeitswelt wurden ebenso behandelt wie die Wohnungsfrage, Verbrechen, Sozialreformen und Abrüstung. Romanciers, Dramatiker, Publizisten und andere Schriftsteller wandten sich auch dem amerikanischen Rassenproblem zu. Vielleicht gab es kein anderes Thema, das so unterschiedliche Ansätze und Darstellungsformen ermöglichte, und die Schriftsteller nahmen diese Chance wahr. 1919 sammelte Robert Kerlin die Ansichten der verschiedenen afroamerikanischen Zeitungen in seinem Buch *Voice of the Negro*. Wenig später rüttelte Moorfield Storey das Gewissen Amerikas in seinem Buch *Problems of Today* wach, und 1924 beschrieb Frank Tannenbaum die Not der Schwarzen im Süden in *Darker Phases of the South*. Unter den weißen Dramatikern, die mit afroamerikanischen Themen experimentierten, ragte Eugene O'Neill mit *The Emperor Jones* (1920) und *All God's Chillun Got Wings* (1924) heraus. 1926 brachte die Aufführung von Paul Greens *In Abraham's Bosom* mit überwiegend afroamerikanischen Schauspielern dem Autor den Pulitzer-Preis ein. Carl Van Vechten, Victor F. Calverton, Joel Spingarn ermutigten mit ihren Schriften die Afroamerikaner, die eigenen Themen zu behandeln. In ihrer eigenen unvergleichlichen Art und Weise nannte Zora Neale Hurston diejenigen Weißen »Negrotarians«, die auf die eine oder andere Art vom Leben in Harlem oder in vergleichbaren schwarzen Vierteln fasziniert waren und aus welchen Gründen auch immer darüber schrieben. Diese Fülle von Texten über die Schwarzen rückte das Rassenproblem stärker ins Bewußtsein der Amerikaner, die nun auch hören wollten, was die Afroamerikaner selbst darüber zu sagen hatten.

Ohne Frage war das Auftauchen afroamerikanischer Schriftsteller in der Nachkriegszeit zum Teil der Tatsache zu verdanken, daß sie diese Chance wahrnehmen wollten, über sich selbst zu schreiben. Doch es war mehr als das. Die Bewegung, die abwechselnd Harlem Renaissance, Black Renaissance oder New Negro Movement genannt wurde, war im wesentlichen Ausdruck des wachsenden Interesses der literarischen Kreise Amerikas an den unmittelbaren und drückenden sozialen und wirtschaftlichen Problemen des Landes. Dieses wachsende Interesse traf mit zwei Entwicklungen im Leben der Afroamerikaner zusammen, die das New Negro Movement begünstigten. Die große Wanderung, die während des Krieges eingesetzt hatte, hatte die Schwarzen stärker denn je zu Herren über ihr eigenes Schicksal gemacht. Sie entwickelten ein Maß an Verantwortung und Selbstvertrauen, das sie zuvor nicht gekannt hatten. Im Krieg erhielten sie von keinem Geringeren als dem Präsidenten das Versprechen der Freiheit, und auf dem Schlachtfeld dienten sie ihrem Land. Sie begannen, die Diskrepanz zwischen der versprochenen Freiheit und der Realität der eigenen Erfahrungen zu erkennen. Sie reagierten trotzig, verbittert und ungeduldig. Das war nicht mehr der schüchterne, gelehrige Schwarze der Vergangenheit, der erklärte: »Wenn das nächste Mal Weiße auf Farbige herumhacken, dann bleibt was liegen – tote Weiße nämlich.«

Während der Rassenunruhen und Krawalle nach dem Krieg schlugen Schwarze ungewöhnlich mutig zurück. Zu diesem Zeitpunkt hatten sie darüber hinaus ein Artikulationsniveau erreicht, das es ihnen möglich machte, ihre Gefühle in ganz unterschiedlichen literarischen Formen zum Ausdruck zu bringen. Trotz der intensiven Gefühle des Hasses und der Kränkung besaßen sie genügend Distanz und Objektivität, um ihr Material künstlerisch zu gestalten. Und sie hatten genügend Kontakt zu den Hauptströmungen der amerikanischen Literatur, um das eigene Material den akzeptierten Ausdrucksformen anzupassen und dadurch breitere Anerkennung zu finden. Diese beiden Faktoren, das geschärfte Bewußtsein für Ungerechtigkeit und ein sehr viel besseres Ausdrucksvermögen, brachten die Gruppe schwarzer Schriftsteller hervor, die die Harlem Renaissance begründeten. Obwohl das wenige schwarze Schriftsteller zugeben würden, ist ganz unbestreitbar, daß Marcus Garvey eine der großen Energiequellen für das New Negro Movement war. Er hatte das Bewußtsein von Millionen schwarzer Amerikaner geschärft, er hatte viele der Führer wie W. E. B. Du Bois und James Weldon Johnson in Rage gebracht, und er hatte für eine aufregende Atmosphäre in Harlem für Schwarze und Weiße gleichermaßen gesorgt. Durch all dies hatte Garvey seine Zeitgenossen zu vielfältigen Ausdrucksformen angeregt. Mitten in den Kontroversen, deren Zentrum Garvey war, oder bei der Beschäftigung mit den Zuständen der amerikanischen Gesellschaft, auf die er mit dem Finger zeigte, begannen viele Schwarze darüber zu schreiben, so als reagierten sie auf Garveys bombastische Ausbrüche, selbst wenn sie selten mit ihm übereinstimmten.

Die Schriftsteller der Harlem Renaissance waren sich der Zugehörigkeit zu einer Gruppe deutlich bewußt, die nicht nur eine Minderheit war, sondern aufgrund vieler Faktoren, die meisten davon erniedrigend, von anderen eindeutig getrennt war. Wenn schwarze Schriftsteller ihre separate Stellung akzeptierten, dann nicht so sehr, weil sie so sein wollten, wie andere sie gern sahen: nämlich als eigene und sogar exotische Gruppe in den Augen gönnerhafter Weißer, sondern weil ihre Erfahrungen ihnen zur Wertschätzung ihres eigenen andersartigen und einzigartigen kulturellen Erbes und ihrer Tradition verholfen hatten. Plantage, Sklavenquartiere, rechtliche Einschränkungen selbst nach der Freilassung, Lynchjustiz und Rassenunruhen, Rassentrennung und Diskriminierung hatten einen gemeinsamen Erfahrungshorizont geschaffen, der das Konzept einer separaten und authentischen Kulturgemeinschaft seinerseits verstärkte. Diese Gemeinschaft hatte ihre eigenen Wortführer, die in den Jahren nach dem Ersten Weltkrieg gegen die sozialen und wirtschaftlichen Mißstände protestierten. Sie traten für die volle Gleichberechtigung ein und feierten gleichzeitig die Stärke der eigenen Integrität als Volk. Einerseits hatten sie eine Vision von sozialer und wirtschaftlicher Freiheit, andererseits hielten sie die Erinnerung an die gemeinsamen unglücklichen Erfahrungen hoch, die sie enger zusammengeführt hatten. Und sie hatten eine Vorstellung, die Nathan Huggins so beschrieben hat, »als Akteure und Schöpfer der Geburt (oder Wiedergeburt) eines Volkes«.

Den Schriftstellern der Harlem Renaissance, so verbittert und zynisch auch einige von ihnen waren, ging es stärker um den Kampf gegen die amerikanischen Rassisten als darum, die Lehren von Sozialisten und Kommunisten anzunehmen. Der Herausgeber des *Messenger* wagte sich mit der Meinung weit vor, daß der »New Negro« ein »Produkt derselben weltweiten Kräfte ist, die die großen liberalen und radikalen Bewegungen hervorgebracht haben, die jetzt die Zügel der politischen, sozialen und wirtschaftlichen Macht in allen zivilisierten Ländern der Welt an sich reißen«. Solche Kräfte mögen den »New Negro« zwar hervorgebracht haben, aber die Mitglieder der Gruppe, die sich am meisten Gehör verschafften, wollten das amerikanische Verfassungssystem nicht gewaltsam ändern. Die Schriftsteller der Harlem Renaissance rebellierten nicht gegen das System, sondern protestierten gegen dessen ungerechtes Funktionieren. Darin erwiesen sie sich als ebenso typisch amerikanisch wie andere Schriftsteller dieser Zeit. Wie ihren weißen Zeitgenossen wurden den schwarzen Schriftstellern die drängendsten sozialen Probleme und insbesondere die Rassenprobleme Amerikas bewußter, und wie die anderen waren sie gewillt, ihre Kunst dazu zu nutzen, nicht nur einen Beitrag zur Gesamtheit der amerikanischen Kultur zu leisten, sondern auch zur Verbesserung der Kultur und Zivilisation beizutragen, der sie angehörten.

Nicht alle schwarzen Schriftsteller dieser Zeit können als missionarische Kämpfer angesehen werden, denn nicht alle übernahmen diese Rolle. Einige waren nicht unmittelbar betroffen von den Ungerechtigkeiten, denen Schwarze ständig begegneten. Einige schufen ihre Gedichte, Romane und Lieder nur um der Kunst willen, andere griffen zur Feder, um den häßlichen Seiten ihres Daseins zu entfliehen. Wenn man von Rasse als Element in den Werken dieser Schriftsteller überhaupt sprechen kann, so, weil ihr Material aus individuellen und Gruppenerfahrungen hervorging, die ihrerseits das allmähliche Entstehen einer eigenen kulturellen Gemeinschaft widerspiegelten. Das soll nicht heißen, daß diese Texte keine wirksame Protestliteratur waren, sondern vielmehr, daß nicht alle Autoren bewußte Kämpfer für eine bessere Welt waren. Gerade diese innere Distanz und diese Objektivität waren die Basis für viele Schriftsteller der Harlem Renaissance, damit erreichten sie in ihren Arbeiten eine Feinheit des Ausdrucks und eine Bitterkeit der Gefühle, die sie in eine Reihe mit den Großen der amerikanischen Literatur des 20. Jahrhunderts stellt.

Harlem – Sitz und Zentrum

New York war schon lange das Zentrum des intellektuellen und kulturellen Lebens des schwarzen Amerika gewesen. Es war nur natürlich, daß sich die »Negro Renaissance« in der Hauptstadt der amerikanischen Welt der Schwarzen entwickelte. In den Rassenunruhen von 1900 hatte die afroamerikanische Bevölkerung ein Maß an Selbstbehauptung erlangt, die in der Gründung der Citizens Protective League gipfelte. Die militante Zeitung *New York Age* kämpfte unter ihrem Herausgeber T. Thomas Fortune für Chancengleichheit der Schwarzen und Gleichheit vor dem Gesetz. Nach wenigen Jahren in Florida war James Weldon Johnson nach New York gezogen, und kurze Zeit nach der Gründung der National Association for the Advancement of Colored People verließ W. E. B.

Politiker, Inhaber öffentlicher Ämter und Schriftsteller. James Weldon Johnson war der wohl bekannteste Schriftsteller der Harlem Renaissance. *(Beinecke Rare Book and Manuscript Library, Yale University)*

Du Bois Atlanta und ließ sich ebenfalls dort nieder. Du Bois war weiter schriftstellerisch tätig, er veröffentlichte zwei Romane, *The Quest of the Silver Fleece* (1900) und *The Dark Princess* (1928), sowie zwei Bände Gedichte und Essays: *Darkwater* (1920) und *The Gift of Black Folk* (1924). Militante Schwarze von den Westindischen Inseln kamen in großer Zahl in diese riesige Stadt und waren bereit, sich jeder Bewegung zur Verbesserung der Lage der Schwarzen anzuschließen. Im Ersten Weltkrieg wurde die schwarze Gemeinde von Harlem durch den Zuzug vieler Afroamerikaner aus den Südstaaten und durch bessere Chancen, Arbeit zu finden, ein wohlhabendes und wichtiges Viertel der Stadt.

In New York forderten die Afroamerikaner während und nach dem Ersten Weltkrieg mit großer Eloquenz Gleichheit. Es gab keine schweren Rassenzusammenstöße wie in East St. Louis und Chicago, sondern es fand der beeindruckende Schweigemarsch von 1917 statt, es gab die heftigen Anklagen gegen jede Ungerechtigkeit in den Spalten der *Crisis* und die radikalen Texte im *Messenger*. Außerdem liebäugelten einige Afroamerikaner mit den Kommunisten und Sozialisten, wenn auch nur für kurze Zeit. New York war bereits das Zentrum der literarischen und künstlerischen Szene Amerikas geworden. Begabte Autoren, Dramatiker, Maler und Bildhauer kamen in die Stadt, um ihre Werke zu verkaufen und ihre Produktivität zu steigern. Verleger und Kunsthändler suchten nach neuen Arbeiten, die versprachen, für alle Seiten von Interesse und Vorteil zu sein. Es war deshalb nur natürlich, daß eine wesentliche Entwicklung der afroamerikanischen Literatur in diesem neuen günstigen Klima stattfand.

Ein paar Schwarze hatten, wie Du Bois, über mehrere Jahre hinweg Protestliteratur geschrieben. »The Litany of Atlanta«, das Du Bois anläßlich der Rassenunruhen von Atlanta 1906 schrieb, zeugte vom Geist des »New Negro«. Doch zu diesem Zeitpunkt waren noch zu wenig derartige Arbeiten erschienen, als daß man von einer neuen Bewegung sprechen konnte. Als Vorboten der kommenden großen Produktion afroamerikanischer Schriftsteller veröffentlichte James Weldon Johnson seine *Fifty Years and Other Poems* im Jahr 1917. Das Titelgedicht, verfaßt am Jahrestag der Unterzeichnung der Emanzipationserklärung, machte deutlich, daß Afroamerikaner entschlossen waren, in Amerika zu bleiben und die Früchte ihrer Arbeit zu genießen. Johnson wurde auf diese Weise zum Vorboten der Harlem Renaissance und blieb eng mit ihr verbunden. 1922 veröffentlichte er *The Book of American Negro Poetry,* das die Lyrik der besten schwarzen Dichter enthielt. Sein Vorwort gab einen Überblick über die afroamerikanische Lyrik von George Moses Horton bis Claude McKay und trug sehr dazu bei, den Wert dieser Texte für das kulturelle Leben Amerikas herauszuarbeiten. Auch seine zweibändige Edition amerikanischer Spirituals, die er gemeinsam mit seinem Bruder J. Rosamond Johnson 1925 und 1926 herausgab, war Teil der Bewegung. 1927 erschien sein *God's Trombones,* eine Sammlung von Predigten in Versen, und 1930 *Saint Peter Relates an Incident of the Resurrection Day*, eine flammende Verurteilung der Diskriminierung der Mütter der Negro Gold Stars. 1927 kam eine Neuauflage seiner *Autobiography of an Ex-Coloured Man* heraus, die 1912 zuerst erschienen war. In den beiden autobiographischen Büchern *Black Manhattan* (1930) und *Along This Way* (1933) zeichnete er eine Chronik der Harlem Renaissance nach, zu deren führenden Vertretern er zählte. Als Vorläufer, Mitglied und Historiker der Bewegung hatte James Weldon Johnson, den Nathan Huggins den Weggefährten des New Negro nannte, mehr Anteil am Aufstieg der Harlem Renaissance als irgendein anderer.

> ## James Weldon Johnsons Harlem – Die 20er Jahre
>
> Dies war die Ära, in der das Harlem der Erzählung und des Songs geschaffen wurde; die Ära, in der Harlem für sein exotisches Ambiente und seine farbige Sinnlichkeit überall auf der Welt bekannt wurde; als man Harlem als Ort des Lachens, Singens, Tanzens und primitiver Leidenschaften kannte und als Zentrum der neuen Literatur und Kunst der Neger; die Ära, in der es seinen Platz auf der Liste berühmter Stadtviertel dieser Erde einnahm. Dieser globale Ruf war das Werk der Schriftsteller. Das malerische Harlem gab es wirklich, aber erst die Schriftsteller entdeckten seinen künstlerischen Wert und schufen durch deren literarische Bearbeitung das Harlem, das die Phantasie der Welt beschäftigte. Schon sehr früh erkannte Langston Hughes diesen Wert und artikulierte ihn erstmals in seiner Lyrik. Die Prosatexte über dieses Harlem sind umfangreich. Die Schriftsteller, die auf Partys gingen und als Touristen durch Harlem spazierten, ließen sich dabei für ihre Arbeit inspirieren. Dann folgten Scharen anderer Schriftsteller, viele von weit her, und beschrieben es vielfältig und in vielen Sprachen. Sie kommen noch heute und das Harlem der Literatur und der Musik fasziniert sie noch immer.
>
> James Weldon Johnson, *Along This Way: The Autobiography of James Weldon Johnson* (New York, 1933), S. 380

Claude McKay halten die meisten Kritiker, darunter auch James Weldon Johnson, für den ersten bedeutenden Schriftsteller der Harlem Renaissance. Als McKay 1912 mit einundzwanzig Jahren aus seiner Heimat Jamaika in die Vereinigten Staaten kam, hatte er bereits einen Ruf als Dichter. 1911 waren seine *Songs of Jamaica* erschienen. Nachdem McKay das Tuskegee Institute und die Kansas State Universität in Manhattan, Kansas, besucht hatte, ging er nach New York und war Zeuge der Entwicklung Harlems zu einem integralen Bestandteil dieser riesigen Metropole. Seine Gedichte erschienen in mehreren Zeitschriften, aber erst der Gedichtband *Harlem Shadows* (1922) brachte ihm einen Platz unter den führenden amerikanischen Schriftstellern der zwanziger Jahre ein. In den ausdrucksstarken Versen von »The Lynching«, »If We Must Die« und »To the White Fields« werden der stolze Widerstand und die tiefe Verachtung deutlich, die zwei der hervorstechendsten Merkmale der Harlem Renaissance werden sollten. So, als sei seine Kraft als Lyriker erschöpft, verlegte sich McKay von nun an auf das Verfassen von Prosatexten. 1928 veröffentlichte er seinen Roman über das Leben der Afroamerikaner in New York, *Home to Harlem*. Im folgenden Jahr erschien ein anderer Roman, *Banjo*, der in Marseille spielt. Später sollten noch seine Autobiographie, *A Long Way from Home* (1937), und ein Panorama des Lebens der Afroamerikaner in New York, *Harlem: Negro Metropolis* (1940), folgen. Auch nachdem sich McKay anderen Dingen zugewandt hatte, wuchs die Bewegung, der er viele Impulse gegeben hatte, und erreichte gewaltige Ausmaße.

Jean Toomer war einer der talentiertesten afroamerikanischen Schriftsteller. Er hatte in Frankreich studiert und dort die introspektive Kontemplation zur Kunst erhoben. Er bewegte sich zwischen den literarischen Kreisen Europas und Amerikas hin und her und fand überall seine vielfältigen Anregungen. 1923 veröffentlichte er *Cane*, das als Werk gleichbedeutend neben McKays *Harlem Shadows* für diese literarische Bewegung steht. Toomers Beitrag zur Harlem Renaissance besteht in einer Reihe realistischer Erzählungen über das Leben der Schwarzen und einigen außerordentlich bewegenden Gedichten. Sowohl seine Dichtung als auch seine Prosa in *Cane* beweisen seine große Fähigkeit zur Offenbarung des eigenen Ich, die Toomer in Frankreich entwickelt hatte. Seine Texte sind ungezügelt und doch objektiv, leidenschaftlich und doch selbstbewußt stolz. Sie sind angefüllt mit Liebe und Rassenstolz, und sie lassen die Sehnsüchte ebenso wie die Freuden und Schmerzen des New Negro erkennen. Kurz nach dem Erscheinen von *Cane* zog sich Toomer aus der aktiven Beteiligung am literarischen Leben Harlems zurück und richtete sich in der amerikanischen Gesellschaft ein.

Einen weiteren Höhepunkt erreichte die Harlem Renaissance mit dem Erscheinen von Countee Cullens erstem Gedichtband, *Color*, im Jahr 1925. Obwohl erst zweiundzwanzig Jahre alt, lieferte dieser in New York geborene Sohn eines methodistischen Geistlichen und spätere Schwiegersohn von Du Bois zahlreiche Beweise für seine überaus lyrische Dichtkunst. Obgleich ihn das Rassenproblem nicht weniger bewegte als McKay, finden seine Proteste in der empfindsamsten, sanftesten Lyrik der Nachkriegszeit ihren Ausdruck. Er erreichte eine Meisterschaft, wenn er in seinen Versen Aspekte des Rassenproblems behandelte. Aber die Schönheit und Wirkung seiner Zeilen hängen nicht von der Wiedergabe

Poeta laureatus der Harlem Renaissance. Langston Hughes, hier an seiner Schreibmaschine, schrieb Romane, Artikel und Theaterstücke. *(Springer/Bettmann Film Archive)*

der Erfahrungen seiner Rasse ab. Charakteristisch für sein dichterisches Können sind die folgenden beiden Zeilen, die vielleicht von allem, was Cullen geschrieben hat, am bekanntesten sind:

> Yet do I marvel at this curious thing:
> To make a poet black, and bid him sing!*

Die lyrische Qualität, üppige Phantasie und der intellektuelle Gehalt seiner Werke haben ihn zu einem der bedeutendsten Dichter im Amerika des zwanzigsten Jahrhunderts werden lassen. 1927 erschienen in einem Jahr zwei neue Gedichtbände, *The Ballad of the Brown Girl* und *Copper Sun*, und eine Anthologie, *Carolina Dusk*. Zwei Jahre später kam *Black Christ* und 1932 schließlich *One Way to Heaven* heraus.

Während der Harlem Renaissance war New York auch für seinen

---

* Und so staune ich über diese Merkwürdigkeit: daß man einen Dichter schwarz macht und dann von ihm zu singen verlangt!

kosmopolitischsten und zugleich produktivsten Schriftsteller unwiderstehlich: Langston Hughes kam aus Missouri via Mexiko, Afrika und Europa in die Stadt. Nur wenige Schriftsteller in Amerika verfügten über einen so reichen und vielfältigen Erfahrungsschatz, und nur wenige gingen so eklektisch bei der Auswahl der Materialien für ihre Texte vor. Obwohl Hughes ein wahrhaft rebellischer Dichter war und in der besten Tradition des New Negro schrieb, klagte oder jammerte er nicht. Oft lachte er und bewies damit, daß er sich ebenso von den Einschränkungen, denen seine Rasse unterworfen war, befreien konnte, wie er sich von Zwängen der literarischen Form löste. Er konnte so bewegende und stolze Verse auf seine Rasse dichten wie »The Negro Speaks of Rivers«, und er konnte über die untersten sozialen Schichten, wie in »Brass Spittoons«, so frei und edel schreiben, daß er sie auf ein viel höheres Niveau anhob. 1926 erschien *Weary Blues* und im folgenden Jahr *Fine Clothes to the Jew*. Seine vielseitige Begabung zeigte er, als er 1930 seinen Roman *Not Without Laughter* und 1934 einen Band Kurzgeschichten *The Ways of White Folks* veröffentlichte. Später experimentierte er mit Bühnenstücken und veröffentlichte 1940 seine Autobiographie, *The Big Sea*. Zahlreiche kleinere Werke von ihm wurden noch veröffentlicht, und während er durch das Land zog und dabei das Spektrum seines Schaffens ständig vergrößerte und stets mit neuen Ausdrucksformen experimentierte, bestand zumindest eine gewisse Berechtigung, ihn als den »Shakespeare von Harlem« zu betrachten. Hughes, der in den Worten Arnold Rampersads »weltoffen und großzügig und sich der Ansprüche der modernen Welt [an sein Volk] sehr bewußt war«, schrieb, um sich an die afroamerikanischen Massen zu wenden und ihnen seine Stimme zu verleihen, wobei er »mit seiner Vorstellungskraft ... eine Ästhetik schuf, die vor allem ihren Bedürfnissen entsprach, keine, die ihre Herren beglückte«.

Diese Ära brachte noch etliche andere Dichter hervor, deren Arbeiten entweder in schmalen Gedichtbänden oder in der *Opportunity*, die von der Urban League herausgegeben wurde, in Du Bois' *Crisis* oder in anderen New Yorker Zeitschriften erschienen. Sie standen allerdings im Schatten der Romanschriftsteller, die gleichwertig neben den bedeutendsten Dichtern dieser Jahre stehen. Zu denen, die in der Belletristik sehr erfolgreich waren, gehörte Jessie Redmond Fauset. Sie konnte für ihre Arbeit auf eine umfassende Bildung nach einem Studium an der Cornell-

Universität und der Universität von Pennsylvania zurückgreifen, widmete ihre Freizeit der Übersetzung der Lyrik schwarzer Dichter von den französischen Westindischen Inseln und schrieb selbst Gedichte. Mit ihrem Roman *There Is Confusion* (1924) errang sie einen Platz in der Elite der neuen literarischen Bewegung. Sie wählte Romanfiguren aus wohlhabenden afroamerikanischen Familien und erschloß damit ein neues Milieu für die Darstellung der Afroamerikaner in der Literatur. Zwar ist das Rassenproblem in ihren Werken vorhanden, aber es drängt die Probleme nicht in den Hintergrund, vor denen jeder Mensch in einer vergleichbaren wirtschaftlichen oder gesellschaftlichen Stellung steht. Dadurch gewinnt man den Eindruck, daß ihre Figuren nur die zunehmende Amerikanisierung der Afroamerikaner unterstreichen und die Tatsache, daß sie in einer bestimmten Situation genauso reagieren wie andere Menschen auch. 1929 erschien Fausets zweiter Roman *Plum Bun*, 1931 folgte *The Chinaberry Tree* und 1933 *Comedy: American Style*. In den meisten ihrer Romane ist der Stolz auf die eigene Rasse zwar deutlich erkennbar, aber sie tragen doch erheblich dazu bei, für die afroamerikanische Belletristik einen Platz jenseits des komplexen Rassenproblems inmitten der amerikanischen Literatur im allgemeinen zu finden.

1924 veröffentlichte Walter White *Fire in the Flint*, eine rasch vorwärtsstrebende, tragische Geschichte des Lebens der Schwarzen im Süden. Zwei Jahre später versuchte er in *Flight* die inneren Kämpfe einer jungen Frau darzustellen, deren Hautfarbe so hell ist, daß sie als Weiße gilt. 1929 wandte sich White von der Belletristik ab und schrieb *Rope and Faggot: A Biography of Judge Lynch*, eine maßgebliche und gründliche Analyse der Lynchjustiz aufgrund eigener Recherchen. In *Quicksand* (1928) und *Passing* (1929) versuchte Nella Larsen, die unzähligen sozialen Probleme junger afroamerikanischer Frauen zu schildern, wenn sie sich in Amerika oder auch in Europa bilden und aufsteigen wollten. Weitere Romane aus diesen Jahren sind Wallace Thurmans *The Blacker the Berry* (1929) und *Infants of the Spring* (1932), Eric Walronds *Tropic Death* (1926), Rudolph Fishers *The Walls of Jericho* (1928) und *The Conjure Woman Dies* (1932) und George S. Schuylers *Black No More* (1931).

Integraler Bestandteil der neuen literarischen Bewegung waren Sachbücher. Die Zeitschriften *Crisis* und *Opportunity* öffneten ihre Seiten jungen schwarzen Autoren und setzten Preise aus, um sie zum Schreiben anzuregen. Andere Zeitschriften im New Yorker Raum wie *Survey Gra-*

phic, Current History, Modern Quarterly, Nation, New Masses und *American Mercury* ermutigten ebenfalls Schriftsteller, indem sie ihre Werke veröffentlichten. Außer Texten von Du Bois, James W. Johnson und Schuyler wurden Aufsätze von Abram L. Harris, E. Franklin Frazier, Arthur A. Schomburg, Benjamin Brawley, J. A. Rogers und Alain Locke veröffentlicht. Ihre größte Anerkennung erhielt die Harlem Renaissance 1925, als Alain Locke eine Sondernummer über Harlem im *Survey Graphic* herausgab. Im gleichen Jahr wurden diese Artikel in einem erweiterten Band unter dem Titel *The New Negro* herausgegeben. Die literarische Phase der Harlem Renaissance war damit den Kinderschuhen entwachsen.

Auch über andere Medien konnten die Afroamerikaner in diesen Jahren ihre Sicht der Dinge zum Ausdruck bringen, nicht zuletzt auf der Bühne. Nach 1910 verschwanden die Schwarzen nahezu vollkommen von den Bühnen im unteren Manhattan. In dieser Zeit entstand in Harlem echtes afroamerikanisches Theater, in dem schwarze Schauspieler vor vornehmlich afroamerikanischem Publikum spielten. Schwarze brauchten nicht mehr nur die Rollen einzustudieren, in denen sie vom weißen Publikum akzeptiert wurden. Die Lafayette Players spielten fast alle Arten von Stücken, darunter solche Dauererfolge wie *Madame X*, *The Servant in the House*, *On Trial* und *Within the Law*. Ähnliche Stücke wurden im Lincoln Theater aufgeführt. Mit der Zeit gab es eine große Gruppe guter und populärer Schauspieler, darunter Abbie Mitchell, Laura Bowman, Edna Thomas, Charles Gilpin, Frank Wilson, Clarence Muse und Jack Carter. 1917 führte eine Gruppe schwarzer Schauspieler, mit finanzieller Unterstützung von Emily Hapgood, drei Einakter von Ridgely Torrence im Garden Theater im Madison Square Garden auf. Die Aufführung dieser drei Stücke – *The Rider of Dreams*, *Granny Maumee* und *Simon the Cyrenian* – machte zum ersten Mal die seriöse Kritik und die Presse insgesamt auf afroamerikanische Schauspieler aufmerksam. Da die Vereinigten Staaten am Tag nach der Premiere ihren Eintritt in den Krieg erklärten, mußten die Schwarzen in der Welt des Theaters auf einen späteren Zeitpunkt warten, bis sie einen bedeutenden Platz in der Unterhaltung der amerikanischen Öffentlichkeit einnehmen konnten.

1919 erwachte das Interesse am afroamerikanischen Theater aufs neue, als Charles Gilpin den Reverend William Custis in John Drinkwaters *Abraham Lincoln* verkörperte. Im Jahr darauf errang Gilpin für sich und für Eugene O'Neill einen großen Erfolg in der Titelrolle von *The*

Emperor Jones. Für seine hervorragende schauspielerische Leistung erhielt er einen Preis der Drama League von New York und die Spingarn-Medaille. Einige Kritiker prophezeiten ihm eine ähnliche Karriere wie Ira Aldridge, der das europäische Publikum mit seiner Darstellung von Shakespeare-Rollen im voraufgegangenen Jahrhundert gefesselt hatte. Dann spielte Paul Robeson 1924 die Hauptrolle in O'Neills *All God's Chillun Got Wings*. Es war das erste Mal in der amerikanischen Geschichte, daß ein Schwarzer eine Hauptrolle als Partner einer weißen Frau spielte, und die erwarteten Krawalle blieben aus. 1926 brachte Paul Green von der Universität von North Carolina sein Stück *In Abraham's Bosom* auf eine New Yorker Bühne mit Jules Bledsoe in der Hauptrolle und Rose McClendon, Abbie Mitchell und Frank Wilson in wichtigen Nebenrollen. Das Stück wurde zu einem großen Erfolg und bewies, daß das Leben der Afroamerikaner auf der Bühne behandelt werden konnte, und bewies ebenso das schauspielerische Talent der Afroamerikaner. Im folgenden Jahr inszenierte das Guild Theater *Porgy* ein Volksstück über die Schwarzen in Charleston von Dorothy und DuBose Heyward. Einmal mehr fesselten Rose McClendon, Frank Wilson und die übrigen Schauspieler das New Yorker Publikum durch die Ernsthaftigkeit, mit der sie ihre Kunst ausübten. Diese Stücke weißer Autoren über das Leben der Schwarzen fanden ihren Höhepunkt im Jahr 1930 in der Inszenierung von Marc Connellys *The Green Pastures*, einer Fabel über die Auslegung des Alten Testaments durch einen Schwarzen, mit Richard B. Harrison als Gott. Mit seinen vielen Aufführungen in New York und auf Tournee muß das Stück Amerika wohl davon überzeugt haben, daß Afroamerikaner einen festen Platz auf den großen Theaterbühnen bekommen sollten.

Die Harlem Renaissance brachte mehr hervor als Schriftsteller seriöser Dichtung und Prosa und begabte Schauspieler in Bühnendramen. Das New Yorker Publikum fand es ganz natürlich, daß in der leichten Muse Inszenierungen mit Afroamerikanern neue Höhepunkte brachten. Seit Bert Williams und George Walker 1896 mit ihrer überaus erfolgreichen Varieté-Truppe nach New York gekommen waren, hatten Schwarze einen bedeutenden Beitrag zu New Yorks Unterhaltungsbereich geliefert. Abgesehen davon, daß sie den Cakewalk zum Modetanz gemacht hatten, traten sie häufig in Revuen auf und waren auf der ganzen Welt bekannt für ihr übermütiges, sorgloses Witzereißen. Und dann waren da noch Bob Cole und J. Rosamond Johnson, deren *Shoofly Regiment* und *Red Moon* bereits vor dem Ersten Weltkrieg erfolgreiche Musicals waren. Als Bert Williams 1920 zum letzten Mal auftrat, wartete New York auf New Negro Musicals genauso wie auf New Negro Lyrik.

Im Sommer 1921 eröffnete die *Shuffle Along*, die prächtigste, schmissigste afroamerikanische Revue, die New York jemals erlebt hatte. Populäre Songs, wie »I'm Just Wild About Harry«, »Love Will Find a Way« und »Shuffle Along« waren so gut wie die begabten Sänger und der wunderbare Chor. Bühnenbilder und Kostüme entstammten der besten Tradition extravaganter Musicals. Die Show war von den Schwarzen F. E. Miller, Aubrey Lyle, Eubie Blake und Noble Sissle erdacht und inszeniert worden. Sie brach alle Rekorde und war epochemachend. In New York lief sie mehr als ein Jahr und war dann für mehr als zwei Jahre auf Tournee. Die Show war das Beste an Unterhaltung, was Afroamerikaner auf dem Gebiet der Musicals bis dahin auf die Bühne gebracht hatten und mit Sicherheit die populärste New Yorker Show in den Jahren 1921 und 1922. Auch *Put and Take* von Irving Miller war eine populäre afroamerikanische Show, verblaßte aber im Vergleich zum außerordentlichen Erfolg von *Shuffle Along* und erhielt nicht die Anerkennung, die sie verdient hätte.

Im weiteren Verlauf der 20er Jahren bekam New York eine ganze Reihe erstklassiger afroamerikanischer Musikrevuen zu sehen. 1923 war es Irving Millers *Liza*, im selben Jahr folgten *Runnin' Wild* von Miller und Lyle und *Chocolate Dandies* von Blake und Sissle, eine Show, in der Josephine Baker zum ersten Mal dem Publikum präsentiert wurde. 1924 hatte *Dixie to Broadway* mit Florence Mills in der Hauptrolle Premiere. Da in afroamerikanischen Revuen bis dahin immer zwei schwarze Komödianten die Hauptrollen gespielt hatten, bedeutete die beherrschende Rolle von Florence Mills in dieser Show einen Bruch mit einer lange bestehenden Tradition. Die Inszenierung von *Blackbirds* zwei Jahre später war für diese begabte schwarze Künstlerin ein ungewöhnlicher Triumph, sie bezauberte das Publikum in Amerika und in Europa mit Pantomime, Gesang und Tanz. Ihr viel zu früher Tod 1927 brachte diesen strahlendsten Stern am Horizont des Musicalhimmels zum Erlöschen. Ethel Waters in *Africana* und anderen Shows, Adelaide Hall und Ada Ward in *Blackbirds of 1928* und Bill Robinson mit einer Reihe von Schlagern versuchten, den von Florence Mills und anderen in früheren Inszenierungen erreichten Standard zu halten.

Einige Beobachter nannten es bereits »die Ära des Jazz«, als Verbeugung vor den vielen afroamerikanischen Musikern, deren Kompositionen und Aufführungen den Jazz bei Amerikanern aller Klassen und Rassen zu Beginn des 20. Jahrhunderts so populär machten. Einer der ersten war der Komponist-Pianist Scott Joplin, den man vor seinem Tod im Jahr 1917 den »König des Ragtime« nannte. Doch keiner hat den Begriff der »Jazzära« so mit Inhalt und Gewicht gefüllt wie der Komponist, Pianist und »Erzähler« Ferdinand »Jelly Roll« Morton. Bis zum Ersten Weltkrieg hatte Morton bereits etliche Kompositionen vorgelegt, darunter »The New Orleans Blues« und »The Jelly Roll Blues«, die ihm im Urteil von Eileen Southern die Anerkennung als erstem wahren Jazzkomponisten einbrachten. In denselben Jahren ging Mortons Zeitgenosse, der Solo-Kornettist Joseph »King« Oliver mit seinen Musikern von New Orleans nach Chicago und gab damit den entscheidenden Impuls für diese Stadt, ein Hauptzentrum des Jazz zu werden. Und es gab noch andere – so den jungen zweiten Kornettisten in Olivers Band, Louis Armstrong, und den Klarinettisten Johnny Dodds – die Tausende mit ihrer Synthese von Blues und Ragtime begeistern und nachkommende Musikergenerationen immer von neuem anregen sollten.

Und es gab auch ernste Musik. Harry T. Burleigh, R. Nathaniel Dett, Carl Diton und J. Rosamond Johnson komponierten, instrumentierten und edierten Spirituals und andere Partituren. Paul Robeson, Lawrence Brown und Taylor Gordon traten mit Programmen ausschließlich afroamerikanischer Songs auf, während Jules Bledsoe, Abbie Mitchell und andere auch Spirituals in ihr Repertoire aufnahmen. Roland Hayes hatte sowohl in Europa als auch in Amerika großen Erfolg, weil er über die seltene Gabe verfügte, beides, afroamerikanische Songs und Spirituals gut vortragen zu können. Inzwischen war der Vater des Blues, W. C. Handy, von Memphis nach New York gekommen, und damit wuchsen sein Einfluß und seine Popularität enorm. Das Flair des New Negro war in der ernsten Musik dieser Jahre ebenso lebendig wie in den anderen Medien.

Die Ursprünge einer afroamerikanischen akademischen Tradition in den Bildenden Künsten lassen sich bis auf Edward Mitchell Bannister zurückverfolgen. Er wurde 1828 geboren, war Autodidakt und in den 1850er Jahren ein anerkannter Porträtmaler. Nach dem Bürgerkrieg erwarben wohlhabende weiße und schwarze Bürger seine Gemälde. Bannister gehörte dem ersten Vorstand der Akademie für Design von Rhode Island an. Als er 1876 ein Landschaftsgemälde bei der Centennial Exposition zum hundertsten Jubiläum der Unabhängigkeit in Philadelphia einreichte und den ersten Preis gewann, war er damit der erste Afroamerikaner, der einen wichtigen Kunstpreis des Landes erhalten hatte.

Um die Jahrhundertwende reichte dann jedoch kein afroamerikanischer Künstler an Henry Ossawa Tanner heran, der zu den besten Malern weltweit zählte. Seine Arbeiten gewannen Auszeichnungen auf der Pariser Ausstellung von 1900, der Panamerikanischen Ausstellung von 1901 und der Ausstellung in St. Louis 1904. Heute hängen viele seiner Gemälde in den wichtigen Kunstmuseen Europas und Amerikas. In der Zeit nach dem Ersten Weltkrieg erfreuten sich die Schwarzweißzeichnungen und Illustrationen von Aaron Douglas großer Beachtung. Sein Ruf brachte ihm große Aufträge ein, so im Jahr 1929 die Anfertigung der Wandgemälde in der Universitätsbibliothek der Fisk-Universität. Als Illustrator vieler Arbeiten von James Weldon Johnson und anderen Schriftstellern und als ein bedeutender Vertreter der Wandmalerei, der die Geschichte der Afroamerikaner malerisch umsetzte, war Douglas der führende Graphiker der Harlem Renaissance. Archibald J. Motley, Jr., der die längste Zeit in seinem Leben in Chicago verbrachte und äußerst lebendige Szenen afroamerikanischen Lebens in dieser Stadt, Porträts seiner Familie und Freunde malte, brachte darin die Stimmung, das Flair und die Sorgen des New Negro kraftvoll zum Ausdruck. Laura Wheeler Waring malte Szenen aus dem Leben der afroamerikanischen Oberschicht, so die Gemälde »The Coed« und »The Musician«, während Edward A. Harleston das Sujet des schwarzen Proletariats zu seinem Thema machte, etwa mit »Old Servant« und »Negro Soldier«. Zu den weißen Malern, die afroamerikanische Themen wählten, gehörte Miguel Covarrubias, dessen Karikaturen berühmter Afroamerikaner sehr verbreitet waren, und Winold Reiss, der die Illustrationen für Alain Locke's *The New Negro* lieferte. In der Bildhauerkunst setzte Meta Warrick Fuller, die bereits vor dem Ersten Weltkrieg viel Anerkennung gefunden hatte, ihre Arbeit im Jahrzehnt nach dem Krieg fort.

Die negative Reaktion der Afroamerikaner auf D.W. Griffiths rassistischen Film »The Birth of A Nation« im Jahr 1915 gab den Anstoß für eine erste Gruppe schwarzer Filmemacher. Atmosphäre und Stimmung der Harlem Renaissance unterstützten diese Bewegung und trugen zu ihrer

Expansion bei. Und 1916 tauchten die ersten schwarzen Filmgesellschaften auf. Zwar existierten sie nur kurze Zeit, aber sie produzierten doch über die Jahre Filme mit ausschließlich schwarzen Schauspielern. Donald Bogles hat beschrieben, wie diese Filme in »rein schwarzen Filmtheatern im Süden, in den großstädtischen Kinos der Ghettos des Nordens und gelegentlich in Kirchen, Schulen und beim geselligen Beisammensein von Schwarzen vorgeführt wurden – also überall, wo man ein schwarzes Publikum ansprechen konnte«. Die wichtigsten schwarzen Filmgesellschaften waren die Lincoln Motion Picture Company der Brüder George und Noble Johnson (1916) und die 1918 gegründete Film- und Buchverlagsgesellschaft von Oscar Micheaux. Vor dem Aus für Lincoln im Jahr 1923 produzierten die Johnsons wenigstens sechs Filme und leisteten Pionierarbeit beim Aufbau von Strukturen im Anzeigen-, Buchungs- und Werbungsbereich, die andere schwarze Filmemacher später nachahmen sollten. Micheaux, ein Mann mit enormem Elan, viel Energie und ausgeprägtem Geschäftssinn, war der wichtigste und produktivste Produzent afroamerikanischer Filme in den 1920er Jahren. Er und andere Afroamerikaner in dieser Branche waren imstande, die Einschränkungen zu überwinden, die eine begrenzte Kapitaldecke, der finanziell erzwungene Verzicht auf erstklassige technische Ausrüstung und die gewaltigen Etats und mächtigen Vertriebssysteme der weißen Produzenten ihnen auferlegten, mit denen sie um die Gunst des afroamerikanischen Publikums konkurrierten. Die Existenz schwarzer, unabhängiger Filmemacher in diesen Jahren war vor allem deshalb möglich, weil die afroamerikanischen Massen ein großes Verlangen nach Filmen hatten, in denen Mitglieder ihrer Rasse spielten und Themen aufgegriffen wurden, die ihr Leben betrafen.

Es war nur natürlich, daß die führenden Vertreter der Harlem Renaissance in denselben gesellschaftlichen Kreisen New Yorks verkehrten. Gleiche Mentalität und Ansichten führten nicht nur zu gemeinsamen beruflichen Unternehmungen, sondern fanden auch im engen gesellschaftlichen Umgang Ausdruck. Die Geistesgrößen Harlems begriffen wohl, daß gerade der informelle Gedankenaustausch in ungezwungener Atmosphäre, ihren Arbeiten in Form und Inhalt besonders nützen konnte. In seinem *When Harlem Was in Vogue* hat David Lewis das Harlem um die Mitte der 20er Jahre als »überfüllt, vulgär und bösartig« beschrieben. Gerade diese Charakteristika gaben ihm sein exotisches Flair, das Harlem für so viele Weiße so attraktiv machte. Da gab es das Small's Paradise, das Savoy, den Cotton Club, in die die Weißen strömten, weil sie da Gelegenheit hatten, die Szene zu treffen, die Zora Neale Hurston den Orden der »Niggerati« getauft hat. Es war wirklich *Nigger Heaven*, wie Carl Van Vechten seinen Roman über Harlem nannte und damit nicht wenige schwarze Zeitgenossen beleidigte, aber auch seine Schwärmerei über das Leben nördlich von New Yorks Central Park ausdrückte. Es gab viele literarische gesellige Abende in Harlem und im unteren Manhattan, wo sich die meisten dieser Größen trafen. In Harlem lud A'Lelia Walker, die Erbin von Madam C. J. Walker, regelmäßig zu Abendgesellschaften ein, doch auch Jessie Fauset, James Weldon Johnsons, Wallace Thurman und andere waren regelmäßig Gastgeber der literarischen Szene. Im unteren Manhattan war gewöhnlich Carl Van Vechten der Gastgeber, wenn er nicht in Harlem war. Es war gar nicht ungewöhnlich, Clarence Darrow oder einen berühmten Verleger oder einen britischen Lord in entspannter Unterhaltung mit seinen Gästen zu entdecken. Die Geselligkeit der Intellektuellen und Kollegen förderte ihren Zusammenhalt bei gemeinsamen Anliegen und Arbeiten der Gruppe, während die gemischtrassigen Zusammenkünfte zweifellos das Gefühl verstärkten, zu einer größeren Gemeinschaft zu gehören.

Der Kreis wird weiter

Obwohl New York das Zentrum der Harlem Renaissance war, hatte es kein Monopol auf die literarischen Aktivitäten der Afroamerikaner in den Jahrzehnten nach dem Ersten Weltkrieg. In Boston gab William Stanley Braithwaite, der kurz nach der Jahrhundertwende mit *Lyrics of Life* (1904) und *The House of Falling Leaves* (1908) breite Anerkennung gefunden hatte, weiterhin jährlich seine Anthologien mit Gedichten aus Zeitschriften heraus und schrieb selbst Gedichte. Obgleich keines seiner Gedichte sich mit dem Thema der Rasse beschäftigte, interessierte er sich für die neue Bewegung und ermunterte jüngere Dichter, wo immer er konnte. In Washington tat sich Georgia Douglas Johnson als erste bedeutende afroamerikanische Dichterin seit Frances Harper hervor. 1918 wurde *The Heart of a Woman* veröffentlicht, 1922 folgten *Bronze* und 1928 *An*

Der Interpret der Harlem Renaissance. Alain L. Locke war Professor der Philosophie an der Howard-Universität und gab *The New Negro* heraus, der die vielen Facetten des afroamerikanischen Lebens nach dem Ersten Weltkrieg erörterte. *(Moorland Spingarn Research Center, Howard-Universität)*

Autumn Love Cycle. Johnsons Gedichte sind naiv und gefühlsbetont, einige kann man als Protestdichtung einordnen, doch alle zeichnen sich durch einen großen Ernst aus, der ihren besonderen Charme ausmacht. Eine andere bedeutende Dichterin aus Washington war Angelina W. Grimké. Während sie an der Dunbar High School unterrichtete, schrieb sie eine Anzahl von Gedichten, darunter »A Winter Twilight« und »When the Green Lies over the Earth«.

Gegen Ende dieser literarischen Bewegung erschienen zwei junge Washingtoner Dichter auf der Szene und wurden sofort als begabte Schriftsteller eingestuft. Waring Cuney gewann 1926 den Dichterwettbewerb der *Opportunity* mit »No Images« und ließ dem sofort mehrere Protestgedichte folgen, die von Josh White in der Sammlung *Southern Exposure* aufgezeichnet wurden. Sterling Browns erster Gedichtband, *Southern Road*, wurde erst 1932 veröffentlicht, aber er hatte schon viele Jahre lang Lyrik geschrieben. Seine Gedichte »Long Gone«, »Slim in Hell« und »Break of Day« lassen die große Gabe erkennen, afroamerikanische Materialien erfolgreich zu verarbeiten. Ebenfalls in Washington nahm Alain Locke, Professor der Philosophie an der Howard-Universität, aktiv an der literarischen Bewegung teil. Er trug viel dazu bei, ihre Richtung zu bestimmen, und sie der übrigen Welt zu vermitteln. Man kann ihn deshalb in mancherlei Hinsicht als den »Verbindungsoffizier« der Negro Renaissance bezeichnen.

Der Kreis erweiterte sich und schloß Schwarze ein, die weit entfernt von New York und den Kräften lebten, die dort eine solche Vielfalt an Schriftstellern hervorbrachten. In Lynchburg, Virginia, lebte und arbeitete Anne Spencer und fand Zeit, Gedichte zu schreiben, die große Reife und innere Distanz erkennen lassen. Die Gedichte »Before the Feast of Shushan«, »At the Carnival« und »Dunbar« sicherten ihr einen festen Platz in der neuen Bewegung. In Louisville, Kentucky, war Joseph Seamon Cotter, Jr. bereits in die Fußstapfen seines dichtenden Vaters getreten, als er 1918 einen schmalen Gedichtband, *The Band of Gideon*, veröffentlichte. Sein Tod mit vierundzwanzig Jahren beendete ein vielversprechendes und möglicherweise einflußreiches Leben viel zu früh. Frank Horne, ein New Yorker, der in Chicago und Fort Valley, Georgia, arbeitete, gewann den Wettbewerb der Zeitschrift *Crisis* 1925 mit »Letters Found near a Suicide«. Andere bekannte Gedichte von ihm waren »Nigger: A Chant for Children« und »On Seeing Two Brown Boys in a Catholic Church«. In Kalifornien begann Arna Bontemps, der später zur New Yorker Gruppe stieß, Gedichte zu schreiben und gewann 1926 den Alexander-Puschkin-Preis der *Opportunity* mit »Golgatha Is a Mountain«. Im folgenden Jahr gewann er denselben Preis mit »Nocturne at Bethesda«.

So hatte sich die Harlem Renaissance allmählich über die gesamten Vereinigten Staaten ausgedehnt. Die Afroamerikaner überall im Land meldeten sich immer entschiedener zu Wort. Es gab Dichterzirkel in Houston und Detroit, kleine Theaterbühnen in Chicago und Los Angeles und interessierte Kunststudenten in Cleveland und Nashville. Lange vor Beginn der Depression konnten die Gruppen in Harlem zwar kein Monopol für sich beanspruchen, aber sie konnten sich das allgegenwärtige Interesse an diesen neuen Ansätzen der Selbstdarstellung an etlichen Orten im Land zumindest teilweise zugute halten. Du Bois hielt an fast jedem Ort, in dem eine größere Anzahl Afroamerikaner lebte, Vorträge und sprach häufig über Themen, die abseits der eigentlichen Anliegen der NAACP lagen. Afroamerikanische Buchhändler und Verleger vertrieben erfolgreich die Werke der Schriftsteller. Richard B. Harrison veranstaltete interessante Lesungen im Süden und Mittelwesten, lange bevor er in *The*

Die Intellektuelle der Harlem Renaissance. Zora Neale Hurston stieß als brillante und produktive Schriftstellerin erst spät zur literarischen Szene, als viele Schriftsteller schon etabliert waren.
(Beinecke Rare Book and Manuscript Library, Yale University)

Green Pastures berühmt wurde. Die Harlem Renaissance konnte ebenso wenig auf das obere Manhattan beschränkt bleiben, wie andere Elemente des gesellschaftlichen und kulturellen Lebens Amerikas isoliert in einem Gebiet der Vereinigten Staaten existieren konnten. Die literarischen und kulturellen Elemente der New-Negro-Bewegung hatten sich Ende der 1920er Jahre über das ganze Land ausgedehnt.

Viele Kenner dieser Zeit sind der Meinung, daß die Harlem Renaissance mit der Inszenierung von *The Green Pastures* im Jahr 1930 zu Ende ging. Sicher waren die Schriftsteller von »Harlem« müder geworden, und ihre Arbeiten waren nicht mehr so aufsehenerregend. Die Gruppe, die einmal in New York konzentriert gewesen war, hatte sich in alle Himmelsrichtungen verstreut. Claude McKay verbrachte einen Großteil des Jahres in Frankreich, Langston Hughes ging wieder auf Weltreisen, und James Weldon Johnson nahm eine Professur für Literatur an der Fisk-Universität in Nashville an. Die Weltwirtschaftskrise erfaßte das ganze Land, und für Künstler und Schriftsteller wurde es schwieriger, ihrem Gewerbe nachzugehen. Für viele Schriftsteller, Sänger und bildende Künstler war es ohne staatliche Unterstützung nicht möglich auszukommen, doch dank der breitgefächerten, vom Bund finanzierten Programme konnten sie weiterhin schreiben und singen und erhielten für diese Arbeit einen Scheck vom Staat.

Aus den Arbeiten im Rahmen des Federal Writer's Project, dessen »Negro Adviser« Sterling Brown war, gibt es viele Beweise dafür, daß die Harlem Renaissance nicht zu Ende war. Selbst ältere Schriftsteller schrieben weiter. Langston Hughes gehörte dazu und auch Jessie Fauset, Countee Cullen, Claude McKay und andere. Außerdem gab es einige, die erst Ende der 20er Jahre zu schreiben begonnen hatten und nun in den dunkelsten Tagen der Weltwirtschaftskrise aufblühten. Zu ihnen gehörte Zora Neal Hurston, die die Kluft zwischen der ersten und zweiten Phase der Harlem Renaissance überbrückte. Diese junge Anthropologin, eine Studentin von Franz Boas an der Columbia-Universität, begann Ende der zwanziger Jahre Kurzgeschichten zu schreiben und sammelte Folklorematerial in den Vereinigten Staaten und in der Karibik, die sie für viele ihrer späteren Arbeiten verwendete. In schneller Folge schrieb sie Romane, sammelte Kurzgeschichten, edierte wissenschaftliche Artikel über Folklore und verfaßte grundlegende Arbeiten über Haiti und Jamaika. Zwischen 1931 und 1943 veröffentlichte sie *Moses, Man of the Mountain, Jonah's Gourd Vine, Mules and Men, Their Eyes Were Watching God, Tell My Horse* und *Dust Tracks on a Road*. Angesichts von Zora Neal Hurstons Arbeiten wird man kaum behaupten können, daß die Harlem Renaissance vorüber war.

In gewissem Sinn sollte die Harlem Renaissance in der vorhersehbaren Zukunft nicht enden, denn durch ihre Kreativität sollten schwarze Schriftsteller und Künstler auch weiterhin die Aufmerksamkeit von immer mehr Lesern, Zuhörern und Zuschauern überall auf der Welt erhalten. Die zwanziger und dreißiger Jahre waren jedoch insofern etwas Besonderes, weil sie zum ersten Mal afroamerikanischer Künstler sahen, die Wichtiges auf sehr unterschiedliche Weise über das Leben in diesem Land ausdrücken konnten. Ein afroamerikanischer Vertreter der Harlem Renaissance übernahm ein Erbe an Ausdrucksformen einer vorangegangen Periode und transformierte es zu einer kraftvoll und relevanten Stellungnahme, die die nachfolgenden Generationen enorm beeinflussen sollte.

19. KAPITEL
DER NEW DEAL

Die Weltwirtschaftskrise

Im Jahrzehnt nach dem Ersten Weltkrieg stieg die Zahl potentieller afroamerikanischer Lohnempfänger beträchtlich. Die Abwanderung in die Industriezentren ging weiter. Einige Afroamerikaner fanden Arbeit in Fabriken und als Hausangestellte, andere reihten sich in das Heer der Arbeitslosen ein. Schwarze wurden in immer größerer Zahl in der Automobilindustrie und deren Zuliefererbetrieben, in der Glas- und Papierfertigung, in der Verpackungsindustrie und der Tabakproduktion beschäftigt. Auch in der Bekleidungs- und Nahrungsmittelindustrie nahm ihre Zahl zu, und Tausende verdienten ihren Lebensunterhalt im Transport- und Fernmeldewesen. Die Textilindustrie des Südens expandierte enorm, aber nur wenige Schwarze fanden dort Anstellung. Fast überall versuchte die organisierte weiße Arbeiterschaft, Schwarze aus den Gewerkschaften auszuschließen. Zahlreiche Mitgliedsgewerkschaften der American Federation of Labor nahmen Schwarze nicht als Mitglieder auf oder hatten nach Rasse getrennte Organisationen, viele Eisenbahnergewerkschaften schlossen sie grundsätzlich aus, obwohl vor dem Ersten Weltkrieg bei einer der großen Eisenbahngesellschaften des Südens mehr als 80 Prozent der Heizer Schwarze waren. Zehn Jahre nach Kriegsende war die Zahl schwarzer Heizer auf 10 Prozent gesunken. 1927 vereinbarten die Vereinigten Bahnhofsgesellschaften von Atlanta in einem Abkommen, weißen Heizern bei Einstellungen Vorrang vor schwarzen Heizern zu geben. In einigen Fällen griffen weiße Arbeiter zur Gewalt, um Schwarze aus den Transportberufen zu vertreiben, so z. B. 1932, als weiße Beschäftigte der Illinois Central Railroad eine Schlägerei mit schwarzen Arbeitern anfingen, die mit dem Tod von zehn Schwarzen, die als Zugpersonal arbeiteten, endete.

Afroamerikaner fanden zwar weiterhin Anstellung in einigen der

Industriezentren, doch bei Kriegsende war die feindselige Einstellung ihnen gegenüber so groß, daß eine Gruppe von ihnen 1920 die Friends of Negro Freedom gründete. Diese Organisation, die sich hauptsächlich aus New Yorker Radikalen zusammensetzte, wollte schwarze Zuwanderer gewerkschaftlich organisieren, schwarze Mieter schützen, die Zusammenarbeit unter Schwarzen fördern und öffentliche Diskussionen zur Aufklärung der Massen veranstalten. Durch Zweigstellen, die sie im ganzen Land einrichten wollten, hofften die Friends of Negro Freedom, mit dem Mittel des Boykotts gegen die Rassendiskriminierung bei der Beschäftigung von Arbeitnehmern kämpfen zu können. In den drei Jahren ihres Bestehens wurden jedoch nur einige wenige Ortsgruppen gegründet, deren Arbeit wenig Erfolg zeitigte. Als ähnliche Organisation zur stärkeren gewerkschaftlichen Organisation der Schwarzen wurde die National Association for the Promotion of Labor Unionism among Negroes etwa zur selben Zeit ins Leben gerufen, unter der Leitung von Chandler Owen und A. Philip Randolph, den Herausgebern des *Messenger*. Im Beirat saßen weiße radikale Arbeiter und Intellektuelle, darunter Morris Hillquit, Joseph D. Cannon und Charles W. Ervin. Nachdem sie dabei gescheitert waren, die schwarzen Arbeiter in Wäschereien zu organisieren, stellten sie ihre Arbeit ein. Im Oktober 1925 kam der American Negro Labor Congress zu seinem ersten Gewerkschaftstag in Chicago zusammen. Sein Ziel war die Vereinigung aller Organisationen afroamerikanischer Arbeiter und Farmer und ähnlicher gemischtrassiger Organisationen. Er wollte die Diskriminierung und Ausbeutung von Afroamerikanern und ganz allgemein von Arbeitern beseitigen und zu diesem Zweck, die Schwarzen in die Gewerkschaften und die organisierte Arbeiterschaft mit den weißen Arbeitern zurückführen. Der Kongreß hatte vor, lokale Gewerkschaftsräte zu bilden, mit deren Hilfe die völlige Integration der schwarzen Arbeiter erreicht werden sollte. Diese örtlichen Stellen wurden nie gebildet und die Ziele der Organisation nie verwirklicht. Wie seine Vorgänger kapitulierte der Kongreß vor der Uneinigkeit unter den Schwarzen und der Gleichgültigkeit und Feindschaft der Weißen.

Der bedeutendste Schritt zur gewerkschaftlichen Organisation der Afroamerikaner war die Gründung der Brotherhood of Sleeping Car Porters and Maids durch A. Philip Randolph im Jahr 1925, die einen Teil der in Schlafwagen Beschäftigen organisierte. Als sie von der Pullman Company als Arbeitgeber bessere Arbeitsbedingungen und höhere Löhne forderte, wollte die Unternehmensleitung nichts mit der Brotherhood zu tun haben. Sie attackierte sie als gefährliche Organisation und beschimpfte Randolph als berufsmäßigen Agitator. Die Brüderschaft stieß auf heftige Ablehnung seitens weißer und schwarzer Gruppen, aber die offene Unterstützung durch die American Federation of Labor, die NAACP und die National Urban League stärkte sie nachhaltig in ihrem Kampf. 1926 und 1929 erreichte sie eine teilweise Anerkennung in Lohnvereinbarungen, doch ihre volle Anerkennung als Gewerkschaftsvertreter des bei der Pullman Company beschäftigten Schlafwagenpersonals für Tarifvereinbarungen erfolgte erst 1937, als mehr als 8000 Beschäftigte in den Genuß einer Lohnerhöhung von 1 152 000 Dollar kamen.

Obwohl die Zahl der schwarzen Unternehmen nach dem Ersten Weltkrieg zunahm, ging der Anteil der Afroamerikaner unter den Einzelhändlern zurück. In den Schwarzenvierteln blieben Afroamerikaner mit einem eigenen Geschäft jedoch wichtig, weil sie sozialen und politischen Einfluß hatten und wirtschaftliche Macht ausübten. Leichenbestatter, Schönheitsinstitute, Versicherungsgesellschaften und Handelshäuser waren die wichtigeren Unternehmen von Schwarzen, aber eine Vielzahl kleinerer Betriebe verrichtete Dienstleistungen, die die Zahl der Angestellten unter den Schwarzen erhöhte. Der Erfolg dieser Unternehmen hing stark vom Einkommen der gelernten und ungelernten afroamerikanischen Arbeiter ab, die hauptsächlich für Weiße arbeiteten und bei Schwarzen einkauften oder Kunden waren. Wenn eine schlechte wirtschaftliche Lage zum Abbau von Arbeitsplätzen oder Lohnkürzungen führte, waren schwarze Unternehmen sofort davon betroffen. Die afroamerikanische Bevölkerungsgruppe dieser Jahre war deshalb kaum unabhängiger von allgemeinen wirtschaftlichen Trends als die Afroamerikaner ein Jahrhundert zuvor.

Die Landflucht tausender Afroamerikaner aus dem Süden während und nach dem Krieg verbesserte keineswegs die Bedingungen für die Zurückgebliebenen. Zur weit verbreiteten Armut und Bodenerschöpfung kamen die verheerenden Ernteverluste durch den Befall mit dem Baumwollkapselkäfer hinzu. In vielen Gebieten waren die Schäden so ruinös, daß Farmen vorübergehend oder für immer aufgegeben werden mußten, schwarze und weiße Landarbeiter entlassen wurden. Das wirtschaftliche Elend der Pächter ist kaum vorstellbar. Für sie hatte die Wirtschaftskrise schon Anfang der zwanziger Jahre eingesetzt. Inzwischen ging die Zahl der afroamerikanischen Farmer auf eigenem Besitz allmählich zurück. Die Bodenerosion, der Baumwollkapselkäfer und die Verlagerung des Baumwollanbaus in den Südwesten hatten auf schwarze und weiße Farmer die gleichen verheerenden Auswirkungen. Die wachsende Bedeutung von ausländischem Tabak, Rohrzucker und ausländischer Baumwolle auf dem Weltmarkt schuf Wettbewerbsbedingungen, die die amerikanischen Farmern nicht beherrschten, und die Zollgesetzgebung der Republikaner tat kaum etwas zur Entspannung der Lage. Es verhieß nichts Gutes, daß die Landbevölkerung der Vereinigten Staaten, zu der die Mehrheit der Afroamerikaner gehörte, nicht über die nötige Kaufkraft verfügte, um am Überfluß der zwanziger Jahre teilzuhaben.

Während die Aktien in nie dagewesene Höhen kletterten, die Grundstückswerte in den Städten permanent stiegen und die Menschen voller Zuversicht von einer neuen Ära des Überflusses und Wohlstands sprachen, achtete kaum jemand auf die ungleiche Verteilung des Wohlstandes. Nur die unmittelbar Betroffenen und einige wenige »pessimistische Experten« beklagten sich darüber, daß Arbeiter in der Landwirtschaft, im Schiffbau, im Kohlebergbau und in der Textil- und Schuhindustrie nichts vom Wohlstand dieser sogenannten neuen Wirtschaftsära abbekamen. Als sich Mitte der zwanziger Jahre die ersten Anzeichen der Rezession bemerkbar machten, verloren tausende Afroamerikaner ihre Arbeit. Aber sie wurden zu den Opfern eines technologischen Zeitalters gezählt, in dem man mit mehreren Millionen Arbeitslosen rechnete. Als es im Oktober 1929 zum Börsenkrach kam, litten viele Schwarze bereits unter der Wirtschaftskrise. Als Betriebe schließen mußten, Banken zusammenbrachen und Bergwerke geschlossen wurden, wurden erneut viele schwarze Arbeiter arbeitslos. In den Städten verloren sie sofort ihre Stelle, während sie auf dem Land auf Hungerlöhne herabgedrückt wurden. Bei Hausangestellten und persönlichen Dienstleistungstätigkeiten, wo traditionell viele Schwarze zu finden waren, wurden sofort Stellen eingespart. Da die Schwarzen kaum oder gar nicht über finanzielle Rücklagen verfügten, herrschten schon sehr bald entsetzliche Armut und unsägliches Elend.

Wenige Jahre nach dem Einsetzen der Weltwirtschaftskrise waren Millionen amerikanischer Bürger nicht mehr in der Lage, durch irgendeine Arbeit ihren Lebensunterhalt zu verdienen. Im Jahr 1934 etwa wurden 17 Prozent der Weißen und 38 Prozent der Schwarzen in diese

Kategorie eingestuft. Überall wurden die Listen der Sozialhilfeempfänger länger. Im Oktober 1933 waren zwischen 25 und 40 Prozent der Afroamerikaner in mehreren städtischen Ballungsräumen auf Sozialhilfe angewiesen, das war das Drei- bis Vierfache der Zahl weißer Sozialhilfeempfänger jener Jahre. Annähernd ein Viertel der 1,5 Millionen schwarzen Hausangestellten lebte 1935 von Sozialhilfe. In einigen Städten im Süden war die Zahl schwarzer Sozialhilfeempfänger erschreckend hoch. 1935 waren in Atlanta 65 Prozent der Afroamerikaner, die Arbeit suchten, auf staatliche Unterstützung angewiesen, in Norfolk waren es volle 80 Prozent. Da nimmt es nicht Wunder, daß unter den Afroamerikanern äußerste Not und Verzweiflung herrschten. Nun kam zur Verweigerung von Freiheit und Demokratie noch das Schreckgespenst des Hungers hinzu.

Und selbst angesichts verhungernder Menschen gab es Diskriminierungen, denn in wenigen Orten wurden Fürsorgeleistungen ohne Berücksichtigung der Rasse verteilt. Einige religiöse und karitative Organisationen, sowohl im Norden als auch im Süden, schlossen Afroamerikaner von ihren Armenküchen aus, die sie zur Linderung der Not eingerichtet hatten. In vielen der Gemeinden, in denen Fürsorgeleistungen angeboten wurden, wurden Schwarze diskriminiert, und in den ersten staatlichen Wohlfahrtsprogrammen betrug in manchen Orten der Unterschied in der monatlichen Unterstützung zwischen weißen und schwarzen Familien volle 6 Dollar. Das war der endgültige Beweis für viele Afroamerikaner, daß die Demokratie in weite Ferne gerückt war. Immer stärker spürten sie: Wenn sie die Teilhabe an der Demokratie für sich wiedergewinnen wollten, konnten sie dies nur über politischen Einfluß erreichen. Das durch Leiden und Diskriminierung neu geweckte Bewußtsein zwang viele Afroamerikaner zu dieser Schlußfolgerung.

Die politische Wiedergeburt

Obwohl es für Afroamerikaner wenig Möglichkeiten gab, aktiv an politischen Entscheidungen mitzuwirken, blieben sie selbst ein Thema der amerikanischen Politik vom Bürgerkrieg bis zum Ende des Ersten Weltkriegs. Die Patronage, die sie unter den Republikanischen Präsidenten am Ende des 19. und zu Beginn des 20. Jahrhunderts genossen hatte, war unter Wilson spürbar zurückgegangen, und in der durchgehend pessimistischen Grundstimmung gab es gegen Ende der ersten Amtszeit des Repräsentanten der New Freedom kaum einen Hoffnungsschimmer für die politische Zukunft der Afroamerikaner. In den Kriegsjahren eröffneten sich neue wirtschaftliche Chancen für die Schwarzen in den Vereinigten Staaten, und daraus entstand die erneute Hoffnung auf stärkere Teilhabe an der politischen Macht. Diese Hoffnung wurde eher durch die veränderte Lage als durch staatliche Maßnahmen oder Versprechen der führenden Politiker der Kriegsjahre geweckt. Die Abwanderung vieler Afroamerikaner in die Städte des Nordens und der Ehrgeiz und Eifer vieler dieser Neuankömmlinge ließen eine neue Machtkomponente entstehen, die einige schnell erkannten. Da die Afroamerikaner sehr stark in den Städten des Nordens konzentriert waren, entstand dort ein wiedererstarktes politisches Bewußtsein, das die Schwarzen einmal mehr ins Zentrum der amerikanischen Politik rückte und ihnen die Macht wiedergab, die sie seit der Wiedereingliederung des Südens nicht mehr gehabt hatten.

Es war nur natürlich, daß dieses politische Wiedererwachen sich zuerst in den Zentren zeigte, in denen die afroamerikanische Bevölkerung am schnellsten gewachsen war. In Chicago erkannten die führenden Politiker die wachsende Macht der Afroamerikaner bei den Wahlen, als 1915 Oscar DePriest zum Stadtrat der dicht bevölkerten South Side gewählt wurde. Im Staat New York waren die Schwarzen 1917 mächtig genug, um Edward A. Johnson, einen Historiker und Lehrer, in das Abgeordnetenhaus zu entsenden. Jahr für Jahr wurden sich die Afroamerikaner stärker ihres politischen Potentials bewußt und nutzten ihre Chancen. Der Bruch mit der Tradition, der die literarische Bewegung der zwanziger Jahren charakterisierte, war auch in der Politik spürbar. Nicht so sehr an Patronage war man interessiert als vielmehr an umfassenden Programmen zur Verbesserung der Lage der Afroamerikaner. Während früher viele Schwarze befriedigt waren, als Präsident Taft William H. Lewis aus Boston zum stellvertretenden Justizminister ernannt und Präsident Wilson später Robert H. Terrell aus Washington zum Richter am Amtsgericht des District of Columbia berufen hatte, sahen die meisten darin jetzt Alibi-Handlungen. 1924, als der Präsidentschaftskandidat der Demokraten, John W. Davis, im Falle seiner Wahl versprach, keinen Unterschied aufgrund von Rasse oder Glauben zu machen, und als der Kandidat der

Progressiven Partei, Robert LaFollette, eine ähnliche Erklärung abgab, kehrten die Afroamerikaner der Republikanischen Partei den Rücken.

Die politische Unzufriedenheit mit der Partei Lincolns setzte voll 1928 ein, als die Republikaner versuchten, im Süden wieder eine starke Partei unter weißer Führung aufzubauen. Prominente schwarze Politiker der Republikanischen Partei, wie Benjamin Davis aus Georgia, Perry Howard aus Mississippi und William McDonald aus Texas, büßten ihren Einfluß in ihrem jeweiligen Staat ein, als die Parteizentrale der Republikanischen Partei weiße Politiker mit den Führungspositionen dieser Einzelstaaten betraute und weiße Delegierte in den Parteikonvent auf Bundesebene schickte, anstelle der dafür kandidierenden schwarzen Delegierten. Ein führender Politiker wie Robert Church aus Memphis war so erbost über die lilienweiße Republikanische Bewegung im Süden, daß er es ablehnte, im nationalen Parteirat zu sitzen. Afroamerikanische Zeitungen wie der *Afro-American* in Baltimore, das *Journal and Guide* in Norfolk und der *Guardia* in Boston unterstützten Alfred E. Smith und nicht Herbert Hoover.

Der Überraschungssieg Hoovers – er hatte die Delegierten von Florida, Kentucky, North Carolina, Tennessee, Texas, Virginia und West Virginia hinter sich gebracht – bewies den Republikanern, daß sie die Chance hatten, unter den Weißen im Süden Stimmen zu gewinnen, besonders wenn der Kandidat der Demokraten wie Alfred E. Smith, ein Katholik, ein Befürworter der Aufhebung der Prohibition und ein anerkannter Freund der Afroamerikaner war. Er bewies auch das Ausmaß, inwieweit die Republikanische Partei gewillt war, schwarze Wähler zu verlieren, während sie versuchte, in den Südstaaten eine Wählerschaft aufzubauen, die diese Domäne der Demokratischen Partei »knacken« konnte. 1928 lernten die Afroamerikaner allmählich, nicht für Republikanische Kandidaten zu stimmen. Zu einer Zeit, da die Schwarzen in ihrem Handeln immer stärker durch neue und unabhängige Ideen motiviert waren, konnten es sich die Republikaner kaum leisten, ihre führende Rolle in dieser Bevölkerungsgruppe zu gefährden, die an politischem Gewicht gewann. Nach der Wahl fügte der neue Präsident dem Schaden noch die Beleidigung hinzu, als er angeblich gesagt haben soll, er sei am Aufbau der Republikanischen Partei im Süden sehr interessiert, »einer Partei, die sich den Bürgern jener Staaten anempfehlen könne«. Er meinte selbstverständlich den weißen Bürger.

Daß Oscar DePriest 1928 ins Repräsentantenhaus gewählt wurde, entschädigte die Schwarzen, die Herbert Hoover ablehnten, für ihre Enttäuschung und gab ihnen Zuversicht für ihre politische Zukunft. DePriest war 1899 aus seiner Heimat Alabama nach Chicago gegangen. Er interessierte sich schon sehr bald für die Politik und arbeitete sich von einem ersten Posten auf Bezirksebene (ward committee-man) zum ersten afroamerikanischen Stadtrat hoch. Schon 1923 wurde er als potentieller Kandidat für den Kongreß genannt, und unterstützt von William H. Thompson, wuchs sein Einfluß beständig. Durch den Tod von Martin B. Madden, der von den Republikanern 1928 erneut nominiert worden war, kam DePriests große Chance. Er gab seine Kandidatur bekannt und konnte mit Hilfe einflußreicher Republikanischer Interessengruppen die Opposition seiner Gegner überwinden und den Sitz im Repräsentantenhaus für den 1. Wahlkreis von Illinois mit einem Vorsprung von 3800 Stimmen gewinnen. George Whites Prophezeiung von 1901, daß die Afroamerikaner in den Kongreß zurückkehren würden, hatte sich erfüllt. Und zum ersten Mal in der Geschichte des Landes saß ein Schwarzer aus dem Norden in der gesetzgebenden Körperschaft der Nation.

DePriests Rolle war einzigartig. Er repräsentierte nicht nur seinen Wahlkreis, sondern alle Schwarzen der Vereinigten Staaten. Im Verlauf seiner drei Amtsperioden war er als Redner sehr begehrt, und die Afroamerikaner überall im Land verwiesen auf ihn als Erfüllung ihrer kühnsten Träume. Eine afroamerikanische Zeitung schrieb, daß seine Anwesenheit in Washington den Schwarzen »neue Hoffnung, neuen Mut und neuen Schwung« gab. Der weiße Süden war alarmiert, daß ein Schwarzer im politischen Leben Amerikas ein so hohes und ehrenvolles Amt erlangt hatte. Als Mrs. DePriest zum Tee für die Ehefrauen und Familien von Kongreßmitgliedern im Weißen Haus erschien, waren Südstaatler außer sich, und mehrere südstaatliche Abgeordnetenhäuser verabschiedeten Resolutionen, »die bestimmte gesellschaftliche Gepflogenheiten der Regierung verurteilten, so die Einladung von Negern ins Weiße Haus, gleichberechtigt mit den weißen Damen der Gesellschaft«. In Birmingham, wo DePriest sprechen sollte, verbrannte der Ku-Klux-Klan eine Strohpuppe, die ihm glich. Trotz aller Beleidigungen, mit denen er geradezu überhäuft wurde, bewahrte DePriest unerschütterlich die Ruhe und versuchte immer wieder, mehr Anerkennung für die Afroamerikaner bei der Bundesregierung zu erreichen. Seine Kräfte wurden zweifellos sehr durch die besonderen Anforderungen der Rolle, die er wahrnehmen mußte, aufgebracht, aber seine Anwesenheit in Washington symbolisierte die Wiedergeburt der Schwarzen in der Politik und bereitete den Weg für seine Nachfolger im Kongreß und in anderen hohen Ämtern vor.

Immer mehr Afroamerikaner benutzten ihre Stimme bei Wahlen, um ihren Protest anzumelden. Sie überprüften das Abstimmungsverhalten der Kongreßmitglieder und registrierten die Äußerungen und die Politik der Präsidenten, um herauszufinden, wer ihre Gegner waren. Schon 1923 bekämpften sie die Senatoren, die für die Abstimmungsniederlage des Dyer-Anti-Lynchgesetzes verantwortlich waren. 1930 kämpften sie vehement gegen die Bestätigung von John J. Parker zum Richter am Obersten Gericht der Vereinigten Staaten, weil er angeblich gesagt hatte, daß »die Beteiligung von Negern am politischen Leben eine Quelle des Übels und eine Gefahr für beide Rassen« sei. Als seine Ernennung schließlich vom Senat abgelehnt wurde, nahmen sie nunmehr die Senatoren aufs Korn, die für seine Ernennung gestimmt hatten. So trugen sie zur Niederlage von Henry J. Allen in Kansas und Roscoe McCulloch in Ohio bei. Ungeachtet der Tatsache, daß Samuel Shortridge aus Kalifornien 1926 seine Wahl in den Senat auch den Schwarzen zu verdanken hatte, lehnten sie ihn 1932 ab und waren daran beteiligt, daß er seinen Sitz verlor. Viele Schwarze, die Präsident Hoover unterstützt hatten, betrachteten ihn jetzt als ihren Gegner. Sie mochten es nicht, wie er die lilienweißen Republikaner im Süden unterstützte, und sie tadelten ihn offen für die Berufung von Richter Parker an das Oberste Bundesgericht. Außerdem bemerkten sie die geringere Patronage für afroamerikanische Republikaner. Wie viele andere Amerikaner auch gaben manche Schwarze dem Präsidenten zudem die Verantwortung für die Wirtschaftskrise und lehnten seine Wohlfahrtspolitik rundweg ab. Einige führende Afroamerikaner murrten laut, daß es zu lange dauern würde, bis die Gelder der Reconstruction Finance Corporation über die riesigen, aber bankrotten Industriebetriebe zu den Afroamerikanern ganz unten durchgesickert waren. Am Ende von Hoovers erster Amtszeit waren sie deshalb bereit, auf einen anderen zu setzen.

Es war für die Schwarzen nicht einfach, 1932 der Republikanischen Partei den Rücken zu kehren, und viele von ihnen blieben der Tradition treu und stimmten für die Partei Lincolns. Sie hatten weiterhin das Gefühl, daß »gute Leute« für die Republikaner stimmten. Wenige Afroamerikaner außerhalb von New York kannten Franklin D. Roosevelt, und er hatte in der Öffentlichkeit noch keine Begeisterung geweckt. Außerdem fürchteten sie, daß ein Sieg der Demokraten zur Machtübernahme südstaatlicher Politiker in Washington führen würde und damit zwangsläufig zu geringerem Einfluß der Schwarzen, wie während Wilsons Präsidentschaft. Und schließlich wirkten auch Gerüchte über Roosevelts schlechten Gesundheitszustand abschreckend auf manche Afroamerikaner, wenn sie an die Möglichkeit einer Nachfolge im Amt des Präsidenten durch John Nance Garner aus Texas dachten. Nur in New York City konnten schwarze Parteiorganisationen der Demokraten eine größere Anzahl Schwarzer für die Partei gewinnen. Sie standen vor einer schwierigen Aufgabe, denn die Afroamerikaner zögerten, mit der Vergangenheit zu brechen und ihre Stimme den Demokraten zu geben. In Chicago zum Beispiel stimmten nur 25 Prozent der Schwarzen bei den Wahlen von 1932 für die Demokraten. Unter denen, die der Republikanischen Partei untreu wurden, wollten nur wenige »ihre Stimme wegwerfen«, indem sie für die Kommunisten stimmten, obwohl diese 1932, 1936 und 1940 einen Schwarzen, James W. Ford, als Kandidaten für das Amt des Vizepräsidenten aufstellten.

Es gab einige Afroamerikaner, weniger, als viele Weiße befürchteten, die sich zu den Kommunisten hingezogen fühlten. Die »sogenannten besseren Neger« mochten der NAACP beitreten, meinte der langjährige Afroamerikaner und Kommunist Hosea Hudson, aber Afroamerikaner aus der Arbeiterklasse fühlten sich dort nicht wohl. Einige Schwarze in gehobenen Positionen und solche wie Hudson traten in die Kommunistischen Partei ein, aber es blieben wenige. Parteimitglieder wie Hudson neigten dazu, die Bedeutung der Partei in den dreißiger und vierziger Jahren zu übertreiben und zu behaupten, sie sei das Fundament der Bürgerrechtsbewegung der nachfolgenden Jahrzehnte gewesen. Nell Painter akzeptiert diese Behauptung nur mit Vorbehalt und erinnert an die Arbeit anderer Gruppen wie der Southern Conference for Human Welfare, der Interracial Commission, des Southern Regional Council und der NAACP, die ebenfalls in Hudsons aktiver Zeit »daran mitwirkten, den Süden zu verändern«.

Einzelne Kommunisten und Organisationen, die mit den Kommunisten zusammenhingen, spielten allerdings eine von spektakulärem Erfolg gekrönte Rolle während der Weltwirtschaftskrise und im New Deal. Zu ihnen gehörte ein junger kämpferischer Bergmann aus Birmingham, Angelo Herndon. Nach Jahren der Entbehrung, Diskriminierung und Enttäuschung schloß er sich der Kommunistischen Partei an und versuchte, andere zum gleichen Schritt zu bewegen. 1932 wurde er verhaftet, vor Gericht gestellt und zu 18 Jahren Gefängnis verurteilt, weil er sich der Anstiftung zum Aufstand schuldig gemacht habe. Nach einem fünfjährigen Kampf vor den Gerichten setzte der International Labor Defense (ILD) seine Freilassung durch. In der Zwischenzeit waren neun junge Schwarze, von denen der jüngste dreizehn Jahre alt war, in Scottsboro, Alabama, verhaftet, eingesperrt und schließlich wegen Vergewaltigung von zwei weißen Frauen in einem Güterzug zum Tode verurteilt worden. Nach einer Auseinandersetzung mit Anwälten der NAACP machten die ILD-Anwälte und die Kommunistische Partei daraus einen in der internationalen Öffentlichkeit beachteten Fall. Das Oberste Bundesgericht ordnete ein neues Verfahren an, als nachgewiesen wurde, daß die Angeklagten im ursprünglichen Prozeß keinen angemessenen Rechtsbeistand gehabt hatten. Das Wiederaufnahmeverfahren endete mit der Verurteilung der Jugendlichen von Scottsboro zu Strafen bis zu 99 Jahren. Doch 1950 wurde auch der letzte von ihnen aus dem Gefängnis entlassen.

In den dreißiger Jahren bemühten sich die Kommunisten, sich mit schwarzen Organisationen der sogenannten Mittelklasse in einer Art antifaschistischer Volksfront, All Front Against Fascism, zu vereinen. Sie arbeiteten hauptsächlich über den National Negro Congress, der 1936 gegründet wurde, um die Bemühungen vieler afroamerikanischer Gruppen im Kampf um die Gleichheit zu koordinieren. Die Kommunisten begannen, sich aus taktischen Gründen nach rechts zu bewegen, und damit war ihre Grundeinstellung nicht wesentlich anders als die Ansichten des Präsidenten des National Negro Congress A. Philip Randolph. Als Folge davon konnten sie kaum Anhänger unter schwarzen Amerikanern gewinnen.

Präsident Roosevelt war noch nicht lange im Amt, da hatte er bereits viele Anhänger unter den Afroamerikanern. Die faszinierende Art, in der er die vor ihm liegenden Probleme anpackte, überzeugte die Schwarzen genauso wie die meisten anderen Amerikaner. Seine Kamingespräche vermittelten ein Gefühl der Zugehörigkeit, das sie bis dahin nicht gekannt hatten. Viele Afroamerikaner meinten schon bald, daß die staatlichen Unterstützung- und Wiederaufbauprogramme, für die er eintrat, gerade ihnen besonders halfen, obwohl es später viel Kritik gerade der Afroamerikaner an der Durchführung der Unterstützungsprogramme des New Deal gab. Der Präsident empfing häufig afroamerikanische Besucher, und eine breitere Öffentlichkeit wußte, daß Robert L. Vann aus Pittsburgh, Julian Rainey aus Boston, William T. Thompkins aus Kansas City und F. B. Ransom aus Indianapolis Einfluß in der Demokratischen Partei hatten. Roosevelt sprach zu afroamerikanischen Organisationen und Institutionen oder sandte ihnen Grußbotschaften und steigerte so seine Popularität bei den Schwarzen. Sein körperliches Leiden und die Energie, mit der er dieses enorme Problem bewältigte, waren ein großer Ansporn für sie.

Eleanor Roosevelt hatte ein besonders gutes Verhältnis zu Afroamerikanern. Man wußte, daß sie eine enge Beziehung zu Mary McLeod Bethune hatte und den National Council of Negro Women, deren Präsidentin Mrs. Bethune war, zum Tee ins Weiße Haus einlud. Sie besuchte Schulen und Projekte der Bundesregierung für Schwarze und sprach vor zahlreichen afroamerikanischen Gruppen. Als sie, eskortiert von zwei ROTC-Kadetten der Howard-Universität, fotografiert wurde, wurde das Foto unter Afroamerikanern als Beispiel für den egalitären Geist der Bewohner des Weißen Hauses herumgereicht, während die Weißen im Süden es herumzeigten, um zu beweisen, wie tief die Bewohner des Weißen Hauses gesunken waren. Diese und viele andere Belege für das ernsthafte Interesse an den Problemen der Schwarzen veranlaßten Tausende von ihnen in den Jahren nach Roosevelts Wahl von 1932, die Partei zu wechseln.

Wie groß der Wandel in der Parteibindung von Afroamerikanern war, wurde 1934 deutlich, als Arthur W. Mitchell, der sich erst vier Jahre zuvor als Republikaner hatte registrieren lassen, als Demokrat kandidierte und als Nachfolger von Oscar DePriest in den Kongreß gewählt wurde. Mitchell war der erste Schwarze, der für die Demokratische Partei im Kongreß saß und für seine südstaatlichen Kollegen ein großes Ärgernis, weil er Mitglied ihrer Mehrheitsfraktion war. Überall im Lande wechselten Afroamerikaner nicht nur von der Partei Lincolns zur Partei Roosevelts, sondern sie wurden insgesamt politisch wesentlich aktiver. Zeitungen und verschiedene Gruppierungen der Schwarzen zeigten 1936 großes Interesse am Wahlkampf, und obwohl sie mehrheitlich Roosevelt unterstützten, hatten auch Alf Landon und die Republikaner begeisterte afroamerikanische Anhänger. So unterstützten zwölf der vierzehn Bischöfe der AME-Kirche Landon. Nancy Weiss hat in ihrem Buch *Farewell to the Party of Lincoln* dargelegt, daß Schwarze zwar viele politische Maßnahmen des New Deal befürworteten, ihr Wechsel zur Demokratischen Partei aber Teil eines tiefergehenden Wandels war, der die generelle Einstellung der Schwarzen zur Politik betraf. Dazu gehörte nicht nur die Bewegung, weg von der Republikanischen Partei, sondern die stärkere Beteiligung neuer schwarzer Wähler, die überhaupt jetzt erst politisch aktiv wurden und sich dabei mit einer Partei identifizierten. 1940 gab es auch ablehnende Stimmen gegenüber Roosevelt, und er erhielt wesentlich weniger Stimmen von Schwarzen. Manche Afroamerikaner beschuldigten die Regierung, sie in einigen der Fürsorgestellen zu diskriminieren und sie von vorbereitenden Verteidigungsmaßnahmen auszuschließen. Einige Afroamerikaner hielten außerdem Wendell Willkies Versprechungen für seriös und neigten dazu, sich von dem nun »Dirty Deal« genannten zu trennen.

In den folgenden Jahren verteilten sich die Stimmen der Schwarzen gleichmäßiger auf die Parteien, in den Großstädten des Nordens unterstützten die meisten noch die Politik des New Deal, übten jedoch in Schlüsselstaaten wie Illinois, Ohio, Pennsylvania und New York genügend Einfluß aus, um bei Republikanern und Demokraten Ängste auszulösen. Fragen des Arbeitsmarktes, der Außenpolitik und andere Themen beeinflußten die afroamerikanischen Wähler in den Städten genauso wie die weißen. Die Afroamerikaner erkannten ihre größere Macht und Bedeutung als Wähler und spürten, daß sie für ihre Unterstützung einen höheren Preis fordern konnten. Sie konnten nicht nur von einem Kandidaten fordern, daß er ihre Ansichten zu Fragen von allgemeinem öffentlichen Interesse teilte, sie konnten darüber hinaus fordern, daß seine Ansichten zu allen Fragen in bezug auf das Rassenproblem für sie akzeptabel waren.

Die Macht der Afroamerikaner in der Zeit ihrer politischen Wiedergeburt wurde nicht nur durch die Beachtung manifestiert, die beide großen Parteien ihnen bei nationalen Wahlen schenkten, sondern auch in ihren Erfolgen bei Wahlen in den Einzelstaaten und Kommunen. In den dreißiger und vierziger Jahren gewannen immer mehr Schwarze Sitze in den Einzelstaatsparlamenten. Nach 1932 war es normal, daß schwarze Abgeordnete in den Parlamenten von Kalifornien, Illinois, Indiana, Kansas,

Kentucky, New Jersey, New York, Ohio, Pennsylvania und West Virginia saßen und zwar sowohl in der Republikanischen wie in der Demokratischen Partei. Die neue Aufteilung der Wahlkreise und damit der Sitze in den Einzelstaatslegislativen, die 1962 vom Obersten Bundesgericht angeordnet wurde, erhöhte die Chancen für Afroamerikaner, Wahlen zu gewinnen. Die größere Konzentration der Schwarzen in den Städten und ihr wachsendes politisches Bewußtsein waren weitere Faktoren. 1946 gewannen 30 Schwarze Sitze in zehn Einzelstaatsparlamenten. Zwanzig Jahre später saßen 104 Schwarze – 4 Republikaner und 100 Demokraten – in 24 Einzelstaatsparlamenten, darunter 10 Schwarze in beiden Kammern des Parlaments von Georgia.

Nach 1930, als zwei Afroamerikaner zu Amtsrichtern in der Stadt New York gewählt wurden, wählten oder ernannten auch andere Kommunen Schwarze zu Richtern. 1947 gab es afroamerikanische Richter in Cleveland, Chicago, Los Angeles, Washington und mehreren anderen Städten, in New York waren es nunmehr sieben. Ende der sechziger Jahre hatte sich die Zahl der afroamerikanischen Richter in New York mehr als verdoppelt und war in den übrigen oben erwähnten Städten wesentlich gestiegen. Und mehr als ein Dutzend weiterer Städte war stolz auf seine schwarzen Richter. In vielen amerikanischen Städten waren Afroamerikaner in der Kommunalverwaltung aktiv: als Mitglieder von Schulämtern und Gemeinderäten, als Mitarbeiter der Staatsanwaltschaft, als Polizisten, Leiter der Steuerbehörde und als Rechtsberater. Die Früchte ihres politischen Engagements konnten treue Parteimitglieder sehr konkret genießen, und mit der Zeit wurden die Beiträge, die qualifizierte Schwarze zur Verbesserung des Lebens der gesamten Gruppe leisten konnten, anerkannt.

Schwarze in Roosevelts »Regierung«

Ein besonders wichtiger Faktor für ihre Anerkennung in der Politik war die Strategie des New Deal, Afroamerikaner als Spezialisten und Ratgeber in verschiedenen Ministerien heranzuziehen. Den Rat von Schwarzen einzuholen war keine Erfindung Roosevelts. Andere Präsidenten hatten bereits versucht, den Puls der Afroamerikaner durch Kontakt zu einem oder mehreren führenden Schwarzen zu fühlen. Booker T. Washington war nur ein herausragendes Beispiel für eine schon lange bestehende Praxis. So zum Beispiel 1889, als der Historiker und Anwalt George Washington Williams eine Reise in den Kongo plante und Präsident Benjamin Harrison ihn bat, ihm einen Bericht vorzulegen, den man bei Entscheidungen über die zukünftige amerikanische Politik gegenüber dem Kongo heranziehen könnte. In den meisten Fällen waren die afroamerikanischen Berater allerdings treue Mitglieder der Partei des Präsidenten, die ihn in Fragen der Patronage berieten. Roosevelts Gruppe schwarzer Berater unterschied sich von den übrigen in mehreren wichtigen Punkten. Zum einen war die Zahl der schwarzen »Regierungsberater« ziemlich groß, im Vergleich zu den wenigen, auf die sich frühere Präsidenten gestützt hatten. Es ist unmöglich, eine Zahl zu nennen, weil diese sich ständig änderte und es schwierig ist, mit Sicherheit zu sagen, ob

Mary McLeod Bethune im Dienst der Bundesregierung. Bethune war die Gründerin des Bethune-Cookman College und des National Council of Negro Women, sie übernahm im New Deal das Amt der Direktorin für Negerfragen in der National Youth Administration. Hier verhandelt sie mit Eleanor Roosevelt und Aubrey Williams, dem Direktor der NYA. *(UPI, Bettmann Newsphotos)*

bestimmte Ratgeber tatsächlich Mitglieder des auserwählten Kreises waren, der als »Regierung« im weiteren Sinn betrachtet wurde. Roosevelts schwarze Berater unterschieden sich jedenfalls von ihren Vorgängern in vorherigen Regierungen darin, daß sie so wichtige Positionen innehatten, so daß sowohl die Regierung als auch die afroamerikanische Bevölkerungsgruppe die Ernennung als bedeutsam empfanden. Dies waren keine Personen, deren Beziehung zur Regierung vage und inoffiziell waren. Es waren durch Eid auf das Volk der Vereinigten Staaten verpflichtete Staatsdiener, die allerdings nicht die politische Strategie der Regierung bestimmten.

Die Schwarzen in Roosevelts »erweiterter Regierung« waren – jedenfalls meistens – keine Parteipolitiker. Natürlich hatte der Präsident Schwarze als Politikberater, aber die wenigsten von ihnen hatten eine Vertrauensposition in der Regierung. Später hat man gesagt, daß sie den New Deal nur verkaufen sollten. Jedoch konnte niemand behaupten, daß sie ihr Amt ihren treuen parteipolitischen Diensten im Wahlkampf verdankten. Sie waren letztendlich hochintelligente und gut ausgebildete Spezialisten, die berufen wurden, um ganz bestimmte Funktionen auszuüben. Damit lag ihre Ernennung auf der gleichen Linie wie andere Ernennungen im Regierungsapparat des New Deal, der sich die Dienste der qualifiziertesten Experten im Land zunutze machte, um seine Programme für staatliche Unterstützungsmaßnahmen, den wirtschaftlichen Wiederaufbau und Reformen zu entwickeln. Sie wurden deshalb manchmal der »black brain trust«, die schwarze intellektuelle Beratergruppe, genannt, denn unter ihnen waren promovierte Juristen, Philosophen und Universitätspräsidenten. Einige Afroamerikaner beklagten die Tatsache, daß sie auf Probleme, die ihre Rasse betrafen, beschränkt waren, und einer der härtesten Kritiker nannte sie aufgrund dieser Tatsache »Porkbarrelensis Africanus« und umschrieb damit, daß sie für Subventionen für die eigene Gruppe zuständig waren. Aber niemand konnte leugnen, daß sie qualifiziert genug waren, um viele Aufgaben wahrnehmen zu können, und tatsächlich arbeiteten viele von ihnen zuweilen an Projekten, die nur bedingt etwas mit Rassenfragen zu tun hatten.

Harold L. Ickes, der vormalige Präsident des Chicagoer Büros der NAACP, war der erste Innenminister zu Beginn des New Deal, der Berater für Rassenfragen einstellte. Der erste war Clark Foreman, ein weißer Liberaler aus Atlanta. Er beschäftigte seinerseits afroamerikanische Berater im juristischen Stab des Innenministeriums und in anderen Behörden, wie dem National Park Service. Später wechselten einige von ihnen in andere Ministerien über und erweiterten so den Aufgabenbereich, in dem Schwarze einen gewissen Einfluß in der Bundesregierung ausübten. Eleanor Roosevelt soll zur vermehrten Ernennung von Schwarzen in der erweiterten Regierung beigetragen haben, während Will W. Alexander, der eine Zeitlang Direktor der Farm Security Administration war, ebenfalls die Berufung von Afroamerikanern in ranghohe Ämter förderte.

Zu den Afroamerikanern, die hohe Ämter im New Deal bekleideten, gehörte Robert L. Vann, der Herausgeber des *Pittsburgh Courier*, der dem Justizminister als Sonderberater zur Seite stand. William H. Hastie, der Dekan der juristischen Fakultät der Howard-Universität, trat als stellvertretender Justitiar im Innenministerium in Regierungsdienste. Später wurde er Richter auf den Jungferninseln und danach Berater des Kriegsministers. 1946 wurde er Gouverneur der Jungferninseln. Robert C. Weaver war der erste Schwarze, der Berater für Rassenfragen im Innenministerium wurde. Anschließend übernahm er Ämter in verschiedenen Behörden, wie der Federal Housing Authority, dem Office of Emergency Management und in der War Manpower Commission. 1966 war er der erste Afroamerikaner im Kabinett des Präsidenten, als die Housing and Home Finance Agency, die er leitete, zum Bundesministerium gemacht wurde. Eugene Kinckle Jones war Geschäftsführer der National Urban League und ging bereits in den ersten Tagen des New Deal nach Washington. Er war eine Zeitlang Berater für afroamerikanische Fragen (Negro affairs) im Handelsministerium. Lawrence A. Oxley, ein Veteran der Sozialarbeit, war Abteilungsleiter für Afroamerikaner im Arbeitsministerium. Mary McLeod Bethune, Gründungspräsidentin des Bethune-Cookman-College, war mehrere Jahre lang Abteilungsleiterin für Afroamerikaner innerhalb der National Youth Administration. Edgar Brown, Präsident der United Government Employees, war Berater für afroamerikanische Angelegenheiten im Civilian Conservation Corps. Frank S. Horne, Dichter und Lehrer, übernahm verschiedene Funktionen, hauptsächlich bei Projekten des sozialen Wohnungsbaus des Bundes. William J. Trent war Berater für Rassenfragen im Innenministerium, bevor er in die Federal Works Agency als Berater für Rassenbeziehungen wechselte.

Die Liste der Afroamerikaner in vergleichbaren Positionen innerhalb der Bundesregierung und ihrer Behörden könnte fortgesetzt werden.

Einige von ihnen blieben nur wenige Monate, während anderen die Regierungstätigkeit so sehr zusagte, daß sie auch unter Truman blieben. Mit dem Beginn der Ausnahmesituation im Krieg wurden wesentlich mehr schwarze Mitarbeiter ernannt. Crystal Bird Fauset war vorher Abgeordnete in Pennsylvania und ging nun als Beraterin für Rassenfragen ins Office of Civilian Defense. Ted Poston, erfahrener New Yorker Zeitungsmann, war als Berater für Rassenfragen im Office of War Information tätig. Oberst Campbell Johnson wurde Stellvertreter von General Lewis B. Hershey, dem Leiter des National Selective Service. Andere saßen im War Production Board, der War Manpower Commission, dem Office of Price Administration und dem Social Security Board. Zahlreiche Berater standen nur zeitweise zur Verfügung: Abram L. Harris der National Recovery Administration (NRA), William H. Dean dem National Resources Planning Board, Ralph Bunche der Kongreßbibliothek und später dem Außenministerium, Rayford W. Logan dem Koordinator für Inter-American Affairs und Ira DeA. Reid der Arbeitsvermittlung des Social Security Board.

Die Aufgabe der führenden Afroamerikaner – der »top Negroes« – in der Bundesregierung war schwierig und heikel: Sie sollten die wirtschaftliche und politische Gleichstellung ihrer Rasse in Amerika durchsetzen. Die Aufgabe war um so eigenartiger, als sie eine Integration durchsetzen sollten, die im Widerspruch zu ihrer eigenen Rolle stand. Sie alle waren, ohne Wenn und Aber, gegen die Rassentrennung. Als der Vorschlag gemacht wurde, man sollte eine eigene Behörde, ein »Negro bureau« für alle die Schwarzen betreffenden Angelegenheiten bilden, lehnten mehrere der hohen afroamerikanischen Regierungsmitarbeiter diesen Vorschlag mit vereinten Kräften und mit der Begründung ab, daß die Gefahr bestünde, Schwarze zu Mündeln der Regierung zu machen und damit die Rassentrennung zu vertiefen und zu verewigen. Diese Schwarzen in Führungspositionen der Regierung bemühten sich auch um bessere und mehr Arbeitsmöglichkeiten für Afroamerikaner im Staatsdienst und in der Industrie. Sie versuchten, den Schwarzen auf der Basis ihrer Qualifikation und Ausbildung und nicht ihrer Hautfarbe Stellen zu verschaffen. Sie arbeiteten eng mit der afroamerikanischen Presse und mit anderen einflußreichen Stellen zusammen, genauso wie mit Kongreßmitgliedern und einflußreichen weißen Bürgern in staatlichen und privaten Positionen. Das zupackende Wesen der Afroamerikaner, die Krisensituation des

Krieges und die grundsätzliche Bereitschaft vieler New Dealer, für mehr Chancengleichheit zu sorgen, ermöglichten den afroamerikanischen New Dealer einen gewissen Erfolg.

Mochten diese Regierungsbeamten auch zuweilen unter der ihnen übertragenen Rolle eines Beraters in »Negro affairs« leiden, so konnten sie doch befriedigt auf die wachsende Zahl der Schwarzen blicken, die dem Staat in vielen Funktionen dienten. Dank der Neuregelung für die Aufnahme in den Staatsdienst mußte man bei einer Bewerbung nicht mehr die Rasse angeben oder den Unterlagen ein Foto beifügen, doch nach einem persönlichen Gespräch vermieden es die einstellenden Beamten zuweilen, Afroamerikaner zu beschäftigen, indem sie sich an die »Dreierregel« der Civil Service Commission hielten, wonach sie einen weißen Bewerber von Platz zwei oder drei der Liste einem schwarzen auf dem ersten Rang vorziehen konnten. Doch auch ohnedies stieg die Zahl der afroamerikanischen Angestellten beim Bund von etwa 50 000 im Jahr 1933 auf annähernd 200 000 Ende 1946. Der Wahrheit halber sollte man allerdings hinzufügen, daß die Mehrheit der neueingestellten Schwarzen in den unteren Lohngruppen als Ungelernte oder Angelernte beschäftigt waren, und nur vereinzelt Wirtschaftswissenschaftler, Statistiker, Chemiker, Physiker und andere Spezialisten darunter waren. In einigen Bereichen der Regierungsbürokratie wurde die Trennung von Weißen und Schwarzen abgeschafft, und die meisten Kantinen konnten auch von Schwarzen besucht werden. Obwohl die ranghohen Schwarzen im Regierungsapparat nicht alle Verbesserungen in den Arbeitsbedingungen von afroamerikanischen Bundesangestellten herbeigeführt hatten, konnten sie doch stolz auf alle Veränderungen sein und viele als ihr Werk bezeichnen.

Regierungsbehörden und staatliche Unterstützung für Schwarze

Als die Regierung Präsident Roosevelts zahlreiche Behörden einrichtete, um der Bevölkerung bei der Überwindung der Folgen der Weltwirtschaftskrise zu helfen, profitierten natürlich auch die Afroamerikaner von der Verbesserung der Lebensbedingungen. Die lange Jahre übliche Diskriminierung der Schwarzen führte jedoch zwangsläufig dazu, daß es in diesen Behörden und Ämtern Unterschiede bei finanziellen Zuwendungen an Schwarze und Weiße, bei der Zahl der Arbeiter, bei den Gehältern usw. gab. Der National Industrial Recovery Act (NIRA), der die Industrie wieder ankurbeln sollte, setzte in Regelwerken über den fairen Wettbewerb einen Mindestlohn von 12 bis 15 Dollar pro Woche, die 40-Stunden-Woche und die Abschaffung der Kinderarbeit unter 16 Jahren fest. Bei den Anhörungen zu den Wettbewerbsregeln vertraten nur wenige Afroamerikaner ihre Gruppe, und es wurden Staffelungen für den Lebensunterhalt festgelegt, die die Beschäftigungsgruppen diskriminierten, in denen die meisten schwarzen Arbeiter zu finden waren. Nach den Regelwerken für Stahl-, Tabak- und Wäschereiarbeiter erhielten Afroamerikaner häufig niedrigere Mindestlöhne als Weiße. In den Compliance Boards, die über die Einhaltung der Regeln wachen sollten, saßen häufig Arbeitgeber, die selbst gegen die Regeln verstießen. Außerdem beschwerten sich Afroamerikaner selten, weil sie Angst um ihren Arbeitsplatz hatten. Wenn die Löhne gemäß den Regeln angehoben wurden, entließen Arbeitgeber häufig schwarze Arbeiter und bezahlten den Weißen höhere Löhne. Nur wenige Afroamerikaner beklagten die Tatsache, daß das Oberste Bundesgericht 1935 das NIRA für verfassungswidrig erklärte.

Viele Schwarze kamen in den Genuß der verschiedenen New-Deal-Maßnahmen zur Unterstützung von Farmern und Landarbeitern. Im Programm zur Reduzierung der Ernteerträge der Agricultural Adjustment Administration erhielten die Farmer Bargeld, wenn sie Baumwolle, Weizen und Tabak unterpflügten und ihre Schweine schlachteten. Obwohl die Bargeldunterstützung für Farmer durch die AAA Milliarden Dollar betrug, wurden viele der für afroamerikanische Farmer bestimmten Gelder verschwendet und unterschlagen. Viele Grundbesitzer übervorteilten ihre des Lesens und Schreibens nicht kundigen Pächter und *Sharecroppers* und behielten die für sie bestimmten Schecks ein. Diese Unredlichkeit schadete sowohl weißen als auch schwarzen Farmarbeitern und führte dazu, daß sich die unglücklichen Opfer in solchen Vereinigungen wie der Southern Tenant Farmers Union gewerkschaftlich organisierten. Die Plantagenbesitzer bekämpften solche Gewerkschaften mit aller Macht und appellierten an Rassenvorurteile, um die Zusammenarbeit von schwarzen und weißen Farmern aufzubrechen. Selbst als die Bestimmungen geändert worden waren und die Pächter ihre Zahlungen direkt erhalten sollten, litten viele Schwarze darunter, denn nun verjagten die weißen Grundbesitzer sie einfach von ihrem Land und kassierten selbst die Ausgleichszahlungen. Abgesehen von den Geldern, die einige schwarze Farmer tatsächlich ausgezahlt bekamen, machten sie wertvolle Erfahrungen, als sie bei Abstimmungen der AAA über so wichtige Fragen wie die Festlegung von Absatzkontingenten entschieden. Sie demonstrierten überzeugend, daß Schwarze und Weiße über wichtige wirtschaftliche Fragen gemeinsam abstimmen konnten, obwohl die Schwarzen von den regulären Wahlen in den meisten Südstaaten faktisch immer noch ausgeschlossen waren.

Von der Tennessee Valley Authority, der Rural Electrification Administration, der Federal Land Bank und lokalen Produktions- und Darlehensgenossenschaften erhielten die Afroamerikaner Zuschüsse, obwohl selten entsprechend ihrer Zahl oder ihrem Bedarf. Beträchtliche Unterstützung erhielten sie über die Farm Security Administration, die 1937 die Arbeit der Resettlement Administration übernahm. Es war bedauerlich, daß der FSA nur ein Fünftel der Mittel zur Verfügung standen, die der AAA bewilligt wurden, aber immerhin gründete sie Siedlungen mit kleinen Pächtern auf FSA-Land und gab denjenigen Darlehen, die ihre eigene Farm kaufen wollten. In einem umfangreichen Fortbildungsprogramm wurden unter anderem neue Methoden der Produktion und der Vermarktung vorgestellt. Im Rahmen des Programms der FSA erhielten Afroamerikaner einen hohen Anteil der Zuwendungen, und Tausende von ihnen konnten zum ersten Mal in ihrem Leben Land kaufen. Die FSA achtete streng darauf, und zwar vor allem durch ihren fähigen Leiter Will W. Alexander, daß kein Unterschied zwischen weißen und schwarzen Farmern gemacht wurde. Wegen dieser Handhabung der Rassenprobleme und des Programms der gemeinsamen Ansiedlung von Farmern in Gemeinden stand sie ständig unter Beschuß. Die Angriffe wurden so heftig, daß die Feinde der FSA 1942 die Mittel so drastisch kürzen konnten, daß der größte Teil ihres Programms nicht fortgesetzt werden konnte.

Die National Youth Administration (NYA) und das Civilian Conservation Corps (CCC) stellten Mittel für Amerikas Jugendliche zur Verfügung. Unter Aubrey Williams, einem Weißen aus Mississippi, richtete die NYA ein großzügiges Hilfsprogramm für afroamerikanische Jugendliche ein. Man bat nicht nur Mrs. Bethune nach Washington, um die Abteilung für »Negro affairs« zu leiten, sondern ernannte schwarze Fachleute in den Schulämtern auf einzelstaatlicher und kommunaler Ebene in Bezirken

Der Abriß der Negerslums. Diese heruntergekommenen Häuser wurden in Yamacrow Village in Savannah, Georgia, durch 480 Einheiten des öffentlichen Wohnungsbaus ersetzt, die im März 1941 bezugsfertig waren. *(U.S. Department of Housing and Urban Development)*

mit vielen Afroamerikanern. In den Programmen für Schulabgänger waren 13 Prozent der Teilnehmer Schwarze, die in einer Reihe von Berufen ausgebildet wurden, die ihnen in den Notzeiten des Krieges weiterhelfen sollten. Im Arbeitsprogramm für Studenten waren mehr als 64 000 oder 10 Prozent der Studenten Schwarze. Junge Afroamerikaner, von der Volksschule bis zur Universitätsausbildung, konnten ihre Ausbildung durch die Zuwendungen der NYA fortsetzen. Das CCC verfolgte eine Politik der strengen Rassentrennung, aber während seines Bestehens zwischen 1933 und 1942 arbeiteten annähernd 200 000 schwarze Jugendliche und junge Männer in Lagern, die vom CCC eingerichtet worden waren. Zusätzlich zu den Arbeiten im Bereich des Naturschutzes, bei der Aufforstung und der Verhinderung der Bodenerosion startete das Korps ein Erziehungs- und Bildungsprogramm unter der Oberaufsicht von schwarzen Beratern. Das Analphabetentum und die Kriminalität unter den Jugendlichen konnten beträchtlich verringert werden. Obwohl viele Kritiker den Sinn des Programms anzweifelten, wird kaum jemand behaupten, daß das Conservation Corps nicht vielen jungen Männern in der schlimmsten Zeit der Weltwirtschaftskrise damit wirklich helfen konnte.

Das Wohnungsbauprogramm des New Deal half Schwarzen, ihre Wohnungen und Häuser entweder zu behalten oder bessere Wohnungen zu finden, und schuf außerdem Arbeitsplätze bei Neubauprojekten. Einige Afroamerikaner erhielten Darlehen von der Home Owners Loan Corporation, um während der Wirtschaftskrise ihre Häuser weiter abzahlen zu können. Eine begrenzte Anzahl konnte sich Geld leihen, um Häuser mit Hypotheken zu bauen, für die die Federal Housing Authority bürgte. In vielen Gemeinden waren Banken jedoch nicht bereit, Afroamerikanern Geld zu leihen, weil sie sie nicht für kreditwürdig hielten und der zukünftige Wert eines von Schwarzen bewohnten Hauses ebenfalls ein Risiko in sich barg. Das umfangreichste Programm des Bundes zur Förderung des Wohnungsbaus für Afroamerikaner bestand in der Förderung, die kommunale Wohnungsbauträger für den Bau billigen Wohnraums durch Subventionen der United States Housing Authority und später der Federal Public Housing Authority erhielten. In einigen Gemeinden im Norden wohnten Schwarze und auch Weiße in diesen Wohnungsbauprojekten, während überall im Süden das Prinzip der Rassentrennung aufrechterhalten wurde. Annähernd ein Drittel der gebauten

Einheiten wurde von schwarzen Familien bewohnt. In diesen modernen Wohnungen oder Häusern mit Elektrizität oder Gas und Freizeiteinrichtungen konnten Tausende afroamerikanischer Familien in einer Umgebung leben, die sie bis dahin nicht gekannt hatten.

Im Auftrag der Public Works Administration und ähnlicher Behörden wurden zahlreiche Krankenhäuser und andere öffentliche Gebäude für Schwarze gebaut. Der Bund gewährte über diese Behörden in Zusammenarbeit mit Kommunen und Einzelstaaten Zuschüsse für den Bau von schwarzen Colleges, Spielplätzen, Gemeindezentren und ähnlichem. Trotz der Vertragsbestimmungen, die die Beschäftigung eines bestimmten Prozentsatzes afroamerikanischer Arbeiter beim Bau dieser Gebäude vorschrieb, wurden diese Klauseln oft ignoriert. In einigen Städten, wo weit mehr als ein Dutzend Gebäude mit öffentlichen Mitteln gebaut wurde, stellte man überhaupt keine Afroamerikaner ein. In anderen Städten wurden zumindest einige schwarze Arbeiter beschäftigt. Nur in sehr wenigen Fällen konnten Afroamerikaner Beschäftigung in vollem Umfang durchsetzen, so wie sie ihnen laut Verträgen zustand.

In den schwärzesten Tagen der Wirtschaftskrise waren weder der Staat noch die Wirtschaft in der Lage, einer ausreichenden Anzahl von Menschen einen Arbeitsplatz anzubieten und so die Not der Arbeitslosen wirklich zu lindern. Die Federal Emergency Relief Administration und später die Works Progress Administration (umbenannt in Work Projects Administration WPA) sorgten für Unterstützung in Form von Naturalien, Nahrung, Kleidung, Restbeständen von Gebrauchsgütern und von Arbeit. Man war eher bereit, Afroamerikaner bei der materiellen Unterstützung als bei der Arbeitsbeschaffung fair zu behandeln. Die Richtlinien der WPA wurden je nach Ort so unterschiedlich gehandhabt, daß eine allgemeine Aussage über die Behandlung von Schwarzen unmöglich ist. In einigen Orten fanden Schwarze als Freiberufler, Akademiker und in Bürotätigkeiten Beschäftigung. So konnten afroamerikanische Schauspieler, Schriftsteller und Künstler in Städten wie New York und Chicago im Rahmen der WPA weiterarbeiten. In einigen anderen Orten war es selbst für ungelernte Schwarze unmöglich, irgendwelche Unterstützung von einer der Sozialbehörden zu bekommen. Die Unterschiede im Lohn waren in einigen Städten und Gemeinden groß, und die zuständigen Beamten meinten nicht, dies rechtfertigen zu müssen. Nichtsdestotrotz verdankten mehr als eine Million Schwarzer im Jahr 1939 ihren Lebensunterhalt der WPA, und damit waren diese und ähnliche Sozialbehörden als Einkunftsquellen so wichtig geworden, daß sie nur von der Landwirtschaft und Anstellungen in Privathaushalten übertroffen wurden.

Als 1935 der Social Security Board eingerichtet wurde, wurden damit in einer Vielzahl von Berufen Regelungen für die Altersversorgung und Arbeitslosenunterstützung geschaffen. Da Landarbeiter und Hausangestellte nicht darunter fielen, kam ein enorm hoher Anteil der Schwarzen nicht in den Genuß der im Gesetz vorgesehenen Unterstützungsleistungen. Selbst das Programm der Altersversorgung tendierte – besonders im Süden – dazu, schwarzen Senioren geringere Summen zu bewilligen als weißen.

Obwohl es im Süden bei der örtlichen Vergabe der meisten New-Deal-Maßnahmen offene Diskriminierung von Afroamerikanern gab, kam es doch zu Fortschritten beim Abbau traditioneller Diskriminierungsmuster. Vielen führenden Südstaatlern war der New Deal zuwider, weil er zu viel Macht in Washington konzentrierte. Außerdem verringerte er die Not vieler Weißer und Schwarzer, deren Armut die Grundlage der politischen Karriere vieler weißer südstaatlicher Politiker war, und ab und zu erzwang er sogar die Gleichbehandlung bei der Vergabe von Unterstützungsleistungen. Sie konnten sich jedoch einen Bruch mit der Administration und Roosevelt kaum leisten, weil sie bundesweit nur dann Macht hatten, wenn sie den Vorsitz in Kongreßausschüssen innehatten und in der Parteipolitik mitreden konnten. So legten sie bei den liberalen Maßnahmen des New Deal, jedenfalls meistens, zwangsläufig Lippenbekenntnisse ab und schlossen in vielen Punkten Kompromisse. Die Einstellung hochqualifizierter Schwarzer in den Regierungsdienst in Washington und in Bundesbehörden im Süden vermittelte weißen Südstaatlern eine völlig neue Erfahrung im Umgang mit Schwarzen. Die Folgen aus dieser neuen Erfahrung konnten erst Jahre nach dem Ende des New Deal ermessen werden.

Arbeitslose, im Elend lebende Afroamerikaner konnten nicht immer warten, bis der New Deal sie mit dem Lebensnotwendigsten versorgte. Manchmal setzten sie alle Kräfte ein, über die sie verfügten, um Arbeit und Unterstützung zu bekommen. 1929 gründete Albon Holsey von der National Negro Business League die Colored Merchants Association, die Läden in New York eröffnete und alle Waren genossenschaftlich einkaufte. Die Afroamerikaner wurden dazu aufgefordert, in diesen Läden zu kaufen, weil dadurch Arbeitsplätze für Schwarze geschaffen wurden. Diese Läden bestanden jedoch weniger als zwei Jahre während der schlimmsten Wirtschaftskrise. Kurz danach begann die Bewegung Jobs for Negroes in St. Louis ernsthaft mit ihrer Arbeit, indem die Urban League einen Boykott gegen eine von Weißen geführte Ladenkette durchführte, deren Kunden fast ausschließlich Schwarze waren, auf deren Gehaltslisten jedoch keine Schwarzen standen. Die Bewegung weitete sich aus auf Pittsburgh, Chicago, Cleveland und andere Städte im Mittelwesten, und viele Afroamerikaner fanden Arbeit, weil auf weiße Unternehmer in schwarzen Vierteln Druck ausgeübt wurde. Die mächtigste Kampagne wurde in New York durchgeführt, wo Afroamerikaner 1933 die Citizens' League for Fair Play gründeten. Unter der Leitung des Reverend John H. Johnson versuchte die Liga, weiße Kaufleute zur Beschäftigung schwarzer Angestellter zu bewegen. Als seine ersten Bemühungen scheiterten, ging er dazu über, vor den Geschäften Boykottdemonstrationen zu organisieren und an die Schwarzen mit dem Motto: »Kauft nicht, wo ihr nicht arbeiten dürft!« zu appellieren. An Straßenecken redeten Schwarze energisch auf die Passanten ein und riefen ihnen die Ungerechtigkeit von Weißen, die die Einstellung Schwarzer ablehnten, ins Bewußtsein. Die Emotionen schlugen hoch, und die Bewegung geriet fast außer Kontrolle, als einige aus der Situation Nutzen zogen, um ihre eigenen Interessen durchzusetzen. Die Kampagne führte dazu, daß Hunderte von Afroamerikanern eine Anstellung in Geschäften in Harlem und in Dienstleistungsbetrieben wie den Telefon-, Elektrizitäts- und Busgesellschaften erhielten.

1935 führte der Unmut gegen weiße Ladenbesitzer und Vermieter in Harlem zu größeren Rassenunruhen. Ein afroamerikanischer Jugendlicher wurde dabei erwischt, als er ein kleines Messer vom Ladentisch eines Geschäfts an der 125. Straße stahl. Er konnte abhauen, aber es gingen Gerüchte um, daß er zu Tode geprügelt worden sei. Gruppen von Schwarzen bildeten sich und beschimpften die brutale Polizei und die weißen Kaufleute, daß sie bei Einstellungen diskriminierten. Der Mob warf Schaufenster ein und räumte die Regale leer. Die Unruhen dauerten bis in die Nacht des 19. März. Drei Schwarze wurden getötet, 200 Schaufenster eingeschlagen und Schaden von mehr als 2 Millionen Dollar verursacht. Die Stadt war zugleich wütend und beschämt. Bürgermeister La Guardia setzte einen gemischtrassigen Ausschuß zur Lage in Harlem ein.

Afroamerikaner stehen für Sozialhilfe an. 1937 machte Margaret Bourke-White dieses Photo von arbeitslosen Afroamerikaner, die bei der Lebensmittelausgabe Schlange stehen. *(Margaret Bourke-White, Life Magazine, 1937 Time, Inc.)*

Ein Stab von Ermittlern unter Leitung von E. Franklin Frazier untersuchte die Gründe für die Unruhen und kam zu dem Schluß, daß die Gesetzesverstöße durch »Unmut über die Rassendiskriminierung und Armut inmitten des Überflusses« ausgelöst worden waren. Es gab zu wenig Unterstützung durch private oder staatliche Stellen, um die Welle sozialer Unruhen in Harlem und anderen Schwarzenvierteln einzudämmen. Die Boykottdemonstrationen und andere Maßnahmen gingen weiter. Die Schwarzen wurden durch ein Urteil des Obersten Bundesgerichts im Jahr 1937 sehr ermutigt, das Boykottposten vor Geschäften, die die Einstellung von Afroamerikanern ablehnten, zu einer legalen Methode erklärten, um Abhilfe zu schaffen.

Die schwarze Arbeiterschaft und die Gewerkschaften

Die Weltwirtschaftskrise war für die Arbeiterbewegung in den Vereinigten Staaten eine außerordentlich problematische Phase, und die afroamerikanischen Arbeiter, die selbst in den Tagen der Prosperität große Schwierigkeiten gehabt hatten, standen jetzt bei der Arbeitssuche vor fast unüberwindlichen Barrieren. Abschnitt 7(a) des National Industrial Recovery Act bestimmte, daß Arbeitnehmer das Recht haben sollten, sich zu organisieren und kollektiv durch ihre gewählten Vertreter mit den Arbeitgebern zu verhandeln, ohne »Einmischung, Einschränkung oder Zwangsmaßnahmen der Arbeitgeber«. Der National Labor Board wurde eingesetzt, um diese Gesetzesbestimmungen durchzusetzen. Während es selbst der normale weiße Beschäftigte sehr schwierig fand, höhere Löhne auszuhandeln und seine Stelle zu behalten, war es für schwarze Arbeiter fast unmöglich. Noch immer galten die diskriminierenden Richtlinien der wichtigsten Gewerkschaften, und die Mehrheit der schwarzen Arbeiter befand sich deshalb außerhalb aller Schutzbestimmungen von Abschnitt 7(a). 1935 sicherte und stärkte der Wagner Act den weiteren Bestand des National Labor Relations Board (NLRB) auf Dauer, das ein Jahr zuvor an die Stelle des NLB getreten war. Es stellte klare Regeln für Tarifverhandlungen auf und richtete 22 regionale Ausschüsse ein, um Wahlen in der Industrie durchzuführen und die Gruppe der Arbeitnehmer zu bestimmen, die mit den Arbeitgebern verhandeln konnte. Ihm wurden darüber hinaus weitreichende Kompetenzen zur Regelung von Arbeitskämpfen und zur Beendigung von Streiks übertragen. Es war tatsächlich die »Bill of Rights«, die Grundrechtserklärung der Gewerkschaften, womit die schwarzen Arbeiter die Barrieren einreißen konnten, die sie aus den Gewerkschaften ausschlossen, so sahen sie einer neuen Zeit der Sicherheit und Prosperität durch die Inanspruchnahme dieser Rechte entgegen.

1938 verabschiedete der Kongreß den Fair Labor Standards Act, besser bekannt als Gesetz über gerechten Lohn und gerechte Arbeitszeit. Es war ein weiterer Schritt auf dem Weg zur Emanzipation der Arbeiter. Er legte einen Mindeststundenlohn von 25 Cents fest, der 1945 auf 40 Cents erhöht werden sollte, und eine maximale Arbeitszeit von 40 Wochenstunden, alle Überstunden sollten eineinhalbfach bezahlt werden. Während etwas mehr als eine Million Afroamerikaner von den Bestimmungen betroffen war, galt es für mehrere Millionen nicht, da, wie beim Social Security Act, Arbeitnehmer in der Landwirtschaft und im Haushalt ausgeschlossen blieben. Und natürlich blieb das Gesetz auch für die Schwarzen bedeutungslos, die in den Industrien, in denen es galt, keine Arbeit finden konnten.

A. PHILIP RANDOLPH FORDERT EINEN NEUANFANG –
A NEW DEAL – 1937

... immer mehr Menschen begreifen ganz richtig, daß die Aufgabe, volle staatsbürgerliche Rechte für die Negerbevölkerung zu erlangen, weitgehend Sache der Neger selbst ist. Die Zusicherung voller Bürgerrechte für [den] Afroamerikaner ist die Pflicht und Verantwortung des Staates, aber sie für sich selbst zu sichern ist Aufgabe des Negers und der Gewerkschaften, der fortschrittlichen und liberalen Kräfte im Land. Die Freiheit bekommt man nie, man muß sie erringen. Und die Negerbevölkerung muß ihre Freiheit selbst erkämpfen. Sie muß Gerechtigkeit für sich erwirken. Das bedeutet Kampf, permanenten Kampf.
Wirkliche Befreiung kann nur erreicht werden und erhalten bleiben, wenn die Negerbevölkerung Macht besitzt, und Macht ist das Ergebnis und die Ernte der Organisation – Organisation der Massen, der Massen in Betrieben und Bergwerken, auf den Farmen und in den Fabriken, in Kirchen, studentischen Verbindungen, zu Hause, in den Colleges, in Frauenvereinen, Studentengruppen, Gewerkschaften, Mietervereinigungen, Genossenschaften, politischen Organisationen und Bürgerrechtsvereinigungen.

A. Philip Randolph, »The Crisis of the Negro and the Constitution,« in: *Official Proceedings, Second National Negro Congress, 1937*, in: August Meier et al. Hrsg, *Black Protest Thought in the Twentieth Century* (New York, 1965), S. 206

Um weißen Arbeitnehmern während der Wirtschaftskrise ihre Arbeitsplätze zu sichern, hielten die Gewerkschaften an ihren Ausschlußbestimmungen entschiedener fest als jemals zuvor. Die Masse der Afroamerikaner, die Arbeit fanden, gehörten zu den ungelernten oder angelernten Arbeitern, die kaum oder gar nicht gewerkschaftlich organisiert waren. Sie waren außerhalb des Schutzes, den das NLRB den Arbeitern gewährte. Nur wenige Gewerkschaften organisierten, wie die United Mine Workers, alle Arbeiter einer bestimmten Industrie in einer Gewerkschaft, und nur diese hatten seit ihrer Gründung im Jahr 1890 die gewerkschaftliche Organisierung und Mitwirkung der afroamerikanischen Arbeiter gefördert. 1934 war selbst ein großer Teil der weißen Arbeiter zu der Überzeugung gelangt, daß die Arbeiterbewegung in den Vereinigten Staaten nur Erfolg haben konnte, wenn sie die Arbeiter in den Massengüterindustrien gewerkschaftlich organisierte, wo Hunderttausende, ja Millionen Männer und Frauen beschäftigt waren. William Green, der Präsident der American Federation of Labor, hatte zwar verkündet, daß er 25 Millionen Arbeiter gewerkschaftlich organisieren wolle, aber er hatte kläglich versagt. Inzwischen verlangten starke Kräfte in der American Federation of Labor, daß die Massengüterindustrien gewerkschaftlich organisiert werden müßten, und zwar in Industriegewerkschaften und nicht in Fachgewerkschaften.

1935 wurde ein Industriezweig, unter der Führung von John Lewis von den United Mine Workers, energischer in seiner Forderung und berief, als die American Federation of Labor unnachgiebig blieb, am 9. November 1935 einen Kongreß ein, auf dessen Grundlage das Committee for Industrial Organisation entstand. Selbst nach der Gründung der CIO versuchte Lewis, die American Federation of Labor noch zu zwingen, die gewerkschaftliche Organisierung von Massengüterindustrien auf der Grundlage der Facharbeit zu fördern, aber die ältere Organisation wies sämtliche Angebote von Lewis zurück, selbst 500 000 Dollar, die er zur Finanzierung einer derartigen Kampagne anbot. Der Bruch mit der American Federation of Labor war damit endgültig, und die CIO machte Pläne, die Kampagne allein durchzuführen. Mit den Mitteln seiner eigenen Mitgliedsgewerkschaften, darunter den United Mine Workers, den Amalgamated Clothing Workers und den International Ladies' Garment Workers (ILGW), begann die CIO, die Massengüterindustrien gewerkschaftlich zu organisieren. Von Anfang an machte die CIO klar, daß sie die Arbeiter unabhängig von ihrer Rasse organisieren wollte. Als das Steel Workers Organizing Committee (SWOC) 1936 damit begann, die Arbeiter in der Stahlindustrie gewerkschaftlich zu organisieren, schickten die United Mine Workers viele ihrer afroamerikanischen Anwerber in das SWOC. In manchen Orten traten die Schwarzen begeistert in die Gewerkschaft ein, in anderen waren sie aufgrund ihrer bitteren Erfahrungen skeptisch, sie hatten gelernt, Gewerkschaften gegenüber mißtrauisch zu sein. Die National Urban League und andere Organisationen der Schwarzen forderten die afroamerikanischen Stahlarbeiter auf, der Mitgliedsgewerkschaft der CIO beizutreten. Schließlich trat die überwiegende Mehrheit der schwarzen Arbeiter in das SWOC ein, und als die großen Stahlunternehmen 1937 nachgaben und bereit waren, mit der CIO im Rahmen des National Labor Relations Board zu verhandeln, profitierten Tausende schwarzer Arbeiter von den Lohnerhöhungen, die der Tarifvertrag brachte.

In der Fleischwarenindustrie, in der bereits viele Afroamerikaner beschäftigt waren, schrieben sich bei den Chicagoer Ortsgruppen der Amalgamated Meat Cutters and Butcher Workmen 5000 Mitglieder neu ein, nachdem der Einheitstarifvertrag unter dem NRA angenommen worden war. Ähnlichen Zulauf hatte die Gewerkschaft in Kansas City und St. Louis. Als die Gewerkschaft Anzeichen von Schwäche zeigte, besonders nach dem Ende des NRA, traten viele Schwarze aus. 1936 versuchte die CIO mit ihrer United Packing House Workers' Industrial Union, die Arbeiter dieses Industriezweigs gewerkschaftlich zu organisieren, aber diese Bemühungen hauchten der älteren Gewerkschaft neues Leben ein. Obwohl die CIO-Gewerkschaft, die viele schwarze Mitglieder hatte, beachtliche Erfolge verzeichnen konnte, war der Konkurrenzkampf hart, und jeder der Gewerkschaftsdachverbände hatte eine Gewerkschaft in der Fleischwarenindustrie.

In der Bekleidungsindustrie hatten die Ladies' Garment Workers Union und die Amalgamated Clothing Workers schon lange eine liberale Politik in der gewerkschaftlichen Organisierung von schwarzen Arbeitern und Arbeiterinnen verfolgt. Während relativ wenige Schwarze in der Bekleidungsindustrie beschäftigt waren, gehörte die Mehrheit von ihnen zu einer der beiden Gewerkschaften, wobei die ILGWU mehr Mitglieder hatte. Als die CIO gegründet wurde, wurde das Programm der Gleichbehandlung von Arbeitern weiter ausgebaut, und was die Gleichbehandlung ihrer Mitglieder anging, waren die CIO-Gewerkschaften vorbildlich. Dagegen hatten Afroamerikaner in der Textilindustrie weder in Fabriken im Norden noch im Süden große Chancen, Arbeit zu bekommen. Die CIO-Gewerkschaft, Textile Workers Union, begann mit der gewerkschaftlichen Organisierung der Arbeiter, hatte aber, außer im Norden, nur geringe Erfolge. In den Gewerkschaften von Virginia und North Carolina existierten getrennte weiße und schwarze Ortsgruppen, es waren wohl die einzigen CIO-Gewerkschaften, in denen es eine derartige Regelung gab. Als die CIO sich auf diese Konzession gegenüber ihrer sonstigen Politik einließ, tat sie das, um die äußerst schwierige Aufgabe realistisch in Angriff zu nehmen, die Arbeitnehmer einer Branche zu organisieren, in der die weißen Arbeiter traditionell die Arbeitsplätze ausschließlich für sich beanspruchten.

1940 waren 30 Prozent aller Hafenarbeiter in den Vereinigten Staaten Afroamerikaner, weil Weiße auf den Kais nicht arbeiten wollten. Seit ihrer Gründung im Jahr 1892 hatte die International Longshoremen's and Warehousemen's Association (ILA), eine Mitgliedsgewerkschaft der AFL, die in den Häfen am Atlantik und am Golf beherrschend war, die Rassendiskriminierung abgelehnt. Mehrere ihrer Vizepräsidenten waren Schwarze gewesen, aber in einigen Häfen gab es getrennte schwarze und weiße Ortsgruppen. 1937 wurde die International Longshoremen's and Warehousemen's Union an der Westküste gegründet und trat der CIO bei. Anfangs schienen ihr afroamerikanische Arbeiter nicht willkommen zu sein, aber nach dem Streik von 1934 machte ihr Gewerkschaftsführer Harry Bridges deutlich, daß schwarze Arbeiter in der IL&WU gleiche Rechte hätten. Es wurden besondere Antidiskriminierungsausschüsse gebildet, die darauf achten sollten, daß kein Arbeiter wegen seiner Rasse oder Hautfarbe entlassen oder eingeschüchtert werden sollte. Mehrfach versuchte die IL&WU, auch die Hafenarbeiter in den Atlantik- und Golfhäfen zu organisieren, doch war dem wenig Erfolg beschieden, weil die ILA eine recht befriedigende Gewerkschaftspolitik verfolgte. Einige Beobachter meinten, daß die deutliche Politik der Westküstengewerkschaft gegen jede Diskriminierung eine heilsame Wirkung auf die Politik der ILA hatte.

Bereits im Ersten Weltkrieg hatten die Afroamerikaner sich energisch Einlaß in die Automobilindustrie verschafft. Und trotzdem gab es 1940 erst 20 720 schwarze Automobilarbeiter, das waren 3,8 Prozent der gesamten Belegschaft. Danach stiegen Anzahl und Anteil der Afroamerikaner in dieser Branche beträchtlich. Außer im Ford-Werk in River Rouge waren die Afroamerikaner in der Automobilindustrie überwiegend als ungelernte Arbeiter beschäftigt. Die gewerkschaftliche Organisierung von Automobilarbeitern war hauptsächlich das Werk der CIO, und da die schwarzen Arbeiter dieser Branche keiner Fachgewerkschaft angehörten, hatten sie Glück, daß eine Gewerkschaft, die dem Industrieprinzip verpflichtet war, die Arbeiter organisierte. Die United Automobile Workers der CIO konnten alle großen Automobilhersteller zwingen, sie als gesetzlichen Tarifvertragspartner für die Arbeiter anzusehen, wobei die Ford-Werke erst 1941 nach einem erbitterten Kampf kapitulierten. Obwohl einige weiße Mitglieder den Kampf der Gewerkschaft für die Chancengleichheit schwarzer Arbeiter in der Automobilindustrie ablehnten, setzte die Gewerkschaft ihren Kampf fort. Die neuen Einstellungschancen, die der Krieg für Afroamerikaner in der Automobilindustrie eröffnete, brachten zahlreiche soziale und wirtschaftliche Probleme mit sich, besonders im Gebiet von Detroit, die durch Blutvergießen keineswegs alle gelöst wurden.

Beträchtliche Fortschritte wurden bei der gewerkschaftlichen Organisierung von Afroamerikanern in anderen Industriezweigen gemacht. In der Tabakindustrie, im Baugewerbe und in der Flugzeugindustrie zum Beispiel wurden Schwarze nun in die Gewerkschaften aufgenommen. Die CIO lehnte zumeist nachdrücklich die Diskriminierung aufgrund der Rasse ab, und auch wo sie keinen besonderen Erfolg bei der Mitgliederwerbung hatte, etwa bei den Tabakarbeitern, fand ihr Einsatz von schwarzen Anwerbern und die Wahl von schwarzen Funktionären großen Anklang unter den Schwarzen. Die Haltung des CIO-Ausschusses, Committee to Abolish Racial Discrimination, und das liberale Programm des Political Action Committee gab Afroamerikanern neue Hoffnung. Sie standen Gewerkschaften nicht mehr *per se* mißtrauisch gegenüber und schlossen sich Streikvorhaben mit ebensoviel Begeisterung an wie andere Arbeiter. Ein Gefühl der Sicherheit und Zugehörigkeit breitete sich unter schwarzen Arbeitern aus, und das war wohl eine der bedeutendsten Errungenschaften in ihrem Kampf um Integration in die amerikanische Gesellschaft.

20. KAPITEL

DAS AMERIKANISCHE DILEMMA

Trends im Bildungswesen

Im 20. Jahrhundert waren die Afroamerikaner ebenso intensiv an Bildung interessiert wie unmittelbar nach der Emanzipation aus der Sklaverei. Nun übernahmen Staat und Öffentlichkeit verstärkt die Verantwortung, die früher Philanthropie und Selbsthilfegruppen getragen hatten. Der Triumph der weißen Vorherrschaft – der *white supremacy* – bedeutete jedoch, daß Schwarze auch nicht annähernd gleiche Bildungschancen erhielten. Die Anzahl afroamerikanischer Schüler stieg stetig. 1880 besuchten 714 884 schwarze Schüler Schulen in Alabama, Arkansas, Florida, Georgia, Louisiana, Mississippi, North und South Carolina, Tennessee und Texas. Bis 1910 war die Zahl auf 1 426 102 Schüler gestiegen, und 1930 besuchten 1 893 068 Schülerinnen und Schüler eine Schule. In denselben Staaten wuchs die Zahl der weißen Schüler noch schneller, was eine entsprechende Bevorzugung bei der Verteilung von Geldern an die Schulen für Weiße nach sich zog und den Schwarzen eine angemessene Ausstattung und gutausgebildete Lehrer vorenthielt. 1899 hatte das Oberste Bundesgericht der permanenten Diskriminierung der Schwarzen im Bildungswesen den Boden bereitet. Im Fall *Cumming gegen School Board of Richmond County, Ga.* verkündete Richter John Marshall Harlan das einstimmige Urteil des Gerichts, das es ablehnte, Schwarzen, deren Oberschule durch Beamte des Bezirks geschlossen worden war, Unterstützung zu gewähren, während in zwei Oberschulen für Weiße der Unterricht stattfand. In der ersten Hälfte des 20. Jahrhunderts besuchten afroamerikanische Kinder, wenn sie überhaupt zur Schule gingen, armselige und kleine Schulen mit einem kurzen Schuljahr und krassen Unzulänglichkeiten im Unterrichtsprogramm.

Die Abwanderung vieler Afroamerikaner vom Land in die Städte brachte wesentlich bessere Bildungschancen mit sich. In den Städten gab es höhere zu versteuernde Einkommen, und diese Steuereinkünfte wurden bisweilen für Bildungszwecke zur Verfügung gestellt. Die größere Bevölkerungsdichte in den Städten reduzierte darüber hinaus die Pro-Kopf-Kosten für die Schulbildung, selbst wenn manche Unzulänglichkeiten bestehen blieben. Schließlich bestanden in den Städten bessere Chancen, unterschiedliche Steuerarten zu erheben, und damit stiegen auch die Möglichkeiten, einen Teil dieser Gelder an die Schulen für Schwarze zu verteilen. Das soll nicht heißen, daß die Schwarzen einen angemessenen Anteil des Schuletats in irgendeinem der Südstaaten erhielten. Um 1900 hatte jeder Staat im Süden Gesetze verabschiedet, die getrennte Schulen für Schwarze und Weiße vorsahen, und im Lauf der Jahre machten die Gerichte klar: obwohl das Gesetz nicht ausführte, daß die Schulen für beide Rassen gleich sein müßten, es von der Gleichheit ausgehe. Im Süden ging die Schaffung gleicher Bildungsmöglichkeiten überall zögernd voran; meistens wurde der Grundsatz der Gleichheit bewußt mißachtet.

Nichts war zählebiger in der ersten Hälfte des 20. Jahrhunderts als der Unterschied in der Geldsumme, die für die Schulbildung von weißen Kindern und die von schwarzen Kindern ausgegebenen wurde. Tatsächlich wurde die Diskrepanz in vielen Fällen mit der Zeit immer größer. Im Jahr 1900 wurden zwei Dollar für die Schulbildung von Schwarzen im Süden ausgegeben und drei Dollar für Weiße; aber 1930 waren es sieben Dollar für Weiße und zwei Dollar für Schwarze. Im Schuljahr 1935/1936 betrugen die laufenden Ausgaben für einen weißen Schüler in zehn Südstaaten durchschnittlich 37,87 Dollar, während sich die Ausgaben für einen schwarzen Schüler auf durchschnittlich 13,09 Dollar beliefen. Bei den zusätzlichen Leistungen und Hilfsmitteln für Schulen wie Schulbussen, visuellen Hilfsmitteln, Labormaterialien, modernen Gebäuden usw. waren die Unterschiede sogar noch größer. In North Carolina z. B., wo man der Schulbildung der Afroamerikaner schon immer stärkere Beachtung geschenkt hatte als in den meisten anderen Südstaaten, wurde 1929/1930 mehr Geld für Schulbusse für weiße Kinder ausgegeben als für neue Schulen für schwarze Kinder.

Die Arbeit des Julius Rosenwald Fund unterstützte den Bau neuer Schulgebäude für Afroamerikaner im Süden und verhalf ihnen zu besseren Einrichtungen. Zwischen 1913 und 1932 förderte der Fonds den Bau von mehr als 5000 Schulgebäuden für afroamerikanische Schüler in 15

Südstaaten. Schätzungsweise 64 Prozent der Ausgaben von 28 Millionen Dollar stammten aus Steuergeldern, 15 Prozent wurden vom Rosenwald-Fonds gestiftet, 4 Prozent stammten von interessierten Weißen, und 17 Prozent kamen aus einer »Flut kleiner Beiträge der Neger selbst – ein überzeugender Beweis für den Wunsch der Mitglieder dieser Rasse, ihren Kindern eine Schulbildung« zu ermöglichen. Und trotzdem betrug der Wert der Schulkomplexe für Afroamerikaner – Gelände, Gebäude und Ausrüstung – pro Schüler weniger als ein Fünftel des Pro-Kopf-Werts der Schulen für Weiße.

Nur bei den Gehältern der Lehrer hatte sich der Unterschied zwischen schwarzen und weißen Bildungseinrichtungen 1945 bemerkenswert verringert. In vielen Fällen konnte die Gleichbehandlung erst vor Gericht erstritten werden, nachdem die jeweilige Schulbehörde sich heftig dagegen gewehrt hatte. Mehrere Landkreise und städtische Bezirke in Virginia, Maryland und South Carolina glichen die Gehälter von weißen und schwarzen Lehrern einander an, nachdem die Klage entweder erhoben oder angedroht worden war. 1940 entschied der Richter am Circuit Court of Appeals der Vereinigten Staaten John J. Parker in einem Fall aus Norfolk, Virginia, daß zweierlei Maß bei Lehrergehältern aufgrund der Rasse der Betroffenen eine verfassungswidrige Diskriminierung darstellten. Obwohl dieses Urteil in dem unmittelbar betroffenen Landkreis die Gleichstellung erzwang, kam es nicht überall im Süden zur Angleichung der Gehälter als Ergebnis der Parker-Entscheidung. 1944 schloß North Carolina sein Programm der stufenweisen Angleichung ab und verkündete stolz, daß es ohne Einschaltung von Gerichten die Gleichstellung erreicht hatte.

Während das Bildungssystem überall im Land unter der Weltwirtschaftskrise litt, waren die Schulen für Schwarze in den Südstaaten besonders hart betroffen. Der Bau neuer Schulgebäude kam fast völlig zum Erliegen, die Einsparungen bei Lehrerstellen erreichten einen Punkt, an dem ein sinnvoller Unterricht praktisch unmöglich wurde, und die ohnehin niedrigen Gehälter wurden noch weiter gekürzt. Die Südstaaten kürzten die Ausgaben für schwarze Schulen mindestens im gleichen Verhältnis, wenn nicht proportional stärker als für weiße Schulen. Obwohl keine Gemeinde im Süden den Bildungsetat kürzen konnte, ohne den Erfolg ihres Programms ernstlich zu gefährden, hatte auch die geringste Etatkürzung bei afroamerikanischen Bildungseinrichtungen zur Folge, daß nun das absolute Minimum des Programms einschließlich der Lehrer weggekürzt wurde.

Mit der Migration der Schwarzen in den Norden im 20. Jahrhundert, besonders während und nach dem Ersten Weltkrieg, wurden schwarze Kinder gezwungen oder zumindest aufgefordert, Schulen mit überwiegend schwarzen Schülern zu besuchen. Das war nicht allzu schwierig, denn in den meisten Orten lebten die Schwarzen in separaten Vierteln. Wenige Einzelstaaten folgten dem Beispiel von New York, das schon 1900 getrennte Schulen verbot. Die meisten Nordstaaten wollten gesonderte Schulen für Schwarze einrichten, besonders, wenn weiße Wohltäter und betuchte Eltern Druck auf die Schulbeamten ausübten. In mehreren Staaten im Norden, wie in New Jersey, Ohio, Illinois und Indiana, gab es sowohl getrennte Schulen als auch einige integrierte Schulen. In Kansas und Arizona waren nach Rasse getrennte Schulen nur im Grundschulbereich vorgeschrieben, aber in beiden Staaten hatten mehrere Gemeinden auch getrennte Schulen im Sekundarbereich. In Großstädten wie in Gary und Indianapolis, Indiana, wo getrennte Oberschulen eingerichtet worden waren, waren die für Afroamerikaner gebauten Schulen modern und in fast allen Details adäquat. Deshalb meinten manche Beobachter, daß man beim Bau von Schulen für Schwarze in solchen Gemeinden besondere Sorgfalt walten ließ, damit diese nicht merkten, daß ihnen eine gleiche Ausbildung vorenthalten wurde, wenn sie ausschließlich schwarze Bildungseinrichtungen besuchten. Die Tendenz zu verstärkter Rassentrennung stieg, als weiße Schüler mit Streiks begannen und Gewalt anwendeten, um afroamerikanische Schüler am Besuch von integrierten Schulen zu hindern, und weiße Eltern ihre Kinder zu Hause behielten, um die Schulämter zu zwingen, getrennte Schulen für schwarze Schüler einzurichten.

Es ist nicht möglich, die Folgen genau zu bestimmen, die die getrennte und ungleiche Schulbildung für die weiße und für die schwarze Bevölkerung dort hatte, wo sie beibehalten wurde. Nach Rassen getrennte Schulen waren zweifellos eine der stärksten Stützen für das Konzept der weißen Vorherrschaft im Süden. Diese Schulen führten darüber hinaus zum Fortbestand einer Führungsschicht, die nicht nur die Idee getrennter Bildungseinrichtungen nachhaltig vertrat, sondern auch die Beibehaltung wirtschaftlicher und politischer Ungleichheit zwischen der weißen und schwarzen Bevölkerung. Trotz aller Benachteiligungen ging die Zahl der

Analphabeten unter Schwarzen erheblich zurück. 1870 waren mindestens 81 Prozent aller Afroamerikaner über zehn Jahre Analphabeten. 60 Jahre später waren nur 16 Prozent Analphabeten. 1946 machte es sich Ambrose Caliver vom Office of Education des Bundes zur Aufgabe, mit einem Programm auch die letzten Reste des Analphabetentums unter Schwarzen zu beseitigen. Der Rückgang des Analphabetentums war ein deutliches Anzeichen dafür, daß die Afroamerikaner allmählich diese Grundfertigkeiten erwarben und nach einer angemessenen Zeitspanne auch nicht mehr die persönlichen Benachteiligungen ertragen mußten und die Betrogenen derer waren, die sie beherrschen wollten.

Die Zahl überwiegend von Schwarzen besuchter Colleges nahm von einem im Jahr 1854 auf mehr als einhundert im Jahr 1973 zu. Es gab drei Grundtypen: kirchlich gebundene Colleges, privat finanzierte Colleges und staatliche Colleges. Die Zeit der meisten Neugründungen waren die 30 Jahre nach dem Bürgerkrieg, aber auch im 20. Jahrhundert gab es noch eine gewisse Zunahme. Einzelstaaten und Städte gründeten Colleges für Schwarze und übernahmen von den Kirchen teilweise finanzierte Einrichtungen. Ein Beispiel für ein solches Vorgehen war die Übernahme der National Religious Training School in Durham durch North Carolina im Jahr 1923, die 1910 von James E. Shepard gegründet worden war. Der Name wurde abgeändert in North Carolina College for Negroes, welches 1947 wiederum in North Carolina College in Durham und 1970 in North Carolina Central University umbenannt wurde.

Der Besuch von Hochschulen und hochschulähnlichen Einrichtungen durch Afroamerikaner nahm in den Jahren nach dem Ersten Weltkrieg ständig zu. 1933 studierten mehr als 38 000 Schwarze an einem College, 97 Prozent dieser Studenten studierten an Colleges in den Südstaaten. Trotz der Weltwirtschaftskrise, die zu Kürzungen zwang, wurden die Gebäude und Einrichtungen schwarzer Colleges verbessert und besser ausgestattet, und das Lehrpersonal bildete sich mit weiterführenden Kursen fort. Die Probleme der schwarzen Colleges waren damit jedoch nicht gelöst, und mehrere Colleges bewiesen Weitblick in ihrer Planung, als sie ihre Ressourcen zusammenlegten. 1929 schlossen sich Morehouse College, Spelman College und die Atlanta-Universität zum Atlanta-University-System unter dem Präsidenten John Hope zusammen. Wenige Jahre später gaben zwei Institutionen in New Orleans, das Straight College und die New-Orleans-Universität, ihre Eigenständigkeit auf und schlossen sich zur Dillard-Universität zusammen, sie wurde großzügig vom Rosenwald-Fonds und vom General Education Board unterstützt. Die permanenten Kosten waren für die privaten Colleges und Universitäten schon 1943 zu einem so erheblichen Problem geworden, daß 33 von ihnen ihre Spendeneinnahmen zusammenlegten und den United Negro College Fund gründeten. Weiße Philanthropen wie John D. Rockefeller, Jr., Walter Hoving und Thomas A. Morgan unterstützten die jährlichen Multimillionen-Dollar-Spendenkampagnen.

Drei bedeutsame Trends in der Hochschulbildung von Afroamerikanern waren in der zweiten Hälfte des 20. Jahrhunderts erkennbar. Einer war das sprunghafte Ansteigen der Zahl der eingeschriebenen Schwarzen in vornehmlich weißen Colleges und Universitäten. Vor dem Zweiten Weltkrieg war es höchst ungewöhnlich, mehr als ein Dutzend Afroamerikaner in diesen Hochschulen zu finden, die sich ausschließlich im Norden befanden. Seit 1960 stieg die Zahl stetig, und 1970 waren mehr als 378 000 Afroamerikaner in Hochschulen eingeschrieben, die nicht überwiegend von Schwarzen besucht wurden. 1977 gingen 1,1 Millionen schwarze Studenten auf Colleges und Universitäten, das waren 9,3 Prozent aller immatrikulierten Studenten des Landes. Doch schon wenige Jahre später war die Zahl der afroamerikanischen Studenten merklich gesunken. 1984 betrug sie nur noch 993 574, von denen 267 000 Studenten traditionell schwarze Hochschulen besuchten, die noch immer mehr als die Hälfte aller Abschlüsse mit dem »Bachelor«-Grad an afroamerikanische Studenten verliehen.

Die Zahl der Schwarzen in der Leitung und Verwaltung von Hochschulen stieg ebenfalls deutlich. 1945 hatten viele schwarze Colleges, wie Fisk, Tougaloo, Virginia Union, St. Augustine's und Talladega, weiße Präsidenten. 20 Jahre später gab es keinen weißen Präsidenten an einem schwarzen College mehr. Und inzwischen waren immer mehr Schwarze Präsidenten, Vizepräsidenten, Dekane und andere Mitarbeiter in der Hochschulverwaltung an vornehmlich weißen Colleges. 1970 wurde Clifton Wharton der erste afroamerikanische Präsident einer wichtigen weißen Hochschule, als er sein Amt an der Michigan-State-Universität antrat. Acht Jahre später wurde er Präsident (Chancellor) der größten Hochschule des Landes mit 90 Einzelstandorten, der State University von New York. 1976 wurde Mary Frances Berry Präsidentin (Chancellor) der Universität von Colorado, bevor sie im folgenden Jahr nach Washington ging, wo sie Staatssekretärin für Schulen und Hochschulen im Ministerium für Gesundheit, Bildung und Soziales wurde.

Die Zahl der afroamerikanischen Professoren an weißen Colleges und Universitäten nahm ständig zu, weil einerseits die Nachfrage nach Professoren für Black Studies stieg und andererseits mehr schwarze Hochschullehrer an solchen Hochschulen gesucht wurden, an denen die Zahl der schwarzen Studenten zunahm. Ein weiterer Faktor war die Bestimmung des Ministeriums für Gesundheit, Bildung und Soziales aus den 1970er Jahren, daß die Universitäten bei der Einstellung von Hochschullehrern Minderheiten wie die Schwarzen positiv fördern *(affirmative action)* sollten. Anfang der siebziger Jahre bemühten sich viele Colleges und Universitäten aktiv um die Einstellung afroamerikanischer Professoren, um den Forderungen der schwarzen Studenten und der Bundesregierung nachzukommen. Das Bild Hunderter schwarzer Professoren an überwiegend weißen Universitäten im Jahr 1973 bildet einen deutlichen Kontrast zur Stelle eines stellvertretenden Assistenten, die W. E. B. Du Bois 1899 an der Universität von Pennsylvania hatte, und der Stelle von William Hinton an der Harvard Medical School von 1905 bis 1949, die ihn nicht zur Lehre berechtigte und erst kurz vor seinem Ausscheiden in eine Professur umgewandelt wurde. Die meisten schwarzen Professoren wurden allerdings für Black Studies eingestellt, und die Zahl schwarzer Professoren mit einer Anstellung auf Lebenszeit blieb vergleichsweise gering.

Ein Graduiertenstudium jenseits des College-Besuchs zur Qualifikation für die freien Berufe und eine Universitätslaufbahn absolvierten ebenfalls immer mehr Schwarze, die dieses Berufsziel hatten. Anfang des 20. Jahrhunderts war die Ausbildung von Graduierten nur an wenigen Universitäten im Norden und einigen privat finanzierten schwarzen Hochschulen möglich. Nach dem Ersten Weltkrieg legten die Howard-Universität, die Fisk-Universität und die Atlanta-Universität mehr Gewicht auf weiterführende Studien, aber sie konnten Afroamerikanern nicht alle Fachrichtungen anbieten, die sie studieren wollten, und nicht viele Studenten konnten sich ein Studium an einer Universität im Norden leisten, selbst wenn sie zugelassen wurden. Darüber hinaus setzte sich allmählich die Meinung durch, daß der Staat sowohl für Schwarze als auch für Weiße ein Graduiertenstudium etwa in Medizin, Jura, Wirtschaft u. a. anbieten sollte. Mehrere Südstaaten trugen dem Rechnung und stellten seit 1935 Finanzmittel für ein weiterführendes Studium von afroamerikanischen Studenten außerhalb ihres Heimatstaates zur Verfügung. Die Schwarzen waren nun auch bereit, die Einzelstaaten vor Gericht zu zwingen, ihren Verpflichtungen gegenüber afroamerikanischen Bürgern nachzukommen. Schon 1933 versuchte Thomas Hocutt aus North Carolina, die Zulassung zum Pharmaziestudium an der Universität von North Carolina zu bekommen, indem er vor Gericht Klage gegen die Universität erhob. Der Bewerber verlor seine Klage wegen eines Formfehlers, weil er seine Befähigung zur Zulassung nicht einwandfrei nachweisen konnte. 1935 hatte Donald Murray mehr Erfolg und wurde zum Jurastudium an der Universität von Maryland zugelassen. Das Berufungsgericht, Court of Appeals, von Maryland entschied eindeutig, daß es Stipendien, die nur zum Studium in einem anderen als dem Heimatstaat gezahlt wurden, für eine Benachteiligung hielt und deshalb für eine Verletzung des bestehenden Rechts.

Ein wichtiger Schritt für die Zulassung von afroamerikanischen Graduierten, die ein weiterführendes Studium beginnen wollten, war die Entscheidung des Obersten Bundesgerichts im Fall *Missouri ex rel. Gaines gegen Canada, Registratar of the University, et al.* 1936 bewarb sich Lloyd Gaines um einen Studienplatz an der Juristischen Fakultät der Universität von Missouri. Als er nicht zugelassen wurde, erhob er Klage, und als die Einzelstaatsgerichte ihn abwiesen, ging er in Revision vor die Bundesgerichte. In der Entscheidung des Obersten Bundesgerichts von 1938 begründete der Oberste Richter Hughes, daß es die Pflicht des Staates sei, die Bildungschancen aller Bürger institutionell sicherzustellen und zwar *innerhalb des Heimatstaates*. Wenn die Ausbildung zum Juristen für Weiße innerhalb des Einzelstaates ermöglicht werde und für Schwarze nicht, so handele es sich dabei um »die Verweigerung des gesetzlichen Anspruchs auf Gleichheit, ein Privileg wahrzunehmen, das der Staat zur Verfügung stellt; die Maßgabe, daß die Studiengebühren für ein Studium in einem anderen Staat gezahlt werden, hebt diese Diskriminierung nicht auf«.

Das Urteil wurde in den Einzelstaaten, die getrennte Bildungssysteme hatten, bestürzt aufgenommen, und sie bemühten sich, wenn auch widerstrebend, Möglichkeiten für ein Graduiertenstudium an bereits bestehenden Colleges zu schaffen. Missouri gründete eine Juristische Fakultät, Virginia erhöhte die finanziellen Mittel für ein auswärtiges Graduiertenstudium, South Carolina richtete einen Lehrstuhl für Rechtswissenschaften am State Agricultural and Mechanical Institute in Orangeburg ein. Nur Maryland und West Virginia ermöglichten es Schwarzen allmählich, Hochschulen zu besuchen, die vorher ausschließlich weißen Studenten aus diesen Staaten offengestanden hatten.

In den folgenden Jahren ging der Kampf um die Zulassung zum Graduiertenstudium weiter. Der entscheidende Punkt wurde in einer Entscheidung eines einzelstaatlichen Gerichts von Texas klar benannt, daß ein Afroamerikaner, der an der Juristischen Fakultät der Universität von Texas immatrikuliert werden wollte, entweder zugelassen werden mußte oder für ihn eine Rechtsfakultät eingerichtet werden müsse, die im wesentlichen ebenso gut wie die bestehende Fakultät sein mußte. Das Problem hatte bereits die Gouverneure in der Conference of Southern Governors beschäftigt und das Treffen der Dekane, Conference of Deans of Southern Graduate Schools. Letzteres Gremium untersuchte 1945 gründlich, welcher Bedarf bei afroamerikanischen Studenten nach einem Graduiertenstudium bestand. Ihr Interesse an der politischen Situation des Bildungswesens veranlaßte die Dekane zu der Beobachtung, daß Schwarze insgesamt nachdrücklich gleiche Bildungschancen innerhalb der Staaten, in denen sie wohnten, forderten. Das Konzept regionaler Angebote für ein Graduiertenstudium für Afroamerikaner erhielt 1946 sehr viel stärker Unterstützung von Weißen als von Schwarzen.

1946 erreichten die Auseinandersetzungen eine kritische Dimension, als Ada Sipuel ihre Zulassung an der Juristischen Fakultät der Universität von Oklahoma beantragte. Als das Oberste Bundesgericht anordnete, daß der Staat Oklahoma die nötigen Einrichtungen für die Studentin schaffen müsse, richtete das Kuratorium der Universität eine getrennte Juristische Fakultät für sie ein. Ada Sipuel weigerte sich, an dieser Einrichtung zu studieren, die innerhalb von zwei Wochen eingerichtet worden war, ging wiederum vor Gericht und wurde schließlich 1949 an der Rechtsfakultät der Universität immatrikuliert. In der Zwischenzeit hatte ein anderer Schwarzer aus Oklahoma, G. W. McLaurin, die Zulassung zum Graduiertenstudium an der Staatsuniversität beantragt und erreicht. Die Universitätsverwaltung wies ihm getrennte Bereiche in Seminarräumen, in der Bibliothek und in der Mensa zu. Daraufhin klagte McLaurin erneut, und am 5. Juni 1950 ordnete das Oberste Bundesgericht ein Ende derartiger Praktiken der Rassentrennung an. Am gleichen Tag ordnete das Oberste

Gericht an, daß die Juristische Fakultät der Universität von Texas den schwarzen Studenten Heman Sweatt immatrikulieren müsse, ungeachtet der Tatsache, daß Texas eine gesonderte Juristische Fakultät für Afroamerikaner hatte. Es sei für die rein schwarze Juristische Fakultät nicht möglich, erklärte der Oberste Richter Vinson, den Studenten eine der Juristischen Fakultät der Universität gleichwertige Ausbildung anzubieten, da diese einen guten Lehrkörper, eine erfahrene Universitätsleitung, einflußreiche ehemalige Studenten, ein hohes Ansehen in der Gesellschaft, Tradition und Prestige besitze.

Für weiße Südstaatler war das eine erschreckende Abweichung von der »*separate-but-equal*«-Doktrin, der getrennten, aber gleichen Behandlung, wie sie 1896 im Fall *Plessy gegen Ferguson* vom Obersten Bundesgericht ermöglicht worden war. Für die meisten Südstaaten bewies es endgültig, daß das Oberste Bundesgericht im Laufe der Zeit alle öffentlichen Hochschuleinrichtungen für Afroamerikaner öffnen würde. Arkansas hatte seinen ersten Schwarzen bereits 1947 freiwillig zum Studium zugelassen. 1951 schluckte die Universität von Louisville das örtliche Municipal College for Negroes und stellte einen schwarzen Professor ein. Innerhalb weniger Jahre immatrikulierten mehrere Staatsuniversitäten im Süden freiwillig oder nach einem Gerichtsurteil Afroamerikaner.

Sowohl Freunde als auch Gegner der Rassentrennung im Bildungswesen wußten, daß ein erbitterter Kampf im Bereich der Grund- und Oberschulen bevorstand, er ließ nicht lange auf sich warten. Die Befürworter der Rassentrennung hofften, daß sie die Aufnahme von Schwarzen auf weiße Grund- und Oberschulen verhindern oder ihr für unbestimmte Zeit zuvorkommen könnten, indem sie die Schulen für Schwarze gleich ausstatteten. Deshalb gaben Südstaaten, als das Oberste Bundesgericht in der Reihe von Urteilen von der »*separate-but-equal*«-Doktrin abzuweichen begann, fast verzweifelt Geld für die Schulen schwarzer Kinder aus. Innerhalb weniger Jahre standen einige der modernsten Schulen der Vereinigten Staaten in südstaatlichen Gemeinden und waren für afroamerikanische Schüler gebaut worden. Führende Politiker in den Südstaaten versprachen, die Schulen von Weißen und Schwarzen so schnell wie möglich einander anzugleichen.

Die Entschlossenheit des Südens, bessere staatliche Schulen für Afroamerikaner bereitzustellen, ließ nun die Geldmittel in eines der Hauptprobleme der Region fließen, allerdings zu spät und noch immer unzulänglich. Die Schulen für Schwarze waren nicht nur so unzulänglich, daß es Jahre gedauert hätte, bis sie auch nur annähernd einen gleichen Standard erreicht hätten, vielmehr hatte die NAACP 1951 beschlossen, das Prinzip der Rassentrennung selbst als verfassungswidrig und als klaren Verstoß gegen die »grundlegenden ethischen Vorstellungen unserer jüdisch-christlichen Tradition« anzugreifen. Um die Rechtmäßigkeit nach Rassen getrennter Schulen gerichtlich überprüfen zu lassen, brachte die NAACP 1952 fünf Fälle – aus South Carolina, Virginia, Kansas, Delaware und dem District of Columbia – bis vor das Oberste Bundesgericht. Viele andere Organisationen reichten Schriftsätze zur Unterstützung der Position der Schwarzen ein, und der Justizminister der Vereinigten Staaten forderte, daß die »*separate-but-equal*«-Doktrin widerrufen werden müsse. »Rassendiskriminierung«, erklärte er, »gießt Wasser auf die Mühlen der kommunistischen Propaganda, und sie läßt sogar in befreundeten Ländern Zweifel aufkommen, wie ernsthaft wir der Demokratie verpflichtet sind.«

Keine Frage von öffentlichem Interesse für die Vereinigten Staaten weckte wohl im 20. Jahrhundert größere Aufmerksamkeit innerhalb und außerhalb des Landes als die Diskussion darüber, ob nach Rassen getrennte staatliche Schulen verfassungsmäßig seien. Man diskutierte sie auf Podien und in der Presse genauso wie im Obersten Bundesgericht der Vereinigten Staaten. Die Entscheidung des Obersten Gerichts im Fall *Brown gegen Board of Education* am 17. Mai 1954 war völlig eindeutig und einstimmig, das Gericht erklärte nach Rassen getrennte öffentliche Schulen für verfassungswidrig. Der Oberste Richter Earl Warren erklärte im Namen des Gerichts:

> Getrennte Bildungseinrichtungen sind ihrem Wesen nach ungleich. Deshalb entscheiden wir, daß den Klägern und anderen in vergleichbarer Lage, für die diese Klage erhoben worden ist, aufgrund der beklagten Rassentrennung der gleiche, vom 14. Zusatzartikel garantierte Schutz der Gesetze verweigert worden ist.

Der Oberste Richter räumte im folgenden ein, daß die Formulierung der Anordnungen das Gericht vor Probleme von »außerordentlicher Komplexität« stelle, weil die örtlichen Bedingungen sehr unterschiedlich seien und der Anwendungsbereich der Entscheidung enorm groß. Aus diesem Grund lud er die Prozeßparteien, den Justizminister der Vereinigten

Staaten und die Justizminister der Einzelstaaten, die in ihren staatlichen Bildungseinrichtungen die Rassentrennung forderten oder gestatteten, ein, in der nächsten Sitzungsperiode des Obersten Gerichts Vorschläge zu machen, wie eine Neuregelung gewährleistet werden könne.

Die Reaktionen auf die Entscheidung waren unterschiedlich. Aus Einzelstaaten wie South Carolina, Georgia und Mississippi kam der erwartete Widerstand, und die Gouverneure drohten damit, staatliche Schulen eher aufzulösen, als weißen und schwarzen Kindern zu erlauben, dieselbe Schule zu besuchen. Kreuze wurden in einigen Städten von Texas und Florida abgebrannt, und vereinzelte Gruppen von Weißen schlossen sich zusammen, um die Entscheidung zu bekämpfen. Das *Knoxville Journal* mag einige überrascht haben, aber die Zeitung sprach im Namen vieler, als sie schrieb: »Kein Bürger, den sein Charakter und seine Intelligenz befähigen würden, das Amt eines Richters am Obersten Bundesgericht auszuüben und darauf vereidigt zu werden, die Verfassung der Vereinigten Staaten zu schützen, hätte diese Frage anders entscheiden können, als sie entschieden wurde.« Eine Gruppe führender afroamerikanischer Pädagogen begrüßte die Entscheidung wärmstens in einer Stellungnahme mit dem Titel »So zu entscheiden war richtig und moralisch!«, und mehrere kirchliche Gruppen weißer Frauen im Süden erklärten, daß sie diese Entscheidung »voller Demut« akzeptierten.

Ein Jahr später, am 31. Mai 1955, verwies das Oberste Bundesgericht die Fälle an die ursprünglichen Gerichte zurück, »wegen ihrer inhaltlichen Nähe zu den örtlichen Verhältnissen«. Das Oberste Gericht machte jedoch deutlich, daß die unteren Gerichte sich zwar von den Gleichheitsprinzipien leiten lassen sollten, worunter auch eine praxisnahe Flexibilität, Anpassung und Ausgleich staatlicher und privater Bedürfnisse fielen, der vitale Kern der Verfassungsgrundsätze, wie sie in der Entscheidung von 1954 festgelegt worden seien, dürfe diesen gegenüber aber nicht »nachgeben, nur weil man mit ihnen nicht übereinstimmt«. Und es wies die Gerichte an, von den Beklagten zu verlangen, »einen schnellen und vernünftigen Anfang in Richtung auf die volle Einhaltung [des Urteils vom 17. Mai 1954] zu machen«.

Ein Aufschub auf unbestimmte Zeit war damit unmöglich, und die feindselige Reaktion auf die Entscheidung des Obersten Gerichts im Süden war scharf. Der Leitartikel einer Zeitung in Richmond nannte die Richter am Obersten Gericht eine »unfähige Bruderschaft aus Politikern und Professoren« und erklärte, es habe »gegen die Verfassung verstoßen, auf den 10. Zusatzartikel gespuckt und das Grundgesetz des Landes so umgeschrieben, bis es seinen eigenen verschwommenen Vorstellungen von Soziologie entsprach«. Das Parlament eines Einzelstaates verabschiedete einstimmig eine Resolution, in der der Unterricht für Kinder beider Rassen in derselben Schule für unmöglich erklärt wurde. Dagegen nannte der Präsident des Southern Regional Council die Entscheidung »weise, gemäßigt und durchführbar«, während eine Zeitung in South Carolina in einem Leitartikel unter der Überschrift »Wir können nicht gewinnen« schrieb: »Die Rassentrennung schwindet dahin – sie ist schon fast verschwunden. South Carolina und der Rest des Südens können diesen Trend nicht aufhalten.« Selbst wo der Süden nicht gewinnen konnte, war er nicht bereit, seine Niederlage einzugestehen (siehe Kapitel 22).

Eine andere Bildungsmöglichkeit, für die die Schwarzen im 20. Jahrhundert starkes Interesse zeigten, waren die öffentlichen Büchereien. Der Süden hinkte weit hinter dem Rest des Landes hinterher, was die Benutzung seiner Sammlungen und Einrichtungen durch Schwarze anging. Zwischen 1900 und 1910 begann eine Reihe öffentlicher Büchereien im Süden auch für Afroamerikaner zu öffnen, entweder mit einem beschränkten Benutzerstatus in der Zentralbücherei oder durch die Einrichtung von Zweigstellen für Schwarze. 1903 erklärte sich die Cossitt Library von Memphis bereit, einen Bibliothekar und die Bücher zur Verfügung zu stellen, wenn das Lemoyne College einen Raum für afroamerikanische Leser zur Verfügung stellte. Im selben Jahr finanzierte die Carnegie Public Library in Charlotte, North Carolina, die Einrichtung einer separaten Bücherei für Afroamerikaner mit einem eigenen Direktorium. Die Ausdehnung der Benutzerprivilegien auf Schwarze ging im Süden sehr langsam voran. Noch 1935 sollen zum Beispiel erst 83 der 565 öffentlichen Büchereien in 13 Südstaaten auch Afroamerikanern als Benutzern offengestanden haben. Die Hampton Library School bildete den größten Teil der schwarzen Bibliothekare in der Phase ihres Bestehens von 1925 bis 1939 aus. Später erhielten die Bibliothekare ihre Ausbildung an der Atlanta-Universität und am North Carolina College.

Erstaunlicherweise ging aus diesem verwirrenden Bildungssystem für die Afroamerikaner in den Vereinigten Staaten eine ganze Reihe hervorragend ausgebildeter Männer und Frauen hervor, die nach allen denkbaren Kriterien Gelehrte waren. Die meisten von ihnen hatten ihre akademische Ausbildung im Norden und an europäischen Universitäten erhalten, aber viele hatten auch nach Rassen getrennte Colleges und Seminare besucht. Während W. E. B. Du Bois in der Phase unmittelbar nach dem Bürgerkrieg sicher der Pionier unter den afroamerikanischen Gelehrten genannt werden kann, gab es bald zahlreiche andere, mit denen er die Ehre teilen mußte. Seit der Jahrhundertmitte stieg die Zahl der Akademiker in den folgenden Jahren sprunghaft an. Einige schwarze Wissenschaftler publizierten zahlreiche soziologische Werke und genossen hohes Ansehen, darunter George E. Haynes, Charles S. Johnson und E. Franklin Frazier. Zu den Wirtschaftswissenschaftlern gehörten Abram L. Harris und Robert C. Weaver. Einige der angesehensten Sozialwissenschaftler waren Carter G. Woodson, Charles H. Wesley, Rayford Logan, A. A. Taylor, Benjamin Quarles, Ralph Bunche und Kenneth Clark. In den Geisteswissenschaften zählten zu den führenden Persönlichkeiten Alain Locke, J. Saunders Redding, Sterling Brown und Ulysses Lee. Und zur wachsenden Zahl der Gelehrten in den Naturwissenschaften gehörten George W. Carver, Elmer S. Imes, Ernest E. Just, Julian Lewis, William A. Hinton, Percy Julian, Charles Drew und Daniel Hale Williams. In der folgenden Generation wäre die Namensliste zu lang, um sie hier aufzuführen, aber einer, David Blackwell, wurde in die amerikanische Akademie der Wissenschaften berufen.

Afroamerikanische Gelehrte äußerten sich immer öfter, schrieben Beiträge für Fachzeitschriften und veröffentlichten zahlreiche Bücher. Obwohl ihre Arbeiten von zahlreichen weißen wissenschaftlichen Zeitschriften angenommen wurden, hielten sie es für richtig, auf einigen Fachgebieten eigene Zeitschriften zu gründen. 1916 begann die Association for the Study of Negro Life and History (1976 umbenannt in Association for the Stuy of Afro-American Life and History) mit der Veröffentlichung des *Journal of Negro History*, herausgegeben von Carter G. Woodson. Sie blieb viele Jahre lang eine wichtige historische Zeitschrift. 1931 begann das Bureau of Educational Research der Howard-Universität mit der Veröffentlichung des *Journal of Negro Education*, herausgegeben von Charles H. Thompson. Ihr Jahrbuch wurde zu einer der wichtigsten Informationsquellen für historische, soziologische und pädagogische Aspekte der afroamerikanischen Gesellschaft. 1940 gründete W. E. B. Du Bois an der Atlanta-Universität ein Magazin mit dem Titel *Phylon, A Journal of Race and*

Culture, ein wichtiges Organ für die Diskussion vielfältiger Themen unter schwarzen Wissenschaftlern. Auch weiße Wissenschaftler schrieben bereitwillig in all diesen Publikationsorganen. Einige Colleges finanzierten Zeitschriften für afroamerikanische Wissenschaftler, wie den *Quarterly Review of Higher Education Among Negroes* der Johnson-C.-Smith-Universität und das *Negro College Quarterly* der Wilberforce-Universität. Andere Hochschulen veröffentlichten Arbeiten von afroamerikanischen Wissenschaftlern in ihren Bulletins und anderen Publikationen.

Chancen zur Selbstdarstellung

Für schwarze Amerikaner waren die Jahre des New Deal und danach nicht nur eine Zeit, in der sie versuchten zu überleben und Teil der größeren Gemeinschaft zu werden. Es waren Jahre, in denen sie sich ebenso bemühten, ihre eigene Lebensqualität zu verbessern. Sie hatten nie gemeint, daß es nötig sei, den eigenen Geschmack oder Anlässe zur eigenen Selbstdarstellung nur deshalb zu opfern, um dem zu entsprechen, was »andere« von ihnen erwarteten. Selbst als Sklaven hatten sie Gedichte geschrieben, komponiert, gesungen, getanzt und das bis in den Ersten Weltkrieg und danach fortgesetzt. Der Reichtum der Harlem Renaissance war Stimulanz und Inspiration zugleich für die zahlreichen Talente, die in späteren Jahren auftauchen und auftreten sollten. Der Jazz gehörte nicht mehr nur Harlem – falls er das je getan hatte –, sondern blühte und gedieh in New Orleans und Memphis, wo er herkam, genauso wie in Chicago, Detroit, Los Angeles und San Francisco, wohin er weiterwanderte. Fletcher Henderson, der den Stil der zwanziger Jahre vor allem geprägt hatte, mußte die Bühne nun mit Jimmie Lunceford, Duke Ellington, Cab Calloway, Count Basie und anderen Gruppen der Ära der Big Bands teilen. Und gleichzeitig empfahlen sich so virtuose Solisten wie Louis Armstrong auf der Trompete, Lionel Hampton auf dem Vibraphon und Teddy Wilson, Earl »Fatha« Hines und Mary Lou Williams auf dem Klavier nicht nur weißen Arrangeuren, sondern auch schwarzen.

Während schwarze Sänger in den Jazz-Gruppierungen schon länger zur Musikszene gehörten, besonders dann, wenn sie gleichzeitig ein Instrument spielten, gesellten sich in diesen Jahren Jazzsängerinnen als

Die Bluessängerin Bessie Smith. Gefördert von Gertrude »Ma« Rainey, sang und tanzte Bessie Smith und trat in lustigen Sketchen auf. Am erfolgreichsten war sie mit ihren Schallplattenaufnahmen, von einigen verkauften sich 100 000 Stück in einer Woche. *(The Schomburg Center for Research in Black Culture)*

zusätzliche Attraktion hinzu. Mamie Smith, Ma Rainey, Bessie Smith und Ethel Waters waren in den zwanziger Jahren die ersten, die nicht nur auf der Bühne standen, sondern auch Aufnahmen machten. In den folgenden Jahren bildeten Billie »Lady Day« Holiday, Adelaide Hall, Maxine Sullivan, Ella Fitzgerald und Lena Horne die Creme der wachsenden Zahl der Blues- und Jazzsängerinnen. Über ihre Schallplattenaufnahmen und Auftritte auf der Bühne und im Rundfunk erreichten sie ein wesentlich größeres Publikum als ihre Vorgängerinnen.

Ebenso bedeutend wie die meisten anderen musikalischen Entwicklungen unter den Schwarzen im Anschluß an die Harlem Renaissance waren die Anfänge der Gospel-Musik. Eileen Southern hat in ihrem Buch *The Music of Black Americans* den Gospel als religiöses Gegenstück zum City-Blues bezeichnet, »der in derselben Tradition der Improvisation mit Klavier-, Gitarren- oder Ensemble-Begleitung gesungen wurde.« Der Erfolg des Gospels in den dreißiger Jahren und danach war weitgehend dem Komponisten, Vortragenden und Promoter Thomas A. Dorsey zu verdanken. Weil niemand seine Songs veröffentlichen wollte, zog er von Kirche zu Kirche und sang sie, bis es – in Southerns Worten – »Klick machte«. Sein populärster Gospelsong »Precious Lord, Take My Hand« war nur einer von vierhundert, die Dorsey schrieb. Später gab es dann kleine und große Chöre, die in Kirchen, Nachtclubs, bei Jazz-Festen und in Konzertsälen Gospel vortrugen. Und schon bald waren Schallplatten mit Gospel dank Dorsey und mehreren »Königinnen« des Gospel Bestseller, so von Sister Rosetta Tharpe, Clara Ward und Mahalia Jackson.

Obwohl diese Zeit kaum etwas zu sehen bekam, was man als Neuauflage der großen »all-black« Musicals und Revuen betrachten könnte, anknüpfend an die durchschlagenden Erfolge der frühen zwanziger Jahre, spielten die Schwarzen in der leichten Muse auch weiterhin eine prominente Rolle. Die größten Nachtclubs in New York, Chicago, Los Angeles und anderen Städten engagierten immer wieder schwarze Orchester, Sänger und Tänzer. 1939 gab Billy Rose vielen Schwarzen die Chance, auf der New Yorker Weltausstellung in seiner Inszenierung einer populären Fassung von Gilbert und Sullivans *Mikado* aufzutreten. Wenig später gelang Murial Rahn und Muriel Smith in der Titelrolle von Roses *Carmen Jones* der große Durchbruch. Und noch später wurden Sänger und Sängerinnen wie Lena Horne, Diahann Carroll und Nat »King« Cole auf der Bühne und durch ihre Schallplatten berühmt.

In dem, was viele Menschen »ernste« Musik nannten, war William Grant Still der bedeutendste Komponist. Seine Sinfonien *Africa, Afro-American Symphony* und *Symphony in G Minor: Song of a New Race* wurden von den großen amerikanischen Sinfonieorchestern aufgeführt. Er schrieb viele Auftragskompositionen, darunter ein Werk für die New Yorker Weltausstellung von 1939. Howard Hanson zählte ihn zu den vier führenden Komponisten Amerikas. Ulysses Kay, der an der Universität von Rochester und in Yale studiert hatte, gewann zahlreiche Auszeichnungen, darunter den Prix de Rome, für Kompositionen wie das *Concerto for Orchestra* und die *Sinfonia in E: a Short Overture*. Gleichzeitig komponierte Nathaniel Dett Stücke für Klavier und Vokalensemble bis zu seinem Tod im Jahr 1943. William L. Dawson vom Tuskegee Institute, John W. Work von der Fisk-Universität und Warner Lawson von der Howard-Universität komponierten und arrangierten zahlreiche Stücke, hauptsächlich für kleinen und großen Chor. Zu den international berühmten Dirigenten gehörten Dean Dixon, der Dirigent des American Youth Symphony Orchestra und Rudolph Dunbar, der Gastdirigent mehrerer bedeutender Orchester in Europa und den Vereinigten Staaten war.

Der Kreis der gefeierten afroamerikanischen Sängerinnen und Sänger wurde ständig größer. Paul Robeson und Roland Hayes waren weiterhin Publikumsmagneten und wurden von der Kritik überschwenglich gefeiert. Mit ihnen im Rampenlicht standen Edward Matthews, Aubrey Pankey, Kenneth Spencer und William Warfield. 1935 kehrte Marian Anderson, der in Europa Sibelius und Toscanini als einer der größten Sängerinnen aller Zeiten gehuldigt hatten, in voller Glorie in die Vereinigten Staaten zurück und wurde von vielen als die größte lebende Altistin betrachtet. Dorothy Maynor und Carol Brice wurden von Serge Kussewitzki und Tausenden Musikliebhabern gerühmt. Ann Brown und Todd Duncan erhielten für ihre Interpretation der Titelrollen in George Gershwins Oper *Porgy and Bess* blendende Kritiken. Noch bevor Schwarze in den großen Opernhäusern der Vereinigten Staaten auftreten konnten, sang 1946 Camilla Williams die Titelrolle der *Madame Butterfly* mit einer Gruppe New Yorker Künstler, und Ellabelle Davis wurde von der Grand Opera Company Mexikos eingeladen, die *Aida* zu singen.

Nur ab und an spielte die Hautfarbe der Interpreten eine Rolle auf amerikanischen Konzertbühnen. Es gab einige Vorfälle: So lehnten es die Daughters of the American Revolution (DAR) 1939 ab, Marian Anderson

Marian Anderson am Lincoln Memorial. Als die Daughters of the American Revolution sich weigerten, Marian Anderson in der Constitution Hall singen zu lassen, lud der Innenminister sie zu einem Auftritt auf den Stufen des Lincoln Memorial ein, wo ihr am Ostersonntag 1939 mehr als 75 000 Menschen zuhörten. *(UPI, Bettmann)*

in der Constitution Hall in Washington auftreten zu lassen, woraufhin Eleanor Roosevelt aus dieser Organisation austrat. Es bedeutete einen großen Sieg über die Rassentrennung, als Marian Anderson auf Einladung von Innenminister Harold L. Ickes am Ostersonntag 1939 auf den Stufen des Lincoln Memorial sang. Der Vormarsch afroamerikanischer Sängerinnen und Sänger in späteren Jahren fand seinen symbolischen Ausdruck darin, daß viele von ihnen in Constitution Hall auftreten konnten und sie nun auch in den großen Opernhäusern der Vereinigten Staaten willkommen waren. 1956 unterzeichnete die Metropolitan Opera in New York Verträge mit mehreren afroamerikanischen Interpreten, darunter Marian Anderson, Robert McFerrin und Mattiwilda Dobbs, die bereits auf vielen europäischen Opernbühnen gestanden hatten. Zur gleichen Zeit sangen Leontyne Price und Lawrence Winters in Operninszenierungen im Fernsehen und an der New York City Opera.

Doch dies war nur der Anfang der Operntriumphe afroamerikanischer Sänger. In den sechziger Jahren wurden Gloria Davey, Thurman Bailey und Grace Bumbry feste Mitglieder europäischer Opernensembles. In der Metropolitan Opera in New York tauchten immer mehr Namen afroamerikanischer Interpreten auf den Besetzungslisten auf. 1961 sang Leontyne Price die Titelrolle zur Eröffnung der Saison und erhielt diese ehrenvolle Aufgabe noch einmal 1966, als das neue Haus der Metropolitan Opera eingeweiht wurde. Und gleichzeitig war George Shirley zu einem der beständigsten und bewundertsten Tenöre des New Yorker Ensembles geworden.

Während und nach der Weltwirtschaftskrise legten weiße Schriftsteller und Künstler dasselbe Interesse an Themen und Materialien aus dem Leben der Afroamerikaner an den Tag wie in der vorangegangenen Periode. Paul Green und eine Anzahl seiner Kollegen an der Universität von North Carolina verarbeiteten diese Materialien und Themen. Carl Van Vechten bewies ein ebenso lebhaftes Interesse wie von Anfang an, und die Gruppe der Förderer erweiterte sich um Fannie Hurst, Stephen Vincent Benét und H. A. Overstreet. Neue weiße Schriftsteller wie Lillian Smith, Hodding Carter, Frances Gaither, Henrietta Buckmaster und Howard Fast ernteten Anerkennung für ihre Arbeiten mit afroamerikanischen Themen, und viele engagierten sich in Prosa und Lyrik für die Sache der schwarzen Amerikaner. Wenn Jahre der Wirtschaftskrise und des Krieges normalerweise bestimmte kulturelle und gesellschaftliche Tätigkeiten hemmen, so kann man nicht behaupten, daß sie das Interesse an den Schwarzen verringerten oder deren schöpferische Kraft unterbanden. Die dreißiger und vierziger Jahre waren Jahre großer Kreativität für die Schwarzen auf fast allen künstlerischen Gebieten.

Einer der Dichter dieser Jahre war Melvin B. Tolson, damals Professor für Englisch am Wiley College. Er veröffentlichte in den dreißiger Jahren Gedichte in Zeitungen und Zeitschriften und gewann zahlreiche Preise und Auszeichnungen. Obwohl sein Gedichtband *Rendezvous with America* erst 1944 veröffentlicht wurde, war eins seiner wichtigsten Gedichte, »Dark Symphony«, schon vorher im *Atlantic Monthly* abgedruckt worden. Während er an der Universität von Michigan unterrichtete, gewann Robert Hayden den Jule-and-Avery-Hopwood-Preis für seine Lyrik und publizierte 1940 sein erstes Buch, *Heart-Shape in the Dust*. Schließlich wurde ihm 1966 für sein dichterisches Werk der erste Preis beim World Festival of Negro Art in Dakar im Senegal verliehen. Owen Dodson, einer der jüngsten unter den bekannten Dichtern und Dramatikern, begann sich schon während des Studiums am Bates College ernstlich für das Schreiben zu interessieren. Er schrieb jahrelang traditionelle und experimentelle Gedichte, publizierte seine Arbeiten 1946 in dem Band *Powerful Long Ladder*. Zwei junge Frauen wurden ebenfalls als Lyrikerinnen anerkannt: Margaret Walker und Gwendolyn Brooks. Während ihrer Zeit im Federal Writers' Project in Chicago schrieb Margaret Walker »For My People«, das später mit dem ersten Preis beim Yale-Wettbewerb für junge Dichter ausgezeichnet wurde. Stephen Vincent Benét war voll des Lobs für Walkers Werk, als es 1942 erschien. Mit dem Roman *Jubilee* (1966) gewann sie ein literarisches Stipendium des Verlags Houghton Mifflin. Der Band *Street in Bronzeville* von Gwendolyn Brooks erschien 1945. Fünf Jahre später erhielt sie für *Anni Allen* den Pulitzer-Preis, und mehr als ein Jahrzehnt später wurde sie zur *poeta laureatus* von Illinois erkoren. Von 1985/86 war sie »Dichterin in Residenz« an der Kongreßbilbiothek, eine Stelle, die später zur *poeta laureatus* der Vereinigten Staaten umgewandelt wurde.

Während und nach der Weltwirtschaftskrise traten eine ganze Reihe Prosaschriftsteller auf den Plan. Unter ihnen war Arna Bontemps, der über sich sagte, er habe die frühen Stadien der Harlem Renaissance als Zuschauer verfolgt, und der jetzt zu einem der produktivsten Schriftsteller wurde. 1931 erschien sein *God Sends Sunday*. Dann folgten zwei historische Romane, *Black Thunder* (1936) und *Drums at Dusk* (1939). Bontemps wurde außerdem zu einem der erfolgreichsten Kinderbuchautoren. Später wandte er sich Sachthemen zu. Zusammen mit Jack Conroy verfaßte er *They Seek a City* (1945), eine spannende Geschichte der Urbanisierung der Schwarzen, die als überarbeitete Neuauflage 1966 unter dem Titel *Any Place But Here* erschien. Sein Sammelband *They Have Tomorrow* (1945) liefert eine Reihe biographischer Skizzen vielversprechender Afroamerikaner. Zwei Schriftsteller aus dem Süden schildern in ihren Romanen das afroamerikanische Leben im tiefen Süden: George W. Henderson schrieb 1935 *Ollie Miss* und veröffentlichte

1946 seinen zweiten Roman, *Jule*. George W. Lee leistete mit seinem Buch *Beale Street* (1934) einen wichtigen Beitrag zum besseren Verständnis des Lebens der Schwarzen in Memphis. Zwei Jahre später erschien von ihm *River George*. Ein vielversprechender junger Schriftsteller, Waters Turpin, verarbeitete Material aus dem oberen Süden für seine Romane. Als Sohn Marylands ließ er seine Romane *These Low Grounds* (1937) und *O Canaan* (1939) an der Ostküste Marylands in vertrauter Gegend spielen. Beide Romane zeichnen sich durch große Authentizität aus, wie man sie in vergleichbaren Werken nicht häufig findet.

William Attaway wies andere afroamerikanische Schriftsteller mit seinen Romanen auf neue Themen und Materialien hin. Mit *Let Me Breathe Thunder* (1939) bewies Attaway, daß ein afroamerikanischer Schriftsteller erfolgreich einen Roman mit überwiegend Weißen als Hauptfiguren schreiben konnte. In *Blood on the Forge* (1941) zeigte er eine Fülle von Stoffen auf, die in Industriestädten ihrer Bearbeitung harrten, wo der Existenzkampf durch die Konkurrenz zwischen Mitgliedern unterschiedlicher Rassen geprägt war. Diese Thematik nahm Chester Himes auf und vertiefte sie in seinem Roman über Rassenkonflikte in einer Industriestadt im Krieg, *If He Hollers, Let Him Go* (1945). Auf Himes waren die Leser schon durch seine Kurzgeschichten in den Zeitschriften *Opportunity*, *Esquire* und *Coronet* aufmerksam geworden, in denen er eindringlich auf die Auswirkungen des Krieges auf schwarze Zuwanderer in den Industriestädten hinwies und auf die Verbitterung, die aus Frustration und Verzweiflung entsteht. Ann Petry beschrieb als Literaturstipendiatin des Verlags Houghton Mifflin die Probleme einer jungen Afroamerikanerin, die versuchte, ein anständiges Leben in einem heruntergekommenen Viertel einer Großstadt zu führen. *The Street* erschien 1946, hatte eine hohe Auflage und wurde von der Kritik sehr gelobt.

In den vierziger Jahren war Richard Wright der bekannteste unter den jüngeren afroamerikanischen Schriftstellern. Seine Meisterschaft als Verfasser von Kurzgeschichten bewies er bereits 1938, als *Uncle Tom's Children* von ihm erschien. *Native Son* erschien 1940 und beförderte Wright über Nacht auf einen der vordersten Plätze unter den besten zeitgenössischen Schriftstellern Amerikas. Der blanke, tragische Realismus, mit dem er die Frustrationen eines jungen Schwarzen schildert, der in einem heruntergekommenen Slum einer amerikanischen Großstadt lebt, kann sehr wohl neben den besten Genre-Werken der amerikanischen Literaturgeschichte bestehen. Der Roman wurde vom Book-of-the-Month-Club ausgesucht, in hoher Auflage publiziert und auch in den Buchläden sehr gut verkauft. 1941 brachte Wright *Twelve Million Black Voices* heraus, eine volkstümliche Geschichte der Afroamerikaner. 1945 wurde der Roman seiner Kindheit und Jugend in Mississippi, *Black Boy,* vom Book-of-the-Month-Club zum Buch des Monats ausgewählt. Und obwohl es unterschiedliche Auffassungen darüber gab, wie zutreffend der Roman als Autobiographie ist, war man sich einig über die Eindringlichkeit der Geschichte, die unter den armen, unterprivilegierten Schwarzen im Süden spielt. *The Outsider* erschien 1953 und wurde von der Kritik zurückhaltender aufgenommen als seine früheren Werke, doch geschah das, als Wright bereits seinen festen Platz unter den besten Schriftstellern des Landes hatte.

Ralph Ellison ist von einigen Kritikern mit Richard Wright verglichen worden, was seine schriftstellerische Begabung und seine Einblicke in die großen sozialen Probleme angeht. 1952 erhielt sein Roman *The Invisible Man* den National Book Award, und 1955 erhielt Ellison den Prix de Rome und ging an die Amerikanische Akademie in Rom, um die Arbeit an seinem zweiten Roman abzuschließen. Sein Essayband *Shadow and Act* wurde 1964 veröffentlicht. Der Schriftsteller mit den meisten Lesern war Frank Yerby. 1944 gewann er den O. Henry Memorial Award für seine Kurzgeschichte »Health Card«. 1946 stand *The Foxes of Harrow* mehrere Monate lang auf der Bestsellerliste und soll eine Auflage von nahezu einer Million erreicht haben. In den folgenden Jahren veröffentlichte er zahlreiche Romane, die alle auf die Bestsellerliste kamen und von denen einige in Hollywood verfilmt wurden.

In den Jahren nach dem Zweiten Weltkrieg wurden mehrere andere afroamerikanische Schriftsteller von der Kritik herausgestellt. John Oliver Killens bewies 1945 mit seinem Roman über den Süden, *Youngblood,* und mit den Drehbüchern, die er für Harry Belafonte schrieb, seine große Begabung. Sein *And Then They Heard the Thunder* hielten viele für den wichtigsten Roman über die Schwarzen im Zweiten Weltkrieg, und der anregende Essayband *Blackman's Burden* (1965) behandelt die Rassenfrage. James Baldwin, der schon früher als vielversprechender Essayist und Romanschriftsteller in Erscheinung getreten war, folgte Richard Wright in das Pariser Exil. Doch im Gegensatz zu Wright kehrte er in die Vereinigten Staaten zurück. Seinen vielversprechenden Start mit den Romanen *Go Tell it on the Mountain* (1953) und *Notes of a Native Son* (1955) konnte er mit *Nobody Knows My Name* (1960) und *Another Country* (1962) fortsetzen. Baldwins Buch *The Fire Next Time* (1963) ist einer der wichtigsten Texte, den die Schwarze Revolution hervorbrachte. Amiri Baraka (LeRoi Jones), ein Schriftsteller, der die Welt zorniger und düsterer sah, brachte seine große Begabung in dem Gedichtband *Preface to a Twenty Volume Suicide Note* (1961) zum Tragen, aber auch in einem Sachbuch, *Blues: Negro Music in White America* (1963), und in seinem sehr umstrittenen und sehr engagierten *System of Dante's Hell* (1965).

Auf dem Gebiet des Dramas begnügten sich afroamerikanische Schriftsteller zumeist, Einakter für kleine Bühnen zu schreiben. Die meisten Stücke stammten von Professoren, die an schwarzen Colleges Drama unterrichteten. Randolph Edmonds von der Universität für Landwirtschaft und Technik in Florida veröffentlichte mehrere Bände mit Stücken aus dem Leben der Afroamerikaner, darunter *Six Plays for a Negro Theater* (1934) und *Land of Cotton and Other Plays* (1942). An der Howard-Universität schrieb James W. Butcher, Jr., *The Seer* und mehrere andere Stücke. Owen Dodson, ebenfalls von der Howard-Universität, schrieb *The Divine Comedy* und *The Garden of Time*, als er noch an der Yale-Universität studierte. Diese Stücke wurden an der Yale-Universität und an mehreren anderen Universitäten an der Ostküste aufgeführt. Thomas D. Pawley, Jr., von der Lincoln-Universität in Missouri veröffentlichte 1938 mehrere Theaterstücke, darunter *Judgement Day, Smokey* und *Son of Liberty*.

Obwohl viele schwarze Colleges das Interesse am Theaterspiel durch kleine Bühnen auf dem Campus weckten, gab es für junge Afroamerikaner nur wenige Chancen, eine Karriere als Schauspieler anzustreben, weil der Geschmack des Publikums die Nachfrage nach Schwarzen auf der Bühnen sehr begrenzte. Ein Afroamerikaner, der eine andere Rolle als die eines Dienstboten spielte, gefährdete den Erfolg eines Stückes, besonders wenn es auf Tournee überall im Land ging, und nur wenige Autoren und Regisseure wollten dieses Risiko eingehen. Ein großer Schritt nach vorn war Paul Robesons Darstellung des Othello, eine Rolle, die er zuvor bereits in London gespielt hatte, und die Rollen von Hilda Simms in *Anna Lucasta*, Gordon Heath in *Deep Are the Roots* und Canada Lee in *On Whitman Avenue*. Die beiden letztgenannten Stücke behandeln zwei von

Amerikas drückendsten sozialen Problemen: die Heimkehr der afroamerikanischen Soldaten in die Gemeinden im Süden und die Wohnsituation der Schwarzen in den Städten des Nordens. Diese Inszenierungen bedeuteten einen Fortschritt, der den Afroamerikanern für die Zukunft einen besseren Platz im amerikanischen Theater sicherte. Auf dem Gebiet des Dramas setzte Lorraine Hansberrys *A Raisin in the Sun* im Jahr 1959 einen Meilenstein für die amerikanischen Schwarzen. Diese bewegende Geschichte über das Wohnungsproblem einer schwarzen Familie gewann den Circle Award der New Yorker Kritiker. Lorraine Hansberrys zweites Stück, *The Sign in Sidney Brustein's Window*, hatte kurz vor ihrem Tod 1964 Premiere. James Baldwin hatte mit seinen Romanen und Essays ungewöhnlich großen Erfolg gehabt, aber für seine Stücke erntete er nur mäßigen Beifall, allein *Blues for Mister Charlie*, das 1964 uraufgeführt wurde, galt als herausragend.

Im Film war es noch problematischer als im Theater, afroamerikanischen Schauspielern eine Rolle zu geben, weil der Kartenverkauf in den Kinos der Südstaaten enormen Einfluß auf die Filmindustrie hatte. 1929 wurde der erste bedeutende Film, *Hallelujah*, nur mit Schwarzen von King Vidor gedreht. Obwohl er gute Kritiken bekam, öffnete er den afroamerikanischen Schauspielern nicht die Türen von Hollywood. 1934 unterstrich Fannie Hursts *Imitation of Life* mit Louise Beavers und Fredi Washington und mehreren hervorragenden weißen Schauspielern und Schauspielerinnen die Schwierigkeiten, vor denen Afroamerikaner mit heller Haut beim Film standen. Ihre Rollen waren allerdings nicht die für Schwarze typischen Rollen Hollywoods gewesen. Etta Moten, Bill Robinson, Hazel Scott und Lena Horne gelang es, Verträge von großen Produzenten zu bekommen, die ihnen als Schwarzen die Möglichkeit gaben, in der Welt der Unterhaltung anerkannte Rollen zu übernehmen. Bis zum Zweiten Weltkrieg spielten die meisten Schwarzen, die eine Filmrolle erhielten, Dienstboten, Arbeiter oder Verbrecher. Als Dienerin in *Gone with the Wind* (Vom Winde verweht) bekam Hattie McDaniel 1939 den Oscar für die beste Nebenrolle. Anders als die Theaterbühne zeigte Hollywood kaum Bereitschaft, die Afroamerikaner gleichberechtigt in das Filmgeschehen zu integrieren. Und die Filmgesellschaften von Schwarzen hatten nur als Lieferanten von Nachrichtenmaterial für die Wochenschau, aber sonst kaum Erfolg mit eigenen Produktionen.

Die Welt der Afroamerikaner

Die Kräfte, die mehr als drei Jahrhunderte und länger auf die afroamerikanische Bevölkerung eingewirkt hatten, haben eine ganz spezifische separate Welt der Schwarzen innerhalb der amerikanischen Gesellschaft entstehen lassen. Es war das System der Sklaverei mit seiner grundlegenden Annahme einer angeborenen Minderwertigkeit der Schwarzen, das zur bewußten Trennung der beiden Rassen geführt hatte. Diese Grundannahme überlebte in der Periode der Freiheit auch die gründlichsten wissenschaftlichen Forschungsergebnisse und verlieh der separaten Welt der Afroamerikaner Stärke und Dauer. Nicht einmal der enorme gesellschaftliche Umbruch, den die Abwanderung vieler Schwarzer vom Land in die städtischen Industriezentren mit sich brachte, beeinträchtigte das besondere Dasein der Afroamerikaner abseits von der übrigen Gesellschaft. Die Strategie, sie in den großen Städten zum Leben in den Ghettos zu zwingen, hatte faktisch zur Folge, daß wiederum neue Kräfte wirksam wurden, die den weiteren Bestand der Welt der Schwarzen sicherten. In einer Nation, die sich der Idee der grundlegenden Gleichheit aller Menschen verschrieben hatte und in der man sich einer Politik der Integration der Rassen und Kulturen im großen und ganzen verpflichtet fühlte, bildete die Existenz einer separaten afroamerikanischen Gemeinschaft eine der bemerkenswertesten gesellschaftlichen Anomalien des 20. Jahrhunderts. Es bedarf kaum der Erwähnung, daß diese Situation zahllose Probleme politischer, sozialer und wirtschaftlicher Art schuf, die sowohl Schwarze als auch Weiße beunruhigten, die nach Lösungen suchten.

Mit der Zuwanderung vieler Afroamerikaner in die Städte während und nach dem Ersten Weltkrieg wurde es sogar für schwarze Familien, die bisher stabil geblieben waren, schwierig, den ungünstigen Verhältnissen zu trotzen, die normale und gesunde menschliche Beziehungen zu zerstören drohten. Schlechte Wohnverhältnisse, Arbeitslosigkeit, unzureichende Freizeiteinrichtungen und ähnliches trugen zur Jugendkriminalität, zu Verbrechen und zur Trennung von Eltern bei. Die zunehmende Arbeitsteilung im Berufsleben, die auf die Welle der Industrialisierung und Urbanisierung folgte, zog die Trennungslinien zwischen den Klassen auch der Afroamerikaner noch deutlicher. Nur wenige gehörten zur Oberschicht, aber es entstand eine beachtliche Mittelschicht aus Freiberuflern und Geschäftsleuten. Die große Masse der afroamerikanischen

Industriearbeiter bildete das breite Fundament, auf dem die Sozialstruktur der Afroamerikaner ruhte. Die Kontakte, die diese verschiedenen Teile der schwarzen Bevölkerung mit weißen Amerikanern hatten, führten zu bemerkenswerten Übereinstimmungen in der Sozialstruktur, in den Interessen und im Geschmack der beiden Gruppen. Selten erreichten die Kontakte jedoch den Punkt, an dem Rassenidentität und -interessen verschwanden. Die Welt der Afroamerikaner existierte weiterhin abseits der größeren Gemeinschaft.

Von den neuen religiösen Institutionen der Nachkriegszeit wurde keine von der Umwelt mehr beachtet und verwies keine dramatischer auf die afroamerikanische Entfremdung als die Nation of Islam, auch Black Muslims genannt. Diese religiöse Gruppe bot arbeitslosen und entrechteten Schwarzen, die in der größeren Gemeinschaft vergeblich nach einem Zeichen der Aufmunterung gesucht hatten, eine, wenn auch bescheidene Unterstützung und eine gewisse Sicherheit. Die Black Muslims übernahmen die Grundzüge der Lehre des Islam und unter der Führung von Elijah Poole, der sich in Elijah Muhammad umbenannte, schworen sie jedem Glauben an die letztendliche Lösung des Rassenproblems in den Vereinigten Staaten ab, legten alle Namen ab, die eine Verbindung zum weißen Amerika implizierten und strebten die vollständige Trennung von der weißen Gesellschaft an. Ihr fähigster und beredetster Sprecher war Malcolm X, der von den Black Muslims ausgeschlossen wurde, als er über die Ermordung Präsident Kennedys sagte, er habe sich das Attentat selbst zuzuschreiben gehabt, »chickens coming home to roost«. Malcolm X wurde Anfang 1965 selbst auf einer Massenversammlung seiner neugegründeten Gruppe, die mit den Black Muslims konkurrierte, ermordet.

Die Nation of Islam verurteilte den amerikanischen Rassismus scharf und erhob ihre Stimme voll Abscheu und Verzweiflung. Durch ihre in hoher Auflage verbreitete Zeitung, *Muhammad Speaks*, die zahlreichen Tempel und Farmen, die Bäckereien, Supermärkte und Restaurants war sie ebenso sehr eine politische und soziale Bewegung wie eine religiöse Organisation. Nach dem Tod von Elijah Muhammad 1975 wurde sein Sohn Wallace der führende Geistliche. Eine Änderung in der politischen Richtung war sofort erkennbar. Der Name wurde in World Community of Islam in the West geändert, und Menschen aller Rassen konnten als Mitglieder aufgenommen werden. Wallace Muhammad engagierte sich auch für Dinge, die jenseits der Gruppe der Muslims lagen, und wurde mit anderen afroamerikanischen Führern sogar im Weißen Haus empfangen. 1978 hatte er seine eigene Rolle neu definiert, er gab sein Amt als führender Geistlicher auf und beschäftigte sich mit Missionsarbeit und anderen religiösen und auch weltlichen Anliegen.

Die mächtigste Institution in der Welt der Schwarzen war die Kirche. Da sie aus vielen Bereichen des gesellschaftlichen und politischen Lebens ausgeschlossen waren, wandten sich die Afroamerikaner immer stärker der Kirche zu: um der Selbstverwirklichung, um der Selbsterkenntnis und um der Führung willen. Nichts gehörte ihnen so ganz und gar wie ihre Kirche. Zu Beginn des Jahrhunderts nahm die Zahl der Kirchenmitglieder genauso zu wie in den Jahren nach der Wiedereingliederung des Südens. Als die Afroamerikaner in die Städte abwanderten, nahm die Mitgliederzahl der alten Konfessionen zu, und es entstanden neue Konfessionen. Es war eine begeisternde Erfahrung für die Schwarzen, mitwirken zu können am Besitz und an der Kontrolle ihrer eigenen Institutionen. Ihr Stolz wurde geweckt und ihre Selbstachtung erneuert, die bei dem Versuch, sich an das amerikanische Leben anzupassen, gedemütigt worden waren.

Die fehlenden Möglichkeiten für Afroamerikaner, voll an den Angelegenheiten anderer Institutionen mitzuwirken, veranlaßte viele, ihre ganze Kraft und Aufmerksamkeit ihrer Kirche zu widmen. Der daraus resultierende Streit um Führungspositionen und Vorherrschaft führte zu Spaltungen, Austritten und Neugründungen. 1917 spaltete sich die National Baptist Convention in zwei Gruppen, wobei die ältere Gruppierung fast zweimal so viele Mitglieder behielt, wie die neue mitnahm. 1944 hatte die National Baptist Convention, Inc., mehr als vier Millionen Mitglieder, während die National Baptist Convention of America mehr als zwei Millionen Mitglieder hatte. In der Zwischenzeit dehnten sich die meisten älteren Konfessionen weiter aus und zeigten kaum Zeichen einer Schwächung durch die Abspaltungen, aus denen neue Gruppen hervorgingen. Mitte des Jahrhunderts behaupteten 34 rein schwarze Konfessionen, daß sie mehr als 5 Millionen Mitglieder hätten, mehr als 35 000 Kirchen und Eigentum im Wert von nahezu 200 Millionen Dollar besäßen. Die römisch-katholische Kirche gewann viele neue Mitglieder unter den Afroamerikanern in manchen Teilen des Landes, während die Episkopalische Kirche und andere integrierte Konfessionen eine konstante Mitgliederzahl hatten. Insgesamt wird man jedoch feststellen können, daß trotz der Trends, die Rassentrennung in einigen Institutionen aufzuheben, die schwarze Kirche das blieb, was ein Beobachter als »den Zufluchtsort für die schwarze Gemeinde« beschrieb.

Da die afroamerikanische Gemeinschaft zunehmend Attribute einer völlig separaten Welt aufwies, übernahm die afroamerikanische Presse eine immer wichtigere Funktion. Während Douglass' *North Star* die Institution der Sklaverei bekämpft hatte und Fortunes *New York Age* den Abstieg der Afroamerikaner zu Bürgern zweiter Klasse, zogen die Zeitungen der Schwarzen im 20. Jahrhundert für die Unterprivilegierten zu Felde. Sie wurden die Organe, in denen die Sehnsüchte ihrer Rasse ausgedrückt werden konnten, das Diskussionsforum, auf dem sich die führenden Afroamerikaner äußern konnten, sie wurden zum Koordinator von Massenaktionen, die die Afroamerikaner unbedingt durchführen wollten, und zu einem wichtigen Medium, mit dessen Hilfe sich viele Afroamerikaner über öffentliche Angelegenheiten informierten. Im Ersten Weltkrieg wurden die afroamerikanischen Zeitungen selbständig und selbstbewußt. Sie ermutigten die Afroamerikaner, auf Arbeitssuche in die Industriezentren zu ziehen, sie forderten sie auf, den Krieg zu unterstützen, und sie standen an der Spitze des Kampfes um die vollständige Integration der Schwarzen in die amerikanische Gesellschaft. Ältere Zeitungen, wie der *Afro-American* in Baltimore und der *Chicago Defender,* erlebten bis dahin nicht gekannte Zuwachsraten, während neuere Blätter, wie der *Pittsburgh Courier* und der *Norfolk Journal and Guide,* schnell ihre Auflagen und ihren Einfluß steigerten. Herausgeber, insbesondere John Murphy von der *Afro,* Robert S. Abbott vom *Defender,* Robert L. Vann vom *Courier* und P. B. Young vom *Journal and Guide,* hatten offenbar die Gabe, eine erfolgreiche verlegerische Strategie mit ausgesprochenem Geschäftssinn zu verbinden und ihre Zeitungen zu wichtigen Institutionen in der Welt der Afroamerikaner zu machen. 1920 hatten mehrere Zeitungen eine wöchentliche Auflage von mehr als 100 000 Exemplaren, und zwanzig Jahre später nannten mehrere eine Auflage von über 200 000.

In den Jahrzehnten nach dem Ersten Weltkrieg nahm die Zahl der afroamerikanischen Zeitungen stetig zu. Jede afroamerikanische Gemeinde hatte offenbar den Wunsch nach einer eigenen Zeitung, die das anbot, was wenige weiße Zeitungen bieten konnten oder wollten. Hin und wieder widmete eine weiße Zeitung einige Spalten afroamerikanischen

Nachrichten, während die meisten breit über die neuesten von Afroamerikanern begangene Verbrechen berichteten. Keine der weißen Zeitungen im Süden verfolgte eine verlegerische Linie oder kommentierte die Nachrichten so, wie man es im schwarzen Ghetto erwartete. Deshalb schafften es die meisten Orte, die eine nennenswerte afroamerikanische Bevölkerungsgruppe hatten, schwarze Zeitungen zu finanzieren: Houston hatte seinen *Informer*, Los Angeles seinen *Eagle and Sentinel*, Kansas City seinen *Call* und Oklahoma seinen *Black Dispatch*. Die größeren Zeitungen druckten mehrere Ausgaben für verschiedene Teile des Landes, während andere, wie der *Afro-American* und der *Houston Informer*, Zeitungsketten aufbauten. Mehrere Nachrichtenagenturen etablierten sich, darunter als wichtigste Claude Barnetts Associated Negro Press. Die Verleger gründeten die Negro Newspapers Publishers' Association (später umbenannt in National Newspaper Publishers' Association) und bemühten sich um eine einheitliche Strategie und einheitliche Ansichten zu den großen Problemen der Afroamerikaner.

1979 gab es mehr als 350 afroamerikanische Zeitungen, Zeitschriften und Bulletins, die wöchentlich, monatlich oder vierteljährlich erschienen. Nur die *Atlanta World* und der *Chicago Defender* waren Tageszeitungen. In der letzten Zeit waren die größten Zuwachsraten bei den monatlich oder vierteljährlich erscheinenden Magazinen zu verzeichnen, von denen einige um die Marktherrschaft konkurrierten: darunter *Ebony*, *Jet*, *Tuesday*, eine Sonntagsbeilage in vielen weißen Tageszeitungen, und der *Monitor*, eine Beilage in vielen schwarzen Wochenschriften. Jede afroamerikanische Studenten- bzw. Studentinnenverbindung hatte ihr offizielles Blatt, und zahlreiche große Betriebe gaben wöchentlich oder monatlich Magazine für ihre Angestellten und Kunden heraus. In der afroamerikanischen Welt existierten damit publizistische Unternehmen mit einer Gesamtinvestition von mehr als 35 Millionen Dollar, die für mehr als 10 000 Menschen Arbeitsplätze bereitstellten.

Es wäre übertrieben, wollte man behaupten, daß der Aufstieg von Afroamerikanern in den freien und akademischen Berufen erst eine Errungenschaft der Periode nach dem Bürgerkrieg war, aber die Herausbildung der freien, getrennt lebenden afroamerikanischen Gemeinden gab doch den entscheidenden Anstoß für diese Entwicklung. Die Welt der Afroamerikaner brauchte nicht nur Lehrer und Geistliche, sondern auch Ärzte, Zahnärzte, Apotheker, Krankenschwestern, Rechtsanwälte, Sozialarbeiter, Leichenbestatter und andere, die unterschiedlichste Dienstleistungen verrichteten. Der große Schub afroamerikanischer Freiberufler und Akademiker erfolgte nach dem Ersten Weltkrieg, und in jeder Berufsgruppe stieg ihre Zahl stetig an. In dem Maß, in dem die Zulassungsanforderungen von Einzelstaaten oder Kommunen angehoben wurden, qualifizierten sich afroamerikanische Akademiker und Freiberufler an weißen oder schwarzen Bildungseinrichtungen weiter. Die Mitglieder praktisch jeder Berufsgruppe schlossen sich zu Vereinigungen zum Schutz und zur gegenseitigen Unterstützung zusammen. Damit paßten sie sich der amerikanischen Praxis an, daß Menschen mit gleichen Interessen sich organisierten, und sie reagierten darauf, daß ihnen die Mitgliedschaft in weißen Berufsverbänden verwehrt wurde. Auch nachdem weiße Verbände schwarze Mitglieder aufnahmen, bestanden ihre eigenen schwarzen Berufsverbände weiter. Über die Verbände konnten afroamerikanische Freiberufler und Akademiker nicht nur unter Afroamerikanern, sondern darüber hinaus in den größeren Verbänden und in der Gesellschaft als ganzer ihren Einfluß geltend machen.

Die Afroamerikaner standen bei der Entwicklung von Freizeit- und Erholungsangeboten vor großen Schwierigkeiten. YMCA und YWCA, die zumeist bis in die 1950er Jahre hinein die Rassentrennung aufrechterhielten, konnten nur in größeren Städten Fuß fassen, und Gemeindezentren, die aus öffentlichen Mitteln finanziert wurden, waren ebenso unzulänglich ausgestattet wie die schwarzen Schulen, außerdem fehlte es an Personal. Die Verbindungen von Studenten und Studentinnen verfügten selten über die nötigen Räume und Anlagen zur Freizeitgestaltung und waren trotz allem immer noch ein Zentrum, von dem sowohl politische als auch Freizeitaktivitäten ausgingen. Mitglieder dieser Vereinigungen konnten jedoch nur ehemalige Studenten werden. Bruderschaften, wie die Freimaurer und die Odd Fellows, richteten zusätzliche Logen ein und nahmen mehr Mitglieder auf, und viele von ihnen ermöglichten Mitgliedern und Freunden in ihren Clubhäusern und Zentren das gesellige Beisammensein, das Vereine anbieten können. Die wichtigste der neueren Bruderschaften war die Improved Benevolent and Protective Order of Elks of the World.

Die Pfadfinderbewegung der Boy Scouts und Girl Scouts bezog erst gegen Ende der zwanziger Jahre afroamerikanische Jugendliche in ihre Arbeit ein. Danach wuchs die Zahl der schwarzen Mitglieder schnell.

Doch gab es für die meisten afroamerikanischen Jungen und Mädchen keine außerschulischen Freizeitangebote, und nur wenige schwarze Vereine, Studentenverbindungen und Clubs boten Programme für die Jüngeren an. Bei Filmvorführungen in den Schwarzenvierteln, die häufig von weißen Geschäftsleuten organisiert wurden, entspannten sich viele Afroamerikaner, jung und alt, in ihrer Freizeit. Später stellten die Städte schwarze Mitarbeiter ein, die Programme für die Jugendlichen anboten, um die fehlende soziale Integration der Afroamerikaner zu beseitigen.

Wachstum und Beharrungsvermögen der afroamerikanischen Welt ließen die Schwarzen nicht resignieren und sich auf das Leben in dieser relativ kleinen Welt beschränken. Es gab zahlreiche Beweise für ihre Bemühungen, sich über die Vorschriften, die die Afroamerikaner einengten, hinwegzusetzen. Die meisten schwarzen Verleger kämpften gegen den Bestand einer isolierten Welt der Schwarzen, genauso wie andere Gruppen und einzelne. Der National Negro Congress, der 1936 gegründet wurde, stand für den energischen Versuch der Afroamerikaner, eine starke Front gegen alle Beschränkungen zu bilden, zu denen ihre Hautfarbe sie offensichtlich verdammte. Er setzte sich aus mehr als 500 Organisationen zusammen und repräsentierte damit einen Querschnitt der afroamerikanischen Gemeinschaft. Seine Proteste gegen alle Formen von Diskriminierung und Rassentrennung waren scharf. Nach 1940 fiel er schnell auseinander, weil viele Mitglieder in dem Glauben austraten, daß der Kongreß allmählich von den Kommunisten unterwandert und zum Strohmann ihrer Politik werde.

Der Southern Negro Youth Congress wurde 1937 als Zusammenschluß verschiedener Jugendorganisationen gegründet. Er richtete Anlaufstellen vor Ort ein und bemühte sich, jungen Afroamerikanern bei der Bewältigung ihrer vielfältigen Probleme zu helfen. Sein Programm hatte jedoch nur begrenzten Erfolg. Zahlreiche örtliche Proteste und Kämpfe gegen einschränkende Vorschriften, nach Rassen getrennte Schulen, Rassentrennung in öffentlichen Verkehrsmitteln und andere Maßnahmen, die die Schwarzen als unamerikanisch ansahen, zeigten deutlich, daß sie weiterhin entschlossen waren, alle Praktiken zu unterbinden, die ihre rassische Minderwertigkeit implizierten. Ein Beweis für ihren unermüdlichen Kampf gegen die Rassentrennung war 1946 ihr erfolgreiches Vorgehen gegen eine Busgesellschaft in Virginia vor Gericht, die auch im grenzüberschreitenden Verkehr zwischen den Einzelstaaten schwarze Fahrgäste in den hinteren Busteil verbannte. Das Oberste Bundesgericht erklärte eine solche Rassentrennung für verfassungswidrig, weil sie den Verkehr zwischen den Einzelstaaten über Gebühr belaste.

Die Proteste von Afroamerikanern gegen ihren gesellschaftlichen Status bedeuteten nicht, daß sie auf ihre Rasse und deren Potential nicht stolz waren. Ihr Stolz wuchs fast ebenso schnell wie Institutionen innerhalb der afroamerikanischen Gemeinschaft. Als Booker T. Washington sein Gesundheitsprogramm der Negro Health Week einführte, hoffte er damit, die Schwarzen zu veranlassen, auf ihre Gesundheit und auf Sauberkeit zu achten, um als Rasse stärker und erfolgreicher zu werden. Carter G. Woodson entwarf die *Negro History Week*, in der Beiträge der Afroamerikaner zur Zivilisation der Menschheit besonders bewußt gemacht werden sollten, um Schwarze und auch Weiße damit zu beeindrucken. 1914 setzte die NAACP eine jährliche Auszeichnung, die Spingarn Medaille, für Afroamerikaner aus, die »auf ihrem Fachgebiet Höchstleistungen vollbracht haben«. Seit 1926 vergab die William E. Harmon Foundation Auszeichnungen an Afroamerikaner, die einen außergewöhnlichen Beitrag auf ihrem Fachgebiet geleistet hatten. Sowohl die Spingarn- als auch die Harmon-Preisträger kamen aus den unterschiedlichsten Fachgebieten, aber immer wurde auch der rassische Hintergrund ihrer Leistung betont und damit der Stolz auf die afroamerikanische Rasse gefördert.

Afroamerikaner haben ihren führenden Männern und Helden immer Respekt gezollt, selbst den umstrittenen. Sie haben voller Stolz darauf verwiesen, daß Matt Henson in der Gruppe um Admiral Peary im Jahr 1909 den Nordpol erreichte, daß im 20. Jahrhundert sieben Schwergewichtsweltmeister und unter den größten Berufssportlern zahllose andere Schwarze waren und daß es wenige Lebensbereiche gab, in denen Schwarze keine bemerkenswerten Leistungen vollbrachten. Dies war die Art Stolz, wie sie sich ganz natürlich und durchaus verzeihlich in einer Gruppe entwickelte, die in einer so merkwürdigen Lage wie die Schwarzen war. Ihre Welt war klein, ihre Chancen waren relativ gering, und ihre Leistungen erschienen um so gewaltiger.

Eine Welt oder zwei Welten

In den drei Jahrhunderten, in denen Schwarze Teil der allmählich entstehenden amerikanischen Zivilisation waren, liefen zwei wichtige Prozesse ab, die sie direkt betrafen. Sie waren gezwungen, in einer Welt abseits der herrschenden Gruppe der Gesellschaft zu leben, und entwickelten eigene Institutionen, um trotz allem ihre eigene Identität und Individualität zu bewahren. Gleichzeitig nahmen sie jedoch in begrenztem Umfang an den Entwicklungen der größeren Gemeinschaft teil. Diese Erfahrung half ihnen bei der Schaffung ihrer eigenen Institutionen und förderte bis zu einem gewissen Grad auch ihre Integration. Es ist wohl überflüssig hinzuzufügen, daß ihre Anwesenheit in Amerika natürlich zutiefst dessen Entwicklung beeinflußte, denn selbst der flüchtigste Blick auf das bisher Gesagte macht das überdeutlich. Die beiden genannten Prozesse liefen parallel zueinander ab, und die Schwarzen mußten die schwierige Aufgabe bewältigen, in zwei Welten zugleich zu leben. Gleichzeitig gab es vielfältige Anstrengungen, von der einen in die andere Welt überzuwechseln. Das geschah aus dem Wunsch heraus, das Dasein mit seinen Problemen einfacher zu gestalten – etwa dadurch, daß die Verdoppelung vieler Anstrengungen, die zum Leben in zwei Welten dazugehörte, wegfiel –, und es entsprang dem Wunsch, endlich für sich das amerikanische Verständnis von Gleichheit zu verwirklichen, das die Afroamerikaner genauso ernst nahmen wie jede andere Gruppe in Amerika.

In der Zeit nach dem Bürgerkrieg mußte das weiße Amerika darüber befinden, inwieweit den Afroamerikanern der Zugang zum normalen amerikanischen Leben gestattet werden sollte. Es herrschte keine generelle Übereinstimmung, welchen Weg man zur Lösung des Problems einschlagen sollte, und das Erbe der Sklaverei verhinderte jeden Schritt hin zur Integration. Es war kein Problem, das die Schwarzen selbst lösen konnten, denn es setzte voraus, daß sie akzeptiert wurden. Und so suchten die Afroamerikaner permanent nach Möglichkeiten, stärker am gesellschaftlichen und politischen Leben Amerikas teilzunehmen, aber ihre Vorstöße wurden häufiger abgewehrt als angenommen. Sie wurden in ihre eigene Welt zurückgeworfen, und in dem Maß, in dem sie vermehrt eigene Institutionen und spezifische Lebensformen für sich schufen, rückte die Aussicht auf völlige Gleichheit in immer weitere Ferne.

Die Auswirkungen dieser Erfahrungen auf die Afroamerikaner kann man weder voll ermessen noch abschätzen. Wissenschaftler und Experten, die sich mit Rassenbeziehungen und Inter-Gruppen-Beziehungen beschäftigen, haben schon viel dazu gesagt. Die Gegner der Integration konzentrierten sich ganz auf das Leben in der schwarzen Bevölkerungsgruppe, und wenn sie Verbrechen, Straftaten, Krankheit und Analphabetentum fanden, betonten sie, daß diese Defizite ein Beweis für die Unfähigkeit der Afroamerikaner seien, gleichberechtigte Teilnehmer am politischen Leben einer zivilisierten Gesellschaft zu werden. Die Anhänger der Integration hielten dagegen, daß solche Defizite Beweise für die Frustration seien und Hinweise auf die Anomalität und Schwierigkeiten, die mit dem Leben in einer Welt verbunden waren, die die Stigmata der Minderwertigkeit und Instabilität trug.

Die Afroamerikaner versuchten nun, in nur einer Welt oder in zwei Welten unterschiedlicher Rassen zu leben, und wurden zunehmend zum Gegenstand von Untersuchungen in den Behavioral Sciences, die neue psychologische und soziologische Methoden zur Analyse von Rasse und Gemeinschaft auf sie anwandten. Man untersuchte den Einfluß der amerikanischen demokratischen Tradition auf Gruppen unterschiedlicher rassischer Herkunft, und man untersuchte den Einfluß wirtschaftlicher Probleme auf die Rassenfrage. Viele Schwarze wehrten sich dagegen, als Problem analysiert zu werden, und beschuldigten die Forscher, stärker an neuen Techniken und neuen Ansätzen interessiert zu sein als am Menschen selbst. Deshalb forderte die Schwarze Revolution – die Black Revolution – der sechziger und siebziger Jahre eine umfassende Neubestimmung des Platzes der Afroamerikaner in der amerikanischen Gesellschaft und drängte auf eine stärkere Beteiligung der Schwarzen sowie auf mehr praktische Schritte zur Verbesserung der Verhältnisse, die die Untersuchungen ans Licht brachten.

Viele Analysen über den Platz der Afroamerikaner im gesellschaftlichen und wirtschaftlichen Leben Amerikas stammten aus Forschungsvorhaben der Bundesministerien wie dem Bildungsministerium, dem Innenministerium und dem Handelsministerium. Universitätsinstitute wie das Institute for Research in Social Science der Universität von North Carolina und der Fachbereich Sozialwissenschaften an der Fisk-Universität legten anschauliche und wissenschaftliche Untersuchungen über den Status der Schwarzen in der amerikanischen Gesellschaft vor. Die Arbeiten von Howard Odum, Charles S. Johnson, Rupert Vance, Gordon Blackwell, Guy B. Johnson und anderen lieferten bis dahin nicht vorhandene Informationen über die Schwarzen und ihre Beziehungen zu den Welten, in denen sie lebten. In einer Reihe bedeutender Arbeiten veröffentlichte der American Council on Education die Ergebnisse der American Youth Commission über die Wirkung der gesellschaftlichen Ächtung auf die Persönlichkeitsentwicklung afroamerikanischer Jugendlicher. Die Untersuchungen dieser Forscher, unter ihnen Allison Davis, E. Franklin Frazier, Charles S. Johnson, John Dollard, W. Lloyd Warner, Ira DeA. Reid und Robert L. Sutherland, zeigten, daß die überwältigende Mehrheit der schwarzen Jugendlichen nie Gelegenheit bekam, am amerikanischen Traum der Chancengleichheit teilzuhaben. Sie wiesen darauf hin, daß das Umfeld schwarzer Jugendlicher diese häufig zu Reaktionen zwang, die als passiv, unverantwortlich und aggressiv betrachtet wurden. Die Chancen für junge Afroamerikaner, ein normales Leben zu führen, waren so gering, daß kein ernsthafter Forscher darin auch nur im entferntesten die Verwirklichung des amerikanischen Traums erkennen konnte.

Die ehrgeizigste Forschungsarbeit über den Platz der Afroamerikaner in der amerikanischen Wirtschaft und Gesellschaft wurde von Gunnar Myrdal von der Universität Stockholm und einem großen wissenschaftlichen Stab von Soziologen, Historikern, Wirtschaftswissenschaftlern, Politologen, Psychologen, Anthropologen und anderen Spezialisten für die Carnegie Corporation in New York angefertigt. Mehrere bedeutende Arbeiten daraus wurden veröffentlicht: *Myth of the Negro Past* von Melville J. Herskovits, *Patterns of Negro Segregation* von Charles S. Johnson, *The Negro's Share* von Richard Sterner und anderen, *Characteristics of the American Negro* von Otto Klineberg und *An American Dilemma* von Gunnar Myrdal. Mehr als ein Dutzend erschöpfender Studien über unterschiedliche Aspekte des afroamerikanischen Lebens wurden zusätzlich durchgeführt, aber nicht veröffentlicht. Die unumgängliche Schlußfolgerung aus allen Studien besagte, daß die Behandlung der Afroamerikaner Amerikas größter Skandal war und ihre fast durchgängige Ablehnung Amerikas offensichtlichster Verstoß gegen das eigene Glaubensbekenntnis der Gleichheit aller Menschen.

Während einige der Untersuchungen Empfehlungen für die Verbesserung des Status der Schwarzen in der amerikanischen Gesellschaft aussprachen, ging es den Wissenschaftlern hauptsächlich darum, die Fakten offenzulegen, und weniger darum, präzise Entwürfe für praktische Projekte vorzulegen. Doch die Organisationen der Afroamerikaner kämpften weiter um die stärkere Beteiligung der Schwarzen an allen Bereichen der amerikanischen Gesellschaft. Und auch eine wachsende Zahl weißer und gemischter Organisationen entwickelte Programme für die stärkere Integration der Afroamerikaner in die amerikanische Gesellschaft. 1944 kam eine Gruppe weißer und schwarzer Südstaatler zusammen und gründete den Southern Regional Council (SRC), der in Wirklichkeit eine wiederbelebte und erweiterte Commission of Interracial Cooperation war. Er verstand sich als »eine Organisation, die durch Forschung und politisches Handeln die Ideen und die praktische Umsetzung der Chancengleichheit für alle Menschen im Süden durchsetzen will«. Eine vorläufige Stellungnahme im August 1943 enthielt die These, daß »der Neger in den Vereinigten Staaten und anderswo das Recht und die absolute Garantie auf Chancengleichheit haben sollte, wie sie jeder andere Bürger der Vereinigten Staaten im Rahmen des amerikanischen demokratischen Regierungssystems hat«. Der SRC nahm aktiv an den Bemühungen teil, die politische und wirtschaftliche Gleichheit für die Afroamerikaner im Süden sicherzustellen.

Eine Organisation, die mehr Anhänger unter den Massen ansprechen wollte und deren Programm handlungsbezogener und praxisnäher war, war die Southern Conference for Human Welfare. Sie wurde 1938 gegründet und versuchte, ein Programm aggressiver Aktionen zu verbreiten, um das allgemeine Niveau der unterprivilegierten Gruppen im Süden anzuheben. Über seine Komitees in den Einzelstaaten und seine Ortsgruppen sollte ein breites Interesse an politischen Fragen geweckt werden, und in einigen Fällen ging man so weit, einige Kandidaten für öffentliche Ämter zu unterstützen und andere zu bekämpfen. Die Organisation bezog Stellung gegen die Lynchjustiz, gegen Diskriminierung, gegen die Wahlsteuer und ähnliche Tatbestände und tat sich meist mit liberalen Gewerkschaftlern zusammen. Ihr wurde oft Linkslastigkeit nachgesagt, und sie wurde vom House Committee on Un-American Activities als subversive Gruppe geführt.

Viele Menschen im Mittleren Westen hielten es 1944 für angebracht, befriedigendere Regelungen für die Anpassung der Minderheiten in das Leben der Gemeinschaft zu suchen. Deshalb gründeten sie den American Council on Race Relations mit seiner Zentrale in Chicago. Als eine beratende Organisation konnte sie Gemeinden bei der Lösung von Problemen mit Minderheiten, besonders in Industriestädten, Ratschläge geben und Bildungsprogramme für gemischtrassige Gruppen entwickeln, wo das notwendig war. Mit beträchtlichen Finanzmitteln und einem Stab gut ausgebildeter weißer und schwarzer Spezialisten erlangte der Council nach einer Experimentierphase eine Position, in der er als wichtige Anlaufstelle für Rassenfragen anerkannt wurde.

In den fünfziger und sechziger Jahren wurden die Anstrengungen zur Weiterbildung von Schule und Gesellschaft in Fragen der Rasse weiter ausgebaut. Hervorragende Psychologen, wie Kenneth Clark, wiesen nach, wie die Vorurteile der Kinder nur die Haltung ihrer Eltern widerspiegelten. An den Schulen wurden Kurse eingeführt, in denen die rassischen und kulturellen Unterschiede erklärt und gleichzeitig afroamerikanische Kinder zu größeren Leistungen angespornt werden sollten. Mehrere Städte führten mit Unterstützung des Office of Education des Bundes das Vorschulprogramm Operation Headstart durch, das die Arbeit mit Vorschulkindern interessanter und besser gestalten sollte. Dieses Programm, das Higher Horizon Programm in der Stadt New York und das Programm kompensatorischer Erziehung in San Francisco ließen viele Pädagogen glauben, daß sie Modelle gefunden hatten, die besser auf die Minderheitenprobleme eingingen. Einige Programme, wie das SEEK an der City University von New York und Access to Excellence an den öffentlichen Schulen von Chicago, waren höchst umstritten und stießen auf großen Widerstand in der Öffentlichkeit. Die Kritiker von SEEK, hauptsächlich Weiße, befürchteten die Zulassung von unqualifizierten Studenten zur City University. Das Chicagoer Programm löste großes Mißtrauen bei den Schwarzen aus, die überzeugt davon waren, daß es nur ein Trick war, um die Rassentrennung nicht aufheben zu müssen. Um das unvorteilhafte Bild oder die komplette Vernachlässigung der Schwarzen in vielen Lehrbüchern zu korrigieren, verlangten die Afroamerikaner Lehrbücher, die ihre Rolle in der amerikanischen Geschichte angemessener berücksichtigten.

Es war nicht möglich, die Ergebnisse all der Anstrengungen einzuschätzen, mit denen der Abstand zwischen den beiden Welten, in denen die meisten Afroamerikaner lebten, überbrückt werden sollte, doch am Ende der 1960er Jahre herrschte zumindest darin Übereinstimmung, daß einige der Versuche einem weiteren Anwachsen der Antipathie zwischen den Rassen Einhalt geboten. Wenn die Behörden, Organisationen und Ämter ihr Ziel nicht erreichen konnten, den amerikanischen Schmelztiegel funktionsfähig zu machen, so führten sie doch jedem die Bedeutung des Projekts vor Augen. Sie lenkten die Aufmerksamkeit auf die Tatsache, daß die größte Belastungsprobe für Amerikas demokratische Tradition die Aufnahme der Schwarzen in den Hauptstrom der amerikanischen Gesellschaft war.

21. KAPITEL
DER KAMPF FÜR DIE VIER FREIHEITEN

Waffenschmiede der Demokratie

Die internationale Anarchie, die die Zeit vor dem Ausbruch des Ersten Weltkriegs charakterisiert hatte, setzte sich schon kurz nach dem »Krieg, der Kriege überhaupt beenden sollte«, fort. Sicher, es wurden Schritte zum Erhalt eines dauerhaften Friedens unternommen. Der Völkerbund versuchte zaghaft, Aggressionen zu zügeln und internationale Konflikte friedlich zu regeln, aber die mächtigen Staaten benutzten den Völkerbund allzu häufig als Deckmantel, um den schwächeren Mitgliedern ihren Willen aufzwingen zu können. Die Besetzung der Mandschurei durch Japan 1931 und das Scheitern mehrerer internationaler Organisationen, etwas dagegen zu unternehmen, bewiesen die Ohnmacht dieser Organisationen gegenüber entschlossener Machtgier. Schon 1922 hatte Mussolini die Macht in Italien übernommen, und 1935 fiel er in Äthiopien ein, um sein Ziel der Wiedererrichtung des Römischen Reiches zu verwirklichen. Diese Entwicklungen ermutigten Adolf Hitler, der auf eine Chance wartete, seine eben gewonnene Herrschaft über Deutschland auf die Nachbarländer auszudehnen.

Die Afroamerikaner beobachteten die Ereignisse in anderen Weltteilen mit wachsender Besorgnis. Als Italien in Äthiopien einmarschierte, protestierten sie mit allen ihnen zur Verfügung stehenden Mitteln. Fast über Nacht beschäftigten sich selbst die provinziellsten Afroamerikaner mit der internationalen Lage. Äthiopien war eine schwarze Nation, und seine Zerstörung würde den endgültigen Sieg der Weißen über die Schwarzen bedeuten. In vielen afroamerikanischen Gruppen wurden Gelder für die Verteidigung des afrikanischen Königreichs gesammelt, und in den Städten entstanden größere Organisationen. In New York wurde der International Council of Friends of Ethiopia gegründet, mit Willis N. Huggins als Geschäftsführer. 1935 vertrat Huggins vor dem Völkerbund die Sache

Äthiopiens. Andere Organisationen, wie die United Aid to Ethiopia (später Ethiopian World Federation), sammelten Gelder für das belagerte afrikanische Land. Der *Pittsburgh Courier* entsandte den Historiker und Kommentator J. A. Rogers als Kriegsberichterstatter, der nach seiner Rückkehr die Broschüre *The Real Facts about Ethiopia* veröffentlichte und vor vielen schwarzen und weißen Gruppen Vorträge hielt.

Die Afroamerikaner gehörten zu den ersten und entschiedensten Amerikanern, die den in Europa aufsteigenden Faschismus verdammten. Sie lernten den Nazismus und seine arischen Lehren schnell hassen. Einige hatten Hitlers *Mein Kampf* gelesen und seine abschätzigen Bemerkungen über die Schwarzen erbost zur Kenntnis genommen. Außerdem wurde behauptet, daß Hitler sich 1936 geweigert habe, die afroamerikanischen Stars der Olympischen Spiele in Berlin, Jesse Owens und Ralph Metcalfe, mit der ihnen zustehenden Höflichkeit zu behandeln. Als dann Max Schmeling 1936 das schwarze Boxeridol Joe Louis k.o. schlug, ließen die Afroamerikaner an der Hitlerdiktatur kein gutes Haar mehr. Bis zu Louis vollständiger Revanche 1938 konnte der Durchschnittsschwarze über die Nazis nicht ohne ein Gefühl persönlicher Feindschaft sprechen. Ende der dreißiger Jahre wurden in der amerikanischen Öffentlichkeit generell Hitlers Taktik bezüglich Österreich und die Zerstückelung der Tschechoslowakei scharf kritisiert, und die Afroamerikaner schlossen sich der lautstarken Verurteilung an.

Als ganz Europa als Folge von Hitlers Einmarsch in Polen im September 1939 wieder in einen Krieg gestürzt wurde, wurde die Position der Vereinigten Staaten als neutraler Macht immer unhaltbarer. Innerhalb von zwei Monaten verabschiedete der Kongreß, auf nachdrücklicher Forderung des Präsidenten, ein Gesetz, das den Kauf von Waffen auf Cash-and-carry-Basis, Abholung und Barzahlung erlaubte. Als Deutschland im Frühjahr 1940 seinen Blitzangriff im Westen startete und Dänemark, Norwegen, die Niederlande, Luxemburg und Belgien eroberte, war die Bevölkerung der Vereinigten Staaten alarmiert. Die Niederlage Frankreichs im Juni 1940 vergrößerte die Befürchtungen. Es sah ganz so aus, als sollte auch Großbritannien dem Blitzkrieg der Nazis zum Opfer fallen. Als sich die Amerikaner fragten, was Deutschland mit den Kolonien der besiegten Nationen in der Neuen Welt machen würde, begriffen sie, wie erschreckend nah der Krieg gerückt war. Es war höchste Zeit, Vorbereitungen zu treffen, und das geschah im folgenden Jahr mit großer Intensität.

Die geringe Stärke der amerikanischen Armee im Jahr 1940 war nicht so sehr der Tatsache zuzuschreiben, daß die Bevölkerung beim Bemühen um Frieden eine Politik der Abrüstung verfolgte, als vielmehr der fast natürlichen Abneigung, in Friedenszeiten ein großes stehendes Heer zu unterhalten. Während die Zahl der Offiziere und Soldaten nach dem Ersten Weltkrieg ständig zurückging, verringerte sich die Zahl der afroamerikanischen Soldaten in der Armee der Vereinigten Staaten bis zur Bedeutungslosigkeit. 1940 gab es weniger als 5000 Afroamerikaner in einer aus 230 000 Soldaten und Offizieren bestehenden Armee. Nur vier schwarze Einheiten, die 24. und 25. Infanterie- und die 9. und 10. Kavallerieregimenter, hatten ihre volle Stärke. Schon 1939 wurden jedoch mehrere schwarze Einheiten aktiviert, darunter drei Quartiermeisterregimenter, zwei Flugabwehrbataillone, eine Feldartillerieeinheit, eine Kompanie der chemischen Kriegführung und mehrere Pionierkorps. Zu Beginn der Krise gab es weniger als ein Dutzend afroamerikanische Offiziere in der regulären Armee. Die Schwierigkeiten, den aktiven Status als Reserveoffizier im Reserve Officers Corps beizubehalten, hatte viele Afroamerikaner veranlaßt, die ein Anrecht auf ein Offizierspatent hatten, ihre Befähigung verfallen zu lassen.

Als die Vereinigten Staaten sich auf den Eintritt in den Krieg vorbereiteten, fragten die Afroamerikaner sich, in welcher Weise sie berücksichtigt werden würden, sowohl beim Aufbau einer großen Streitmacht als auch bei der Herstellung von modernem Kriegsmaterial. Als das Gesetz über den Wehrdienst, der Selective Service Act, 1940 verabschiedet wurde, wurde ein Paragraph hinzugefügt, der jede Diskriminierung bei der Einberufung und Ausbildung verbot. Eine Zeitlang nahmen Musterungskommissionen jedoch nur Weiße als Rekruten an, mit der Begründung, daß es in den Ausbildungslagern an Unterkunftsmöglichkeiten für Schwarze fehle. Bei den ersten Anzeichen von Diskriminierung begannen die Afroamerikaner energisch zu protestieren. Im September 1940 unterbreitete eine Gruppe führender Schwarzer, darunter A. Philip Randolph und Walter White, Präsident Roosevelt ein Sieben-Punkte-Programm mit Minimalforderungen für die angemessene Berücksichtigung von Afroamerikanern bei der Landesverteidigung. Sie forderten nachdrücklich, daß alle verfügbaren Reserveoffiziere zur Ausbildung von Rekruten eingesetzt werden sollten, daß schwarze Rekruten dieselbe Ausbildung erhalten sollten wie Weiße, daß die bestehenden Einheiten in der Armee

Offiziere und Soldaten auf der Grundlage ihrer Fähigkeiten und nicht ihrer Rassenzugehörigkeit akzeptieren sollten, daß spezialisiertes Personal, wie Ärzte, Zahnärzte und Krankenschwestern, integriert werden sollte, daß verantwortliche Afroamerikaner in die Musterungskommissionen aufgenommen werden sollten, daß die Diskriminierung in der Marine und der Luftwaffe abgeschafft werden sollte und daß kompetente Afroamerikaner zu Zivilberatern des Kriegs- und des Marineministers ernannt werden sollten.

Die politische Linie des Kriegsministeriums wurde im Herbst 1940 mit der Veröffentlichung einer Erklärung deutlicher, nach der Afroamerikaner auf der Grundlage des afroamerikanischen Bevölkerungsanteils in die Armee aufgenommen werden sollten. Sie sollten jedoch in getrennten Einheiten aufgestellt werden, und bestehende schwarze Einheiten unter weißen Offizieren sollten keine afroamerikanischen Offiziere außer Stabsärzten und Militärgeistlichen erhalten. Die Afroamerikaner waren außer sich vor Wut und machten ihrer Empörung Luft. Sie erklärten, daß die Hitlerherrschaft abscheulich war, aber sie bestanden gleichzeitig darauf, daß jegliche Diskriminierung von Schwarzen mit äußerster und gleich starker Anstrengung bekämpft werden mußte. Wichtige Ernennungen und Beförderungen von Afroamerikanern brachten die Proteste nicht zum Schweigen. Am 25. Oktober 1940 wurde Oberst B. O. Davis als erster Schwarzer zum Brigadegeneral befördert, aber die Wahlen standen vor der Tür, und die Afroamerikaner waren davon überzeugt, daß die Beförderung nicht ohne politisches Kalkül erfolgt war. William H. Hastie wurde zum Zivilberater des Kriegsministers ernannt, und Oberst Campbell Johnson wurde Assistent des Direktors der Einberufungsbehörde. Die Senior-ROTC-Einheiten am West Virginia State College, am Hampton Institute, am North Carolina Agricultural and Technical College, am Prairie View State College und am Tuskegee Institute wurden ausgebaut. Obwohl diese Maßnahmen bei den Afroamerikanern auf Wohlwollen stießen, reichten sie nicht aus, um sie davon zu überzeugen, daß Washington seine politische Strategie entscheidend verändert hatte. Allzuviel deutete darauf hin, daß die Vereinigten Staaten sich darauf festgelegt hatten, eine weiße Armee und eine schwarze Armee zu unterhalten, und diese Streitkräfte mußten nun irgendwie gemeinsam eingesetzt werden, um Faschismus und Rassismus als die beiden großen Gefahren auf der Welt zu bekämpfen.

Als Industriebetriebe ihre Produktion allmählich auf Rüstungsgüter umstellten, fanden Afroamerikaner dennoch nur sehr schwer Arbeit. Noch waren fast fünf Millionen Weiße arbeitslos, das war ein wesentlicher Unterschied zur Lage unmittelbar vor dem Ersten Weltkrieg , und die Unternehmer stellten im allgemeinen zuerst Weiße ein. Da die große Mehrheit der Schwarzen ungelernte Arbeiter waren, lautete die übliche Rechtfertigung für ihre Nichtbeschäftigung, daß man Facharbeiter brauchte. Nutzen zogen die Afroamerikaner aus dem Boom in der Rüstungsindustrie erst, als sie die freigewordenen Stellen von Weißen bekamen, die mit höheren Löhnen in andere Rüstungsbetriebe abgeworben worden waren. Die Bundesregierung unternahm mehrere Schritte, um Diskriminierungen zu verhindern. Das Office of Education der Vereinigten Staaten erklärte, daß es bei der Zuweisung von Finanzmitteln für das Ausbildungsprogramm zur Landesverteidigung keine Diskriminierung bezüglich Rasse, Glauben oder Hautfarbe geben dürfe. Im August 1940 verurteilte das National Defense Advisory Committee in einer Stellungnahme die Praxis, Afroamerikanern die Beschäftigung in Rüstungsbetrieben zu verweigern. Im September sprach sich der Präsident in einer Botschaft an den Kongreß klar und deutlich gegen jegliche Diskriminierung aus. Das Office of Production Management richtete eine Stelle zur Anstellung und Ausbildung von Schwarzen als Teil seiner Arbeitsvermittlung ein, um die Einstellung von Afroamerikanern in der Rüstungsindustrie zu erleichtern. Keine dieser Maßnahmen brachte befriedigende Ergebnisse, und viele Schwarze äußerten deutlich, daß sie von ihrer Regierung mehr als nur Gesten erwarteten.

Als die Afroamerikaner sahen, wie die Löhne in Betrieben mit großen Rüstungsaufträgen in schwindelerregende Höhe schossen und trotzdem kein Wandel bei der strikten Ablehnung von Schwarzen in der Industrie sichtbar war, entwickelten sie Pläne für drastische Maßnahmen. Im Januar 1941 machte A. Philip Randolph, der Präsident der Brotherhood of Sleeping Car Porters, den Vorschlag, zwischen 50 000 und 100 000 Schwarze sollten nach Washington marschieren und von ihrer Regierung verlangen, etwas für die Beschäftigung von Schwarzen in der Rüstungsindustrie zu tun. Die Afroamerikaner begeisterten sich schnell für die Idee, und als sie mit der Planung für den Marsch begannen, zeigten sich hohe Regierungsbeamte alarmiert. Überall in Washington hieß es: »Und was werden sie in Berlin davon halten?« Worauf die Schwarzen die Antwort parat hatten: »Wahrscheinlich nichts anderes, als sie schon jetzt über Amerikas Rassenpolitik sagen.« Im Juni trafen Afroamerikaner überall in den Vereinigten Staaten – ganz sicher viele Tausende, wenn nicht 100 000 – ihre Vorbereitungen für den Marsch auf Washington, um dort am 1. Juli vor das Kapitol zu ziehen. Die Abschaffung von Mißständen zu fordern, war eine alte amerikanische Sitte, und der Aufruf erinnerte an den Marsch auf Washington durch Coxeys Arbeitslosenheer im Jahr 1894 und durch die Bonus-Expeditionsstreitkräfte im Jahr 1932.

In den letzten drei Juniwochen 1941 wurde viel unternommen, um den Marsch auf Washington zu verhindern. Der New Yorker Bürgermeister Fiorello LaGuardia, Eleanor Roosevelt, Aubrey Williams von der National Youth Administration, Walter White von der NAACP und Randolph diskutierten in New York darüber. Mrs. Roosevelt und Bürgermeister LaGuardia behaupteten wie andere auch, daß der Marsch nichts ausrichten und möglicherweise sogar Vergeltungsmaßnahmen gegen Schwarze auslösen würde. Randolph blieb unnachgiebig. Der Präsident bat Randolph zu sich und hatte ein langes Gespräch mit ihm, an dem auch Kriegsminister Stimson, Marineminister Knox und andere teilnahmen. Nichts konnte Randolph von seinen Plänen abbringen. Als der Zeitpunkt des Marsches näher rückte, geriet das offizielle Washington allmählich in Panik. Nach mehreren Gesprächsrunden erklärte der Präsident, wenn Randolph den Marsch absagen würde, werde er eine Verordnung »mit Biß« erlassen und jede Diskriminierung bei der Einstellung in die Rüstungsindustrie und den öffentlichen Dienst aufs schärfste untersagen. Am 25. Juni 1941 ließ der Präsident seine berühmte Verordnung »Executive Order 8802« ergehen, in der er erklärte, daß »es bei der Beschäftigung von Arbeitern in der Rüstungsindustrie oder im öffentlichen Dienst keine Diskriminierung geben darf, aufgrund von Rasse, Glauben, Hautfarbe oder nationaler Herkunft ... und es die Pflicht von Unternehmern und Gewerkschaften ist, ... für die volle und gleichberechtigte Beteiligung aller Arbeiter in Betrieben der Rüstungsindustrie ohne Diskriminierung aufgrund von Rasse, Glauben, Hautfarbe oder nationaler Herkunft zu sorgen ...«

Gemäß der Verordnung des Präsidenten wurde ein Paragraph, der die Diskriminierung verbot, in alle Rüstungsverträge eingefügt, und ein Ausschuß für faire Einstellungspraktiken (Fair Employment Practices Committee-FEPC) gebildet, um Klagen wegen Diskriminierung und damit wegen Verstoßes gegen die Verordnung entgegenzunehmen und zu untersuchen. Der Ausschuß, der aus Vertretern des öffentlichen Lebens, der Arbeitgeber und der Gewerkschaften zusammengesetzt war, führte in Industriezentren wie Los Angeles, Chicago und New York Anhörungen durch. Vielen Fällen von Diskriminierung wurde natürlich nie nachgegangen. Doch obwohl der Ausschuß keine Strafen verhängen konnte und angesichts des Ernstes der Lage auch nicht zur Annullierung von Rüstungsaufträgen neigte, hatte allein seine Existenz eine heilsame Wirkung auf die Beschäftigungssituation von Afroamerikanern. Unternehmer und Gewerkschaften wollten bei den Anhörungen nicht gern als Beklagte auftreten und waren gelegentlich bereit, ihr grundsätzliches Verhalten zu ändern, um eine Vorladung zu verhindern. Die unvorteilhafte Publizität, die mit dem Erscheinen vor dem Ausschuß verbunden war, veranlaßte darüber hinaus einige Unternehmer, ihre Beschäftigungspolitik zu revidieren. Schließlich war es die Peinlichkeit, der sich einige Unternehmer durch nachgewiesen falsche Angaben über ihre Beschäftigungspraktiken ausgesetzt sahen, die sie zur Änderung dieser Praktiken bewegte, um so ihren guten Namen zurückzugewinnen.

Die Reaktion auf die Verordnung des Präsidenten und die Ausschußarbeit waren unterschiedlich. Die Afroamerikaner begrüßten die Verordnung als das wichtigste Dokument, das seit der Emanzipationserklärung ihre Angelegenheiten betraf. Sie waren natürlich enttäuscht, als die verbreitete Diskriminierung trotz des Ausschusses weiterging. Weiße Unternehmer und die Weißen im Süden lehnten im allgemeinen beides ab. Mark Ethridge, ein Zeitungsmann aus Louisville und Mitglied des Ausschusses von Anfang an, meinte, daß die Verordnung kein gesellschaftlich relevantes Dokument sei und sich mit der Rassentrennung nicht befasse. Er fügte bezeichnenderweise hinzu: »Alle Armeen auf der Welt, der Vereinten Nationen und der Achsenmächte zusammen, könnten dem Süden die Aufgabe der Rassentrennung nicht aufzwingen.« Ein weißer Rechtsanwalt in Alabama war so wütend, daß er einen Bund zur Aufrechterhaltung der weißen Vorherrschaft (League to Maintain White Supremac) gründete, während der Gouverneur Alabamas erklärte, er würde keinen Vertrag unterzeichnen, der ihn zur Aufgabe einer Politik zwingen würde, die er für den Rassenfrieden für unerläßlich erachte.

Diesen inneren Kampf fochten die Vereinigten Staaten in den frühen Tagen des europäischen Kriegs aus, als sie von den Feinden der Achsenmächte dringend als Waffenschmiede der Demokratie benötigt wurden. Immer mehr Kriegsmaterial sollte von ihnen geliefert werden, sei es durch Kauf, Leihpacht, als Geschenk oder als Hilfsmaßnahme usw. Sie hatten große Schwierigkeiten, als Waffenschmiede der Demokratie zu dienen und gleichzeitig an einem freien Wirtschaftssystem festzuhalten, in dem Arbeiter das Streikrecht hatten und Arbeitgeber das Recht, nur Menschen einer bestimmten Hautfarbe einzustellen. Die Aufgabe, den Nationen geistige und materielle Hilfe zu leisten, die unter der Knute der Achsenmächte standen und gleichzeitig diskriminierende Praktiken aufgrund von Rasse, Glauben und nationaler Herkunft aufrechtzuerhalten, erforderte eine bemerkenswerte Doppelzüngigkeit. Der Präsident hatte die internationalen Ziele der ganzen Welt sehr klar damit benannt, daß man »Redefreiheit, Glaubensfreiheit, Freiheit von Not und Freiheit von Furcht« erreichen wollte. Doch die Unfähigkeit der Vereinigten Staaten, eine überzeugende Erklärung für die Demokratie abzugeben, die einer aufrichtigen Praxis entsprang, hatte zweifellos eine Schwächung ihrer Position als Waffenschmiede der Demokratie zur Folge.

Schwarze im Militär

Unter dem Selective Service Act von 1940 meldeten sich mehr als drei Millionen Afroamerikaner zum Dienst in den Streitkräften. Aufgrund mangelnder Schulbildung, angeblicher Geschlechtskrankheiten und diskriminierender Maßnahmen bei den Musterungskommissionen betrug die Ablehnungsrate von Schwarzen 18,2 Prozent im Vergleich zu 8,5 Prozent bei den Weißen. Im ersten Jahr nach Inkrafttreten des Gesetzes wurden nur 2069 Afroamerikaner in die Streitkräfte einberufen. Im folgenden Jahr traten mehr als 100 000 den Dienst an, und 1942 waren es annähernd 370 000. Im September 1944, als die Armee ihre größte Stärke erreicht hatte, dienten 701 676 Schwarze allein in dieser Waffengattung. Annähernd 165 000 dienten in der Marine, 5000 in der Küstenwache und 17 000 im Marineinfanteriekorps. Eine grobe Schätzung der Gesamtzahl der Schwarzen in den Streitkräften im Zweiten Weltkrieg ergibt eine Zahl von annähernd einer Million Männern und Frauen, was ungefähr dem Anteil der Afroamerikaner an der Gesamtbevölkerung entspricht.

Die Beteiligung von Afroamerikanern in der Verwaltung der Einberufungsbehörde verminderte zweifellos die Diskriminierung von Schwarzen bei der Einberufung in die Streitkräfte. In verschiedenen Landesteilen dienten Schwarze in fast jeder Funktion der Einberufungsbehörde. Auf Bundesebene gab es neben dem geschäftsführenden Assistenten des Direktors der Einberufungsbehörde einen Afroamerikaner im Beirat des Präsidenten, Advisory Committe on Selective Service. Auf den unteren Ebenen waren Schwarze Mitglieder der Musterungskommissionen, des Beirats der Registratur, Musterungsärzte, Mitglieder von Einberufungskommissionen und in verschiedenen anderen Funktionen. Unter den Afroamerikanern herrschte der Eindruck vor, daß der Wehrdienst im Zweiten Weltkrieg unparteiischer gehandhabt wurde als im Ersten Weltkrieg.

Obwohl es viel Diskriminierung in den Streitkräften gab, hatten Schwarze eine bessere Chance, ihrem Land zu dienen als in irgendeinem der vorangegangenen Kriege. Sie dienten in der Infanterie, in der Küsten- und Feldartillerie, in der Kavallerie, in Panzerbataillonen, bei den Transporteinheiten, der Fernmeldetruppe, dem Pionierkorps, der Sanitätstruppe und in vielen anderen Bereichen, in denen sie auch schon zuvor gedient hatten. Als das Weibliche Hilfskorps (WAC) gegründet wurde, wurden auch Afroamerikanerinnen aufgenommen, und vor dem Ende des Krieges taten mehr als 4000 Afroamerikanerinnen Dienst. Ende 1940 verkündete das Kriegsministerium, daß Afroamerikaner in Tuskegee, Alabama, zu Piloten ausgebildet werden würden. Während einige Afroamerikaner sich mit Gewalt der Rassentrennung in der Luftwaffe widersetzten, betrachteten andere die Ankündigung als einen Schritt vorwärts, da vorher nichts dergleichen stattgefunden hatte. Während die Piloten mit der Ausbildung in Tuskegee begannen, wurden Bodenmannschaften in Chanute Field, Illinois, ausgebildet. Ende 1941 war die 99. Jagdstaffel zur Aufstellung als Kampfeinheit bereit, und weitere Gruppen schwarzer Jagdflieger waren bereits in der Ausbildung. Annähernd 600 afroamerikanische Piloten hatten bis Kriegsende ihr Pilotenabzeichen erhalten.

Im Juni 1940 gab es nur 4000 Afroamerikaner in der Marine, von denen die meisten Messejungen waren. Sie konnten weder die vielen Spezialausbildungen machen, die Teil des Ausbildungsprogramms der Marine waren, noch zur Kampftruppe kommen. Nach Kriegsbeginn protestierten die Afroamerikaner gegen die Diskriminierung in der Marine, und mehrere Monate lang gab die Marineführung zu verstehen, daß sie nicht beabsichtige, ihre Haltung gegenüber Schwarzen zu ändern. Im April 1942 verkündete der Marineminister jedoch, daß die Marine die Einstellung von Schwarzen in den einfachen Dienst und als Unteroffiziere akzeptieren würde. Eine separate Einheit, Camp Robert Smalls, wurde für sie in der Marine-Ausbildungsstation an den Großen Seen geschaffen. Vielversprechende Rekruten wurden von dort aus nach Hampton zur weiteren Ausbildung geschickt. Andere wurden auf See oder in Marinemunitionsdepots abkommandiert. Als die Marine 1943 beschloß, Afroamerikaner in das Ausbildungsprogramm für Offiziere aufzunehmen, wurden 16 Marinesoldaten ausgesucht, weil man annahm, nicht mehr als 12 würden sich qualifizieren. Am Ende der Ausbildung bestanden jedoch alle 16 die Prüfung. 12 wurden zum Leutnant zur See ernannt, einer zum Oberstabsbootsmann. Die übrigen wurden »ohne weitere Erklärung zu den Mannschaftsrängen zurückgeschickt«. Später wurden Afroamerikanerinnen zum Freiwilligenhilfsdienst, Women Accepted for Volunteer Emergency Service (WAVES), zugelassen. Und gleichzeitig wurde bekanntgegeben, daß Afroamerikaner auch in das Marineinfanteriekorps aufgenommen werden würden. Damit wurde eine Ausschlußpolitik mit einem Streich beendet, die so alt war wie das Korps selbst. Afroamerikanische Ledernacken begannen im Spätsommer 1942 mit der Ausbildung in Camp Lejeune, North Carolina. Nach kurzer Zeit wurde das 51. Composite-Defense-Bataillon aufgestellt.

Die Frage afroamerikanischer Offiziere war aufgrund der Erfahrungen der Schwarzen ebenso wie der Militärführung im vorangegangenen Krieg sehr heikel. Die Afroamerikaner waren entschlossen, eine gleiche und gemeinsame Offiziersausbildung durchzusetzen, und der Kampf darum gehörte zu den Hauptpunkten der führenden Schwarzen. Im Oktober 1940 verkündete das Kriegsministerium: »Wenn Offiziersanwärterschulen gegründet werden, erhalten Neger die Gelegenheit, sich zu Reserveoffizieren ausbilden zu lassen.« Darüber hinaus wurde beschlossen, daß schwarze und weiße Soldaten dieselben Offiziersanwärterschulen und -kurse besuchen sollten. Im folgenden Sommer begann der Unterricht an Offiziersanwärterschulen. Doch stellte sich das Problem, wie man kommandierende Offiziere dazu bewegen konnte, Afroamerikaner zur Fortbildung zu empfehlen. In den ersten sechs Monaten wurden weniger als 30 Schwarze zugelassen. Erst nachdem der Minister strikte Anweisung gegeben hatte, daß Afroamerikaner an die Offiziersanwärterschulen auf der Grundlage des Diskriminierungsverbots zu schicken seien, wurden Schwarze in nennenswerter Zahl in die Schulen aufgenommen. Mitte 1942 legten durchschnittlich etwa 200 Schwarze im Monat ihre Abschlußprüfung ab. Sie wurden von der Generaladjutantenschule zu Offizieren in den Panzerdivisionen, in der Luftkorpsverwaltung, der Kavallerie, der Küstenartillerie, der Infanterie, der chemischen Kriegführung, im Quartiermeisterdienst und in anderen Bereichen ernannt. Alle waren gemeinsam mit Weißen ausgebildet und geprüft worden. Nur im Luftkorps wurden sie an getrennten Schulen zu Offizieren ausgebildet. Selbst die Marine ernannte 1944 Afroamerikaner zu Offizieren. Vor Kriegsende waren mehr als 50 Schwarze Leutnants zur See, Leutnants, medizinische und zahnmedizinische Offiziere, Krankenpfleger, WAVES-Offiziere und Feldgeistliche. Bei den Marines und bei der Küstenwache gab es ebenfalls einige wenige afroamerikanische Offiziere.

Annähernd eine halbe Million Afroamerikaner kam im Zweiten Weltkrieg in Übersee zum Einsatz. Am 30. September 1944 kämpften 411 368 auf Kriegsschauplätzen in Übersee, und am 28. Februar 1945 war ihre Zahl auf 497 566 gestiegen. Auf den europäischen Kriegsschauplätzen bestand fast die Hälfte der Transporttruppen aus Schwarzen. Sie dienten in Hafenbataillonen, Lastwagenkompanien und vergleichbaren Einheiten. Hafenbataillone mit Schwarzen gingen kurz nach der Invasion an Land und luden Versorgungsmaterial für die Kampftruppen aus. Vom Sommer 1944 bis zum Ende des Krieges leisteten schwarze Amphibienfahrzeugkompanien einen bedeutenden Beitrag bei dem erfolgreichen Vorstoß durch Frankreich. Nach der Invasion errichteten mehr als 50 000 afroamerikanische Pioniere Lager, Zelte und Gebäude, räumten Trümmer weg, bauten Städte wieder auf und leisteten andere wichtige Dienste. Sie bildeten etwa ein Fünftel der amerikanischen Pioniere auf dem europäischen Kriegsschauplatz. Annähernd 11 Prozent der Feldzeugmeister in Europa waren Afroamerikaner. Der Chef der Feldzeugtruppe berichtete, daß sie nicht nur »die Munition weitergaben«, sondern daß sie auch bei zahlreichen Gelegenheiten gegen die Deutschen kämpften, zu den Patrouillen gehörten und Gefangene machten. Eins der erschreckendsten Ergebnisse des Dienstes afroamerikanischer Soldaten auf dem europäischen Kriegsschauplatz war die Exekution nach Kriegsgerichtsverfahren von fast viermal so vielen schwarzen wie weißen Soldaten, wenn man bedenkt, daß die Afroamerikaner weniger als zehn Prozent der Truppen dort ausmachten. Das hat den Kriminologen Robert Lilly zu der Schlußfolgerung veranlaßt, daß »Schwarze ... bei allen Vorkommnissen ... schärfer wegen ihres Verhaltens bestraft wurden als die weißen Soldaten, gemessen an ihrer Zahl«.

Zweiundzwanzig schwarze Kampfeinheiten waren bei den Bodenoperationen auf dem europäischen Kriegsschauplatz im aktiven Einsatz. Es gab neun Feldartilleriebataillone, ein Flugabwehrbataillon, zwei Panzerbataillone, zwei Sturmgeschützbataillone und acht Pionierkampfbataillone. Das 761. Panzerbataillon war eine der berühmtesten Kampfeinheiten. Es kämpfte in der Ardennenschlacht und wurde in sechs europäischen Ländern eingesetzt. Obwohl vier Generalmajore und der Unterstaatssekretär im Kriegsministerium das Bataillon wegen großer Tapferkeit empfahlen, verweigerte man ihm wiederholt die angesehene Tapferkeitsmedaille, Presidential Distinguished Unit Citation, bis 1978, als Präsident Jimmy Carter sie überreichte. Das 614. Sturmgeschützbataillon war bei vielen wichtigen Einsätzen dabei, und einer seiner Offiziere, Hauptmann Charles L. Thomas, erhielt das Distinguished Service Cross wegen seines heroischen Einsatzes im Gefecht bei Climbach in Frankreich. Schwarze Einheiten der Feldartillerie waren bereits zehn Tage nach der Invasion in Frankreich. Das 333. Regiment kämpfte in der Bretagne und in Nordfrankreich und leistete den heftigen deutschen Angriffen im Herbst 1944 Widerstand. Andere Einheiten gaben anderen Divisionen Artilleriedeckung.

Im Januar 1945 wurde bekanntgegeben, daß afroamerikanische Truppen in einer gemeinsamen Einheit mit weißen Truppen auf deutschem Boden eingesetzt werden sollten. Die Integration bezog sich auf Züge und nicht auf einzelne Soldaten, Freiwillige verdoppelten die Zahl schon bald auf 2500 Mann. Nach einer kurzen Ausbildung kämpften sie östlich vom Rhein zusammen mit mehreren Divisionen der Ersten Armee. Überall waren die Afroamerikaner begeistert, wenn sie von diesem Experiment hörten, und freuten sich, daß sich die gemischten Einheiten bewährten. Am 30. April 1945 erklärte das Kriegsministerium, daß sich die freiwilligen schwarzen Infanteristen »als Kampftruppen nicht weniger tapfer und angriffsbereit als ihre weißen Kameraden eingeführt« hatten. Ihr Einsatz war kurz, denn der Krieg war schon bald zu Ende, aber sie hatten doch die Anerkennung vieler hoher Offiziere gewonnen. Einer bestätigte ihnen: »Ich habe niemals Soldaten erlebt, die sich im Kampf besser geschlagen haben.« Als diese Einheiten am Ende des Kriegs in Europa aufgelöst wurden, protestierten die Afroamerikaner, aber das Kriegsministerium schien nichts mehr mit Experimenten zu tun haben zu wollen.

Auf den Kriegsschauplätzen am Mittelmeer war die 92. Division die wichtigste schwarze Kampfeinheit, sie war 1942 in Fort McClellan, Alabama, reaktiviert worden. 1943 wurde sie nach Fort Huachuca in Arizona zu einer intensiven Zusatzausbildung verlegt. Im Juni 1944 wurde sie zuerst nach Afrika und später nach Italien abkommandiert, wo sie zusammen mit der 5. Armee eingesetzt wurde. Sie bestand aus vier Infanterieregimentern und vier Feldartilleriebataillonen und weiteren Versorgungseinheiten. Ihre erste wichtige Offensive war die Überquerung des Arno im September 1944. Der Vormarsch war bis Dezember erfolgreich, als sie sich aus mehreren Städten zurückziehen mußte, die sie vorher eingenommen hatte. Innerhalb weniger Tage hatte sie jedoch den verlorenen Boden wieder zurückgewonnen. Im folgenden Februar erlitt die 92. Division schwere Rückschläge, für die sie heftig kritisiert wurde. Nach einem Besuch bei der Division soll William Hasties Nachfolger als Zivilberater des Kriegsministers, Truman K. Gibson, Jr., gesagt haben, daß die 92. kein gutes Bild abgegeben habe. Diesen Bericht griffen viele Kritiker der afroamerikanischen Kampftruppen sofort auf und benutzten aus dem Zusammenhang gerissene Zitate, um ihre Argumente zu untermauern, daß Schwarze nicht kämpfen könnten. Die Afroamerikaner übten scharfe Kritik an Gibson wegen seiner Äußerungen. Später stellte sich heraus, daß Gibson falsch zitiert worden war. Er hatte nur gesagt, daß, wann immer die 92. ein schlechtes Bild abgegeben habe, das zweifellos an der mangelhaften Schulbildung großer Teile der Mannschaften dieser Division gelegen habe. Er wies darauf hin, daß 17 Prozent zur Kategorie 5 gehörten, der niedrigsten Kategorie der Lese- und Schreibkenntnisse, die noch in die Armee aufgenommen wurde. Die mehr als 12 000 Orden und Auszeichnungen, die die Division erhielt, sind ein Beweis dafür, daß ihr Einsatz unter den ungewöhnlich ungünstigen Umständen ehrenvoll war.

Die zwei wichtigsten schwarzen Luftwaffeneinheiten in Übersee waren die 99. Jagdstaffel und das 332. Jagdgeschwader. Die 99. Jagdstaffel ging im April 1943 nach Übersee, und im Februar 1944 kam das 332. Jagdgeschwader auf dem Kriegsschauplatz im Mittelmeer an. Beide Einheiten nahmen an unterschiedlichen Luftkämpfen über Europa teil. Sie übernahmen den Geleitschutz von Bomberflugzeugen, flogen Tiefflugangriffe und andere Missionen. Das 332. Jagdgeschwader versenkte einen feindlichen Zerstörer vor Istrien und gab den Bombern der 15. Luftflotte Geleitschutz bei ihren kriegswichtigen Angriffen auf die rumänischen Ölfelder. Unter dem Kommando von Oberst Benjamin O. Davis, Jr., errang das Jagdgeschwader die Bewunderung von Afroamerikanern und das überschwengliche Lob hoher Luftwaffenoffiziere. Mehr als 80 Piloten erhielten das Distinguished Flying Cross, da sie 111 Flugzeuge in der Luft und 150 auf dem Boden zerstört hatten. Das 477. Bombergeschwader, das erst spät aufgestellt worden war, kam nicht mehr zum Einsatz.

Von dem Zeitpunkt an, als Pioniere auf Neuguinea landeten, um Landebahnen herzurichten, griffen Afroamerikaner verstärkt ins Kriegsgeschehen im Pazifik und in Ostasien ein. Schätzungsweise 10 000 schwarze Soldaten arbeiteten am Bau der Straße von Ledo mit, und viele waren gleichzeitig in Kampfhandlungen verwickelt und bauten die Straße. Es gab auch dort die normalen Versorgungstruppen, darunter Pioniere, Hafenkompanien, Quartiermeister, Amphibienfahrer und chemische Kampfeinheiten. Zu den Kampfeinheiten, die gegen die Japaner eingesetzt wurden, gehörte das 24. Infanterieregiment, das bei der Einnahme der New Georgia-Inseln im Mai 1942 dabei war. Es gab mehrere andere Einheiten, darunter zwei Bataillone der Küstenartillerie und ein Flugabwehrballonbataillon. Die wichtigste schwarze Kampfeinheit war die 93. Division, die bei Bougainville auf den Salomoninseln zum Einsatz kam. Von dort ging es weiter gegen die Japaner auf den Schatzinseln, auf der holländisch-ostindischen Insel Morotai und den Philippinen. Obwohl die 93. Division keine spektakulären Heldentaten vollbrachte, die die Vorstellungskraft der Bürger in der Heimat fesselten, kämpfte sie beständig und ausdauernd unter schwierigen tropischen Bedingungen und wurde nie wegen eines Versagens kritisiert.

Die Chancen der Afroamerikaner zum Dienst in der Marine waren entschieden besser als im Ersten Weltkrieg. Tausende von Schwarzen wurden für unterschiedlichste technische Aufgaben ausgebildet und erhielten die entsprechenden Ränge. Am 20. März 1944 wurde der Geleitzerstörer *Mason* in Dienst gestellt, und Afroamerikaner unterschiedlicher Dienstränge wurden zum Dienst darauf abkommandiert. Später bemannten Schwarze ein Patrouillenboot und jagten feindliche U-Boote im Atlantik. Im Herbst 1944 konnte die Marine bekanntgeben, daß 500 schwarze Seeleute auf 25 großen Hilfskreuzern, die hauptsächlich im Pazifik operierten, eingesetzt waren. Unter den Afroamerikanern mit Mannschaftsrängen waren Lagerhalter, Verwaltungsunteroffiziere, Funker, Verlademeister, Zimmermannsmaate, Kanoniermaate, Quartiermeister und Steuerleute. Inzwischen dienten fast 12 500 Schwarze bei den schweren Pionieren, den Seabees, im Pazifik, bauten vorgeschobene Marinestützpunkte und verrichteten andere Arbeiten. Was sie, häufig unter schwerem feindlichen Beschuß, leisteten, wurde von hohen Marineoffizieren gelobt. Afroamerikanische Marineinfanteristen waren auf mehreren strategischen Vorposten im Pazifik stationiert, um vom Feind eroberte Gebiete zu verteidigen. Ihre Leistung entlockte dem Kommandeur des Marinekorps die Feststellung: »Neger bei den Marines sind nicht mehr Marines auf Probe. Sie sind Marines, punktum.« Die mehr als 900 Afroamerikaner bei der Küstenwache verrichteten Rettungsdienste im Atlantik, Pazifik und vor Alaska. Sie gehörten zu den ersten, die Anfang 1945 auf Okinawa an Land gingen, und übernahmen, wo nötig, entscheidende Aufgaben beim Küstendienst zu Hause und in Übersee.

Fast 24 000 Afroamerikaner dienten in der Handelsmarine, und einige von ihnen hatten sich freiwillig gemeldet, bevor die Marine ihre Restriktionen bei der Einberufung von Schwarzen gelockert hatte. Es scheint in der Handelsmarine nur wenig Rassentrennung und Diskriminierung gegeben zu haben, und Afroamerikaner bekamen auch die Chance, in verantwortlichen Posten Dienst zu tun. Sie arbeiteten als gute einfache Seeleute, Maschinisten, Funker usw. Vier schwarze Kapitäne hatten das Kommando auf Liberty-Schiffen, deren Mannschaften aus verschiedenen Rassen bestanden. 18 Schiffe wurden nach Afroamerikanern benannt – 14 nach berühmten Afroamerikanern und vier nach afroamerikanischen Seeleuten der Handelsmarine, die ihr Leben im aktiven Dienst verloren hatten. Eins dieser Schiffe, die *Booker T. Washington*, stand unter dem Kommando des Afroamerikaners Kapitän High Mulzac. Im Laufe des Krieges wurden die beiden Schiffe *S. S. Frederick Douglass* und die *S. S. Robert L. Vann* versenkt. Die afroamerikanische Presse und führende Afroamerikaner führten die Handelsmarine sehr wohl als ein herausragendes Beispiel an, daß Schwarze und Weiße erfolgreich zusammenarbeiten konnten.

Es erwies sich als außerordentlich schwierig, eine hohe Kampfmoral unter den Afroamerikanern im Militär aufrechtzuerhalten. Sicher machten Kriegs- und Marineministerium einige Konzessionen, aber die afroamerikanische Presse und führende Afroamerikaner verlangten immer mehr. Schwarze Soldaten, die sich nach den entschiedeneren Afroamerikanern richteten, verlangten Gleichbehandlung, wann immer dies möglich war, ohne gegen die disziplinarischen Vorschriften beim Militär zu verstoßen. Selbst bei vielen schwarzen Soldaten und Seeleuten, die nur eine geringe Schulbildung hatten, herrschte große Unzufriedenheit über die diskriminierenden Regelungen in Armee und Marine und Entsetzen über die Art und Weise, in der sie von vielen weißen Zivilisten behandelt wurden. In Durham, North Carolina, wurde ein weißer Busfahrer von der Anklage des Mordes freigesprochen. Er hatte im Juli 1944 seinen Bus verlassen und nach einem Streit einen schwarzen Soldaten getötet. In mehreren Orten im Süden verweigerte man afroamerikanischen Soldaten dort ein Essen, wo deutsche Kriegsgefangene aßen und die amerikanische Gastfreundschaft genossen. Auf einer Eisenbahnstation in Kentucky wurden drei Afroamerikanerinnen des Women's Army Corps von örtlichen Polizisten geschlagen, als die Frauen nicht schnell genug einen Warteraum für Weiße verließen, nachdem man sie dazu aufgefordert hatte. In South Carolina quetschte ein weißer Polizist einem schwarzen Soldaten bei einem Streit das Auge aus.

In den Garnisonen war die Situation kaum besser. Kommandierende Offiziere verboten das Lesen von afroamerikanischen Zeitungen, und es gab Fälle, in denen Soldaten oder Zeitungsjungen Zeitungen abgenommen und verbrannt wurden. In vielen Lagern war der Transport von afroamerikanischen Soldaten sehr unbefriedigend organisiert. Oft mußten sie warten, bis alle weißen Soldaten in die Busse eingestiegen waren, bevor sie selbst einsteigen durften. Die Läden des Militärs waren nach Rassen getrennt, und sie erhielten minderwertige Waren. Kinos und andere Freizeiteinrichtungen waren häufig nach Rassen getrennt, und die Räumlichkeiten für Schwarze waren im Standard schlechter als die für weiße Soldaten. Das Kriegsministerium befaßte sich in seinem Befehl vom 8. Juli 1944 mit der Diskriminierung von afroamerikanischen Soldaten und verbot die Rassentrennung in Freizeit- und Transporteinrichtungen. Im Süden erhob sich ein wahrer Sturm des Protestes, als der Befehl bekannt wurde. Der *Advertiser* in Montgomery schrieb: »Armeebefehle, ja selbst Armeen und selbst Bajonette können uns keine unmöglichen und unnatürlichen geselligen Beziehungen zwischen den Rassen aufzwingen.«

Der Befehl wurde von einigen befehlshabenden Offizieren lediglich als »Direktive« angesehen und nicht streng befolgt; andere versuchten, die Diskriminierungen zu beseitigen, so wie es der Befehl verlangte. Viele schwarze Soldaten, die aufgrund des Befehls gleich behandelt werden wollten, ließ man abblitzen, sie wurden in den Läden nicht bedient und in die Kinos nicht eingelassen.

Die Versuche der Afroamerikaner, sich gegen Rassentrennung und Diskriminierung zur Wehr zu setzen, führten natürlich zu zahlreichen Zusammenstößen innerhalb und außerhalb der Garnisonen. Wenige Lager konnten am Ende des Krieges behaupten, daß es bei ihnen keine Rassenzusammenstöße gegeben habe. Es gab schwere Rassenunruhen in Fort Bragg, Camp Robinson, Camp Davis, Camp Lee und Fort Dix. In Freeman Field, Indiana, wurden mehr als einhundert schwarze Offiziere festgenommen, weil sie versucht hatten, einen Offiziersclub für Weiße zu betreten. Sie wurden später freigesprochen, aber der Moral des 477. Bombergeschwaders war irreparabler Schaden zugefügt worden. In Mabry Field, Florida, und in Port Chicago, Kalifornien, wurden schwarze Soldaten wegen Meuterei angeklagt, als sie es ablehnten, Arbeiten zu erledigen, die man ihnen ihrer Meinung nach wegen ihrer Hautfarbe zugewiesen hatte. Afroamerikanische Soldaten machten viele Erfahrungen, die ihre Arbeits- und Kampfmoral senkte, und kaum welche, die sie hob. Die emotionalen Konflikte und Frustrationen, die sie durchmachten, wenn sie ihre eigene mißliche Lage mit dem Slogan der Vier Freiheiten in Einklang zu bringen versuchten, entmutigte viele von ihnen. Weder die Antidiskriminierungsbefehle des Kriegsministeriums noch Konzessionen wie die Ernennung von afroamerikanischen Offizieren in der Marine konnten sie für das entschädigen, was sie als Schwarze durchlitten, wenn sie sich ständig Abfuhren einhandelten, während sie die Uniform ihres Landes trugen. Am Ende des Krieges gaben realistische Beobachter zu, daß man die Moral der afroamerikanischen Soldaten nur dann ganz wesentlich anheben konnte, wenn man ihnen die Vier Freiheiten zubilligte, für die sie gekämpft hatten.

Natürlich gab es viele Kritiker, die darauf beharrten, daß schwarze Soldaten unfähig waren, erfolgreich an der modernen Kriegführung mitzuwirken. Es ist sicher merkwürdig, daß seit dem spanisch-amerikanischen Krieg kein Afroamerikaner den Tapferkeitsorden des Kongresses, die Congressional Medal of Honor, erhalten hatte, aber die Schwarzen konnten zu Recht darauf hinweisen, daß es wohl eher bei den für diese Auszeichnung Verantwortlichen neue Richtlinien gab, als daß Heroismus und Tapferkeit schwarzer Soldaten abgenommen hatten. Im Bürgerkrieg hatten sechzehn Soldaten und fünf Seeleute diesen begehrten Orden bekommen und im spanisch-amerikanischen Krieg sieben schwarze Soldaten. Fünfzehn Afroamerikaner hatten ihrem Land bei anderen Gelegenheiten in einer Weise gedient, die ihnen diese Auszeichnung eintrug. Im Ersten Weltkrieg wurde noch nicht einmal Henry Johnson mit dem Tapferkeitsorden ausgezeichnet, und Schwarze begannen sich zu fragen, ob die Nation ihre höchste Auszeichnung weißen Soldaten vorbehielt. Die afroamerikanischen Soldaten kamen zu dem Schluß, daß sie sich mit weniger bedeutenden Auszeichnungen zufriedengeben mußten, und davon gab es eine Menge. Der Kriegsminister, der Generalstabschef und hohe Militärs auf den verschiedenen Kriegsschauplätzen lobten die Tapferkeit und die Leistungen der schwarzen Soldaten. In ihren eigenen Zeitungen verfolgten die Afroamerikaner die Taten ihrer Soldaten, und sie waren zufrieden mit ihnen.

Viele Einheiten erhielten wegen Tapferkeit die Presidential Unit Citation. Einzelne Soldaten bekamen Auszeichnungen, die von Orden für vorbildliches Verhalten bis zum Verdienstkreuz, Distinguished Service Cross, reichten, das fünf Afroamerikaner erhielten. Die lobende Erwähnung für den gemeinen Soldaten George Watson lautete: »Für seinen außerordentlichen Heroismus – als er am 8. März 1943 sein Leben in Portlock Harbor, Neuguinea, ließ. Er hatte mehrere Männer auf einem Floß von ihrem sinkenden Schiff, das von japanischen Bombern angegriffen worden war, in Sicherheit gebracht, als er durch den Sog des untergehenden Schiffes in die Tiefe gerissen wurde und ertrank.« Und die folgenden erhielten das Marinekreuz für ihren außergewöhnlichen Heroismus: der Proviantmeistermaat 2/c Eli Benjamin, Messediener Leonard Harmon, Doris Miller und Koch William Pinckney. In den heute berühmten Ereignissen von Pearl Harbor übernahm Doris Miller, »ohne jede Ausbildung ... ein Maschinengewehr angesichts schweren Beschusses beim japanischen Angriff auf Pearl Harbor am 7. Dezember 1941 auf dem Schlachtschiff *Arizona* und schoß vier feindliche Flugzeuge ab«. 82 schwarze Piloten erhielten das Distinguished Flying Cross. Andere Afroamerikaner erhielten das Croix de Guerre, den Partisanenorden für Tapferkeit von Jugoslawien, und einer erhielt einen Orden der Sowjetunion. Die schwarzen Mitglieder der Streitkräfte konnten mit einiger Berechtigung sagen, daß sie ihren Beitrag zum Erhalt zumindest des Ideals der Vier Freiheiten geleistet hatten.

Der Beitrag der Heimat

Der globale Charakter des Krieges und seine Anforderungen an die Ressourcen der kriegführenden Parteien bedeuteten von Anfang an, daß für einen erfolgreichen Kampf alle Faktoren zum Einsatz kommen mußten, die ihn unterstützen konnten. Die totale Kriegführung stellte die Vereinigten Staaten vor unzählige schwerwiegende Probleme. Sie war nur möglich, wenn gewisse Kontrollen eingeführt wurden, die die Freiheit des Individuums partiell einschränkten, ein Schritt, dem sich ein beträchtlicher Teil der Bevölkerung energisch widersetzte. Das Land konnte die totale Kriegführung auch nicht durchsetzen, ohne den Minderheiten wesentliche Konzessionen zu machen, damit diese ihren Beitrag zum Sieg über die Achsenmächte leisten konnten. Das stieß ebenfalls auf erheblichen Widerstand bei Gruppen, die entschlossen waren, den Kampf in Übersee auszutragen, ohne an den bestehenden Strukturen der Rassenbeziehungen zu Hause zu rütteln. Viele räumten jedoch ein, daß um der inneren Übereinstimmung mit der Philosophie der Vereinten Nationen (U.N.) willen und im Interesse einer größeren Durchschlagskraft, die Vereinigten Staaten gerechter mit allen Bevölkerungsgruppen umgehen mußten. Bei vielen Gelegenheiten wiesen Afroamerikaner auf verschiedenen Ebenen des gesellschaftlichen und wirtschaftlichen Lebens auf die enorme Verschwendung menschlicher Energie hin. Beim Kampf um das Recht, für den Sieg arbeiten und kämpfen zu dürfen. Es war wirklich peinlich für die Amerikaner, und mehr als einmal fragten sie sich: »Was wird Berlin dazu sagen?«

Dank der Ausbildungsprogramme der NYA und WPA konnten Tausende Afroamerikaner in der Industrie beschäftigt werden, als das Ausbildungsprogramm zur Landesverteidigung begann. Ihre Anzahl wurde noch beträchtlich erhöht durch die Ausbildungsprogramme des Bildungsministeriums der Vereinigten Staaten zur Berufsausbildung für Arbeiter in der Kriegsproduktion und das Engineering, Science and Management

War Training Program (ESMWT). Im Dezember 1942 nahmen mehr als 58 000 Afroamerikaner an Berufsvorbereitungskursen teil. Im Sommer 1943 beteiligten sich 65 schwarze Colleges am ESMWT-Programm, und mehr als 50 000 Studenten waren eingeschrieben. Auf diese Weise wurden Afroamerikaner auf eine Tätigkeit in der Flugzeugindustrie, dem Schiffbau, als Schweißer und KfZ-Mechaniker, in Elektrizitätswerken und beim Rundfunk und in vielen anderen mit der Verteidigung zusammenhängenden Tätigkeiten vorbereitet. Die nichtdiskriminierenden Vorschriften der Ausbildungsprogramme des Bundes sicherten die Schulung von Afroamerikanern für Tätigkeiten in der Landesverteidigung, aber die Schwierigkeit, einen Arbeitsplatz zu finden, blieb während des gesamten Krieges für die Schwarzen und für die Bundesregierung bestehen.

Vor der Gründung des FEPC hatte die Einstellungs- und Ausbildungsabteilung für Schwarze in der Abteilung für Arbeitskräfte des Office of Production Management nur begrenzten Erfolg bei Verhandlungen mit Unternehmern, bei denen sie versuchte, die Beschäftigung von Afroamerikanern bei kriegswichtigen Bauprojekten und in Rüstungsbetrieben zu erreichen. Ein Jahr nach der Schaffung des FEPC wurde erkennbar, daß es sowohl direkt als auch indirekt einen gewissen Erfolg gehabt hatte, die Zahl der Schwarzen im öffentlichen Dienst und in kriegswichtigen Industrien war gestiegen. Und nachdem es der War Manpower Commission angegliedert worden war, wurden seine Methoden verbessert und seine Ergebnisse erfreulicher. Allerdings zog das FEPC nicht unerhebliche Feindseligkeiten durch seine Praxis auf sich, Industriezweige wegen Verstoßes gegen die Verordnung des Präsidenten vorzuladen, selbst nachdem diese Branchen Programme zur Integration von Minderheiten hatten anlaufen lassen. Das FEPC half auch dabei, Druck auf das US-Arbeitsamt auszuüben und bei der Zuteilung von Stellen, solche Unternehmer vorzuziehen, die Minderheiten nicht diskriminierten. Diese verschiedenen Formen staatlichen Drucks führten zu einer erheblich größeren Ausnutzung des gesamten Arbeitskräftepotentials des Landes.

Auch wenn ernst zu nehmende Kritik am FEPC und anderen Behörden, die sich bemühten, diskriminierende Praktiken zu unterbinden, geübt wurde, bewiesen ihre Aktivitäten eindeutig, daß die Bundesregierung viel dazu beitragen konnte, rassistische Einstellungspraktiken zu verändern. Bei Kriegsende beschäftigten nur wenige der großen Industrien nicht zumindest einige Afroamerikaner in ihren Unternehmen. Zu

Beginn des Krieges waren fast keine Schwarzen in der Flugzeugindustrie beschäftigt gewesen, bei Kriegsende waren es Tausende. Die Werften beschäftigten mehr schwarze Arbeiter – quantitativ und qualitativ. Mehr als 100 000 waren in der Eisen- und Stahlindustrie beschäftigt. Obwohl das Problem des beruflichen Aufstiegs auch in den Kriegsjahren ungelöst blieb, gab es erste Anzeichen für gewisse Zugeständnisse der Industrie. Wahrscheinlich hatte die stärkere gewerkschaftliche Organisation der Afroamerikaner etwas damit zu tun. Während und nach dem Krieg spielten Schwarze eine immer wichtigere Rolle auf den Gewerkschaftskongressen der United Automobile Workers, der United Steel Workers, der National Maritime Union und den United Rubber Workers und in den nationalen Gremien der CIO. Viele Amerikaner waren mit der Zeit überzeugt davon, daß die Gesellschaft durch Vermittlung staatlicher Stellen Beschäftigung auf der Basis der Nichtdiskriminierung garantieren sollte. Die Folge davon war eine breite Diskussion über ein ständiges FEPC des Bundes, und das National Committee for a Permanent FEPC leistete einiges, um die Öffentlichkeit für diesen Vorschlag zu gewinnen. Im Wahlkampf von 1944 unterstützten beide große Parteien den Vorschlag, aber bei der Durchsetzung der nötigen Gesetzgebung gab es keinerlei Fortschritte. Inzwischen richteten mehrere Einzelstaaten, so New York und Massachusetts, solche Behörden ein.

Selbstverständlich unterstützten die Afroamerikaner den Krieg an der Heimatfront großzügig. Sie kauften Anleihen, und viele Firmen berichteten, daß schwarze Arbeitnehmer am Lohnsparen teilnahmen, bei dem regelmäßig Summen vom Lohn zum Kauf von Anleihen abgezogen wurden. Während jeder Anleihenkampagne hielten Afroamerikaner Kundgebungen in Schulen, Kirchen und Gemeindezentren ab, um Anleihen zu verkaufen. Mit Hilfe von Schwarzen im Stab des Finanzministeriums, besonders William Pickens und Nell Hunter, waren die Kampagnen unter den Afroamerikanern fast immer erfolgreich.

Als das Office of Civilian Defense (Amt für die Zivilverteidigung) eingerichtet wurde, beteiligten sich die Afroamerikaner aktiv an den Vorbereitungen zur Verteidigung des Landes gegen einen möglichen feindlichen Angriff. Auf nationaler Ebene war Crystal Bird Fauset Berater für Rassenbeziehungen, während in den Kommunen Schwarze als Hauswarte, Boten, Hilfsfeuerwehrleute und -polizisten eingesetzt wurden. Bei Luftschutzübungen waren sie besonders hilfsbereit. Da Schwarze in den meisten amerikanischen Städten in Ghettos lebten, konnte man Verstöße bei ihnen leicht feststellen; und sie waren entschlossen, keine durchgehen zu lassen. In südstaatlichen Gemeinden rissen die Afroamerikaner Witze, was für Räumlichkeiten man ihnen wohl im Fall eines Luftangriffs in den Schutzbunkern anbieten würde; aber zum Glück wurde der Süden nie aufgefordert, solche Einrichtungen zu schaffen. Es war vielleicht die Furcht davor, was in einem solchen Fall geschehen würde, die einen Senator aus dem Süden zu der Behauptung veranlaßte, senegalesische Soldaten hätten deutsche Frauen in den Luftschutzbunkern der Stuttgarter U-Bahn angegriffen, obwohl Stuttgart überhaupt keine U-Bahn hatte.

Zum Konservierungsprogramm von Lebensmitteln, Rohstoffen und anderen wichtigen Artikeln und zur Preisbindung leisteten die Afroamerikaner ebenfalls ihren Beitrag. Als die Preisbehörde, Office of Price Administration (OPA), eingerichtet wurde, wurden Schwarze dort als Anwälte, Statistiker für Preise und Ökonomen beschäftigt. In den regionalen und einzelstaatlichen Ämtern arbeiteten sie als Informationsspezialisten und in den örtlichen Büros einiger Gemeinden als Büroangestellte sowie als Mitglieder der Rationierungsstellen. Man war unter Afroamerikanern generell mit der Verwaltung des OPA zufriedener als mit irgendeinem anderen Amt der Kriegsjahre, vielleicht wegen der generellen Einstellungspraxis dieser Behörde, Personen ohne Ansehen ihrer Rasse zu beschäftigen. Außerdem war es nicht schwierig für Schwarze, bei Konservierungsprogrammen mitzumachen, weil sie schon immer arm gewesen waren. Als ein weißer Redner von der Lebensmittelbehörde (War Foods Administration) einem schwarzen Publikum die Möglichkeiten, Fett zu sparen, erläuterte, erklärte ihm eine Hausfrau, daß viele Afroamerikaner schon jahrelang gezwungen gewesen seien, Fett vielfach wiederzuverwenden und deshalb mit diesen Methoden ziemlich gut vertraut waren.

Im Sozialbereich und in Tätigkeiten zur Verbesserung der Kampfmoral waren mehr Schwarze tätig als im Ersten Weltkrieg. Sie arbeiteten beim Roten Kreuz als Gray Ladys, Hilfsschwestern und Fahrer in den motorisierten Einheiten. In den Kampfgebieten arbeiteten sie in Lagern, Clubs und Lazaretten. Während des Krieges waren annähernd 200 Akademiker Clubdirektoren und arbeiteten in anderen Funktionen auf vier Kriegsschauplätzen. Sicher gab es Rassentrennung und Diskriminierung, und die Mitarbeiter protestierten genauso wie die Soldaten gegen solche Praktiken. Die United Service Organization (USO) wurde im Februar

1941 gegründet und sollte die Aktivitäten der YMCA, YWCA, National Catholic Community Service, Heilsarmee, Jewish Welfare Board und Travelers Aid Society im Erholungs- und Unterhaltungsbereich zusammenfassen, um die Moral der kämpfenden Truppe, von Männern und Frauen, zu stärken. Im Verlauf des Krieges bekamen mehr als 300 USO-Clubs afroamerikanisches Personal und annähernd ein Dutzend Clubs schwarzes und weißes Personal. Darüber hinaus gab es für Reisen 30 Travelers Aid Case Service Units mit gemischtrassigem Personal und 25 Travelers Aid Lounges mit afroamerikanischem Personal. In den Südstaaten wurden diese Leistungen nach Rassen getrennt angeboten, aber in den meisten Orten im Norden standen schwarzen und weißen Soldaten dieselben Einrichtungen zur Verfügung. Mehrere von Schwarzen bestrittene Shows der USO wurden einstudiert und in Übersee zur Unterhaltung der Truppen in den Kampfgebieten aufgeführt.

Im Gegensatz zu ihren Erwartungen beim Ausbruch des Ersten Weltkriegs machten sich die Afroamerikaner keine Illusionen darüber, welchen Nutzen sie aus dem Zweiten Weltkrieg ziehen würden. Und hätte es irgendwelche Zweifel gegeben, so wären sie mit Sicherheit vor Beginn der Feindseligkeiten zurechtgerückt worden, als Schwarze erhebliche Schwierigkeiten hatten, einen Arbeitsplatz in der Rüstungsindustrie zu finden. Bei Kriegsausbruch machten afroamerikanische Zivilisten deutlich, daß sie den guten Absichten der Weißen mißtrauten, und einer ging so weit, zu erklären: »Dies ist sehr wahrscheinlich der letzte Krieg, zu dem der weiße Mann die Menschheit wegen plausibler Platitüden überreden kann.« Bei Fällen von diskriminierender Behandlung sollen schwarze Soldaten gemurrt haben, daß sie lieber beim Kampf um gewisse Rechte in den Vereinigten Staaten sterben wollten als dabei, diese Rechte für Völker anderer Länder in Übersee zu erringen.

Die Erfahrungen an der Heimatfront während des Krieges brachten die Moral der Afroamerikaner auf einen neuen Tiefststand. Die Abwanderung vieler Schwarzer auf Arbeitssuche in den Norden und Westen warf erneut die schwierige Frage auf, wie Schwarze und Weiße friedlich in Städten und Gemeinden zusammenleben konnten, in denen das Verhältnis zwischen den Rassen bestenfalls kompliziert war. Von 1940 bis 1945 stieg die afroamerikanische Bevölkerung von Los Angeles County innerhalb von fünf Jahren zum Beispiel von 75 000 auf 150 000 Menschen. Zu den ohnehin bestehenden Problemen dieser Kommune mit Amerikanern mexikanischer und japanischer Herkunft kamen nun die der zugewanderten Schwarzen hinzu, und Rassenzusammenstöße schienen geradezu unvermeidlich. In den Industriestädten San Francisco, Oakland, Portland und Seattle war das Wachstum vergleichbar, mit ebenso wachsenden Problemen in den Rassenbeziehungen. Unter den Städten des Mittelwestens, die einen Zustrom von Schwarzen und Weißen erlebten, kam es in Detroit im Anpassungsprozeß zu den größten Spannungen. Schätzungsweise 50 000 Afroamerikaner waren gleichzeitig mit 450 000 anderen Zuwanderern in den drei Jahren vor 1943 in die Stadt gezogen. Die große Wohnungsnot, die Existenz von rassistischen Agitatoren und Demagogen, das Problem, neuangekommene Arbeiter gewerkschaftlich zu organisieren, und die Ohnmacht der Regierung schufen das ideale Klima für Rassenunruhen.

Am 20. Juni 1943 begannen die schlimmsten Rassenunruhen der Kriegsjahre in Detroit. Monate der Spannung kulminierten nach einem Boxkampf zwischen einem Schwarzen und einem Weißen. Die heftigen Auseinandersetzungen breiteten sich schnell auf mehrere hundert Beteiligte beider Rassen aus. Wilde Gerüchte verbreiteten sich, wie bei Rassenunruhen üblich, in der Stadt. Innerhalb weniger Stunden war der Kampf zwischen Schwarzen und Weißen fast überall in Detroit entbrannt. Als der Gouverneur zögerte, das Kriegsrecht auszurufen und Truppen einzusetzen, begannen Weiße durch die Straßen zu ziehen, Autos von Schwarzen anzuzünden und Schwarze zusammenzuschlagen. Nichts Wirksames wurde unternommen, um das Chaos in den Griff zu bekommen, bis Präsident Roosevelt den Notstand ausrief und 6000 Soldaten in der Stadt patrouillieren ließ. Nach mehr als 30 Stunden des Aufstandes waren 25 Afroamerikaner und 9 Weiße getötet und Eigentum im Wert von mehreren hunderttausend Dollar zerstört worden.

Andere Städte im Norden und auch die großen Ballungsräume im Westen befürchteten, daß sie dasselbe erleben würden wie Detroit, und es gab zahlreiche Bemühungen, um Rassenzusammenstöße zu vermeiden. New York City und Los Angeles entgingen dem nicht ganz, aber viele Städte konnten Unruhen dadurch unterbinden, daß sie intelligente und besonnene Schritte zur Lösung der Probleme einleiteten, die den Hintergrund für Rassenunruhen bildeten. Die Afroamerikaner forderten jedoch weiter, besser behandelt zu werden und einen höheren Anteil von den Gewinnen, die aus den gewaltigen Investitionen zur Landesverteidigung entstanden, abzubekommen. Sie wollten ihren Teil leisten und die notwendigen Opfer bringen, um den Sieg sicherzustellen, aber sie vergaßen nie, das Volk der Vereinigten Staaten daran zu erinnern, daß sie gegen jede Form der Mißachtung und Mißhandlung waren. Viele Afroamerikaner kritisierten selbst Joe Louis, als er im Januar 1942 gegen Buddie Baer boxte und seine ganze Börse der Marinehilfe spendete. Diese Geste erboste viele Afroamerikaner, weil die Marine zu diesem Zeitpunkt Schwarze nur in die niedrigsten Rängen aufnahm. Der *Pittsburgh Courier* führte eine heftige »Doppel-Sieg-Kampagne« sowohl im eigenen Land als auch in Übersee. Überall protestierten Schwarze gegen die Praxis des Roten Kreuzes, das Blut von Schwarzen und Weißen in den Blutbanken, die zur Rettung Verwundeter eingerichtet worden waren, getrennt zu verwenden. Sie machten noch einmal publik, daß es ohne die Arbeit des schwarzen Arztes Charles Drew vielleicht keine Blutbanken gegeben hätte. Und sie verurteilten auch die USO, als diese die Ausleihe von Ruth Benedicts *Races of Mankind* in ihren Clubs verbot.

Die Regierung nahm die Bedeutung der Stimmung unter den Afroamerikanern offiziell zur Kenntnis, indem sie Ted Poston, einen erfahrenen schwarzen Zeitungsmann, zum Rassenberater im Office of War Information (OWI) ernannte. Von Postons Stelle aus wurden die Nachrichten darüber, wie es Schwarzen in den Streitkräften und an der Heimatfront erging, an Zeitungen geschickt, die von Afroamerikanern gelesen wurden. Das OWI stellte auch afroamerikanische Künstler, Fotografen u. a. ein, die darüber berichteten, welchen Beitrag die Afroamerikaner zum Sieg leisteten. Anfang 1943 verteilte das OWI zwei Millionen Kopien einer dicken Broschüre mit dem Titel *Negroes and the War*, die zahlreiche Bilder von schwarzen Soldaten, Rüstungsarbeitern, Gelehrten, Wissenschaftlern und Künstlern enthielt. Sie sollte natürlich die Moral der Afroamerikaner heben, aber man darf ernsthaft bezweifeln, ob sie Erfolg hatte. Lester Granger von der National Urban League behauptete, diese Veröffentlichung war ein »monumentaler Fehler und ein falscher Dienst an der Regierung und an den Negern. Ich sage das ... weil die Broschüre etwa dasselbe tut, wie einem Mann, der fix und fertig ist, einen Tritt zu versetzen und ihm dann zu gratulieren, weil er noch nicht tot ist.«

Das Kriegsministerium versuchte, die Moral der Afroamerikaner nicht nur dadurch zu heben, indem es einen schwarzen Offizier in seiner Presseabteilung beschäftigte, sondern auch, indem es schwarze Zeitungsleute als Kriegskorrespondenten akkreditierte. Im Verlauf des Krieges berichteten etwa 20 Afroamerikaner von verschiedenen Kriegsschauplätzen für die Presse, doch statt die Moral der Schwarzen zu heben, hatten einige Berichte die entgegengesetzte Wirkung. Die Artikel von Korrespondenten wie Ollie Stewart vom *Afro-American* und Lem Graves vom *Journal and Guide* besagten eindeutig, daß es den afroamerikanischen Soldaten in Übersee nicht immer gut ging, während das Buch von Walter White, *A Rising Wind*, ausgehend von seinen Besuchen an der Front, Enthüllungen enthielt, die die Schwarzen zu Hause noch mehr deprimierten. Sowohl das Kriegs- als auch das Marineministerium ermöglichten führenden Afroamerikanern Besuche an der Front, um die Moral der Soldaten zu heben und Zivilisten zu Hause über das Leben an der Front zu informieren. Unter denen, die die Kriegsschauplätze besuchten, waren Bischof J. A. Gregg von der AME-Kirche, Lester Granger von der National Urban League und Matthew Bullock vom Massachusetts Parole Board.

Walter White's Aufruf zum Sieg im eigenen Land und in Übersee – 1944

Die Negerbevölkerung erkennt wie alle anderen Amerikaner, daß der Krieg das Hauptproblem ist, dem sich unser Land gegenübersieht. Wir fordern von jeder politischen Partei, die von den Negern unterstützt werden will, eine energische Fortsetzung des Krieges. Wir lehnen jeden Verhandlungsfrieden, wie ihn die Hitler-freundlichen Kräfte in unserem Land fordern, entschieden ab. Der Sieg muß den Hitlerismus hier im Land und in Übersee zermalmen.

Wenn wir die Verdienste der Parteien und Kandidaten bewerten, müssen wir alle Themen mit einbeziehen – die, die das Leben der Neger als Gruppe berühren, ebenso wie die, die das Land als ganzes betreffen. Die Partei oder der Kandidat, die oder der eine Preisbindung ablehnt oder die Ausweitung des sozialen Sicherungsnetzes nicht unterstützt oder sich weigert, ein progressives öffentliches Programm der Vollbeschäftigung nach dem Krieg zu unterstützen, oder ein erweitertes und nicht nach Rassen getrenntes Programm vom Staat finanzierten Wohnraums ablehnt oder die Gewerkschaften zu vernichten sucht, ist ebenso ein Feind des Negers wie derjenige, der den Neger vom Wählen abhalten will.

Walter White und andere, »A Declaration by Negro Voters,«
in: *The Crisis*, Bd. LI (Januar 1944), S. 16–17

Die Erfahrungen aus ihrem Leben in zwei Welten hatte die Schwarzen darauf vorbereitet, an zwei Fronten gleichzeitig zu kämpfen. Sie sahen sich gezwungen, den Kampf für eine bessere Behandlung in der eigenen Gesellschaft weiterzuführen, um dem Ideal eine wahre Bedeutung zu geben. Während die doppelte Beanspruchung zwangsläufig dazu führte, daß beide Anliegen darunter litten, spricht einiges für das Argument, daß beide notwendig waren. Eleanor Roosevelt hatte zu Beginn des Krieges erklärt: »Die Nation kann von den Farbigen nicht erwarten, daß sie meinen, die Vereinigten Staaten seien es wert, verteidigt zu werden, wenn die Neger weiter so behandelt werden wie derzeit.« Afroamerikaner waren entschlossen, alles in ihrer Macht Stehende zu tun, um ihren Status zu verbessern. Für sie war die Aufgabe, den Kampf auch zu Hause zu unterstützen, aufs engste mit der Abschaffung jeder Diskriminierung und Mißhandlung verbunden. Diese Aufgabe war genauso wichtig wie der Erhalt der Vier Freiheiten in Übersee. Wenn ihre Moral immer weiter sank, so weil die Bevölkerung der Vereinigten Staaten sich nicht an das hielt, was ein afroamerikanischer Psychologe so formulierte, daß nämlich die Moral der Afroamerikaner nicht merklich steigen werde, »solange Zugeständnisse nur innerhalb des starren Rahmens der Rassentrennung gemacht werden«. Am Ende des Krieges erkannten die meisten Schwarzen, daß der Kampf gerade erst begonnen hatte, Amerikas eigene Ideale vor der Zerstörung zu retten. Wenn Amerika sich anschickte, eine noch wichtigere Rolle in der Weltpolitik zu spielen, so waren viele Afroamerikaner entschlossen, dafür zu sorgen, daß der Rassenhaß nicht zu den amerikanischen Exportartikeln gehören würde. Es mochte ja sein, daß Amerika in diesem viel größeren Rahmen und durch den Kontakt mit Hunderten von Millionen dunkelhäutiger Völker auf der ganzen Welt sein eigenes Problem angehen und erfolgreicher lösen könnte. Bei Kriegsende blickten weitschauende Afroamerikaner deshalb auf die Weltorganisationen und erwarteten von ihnen Hilfe bei der Lösung ihrer innenpolitischen Probleme. Es war eine verzweifelte, nahezu aussichtslose Hoffnung, aber angesichts der erstarkenden Reaktion im eigenen Land war es sinnvoll, daran festzuhalten.

Die Vereinten Nationen und die Wohlfahrt der Menschen

Das Interesse der Afroamerikaner an der internationalen Lage setzte kurze Zeit nach Italiens Einmarsch in Äthiopien 1935 ein. Im folgenden Jahr zeigten die amerikanischen Schwarzen großes Interesse am Spanischen Bürgerkrieg, und einige gingen nach Spanien, um an der Seite der Loyalisten zu kämpfen. Die afroamerikanische Presse verurteilte Franco lautstark und warnte davor, wenn er ungestraft davonkomme, werde sein Regime eine Bedrohung für den Frieden und die Freiheit auf der ganzen Welt bedeuten. Der Zweite Weltkrieg weckte das Interesse der Afroamerikaner an der internationalen Politik noch stärker als bei den meisten Amerikanern. Die afroamerikanische Presse befaßte sich intensiv mit Problemen der Kolonialherrschaft, und mehrere Zeitungen beschäftigten japanische, chinesische und Hindu-Kommentatoren. Lange vor Kriegsende versuchten Schwarze, die Nachkriegsordnung zu beeinflussen, indem sie nachdrücklich auf die Bedeutung eines gerechten Friedens ohne Rücksicht auf die Rassenzugehörigkeit hinwiesen. 1934 warnte Merze Tate zum Beispiel davor, daß der »Frieden nach dem Zweiten Weltkrieg sich nur als ein Zwischenspiel erweisen könnte – eine Atempause vor dem Rassen- und Klassenkrieg –, wenn Großbritannien und die Vereinigten Staaten nicht ihre erklärten Ziele tatsächlich umsetzen. In der zukünftigen Weltordnung wird es Freiheit für alle oder Freiheit für niemanden geben.« Die meisten Afroamerikaner hielten das für eine vernünftige Beurteilung der Lage. Immer häufiger blickten sie nach San Francisco, um zu erfahren, ob eine Chance für die Verwirklichung ihrer Wünsche bestand.

Als die Konferenz zur Errichtung der Vereinten Nationen Ende April 1945 in San Francisco eröffnet wurde, trauerte Amerika um den gerade verstorbenen Präsidenten Franklin D. Roosevelt. Die Afroamerikaner waren besonders niedergeschlagen. Einige hatten ihm bei der Wahl von 1944 den Rücken gekehrt, aber die große Mehrheit sah in ihm noch immer den besten Präsidenten seit Lincoln. Viele lobten ihn überschwenglich. Einige schwarze Autoren »enthüllten«, daß Roosevelt viel mehr für Afroamerikaner hatte tun wollen, als er verwirklichen konnte, daß er bei der Ernennung von Schwarzen zu Offizieren in der Marine mitgewirkt hatte und daß er die Lage der Kolonialvölker in der ganzen

Welt beklagt hatte. Jetzt, da er tot war, spürten die Afroamerikaner, daß ihre Probleme nicht ohne Hilfe von außen gelöst werden konnten. Und es machte sich die Überzeugung breit, die Aufmerksamkeit der Weltöffentlichkeit auf ihr Elend zu lenken, immer in der Hoffnung, ein besseres Gesamtklima zu schaffen. Das Treffen in San Francisco, so kurz nach dem Tod des Präsidenten, war für viele Schwarze »die letzte große Hoffnung auf Erden«. Diese Sicht der Dinge war Ergebnis einer tiefen Desillusionierung.

Ihre Einschätzung der Konferenz von San Francisco war nicht übertrieben. Die Völker der Welt erwarteten von dieser Zusammenkunft Vorschläge, um den Krieg und seine Ursachen zu beseitigen und Freiheit und Sicherheit zu garantieren. Jeder interpretierte die Bedeutung dieser Zusammenkunft im Licht der eigenen Probleme. Die Großmächte suchten nach einem Mechanismus, um der deutschen und der japanischen Aggression ein Ende zu setzen. Die Kolonialvölker erwarteten Garantien gegen die Verletzung ihrer Rechte durch die Kolonialmächte. Minderheiten wollten Garantien, daß auch sie eine Chance bekämen, die Vier Freiheiten zu genießen. Die Afroamerikaner, eine der wichtigsten Minderheiten auf der Welt, forderten ein Ende von Diskriminierung, Rassentrennung und Unterdrückung für sich in dem Land, das die »Waffenschmiede der Demokratie« der Welt war.

Zu den vom Außenministerium akkreditierten amerikanischen Beobachtern, die am Gründungstreffen in San Francisco teilnehmen konnten, gehörten mehrere Afroamerikaner, darunter Mary McLeod Bethune vom National Council of Negro Women, Mordecai W. Johnson von der Howard-Universität, W. E. B. Du Bois und Walter White von der NAACP. Ralph Bunche, geschäftsführender Leiter der Abteilung für Schutzgebiete im Außenministerium, war Mitglied der offiziellen Delegation. Die meisten afroamerikanischen Zeitungen mit überregionaler Verbreitung schickten Korrespondenten zur Konferenz. Viele Afroamerikaner gingen aus einem einzigen Grund nach San Francisco, sie wollten sehen, ob die Nationen dieser Welt wirklich eine Organisation gründen würden, die den vielen Völkern, die Hilfe forderten, auch helfen konnte. Viele der afroamerikanischen Beobachter zeigten ein lebhaftes Interesse an der Arbeit der offiziellen Delegationen aus Ländern mit dunkelhäutiger Bevölkerung, besonders aus Indien, Liberia, Äthiopien und Haiti. Es herrschte die Meinung, daß diese Delegierten mit ihren Beiträgen für die unterprivilegierten Völker auf der ganzen Welt sprachen. Umgekehrt wurden die Delegierten bestimmter Kolonialmächte, besonders aus Holland, Belgien und Südafrika, von den Afroamerikanern mit äußerstem Mißfallen beobachtet, und sie brachten das auch in ihren Reden und Artikeln zum Ausdruck.

Es war für Afroamerikaner genau wie für andere Amerikaner nicht einfach, den Beratungen in San Francisco zu folgen. Wenige verstanden die Feinheiten der internationalen Politik, und allzu häufig behandelten Reporter und Beobachter die Sitzungen wie jedes andere große Treffen mit Teilnehmern aus Völkern verschiedener Sprachen und Kulturen. Vielen fehlten die Grundlagen, um die zahlreichen Probleme bei der Gründung einer Organisation zu verstehen, die die nationalen Grenzen überschritt und zugleich die Wünsche von Dutzenden verschiedener Völker miteinander in Einklang bringen wollte. Die Afroamerikaner verfolgten besonders Entwicklungen, bei denen es um die Berücksichtigung von unterprivilegierten Völkern ging. »Kleine Nationen verlangen Berücksichtigung des Rassenproblems« und »Briten weichen der Kolonialfrage aus« waren typische Schlagzeilen in der afroamerikanischen Presse. Als bekannt wurde, daß die schwarze Bevölkerung Südafrikas gegen die Behandlung durch ihre Regierung protestierte, hob die afroamerikanische Presse der Vereinigten Staaten das besonders hervor und wies darauf hin, daß Jan Smuts sein Leben der Durchsetzung einer »Nazi-ähnlichen Herrschaft« über seine Untertanen gewidmet hatte. Als General Smuts für einen Artikel zur Garantie der Menschenrechte in der Charta der Vereinten Nationen plädierte, erinnerten sich die Afroamerikaner daran, daß er einmal gesagt hatte, jeder Weiße in Südafrika außer jenen, die »verrückt, richtig verrückt« seien, unterstütze die Unterdrückung des schwarzen Bevölkerung.

Kein internationales Dokument hatte den Menschenrechten in der Vergangenheit so viel Beachtung geschenkt wie die Charta der Vereinten Nationen. Kleine Nationen, Minderheiten und Kolonialvölker waren froh über die Präambel der Charta, die, anstatt von »den hohen vertragschließenden Seiten« zu sprechen, ganz schlicht begann mit »Wir, die Völker der Vereinten Nationen«. Sie mochten nur ungern glauben, daß diese Formulierung von General Smuts stammte und fragten sich, was genau er damit meinte. Die Präambel bestätigte außerdem den »Glauben an die grundlegenden Menschenrechte, an die Würde und den Wert des Menschen, an die gleichen Rechte für Männer und Frauen und für große und kleine Nationen«. Die Afroamerikaner waren besonders froh über den Passus, der zusicherte, daß die Vereinten Nationen »Überall auf der Welt den Respekt und die Einhaltung von Menschenrechten und grundlegenden Freiheiten für alle Menschen ohne Unterschied der Rasse, des Geschlechts, der Sprache oder der Religion« fördern würden.

Von den Unterorganisationen, die in der Charta vorgesehen waren, waren die Afroamerikaner am stärksten am Treuhandrat (Trusteeship Council) und am Wirtschafts- und Sozialrat (Economic and Social Council) interessiert. Unterhalb des Wirtschafts- und Sozialrates wurde die Organisation für Bildung, Wissenschaft und Kultur (UNESCO) gegründet, deren Aufgabe die Schaffung eines weltweiten Programms der Grundschulbildung war. Sie sollte sich mit den Spannungen befassen, die zu Mißverständnissen und Mißtrauen auf der Welt führten. Auf der ersten Konferenz der UNESCO Ende 1946 in Paris nahm ein amerikanischer Schwarzer, Charles S. Johnson, als Mitglied der Nationalen Kommission der Vereinigten Staaten teil. Es bestanden große Hoffnungen, daß diese Unterorganisation einiges von dem Programm durchführen würde, das ursprünglich für sie entwickelt worden war. Die Schwarzen in Amerika hofften, daß die UNESCO ein Programm der Grundschulbildung sowohl für Amerikaner als auch für Europäer entwickeln würde. Später machten die Schaffung einer Kommission für Menschenrechte und die Ernennung von Eleanor Roosevelt zum Mitglied dieser Kommission den Afroamerikanern noch mehr Mut.

Der Treuhandrat sollte die Interessen und die Wohlfahrt der Völker ohne Selbstverwaltung in Territorien überwachen, die entweder alte Völkerbundsmandate waren oder nach dem Zweiten Weltkrieg feindlichen Nationen weggenommen worden waren. Die Mandatskommission hatte es versäumt, die wirtschaftliche Lage in den abhängigen Territorien ausreichend zu überwachen, und die Mandatsträger verwalteten die Territorien allzu häufig zu ihrem eigenen Vorteil. Die Mitglieder im Treuhänderrat kamen zu gleichen Teilen aus Ländern, die Treuhandgebiete verwalteten, und Ländern ohne diese Aufgabe. Noch vor der formalen Einrichtung des Rates beklagten Afroamerikaner, daß er unzulänglich sei. George Padmore, der in London lebende Autor, erklärte, daß er nichts anderes als eine Fortsetzung des Mandatsystems bedeute, »etwas modifiziert und aufpoliert, um für die gegensätzlichen Ideologien der Großmächte zu passen«. Er mußte allerdings zugeben, daß es einen »kleinen Fortschritt« bedeute, wenn der Rat nach den Bestimmungen Petitionen von Menschen aus Treuhandgebieten entgegennehmen konnte. Die Afroamerikaner wurden außerdem dadurch ermutigt, daß Ralph Bunche von der Abteilung für abhängige Territorien im Außenministerium zu den Vereinten Nationen wechselte, um im Treuhänderrat zu arbeiten. Sie hofften, daß dieser schwarze Amerikaner als Spezialist in der Lage sein würde, die Wohlfahrt und die Interessen der Völker entscheidend zu verbessern, die ihre Interessen nicht selbst vertreten konnten.

Die Afroamerikaner gaben ohne weiteres zu, daß es naiv war, anzunehmen, die Vereinten Nationen seien in der Lage, die rassische Diskriminierung in den Vereinigten Staaten sofort zu beenden, aber die Hoffnung schien immerhin berechtigt, daß die Schwarzen in Amerika von der generellen Tendenz profitieren würden, den unterprivilegierten Völkern auf der ganzen Welt mehr Aufmerksamkeit zu widmen. Während der Sitzung der UN-Vollversammlung im Herbst 1946 erkannte dieses Gremium Indiens Vorwurf der rassischen Diskriminierung gegen Mitglieder der indischen Minderheit und ihrer Nachkommen in Südafrika an. Die Zweidrittelmehrheit, mit der die Resolution verabschiedet wurde, bedeutete, daß Südafrika in der nächsten Sitzungsperiode über Maßnahmen berichten mußte, die es zur Bereinigung der Situation eingeleitet hatte, und war ein deutlicher Sieg für Minderheiten überall. Die Freude, die Schwarze in den Vereinigten Staaten über die Niederlage von General Smuts empfanden, wurde jedoch durch die Tatsache gedämpft, daß die Vereinigten Staaten, gemeinsam mit Großbritannien, gegen die Resolution gestimmt hatten. Die Vollversammlung stimmte ebenfalls einer Resolution zu, die die Ausrottung von Minderheiten und rassischen und ethnischen Gruppen, wie sie die Nazis praktiziert hatten, zu einem internationalen Verbrechen erklärte. Das war eine weitere Anerkennung der Rechte von Minderheiten. Der Herausgeber der *Crisis* bemerkte zu Recht, daß die UN-Diskussionen über Rassenfragen »weit über alles in Versailles hinausgeht, als Präsident Wilson und die Briten noch nicht einmal gestatten wollten, daß förmlich auch nur in einem Ausschuß darüber diskutiert wurde.«

Ermutigt durch die ziemlich liberale Charta und die ersten Maßnahmen einzelner UN-Organisationen unterbreitete der National Negro Congress Ende 1946 eine Petition an den Wirtschafts- und Sozialrat. Im

Namen der schwarzen Bevölkerung Amerikas forderte der National Negro Congress die Unterstützung der Vereinten Nationen im Kampf gegen politische, wirtschaftliche und soziale Diskriminierung in den Vereinigten Staaten. Die Gegner derartiger Petitionen argumentierten, daß die Behandlung der Afroamerikaner in den Vereinigten Staaten eine rein interne Angelegenheit sei. Sie erinnerten die amerikanischen Schwarzen daran, daß die Charta der Vereinten Nationen eine Einmischung in örtliche und innenpolitische Probleme geradezu ausschloß. Viele Afroamerikaner konterten, es sei eins der Hauptziele der UN, die internationale Zusammenarbeit bei der Lösung wirtschaftlicher, sozialer, kultureller oder humanitärer Probleme zu ermöglichen. Als Charles H. Houston über dieses Thema schrieb, räumte er ein, daß die UN nicht dafür zuständig sei, jeden Lynchmord in Georgia oder den Ausschluß von den Wahlen in Mississippi zu untersuchen, aber »wo die Diskriminierung und die Mißachtung von Menschenrechten ein gesamtstaatliches Ausmaß erreichen oder wo die Regierung einer Nation keinen Schutz vor Angriffen auf Farbige bieten kann oder will, geht es um die Politik der Vereinigten Staaten als Nation«. Und er wies weiter darauf hin, daß sich die UN auf der Ebene der gesamtstaatlichen Politik einer Nation sehr wohl für zuständig erklären könne. »Eine Politik der Vereinigten Staaten, die den Entzug des Wahlrechts im Süden als Nation gestattet, ist ein ebensolches internationales Thema wie die Wahlen in Polen oder die Verweigerung der demokratischen Rechte in Francos Spanien«, schloß Houston.

Houstons These wurde durch eine Reihe von Ereignissen in den Vereinigten Staaten in den ersten Monaten 1947 sehr plastisch illustriert. Im Februar ließ das Außenministerium eine Reihe von Rundfunksendungen ins kommunistische Rußland ausstrahlen, um die Bevölkerung über die Ereignisse im demokratischen Amerika zu informieren. Eins der Ereignisse, über das die »Stimme Amerikas« in ihrer ersten Sendung meinte berichten zu müssen, war der brutale Lynchmord an einem jungen Schwarzen in South Carolina, der in Zusammenhang mit dem Mord an einem Taxifahrer festgenommen worden war. Im Mai sprach ein nur aus Weißen bestehendes Geschworenengericht 28 Männer frei, die gestanden hatten, an diesem Lynchmord beteiligt gewesen zu sein. Reaktionen auf dieses Urteil konnte man in London, Paris und Moskau hören. Und die Afroamerikaner fragten sich, ob das Urteil in diesem Verfahren das Signal für eine neue Schreckensherrschaft sei. Nach wenigen Tagen versuchte eine Gruppe weißer Bürger North Carolinas, einen Schwarzen zu lynchen, der wegen versuchter Vergewaltigung angeklagt war. Nur seiner Schnelligkeit verdankte er sein Entkommen, und das verhinderte eine Wiederholung der Greueltat von South Carolina. Wiederum bestand großes Interesse in den Hauptstädten des Auslandes an dieser für Amerika spezifischen »Gerechtigkeit«. Wieder fragten sich die Afroamerikaner, ob Amerika wirklich in der Lage sei, der Welt den Weg zu normalen menschlichen Beziehungen zu weisen.

Einige Afroamerikaner bekamen die Chance, der Sache von Frieden und Freiheit zu dienen, während sie bei den Vereinten Nationen arbeiteten. Ralph Bunche war nicht nur Vorsitzender des Treuhänderrats, sondern erhielt 1950 auch den Friedensnobelpreis für seine Tätigkeit als Vermittler der Vereinten Nationen im Palästinakonflikt. Später war er bis zu seinem Tod 1971 stellvertretender Generalsekretär. Mehrere Jahre lang arbeitete William H. Dean als Wirtschaftswissenschaftler für den Treuhänderrat, und E. Franklin Frazier war für zwei Jahre Vorsitzender der Abteilung für Angewandte Sozialwissenschaften bei der UNESCO. In diesen Jahren waren Afroamerikaner ständig Mitglieder in der nationalen Kommission der Vereinigten Staaten bei der UNESCO. Zur Delegation der Vereinigten Staaten in der Vollversammlung der Vereinten Nationen gehörte immer ein Afroamerikaner als Delegierter oder stellvertretender Delegierter, u. a. Edith Sampson, Archibald Cary, Charles H. Mahoney, Marian Anderson und Jewell Lafontant. 1972 legte ein afroamerikanischer Kongreßabgeordneter, Charles Diggs, sein Amt in der US-Delegation nieder, um gegen die Politik der Vereinigten Staaten in Afrika zu protestieren.

Die Präsenz afrikanischer Delegationen im Hauptquartier der Vereinten Nationen in New York weckte erneut das Interesse schwarzer Amerikaner an dieser internationalen Organisation. Es war ermutigend für sie, daß fast dreißig neue afrikanische Staaten ihren Platz in der Familie der Nationen einnahmen, und es war besonders erhebend, Alex Quaison-Sakkey aus Ghana 1963/4 als Präsidenten der Vollversammlung und Angie Brooks aus Liberia 1970/1 in der gleichen Funktion zu erleben. Die Afroamerikaner sahen in diesen Ereignissen deutliche Beweise dafür, daß auch Schwarze den Gipfel der Weltpolitik erklimmen konnten, und sie hofften, daß die weißen Amerikaner das zur Kenntnis nahmen. Sie glaubten darüber hinaus, ausgehend von der Tatsache, daß Afrikanern nun die Bürgerrechte in den Vereinigten Staaten zugebilligt wurden – außer von den barbarischsten, bigottesten Amerikanern –, auch sie davon profitieren würden. Noch wichtiger war für Afroamerikaner die neue Haltung der amerikanischen Regierung, die sich bemühte, ihre Politik in der Rassenfrage zu verbessern, um die Unterstützung der afrikanischen Staaten angesichts der permanenten Rivalität mit dem kommunistischen Block zu gewinnen.

22. KAPITEL

DIE AFROAMERIKANER IM KALTEN KRIEG

Fortschritt

Zu den Dingen, an die sich die amerikanische Bevölkerung am Ende des Zweiten Weltkriegs gewöhnen mußte, gehörte die neue Stellung der Afroamerikaner in der amerikanischen Gesellschaft. Dieser neue Status beruhte nicht nur darauf, daß wesentliche Fortschritte der Kriegsjahre beibehalten wurden, sondern auch auf der Intensivierung der Kampagne zur Gleichstellung der Schwarzen an mehreren Fronten. Der Krieg hatte ein Klima geschaffen, in dem ganz wesentliche Fortschritte möglich waren, aber allein die Natur des nationalen Notstands zwang zu einigen Beschränkungen, die nach 1945 nicht länger zu rechtfertigen waren. Die afroamerikanischen Organisationen, insbesondere die NAACP, drängten nachdrücklich auf volle Gleichheit. Sie wurden von zahlreichen Gruppen, von denen viele neu waren, in verschiedenen Landesteilen wirkungsvoll unterstützt, darunter politischen Organisationen, Bürgerrechts-, Gewerkschafts- und religiösen Gruppierungen. Die Gerichte, nicht allein die Bundesgerichte, befaßten sich zunehmend mit Rassenfragen und entschieden häufig im Sinne der Gleichheit der Rassen. Die Bundesregierung machte außerdem, weil sie sowohl den Druck im eigenen Land als auch im Ausland spürte, ihren erheblichen Einfluß geltend, um die Kluft zwischen Idee und Praxis der amerikanischen Demokratie zu beseitigen. Das Zusammenwirken dieser Kräfte verschaffte den Afroamerikanern eine bessere Ausgangsbasis, als für die Nation die zweite Hälfte des 20. Jahrhunderts begann.

Präsident Harry S. Truman trug gleich mehrfach und entscheidend zur Schaffung eines Klimas bei, in dem die gesellschaftliche Stellung der Afroamerikaner verbessert werden konnte. 1946 berief er einen Ausschuß hervorragender schwarzer und weißer Amerikaner, der die Situation der Bürgerrechte untersuchen und Empfehlungen zur Verbesserung aussprechen sollte. Der Bericht, *To Secure These Rights*, verurteilte es scharf, daß manchen Amerikanern die Bürgerrechte vorenthalten wurden, und forderte ein Aktionsprogramm zur Stärkung der Bürgerrechte und »zur Abschaffung jeglicher Rassentrennung in der amerikanischen Gesellschaft, ebenso wie der Absonderung von Menschen aufgrund von Hautfarbe, Glauben oder nationaler Herkunft«. Im selben Jahr berief der Präsident einen weiteren gemischtrassigen Ausschuß zur Untersuchung der höheren Bildung ein, dessen Bericht nicht nur die Angleichung der bisher ungleichen Bildungschancen empfahl, sondern auch die Beseitigung aller Formen von Diskriminierung in der höheren Bildung.

Der Einsatz des Präsidenten für Veränderungen in den Streitkräften war mehr als eine bloß moralische Unterstützung für die Sache der Gleichheit. Die Integration, die man in den letzten Jahren des Zweiten Weltkriegs in Gang gesetzt hatte, wurde in den Nachkriegsjahren beschleunigt fortgesetzt. 1948 setzte der Präsident einen Ausschuß zur Analyse des Problems ein, und dessen Bericht, *Freedom to Serve*, enthielt präzise Vorschläge, mit welchen konkreten Schritten man die Integration erreichen würde. Die Armee richtete sich nach diesen Empfehlungen und verfolgte ab 1949 eine Personalpolitik, nach der alle Positionen und Tätigkeiten für qualifizierte Bewerber offenstanden, ungeachtet der Rasse oder Hautfarbe, und Quoten aufgrund der Rasse abgeschafft wurden. Die Marine und die Luftwaffe beschlossen vergleichbare Richtlinien. Nur wenige Vorfälle trübten die Übergangsphase, so daß die Streitkräfte der Vereinigten Staaten sich stetig in Richtung Integration bewegten und dabei bedeutende Fortschritte verzeichnen konnten.

1950 stand die Integration in Korea vor ihrer Erprobung auf dem Schlachtfeld. Als die nordkoreanischen Streitkräfte die Streitmacht der Vereinten Nationen unter Druck setzten, darunter besonders das 9. US-Infanterieregiment, setzte der befehlshabende Offizier Männer des rein afroamerikanischen 3. Bataillons ein. Sie wurden von den Weißen sofort akzeptiert, »weil man in Zeiten der Not Gesellschaft schätzt«. Nachdem General Matthew Ridgway den Oberbefehl über die Streitkräfte im Fernen Osten übernommen hatte, bat er das Verteidigungsministerium um die Zustimmung, alle Afroamerikaner unter seinem Kommando integrieren zu dürfen. Zwischen Mai und August 1951 stieg der Anteil der integrierten Truppen im Feld in Korea von 9 auf 30 Prozent. Ein Sonderbericht der Armee erklärte, daß die Integration der Schwarzen insgesamt einen Gewinn für die Armee bedeutet habe. Endlich waren schwarze Amerikaner ein wichtiger und integraler Bestandteil des Militärs der Nation geworden.

Auch in amtlichen Erklärungen setzte Präsident Truman das Prestige seines Amtes ein, um die gesellschaftliche Stellung der Afroamerikaner zu heben. 1948 erließ er eine Verordnung zur fairen Einstellungspraxis im öffentlichen Dienst des Bundes und erklärte, daß »die Prinzipien, auf denen unser Regierungssystem aufbaut, eine faire Beschäftigungspolitik in der Bürokratie des Bundes fordern ohne Diskriminierung aufgrund von Rasse, Hautfarbe, Religion oder nationaler Herkunft ...« Trotz der Tatsache, daß genügend Südstaatler so erbost waren über bestimmte Teile von Trumans Politik des Fair Deal und die Partei der Dixiecraten gründeten und bei den Wahlen 1948 gegen ihn antraten, hielt der Präsident unerschütterlich an seiner Position fest. Vier Jahre später, nachdem er seinen Rückzug aus dem Amt angekündigt hatte, sagte er bei der akademischen Abschlußfeier an der Howard-Universität, daß es ein Bürgerrechtsprogramm mit der Unterstützung »des ganzen Durchsetzungsvermögens und der Macht des Bundes« geben müßte, um die Diskriminierung von Minderheiten zu beenden. Er erklärte, je mehr die Nation ihren Glauben in die Gleichheit der Menschen in die Realität umsetze, desto »stärker, mächtiger und glücklicher« würde sie werden.

Nicht nur die Streitkräfte erlebten den Kampf gegen Diskriminierung und Rassentrennung, auch im öffentlichen Wohnungsbau gab es Ansätze weg von der Rassentrennung und hin zur Integration zu kommen. So gab es 1950 zum Beispiel 177 kommunale Projekte des öffentlichen Wohnungsbaus, die für Menschen aller Rassen und Glaubensrichtungen offenstanden; darüber hinaus hatten neun Einzelstaaten und acht Städte die Diskriminierung oder Rassentrennung im öffentlichen Wohnungsbau verboten. 1955 appellierte der Leiter der Federal Housing and Home Finance Agency an die Kreditanstalten des Landes, Darlehen für den Bau und Kauf von Häusern an Mitglieder von Minderheiten zu vergeben. Inzwischen wurden die Folgen der Entscheidung des Obersten Bundesgerichts von 1948 allmählich spürbar, das die Durchsetzung restriktiver Vertragsbestimmungen bei Grundstücksgeschäften für verfassungswidrig erklärt hatte. Damit stiegen die Chancen von Afroamerikanern, eine annehmbare Wohnung zu finden. Die subtilen und weniger subtilen Formen des Widerstandes, die Weiße nun gegen alles fanden, was nach einer schwarzen »Invasion« in ihre Viertel aussah, konnte man in allen Regionen der Vereinigten Staaten beobachten.

Auch die Chancen auf dem Arbeitsmarkt verbesserten sich für Afroamerikaner, insbesondere in der Flugzeug-, Elektronik-, Automobil- und chemischen Industrie. Anzeichen für Veränderungen waren auch im Einzelhandel erkennbar, wo Schwarze als Angestellte, Buchhalter und Einkäufer eingestellt wurden. Beförderungen von afroamerikanischen Arbeitnehmern und die Anerkennung von Rechten aufgrund einer langjährigen Beschäftigung machten den Weg für einige Schwarze frei, in verantwortungsvolle Positionen aufzusteigen, die ihnen früher versperrt gewesen waren.

Eine wichtige Rolle bei der Verbesserung der Chancen schwarzer Arbeiter spielten die Gewerkschaften, besonders das CIO. Als die groß angekündigte Kampagne des CIO, die Arbeiter im Süden gewerkschaftlich zu organisieren, fehlschlug, besaßen die Afroamerikaner dieser Region keinen mächtigen Vorkämpfer mehr. In den übrigen Regionen bestand jedoch bei den Gewerkschaften die generelle Tendenz, mehr schwarze Mitglieder anzuwerben und Afroamerikaner auch in führende Positionen zu befördern. Als die American Federation of Labor (AFL) und das CIO 1955 fusionierten, wurden zwei Afroamerikaner, A. Philip Randolph und Willard Townsend, zu Vizepräsidenten der neuen Organisation gewählt. Im gleichen Maß, in dem schwarze Arbeiter als Gewerkschaftsmitglieder akzeptiert wurden und sich an der Formulierung der Gewerkschaftspolitik beteiligen konnten, wuchs die Hoffnung, daß die zweite Hälfte des 20. Jahrhunderts das Ende der Rassendiskriminierung auf dem Arbeitsmarkt erleben würde.

Besonders großen Einfluß auf die Verbesserung der Lage der Schwarzen in der amerikanischen Gesellschaft in der Mitte des Jahrhunderts hatten religiöse Einrichtungen und Organisationen. Gruppen wie das American Friends Service Committee der Quäker und die American Missionary Association beschäftigten sich intensiv mit Problemen, die in den Kommunen aus Spannungen zwischen den Rassen entstanden, entwickelten Programme zur Verbesserung der Beziehungen zwischen den einzelnen Gruppen und veröffentlichten Berichte und Untersuchungen zur Rassenfrage. Die Abteilungen für Sozialarbeit der großen Glaubensgemeinschaften engagierten sich auf diesem Gebiet, und der National Council of Churches stellte Mitarbeiter ein, die sich den sozialen Problemen widmeten. Die Anti-Defamation League von B'nai B'rith und zahlreiche römisch-katholische Priester und Bischöfe äußerten sich in Stellungnahmen und verfolgten eine Politik, die die Abschaffung der Rassentrennung und Diskriminierung unterstützte. Vereinzelt begannen Kirchen selbst mit der Integration. Die Church of All People in San Francisco hatte schwarze und weiße Geistliche, während sich in einer kleinen Gemeinde in Arkansas die weißen und schwarzen Baptisten zum Erstaunen der meisten Beobachter in einer Kirche vereinigten. Im Gegensatz dazu nahm die allen Rassen und Konfessionen offenstehende Gemeinde des Reverend Jim Jones in San Francisco ein seltsames und tragisches Ende. Die Mitglieder waren, angeführt von Jones, ins Exil nach Guyana gegangen und kamen dort im November 1978 fast alle durch Mord oder Selbstmord ums Leben, nachdem der kalifornische Abgeordnete Leo. J. Ryan, dessen Besuch Jones und seine Assistenten sehr beunruhigt hatte, ermordet worden war.

Nirgends vollzogen sich die Veränderungen in der gesellschaftlichen Stellung der Afroamerikaner dramatischer als in der Hauptstadt. Schon 1947 nahmen die größeren Hotels in Washington schwarze Gäste auf, und 1956 taten es die allermeisten. Kinos und Theater folgten ihrem Beispiel. Nach der Aufhebung der Rassentrennung in allen Einrichtungen, die dem Innenministerium und dem City Recreation Board unterstanden, konnten Afroamerikaner alle öffentlichen Parks, Spielplätze und Schwimmbecken im District of Columbia benutzen. 1953 standen ihnen alle Restaurants in Washington offen, nachdem das Oberste Bundesgericht ein Gesetz aus dem Jahr 1872 für weiterhin gültig erklärt hatte, das von solchen Einrichtungen verlangte, »alle Menschen, die sich gut benehmen« zu bedienen. Eine der Klagen vor Gericht zur Aufhebung der Rassentrennung an Schulen stammte aus dem District of Columbia, und als das Urteil verkündet wurde, brachte Präsident Eisenhower seine Hoffnung zum Ausdruck, daß die Hauptstadt der Nation ein Vorbild für das Land werden würde. Die Pläne zur Aufhebung der Rassentrennung wurden sofort umgesetzt, mit dem Ergebnis, daß viele Weiße in die umliegenden Orte nach Virginia und Maryland flüchteten.

In den 1950er Jahren schützten die Gerichte und die Interstate Commerce Commission die Rechte der Afroamerikaner, ohne Einschränkungen durch einzelstaatliche Rassentrennungsgesetze reisen zu können.

1950 entschied das Oberste Bundesgericht, das die separate Abfertigung von Schwarzen in den Speisewagen der grenzüberschreitenden Eisenbahnen eine unnötige Belastung für den Verkehr zwischen den Einzelstaaten sei. Immer mehr Afroamerikaner benutzen die Fluglinien, die nie Rassentrennung gekannt hatten, und auch Bahnreisende hatten kaum oder gar keine Schwierigkeiten, Erster Klasse und zwischen den Einzelstaaten zu reisen, ohne separat untergebracht zu werden. 1955 verfügte die Interstate Commerce Commission, daß in zwischenstaatlichen Zügen und Bussen jegliche Rassentrennung zum 10. Januar 1956 zu beenden war. Diese Verfügung bezog sich auch auf Warteräume in Bahnhöfen und an Bushaltestellen. Die Südstaaten befolgten die Verfügung widerstrebend, einige hielten an dem Prinzip der Rassentrennung fest, indem sie getrennte Warteräume für schwarze Passagiere im Transitverkehr zwischen den Einzelstaaten einrichteten.

Die stetige Abwanderung der Afroamerikaner in den Norden und Westen und ihre Konzentration in wichtigen Industriestädten verlieh ihrer Stimme in der Politik neues und großes Gewicht. In Städten wie Chicago, Detroit und Cleveland waren sie bei einem knappen Wahlausgang häufig das Zünglein an der Waage, und in bestimmten Schlüsselstaaten betrachtete man fortan die Stimmen der Afroamerikaner als ausschlaggebend in nationalen Wahlen. Eine der Einrichtungen, die diesen Wandel mit hervorgebracht hatte, war die Highlander Folk School, die 1932 von Myles Horton und Don West, zwei weißen Südstaatlern aus Monteagle, Tennessee, gegründet worden war. Sie wollten mit ihrer Schule den sozialen Wandel über die Demokratie, Gerechtigkeit und die Ausmerzung des Rassismus erreichen. Septima Clark und Esau Jenkins, zwei Afroamerikaner aus South Carolina, spielten entscheidende Rollen bei der Einrichtung von Highlander »Staatsbürgerschulen«, in denen erwachsene Schwarze lesen, und wie man sich ins Wahlregister eintragen läßt, lernten. Im Lauf der Zeit gingen aus den Staatsbürgerschulen »Zehntausende« registrierter afroamerikanischer Wähler hervor, »die die politische Landschaft der Südstaaten nachhaltig veränderten«, genauso wie Horton es gewollt hatte. Inzwischen ließen sich immer mehr Schwarze im Süden registrieren und gingen zur Wahl. 1947 erklärte der Bundesrichter des Wahlkreises, J. Waties Waring, daß Afroamerikaner nicht von den Vorwahlen der Demokraten in South Carolina ausgeschlossen werden dürften. Im folgenden Jahr gaben 35 000 Schwarze in der Vorwahl der Demokraten in diesem Staat ihre Stimme ab. 1948 lag die Zahl der registrierten schwarzen Wähler in Georgia bereits über 150 000 und war bei der nächsten Präsidentschaftswahl noch höher. 1952 schätzte man, daß 63 Prozent der wahlberechtigten schwarzen Wähler in Durham, North Carolina, regelmäßig wählten.

Die Bemühungen führender schwarzer Politiker in den Südstaaten, die Zahl der afroamerikanischen Wähler bei den Wahlen des Jahres 1952 auf zwei Millionen zu steigern, mögen das Ziel knapp verfehlt haben, doch der Einfluß der schwarzen Wähler war in einigen Gebieten deutlich erkennbar. Die Stimmen der Afroamerikaner waren ein wichtiger Faktor, der dazu beitrug, daß Louisiana und South Carolina weiterhin im Lager der Demokraten blieben. Betrachtet man die Abstimmungsergebnisse in den Wahlkreisen mit überwiegend schwarzer Wählerschaft, dann wird eine Mehrheit für den Demokratischen Präsidentschaftskandidaten Adlai Stevenson deutlich, die von 56 Prozent in zwei Bezirken von Jersey City

Afroamerikaner stehen vor dem Wahllokal in Georgia Schlange. Zum ersten Mal im 20. Jahrhundert gaben Schwarze in der Gemeinde Marietta und in anderen Gemeinden in Georgia 1946 ihre Stimme in einer Vorwahl der Demokraten ab. *(UPI/Bettmann)*

bis 99 Prozent in einem Bezirk von Darlington, South Carolina, reichte. 1952 folgten die Afroamerikaner, wie schon zwanzig Jahre früher, nicht dem nationalen Trend. Während einige afroamerikanische Zeitungen es Eisenhowers Befürwortung der Rassentrennung in der Armee noch 1948 zuschrieben, daß viele Afroamerikaner seine Kandidatur ablehnten, meinten andere, daß die Afroamerikaner vor allem die Fortschritte bewahren wollten, die sie unter den Programmen des New Deal und des Fair Deal unter Roosevelt und Truman erreicht hatten.

Auf einzelstaatlicher und kommunaler Ebene machte sich der wachsende Einfluß der schwarzen Wähler deutlich bemerkbar. 1954 schickte Illinois zum siebten Mal hintereinander den schwarzen Demokraten William Dawson ins Repräsentantenhaus der Vereinigten Staaten, und Adam Clayton Powell aus New York wurde zum sechsten Mal gewählt. Als Charles C. Diggs, Jr. aus Detroit im selben Jahr als Demokrat ins Repräsentantenhaus gewählt wurde, saßen zum ersten Mal im 20. Jahrhundert drei Afroamerikaner im Kongreß. Detroit entsandte 1964 einen zweiten Schwarzen in den Kongreß, und zu diesem Zeitpunkt saßen nunmehr sechs Afroamerikaner im Repräsentantenhaus. 1956 saßen etwa 40 Schwarze in den Einzelstaatsparlamenten, alle im Norden und Westen. Die Zahl der Afroamerikaner, die in Kommunalparlamente, ins Richteramt und in Schulbehörden gewählt wurden, stieg mit jedem Jahr. Bedeutungsvoll war 1953 die Wahl des Präsidenten der Atlanta-Universität, Rufus E. Clement, in die Schulbehörde von Atlanta und die Wahl von Hulan Jack im selben Jahr zum Präsidenten des Verwaltungsbezirks Manhattan in der Stadt New York.

Berufungen von Afroamerikanern in hohe Posten auf Regierungsebene waren ein deutlicher Hinweis auf ihre nunmehr einflußreiche und angesehene Rolle. 1949 wurde William H. Hastie nach langjähriger hervorragender Tätigkeit in öffentlichen Ämtern Richter am Dritten Bundesberufungsgericht (U.S. Circuit Court of Appeals). Thurgood Marshall erhielt 1961 seine Ernennung an dasselbe Berufungsgericht, trat aber 1965 zurück und wurde stellvertretender Justizminister der Vereinigten Staaten. 1953 wurde J. Ernest Wilkins stellvertretender Arbeitsminister, E. Frederick Morrow erhielt einen hohen Posten im Präsidialamt, und Scovel Richardson wurde zum Vorsitzenden der Begnadigungskommission der Vereinigten Staaten ernannt. In den Büros mehrerer Senatoren und Mitglieder des Repräsentantenhauses waren afroamerikanische Sekretärinnen und Sachbearbeiter beschäftigt, und andere waren tätig als Registrator des Finanzministeriums, Gouverneur der Jungferninseln, Stellvertreter des Direktors der Einberufungsbehörde und Stellvertreter des Ministers für Gesundheit, Bildung und Wohlfahrt.

Reaktion

Verbesserungen der gesellschaftlichen Stellung der Afroamerikaner waren weder einheitlich, noch konnten sie in manchen Bereichen ohne heftigen Widerstand durchgesetzt werden. In der Arbeitswelt drohten weiße Arbeiter häufig mit Kündigung, wenn Schwarze eingestellt oder befördert wurden. Solche Drohungen hatten zwar nicht immer Erfolg, aber sie behinderten doch den Aufstieg der Schwarzen, wie im Fall der geplanten Integration der Feuerwehr von Washington, D.C. Ebenso stießen die veränderten Abstimmungsgewohnheiten der Afroamerikaner auf Opposition. Als Richter Waring anordnete, daß in den Vorwahlen der Demokraten von South Carolina im Jahr 1947 auch Afroamerikaner abstimmen konnten, wurde diese Entscheidung erbittert kritisiert. Die Familie Waring wurde von weißen Bürgern Charlestons gesellschaftlich geschnitten, und Rowdies drohten ihnen Gewalt an. 1956, als eine weiße Registratorin in Louisiana sowohl Weiße als auch Schwarze von der Wahl ausschloß, weil diese keine ausreichenden Kenntnisse der Verfassung nachweisen konnten, wurde sie fristlos entlassen – offensichtlich, weil sie es unterlassen hatte, Schwarze zu diskriminieren.

Afroamerikaner, die selbst ihre gesellschaftliche Stellung verbessern wollten, wurden häufig angegriffen. 1956 boykottierten die Schwarzen von Montgomery, Alabama, die städtischen Buslinien, um den vorgeblichen Beleidigungen der schwarzen Passagiere durch weiße Fahrer zu entgehen, um eine befriedigendere Zuweisung der Sitze durchzusetzen und die Einstellung von schwarzen Busfahrern in vornehmlich schwarzen Vierteln zu erreichen. Umgehend wurden etwa 90 Afroamerikaner unter Berufung auf ein Antigewerkschaftsgesetz aus dem Jahr 1921 angeklagt, das Verschwörungen zur Behinderung des Betriebs eines Unternehmens verbot. Der Führer des Protestes, der Reverend Martin Luther King, Jr., wurde als erster vor Gericht gestellt und schuldig gesprochen. Er ging sofort in Berufung, während die Busgesellschaft verzweifelt versuchte, das Problem durch einen Vergleich beizulegen, um dem Bankrott zu entgehen. Doch die wirksame Waffe des Boykotts gewann an Popularität, und im Juni 1956 folgten die Schwarzen in Tallahassee, Florida, dem Beispiel von Montgomery. Das Geschäft der örtlichen Busgesellschaft ging um fast 75 Prozent zurück.

Man kann sagen, daß der Widerstand in etwa dem gleichen Maß intensiver wurde, in dem sich die gesellschaftliche Stellung der Afroamerikaner verbesserte. In dem Maß, in dem die Schwarzen Druck ausübten, die Rassentrennung in den Schulen aufzuheben, organisierten weiße Bürger ihre letzten verzweifelten Truppen. Eine der neuen antischwarzen Gruppen war die National Association for the Advancement of White People mit ihrer Zentrale in Washington. Die Organisation geriet jedoch 1954 wegen zahlreicher Probleme ihres Geschäftsführers mit der Justiz in Verruf. Weiter verbreitet und effizienter waren die White Citizens' Councils, die ein führender weißer Verleger in Mississippi die »Ku-Klux-Klans der feinen Leute« nannte. Sie erklärten offen ihre Entschlossenheit, Widerstand gegen die Aufhebung der Rassentrennung an den Schulen zu leisten und riefen ihre Mitglieder auf, wirtschaftlichen Druck auf Schwarze auszuüben, die sich aktiv am Kampf zur Aufhebung der Rassentrennung an den Schulen beteiligten, und auf Weiße, die für die Befolgung des Gesetzes eintraten. In einigen Gemeinden begannen die Afroamerikaner als Vergeltungsmaßnahme mit dem Boykott von Geschäften, die Mitgliedern des Council, gehörten. 1956 war deshalb im Süden so etwas wie ein Wirtschaftskrieg in vollem Gang, und viele Betriebe saßen zwischen den Stühlen, weil man sie entweder für »nachgiebig« gegenüber der NAACP hielt oder für Sympathisanten des Programms der White Citizen's Councils.

Die führenden Politiker im Süden kämpften noch mit anderen Mitteln gegen die Aufhebung der Rassentrennung. So erwogen sie Pläne, öffentliche Schulen an private Träger zu übergeben und jeden, der gemischte Klassen besuchte oder dort unterrichtete, als Kriminellen zu bestrafen, und die »freiwillige Rassentrennung« zu fördern. Auf dem Gebiet der politischen Theorie erweckten sie die Doktrin der Zwischenschaltung – *interposition* – von Richter William Harper aus South Carolina aus dem Jahr 1832 zu neuem Leben, wonach die souveränen Einzelstaaten sich zwischen ein Bundesgericht und die örtliche Schulbehörde schalten konnten. Anfang 1956 riefen die Gouverneure von South Carolina, Georgia, Mississippi und Virginia die Südstaaten zu der Erklärung auf, daß die Bundesregierung nicht die verfassungsmäßige Gewalt habe, die Rassentrennung zu verbieten, und forderte sie auf, »in angemessener Sprache gegen die Einmischung der Zentralregierung in die Souveränität mehrerer Staaten und ihrer Bevölkerung zu protestieren«. Zu den Staaten, die dahingehende Resolutionen verabschiedeten, gehörten Georgia, Mississippi und Virginia, mehrere andere erwogen diesen Schritt.

Die südstaatlichen Kongreßmitglieder legten ebenfalls eine scharfe Verurteilung des Gerichtsurteils zur Rassentrennung vor. Im März 1956 unterbreiteten mehr als neunzig Südstaatler, angeführt von Senator Walter George, dem Kongreß ihre »Erklärung der Verfassungsgrundsätze«, das sogenannte »Southern Manifesto«. Das Dokument verurteilte die Entscheidung als Usurpation der Machtbefugnisse der Einzelstaaten und unterstützte die Anwendung »jedes rechtmäßigen Mittels«, um gegen seine Durchsetzung Widerstand zu leisten. Von den drei Kongreßmitgliedern aus North Carolina, die es abgelehnt hatten, das Manifest zu unterzeichnen, erlitten zwei bei den Vorwahlen der Demokraten im folgenden Mai eine Niederlage.

Da die NAACP den Kampf zur Aufhebung der Rassentrennung angeführt hatte, war es nur natürlich, daß sie zum besonderen Angriffsziel all jener wurde, die jede Veränderung ablehnten. Sie wurde überall im Süden als subversiv beschimpft und mußte 1956 ihre Aktivitäten faktisch einstellen, nachdem mehrere Staaten das mit rechtlichen Tricks bewirkt hatten. In Louisiana wurde eine Verfügung erlassen, die der NAACP verbot, Versammlungen abzuhalten, solange sie nicht eine vollständige Liste ihrer Mitglieder vorgelegt hatte. In Alabama erließ ein örtlicher Richter eine Verfügung gegen jede weitere Aktivität der NAACP. In South Carolina verlangte das Abgeordnetenhaus, man möge sie als subversive Organisation einstufen. Und im gleichen Zeitraum ließ ein Kongreßmitglied aus Arkansas in den *Congressional Record* 40 Seiten mit »Belegen« eintragen, um zu beweisen, daß die Funktionäre und führenden Mitglieder der NAACP unamerikanisch seien.

Der Widerstand im Süden gegen jede Veränderung der gesellschaftlichen Stellung der Afroamerikaner artete oft in Gewalt aus, und der Apparat zur Aufrechterhaltung von Gesetz und Ordnung konnte oder

Unzureichende Schulen für Schwarze. Auf dem Photo dieser Einraumschule im Landkreis Person in North Carolina sind alle schulischen Einrichtungen abgebildet: auch die »Bibliothek«, »fließendes Wasser« und die »Zentralheizung«. Sieben Jahrgänge wurden in einem Raum unterrichtet. *(Photo Alex Rivera)*

wollte nicht eingreifen. Während sich die Zerstörung der Häuser von Schwarzen nicht auf den Süden beschränkte, gab es andere Formen von Gewalt, die fast ausschließlich im Süden vorkamen. Viele Südstaatler sahen sich durch ihre Führer ermutigt, sich über das Gesetz hinwegzusetzen oder es nicht zu befolgen, und wurden durch die Citizens' Councils und ähnliche Gruppen dazu verleitet, diese Sache in eigener Verantwortung selbst in die Hand zu nehmen und die Rassentrennung, koste es, was es wolle, aufrechtzuerhalten. In einigen Teilen des Südens erreichten die Gewalttätigkeiten die Dimensionen einer Terrorherrschaft. In Mississippi zum Beispiel wurden mehrere führende Afroamerikaner ermordet, die

die Schwarzen ermutigt hatten, zur Wahl zu gehen, einer von ihnen starb auf dem Rasen vor dem Gerichtsgebäude in Brookhaven im Sommer 1955. Wenige Monate später wurde der Präsident des NAACP in Belzoni erschossen, als er die Anweisung, seinen Namen aus dem Wahlregister streichen zu lassen, nicht folgte. In der Nähe von Greenwood wurde ein 14jähriger schwarzer Junge aus Chicago ermordet, weil er angeblich der Frau eines weißen Geschäftsmannes nachgepfiffen hatte. In wenigen derartigen Fälle wurden Weiße auch nur angeklagt, ein Verbrechen begangen zu haben, und in keinem Fall kam es zu einer Verurteilung.

Anfang 1956 begannen die Weißen im Süden die Hoffnung aufzugeben, daß sie die Rassentrennung aufrechterhalten konnten und wurden immer hemmungsloser in ihrer Gewaltanwendung. Als der Staat Alabama die Anweisung erhielt, Autherine Lucy, eine schwarze Studentin zum Studium an der Universität von Alabama zuzulassen, griffen Studenten und Bewohner der Stadt Tuscaloosa zur Gewalt, um sie daran zu hindern, an der Universität zu bleiben. Selbst mit einer großen Polizeieskorte und in Begleitung einer Dekanin wurde das Auto, in dem sie saß, mit Steinen beworfen, einige Angreifer sprangen sogar aufs Dach. Als sie wegen der Rassenunruhen vorübergehend suspendiert wurde, beschuldigte sie die Universitätsleitung der Verschwörung, mit dem Ziel, sie von der Universität fernzuhalten. Das Ergebnis war, daß sie vom Kuratorium zwangsexmatrikuliert wurde. Wenige Wochen später wurde der afroamerikanische Sänger Nat »King« Cole in Birmingham von einer Gruppe Weißer angegriffen, während er auf der Bühne der Stadthalle vor einem rein weißen Publikum auftrat.

Verantwortungsvolle Bürger im Norden und im Süden begannen ihre Sorge über die wachsenden Rassenspannungen zu artikulieren. Einige riefen nach Mäßigung, ohne das allzu genau zu definieren. Andere riefen nach der Bundesregierung, aber weder der Präsident noch der Kongreß wollten offenbar etwas damit zu tun haben. Alle waren sich jedoch darin einig, daß die gesellschaftliche Stellung der Afroamerikaner weiterhin ein Problem darstellte, das im eigenen Land als störend und im Ausland als peinlich empfunden wurde.

Die Urbanisierung und ihre Folgen

Eine der dramatischsten Veränderungen im Leben der Afroamerikaner in den Nachkriegsjahren war die fortwährende Abwanderung in die Städte und die mit ihr verbundenen tiefgreifenden Auswirkungen, die die Urbanisierung sowohl auf den einzelnen wie auf die Gruppe hatte. Von den 15 Millionen Schwarzen in den Vereinigten Staaten lebten 1950 etwa 52 Prozent in den Ballungsräumen der Großstädte. Dreißig Jahre später lebten von schätzungsweise 26 Millionen Schwarzen 81 Prozent in den Ballungsräumen. Im gleichen Zeitraum wiesen auch die Statistiken für Weiße in den Ballungsräumen eine steigende Tendenz auf, die zwar deutlich, aber mit einer Steigerung von 56 auf 73 Prozent schwächer ausfiel. Aus einem anderen Blickwinkel betrachtet hieß das, daß die schwarze Bevölkerung in den Innenstädten von 6,1 Millionen im Jahr 1950 auf 15,3 Millionen 1980 zunahm. In denselben Jahren zogen permanent Weiße aus den Innenstädten in die Vororte, erst in den 1980er Jahren wurde ein leichter Trend in die umgekehrte Richtung spürbar. 1968 lebten in nur zwei amerikanischen Großstädten, Washington und Charleston, mehr Schwarze als Weiße. Bis 1980 hatten nicht weniger als 15 Großstädte eine schwarze Bevölkerungsmehrheit, darunter Atlanta, Detroit, New Orleans, Baltimore und Richmond.

Genau zu dem Zeitpunkt, als die Schwarzen in die Innenstädte zogen, zogen die Weißen nicht nur weg, sondern sie nahmen auch die Arbeitsplätze mit, deretwegen die Schwarzen gekommen waren. Im Umland und in den Vororten entstanden in »Industrieparks« Betriebe auf der grünen Wiese, viel zu weit weg von den Vierteln der Schwarzen und häufig in Gemeinden, in denen sie als Einwohner nicht willkommen waren. Folglich blieben sie in den Innenstädten und fristeten ihr Leben mit Teilzeitarbeit, Arbeitslosenunterstützung, solange sie gezahlt wurde, Sozialhilfe oder ähnlichem. Fabriken und Werkstätten, die einmal der Stolz der Städte gewesen waren, ihnen Leben und Hoffnung gegeben hatten, schlossen ihre Tore, verfielen und wurden häufig abgerissen, um für die neuen Autobahnen Platz zu schaffen, die in die Industrieparks, Einkaufszentren und Wohnviertel hinausführten. Die verbliebenen Fabriken, soweit es welche gab, wurden auf High-Tech-Produkte umgestellt, die besser ausgebildete und weniger Arbeitnehmer brauchten und so die strukturelle Arbeitslosigkeit schufen, die für schwarze wie für alle anderen Amerikaner das kritische Problem des ausgehenden Jahrhunderts bleiben sollte.

WACHSTUM UND VERTEILUNG DER AFROAMERIKANISCHEN BEVÖLKERUNG IN AUSGEWÄHLTEN STÄDTEN, 1940 UND 1990

STADT	1940*	1990
	(in Tausend)	(in Tausend)
Birmingham	109	158
Boston	25	126
Chicago	282	1197
Detroit	151	759
Los Angeles	98	505
Miami	37	87
New Orleans	150	308
New York	477	1784
Oakland	14	159
Philadelphia	253	639
San Francisco	32	86
Seattle	14	47
Washington, D.C.	189	448

Die Zahlen erfassen alle Nicht-Weißen.
Quelle: *U.S. Department of Commerce, Statistical Abstract of the United States, 1946, 1981, 1986*, Bureau fo the Census, (Washington, D. C., 1946, 1981, 1986)

Das schwarze Ghetto, das schon zu Beginn des 20. Jahrhunderts ein fester Bestandteil der amerikanischen Städte geworden war, wurde durch die Migration der Schwarzen in den Kriegs- und Nachkriegsjahren zur permanenten Institution. Obwohl die Entscheidungen des Obersten Bundesgerichts den Ausschluß von Schwarzen aus Vierteln und Häuserblocks in den Städten ebenso untersagten wie Miet- und Grundstücksverträge, die nur bestimmte bevorzugte Gruppen als Bewohner zuließen, blieb das Muster der Wohnviertel auf der Basis der Rassenzugehörigkeit der Bewohner im allgemeinen bestehen. Wollten Afroamerikaner in ein Viertel ziehen, wo man sie nicht haben wollte, so stießen sie auf eiserne Ablehnung, Feindseligkeit und manchmal Gewalt. 1951 wurde ein schwarzes

Ehepaar aus seinem neu erworbenen Haus in Cicero, Illinois, handgreiflich vertrieben. Der wütende Mob warf die Fenster ein, zerstörte die Fassade und beschimpfte das Paar lauthals mit unanständigen Sprüchen. In den Jahrzehnten bis in die 1980er Jahre gab es immer wieder Vorfälle wie in Cicero. In Birmingham, Chicago und Detroit wurden die Häuser von Schwarzen durch Weiße beschädigt, die keine schwarzen Nachbarn haben wollten. In der Stadt New York löste der Ausschluß von Schwarzen aus dem Stuyvesant-Town-Wohnungsbauprojekt eine scharfe Kontroverse aus und eine anschließende Kampagne für Gesetze, die die Diskriminierung im öffentlichen Wohnungsbau untersagten. In seinen Arbeiten hat Reynolds Farley darauf hingewiesen, daß im Bereich des Wohnens ein hohes Maß an Rassentrennung weiterbestand, »ohne oder mit geringfügigen Veränderungen in den letzten Jahrzehnten«. Selbst nach Verabschiedung des Fair Housing Act (1968), der die Rassendiskriminierung beim Verkauf, der Vermietung oder der Finanzierung des meisten Wohnraums verbot, nahm die faktische Rassentrennung beim Wohnen in den Folgejahren nicht wesentlich ab. Selten gaben die Weißen, im Norden und im Süden, den Schwarzen nach, die in ihrer Mitte wohnen wollten. Die Gewalttätigkeiten, die aus solchen Anlässen in den 1970er und 1980er Jahren ausbrachen, waren eine schmerzliche Erinnerung an die Tatsache, daß das Land noch einen langen Weg vor sich hatte, bevor rassisch integrierte Viertel Wirklichkeit sein würden.

Die Migration der Afroamerikaner in den Norden setzte sich auch in den Jahrzehnten nach dem Krieg fort und nicht nur der fehlende Wohnraum, sondern auch die fehlenden Arbeitsplätze wurden immer drückendere Probleme. Die Diskriminierung auf dem Arbeitsmarkt bestand weiter, ungeachtet der Fortschritte während des Krieges. 1947 empfahl das Committee on Civil Rights, das der Präsident eingesetzt hatte, die Verabschiedung von Gesetzen, um auf Bundes- und Einzelstaatsebene faire Einstellungs- und Beschäftigungsbedingungen durchzusetzen. Als diese Gesetzgebung nicht zustande kam, setzten die Präsidenten Truman und Eisenhower Ausschüsse ein, die alle Unternehmen mit öffentlichen Aufträgen auf ihre Diskriminierungspraxis hin unter die Lupe nahmen. Inzwischen hatten einige Einzelstaaten bereits Ausschüsse zur Durchsetzung »fairer Beschäftigungsbedingungen« eingesetzt, und 1956 arbeiteten in 16 Staaten und 36 Städten derartige Ausschüsse daran, Diskriminierungen bei der Einstellung und am Arbeitsplatz zu unterbinden.

> ### JAMES BALDWINS GEDANKEN ZUM GHETTO - 1960
>
> Sie arbeiten den ganzen Tag in der Welt des weißen Mannes und kommen am Abend in diesen stinkenden Häuserblock zurück. Sie kämpfen darum, ihren Kindern ein ganz eigenes privates Bewußtsein von Ehre und Würde mitzugeben, das dem Kind dabei helfen wird zu überleben. Das bedeutet natürlich, daß sie ständig darum kämpfen müssen, unerschütterlich und unaufhörlich, dieses Bewußtsein in sich selbst lebendig zu halten, ungeachtet der Beleidigungen, der Gleichgültigkeit und der Grausamkeit, mit denen sie es sicher jeden Tag bei der Arbeit zu tun haben. Sie müssen den Vermieter solange geduldig einschüchtern, bis er die Heizung, die kaputte Wand, die Wasserleitungen reparieren läßt; das erfordert gewaltige Geduld, und bloße Geduld reicht dafür gewöhnlich nicht aus.
> … solche Frustration, so lange ertragen, treibt viele starke, bewundernswerte Männer und Frauen, deren einziges Verbrechen ihre Hautfarbe ist, an den Rand der Paranoia …
> Die Menschen, die es geschafft haben, aus diesem Häuserblock auszuziehen, sind doch nur ein Stück weiter, bis in ein besseres Ghetto gekommen. Dieses bessere Ghetto hat noch nicht einmal die Vorteile des verrufenen - Freunde, Nachbarn, die vertraute Kirche und freundliche Geschäftsleute.
> … jeden Sonntag, machen die Menschen, die aus dem Block weggezogen sind, die lange einsame Fahrt zurück und zerren ihre immer unzufriedeneren Kinder mit sich. Sie verbringen den Tag mit Reden, nicht immer mit Worten, über den Ärger, den sie erlebt haben und den Ärger - man muß ihre Augen beobachten, wenn sie ihre Kinder beobachten - den sie wahrscheinlich noch erleben werden. Denn Kinder mögen keine Ghettos. Sie brauchen kaum eine Sekunde, um ganz genau zu wissen, warum sie da sind.
>
> <div align="right">James Baldwin, <i>Nobody Knows My Name</i>
(New York, 1960), S. 59-63</div>

Für viele schwarze Neuankömmlinge in den Städten gab es keinen Arbeitsplatz. Ohne anständige Wohnung, arbeitslos oder minimal beschäftigt, konnten sie leicht ein Opfer der Kräfte werden, die sie weiter erniedrigten und entwürdigten. Männer fanden seltener Arbeit als Frauen und wiederholten damit die Erfahrung des Landlebens im Süden, wo die Rolle des afroamerikanischen Mannes zu Hause und am Arbeitsplatz ständig in Frage gestellt wurde. Arbeitslosigkeit und Untätigkeit verursachten Frustration, die nicht selten zur Mißhandlung von Familienmitgliedern und kriminellen Handlungen, wie Diebstahl, Trunkaucht und Schlägereien, führten. Die lange bewunderte Großfamilie, in der Tanten und Großmütter den Haushalt führten und die Familienbräuche pflegten, während die Eltern der jüngeren Generation zur Arbeit gingen, war angesichts einer fehlenden stabilen Familienstruktur überflüssig und überholt.

Dies waren einige der wichtigen Faktoren, die zum dramatischen Zerfall der afroamerikanischen Familien in den vergangenen Jahren führten. Selbst angesichts der gewaltigen Schwierigkeiten, wie sie die Sklaverei, die rechtliche Rassentrennung, Diskriminierung, Armut und eine feindselige Rassenpolitik des Staates und der Gesellschaft darstellten, hatte die Struktur der afroamerikanischen Familie bis vor etwa vier Jahrzehnten standhalten können. Noch bis in die 1960er Jahre lebten in 75 Prozent der schwarzen Familien Ehemann und Ehefrau zusammen. Die rasante Zunahme der schwarzen Haushalte mit nur einem weiblichen Haushaltsvorstand war seit 1970 der deutlichste Indikator für den Zerfall der schwarzen Familie. 1983 war in 48 Prozent der schwarzen Familien mit eigenen Kindern unter 18 eine Frau Familienvorstand, 50 Prozent aller schwarzen Kinder unter 18 Jahren lebten in solchen Haushalten, und die Mehrheit dieser Frauen litt unter so schlimmer Armut, daß sie nicht ausreichend für ihre Kinder sorgen konnten.

Stabiler als die afroamerikanische Familie, aber ebenfalls im Kern von der Urbanisierung betroffen, waren die schwarzen Kirchen. Immer mehr Afroamerikaner zogen in die Städte und nahmen ihre gewohnten kirchlichen Bindungen, den gewohnten Kirchgang und eine generelle Verbundenheit mit religiösen Einrichtungen mit. Die älteren, etablierten Konfessionen begrüßten die Neuankömmlinge, wenn auch zögerlich, und halfen ihnen bisweilen bei der Eingewöhnung. Darüber hinaus gab es neue religiöse Gruppierungen und Sekten, die mit den älteren konkurrierten. Manche waren bloße Variationen der älteren Gruppierungen, die fundamentalistischer und emotionaler waren und so versuchten, die Neuankömmlinge vor den schlechten Einflüssen der Stadt zu bewahren. Andere waren unabhängig und gehörten zu keiner Glaubensgemeinschaft, sie sprachen vor allem den neuen Materialismus an, dem viele der Neuankömmlinge verfallen waren. Alle versuchten die Leere im Leben der neuen Stadtbewohner zu füllen, indem sie ihren Mitgliedern ein gesellschaftliches und religiöses Gemeinschaftsleben anboten. Denn die

Kirchenoberen waren die ersten, die erkannten, wie einfach es für einen Neuankömmling war, sich am Sonntagmorgen anzugewöhnen, zu Hause zu bleiben oder einer weltlichen Beschäftigung statt des Kirchgangs nachzugehen. Trotz der energischen Bemühungen vieler Geistlicher und Pastoren verloren sie viele Mitglieder an die anderen attraktiven Angebote, die eine Stadt zu bieten hatte.

Auch die Kirchen selbst engagierten sich in vielfältigen weltlichen Aktivitäten, um ihren Mitgliedern mehr Dienstleistungen anbieten zu können. Seit den 1920er Jahren gab es Kindergärten und -horte für berufstätige Eltern, Pfadfindergruppen für Jungen und Mädchen, Clubs für junge Eheleute und eine Reihe anderer sozialer Dienste. Mit der wachsenden Zahl älterer Mitbürger und dem Wissen, welche besonderen Bedürfnisse sie hatten, richteten viele Kirchen auch für sie Clubs ein und entwickelten besonders für sie nützliche Programme. So gab es Clubs, die bei allen Fragen der Sozial- und Altersversicherung halfen, Ausflüge unternahmen oder andere Freizeitbeschäftigungen organisierten, um nur einige der Programme für Senioren zu nennen. Für die ungeduldige schwarze Jugend, die mit dem langsamen Tempo, in dem sich die gesellschaftliche Stellung der Afroamerikaner verbesserte, unzufrieden waren, organisierten die Kirchen Gruppen, die die Energien dieser jungen Leute in kreativere und »konstruktivere« Aktivitäten zu leiten suchten, anders als die radikalen Gruppierungen, die sie von den Kirchen abwerben wollten, oder diejenigen, die sie zu amoralischem Tun und illegalen Handlungen verführen wollten. Gleichzeitig engagierten sich immer mehr afroamerikanische Geistliche in der Politik und kandidierten nicht selten für ein politisches Amt.

Die Zunahme der afroamerikanischen Stadtbevölkerung beeinflußte nachhaltig bestimmte Arten von afroamerikanischen Geschäften und Betrieben, die Dienstleistungen für die schwarze Bevölkerung erbrachten. Dazu gehörten die Zeitungsverlage, deren Charakter sich mit dem Wachstum veränderte. Die Pionierzeitungen wie die New Yorker *Amsterdam News*, der *Courier* in Pittsburgh, der *Defender* in Chicago, der *Journal and Guide* in Norfolk und der *Afro-American* in Baltimore waren keine Zeitungen mit überregionaler Verbreitung mehr, die Leser quer über den ganzen Kontinent ansprachen. Sie bedienten auch weiterhin die Schwarzen von Stadt und Umland an ihrem Erscheinungsort und taten das sogar konzentrierter, als das in früheren Jahren der Fall war. Einen Teil ihrer

Rolle als überregionale Zeitungen hatten lokale, vorwiegend weiße Zeitungen übernommen, die Ereignissen innerhalb der afroamerikanischen Bevölkerungsgruppe wesentlich mehr Aufmerksamkeit schenkten, und dazu gehörten auch Hochzeiten, Beerdigungen und Kirchennachrichten. Einen Teil ihrer Rolle übernahm *Jet*, das vom Johnson Verlag herausgegebene Wochenmagazin im Taschenformat, das alle Nachrichten und mehr enthielt, und zwar mehr als die überregionalen Wochenzeitungen früherer Jahre. Schließlich nahmen Verbreitung und Einfluß der örtlichen schwarzen Wochenschriften zu – vor allem dank der Anzeigeneinnahmen von vorwiegend weißen Geschäften –, und sie brachten mehr und ausführlichere lokale Nachrichten und Informationen, als das die überregionalen Wochenzeitungen je getan hatten. Der *Chronicle* in Winston-Salem, der *Oklahoma Eagle* in Tulsa und die *Louisiana Weekly* in New Orleans waren Beispiele für neue und lebendige Wochenzeitungen, die ihre örtlichen Kunden ausgezeichnet bedienten. Zeitschriften mit einer besonderen Thematik kamen ebenfalls auf und hatten manchmal mäßigen und bisweilen spektakulären Erfolg, dazu gehörten die langlebige *Black Enterprise*, außerdem *Dollars and Sense* ein schnell expandierendes Wirtschaftsmagazin aus Chicago, und *Visions*, ein neues Magazin zur afroamerikanischen Kulturszene. Der Johnson Verlag blieb mit *Ebony* und seiner monatlichen Auflage von weit über einer Million Exemplaren das erfolgreichste Verlagshaus in der Geschichte des afroamerikanischen Journalismus.

Auch im Finanzgewerbe nahmen die Unternehmen, die schwarze Eigentümer oder Manager hatten, in den Nachkriegsjahren zu. Die kleine Zahl der von Afroamerikanern betriebenen Sparkassen zu Beginn des 20. Jahrhunderts war bis 1980 auf 37 gestiegen, mit Einlagen von nahezu einer Milliarde Dollar. Auch die Zahl der Banken wuchs. Die meisten größeren Städte im Norden und Osten der Vereinigten Staaten hatten mindestens eine Bank in afroamerikanischem Besitz, während es in mehreren Städten, wie in Chicago drei gab. Wo Bankfilialen zulässig waren, wie in North Carolina, hatte etwa die Mechanics-and-Farmers-Bank fünf Zweigstellen in Durham und Umgebung. Die Einstellung von Schwarzen in Banken mit überwiegend weißen Mitarbeitern, in denen sie vom Kassierer bis zum Vizepräsidenten oder Mitglied des Vorstandes alle Tätigkeiten ausübten, eröffnete neue Einstellungs- und Erwerbschancen für Afroamerikaner, die vorher nicht bestanden hatten. Schon seit langem hatte es Versicherungsgesellschaften für afroamerikanische Kunden gegeben, dank der starken Tradition der Versicherungsvereine auf Gegenseitigkeit, die in den Jahren nach dem Bürgerkrieg entstanden waren. In der Nachkriegszeit gehörten die Versicherungsgesellschaften der Schwarzen zu den stabilsten Finanzinstitutionen in der schwarzen Gemeinde überhaupt. Das war deutlich anders als in den Jahren der Weltwirtschaftskrise, als mehrere der für stark gehaltenen Institutionen Konkurs anmelden mußten. Doch das beeinträchtigte den Glauben der Afroamerikaner an das Versicherungsgewerbe nicht, und 1985 existierten etwa 50 Versicherungsgesellschaften in schwarzem Besitz, von denen die drei Lebensversicherungen North Carolina Mutual Life Insurance Company, die Atlanta Life Insurance Compancy und die Golden State Life Insurance Company die größten waren.

Großunternehmen der gewerblichen Industrie waren jenseits dessen, was die Ressourcen, die Afroamerikanern zur Verfügung standen, möglich machten. Auf den Gebieten, auf denen die Konkurrenz hart und hohe Kapitalinvestitionen erforderlich waren, konnten Afroamerikaner in der Regel nicht einmal einen ernsthaften Versuch wagen. Es gab allerdings einige wenige Ausnahmen, zu denen an erster Stelle die Herstellung von Schönheits- und Haarpflegemitteln gehörten. Hier verschafften der eigene Hintergrund und Erfahrungen den Schwarzen einen Vorteil. In den Nachkriegsjahren begannen mehrere Unternehmen mit der Herstellung solcher Artikel, wobei die Johnson Products Co. in Chicago die erfolgreichste war. Mit »Afro-Sheen« als führendem Produkt beherrschte das Unternehmen bald den Markt für Kosmetika und Haarpflegemittel bei Afroamerikanern. Der Markt war so attraktiv, daß er bald andere, und zwar schwarze und weiße Hersteller anzog. Der Johnson Verlag annoncierte schon bald eine ganze Palette neuer Schönheitsmittel unter dem Namen Fashion Fair als »ein weiteres erstklassiges Produkt von *Ebony*« und eroberte damit einen bestimmten Marktsektor. Weiße Unternehmen, vor allem Revlon, warfen ihre Produkte auf den Markt, offenbar um klarzumachen, daß Schönheit, die nur so dünn wie die Haut war, von jedem noch verbessert werden konnte, ungeachtet der Rasse, der Hautfarbe oder der nationalen Herkunft.

Immer mehr Afroamerikaner fanden Beschäftigung in der weißen Geschäftswelt. Da sie begriffen hatten, daß die 100 führenden afroamerikanischen Unternehmen, die einmal im Jahr in *Black Enterprise* genannt wurden, nicht in derselben Liga mitspielten wie die *Fortune* 500, was ihre Finanzkraft und Macht anging, gingen sie in die von Weißen beherrschte Welt der Banken, des Handels, des produzierenden Gewerbes, der High-Tech-Industrie, des Verkehrswesen, der Imbißgaststätten und verschiedener anderer Dienstleistungsbetriebe. Einige machten Karriere und erhielten Positionen im Management und sogar als Vizepräsidenten. Die meisten waren unterhalb der Entscheidungsebene der Betriebe beschäftigt und füllten die Reihen der Gruppe, die allmählich als schwarze Mittelklasse entstand. Einige der begabteren und am besten qualifizierten schwarzen Manager in der Welt der weißen Korporationen hatten schon bald den Eindruck, daß es genau festgelegte Grenzen gab, über die sie, unabhängig von ihrem Können, nicht hinauskamen. So kamen sie zögernd zu dem Schluß, daß die Geschäftswelt nicht farbenblind war. Sie kündigten, um selbst Firmen zu gründen oder Beratungsfirmen aufzumachen, die sowohl Weiße als auch Schwarze als Kunden hatten.

Schriftsteller und Künstler am Ende des Jahrhunderts

Die afroamerikanischen Schriftsteller der Vorkriegs- und Kriegsjahre schrieben weiter, und neue Namen begannen mit ihnen um die literarische Aufmerksamkeit zu konkurrieren. Ralph Ellison wurde 1979 zum Albert-Schweitzer-Professor-Emeritus an der New-York-Universität ernannt und verfaßte in den nächsten Jahren kritische Essays und Kurzgeschichten, die er 1986 als *Going to the Territory* veröffentlichte. James Baldwin unterbrach sein freiwilliges Leben im Exil für jeweils mehrmonatige Aufenthalte in den Vereinigten Staaten, wo seine Popularität und sein Einfluß nicht nachließen, besonders nach der Veröffentlichung von *Evidence of Things Not Seen* im Jahr 1986. Leon Forrests *There Is a Tree More Ancient Than Eden* nannte ein Rezensent ein sehr experimentelles Werk, sein *The Bloodworth Orphans* wurde für seinen dramatischen Realismus von der Kritik gelobt. Beide waren in ihrer kontrollierten Kraft, die entscheidend für die Vermittlung ihrer Botschaft war, bemerkenswerte Werke. Toni Morrison, Lektorin beim Verlag Random House, wurde mit drei überaus erfolgreichen Romanen als wichtige Autorin anerkannt,

The Bluest Eye, *Sula* und *Song of Solomon*, letzteres wurde 1977 vom Book-of-the-Month-Club für seine Leser ausgesucht.

Eine der erfolgreichsten und faszinierensten Arbeiten dieser Jahre war *Roots* von Alex Haley, das als Fernsehserie auch verfilmt wurde. Eine ganze Woche lang sahen Millionen Fernsehzuschauer 1977 *Roots* und 1978 *Roots, the Next Generation*. Diese dramatische Geschichte einer afroamerikanischen Familie – von der Gefangennahme eines Afrikaners im 18. Jahrhundert bis in die Zeit Haleys – führte zusammen mit dem anschließenden verstärkten Interesse der Amerikaner aller Rassen an Familiengeschichte und Genealogie zu dem, was einige das »Roots-Phänomen« genannt haben.

Zahl und Vielfalt der afroamerikanischen Schriftsteller nahmen in den 1970er und 1980er Jahren deutlich zu. Einer der Romanciers war Albert Murray, der mit *Trainwhistle Guitar* einen ergreifenden, realistischen Roman über eine Kindheit und Jugend in Alabama veröffentlichte, denen er zwei erfolgreichere Arbeiten, *The Hero and the Blues* und *Stomping the Blues*, folgen ließ. Eine ebenso starke Wertschätzung der engen Verbindung von Kunst und Leben charakterisiert die Arbeiten von Maya Angelou, besonders ihre autobiographischen Texte *I Know Why the Caged Bird Sings* und *The Heart of a Woman*. James A. McPherson, der Meister der Kurzgeschichte, studierte zunächst Jura in Harvard, bevor er sich einer Karriere als Schriftsteller verschrieb. Sein *Hue and Cry* brachte ihm 1969 anerkennende Kritiken ein, für *Elbow Room* erhielt er 1978 den Pulitzer-Preis für Belletristik, anschließend bekam er eines der überaus begehrten MacArthur-Stipendien. Einer der Autoren, der ein großes Verständnis für Zeit und Ort in seinen literarischen Arbeiten über den tiefen Süden beweist, war Ernest J. Gaines, der in Louisiana geboren wurde und dort lange genug gelebt hatte, um seine spezifische Lebensform vor seinem Umzug nach Kalifornien voll aufzusaugen. Sein bekanntester Roman, *The Autobiography of Miss Jane Pittman*, der von vielen Millionen Zuschauern als Fernsehfassung gesehen wurde, belegt seine große Vertrautheit mit dem Lebensstil und den Sitten des Südens und demonstriert sein Einfühlungsvermögen und Mitgefühl.

Unter den Dichtern war Robert Hayden einer der langlebigsten. Als Berater für Dichtkunst an der Kongreßbibliothek (zehn Jahre vor Gwendolyn Brooks) schrieb er einige seiner interessantesten und wirkungsvollsten Gedichte. In seinem *American Journal*, das nach seinem Phi-Beta-

Kappa-Gedicht von 1976 für die Universität von Michigan benannt wurde, zollte er seinen Vorgängern Phillis Wheatley und Paul Laurence Dunbar Anerkennung. Sein Gespür für die Gegenwart spiegeln die beiden Gedichte »Elegies for Paradise Valley«, ein Viertel in Detroit, und »Astronauts« wider. Und dann gab es noch jüngere Dichter – Nikki Giovanni, Sam Allen, Audre Lorde, Lucile Clifton, Michael Harper –, die ebenso gute Beobachter der Grausamkeiten wie der Freuden des Daseins waren. Schließlich Rita Dove, die nicht nur den Pulitzer-Preis für Lyrik mit ihrem Band *Thomas and Beulah gewann*, sondern 1993 auch zur jüngsten *poeta laureatus* der Vereinigten Staaten ernannt wurde.

Noch war die Zahl afroamerikanischer Dramatiker relativ klein, aber es gab schon viele Begabungen genau wie in den anderen literarischen Formen. Der vielseitig begabte Amiri Baraka (Le Roi Jones) vergrößerte seinen Einfluß und sein Prestige, als er 1964 die Blacks Arts Repertory Theater School in Harlem ins Leben rief. Er inszenierte seine eigenen Stücke und die seiner Kollegen und Schüler und gab vielversprechenden jungen Dramatikern Gelegenheit, ihre Stücke vorzulesen. Der Dramatiker Douglas Turner Ward gründete die Negro Ensemble Company, die sein Stück *Day of Absence* aufführte, eine Satire über einen Tag und seine Verwicklungen, an dem sich alle Schwarzen, die bei Weißen in Lohn und Brot stehen, freinehmen. Das Fernsehen übertrug die Aufführung überall im Land. Auch Lonnie Elders *Sounder* wurde im Fernsehen übertragen, sein *Ceremonies in Dark Old Men* gewann viele Preise, darunter den Preis der Theaterkritiker von Los Angeles. 1970 gewann Charles Gordones *No Place to Be Somebody* den Pulitzer-Preis für Dramatik.

In den Nachkriegsjahren waren drei Richtungen in der afroamerikanischen Literatur erkennbar, auch wenn nicht alle schwarzen Schriftsteller mit nur einer oder überhaupt einer Richtung identifiziert werden konnten. Da war zum einen das Black Arts Movement, dessen geistige Führer, unter ihnen Amiri Baraka (Le Roi Jones), darauf bestanden, daß die Kunst der Schwarzen »die ästhetische und geistige Schwester des Konzepts der Black Power« war. Diese Schriftsteller waren meist jung, hatten eine gemeinsame revolutionäre Vision und wollten »eine eigene Symbolik, Mythologie, Kritik und Ikonologie« schaffen. Neben Jones und Laurence Neal (einem der Theoretiker der Bewegung) waren mehrere Mitglieder der Bewegung hervorragende Dichter, wie Don Lee, Sonia Sanchez und Nikki Giovanni.

Eine zweite Richtung war die Reaktion auf das Black Arts Movement durch seine Kritiker, die eine, wie sie es nannten, »schwarze Ästhetik« entwickeln wollten. Hauptvertreter waren George Kent und Addison Gayle, die die Auffassung vertraten, daß schwarze Schriftsteller gesellschaftliche Themen zwar nicht ignorieren, sich aber doch überwiegend damit beschäftigen sollten, einen Satz kritischer Meinungen, Regeln und Kriterien aufzustellen, an dem die Texte von Schwarzen zu messen seien. Einige Kritiker dieser Gruppe legten ihre Auffassungen in dem von Gayle 1971 herausgegebenen Band unter dem schlichten Titel *The Black Aesthetic* dar. In seinem *Blackness and the Adventure of Western Culture* betonte Kent die Bedeutung des Volkstums und der kulturellen Tradition, »sehr lose definiert, auf die ein Schriftsteller so viel Bedeutung projizieren kann, wie Definitionen eben aushalten können«. Für Kent und seine Kollegen sollten solche Traditionen ihrerseits Theorien und Werte widerspiegeln, die sich mit denen der Kultur des Westens mal deckten und mal nicht.

Schließlich die dritte Richtung, die am ehesten als das weite Feld literarischen Ausdrucks, das von afroamerikanischen Schriftstellerinnen beherrscht wurde, umschrieben werden kann. Seit Phillis Wheatley gab es schwarze Schriftstellerinnen – darunter mehrere hervorragende während der Harlem Renaissance –, aber sie waren nie so zahlreich, stark und einflußreich wie Mitte der 1960er Jahre. Diese Richtung war Teil der Entschlossenheit der Frauen aller Rassen, selbständiger und von den Männern geachteter zu werden, zusammen mit dem wachsenden Bewußtsein afroamerikanischer Männer und Frauen, daß sie in dieser Gesellschaft eine wichtige Rolle hatten: in der Politik, in der Wirtschaft und allem anderen, und dazu gehörte die Literatur. Darüber hinaus übernahmen schwarze Schriftstellerinnen die besondere Rolle, die lange unterdrückten Gefühle der Frauen auszusprechen, angesichts der Fühllosigkeit, Vernachlässigung und der Mißhandlungen, die sie durch die Männer ihrer Rasse erlitten. Auch wenn das nicht immer ein zentrales Thema ihrer Werke war, war es doch für jedermann in vielen Texten erkennbar. Carlene Hatcher Polites Roman *The Flagellants*, die Schilderung des Zerfalls einer Beziehung zwischen zwei Schwarzen, war zwar schon 1967 erschienen, doch erst im Broadwaystück *For Colored Girls Who Have Considered Suicide/When the Rainbow Is Enuf* von Ntozake Shange trat der Konflikt zwischen schwarzen Schriftstellerinnen und den Männern offen zutage.

Das Grundthema wurde 1979 von Michelle Wallace fortgeführt in *Black Macho and the Myth of the Superwoman*. Während Wallace einerseits Kritik an den afroamerikanischen Männern übte, weil sie primär an der Durchsetzung ihrer eigenen Rechte interessiert waren, räumte sie ein, daß schwarze Frauen auch deshalb zornig auf die afroamerikanischen Männer waren, weil das eine Möglichkeit war, »jemandem anders die Schuld für ihre eigene Unterentwicklung zu geben«. Weitere Stimmen waren: Gayle Jones mit *Corregidora* und Toni Cade Bambara mit *The Seabirds Are Still Alive*. Die schwarze Schriftstellerin mit dem größten Publikum und Einfluß war jedoch Alice Walker, deren *The Third Life of Grange Copeland* ein Omen war für das, was noch kommen sollte. In ihrem Roman *The Color Purple*, für den sie 1982 den Pulitzer-Preis erhielt und der sehr erfolgreich verfilmt wurde, schilderte sie ihr Problem mit den afroamerikanischen Männern. Der unbeschreibliche sexuelle Mißbrauch der Romanheldin Celie durch ihren Stiefvater und die vielen Jahre der Prügel von ihrem Ehemann bildeten den Hintergrund für eine umfassende Anklage gegen den afroamerikanischen Mann. Die erboste Reaktion der empörten und erschütterten Afroamerikaner vermochte den Schlag nicht abzuschwächen, noch veranlaßte sie Walker und ihre Leidensgenossinnen zum Rückzug. Es war eine mutige Warnung, daß die Afroamerikanerinnen sich nicht länger den Ansprüchen der feinen Gesellschaft fügen würden, die es am liebsten hatte, wenn sie weiter schwiegen. Und doch glaubten einige Frauen, daß sie etwas über das Ziel hinausgeschossen waren. Shanges Roman *Betsey Brown*, Gloria Naylors *Linden Hills* und selbst Walkers *Meridian* waren nicht annähernd so ausschließlich mit der Brutalität der afroamerikanischen Männer beschäftigt, wie einige ihrer früheren Arbeiten es gewesen waren.

Noch während die Kluft zwischen den Geschlechtern, das *gender gap*, manifest wurde, begannen die Afroamerikaner – Frauen und Männer – Bilanz ihrer Literatur zu ziehen, und ihre kritischen Analysen waren im allgemeinen frei von kleinlicher Mißgunst und altem Groll. Aus dem Blickwinkel seines Engagements für die »Schwarze Ästhetik« behandelte George Kent afroamerikanische Autoren von Claude McKay bis Ralph Ellison in seinem *Blackness and the Adventure of Western Culture*. Sehr viel herkömmlicher in seinem Ansatz, aber mit dem Fundus an Weisheit aus vielen Jahren Forschung und Lehre, schrieb

Arthur F. Davis im wesentlichen über dieselbe Zeit und ihre Schriftsteller in seinem *From the Dark Tower: Afro-American Writers, 1900 to 1960*. Wenige Schriftsteller oder Kritiker konnten mit Houston Bakers geistigem Horizont mithalten, den er in zwei Bänden ausbreitete: *The Journey Back: Issues in Black Literature and Criticism* und *Blues, Ideology, and Afro-American Literature: A Vernacular Theory*. Mehrere Literaturkritiker beteiligten sich an einer Gesamtdarstellung, die von Henry L. Gates herausgegeben wurde, *Black Literature and Literary Theory*.

Gleichzeitig begannen die Schriftstellerinnen auf sich selbst zu schauen und in zwei wichtigen Arbeiten ihren Beitrag zur Literatur zu bewerten: *Black Women Writers at Work* wurde von Claudia Tate herausgegeben und *Black Women Writers, 1950–1980*, herausgegeben von Mari Evans. Blyden Jackson war nicht nur Herausgeberin von *The History of Southern Literature* (mit einem umfassenden Artikel über die neuere Literatur von Trudier Harris), sondern veröffentlichte auch *The Waiting Years: Essays on American Negro Literature*. Schließlich gaben Michael Harper und Robert Stepto den Band *Chant of Saints* heraus, der einiges vom Besten in Prosa, Lyrik und Literaturkritik dieser Jahre versammelte. Wenn man diese und andere Werke betrachtete, konnte man der Versuchung nicht widerstehen, die intellektuelle und literarische Vitalität der 1970er und 1980er Jahre mit der der zwanziger Jahre zu vergleichen und kam zu dem Schluß, daß das Ergebnis insgesamt zu ihren Gunsten ausfallen würde.

In der bildenden Kunst wurde den Afroamerikanern in den Nachkriegsjahren ebenfalls Anerkennung gezollt. Der Maler Hale Woodruff von der Atlanta-Universität und der New-York-Universität gewann für seine Arbeiten zahlreiche Preise, seine Wandmalerei in der Bibliothek des Talladega College, die die Meuterei der Sklaven an Bord der *Armistad* im Jahr 1839 darstellte, wurde als ein hervorragendes Beispiel der Historienmalerei geschätzt. Charles Alston aus New York war sicher einer der vielseitigsten afroamerikanischen Künstler. Seine Porträts, Karikaturen und Skulpturen kann man heute in einigen der bedeutendsten amerikanischen Museen finden. Lois Mailou Jones und James Porter von der Howard-Universität ernteten anerkennende Kritik für ihre Ölgemälde. Ernest Crichlow, Romare Bearden und E. Simms Campbell gehörten in den 50er Jahren zu den bedeutenden Illustratoren und Karikaturisten in

Amerika. Gleichzeitig sollte Charles White zu einem der führenden Interpreten des afroamerikanischen Lebens durch seine Darstellung »idealisierter schwarzer Helden und kämpfender schwarzer Massen« werden, wie es Samella Lewis beschrieb. Elizabeth Catlett, die schon in den Vorkriegsjahren durch ihre Drucke und Skulpturen bekannt war, wurde eine der ersten Künstlerinnen dieser Jahre, die freiwillig ins Exil nach Mexiko ging und dort weiter hervorragende Arbeiten schuf. Teil einer Serie über schwarze Helden war *Malcolm Speaks for Us*, ein Linoldruck, der von führenden Kunstkritiker bei seinem Erscheinen 1969 gepriesen wurde.

Wie schon James Porter vor ihm, war David Driskell Künstler und Wissenschaftler zugleich. Zuerst an der Fisk-Universität und später an der Universität von Maryland hatte Driskells Urteil entscheidendes Gewicht bei der Förderung afroamerikanischer Kunst. Daneben gab es andere, wie Herman Bailey und Raymond Saunders, deren Arbeiten den Kontakt mit afrikanischen Techniken und Materialien verrieten, und Lucile Roberts und Paul Keene, bei denen der Einfluß nicht nur Afrikas und der Vereinigten Staaten, sondern auch anderer Gegenden der Welt erkennbar war. Der bedeutendste Maler dieser Periode war jedoch Jacob Lawrence, den man als einen Künstler von »bemerkenswerter persönlicher Vitalität« mit einem »direkten Zugriff auf die bildliche Organisation« beschrieben hat. Wichtiger ist wohl, daß er die erste Generation anerkannter Künstler repräsentierte, die - worauf Samella Lewis hingewiesen hat - ganz von einer schwarzen Lebenserfahrung geprägt war: »seine Gemeinde [in Richmond und Chicago] war ›schwarz‹, seine ersten Lehrer waren ›schwarz‹, und die erste Ermunterung kam von ›Schwarzen‹.« Seine Arbeiten über die schwarze Diaspora, die Migration, das Leben in der Stadt, Slums, Toussaint L'Ouverture und viele andere Themen fanden in vielen Ländern der Welt starken Anklang. Eine große Retrospektive, die 1986-1987 in vielen Städten gezeigt wurde, zollte seiner herausragenden Rolle in der Welt der Kunst in angemessener Form Tribut.

In der Bildhauerei sind unter den führenden Künstlern Frauen und Männer zu finden. Elizabeth Prophets Arbeiten in Holz und Stein waren hervorragend. Die Werke *Congolaise* und *Head of a Negro* wurden oft als Beispiele für die erfolgreiche Bearbeitung einer afroamerikanischen Thematik mit diesen schwierigen Werkstoffen reproduziert. Augusta Savages *Head of Dr. Du Bois* ist eins der bekanntesten Werke schwarzer Skulptur in Amerika, während ihr *Lift Every Voice and Sing* von vielen auf der New Yorker Weltausstellung von 1939 als noble Darstellung musizierender Afroamerikaner gelobt wurde. Anerkennung erhielt Selma Burke für ihre Statue Franklin D. Roosevelts im Recorder-of-Deeds-Gebäude in Washington. Richmond Barthé wurde zu einem der bekanntesten Bildhauer der Nachkriegsjahre. Seine Büsten berühmter Schauspieler und Schauspielerinnen, u. a. von John Gielgud und Katherine Cornell beweisen seine große Begabung. *Shoe Shine Boy* und *The Boxer* wurden von den Kritikern mit Lob überhäuft. Seine herausragende Stellung unter den Künstlern wurde deutlich, als er 1946 den Auftrag erhielt, die Büste von Booker T. Washington für die Hall of Fame an der New-York-Universität und später die Büste von George W. Carver für dieselbe Ruhmeshalle zu meißeln. Noch etwas später wurde Richard Hunt einer der führenden Bildhauer, der sich auf große aus Bronze oder Stahl gegossene Stücke zur Aufstellung im Freien spezialisierte. Beispiele seiner Arbeit, die auch seine Wertschätzung belegen, sind *Why* an der Universität von Chicago, *Orpheus* am Azalee Marshall Activities Center in Temple, Texas, und *Mountain Flight* im Greenville County Museum in South Carolina.

Noch 1986 sah man selten einen schwarzen Musiker in einem Symphonieorchester, und verschiedene afroamerikanische Musiker haben behauptet, daß darin eine altmodische Art des Rassismus zutage trat. Ein Geiger kündigte als einziges afroamerikanisches Mitglied der New Yorker Philharmoniker, weil er es leid war, ein »Vorzeige«-Schwarzer zu sein. Einige Instrumentalmusiker schafften es jedoch bis an die Spitze vorzudringen. Einer der populärsten und erfolgreichsten Klaviervirtuosen war André Watts. Mit zehn Jahren hatte er sein Debüt mit dem Philadelphia Symphony Orchestra hinter sich und trat mit 16 mit den New Yorker Philharmonikern unter Leonard Bernstein auf. Als er 1986 seinen 40. Geburtstag vor sich hatte, wurde er von vielen Kritikern als »Doyen« neben anderen Pianisten betrachtet. Bis heute müssen sich die afroamerikanischen Dirigenten mit der Rolle des Stellvertreters oder Gastdirigenten begnügen, außer in Europa, wo Dean Dixon und mehrere andere feste Stellen haben.

Den Sängern und Sängerinnen ist es da viel besser ergangen. Zwar beendete Leontyne Price ihre Karriere im Ensemble der Metropolitan Oper in New York, um sich ganz ihrer Karriere als Solistin widmen zu

Mary McLeod Bethunes letzter Wille und Testament

Ich vermache Euch die Liebe. Die Liebe baut auf. Sie ist positiv und hilft. Sie hilft stärker als der Haß ...

Ich vermache Euch die Hoffnung. Die Entwicklung des Negers wird in den vor uns liegenden Jahren gewaltig sein. Gestern noch haben unsere Vorfahren die Erniedrigung der Sklaverei erduldet und haben doch ihre Würde bewahrt. Heute bestimmen wir die Richtung unserer wirtschaftlichen und politischen Stärke, mit dem Ziel, ein sicheres und volles Leben zu erlangen ...

Ich vermache Euch die Herausforderung, Vertrauen zueinander aufzubauen. Solange die Neger durch Vorurteile und Druck in rassische Blöcke eingesperrt sind, bleibt es für sie nötig, sich für ihr wirtschaftliches Fortkommen zusammenzuschließen ...

Ich vermache Euch den Durst nach Bildung. Wissen ist das Grundbedürfnis der Stunde. Immer stärker nehmen die Neger die schwer erkämpften Bildungschancen voll wahr, und das Bildungsniveau der Negerbevölkerung ist so hoch wie noch nie in der Geschichte ...

Ich vermache Euch den Respekt vor der Ausübung der Macht. Wir leben in einer Welt, in der die Macht mehr als alles andere Hochachtung genießt. Macht, die klug eingesetzt wird, kann mehr Freiheit bringen, unklug eingesetzt, kann sie zu einer schrecklichen, zerstörerischen Kraft werden ...

Ich vermache Euch den Glauben. Der Glaube ist das grundlegende Element in einem Leben, das dem Dienst an den Menschen gewidmet ist. Ohne Glauben ist nichts möglich. Mit ihm ist nichts unmöglich ...

Ich vermache Euch die Würde Eurer Rasse. Ich möchte, daß die Neger ihre menschliche Würde um jeden Preis bewahren. Wir als Neger müssen erkennen, daß wir die Hüter und die Erben einer großen Zivilisation sind ...

Ich vermache Euch den Wunsch, in Eintracht mit Euren Mitmenschen zu leben. Das Problem der Hautfarbe existiert überall auf der Welt ...

Ich vermache Euch schließlich die Verantwortung für unsere Jugend ... Unsere Kinder dürfen nie die Begeisterung dafür verlieren, eine bessere Welt zu schaffen. Sie dürfen nicht entmutigt werden, wenn sie etwas Großes erreichen wollen ... Und sie dürfen niemals vergessen, daß die Massen unserer Bevölkerung immer noch unterprivilegiert sind, schlecht wohnen, in Armut leben und Opfer der Diskriminierung sind ...

Die Tore zur Freiheit sind halb offen. Wir müssen sie ganz aufstoßen.

Mary McLeod Bethune, »Last Will and Testament«,
Ebony, August 1955

können, aber Shirley Verrett, Grace Bumbry und Jessye Norman übernahmen die Rolle der Flaggschiffe und begeisterten ihr Publikum auf beiden Seiten des Atlantik. An der Met und auf anderen Bühnen gab es mehrere große Stars. Kathleen Battle gesellte sich zu den auserwählten als führende Koloratursopranistin, Leona Mitchell übernahm viele Rollen aus Leontyne Prices Repertoire, Barbara Hendricks übernahm wichtige neue Rollen u. a. im *Rosenkavalier*, und Simon Estes wurde nach seinen europäischen Triumphen der führende Bassist an der Met. Mit der Inszenierung von George Gershwins *Porgy and Bess* in der Spielzeit 1985/86 der Metropolitan Oper erhielten mehrere afroamerikanische Sänger ihre Chance, da Gershwin bestimmt hatte, daß nur Schwarze die Oper aufführen dürften. So bekamen die Sänger Gregory Hubbard, Bruce Everett, Gregory Baker und Vinson Cole ihre Chance, nicht nur in dieser Oper aufzutreten, sondern auch etliche andere Partien zu singen.

Von Millionen gehört und gesehen

Schwung und Kreativität waren die Merkmale der afroamerikanischen Musikszene in der Weltwirtschaftskrise und in den Kriegsjahren und blieben es bis in die Gegenwart. Der wachsende Einfluß der schwarzen Popmusik als Ausdruck der ästhetischen, politischen und religiösen Werte, die unter Afroamerikanern weitgehend geteilt wurden, stand in unmittelbarem Zusammenhang zur wachsenden Kaufkraft vieler Schwarzer in den Nachkriegsjahren. Alle, die einen Arbeitsplatz mit ordentlichen oder besseren Löhnen in der Industrie, dem Dienstleistungssektor, dem öffentlichen Dienst, in den freien Berufen oder als Akademiker fanden, besaßen damit die Mittel, Theater, Nachtclubs und Varietés zu besuchen, in denen ihre Lieblingskünstler auftraten, und sie konnten, was noch wichtiger war, deren Schallplatten kaufen. Schallplatten förderten und etablierten den Ruf der Künstler, denn sie verschafften ihnen ein viel größeres Publikum und waren im Fall einiger afroamerikanischer Künstler ihre sicherste Einkommensquelle, die sie angesichts all der anderen entmutigenden Erlebnisse dazu ermunterte, ihr Können weiter zu entwickeln und zu verfeinern.

Im Vokal- und im Instrumentaljazz war weiterhin eine enorme Dynamik spürbar. Zu Instrumentalisten wie Charlie Parker, Dizzy Gillespie,

Thelonious Monk und Max Roach, die alle am Vorabend des Zweiten Weltkriegs ihre Karrieren als Erfinder eines eigenen Jazz-Idioms begonnen hatten, stießen nun in der Nachkriegszeit ebenso begabte und innovative junge Musiker wie Miles Davis, John Coltrane, Cannonball Adderly und der Komponist Quincy Jones. In den 1970er Jahren war der Aufstieg von Wynton Marsalis, der bei seinen Auftritten mit der Jazztrompete und mit der klassischen Trompete gleich großen Zulauf hatte, ein neuerliches Beispiel für die Vielseitigkeit und musikalische Empfindsamkeit schwarzer Künstler. Jazzvokalisten spielten eine wichtige Rolle bei der Popularisierung des Jazz, besonders einige der populärsten wie Sarah Vaughan, Dinah Washington, Al Jarreau und Lou Rawls.

Die kreative Unruhe der afroamerikanischen Musik in den Jahrzehnten nach dem Krieg war so vielfältig und breit gestreut, daß Kategorien wie »rythm and blues«, »soul«, »balladeer«, »gospel« und »crossover« als Bezeichnungen für Künstler die unterschiedlichen Gesangsstile wiedergeben sollten. James Brown, Muddy Waters, Aretha Franklin und Gruppen wie die Shirelles, die Four Tops, die Supremes und die Jackson Five waren Vertreter einiger der erfolgreichsten »rythm and blues«- und »soul«-Sänger. Zu den führenden Gospelsängern gehörten Mahalia Jackson, James Cleveland, die Five Blind Boys und die Staple Singers. Einige »Balladeers«, von denen viele auch Stücke sangen, die eine Variation sogenannter Schwarz-und-Weiß-Stile waren, waren Nat »King« Cole, Billy Eckstein, Dionne Warwick und George Benson. Das hervorstechendste neue Merkmal der Karrieren afroamerikanischer Künstler der Popmusik war in diesen Jahren das Phänomen des sogenannten »crossovers«, womit man Künstler bezeichnete wie Johnny Mathis, Ray Charles, Stevie Wonder, Diana Ross und Michael Jackson, die viele Anhänger unter den Schwarzen und ebenso unter den Weißen gewannen und damit zu den Großverdienern der Unterhaltungsindustrie gehörten. Im Gegenzug unterstützten einige von ihnen verschiedene Bewegungen für die gesellschaftliche Gleichheit der Afroamerikaner oder internationale Kampagnen, wie den Hungerfonds für Afrika, und zwar finanziell und auch künstlerisch.

Nach dem Zweiten Weltkrieg machten talentierte und vielseitig begabte Afroamerikaner Karrieren, die von der Bühne zum Film und zurück führten. Ossie Davis und seine Frau Ruby Dee waren Stars des Broadway-Erfolges *Purlie Victorious*, das Davis auch geschrieben hatte, und seiner Filmfassung *Gone Are the Days*. Sammy Davis, Jr., spielte zahlreiche

Rollen in Filmen, wurde ein Fernsehstar und trat lange am Broadway in der Titelrolle von *Golden Boy* auf. Komiker wie Dick Gregory und Godfrey Cambridge brachten als erste beißende Satiren über die Rassenfrage in Nachtclubs und im Fernsehen. Harry Belafonte hatte gewaltigen Publikumserfolg mit seiner einzigartigen Interpretation volkstümlicher Lieder und in seinen dramatischen Filmrollen. Im Filmgeschäft war jedoch Sidney Poitier der größte Star und erhielt 1963 den begehrten Oscar als bester Schauspieler für seine Rolle in *Lilies of the Field*.

Nach 1960 wurden als Reaktion auf den Druck der Bürgerrechtsbewegung viel mehr Filme mit afroamerikanischen Schauspielern gedreht und mit einer sehr viel breiteren Themenwahl zum Leben der Schwarzen. Diese Filme verschafften nicht nur unterbeschäftigten schwarzen Schauspielern Arbeit, Übung und Auftritte, sondern in einigen Fällen auch schwarzen Regisseuren. Ein großer Durchbruch in der Filmindustrie. Einige dieser Filme lösten jedoch bei den Afroamerikanern sehr gemischte Gefühle aus und wurden häufig »Blaxploitation-Filme« genannt (zusammengesetzt aus schwarz = black und Ausbeutung = exploitation) und von einzelnen und Organisationen scharf kritisiert, weil sie Verbrechen, Sex und Gewalt zum Tenor der Filme machten. Mitte der 1970er Jahre ging das starke Interesse der Filmindustrie an afroamerikanischen Themen zurück, und schwarze Schauspieler »verschwanden praktisch von der Leinwand«.

Die Ausnahmen in den 1980er Jahren waren die überaus populären Filme mit den Komikern Richard Pryor und Eddie Murphie und die finanziellen Erfolge der Filmversion von Alice Walkers *The Color Purple* (1986) und von Spike Lees knapp finanziertem *She's Gotta Have it* (1986). Lees Film brachte nach Meinung des Filmhistorikers Donald Bogle »einen neuen Typ der schwarzen Filmkomödie« auf die Leinwand und machte die »schwarze unabhängige [Film]-Bewegung ... kommerziell lebensfähig«. Die Serie aufregender, umstrittener und kommerziell erfolgreicher Filme, die Lee in den nächsten paar Jahren produzierte, darunter *Malcolm X* im Jahr 1992, machte ihn zur kreativsten und kontroversesten Persönlichkeit des amerikanischen Kinos. Er war der Repräsentant einer wachsenden Zahl schwarzer männlicher und weiblicher Regisseure, deren Arbeiten von Amerikanern jeder Rasse aufmerksam registriert wurden.

Schwarze Schauspieler hatten mit vereinzelten Auftritten als Hausangestellte und komische Figuren im Film begonnen, besonders kraß in *Beulah*, dessen Titelrolle (nacheinander von den Schauspielerinnen Ethel

Waters, Hattie McDaniel und Louise Beavers verkörpert) eine schwarze Hausangestellte mit einem geradezu unerschöpflichen Vorrat an Geduld zeigte, und in *Amos and Andy* (mit den Hauptdarstellern Alvin Childress, Spencer Williams, Jr., und Tim Moore), eine Show, über die der NAACP schrieb, »jede Figur ist entweder ein Clown oder ein Schurke«. Jetzt begannen sie positive Rollen in größeren Serien oder Shows zu übernehmen. Einige Darsteller hatten sogar ihre eigene Fernsehsendung. 1956 bekam der populäre Sänger Nat »King« Cole für eine kurze Zeit seine eigene Show, die jedoch schon bald einging, weil sich kein großer Werbeträger fand. Diese Enttäuschung wurde wettgemacht durch den »Durchbruch« der erfolgreichen The Flip Wilson Show, die von 1970 bis 1074 im Fernsehen lief. Es war die erste Varietéshow mit einem afroamerikanischen Showmaster, die sich permanent unter den Spitzenprogrammen des Fernsehens hielt. 1966 erhielt Bill Cosby den Emmy Award für seine Rolle in der Fernsehserie *I Spy*, und die heitere Serie *Julia* mit Diahann Carroll in der Hauptrolle schilderte das Leben einer schönen, begabten Krankenschwester, die in einer rassisch voll integrierten Welt lebt und arbeitet. Anfang der 1970er Jahren übernahmen Afroamerikaner auch wichtige Rollen in sogenannten Sit-coms, von denen einige lange und erfolgreich liefen, besonders die von Norman Lear produzierten. Im Lauf der 1980er und 1990er Jahre kamen in ernsten und komischen Fernsehserien häufiger Schwarze vor, deren persönliche Leistung, erfolgreiche Karriere oder Mittelklassedasein geschildert wurden. Das prominenteste Beispiel für diesen Trend waren die enorm erfolgreiche Fernsehserie *The Cosby Show* und ihr Ableger *A Different World*, in deren Mittelpunkt die Erfahrungen und Abenteuer einiger Studenten an einem traditionell schwarzen College standen. Mit der Einrichtung des Unterhaltungsprogramms für Schwarze, Black Entertainment Network (BET), durch den schwarzen Unternehmer Robert L. Johnson im Kabelnetz nahm die Präsenz von Schwarzen im Fernsehen noch einmal deutlich zu.

Die Berichterstattung über die Bürgerrechtsbewegung im Fernsehen, in den großen Zeitungen und den überregionalen Nachrichtenmagazinen machte den Kampf der Afroamerikaner für ihre Gleichbehandlung zu einem Thema der ganzen Nation. Das wiederum löste eine Kampagne aus, mehr Vertreter von Minderheiten in den von weißen betriebenen Nachrichtenmedien zu beschäftigen, so daß einige Afroamerikaner in diesem einflußreichen Sektor eine Stellung bekamen. Anfangs erwartete und forderte man von diesen schwarzen Nachrichtenjournalisten, Kolumnisten und Reportern bei den großen Fernsehsendern und Nachrichtenmagazinen, daß sie sich vorwiegend mit Meldungen aus dem Bereich ihrer Rasse befaßten, was sie häufig auf den engen Rahmen der Berichterstattung aus den Bereichen Sport, Kriminalität und Bürgerrechte beschränkte. Langsam kam es seit etwa Mitte der 1960er Jahre zu einer geringfügigen, aber erkennbaren Änderung dieser Regelung, und eine Handvoll schwarzer Kolumnisten und Fernsehjournalisten erhielt Positionen, mit denen sie ein überregionales Publikum erreichten, ohne daß ihre Artikel oder Kommentare thematisch eingeschränkt waren. 1965 begann Carl Rowan Kolumnen für etliche Zeitungen zu schreiben und erschien regelmäßig als Kommentator in den großen Rundfunk- und Fernsehsendern. Max Robinson wurde 1974 zum Moderator der überregionalen Abendnachrichten *ABC Evening News* ernannt, und seit 1983 war Bryant Gumbel einer von zwei Journalisten, die NBCs *The Today Show* machten. Drei Jahre später wurde Charlayne Hunter-Gault festangestellte Korrespondentin für die *MacNeil/Lehrer Newshour*. Als der Nachrichtensender CNN 1989 über Kabel auf Sendung ging, wurde Bernard Shaw der Standortjournalist für Washington D.C. Schließlich waren 1993 zwei wichtige Durchbrüche in den Printmedien zu verzeichnen: William A. Hilliard, der Herausgeber des *Oregonian* in Portland, der einzigen landesweiten Tageszeitung in Oregon, wurde zum ersten schwarzen Präsidenten der American Society of Newspaper Editors gewählt, und noch im gleichen Jahr wurde Bob Herbert, der lange als Reporter und Kolumnist für die *Daily News* in New York und seit 1991 als Fernsehkorrespondent für die Nachrichten von NBC gearbeitet hatte, zum Kolumnisten der »Op-Ed«-Meinungsseite der *New York Times* ernannt.

Eine weitere Entwicklung, die in den letzten zwei Jahrzehnten mehr Schwarze auf die Fernsehschirme brachte, war die große Popularität von Talkshows. In den lokalen und überregionalen Fernsehprogrammen diskutierten die Gastgeber nationale und internationale Probleme mit ausgesuchten Gästen, dem Publikum im Studio und manchmal Anrufern. Schwarze gehörten häufig zu den Gästen, und einige Programme hatten afroamerikanische Moderatoren. Oprah Winfrey, deren Programm *The Oprah Winfrey Show* 1985 im Raum Chicago zum ersten Mal ausgestrahlt wurde, wurde schnell zu einer der erfolgreichsten Talkshow-Moderatorinnen und die prominenteste Schwarze auf diesem Gebiet. Innerhalb eines

Jahres hatten ihr Geschick, auf ihre Gäste und die Fernsehzuschauer einzugehen, ihre Show zu einem Verkaufsartikel an viele andere Fernsehsender im Land gemacht, wo sie ein großes und treues Fernsehpublikum anzog. Mit ihrem Können schaffte sie es immer wieder, ihre Talkshow an die Spitze der Ranglisten zu befördern, und erntete gleichzeitig als erfolgreiche Schauspielerin, Produzentin und Befürworterin der Beschäftigung von Afroamerikanern Applaus.

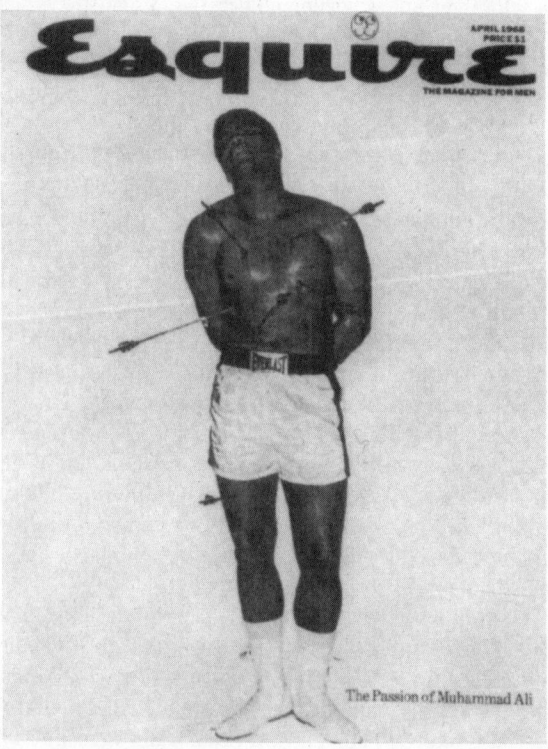

»**Das Martyrium Muhammed Alis**«. Muhammed Alis Wehrdienstverweigerung aus religiösen Gründen in den Streitkräften der Vereinigten Staaten und seine Ablehnung des Vietnamkrieges führten zur Aberkennung seines Weltmeistertitels im Schwergewicht. Nach langwierigen Auseinandersetzungen vor Gericht wurde ihm der Titel wieder zuerkannt, und er wurde vom Wehrdienst befreit. *(Esquire)*

Im Zweiten Weltkrieg und in den Jahren unmittelbar darauf wurden die Barrieren für afroamerikanische Amateur- und Berufssportler niedriger. Die Profi-Ligen im Baseball, Basketball und Football setzten regelmäßig Vergleichskämpfe zwischen weißen Spielern und schwarzen aus den Neger-Ligen an, entweder durch All-Star-Spiele oder durch Ausscheidungsspiele zwischen den besten weißen und schwarzen Mannschaften ihrer jeweiligen Liga. Ein großer Durchbruch war 1947 die Verpflichtung von Jackie Robinson bei den Brooklyn Dodgers als erstem afroamerikanischem Spieler in einer Baseball-Bundesligamannschaft. Danach ging die Integration in diesem Sport kontinuierlich weiter. 1950 wurden Profi-Basketball und Tennis rassisch integriert, indem afroamerikanische Spieler in die Mannschaften aufgenommen und zu Wettbewerben zugelassen wurden. Dieser Trend setzte sich in den 1950er und 1960er Jahren stetig fort, da immer mehr Schwarze teilnahmen und einzelne schwarze Sportler regelmäßig hohe sportliche Leistungen lieferten.

Boxen ist ein Sport, in dem die Afroamerikaner schon lange vorher mit großen Sportlern präsent waren – so war von 1910 bis 1915 Jack Johnson Weltmeister im Schwergewicht und von 1937 bis 1949 Joe Louis Inhaber dieses Weltmeistertitels. Einer der besten und umstrittensten Boxer war Muhammad Ali, der vormalige Cassius Clay, der als Weltmeister im Schwergewicht aus religiösen Gründen die Einberufung in die Armee der Vereinigten Staaten verweigerte. Ali argumentierte, daß der Militärdienst mit seiner Mitgliedschaft in der Nation of Islam (Black Muslims) unvereinbar sei. Nachdem er wegen Verletzung des Wehrdienstgesetzes verurteilt worden war, wurde ihm der Titel aberkannt, und er wurde für weitere Kämpfe gesperrt. 1971 wurde seine Verurteilung vom Obersten Bundesgericht widerrufen. Sieben Jahre später gewann Ali den Weltmeistertitel erneut. Er war unter den Afroamerikanern immer sehr populär gewesen, aber sein Kampf machte Ali zum Symbol des Widerstandes gegen den Rassismus nicht nur für viele schwarze Amerikaner, sondern in der nichtweißen Bevölkerung überall auf der Welt. Ende der 1960er Jahre begannen viele afroamerikanische Athleten im Amateur- und Profisport ihr Prestige und ihre Publizität dafür einzusetzen, die noch bestehenden Formen der Diskriminierung im amerikanischen Sport zu attackieren und gegen die Teilnahme von Nationen an Olympischen Spielen und anderen internationalen Wettbewerben zu protestieren, die weiterhin aus rassischen Gründen Menschen diskriminierten.

23. KAPITEL

DIE REVOLUTION DER SCHWARZEN

Richtung Revolution

Viele Faktoren waren Auslöser für den Rückgriff auf direktere und drastischere Formen der Aktion, um die Rechte der Afroamerikaner durchzusetzen. Wenige waren wichtiger – wenn überhaupt irgend etwas – als der verbreitete und massive Widerstand der Weißen gegen die Übertragung dieser Rechte. In vielen Gemeinden der Südstaaten wurden wirtschaftliche Sanktionen gegen Schwarze verhängt, die in der Bürgerrechtsbewegung aktiv waren. Entlassungen, die Verweigerung von Krediten und Verfallserklärungen von Hypotheken waren einige der Methoden, um die Reihen der »aggressiven Neger« zu lichten. Gewalt war die primitivere und direktere Methode: 1957 und 1958 wurden Afroamerikaner in South Carolina, Alabama, Georgia und anderen Südstaaten ungestraft ermordet. Das waren Vorkommnisse, die all jene entmutigten, die auf eine schnelle und friedliche Übertragung der Bürgerrechte auf alle hofften.

Ebenso entmutigend waren der Widerstand von offizieller Seite in vielen Südstaaten und die Selbstgefälligkeit und Gleichgültigkeit anderenorts. Die elf ehemals Konföderierten Staaten schlossen sich dem Aufruf von Senator Harry F. Byrd aus Virginia an, massiven Widerstand zu leisten, und verabschiedeten Zwischenschaltungs-, Aufhebungs- und Protestresolutionen, alle mit dem Ziel, die Entscheidung des Obersten Bundesgerichts zur Aufhebung der Rassentrennung an den Schulen nicht durchzuführen. Das Buch *Black Monday*, vom Richter am Landgericht (Circuit Court) in Mississippi Tom P. Brady verfaßt, war eine bittere Tirade gegen die Entscheidung und trug zur Verhärtung der Opposition bei, weil es behauptete, daß Schwarze nicht fähig seien, gleichberechtigte Bürger zu werden. 1957 bejubelten die Befürworter der Rassentrennung den aktiven Widerstand von Gouverneur Orval Faubus gegen die Aufhebung der Rassentrennung an der Central High School in Little Rock, Arkansas. Erst nachdem Präsident Eisenhower Bundestruppen als Antwort auf die Mißachtung des Gerichtsurteils durch den Gouverneur entsandt hatte, wurden die afroamerikanischen Schüler zum Schulbesuch zugelassen. Die Wochen und Monate der Einschüchterung und Schikanierung der Kinder durch weiße Mitschüler und ihre Eltern machten deutlich, wie erbittert und gnadenlos der Widerstand sein konnte.

Angesichts der Unversöhnlichkeit der Gegner gleicher Bürgerrechte wurden auch die Afroamerikaner immer ungeduldiger. Sie wurden mutiger und aggressiver und begannen ihre Rechte unnachgiebig einzufordern. Ihr Bus-Boykott in Montgomery diente als Vorbild, dem andere Gemeinden im Süden folgten. In den Städten zeigten sie am allerdeutlichsten ihre Ungeduld, und immer mehr Schwarze wurden zu Städtern. Zwischen 1940 und 1970 wuchs die schwarze Bevölkerung außerhalb der ehemals Konföderierten Staaten von annähernd vier Millionen auf mehr als elf Millionen und macht damit fast 50 Prozent der gesamten schwarzen Bevölkerung aus. Das größte Wachstum außerhalb des Südens fand in den Innenstädten der zwölf großen Ballungsräume statt: In New York, Los Angeles, Chicago, Philadelphia, Detroit, San Francisco-Oakland, Boston, Pittsburgh, St. Louis, Washington, Cleveland und Baltimore. 1970 lebten in diesen zwölf Gebieten 28 Prozent aller Afroamerikaner der Vereinigten Staaten: 1 667 000 Schwarze in New York City, 1 103 000 in Chicago, 654 000 in Philadelphia, 660 000 in Detroit und 504 000 in Los Angeles. In den Städten des Südens wie Atlanta, Birmingham, Houston und Dallas nahm die afroamerikanische Bevölkerung kontinuierlich zu. Die Schwarzen im Norden waren bereits zu Städtern geworden, und die Schwarzen im Süden waren auf dem besten Weg dahin.

Wenn Afroamerikaner in die Städte abwanderten, um dort ihre Probleme zu lösen, so fanden sie schnell heraus, daß die Probleme nicht nur weiterbestanden, sondern größer wurden. Schlechte Wohnungen und Arbeitslosigkeit gehörten untrennbar zusammen und führten zu neuen Frustrationen und Schwierigkeiten. Doch über neue Kontakte und neue Vereinigungen ergab sich die Chance, die eigene Stärke zu entdecken. Einige Afroamerikaner in Städten wie Chicago, Detroit, Washington und New York verschrieben sich der Rassentrennung, wie sie von den Black Muslims vertreten wurde. Seit ihren bescheidenen Anfängen Mitte der 1930er Jahre hatten sich die Black Muslims unter der Führung von Elijah

Muhammad bis 1960 zu einer vernehmbaren und mächtigen religiösen Sekte entwickelt. Nach vorsichtigen Schätzungen Anfang der siebziger Jahre hatte die Gruppe nahezu 100 000 Mitglieder und wesentlich mehr Sympathisanten. Das mit Abstand berühmteste Mitglied der Sekte war der Weltmeister im Schwergewicht Muhammad Ali, vormals Cassius Clay (s. Kapitel 22).

Eine näherliegende Reaktion auf ihr Elend – eine, die den städtischen Schwarzen weit mehr entsprach – war der Versuch, Verbesserungen durch politische Aktionen zu erreichen. Für die meisten Schwarzen waren das Rathaus, das Kapitol ihres Staates und Washington die richtigen Adressen ihrer Ziele. Sie hatten selbst erlebt, wie die Regierung in der Weltwirtschaftskrise und im Krieg ihre gewaltige Macht für ganz neue Aufgaben eingesetzt hatte. Sie begannen zu spüren, daß die Regierung mehr für sie tun würde, wenn sie die eigene politische Stärke klug für sich einsetzten und ausnutzten. In den Städten im Norden hatten bereits mehr Afroamerikaner gewählt, und auch im Süden wurden sie politisch aktiver, nachdem die weißen Vorwahlen als verfassungswidrig verboten worden waren. Ihr politisches Engagement hatte ohne Frage die Verabschiedung von Gesetzen beeinflußt, mit denen »faire« Chancen bei der Beschäftigung durchgesetzt wurden, so in New York (1945), Michigan, Minnesota, Pennsylvania (1955), Kalifornien und Ohio (1959). Der eigene politische Einfluß konnte wahrscheinlich mehr als jedes andere Mittel positive Veränderungen für die Afroamerikaner erreichen, und zwar auf Einzelstaatsebene ebenso wie auf nationaler Ebene.

In der zweiten Hälfte des 20. Jahrhunderts gab es wichtige Anzeichen dafür, daß die Bundesregierung bald etwas unternehmen würde, um die rechtliche und gesellschaftliche Stellung der Afroamerikaner zu verbessern. Seit Präsident Trumans Bürgerrechtsempfehlungen im Jahr 1948 hatte der Kongreß mit der Diskussion von Bürgerrechtsgesetzen begonnen. So hatte das Repräsentantenhaus zwischen 1953 und 1957 mehrmals Bürgerrechtsgesetze verabschiedet, die jedoch nie zur Abstimmung im Senat gelangten. 1957 legte Präsident Eisenhower einen Vier-Punkte-Plan für Bürgerrechte vor. Ein wichtiger Schritt, durch den der Justizminister die Kompetenz bekommen sollte, für Menschen, deren Verfassungsrechte verletzt worden waren, eine Anordnung zur Unterlassung vor einem Bundesgericht zu erwirken. Diese Bestimmung wurde zwar aus dem Gesetz gestrichen, das auf Vorschlag des Präsidenten eingebracht worden

> ### Henry Lee Moon über die Macht
> ### der schwarzen Wähler – 1948
>
> ... der Stimmzettel wird zwar nicht mehr als der magische Schlüssel betrachtet, aber er bleibt doch die unerläßliche Waffe im zähen Kampf um das volle Bürgerrecht, um gleiche wirtschaftliche Chancen, um den uneingeschränkten Genuß der Bürgerrechte, um die freie Wahl des Wohnortes, um Zugang zu gleichen und nicht nach Rassen getrennten Bildungs-, Gesundheits- und Erholungseinrichtungen. In einem Wort, ein Werkzeug, daß man zur endgültigen Vernichtung des ganzen veralteten Systems von Jim Crow benutzen muß.
> Bereits jetzt wird der Neger als ein wichtiger und manchmal entscheidender Faktor in einem Dutzend Einzelstaaten im Norden und in wenigstens 75 nicht im Süden gelegenen Wahlkreisen für den Kongreß betrachtet, und so beginnt er immer größeren Einfluß in der Nation auszuüben, obwohl ihm noch immer nicht die Anerkennung zuteil wird, die seinem Gewicht bei Wahlen angemessen wäre. Immerhin erscheint er jetzt auch im Süden wieder als positives politisches Element, wo sein Wahlrecht seit fast zwei Generationen faktisch aufgehoben war.
>
> Henry Lee Moon, *Balance of Power: The Negro Vote*
> (Garden City, 1948), S. 9–11

war, aber der Kongreß verabschiedete nach erbitterter Debatte und unter starkem Druck der Bürgerrechtler ein Bürgerrechtsgesetz. Dies war das erste Gesetz, für das Clarence Mitchell, Jr., der Direktor der Washingtoner Niederlassung der NAACP gekämpft hatte. Von 1950 bis zu seinem Tod 1984 war Mitchell ein aktiver und effektiver Bürgerrechtler, der sich für Gesetzgebungsvorhaben, die den Schwarzen und generell allen benachteiligten Menschen halfen, mit Nachdruck einsetzte, daß er häufig der »101. Senator« genannt wurde.

Das neue Gesetz, das erste Bürgerrechtsgesetz seit 1875, ermächtigte den Bund, im eigenen Namen Zivilklage zu erheben, um eine Unterlassungsanordnung vor einem Bundesgericht zu erwirken, wann immer jemand an der Ausübung des Wahlrechts gehindert oder dabei bedroht wurde. Aus der Unterabteilung für Bürgerrechte im Justizministerium wurde eine Abteilung mit einem stellvertretenden Justizminister an der Spitze. Das Gesetz schuf die Commission on Civil Rights, eine Bürgerrechtskommission der Vereinigten Staaten mit folgenden Vollmachten:

Behauptungen zu untersuchen, daß jemandem das Wahlrecht verweigert worden war; Informationen über rechtliche Entwicklungen zu sammeln und zu untersuchen, die eine Verweigerung des gleichen Schutzes durch die Gesetze beinhalteten; und Gesetze und Maßnahmen des Bundes daraufhin zu analysieren, ob sie den gleichen Schutz durch die Gesetze gewährleisteten. Ein Senator nannte das neue Gesetz einen »faulen Zauber«, während ein anderer es als »begrenzten und bescheidenen Schritt« bezeichnete. Die wirkliche Bedeutung des Gesetzes lag nicht so sehr in einzelnen Bestimmungen, sondern darin, daß die Bundesregierung sich zu ihrer Verantwortung bekannte und damit eine bemerkenswerte und historische Kehrtwende ihrer Nichteinmischungspolitik in allen Bürgerrechtsfragen vollzog.

Der Kongreß sah sich nicht nur gezwungen, Bürgerrechtsgesetze als Reaktion auf den Vorschlag des Präsidenten oder auf den steigenden Druck der Bürgerrechtsbewegung hin zu verabschieden. Er reagierte damit auch auf die schnellen Veränderungen auf der internationalen Bühne, wo der Status der Schwarzen in den Vereinigten Staaten eine immer wichtigere Rolle spielte. Am 8. März 1957 – sechs Monate, bevor das neue Bürgerrechtsgesetz verabschiedet wurde – wurde Ghana als erste vormals afrikanische Kolonie in die Vereinten Nationen aufgenommen. Die Entlassung der Nationen südlich der Sahara in die Unabhängigkeit veränderte die globale Bedeutung des amerikanischen Rassenproblems enorm, darauf hat Talcott Parsons richtig hingewiesen, und war ein starker Anstoß für die Bewegung zur Durchsetzung der Gleichheit der Rassen in den Vereinigten Staaten. Als der Kongreß die Gesetzesvorlage zum Bürgerrechtsgesetz im Sommer 1957 diskutierte, hatten diplomatische Vertreter aus Ghana ihren Sitz bei den Vereinten Nationen und in Washington eingenommen. Diese bedeutsame Tatsache konnte von verantwortlichen Mitgliedern des Kongresses nicht einfach ignoriert werden. Es sah ganz so aus, als ob die Schwarzen aus der Alten Welt gerade rechtzeitig gekommen waren, um das rassische Gleichgewicht in der Neuen wieder herstellen zu helfen.

Die Anfänge

Am 1. Februar 1960 betraten vier schwarze Studenten des Agricultural and Technical College in Greensboro, North Carolina, ein Warenhaus, machten mehrere Einkäufe, setzten sich an die Imbißtheke und bestellten Kaffee. Sie wurden nicht bedient, weil sie Schwarze waren, aber sie blieben an der Theke sitzen, bis der Laden geschlossen wurde. Das war der Anfang der Sit-in-Bewegung, die sich schnell über den Süden und auf zahlreiche Orte im Norden ausbreitete. Im Frühjahr und Sommer 1960 beteiligten sich viele Jugendliche, weiße und schwarze, an ähnlichen friedlichen Formen des Protestes gegen Rassentrennung und Diskriminierung. Sie setzten sich in Büchereien für Weiße, besuchten Badestrände für Weiße und schliefen in Hotelhallen für Weiße. Viele wurden festgenommen wegen unbefugten Betretens, ordnungswidrigen Verhaltens und Nichtbefolgen polizeilicher Anweisungen. Als die afroamerikanischen Studenten wegen der Sit-ins kritisiert wurden, veröffentlichten sie ganzseitige Anzeigen in mehreren Zeitungen, darunter in der *Constitution* in Atlanta, und erklärten:»Wir haben nicht vor, geduldig darauf zu warten, bis uns die Rechte, die uns juristisch und moralisch bereits zustehen, Stück für Stück zugeteilt werden.« Bald wurden die Schwarzen an vielen Imbißtheken im Süden bedient, und andere Einrichtungen folgten.

Als die vier schwarzen Studenten die Sit-in-Bewegung starteten, war die Zeit reif für die tiefgreifendsten, revolutionären Veränderungen der gesellschaftlichen Stellung der schwarzen Amerikaner seit der Sklavenbefreiung. Der Weg der Revolution war bereitet durch die beiden bedeutenden Bevölkerungsbewegungen vom Land in die Stadt und vom Süden in den Norden, durch Entscheidungen des Obersten Bundesgerichts zum Wahlrecht und zur Aufhebung der Rassentrennung in den Schulen, durch die Weigerung von Rosa Parks, sich in den hinteren Teil des Busses zu setzen und den Bus-Boykott in Montgomery, durch das öffentliche Auftreten von Martin Luther King, durch die Verabschiedung des Bürgerrechtsgesetzes von 1957 und durch die Gründung von Nationalstaaten in Afrika. Die Revolution sollte viele Erscheinungsformen annehmen. Die Veränderungen in der Rechtsordnung, in der Art, wie Afroamerikaner sich selbst und ihren Platz in der amerikanischen Gesellschaft sahen, in den Einstellungen und Vorstellungen der Gesamtgesellschaft ihnen gegenüber waren fast so weitreichend wie die Ver-

Übergriffe auf Sit-in-Teilnehmer. In Jackson, Mississippi, kippten Weiße den Demonstranten Zucker, Senf und Ketchup über die Köpfe, während diese mit einem Sit-in für die Aufhebung der Rassentrennung an Bistrotheken demonstrierten. *(Fred Blackwell, Jackson Daily News)*

änderungen in der gesellschaftlichen Stellung der Afroamerikaner an sich. Der Entschluß der jungen Collegestudenten zum Sit-in symbolisierte einige dieser Veränderungen und ließ das, was noch kommen sollte, schon anklingen.

Die Impulse zum Wandel in der afroamerikanischen Bevölkerung wurden auch von den vielfältigen politischen Aktivitäten schwarzer Frauen, die aus ganz unterschiedlichen Milieus und Berufen kamen, aus dem Norden und dem Süden, vom Land und aus der Stadt, getragen und verstärkt. Unzählige schwarze Frauen wurden zu Katalysatoren der »Schwarzen Revolution«, manchmal indem sie die Männer unterstützten, aber genauso oft als eigenständige Strateginnen und beflügelnde Anführerinnen. Pauli

Murray hatte als Anwältin und Rechtswissenschaftlerin schon in den 1930er Jahren gegen rechtliche Beschränkungen aufgrund der Rasse und des Geschlechts gekämpft und brachte nun ihr großes Engagement für beide Anliegen in die Bürgerrechtsbewegung ein. Ella Baker war in den 40er Jahren als Mitarbeiterin der NAACP vor Ort aktiv gewesen und war nun in den 60er Jahren Geschäftsführerin der Southern Christian Leadership Conference (SCLC) und eine der »politischen und geistigen Hebammen, die das Student Nonviolent Coordinating Committee (SNCC) mit zur Welt brachten«. Fannie Lou Hamer war »von Natur aus eine Führungspersönlichkeit« und sowohl in der SCLC als auch im SNCC aktiv. Das Engagement für die Bürgerrechte kostete sie ihr Haus, ihren Arbeitsplatz und ihre Gesundheit, nachdem sie wegen ihres Einsatzes für die Bürgerrechte im Gefängnis so geschlagen wurde, daß sie bleibende Schäden davontrug. Hamers Forderung, die Verweigerung des Wahlrechts für schwarze Wähler in den Südstaaten endlich zu beenden, wurde 1964 im Rahmen der Fernsehberichterstattung vom Parteikonvent der Demokraten landesweit verbreitet. Gloria Richardson, die in Cambridge, Maryland, die Demonstrationen zum Kampf gegen schlechte Wohnverhältnisse und diskriminierende Einstellungspraktiken anführte; Jo Ann Robinson, die Begründerin der Montgomery Improvement Association; Daisy Bates, eine der Schwarzen mit dem größten Durchsetzungsvermögen während der Krise um die Integration schwarzer Schüler an der Central High School in Little Rock; Angela Davis, die mit SNCC, den Schwarzen Panthern und der Kommunistischen Partei zusammenarbeitete; und Ann Moody, eine überaus engagierte Mitarbeiterin der NAACP, des SNCC und des Congress of Racial Equality (CORE), sie alle und viele andere weniger bekannte und kaum gewürdigte Afroamerikanerinnen leisteten einen großen Beitrag zum Kampf um die Gleichheit der Schwarzen.

In den Monaten und Jahren, die nun folgten, entwickelte sich ein interessantes und manchmal aufregendes Wechselspiel von Aktion und Reaktion zwischen Staat und Bürgerrechtlern. Und dieses Wechselspiel brachte die Revolution voran. Nach der Verabschiedung des Gesetzes von 1957 verstärkte der Bund seine Aktivitäten auf dem Gebiet der Bürgerrechte, und die Gegner der Bewegung taten dasselbe. Die Commission on Civil Rights veranstaltete Anhörungen zur Situation schwarzer Wähler in mehreren Städten im Norden und im Süden und stellte dabei fest, daß Schwarzen das Wahlrecht von bestimmten weißen Registratoren in den

Südstaaten regelmäßig verweigert wurde. Das Justizministerium erhob daraufhin Anklage in Alabama, Georgia und Louisiana mit der Begründung, daß Wahlamtsleiter qualifizierte afroamerikanische Wähler nur aufgrund ihrer Rasse nicht zur Wahl registriert hatten. Obwohl das Oberste Bundesgericht das Recht des Justizministeriums verteidigte, in dieser Form Anklage zu erheben, was gerichtlich angefochten worden war, wurde deutlich, daß das Gesetz noch präzisiert werden mußte, um Ausweichmanöver der Wahlbehörde zu unterbinden.

1960, nach vielen Debatten und Obstruktionsmanövern im Senat, verabschiedete der Kongreß ein weiteres Bürgerrechtsgesetz, das ein Verfahren gegen den betroffenen Einzelstaat vorsah, wenn ein Registrator aufgrund von Beschwerden zurücktrat. Das Gesetz bestimmte außerdem, daß die Wahllisten 22 Monate nach jeder Vorwahl, außerordentlichen oder turnusmäßigen Wahl aufbewahrt werden mußten. Die Listen mußten dem Justizminister zugänglich sein, damit festgestellt werden konnte, ob ein ordentliches Verfahren gewährleistet war. Um einer üblen Praxis der vergangenen Jahre ein Ende zu machen, legte das Gesetz Strafen für jeden fest, der schuldig befunden wurde, Kirchen, Synagogen oder andere Gebäude verunstaltet zu haben. Das Justizministerium führte dann erfolgreich Prozesse, die weißen Bürgern der Bezirke Haywood und Fayette in Tennessee gerichtlich untersagten, Schwarze wirtschaftlich unter Druck zu setzen, weil sie versucht hatten zu wählen. Bis 1962 waren mehr als 30 Prozesse vom Justizministerium angestrengt worden, um Schwarzen in Mississippi, Louisiana, Alabama, Tennessee und Georgia das Wahlrecht zu sichern.

Bis zum Sommer 1960 war das Problem des Status der Afroamerikaner so kritisch geworden, daß keine der großen Parteien vor den Präsidentschaftswahlen seine Bedeutung übersehen konnte. In den zwölf Südstaaten gab es bereits mehr als eine Million registrierte schwarze Wähler. In mindestens sechs der acht bevölkerungsreichsten Einzelstaaten waren die Stimmen der Schwarzen bei einem knappen Wahlausgang wahlentscheidend. In ihren Wahlprogrammen sprachen sich 1960 die beiden großen Parteien nachdrücklich für Gerechtigkeit und Gleichheit der Rassen aus. Sie wollten nicht den Fehler machen, den Theodore White in *The Making of the President 1960* so beschrieb: »Die Stimme der Neger und ihr Beharren auf Bürgerrechten zu ignorieren war entweder absolut dumm – oder eine totale Fehlkalkulation.«

Senator John F. Kennedy ließ 1960 seinen Rivalen, Vizepräsident Richard M. Nixon, beim Ringen um die Stimmen der Afroamerikaner weit hinter sich. Bereits lange vor seiner Nominierung informierten ihn seine schwarzen Mitarbeiter im Beraterstab ausführlich über die Probleme und Erwartungen der Schwarzen. Im Wahlkampf kritisierte Kennedy die Republikaner, weil sie nicht mehr für die Sache der Afroamerikaner getan hatten. Er übte Kritik an Präsident Eisenhower, weil er der Diskriminierung im vom Bund subventionierten Wohnungsbau kein Ende gesetzt hatte, und erklärte, das sei »mit einem Federstrich« zu machen. (Er selbst machte diesen »Federstrich« erst im Sommer 1962, zwei Jahre nach seiner Wahl.)

Noch geschickter als diese Angriffe auf die Republikanische Administration war Kennedys Eingreifen bei der Inhaftierung von Martin Luther King. Am 19. Oktober wurde King zusammen mit 50 Schwarzen bei einem Sit-in im Magnolienraum von Rich's Warenhaus in Atlanta festgenommen. Die anderen wurden freigelassen, aber King wurde zu vier Monaten Zwangsarbeit im Staatsgefängnis von Reidsville verurteilt, was bei allen, die wußten, was im Justizsystem von Georgia denkbar war, große Bestürzung und Angst auslöste. Am Morgen des 26. Oktober rief Kennedy Mrs. King an und drückte ihr seine Sorge und sein Mitgefühl aus. Sein Bruder und Wahlkampfmanager, Robert F. Kennedy, telefonierte mit dem Richter in Georgia, der King verurteilt hatte, und setzte sich für dessen Freilassung ein. Am folgenden Tag wurde King freigelassen, wobei unklar ist, welche Wirkung Robert Kennedys Eingreifen tatsächlich hatte. Die Nachricht über die Aktion der Brüder Kennedy verbreitete sich unter den Afroamerikanern in Windeseile, unterstützt von mehr als einer Million Flugblättern in schwarzen Kirchen und anderenorts, die von ihrer Tat berichteten. Es entging den schwarzen Wählern nicht, daß weder Präsident Dwight D. Eisenhower noch Vizepräsident Nixon als Präsidentschaftskandidat irgend etwas unternommen hatten.

1960 waren die Schwarzen so auf ihre Bürgerrechte bedacht, daß sie sich bei ihrer Entscheidung, welcher Partei und welchem Kandidaten sie ihre Stimme gaben, kaum von anderen Erwägungen leiten ließen. Die Schwarzen in den Südstaaten, die wählen konnten, überwanden ihre Voreingenommenheit als Protestanten und gaben dem katholischen Präsidentschaftskandidaten Kennedy ihre Stimme, weil er eher bereit schien, etwas für die Sache der Bürgerrechte zu tun. Die Schwarzen im Norden wußten, daß ihre Stimmen entscheidend sein konnten, und waren entschlossen, sie zu benutzen, um für ihre weniger privilegierten Brüder die Gleichheit zu erzwingen. Als die Stimmen ausgezählt wurden – beim knappsten Ergebnis einer Präsidentschaftswahl in diesem Jahrhundert – glaubten die Afroamerikaner mit einiger Berechtigung, daß sie den Ausschlag für die Wahl von John F. Kennedy gegeben hatten. In Illinois, wo Kennedy mit einem Vorsprung von 9000 Stimmen gewann, hatten schätzungsweise 250 000 Schwarze für ihn gestimmt. In Michigan, wo er mit einem Vorsprung von 67 000 Stimmen siegte, hatten ihn etwa 250 000 Schwarze gewählt. Er gewann in South Carolina mit einem Vorsprung von 10 000 Stimmen, darunter schätzungsweise 40 000 Stimmen von Schwarzen.

Der junge Präsident hatte keine ehrgeizigen Gesetzgebungspläne, um die Stellung der Afroamerikaner in der amerikanischen Gesellschaft zu verbessern. Statt dessen plante er ein stärkeres Eingreifen der Exekutive, besonders in jenen Bereichen, in denen die Zuständigkeit des Bundes fast ungeteilt und unbestritten war. Er wollte darüber hinaus das Prestige seines Amtes einsetzen und »die moralische Führung« übernehmen, auf die er sich im Wahlkampf häufig berufen hatte. Er ermutigte das Justizministerium, an dessen Spitze sein Bruder Robert stand, seine Bemühungen fortzusetzen, um das Stimmrecht durch Verhandlungen und Prozesse zu sichern. Er drängte darauf, mehr Afroamerikaner in vom Bund unterstützten Programmen zu beschäftigen, und gründete den Ausschuß für gleiche Beschäftigungschancen (Committee on Equal Employment Opportunity) mit Vizepräsident Lyndon B. Johnson als Vorsitzendem. Der Ausschuß unternahm Schritte, um die Diskriminierung bei der Beschäftigung in öffentlichen und privaten Unternehmen zu beenden. Nachdem Präsident Kennedy eine Anordnung erlassen hatte, um jede Diskriminierung in neuen, vom Bund subventionierten Wohnungsbauprojekten zu verhindern, setzte er einen Ausschuß für gleiche Wohnungschancen ein (Committee on Equal Opportunity in Housing) mit dem früheren Gouverneur von Pennsylvania David Lawrence als Vorsitzendem.

Kennedy zögerte nicht, Schwarze in wichtige Ämter des Bundes zu berufen. Er ernannte Thurgood Marshall zum Richter am Landgericht (Circuit Court) in New York, Wade McCree ans Bezirksgericht (District Court) in Ost-Michigan, James Parsons ans Bezirksgericht von Nord-Illinois und Marjorie Lawson, Joseph Waddy und Spottswood Robinson zu

Richtern im District of Columbia. Robert Weaver wurde Direktor der Wohnungsbaubehörde (Housing and Home Finance Agency). Als diese Behörde 1965 zum Ministerium wurde, ernannte Präsident Johnson Weaver zum Minister für Wohnungsbau und Stadtentwicklung, der damit der erste Afroamerikaner im Ministerrang war. Präsident Kennedy ernannte George L. P. Weaver zum Staatssekretär im Arbeitsministerium, Carl Rowan zum Staatssekretär im Außenministerium (und später zum Botschafter in Finnland) und Clifton R. Wharton und Mercer Cook zu Botschaftern in Norwegen und Niger. Er ernannte die beiden Schwarzen Merle McCurdy und Cecil F. Poole zu US-Staatsanwälten und mehrere andere in Ausschüsse des Präsidenten, die auf dem Gebiet der Bürgerrechte tätig waren, und in andere Gremien und Kommissionen, darunter auch John B. Duncan ins Board of Commissioners des District of Columbia.

Insgesamt bot der Bund jedoch, was die Beschäftigung von Afroamerikanern anging, weiterhin ein trauriges Bild. Zwischen Juni 1961 und Juni 1962 nahm die Zahl der beim Bund beschäftigten Schwarzen nur um 11 000 zu, wobei die meisten dieser Neubeschäftigten nur Stellen am unteren Ende der Leiter bekamen, während die Gesamtzahl der Bundesangestellten um mehr als 62 000 stieg. Die Diskriminierung beim Bund bestand weiter. In einigen Behörden gab es kaum einen schwarzen Angestellten. Nur bei einfachen Tätigkeiten mit einem Gehalt von weniger als 5000 Dollar im Jahr war der Anteil der Afroamerikaner erheblich, er betrug dort 23 Prozent.

Afroamerikaner und andere, die sich mit Bürgerrechten befaßten, waren nicht zufrieden mit dem, was die Kennedy Administration in die Tat umsetzte. Schon bald übten Bürgerrechtler erneut Druck aus, um gleiche Rechte für Schwarze durchzusetzen. Im Mai 1961 schickte der Congress of Racial Equality eine 1942 gegründete gemischtrassige Aktionsgruppe »Freiheitsfahrer« (freedom riders) in den Süden, um Gesetze und Praxis der Rassentrennung im zwischenstaatlichen Verkehr zu testen. In Anniston und Birmingham, Alabama, wurden diese Teams von wütenden Fanatikern der Rassentrennung angegriffen. Justizminister Robert Kennedy war offensichtlich leicht verärgert über das aggressive Vorgehen dieser unorthodoxen Kämpfer für Bürgerrechte und äußerte den Wunsch nach einer Abkühlungsperiode. Trotzdem ordnete er an, daß das FBI die Sache untersuchen solle, und sicherte den Freiheitsfahrern seinen Schutz zu. Als die Fahrer in Montgomery vom Mob angegriffen wurden und die Polizei erst mit Verzögerung eingriff, schickte der Justizminister 600 Mann Bundespolizei und andere Bundesbedienstete an den Schauplatz und verhinderte so gerade noch weitere Gewalttätigkeiten.

Andere Gruppen, darunter das neue Student Nonviolent Coordinating Committee, die Southern Christian Leadership Conference und das Nashville Student Movement, interessierten sich für die Aktion und schlossen sich ihr an, indem sie mehr als 1000 Freiwillige zu Freiheitsfahrten durch den Süden schickten. Bundespolizisten eskortierten sie bis Jackson, aber örtliche Polizisten nahmen mindestens 300 Teilnehmer fest, darunter 15 Priester. Die Interstate Commerce Commission reagierte auf den Druck der Freiheitsfahrer und die Intervention des Justizministers und ordnete am 22. September 1961 an, daß Fahrgäste im zwischenstaatlichen Verkehr ihre Sitze ohne Ansehen der Rasse einnehmen dürften und daß es keine nach Rassen getrennten Haltestellen dieser Busunternehmen geben dürfe.

Die Aufhebung der Rassentrennung in Schulen war seit den Anordnungen des Obersten Bundesgerichts zur deren Aufhebung im Jahr 1955 nur im Schneckentempo vorangekommen. Im Norden war die De-facto-Rassentrennung an den Schulen tief verwurzelt, weil Schwarze und Weiße in strikt voneinander getrennten Wohnvierteln lebten. In Städten wie New Rochelle (New York), Englewood (New Jersey), Chester (Pennsylvania) und Chicago (Illinois) kam es 1960 und 1961 zu heftigen Protesten, die ein böses Omen für kommende Ereignisse waren. Im Süden hatte sich der Widerstand gegen die Aufhebung der Rassentrennung an Schulen so sehr verhärtet, daß 1958 aus kleinen Fortschritten völliger Stillstand geworden war. 1961 hatten insgesamt 775 von 2839 gemischtrassigen Schulbezirken in 17 Südstaaten und Randstaaten des Südens mit der Aufhebung der Rassentrennung begonnen, ein Zuwachs von nur 1,5 Prozent in zwei Jahren, der vor allem in den Randstaaten stattfand.

Seit Autherine Lucy 1956 vom Besuch der Universität von Alabama ausgeschlossen worden war, waren wenige Afroamerikaner im Süden an öffentlichen und privaten Colleges und Universitäten für Weiße zugelassen worden. Trotz örtlicher Proteste ließen die Universität von Georgia und die Universität von South Carolina Schwarze ohne viel Aufhebens zu. Zum aufsehenerregendsten und gewalttätigsten Versuch, einem Afroamerikaner ein Studium zu verwehren, kam es 1962, als der Staat Mississippi, entgegen einer gerichtlichen Anordnung, die Einschreibung von James Meredith zu verhindern suchte. Als erkennbar wurde, daß der Einzelstaat die Ordnung nicht aufrechterhalten und Merediths Zulassung nicht gewährleisten würde, ungeachtet der Zusage von Gouverneur Ross gegenüber dem Präsidenten, entsandte Kennedy Bundespolizei und später vom Bund angeforderte Nationalgardisten, um Merediths Zulassung zu garantieren und die Ordnung aufrechtzuerhalten. Bis die Rassenunruhen abgeklungen waren, waren zwei Menschen getötet und viele verwundet worden. Merediths Einschreibung und sein Abschlußexamen im folgenden Jahr machten deutlich, wie sinnlos es war, einem Afroamerikaner das Studium zu verweigern, wenn die Bundesregierung dazu entschlossen war, es für ihn durchzusetzen. George Wallace sollte als Gouverneur von Alabama diese Erfahrung 1963 machen, als er vergeblich versuchte, die Einschreibung eines Schwarzen an der Universität von Alabama zu verhindern, indem er »sich in den Eingang des Universitätsgebäudes stellte«. Was Wallace zusätzlich zu spüren bekam, war die Tatsache, daß sich die Schwarze Revolution 1963 ihrem Höhepunkt näherte.

Marschieren für die Freiheit

Schon einige Jahre vor 1963 gab die National Association for the Advancement of Colored People das Motto aus: »Bis '63 frei.« Andere Bürgerrechtsgruppen übernahmen das Motto und konzentrierten sich stärker auf die Gleichheitskampagne. Viele führende Schwarze registrierten die Bedeutung des hundertsten Jahrestages der Sklavenemanzipation besonders intensiv und verwiesen auf die rassische Ungleichheit in der amerikanischen Gesellschaft. Am 22. September 1962 nannte Gouverneur Nelson Rockefeller von New York in seiner Rede zur Ausstellungseröffnung der Vorläufigen Emanzipationserklärung diese den »wertvollsten Besitz dieses Staates« und sagte weiter: »Die bloße Existenz dieses Dokuments rüttelt unser Gewissen durch die Einsicht wach, daß Lincolns Vision einer Nation, die ihr geistiges Erbe wahrhaft angetreten hat, noch nicht Wirklichkeit geworden ist.«

Im Jahr der Hundertjahrfeier legte die Commission on Civil Rights des Bundes dem Präsidenten den Bericht über die Geschichte der Bürgerrechte, *Freedom to the Free,* vor, in dem sie erklärte, daß »zwischen unseren historisch belegten Wünschen und der gegenwärtigen Praxis immer noch ein Abgrund klafft«. Am Jahrestag von Lincolns Geburt 1963 empfingen Präsident Kennedy und seine Frau mehr als tausend schwarze und weiße Bürger im Weißen Haus und überreichten jedem eine Kopie des Berichts. Als Vizepräsident Lyndon B. Johnson im gleichen Jahr in Gettysburg sprach, sagte er: »Bis zu dem Tag, an dem die Justiz blind ist, das Bildungswesen nicht auf die Rasse achtet, die Menschen unabhängig von ihrer Hautfarbe Chancen bekommen, wird die Emanzipation ein Dokument, aber keine Tatsache sein.« Und Präsident Kennedy nahm die mangelnde Gleichheit zur Kenntnis, als er erklärte: »Sicher sollte es 1963, ein Jahrhundert nach der Emanzipation, für keinen amerikanischen Bürger mehr nötig sein, auf die Straße zu gehen und dafür zu demonstrieren, daß er in einem Hotel absteigen oder an einer Imbißtheke essen kann ... so wie jeder andere Amerikaner auch.«

Rein theoretisch hatte der Präsident recht, aber die Schwarzen hatten entdeckt, daß Demonstrationen etwas erreicht hatten, wo andere Methoden gescheitert waren. Sie hatten wertvolle Erfahrungen in Montgomery, Greensboro, Albany, Georgia und an anderen Orten gesammelt und waren entschlossen, diese Erfahrungen im Jubiläumsjahr zu nutzen und im Kampf um die Gleichheit einzusetzen. Als Folge fanden im Frühjahr 1963 an vielen Orten Demonstrationen statt. Die gefährlichste und wahrscheinlich entscheidende Demonstration begann am 3. April in Birmingham unter der Führung von Dr. Martin Luther King und der Southern Christian Leadership Conference. Im Demonstrationszug forderten die Demonstranten Chancengleichheit auf dem Arbeitsmarkt, Aufhebung der Rassentrennung in öffentlichen Einrichtungen, die Gründung eines Planungsausschusses für die Aufhebung der Rassentrennung und die Niederschlagung der Anklagen gegen King und weitere 2500 Menschen, die bei Demonstrationen festgenommen worden waren.

Bis zum 3. Mai war diese Demonstration allein wegen der großen Teilnehmerzahl, darunter viele Schulkinder, und der großen Zahl der Festnahmen bemerkenswert. Doch an diesem Tag sollte die Polizei Hunde und Feuerwehrschläuche gegen die Demonstranten einsetzen, die sich mit Steinen und Flaschen verteidigten. Das Vorgehen der Polizei löste Entsetzen und Bestürzung in vielen Teilen des Landes aus, und an vielen Orten fanden Sympathiedemonstrationen statt. In der Woche des 18. Mai registrierte das Justizministerium 43 große und kleine Demonstrationen, 10 davon in Städten im Norden. Weitere Demonstrationen fanden im folgenden Monat statt, nachdem Medgar Evers, der Führer der NAACP in Mississippi, vor seinem Haus in Jackson in den Rücken geschossen worden war. Cambridge, Maryland, war der Schauplatz wochenlanger friedlicher Demonstrationen im Frühjahr, aber im Juli schlugen sie in Krawalle um, und die Nationalgarde wurde eingesetzt. Erste Anzeichen von Frieden kehrten erst wieder ein, als die Stadtverwaltung von Cambridge in einer Übereinkunft zusicherte, die Rassentrennung an Schulen und öffentlichen Einrichtungen aufzuheben, die Beschäftigungschancen für Afroamerikaner zu verbessern und solche Wohnungen zu bauen, die erschwinglich waren.

Martin Luther King, Jr., über Familien, die zusammen demonstrieren – 1967

Ich bin hunderte Male gefragt worden, warum wir es zulassen, daß kleine Kinder mit uns demonstrieren, in Gefängnissen frieren und leiden, durch Kugeln und Dynamit gefährden. Diese Fragen meinen, wir zeigten damit, daß es uns an Familiensinn mangelt oder wir mit der Sicherheit unserer Familie rücksichtslos umgehen. Die Antwort ist ganz einfach. Unsere Kinder und unsere Familien werden jeden einzelnen Tag in unserem Leben ein wenig verstümmelt. Wenn wir eine unablässige Folter durch eine einzige gewaltige Konfrontation beenden können, dann ist das die Risiken wert. Und darüber hinaus wird unser Familienleben durch unseren gemeinsamen Kampf neu geboren. Andere Familien haben Glück und können ihre Kinder vor Gefahren bewahren. Unsere Familien sind anders, das haben wir erfahren. Die Unterdrückung hat sie immer wieder aufgeteilt und zersplittert. Wir sind ein Volk, das Ära um Ära auseinandergerissen wurde. Und deshalb ist es für uns logisch und moralisch und psychologisch konstruktiv, als Familien vereint der Unterdrückung zu widerstehen. Aus dieser Einheit, aus diesen Banden des gemeinsamen Kampfes wird Neues geschmiedet werden. Diese innere Stärke und Integrität wird uns wieder ganz machen.

Martin Luther King, Jr., *Where Do We Go from Here: Chaos or Community* (New York, 1967). S. 128

Es gab fast genauso viele Demonstrationen im Norden und Westen wie im Süden. Dort ging es um bessere berufliche Chancen und die Beendigung der faktischen Rassentrennung im Wohnungs- und Bildungswesen. In New York und Philadelphia wollten die Demonstranten durch Steuergelder subventionierte Wohnungsbauprojekte verhindern, bei denen Afroamerikaner selten oder nie Arbeit fanden. Sie versuchten, den Bau von Schulen in rein schwarzen Vierteln zu verhindern und veranstalteten Sit-ins in den Büros des New Yorker Bürgermeisters Robert Wagner und des New Yorker Gouverneurs Nelson Rockefeller. In Boston, Chicago, New York und Englewood, New Jersey, organisierten sie Sit-ins in Schulen oder führten Schulstreiks durch, um gegen die rassische Unausgewogenheit zu protestieren. In Los Angeles und San Francisco versammelten sich mehr als 20 000 Menschen aus Protest gegen die Ermordung von Medgar Evers und William Moore, einem Postangestellten aus Baltimore, der während seines Einmann-Freiheitsmarsches nach Mississippi aus dem Hinterhalt erschossen worden war.

Weder der Präsident noch der Kongreß konnten gegenüber den gewaltigen Demonstrationen und dem Widerstand der weißen Rassenfanatiker gleichgültig bleiben. Im Februar, noch bevor die Demonstrationen ihren Höhepunkt erreichten, übermittelte Präsident Kennedy dem Kongreß eine Sonderbotschaft, in der er Gesetze zur Stärkung des Wahlrechts empfahl. Im Juni unterbreitete er, weitgehend wegen der Ereignisse in Birmingham und an anderen Orten, ein neues und erweitertes Programm für Bürgerrechte. Ein paar Tage zuvor hatte er über Rundfunk und Fernsehen zum amerikanischen Volk gesprochen – am selben Tag, an dem Soldaten der Nationalgarde eingesetzt worden waren, um die Zulassung von zwei Afroamerikanern zur Universität von Alabama durchzusetzen. Der Präsident sagte: »Wir stecken ... als Land und als Volk in einer moralischen Krise. Sie kann nicht durch repressive Polizeimaßnahmen überwunden werden. Sie kann nicht immer größeren Demonstrationen auf der Straße überlassen werden. Sie kann nicht durch Alibischritte oder Alibizusagen zum Schweigen gebracht werden. Die Zeit ist reif zum Handeln – im Kongreß, in Ihrer Einzelstaatslegislative und in Ihrem Gemeinderat und vor allem im täglichen Leben von uns allen.«

Die Gesetzesvorlage mit den Vorschlägen des Präsidenten war die Hauptbeschäftigung des Kongresses im Sommer 1963. Es gab zwar erbitterten Widerstand gegen die Bestimmung zum öffentlich geförderten

Wohnungsbau, weil sie Eigentumsrechte beeinträchtige. Gegner des Gesetzes erklärten auch, daß der Vorschlag, Bundesgelder nicht an Projekte auszuzahlen, in denen Diskriminierung praktiziert wurde, rachsüchtig sei und vermutlich verfassungswidrig. Befürworter des Gesetzes wiesen auf die nicht mehr zumutbare und skrupellose Verzögerung hin, mit der den Afroamerikanern gleiche Rechte vorenthalten wurden, und appellierten an den Kongreß, das Gesetz als ersten Schritt auf dem Weg zur Gleichstellung der Rassen zu verabschieden. Justizminister Robert F. Kennedy erschien zehnmal vor Kongreßausschüssen und plädierte für die vorgeschlagene Gesetzgebung.

Während der Kongreß und die Nation über das vorgeschlagene Bürgerrechtsgesetz diskutierten, fand der »Marsch auf Washington für Jobs und Freiheit« statt. Alle, die den Marsch als leere Drohung betrachtet hatten, waren erstaunt, als er selbst im Planungsstadium starke Unterstützung aus vielen Bereichen der amerikanischen Gesellschaft erhielt. Allen wichtigen Bürgerrechtsgruppen schlossen sich viele religiöse, Gewerkschafts- und andere Bürgergruppen bei der Planung und Durchführung der gigantischen Demonstration an. Der American Jewish Congress, die National Conference of Catholics for Interracial Justice, der National Council of Churches und das Industrial Union Department der AFL-CIO unterstützten den Marsch besonders engagiert. Am 28. August 1963 veranstalteten mehr als 200 000 Schwarze und Weiße aus allen Teilen der Vereinigten Staaten die größte Demonstration in der Geschichte der Hauptstadt. Die geordnete Zug bewegte sich vom Washington Monument zum Lincoln Memorial, wo A. Philip Randolph, Martin Luther King, Roy Wilkins, Walter Reuther und andere zur Menge sprachen. Bei dieser Gelegenheit hielt King seine berühmte Rede »I Have a Dream«. Zwei bekannte führende Bürgerrechtler fehlten. James Farmer saß in Louisiana wegen seiner Teilnahme an einer Demonstration im Gefängnis und schickte eine Botschaft. Nach einem siebzigjährigen Kreuzzug für die Bürgerrechte hatte sich W. E. B. Du Bois der Kommunistischen Partei angeschlossen, die Staatsbürgerschaft der Vereinigten Staaten abgelegt und war 1961 nach Ghana ausgewandert. Am Vorabend des Marsches starb er im 96. Lebensjahr in Accra.

Die Gegner der Bürgerrechtsgesetze im Kongreß hatten betont, daß sie sich von den Demonstranten nicht einschüchtern lassen würden. Einige Mitglieder des Kongresses waren »nicht in der Stadt« oder »schon anderweitig verabredet«, als die Demonstranten, die ihre Wähler waren, bei ihnen vorbeischauten, um ihre Unterstützung zu erhalten. Einige andere Kongreßmitglieder unterstützten jedoch den Marsch und empfingen die Demonstranten herzlich. Präsident Kennedy, der es abgelehnt hatte, den Marsch zu kritisieren, empfing die Führer und sicherte ihnen seine weitere Unterstützung für den Kampf um die Gleichheit zu. Während der Kongreß die Gesetzesvorlage weiter diskutierte und die Gefahr bestand, daß es durch die Verzögerungstaktik des »filibuster« zu Fall gebracht werden könnte, wurden viele Anhänger der Bürgerrechtsbewegung entmutigt und pessimistisch.

Im September wirkte der Brandanschlag auf eine schwarze Kirche in Birmingham, in der vier Kinder getötet wurden, ebenso entmutigend wie die Verzögerung bei der Verabschiedung des Bürgerrechtsgesetzes. Auch die Novemberwahlen, in denen etliche Südstaatler mit expliziten Programmen für die weitere Rassentrennung in öffentliche Ämter gewählt wurden, waren entmutigend. Nichts jedoch stürzte die Schwarzen in solche Verzweiflung wie die Ermordung des jungen Präsidenten am 22. November 1963 in Dallas. Präsident Kennedy hatte erklärt, daß die Verabschiedung des anhängigen Bürgerrechtsgesetzes zwingend notwendig sei, ganz gleich, wie lange es dauere. Nun ging das Jahr 1963 zu Ende, und die Afroamerikaner waren noch nicht frei. Man hatte ihnen noch nicht einmal das Recht zugestanden, an einer Imbißtheke eine Tasse Kaffee zu trinken. Aber einige wenige Siege hatten sie errungen. Das Oberste Bundesgericht hatte im Fall *Edwards gegen South Carolina* ihr Demonstrationsrecht bestätigt und im Fall *Johnson gegen Virginia* die Verurteilung eines Afroamerikaners wegen Mißachtung des Gerichts aufgehoben, der der Anordnung des Richters nicht gefolgt war, sich in den für Schwarze reservierten Teil des Gerichtssaals zu setzen. Mehr Menschen als jemals zuvor in der Geschichte des Landes unterstützten öffentlich die Gleichstellung der Rassen. Doch gleichzeitig war die Ablehnung so offen feindselig wie eh und je.

Die Illusion der Gleichheit

Lyndon B. Johnson, der am 22. November 1963 der 36. Präsident der Vereinigten Staaten wurde, beeilte sich, seine deutliche Unterstützung für Kennedys Bürgerrechtsprogramm öffentlich zu erklären. Fünf Tage nach seiner Amtsübernahme sagte er vor dem Kongreß, daß er »die schnellstmögliche Verabschiedung des Bürgerrechtsgesetzes« wünsche. In den folgenden Wochen und Monaten ging die scharfe Auseinandersetzung im Kongreß weiter, mit den üblichen parlamentarischen Manövern und Verzögerungen. Der einzige Hoffnungsschimmer war Anfang 1964 die Ratifizierung des 24. Zusatzartikels zur Verfassung, der die Erhebung der Wahlsteuer für verfassungswidrig erklärte, die lange als Mittel benutzt worden war, Schwarze von Bundeswahlen auszuschließen. Im folgenden Monat zeigten der Druck des Präsidenten und der Bürgerrechtsgruppen jedoch Wirkung, das Repräsentantenhaus verabschiedete das Bürgerrechtsgesetz mit der überwältigenden Mehrheit von 290 zu 130. Im Juni stimmte der Senat zum ersten Mal für die Beendigung der Obstruktionstaktik gegen Bürgerrechte und sicherte dadurch die Verabschiedung des Gesetzes. Die Abstimmung im Senat lautete 73 zu 27, wobei der republikanische Führer im Senat, Everett M. Dirksen aus Illinois, für das Gesetz stimmte und der wahrscheinliche republikanische Präsidentschaftskandidat, Barry Goldwater aus Arizona, dagegen.

Das Bürgerrechtsgesetz von 1964 war umfassender und weitreichender als jedes frühere Gesetz des Kongresses zur Förderung der Gleichstellung der Rassen. Der Justizminister erhielt zusätzliche Kompetenzen, um Bürger gegen Diskriminierung und Rassentrennung bei Wahlen, in Bildungseinrichtungen und bei der Benutzung öffentlicher Einrichtungen zu schützen. Es untersagte jegliche Diskriminierung in den meisten staatlichen Unterkünften und gründete den Community Relations Service, um Einzelpersonen und Gemeinden zu helfen, Bürgerrechtsprobleme zu lösen. Es richtete zur Durchsetzung gleicher Arbeitsmöglichkeiten die Equal Employment Opportunity Commission (EEOC) ein und verlängerte den Auftrag der Commission on Civil Rights bis zum Januar 1968. Eine der umstrittensten Vorschriften verlangte die Beendigung der Diskriminierung in allen vom Bund unterstützten Projekten und autorisierte die Einstellung von Projekten oder die Streichung von Bundesgeldern bei Nichtbeachtung. Schließlich wurde das Office of Education der Vereinigten Staaten autorisiert, technische und finanzielle Hilfe bereitzustellen, um den Gemeinden bei der Aufhebung der Rassentrennung an Schulen zu helfen. Während einige Afroamerikaner das Gesetz kritisierten, weil es ihnen nicht weit genug ging, waren andere froh darüber, daß so etwas wie Gleichheit jetzt erreichbar schien.

Obwohl in einigen Bereichen die Diskriminierung erheblich abnahm, war die Phase nach der Verabschiedung des Bürgerrechtsgesetzes von 1964 durch starken Widerstand gegen seine Durchsetzung und erhebliche Gewalttätigkeiten an einigen Orten geprägt. Es gab einen »weißen Gegenschlag«, der durch Schwarze provoziert worden sei, die »allzu energisch« auf Gleichheit pochten. Im Norden manifestierte er sich in Aktionen von Weißen, die sich ihrer Vorurteile zum ersten Mal bewußt wurden oder direkte Protestaktionen zur Beseitigung der Diskriminierung in ihren Gemeinden ablehnten. Diese Reaktion erklärt zumindest teilweise die erheblichen Erfolge des Gouverneurs von Alabama, George Wallace, eines fanatischen Befürworters der Rassentrennung, bei den Präsidentschaftsvorwahlen 1964 in Wisconsin, Indiana und Maryland. Der Gegenschlag im Süden bestand lediglich in der normalen Entschlossenheit, mit der einige Befürworter der Rassentrennung an die Aufgabe gingen, die alte Ordnung zu bewahren. Einige öffentliche Einrichtungen wurden in Privatclubs umgewandelt, genau wie es nach der Verabschiedung des Bürgerrechtsgesetzes von 1875 geschehen war. Der Eigentümer eines Restaurants für Brathähnchen in Atlanta gelobte, eher Bankrott zu machen, als die Rassentrennung aufzuheben, und das tat er dann auch. Doch noch vor Ablauf des Jahres entmutigte es die Befürworter der Rassentrennung, als das Oberste Bundesgericht am 14. Dezember die Verfassungsmäßigkeit der Bestimmung über den öffentlichen Wohnungsbau im Bürgerrechtsgesetz bestätigte.

Weder die Gesetzgebung des Kongresses noch Maßnahmen der Exekutive konnte die Gewalt eindämmen, die den sogenannten langen heißen Sommer von 1964 prägte. Mitte Juli kam es zu Gewalttätigkeiten in Yorkville, einem Viertel von New York, als ein schwarzer Teenager von einem Polizisten außerhalb seiner Dienstzeit getötet worden war. Protestdemonstrationen gegen die Brutalität der Polizei dehnten sich auf Harlem, Bedford-Stuyvesant und andere Stadtviertel aus und waren oft von Ausschreitungen und Plünderungen begleitet. Ähnliche Krawalle gab es in Rochester (New York), Paterson, Elizabeth und Jersey City (New Jersey),

Philadelphia (Pennsylvania) und Chicago (Illinois). Ein Beobachter schrieb, daß herumziehende Banden »arbeitsloser Jugendlicher deutlich sichtbar an den meisten dieser Ausschreitungen beteiligt waren«.

Nach der Entscheidung des Obersten Gerichts zur Aufhebung der Rassentrennung an Schulen hatte der Ku-Klux-Klan seine Stellung als führende Organisation zur Verteidigung der weißen Vorherrschaft an die Citizens' Councils abgetreten. Während der Kongreßdebatten über das Bürgerrechtsgesetz von 1964 eroberte der Klan jedoch seine führende Rolle zurück. In Mississippi, Alabama, Louisiana und Georgia veranstalteten seine Mitglieder einen Protestmarsch gegen die Rassengleichheit. In Georgia forderten Klan-Leute vor einem Hotel, das die Rassentrennung aufgehoben hatte, mit Schildern zum Boykott auf: »Steigt hier nicht ab! Die Besitzer dieses Unternehmens haben vor den Rassenmischern kapituliert.« Wesentlich gefährlicher waren die dem Klan und ähnlichen Gruppen zugeschriebenen Gewalttaten im gleichen Sommer, als SNCC und SCLC ihre Kampagnen zur Wählerregistrierung intensivierten. Im Juli wurde ein afroamerikanischer Lehrer durch eine Gewehrsalve aus einem vorbeifahrenden Auto in Georgia getötet, als er von einem Lehrgang für Reserveoffiziere nach Washington zurückfuhr. Gegen zwei Männer, die dem Klan zugerechnet wurden, wurde Anklage erhoben, aber sie wurden freigesprochen. Im Juli verschwanden drei junge Bürgerrechtler spurlos – ein Schwarzer aus Mississippi und zwei Weiße aus New York –, nachdem sie wegen zu schnellen Fahrens in Mississippi festgenommen worden waren. Wochen später wurden ihre von Kugeln durchsiebten Leichen in einem Erdwall entdeckt. Während der Suche nach den Bürgerrechtlern fand man die Leichen von zwei Schwarzen im Mississippi. Mehrere Weiße wurden im Zusammenhang mit beiden Verbrechen festgenommen, aber keiner von ihnen wurde verurteilt. Zwischen Juni und Oktober wurden 24 Kirchen von Schwarzen in Mississippi völlig oder teilweise durch Brandanschläge und Feuer zerstört.

Obwohl sich beide große Parteien der Bedeutung der afroamerikanischen Stimmen bei nationalen Wahlen bewußt waren, sprach 1964 alles dafür, daß die Demokraten diese Stimmen bekommen würden. Die Afroamerikaner waren im allgemeinen mit Lyndon B. Johnsons Leistung auf dem Gebiet der Bürgerrechte als Vizepräsident und als Präsident zufrieden. Daß er Senator Hubert Humphrey aus Minnesota zu seinem Vizepräsidentschaftskandidaten machte, der sich in der Vergangenheit intensiv für die Bürgerrechte eingesetzt hatte, kam einer zusätzlichen Garantie gleich, daß die Regierung sich der Sache der Afroamerikaner weiterhin verpflichtet fühlte. Auch wenn die Demokraten die Delegierten der Mississippi Freedom Democratic Party nicht auf ihrem Parteikonvent zuließen, die argumentierten, daß die regulären Demokraten aus Mississippi »lilienweiß« seien, so besänftigten sie die Schwarzen damit, daß auf zukünftigen Parteikonventen keine nach Rassen getrennten Delegationen mehr zugelassen werden würden. Auf der Gegenseite nominierten die Republikaner Barry Goldwater als Präsidentschaftskandidaten, der im Senat gegen das Bürgerrechtsgesetz von 1964 gestimmt hatte, und als Vizepräsidenten den kaum bekannten Abgeordneten William E. Miller aus New York. Die meisten Afroamerikaner hörten aus Goldwaters ständigen Anspielungen auf die »Kriminalität auf den Straßen« während seines Wahlkampfes eine kaum verschleierte Verurteilung der Bürgerrechtsdemonstrationen heraus. Zum überwältigenden Sieg von Johnson und Humphrey hatten die afroamerikanischen Wähler ihr Teil beigetragen.

Trotz der bestehenden Bürgerrechtsgesetze hatten Hunderttausende Schwarze im Süden weiterhin Schwierigkeiten, wenn sie wählen wollten, oder wurden ganz ausgeschlossen. Im Sommer und Herbst 1964 sahen sich der Council of Federated Organizations, der sich aus den wichtigsten Bürgerrechtsgruppen zusammensetzte, der National Council of Churches und andere Organisationen starkem Widerstand bei ihrer Kampagne zur vermehrten Wählerregistrierung unter Schwarzen gegenüber. Selbst nach der Wahl stießen sie noch auf erbitterten Widerstand. Weiße Südstaatler schienen sich, besonders in Gebieten mit einem hohen schwarzen Bevölkerungsanteil, den Registrierungskampagnen stärker zu widersetzen als den Demonstrationen zur Aufhebung der Rassentrennung in öffentlichen Einrichtungen. In Selma, Dallas County, Alabama, war der Widerstand, angeführt vom Bezirkssheriff, besonders massiv. Im Februar 1965 wurde ein schwarzer Bürgerrechtler getötet und wenige Wochen später ein junger weißer Geistlicher aus Boston. Diese Gewalttaten erregten auch durch den Einsatz von Tränengas, Peitschen und Keulen gegen Demonstranten durch den Sheriff weltweites Aufsehen.

Noch mehr öffentliche Aufmerksamkeit erhielt der Entschluß der Demonstranten, von Selma nach Montgomery zu marschieren. Als die Behörden von Alabama den Marsch verhindern wollten, wies der Richter am US-Bezirksgericht in Montgomery die Einzelstaatsbehörden an, den Marsch zu genehmigen, und Präsident Johnson unterstellte die Nationalgarde von Alabama dem Bund, um die Demonstranten schützen zu lassen. Am letzten Tag des Marsches schlossen sich den 300 Demonstranten 50 000 weiße und schwarze Sympathisanten aus dem ganzen Land an. Martin Luther King, der wenige Monate zuvor den Friedensnobelpreis für seine führende Rolle in der Bürgerrechtsbewegung erhalten hatte, versicherte der Menge in Montgomery: »Keine Flutwelle des Rassismus kann uns aufhalten.« Der Träger des Nobelpreises Ralph Bunche entschuldigte sich in seiner Ansprache dafür, von den Stufen eines Kapitols sprechen zu müssen, über dem die Fahne der Konföderation wehte. Am gleichen Abend, so als ob das Motto »Der tiefe Süden sagt: ›Niemals!‹« bekräftigt werden sollte, erschossen Heckenschützen eine weiße Frau aus Detroit, die Demonstranten aus Montgomery nach Selma zurücktransportierte. Im Dezember wurden die Täter, die von der Anklage des Mordes freigesprochen worden waren, nach einem Bundesgesetz aus dem Jahr 1870 wegen Verletzung der Bürgerrechte der Getöteten verurteilt.

Als der Marsch von Selma nach Montgomery stattfand, erkannte der Präsident, wie dringend notwendig weitere Gesetze zur Sicherung der Rechte von Wählern waren. In einer Botschaft an den Kongreß und die Nation erklärte er, daß der wahre Held im Kampf um die Gleichheit der Afroamerikaner sei. »Seine Aktionen und Proteste – sein Mut, die eigene Sicherheit, ja selbst sein Leben aufs Spiel zu setzen – haben das Gewissen der Nation wachgerüttelt. Seine Demonstrationen haben den Blick auf die Ungerechtigkeit lenken, Veränderungen herbeiführen und Reformen durchsetzen sollen. Er hat uns aufgefordert, die Verheißung Amerikas wahrzumachen. Und wer von uns kann denn behaupten, wir hätten solche Fortschritte gemacht, wären da nicht seine beharrliche Tapferkeit und sein Glaube an die amerikanische Demokratie gewesen ... Wir werden diesen Konflikt austragen, wo er ausgetragen werden muß – in den Gerichten, im Kongreß und in den Herzen der Menschen. Und wir werden ihn überwinden.« Die Afroamerikaner überall im Land waren zutiefst befriedigt, daß der Präsident der Vereinigten Staaten seine aufrüttelnde Ansprache mit dem Leitmotiv der Bürgerrechtsbewegung »we shall overcome« beendete.

Wenige Tage später legte der Präsident dem Kongreß seinen Vorschlag für ein Wahlrechtsgesetz vor. Der Kongreß verabschiedete das Gesetz ungewöhnlich rasch. Es ermächtigte den Justizminister, Prüfer des Bundes zur Registrierung schwarzer Wähler zu entsenden, wenn er zu dem Ergebnis kam, daß die örtlichen Registratoren ihrer Aufgabe nicht gerecht wurden. Es suspendierte alle Lese- und Schreibprüfungen und andere Hindernisse in den Staaten und Kreisen, die sie benutzt hatten, wenn 1964 weniger als 50 Prozent der Erwachsenen gewählt hatten. Betroffen vom Gesetz waren Alabama, Georgia, Louisiana, Mississippi, South Carolina, Virginia und 26 Kreise in North Carolina, Alaska und einzelne Kreise in Arizona, Idaho und Hawaii. Gegen diese Maßnahme regte sich Widerstand, und einige Schwarze beschuldigten Justizminister Nicholas Katzenbach, die Prüfer nicht schnell genug zu schicken. Nichtsdestoweniger waren am Ende des Jahres eine Viertelmillion Afroamerikaner neu als Wähler registriert worden, ein Drittel von den Bundesprüfern und zwei Drittel von örtlichen Beamten. Im gleichen Jahr konnten Afroamerikaner Sitze im Abgeordnetenhaus von Georgia und in Stadträten mehrerer Städte des Südens gewinnen.

Noch bevor viele Afroamerikaner sich im Schutz der neuen Gesetzgebung als Wähler registrieren ließen, wurde deutlich, daß sie mehr als das Wahlrecht brauchten, wenn sie Gleiche sein wollten. Nach dem Zweiten Weltkrieg zogen viele Schwarze vom Land in die Städte, aber ihre Probleme konnte die Migration nicht lösen. Zwischen 1940 und 1960 nahm die Zahl der Schwarzen in New York City um das Zweieinhalbfache zu, aber 85 Prozent der Neuankömmlinge drängten sich in den bereits überfüllten schwarzen Ghettos. In anderen Städten war die Lage vergleichbar. Als die Weißen aus der Stadtmitte in die besseren Viertel oder in die Vororte zogen, fanden Afroamerikaner zwar Wohnungen und Häuser, aber nicht zu ihren eigenen Bedingungen, sondern zu denen der Eigentümer, Hypothekenverleiher und anderen Nutznießer. Allzuoft zahlten sie überhöhte Preise für Häuser, die bereits unmodern und baufällig waren.

Diskriminierung im Wohnungswesen war nicht nur gängige Praxis im privaten Sektor, sondern entsprach staatlichen Richtlinien. Zwischen 1935 und 1950 wurden elf Millionen Häuser gebaut. Wann immer Subventionen des Bundes gezahlt wurden, waren die Richtlinien in puncto Rasse im Handbuch der Federal Housing Administration, der Bundesbehörde für Wohnraum, festgelegt, die erklärte: »Wenn in einem Viertel die Stabilität aufrechterhalten werden soll, ist es notwendig, daß die Immobilien weiterhin von denselben sozialen Klassen und Rassen genutzt werden.« Nach Meinung eines Wohnungsexperten haben diese Richtlinien mehr zur Verhärtung der Vorurteile in den amerikanischen Wohnvierteln beigetragen, als je ein Gericht durch seine Entscheidung rückgängig machen konnte. Trotz der Tatsache, daß 1962 bereits 17 Einzelstaaten und 56 Städte Gesetze oder Beschlüsse gegen Diskriminierung im Wohnungswesen verabschiedet hatten, blieb das Vorurteil bestehen. Banken, Versicherungsgesellschaften, Immobilienfirmen und Makler profitierten beträchtlich von der Rassentrennung im Wohnungswesen, denn sie erhielten für ein Minimum an Ausgaben ein Maximum an Profit.

Die Afroamerikaner waren tief verbittert, als ihnen klar wurde, daß sie von Vermietern und Maklern ausgebeutet wurden, die ihre Miete einstrichen, sich jedoch weigerten, die von Kommunen und Staaten eingeführten Mindeststandards für Wohnen und Gesundheit zu erfüllen. Sie zahlten hohe Mieten für rattenverseuchte Slumwohnungen und mußten zusehen, wie ihren Kindern in diesen Vierteln eine schlechtere Schulbildung, weniger Stellenangebote und, wenn überhaupt, unzureichende öffentliche Einrichtungen angeboten wurden. Noch schwerwiegender war für sie die Entdeckung, daß Städte ihre eigenen Antirassismusregelungen für Wohnraum nicht durchsetzten. Das brachte 1963 Schwarze in New York dazu, Mietstreiks gegen Slumvermieter zu organisieren, und sich 1966 in Chicago dem Aufruf Martin Luther Kings zum kompromißlosen Kampf gegen die Diskriminierung im Wohnungswesen anzuschließen. In Kalifornien erlitten die Anhänger der Chancengleichheit im Wohnungswesen 1964 einen Rückschlag, als die Wähler mit überwältigender Mehrheit einen ausgeklügelten Zusatzartikel zur Verfassung annahmen, der auf den ersten Blick dem Grundstückseigentümer das Recht zubilligte, sein Eigentum der von ihm gewünschten Person zu überlassen. Der Zusatzartikel wurde von den Interessenvertretern der Immobilienbranche, der California Real Estate Association und der National Association of Real Estate Boards, unterstützt und war in Wirklichkeit ein Bollwerk gegen die offene Wohnungsvergabe. So wurde der Zusatzartikel 1966 auch vom Obersten Gericht von Kalifornien interpretiert und für verfassungswidrig erklärt. Trotzdem standen die Afroamerikaner in jeder amerikanischen Stadt weiterhin vor unsäglichen Schwierigkeiten, angemessenen Wohnraum zu finden.

Die Schwarzen in den Städten litten noch stärker unter ungleichen

Chancen auf dem Arbeitsmarkt. Präsident Johnson versuchte, ein Beispiel für eine faire Einstellungspolitik zu geben, indem er weitere Afroamerikaner in hohe Regierungsposten berief. Er ernannte zu Botschaftern Mercer Cook im Senegal, Hugh Smythe in Syrien, Franklin Williams in Ghana, Elliott Skinner in Obervolta, Patricia Harris in Luxemburg. Er beförderte Wade McCree vom US-Bezirksgericht zum Landgericht, ernannte den Richter am Landgericht Thurgood Marshall zum stellvertretenden Justizminister und später zum Richter am Obersten Bundesgericht, ernannte Hobart Taylor in den Vorstand der Export-Import-Bank, Andrew Brimmer in den Zentralbankrat, Federal Reserve Board, und Walter Washington zum Bürgermeister der amerikanischen Hauptstadt. Anfang 1965 gründete er außerdem den Council on Equal Opportunity, in dem Mitglieder des Kabinetts und Leiter von Bundesbehörden saßen, die im weiteren Sinn mit Bürgerrechten befaßt waren, und machte Vizepräsident Humphrey zum Vorsitzenden. Der Council hatte einen Mitarbeiterstab und konnte von Behörden und Ministerien Berichte anfordern. Diese Regelung wurde im September 1965 ebenso beendet wie die Pflichten des Vizepräsidenten im Bereich der Bürgerrechte. Der Justizminister wurde zum Chef des Bürgerrechtsprogramms der Regierung bestellt, und der Schwerpunkt der Arbeit verschob sich von wirtschaftlichen Chancen auf Probleme der Befolgung des Bürgerrechtsgesetzes von 1964. Noch war etwas von der Dynamik der Kennedy-Jahre geblieben, und man versuchte die Privatwirtschaft dazu zu bewegen, mehr Arbeitsplätze für Schwarze zu schaffen. Aber es reichte nicht aus, um die Lage entscheidend zu ändern.

Insgesamt ging man davon aus, daß die energische Kampagne für mehr Gleichheit die wirtschaftliche Kluft zwischen Schwarzen und Weißen allmählich verringerte. Dieser Eindruck war ganz und gar falsch und wurde partiell durch die Eröffnung einiger weniger publizistisch ausgeschlachteter Chancen hervorgerufen, die man jedoch als »massive Alibi-Veranstaltungen« bezeichnen muß. In vielen Städten wurden Afroamerikaner Vizepräsidenten von Banken und großen Industrie- und Handelsunternehmen. Viele wurden Verkäufer und Angestellte in Kaufhäusern und anderen Geschäften. Einige wurden in die Vorstände von großen Automobilfirmen, Fluggesellschaften, öffentlichen Versorgungsbetrieben und anderen Betrieben und Industrieunternehmen berufen. Aber der wirtschaftliche Abstand zwischen Schwarzen und Weißen nahm nicht nur nicht ab, sondern vergrößerte sich, besonders bei Fabrikarbeitern und in den Niedriglohngruppen.

Zwischen 1949 und 1964 nahm der relative Anteil der Afroamerikaner am Wirtschaftsleben der Nation wesentlich ab. In dieser Zeitspanne gab es fast doppelt so viele arbeitslose Schwarze wie arbeitslose Weiße. Selbst im Wohlstandsjahr 1963 war die Arbeitslosenquote bei Schwarzen um 114 Prozent höher als bei Weißen. Waren Schwarze beschäftigt, so arbeiteten mehr als 80 Prozent in den niedrigsten Lohngruppen, im Vergleich zu 40 Prozent der Weißen mit Arbeit. In den Folgejahren war es nicht besser. 1964 betrug die Arbeitslosenquote bei Schwarzen 9,6 Prozent gegenüber 4,6 Prozent bei Weißen; 1971 waren es 9,9 Prozent bei Schwarzen und 5,4 Prozent bei Weißen. 1969 betrug das mittlere Jahreseinkommen von Schwarzen mit achtjähriger Schulbildung 4472 Dollar, für Weiße mit derselben Schulbildung dagegen 7018 Dollar. 1970 legte das Census Bureau die Armutsgrenze bei einem mittleren Einkommen von weniger als 3968 Dollar für eine vierköpfige Familie fest und stellte fest, daß einer von drei Schwarzen im Vergleich zu einem von zehn Weißen in diese Kategorie fiel. Die Aufstiegschancen für Afroamerikaner waren nicht nur durch die bestehenden Rassenvorurteile stark eingeschränkt, sondern auch durch die geringen Chancen, eine Lehrstelle zu finden, und durch die Diskriminierung in vielen Gewerkschaften.

1962 schätzte der Council of Economic Advisers die Kosten der Rassendiskriminierung auf etwa 17,3 Milliarden Dollar oder 3,2 Prozent des Bruttosozialprodukts. Diese Kosten entstanden hauptsächlich aus dem Versäumnis, die bestehenden Kenntnisse und Fähigkeiten der ganzen Bevölkerung zu nutzen und potentielle Kenntnisse und Fähigkeiten voll zu entwickeln. Die Folgen dieser Diskriminierung von schwarzen Amerikanern konnte man daran ermessen, daß sie nicht in der Lage waren, eine angemessene Wohnung zu finden, selbst wenn diese zur Verfügung stand, daß sie keine gesunde Umgebung für das Großziehen und die Ausbildung ihrer Kinder schaffen und nicht stärker am wirtschaftlichen und sozialen Leben ihres Landes teilhaben konnten. Darüber hinaus herrschte ein überwältigendes Gefühl der Frustration und Entfremdung, das man nicht in Geld bemessen konnte, zumindest so lange nicht, bis es zu gewalttätigen Unruhen kam, wie in Los Angeles im August 1965.

Der unmittelbare Anlaß für die Unruhen im Watts-Viertel von Los Angeles war die Festnahme eines jungen Afroamerikaners wegen rücksichtslosen Autofahrens. Als einer der Polizisten seinen Revolver zog, sammelte sich eine wütende Menge und griff die Polizisten an. Am nächsten Tag, nach einem erfolglosen Versuch, die gespannte Lage zu beruhigen, gingen die Rassenunruhen mit Plünderungen und Brandstiftungen weiter. Auf dem Höhepunkt der Brandorgie hörte man Schwarze brüllen: »Brenn, Weißer, brenn« und »Erledigt den Weißen«. Es war eine Eruption der Spannungen, der Bitterkeit und des Hasses. Als die Polizei mit Unterstützung der Nationalgarde von Kalifornien die Ruhe wiederherstellte, zählte sie 34 Tote, 1032 Verletzte und 3952 Festnahmen. Der angerichtete Schaden wurde auf 40 Millionen Dollar geschätzt.

Der tieferliegende Grund der Unruhen in Watts war die Demoralisierung der schwarzen Bevölkerung von Los Angeles. Trotz der Tatsache, daß 20 Prozent der Häuser in Watts baufällig waren, lebte ein Sechstel von Los Angeles halber Million Schwarzer zusammengepfercht auf einer Fläche, die viermal so dicht bewohnt war wie die übrigen Viertel der Stadt. Aufgrund von Diskriminierung und Vorurteilen konnten nur wenige Schwarze anderswo Wohnungen finden, selbst wenn sie es sich leisten konnten. Die Lage auf dem Arbeitsmarkt sah nicht besser aus. Mehr als 30 Prozent der potentiellen afroamerikanischen Lohnempfänger waren zur Zeit der Unruhen arbeitslos. Tausende gelernter und ungelernter Afroamerikaner hatten kaum Hoffnung auf einen Arbeitsplatz. Selbst in den Läden in Watts waren viele Arbeitsuchende von weißen Ladenbesitzern abgewiesen worden, die weiße Angestellte bevorzugten, die wie die Besitzer nicht in Watts wohnten. Viele Schwarze verlegten sich auf vielerlei illegale Geschäfte. Andere holten sich bei den Black Muslims Rat, deren Einfluß im Steigen begriffen war, kamen zu dem Ergebnis, daß die Ursache für ihr Elend in den Ungerechtigkeiten des weißen Mannes lag. So waren sie psychologisch darauf vorbereitet, zu plündern und Brände zu legen. Watts stand für die Tragödie der Illusion der Gleichheit.

Und noch auf einer anderen Ebene machte sich ein Gefühl der Hoffnungslosigkeit breit. Das Student Nonviolent Coordinating Committee war mehrere Jahre lang die Vorhut im Kampf gegen die Bürgerrechte gewesen. Seine Mitglieder hatten Beleidigungen ertragen und ihr Leben riskiert, um die Registrierung von schwarzen Wählern im Süden voranzubringen. Sie hatten in ihrer Mitte gelebt, sie unterrichtet und ihre Selbstachtung gestärkt. Doch allmählich überkamen Ernüchterung und Pessimismus einige der Mitglieder. Sie glaubten, daß einige der führenden Schwarzen nicht genug Druck ausübten und sich mit weniger als der vollen Gleichberechtigung zufriedengeben würden. Sie verloren das Vertrauen in die meisten Politiker und meinten, ein abgekartetes Spiel zwischen Vertretern des Bundes und der Einzelstaaten und Kommunen zum Nachteil der Schwarzen zu sehen. Die Gesetze waren schwach, meinten sie, und wenn sie stark waren, wurden sie von den zuständigen Beamten nicht durchgesetzt. Mitglieder von SNCC sprachen deshalb allmählich von der Sinnlosigkeit der traditionellen Art des Kampfes für die Gleichberechtigung. 1966 behauptete der neue Vorsitzende der Organisation, Stokely Carmichael, daß die Schwarzen in den Kategorien der »Schwarzen Macht« (Black Power) denken und so die »Weiße Macht«, die sie unterdrückte, bekämpfen müßten. Es war nicht wirklich klar, ob und wie weit das SNCC jede Unterstützung von Weißen ablehnte. Klar war jedoch, daß es schwarze Führer zur Erreichung schwarzer Ziele bevorzugte. Anfang der siebziger Jahre war es für einige schwarze Gruppen nicht ungewöhnlich, die angebotene Unterstützung von Weißen abzulehnen.

Der Prozeß der Aufhebung der Rassentrennung an Schulen zeigte ebenfalls, wie trügerisch Freiheit sein konnte. Angesichts des Widerstandes gegen die Gerichtsentscheidungen zur Rassentrennung und der Methoden, die Aufhebung insgesamt zu verzögern, entdeckten die Afroamerikaner schon bald, daß die Aufhebung der Rassentrennung im Süden und im Norden ein sehr langwieriger Prozeß sein würde. Noch 1964 besuchten weniger als 2 Prozent der afroamerikanischen Schüler in den elf Staaten der ehemaligen Konföderation gemeinsam mit weißen Schülern die Schule. In diesem Jahr wurde allerdings die unnachgiebige Haltung der Schulbehörde in Prince Edward County, Virginia, durch die Entscheidung des Obersten Bundesgerichts überwunden, daß der Landkreis eine öffentliche Schule unterhalten müsse. Zum ersten Mal seit 1959 konnten schwarze Kinder wieder eine öffentliche Schule besuchen.

Mit dem Bürgerrechtsgesetz von 1964 bekamen Regierung und Verwaltung die Mittel an die Hand, das zu tun, was das Oberste Bundesgericht nicht hatte tun können. Da das Gesetz jede Diskriminierung in vom

Bund subventionierten Projekten und Programmen untersagte, waren Schulbezirke, die Bundesgelder erhielten, gezwungen, die Rassentrennung aufzuheben oder annehmbare Pläne zur Aufhebung der Rassentrennung an ihren Schulen vorzulegen. Das Gesetz zum Primar- und Sekundarunterricht (Elementary and Secondary Education Act) von 1965, mit Finanzmitteln von 1,3 Milliarden Dollar, war ein weiterer Anreiz. Bis September 1965 hatten alle Schulbezirke bis auf 124 Bezirke in den Süd- und Randstaaten akzeptable Ausführungspläne vorgelegt, darunter Pläne mit Wahlfreiheit, die von schwarzen Schülern verlangten, die Initiative selbst zu ergreifen und die Aufnahme an rein weißen Schulen zu beantragen. In den elf Südstaaten der ehemaligen Konföderation gingen jedoch im Schuljahr 1965/66 nur 6 Prozent der schwarzen Kinder in Schulen ohne Rassentrennung. Die Südstaaten lernten schnell, wie sie den Anforderungen der Bundesregierung genügen, Bundesgelder erhalten und zugleich die alte Ordnung beibehalten konnten.

Im Frühjahr 1967 erhielt die weitere Aufhebung der Rassentrennung an Schulen unerwarteten Auftrieb vom Landgericht des Bundes (U.S. Circuit Court) im 5. Bezirk. In seiner Entscheidung im Fall *Vereinigte Staaten gegen Jefferson County*, der sich aus den Schulsystemen von Alabama und Louisana ergeben hatte, erklärte das Gericht: »Der einzige Plan zur Aufhebung der Rassentrennung an Schulen, der den verfassungsmäßigen Anforderungen entspricht, ist einer, der umsetzbar ist.« Kurz danach ergingen vierzig Klagen zur Aufhebung der Rassentrennung, und das Ministerium für Gesundheit, Bildung und Soziales verstärkte den Druck auf die Schulbezirke. Zu Beginn des Schuljahrs 1968 gingen 20,3 Prozent der Schulkinder in den früheren Konföderierten Staaten in »vollintegrierte Schulen«. Zwei Jahre später wurden mehr als 90 Prozent der Schulen im Süden als integriert eingestuft, und die Schulen im Süden – und sogar im Norden – gaben dem Druck der Gerichte und der Öffentlichkeit nach.

Die Anwendung derselben Erfüllungsbestimmung des Bürgerrechtsgesetzes auf die De-facto-Rassentrennung der Schulen im Norden war schwierig. Staatliche Zuschüsse für Boston wurden 1965 aufgrund von Klagen, daß afroamerikanische Schüler unfair behandelt wurden, zurückbehalten. Die Gelder wurden noch während der Untersuchung freigegeben. Im selben Jahr hielt das Office of Education mehr als 30 Millionen Dollar für Chicagoer Schulen zurück, weil Klagen eingegangen waren, daß afroamerikanische Schüler nicht in Berufs- und Handelsschulen aufgenommen wurden und die Aufteilung der Schulbezirke manipuliert werde. Die Schulbehörde Chicagos willigte ein, den Sachverhalt zu klären, und nach entschiedener Intervention des Chicagoer Bürgermeisters und einiger Kongreßmitglieder aus Illinois wurde das Geld freigegeben. Auch in anderen Städten gab es Beschwerden, so in San Francisco und New York, aber die Bundeszuschüsse wurden nicht einbehalten. Selbst diese neue mächtige Waffe wußte das Office of Education nicht zur nachhaltigen Durchsetzung gleicher Ausbildungschancen zu nutzen.

Der Widerstand gegen die Aufhebung der Rassentrennung an öffentlichen Schulen ging in den folgenden Jahren an vielen Fronten weiter. Im Süden kam es nicht selten zur »Resegregation« (Wiedereinführung der Rassentrennung), d. h. weiße und schwarze Schüler wurden in verschiedene Klassen gesetzt, oder schwarze Schüler wurden von außerschulischen Aktivitäten, etwa Sport, ausgeschlossen. Gleichzeitig verloren schwarze Schulbeamte und Lehrer entweder ihre Stelle oder erhielten eine untergeordnete Position zugewiesen, während Weiße – ohne bessere Ausbildung oder mehr Erfahrung – die höher gestuften Stellen bekamen. Im Norden gab es sogar dort, wo Schulbeamte Programme zur Integration in Gang setzten, starken Widerstand, und an vielen Orten wurden Nachbarschaftsschulen, die meistens eine rassisch homogene Schülerschaft hatten, mit ebensolcher Leidenschaft verteidigt, wie die Südstaatler rassisch getrennte Schulen verteidigt hatten.

Aufgrund der Wohnmuster nach Rassen in den meisten Städten des Nordens und des Südens konnten wenige Gemeinden die Rassentrennung an ihren Schulen aufheben oder ein Gleichgewicht zwischen den Rassen erreichen, ohne Schüler von einem Teil der Stadt in einen anderen umzuschulen. Schon Mitte der sechziger Jahre begannen Schulen ansatzweise mit diesem Experiment, und 1968 war Berkeley in Kalifornien die erste Stadt, die durch den Bustransport von Schülern quer durch die Stadt voll integrierte Schulen durchsetzte. Bald folgten andere Städte dem Beispiel Berkeleys, weil das Bildungsministerium weiter Druck ausübte.

Trotz örtlichen Widerstands wurde das duale Schulsystem, zumindest formal, langsam abgebaut. Dann warnte Präsident Nixon 1971 die Beamten des Bundes, keinen Druck auf südstaatliche Schulen auszuüben, die Rassentrennung mit Hilfe »erzwungener Bustransporte« aufzuheben oder aber sich einen neuen Arbeitsplatz zu suchen. Außerdem äußerte er öffentlich, daß die Bemühungen zur Integration in den Vororten »unfruchtbar seien, und nicht im Sinn besserer Rassenbeziehungen«. Schließlich drohte er damit, über ein Gesetz oder sogar einen Zusatzartikel zur Verfassung die Gerichte daran zu hindern, die Rassenintegration durch den Bustransport von Schülern zu unterstützen. Einige Schulbehörden, die umfangreiche Programme zur rassischen Ausgewogenheit mit eben diesem Bussystem hatten, fühlten sich betrogen. Andere, die der Idee von Nachbarschaftsschulen und der Rassentrennung anhingen, waren überglücklich. Die Gerichte sollten das letzte Wort in dieser Sache haben, aber die Position des Obersten Bundesgerichts blieb 1973 unklar, als es mit einer Vier-zu-vier-Entscheidung das Urteil eines Landgerichts bekräftigte, das in Virginia die Beförderung von Schülern mit Schulbussen über die Grenze zwischen Stadt und Vororten untersagte.

1978 schien es klar, daß auch nur die Andeutung von rassischer Ausgewogenheit an den öffentlichen Schulen der Großstädte faktisch nicht realisierbar war. In dem Maß, in dem der Bund, manchmal über die Einzelstaaten, die öffentlichen Schulen drängte, mehr Integration zu erreichen, flohen viele weiße Eltern in die Vororte oder schickten ihre Kinder auf Privatschulen. Dadurch blieben mehrheitlich schwarze Schüler zurück, und die Zahl der weißen Schüler war zu gering, um eine ausgewogene Zusammensetzung zu erreichen. Und sowohl die Gerichte als auch die führenden Politiker mißbilligten die Entwicklung von übergreifenden Schulbezirken zwischen Stadt und Umland in den Ballungsräumen, obwohl solche kombinierten Bezirke auf den Gebieten des öffentlichen Nahverkehrs, der Wasser- und Abwasserversorgung und der Parkverwaltung sehr erfolgreich arbeiteten. 1978 erlitt die Aufhebung der Rassentrennung noch einen weiteren Rückschlag, als das Oberste Bundesgericht im Fall Bakke entschied, daß die Rasse als alleiniger Faktor nicht für die garantierte Zulassung einer bestimmten Anzahl Schwarzer an einem staatlichen Medizincollege in Kalifornien benutzt werden dürfe.

Bevölkerungszahl der Afroamerikaner und Nicht-Afroamerikaner nach Einzelstaaten, 1920 und 1950

Staat	1920 AA	1920 NAA	1955 AA	1955 NAA
	in Tausend		in Tausend	
Alabama	901	1 447	980	2 082
Alaska	(a)	55	–	129
Arizona	8	326	26	724
Arkansas	472	1 280	427	1 483
California	39	3 388	462	10 124
Colorado	11	929	20	1 305
Connecticut	21	1 360	53	1 954
Delaware	30	193	44	274
Dist of Columbia	110	328	281	521
Florida	329	639	603	2 168
Georgia	1 206	1 690	1 063	2 382
Hawaii	(a)	256	3	497
Idaho	1	431	1	588
Illinois	182	6 303	646	8 066
Indiana	81	2 849	174	3 760
Iowa	19	2 385	20	2 601
Kansas	58	1 711	73	1 832
Kentucky	236	2 181	202	2 743
Louisiana	700	1 099	882	1 802
Maine	1	767	1	913
Maryland	244	1 206	386	1 957
Massachusetts	45	3 807	73	4 618
Michigan	60	3 608	442	5 930
Minnesota	9	2 378	14	2 968
Mississippi	935	856	986	1 193
Missouri	178	3 226	297	3 658
Montana	2	547	1	590
Nebraska	13	1 283	19	1 307
Nevada	(a)	77	4	156
New Hampshire	1	442	1	532
New Jersey	117	3 039	319	4 516
New Mexico	6	354	8	673
New York	198	10 187	918	13 912

	1920		1955	
	AA	NAA	AA	NAA
Staat	in Tausend		in Tausend	
North Carolina	763	1 796	1 047	3 015
North Dakota	(a)	647	(a)	620
Ohio	186	5 573	513	7 434
Oklahoma	149	1 879	146	2 087
Oregon	2	781	12	1 509
Pennsylvania	285	8 435	638	9 860
Rhode Island	10	594	14	778
South Carolina	865	819	822	1 295
South Dakota	1	636	1	652
Tennessee	452	1 886	531	2 761
Texas	742	3 921	977	6 734
Utah	1	448	3	686
Vermont	1	351	(a)	378
Virginia	690	1 619	734	2 585
Washington	7	1 350	31	2 348
West Virginia	86	1 378	115	1 891
Wisconsin	5	2 627	28	3 407
Wyoming	1	193	3	288

(a) weniger als 500
- statistisch Null.
Quelle: U.S. Bureau of the Census, *Historical Statistics of the United States, Colonial Times to 1970, Bicentenntial Edition* [Teil 2] (Washington D.C., 1975) S. 24–37

Der Höhepunkt der Revolution

Die sechziger Jahre waren für die Schwarzen eine revolutionäre Zeit in den Vereinigten Staaten. Sie begannen das Jahrzehnt mit großen Erwartungen, denn noch glaubten sie daran, daß die Gerichtsentscheidung zur Aufhebung der Rassentrennung an den Schulen den Beginn für ein wirklich demokratisches Bildungssystem in den Vereinigten Staaten markieren würde. Die Sit-in-Bewegung, die Freiheitsfahrer, die Märsche und Demonstrationen, die Kampagnen zur Wählerregistrierung, die alle von

Ein Moslemführer geht auf Reisen. 1964 reiste Malcolm X kreuz und quer durch die moslemischen Länder. Hier besucht er eine Moschee in Ägypten. *(John Launois/Blackstar)*

unzähligen Weißen und Schwarzen unterstützt wurden, hatten den Eindruck entstehen lassen, daß man das Verhältnis zwischen den Rassen nachhaltig verändern und ganz neu gestalten würde. Erst langsam, dann immer schneller machte dieser Optimismus einer pessimistischen, ja zynischen Einstellung Platz. Es war nicht nur die Ablehnung der Gleichheit durch weiße rassistische Citizens' Councils oder weiße Mütter im

Dr. Martin Luther King in Memphis. Er steht hier etwa an derselben Stelle auf dem Balkon des Memphis Motels, wo er erschossen werden sollte. Dieses Photo wurde am 3. April 1968, am Tag vor dem Attentat gemacht, kurz nachdem King in Memphis, Tennessee, angekommen war. Neben ihm steht Jesse Jackson, mit dem King sprach, als er erschossen wurde. Rechts neben ihm Ralph Abernathy. *(AP/Wide World Photos)*

Norden, die gegen die Aufhebung der Rassentrennung an den Schulen zu Felde zogen, oder weiße Bauarbeiter, die sich der Einstellung von schwarzen Gesellen und Lehrlingen erbittert widersetzten, sondern ein generelles Gefühl, daß man den Schwarzen unter gar keinen Umständen Gerechtigkeit und Gleichberechtigung zugestehen werde. Dieses Gefühl, das durch die bösen Erfahrungen verstärkt wurde, schuf die hoffnungslose Atmosphäre, aus der heraus die Schwarze Revolution *(Black Revolution)* entstand.

Zunächst war da die Gewalt. 1963 die Ermordung von John F. Kennedy, den viele Schwarze inzwischen als ihren Freund angesehen hatten. Dann 1965 der Mord an Malcolm X und das von vielen Schwarzen geteilte Gefühl, daß die Verfolgung der Attentäter keineswegs mit Nachdruck betrieben wurde. Mitte der sechziger Jahre die Morde an zahlreichen Bürgerrechtlern und an unschuldigen Kindern, Verbrechen, für die niemand verurteilt oder ernsthaft verfolgt wurde. Schließlich wurde am 4. April 1968 Martin Luther King, Jr., in einem Motel in Memphis erschossen, wo er den Streik der Müllarbeiter unterstützen wollte. Für viele Afroamerikaner symbolisierte dieser Akt der Gewalt die Ablehnung ihres machtvollen, aber friedlichen Kampfes für die Gleichheit durch das weiße Amerika. In mehr als hundert Städten kam es tagelang zu Rassenunruhen, Brandstiftungen und Plünderungen, eine bedrohliche Antwort vieler Schwarzer auf den brutalen Mord an ihrem jungen Führer. Die Festnahme von James Earl Ray und der unmittelbar folgende Prozeß nach seinem Schuldbekenntnis, ohne daß Zeugen vernommen worden waren, verbitterte viele Schwarze noch mehr, weil sie den Verdacht hegten, daß diese übereilte »Gerechtigkeit« nur eine mögliche Verschwörung vertuschen sollte. Die gründliche Untersuchung durch einen Sonderausschuß des Kongresses führte 1978 zu keinem befriedigenden Ergebnis in der Frage einer möglichen Verschwörung.

Vor seinem Tod war Martin Luther King von militanten Aktivisten unter den Schwarzen kritisiert worden, die behaupteten, daß christliche Nächstenliebe, guter Wille und selbst friedliche Demonstrationen die Weißen nicht dazu bringen würden, die Forderungen der Schwarzen zu erfüllen. Einige meinten, nie würden die Weißen den Schwarzen die volle Gleichberechtigung zubilligen. 1967 rief die Black-Power-Konferenz in Newark, New Jersey, zur »Teilung der Vereinigten Staaten in zwei separate, unabhängige Nationen, ein ›Homeland‹ für weiße und ein ›Homeland‹ für schwarze Amerikaner« auf. Gleichzeitig gründete eine Gruppe junger militanter Kalifornier unter der Führung von Huey P. Newton und Bobby Seale die Black Panther Party for Self-Defense (Partei der Schwarzen Panther zur Selbstverteidigung). Eldridge Cleaver als ihr artikuliertester Sprecher erklärte, das Land habe die Wahl zwischen »der totalen Freiheit für die Schwarzen oder der totalen Zerstörung Amerikas«.

Im ganzen Land wurden die Black Panther bekannt, nachdem Huey P. Newton, der eine Gruppe bewaffneter Demonstranten ins Abgeordnetenhaus von Kalifornien geführt hatte, wegen Totschlags an einem Polizisten in Oakland verurteilt wurde. Überall schossen Ortsgruppen der Partei in größeren Städten des Landes aus dem Boden. Die Partei forderte Vollbeschäftigung, ordentlichen Wohnraum, die Selbstbestimmung der Schwarzen in schwarzen Vierteln und Gemeinden und ein Ende jeglicher Unterdrückung und Brutalität. Es dauerte nicht lange, bis die Panther in zahlreiche Zusammenstöße mit der Polizei verwickelt waren. Mehrere Panther waren wegen Mordes, versuchten Mordes und kleinerer Verbrechen angeklagt und verhaftet worden. Die Bundespolizei F.B.I. erklärte die Black Panther für gefährlich und subversiv. Sie wurden offenbar zur Zielscheibe einer konzertierten Aktion gemacht, um sie als effektive, radikale Organisation auszuschalten. 1980 existierte nur mehr ein Schatten dessen, was die Black Panther einmal gewesen waren. Huey Newton war mehr Schriftsteller als Aktivist, Bobby Seale und einige andere führende Mitglieder engagierten sich bei eher orthodoxen politischen Projekten. Und Eldridge Cleaver, der aus dem Exil zurückgekehrt war und sich dem Gericht wegen alter Anklagen gestellt hatte, war ein »wiedergeborener« Christ geworden und genoß große Sympathien bei seinen früheren Gegnern.

Wenn die Black Panther die guten Absichten des weißen Amerika insgesamt bezweifelt hatten, so stellte die Black Economic Development Conference diese Absichten auf eine deutliche Probe. Die Konferenz, die im April 1969 unter der Führung von James Forman vom SNCC in Detroit tagte, veröffentlichte ein »Schwarzes Manifest«, das die »weißen christlichen Kirchen und die Synagogen in den Vereinigten Staaten und alle anderen rassistischen Institutionen« aufforderte, 500 Millionen Dollar Reparationen zu zahlen und 60 Prozent ihres Vermögens in einen Fonds der Konferenz einzuzahlen, der zur wirtschaftlichen, sozialen und kulturellen Rehabilitation der schwarzen Gemeinschaft benutzt werden sollte. Einige Kirchen stellten zwar zusätzliche Gelder für die Armen und Unterprivilegierten zur Verfügung und zur Unterstützung der rechtlichen Gleichstellung der Schwarzen, doch keine von ihnen erfüllte die Forderungen der Konferenz. Immerhin tat das Manifest das eine, auch wenn es sonst nichts bewirkte, es bestätigte die Ergebnisse der National Advisory Commission on Civil Disorders von 1968, daß »sich unser Land allmählich in zwei Gesellschaften spaltet, eine schwarze, eine weiße getrennt und ungleich«.

Auch zahlreiche andere Gruppen der Afroamerikaner unternahmen etwas oder gaben Stellungnahmen ab, die zeigten, wie desillusioniert und verzweifelt sie waren. Immer mehr von ihnen sahen sich als Opfer eines Neokolonialismus, der für sie ebenso Realität war wie für die afrikanischen Opfer der britischen, französischen oder portugiesischen Herrschaft. Andere glaubten fest, sie seien als die nächsten Opfer eines Genozids der Weißen eingeplant, die weltweit rassische Homogenität herstellen wollten. Andere wiederum sahen ihre einzige Hoffnung in einem Zusammenschluß mit ihren dunkelhäutigen Brüdern, wo auch immer sie lebten, oder mit den Entwicklungsländern, wo immer sie lagen, um so eine Dritte Welt als Gegengewicht zu den aggressiven, imperialistischen Plänen der weißen Welt zu schaffen.

Einige Afroamerikaner wandten sich verstärkt Afrika zu, über das sie als ihre Heimat zu denken und zu sprechen begannen. Einige trugen fortan afrikanische Kleidung und trugen ihr Haar »natürlich«, im Afrostil. Einige, denen es offenkundig gleichgültig war, daß in Teilen der arabischen Welt noch immer Formen der Sklaverei existierten, folgten dem Beispiel von Malcolm X und nahmen afrikanische oder arabische Namen an, als Zeichen dafür, daß sie alle Verbindungen zu weißen Amerikanern gelöst hatten. Einige, die offensichtlich nicht wußten, daß in der Zeit der Sklaverei »black« eine mindestens so voreingenommene Bezeichnung gewesen war wie »Negro«, lehnten die Bezeichnung »Negro« mit der Begründung ab, die Bezeichnung sei ein Relikt aus der Zeit der Sklaverei, und bevorzugten »black« oder »Afro-American« als Bezeichnungen für ihre Rasse. Sie forderten Selbstbestimmung in allen Institutionen der schwarzen Gemeinschaft, auch in den Schulen, und sie forderten die Einführung von Kursen zur Geschichte und Literatur der Schwarzen und die Behandlung weiterer Unterrichtsthemen, die Schwarze betrafen. In den späten sechziger und frühen siebziger Jahren führten zahlreiche Schulbehörden, aber auch Colleges und Universitäten diese Kurse in »Black Studies« ein, in der Hoffnung, damit den Forderungen der Schwarzen gerecht zu werden, selbst wenn der Wert dieser Fächer im Kontext des gesamten Lehrangebots fragwürdig blieb. Soweit es die Afroamerikaner betraf, konnte ein neugestaltetes Lehrangebot den Stolz der Schwarzen wieder motivieren und damit für Desillusionierung und Verzweiflung vieler Jahre der Frustration und Verbitterung entschädigen.

Die Schwarze Revolution der 1960er und 1970er Jahre und die auf-

> ### Kenneth Clark über »Das gegenwärtige Dilemma« – 1968
>
> Die Masse der Neger ist sich jetzt völlig bewußt, daß die jüngsten Bürgerrechtserfolge vor allem einem sehr geringen Prozentsatz von Negern der Mittelklasse zugute kamen, während ihre eigene elende Lage bestehenblieb oder sich noch verschlechterte. Zusätzlich zu Ralph Bunche und zu unseren traditionellen Führern der Bürgerrechtsbewegung haben wir heute Thurgood Marshall, Robert Weaver, Walter Washington als ernannten Bürgermeister von Washington D.C., einige Vizepräsidenten in der Privatwirtschaft, ein paar mehr Neger in den teuren Privatschulen Neuenglands und auf den besten Colleges und mehr weiße Colleges und Universitäten, die einen oder zwei »qualifizierte Neger« für ihren Lehrkörper suchen. Diese und andere Alibifiguren des »Fortschritts für die Rasse« werden von der Masse der Neger nicht nur abgelehnt, sie haben offenbar auch zu größerer Feindseligkeit gegenüber Mittelklassenegern geführt, die zudem offener ausgedrückt wird …
> Das gegenwärtige Dilemma des Negers besteht zugespitzt für den intellektuellen Neger. Er muß auszusprechen wagen, daß der Feind niemals nur anhand der Hautfarbe erkannt werden kann …, sondern anhand der schwierigeren und abstrakteren Konzepte der Irrationalität, des Unwissens, des Aberglaubens, der Unnachgiebigkeit und der willkürlichen Grausamkeit von Menschen. Das sind die gemeinsamen Feinde, die allen Formen der Tyrannei zugrunde liegen – dem Rassismus, der autoritären Herrschaft, dem McCarthyismus …
> Wenn Neger und Weiße diesen Tatbestand begreifen und ihn anderen vermitteln können, dann können wir mithelfen, Amerika zu retten. Wir werden die Macht geschulter Intelligenz zusammen mit der Achtung vor moralischen Werten und vor Menschlichkeit einsetzen, um die Neger vor den zerstörerischen Möglichkeiten des weißen und schwarzen Dilemmas zu bewahren und dadurch zum Überleben Amerikas beitragen … Denn Amerika kann nicht überleben, wenn die Neger nicht überleben … Und die Neger können, wie überhaupt jede andere menschliche Gruppe, wahrscheinlich nicht überleben, wenn Amerika nicht überlebt.
>
> Kenneth Clark, »The Present Dilemma of the Negro,« *Journal of Negro History*, LIII (Januar 1968), S. 1-11

kommende amerikanische Frauenbewegung gaben der sich formierenden afroamerikanischen Frauenbewegung starke Impulse, sowohl die Barrieren des Rassismus wie des Sexismus in Frage zu stellen, unter denen die Frauen der Minderheiten innerhalb der eigenen Bevölkerungsgruppe und in der Gesamtgesellschaft litten. Schwarze Frauen, die in der Bürgerrechtsbewegung aktiv waren, unterstützten oder identifizierten sich in erheblicher Zahl mit diesem neuen Ziel der Befreiung der afroamerikanischen Frauen. Die Anliegen und Themen der schwarzen Frauenbewegung wurden in der politischen Öffentlichkeit breit diskutiert und in den Texten der führenden Vertreterinnen eindringlich dargestellt, zu denen einige der kreativsten literarischen und intellektuellen Persönlichkeiten der Afroamerikaner gehörten. Als die National Black Feminist Organization (NBFO) 1973 gegründet wurde, behauptete Eleanor Holmes Norton, Mitbegründerin der Gruppe und Mitglied der New Yorker Menschenrechtskommission, die meisten Amerikaner erwarteten, »daß schwarze Frauen ihre Lebensentwürfe zugunsten der Männer hintanstellen sollten«. Diese Einschätzung wurde von einem weiteren Gründungsmitglied, Margaret Sloan, bekräftigt, die über die neue Organisation sagte, sie werde »der Befreiungsbewegung der Schwarzen« klarmachen, »daß es keine Befreiung für nur eine Hälfte der Rasse geben kann«. Und als Antwort auf Kritiker der afroamerikanischen Frauenbewegung meinte Shirley Chisholm, eine bewährte und vernehmbare Kongreßabgeordnete, die 1972 bei ihrer erfolglosen Bewerbung um die Nominierung zur Präsidentschaftskandidatin der Demokraten wenig Unterstützung von afroamerikanischen Männer erhielt, »es war in vieler Hinsicht schwieriger, eine Frau zu sein als eine Schwarze«.

Die Schwarze Revolution war jedoch mehr als die Antwort auf die Desillusionierung derjenigen, die glaubten, daß Neokolonialismus und Völkermord die herrschenden Kräfte in Amerika seien, und die nun für kulturellen Nationalismus und Separatismus eintraten. Vielmehr verkehrte die enorme Steigerung der politischen Macht der Schwarzen das Gefühl der Machtlosigkeit und Hoffnungslosigkeit früherer Jahre in ihr Gegenteil. Die großen Kampagnen zur Wählerregistrierung durch Tausende schwarzer und weißer Bürgerrechtler, die Verabschiedung und Durchsetzung des Wahlrechtsgesetzes von 1965 und das wachsende Bewußtsein der Afroamerikaner, welche Macht Wahlen bedeuteten, schufen in den 1960er und 70er Jahren so etwas wie eine politische Revolution der Schwarzen. 1966 gab es 97 schwarze Abgeordnete in den Einzelstaatsparlamenten und 6 schwarze Kongreßmitglieder, aber es gab keinen einzigen schwarzen Bürgermeister in Amerika. 1973 saßen mehr als 200 Schwarze in 37 Einzelstaatsparlamenten, und 16 waren Mitglieder des amerikanischen Kongresses, darunter als einziger Senator und Republikaner Edward Brooke aus Massachusetts und die vier weiblichen Abgeordneten, Shirley Chisholm aus New York, Barbara Jordan aus Texas, Yvonne Burke aus Kalifornien und Cardiss Collins aus Illinois. 1976 war Jordan eine der programmatischen Rednerinnen auf dem Parteikonvent der Demokraten. 1979 hatten sie und Burke ihren Sitz aufgegeben, und zwei Afroamerikaner waren an ihrer Stelle gewählt worden, während Brooke, der einzige Schwarze im Senat, seinen Sitz an einen weißen Demokraten hatte abgeben müssen. Die Gruppe der schwarzen Abgeordneten im Repräsentantenhaus (Black Congressional Caucus) blieb jedoch mit 17 Mitgliedern stark und politisch aktiv. Im Jahrzehnt vor 1973 waren Schwarze in Cleveland, Los Angeles, Gary und Newark Bürgermeister geworden sowie in einer Reihe kleinerer Städte wie Tuskegee (Alabama), Fayette (Mississippi) und Madison (Arkansas). 1979 gab es auch schwarze Bürgermeister in Großstädten des Südens, etwa in Atlanta und New Orleans, aber auch in Los Angeles und Detroit. 1979 saßen mehr als 600 Schwarze in Stadträten, und über 1000 waren zu Richtern, Bezirksverordneten, zu höheren Polizeibeamten, in die Schulämter und in andere Ämter auf Einzelstaats- und kommunaler Ebene gewählt worden.

Bei den Wahlen für Ämter in den Einzelstaaten war das Ergebnis sehr gemischt. Nicht nur Brooke verlor 1978 die Wahl um seinen Senatssitz, auch der stellvertretende Gouverneur von Kalifornien, Mervyn Dymally, wurde nicht wiedergewählt, und Yvonne Burke kandidierte vergeblich für den Posten der kalifornischen Justizministerin. Andererseits machten die Wähler in Wisconsin eine Schwarze zur Staatssekretärin, und Illinois entsandte einen Schwarzen in den Rechnungshof. In North Carolina wurde 1978 ein Schwarzer ins Appellationsgericht gewählt, während Schwarze auf ihre Posten als Staatssekretär in Michigan, Schatzmeister in Connecticut und Schulinspektor in Kalifornien wiedergewählt wurden.

Und es gab weitere Beweise für die neue politische Macht der Afroamerikaner. Ihre Stimmen waren bei knappen Wahlausgängen oft entscheidend. Wie bereits erwähnt, gaben ihre Stimmen 1960 in mehreren Einzelstaaten, so in Illinois und South Carolina, den Ausschlag für John F. Kennedy. Im folgenden Jahr waren ihre und die Stimmen der Puertorikaner bei der Wiederwahl von Robert Wagner zum Bürgermeister von New York und der Wahl von Richard Hughes zum Gouverneur von New Jersey ausschlaggebend. Diese wachsende Macht veranlaßte die führenden Afroamerikaner, am Ende der sechziger und zu Beginn der siebziger Jahre mehr Einfluß innerhalb der Parteien zu fordern. Als z. B. deutlich wurde, daß 1968 etwa 20 Prozent der Stimmen für die Demokraten von Schwarzen stammten (85 Prozent der schwarzen Wähler hatten Hubert Humphrey, dem Präsidentschaftskandidaten der Demokraten, ihre Stimme gegeben), forderten sie größeres Gewicht innerhalb der Demokratischen Partei. Der Druck von Bürgermeister Richard Hatcher aus Gary und anderen hatte zweifellos Erfolg, 1972 gab es wesentlich mehr schwarze Delegierte auf dem Parteikonvent der Demokraten, und Yvonne Braithwaite Burke wurde stellvertretende Vorsitzende des Konvents.

Es gab Stimmen, die befürchteten, daß die bestehenden politischen Parteien Schwarze nicht ernst nehmen würden, während andere nicht sicher waren, ob sie ihre Ziele über die etablierten politischen Organisationen wirklich erreichen konnten. Diese Überlegungen bildeten den Hintergrund für die Einberufung der ersten National Black Political Convention im März 1972 in Gary, Indiana. Unter Leitung des Kongreßabgeordneten Charles C. Diggs aus Michigan, Bürgermeister Richard Hatcher aus Gary und des Dichters Amiri Baraka (LeRoi Jones) versammelten sich mehr als 2700 Delegierte und 4000 Stellvertreter und Beobachter zu diesem Konvent. Mehrere Tage lang erörterten sie in einzelnen Sitzungen unterschiedliche Ansichten über die Rolle ihrer Gruppe in den großen politischen Parteien, die Vertretung der Schwarzen und ihre Mitsprache in Politik und Wirtschaft, die Schulintegration durch Bustransport und die Außenpolitik der Vereinigten Staaten im südlichen Afrika, in Portugal und Israel.

Als es gegen Ende der Konferenz nicht mehr möglich war, abschließende Stellungnahmen zu verabschieden, bevollmächtigten die Delegierten einen Ausschuß aus führenden Teilnehmern, in einem Positionspapier die konsensfähigen Ansichten festzuhalten. Im Mai veröffentlichte der Ausschuß ein programmatische Stellungnahme unter dem Titel »National Black Political Agenda«, die tiefgreifende Meinungsverschiedenheiten zu einigen großen politischen Themen offenbarte. Hatcher und Diggs lehnten Abschnitte ab, die ihrerseits den Bustransport von Schülern zur Integration und die Unterstützung Israels durch die Vereinigten Staaten ablehnten. Dem schloß sich der schwarze Caucus im Kongreß an. Gleichzeitig kritisierte Hatcher die Tatsache, daß Roy Wilkins die Unterstützung der NAACP für die Agenda zurückgezogen hatte. Die Agenda behandelte ein breites Spektrum an Problemen, u. a. enthielt sie ein politisches Programm für die Armen, Entwürfe für Modellverpflichtungserklärungen von schwarzen und nichtschwarzen Kandidaten, die vom Konvent unterstützt werden wollten, den Entwurf eines Gesetzes zur Wählerregistrierung und eine Gesetzesvorlage zur Selbstbestimmung in Schwarzenvierteln und Gemeinden. Sie endete optimistisch mit dem Slogan: »Alles ist möglich.«

Zwar waren sich die führenden Afroamerikaner nicht über den genauen Kurs einig, den sie einschlagen wollten, aber sie trugen dem wachsenden Selbstbewußtsein der Schwarzen, daß sie eine politische Rolle in der amerikanischen Gesellschaft spielen wollten, voll Rechnung. Die Ambivalenz hinsichtlich der Rassenintegration, das Gefühl der Entfremdung, Zweifel über die Relevanz weißer Werte für die Probleme der schwarzen Ghettos und die große Unterstützung für die Selbstbestimmung der schwarzen Gemeinde unterstrichen nur, wie stark die Reaktion der Schwarzen auf die weiße Ablehnung der Gleichstellung war. Der Reverend Jesse Jackson, Leiter der People United to Save Humanity (PUSH), verstärkte den Druck seiner Organisation, um gleiche Chancen in der Gesamtgesellschaft und volle Selbstbestimmung für alle Aspekte des Lebens in der Gruppe der Schwarzen durchzusetzen. Zu den Projekten unter Jacksons Leitung gehörte die Kampagne »PUSH for Excellence« von 1979. Je einflußreicher Amiri Baraka in Newark wurde, desto stärker drängte er auf eine unabhängigere und unzweideutigere Haltung der Afroamerikaner in ihrer Kampagne für volle Gleichheit. Und noch während ihrer Zeit als *poeta laureatus* von Illinois engagierte sich Gwendolyn Brooks stärker für weitreichende Veränderungen im gesellschaftlichen Status der Schwarzen.

Die Unzufriedenheit mit den Verhältnissen saß bei den Schwarzen so tief, daß nur wenige Entwicklungen, so bedeutend sie auch sein mochten, ihnen befriedigend oder auch nur beachtenswert erschienen. Viele Schwarze waren so verbittert, daß sie im Vorwärtskommen einzelner im öffentlichen und privaten Sektor nichts anderes sehen wollten als gerissene Tricks der Weißen, ihre begabtesten und einflußreichsten Führer zu bestechen und so zum Schweigen zu bringen. 1971 ergab eine Meinungsumfrage von Gallup, daß 25 Prozent der Schwarzen mit ihrem Arbeitsplatz unzufrieden waren im Gegensatz zu nur 9 Prozent der Weißen. Zur gleichen Zeit betrug die Unzufriedenheit mit dem Leben in ihrer Gemeinde 44 Prozent bei Schwarzen und 18 Prozent bei Weißen. Es ist kaum verwunderlich, daß viele Afroamerikaner besorgt in die Zukunft blickten.

Eine Bilanz der Revolution

Mitte der 1970er Jahre trugen viele Faktoren zu einem erhöhten Machtbewußtsein der Afroamerikaner bei. Sie waren in Ämter gewählt worden, von denen sie noch zwei Jahrzehnte früher nicht einmal geträumt hatten. Auf allen Ebenen des Regierungsapparates hatten sie Positionen, wiesen allerdings weiterhin darauf hin, daß es noch immer nicht der volle, ihnen zustehende Anteil an Positionen war. Der Legal Defense Fund, die NAACP, die Bürgerrechtskommission der Vereinigten Staaten, die Bürgerrechtsabteilung des Justizministeriums griffen bei Verstößen gegen das Wahlrecht von Schwarzen schnell ein. Der Caucus der Schwarzen im Kongreß machte seinen Einfluß nicht nur in der Gesetzgebung geltend, sondern überwachte auch verstärkt die Durchsetzung der Gesetze durch die Ministerien und den Präsidenten. Viele Schwarze waren der Ansicht, ihre politische Macht sei nunmehr real und werde demnächst Früchte tragen.

Aber sowohl die Macht als auch die Früchte hätten größer sein können. 1976 waren nur 58,5 Prozent der wahlberechtigten Schwarzen in die Wahllisten eingetragen, und nur 48,7 Prozent wählten tatsächlich. Das Wahlrechtsgesetz von 1965, das theoretisch allen Schwarzen die Tür zur politischen Macht geöffnet hatte, hatte die schwarzen Wähler nicht erfolgreich mobilisieren können. Und Gruppen wie das Voter Education Project für potentielle Wähler hatten nicht genug Geld für eine erfolgreiche Kampagne, um Schwarze dazu zu bewegen, sich registrieren zu lassen und zur Wahl zu gehen. Noch deprimierender war die Tatsache, daß die Apathie unter jungen Schwarzen zwischen 18 und 24 Jahren so groß war, daß sich 1976 nur 38 Prozent in die Wahllisten eintragen ließen und nur 26 Prozent wählten.

Welche Macht die Afroamerikaner mit ihren Stimmen hatten, machte die Präsidentschaftswahl von 1976 deutlich. Mehr als 90 Prozent aller schwarzen Wähler unterstützten Jimmy Carter, den Kandidaten der Demokratischen Partei. Mit Ausnahme von Virginia stimmte der gesamte Süden für Carter, obwohl die Weißen im Süden Gerald Ford, den Kandidaten der Republikaner, mit etwa 55 Prozent gegenüber 45 Prozent bevorzugten. Da die meisten Weißen im Süden Carter ablehnten, den ersten im alten Süden geborenen Präsidenten seit Woodrow Wilson, machten die Schwarzen im Norden und im Süden geltend, daß Carters

Wahl eindeutig ihnen zu verdanken war. Carter holte Patricia Harris als Ministerin für Wohnungsbau und Stadtplanung ins Kabinett und ernannte Andrew Young zum Botschafter bei den Vereinten Nationen. Er bot Wade McCree an, stellvertretender Justizminister zu werden, und ernannte Schwarze zu Staatssekretären und Ministerialdirektoren. Mindestens neun Schwarze waren unter seinen ersten Ernennungen von Botschaftern der Vereinigten Staaten im Ausland. Sie wurden Botschafter in Spanien, Rumänien, der DDR, in Staaten Afrikas und der Karibik. Botschafter a.D. John Reinhardt machte er zum Leiter der neugegründeten International Communications Agency.

Viele Schwarze waren überzeugt, daß sie Anspruch auf mehr Positionen hatten, als Carter ihnen zugestand. Es gab keinen einflußreichen Afroamerikaner im Stab des Weißen Hauses, bis Louis Martin im September 1978 Sonderberater des Präsidenten wurde. Viele meinten, daß er Patricia Harris bei ihren Bemühungen nicht ausreichend unterstützte, die Bestimmungen für die Gewährung von Subventionen im sozialen Wohnungsbau zu liberalisieren. Andere waren unzufrieden, weil Carter sich stärker darum zu kümmern schien, daß der Haushalt ausgeglichen und die Inflation begrenzt war, als um Hilfe und Unterstützung für die Schwächsten. Aber sie mußten zugeben, daß sie immer Zugang zu Carter hatten, und 1978 und 1979 bedrängte ein wahrer Strom von Abordnungen unterschiedlicher schwarzer Klientel den Präsidenten, den Schwarzen und Armen mehr Aufmerksamkeit zu schenken.

Obwohl der Präsident aufmerksam zuhörte und sein Verständnis zum Ausdruck brachte, wurde das Problem der wirtschaftlichen Benachteiligung der schwarzen Amerikaner nicht behoben. Es stimmt zwar, daß 1976 etwa 30 Prozent aller schwarzen Familien 15 000 Dollar oder mehr verdienten, während es 1966 nur 2 Prozent gewesen waren. Aber 1976 lebten etwa 31 Prozent aller Schwarzen unterhalb der Armutsgrenze, im Vergleich zu 42 Prozent 1966. In diesen zehn Jahren lag die Arbeitslosenquote bei den Schwarzen ständig höher als bei den Weißen. Während sie 1977 für Weiße 6,3 Prozent betrug, waren es für Schwarze 13,2 Prozent. Bei weißen Jugendlichen betrug sie 15 Prozent, bei schwarzen Jugendlichen zwischen 40 und 55 Prozent. Im Jahrzehnt nach 1970 waren so viele schwarze Familien arbeitslos und auf Unterstützung angewiesen, daß es wahrscheinlich schien, daß in Amerika eine ganze Generation von Schwarzen aufwuchs, die niemals durch eigene Arbeit ihren Lebensunterhalt verdienen würde. Die weiteren Auswirkungen einer solchen Bedrohlichkeit waren unerträglich.

1978 und 1979 diskutierten viele Amerikaner, schwarze und weiße, die Thesen, die der Soziologe William J. Wilson von der Universität von Chicago in seinem *The Declining Significance of Race* vorgelegt hatte. Wilson behauptete, daß »besonders jüngere Schwarze mit guter Schulbildung und Ausbildung, die erst in jüngster Zeit auf den Arbeitsmarkt geströmt sind, so gute Stellenangebote wie niemals zuvor haben, die zumindest ebenso gut sind wie die der Weißen mit entsprechender Qualifikation«. Seine Kritiker, die anderer Meinung als Wilson waren, schienen seine zweite These überhaupt nicht zur Kenntnis zu nehmen, daß nämlich in den letzten Jahren Diskriminierung und Unterdrückung »eine riesige schwarze Unterschicht geschaffen hatten« und »die technologische und wirtschaftliche Revolution deren Stellung in der Gesellschaft zu verfestigen drohe«. Er befürchtete ein immer stärkeres Auseinanderklaffen der wirtschaftlichen Situation innerhalb der schwarzen Bevölkerungsgruppe, »wobei die armen Schwarzen immer weiter hinter die privilegierteren Schwarzen zurückfallen«. Eine solche Gefahr konnte Spannungen schaffen und sogar zu Konflikten unter den Schwarzen führen.

Im letzten Viertel des zwanzigsten Jahrhunderts konnte kein Zweifel daran bestehen, daß es eine afroamerikanische Mittelklasse gab, die an Größe und an Einfluß gewann. Zum Geistlichen, Rechtsanwalt, Lehrer und Arzt kamen jetzt der gehobene Angestellte, der Verkäufer in unterschiedlichsten Firmen, der Bankier, der Manager eines großen Unternehmens, der Werbefachmann, der Buch- und Zeitschriftenverleger, der Bilanzbuchhalter und der Inhaber von Wahlämtern hinzu. Obwohl viele von ihnen hauptsächlich oder ausschließlich innerhalb der schwarzen Bevölkerungsgruppe tätig waren, schafften immer mehr den nächsten Schritt in die »Welt der Weißen«. Die Zeitschrift *Black Enterprise* veröffentlichte jedes Jahr stolz die hundert Spitzenunternehmen, die sich im vollen oder überwiegenden Besitz von Afroamerikanern befanden, aber sie vermerkten auch, wer in der Welt der weißen Korporationen Karriere machte. Es gab Bankiers wie Lucius Gregg von der Chicago First National Bank oder Finanzberater wie den früheren Präsidenten des Federal Reserve Board Andrew Brimmer, dessen Institution enormen Einfluß unter einigen der mächtigsten Unternehmen des Landes besaß.

Schon am Ende des 18. Jahrhunderts hatte es einige wenige Schwarze gegeben, die große Vermögen besaßen. Vom Ende des Zweiten Weltkriegs bis Ende der siebziger Jahre stieg die Zahl der wohlhabenden Schwarzen beträchtlich. Millionäre konnte man in traditionellen Wirtschaftsbranchen wie den Versicherungen, Banken, in Industrieunternehmen, im Verlagswesen und bei Einzelhandelsunternehmen finden. Aber es gab sie auch in der Welt der Unterhaltung und des Sports. 1980 war es nicht ungewöhnlich für schwarze Athleten, besonders für Basketball-, Football- oder Baseballspieler, wenn sie mehrjährige Verträge in Millionenhöhe unterzeichneten, und selbst einige Boxer hatten sich vorgenommen, wenigstens einen Bruchteil der Millionen reinzuholen, die Muhammad Ali als Weltmeister im Schwergewicht verdient hatte.

Es gab auch andere als finanzielle Früchte, die Afroamerikaner in ihrer neuen gesellschaftlichen Stellung ernten konnten. Eine der sichtbarsten war die Teilnahme schwarzer Astronauten und Wissenschaftler an den Programmen der NASA (National Aeronautics and Space Administration), die von den Medien übertragen und überall verbreitet wurden. Zu dieser Elite gehörten Oberstleutnant Guion D. Bluford, Jr., von der Luftwaffe, der 1983 der erste afroamerikanische Astronaut war, und Mae E. Jemison, eine Ärztin und Chemikerin, deren Raumflug 1991 sie zur ersten afroamerikanischen Astronautin machte. Fernsehen, Radio und andere Massenmedien stellten neue Möglichkeiten für viele Schwarze bereit, die Art und Weise zu beeinflussen, wie sie von anderen gesehen wurden. Unterhaltungskünstler wie Bill Cosby, Sammy Davis, Jr. und Nancy Wilson hatten ein riesiges Publikum, aber Schwarze traten auch in den Werbespots des Fernsehens auf, weil man ihre Bedeutung als Konsumenten erkannt hatte und eine Stimmung des guten Willens durch gemischtrassige Werbung fördern wollte. Insofern hatte die Schwarze Revolution zumindest in einigen Fällen Schwarze in Bereiche der amerikanischen Gesellschaft befördert, an die man noch zwei Jahrzehnte früher nicht im entferntesten gedacht hätte.

24. KAPITEL
NEUE FORMEN DES AKTIVISMUS

Die Reagan-Jahre

Wenn die Dynamik der Schwarzen Revolution während der Präsidentschaft Carters auch nicht ganz zum Stillstand kam, so war sie doch deutlich abgebremst. Die Afroamerikaner waren froh darüber, daß Carter mehr Schwarze in wichtige Regierungsstellen berufen hatte als irgendein Präsident vor ihm, auch wenn sie über andere Entwicklungen weniger glücklich waren. Die Arbeitslosenzahlen kletterten weiter, und Tausende schwarzer Arbeiter wurden entlassen. Es herrschte allgemeine Unzufriedenheit mit Carters fehlendem Erfolg bei innenpolitischen Problemen in den Bereichen Energie, Sozialhilfe und Steuern. Und trotzdem hatten viele das Gefühl, daß, je mehr sie über den Präsidentschaftskandidaten der Republikaner Ronald Reagan hörten, sie um so weniger in ihm eine Alternative zu Carter sahen. Sie hielten Reagan für zu rechts, als daß er irgendwen außer den ideologischen Puristen der Republikanischen Partei ansprechen konnte. Damit lagen sie falsch, denn seine Einstellung zu sozialen Themen, insbesondere seine Kritik an den »Sozialhilfe-Königinnen« und an »Väterchen Staat« war für weiße Arbeiter durchaus attraktiv, weil sie generell die besondere Förderung von Minderheiten *(affirmative action)* und Programme zur Herstellung der Chancengleichheit durch den Bund ablehnten. Am 4. November 1980 gewann Ronald Reagan 489 Wahlmännerstimmen gegenüber Carter mit 49, und damit alle Südstaaten außer Carters Heimatstaat Georgia. Dabei hatte Carter unter den Afroamerikanern in etwa so gut abgeschnitten wie 1976, denn er erhielt wieder schätzungsweise 90 Prozent aller Stimmen der Schwarzen. Es lag nahe, daß sich die Schwarzen fragten, ob Carters liberale Politik in der Rassenfrage den weißen Süden ins andere Lager getrieben hatte.

Die Afroamerikaner mußten nicht lange warten, um herauszufinden, was Reagans Politik für sie bedeuten würde. Bevor der neue Präsident sein Amt antrat, erklärte der Leiter seines Übergangsteams, Edwin Meese, daß mehr als ein Schwarzer ins Kabinett berufen werden würde, und er fügte hinzu, daß Reagan »entschlossen sei, Schwarze in andere als die traditionellen Rollen zu berufen«. Außerdem bemerkte er, daß im Stab des neuen Präsidenten keine Schwarzen auf sozusagen »schwarzen« Posten eingesetzt würden. Doch schließlich und endlich wurde nur ein Schwarzer Mitglied des Kabinetts von Präsident Reagan, und das war Samuel R. Pierce, Jr., der neue Minister für Wohnungsbau und Stadtentwicklung, ein Ministerium, das seit seiner Gründung zuerst von Robert C. Weaver und später von Patricia R. Harris geleitet worden war und damit der einzige Kabinettsposten war, den mehr als ein Afroamerikaner schon früher innegehabt hatte. Es gab einen hochrangigen Afroamerikaner im Stab des Weißen Hauses, Melvin Bradley, der zunächst Berater in Strategiefragen und später Sonderberater des Präsidenten war. Nach fünf Monaten war kein einziger Schwarzer in eine der ca. 100 Stellen unterhalb des Kabinettsrangs ernannt worden.

Es gab einige führende Posten in den Bundesbehörden, von denen man annahm, daß die neue Administration auch Afroamerikaner hierfür vorsehen würde. Einer war der Vorsitz der Equal Employment Opportunity Commission, eine Position, die bereits fünf Schwarze innegehabt hatten, zuletzt Eleanor Holmes Norton, die die EEOC verlassen hatte, um eine Professur am Georgetown Law Center zu übernehmen. Im Juni 1981 nominierte Präsident Reagan für diesen Posten William Bell aus Michigan, den Bürgerrechtsgruppen und Schwarze sofort ablehnten und erklärten, er habe in seiner Beratungsfirma nur vier Mitarbeiter gehabt und dabei nicht den Erweis erbracht, daß er eine Behörde mit 3300 Mitarbeitern leiten könne. Seit 1885 und dem Protest gegen die Nominierung von George Washington Williams zum Gesandten der Vereinigten Staaten in Haiti hatten Schwarze wohl nicht mehr so aggressiv die Nominierung eines der ihren für einen hohen Regierungsposten abgelehnt. Unter dem Druck der Schwarzen und von Bürgerrechtsgruppen sah sich der Präsident gezwungen, die Nominierung zurückzuziehen.

Der Wirbel um die Bell-Affäre hatte sich noch nicht ganz gelegt, da entstand bereits neuer Ärger aufgrund einer weiteren Ernennung Reagans. Bereits zu Beginn seiner Amtszeit hatte der Präsident seine Absicht erklärt, Personen in öffentliche Ämter zu berufen, die seine Ansichten über die Rolle des Staates und dessen vielfältige Behörden teilten. Seit ihrer Gründung im Jahr 1957 hatte die United States Commission on Civil Rights bemerkenswert unabhängig und ohne Einflußnahme des Präsidenten gearbeitet, selbst wenn sie politischen Maßnahmen eines Präsidenten kritisch gegenüberstand. Vertreter beider Parteien arbeiteten in ihr zusammen, wofür die Ernennung des prominenten weißen Republikaners Jill Ruckelshaus durch den Demokratischen Präsidenten Jimmy Carter ein Beispiel war. Im November 1981 teilte Reagan dem Vorsitzenden Arthur S. Flemming mit, er werde ihn ersetzen, und nominierte den konservativen schwarzen Republikaner Clarence Pendleton für den Posten, der vorher geschäftsführender Direktor der Urban League in San Diego gewesen war. Es war das erste Mal in der 24jährigen Geschichte der Commission on Civil Rights, daß der Präsident den Vorsitzenden auswechseln wollte. Im Februar 1982 gab der Präsident zusätzlich bekannt, er werde den Reverend B. Sam Hart aus Philadelphia für die Kommission nominieren, offenbar anstelle von Ruckelshaus. Hart, ein Schwarzer und Republikaner, wurde damals als reaktionärer Evangelikaler geschildert, der so ziemlich jeden einzelnen Punkt im Programm der Bürgerrechtsbewegung ablehnte. Die entschiedenen Proteste gegen die Eignung Harts erreichten solche Ausmaße, daß Hart seine mögliche Kandidatur zurückzog, noch bevor er offiziell nominiert worden war. Anschließend schickte der Präsident dem Senat drei weitere Nominierungen für die Kommission zur Bestätigung, um die bisherigen Mitglieder Mary Frances Berry, Blandina Ordenas Ramirez und Murray Saltzman zu ersetzen. Sie alle waren bekanntermaßen kritisch gegenüber der ablehnenden Haltung der Administration, als Mittel gegen die Diskriminierung auf dem Arbeitsmarkt und im Bildungswesen Minderheiten besonders zu fördern *(affirmative action)*.

Über die Kandidaten des Präsidenten, Robert Destro, einen Juraprofessor, John Bunzel vom Hoover Institute und Morris Abram, den ehemaligen Präsidenten der Brandeis-Universität, wußte man, daß sie Reagans Ansichten zur Minderheitenförderung und zur Schülerintegration durch Bustransport teilten. Es war dies das erste Mal, daß ein Präsident versuchte, die Commission on Civil Rights im Sinne seiner eigenen Ansichten und politischen Programme umzumodeln. Einige Mitglieder des Justizausschusses des Senats ersuchten Reagan, die Nominierungen zurückzuziehen, weil der Versuch, noch im Amt befindliche Mitglieder der Kommission zu ersetzen, eindeutig »die Unabhängigkeit und Integrität« der

Kommission beschädige. Viele führende Bürgerrechtler forderten, man müsse, falls die Namen nicht zurückgezogen würden, alle drei Kandidaten ablehnen. In der Zwischenzeit stimmte das Repräsentantenhaus dafür, die Existenz der Kommission über das bisherige Enddatum des 30. September 1982 hinaus auszudehnen und fügte einen Zusatz hinzu, der die Ablösung von Kommissionsmitgliedern verbot, außer im Fall eines Pflichtversäumnisses oder Amtsvergehens. Während der Senat um die anstehenden Nominierungen rang, wurde ein Kompromiß ausgearbeitet, der den sechs bisherigen Mitgliedern das Verbleiben in der Kommission gestattete und den Präsidenten bevollmächtigte, zwei zusätzliche Kandidaten zu ernennen.

Da seine Pläne durch die Annahme des Kompromisses vereitelt worden wären, versuchte Präsident Reagan noch einmal, die Kommission in den Griff zu bekommen und feuerte die Mitglieder Berry, Ramirez und Saltzman. Er sabotierte damit den sorgfältig ausgearbeiteten Kompromiß und gefährdete die Existenz der Commission on Civil Rights. Hektische Manöver hinter den Kulissen hatten eine nochmalige Vorlage des Kompromisses zum Ergebnis, bei dem das Repräsentantenhaus und der Senat gemeinsam mit dem Präsidenten Kommissionsmitglieder ernennen sollten. Die amtierenden Mitglieder sollten bleiben, und der Präsident sollte zwei neue Mitglieder ernennen können, wahrscheinlich Abram und Bunzel. Der Präsident sollte auch Clarence Pendleton als Vorsitzenden behalten können. Der Fraktionsführer der Republikaner im Repräsentantenhaus, Robert Michel, der laut Kompromiß Ruckelshaus ernennen sollte, ernannte an seiner Stelle Destro. Der Vizepräsident sollte Mary Louise Smith ernennen, die gleichzeitig mit Pendleton vom Senat bestätigt werden sollte, lehnte das jedoch mit der Begründung ab, sie habe sich geweigert, dem designierten Kandidaten des Präsidenten für den Vorsitz, Pendleton, ihre Unterstützung zuzusichern. Viele Bürgerrechtler und Kongreßmitglieder nannten das Ganze »ein falsches Spiel«. In den nächsten paar Jahren verkam die Commission on Civil Rights, die 25 Jahre lang energisch für Gerechtigkeit und Gleichheit im amerikanischen Rechtssystem eingetreten war, zum Debattierclub. Sie führte weder Anhörungen noch gründliche Untersuchungen durch, ihre Arbeit war auf Stellungnahmen des Vorsitzenden und des Geschäfsführers beschränkt, die Mitglieder, die der Präsident erfolglos zu entlassen versucht hatte, gaben nurmehr Minderheitenerklärungen ab.

In die obersten Ränge des diplomatischen Dienstes gelangten fast keine Schwarzen, weder bei den Berufsdiplomaten noch bei den Quereinsteigern, die vom Präsidenten ernannt wurden. 1979 betrug der Anteil der Minderheiten im diplomatischen Dienst 8,3 Prozent, 1983 waren 6,3 Prozent der Angestellten im auswärtigen Dienst Schwarze. Zum ersten Mal seit zehn Jahren gab es keinen Schwarzen im Rang eines Ministerialdirektors im Außenministerium und nur vier Schwarze im Rang darunter. Von den 127 Botschaftern waren 1983 nur 7 Schwarze gegenüber 14 in den Carter-Jahren. Nur einer von ihnen war 1986 auf einem europäischen Posten, während alle anderen Botschaftsposten in der Dritten Welt übernahmen. George Crockett aus Michigan, Abgeordneter im Außenpolitischen Ausschuß des Repräsentantenhauses, beklagte die Tatsache, daß fünf schwarze Botschafter »die Flure des Außenministeriums bevölkern ... Andere Berufsdiplomaten haben ihrem Rang entsprechende Positionen erhalten ..., aber die schwarzen sind übergangen worden«, erklärte er.

Fast 15 Jahre lang hatten Freunde und Bewunderer von Martin Luther King, Jr., daran gearbeitet, seinen Geburtstag zum nationalen Feiertag zu machen. Viele Gegner verwiesen auf Dutzende Präsidenten und Hunderte anderer berühmter Amerikaner, deren Geburtstage auch kein nationaler Feiertag waren. Jahr für Jahr hatten sich trotzdem Mitglieder des Black Caucus und andere Kongreßmitglieder für die Verabschiedung eines Gesetzes in diesem Sinne eingesetzt, allerdings vergeblich. Am 15. Januar 1981, fünf Tage vor der Vereidigung Ronald Reagans zum Präsidenten, versammelten sich mehr als 100 000 Menschen aus dem ganzen Land in Washington, um für den King-Day zu demonstrieren. Der Präsident hatte zu viel anderes zu tun und stand dem wachsenden Druck wohl auch gleichgültig gegenüber, war vielleicht sogar eindeutig dagegen und tat also nichts. Schließlich wurde sein Schweigen allgemein als Ablehnung interpretiert. Wenn er danach gefragt wurde, parierte er irgendwie oder wehrte die Frage geschickt ab.

Als Senator Jesse Helms Kings angebliche Verbindungen zu den Kommunisten zum Thema machte, verteidigte das Weiße Haus Helms Lauterkeit. Als der Präsident selbst nach Kings angeblichen kommunistischen Kontakten befragt wurde, erklärte er: »Das werden wir in 35 Jahren herausfinden«, und spielte damit auf den Zeitraum an, nach dem die Akten des FBI eingesehen werden konnten. Später entschuldigte er sich bei der Familie King für seine Bemerkung. Aber der Druck wurde stärker, und zwar besonders als Strom Thurmond, ein ehemaliger Dixiecrat, sich öffentlich für den Feiertag verwandte. Als das Gesetz schließlich von beiden Häusern des Kongresses verabschiedet worden war, machte der Präsident aus seiner Unterschrift eine Galavorstellung im Rosengarten des Weißen Hauses am 2. November 1983 in Anwesenheit der Familie King, führender Kongreßmitglieder und anderer Würdenträger. Er sagte aus diesem Anlaß: »Doch Spuren der Intoleranz verunzieren noch immer Amerika. Deshalb wollen wir uns jedes Jahr am Martin Luther King Day nicht nur an Dr. King erinnern, sondern uns erneut den Geboten verschreiben, an die er glaubte und nach denen er jeden Tag lebte.«

ARBEITSLOSENQUOTE NACH RASSE (WEISS UND SCHWARZ) 1965-1990

	1965	1970	1975	1980	1985	1990
Weiße	4,3%	3,9%	8,5%	6,0%	6,6%	3,8%
Schwarze	8,5%	6,7%	14,7%	13,4%	15,6%	8,6%

Quelle: U.S. Department of Commerce, *Statistical Abstract of the United States, 1992* (Washington, D. C., 1992)

Selbst als die Beliebtheit des Präsidenten bei den Weißen in die Höhe schnellte, gab es unter den Afroamerikanern keine Versöhnung mit Ronald Reagan. Sicher gab es immer eine Handvoll, die der Republikanischen Partei beitraten und sich dem »harten Kern« der Parteigetreuen anschlossen, die auch angesichts wachsender Kritik vieler Schwarzer in der Partei geblieben waren. In einer Meinungsumfrage des Gallup-Instituts und des Joint Center for Political Studies im Jahr 1984 erklärten 83 Prozent der befragten Schwarzen, daß »Reagans Politik den Schwarzen geschadet hat«, und massive 94 Prozent mißbilligten, wie der Präsident mit »der Lage der Armen« umgegangen sei. Die Untersuchung kam zu dem Ergebnis, daß der dramatischste wirtschaftliche Aufschwung der Nachkriegsjahre »bei vielen Schwarzen das Gefühl ausgelöst hat, daß sie Zuschauer und nicht Teilhaber daran sind«. Die Arbeitslosigkeit unter den Schwarzen nahm erschreckend schnell zu, und sie hatten jeden Grund, besorgt in die Zukunft zu schauen. 1982 lag die Arbeitslosenquote der Schwarzen bei 18,9 Prozent und damit mehr als doppelt so hoch wie die der Weißen mit 8,4 Prozent. Selbst 1985, als die Zeiten besser waren, lag die Arbeitslosenquote der Schwarzen noch immer bei 16,3 Prozent, während sie bei Weißen auf 6,2 Prozent gesunken war. Für junge Schwarze zwischen 16 und 19 Jahren war die Quote im gleichen Zeitraum zum ersten Mal in der Geschichte auf über 50 Prozent geklettert. Ein Blick auf die Einkommen war genauso deprimierend. Schwarze Arbeitnehmer verdienten Anfang der 1980er Jahre in jeder Kategorie, sei es Alter, Ausbildung, Geschlecht oder Art der Beschäftigung, weniger als weiße Arbeitnehmer. Und so nimmt es nicht wunder, daß Alphonso Pinkney in seinem *The Myth of Black Progress* zu dem Ergebnis kam, daß selbst angesichts der in den vergangenen Jahren stetig wachsenden Zahl von Schwarzen, die zur Mittelklasse gehörten, »das Wachstum der schwarzen Unterklasse alarmierend ist«.

Die neue wirtschaftliche und politische Dynamik

Für einen Mann seines Alters hatte Jesse Jackson schon viele Karrieren hinter sich, als er 1984 43 Jahre alt wurde. Schon als Student der Landwirtschafts- und Technischen Universität von North Carolina war er in der Bürgerrechtsbewegung aktiv. Chicagos Theologische Hochschule verließ er vor dem Examen, um sich Martin Luther King, Jr. und der Southern Christian Leadership Conference in ihrem Kreuzzug für Bürgerrechte überall im Süden anzuschließen. Schon bald übernahm Jackson die Leitung von »Operation Breadbasket«, dem wirtschaftlichen Arm der SCLC. Er war bei King, als dieser im April 1968 in Memphis erschossen wurde. Nachdem er 1971 mit der SCLC gebrochen hatte, gründete er Operation PUSH (People United to Save Humanity, »Vereinigung zur Rettung der Menschheit«, was später etwas bescheidener in »Zum Dienst an der Menschheit«: People United to Serve Humanity abgeändert wurde), eine Organisation, die schnell wuchs und schon bald 70 Ortsgruppen mit 80 000 Mitgliedern haben sollte. Ihre Zentrale war in Chicago, und einmal im Jahr fand ein Treffen in einer Stadt mit besonders gut arbeitenden Ortsgruppen statt. Jackson und PUSH begannen Druck auf die amerikanische Wirtschaft und Geschäftswelt auszuüben, um die wirtschaftliche Gleichstellung der Afroamerikaner zu erreichen.

Jackson spielte die Rolle des selbsternannten schwarzen Botschafters in der Geschäftswelt der Weißen und drohte sanft damit, für einzelne Firmen zum Boykott aufzurufen, wenn sie die Lohngleichheit für Schwarze nicht anstrebten. Im August 1981 war Coca-Cola das erste Unternehmen, das eine Vereinbarung unterzeichnete, in der die Leistungen für die Schwarzen als Gruppe erhöht wurden. Das Unternehmen sagte zu, 14 Millionen Dollar über Verkäufer aus den Minderheiten umzusetzen, innerhalb eines Jahres hatte es dieses Ziel um 22 Prozent übertroffen. Außerdem verkaufte das Unternehmen 32 Ausschankverteilerstellen und setzte sich zum Ziel, unter den Geschäftsführern den Anteil der Schwarzen von 5 auf 12,5 Prozent zu erhöhen. Ähnliche Vereinbarungen wurden mit Kentucky Fried Chicken, der Southland Corporation, der Brauerei Anheuser-Busch, dem Getränkehersteller Seven-Up und Burger King abgeschlossen. Als die Chicagoer Tochter des Fernsehsenders CBS einen schwarzen Nachrichtenmoderator durch einen Weißen ersetzte, der nach einem Abstecher aus New York zurückgekehrt war, organisierte Jackson einen Boykott des Senders, der außerordentlich erfolgreich war. 1986 bekam der Sender in Chicago sogar einen schwarzen Manager. Diese Erfolge bestärkten Jackson und andere in der Überzeugung, daß die Schwarzen sich durch sorgfältige Planung und gezielte Aktionen einen höheren Anteil der guten Arbeitsplätze und wirtschaftlichen Macht sichern konnten.

Jackson begann nun damit, dieselbe kreative Phantasie und Kenntnis auf die Politik anzuwenden. Er sagte den Afroamerikaner, daß sie enorme politische Macht hätten, sie müßten sie nur gebrauchen. In seiner Rede zum 20. Jahrestag des Marsches nach Washington erklärte er, wie die schwarzen Amerikaner den Wahlausgang von 1980 hätten verändern können. »Reagan hat in Alabama mit 17 500 Stimmen gewonnen, aber es gab 272 000 nicht registrierte schwarze Wahlberechtigte. Er gewann in Arkansas mit 5000 Stimmen, und dort gab es 85 000 nicht registrierte Schwarze. Er gewann in Kentucky mit 17 800 Stimmen, bei 62 000 nicht registrierten Schwarzen ... Diese Zahlen beweisen, daß Reagan durch die perverse Koalition der Reichen und der Nichtregistrierten siegte. Aber jetzt ist eine neue Zeit angebrochen. Die Hände, die 1884 Baumwolle gepflückt haben, werden 1984 den Präsidenten bestimmen.« Er begeisterte die Menge und wiederholte diese Botschaft, wo immer er sprach. Doch ganz so leicht war es nicht.

Seit dem Sommer 1983 war klar, daß Jackson sich um die Nominierung der Demokratischen Partei für das Amt des Präsidenten bewerben würde – besonders seit er immer wieder die anfeuernden Rufe »Kandidier, Jesse, kandidier!« aus der Menge hörte. Aber er brauchte Geld – viel Geld –, und er brauchte die Unterstützung der etablierten Schwarzen, die er nicht bekam. Benjamin Hooks, der geschäftsführende Direktor der NAACP erklärte: »Wenn die überwältigende Zahl der schwarzen Wähler ihre Stimme einem Schwarzen gibt, dann büßen wir unseren Einfluß bei der Bestimmung des weißen Kandidaten ein, den die Demokraten aufstellen.« John Jacob, Präsident der National Urban League, fügte dem hinzu, »ein schwarzer Präsidentschaftskandidat wäre der Rückzug auf symbolische Handlungen und würde die schwarzen Erwartungen zunichte machen«.

Jackson ließ sich nicht beirren. Er hatte erlebt, wie die wachsende Woge schwarzer Wähler 1983 Harold Washington zum Bürgermeister von Chicago gemacht hatte und wie in den Kommunen immer mehr Schwarze an die Macht kamen, so als Bürgermeister in Charlotte, North Carolina, in Birmingham, Alabama, und in New Orleans, Louisiana. Dieselbe Macht konnte auf der nächsten Ebene zur Wahl von mehr schwarzen Kongreßmitgliedern mobilisiert werden und zur Kandidatur um das Präsidentenamt oder zumindest dafür, die Wahl des Parteikonvents der Demokraten in dieser Frage zu beeinflussen. Es gab auch Zustimmung für ihn. Barry Commoner, der sich 1980 als Umweltkandidat beworben hatte, unterstützte Jacksons Kandidatur, ebenso wie Gloria Steinem, der frühere Justizminister Ramsey Clark, der Kongreßabgeordnete John Conyers, die kalifornische Abgeordnete Maxine Waters und der Bürgermeister von Gary, Indiana, Richard Hatcher.

Als Jackson im Oktober 1983 seine Kandidatur bekanntgab, machte er klar, daß es eines seiner wichtigsten Ziele war, die bisherigen Nichtwähler dazu zu bewegen, sich registrieren zu lassen und zu wählen »und ihnen damit die Macht zu geben, die sie bis dahin noch nicht hatten«. Seine »Regenbogenkoalition« symbolisierte für viele die Einheit, die man dann schaffen konnte, wenn sich Menschen jeder Rasse, Glaubensrichtung und Hautfarbe mit dem einen Ziel zusammentaten: Männer und Frauen in ein öffentliches Amt zu wählen, deren wichtigstes Ziel es war, die Interessen ihrer Wähler, so gut sie konnten, zu verfolgen. Jackson legte großes Gewicht auf die Neuregistrierung und sorgte bei seinen Auftritten im Wahlkampf dafür, daß jeweils Registratoren anwesend waren, um sicher zu gehen, daß Zuhörer, die bisher nicht registriert waren, die Chance hatten, es sofort zu tun. Er stimmte jeweils den Sprechgesang an, in den seine Zuhörer einstimmten: »Es kommt ein Freiheitszug gefahren, aber Ihr müßt Euch registrieren lassen, um mitzufahren. Also steigt ein und macht mit!« Woraufhin das Publikum ihn anfeuerte: »Kandidier Jesse, kandidier!« Ganz ohne Zweifel hat Jacksons Kandidatur viele Schwarze dazu motiviert, sich registrieren zu lassen und zur Wahl zu gehen.

Die amerikanische Öffentlichkeit hatte noch nie erlebt oder auch nur davon gehört, daß ein Schwarzer sich ernstlich um ein Bundesamt auf höchster Ebene bewarb. James W. Ford war in den 1930er Jahren als Vizepräsidentschaftskandidat der Kommunistischen Partei aufgestellt worden, aber weder das kommunistische Gespann noch Ford waren ernst genommen worden. Jetzt kam Jackson 1984 und machte Wahlkampf im ganzen Land, kandidierte in den Vorwahlen der Demokraten, diskutierte mit den anderen Kandidaten – Cranston, Hart, Hollings und Mondale – und zog sich als attraktiver, freundlicher, intelligenter, artikulierter und gut informierter amerikanischer Bürger gut aus der Affäre. Das an sich war schon eine wichtige Erfahrung für alle Amerikaner, schwarze wie weiße.

Allerdings hatte Jackson ernste Probleme. Er war 1979 in den Nahen Osten gefahren und hatte sich mit Syriens Präsident Hafez el Assad und, zum Schrecken aller pro-israelischen Amerikaner, mit dem Vorsitzenden der palästinensischen Befreiungsorganisation PLO, Yasir Arafat, getroffen. Jackson verteidigte das Treffen damit, daß auch die Palästinenser in eine permanente Friedensregelung im Nahen Osten mit einbezogen werden müßten. Seine Kritiker erwiderten darauf, daß dieses Argument als Rechtfertigung nicht ausreiche, da die PLO die Existenz Israels nicht anerkenne. Etwas später nannte Jackson in einem vertraulichen Hintergrundgespräch mit einem Journalisten der *Washington Post* New York »Hymie Town«, was viele für eine Verunglimpfung der Juden hielten. Jackson erklärte wiederholt, er habe niemanden verunglimpfen wollen, aber viele Juden empfanden die Bemerkung weiterhin als Beleidigung.

In einem bemerkenswert mutigen Schritt flog Jackson Ende Dezember 1983 nach Syrien, um Präsident Assad um die Freilassung eines jungen Schwarzen, Leutnant Robert Goodman, einem Navigator-Bordschützen zu bitten. Goodmans Aufklärungsflugzeug war über Syrien abgeschossen worden, wobei der Pilot ums Leben gekommen und Goodman gefangengenommen worden war. Nachdem Präsident Assad Jacksons Bitte angehört hatte, übergab er ihm Goodman und löste damit bei vielen Amerikanern und auch Präsident Reagan große Freude aus. Der Präsident hieß Jackson und Goodman in einer Feierstunde im Weißen Haus willkommen. Aber nicht alle waren erfreut. Einige Amerikaner meinten, Jackson setze sich nicht nur allzu sehr in Szene, er mische sich auch in die Außenpolitik ein. Manche waren sehr kritisch Jackson gegenüber, weil er Louis Farrakhan mit in seine Delegation genommen hatte, der den jüdischen Glauben »als Religion der Gosse« bezeichnet hatte. Jackson wurde aufgefordert, sich von Farrakhan und seiner Unterstützung zu distanzieren, aber er wollte nur soweit gehen, daß er sich in einzelnen Punkten und Themen von Farrakhan unterschied.

Zum Zeitpunkt des Parteikonvents der Demokraten in San Francisco im Juli 1984 hatte Jackson schätzungsweise 300 Delegierte hinter sich gebracht. Da Walter Mondale als Spitzenkandidat 200 schwarze Delegierte auf sich vereinigt hatte, waren Jacksons Verhandlungschancen begrenzt. Er hielt eine gute Rede vor dem Konvent, in der er sich noch mal für Äußerungen entschuldigte, die andere als verletzend empfunden hatten. Die Reaktion klang nicht sehr nach Vergebung. Walter Mondale und Geraldine Ferraro wurden als Präsidentschafts- und Vizepräsidentschaftskandidaten nominiert, und Jackson unterstützte diese Kandidaten wenig begeistert, die im November eine demütigende Niederlage erleiden sollten.

Mehr Schwarze denn je waren jedoch zu den Wahlurnen geströmt. In den Vorwahlen der Demokraten hatten etwa 3,05 Millionen Schwarze ihre Stimme abgegeben, das waren 18 Prozent der 16,94 Millionen abgegebenen Stimmen in den Vorwahlen der Demokraten. Das enorme Anwachsen der schwarzen Registrierung und Wahlbeteiligung war weitgehend auf Jacksons Kandidatur zurückzuführen. In der Wahl im November gaben etwa 10 Millionen Schwarze ihre Stimme ab, von denen 89 Prozent Mondale wählten. Auch wenn nur geringe Begeisterung für Mondale herrschte, hatten die meisten Schwarzen doch das Gefühl, daß sie keine Alternative hatten. Immerhin konnten sie über den Zuwachs ihrer politischen Macht befriedigt sein, von 1469 gewählten Amtsinhabern im Jahr 1970 auf 6056 gewählte Amtsinhaber 1985. Für schwarze Amtsinhaber insgesamt hatte Jacksons Kandidatur eine positive Wirkung gehabt. Manche glaubten sogar, daß sie etwas mit der Wahl von Virginias erstem schwarzen stellvertretenden Gouverneur, Douglas Wilder, 1985 zu tun hatte, der vier Jahre später zum Gouverneur gewählt wurde. Die Niederlage der Demokraten 1984 bedeutete jedoch vier weitere Jahre mit Reagan und seiner Politik. Die führenden Schwarzen bemühten sich mit wachsender Sorge und voller Pessimismus weiter darum, das Wohlergehen ihrer Rasse zu fördern, angesichts eines Weißen Hauses, das sie für desinteressiert und unfreundlich hielten. Je näher die Präsidentschaftswahl von 1988 rückte, desto stärker konzentrierten sich die meisten Afroamerikaner auf das Nominierungsverfahren innerhalb der Demokratischen Partei und hofften darauf, daß man sich auf einen zugkräftigen Kandidaten einigen würde, der den Republikanern das Weiße Haus abnehmen könnte.

Vier Jahre Bush

Eins der wichtigsten Elemente des Wahljahrs 1988 für die Afroamerikaner war mit Sicherheit die erneute Kandidatur von Jesse Jackson in den Vorwahlen der Demokraten. Bei seinen Reisen kreuz und quer durch die Vereinigten Staaten und den Diskussionen mit den anderen Bewerbern um die Nominierung, u. a. Michael Dukakis, Gary Hart, Richard Gephardt, Albert Gore, Jr. und Bruce Babbitt, erlebten viele Amerikaner zum ersten Mal einen Afroamerikaner, der über strukturelle Arbeitslosigkeit genauso kenntnisreich wie über Bürgerrechte und Maßnahmen der Vereinten Nationen wie über Probleme des Ghettos diskutieren konnte. Er beeindruckte viele Wähler, unabhängig von der Rasse, und erhielt sehr viel mehr Stimmen als 1984.

In den Vorwahlen erhielt Jesse Jackson 6,6 Millionen Stimmen, oder etwa 24 Prozent der schätzungsweise 23 Millionen abgegebenen Stimmen, während der Spitzenkandidat Michael Dukakis 9,7 Millionen Stimmen, also 43 Prozent erhielt. Jacksons Abschneiden in den Vorwahlen war

Bürgermeister von Großstädten. Tom Bradley von Los Angeles, Colman Young von Detroit, W. Wilson Goode von Philadelphia, Harold Washington von Chicago, Sharon Pratt Kelly von Washington, Maynard Jackson von Atlanta und David Dinkins von New York waren einige von Dutzenden afroamerikanischer Bürgermeister amerikanischer Städte in den 1980er und 1990er Jahren. *(Bradley, AP/Wide World Photos; Young, UPI/Bettmann; Goode, UPI/Bettmann; Washington, AP/Wide World Photos; Dixon, AP/Wide World Photos; Jackson, UPI/Bettmann; Dinkins, AP/Wide World Photos)*

bei weitem die ernsthafteste Bewerbung eines Afroamerikaners um das Amt des Präsidenten bisher. Er siegte in sieben Vorwahlen, verglichen mit zwei im Jahr 1984. Mit 92 Prozent der Stimmen der Schwarzen und 17 Prozent der Stimmen der Weißen erhielt er 1200 Delegiertenstimmen auf dem Parteikonvent von 1988 gegenüber nur 400 im Jahr 1984, ein sehr eindrucksvolles Ergebnis. Nachdem es ihm nicht gelungen war, nominiert zu werden, nachdem er und seine Familie den Konvent in Atlanta durch ihre Auftritte und Reden begeistert hatten, konzentrierte sich Jackson auf die Registrierung neuer Wähler unter den Afroamerikanern und anderen Minderheiten.

Vizepräsident George Bush war ein ernst zu nehmender Kandidat, zumal er Vizepräsident gewesen war und viele Jahre hohe staatliche Ämter innegehabt hatte. Er war Abgeordneter im Repräsentantenhaus gewesen, Direktor der Central Intelligence Agency (CIA), Direktor des Verbindungsbüros in China und Botschafter der Vereinigten Staaten bei den Vereinten Nationen. Er hatte seit langem sein Interesse an der Arbeit des United Negro College Fund bekundet, doch alle, die sich an seine vehemente Ablehnung des Civil Rights Act von 1964 erinnerten, hatten Zweifel an seinem Engagement für die Gleichstellung der Rassen.

Während des Wahlkampfs widmete sich Bush den Wohlstandswählern in den Vororten und den Konservativen, indem er Dukakis beschuldigte, er sei lasch in der Verbrechensbekämpfung. Das Beispiel, das zum Erkennungszeichen der Wahlkampfsstrategie der Republikaner wurde, waren Beschuldigungen in der Fernsehwerbung, daß Dukakis einen schwarzen Kriminellen, Willie Horton, begnadigt habe, der dann rückfällig geworden sei. Thomas und Mary Edsall stellen in ihrem Buch *Chain Reaction: The Impact of Race Rights and Taxes on American Politics* die These auf, daß diese und ähnliche politische Strategien »die Bewegungen für die Rechte von Angeklagten und Verurteilten, die Kriminalität von Schwarzen, die permissiven liberalen Eliten, den steuerfressenden Staat, die schwindenden traditionellen Werte, den ramponierten Patriotismus und das abnehmende Prestige Amerikas insgesamt als Themen anklingen ließen«. Das reichte zwar aus, um noch einmal einen Republikaner ins Weiße Haus zu bringen, aber es geschah ohne wesentliche afroamerikanische Unterstützung.

Schätzungsweise 90 Prozent der afroamerikanischen Wähler gaben ihre Stimme Michael Dukakis und Llyod Bentsen als Kandidaten für das Amt des Präsidenten bzw. des Vizepräsidenten. Als der neugewählte Präsident auf seiner ersten Pressekonferenz gefragt wurde, warum er sich um die Stimmen der Schwarzen überhaupt nicht bemüht habe, antwortete Bush freimütig, er habe sich um die Stimmen in den Vororten und von seinen wahrscheinlichen Anhängern in den mittleren und höheren Einkommensschichten in den Städten kümmern müssen. Er fügte dem sofort hinzu, daß er ein Präsident des ganzen Volkes sein werde, ungeachtet der Rasse, Religion und ethnischen Herkunft.

Obwohl Präsident George Bush im Januar 1989 sein Amt mit acht guten Jahren im Rücken übernahm, angesichts einer überaus optimistischen Perspektive in manchen Kreisen, blickten viele Amerikaner sorgenvoll in die Zukunft. Die Wirtschaft sah nicht gesund aus, und das Mißverhältnis in der Eigentumsverteilung, wie es Kevin Phillips in *The Politics of Rich and Poor* schilderte, war bestürzend. 1980 gab es 574 000 Millionäre in den Vereinigten Staaten, acht Jahre später waren 1,3 Millionen Amerikaner Millionäre. 1981 gab es nur eine Handvoll Milliardäre, aber 1988 gab es mindestens 52 davon. Anders ausgedrückt, das durchschnittliche Pro-Kopf-Einkommen des obersten 1 Prozent der Amerikaner von 270 000 Dollar im Jahr 1977 war auf 404 500 Dollar 1988 gestiegen. Im gleichen Zeitraum war das durchschnittliche Pro-Kopf-Einkommen der untersten 10 Prozent von 4 113 Dollar 1977 auf 3 504 Dollar 1988 gesunken. Da die überwiegende Mehrheit der Schwarzen zu den unteren 40 Prozent der Einkommensverteilung gehörten, wurden sie von der Umverteilung des Nationaleinkommens besonders hart getroffen.

Das Auf und Ab der Wirtschaftsdaten, mit einer kurzen Rezession in den ersten Monaten 1980, ging schließlich in eine richtige Rezession in den Bush-Jahren über. Ein Merkmal dieser Jahre war das stetige, unerbittliche Anwachsen der Arbeitslosenzahlen. Ein weiteres Merkmal waren die insolventen Spar-und-Darlehenskassen, die mit etlichen Milliarden Dollar auf Kosten des Bundes finanziell gerettet wurden. Ein weiteres war das dramatisch wachsende Handelsdefizit, das darauf hindeutete, daß amerikanische Waren für ausländische Kunden nicht attraktiv waren, mit Ausnahme des amerikanischen Dollars selbst. Und wieder ein anderes Merkmal waren die steigenden Zahlen bei Betriebsstillegungen, Geschäftsaufgaben und Zwangsvollstreckungen von Eigenheimen, durch die Millionen Amerikaner die Rezession hautnah zu spüren bekamen. Diese wirtschaftlichen Rückschläge hingen wie ein böses Omen über der vierjährigen Amtszeit von Bush.

Präsident Buch ernannte nur wenige Afroamerikaner in sichtbare und einflußreiche Positionen. Einer war General Colin Powell, der in den letzten Jahren der Reagan Administration nationaler Sicherheitsberater gewesen war. Er war Mitglied von Bushs Mannschaft in der Vorbereitungsphase seiner Präsidentschaft und wurde zum Vorsitzenden der Joint Chiefs of Staff ernannt, das war bei weitem die wichtigste militärische Position, die je ein Afroamerikaner innegehabt hatte. Louis W. Sullivan, der Präsident der Medizinischen Hochschule von Morehouse wurde Gesundheitsminister und damit Leiter des Ministeriums mit dem zweitgrößten Etat nach dem Verteidigungsministerium. Er konnte das Interesse der Öffentlichkeit auf seine Kritik an den Herstellern von Tabakprodukten lenken, die insbesondere Afroamerikaner zum Kauf ihrer Produkte verführen wollten.

Der Präsident setzte keine Sonderprogramme in Gang, um den Afroamerikanern oder anderen benachteiligten Amerikanern dabei zu helfen, ihre Stellung in der amerikanischen Gesellschaft zu verbessern. Im Gegenteil machte er durch sein Veto von wichtigen Gesetzen seine Auffassung deutlicher, welche Probleme die Afroamerikaner und andere Minderheiten hatten, als durch irgendeine Initiative der Regierung, die er während seiner Amtszeit als Präsident hätte ergreifen können. Im Juni 1989 galt sein erstes Veto dem Gesetz, den Mindestlohn von 3,35 Dollar auf 4,55 Dollar zum ersten Mal seit 1977 zu erhöhen. Der Kongreß konnte schließlich einen Kompromiß bei 4,25 Dollar vereinbaren. 1990 legte er sein Veto gegen den Civil Rights Act ein und behauptete, es handele sich um ein »Quotengesetz«, obwohl einige führende Republikaner wie Senator John C. Danforth aus Missouri nachdrücklich erklärten, daß es das nicht sei. Der Kongreß war nicht in der Lage, das Veto zu überstimmen. Nach den Wahlen im gleichen Herbst und breiter Unterstützung in der Öffentlichkeit für das Gesetz erschien es ihm nicht länger politisch wünschenswert, dagegen zu sein, und so unterzeichnete Bush das Gesetz und behauptete, es sei nun kein Quotengesetz mehr. Tatsächlich enthielt es im wesentlichen dieselben Gesetzesbestimmungen, gegen die er ein Jahr vorher sein Veto eingelegt hatte.

Bush legte auch sein Veto gegen das sogenannte »motor voter bill« ein, das es möglich gemacht hätte, die Registrierung als Wähler bei derselben Stelle wie den Führerschein oder dessen Verlängerung zu beantragen, [was in vielen Staaten alle vier Jahre nötig ist]. Der Präsident erklärte, daß das Gesetz den Wahlbetrug erleichtere und die Einzelstaaten zu sehr belaste. Das Veto konnte nicht überstimmt werden. Er legte sein Veto auch gegen die Zahlung von Arbeitslosenhilfe für einen längeren Zeitraum ein, was besonders diejenigen traf, die ihren Arbeitsplatz während der langwierigen Rezession verloren hatten. Auch gegen ein Mutterschutzgesetz (family leave bill) legte er sein Veto ein, daß unbezahlten Mutterschaftsurlaub oder Urlaub in Fällen von Adoption, Krankheit oder anderen Notfällen ermöglicht hätte. Diese Handlungen des Präsidenten waren zwar Reaktionen auf Gesetzesinitiativen, aber sie verdeutlichten seine Ansichten zu den sozialen Problemen seiner Zeit.

Wenn Präsident Bush ungewöhnlich erfolgreich dabei war, die Welle dessen aufzuhalten, was einige als progressive Sozialgesetze bezeichneten, so trug das Oberste Bundesgericht mit einer Reihe wichtiger und niederschmetternder Entscheidungen sein Teil dazu bei. Unter dem Vorsitz von William H. Rehnquist, der 1986 zum Vorsitzenden Richter befördert worden war, und unterstützt von Anthony Scalia und Anthony Kennedy, zwei von Reagan ernannten Richtern, und anderen schraubte das Oberste Gericht ein Gutteil der Fortschritte, die unter der Bürgerrechtsgesetzgebung des vergangenen Jahrzehnts gemacht worden waren, wieder zurück. 1988 wurden die Voraussetzungen für diese weitreichende Revision geschaffen, als das Gericht in *City of Richmond gegen J. A. Crosson Company* ein Sonderprogramm der Stadt Richmond, nach dem ein fester Anteil öffentlicher Aufträge an Bauunternehmer vergeben wurde, die zu einer Minderheit gehörten, für verfassungswidrig erklärte. Das Oberste Gericht erläuterte, daß es die Rechte konkurrierender weißer Bauunternehmer verletze. Das war der Auftakt zum »Jahr des richterlichen Aktivismus«, als das einige Beobachter die Sitzungsperiode 1988/1989 beschrieben haben.

Im Juni 1989 widerrief das Oberste Gericht in *Patterson gegen McLean Credit Union* eine Entscheidung von 1976 und entschied nun, daß der Civil Rights Act von 1866 einen Arbeitnehmer beim Abschluß eines Vertrages schütze, dieser Schutz aber nicht mehr für den Arbeitnehmer zutraf, wenn der Vertrag einmal abgeschlossen war. Im gleichen Monat entschied das Gericht in *Wards Cove Packing Company gegen Antonio*, daß ein Arbeitgeber, der wegen Diskriminierung von Arbeitnehmern, die zu einer Minderheit gehörten, angeklagt wurde und diese mit der Verfolgung seiner Geschäftsinteressen begründete, seinen Fall nicht mehr nachweisen mußte. Vielmehr mußte der betroffene Arbeitnehmer nachweisen, daß es sich dabei nicht um ein legitimes Geschäftsinteresse handelte. In wieder einer anderen Entscheidung im gleichen Monat erlaubte das Gericht in *Martin gegen Wilks* weißen Feuerwehrleuten, die Stadt wegen rassenbewußter Beförderungen jederzeit zu verklagen, die die unerhörte frühere Diskriminierungspraxis beheben sollten, als überhaupt keine Schwarzen bei der Feuerwehr eingestellt wurden.

Mit Präsident Bushs erfolgreichen Vetos gegen Gesetze, die sie betrafen und einem Obersten Bundesgericht, das ihnen keinen Schutz mehr bot, fühlten sich die Afroamerikaner ins Abseits geschoben, wenn nicht vollkommen ohnmächtig. Wahrscheinlich waren die Entscheidungen des Obersten Bundesgerichts am deprimierendsten, denn seit den 1950er Jahren hatten die Afroamerikaner mit einiger Berechtigung davon ausgehen können, daß das Gericht sie fair und häufig positiv bescheiden würde. Deshalb sahen sie der Pensionierung von Richter Thurgood Marshall mit Bangen und Sorge entgegen. Zwar war er in den letzten Jahren häufiger gezwungen gewesen, ein Minderheitenvotum abzugeben, als mit der Mehrheit votieren zu können, aber mit seiner Meinung mußte selbst die Mehrheit rechnen. Einige Afroamerikaner waren einigermaßen überrascht, als Präsident Bush den konservativen Schwarzen Clarence Thomas als Nachfolger Marshalls nominierte. Nicht alle konnten dem Präsidenten zustimmen, der erklärte, daß Thomas »der bestqualifizierte« Kandidat für dieses hohe Amt sei und die Rasse keine Rolle bei der Nominierung gespielt habe. Diese Charakterisierung bezeichnete Erwin Griswold, der 87jährige frühere Dekan der Juristischen Fakultät der Harvard-Universität, als »Hirngespinst«.

Clarence Thomas, der an der Yale-Universität Jura studiert hatte, war von Präsident Reagan zum Ministerialdirektor für Bürgerrechte im Bildungsministerium ernannt worden und 1982 Vorsitzender der Equal Employment Opportunity Commission geworden, ein Amt, das er bis März 1990 innehatte. Anschließend nominierte ihn Präsident Bush für das US-Berufungsgericht im District of Columbia, und diese Nominierung wurde in offener Abstimmung im Senat bestätigt. Seine Amtszeit bei der EEOC kann man bestenfalls als umstritten bezeichnen, aber er scheint nie gefährdet gewesen zu sein, obwohl es regelmäßig Klagen gab, daß die Commission bei der Bearbeitung von Beschwerden immer weiter in Verzug geriet. Seine Nominierung für das höchste Gericht löste jedoch eine breite Diskussion über seine Eignung für dieses Richteramt aus. Einige Afroamerikaner waren erfreut darüber, daß der Präsident es für angebracht hielt, wiederum ein Mitglied ihrer Rasse als Nachfolge von Thurgood Marshall zu ernennen, wenn auch ein extrem konservatives. Als Thomas von den Senatoren Strom Thurmond aus South Carolina, Sam Nunn aus Georgia und Orin Hatch aus Utah unterstützt wurde, schlossen einige Beobachter daraus, daß viele Weiße im Kongreß und im

Land es für ungehörig halten würden, die Nominierung eines Afroamerikaners für das Oberste Gericht abzulehnen.

Selten wurden in einem Konflikt über eine Nominierung zum Obersten Gericht die Fronten so schnell und so scharf gezogen. Unter den Organisationen, die sich für die Nominierung von Thomas aussprachen waren: die National Black Nurses Association, der Congress of Racial Equality, Americans for a Balanced Budget, Family Research Council, Women for Judge Thomas, Knights of Columbus, Catholic Golden Age, Conservative Caucus, United Conservatives, National Jewish Coalition, United States Chamber of Commerce und Young Americans for Freedom. Unter den Organisationen, die Thomas ablehnten, waren die AFL-CIO, American Federation of Teachers, National Bar Association, National Council of Jewish Women, Gray Panthers, National Organization for Women, People for the American Way, National Lawyers Guild, United States Student Association und der NAACP Legal Defense and Educational Fund. Bis September 1991, als der Justizausschuß des Senats mit den Anhörungen zur Nominierung begann, hatten etwa 76 Organisationen und Gruppen ihre Unterstützung von Thomas erklärt und 54 Organisationen ihre Ablehnung.

Während die National Urban League beschloß, in der Frage von Thomas Nominierung neutral zu bleiben, äußerte sich der Caucus der schwarzen Kongreßabgeordneten mit Ausnahme des einzigen Republikaners, Gary Franks aus Connecticut, entschieden gegen Thomas. Und nachdem man eine Entscheidung auf der Jahresversammlung zunächst vertagt hatte, um mehr Zeit zu haben, die bisherige Arbeit von Thomas zu prüfen, sprach sich auch die NAACP entschieden gegen Thomas aus. Gleichzeitig wurden einzelne Stimmen laut. Eine Meinung lautete, Thomas habe sowohl »die Intelligenz als auch die intellektuelle Integrität für dieses Amt«. Eine andere Stimme nannte ihn »einen unechten Helden«. Wieder eine andere erklärte, sie sei auf seine Leistungen und die in ihn gesetzten Hoffnungen so stolz wie bei ihrem eigenen Sohn. Und noch ein anderer nannte den Kandidaten »Onkel Richter Thomas« und behauptete, »kein Weißer mit seiner Qualifikation könnte ins Oberste Bundesgericht berufen werden«.

Als die Anhörungen zu Thomas Nominierung sich bereits dem Ende näherten, beschuldigte Anita Hill, Juraprofessorin an der Universität von Oklahoma, ihn der sexuellen Belästigung während ihrer Beschäftigung im Bildungsministerium und bei der EEOC. Ihre Aussage, die vom Fernsehen im ganzen Land übertragen wurde, weitete die Diskussion auf Millionen Fernsehzuschauer aus, und verstellte den Blick auf die wichtigen Fragen seiner Ausbildung, seiner Erfahrungen und anderer Qualifikationen für das Amt. Als sich der Kampfessturm gelegt hatte und die Kontroverse in den Hintergrund getreten war, wurde die Ernennung von Clarence Thomas zum zweiten afroamerikanischen Richter am Obersten Bundesgericht bestätigt.

ZAHL DER SCHWARZEN MIT EINEM POLITISCHEN AMT, 1970-1990

	1970	1975	1980	1985	1990
Kongreßmitglieder	10	18	17	20	26
Einzelstaatssenatoren	31	53	70	90	108
Einzelstaatsabgeordnete	137	223	247	302	340
Amtsinhaber im Bezirk	92	305	451	611	810
Bürgermeister	48	135	182	286	314
Mitglieder im Stadtrat	552	1 237	1 809	2 189	2 972
Gewählte Mitglieder im Schulamt	362	894	1 149	1 368	1 561
Summe aller schwarzen Amtsinhaber	1 469	3 503	4 912	6 056	6 131
Prozentsatz des Wandels	–	138,5	40,2	23,3	1,2

Quelle: *Black Elected Officials,, 1991.*, Joint, Center of Political Studies

BEWEGTE ZEITEN

Der wachsende und weit verbreitete Drogenkonsum und Drogenmißbrauch in allen Bereichen der amerikanischen Gesellschaft und die damit verbundene Gewalt durch den wuchernden Drogenmarkt und die sich rapide vermehrenden Drogendealer in den Städten waren wichtige Entwicklungen, die zur Verabschiedung des Drogenmißbrauchsgesetzes (Anti-Drug Abuse Act) von 1988 durch den Kongreß führten. Dieser Schritt, der von vielen führenden Afroamerikanern als zwar verspätete, aber höchst willkommene Reaktion auf die Probleme ihrer leidgeprüften Gemeinden begrüßt wurde, führte zur Ernennung eines »Drogenzaren«

oder Direktors, der die Aktionen von mehr als 30 Bundesbehörden und -ämtern überwachen und koordinieren sollte, die alle im Kampf gegen Drogen engagiert waren. Die große Verantwortung, einen Beamten mit der strategischen Aufgabe zu betrauen, »den Krieg gegen die Drogen« zu führen, war eine der ersten Amtshandlungen des neugewählten Präsidenten George Bush. Seine Wahl fiel auf William J. Bennett, der unter Präsident Reagan Bildungsminister gewesen war. Obwohl das Gesetz von einer Position im Kabinettsrang ausging, entschied sich Bush dagegen und zog damit den Vorwurf der Kritiker auf sich, »der neue Anti-Drogen-Posten sei von der Administration herabgestuft worden«.

In den 19 Monaten, die Bennett »Drogenzar« war, verwandte er viel Energie auf die Suche nach neuen Ansätzen zur Lösung des Drogenproblems, aber mit geringer unmittelbarer Wirkung. Die für die Öffentlichkeit sichtbarsten Aktivitäten waren, daß er sein Amt für »Tiraden von der Kanzel« benutzte, um liberale Intellektuelle, Akademiker und Journalisten zurechtzuweisen wegen ihrer, wie er es nannte, »moralisch skandalösen Einstellungen«, die entweder Toleranz oder die Legalisierung des Drogenkonsums forderten. Als er von seinem Amt zurücktrat, behauptete Bennett, daß Amerika im Krieg gegen die Drogen vorankomme. Seine Kritiker waren überzeugender, wenn sie erklärten, daß er und die Bush Administration keine wirksame Strategie zur Bewältigung des Problems entwickelt hatten und der Drogenhandel und die damit verbundene Gewalt auf ein noch höheres Niveau geschnellt waren. Bennetts Nachfolger im Amt des »Drogenzaren« besaßen nicht seine Gabe, die Aufmerksamkeit der Öffentlichkeit auf diese Probleme zu lenken, und scheinen noch weniger Einfluß auf die sich ständig verschlechternde Situation gehabt zu haben.

Da George Bush versprochen hatte, er werde der »Bildungspräsident« sein, fragten sich die Afroamerikaner, was seine Politik für sie bedeuten würde. Der Zugang zu Schule und Ausbildung war gerade für sie von großer Bedeutung, und so beobachteten sie mit Interesse jeden politischen Schachzug, der ihren Zugang zum Bildungssystem mehr oder weniger öffnen würde. Im Dezember 1990 gab Michael L. Williams, ein Afroamerikaner, der Ministerialdirektor für Bürgerrechte im Bildungsministerium war, eine neue Direktive heraus, in der »rassenspezifische« Stipendien mit der Begründung eingeschränkt wurden, solche Stipendien seien eine Diskriminierung. Die Direktive löste über Nacht ein Trommelfeuer wütender Kritik u. a. von Bildungseinrichtungen und Bürgerrechtsorganisationen aus, die der Bush Administration vorwarfen, sie versuche, die gut gemeinten Bemühungen, auch benachteiligten Minderheiten den Zugang zum Hochschulstudium zu ermöglichen, zu unterlaufen, indem sie diese Bemühungen als eine Form der »Diskriminierung der Mehrheit« kategorisierten. Die Empörung aus allen politischen Lagern war so massiv, daß die von Williams angekündigte Maßnahme vom Bildungsministerium schnell fallengelassen wurde.

Die 1980er Jahre brachten eine neue und furchterregende Bedrohung der Afroamerikaner durch Aids, eine Seuche, die in der schwarzen Bevölkerung bereits 1981 aufgetaucht war. Anfangs wurde Aids von den meisten Amerikanern als Krankheit der Homosexuellen betrachtet, bis ihr auch Menschen und sogar Kinder außerhalb dieser Gruppe zum Opfer fielen. Allmählich reagierten Teile der Afroamerikaner auf die Bedrohung mit Mitteln, die als Ergänzung zu Maßnahmen von staatlicher Seite – von Gesundheits-, Bürger- und religiösen Organisationen –, die schnell steigenden Infektionszahlen mit dem Immunschwächeerreger (HIV) als Ursache von Aids einzudämmen versuchten. Dabei handelte es sich zumeist um vorbeugende Aufklärung, die Schaffung von Einrichtungen, um bereits erkrankte Menschen unterzubringen, die emotionale und geistige Unterstützung der Kranken, aber auch so praktische Angebote wie medizinische Versorgung, psychologische Beratung, Rechtsbeistand, Versorgung mit Lebensmitteln und Hospizpflege. Eins der Ergebnisse dieser neuen Form gesellschaftlichen Engagements war die Gründung der National Black Gay and Lesbian Conference im Jahr 1986, die es sich zur Aufgabe machte, die Vorurteile und Probleme, mit denen afroamerikanische Schwule und Lesbierinnen als rassische und sexuelle Minderheit konfrontiert waren, anzugehen und zu lösen. Als sich Schwule und Lesbierinnen aller Rassen aus allen Teilen der Vereinigten Staaten 1993 in Washington D.C. zu einer der größten Bürgerrechtsdemonstrationen in der amerikanischen Geschichte versammelten, unterstützte auch die NAACP als älteste Bürgerrechtsorganisation des Landes die Demonstration und nahm offiziell daran teil.

Zwei Ereignisse mit größter Publizität verstärkten das öffentliche Bewußtsein für die Gefahr durch Aids. Earvin »Magic« Johnson, einer der beliebtesten und begabtesten Basketballstars eröffnete 1991 seinen Anhängern, daß er HIV-positiv war. Etwas später gab Arthur Ashe, einer der besten Tennisspieler seiner Generation und eine angesehene Persönlichkeit des öffentlichen Lebens, bekannt, er sei bei einer Operation mit Aids infiziert worden. Noch nicht einmal ein Jahr später war er tot. Nach diesen Erklärungen widmeten sich Johnson und Ashe intensiv der Aufklärung über Aids, der finanziellen Unterstützung der Aids-Forschung auch durch Spenden und der besseren medizinischen Versorgung für Aids-Opfer.

Kurz nach Übernahme seines Amtes erhielt George Bush den Bericht der überparteilichen National Commission on AIDS (NCA), in dem er nachdrücklich gebeten wurde, sein Amt stärker als sein Vorgänger Ronald Reagan dafür einzusetzen, die Nation besser über die immer schnellere Verbreitung von Aids aufzuklären, im Kongreß größere Finanzbewilligungen für die medizinische Forschung, die Aufklärung der Öffentlichkeit, Behandlungszentren und bei der Entwicklung eines verstärkten Bewußtseins bei allen Amerikanern mitzuwirken, daß eine grundlegende sofortige Reform des amerikanischen Gesundheitssystems nötig sei. Während Bushs vierjähriger Amtszeit wiederholte die Kommission im wesentlichen dieselbe Botschaft, wenn auch jedes Mal dringlicher im Umfang und an Schärfe. Bereits in Bushs zweitem Jahr behauptete die Kommission, daß die Gleichgültigkeit der Bevölkerung gegenüber Aids und seinen Folgen durch die Weigerung des Präsidenten verstärkt werde, in dieser Frage eine führende Rolle zu übernehmen.

Bush reagierte zunächst mit einem Aufruf, die mit Aids infizierten Menschen nicht länger zu diskriminieren, und lobenden Worten für die Bemühungen der Regierung, die Krankheit zu bekämpfen. Später äußerte sich Vizepräsident J. Danforth Quayle, der häufig zu innenpolitischen Fragen die Meinung der Regierung wiedergab, und meinte, die beste Antwort des amerikanischen Volkes auf die Bedrohung durch Aids sei die Pflege hoher moralischer Standards, insbesondere in Form von sexueller Abstinenz.

Für viele Amerikaner war die spektakulärste Geste des Präsidenten die Berufung von »Magic« Johnson in die National Commission on Aids. Kritiker von Bush benutzten jedoch selbst dies, um die Aufrichtigkeit seines Engagements in Frage zu stellen. Derek Hodel, der Geschäftsführer der Organisation People with AIDS Health Group, forderte »Magic« Johnson auf, seine Berufung ins NCA dadurch zu legitimieren, daß er Präsident Bush mit dessen Versagen konfrontiere, die Ausbreitung von

Aids einzudämmen. Johnsons Wahrnehmung seiner Rolle in der Kommission wurde zusätzlich durch einen Bericht des National Minority AIDS Council im März 1992 erschwert. Der beschuldigte die Bundesbehörden, nur unzureichend Finanzmittel zur Verfügung zu stellen, um die Verbreitung von Aids unter Amerikanern afrikanischer, hispanischer, asiatischer und indianischer Herkunft zu bekämpfen. Ein Vorwurf, der von zahlreichen Organisationen und Einzelpersonen dieser Minderheiten, in denen der Anteil von Aids-Opfern schneller wuchs als in der Gesellschaft als ganzer, wiederholt und näher ausgeführt wurde.

Im September 1992 brachte »Magic« Johnson die Bush Administration in eine äußerst peinliche Lage, als er abrupt aus der National Commission on AIDS zurücktrat. Johnson rechtfertigte seinen Rücktritt in einer scharfen Kritik am Präsidenten, der die Krankheit mit »Lippenbekenntnissen und Fototerminen« bekämpfe. Als Bush das Weiße Haus verließ, waren sich Anhänger und Gegner darin einig, daß seine Regierung wenig Wirkungsvolles in der Aids-Krise zustande gebracht hatte.

Die letzten beiden Jahrzehnte des zwanzigsten Jahrhunderts sahen eine immer gravierendere wirtschaftliche Verelendung und größere soziale Probleme in den Armenvierteln der Schwarzen: chronische Arbeitslosigkeit, zügellose Gewalt, Drogenabhängigkeit, HIV-Infektion und Aids, sprunghaft steigende Zahlen für Morde an jungen Schwarzen, hohe Raten unehelicher Kinder und ein öffentliches Schulsystem, das all diesen Problemen nicht gewachsen war. Es ist wenig überraschend, daß die herrschenden Gefühle vieler Bewohner dieser Viertel gegenüber Mittel- und Oberklassenamerikanern Entfremdung und Feindseligkeit waren. Ausdruck dieser Stimmung war das Entstehen einer Art aggressiv-expliziter Kultur (in-your-face-culture) seit 1974, die ein tiefgreifendes Gefühl der Entfremdung wiedergab. Die Rap-Musik mit ihren bunten, lästerlichen Sängern, und die daraus hervorgehende Hip-Hop-Kultur waren die sichtbarsten und umstrittensten Ausdrucksformen dieser Entfremdung. Während Musikkritiker und andere Experten über die Leistungen des Rap als Form des musikalischen und kulturellen Ausdrucks der Afroamerikaner debattierten, veranlaßten manche Rap-Nummern etliche Zuhörer dazu, den Rap und seine Künstler als sexistisch, menschenverachtend, antisemitisch, rassistisch, antiautoritär und sexuell allzu drastisch zu kritisieren. Es kam zu Versuchen, Auftritte und den Verkauf von Aufnahmen bestimmter Rap-Künstler zu unterbinden. Doch was immer die

Zuhörer über den Rap dachten, wer Amerikas rassistische Politik begriffen hatte, sah in dieser Musik, was ein Beobachter in der *New York Times* als den unmißverständlichen Ausdruck der »Armut, Gewalt, fehlenden Ausbildung, Frustration und Wut des Ghettos« beschrieb.

Im Verlauf der 1980er Jahre wurde ein Ideenkomplex, der mit dem Etikett Afrozentrismus benannt wurde, zu einem wichtigen Thema des öffentlichen Diskurses in Teilen der afroamerikanischen Gruppe. Einige dieser Ideen konnte man bis zu einer kleinen Gruppe schwarzer Schriftsteller und Intellektueller im 19. Jahrhundert zurückverfolgen, die verschiedentlich die Einzigartigkeit und Großartigkeit der afrikanischen Kulturen hervorgehoben hatten. Einige führten die Leistungen des antiken Griechenland auf blutsmäßige und kulturelle Beziehungen mit Afrika zurück oder behaupteten, daß der historische Jesus, der Begründer des Christentums, ganz oder teilweise ein Afrikaner war. Die New-Negro-Bewegung, die in den kulturellen und politischen Aktivitäten der Harlem Renaissance in den 1920er Jahren so kraftvoll zum Ausdruck gekommen war, hatte einige dieser Ideen verstärkt und eigene hinzugefügt. Und die Black-Power-Bewegung, die ein Produkt der rassischen Herausforderungen und Spannungen der afroamerikanischen Bevölkerungsgruppe in den 1960er Jahren war, brachte weitere intellektuelle und kulturelle Ausdrucksformen hervor, die den Reiz des afrozentrischen Gedankenguts noch intensivierten.

In den letzten zwei Jahrzehnten des zwanzigsten Jahrhunderts fanden einige Vertreter des Afrozentrismus große Beachtung für ihre nachdrücklichen Plädoyers für die These, daß Afrika und die afrikanischen Kulturen der Ursprung der Weltzivilisationen seien und Menschen afrikanischer Abstammung ein einzigartiges »humanistisches, spirituelles Wertesystem« hätten, das von keiner anderen rassischen Gruppe erreicht werde. Das System der europäischen Kultur und Wirtschaft, erklärten sie weiter, sei seinem Wesen nach ausbeuterisch, und der hohe Melaninanteil der Schwarzen mache sie »von Natur aus kreativer«. Gegner der extremeren Ausformung des Afrozentrismus meinten, daß dessen Befürworter für ihre Behauptungen keine wissenschaftliche Beweise hätten oder sie mit verzerrten historischen Forschungen begründeten, daß viele Thesen der Afrozentristen unterschwellig rassistisch seien, und insbesondere oft bösartig antisemitisch. Die Diskussion blieb offen, und Wissenschaftler sammelten weiter neue Forschungsergebnisse über den Ursprung von Kulturen, Gesellschaften und Rassen.

Alle gesellschaftlichen Übel und die tiefgehenden Ressentiments der notleidensten Viertel des schwarzen Amerika explodierten im März 1991, als Rodney King, ein Afroamerikaner, nach einer Autojagd von weißen Polizisten in Los Angeles festgenommen wurde. King wurde zusammengeschlagen, weil er sich angeblich gewehrt und die Polizisten bedroht hatte, und ohne Anklage aus der Haft entlassen. Das wäre wahrscheinlich das Ende gewesen, wenn dieser Vorfall nicht von einem Beobachter mit der Videokamera aufgenommen und auf der ganzen Welt im Fernsehen gezeigt worden wäre. Die Entrüstung war einhellig und begleitet von der beharrlichen Forderung nach Entlassung des unbeliebten Polizeichefs Daryl Gates und der Anklageerhebung gegen die beschuldigten Polizisten wegen übermäßiger Brutalität. Viele Amerikaner und mit ihnen ein erheblicher Teil der Afroamerikaner betrachteten das Verfahren gegen vier weiße Polizisten (insgesamt 15 waren bei der Prügelszene dabeigewesen) als Test dafür, ob das System einem Opfer von Rassismus und Polizeibrutalität Gerechtigkeit widerfahren lassen konnte.

Es war schwierig, in Los Angeles »unvoreingenommene Geschworene« für das Verfahren zu finden, und so wurde Simi Valley als Gerichtsort ausgesucht, eine weitgehend weiße und hispanische Gemeinde. Der Prozeß zog sich lange hin und endete im April 1992 mit dem Freispruch der Polizisten durch ein Geschworenengericht, das aus elf Weißen und einem Amerikaner lateinamerikanischer Herkunft zusammengesetzt war. Der Freispruch war für die meisten Bürger, die die Prügelszene im Fernsehen gesehen hatte, schockierend, und er löste in Los Angeles mehrtägige Rassenunruhen mit Plünderungen und Brandstiftung aus. Nach vier Tagen belief sich der Schaden auf 38 Tote, 4000 Festnahmen, 3700 niedergebrannte Gebäude und einen Sachschaden von mehr als 500 Millionen Dollar. Sowohl Präsident Bush als auch der Demokratische Präsidentschaftskandidat Bill Clinton besuchten das zerstörte Viertel, brachten ihre Bestürzung zum Ausdruck und forderten Schritte zur Lösung der Probleme der heruntergekommenen Stadtzentren. Im darauffolgenden Jahr wurden vier Polizisten vor einem Bundesgericht wegen Verletzung der Bürgerrechte von Rodney King angeklagt. Diesmal wurden zwei Polizisten verurteilt und zwei freigesprochen. In Los Angeles blieb es zwar friedlich, aber die Afroamerikaner waren mit diesem Ergebnis nicht zufrieden.

Die Afroamerikaner und die übrige Welt

In den Nachkriegsjahren sahen die Afroamerikaner ihr Schicksal immer stärker als unlösbar verknüpft mit dem Schicksal der dunkelhäutigen Völker auf der ganzen Welt an. Unabhängig von der Haltung der Vereinten Nationen gegenüber den innenpolitischen Problemen der Vereinigten Staaten, spürten einige Afroamerikaner, stärker als viele andere, die Implikationen der gegenseitigen Abhängigkeit aller Menschen, wie sie durch die revolutionären Entwicklungen im Verkehr und in der Kommunikation und durch die Nutzung der Atomenergie entstanden waren. Das war keine plötzliche und neue Erkenntnis auf seiten der Schwarzen. Diplomatie, Abrüstung, die Probleme der Kolonien und die internationalen Beziehungen hatten schon seit langem eine wachsende Zahl afroamerikanischer Wissenschaftler gefesselt, darunter W. E. B. Du Bois, Ralph Bunche, Rayford Logan und Merze Tate. Die Presse der Schwarzen sowie eine beträchtliche Zahl schwarzer Organisationen begannen sich für die internationalen Aspekte des Freiheitskampfes zu interessieren. Sie versuchten die Rolle zu definieren, die sie selbst und ihr Land bei der Verwirklichung des großen Traums von Frieden und Gleichheit spielen sollten. Die Afroamerikaner wählten eine starke moralische Position, als sie sich zu Fragen von Frieden und Freiheit auf der Welt äußerten. Sie lobten Amerikas Ziel einer Weltgemeinschaft friedlicher Staaten. Aber sie wiesen gleichzeitig darauf hin, daß man ein solches Ziel nur erreichen konnte, wenn die Gleichheit aller Bürger im eigenen Land an die Stelle von Diskriminierung, Rassenhaß und Rassentrennung treten würde. Sie kritisierten die Truman-Regierung, weil sie die Vereinigten Staaten durch die Ernennung von James F. Byrnes aus South Carolina zum Außenminister in eine peinliche Lage gebracht hatten. In South Carolina waren Schwarze zu einer Zeit von den Vorwahlen ausgeschlossen, als es notwendig wurde, gegen den »undemokratischen Charakter« der Wahlen in Bulgarien zu protestieren. Später hielten viele die Verwicklung ihres Landes in den Vietnamkrieg für fragwürdig, weil es dort etwas erreichen wollte, was es zu Hause nicht erreicht hatte. Sie erinnerten ihre Regierung auch daran, daß die Völker Indiens, Indonesiens, Burmas u. a. mit ihrem Unabhängigkeitskampf in die Fußstapfen der Vereinigten Staaten traten. Es sei mehr als ungeschickt, wenn das Land, das schon früh ein Beispiel für das Recht der Völker auf Unabhängigkeit gegeben hatte, jetzt versuchen wollte, das Streben der Afroamerikaner um Selbstbestimmung vereiteln würde.

Auf dem Fünften Panafrikanischen Kongreß, der im Oktober 1945 in Manchester in England zusammenkam, befaßte man sich nicht so sehr mit spezifischen Problemen Afrikas als damit, Schritte zur Realisierung der Bestrebungen der dunkelhäutigen Völker überall auf der Welt zu unternehmen, stärker am demokratischen Prozeß beteiligt zu werden. Die Afroamerikaner, die daran teilnahmen, hofften, daß der Kongreß zu einer größeren Zusammenarbeit zwischen Afrikanern und ihren Nachfahren in den Vereinigten Staaten führen würde. Selbst wenn die Söhne und Töchter Afrikas in den Vereinigten Staaten nicht gerade begeistert im Rahmen einer solchen Organisation arbeiteten, wollten sie doch für die dunkelhäutigen Völker überall auf der Welt eintreten.

Die Afroamerikaner waren besonders an der Bewegung zur Selbstbestimmung in Westafrika interessiert, und sie begrüßten die Unabhängigkeitsbewegungen in Nigeria und der Goldküste. Als sie weltoffener wurden, reisten Tausende von ihnen nach Europa, Asien und Afrika. Richard Wright, der freiwillig im Pariser Exil lebte, besuchte mehrere Länder in Afrika und schrieb einen bewegenden Bericht über den Fortschritt und die Probleme des schwarzen Kontinents in *Black Power*. Era Bell Thompson, die Redakteurin für internationale Fragen bei *Ebony*, berichtete über ihre Eindrücke in *Africa, Land of My Fathers*. Schwarze Beobachter, Chefredakteure und ein Mitglied des Kongresses nahmen an der Konferenz über Asien-Afrika-Probleme in Bandung, Indonesien, im Frühjahr 1955 teil und berichteten ihren Lesern in den Vereinigten Staaten über die Debatten. Inzwischen gingen schwarze Ärzte, Ingenieure, Lehrer und weitere Fachkräfte nach Äthiopien, Liberia und in andere Länder, um ihren Teil zum Wachstum und zur Entwicklung dieser Länder beizutragen.

Als die Afrikaner südlich der Sahara ihre Unabhängigkeit gewannen, war ihre Freude kaum größer als die der Afroamerikaner, die an den Unabhängigkeitsfeiern in Ghana, Nigeria, Tanganjika, Kenia, Sansibar, Sierra Leone und Uganda zahlreich teilnahmen. Sie litten unter den Mißständen und Konflikten in Rhodesien und jubelten bei der Gründung Simbabwes. Es war klar, daß sie mit den Völkern Afrikas identifiziert werden wollten, die allmählich eine wichtige Rolle auf der Welt spielten. Sie waren sich der potentiellen Wirkung der neuen schwarzen Staaten auf ihre eigene gesellschaftliche Stellung bewußt. Die absichtliche Beleidigung eines schwarzen Finanzministers aus einem afrikanischen Land in einem Bistro in Maryland oder die Tatsache, daß ein Schwarzer im Sicherheitsrat der Vereinten Nationen saß, brachte nun hohe Regierungsbeamte der Vereinigten Staaten dazu, zu versichern, sie würden die Gleichbehandlung aller Völker, auch der Afroamerikaner unterstützen. Niemand mit hoher Regierungsverantwortung konnte die Tatsache ignorieren, daß die ganze Welt sich dafür interessierte, wie ein Afroamerikaner um seine Zulassung an die Universität von Mississippi kämpfte, wie Kirchen von Schwarzen durch weiße Rowdies in Brand gesteckt wurden und wie man schwarzen Amerikanern die gleichen Berufs- und Wohnmöglichkeiten verweigerte.

Die Erweiterung des Horizonts der Afroamerikaner, das wachsende Interesse der Welt am amerikanischen Rassenproblem und die Führungsrolle der Vereinigten Staaten in der Weltpolitik waren Faktoren, die eine stärkere Beteiligung von Schwarzen an der amerikanischen Außenpolitik erforderlich machten. Eine der Aufgaben der Ministerialdirektoren im Arbeitsministerium J. Ernest Wilkings und George L. P. Weaver war es, die Vereinigten Staaten bei internationalen Gewerkschaftstreffen zu vertreten. 1965 wurde James M. Nabrit stellvertretender Leiter der Delegation der Vereinigten Staaten bei den Vereinten Nationen. Höhepunkt dieser Entwicklung war die Ernennung von Andrew Young zum amerikanischen Botschafter bei den Vereinten Nationen und sein nachdrückliches Eintreten für eine Mehrheitsregierung in Rhodesien, Südafrika und in anderen Ländern.

Der Krieg in Vietnam unterstrich die zunehmende Verstrickung der Afroamerikaner in die Weltpolitik. Zu Hause fragten viele von ihnen nach dem Sinn der Präsenz amerikanischer Truppen in Südostasien. Einige schlossen sich den Amerikanern an, die darauf beharrten, daß die Vereinigten Staaten nicht die Rolle des Weltpolizisten übernehmen konnten und sollten. Andere bestanden darauf, daß die Eskalation des Krieges und die Bombardierung Nordvietnams über die eingegangene Verpflichtung der Vereinigten Staaten hinausgingen und vernünftige Friedensverhandlungen unmöglich machten. Und wieder andere lehnten den Krieg ab, weil er genau die Ressourcen verbrauchte, die im Kampf für gleiche Wirtschafts- und Bürgerrechte zu Hause eingesetzt werden sollten, oder aber weil es ein Krieg gegen andere dunkelhäutige Völker war.

Die Bürgerrechtsgruppen waren in der Vietnam-Frage gespalten. Die älteren Organisationen neigten zu einer weniger kritischen Haltung gegenüber der Politik der Vereinigten Staaten und sahen ihre Rolle darin,

> WACHSTUM UND ANTEIL DER SCHWARZEN BEVÖLKERUNG
> IN DEN VEREINIGTEN STAATEN, 1790-1990
>
> | Jahr | Gesamtbevölkerung | schwarze Bevölkerung | Prozent |
> |---|---|---|---|
> | 1790 | 3 929 214 | 757 181 | 19,3 |
> | 1800 | 5 308 483 | 1 002 037 | 18,9 |
> | 1810 | 7 239 881 | 1 377 808 | 19,0 |
> | 1820 | 9 638 453 | 1 771 656 | 18,4 |
> | 1830 | 12 866 020 | 2 328 642 | 18,2 |
> | 1840 | 17 169 453 | 2 873 648 | 16,1 |
> | 1850 | 23 191 876 | 3 638 808 | 15,7 |
> | 1860 | 31 443 790 | 4 441 830 | 14,1 |
> | 1870 | 39 818 449 | 4 880 009 | 12,7 |
> | 1880 | 50 155 783 | 6 580 793 | 13,0 |
> | 1890 | 62 947 714 | 7 488 676 | 11,0 |
> | 1900 | 75 994 775 | 8 833 994 | 11,6 |
> | 1910 | 93 402 151 | 9 827 763 | 10,7 |
> | 1920 | 105 710 620 | 10 463 131 | 9,9 |
> | 1930 | 122 775 046 | 11 891 143 | 9,7 |
> | 1940 | 131 669 275 | 12 865 518 | 9,8 |
> | 1950 | 150 697 361 | 15 042 286 | 10,0 |
> | 1960 | 179 323 175 | 18 871 831 | 10,5 |
> | 1970 | 203 302 031 | 22 580 289 | 11,1 |
> | 1980 | 226 504 825 | 26 488 218 | 11,7 |
> | 1990 | 248 710 000 | 29 986 000 | 13,3 |
>
> Quelle: U.S. Department of Commerce, *Statistical Abstract of the United States, 1992.* (Washington, D. C. 1992)

den Kampf um ihre erklärten Ziele fortzusetzen. Die jüngeren, wie der Congress for Racial Equality und das Student Nonviolent Coordinating Committee, sahen einen engen Zusammenhang zwischen Vietnamkrieg und Bürgerrechtsfrage. Einige führende Bürgerrechtler erklärten, daß sie in diesem Krieg nicht kämpfen würden, selbst dann nicht, wenn sie einberufen würden. Julian Bond, Direktor für Öffentlichkeitsarbeit beim SNCC, durfte seinen Sitz im Abgeordnetenhaus von Georgia nicht einnehmen, weil er junge Männer dafür gelobt hatte, daß sie ihre Einberufungsbefehle verbrannt hatten. Er konnte seinen Sitz erst einnehmen, als das Oberste Bundesgericht entschieden hatte, daß man ihm seinen Sitz nicht wegen der von ihm vertretenen Meinung verweigern durfte. Es war Martin Luther Kings Ablehnung des Vietnamkriegs, die für die Regierung am problematischsten war. In der Riverside Kirche in New York sagte er vor einem überfüllten Auditorium, daß »die Great Society [Präsident Johnsons innenpolitisches Programm] wurde auf dem Schlachtfeldern Vietnams abgeschossen ... Es wäre für meine Person sehr inkonsequent, wenn ich hier Gewaltlosigkeit lehren und predigen und dann der Gewalt an Tausenden und Abertausenden von Menschen applaudieren würde, ... die in diesem Krieg verwundet und verstümmelt und häufig getötet werden, und so fühle ich und lebe noch immer nach dem Grundsatz ›Du sollst nicht töten.‹« Häufiger als in jedem anderen Krieg in der Geschichte der Nation unterzeichneten Afroamerikaner Friedenspetitionen oder nahmen an Friedensdemonstrationen und -versammlungen teil und kritisierten die Führung der Streitkräfte und die Rolle ihres Landes im Krieg.

In krassem Gegensatz zur kritischen Beurteilung des Krieges durch viele Schwarze stand ihre Beteiligung am Krieg selbst. In den 1960er Jahren wurden verhältnismäßig mehr schwarze (30 Prozent) als weiße (18 Prozent) wehrtüchtige Männer einberufen. Während die Einberufungsquoten von Schwarzen und Weißen in etwa gleich waren, war die Wiedereinberufung von Schwarzen mehr als doppelt so hoch wie die der Weißen. Ende Dezember 1965 waren mehr als 20 000 Afroamerikaner in Vietnam, davon 1 6531 in der Armee, 500 in der Marine, 3580 im Marinekorps und 908 bei der Luftwaffe. 1967 machten Afroamerikaner mehr als 11 Prozent des gesamten zu den Streitkräften einberufenen Personals der Vereinigten Staaten in Vietnam aus, aber schwarze Soldaten machten 14,5 Prozent aller Armee-Einheiten aus, und in den Armeekampfeinheiten war das Verhältnis nach Aussage des Verteidigungsministeriums noch »beträchtlich höher«. 1972 betrug der Anteil der Schwarzen in Vietnam 17 Prozent bei den Kampftruppen, aber nur 10 Prozent bei den Versorgungseinheiten. In den ersten elf Monaten von 1966 machte der Anteil der schwarzen Soldaten bei den Gefallenen der Armee 22,4 Prozent aus. Während sie in den Streitkräften dienten, litten sie unter Diskriminierung, und nach der Entlassung konnten sie keinen befriedigenden Arbeitsplatz finden. So gehörten schwarze Veteranen des Südostasienkrieges bald zu jener Gruppe, die für die Zukunft besonders schwarz sah.

WACHSTUM UND VERTEILUNG DER AFROAMERIKANISCHEN BEVÖLKERUNG NACH EINZELSTAATEN, 1940 UND 1990

Staat	1940 (a) in Tausend	1990	Staat	1940 (a) in Tausend	1990
Alabama	983	1 021	Montana	1	2
Alaska	(b)	22	Nebraska	14	57
Arizona	15	111	Nevada	1	79
Arkansas	483	374	New Hampshire	(b)	7
California	124	2 209	New Jersey	227	1 037
Colorado	12	133	New Mexico	5	30
Connecticut	33	274	New York	571	2 859
Delaware	36	112	North Carolina	981	1 456
District of Columbia	187	400	North Dakota	(b)	4
Florida	514	1 760	Ohio	339	1 155
Georgia	1 085	1 747	Oklahoma	169	234
Hawaii	(b)	27	Oregon	3	46
Idaho	1	3	Pennsylvania	470	1 090
Illinois	387	1 694	Rhode Island	11	39
Indiana	122	432	South Carolina	814	1 040
Iowa	17	48	South Dakota	(b)	3
Kansas	65	143	Tennessee	509	778
Kentucky	214	263	Texas	924	2 022
Louisiana	849	1 299	Utah	1	12
Maine	1	5	Vermont	(b)	2
Maryland	302	1 190	Virginia	661	1 163
Massachusetts	55	300	Washington	7	150
Michigan	208	1 292	West Virginia	118	56
Minnesota	10	95	Wisconsin	12	245
Mississippi	1 075	915	Wyoming	1	4
Missouri	244	548			

(a) Die Zahl enthält alle Nichtweißen.
(b) Weniger als 500.
Quelle: Bureau of the Census, *Historical Statistics of the United States: Colonial Times to 1970* [Teil 1] (Washington D. C., 1975); U.S. Department of Commerce, *Statistical Abstract of the United States, 1992* (Washington, D. C. 1992)

Afroamerikaner ergriffen auch die Initiative, um ihre Regierung und das amerikanische Volk dazu aufzufordern, die Ungerechtigkeit in anderen Erdteilen zu bekämpfen. Am Vorabend von Thanksgiving [Ende November] 1984 begannen Randall Robinson, der geschäftsführende Direktor von Trans-Africa, Mary Frances Berry von der Commission on Civil Rights, Eleanor Holmes Norton vom Georgetown Law Center und Walter Fauntroy, Abgesandter des District of Columbia im Repräsentantenhaus, ein Sit-in in der südafrikanischen Botschaft in Washington, um gegen die Apartheid überhaupt und insbesondere die Inhaftierung von schwarzen südafrikanischen Gewerkschaftsführern zu protestieren. Es war der Beginn einer Sit-in-Kampagne in der Botschaft, die mehr als ein Jahr dauerte und zur Festnahme Hunderter Demonstranten führte, die gegen die Rassenpolitik der Republik Südafrika protestierten. Es war sicher eine Aktion, die der schwarzen Mehrheit in Südafrika Mut gab, den Kampf um ihre Rechte energischer fortzuführen, und die die öffentliche Meinung weltweit gegen die Apartheid aufbrachte. Bis 1986 hatte der Kongreß mit der Verabschiedung von Gesetzen reagiert, die Wirtschaftssanktionen gegen Südafrika beinhalteten. Präsident Reagan lehnte Sanktionen, auch nachdem der Kongreß sein Veto überstimmt hatte, weiterhin ab und behauptete, darunter würden die schwarzen Südafrikaner leiden, und er kenne verantwortliche Schwarze in Südafrika, die gegen Sanktionen seien. Eine endgültige Lösung des Problems schien außer Reichweite, und die Afroamerikaner warteten ungeduldig und voller Sorge, was die Regierung und amerikanische Unternehmen in Südafrika tun würden.

Der Druck auf Südafrika, mehr Demokratie zu wagen, begann Wirkung zeigen, nachdem F. W. de Klerk 1989 Präsident von Südafrika geworden war. Anfang 1990 hob de Klerk das dreißig Jahre alte Verbot des African National Congress (ANC) auf, der für die Beendigung der Minderheitsherrschaft gekämpft hatte. Auf diese Ankündigung folgte innerhalb weniger Tage die Freilassung von Nelson Mandela, dem offiziellen Sprecher des ANC, nach 28 Jahren Gefängnis. Er verkörperte die schwarze Befreiungsbewegung in Südafrika wie kein anderer.

Im Juni 1990 besuchte Mandela acht amerikanische Städte als Teil einer zwölftägigen Rundreise durch die Vereinigten Staaten. Bei seiner Ankunft in New York wurde er von der Menge stürmisch von Tausenden Schwarzen und zahlreichen anderen Amerikanern unterschiedlichster Herkunft begrüßt. In seiner Botschaft vor der gemeinsamen Sitzung beider Kammern des amerikanischen Kongresses berief sich Mandela auf die amerikanischen Helden, die ihm Kraft und Inspiration gegeben hatten. Nur bei seinem Besuch in Südflorida kam es zu einem Mißklang, weil Mandela sich weigerte, sich von Fidel Castro zu distanzieren, und damit die Feindseligkeit der mächtigen Gruppe der Kuba-Amerikaner auf sich zog. Fünf kubanisch-amerikanische Bürgermeister in der Region, darunter auch der Bürgermeister von Miami, unterzeichneten eine Erklärung, die den südafrikanischen Politiker kritisierte, weil er gegen die Verletzung der Menschenrechte auf Kuba nicht protestiere, und sie weigerten sich, ihn offiziell zu empfangen. Viele Afroamerikaner in Florida brachten ihre Empörung und Wut darüber zum Ausdruck, und einige schworen, ihre Stimmen dafür zu benutzen, diese Bürgermeister aus dem Amt zu jagen.

Mehrere Ereignisse der Zeit nach Carter bewiesen das dauerhafte Interesse der Afroamerikaner an der politischen Entwicklung in anderen Teilen der Welt. So in Panama, wo der starke Mann, General Manuel Antonio Noriega, vormals ein bezahlter Agent des CIA, alle Bemühungen im Innern und von außen vereitelte, eine demokratische Herrschaft in Panama zu etablieren. Bereits im März 1988 hatte Jesse Jackson an Noriegas »Gewissen appelliert«, er möge zurücktreten, und war dafür von Regierungsmitgliedern und anderen kritisiert worden, weil er einen neuen Kommunikationsdraht zum Führer Panamas eröffnet hatte. Bei den Wahlen von 1989 hatten der ehemalige Präsident Jimmy Carter und internationale Beobachter zahlreiche Unregelmäßigkeiten und auch Wahlbetrug festgestellt.

Mehrfach wurden in den ersten Monaten der Präsidentschaft Bush Stimmen laut, die Noriega, der die Wahl des vergangenen Jahres ignoriert hatte, zum Rücktritt aufforderten, wobei es starke Empfehlungen an die panamesische Bevölkerung gab, ihn zu stürzen. Im Dezember 1989 begann General Colin Powell, der erst kurz vorher zum Vorsitzenden der Joint Chiefs of Staff ernannt worden war, die langjährige Opposition des höheren Militärs gegen den Einsatz amerikanischer Streitkräfte zum Sturz Noriegas zu revidieren. Nunmehr wurden 10 000 amerikanische Soldaten in der sogenannten Militäraktion »Operation Just Cause« entsandt und machten sehr bald Jagd auf Noriega. Unter den örtlichen Bedingungen war seine Gefangennahme sicher. Er wurde nach Miami gebracht, vor Gericht gestellt und wegen Beteiligung am Drogenhandel mit den Vereinigten Staaten zu 40 Jahren Gefängnis verurteilt. Ebenso wie ein Afroamerikaner in einem Beitrag der *Washington Post* seine Zweifel äußerte, ob die Vereinigten Staaten eine solche »Invasion im Rambo-Stil« in einem weißen Land unternommen hätten, fragten sich andere, ob die Festnahme und Verurteilung Noriegas irgendeine nennenswerte Wirkung auf den Drogenhandel zwischen den Vereinigten Staaten und Panama haben würde.

Obwohl die Vereinigten Staaten den Irak in seinem zehnjährigen Krieg gegen den Iran unterstützt hatten, reagierten die Vereinigten Staaten auf die Aktion Präsident Saddam Husseins gegen den Ölstaat Kuwait sofort und energisch. Präsident Bush verurteilte die Invasion vom 3. August 1990 einen Tag später und forderte die führenden Politiker der Welt auf, kollektiv gegen den Irak vorzugehen. Er versprach feierlich, Saudi Arabien und seine Ölvorkommen zu verteidigen. Schon bald befanden sich amerikanische Streitkräfte auf dem Weg, um die Linie zu verteidigen, von der Präsident Bush erklärte, er habe »sie in den Sand gezogen«. General Colin Powell, der afroamerikanische Vorsitzende der Joint Chiefs of Staff, schien weniger Befürchtungen zu haben, Gewalt anzuwenden, als alle höheren amerikanischen Militärs seit dem Vietnamkrieg. Er erinnerte seine Offiziere daran, daß der Einsatz des Militärs ein Mittel der Politik sei, und es war klar, daß er sich gegenüber dem Präsidenten für die Entsendung von Truppen nach Saudi Arabien ausgesprochen hatte. Gleichzeitig drängten zwei ehemalige Vorsitzende der Joint Chiefs of Staff den Präsidenten, einen Militärschlag noch aufzuschieben und dem von den Vereinten Nationen verhängten Sanktionen eine Chance geben.

Anfang Januar 1991 hatte die öffentliche Diskussion über den Einsatz des Militärs im Nahen Osten ihren Höhepunkt erreicht, und der Kongreß stimmte mit 52 zu 47 im Senat und mit 250 zu 183 im Repräsentantenhaus dafür, dem Präsidenten die Vollmacht zum Einsatz militärischer Gewalt gegen den Irak zu geben, um damit dessen Besetzung Kuwaits zu beenden. Das Land war jedoch weiterhin tief gespalten, und die Kriegsgegner veranstalteten Demonstrationen und Friedenswachen in vielen Städten. Trotzdem waren schon sehr bald 500 000 amerikanische Soldaten im Nahen Osten.

Da die Schwarzen mit einem Bevölkerungsanteil von 13,2 Prozent 25 Prozent der amerikanischen Streitmacht am Persischen Golf ausmachten, befürchteten einige Afroamerikaner, daß ihre Gruppe unverhältnismäßig für einen Krieg bezahlen würde, den viele von ihnen nicht einmal unterstützten. Eine zuverlässige Meinungsumfrage stellte fest, daß die Schwarzen in der Frage dieses Militäreinsatzes in zwei gleich große Lager gespalten waren, während die Weißen im Verhältnis 4 zu 1 dafür waren. Im Kongreß stimmte jeder der schwarzen Demokraten gegen den Beschluß, der den Einsatz von Gewalt durch »Operation Desert Storm«, wie der Militäreinsatz hieß, autorisierte. Trotzdem waren die Afroamerikaner auf die Führungsqualitäten General Colin Powells stolz. Sie wußten auch, daß ihr überproportionaler Anteil an den Streitkräften, wobei viele Schwarze Freiwillige waren, auch etwas mit den fehlenden Berufschancen im zivilen Leben zu tun hatte. Als der Militäreinsatz Ende Februar 1991 zu Ende war und die Afroamerikaner die Reduzierung der Streitkräfte miterlebten, mußten sie auch feststellen, daß die Berufschancen im Zivilleben noch geringer geworden waren, dank der dauerhafter Rezession in der vierjährigen Amtszeit von Präsident Bush.

Das Problem, normale Beziehungen zur schwarzen Nation der Neuen Welt, Haiti, zu etablieren und aufrechtzuerhalten, schien nie gelöst zu werden. (Vgl. Kapitel 6, 15, 17.) Mehr als ein halbes Jahrhundert lang hatten die Vereinigten Staaten den Inselstaat Haiti nicht anerkannt, obwohl er der einzige Staat mit einer demokratisch gewählten Regierung in der Neuen Welt war. In Phasen der Instabilität, wie zu Beginn des 20. Jahrhunderts, zögerten die Vereinigten Staaten nicht, das Land und seine Bevölkerung zu besetzen und ihm den eigenen Willen aufzuzwingen. Die Vereinigten Staaten kritisierten kaum je Vater und Sohn Duvalier, deren korrupte Herrschaft von 1957 bis 1986 währte. Erst im Februar 1991 trat der erste demokratisch gewählte Präsident von Haiti, Jean-Bertrand Aristide, sein Amt an, nur um im Oktober des gleichen Jahres von einer Militärjunta gestürzt und nach Frankreich deportiert zu werden. Die Bush-Administration unterbrach sofort die Wirtschaftshilfe für Haiti und weigerte sich, das Militärregime anzuerkennen, rückte aber von dieser energischen Unterstützung für Aristide wenig später ab, weil dessen Beachtung der Menschenrechte nicht so positiv gewesen sei, wie ursprünglich angenommen.

Als Haitianer in großer Zahl begannen, ihr Land zu verlassen, und Zuflucht in den Vereinigten Staaten suchten, begann die amerikanische Küstenwache, ihre Boote in internationalen Gewässern abzufangen und zurück nach Haiti oder zum US-Flottenstützpunkt Guantanamo Bay auf

Kuba zu eskortieren. Doch die Haitianer verließen ihr Land weiter in Scharen, und viele ertranken mit ihren nicht seetüchtigen Booten. Die Vereinigten Staaten begannen, ihr Vorgehen mit humanitären Gründen zu rechtfertigen. Aber es gab viele, die diese Begründung nicht akzeptierten und darauf verwiesen, daß kubanische Flüchtlinge anders behandelt wurden, entweder weil die kubanische Regierung sich weigerte, sie wieder einzubürgern oder weil die Kubaner ihren Antrag auf politisches Asyl besser begründen konnten. Jedenfalls gaben die Vereinigten Staaten Kubanern regelmäßig den Status von Einwohnern mit Daueraufenthalt, nachdem sie sich ein Jahr in den Vereinigten Staaten aufgehalten hatten. Selbst die Gerichte verweigerten den Haitianern das Asyl. 1991 entschied das US-Appellationsgericht, daß die Vereinigten Staaten Tausende Haitianer, die auf hoher See aufgebracht worden waren, zurückschicken konnte, und 1993 bestätigte das Oberste Bundesgericht diese Linie.

»AM PULS DES MORGENS«

Die Afroamerikaner waren 1992 am Ergebnis der Präsidentschaftswahl, aber auch der Kongreß- und Kommunalwahlen außerordentlich interessiert. Jesse Jackson agierte hinter den Kulissen, und sie bemerkten bei den Kandidaten der Demokraten, Gouverneur Bill Clinton von Arkansas und seinem Partner Senator Al Gore, Jr., aus Tennessee ein großes Interesse an ihren Problemen, wie sie es in den Reagan- und Bush-Jahren nicht gekannt hatten. Ronald Brown, der 1988 Jacksons Wahlkampfleiter gewesen war, war nun Vorsitzender des Democratic National Committee und hatte in dieser wichtigen Stellung, die noch nie ein Afroamerikaner innegehabt hatte, großen Einfluß, um die Afroamerikaner für das Gespann Clinton-Gore zu gewinnen.

Nach Angaben des Forschungszentrums Joint Center for Political and Economic Studies betrug die Wahlbeteiligung der Schwarzen im November 1992 etwa 8 Prozent der gesamten Wahlbeteiligung, wobei 83 Prozent der schwarzen Wähler für die siegreiche Kombination Clinton-Gore stimmten. Natürlich hatten Kommunal- und Einzelstaatsrennen mit schwarzen Kandidaten etwas mit der hohen Wahlbeteiligung der Schwarzen zu tun. In Illinois schlug Carol Mosely Braun in der Vorwahl der

Demokraten Senator Alan Dixon und gewann anschließend im November den Sitz im Senat. Damit war sie nach dem Republikaner Edward Brooke aus Massachusetts erst die zweite Person ihrer Rasse, die im 20. Jahrhundert in den Senat gewählt wurde und die erste Afroamerikanerin überhaupt, die Senatorin wurde.

Dank der Neueinteilung der Wahlkreise für den Kongreß und mehrerer attraktiver und politisch geschickter Kandidaten wurden sechzehn Afroamerikaner – elf Männer und fünf Frauen – ins Repräsentantenhaus gewählt. Damit erhöhte sich die Gesamtzahl der Afroamerikaner dort auf 39, ein historischer Rekord. Acht der neuen Kongreßmitglieder waren Vertreter von fünf Staaten, die im 20. Jahrhundert noch keinen einzigen Afroamerikaner in den Kongreß entsandt hatten. Unter ihnen waren Earl Hilliard aus Alabama, Corrine Brown, Alcee Hasting und Carnie Meek aus Florida, Eva Clayton und Melvin Watt aus North Carolina, Jim Clyburn aus South Carolina und Bobby Scott aus Virginia. Eddie Bernice Johnson aus Texas war der erste Afroamerikaner, der jemals Abgeordneter dieses Staates im Kongreß war.

Mit 40 Afroamerikanern im 103. Kongreß befanden sich diese Politiker in einer Position, aus der heraus sie erheblichen Einfluß auf den Entscheidungsprozeß hatten. Einige von ihnen hatten bereits parlamentarische Erfahrungen gesammelt. Der 29jährige Cleo Fields aus Louisiana war in seiner Einzelstaatslegislative bereits Vorsitzender des Ausschusses gewesen, der allen wichtigen Ernennungen zustimmen mußte. Carnie Meek aus Florida hatte den Vorsitz im Haushaltsausschuß des Senats von Florida gehabt. Ein scharfsichtiger Beobachter erklärte, diese Gruppe besitze »politisches Geschick und Durchblick«.

Mehr als einmal während des Wahlkampfs und auch nach seiner Wahl hatte Clinton erklärt, seine Regierungsmannschaft »werde wie Amerika aussehen«. Viele warteten erst mal ab, was das bedeuteten sollte. Als gewählter zukünftiger Präsident berief Clinton einen prominenten Washingtoner Anwalt und ehemaligen Präsidenten der National Urban League, Vernon Jordan, zum Chef seines Übergangsteams. Bei der feierlichen Amtseinführung Präsident Clintons verlas Maya Angelou ihr für diesen Anlaß geschriebenes Gedicht »Der Puls am Morgen«. In sein Kabinett berief er die folgenden Afroamerikaner: Ronald Brown, Vorsitzender des Democratic National Committee, wurde Handelsminister; Mike Espy, Abgeordneter aus Mississippi, wurde Landwirtschaftsminister;

Hazel O'Leary, Vizepräsidentin der Northern States Power Company von Minnesota, wurde Energieministerin; und Jesse Brown, Direktor der Disabled American Veterans, wurde Minister für Angelegenheiten der Veteranen. Kein früherer Präsident hatte mehr als einen Afroamerikaner in seinem Kabinett gehabt. Weitere Afroamerikaner, die Clinton zu Beginn seiner Amtszeit mit Ämtern betraute, waren Joycelyn Elders, Surgeon General der Vereinigten Staaten; Clifton Wharton zum stellvertretenden Außenminister; Walter D. Broadnax, stellvertretender Minister für Gesundheit; Terrence Duvernay, stellvertretender Minister für Woh-

---

Auszüge aus Marian Wright Edelmans
»Bittgesang für Kinder«

Wir beten für Kinder ...
die den Photographen durch den Stacheldraht anstarren,
die nicht in neuen Sneakers die Straße entlangspringen,
die niemals »Pinkepinke gezählt haben«,
die dort geboren wurden, wo wir nicht tot sein möchten,
die nie in den Zirkus gehen,
die in einer Welt »für Jugendliche ungeeignet« leben,
Und wir beten für jene ...
die nie Nachtisch bekommen,
die keine Bettdecke hinter sich herziehen können,
die ihren Eltern zusehen, die sie sterben sehen,
die kein Brot zum Stehlen finden können,
die kein Zimmer zum Aufräumen haben,
deren Bilder auf keiner Kommode stehen,
deren Gespenster wirklich existieren.
Wir beten für Kinder ...
die tagsüber Alpträume haben,
die alles essen,
die nie beim Zahnarzt waren,
die von niemandem verwöhnt werden,
die hungrig ins Bett gehen und sich in den Schlaf weinen,
die leben und sich bewegen, aber keine Existenz haben.

Marian Wright Edelman, *The Measure of Our Success:
A Letter to My Children and Yours*, (Boston, 1972), S. 86–97

nungsbau und Stadtentwicklung und Drew Days, stellvertretender Justizminister. In anderen Ministerien wurden Afroamerikaner Staatssekretäre und Ministerialdirektoren. Damit hatte der neue Präsident, jedenfalls was die Afroamerikaner betraf, einen bedeutenden ersten Schritt getan, damit seine Administration wirklich wie Amerika aussah.

Beim Blick zurück auf fast 400 Jahre ihres Daseins in der westlichen Welt konnten sich die Afroamerikaner zu Recht von Anfang an als integralen Teil des Freiheitskampfes sehen. Manchmal waren sie das passive Symbol für den Kampf gewesen, den andere führten. Doch häufig waren sie aktive Teilnehmer am mutigen Kampf gegen Intoleranz, Unterdrückung und Unterwerfung. Wenn sie ihre Rolle für das Wachstum und die Entwicklung der Vereinigten Staaten genau betrachteten, so erkannten sie, daß sie mehr als nur einen wichtigen Beitrag zur wirtschaftlichen, politischen und sozialen Entwicklung ihres Landes geleistet hatten, denn sie waren ebenso ein wichtiges Element im uralten Kampf zwischen Freiheit und Sklaverei gewesen. Sie waren die Mahner der Nation gewesen, die ständig an die Unvollkommenheit der Gesellschaftsordnung und die Amoral ihrer zwischenmenschlichen Beziehungen erinnert hatten. Sie hatten erlebt, wie eine Nation, die sich der Freiheit verschrieben hatte, bis an den Rand der eigenen Vernichtung im Kampf um die endgültige Lösung der Frage der Freiheit ging. Sie hatten mit angesehen, wie dieselbe Nation ihre Stellung in der Familie der Nationen kompromittiert hatte, weil sie unfähig war, sich dem Problem der Freiheit im eigenen Land voll zu stellen.

Es war eine facettenreiche Geschichte, die die Afroamerikaner durchlebt hatten. Als sie zusammen mit anderen Völkern am Ende des 20. Jahrhunderts eine neue Ära begannen, bewiesen sie ihre große Reife. Sie waren ein integraler Bestandteil der westlichen Kultur und Zivilisation geworden, mit deren Schicksal ihr eigenes untrennbar verbunden war. Die Ablehnung, die sie erfahren hatten, hatte ohne Frage tiefe Narben hinterlassen, aber sie hatten dadurch Distanz und Objektivität gewonnen, die andere nur schwer erreichten. Sie konnten deshalb deutlicher als mancher andere auf die inhärenten Schwächen der westlichen Zivilisation hinweisen. Sie konnten ihr Land beraten, wenn es denn bereit war zuzuhören, welche Position es in einer Welt der Atommächte hatte. Sie konnten ihm – wie die National Urban League es am Ende des Zweiten

Weltkriegs getan hatte – sagen: »Die Vereinigten Staaten müssen an den grundlegenden Prinzipien der Zusammenarbeit festhalten in einer Familie verschiedenartigster Nationen, von denen sich keine ihren Pflichten gegenüber der Welt entziehen kann. Jenseits von allem, was man planen und erreichen kann, besteht die Tatsache, daß fortan EINE WELT ODER KEINE existieren wird.« Wenn denn Amerika die Rolle ausfüllen wollte, die Welt auf dem Weg zu Frieden und internationaler Verständigung zu führen, dann hatten die Afroamerikaner eine besondere Funktion zu erfüllen: Um der Rolle Amerikas willen – im eigenen Land – und um des Fortbestands der Welt willen – in Übersee – weiter für die Freiheit zu kämpfen.

ANHANG

DIE EMANZIPATIONSERKLÄRUNG

Der Präsident der Vereinigten Staaten: Eine Erklärung
In Anbetracht dessen, daß am 22. September 1862 A. D. vom Präsidenten der Vereinigten Staaten eine Erklärung verkündet wurde, mit u. a. folgendem Inhalt, nämlich:

»Daß am 1. Januar 1863 A. D. alle als Sklaven gehaltenen Personen in einem Einzelstaat oder einem genau bezeichneten Teil eines Staates, deren Bevölkerungen sich zu diesem Zeitpunkt im Zustand der Rebellion gegen die Vereinigten Staaten befinden werden, dann, fortan und für immer frei sein sollen und daß die Exekutive der Vereinigten Staaten, einschließlich der Militär- und Marinebehörden derselben, die Freiheit solcher Personen anerkennen und aufrechterhalten und keine Handlung oder Handlungen begehen werden, solche Personen oder Person an Versuchen zur Erringung ihrer tatsächlichen Freiheit zu hindern.
Daß die Exekutive am obengenannten 1. Januar durch öffentliche Erklärung die Einzelstaaten und Teile von Staaten benennen wird, so es welche gibt, in denen die Bevölkerungen derselben sich dann in Rebellion gegen die Vereinigten Staaten befinden werden, und daß die Tatsache, daß ein Staat oder die Bevölkerung desselben an diesem Tage im Kongreß der Vereinigten Staaten in gutem Glauben durch gewählte Mitglieder vertreten sein werden, die in Wahlen, an denen die Mehrheit der Wahlberechtigten des Staates teilgenommen haben, mangels schwerwiegender gegenteiliger Beweise als zwingender Nachweis erachtet werden soll, daß dieser Einzelstaat und die Bevölkerung desselben sich nicht in Rebellion gegen die Vereinigten Staaten befinden.«

Also, verfüge ich, Abraham Lincoln, Präsident der Vereinigten Staaten, kraft der mir als Oberbefehlshaber des Heeres und der Flotte der Vereinigten Staaten in Zeiten einer vorliegenden bewaffneten Rebellion gegen die Autorität und Regierung der Vereinigten Staaten verliehenen Gewalt und als geeignete und notwendige kriegerische Maßnahme zur Unterdrückung genannter Rebellion an diesem 1. Januar 1863 A. D. und in Übereinstimmung mit meiner Absicht, solches zu tun, wie es für die volle Periode von 100 Tagen seit dem eingangs zuerst genannten Tag öffentlich erklärt wurde, und bezeichne als die Staaten und Teile der Staaten, in denen die Bevölkerung derselben sich am heutigen Tag in Rebellion gegen die Vereinigten Staaten befinden, die folgenden, nämlich:

Arkansas, Texas, Louisiana (mit Ausnahme der Kreise St. Bernard, Plaquemines, Jefferson, St. John, St. Charles, St. James, Ascension, Assumption, Terrebonne, Lafourche, St. Mary, St. Martin und Orleans einschließlich der Stadt New Orleans), Mississippi, Alabama, Florida, Georgia, South Carolina, North Carolina und Virginia (mit Ausnahme der als West Virginia bezeichneten 48 Kreise, sowie der Kreise Berkeley, Accomac, Northampton, Elisabeth City, York, Princess Anne und Norfolk einschließlich der Städte Norfolk und Portsmouth), womit sich die ausgenommenen Teile vorläufig im gleichen Zustand befinden, als wenn diese Erklärung nicht verkündet worden wäre.

Und kraft der obengenannten Gewalt und in obengenannter Absicht verfüge und erkläre ich, daß alle als Sklaven gehaltenen Personen in den obenbezeichneten Staaten und Teilen von Staaten frei sind und fortan frei sein werden und daß die Exekutive der Vereinigten Staaten einschließlich der Militär- und Marinebehörden derselben die Freiheit besagter Personen anerkennen und aufrechterhalten werden.

Und ich ermahne hiermit die Bevölkerung, die nunmehr für frei erklärt wurde, sich aller Gewalttätigkeit außer in Notwehr zu enthalten und empfehle ihr, daß sie in allen Fällen, in denen es ihr ermöglicht wird, sie treu gegen vernünftigen Lohn arbeitet.

Und weiter erkläre ich und gebe bekannt, daß solche tauglichen Personen in den Dienst mit der Waffe der Vereinigten Staaten aufgenommen werden, um als Besatzung für Forts, Stellungen, Posten und sonstige Plätze zu dienen und als Mannschaften auf Schiffen jeder Art als Teil genannten Dienstes.

Und für diese Verfügung, die wir aufrichtig für eine Verfügung der Gerechtigkeit halten, die durch die Verfassung aufgrund einer militärischen Notwendigkeit gerechtfertigt ist, erbitte ich das besonnene Urteil der Menschheit und die Gnade des Allmächtigen.

Urkundlich dessen habe ich meine Unterschrift hierzu gegeben und das Siegel der Vereinigten Staaten anbringen lassen.

Geschehen in der Stadt Washington, diesen 1. Januar 1863 A. D. und im 87. Jahr der Unabhängigkeit der Vereinigten Staaten von Amerika

ABRAHAM LINCOLN
Mit dem Präsidenten: WILLIAM H. SEWARD, Außenminister

Ausführungsverordnung über faire Beschäftigungschancen
Ausführungsverordnung des Präsidenten Nr. 8802

Bekräftigung der Politik der unbeschränkten Teilnahme aller Personen am Verteidigungsprogramm, ungeachtet ihrer Rasse, ihres Glaubens, ihrer Hautfarbe oder ihrer nationalen Herkunft, und Anweisung konkreter Schritte zur Durchsetzung besagter Politik.

IN ANBETRACHT DESSEN, daß es die Politik der Vereinigten Staaten ist, alle Bürger der Vereinigten Staaten aufzufordern, sich voll und ganz am nationalen Verteidigungsprogramm zu beteiligen, ungeachtet ihrer Rasse, ihres Glaubens, ihrer Hautfarbe oder ihrer nationalen Herkunft, und in der festen Überzeugung, daß die demokratische Lebensform der Nation nur mit Hilfe und Unterstützung aller Gruppen innerhalb ihrer Grenzen erfolgreich verteidigt werden kann; und

IN ANBETRACHT DESSEN, daß es Beweise dafür gibt, daß man verfügbaren und gesuchten Arbeitern die Beschäftigung in Betrieben der Rüstungsindustrie verweigert hat, einzig aufgrund von Rasse, Glauben, Hautfarbe oder nationaler Herkunft, zum Nachteil der Moral der Arbeiter und der nationalen Einheit;

DESHALB bekräftige ich nunmehr die Politik der Vereinigten Staaten kraft der mir von der Verfassung und den Gesetzen übertragenen Gewalt, und als Voraussetzung für die erfolgreiche Gewährleistung unserer Produktionsanstrengungen zur nationalen Verteidigung, daß es bei der Beschäftigung von Arbeitern in den Rüstungsindustrien oder im öffentlichen Dienst keine Diskriminierung aufgrund von Rasse, Glauben, Hautfarbe oder nationaler Herkunft geben soll, und ich erkläre hiermit, daß es die Pflicht der Arbeitgeber und Gewerkschaften ist, zur Durchsetzung besagter Politik und dieser Verordnung für die volle und gleichberechtigte Beteiligung aller Arbeiter in den Rüstungsbetrieben zu sorgen ohne Diskriminierung aufgrund von Rasse, Glauben, Hautfarbe oder nationaler Herkunft.

Und hiermit wird folgendes angeordnet:
1. Alle Ministerien und Regierungsbehörden der Vereinigten Staaten, die mit berufsbildenden und Umschulungsprogrammen für die Rüstungsindustrie befaßt sind, sollen durch besondere Maßnahmen gewährleisten, daß diese Programme ohne Diskriminierung aufgrund von Rasse, Glauben, Hautfarbe oder nationaler Herkunft durchgeführt werden;
2. Alle Behörden der Regierung der Vereinigten Staaten, die Verträge abschließen, sollen in alle zukünftigen Verträge im Rahmen des Verteidigungsprogramms eine Klausel aufnehmen, die den Vertragspartner verpflichtet, keinen Arbeiter aufgrund seiner Rasse, seines Glaubens, seiner Hautfarbe oder seiner nationalen Herkunft zu diskriminieren;
3. Im Amt zur Produktionsüberwachung (Office of Production Management) wird ein Ausschuß für faire Beschäftigungspraktiken eingerichtet, der aus einem Vorsitzenden und vier weiteren Mitgliedern bestehen soll, die vom Präsidenten ernannt werden. Der Vorsitzende und die Mitglieder des Ausschusses sollen ohne Bezahlung tätig sein, ihnen sollen aber die notwendigen Transportmittel zur Verfügung stehen und Ausgaben ersetzt werden, die zur Erfüllung ihrer Pflichten notwendig sind. Der Ausschuß soll Beschwerden wegen Diskriminierung als Verstoß gegen die Bestimmungen dieser Ausführungsverordnung entgegennehmen und untersuchen, er soll geeignete Schritte unternehmen, um Mißstände abzustellen, die er für erwiesen hält. Der Ausschuß soll den verschiedenen Ministerien und Behörden der Regierung der Vereinigten Staaten und dem Präsidenten alle Maßnahmen unterbreiten, die er für notwendig oder geeignet erachtet, um die Bestimmungen dieser Verordnung zu verwirklichen.

FRANKLIN D. ROOSEVELT
WEIßES HAUS, 25. Juni 1941

Die Verantwortung des Staates zur Sicherung der Bürgerrechte

Aus dem Bericht des Sonderausschusses des Präsidenten zu den Bürgerrechten, 1947

Die Bundesregierung der Vereinigten Staaten muß bei der Sicherung der Bürgerrechte aller Amerikaner die führende Rolle übernehmen. Wir glauben, daß dies eine der wichtigsten Feststellungen zum Bürgerrechtsproblem in unserem Lande heute ist. Wir stimmen der Formulierung des Präsidenten zu, die er in seiner Rede am Lincoln Memorial in Washington vom Juni 1947 gefunden hat:

»Wir müssen die Bundesregierung zu einem wohlwollenden und wachsamen Verteidiger der Rechte und der Gleichberechtigung aller Amerikaner machen ... Unsere Regierung muß den Weg weisen.«

Es ist ganz entscheidend, daß unsere Rechte gegen die tyrannischen Handlungen von Amtsträgern geschützt werden. Unsere Vorväter waren sich der Notwendigkeit eines solchen Schutzes bewußt, als sie uns die Grundrechtserklärung – Bill of Rights – als Schutz vor Willkürherrschaft gaben. Aber das reicht heute nicht aus. Wir brauchen mehr als den Schutz unserer Rechte vor dem Staat, wir brauchen den Schutz unserer Rechte vor Privatpersonen und Gruppen, die sie untergraben wollen. In den Worten des Präsidenten:

»Wir können uns nicht mit einem Programm für die bürgerlichen Freiheiten zufrieden geben, das nur die Notwendigkeit des Schutzes vor einer möglichen Tyrannei der Regierung behandelt ... Wir müssen darüber hinaus gehen und ein neues Konzept der Bürgerrechte entwickeln, um unser Erbe zu bewahren. Die Erweiterung der Bürgerrechte heute bedeutet nicht Schutz des Volkes vor der Regierung, sondern Schutz des Volkes durch die Regierung.«

Es gibt mehrere Gründe für unsere Überzeugung, daß die Bundesregierung eine führende Rolle bei unseren Bemühungen übernehmen muß, um die Bilanz unserer Nation im Bereich der Bürgerrechte zu verbessern.

Erstens, werden viele der schwerwiegendsten Verletzungen der Rechte des einzelnen von Privatpersonen oder von örtlichen Amtsträgern verübt. In den krassesten aller Fälle – bei der Lynchjustiz – sind es Privatpersonen, die zuweilen die Unterstützung von Funktionsträgern in den Einzelstaaten oder Kommunen erhalten, die zur Selbstjustiz greifen und dem Opfer sein Leben nehmen. Allein die Tatsache, daß es immer noch zu solchen Greueltaten kommt und die Einzelstaaten bisher nicht in der Lage waren, sie abzustellen, weisen eindeutig auf die dringende Notwendigkeit einer Sicherung durch den Bund hin.

Zweitens, ist es eine vernünftige politische Strategie, den Idealismus und das Prestige des ganzen Volkes zu nutzen, um die abwegigen Neigungen eines Teils in Schach zu halten. Es ist richtig, daß das Gewissen einer Nation vom moralischen Empfinden ihrer einzelnen Gemeinden geprägt wird. Doch das amerikanische Volk hat als Nation schon immer große Achtung vor den Bürgerrechten bewiesen, obwohl die Bilanz in vielen Gemeinden durchaus nicht gut war. Wir dürfen nicht darauf verzichten, uns das bei der Bekämpfung der Bürgerrechtsverletzungen zunutze zu machen. Die einzelne Gemeinde muß dazu angehalten werden, bei sich für Ordnung zu sorgen. Dafür ist politische Führung jetzt unbedingt erforderlich. Diese Führung ist beim Bund vorhanden und sollte genutzt werden. Wir können es uns nicht leisten, solange untätig zu bleiben, bis die rückständigste Gemeinde die bürgerlichen Freiheiten zu schätzen gelernt hat und angemessene Schritte unternimmt, die Rechte jedes einzelnen Bürgers zu schützen.

Drittens, hat unsere Bilanz der Bürgerrechte immer stärkere internationale Auswirkungen. Das kann die Bundesregierung nicht unbeschadet ignorieren, die für unsere Beziehungen mit der ganzen Welt verantwortlich ist, und es den Gemeinden überlassen, das zu erkennen und darauf zu reagieren. Viele Probleme der Menschheit, das haben wir inzwischen erkannt, können letztlich nur durch Zusammenarbeit und Maßnahmen auf internationaler Ebene gelöst werden. Es wäre allerdings ironisch, wenn in unserem eigenen Land das Argument obsiegen würde, daß der Schutz der Rechte des Individuums die ausschließliche oder sogar vorrangige Aufgabe der Gemeinden sei.

Der Lynchmord in einer ländlichen amerikanischen Gemeinde stellt nicht nur eine Herausforderung an das Gewissen dieser Gemeinde dar. Das Echo auf ein solches Verbrechen kann man nicht nur an diesem einen Ort und nicht nur in unserer Nation hören. Man hört es rund um den Globus, und die Welt schaut auf die amerikanische Bundesregierung und erwartet eine Erklärung für eine so entsetzliche Tat in einem zivilisierten Land und ihr Eingreifen, um eine Wiederholung zu verhindern.

Ebenso ist die Tatsache, daß ein wahlberechtigter Bürger an seinem Wohnort am Wählen gehindert wird, heute kein lokales Problem mehr. Ein amerikanischer Diplomat kann nicht energisch freie Wahlen in fremden Ländern fordern, wenn er sich nicht dem Vorwurf stellen kann, daß in vielen Gebieten Amerikas Wahlberechtigte keinen freien Zugang zu den Wahlurnen haben. Kann irgend jemand daran zweifeln, daß dieses Recht durch die Bundesregierung gewährleistet werden muß?

Viertens, ist die immer stärkere Tendenz des amerikanischen Volkes, von der Bundesregierung die Sicherung seiner Bürgerrechte zu erwarten, außerordentlich bedeutsam. Diese Erwartung des Volkes ist in sich noch kein ausreichender Grund für ein Eingreifen des Bundes. Aber der immer wieder geäußerte und tiefempfundene Wunsch des amerikanischen Bürgers nach Maßnahmen des Bundes zur Sicherung seiner Bürgerrechte ist weder der Wunsch nach Pfründen durch egoistische Interessengruppen, noch der kurzsichtige und opportunistische Versuch einer vorübergehenden Mehrheit, die Regierung zu zweifelhaften und unklugen Schritten zu drängen. Es ist ein Verlangen, das in der traditionellen Lebensart des Volkes verwurzelt ist, dessen gesunder Instinkt und dessen Vernunft nicht übergangen werden können. Das amerikanische Volk hält an den Institutionen der örtlichen Selbstverwaltung loyal fest und mißtraut jeder zentralistischen Macht. Aber wir haben niemals gezögert, der Bundesregierung Macht und Verantwortung anzuvertrauen, wenn die Notwendigkeit eines solchen Schrittes erwiesen und die Bevölkerung von der Notwendigkeit überzeugt war.

Schließlich sollte die Bundesregierung auch deshalb die führende Rolle zur Verwirklichung der Bürgerrechte in Amerika übernehmen, weil es auf dem Gebiet der Bürgerrechte schlicht etliches gibt, wofür sie bei ihren direkten Handlungen für Millionen Menschen verantwortlich ist. Sie ist der größte Arbeitgeber im Land. Mehr als zwei Millionen Menschen stehen auf ihrer Gehaltsliste. Die Meinungs- und Ausdrucksfreiheit, die diese Menschen genießen, ist in vielerlei Weise abhängig von der Einstellung – und vom Vorgehen der Regierung. Wenn sie diese Freiheit nicht über den Punkt hinaus einschränkt, der für die Gewährleistung der Effizienz und Loyalität ihrer Beschäftigten notwendig ist, kann die Regierung einen außerordentlich großen Beitrag dazu leisten, wirkliche Gedankenfreiheit in Amerika durchzusetzen. Wenn sie peinlich genau eine faire Einstellungspraxis verfolgt, gibt sie damit anderen Arbeitgebern nicht nur ein Beispiel, sondern schützt unmittelbar das Recht von mehr als zwei Millionen Arbeitern auf faire Beschäftigungsbedingungen.

DAS URTEIL DES OBERSTEN BUNDESGERICHTS ÜBER DIE AUFHEBUNG DER RASSENTRENNUNG AN DEN SCHULEN VOM 17. MAI 1954, BROWN ET AL. V. BOARD OF EDUCATION OF TOPEKA ET AL.

Auszug aus der vom Vorsitzenden Richter, Chief Justice Warren, verfaßten Entscheidung des Gerichts.

Diese Fälle wurden uns von den Staaten Kansas, South Carolina, Virginia und Delaware vorgelegt. Sie basieren zwar auf unterschiedlichen Tatbeständen und unterschiedlichen örtlichen Bedingungen, aber das ihnen allen zugrunde liegende gemeinsame rechtliche Problem rechtfertigt es, sie zusammen in einem einheitlichen Urteil zu behandeln.

In jedem dieser Fälle suchen Minderjährige der Negerrasse durch ihre Prozeßbevollmächtigten Hilfe bei den Gerichten, um zu den öffentlichen Schulen ihrer Gemeinde ohne Rassentrennung zugelassen zu werden. In jedem der Fälle wurde ihnen die Zulassung zu von weißen Kindern besuchten Schulen unter Berufung auf Gesetze, die die rassenmäßige Trennung verlangen oder erlauben, verwehrt. Diese Rassentrennung beraubt die Kläger ihrer Auffassung nach des gleichen Schutzes durch die Gesetze nach dem 14. Zusatzartikel der Verfassung. In jedem der Fälle, außer dem aus Delaware, verweigerte ein Bundesbezirksgericht aus drei Richtern den Klägern Rechtshilfe unter Verweis auf die sogenannte »Getrennt-aber-gleich«-Doktrin, die von diesem Gericht im Fall *Plessy gegen Ferguson*, 163 U. S. 537, verkündet wurde. Nach dieser Doktrin ist die Gleichbehandlung gewährleistet, wenn den Rassen im wesentlichen gleiche Einrichtungen zur Verfügung stehen, auch wenn es sich um getrennte Einrichtungen handelt. In dem Fall aus Delaware hielt sich das Oberste Gericht von Delaware ebenfalls an diese Doktrin, ordnete jedoch an, daß die Kläger an weißen Schulen zugelassen werden mußten, weil diese qualitativ besser waren als die Negerschulen.

Die Kläger behaupten, daß nach Rassen getrennte öffentliche Schulen nicht »gleich« sind und nicht »gleich« gemacht werden können und daß ihnen folglich der gleiche Schutz durch die Gesetze vorenthalten wird. Wegen der offenkundigen Bedeutung der vorliegenden Frage hat das Gericht den Fall angenommen. Die Parteien wurden in der Sitzungsperiode 1952 in mündlicher Verhandlung gehört, weitere Plädoyers wurden in dieser Sitzungsperiode zu bestimmten Fragen, die vom Gericht vorgelegt wurden, gehört ...

Wenn wir dieses Problem behandeln, können wir die Uhr nicht auf 1868 zurückdrehen, als der Zusatzartikel angenommen wurde, und auch nicht auf 1896, als die Entscheidung im Fall *Plessy gegen Ferguson* verfaßt wurde. Wir müssen das öffentliche Bildungswesen in seiner Gesamtentwicklung und in seinem gegenwärtigen Stellenwert in der amerikanischen Gesellschaft überall im Land berücksichtigen. Nur auf diesem Weg kann man feststellen, ob die Rassentrennung an öffentlichen Schulen diese Kläger des gleichen Schutzes durch die Gesetze beraubt.

Heute ist Bildung die vielleicht wichtigste staatliche Aufgabe der Einzelstaaten und Kommunen. Die Gesetze über die allgemeine Schulpflicht und die hohen Ausgaben für das Bildungswesen bezeugen gleichermaßen die Tatsache, für wie wichtig wir Bildung für unsere demokratische Gesellschaft halten. Sie ist für die Ausübung unserer grundlegenden staatsbürgerlichen Pflichten erforderlich, selbst für den Wehrdienst. Sie ist das Fundament dafür, ein guter Staatsbürger sein zu können. Heute ist sie das Hauptmittel, mit dem in einem Kind kulturelle Werte geweckt werden, mit dem es auf eine spätere Berufsausbildung vorbereitet wird und ihm geholfen werden kann, sich normal an seine Umgebung anzupassen. Man wird heutzutage bezweifeln können, ob man von einem Kind vernünftigerweise erwarten kann, daß es Erfolg im Leben haben wird, wenn ihm die Chance zur Bildung verwehrt wird. Eine solche Chance ist, wo immer der Staat sie bereitstellt, ein Anrecht, das allen unter gleichen Bedingungen zur Verfügung gestellt werden muß.

Wir kommen jetzt zur vorliegenden Frage: Verwehrt die Trennung der Kinder an öffentlichen Schulen allein aufgrund ihrer Rasse, auch wenn die physischen Einrichtungen und andere »materielle« Faktoren gleich sind, den Kindern der Minderheitengruppe gleiche Bildungschancen? Wir glauben, daß dies der Fall ist.

Wir kommen deshalb zu der Schlußfolgerung, daß die »Getrennt-aber-gleich«-Doktrin für das öffentliche Bildungswesen fehl am Platz ist. Deshalb entscheiden wir, daß den Klägern und anderen in vergleichbarer Lage, für die diese Klage erhoben worden ist, aufgrund der beklagten Rassentrennung der gleiche, vom 14. Zusatzartikel garantierte Schutz der Gesetze verweigert worden ist. Diese Entscheidung macht jede Diskussion darüber hinfällig, ob eine solche Rassentrennung auch gegen die »Due Process-«Klausel [Anrecht auf ein ordnungsgemäßes Verfahren] im 14. Zusatzartikel verstößt.

Da es sich um Modellprozesse handelt, da diese Entscheidung breite Anwendung finden wird und aufgrund der außerordentlich unterschiedlichen örtlichen Bedingungen bereitet die Formulierung der Einzelentscheide Probleme von einiger Komplexität. Bei der zweiten mündlichen Verhandlung wurde der Gesichtspunkt der geeigneten Rechtshilfe notwendigerweise der grundlegenden Frage untergeordnet: Ob die Rassentrennung im öffentlichen Bildungswesen verfassungsmäßig ist. Wir verkünden hiermit, daß eine solche Rassentrennung einen Verstoß gegen den gleichen Schutz der Gesetze darstellt.

John F. Kennedy: Sonderbotschaft an den Kongress zur Bürgerrechtsfrage vom 28. Februar 1963

»Unsere Verfassung ist farbenblind«, schrieb Richter Harlan vor der Jahrhundertwende, »sie kennt und duldet keine Klassen unter ihren Bürgern.« Aber was im Land geschieht, stimmt nicht immer mit den Grundsätzen der Verfassung überein. Diese meine Botschaft soll untersuchen, wie weit es uns gelungen ist, alle Bürger, unabhängig von ihrer Hautfarbe, zu Bürgern erster Klasse zu machen, welches Stück Weges noch vor uns liegt und welche zusätzlichen Aufgaben bewältigt werden müssen – von Exekutive und Legislative des Bundes ebenso wie von den Einzelstaaten und den Kommunen, von Bürgern und von Organisationen.

Vor einhundert Jahren wurde die Emanzipationserklärung von einem Präsidenten unterzeichnet, der daran glaubte, daß jeder Mensch gleich viel wert sei und gleiche Chancen brauche. Diese Erklärung war nur ein erster Schritt, und ihr Autor konnte ihren weiteren Weg unglücklicherweise nicht weiterverfolgen, sie war zudem ein Schritt, den einige ihrer

Kritiker damit abtaten, daß sie »den Sklaven befreit, aber den Neger mißachtet habe«. Im Verlauf dieser langen einhundert Jahre, in denen die Sklaverei verschwunden ist, ist der Fortschritt für den Neger allzu oft versperrt oder hinausgezögert worden. Die Gleichheit vor dem Gesetz hat nicht immer Gleichbehandlung und Chancengleichheit bedeutet. Und die schädlichen, kostspieligen und widerrechtlichen Folgen von Rassendiskriminierung und Rassentrennung existieren in praktisch jedem Bereich des Lebens der Nation und in faktisch allen Teilen dieses Landes.

Ein Negerbaby, das heute in Amerika geboren wird, hat – ungeachtet der Region oder des Staates, in dem es geboren wird – eine etwa halb so große Chance, den Abschluß der Oberschule zu erreichen, wie ein weißes Kind, das am gleichen Ort und zur gleichen Stunde geboren wird – es hat ein Drittel der Chance, das College zu beenden – ein Drittel der Chance, Akademiker zu werden – eine doppelt so große Chance, arbeitslos zu werden – ein Siebtel der Chance, 10 000 Dollar im Jahr zu verdienen – eine um sieben Jahre geringere Lebenserwartung und die Aussicht, nur halb so viel zu verdienen.

Kein Amerikaner, der an die fundamentale Wahrheit glaubt, daß »alle Menschen gleich geschaffen, daß sie von ihrem Schöpfer mit bestimmten unveräußerlichen Rechten ausgestattet worden sind«, kann das Bild, das diese Zahlen wiedergeben, ganz entschuldigen, erklären oder verteidigen. Die Rassendiskriminierung beeinträchtigt unser Wirtschaftswachstum, weil es die größtmögliche Entwicklung und den größtmöglichen Einsatz unseres Arbeitskräftepotentials verhindert. Sie beeinträchtigt unsere führende Rolle auf der Welt, weil sie zu Hause die Botschaft widerlegt, die wir in Übersee predigen. Sie verdirbt die Atmosphäre einer einigen und klassenlosen Gesellschaft, die diese Nation zu einer großartigen Macht werden ließ. Sie vergrößert die Kosten für Sozialhilfe, Verbrechensbekämpfung, Jugendkriminalität und die Unruhen. Vor allem aber ist sie ein Unrecht.

Deshalb muß es in unseren Köpfen und Herzen ganz klar sein, daß wir uns nicht nur wegen des Kalten Krieges und nicht nur wegen der wirtschaftlichen Einbußen aufgrund von Diskriminierungen dazu verpflichten, wirkliche Chancengleichheit erreichen zu wollen. Der wahre Grund ist schlicht: Es ist gut und richtig.

Diese grausame Pest der Diskriminierung kennt keine Grenzen zwischen Regionen oder Einzelstaaten. Die permanente Bekämpfung dieses

Problems muß deshalb ebenso breit angelegt sein und offensiv geführt werden. Sie muß vom einzelnen und vom Staat - auf nationaler, einzelstaatlicher und kommunaler Ebene erfolgen -, und sie muß aus Maßnahmen der Legislative ebenso wie der Exekutive bestehen.

In den letzten zwei Jahren hat es zur Sicherung der Bürgerrechte aller Amerikaner größere Fortschritte gegeben als in jedem anderen vergleichbaren Zeitraum unserer Geschichte. Fortschritte sind erzielt worden - durch Regierungsmaßnahmen, Prozesse, Überzeugung und die Initiative von Bürgern - bei der Durchsetzung und dem Schutz der Chancengleichheit im Bildungswesen, beim Wählen, in den Verkehrsmitteln, bei der Einstellung und am Arbeitsplatz, bei der Wohnungssuche, im öffentlichen Dienst und beim Zugang zu öffentlichen Einrichtungen.

Aber der Stolz auf diesen Fortschritt darf uns nicht zum Nachlassen in unseren Anstrengungen verleiten. Noch berechtigen Fortschritte der Exekutive die Legislative zu einer Vernachlässigung ihrer Pflichten ...

Das Bürgerrechtsgesetz von 1964 - Civil Rights Act

Hauptbestimmungen des Gesetzes*
EIN GESETZ,

um das Verfassungsrecht zu wählen, durchzusetzen, um die Bezirksgerichte des Bundes dafür zuständig zu machen, per Gerichtsanordnung die Diskriminierung in öffentlichen Räumlichkeiten zu unterbinden, um den Justizminister zu bevollmächtigen, Verfahren einzuleiten, um die Verfassungsrechte in öffentlichen Einrichtungen und im staatlichen Bildungssystem zu schützen, um den Zuständigkeitsbereich der Bürgerrechtskommission (Commission on Civil Rights) darauf auszudehnen, Diskriminierung in Programmen, die vom Bund subventioniert werden, zu verhindern, um eine Kommission für gleiche Beschäftigungschancen (Commission on Equal Employment Opportunity) einzurichten, und zu anderen Zwecken ...

---

* Public Law 88-352, *U.S. Statutes At Large*, Bd. 78, S. 241-268

Titel I – Wahlrecht
(2) Niemand, der im Namen des Rechts handelt, soll

(A) bei der Entscheidung, ob eine Person nach dem Gesetz oder den Gesetzen des Einzelstaates für Bundeswahlen wahlberechtigt ist, andere Standards, Vorgehensweisen oder Verfahren im Rahmen dieses Gesetzes oder dieser Gesetze anwenden als bei Personen im gleichen Wahlkreis (county, parish) oder einer ähnlichen politischen Unterteilung, bei denen die Wahlleiter des Einzelstaates festgestellt haben, daß sie wahlberechtigt sind;

(B) einer Person das Wahlrecht in einer Bundeswahl absprechen, weil in Unterlagen, die etwas mit der Bewerbung, Registrierung oder einer anderen für die Wahlen nötigen Handlung zu tun haben, ein Irrtum oder eine Unterlassung vorgekommen sind ... oder

(C) einen Schreib- und Lesetest als Voraussetzung für die Wahlbeteiligung an einer Bundeswahl durchführen, es sei denn (i) dieser Test muß von jeder Person abgelegt werden und wird ausschließlich schriftlich durchgeführt, und (ii) eine beglaubigte Kopie des Tests und der Antworten der betreffenden Person wird ihr innerhalb von 25 Tagen nach Beantragung vorgelegt, also innerhalb der Zeitspanne, die Unterlagen und Urkunden nach Titel III des Bürgerrechtsgesetzes von 1960 aufbewahrt und erhalten werden müssen ...

Titel II – Unterlassungsanordnung gegen die Diskriminierung in öffentlichen Räumlichkeiten

Abschnitt 201. (a) Alle Personen sind hiermit berechtigt, in vollem Umfang und in gleicher Weise Güter, Dienstleistungen, Einrichtungen, Vorrechte, Vorteile und Räumlichkeiten in jedem Ort öffentlicher Unterbringung zu genießen, ohne Diskriminierung oder Rassentrennung aufgrund von Rasse, Hautfarbe, Religion oder nationaler Herkunft.

(b) Jede der folgenden Einrichtungen, die der Öffentlichkeit zur Verfügung stehen, ist ein Ort öffentlicher Unterbringung im Sinne dieses Titels, wenn ihr Betrieb Handel und Verkehr berührt oder wenn Diskriminierung oder Rassentrennung darin durch einzelstaatliche Maßnahmen unterstützt werden:

(1) alle Gasthäuser, Hotels, Motels oder anderen Einrichtungen, die reisen-

den Gästen Unterbringung anbieten, oder Einrichtungen innerhalb von Gebäuden, die nicht mehr als fünf Räume zur Vermietung oder Verpachtung anbieten und die vom Eigentümer dieser Einrichtung als Wohnung genutzt werden;
(2) alle Restaurants, Kantinen, Cafeterias, Bistros, Getränkestände oder andere Einrichtungen, die hauptsächlich Nahrungsmittel zum Verzehr an diesem Ort anbieten u. a., ... und alle derartigen Einrichtungen innerhalb von Läden oder Tankstellen;
(3) alle Kinos, Theater, Konzerthallen, Sporthallen, Stadien oder anderen Orte für Ausstellungen oder Unterhaltung; und
(4) alle Einrichtungen (A) (i), die örtlich in denselben Gebäuden untergebracht sind, wie die anderweitig in diesem Unterabschnitt geregelten Einrichtungen, oder (ii) innerhalb derselben Gebäude, die sich örtlich in den bezeichneten Einrichtungen befinden und (B) die Kunden der Einrichtungen Dienstleistungen erbringen, die unter diese Bestimmungen fallen ...

Titel III – Aufhebung der Rassentrennung in öffentlichen Einrichtungen

Abschnitt 301. (a) Wann immer der Justizminister eine schriftliche Beschwerde erhält, die von einer Person unterzeichnet ist, des Inhalts, daß dieser Person das Recht auf gleichen Schutz durch die Gesetze aufgrund ihrer Rasse, Hautfarbe, Religion oder nationalen Herkunft genommen wurde oder genommen zu werden droht, und zwar durch die Verweigerung der gleichen Nutzung öffentlicher Einrichtungen, die von einem Staat oder einem staatlichen Teilbereich besessen, betrieben oder geleitet wird, außer es handelt sich um eine öffentliche Schule oder ein öffentliches College, wie sie in Abschnitt 401 von Titel IV dieses Gesetzes definiert werden, und der Justizminister der Auffassung ist, daß diese Beschwerde zu Recht besteht und darüber hinaus feststellt, daß der Unterzeichnete oder die Unterzeichneten nicht in der Lage sind ... die angemessenen rechtlichen Schritte zur Abstellung dieses Zustandes einleiten und durchführen können, und daß die Einleitung eines Verfahrens inhaltlich den ordnungsgemäßen Fortschritt bei der Aufhebung der Rassentrennung in öffentlichen Einrichtungen fördern wird, so ist der Justizminister berechtigt, seinerseits

Zivilklage zu erheben ... in jedem dafür geeigneten Bezirksgericht des Bundes gegen solche Parteien und zur Durchsetzung solcher Abhilfe, wie sie angemessen erscheinen, und ein solches Gericht soll und wird für Verfahren, die unter diesem Abschnitt des Gesetzes eingeleitet werden, zuständig sein ...

(b) Der Justizminister kann dann befinden, daß eine Person oder Personen nicht in der Lage sind, ein angemessenes Gerichtsverfahren unter dem Unterabschnitt (a) dieses Abschnitts einzuleiten und durchzuführen, wenn diese Person oder Personen nicht in der Lage sind, entweder selbst oder über interessierte Personen oder Organisationen, die Kosten einer Klage zu tragen oder eine wirksame Rechtsvertretung zu erlangen; oder wann immer der Justizminister sind kundig gemacht hat, daß die Anstrengung einer solchen Klage vor Gericht die persönliche Sicherheit, Beschäftigung oder wirtschaftliche Lage solcher Person oder Personen, ihrer Familien oder ihres Eigentums gefährden würde ...

Abschnitt 303. Nichts in diesem Titel soll negativ das Recht einer Person beeinträchtigen, Klage zu erheben, um Abhilfe vor Gericht wegen Diskriminierung in einer Einrichtung zu erhalten, die in diesem Titel behandelt wird ...

Titel IV – Aufhebung der Rassentrennung im öffentlichen Bildungswesen

Definitionen

Abschnitt 401. Unter diesem Titel meint –

(a) »Beauftragter« den Beauftragten für Bildung.*

(b) »Aufhebung der Rassentrennung« meint die Zuweisung von Schülern auf öffentliche Schulen und innerhalb solcher Schulen ohne Berücksichtigung ihrer Rasse, Hautfarbe, Religion oder nationalen Herkunft, jedoch meint »Aufhebung der Rassentrennung« nicht, die Zuweisung von Schülern auf öffentliche Schulen, um rassische Unausgewogenheit zu überwinden.

(c) »Öffentliche Schule« meint eine Bildungseinrichtung im Grundschul- oder Oberschulbereich, und »öffentliches College« meint eine Ein-

---

* 1980 wurde das Amt des Bildungsbeauftragten zum »Department of Education« in den Rang eines Ministeriums aufgewertet.

richtung der höheren Bildung oder eine technische Fachschule oder Gewerbeschule oberhalb der Sekundarstufe ...

(d) »Schulamt« meint ein Amt oder Ämter, die ein Schulsystem von einer oder mehreren öffentlichen Schulen verwalten ...

Technische Hilfe

Abschnitt 403. Der Bildungsbeauftragte ist bevollmächtigt, aufgrund des Antrags eines Schulamtes, Einzelstaates, einer Kommune, eines Schulbezirks oder einer anderen staatlichen Einheit, die nach dem Gesetz zum Betrieb einer öffentliche Schule oder Schulen berechtigt ist, dem Antragsteller technische Hilfe bei der Vorbereitung, Annahme und Durchführung von Programmen zur Aufhebung der Rassentrennung an öffentlichen Schulen zu leisten ...

Ausbildungseinrichtungen

Abschnitt 404. Der Bildungsbeauftragte ist bevollmächtigt, über die Gewährung von Finanzmitteln oder über Verträge mit Einrichtungen der höheren Bildung die Durchführung kurzfristiger oder normaler Seminare der Sonderausbildung zu arrangieren, um die Fähigkeit von Lehrern, Schulräten, Schulpsychologen und anderen an den Grund und Oberschulen tätigen Personen zu verbessern, effektiv mit den besonderen erzieherischen Problemen bei der Aufhebung der Rassentrennung umgehen zu können ...

Finanzbewilligungen

Abschnitt 405. (a) Der Bildungsbeauftragte ist auf Antrag eines Schulamtes bevollmächtigt, diesem ganz oder teilweise die Kosten für folgendes durch Finanzbewilligungen zu erstatten –

(1) die Weiterbildung von Lehrern und anderem Schulpersonal zu Problemen der Aufhebung der Rassentrennung im Rahmen ihrer Tätigkeit, und

(2) die Einstellung von Spezialisten zur Beratung bei Problemen, die mit der Aufhebung der Rassentrennung zusammenhängen.

(b) Bei der Entscheidung, ob Finanzmittel bewilligt werden und in welcher Höhe und unter welchen Bedingungen dies geschieht, soll der Bildungsbeauftragte berücksichtigen, welche Mittel ihm im Rahmen dieses Gesetzesabschnitts zur Verfügung stehen, welche anderen Anträge ihm vorliegen; was der finanzielle Zustand des Antragstellers ist und welche anderen Ressourcen diesem zur Verfügung stehen; welcher Art, welchen Umfangs und wie gravierend die mit der Aufhebung der Rassentrennung zusammenhängenden Probleme sind; sowie andere Faktoren, die er für relevant hält ...

Anklageerhebung durch den Justizminister

Abschnitt 407. (a) Wann immer der Justizminister eine schriftliche Beschwerde erhält –

(1) unterzeichnet von einem Elternteil oder mehreren Eltern, daß seinem oder ihrem minderjährigen Kind oder Kindern – als Mitgliedern einer Personengruppe in vergleichbarer Lage – vom Schulamt der gleiche Schutz der Gesetze verweigert wird, oder

(2) unterzeichnet von einem einzelnen oder seinen Eltern des Inhalts, daß ihm die Zulassung oder der weitere Besuch eines staatlichen College aufgrund von Rasse, Hautfarbe, Religion oder nationaler Herkunft verwehrt wurde,

und der Justizminister überzeugt ist, daß diese Beschwerde berechtigt ist und der oder die Unterzeichneten der Beschwerde seiner Überzeugung nach nicht in der Lage sind, die angemessenen rechtlichen Schritte zur Abhilfe einzuleiten und durchzuführen und daß die Einleitung eines Verfahrens das Ziel der Aufhebung der Rassentrennung im staatlichen Bildungswesen substantiell fördern würde, so ist der Justizminister bevollmächtigt, nachdem er die vorliegende Beschwerde an das entsprechende Schulamt oder die College-Leitung weitergegeben hat und nachdem er amtlich bescheinigt hat und sich vergewissert hat, daß dem Amt bzw. der Leitung ausreichend Zeit zur Behebung der in der Beschwerde genannten Zustände gegeben wurde, er im Namen der Vereinigten Staaten Zivilklage im zuständigen US-Bezirksgericht erheben kann gegen diejenigen Parteien und für solche Abhilfe, wie sie angemessen erscheinen ...

(b) Der Justizminister kann von einer Person oder Personen dann annehmen, daß sie nicht in der Lage ist bzw. sind, die erforderlichen rechtlichen Schritte einzuleiten und durchzuführen, wie sie in Unterabschnitt (a) dieses Abschnitts benannt werden, wenn eine solche Person oder Personen entweder direkt oder mit Hilfe interessierter Personen oder Organisationen nicht in der Lage sind, die Prozeßkosten zu tragen oder wirksamen Rechtsbeistand zu erhalten; oder wenn er davon überzeugt ist, daß die Anklageerhebung die persönliche Sicherheit, Beschäftigung oder wirtschaftliche Stellung einer solchen Person oder Personen, ihrer Familien oder ihres Eigentums gefährden würde ...

Titel V – Bürgerrechtskommission – Commission on Civil Rights

Pflichten der Kommission
Abschnitt 104. (a) Die Kommission soll –
(1) schriftliche unter Eid oder an Eides statt gemachte Anschuldigungen untersuchen, daß bestimmten Bürgern der Vereinigten Staaten ihr Recht auf Abgabe und Zählung ihrer Stimme in einer Wahl aufgrund ihrer Rasse, Hautfarbe, Religion oder nationalen Herkunft verweigert wird, wobei die schriftliche unter Eid oder an Eides statt gemachte Anschuldigung die Tatsachen benennen soll, auf denen diese Überzeugung oder Überzeugungen beruhen;
(2) Informationen analysieren und sammeln, die rechtliche Entwicklungen betreffen, bei denen es um die Verweigerung des gleichen Schutzes der Gesetze im Rahmen der Verfassung aufgrund von Rasse, Hautfarbe, Religion oder nationaler Herkunft oder um die Rechtsprechung geht;
(3) die Gesetze und politischen Maßnahmen der Bundesregierung zu würdigen hinsichtlich der Verweigerung des gleichen Schutzes der Gesetze im Rahmen der Verfassung aufgrund von Rasse, Hautfarbe, Religion oder nationaler Herkunft oder bei der Rechtsprechung;
(4) als landesweite Informationssammelstelle zu dienen hinsichtlich der Verweigerung des gleichen Schutzes der Gesetze im Rahmen der Verfassung aufgrund von Rasse, Hautfarbe, Religion oder nationaler Herkunft, eingeschlossen, aber nicht begrenzt auf die Bereiche, Wahlen, Bildung, Wohnraumbeschaffung, Beschäftigung, die Benutzung von öffentlichen Einrichtungen und Verkehrsmitteln und in der Rechtsprechung;
(5) Beschuldigungen zu untersuchen, die schriftlich vorliegen und unter Eid oder an Eides statt gemacht wurden, daß Bürgern der Vereinigten Staaten illegal zuerkannt oder verweigert wird, daß sie wählen können oder ihre Stimmen ordnungsgemäß gezählt werden, bei jeder Wahl von Wahlmännern in der Präsidentschaftswahl, Mitgliedern des Senats der Vereinigten Staaten oder des Repräsentantenhauses, als Ergebnis gewisser Muster oder Verfahren von Betrug oder Diskriminierung bei der Durchführung einer solchen Wahl; ...
(b) Die Kommission soll dem Präsidenten und dem Kongreß dann Zwischenberichte vorlegen, wenn der Kongreß oder der Präsident es für

wünschenswert halten, sie soll dem Präsidenten und dem Kongreß einen Schlußbericht ihrer Arbeit, Untersuchungsergebnisse und Empfehlungen nicht später als am 31. Januar 1968 vorlegen ...

(f) Die Kommission oder mit der Vollmacht der Kommission jeder Unterausschuß aus zwei oder mehr Mitgliedern, von denen mindestens einer aus jeder der großen politischen Parteien dabei sein muß, kann, ... Anhörungen durchführen und zu solchen Zeiten und an solchen Orten tätig werden, wie es die Kommission oder der autorisierte Unterausschuß für angemessen erachten. Vorladungen unter Strafandrohung zur Teilnahme und Zeugenaussage von Zeugen oder der Vorlage schriftlicher oder anderer Materialien können in Einklang mit den Regeln der Kommission ergehen, wie sie in Abschnitt 102 (j) und (k) dieses Gesetzes enthalten sind, mit der Unterschrift des Vorsitzenden der Kommission oder eines solchen Unterausschusses versehen, und sie können von jeder von einem solchen Vorsitzenden bestimmten Person zugestellt werden. Die Abhaltung von Anhörungen durch die Kommission oder die Ernennung eines Unterausschusses zur Durchführung von Anhörungen aufgrund dieses Unterabschnitts bedarf der Zustimmung der Mehrheit der Kommissionsmitglieder oder der Mehrheit der in einer Sitzung anwesenden Mitglieder, wobei mindestens die beschlußfähige Zahl von vier Mitgliedern in der Sitzung anwesend sein muß.

(g) Im Falle des absichtlichen Nichterscheinens oder der Weigerung, der Vorladung Folge zu leisten, soll jedes US-Bezirksgericht oder jedes Gericht in einem Territorium oder einer Besitzung der Vereinigten Staaten oder im District of Columbia, in deren Zuständigkeitsbereich die Untersuchung stattfindet oder in dessen Zuständigkeitsbereich die besagte Person, die sich des absichtlichen Nichterscheinens oder der Weigerung, der Vorladung Folge zu leisten, wohnt oder einen Wohnort hat oder ein Geschäft betreibt oder einen Vertreter benannt hat, der ihre Prozeßvollmacht hat, auf Antrag des Justizministers der Vereinigten Staaten die Zuständigkeit haben, einer solchen Person den Befehl zu erteilen, vor der Kommission oder einem ihrer Unterausschüsse zu erscheinen, um dort, wenn das angeordnet ist, sachdienliche, relevante und nicht vertrauliche Angaben zu machen oder eine Zeugenaussage zum Thema der Untersuchungen zu machen; im Falle der Zuwiderhandlung gegen einen solchen Gerichtsbefehl kann er von dem betroffenen Gericht wegen Mißachtung des Gerichts verurteilt werden.

Abschnitt 507. Abschnitt 105 des Bürgerrechtsgesetzes von 1957 ..., so wie es durch Abschnitt 401 des Bürgerrechtsgesetzes von 1960 ergänzt worden ist, ... wird wie folgt weiter durch den neuen Unterabschnitt am Ende ergänzt, der lautet:
(i) Die Kommission soll die Kompetenz haben, solche Regeln und Durchführungsbestimmungen zu erlassen, wie sie nötig sind, um den Zweck dieses Gesetzes erfüllen zu können.

Titel VI – Nichtdiskriminierung in Programmen,
die vom Bund subventioniert werden

Abschnitt 601. Keine Person in den Vereinigten Staaten soll aufgrund der Rasse, Hautfarbe oder nationalen Herkunft bei Programmen und Aktivitäten, die vom Bund finanziell unterstützt werden, von der Teilnahme ausgeschlossen, an Leistungen nicht beteiligt oder diskriminiert werden.
Abschnitt 602. Jedes Bundesministerium und jede Bundesbehörde, die ermächtigt ist, ein Programm oder eine Aktivität durch Bundesmittel über eine Beihilfe, ein Darlehen oder einen Vertrag – außer Versicherungs- oder Bürgschaftsverträge – finanziell zu unterstützen, ist autorisiert und angehalten, die Bestimmungen von Abschnitt 601 hinsichtlich solcher Programme und Aktivitäten auszuführen, indem sie Regeln, Durchführungsbestimmungen oder Verfügungen mit genereller Anwendbarkeit herausgibt, die mit dem Erreichen der in dem Gesetz genannten Ziele übereinstimmen sollen, das die finanzielle Unterstützung, in deren Zusammenhang dieser Schritt unternommen wird, autorisiert. Keine derartige Regel, Durchführungsbestimmung oder Verfügung tritt in Kraft, ohne daß und bis der Präsident ihr zugestimmt hat. [...]
Abschnitt 603. Jede Maßnahme eines Ministeriums oder einer Behörde, die nach Abschnitt 602 durchgeführt wird, unterliegt der gerichtlichen Überprüfung, wie sie auch in anderen Fällen bei vergleichbaren Maßnahmen eines solchen Ministeriums oder einer solchen Behörde rechtlich vorgesehen ist. Im Fall einer Maßnahme, die ansonsten nicht der gerichtlichen Überprüfung unterliegt, die die Bewilligung oder weitere finanzielle Unterstützung beendet oder ablehnt, nach der Feststellung, daß die Erfordernisse, wie sie Abschnitt 602 vorschreibt, nicht erfüllt wurden (eingeschlossen jeder Einzelstaat oder dessen politische Untereinheit und eine ihrer Behörden), so kann eine gerichtliche Überprüfung einer sol-

chen Maßnahme nach Abschnitt 10 des Administrative Procedure Act erlangt werden, und eine solche Maßnahme soll im Sinne jenes Abschnitt nicht bedeuten, daß es sich um eine Behörde, die nicht gerichtlich überprüft werden kann, handelt ...

Titel VII - Chancengleichheit auf dem Arbeitsmarkt

Diskriminierung aufgrund von Rasse, Hautfarbe, Religion, Geschlecht oder nationaler Herkunft
Abschnitt 703. (a) Es soll eine ungesetzliche Einstellungspraxis durch einen Arbeitgeber darstellen -
(1) wenn er sich weigert, einen Menschen einzustellen oder zu entlassen oder einen Menschen in anderer Weise hinsichtlich seiner Entlohnung, Vertrags- und Arbeitsbedingungen, oder Vorrechte bei der Beschäftigung diskriminiert, aufgrund der Rasse, Hautfarbe, Religion, dem Geschlecht oder der nationalen Herkunft dieses Menschen, oder
(2) wenn er seine Arbeitnehmer in irgendeiner Weise so einschränkt, rassisch trennt oder klassifiziert, daß er einem Menschen bestimmte Beschäftigungschancen vorenthält oder dazu tendiert oder in anderer Weise seine Stellung als Arbeitnehmer negativ beeinflußt, aufgrund der Rasse, Hautfarbe, Religion, dem Geschlecht oder der nationalen Herkunft dieses Menschen.

(b) Es soll eine ungesetzliche Einstellungspraxis für eine Arbeitsvermittlungsbehörde sein, wenn sie einen Menschen nicht für eine Beschäftigung empfiehlt oder ihn in anderer Weise diskriminiert, aufgrund seiner Rasse, Hautfarbe, Religion, seinem Geschlecht oder seiner nationalen Herkunft, oder ihn für eine Beschäftigung aufgrund seiner Rasse, Hautfarbe, Religion, seinem Geschlecht oder seiner nationalen Herkunft klassifiziert oder zuordnet.

(c) Es soll für eine Gewerkschaft eine ungesetzliche Einstellungspraxis sein -
(1) wenn sie einen Menschen als Mitglied nicht aufnimmt oder ausschließt oder in anderer Weise diskriminiert aufgrund seiner Rasse, Hautfarbe, Religion, seines Geschlechts oder seiner nationalen Herkunft;
(2) wenn sie ihre Mitgliedschaft beschränkt, rassisch aufteilt oder klassifiziert oder einen Menschen klassifiziert oder sich weigert, ihn für die

Beschäftigung zu empfehlen, in einer Weise, die diesem Menschen Beschäftigungschancen in irgendeiner Weise vorenthält oder dazu tendiert, oder solche Beschäftigungschancen beschränkt oder in anderer Weise seinen Status als Beschäftigter oder als Anwärter auf Einstellung negativ beeinflußt, aufgrund der Rasse, Hautfarbe, Religion, des Geschlechts, oder der nationalen Herkunft dieses Menschen; oder

(3) wenn sie einen Arbeitgeber dazu veranlaßt oder ihn zu veranlassen sucht, einen Menschen in Verletzung dieses Abschnitts zu diskriminieren ...

Kommission für gleiche Beschäftigungschancen Equal Employment Opportunity Commission

Abschnitt 705. (a) Hiermit wird eine Kommission mit dem Titel Kommission für gleiche Beschäftigungschancen geschaffen, die aus fünf Mitgliedern bestehen soll, von denen nicht mehr als drei derselben politischen Partei angehören und die vom Präsidenten mit Beratung und Zustimmung des Senats ernannt werden sollen. Eins der zuerst ernannten Mitglieder wird für eine Amtszeit von einem Jahr ernannt, eins für zwei Jahre, eins für drei Jahre, eins für vier Jahre und eins für fünf Jahre seit Inkrafttreten dieses Titels des Gesetzes. Aber alle nachfolgenden Mitglieder sollen für eine Amtszeit von fünf Jahren ernannt werden, außer es handelt sich um einen Nachrücker, der nur für die verbliebene Amtszeit eines ausgeschiedenen Mitglieds ernannt wird. Der Präsident soll ein Mitglied zum Vorsitzenden der Kommission ernennen und ein Mitglied zu ihrem stellvertretenden Vorsitzenden. Der Vorsitzende soll im Namen der Kommission für die Verwaltungstätigkeit der Kommission zuständig sein und soll in Übereinstimmung mit den Gesetzen für den öffentlichen Dienst Beamte, Vertreter, Anwälte und Beschäftigte ernennen, so wie es zur Unterstützung der zu erfüllenden Aufgaben nötig erscheint, und soll ihre Vergütung im Rahmen des Classification Act von 1949, in ergänzter Form, festsetzen. Der stellvertretende Vorsitzende soll die Aufgabe des Vorsitzenden in dessen Abwesenheit oder bei Geschäftsunfähigkeit oder im Falle einer Vakanz übernehmen ...

(d) Die Kommission soll am Ende jedes Haushaltsjahres dem Kongreß und dem Präsidenten über ihre Tätigkeit Bericht erstatten; die Namen, Gehälter und die Aufgaben aller beschäftigten Personen und die ausgegebenen Gelder angeben und solche weiteren Berichte über die Ursachen und Methoden, die Diskriminierung zu beenden, vorlegen und solche

Empfehlungen für weitere Gesetzgebungsvorhaben, wie sie wünschenswert erscheinen ...
(g) Die Kommission soll die Vollmacht haben –
(1) mit regionalen, einzelstaatlichen, örtlichen und anderen öffentlichen und privaten Stellen und Individuen zusammenzuarbeiten und sie mit deren Zustimmung zur Unterstützung heranzuziehen;
(2) Zeugen, deren eidesstattliche Aussagen aufgenommen werden und die vor die Kommission oder einem ihrer Vertreter vorgeladen werden, dieselben Tage- und Entfernungsgelder zu bezahlen, wie sie Zeugen vor Gerichten der Vereinigten Staaten bezahlt werden;
(3) den Personen, die unter diesem Titel tätig sind, die technische Hilfe zu gewähren, die sie zur Erfüllung dieses Titels oder einer Verordnung, die hiernach ergangen ist, beantragen können.
(4) auf Antrag (i) eines Arbeitgebers, dessen Arbeitnehmer oder einige von ihnen, oder (ii) einer Gewerkschaft, deren Mitglieder oder einige von ihnen, sich weigern oder androhen sich zu weigern, bei der Durchsetzung der Bestimmungen dieses Titels zu kooperieren, bei dieser Durchsetzung durch Vermittlung oder andere Maßnahmen der Abhilfe, wie sie unter diesem Titel vorgesehen sind, zu helfen;
(5) solche Fachstudien zu erstellen, wie sie zur Durchsetzung der Zielsetzungen und Richtlinien dieses Titels angemessen sind, und die Ergebnisse solcher Studien für die Öffentlichkeit zugänglich zu machen;
(6) Tatbestände an den Justizminister zu überweisen mit Empfehlungen für die Intervention in einer Zivilklage, wie sie von einer geschädigten Partei nach Abschnitt 706 eingereicht wurde, oder für die Einleitung einer Zivilklage durch den Justizminister nach Abschnitt 707, und den Justizminister in diesen Dingen zu beraten, zu konsultieren und zu unterstützen ...

Titel VIII – Statistiken über die Registrierung und die Wahlbeteiligung

Abschnitt 801. Der Handelsminister soll umgehend eine Erhebung durchführen, die in den geographischen Gebieten, die die Bürgerrechtskommission vorschlägt, die Statistiken der Wählerregistrierung und der Wahlbeteiligung zusammenträgt. Eine solche Erhebung und Zusammenstellung soll in dem von der Bürgerrechtskommission empfohlenen Ausmaß nur eine Zählung der Personen im wahlberechtigten Alter nach Rasse, Hautfarbe und nationaler Herkunft enthalten und die Feststellung, in welchem Umfang solche Personen für die Wahlen registriert sind und in einer Einzelstaatsvorwahl oder einer allgemeinen Wahl gewählt haben, in der die Mitglieder des US-Repräsentantenhauses seit dem 1. Januar 1960 nominiert und gewählt wurden. Solche Informationen sollen auch gesammelt und zusammengestellt werden in Zusammenhang mit der 19., alle zehn Jahre stattfindenden Volkszählung und zu anderen Zeiten, so wie es der Kongreß vorschreiben kann ... Jedoch unter der Bedingung, daß keine Person gezwungen werden soll, ihre Rasse, Hautfarbe oder nationale Herkunft offenzulegen oder befragt werden soll zu ihrer Bindung an eine politische Partei, wie sie gewählt hat oder warum, noch soll eine Strafe für die Nichtaussage oder Weigerung hierzu auferlegt werden ...

Titel IX
Intervention und Verfahren nach der Überweisung
eines Bürgerrechtsfalles

Abschnitt 901. Titel 28 des U. S. Code, Abschnitt 1447 (d) wird in folgender Weise ergänzt:

Eine Anordnung auf Zurückverweisung eines Verfahrens an ein Einzelstaatsgericht, von dem es überwiesen wurde, kann nicht durch Revision oder in anderer Weise richterlich überprüft werden, es sei denn, daß eine Anordnung ein Verfahren an ein Einzelstaatsgericht zurücküberweist, von dem es aufgrund von Abschnitt 1443 dieses Titels überwiesen wurde, durch Revision oder in anderer Weise richterlich überprüft werden kann.

Abschnitt 902. Wann immer vor einem Gericht der Vereinigten Staaten Klage erhoben wurde, um Rechtshilfe gegen die Verweigerung des gleichen Schutzes durch die Gesetze nach dem 14. Zusatzartikel zur Verfassung aufgrund der Rasse, Hautfarbe, Religion oder nationalen Herkunft zu erhalten, kann der Justizminister für oder im Namen der Vereinigten Staaten nach rechtzeitigem Antrag in einer solche Klage intervenieren, wenn der Justizminister versichert, daß der Fall von allgemeiner öffentlicher Bedeutung ist. Bei einer solchen Klage sind die Vereinigten Staaten zur selben Rechtshilfe berechtigt, als wenn sie selbst Klage erhoben hätten.

Titel X
Einrichtung eines Schlichtungsamtes
Community Relations Service

Abschnitt 1001. (a) Hiermit wird innerhalb und als Teil des Handelsministeriums ein Schlichtungsamt (im folgenden »Service« genannt) eingerichtet, das durch einen Direktor geleitet werden soll, der vom Präsidenten mit Rat und Zustimmung des Senats für eine vierjährige Amtszeit ernannt werden soll ...

Abschnitt 1002. Aufgabe des Service soll es sein, Gemeinden und Personen bei der Lösung von Konflikten, Meinungsverschiedenheiten oder Schwierigkeiten zu helfen, die mit diskriminierenden Praktiken aufgrund von Rasse, Hautfarbe oder nationaler Herkunft zusammenhängen und die Rechte von Personen in diesen Gemeinden nach der Verfassung oder den Gesetzen der Vereinigten Staaten beeinträchtigen oder die den Handel und Verkehr zwischen den Einzelstaaten berühren oder zu berühren drohen. Der Service kann seine Dienste in Fällen solcher Konflikte, Auseinandersetzungen und Schwierigkeiten anbieten, wann immer seiner Meinung nach die friedlichen Beziehungen zwischen den Bürgern einer betroffenen Gemeinde gefährdet sind, und er kann seine Dienste entweder aus eigenem Antrieb oder auf Anforderung von geeigneten Einzelstaats- oder Kommunalbeamten oder von anderen beteiligten Personen anbieten.

Das Wahlrechtsgesetz von 1965 – Voting Rights Act

Hauptbestimmungen des Gesetzes

EIN GESETZ,
zur Durchführung des 15. Zusatzartikels zur Verfassung
der Vereinigten Staaten und zu anderen Zwecken*

Abschnitt 2. Keine Vorbedingung oder Voraussetzung für die Wahl und kein Standard, keine Vorgehensweise und kein Verfahren soll durch einen Einzelstaat oder eine politische Untereinheit auferlegt oder angewandt werden, um das Wahlrecht eines Bürgers der Vereinigten Staaten aufgrund der Rasse oder Hautfarbe zu verwehren oder zu einzuschränken.

* Public Law 89-110, *U.S. Statutes At Large*, 1965, Bd. 79 (Washington, 1966, S. 437-446)

Abschnitt 3. (a) Wann immer der Justizminister ein Verfahren aufgrund eines Gesetzes einleitet, um die Garantien des 15. Zusatzartikels in einem Einzelstaat oder einer politischen Untereinheit durchzusetzen, soll das Gericht die Ernennung eines Untersuchungsbeamten des Bundes durch die U.S. Civil Service Commission in Übereinstimmung mit Abschnitt 6 autorisieren, der so lange in den politischen Untereinheiten tätig sein soll, wie es das Gericht für angemessen erachtet und beschließt, damit die Garantien des 15. Zusatzartikels durchgesetzt werden ...

Abschnitt 4. (a) Damit das Wahlrecht der Bürger der Vereinigten Staaten aufgrund der Rasse oder Hautfarbe nicht verweigert oder eingeschränkt wird, darf keinem Bürger das Wahlrecht in einer Bundes-, Einzelstaats- oder Kommunalwahl verwehrt werden, weil er einen Test oder eine Anforderung des Einzelstaates nicht erfüllt hat in bezug auf Bestimmungen, die in einer politischen Untereinheit gemacht wurden, wobei solche Bestimmungen als separate Einheit gemacht wurden ...

Wenn der Justizminister entscheidet, daß kein Grund für die Annahme besteht, daß ein solcher Test oder eine solche Anforderung in den fünf Jahren vor Erhebung der Klage benutzt wurden, zu dem Zweck oder mit der Folge, das Wahlrecht aufgrund der Rasse oder Hautfarbe zu verweigern oder einzuschränken, so soll er einer Eintragung dieses Urteils zustimmen ...

Die Bestimmungen ... sollen in jedem Einzelstaat oder jeder politischen Untereinheit eines Einzelstaates gelten, die (1) nach Feststellung des Justizministers am 1. November 1964 einen Test oder eine Anforderung benutzt und in dem (2) nach Angaben des Direktors der Zensusbehörde weniger als 50 Prozent aller Personen im wahlfähigen Alter, die in dieser Einheit wohnten, am 1. November 1964 für die Wahl registriert waren oder daß weniger als 50 Prozent dieser Personen in der Präsidentschaftswahl im November 1964 gewählt haben.

Die Wörter »Test oder Anforderung« sollen jede Art Voraussetzung bedeuten, daß also eine Person als Vorbedingung für die Wahl oder die Registrierung (1) die Fähigkeit, zu lesen, schreiben, etwas zu verstehen, oder etwas zu interpretieren, demonstrieren muß, (2) eine bestimmte Bildung oder Kenntnisse eines bestimmten Gegenstandes nachweisen muß, (3) einen guten moralischen Charakter besitzen muß oder (4) seine Qualifikationen durch einen Beleg als registrierter Wähler oder Mitglied einer andere Kategorie nachweisen muß ...

Im Sinne dieses Abschnitts soll von einem Einzelstaat oder einer politischen Untereinheit dann festgestellt werden, daß er keine Tests oder Anforderungen benutzt hat, zum Zweck oder mit der Auswirkung, das Wahlrecht aufgrund der Rasse oder Hautfarbe verweigert oder eingeschränkt zu haben, wenn (1) es nur wenige Vorfälle der Benutzung gab und sie schnell und wirksam durch den Einzelstaat oder vor Ort korrigiert wurden, (2) die fortdauernde Wirkung solcher Vorfälle beseitigt wurde und (3) keine vernünftige Wahrscheinlichkeit besteht, daß sie in Zukunft wieder auftreten werden ...

Der Kongreß erklärt hiermit, daß zur Sicherung der Rechte nach dem 14. Zusatzartikel von Personen, die in einer amerikanischen Schule ausgebildet wurden, in der die erste Sprache im Klassenzimmer nicht Englisch war, es notwendig ist, den Einzelstaaten zu untersagen, das Wahlrecht solcher Personen davon abhängig zu machen, ob sie Englisch lesen, schreiben, verstehen oder eine Sache in englischer Sprache interpretieren können ...

Abschnitt 5. Wann immer ein Einzelstaat oder eine politische Untereinheit, in denen die in Abschnitt 4 (a) dargelegten Verbote gelten, nunmehr Wahlvoraussetzungen oder -anforderungen oder Standards, Vorgehensweisen oder Verfahren zur Wahl verabschiedet oder einzuführen sucht, die von denen, die am 1. November 1964 in diesem Einzelstaat oder der Untereinheit in Kraft waren, abweichen, so können dieser Einzelstaat oder diese Untereinheit ein Verfahren im US-Bezirksgericht des District of Columbia anstrengen, um durch eine Feststellungsklage klären zu lassen, daß eine solche Voraussetzung ... nicht dem Zweck dient und nicht zur Folge hat, daß das Wahlrecht aufgrund der Rasse oder Hautfarbe verweigert oder eingeschränkt wird, bis aber das Gericht eine solche Entscheidung gefällt hat, darf niemand an der Ausübung des Wahlrechts gehindert werden, weil er diese Voraussetzung nicht erfüllt ...

Abschnitt 6. Wann immer ... der Justizminister qua Amt versichert ..., daß er von zwanzig oder mehr Einwohnern einer solchen Untereinheit schriftliche Beschwerden erhalten hat, des Inhalts, daß ihnen das Wahlrecht unter Berufung auf das Gesetz aufgrund von Rasse oder Hautfarbe verwehrt worden ist, und er diese Beschwerden für gerechtfertigt hält ... die Civil Service Commission einen Untersuchungsbeamten ernennen soll ... so wie es angemessen erscheint, um eine Personenliste der bei

Bundes-, Einzelstaats- und Kommunalwahlen Wahlberechtigten zu erstellen und ständig zu führen ...

Abschnitt 7 ... Der Untersuchungsbeamte ... soll ... Antragsteller hinsichtlich ihrer Wahlberechtigung untersuchen ... Jede Person, für die der Untersuchungsbeamte die Wahlberechtigung laut Einzelstaatsgesetz feststellt, ... das seinerseits mit der Verfassung und den Gesetzen der Vereinigten Staaten nicht unvereinbar ist, soll unmittelbar in die Liste der Wahlberechtigten eingetragen werden. Der Untersuchungsbeamte soll diese Liste beurkunden und weiterleiten ... wenigstens einmal im Monat, an die Büros der zuständigen Wahlleiter, wobei Kopien an der Justizminister der Vereinigten Staaten und den Justizminister des betreffenden Einzelstaates zu schicken sind; alle innerhalb eines Monats übermittelten derartigen Listen und Ergänzungen sollen für die Öffentlichkeit am letzten Werktag eines Monats einsehbar sein und jedenfalls nicht später als am 45. Tag vor jeder Wahl. Die zuständigen Wahlleiter für Einzelstaats- und Kommunalwahlen sollen diese Namen in die offiziellen Wählerlisten eintragen. Jede Person, deren Name in der Liste des Untersuchungsbeamten erscheint, ist zur Wahl in ihrem Wohnbezirk berechtigt und zugelassen ...

Abschnitt 8. Wann immer ein Untersuchungsbeamter nach diesem Gesetz bestellt ist ... kann die Civil Service Commission auf Verlangen des Justizministers eine oder mehrere Personen beauftragen ... jedes Wahllokal, in dem eine Wahl abgehalten wird, zu betreten und anwesend zu sein ... zum Zweck der Beobachtung, ob die von wahlberechtigten Personen abgegebenen Stimmen ordentlich verzeichnet werden ...

Abschnitt 9 ... Jeder Einspruch gegen eine Eintragung in der Wählerliste ... soll durch einen für die Anhörung zuständigen Beamten, der von der Civil Service Commission ernannt ist und ihr gegenüber verantwortlich zeichnet, gehört und entschieden werden ... Ein derartiger Einspruch soll nur behandelt werden, ... wenn er innerhalb von zehn Tagen, nachdem die Eintragung der beanstandeten Person der öffentlichen Einsichtnahme zugänglich war, eingereicht worden ist ...

Abschnitt 10 ... Der Kongreß erklärt, daß die Zahlung einer Wahlsteuer als Vorbedingung für die Teilnahme an der Wahl (i) Personen mit begrenzten Mitteln von der Wahl ausschließt oder solchen Personen eine unzumutbare finanzielle Bürde als Vorbedingung für die Wahrnehmung ihres Stimmrechts auferlegt, (ii) in keiner vernünftigen Beziehung steht zu einem legitimen Interesse des Einzelstaates hinsichtlich der Durchführung von Wahlen, und (iii) in einigen Gegenden den Zweck oder die Folge hat, Personen das Wahlrecht aufgrund von Rasse oder Hautfarbe zu verweigern. Aufgrund dieser Erkenntnisse erklärt der Kongreß, daß das Verfassungsrecht der Bürger zu wählen in einigen Gegenden durch das Erfordernis der Zahlung einer Wahlsteuer als Vorbedingung für die Wahl verwehrt oder eingeschränkt wird ...

Abschnitt 11 ... Keine Person, die unter Berufung auf das Gesetz tätig wird, darf eine Person an der Wahl hindern oder behindern, die nach den Bestimmungen dieses Gesetzes oder in anderer Weise zur Wahl berechtigt ist, noch darf sie es unterlassen oder bewußt verhindern, daß die Stimme einer solchen Person verzeichnet, gezählt oder im Bericht erwähnt wird ...

Wer wissentlich und vorsätzlich falsche Auskunft gibt ... zu dem Zweck, seine Berechtigung, sich registrieren zu lassen oder zu wählen, zu etablieren ... soll mit nicht mehr als 10 000 Dollar Geldstrafe oder einer Gefängnisstrafe von nicht mehr als fünf Jahren, oder beidem bestraft werden ...

Wer ... wissentlich und vorsätzlich eine wesentliche Tatsache fälscht oder verschweigt ... soll mit einer Geldstrafe von nicht mehr als 10 000 Dollar oder einer Gefängnisstrafe von nicht mehr als fünf Jahren oder beidem bestraft werden ...

BIBLIOGRAPHICAL NOTES

We shall make no attempt here to list all of the primary and secondary works that we consulted in writing this book. Instead, we shall cite a selected number of the more important works, primarily those in English that are generally available, with a view to guiding the interested reader to further study. Those available in paperback editions are marked with an asterisk. It is well to mention that in this computer age most libraries can provide bibliographies through an on-line catalog. On-line catalogs also allow researchers to create specialized bibliographies for their research needs. For many years the best general bibliographical aid in the study of African Americans was Monroe R. Work's *A Bibliography of the Negro in Africa and America* (New York, 1928). Although out of date, it continues to have value, but it should be supplemented by other aids. The most exhaustive and excellent bibliographical aid is James M. McPherson and others, *Blacks in America: Bibliographical Essays** (Garden City, N.Y., 1971), now unfortunately out of print. There are several other bibliographies of value. Among them are Dorothy B. Porter, *The Negro in the United States: A Selected Bibliography* (Washington, D.C., 1970); and Elizabeth W. Miller, *The Negro in America, A Bibliography** (Cambridge, Mass., 1966, revised edition, 1970). The lists of materials in the major African-American collections should also be consulted. Among them are those at Fisk University and Hampton University, the Moorland-Spingarn Research Center at Howard University, the Slaughter Collection at Atlanta University, the James Weldon Johnson Collection at Yale University, the Schomburg Center for Research in Black Culture at the New York Public Library, and the Vivian Harsh Collection at the Chicago Public Library. Of special interest and importance is Debra Newman Ham, ed., *The African American Mosaic: A Library of Congress Resource Guide for the Study of Black His tory and Culture* (Washington, D.C., 1993).

It is widely known that a large and curious assortment of general histories of African Americans has appeared in the past century. While some have only historiographical value, others are important sources of information. Among the former are James W. C. Pennington, *Text Book of the Origin and History of the Colored People* (Hartford, Conn., 1841); William T. Alexander, *History of the Colored Race in America* (Kansas City, 1887); Harold M. Tarver, *The Negro in the History of the United States from the Beginning of the English Settlements in 1607, to the Present Time* (Austin, Tex., 1905); and E. A. Johnson, *School History of the Negro Race* (Raleigh, N.C., 1893).

of much greater value is George W. Williams, *History of the Negro Race in America*, two volumes (New York, 1882, reprinted 1968), which was the first such work to attract the attention of serious students. Two works of a similar nature, but less exhaustive, are Booker T. Washington, *The Story of the Negro: The Rise of the Race from Slavery*, two volumes (New York, 1909) and Willis D. Weatherford, *The Negro from Africa to America* (New York, 1924). Other efforts in the general field include Benjamin Brawley, *A Short History of the American Negro* (New York, 1913); Merle R. Eppse, *The Negro, Too, in American History* (Chicago, 1939); and Edwin R. Embree, *Brown Americans: The Story of a Tenth of the Nation** (New York, 1945).

The pioneer modern work was written in 1922 by Carter G. Woodson. The tenth edition was prepared by Charles H. Wesley under the title *The Negro in Our History* (Washington, D.C., 1962). For certain aspects of the history of African Americans, the work of W. E. B. Du Bois, *Black Folk, Then and Now: An Essay in the History and Sociology of the Negro Race** (New York, 1939), is invaluable. In the last four decades the number of general histories of African Americans has greatly increased. Among them are Roi Ottley, *Black Odyssey* (New York, 1948); Rayford W. Logan, *The Negro in the United States** (New York, 1957); Lerone Bennett, *Before the Mayflower,** revised edition (Chicago, 1987); J. Saunders Redding, *They Came in Chains* (New York, 1952, revised edition, 1973) and *Lonesome Road* (New York, 1958); W. Z. Foster, *The Negro People in American History** (New York, 1970); Benjamin Quarles, *The Negro in the Making of America** (New York, 1964); Eli Ginzberg and Alfred S. Eichner, *The Troublesome Presence: American Democracy and the Negro* (Glencoe, Ill., 1964); August Meier and Elliott Rudwick, *From Plantation to Ghetto: An Interpretive History of American Negroes,** third edition (New York, 1976); C. Eric Lincoln, *The Negro Pilgrimage in America** (New York, 1969); Nathan Huggins, *Black Odyssey: The Afro-American Ordeal in Slavery** (New York, 1977); Philip S. Foner, *History of Black Americans,* three volumes (Westport, Conn., 1975), which brings the story up until the end of the Civil War; Vincent Harding, *There Is a River: The Black Struggle for Freedom in America** (New York, 1981); and Mary Frances Berry and John Blassingame, *Long Memory: The Black Experience in America** (New York, 1982). One should not miss an especially unique and thoroughly fascinating work by John Langston Gwaltney, *Drylongso: A Self-Portrait of Black America** (New York, 1981).

Three works of a special nature that cover most of the period are Vincent P. Franklin, *Black Self-Determination: A Cultural History of the Faith of the Fathers* (Westport, Conn., 1984); Jacqueline Jones, *Labor of Love, Labor of Sorrow: Black Women, Work, and the Family from Slavery to the Present* (New York, 1985); and Darlene Clark Hine, *Black Women in United States History* (New York, 1993).

A different approach to the history of black Americans is undertaken in Earl E. Thorpe, *The Mind of the Negro: An Intellectual History of Afro-Americans* (Baton Rouge, La., 1961). The interest of foreign writers in the subject can be seen in J. W. Schulte Nordholdt, *The People That Walk in Darkness* (London, 1960); Frank K. Schoell, *Histoire de la race noire aux Etats-Unis du XVIIe siecle à nos jours* (Paris, 1959); and Jean Daridan, *De Lincoln à Johnson: noirs et blancs* (Paris, 1965). There is much historical material in Gunnar Myrdal, *An American Dilemma: The Negro*

Problem and Modern Democracy* (New York, 1944 and 1964); E. Franklin Frazier, *The Negro in the United States,* revised edition (New York, 1957); Margaret J. Butcher, The *Negro in American Culture** (New York, 1956, revised edition, 1972); and Mabel M. Smythe, ed., *The Black American Reference Book* (Englewood Cliffs, N.J., 1976).

Volumes documenting the general history of African Americans have not been numerous. Outstanding are Herbert Aptheker, *A Documentary History of the Negro People in the United States,** three volumes (New York, 1951, 1973, 1974); Leslie Fishel and Benjamin Quarles, The *Black American: A Documentary History** (Glenview, Ill., 1976); and William Loren Katz, *Eyewitness, The Negro in American History** (New York, 1967, revised edition, 1974). See also Richard Wade, *The Negro in American Life, Selected Readings** (New York, 1970); Milton Meltzer, *In Their Own Words: A History of the American Negro, 1619-1865,** three volumes (New York, 1967); and Milton Sernett, *Afro-American Religious History: A Documentary Witness* (Durham, N.C., 1985). Richard Bardolph, *The Negro Vanguard* (New York, 1959) contains a wealth of material on individual African Americans. A monumental achievement dealing with individual African Americans is Rayford W. Logan and Michael R. Winston, eds., *Dictionary of American Negro Biography* (New York, 1982). See also, Edgar A. Toppin, *A Biographical History of Blacks in America Since 1528* (New York, 1971). Among pictorial representations are the following: Langston Hughes and Milton Meltzer, *A Pictorial History of the Negro in America* (New York, 1968); Russell L. Adams, *Great Negroes, Past and Present** (Chicago, 1969); Year's *Picture History of the American Negro* (New York, 1965); Lucille A. Chambers, *America's Tenth Man* (New York, 1957); *Ebony Pictorial History of Black America,* three volumes (Chicago, 1971); and John Hope Franklin and the editors of Time-Life Books, *An Illustrated History of Black Americans* (New York, 1970).

With the increased interest in the history of African Americans, a considerable number of anthologies, curriculum guides, and teachers' aids have appeared. Among the better anthologies are August Meier and Elliott Rudwick, eds., *The Making of Black America,** two volumes (New York, 1969); Nathan Huggins and others, eds., *Key Issues in the Afro-American Experience,** two volumes (New York, 1971); Eric Foner, ed., *America's Black Past, A Reader in Afro-American History** (New York, 1970); Melvin Drimmer, ed., *Black History, A Reappraisal** (Garden City, N.Y., 1968); and Talcott Parsons and Kenneth B. Clark, eds., *The Negro American** (Boston, 1966). The following are valuable as curriculum aids and teachers' guides: Philip T. Drotning, A *Guide to Negro History in America** (Garden City, N.Y., 1970); William Loren Katz, *Teachers' Guide to American Negro History** (Chicago, 1971); San Francisco Unified School District, *The Negro in American Life and History** (San Francisco, 1967); and Robert L. Harris, *Teaching Afro-American History** (Washington, D.C., 1985).

There have been many books and articles dealing with the treatment of African Americans in American history. Among them are Earl E. Thorpe, *Negro Historians in the United States* (Baton Rouge, La.,1958), and *Black Historians: A Critique* (New York, 1971); John Hope Franklin, »The New Negro History«, *Journal of Negro History,* XLII (April 1957), »The Future of Negro American History«, *University of Chicago Magazine,* LXII (January-February 1970), and »Mirror for Americans: A Century of Reconstruction History«, *American Historical Review,* LXXXV (February, 1980); and Ernest Kaiser, »Trends in American Negro Historiography«, *Journal of Negro Education,* XXXI (Fall 1962). John Hope Franklin, *George Washington Williams: A Biography* (Chicago, 1985), is a full-length study of the first serious historian of African Americans. Recent works on the state of the art are Eugene D. Genovese, *In Red and Black: Marxian Explorations in Southern and Afro-American History* (New York, 1968); Darlene Clark Hine, *The State of Afro-American History* (Baton Rouge, La., 1986); and August Meier and Elliott Rudwick, *Black History and the Historical Profrssion, 1915-1980* (Urbana, Ill., 1986). See also John Hope Franklin, *Race and History: Selected Essays, 1938- 1988** (Baton Rouge, La., 1989).

More and more African Americans have become the subject of serious study, and numerous monographs have appeared that shed considerable light on their condition. While these works are specialized in subject matter, their scope in time or approach is sufficiently broad to warrant their consideration among the studies that are generally useful in works of this nature. The problems of adjustment and integration are extensively discussed in Myrdal, *An American Dilemma;* Melville J. Herskovits, *The American Negro: A Study in Racial Crossing** (New York, 1928); John G. Van Deusen, *Black Man in White America* (Washington, D.C., 1944); E. Franklin Frazier, *The Negro in the United States;* Maurice R. Davie, *Negroes in American Society* (New York, 1949); and Oscar Handlin, *Race and Nationality in American Life** (Boston, 1948). A wide-ranging effort to update the Myrdal study was made by the National Research Council, through the Committee on the Status of Black Americans, in a volume edited by Gerald David Jaynes and Robin M. Williams, Jr., A *Common Destiny: Blacks and American Society* (Washington, D.C., 1989). The pioneer study of the history and sociology of the black family is E. Franklin Frazier, *The Negro Family in the United States* (Chicago, 1939). A new and revisionist approach is Herbert Gutman, *The Black Family in Slavery and Freedom, 1750-1825** (New York, 1976). Sociobiological problems are treated in Samuel J. Holmes, *The Negro's Struggle for Survival: A Study in Human Ecology* (Berkeley, Calif., 1937) and Julia-H. Lewis, *The Biology of the Negro* (Chicago, 1942).

The political and legal aspects of African-Americans' history and status have been treated in several books, among which are Paul Lewinson, *Race, Class and Party: A History of Negro Suffrage and White Politics in the South** (London, 1932); and Charles S. Mangum, *The Legal Status of the Negro* (Chapel Hill, N.C., 1940). More recent and more sophisticated are Pauli Murray, *States' Laws on Race and Color* (Cincinnati, 1950); V. O. Key, *Southern Politics in State and Nation** (New York, 1949); and Jack Greenberg, *Race Relations and American Law* (New York, 1959). Three works by Paul Finkelman should be consulted: *An Imperfect Union: Slavery, Federalism, and Comity* (Chapel Hill, N.C., 1981); *Slavery in the Courtroom* (Washington, D.C., 1985); and *The Law of Freedom and Bondage: A Casebook** (New York, 1986). A valuable study is A. Leon Higginbotham, Jr., *In the Matter of Color: Race and the American Legal Process* (New York, 1978). See also Howard Brotz, ed., *Negro Social and Political Thought, 1850-1920** (New York, 1966); Richard Bardolph, ed., *The Civil Rights Record: Black Americans and the Law, 1849-1970** (New.York, 1970); Albert Blaustein and Robert

Zangrando, eds., *Civil Rights and the American Negro: A Documentary History** (New York, 1968); and Herbert Storing, ed., *What Country Have I? Political Writings by Black Americans** (New York, 1970).

In the field of the economic history of African Americans, Charles H. Wesley, *Negro Labor in the United States, 1850–1925* (New York, 1927, reprinted 1967) is much more comprehensive than the title suggests, while *The Negro Wage Earner* (Washington, D.C., 1930) by Lorenzo J. Greene and Carter G. Woodson confines itself primarily to the history of black labor. A penetrating study of the history of African Americans and organized labor is the work by Sterling D. Spero and Abram L. Harris, *The Black Worker: The Negro and the Labor Movement** (New York, 1931); but for a very special aspect of the problem, see Herbert Hill, *Black Labor and the American Legal System** (Washington, D.C., 1977). Another phase of economic life is treated in Abram L. Harris, *The Negro as Capitalist: A Study of Banking and Business among American Negroes* (Philadelphia, 1936).

Among the better general studies on the social and intellectual history of African Americans are the following. For education, Horace M. Bond, *The Education of the Negro in the American Social Order* (New York, 1934, revised edition, 1965); Dwight O. W. Holmes, *The Evolution of the Negro College* (New York, 1934); and Henry Allen Bullock, *A History of Negro Education in the South from 1619 to the Present* (Cambridge, Mass., 1967). In the area of the fine arts, two works by Alain Locke, *Negro Art: Past and Present** (Washington, D.C., 1936) and *The Negro and His Music** (Washington, D.C., 1936) should be consulted, as well as James Porter, *Modern Negro Art* (New York, 1943) and Samella Lewis, *Art: African American* (New York, 1978). These works should be supplemented by use of the periodical *The International Review of African American Art* (formerly *Black Art*) edited by Samella Lewis. Significant recent works in the history of music are LeRoi Jones, *Blues People: Negro Music in White America** (New York, 1963); Eileen Southern, *The Music of Black Americans, A History** (New York, 1971); John Lovell, *Black Song: The Forge and the Flame* (New York, 1972); and Mildred Roach, *Black American Music: Past and Present* (Boston, 1973). The best studies in religion are Carter G. Woodson, *History of the Negro Church* (Washington, D.C., 1921); Benjamin E. Mays and Joseph W. Nicholson, *The Negro's Church* (New York, 1933); E. Franklin Frazier, *The Negro Church in America** (New York, 1963); Joseph R. Washington, *Black Religion** (Boston, 1964); C. Eric Lincoln and Lawrence H. Mamiya, *The Black Church In The African American Experience** (Durham, N.C., 1990); and Cyprian Davis, *The History of Black Catholics in the United States* (New York, 1990). The literary history of the Negro may be traced in Benjamin Brawley, *The Negro in Literature and Art in the United States*, third edition (New York, 1971); Vernon Loggins, *The Negro Author: His Development in America* (New York, 1931); Sterling Brown, *The Negro in American Fiction** (Washington, D.C., 1937); J. Saunders Redding, *To Make a Poet Black* (Chapel Hill, N.C., 1939); Hugh Gloster, *Negro Voices in American Fiction* (Chapel Hill, N.C., 1948); and Robert Bone, *The Negro Novel in America** (New Haven, Conn., 1958, revised edition, 1965). See also Seymour Gross and John E. Hardy, eds., *Images of the Negro in American Literature** (Chicago, 1966); Loften Mitchell, *Black Drama: The Story of the American*

Negro in the Theatre* (New York, 1967); and Edith J. R. Isaacs, *The Negro in the American Theater* (New York, 1947). Satisfactory collections of Negro writings are Otelia Crornwell and others, *Readings from Negro Authors* (New York, 1931); Sterling Brown and others, *The Negro Caravan* (New York, 1941); Ruth Miller, ed., *Black American Literature: 1760 to the Present** (Encino, Calif., 1971); Charles T. Davis and Daniel Walden, eds., On *Being Black: Writings by Afro-Americans from Frederick Douglass to the Present** (New York, 1970); and Robert Hayden and others, eds., *Afro-American Literature: A Thematic Reader** (New York, 1971). For representative recent writing, do not overlook Herbert Hill, *Soon One Morning: New Writing by American Negroes* (New York, 1963); Francis Kearns, ed., *The Black Experience: An Anthology of American Literature for the 1970s** (New York, 1971); Michael S. Harper and Robert B. Stepto, eds., *Chant of Saints: A Gathering of Afro-American Literature, Art, and Scholarship** (Urbana, Ill., 1979); Blyden Jackson, *A History of Afro-American Literature, Volume I: The Long Beginning, 1746–1895* (Baton Rouge, 1989). The pioneer study on African-American newspapers was done by Irvine Garland Penn in *The Afro-American Press and Its Editors* (Springfield, 1891, reprinted 1975). Less encyclopedic but more critical is Frederick G. Detweiler, *The Negro Press in the United States* (Chicago, 1922). More recent treatments are Maxwell Brooks, *The Negro Press Re-examined* (Boston, 1959); and Jack Lyle, ed., *The Black American and the Press* (Los Angeles, 1968).

1. Das Land ihrer Vorfahren

Maurice Delafosse has made many important contributions to the history of African civilization. Among those that have been translated from the French is *The Negroes of Africa: History and Culture* (Washington, D.C., 1931), which contains a mine of information on the early African states. Carter G. Woodson, *Africa Background Outlined* (Washington, D.C., 1936) is excellent for its bibliographical and other study aids, while his *African Heroes and Heroines* (Washington, D.C., 1939) contains informal human interest accounts of many of the leaders in West Africa. Among the many works that Basil Davidson has written to illuminate the history of West Africa, *The Lost Cities of Africa** (Boston, 1959, revised edition, 1970) is especially valuable. Generally helpful works are Philip Curtin and others, *African History** (Boston, 1978); J. D. Fage, *A History of Africa** (New York, 1978); J. F. A. Ajayi and Michael Crowder, *History of West Africa* (London, 1976); and J. D. Fage and Roland Oliver, *Cambridge History of Africa* (Cambridge, 1975–1984). Du Bois' *Black Folk, Then and Now* has excellent chapters on the early African states. A classical and reliable description of the political and social scene may be found in the writings of a contemporary, Joannes Leo Africanus, *The History and Description of Africa* (London, 1896). A popular but generally reliable account of the early history of the Western Sudan is Flora Louisa Lugard, *A Tropical Dependency* (London, 1905).

In *Black Athena: The Afroasiatic Roots of Classical Civilization,* Volume 2: *The Archaeological and Documentary Evidence* (New Brunswick, N.J., 1991), Martin Bernal offers a complex and controversial argument that the culture and thought of ancient Greece were similar to and in many ways derived from the cultures of the darker peoples of the eastern and southern Mediterranean. For critical and qualifying responses to Bernal, see Molly M. Levine, »The Use and Abuse of *Black Athena*«; Robert L. Pounder, »*Black Athena 2:* History Without Rules«; and Janet J. Ewald, »Slavery in Africa and the Slave Trades in Africa« in »Review Articles«, *American Historical Review,* LXXXXVII (April 1992).

2. Die Lebensweise der Afrikaner

Perhaps the best general accounts of the culture and civilization of West Africa in addition to those previously mentioned are to be found in Delafosse, *The Negroes of Africa;* Du Bois, *Black Folk, Then and Now;* Basil Davidson, *The African Past** (Boston, 1964); E. W. Bovill, *Golden Trade of the Moors** (New York, 1958, reprinted 1970); John K. Thornton, *The Kingdom of Kongo* (Madison, Wisc., 1983); Alia A. Mazrui, ed., *The Warrior Tradition in Modern Africa* (Leiden, 1977); and Woodson, *The African Background Outlined.* The works of Melville J. Herskovits in the field have long been regarded as highly significant. Among them are *Dahomey; An Ancient West African Kingdom,* two volumes (New York, 1938, reprinted 1967), a modern anthropological study that sheds considerable light on the earlier period, and »The Art of the Congo«,

Opportunity, V (May 1927). A provocative work by the same author is *Myth of the Negro Past** (New York, 1941, reprinted 1958), in which Herskovits contends that the blacks of West Africa had developed a complex civilization and that much of it survived in the New World. In this connection one should also read his »On the Provenience of the New World Negroes«,. *Social Forces,* XII (December 1933). George W. Ellis, *Negro Culture in West Africa* (New York, 1914, reprinted 1971) is valuable largely for its discussion of how an African group developed its own alphabet and written language. An important work dealing with various aspects of African culture, including the complex problem of language, is Robin Hallett, *Africa to 1875* (Ann Arbor, Mich., 1970). See also Basil Davidson, *The African Genius** (Boston, 1969) and John A. Davis, ed., *Africa from the Point of View of American Negro Scholars** (Paris, 1958). Three brief studies that emphasize the importance of the culture of Africans are Franz Boas, *Old African Civilizations* (Atlanta, 1906); James Weldon Johnson, *Native African Races and Culture* (Charlottesville, Va., 1927); and Roland F. Oliver, *Africa in the Iron Age* (Cambridge, 1975).

Special aspects of African culture are treated in *Harvard African Studies,* No. 1 (Cambridge, Mass., 1917) and No. 11 (Cambridge, Mass., 1918), edited by Oric Bates. These studies are especially satisfactory for their treatment of early African art and of implements. A. O. Stafford, »The Tarik E. Soudan«, *Journal of Negro History,* II (April 1917) is a valuable study of an early African literary work. In addition to several works already mentioned, two special studies of African art will prove helpful. They are James J. Sweeney, *African Negro Art* (New York, 1935) and Frank Willett, *African Art* (London, 1971).

3. Der Sklavenhandel und die Neue Welt

Of the works dealing with the history of the slave trade, there is nothing to compare with the monumental four-volume work of Elizabeth Donnan, *Documents Illustrative of the History of the Slave Trade to America* (Washington, D.C., 1930-1935). The introductions to each volume provide a most satisfactory running account of the traffic, and the notes on the documents themselves illuminate the period considerably. A good general account of the trade is presented in Daniel R. Mannix, *Black Cargoes: A History of the Atlantic Slave Trade, 1518-1865** (New York, 1962). See also Basil Davidson, *Black Mother: The Years of the African Slave Trade** (London, 1961). An exhaustive examination of the slave trade in terms of numbers involved, sources of supply, and distribution in the New World is Philip D. Curtin, *The Atlantic Slave Trade: A Census** (Madison, Wisc., 1969). A vigorous challenge to what he calls Curtin's underestimation is in J. E. Inikori, »Measuring the African Slave Trade: A Rejoinder«, *Journal of African History,* XVII (No. 4, 1976). Another valuable work is Peter Duignan and Clarence Clendenen, *The United States and the African Slave Trade, 1619-1862* (Westport, Conn., 1963). The significance of the trade in the growth of capitalistic enterprise is discussed in Wilson E. Williams, *Africa and the Rise of Capitalism** (Washington, D.C., 1938) and Eric Williams, *Capitalism and Slavery** (Chapel Hill, N.C., 1944). Two pioneer works that give some attention to the slave trade are W. E. B. Du Bois, *Suppression of the African Slave Trade to the United States, 1638-1870** (Cambridge, Mass., 1896, reprinted 1969) and U. B. Phillips, *American Negro Slavery** (New York, 1918). Herbert S. Klein, *The Middle Passage: Comparative Studies in the Atlantic Slave Trade* (Princeton, N.J., 1978), is most valuable for perspective and balance. Specific phases of the trade are discussed in several papers published in the *Journal of Negro History:* Jerome Dowd, »The African Slave Trade«, II (January 1917); George F. Zdok, »The Company of Royal Adventurers Trading in Africa«, IV (April 1919); Luther R. Jackson, »Elizabethan Seamen and the African Slave Trade«, IX (January 1924); and Eric Williams, »The Golden Age of the Slave System in Britain«, XXV (January 1940).

For a discussion of Africans in the New World before Columbus, see Leo Wiener, *Africa and the Discovery of America,* three volumes (Philadelphia, 1922); Harold G. Lawrence, »African Explorers of the New World«, *The Crisis,* CLIX (June-July 1962); and Ivan Van Sertima, *They Came Before Columbus* (New York, 1976). The participation of blacks in the exploration of the New World first received attention at the hands of Richard R. Wright in an article published in *The American Anthropologist* in 1902. It is reprinted under the title, »Negro Companions of the Spanish Explorers«, *Phylon,* II (Fourth Quarter 1941), to which Rayford W. Logan has appended some valuable notes. other papers on the subject include J. F. Rippy, »The Negro and Spanish Pioneers in the New World«, *Journal of Negro History,* VI (April 1921); James B. Browning, »Negro Companions of the Spanish Pioneers in the New World«, *Howard University Studies in History* (Washington, D.C., 1930); and Rayford W. Logan, »Estevanico, Negro Discoverer of the Southwest«, *Phylon,* I (Fourth Quarter 1940).

The horrors of the middle passage are described in several of the preceding works, notably in the *Documents* edited by Donnan and in the work by Phillips. See also Du Bois, *Black Folk: Then and Now;* Weatherford, *The Negro from Africa to America;* and Mannix, *Black Cargoes.* H. A. Wyndham, *The Atlantic and Slavery* (London, 1935), deals in a scholarly manner with this and many other aspects of the slave trade. The effect of the slave trade on the future of Africa is treated by a number of scholars in J. E. Inikori, ed., *Forced Migration: The Impact of the Export Slave Trade on African Societies* (New York, 1982).

One of the most important works in the economic history of the Caribbean is Lowell J. Ragatz, *The Fall of the Planter Class in the British Caribbean* (New York, 1928), in which ample attention is given to the institution of slavery. The rivalry of the European countries is treated by Arthur P. Newton, *The European Nations in the West Indies, 1493–1688* (London, 1933). For the treatment of slavery on an important British island, see W. J. Gardner, *A History of Jamaica* (London, 1909). Herbert S. Klein, *Slavery in the Americas* (Chicago, 1967) compares slavery in Cuba with slavery in Virginia. A fresh approach is in David Barry Gaspar, *Bondmen and Rebels: A Study of Master-Slave Relations in Antigua* (Baltimore, 1985). There are several important essays on the West Indies in Laura Foner and Eugene Genovese, eds., *Slavery in the New World: A Reader in Comparative History* (Englewood Cliffs, N.J., 1969).

Among general works on Latin America that give some attention to various aspects of life among Africans in the New World are Charles E. Chapman, *Colonial Hispanic America: A History* (New York, 1933) and Bernard Moses, *South America on the Eve of Emancipation* (New York, 1908). Considerable statistical data as well as provocative interpretations are provided in Frank Tannenbaum, *Slave and Citizen** (New York, 1947). Especially important are Herbert S. Klein, *Slavery in the Americas* (Chicago, 1967); David B. Davis, *The Problem of Slavery in Western Culture* (Ithaca, N.Y., 1966); and Franklin W. Knight, *The African Dimension in Latin American Societies* (Madison, Wisc., 1970).

The literature on Brazil is abundant. Among the more important pioneer works of scholarship are the following: Gilberto Freyre, *The Masters and the Slaves: A Study in the Development of Brazilian Civilization** (New York, 1946); Donald Pierson, *Negroes in Brazil, A Study of Race Contact at Bahia* (Chicago, 1942); Florestan Fernandes, *The Negro in Brazilian Society* (New York, 1969); Robert B. Toplin, *The Abolition of Slavery in Brazil* (New York, 1972); and Carl N. Degler, *Neither Black Nor White: Slavery and Race Relations in Brazil and the United States** (New York, 1971). C. R. Boxer, *The Golden Age of Brazil, 1695–1750: Growing Pains of a Colonial Society* (Berkeley, Calif., 1969) contains many valuable insights and interpretations.

4. Sklaverei in den nordamerikanischen Kolonien

A good way to begin a study of Africans in the English colonies is with David B. Davis, *The Problem of Slavery in Western Culture* (Ithaca, N.Y., 1966) and Winthrop Jordan, *White over Black: American Attitudes toward the Negro, 1 550–1812** (Chapel Hill, N.C., 1968). See also Gary B. Nash and Richard Weiss, eds., *The Great Fear: Race in the*

Mind of America* (New York, 1970). A clear exposition of this period is in Donald R. Wright, *African Americans in the Colonial Era: From African Origins Through the American Revolution* (Arlington Heights, Ill., 1990). The view that the first blacks in Virginia were servants rather than slaves is sat forth by John H. Russell in *The Free Negro in Virginia, 1619–1865** (Baltimore, 1913). Details concerning the early years of slavery in Virginia are provided in James C. Ballagh, *A History of Slavery in Virginia* (Baltimore, 1902), while *The Negro in Virginia* (New York, 1940) by the Writers' Program of the Work Projects Administration furnishes valuable additional information. See also Thad W. Tate, Jr., *The Negro in Eighteenth-Century Williamsburg** (Williamsburg, Va., 1965); Gerald W. Mullin, *Flight and Rebellion: Slave Resistance in Eighteenth-Century Virginia** (New York, 1972); and T. H. Breen and Stephen Innes, *»Myne Owne Ground«: Race and Freedom on Virginia's Eastern Shore, 1640–1676** (New York, 1980). Jeffrey R. Brackett, *The Negro in Maryland: A Study of the Institution of Slavery* (Baltimore, 1889) gives the essential information concerning slavery in that colony. The problem for North Carolina has been treated by John Spencer Bassett in *Slavery and Servitude in the Colony of North Carolina* (Baltimore, 1896), but Guion G. Johnson, *Antebellum North Carolina* (Chapel Hill, N.C., 1937) deals most satisfactorily with the colonial as well as the later period. Frank J. Klingberg, *An Appraisal of the Negro in Colonial South Carolina* (Washington, D.C., 1941, reprinted 1975) is a pioneer modern treatment, but one must also study carefully Peter Wood's *Black Majority: Negroes in Colonial South CaroLina from 1670 through the Stono Rebellion** (New York, 1974) and Daniel F. Littlefield, *Rice and Slaves: Ethnicity and the Slave Trade in Colonial South Carolina* (Baton Rouge, La., 1981). A special problem is treated in Thomas J. Davis, *A Rumor of Revolt: The Great Negro Plot in Colonial New York* (New York, 1985). Beginnings in Georgia are covered in Ralph B. Flanders, *Plantation Slavery in Georgia* (Chapel Hill, N.C., 1933). A more modern and up-to-date version is Betty Wood, *Slavery in Colonial Georgia, 1730–1775* (Athens, Ga., 1984). Marcus W. Jernegan, *Laboring and Dependent Classes in Colonial America, 1607–1783* (Chicago, 1931) illuminates many aspects of the problem.

The social and economic life of Negroes in early New York is treated in Samuel McKee, *Labor in Colonial New York, 1664–1776* (New York, 1935) and Edwin V. Morgan, *Slavery in New York* (Washington, D.C., 1891). William R. Riddell, »The Slave in Early New York«, *Journal of Negro History*, XIII (January 1928) is a valuable addition to the literature. Another useful study is Edgar J. McManus, *A History of Negro Slavery in New York* (Syracuse, N.Y. 1966). Henry S. Cooley, *A Study of Slavery in New Jersey* (Baltimore, 1896, reprinted 1973); Marion T. Wright, *Education of Negroes in New Jersey* (New York, 1941) and »New Jersey Laws and the Negro«, *Journal of Negro History*, XXVIII (April 1943) by the same author all shed considerable light on blacks in that colony. Standard works on Pennsylvania are Edward R. Turner, *The Negro in Pennsylvania* (Washington, D.C., 1911, reprinted 1969) and Jean R. Soderlund, *Quakers and Slavery: A Divided Spirit* (New York, 1985). For an excellent survey of some works on the early history of African Americans see Peter Wood, »'I Did the Best I Could for My Day': The Study of Early Black History during the Second Reconstruction, 1960 to 1976«, *William and Mary Quarterly*, Third Series, XXXV (April 1978).

The most important single volume dealing with slavery in the New England colonies is Lorenzo J. Greene, *The Negro in Colonial New England** (New York, 1942). Valuable studies on individual states are George H. Moore's anti-Puritan *Notes on Slavery in Massachusetts* (New York, 1866); William Johnston, *Slavery in Rhode Island, 1755–1776* (Providence, 1894); Edward Channing, *The Narragansett Planters* (Baltimore, 1886, reprinted 1973); and Bernard C. Steiner, *History of Slavery in Connecticut* (Baltimore, 1893). An interesting sidelight on New England social history is provided in Lorenzo J. Greene, »The New England Negro as Seen in Advertisements for Runaway Slaves«, *Journal of Negro History*, XXIX (April 1944). Two general works are valuable: Edmund Morgan, *American Slavery, American Freedom* (New York, 1975) and Jack P. Greene and J. R. Pole, *Colonial British America: Essays in the New History of the Early Modern Era* (New York, 1984).

Two studies that put forth the provocative argument that Christianity in the British North American colonies played a crucial role in the construction of racist thought and practice in the future United States are H. Shelton Smith, *In His Image, But ...: Racism in Southern Religion, 1780–1910* (Durham, N.C., 1972) and Forrest G. Wood, *The Arrogance of Faith: Christianity and Race in America from the Colonial Era to the Twentieth Century* (New York, 1990).

5. Alle Menschen sollen frei sein

The outstanding work covering the period of the American Revolution is Benjamin Quarles, *The Negro in the American Revolution** (Chapel Hill, N.C., 1961). The paradoxes of slavery and the revolutionary philosophy are discussed in George Livermore, *An Historical Research Respecting the Opinions of the Founders of the Republic on Negroes as Slaves, as Citizens, and as Soldiers* (Boston, 1862); George H. Moore, *Historical Notes on the Employment of Negroes in the American Army of the Revolution* (New York, 1862); Walter H. Mazyck, *George Washington and the Negro* (Washington, D.C., 1932); Duncan J. MacLeod, *Slavery, Race and the American Revolution** (Cambridge, 1975); and Ira Berlin and Ronald Hoffman, *Slavery and Freedom in the Age of the American Revolution* (Charlottesville, Va., 1983). In Sylvia Frey's study, *Water From the Rock: Black Resistance In a Revolutionary Age* (Princeton, N.J., 1991), white southerners' fight for independence is secondary to their struggle to retain control of their slave property and to preserve order. Two works that argue that the failure to rid the former British colonies of slavery lay as much with white northerners as with white southerners are Gary B. Nash, *Freedom and Revolution* (Madison, Wisc., 1991) and Gary B. Nash and Jean R. Soderlund, *Freedom by Degrees: Emancipation in Pennsylvania and Its Aftermath* (New York, 1991). A useful study of emancipation in northern cities is Shane White, *Somewhat More Independent: The End of Slavery in New York City, 1770–1810* (Athens, Ga., 1991). Among the studies of African Americans as fighters in the War for Independence, the following are outstanding: William C. Nell, *The Colored Patriots of the American Revolution* (Boston, 1855) and Luther P. Jackson, »Virginia Negro Soldiers and Seamen in the American Revolution«, *Journal of*

Negro History, XXVII (July 1942). In George W. Williams, *A History of the Negro Troops in the War of the Rebellion* (New York, 1887) and Joseph T. Wilson, *The Black Phalanx* (Hartford, Conn., 1888) there are chapters on black soldiers in the War for Independence. A unique work with nurnerdus authentic illustrations is Sidney Kaplan, *The Black Presence in the Era of the American Revolution, 1770–1800** (Boston, 1973).

The antislavery movement in the Revolutionary period is treated in Quarles, *The Negro in the American Revolution,* as well as in Mary S. Locke, *Antislavery in America* (Boston, 1901). More recent scholarship on the subject is in Arthur Zilversmit, *The First Emancipation: The Abolition of Slavery in the North** (Chicago, 1967) and David Brion Davis, *The Problem of Slavery in the Age of Revolution* (Ithaca, N.Y., 1975). See also William Cohen, »Thomas Jefferson and the Problem of Slavery«, *Journal of American History,* LVI (December 1968) and Paul Finkelman, »Jefferson and Slavery ›Treason against the Hopes of the World‹«, in Peter S. Onuf, *Jeffersonian Legacies* (Charlottesville, Va., 1993). Important for its interpretation is John Franklin Jameson, *The American Revolution Considered as a Social Movement* (Princeton, N.J., 1926). Charles A. Beard, *An Economic Interpretation of the Constitution of the United States* (New York, 1913) is an excellent interpretation of the problem of slavery at the Constitutional Convention. See also Staughton Lynd, *Class Conflict, Slavery, and the United States Constitution** (Indianapolis, Ind., 1967). One of the best brief accounts of the convention is Max Farrand, *The Framing of the Constitution* (New Haven, Conn., 1913), but there is no substitute for the monumental *Records of the Federal Convention of 1787,* three volumes (New Haven, Conn., 1911), edited by Max Farrand. It contains much discussion on the status of blacks at the time that has not been extensively used in other works.

6. Die Schwarzen in der jungen Republik

The best source of information concerning the numbers and distribution of the black population is the publication by .the United States Bureau of the Census, *Negro Population, 1790–1915* (Washington, D.C., 1918), while significant changes of an economic and social nature are dealt with in Charles A. Beard, *Economic Origins of Jeffersonian Democracy* (New York, 1915) and in Ira Berlin, »Time, Space, and the Evolution of Afro-American Society on British Mainland North America«, *American Historical Review,* 85, 1 (February, 1980). An excellent general treatment is Donald R. Wright, *African Americans in the Early Republic, 1789–1831* (Arlington Heights, Ill., 1993). One should not overlook Robert McColley, *Slavery and Jeffersonian Virginia,** second edition (Urbana, Ill., 1974). The impact of the Industrial Revolution on slavery is treated in Lewis C. Gray, *History of Agriculture in the Southern United States to 1860* (Washington, D.C., 1933). The uprising in the Caribbean is vividly described in C. L. R. James, *The Black Jacobins: Toussaint Louverture and the San Domingo Revolution* (New York, 1938). *The Suppression of the African Slave Trade* by W. E. B. Du Bois is an early but still authoritative account of the movement to close the slave trade.

Brief discussions of the works of early black writers are given in Benjamin Brawley, *Early Negro American Writers* (Chapel Hill, N.C., 1935); Brown and others, *The Negro Caravan;* and Dorothy B. Porter, ed., *Early Negro Writings, 1760–1837* (Boston, 1971). The following are satisfactory treatments of individual Negroes: Edward D. Seeber, »Phillis Wheatley«, *Journal of Negro History,* XXIV (July 1939); Henry Baker, »Benjamin Banneker, Negro Mathematician and Astronomer«, *Journal of Negro History,* III (April 1918); P. L. Phillips, »The Negro, Benjamin Banneker: Astronomer and Mathematician«, *Records of the Columbia Historical Society,* XX (Washington, D.C., 1917); H. N Sherwood, »Paul Cuffe«, *Journal of Negro History,* VIII (April 1923); and W. H. Morse, »Lemuel Haynes«, *Journal of Negro History,* IV (January 1919). Essays of Phillis Wheatley and George Moses Horton are in M. A. Richmond, *Bid the Vassal Soar* (Washington, D.C., 1974). One treatment of Cuffe is Sheldon H. Harris, *Paul Cuffe, »Black America and the African Return«** (New York, 1972). The most recent, however, is Lamont D. Thomas, *Rise to Be a People, A Biography of Paul Cuffe* (Champaign, Ill., 1986). For discussions of education, see Carter G. Woodson, *Education of the Negro Prior to 1861* (New York, 1915) and Charles C. Andrews, *History of the New York African Free Schools* (New York, 1830). The best accounts of the origins of black religious constitutions are Woodson, *History of the Negro Church;* Charles H. Wedley, *Richard Allen, Apostle of Freedom* (Washington, D.C., 1935); and Mechal Sobel, *Traveling Off: The Slave Journal to an Afro-Baptist Faith* (Westport, Conn., 1979). For information on African-American Masonry, see George W. Crawford, *Prince Hall and His Followers* (New York, 1914) and William Upton, *Negro Masonry* (Cambridge, 1902, reprinted 1975). A useful study of blacks in an urban setting is Gary B. Nash, *Forging Freedom: The Formation of Philadelphia's Black Community, 1720–1840* (New York, 1988).

7. Die Schwarzen und die Expansion nach Westen

Frontier influences are treated in a series of highly significant essays in Frederick J. Turner, *The Frontier in American History* (New York, 1920). William Loren Katz, *The Black West** (New York, 1971) is a documentary and pictorial history of African Americans in the westward movement. Two other works on the subject are Kenneth W. Porter, *The Negro on the American Frontier* (New York, 1971) and W. Sherman Savage, *Blacks in the West* (Westport, Conn., 1976). The movement of African Americans into frontier area's has also been discussed in several essays in the *Journal of Negro History,* among which are the following: Eugene P. Southall, »Negroes in Florida Prior to the Civil War«, XIX (January 1934); Harry E. Davis, John Malvin, »A Western Reserve Pioneer«, XXIII (october 1938); Alrutheus A. Taylor, »The Movement of Negroes from the East to the Gulf States from 1830 to 1850«, VIII (october 1923); and Carter G. Woodson, »Freedom and Slavery in Appalachian America«, I (April 1916). The War of 1812 is treated in Laura E. Wilkes, *Missing Pages in American History* (Washington, D.C., 1919); George W. Williams, *A History of Negro Troops in the War of the Rebellion* (New York, 1888); Roland McConnell, *Negro Troops in Antebellum*

Louisiana (Baton Rouge, La., 1968); and Wilson, *The Black Phalanx*. William C. Nell, *Services of Colored Americans in the Wars of 1776 and 1812* (Boston, 1851) should also be read.

The growth of the cotton kingdom is treated in William E. Dodd, *The Cotton Kingdom* (New Haven, Conn., 1919); Gray, *History of Agriculture in the Southern United States;* Frederick J. Turner, *Rise of the New West* (New York, 1906); and Ulrich B. Phillips, *American Negro Slavery** (New York, 1918). For a critical discussion of the highiy questionable conclusions reached by Phillips, see Richard Hofstadter, »U. B. Phillips and the Plantation Legend«, *Journal of Negro History,* XXIX (April 1944). The influence of the doctrine of Manifest Destiny on the emergence of the cotton kingdom is handled in Albert K. Weinberg, *Manifest Destiny, A Study of National Expansionism in American History** (Baltimore, 1935). Most of the works on slavery deal with the domestic slave trade, but the best account is in Frederick Bancroft, *Slave Trading in the Old South** (Baltimore, 1931). W. H. Stephenson, *Isaac Franklin, Slave Trader and Planter of the Old South* (University, La., 1938) is an important supplement. See also William T. Laprade, »The Domestic Slave Trade in the District of Columbia«, *Journal of Negro History,* XI (January 1926). For discussions of the persistence of the African Trade, see Du Bois, *Suppression of the African Slave Trade;* Charles H. Wesley, »Manifests of Slave Shipments along the Waterways, 1808-1864«, *Journal of Negro History,* XXVII (April 1942); and Eric Williams, »The British West Indian Slave Trade after Its Abolition in 1807«, *Journal of Negro History,* XXVII (April 1942).

8. Diese sonderbare Institution

Most of the works on slavery in the United States should be read with critical care because of their tendency to emphasize the large plantation at the expense of the smaller unit, on which most of the slaves were to be found. A convenient and reliable reference is Randall M. Miller and John David Smith, eds., *Dictionary of Afro-American Slavery* (New York, 1968). A monumental work on the subject is the several volumes by David Brion Davis beginning with *The Problem of Slavery in Western Culture* (Ithaca, N.Y., 1960). For a detached view of how United States historians deal with slavery, see the work by British historian Peter J. Parish, *Slavery: History and Historians* (New York, 1989). Ulrich B. Phillips, *Lqeand Labor in the Old South** (Boston, 1929), like his *American Negro Slavery,* tends to apologize for the institution.

Kenneth M. Stampp, *The Peculiar Institution** (New York, 1956) is a more exhaustive study of slavery that takes sharp issue with Phillips on many points. Eugene D. Genovese, *The Political Economy of Slavery** (New York, 1965) discusses slavery as a part of a total way of life in the South. See also his *The World the Slaveholders Made** (New York, 1971). His *Roll, Jordan, Roll: The World the Slaves Made** (New York, 1974) is an extensive examination of slave life and the relationship of masters to it. The most recent and one of the best general treatments of slavery is Peter Kolchin, *American Slavery, 1619-1877* (New York, 1993). In *Slavery and Freedom: An Interpretation of the Old South* (New York, 1990), James Oakes argues that the Civil War was a conflict rooted in the fundamentals of capitalistic society, a salient feature of the slave system. Discussions of the development of culture and institutions from the slave perspective are found in John Blassingame, *The Slave Community, Plantation Life in the Antebellum South** (New York, 1974); Leslie Howard Owens, *This Species of Property: Slave Life and Culture in the Old South** (New York, 1976); Thomas L. Webber, *Deep Like the Rivers: Education in the Slave Quarter Community, 1831–1865** (New York, 1978); and Charles Joyner, *Down by the Riverside: A South Carolina Slave Community* (Urbana, Ill., 1984). See also Blassingame's *Slave Testimony: Two Centuries of Letters, Speeches, Interviews, and Autobiographies** (Baton Rouge, La., 1977). Stanley Elkins, *Slavery: A Problem in American Institutional and Intellectual Life,** third edition (Chicago, 1976), is concerned primarily with the effect of slavery on personality. For a critical discussion of the Elkins thesis, see Ann J. Lane, ed., *The Debate over Slavery: Stanley Elkins and His Critics** (Urbana, Ill., 1971). Richard C. Wade, *Slavery in the Cities: The South 1820–1860** (New York, 1964) argues that slavery in urban areas was different in virtually every way from slavery in rural areas. A counterargument is advanced in Claudia D. Goldin, *Urban Slavery in the American South, 1820–1860: A Quantitative History* (Chicago, 1976). For discussion of the problem of determining the profitability of slavery, see Alfred H. Conrad and John R. Meyer, *The Economics of Slavery and Other Econometric Studies* (Chicago, 1964) and Robert W. Fogel and Stanley I. Engerman, eds., *The Reinterpretation of American Economic History* (New York, 1971). See also Thomas P. Govan, »Was Plantation Slavery Profitable«, *Journal of Southern History,* VII (November 1942) and Harold D. Woodman, »The Profitability of Slavery: A Historical Perennial«, *Journal of Southern History,* XXIX (August 1963). An excellent recent addition to this discussion is Michael Tadman, *Speculators and Slaves: Masters, Traders, and Slaves in the Old South* (Madison, Wisc., 1989). In *Time on the Cross,* two volumes (New York, 1974), Robert Fogel and Stanley Engerman make greater claims for the mitigating factors in sfavery than they are able to prove. Among the several critical analyses of their position see Paul David and others, *Reckoning with Slavery: A Critical Study in the Quantitative History ofAmerican Negro Slavery* (New York, 1976) and Herbert Gutman, *Slavery and the Numbers Game: A Critique of Time on the Cross* (Urbana, Ill., 1975). Other problems of management are discussed in John S. Bassett, *The Southern Plantation Overseer as Revealed in His Letters* (Northampton, Mass., 1925, reprinted 1968) and in William L. Van Deburg, *The Slave Drivers: Black Agricultural Labor Supervisors in the Ante-Bellum South** (Westport, Conn., 1979). Janet Duitsman Cornelius, »*When I Can Read My Title Clear*«: *Literacy, Slavery, and Religion in the Antebellum South* (Columbia, S.C., 1991) is an important contribution to this subject.

The following are among the more satisfactory discussions of slavery in specific states: Guion Johnson, *Ante-Bellum North Carolina;* Charles S. Sydnor, *Slavery in Mississippi* (New York, 1933); Roger W. Shugg, *Origins of Class Struggle in Louisiana** (University, La., 1939); Chase C. Mooney, *Slavery in Tennessee** (Bloomington, Ind., 1957); J. Winston Coleman, *Slavery Times in Kentucky* (Chapel Hill, N.C., 1940); Harrison A. Trexler, *Slavery in Missouri, 1804–1865* (Baltimore, 1914); James B. Sellers, *Slavery in Alabama* (University, Ala., 1950); Julian Floyd Smith, *Slavery and*

Plantation Growth in Antebellum Florida, 1821-1860 (Gainesville, Fla., 1973); and Orville W. Taylor, *Negro Slavery in Arkansas* (Durham, N.C., 1958). One of the very best treatments of slavery in one state that goes beyond the borders of the state is Ann Patton Malone, *Sweet Chariot, Slave Family and Household Structure in Nineteenth Century Louisiana* (Chapel Hill, N.C., 1992). The best travel account, more authoritative than many secondary works, is Frederick L. Olmsted, *The Cotton Kingdom: A Traveller's Observations on Cotton and Slavery in the American Slave States,* two volumes (New York, 1861). A special aspect of slavery in treated in Robert S. Starobin, *Industrial Slavery in the Old South** (New York, 1970).

The laws affecting slaves are summarized in John C. Hurd, *Law of Freedom and Bondage in the United States,* two volumes (Boston, 1858), while interpretations of the law may be found in Helen T. Catterall, ed., *Judicial Cases Concerning American Slavery and the Negro,* five volumes (Washington, D.C., 1926). Howell M. Henry, *The Police Control of the Slave in South Carolina* (Emory, Va., 1914) and Wilbert E. Moore, »Slave Law and the Social Structure«, *Journal of Negro History,* XXVI (April 1941) discuss the problem of enforcing the Black Codes. Numerous slaves have told of their own experiences, often with the assistance of others. *The Narrative of Frederick Douglass** (Boston, 1845) is the best known; another is *Father Henson's Story of His Own Life* (Boston, 1858). A remarkable document is Harriet A. Jacobs, *Incidents in the Life of a Slave Girl Written by Herself,* edited by Jean F. Yellin (Cambridge, Mass., 1987). The reminiscences of several slaves are recorded in the following works: B. A. Botkin, ed., *Lay My Burden Down: A Folk History of Slavery** (Chicago, 1945); George P. Rawick, *The American Slave: A Composite Autobiography,* nineteen volumes (Westport, Conn., 1971); Arna Bontemps, ed., *Great Slave Narratives** (Boston, 1969); Gilbert Osofsky, ed., *Puttin' on Ole Massa** (New York, 1969); and Charles H. Nichols, *Many Thousand Gone** (Bloomington, Ind., 1969). Evaluations of the importance of the narrative are in Marion W. Starling, *The Slave Narrative: Its Place in American History* (Boston, 1981); John Sekora and Darwin T. Turner, eds., *The Art of Slave Narrative: Original Essays in Criticism and Theory* (Macomb, Ill. 1983); and Charles T. Davis and Henry L. Gates, *The Slave's Narrative* (New York, 1985).

The problems of the slave family are discussed in Frazier, *The Negro Family in the United States,* and Gutman, *The Black Family in Slavery and Freedom.* See also Deborah Gray White, *Ar'nt I a Woman? Female, Slaves in the Plantation South* (New York, 1985). See Elizabeth Fox Genovese, *Within the Plantation Household: Black and White Women of the Old South* (Chapel Hill, N.C., 1989) that argues that a special relationship existed between female members of the ownership class and those who were slaves. Melton McLaurin, *Celia, A Slave* (Athens, Ga., 1992) examines a female slave's resistance to sexual exploitation. A special aspect of social relationships is considered in E. Ophelia Settle, »Slave Attitudes during the Slave Regime: Household Servants versus Field Hands«, *Publications of the American Sociological Society,* XXVIII (1934). The relationships of slaves with others is discussed in several works, including the following: James H. Johnston, *Race Relations in Virginia and Miscegenation in the South, 1776-1860* (Amherst, Mass., 1970); Carter G. Woodson, »Beginnings of the Miscegenation of the Whites and Blacks«, *Journal of Negro History,* III (October

1918); Avery . Craven, »Poor Whites and Negroes in the Antebellum South«, *Journal of Negro History*, XV (January 1930); and Kenneth W. Porter, »Relations between Negroes and Indians within the Present Limits of the United States«, *Journal of Negro History*, XVII (July 1932). In addition to Woodson, *History of the Negro Church*, Henry J. Cadbury, »Negro Membership in the Society of Friends«, *Journal of Negro History*, XXI (April 1936) and Luther P. Jackson, »Religious Development of the Negro in Virginia from 1760 to 1860«, *Journal of Negro History*, XVI (April 1931) may be read with profit. Albert Raboteau, *Slave Religion: The Invisible Institution in the Antebellum South* (New York, 1978), with its careful discussion of African survivals, brings a fresh perspective to this discussion, while Jon Butler, *Awash in a Sea of Faith: Christianizing the American People* (Cambridge, Mass., 1990) focuses on the ways in which Christianity eliminated African religious practices. For a discussion of the origins of spirituals and work songs, see Miles M. Fisher, *Negro Slave Songs in the United States** (Ithaca, N.Y., 1953). An interesting form of slave recreation is handled in Ira DeA. Reid, »The John Canoe Festival«, *Phylon*, III (Fourth Quarter 1942). For a stimulating discussion of the influence of Africa on slave culture, see Sterling Stuckey, *Slave Culture: Nationalist Theory and the Foundations of Black America** (New York, 1987). See also Barbara H. Fields, *Slavery and Freedom on the Middle Ground: Maryland during the Nineteenth Century* (New Haven, Conn., 1985).

The best account of resistance to slavery is Herbert Aptheker, *American Negro Slave Revolts** (New York, 1943). His »Maroons within the Present Limits of the United States«, *Journal of Negro History, XXIV* (April 1939) is also valuable. other studies are Joseph C. Carroll, *Slave Insurrections in the United States, 1800-1860* (Boston, 1938); Nicholas Halasz, *Rattling Chains: Slave Unrest and Revolt in the Antebellum South* (New York, 1966); Raymond and Alice Bauer, »Day to Day Resistance to Slavery«, *Journal of Negro History*, XXVII (October 1942); Lorenzo J. Greene, »Mutiny on the Slave Ships«, *Phylon*, V (Fourth Quarter 1944); Vincent Harding, »Religion and Resistance among Ante-Bellum Negroes, 1800-1860«, in August Meier and Elliott Rudwick, eds., *The Making of Black America*, Volume I* (New York, 1969); and Gerald W. Mullin, *Flight and Rebellion: Slave Resi,tance in Eighteenth Century Virginia* (New York, 1972). An engrossing account of one slave uprising is contained in John Lofton, *Insurrection in South Carolina: The Turbulent World of Denmark Vesey* (Yellow Springs, ohio, 1964), but see also Richard Wade, »The Vesey Plot: A Reconsideration«, *Journal of Southern History*, XXX (May 1964). William Styron's novel, *The Confessions of Nat Turner** (New York, 1966), was bitterly assailed by many, and the principal attacks may be found in John Henrik Clarke, ed., *William Styron's Nat Turner: Ten Black Writers Respond** (Boston, 1968). See also John B. Duff and Peter M. Mitchell, eds., *The Nat Turner Rebellion: The Historical Event and the Modern Controversy** (New York, 1971). Surprisingly little has been written on runaway slaves beyond several volumes of advertisements for fugitives. But see Freddie L. Parker, *Running for Freedom: Slave Runaways in North Carolina, 1775-1840* (New York, 1993) and Michael P. Johnson, »Runaway Slaves and the Slave Community in South Carolina, 1799-1830«, *William and Mary Quarterly*, Third Series, XXXVIII (July 1981).

9. Quasi-freie Schwarze

The first full-length general treatment of free blacks is Ira Berlin, *Slaves without Masters: The Free Negro in the Antebellum South** (New York, 1975). A detailed study of free blacks in one locale is offered in Michael P. Johnson and James L. Roark's two books, *No Chariot Let Down: Charleston's Free People of Color on the Eve of the Civil War* (Chapel Hill, N.C., 1984) and *Black Masters: A Free Family of Color in the Old South* (New York, 1984). See also Larry Koger, *Black Slaveowners: Free Black Slave Masters in South Carolina* (Jefferson, N.C., 1985) and Loren Schweninger, *Black Property Owners in the South, 1790–1915.*(Urbana, Ill., 1990). An excellent summary statement concerning the group is found in Carter G. Woodson, *Free Negro Heads of Families in the United States in 1830* (Washington, D.C., 1925) The problem in the North is treated in Leon Litwack, *North of Slavery, The Negro in the Free States, 1790–1860** (Chicago, 1961); Emma L. Thornbrough, *The Negro in Indiana, A Study of a Minority* (Indianapolis, Ind., 1957); James Oliver Horton and Lois Horton, *Black Bostonians: Family Life and Community Struggle in the Ante-Bellum North** (New York, 1979); James Oliver Horton, *Free People of Color: Inside the African American Community* (Washington, D.C., 1993); Leonard P. Curry, *The Free Black in Urban America, 1800–1850* (Chicago, 1981); and Robert Cottrol, *The Afro-Yankees: Providence's Black Community in the Ante-Bellum Era* (New York, 1982). Information on Southern free black women is presented in Suzanne Lebsock, *The Free Women of Petersburg: Status and Culture in a Southern Town* (New York, 1984) and Ellen N. Lawson and Marlene D. Merrill, *The Three Sarahs: Documents on Antebellum Black-College Women* (Lewiston, N.Y., 1984). Several monographs deal with the subject in different states. They are James M. Wright, *The Free Negro in Maryland, 1634–1860* (New York, 1921); John Russell, *The Free Negro in Virginia, 1619–1865** (Baltimore, 1913); Luther P. Jackson, *Free Negro Labor and Property Holding in Virginia, 1830–1860** (New York, 1942); H. E. Sterkx, *The Free Negro in Antebellum Louisiana* (Rutherford, N.J., 1972); Edward F. Sweat, *Economics Status of Free Blacks in Antebellum Georgia* (Atlanta, 1974); and John Hope Franklin, *The Free Negro in North Carolina, 1790–1860** (Chapel Hill, N.C., 1943). For a discussion of free blacks in the nation's capital, see Letitia Woods Brown, *Free Negroes in the District of Columbia, 1790–1846* (New York, 1972) and James Borchert, *Alley Life in Washington, D.C.: Family, Community, Religion and Folklife in the City, 1850–1870* (Urbana, Ill., 1980). A rare personal testimony is found in W. R. Hogan and E. A. Davis, eds., *William Johnson's Natchez: The Ante-Bellum Diary of a Free Negro* (Baton Rouge, La., 1951). Briefer works deal with free blacks in other localities: E. Horace Fitchett, »The Origin and Growth of the Free Negro Population of Charleston, South Carolina«, *Journal of Negro History*, XXVI (October 1941); Ralph B. Flanders, »The Free Negro in Ante-Bellum Georgia«, *North Carolina Historical Review*, IX (July 1932); W. McDowell Rogers, »Free Negro Legislation in Georgia«, *Georgia Historical Quarterly*, XVI (March 1932); David Y. Thomas, »The Free Negro in Florida before 1865«, *South Atlantic Quarterly*, X (October 1911); J. Merton England, »The Free Negro in Ante-Bellum Tennessee«, *Journal of Southern History*, IX (February 1943); William L. Imes, »The Legal Status of

Free Negroes and Slaves in Tennessee«, *Journal of Negro History*, IV (July 1919); Charles S. Sydnor, »The Free Negro in Mississippi before the Civil War«, *American Historical Review*, XXXII (July 1927); Alice D. Nelson, »People of Color in Louisiana«, *Journal of Negro History*, I (October 1916) and II (January 1917); and Harold Schoen, »The Free Negro in the Republic of Texas«, *Southwestern Historical Quarterly*, XL (April 1926) and succeeding issues. A special phase of the free black's legal status is treated in Roger W. Shugg, »Negro Voting in the Ante-Bellum South«, *Journal of Negro History*, XXI (October 1936). For the fortunes and misfortunes of an individual free black, see John Hope Franklin, »James Boon, Free Negro Artisan«, *Journal of Negro History*, XXX (April 1945) and Juliet E. K. Walker, *Free Frank: A Black Pioneer on the Ante-Bellum Frontier* (Lexington, Ky., 1984).

The ownership of slaves by free blacks is discussed in John H. Russell, »Colored Freemen as Slave Owners in Virginia«, *Journal of Negro History*, I (July 1916); C. D. Wilson, »Negroes Who Owned Slaves«, *Popular Science Monthly*, LXXXI (November 1912); Michael P. Johnson and James L. Roark, *Black Masters: A Free Family of Color in the Old South* (New York, 1984); and Loren Schweninger, »John Carruthers Stanly and the Anomaly of Black Slaveholding«, *North Carolina Historical Review* LXVII (April 1990). Statistics are provided in Carter G. Woodson, *Free Negro Owners of Slaves in the United States in 1830* (Washington, D.C., 1925).

Some of the peculiar social problems of free blacks are treated in E. Franklin Frazier, *The Free Negro Family* (Nashville, 1932), while economic matters are handled in Martin R. Delany, *The Condition, Elevation, Emigration, and Destiny of the Colored People of the United States* (Philadelphia, 1852) and Wesley, *Negro Labor in the United States*. Other works that deal with the problems that Northern free blacks faced are Edward R. Turner, *The Negro in Pennsylvania* (Washington, D.C., 1911) and Carter G. Woodson, »The Negroes of Cincinnati Prior to the Civil War«, *Journal of Negro History*, I (January 1916). White Southerners viewed the plight of Northern free blacks in John Hope Franklin, *A Southern Odyssey: Travelers in the Antebellum North** (Baton Rouge, La., 1976). Early African-American organizations are considered in John W. Cromwell, *The Early Negro Convention Movement* (Washington, D.C., 1904) and Bella Gross, »The First National Negro Convention«, *Journal of Negro History*, XXXI (October 1946). For an important phase of cultural history, see Dorothy B. Porter, »The organized Educational Activities of Negro Literary Societies, 1828-1846«, *Journal of Negro Education*, V (October 1936).

The pioneer work on the major colonization organizations is Early L. Fox, *The American Colonization Society, 1817-1840* (Baltimore, 1919). It has been superseded by Philip J. Staudenraus, *The African Colonization Movement, 1816-1865* (New York, 1961) and by the essays of Frederick Bancroft in Jacob E. Cooke, *Frederick Bancroft, Historian* (Norman, Okla., 1957). H. N. Sherwood, »The Formation of the American Colonization Society«, *Journal of Negro History*, II (July 1917) should also be read. Additional works on various phases of the subject are Charles A. Earp, »The Role of Education in the Maryland Colonization Movement«, *Journal of Negro History*, XXVI (July 1941); Miles M. Fisher, »Lott Cary, the Colonizing Missionary«, *Journal of Negro History*, VII (October 1922); H. N. Sherwood, »Early Negro Deportation Projects«,

Mississippi Valley Historical Review, II (March 1916); N. Andrew Cleven, »Some Plans for Colonizing Liberated Negro Slaves in Hispanic America«, *Journal of Negro History,* XI (January 1926); Louis R. Mehlinger, »The Attitude of the Free Negro toward Colonization«, *Journal of Negro History,* I (July 1916); and Floyd John Miller, *The Search for a Black Nationality: Black Colonizatian and Emigration, 1787–1863* (Urbana, Ill., 1975).

10. Die Sklaverei und der Konflikt zwischen Nord und Süd

The beginnings of abolition are discussed in Alice D. Adams, *The Neglected Period of Anti-Slavery in America, 1808–1831* (Boston, 1908). For the relationship between abolitionism and the other reform movements, see Alice F. Tyler, *Freedom's Ferment: Phases of American Social History to 1860** (Minneapolis, Minn., 1944). one of the best discussions of the abolition movement is Gilbert H. Barnes, *The Antislavery Impulse, 1830–1844* (New York, 1933). Several works of excellent quality that deal with abolitionism are Louis Filler, The Crusade against Slavery, 1830–1860** (New York, 1960); Dwight L. Dumond, *Anti-Slavery: The Crusade for Freedom in America* (Ann* Arbor, Mich., 1961); Martin L. Duberman, ed., *The Antislavery Vanguard** (Princeton, N.J., 1965); and Hugh Hawkins, ed., *The Abolitionists: Immediatism and the Question of Means** (Boston, 1964). An important reexamination of the movement is in Aileen Kraditor, *Means and Ends in.American Abolitionism: Garrison and His Critics on Strategy and Tactics, 1834–1850** (New York, 1969). Biographies of abolitionists that should be consulted include Irving Bartlett, *Wendell Phillips, Brahmin Radical* (Boston, 1961) and John L. Thomas, *The Liberator: William Lloyd Garrison* (Boston, 1963). One excellent work on this subject is Herbert Aptheker's »Militant Abolitionism«, *Journal of Negro History,* XXVI (October 1941). The international aspects of abolitionism are treated in Frank J. Klingberg, *The Anti-Slavery Movement in England* (New Haven, 1926). The growth and dissemination of ideas in the abolition movement may be studied in Lorenzo D. Turner, *Anti-Slavery Sentiment in American Literature* (Washington, D.C., 1929) and W. Sherman Savage, *The Controversy over the Distribution of Abolition Literature* (Washington, D.C., 1938). The *Dictionary of American Biography* and W. J. Simmons, *Men of Mark* (Louisville, Ky., 1887, reprinted 1970) include sketches of the lives of the leading abolitionists.

The major work on black participation in the antislavery movement is Benjamin Quarles's excellent *Black Abolitionists* (New York, 1969). Other noteworthy studies are Herbert Aptheker, *The Negro in the, Abolitionist Movement* (New York, 1941); Charles H. Wesley, »The Negroes of New York in the Emancipation Movement«, *Journal of Negro History,* XXIV (January 1939); John Bracey and others, eds., *Blacks in the Abolitionist Movement* (Belmont, Calif., 1971); R. J. M. Blackett, *Building an Anti-Slavery Wall: Black Americans in the Atlantic Abolitionist Movement** (Baton Rouge, La., 1983); and Merton L. Dillon, *Slavery Attacked: Southern Slaves and Their Allies, 1619–1865* (Baton Rouge, La., 1990). *Witness for Freedom: African American Voices on Race, Slavery, and Emancipation,* three volumes (Chapel Hill, N.C., 1985–

1991), edited by C. Peter Ripley, Roy E. Finkbine, Michael F. Hembree, and Donald Yacovone, is an invaluable source of information on African-American abolitionist thought and activity. The outstanding piece of abolitionist writing by a black person is David Walker's *Appeal in Four Articles* (Boston, 1830), two paperback editions of which appeared in 1965. The narratives mentioned in the text of Chapter 8 provide valuable information concerning blacks in the abolition movement, as does Carter G. Woodson, *The Mind of the Negro as Reflected in Letters during the Crisis, 1800–1860** (Washington, D.C., 1926). There are numerous biographies and sketches of individual blacks. *The Life and Times of Frederick Douglass* (Hartford, Conn., 1881) is a classic of American autobiography. The work by Shirley Graham, *There Was Once a Slave* (New York, 1947) is one of the best biographies. The definitive biography of Douglass is Benjamin Quarles, *Frederick Douglass** (Washington, D.C., 1948). One should also consult Philip S. Foner, *Frederick Douglass* (New York, 1964) and, of course, Foner's *The Life and Writings of Frederick Douglass**, four volumes (New York, 1950-1955). Publications offering additional insights on Douglass include Waldo E. Martin, Jr., *The Mind of Frederick Douglass* (Chapel Hill, N.C 1984) add the comprehensive new edition of Douglass's *Papers* edited by John Blassingame and others, of which two volumes have been published (New Haven, Conn., 1979, 1982); David W. Blight, *Frederick Douglass' Civil War: Keeping Faith in Jubilee* (Baton Rouge, La., 1989); William S. McFeely, *Frederick Douglass* (New York, 1991); and Shirley J. Yee, *Black Women Abolitionists: A Study in Activism, 1828–1860* (Knoxville, Tenn., 1992). See also Earl Conrad, *Harriet Tubman** (Washington, D.C., 1943); Arthur H. Fauset, *Sojourner Trzith, God's Faitliful Pilgrim* (Chapel Hill, N.C., 1938); Dorothy B. Porter, »David M. Ruggles, An Apostle of Human Rights«, *Journal of Negro History,* XXVIII (January 1943); Monroe N. Work, »The Life of Charles B. Ray«, *Journal of Negro History,* IV (October 1919); William E. Farrison, *William Wells Brown: Author and Reformer* (Chicago, 1969); and William Cheek and Aimee Lee Cheek, *John Mercer Langston and the Fight for Black Freedom* (Urbana, Ill., 1989). The conflict between the leading white and black abolitionists is discussed in Benjamin Quarles, »The Breach between Douglass and Garrison«, *Journal of Negro History,* XXIII (April 1938).

The works of Wilbur H. Siebert have made him the outstanding authority on the Underground Railroad. His major work is *The Underground Railroad from Slavery to Freedom* (New York, 1898). Others include »The Underground Railroad in Massachusetts«, *Proceedings of the American Antiquarian Society,* New Series, XLV (Worcester, Mass., 1935) and »Light on the Underground Railroad«, *American Historical Review,* I (April 1896). An invaluable collection of documents and accounts of incidents by a participant is William Still's *The Underground Railroad* (Philadelphia, 1872). See also Horatio T. Strother, *The Underground Railroad in Connecticut** (Middletown, Conn., 1962) and Henrietta Buckmaster, *Let My People Go** (New York, 1941), a popular account of the railroad. Two articles by E. D. Preston in the *Journal of Negro History* shed considerable light on two aspects of the Underground Railroad: »Genesis of the Underground Railroad«, XVIII (April 1933) and »The Underground Railroad in Northwest Ohio«, XVII (October 1932). A critical view of the railroad is given in Larry Gara, *The Liberty Line: The Legend of the Underground Railroad** (Lexington, Ky., 1961). The

Southern fight against the Underground Railroad is discussed in Stanley W. Campbell, *The Slave Catchers: Enforcement of the Fugitive Slave Law, 1850–1860** (Chapel Hill, N.C., 1970). The definitive work on the Canadian phase is Robin Winks, *Blacks in Canada* (New Haven, 1971), but one should not overlook William H. and Jane Pease, *Black Utopia: Negro Communal Experiments in America** (Madison, Wisc., 1963).

The fate of the antislavery movement in the South is discussed in John S. Bassett, *Anti-Slavery Leaders in North Carolina* (Baltimore, 1931); Ruth Scarborough, *The Opposition to Slavery in Georgia Prior to 1860* (Nashville, 1933); and Kenneth M. Stampp, »The Fate of the Southern Antislavery Movement«, *Journal of Negro History,* XXVIII (January 1943). The growth of proslavery sentiment in the South is carefully traced and analyzed in William S. Jenkins, *Pro-Slavery Thought in the Old South* (Chapel Hill, N.C., 1935). An excellent collection of proslavery essays is edited and introduced by Drew Gilpin Faust, *The Ideology of Slavery: Proslavery Thought in the Antebellum South, 1830–1860** (Baton Rouge, La., 1981). See also William R. Stanton, *The Leopard's Spots: Scientific Attitudes toward Race in America, 1815–1859** (Chicago, 1960) and William B. Hesseltine, »Some New Aspects of the Proslavery Argument«, *Journal of Negro History,* XXI (January 1936). The disappearance of liberalism is treated in Clement Eaton, *Freedom of Thought in the Old South* (Durham, N.C., 1940), while the psychological effect of proslavery thought is discussed in Jesse Carpenter, *The South as a Conscious Minority, 1789–1861* (New York, 1930). Two works by Dwight L. Dumond discuss the breakdown of intersectional relations: *The Secession Movement* (New York, 1931) and *Antislavery Origins of the Civil War in the United States** (London, 1939). In this connection see also Arthur C. Cole, *The Irrepressible Conflict* (New York, 1938) and John Hope Franklin, *The Militant South 1800–1861** (Cainbridge, Mass., 1956) and *Southern Odyssey.*

11. Der Bürgerkrieg

For general works on blacks in the Civil War, see the able study by the pioneer black historian, George W. Williams, *A History of the Negro Troops in the War of the Rebellion* (New York, 1888). Another study that may also be consulted with profit is Joseph T. Wilson, *The Black Phalanx: A History of the Negro Soldiers of the United States in the Wars of 1775–1812, 1861–1865* (Hartford, Conn., 1888). Of less importance, but of some value, is William W. Brown, *The Negro in the American Rebellion* (New York, 1888). Easily the outstanding modern treatment is Benjamin Quarles, *The Negro in the Civil War** (Boston, 1953). See also his *Lincoln and the Negro* (New York, 1962) and William O. Douglas, *Mr. Lincoln and the Negroes: The Long Road to Equality* (New York, 1963).

Herbert Aptheker, *The Negro in the Civil War* (New York, 1938) is a brief but valuable work. Bell Irvin Wiley, *Southern Negroes, 1861–1865** (New York, 1953) ably deals with numerous aspects of the Union and the Confederate policies. Emerson D. Fite, *Social and Industrial Conditions in the North during the Civil War* (New York, 1910) discusses the effect of draft laws on blacks. The problem of emancipation is covered in John Hope Franklin, *The Emancipation Proclamation** (New York, 1963). See also Hans L. Trefousse, *Lincoln's Decision for Emancipation* (Philadelphia, 1975) and Charles H. Wesley and Patricia Romero, *Negro Americans in the Civil War: From Slavery to Citizenship* (Washington, D.C., 1969). Works dealing with problems of transition from slavery to freedom during the war are Clarence L. Mohr, *On the Threshold of Freedom: Masters and Slaves in Civil War Georgia* (Athens, Ga., 1985); C. Peter Ripley, *Slaves and Freedmen in Civil War Louisiana* (Baton Rouge, La., 1975); Roger L. Ransom and Richard Sutch, *One Kind of Freedom: The Economic Consequences of Emancipation* (Cambridge, 1977); Louis Gerteis, *From Contraband to Freeman: Federal Policy toward Southern Blacks, 1861–1865* (Westport Conn., 1973); and LaWanda Cox, *Lincoln and Black Freedom: A Study in Presidential Leadership* (Columbia, 1981) and Samuel L. Horst, *Education for Manhood: The Education of Blacks in Virginia during the Civil War* (Lanham, 1987). See also Herman Belz, *Emancipation and Equal Rights: Politics and Constitutionalism in the Civil War Era* (New York, 1978) and Eric Foner, *Nothing But Freedom* (Baton Rouge, La., 1983). Among the many works on the service of black soldiers, Thomas W. Higginson, *Army Life in a Black Regiment* (Boston, 1870) is outstanding. Also of great merit is Dudley T. Cornish, *The Sable Arm: Negro Troops in the Union Army, 1861–1865** (New York, 1956). The most recent discussion of the subject is in Ira Berlin, Joseph P. Reidy, and Leslie S. Rowland, *The Black Military Experience* (Cambridge, Mass., 1982). Herbert Aptheker, »Negro Casualties in the Civil War«, *Journal of Negro History*, XXXII (January 1947) isa an invaluable study on the subject. The black's own experience is conveyed in James McPherson, *The Negro's Civil War: How American Negroes Felt and Acted during the War for the Union** (New York, 1965). See also McPherson's *The Struggle for Equality: Abolitionists and the Negro in the Civil War and Reconstruction** (Princeton, N.J., 1964) and Joseph T. Glatthar, *Forged in Battle: The Civil War Alliance of Black Soldiers and White Officers* (New York, 1990).

Several works deal primarily with the condition of blacks under the Confederacy. Robert F. Durden, *The Gray and the Black: The Confederate Debate on Emancipation* (Baton Rouge, La., 1972) and Charles B. Dew, *Iron maker to the Confederacy: Joseph R. Anderson and the Tredegar Iron Works* (New Haven, Conn., 1966) are important. See also Brainerd Dyer, »The Treatment of Colored Union Troops by the Confederates, 1861–1865«, *Journal of Negro History*, XX (July 1935); Charles H. Wesley, »The Employment of Negroes as Soldiers in the Confederate Army«, *Journal of Negro History*, IV (July 1919); and Harvey Wish, »Slave Disloyalty under the Confederacy«, *Journal of Negro History*, XXIII (October 1938). The role of blacks on the home front and with the Confederate military forces is well treated in James H. Brewer, *The Confederate Negro: Virginia's Craftsmen and Military Laborers, 1861–1865* (Durham, N.C., 1969).

12. Bemühungen um den Erhalt des Friedens

For many years a great portion of the literature on Reconstruction, while written in the framework of »scientific« history, contained such strong presuppositions regarding the inherent unfitness of blacks for citizenship and the justification for the Ku Klux Klan to restore »order« in the South that its value was severely limited by its bias. That was especially true of the works written under the supervision of William Archibald Dunning at Columbia University early in the twentieth century. Among the better-known works of this »school« of writing are Walter L. Fleming, *Civil War and Reconstruction in Alabama* (New York, 1905) and Joseph G. DeRoulhac Hamilton, *Reconstruction in North Carolina* (New York, 1914). The problems involved in the writing of Reconstruction history have been ably discussed by several historians: Howard K. Beale, »On Rewriting Reconstruction History«, *American Historical Review,* XLV (July 1940); Francis B. Simkins, »New Viewpoints of Southern Reconstruction«, *Journal of Southern History* V (February 1939); A. A. Taylor, »Historians of the Reconstruction«, *Journal of Negro History,* XXIII (January 1938); and Bernard Weisberger, »The Dark and Bloody Ground of Reconstruction Historiography«, *Journal of Southern History,* XXV (November 1959). See also W. E. B. Du Bois, »Reconstruction and Its Benefits«, *American Histdrical Review,* XV (July 1910). A broader approach to the problems of Reconstruction was made by Francis B. Simkins and R. H. Woody in *South Carolina during Reconstruction* (Chapel Hill, N.C., 1932), while an attempt to redress the balance was made by W. E. B. Du Bois, in *Black Reconstruction** (New York, 1935), which seeks to apply Marxist doctrine to the problem of Reconstruction. See also James Allen, *Reconstruction: The Battle for Democracy** (New York, 1937).

Two works by Horace M. Bond suggest a revision of the history of Reconstruction in terms of the influence exercised by powerful business interests: »Social and Economic Forces in Alabama Reconstruction«, *Journal of Negro History,* XXIII (July 1938) and *Negro Education in* Alabama***(Washington, D.C., 1939). See also A. B. Moore, »Railroad Building in Alabama during the Reconstruction«, *Journal of Southern History,* I (November 1935) and James L. Sellers, »The Economic Incidence of the Civil War in the South«, *Mississippi Valley Historical Review,* XIV (September 1927). During the period of initial reexamination of Reconstruction several general studies appeared. E. Merton Coulter, *The South during Reconstruction* (Baton Rouge, La., 1947) reaffirmed the position advanced by the Dunning School. Hodding Carter, *The Angry Scar* (New York, 1959) is a popular account. John Hope Franklin, *Reconstruction after the Civil War** (Chicago, 1961) and Kenneth M. Stampp, *The Era of Reconstruction** (New York, 1965) are revisionist in approach and interpretation. See also Robert Cruden, *The Negro in Reconstruction** (Englewood Cliffs, N.J., 1969); Lerone Bennett, *Black Power, U.S.A.: The Human Side of Reconstruction, 1867–1877** (Chicago, 1967); Peter Kolchin, *First Freedom: The Responses of Alabama's Blacks to Emancipation and Reconstruction* (Westport, Conn., 1972); and Forrest G. Wood, *Black Scare: The Racist Response to Emancipation and Reconstruction** (Berkeley, 1968). In recent years there have been numerous general works and monographs that have provided new perspectives as well as new knowledge about the era of Reconstruction. Among them are Leon F. Litwack, *Been In the Storm So Long: The Aftermath of Slavery* (New York, 1979); Claude F. oubre, *Forty Acres and a Mule: The Freedmen's Bureau and Black Land Ownership* (Baton Rouge, La., 1978); Lawrence Levine, *Black Culture and Black Consciousness* (New York, 1977); Howard Rabinowitz, ed., *Southern Black Leaders of the Reconstruction Era* (1982); otto Olsen, ed., *Reconstruction and Redemption in the South* (Baton Rouge, La., 1980); J. Morgan Kousser and James M. McPherson, eds., *Region, Race and Reconstruction* (New York, 1982); and George C. Cable, *But There Was No Peace* (Athens, Ga., 1984). A well-received general work is Eric Foner, *Reconstruction: America's Unfinished Revolution, 1863-1877* (New York, 1988). Two stimulating works by Michael Perman have contributed to the understanding of politics in the Reconstruction South: *Reunion without Compromise: The South and Reconstruction, 1865-1868* (Cambridge, Mass., 1973) and *The Road to Redemption: Southern Politics, 1869-1878* (Chapel Hill, N.C., 1984). Two recent works in this area are Earl M. Maltz, *Civil Rights, The Constitution, and Congress, 1863-1869* (Lawrence, 1990) and Eric Anderson & Alfred A. Moss, Jr., eds. *The Facts of Reconstruction: Essays in Honor of John Hope Franklin* (Baton Rouge, 1991). Important documents of the period, with interpretation, are in Ira Berlin, and others, eds., *Freedom: A Documentary History of Emancipation, 1861-1867: Selected from the Holdings of the National Archives* (Cambridge, Mass., 1985).

Several African Americans who lived through the period have attempted to tell their story. Among them are John R. Lynch, *The Facts ofReconstruction** (New York, 1913); John Hope Franklin, ed., *Reminiscences of an Active Life: The Autobiography of John Roy Lynch* (Chicago, 1970); John Wallace, *Carpetbag Rule in Florida* (Jacksonville, Fla., 1888); and Ray Billington, ed., *The Journal of Charlotte Forten* (New York, 1953). Among the better biographical studies are Loren Schweninger, *James T. Rapier and Reconstruction* (Chicago, 1978); Peter D. Klingman, *Josiah Walls: Florida's Black Congressman of Reconstruction* (Gainesville, Fla., 1976); Okon E. Uya, *From Slavery to Public Service, Robert Smalls, 1839-1915** (New York, 1971); and Edward F. Sweat, »Francis L. Cardoza: Profile of Integrity in Reconstruction Politics«, *Journal of Negro History*, XLVI (January 1961). The works of Alrutheus A. Taylor should be consulted. They are *The Negro in the Reconstruction of Virginia* (Washington, D.C., 1926); *The Negro in South Carolina during Reconstruction* (Washington, D.C., 1924); and *The Negro in Tennessee, 1865-1880* (Washington, D.C., 1938). Local studies of Reconstruction in the several states have illuminated the greater picture. One of the most significant is Vernon L. Wharton, *The Negro in Mississippi, 1865-1890** (Chapel Hill, N.C., 1947). Another is Thomas Holt, *Black over White: Negro Political Leadership in South Carolina during Reconstruction* (Urbana, Ill., 1977). Others are Joel Williamson, *After Slavery, The Negro in South Carolina during Reconstruction** (Chapel Hill, N.C., 1965); Joe M. Richardson, *The Negro in the Reconstruction of Florida, 1865-1877* (Tallahassee, Fla., 1966); Alan Conway, *The Reconstruction of Georgia* (Minneapolis, 1966); Joe Gray Taylor, *Louisiana Reconstructed, 1863-1877* (Baton Rouge, La., 1975); Carl H. Moneyhon, *Republicanism in Reconstruction Texas* (Austin, 1980); John Blassingame, *Black New Orleans, 1860-1880* (Chicago, 1973); Roberta Alexander, *North Carolina Faces the Freedmen: Race Relations during Presidential Reconstruc-

tion, 1865–1867 (Durham, N.C., 1985); and Barbara J. Fields, *Slavery and Freedom on the Middle Ground: Maryland during the Nineteenth Century* (New Haven, Conn., 1985).

Among the numerous works dealing with the conflict between the president and Congress and the triumph of Radical Reconstruction is Howard K. Beale, *The Critical Year, A Study of Andrew Johnson and Reconstruction* (New York, 1930). It has been superseded, to a great extent, by Eric L. McKitrick, *Andrew Johnson and Reconstruction** (Chicago, 1960), La Wanda and John Cox, *Politics, Principle, and Prejudice** (Glencoe, Ill., 1963); Hans L. Trefousse, *Impeachment of a President: Andrew Johnson, the Blacks, and Reconstruction* (Knoxville, Tenn., 1975); and David Warren Brown, *Andrew Johnson and the Negro* (Knoxville, Tenn., 1989). See also David Donald, *The Politics of Reconstruction** (Baton Rouge, La., 1965). other important works are Horace E. Flack, *The Adoption of the Fourteenth Amendment* (Baltimore, 1908); Benjamin B. Kendrick, *The Journal of the Joint Committee of Fifteen on Reconstruction* (New York, 1914); Jacobus Ten Broek, *The Anti-Slavery Origins of the Fourteenth Amendment* (Berkeley, Calif., 1951); and William Gillette, *The Right to Vote: Politics and the Passage of the Fourteenth Amendment** (Baltimore, 1965). The pioneer study of the Freedmen's Bureau was Paul S. Peirce, *The Freedmen's Bureau, A Chapter in the History of Reconstruction* (Iowa City, Iowa, 1904). A more recent work is George R. Bentley, *A History of the Freed men s Bureau* (Philadelphia, 1955). Excellent state studies are Martin Abbott, *The Freedmen's Bureau in South Carolina, 1865–1872* (Chapel Hill, N.C., 1967) and Howard A. White, *The Freedmen's Bureau in Louisiana* (Baton Rouge, La., 1970). Educational activities are covered in Bullock, *A History of Negro Education in the South** (Cambridge, Mass., 1967); Holmes, *The Evolution of the Negro College;* Luther P. Jackson, »The Educational Efforts of the Freedmen's Bureau and Freedmen's Aid Societies in South Carolina, 1862–1872«, *Journal of Negro History,* VIII (January 1923); Henry L. Swint, *The Northern Teacher in the South, 1862–1870* (Nashville, Tenn., 1941); Willie Lee Rose, *Rehearsal for Reconstruction: The Port Royal Experiment** (Indianapolis, Ind., 1964); Robert C. Morris, *Reading, 'Riting and Reconstruction: The Education of Freedmen in the South, 1861–1870* (Chicago, 1981); and Ronald E. Butchart, *Northern Schools, Southern Blacks, and Reconstruction: Freedmen's Education, 1862–1875* (Westport, Conn., 1980). In addition to the works already cited, Carl R. osthaus, *Freedmen, Philanthropy and Fraud: A History of the Freedmen's Savings Bank* (Urbana, Ill., 1976) and Wesley, *Negro Labor in the United States* shed considerable light on certain economic aspects of Reconstruction.

Political currents are discussed in Luther P. Jackson, *Negro Office-Holders in Virginia** (Norfolk, Va., 1945); Samuel D. Smith, *The Negro in Congress, 1870–1901* (Chapel Hill, N.C., 1940); Peggy Lamson, *Glorious Failure: Black Congressman Robert Brown Elliott and the Reconstruction in South Carolina** (New York, 1973); Alrutheus A. Taylor, »Negro Congressmen a Generation After«, *Journal of Negro History,* VII (April 1922); G. David Houston, »A Negro Senator«, *Journal of Negro History,* VII (July 1922); William A. Russ, »The Negro and White Disfranchisement during Radical Reconstruction«, *Journal of Negro History,* XIX (April 1934); and R. H. Woody, Jonathan J. Wright, »Associate Justice of the Supreme Court of South Carolina, 1870–1877«,

Journal of Negro History, XVIII (April 1933). A convenient source for studying the careers of African Americans in Congress is by a member of Congress in the 1990s, William L. Clay, *Just Permanent Interests: Black Americans in Congress, 1870-1991* (New York, 1992). For other aspects, see Otis A. Singletary, *Negro Militia and Reconstruction* (Austin, Tex., 1957) and McPherson, *The Struggle for Equality*. The major documents may be examined in La Wanda and John N. Cox, eds., *Reconstruction, the Negro and the New South** (New York, 1973).

13. Der Frieden geht verloren

Many of the titles listed for the previous chapter provide valuable information on the overthrow of Reconstruction. Michael W. Fitzgerald's *The Union League Movement in the Deep South: Politics and Agricultural Change during Reconstruction* (Baton Rouge, La., 1989) is an excellent resource. A fresh and stimulating discussion of the forces behind the overthrow and the way in which the compromise of 1877 was reached is contained in C. Vann Woodward, *Reunion and Reaction: The Compromise of 1877 and the End ofReconstruction** (Boston, 1951). For a general view of the plight of African Americans, see Rayford W. Logan, *The Negro in American Life and Thought: The Nadir, 1877-1901** (New York, 1954). Southern blacks are discussed in C. Vann Woodward, *Origins of the New South, 1877-1913** (Baton Rouge, La., 1951). Two books covering Republican policy are Vincent P. DeSantis, *Republicans Face the Southern Question* (Baltimore, 1959) and Stanley P. Hirshon, *Farewell to the Bloody Shirt** (Bloomington, Ind., 1962). Reconstruction and post-Reconstruction violence is treated in many of the preceding titles. For Klan activities see John C. Lester, *The Ku Klux Klan: Its Origin, Growth, and Disbandment* (New York, 1905); Stanley F. Horn, *Invisible Empire: The Story of the Ku Klux Klan, 1866-1871* (Boston, 1939); Allen W. Trelease, *White Terror: The Ku Klux Klan Conspiracy and Southern Reconstruction* (New York, 1971); and David M. Chalmers, *Hooded Americanism: The First Century of the Ku Klux Klan** (New York, 1965). See also Francis B. Simkins, *The Tillman Movement in South Carolina* (Durham, N.C., 1926) and Alfred B. Williams, *Hampton and His Red Shirts* (Charleston, S.C., 1935).

The deterioration of the status of African Americans has been discussed by many authors. For general treatments of the political situation, see Key, *Southern Politics;* Lewinson, *Race, Class, and Party*;* William A. Mabry, *Studies in the Disfranchisement of the Negro in the South* (Durham, N.C., 1933); Michael L. Lanza, *Agrarianism and Reconstruction Politics: The Southern Homestead Act* (Baton Rouge, La., 1990); and Loren Schweninger, *Black Property Owners in the South* (Urbana, Ill., 1990). At the state level consult Wharton, *The Negro in Mississippi**, Albert D. Kirwan, *Revolt of the Rednecks: Mississippi Politics, 1876-1925** (Lexington, Ky., 1951, reprinted 1964); Helen G. Edmonds, *The Negro and Fusion Politics in North Carolina* (Chapel Hill, N.C., 1951); Eric Anderson, *Race and Politics in North Carolina, 1872-1901* (Baton Rouge, La., 1981); H. Leon Prather, *We Have Taken a City: The Wilmington Massacre and Coup of 1898* (Rutherford, N.J., 1984); Frenise A. Logan, *The Negro in North Carolina,*

1876–1894 (Chapel Hill, N.C., 1964); George Tindall, *South Carolina Negroes, 1877–1900** (Columbia, S.C., 1952); and Robert E. Martin, *Negro Disenfranchisement in Virginia** (Washington, D.C., 1938). Economic deterioration can be followed in Daniel A. Novak, *The Wheel of Servitude: Black Forced Labor after Slavery* (Lexington, Ky., 1978); Dwight B. Billings, *Planters and the Making of a »New South«: Class Politics and Development in North Carolina* (Chapel Hill, N.C., 1980); Peter J. Rachleff, *Black Labor in the South: Richmond, Virginia, 1865–1890* (Philadelphia, 1984); Charles L. Flynn, *White Land, Black Labor: Caste and Class in Late 19th Century Georgia* (Baton Rouge, La., 1983); Stephen J. DeCanio, *Agriculture in the Post-Bellum South: The Economics of Production and Supply* (Cambridge, Mass., 1974); and John William Graves, *Race Relations in an Urban-Rural Context, Arkansas, 1865–1905* (Fayetteville, Ark., 1990). Various aspects of the problem are explored in William Cohen, *At Freedom's Edge: Black Mobility and the Southern White Quest for Racial Control, 1861–1915* (Baton Rouge, La., 1991).

The effect of the decline of the blacks' position on African Americans themselves is ably discussed in August Meier, *Negro Thought in America, 1880–1915** *(Ann Arbor, Mich., 1963). Many aspects of life among blacks are explored in Arnold Taylor, *Travail and Triumph: Black Life and Culture in the South Since the Civil War* (Westport, Conn., 1976). For a discussion of the role of women, bee Paula Giddings, *»When and Where I Enter...«: The Impact of Black Women on Race and Sex in America* (New York, 1984). For an articulate African American's reaction, see T. Thomas Fortune, *Black and White: Land, Labor, and Politics in the South* (New York, 1884) and Emma Lou Thornbrough, *T. Thomas Fortune, Militant Journalist* (Chicago, 1972). The views of a Southern white man sympathetic to African Americans are expressed in George Cable, *The Negro Question,** edited by Arlin Turner (New York, 1958).

C. Vann Woodward has discussed the beginnings of segregation in several of his books. See especially the revised edition of *The Strange Career of Jim Crow,** third edition (New York, 1974). An important work is Howard Rabinowitz's *Race Relations in the Urban South, 1865–1890* (New York, 1978). For other aspects of the start of segregation, see Joseph H. Cartwright, *The Triumph of Jim Crow: Tennessee Race Relations in the 1880s* (Knoxville, Tenn., 1976); Charles E. Wynes, *Race Relations in Virginia, 1870–1902* (Charlottesville, Va., 1961); and John Hope Franklin, »Jim Crow Goes to School: The Genesis of Legal Segregation in Southern Schools«, *South Atlantic Quarterly,* LVIII (Spring 1959). Phillip Durham and Everett L. Jones, *Negro Cowboys** (New York, 1965) describes a little-known phase of African-American life.

14. Philanthropie und Selbsthilfe

The effect of philanthropy on the development of American education in general receives able treatment in Jesse B. Sears, *Philanthropy in the History of American Higher Education* (Washington, D.C., 1922), while philanthropic activities among African Americans are discussed in Ullin W. Leavell, *Philanthropy in Negro Education* (Nashville, Tenn., 1930) and Alfred A. Moss, »Northern Philanthropy«, *Encyclopedia of*

Southern Culture (Chapel Hill, N.C., 1989). For the growth of education among African Americans during the period, see Bond, *Education of the Negro in the American Social Order;* Holmes, *Evolution of the Negro College;* and Bullock, *History of Negro Education in the South.* J. L. M. Curry, a leader in the program for developing education among African Americans in the South discusses the problem in *A Brief Sketch of George Peabody and A History of the Peabody Education Fund through Thirty Years* (Cambridge, Mass., 1898) and *Difficulties, Complications and Limitations Connected with the Education of the Negro* (Baltimore, 1895). A work that goes beyond these titles and discusses the role of philanthropy in the discrimination against blacks in education is Louis R. Harlan, *Separate and Unequal** (Chapel Hill, N.C., 1958). Studies that provide useful information on developments in black education during this period are Vincent P. FranHin and James D. Anderson, eds., *New Perspectives on Black Educational History* (Boston, 1978); Vincent P. Franklin, *The Education of Black Philadelphia: The Social and Educational History of a Minority Community, 1900–1950* (Philadelphia, 1979); James D. Anderson, *The Education of Blacks in the South, 1860–1935* (Chapel Hill, N.C., 1988); Robert A. Margo, *Race and Schooling in the South, 1880–1950: An Economic History* (Chicago, 1990); and Edmund L. Drago, *Initiative, Paternalism, and Race Relations: Charleston's Avery Normal Institute* (Athens, Ga., 1990).

The views of Booker T. Washington have been discussed by numerous friends and enemies. His views, as expressed by himself, may be found in the following works: *The Negro in the South: His Economic Progress in Relation to his Moral and Religious Development,* with W. E. B. Du Bois (Philadelphia, 1907); E. David Washington, ed., *Selected Speeches of Booker T. Washington.(Garden* City, N.Y., 1932); and *Up from Slavery; An Autobiography** (Garden City, N.Y., 1900). See also Emmett J. Scott and Lyman B. Stowe, *Booker T. Washington, Builder of a Civilization* (Garden City, N.Y., 1916). W. E. B. Du Bois, the most relentless critic of Washington, has aired his views in many books and articles. Among them are *The Souls of Black Folk, Essays and Sketches** (Chicago, 1903) and *Dusk to Dawn, An Essay toward the Autobiography of a Race Concept* (New York, 1940). For other discussions of Washington's program, see Merle Curti, *The Social Ideas of American Education** (New York, 1935); Charles S. Johnson, »The Social Philosophy of Booker T. Washington«, *Opportunity,* VI (April 1928); and W. Edward Farrison, »Booker T. Washington: A Study in Educational Leadership«, *South Atlantic Quarterly,* XLI (July 1942). Later studies of Washington include Basil J. Mathews, *Booker T. Washington* (Cambridge, Mass., 1948); Samuel R. Spencer, Jr., *Booker T. Washington and the Negro's Place in American Life** (Boston, 1955); and Meier, *Negro Thought in America.* An indispensable source on Washington is the two-volume study by Louis R. Harlan, *Booker T. Washington, The Making of a Black Leader, 1856–1901** (New York, 1972) and *Booker T. Washington: The Wizard of Tuskegee, 1901–1915* (New York, 1983). Harlan is also the editor of *The Booker T. Washington Papers* (Urbana, Ill., 1972-1985). For studies on Du Bois, see Francis L. Broderick, *W. E. B. Du Bois: Negro Leader in Time of Crisis* (Stanford, Calif., 1959); Elliott M. Rudwick, *W. E. B. Du Bois: A Study in Minority Group Leadership** (Philadelphia, 1961); Arnold Rampersad, *The Art and Imagination of W. E. B. Du Bois* (Cambridge, Mass., 1976); David Lewis, *W. E. B. Du Bois, Biography of a Race, 1868–1919* (New York, 1993); and Herbert Aptheker, ed., *The Correspondence of W. E. B. Du Bois* (Amherst, Mass., 1973–1978).

The problems of African-American labor and other aspects of economic life are treated in Spero and Harris, *The Black Worker* and Wesley, *Negro Labor in the United States.* Recent works that expand on earlier studies are Dennis C. Dickerson, *Out of the Crucible: Black Steelworkers in Western Pennsylvania, 1875–1980* (Albany, N.Y., 1986); Joe William Trotter, *Coal, Class, and Color: Blacks in Southern West Virginia, 1915–1932* (Urbana, Ill., 1990); and Eric Arnesen, *Waterfront Workers of New Orleans: Race, Class, and Politics, 1863–1923* (New York, 1991). The status of black business enterprises at the turn of the century is discussed in W. E. B. Du Bois, *The Negro in Business* (Atlanta, Ga., 1899) and Booker T. Washington, *The Negro in Business* (Boston, 1907). Banking enterprises among African Americans have been carefully analyzed and criticized in Harris, *The Negro as Capitalist,* while another phase of economic life is treated in William J. Trent, *Development of Negro Life Insurance Enterprises* (Philadelphia, 1932); Walter B. Weare, *Black Business in the New South: A Social History of the North Carolina Mutual Life Insurance Company* (Urbana, Ill., 1975); and Alexa Benson Henderson, *Atlanta Life Insurance Company: Guardian of Black Economic Dignity* (Tuscaloosa, Ala., 1990).

The Atlanta University Studies, edited by W. E. B. Du Bois, are an important source concerning the social and cultural development of African Americans during the period. See, for example, *The College-Bred Negro* (Atlanta, Ga., 1900); *The Negro Common School* (Atlanta, Ga., 1901); and *Some Efforts of American Negroes for Their Own Social Betterment* (Atlanta, Ga., 189$). An effort by black intellectuals to provide racial leadership is discussed in Alfred Moss, *The American Negro Academy: Voice of the Talented Tenth** (Baton Rouge, La., 1981). Additional insight on the complexity of the lives of members of the African-American elite is provided in Willard B. Gatewood, *Aristocrats of Color: The Black Elite, 1880–1920* (Bloomington, Ind., 1990); Wilson Jeremiah Moses, *Alexander Crummell. A Study of Civilization and Discontent* (New York, 1989); and Dickson D. Bruce, Jr., *Archibald Grimke: Portrait of a Black Independent* (Baton Rouge, La., 1993). For religious developments, see Woodson, *History of the Negro Church;* David M. Reimers, *White Protestantism and the Negro* (New York, 1965); and Stephen J. Ochs, *Desegregating the Altar: The Josephites and the Struggle for Black Priests* [in the Roman Catholic Church], *1871–1960* (Baton Rouge, La., 1990). Three useful studies that focus on the activities of African-American women are Cynthia Neverdon-Morton, *Afro-American Women of the South and the Advancement of the Race, 1895–1925* (Knoxville, Tenn., 1989); Adele Logan Alexander, *Ambiguous Lives: Free Women of Color in Rural Georgia, 1789–1879* (Fayetteville, Ark., 1992); and Evelyn Brooks Higginbotham, *Righteous Discontent: The Women's Movement in the Black Baptist Church, 1880–1920* (Cambridge, Mass., 1993). An able analysis of the growth of social institutions is in Guy B. Johnson, »Some Factors in the Development of Negro Social Institutions in the United States«, *American Journal of Sociology,* XXX (November 1934). Literary activities of African-Americans are carefully traced in Loggins, *The Negro Author,* while journalistic activities receive attention in Penn, *The Afro-American Press and Its Editors;* Detweiler, *The Negro Press in the*

United States; and Henry Lewis Suggs, *P.B. Young, Newspaperman: Race, Politics, and Journalism in the New South, 1910–1962* (New York, 1988). For a definitive treatment of the leading writer of the period see Frances R. Keller, An *American Crusade: The Life of Charles Waddell Chesnutt* (Provo, Utah, 1977). For sketches of prominent contemporary African Americans, see William J. Simmons, *Men of Mark: Eminent, Progressive, and Rising* (Cleveland, 1887). For discussion of general problems and frustrations, see Logan, *The Negro in American Life and Thought;* Edwin S. Redkey, *Black Exodus: Black Nationalists and Back-to-Africa Movements 1890–1910** (New Haven, Conn., 1969); and Nell Painter, *Exodusters: Black Migration to Kansas after Reconstruction* (New York, 1977).

15. Die Barriere der Hautfarbe

Although there is no exhaustive account of African Americans' part in the Spanish-American War, Willard Gatewood's collection of letters written by black soldiers, *Smoked Yankees and the Struggle for Empire* (Urbana, Ill., 1971) offers an excellent introduction to the subject. The following titles are among the better ones available: Edward L. N. Glass, *The History of the Tenth Cavalry, 1866–1901* (Tucson, Ariz., 1921); James M. Guthrie, *Campfires of the Afro-American* (Philadelphia, 1899); Edward A. Johnson, *History of Negro Soldiers in the Spanish American War and Other Items of Interest* (Raleigh, N.C., 1899); Miles V. Lynk, *The Black Troopers, or the Daring Heroism of the Negro Soldiers in the Spanish American War* (Jackson, 1899, reprinted 1972); and A *New Negro for a New Century* (Chicago, 1900). For a full treatment of the Brownsville riot, see Ann J. Lane, *The Brownsville Affair: National Crisis and Black Reaction* (Port Washington, N.Y., 1971).

The emergence of an American imperial policy is discussed in Howard C. Hill, *Roosevelt and the Caribbean* (Chicago, 1927) and Theodore Roosevelt, Jr., *Colonial Policies of the United States* (Garden City, N.Y., 1937). The American administration (of Puerto Rico) is treated in Pedro Capo-Rodriguez, »Some Historical and Political Aspects of the Government of Puerto Rico«, *Hispanic American Historical Review*, II (November 1919) and Bolivar Pagan, *Puerto Rico: The Next State* (Washington, D.C., 1942). Luther H. Evans ably handles the acquisition and administration of the Virgin Islands in *The Virgin Islands: From Naval Base to New Deal* (Ann Arbor, Mich., 1945). The relations of the United States and Haiti receive attention in George W. Brown, »Haiti and the United States«, *Journal of Negro History*, VIII (April 1923) and Rayford W. Logan, *Diplomatic Relations of the United States with Haiti 1776–1891* (Chapel Hill, N.C., 1941). See also James A. Padgett, »Diplomats to Haiti and Their Diplomacy«, *Journal of Negro History*, XXV (July 1940); »The Ministers to Liberia and Their Diplomacy«, *Journal of Negro History*, XXII (January 1937), by the same author, traces the influence of American diplomats on Liberia's history. For a different approach see George P. Marks, comp., *The Black Press Views American Imperialism, 1898–1900* (New York, 1971) and Willard B. Gatewood, *Black Americans and the White Man's Burden, 1898–1903* (Urbana, Ill., 1975).

The main problems arising during the Roosevelt administration are discussed in H.

F. Pringle, *Theodore Roosevelt** (New York, 1931). For a criticism of Roosevelt's policy with regard to African Americans, see Alfred H. Stone, *Studies in the American Race Problem* (New York, 1908). The impact of the city upon the condition of blacks is treated in Thomas J. Woofter, *Negro Problems in Cities* (Garden City, N.Y., 1928). For information concerning the problems of blacks in New York, see George E. Haynes, *The Negro at Work in New York City* (New York, 1912); James W. Johnson, *Black Manhattan** (New York, 1930); and Claude McKay, *Harlem: Negro Metropolis** (New York, 1940). Full-length studies that should be consulted are Gilbert Osofsky, *Harlem: The Making of a Ghetto** (New York, 1966); Seth M. Scheiner, *Negro Mecca** (New York, 1965); Allan Spear, *Black Chicago, The Making of a Negro Ghetto, 1890–1920** (Chicago, 1967); Kenneth Kusmer, *A Ghetto Takes Shape: Black Cleveland, 1870–1930* (Urbana, Ill., 1976); and David M. Katzman, *Before the Ghetto: Black Detroit in the Nineteenth Century* (Urbana, Ill., 1973). Various aspects of the problems of African-American life in urban centers are discussed in Woodson, *A Century of Negro Migration;* Caroline B. Chapin, »Settlement Work among Colored People«, *Annals of the American Academy of Political and Social Science,* XXI (March 1903); and R. E. Clark, »Negro Home Life and Standards of Living«, *Annals of the American Academy of Political and Social Science,* XLIX (September 1913).

Violence in both the South and the North receives special attention in Ray S. Baker, *Following the Color Line** (New York, 1908). For a discussion of the growth of prejudice in a Northern state, see Frank U. Quillen, *The Color Line in Ohio* (Ann Arbor, Mich., 1913). Much more recent is David A. Gerber, *Black Ohio and the Color Line, 1860–1915* (Urbana, Ill., 1976). For an account of black experiences in a border city see George C. Wright, *Life Behind a Veil: Blacks in Louisville, Kentucky, 1865–1930* (Baton Rouge, La., 1985). Antiblack views are canvassed in I. A. Newby, *Jim Grow's Defrnse: Anti-Negro Thought in America, 1900–1930** (Baton Rouge, La., 1965). The status of lynching is the concern of Arthur Raper in *The Tragedy of Lynching* (Chapel Hill, N.C., 1933). See also Ida Wells Barnett, »our Country's Lynching Record«, *Survey,* XXIV (January 1913) and E. B. Reuter, *The American Race Problem** (New York, 1927). Two recent works that deepen understanding of the causes and consequences of racial violence are George C. Wright, *Racial Violence in Kentucky, 1865–1940: Lynchings, Mob Rule, and ›Legal Lynchings‹* (Baton Rouge, La., 1990) and Roberta Senechal, *The Socio genes is of a Race Riot: Springfield, Illinois, in 1908* (Urbana, Ill., 1990). W. E. B. Du Bois traces the growth of organized protest against violence to Negroes in *Dusk to Dawn.* The story of the emergence of the major protest organization is told in several works: Mary W. Ovington, *How the National Association for the Advancement of Colored People Began* (New York, 1914); Robert L. Jack, *History of the National Association for the Advancement of Colored People* (Boston, 1943); Langston Hughes, *Fight for Freedom: The Story of the* NAACP (New York, 1962); and Robert L. Zangrando, *The NAACP's Crusade against Lynching, 1909–1950* (Philadelphia, 1980). An excellent account of one of the major figures is Barbara Joyce Ross, *J. E. Spingarn and the Rise of the* NAACP, *1911–1939* (New York, 1972). The most detailed study is by Charles F. Kellogg, *NAACP* (Baltimore, 1967). *The National Urban League, 1910–1940* (New York, 1974) by Nancy Weiss is an excellent treatment of a pioneer service organization. Stephen R. Fox, *Guardian of Boston: William Monroe Trotter** (New York, 1971) treats one of the ablest blacks of the period. See also J. E. Moorland, »The Young Men's Christian Association among Negroes«, *Journal of Negro History*, IX (January 1924). Dilemmas that African Americans faced are discussed in Kelly Miller, *Race Adjustment** (New York, 1909); Alfreda M. Duster, ed., *Crusade for Justice: The Autobiagraphy of Ida B. Wells** (Chicago, 1970); and Emma Lou Thornbrough, *T. Thomas Fortune: Militant Journalist* (Chicago, 1972). For a discussion of politics, see Key, *Southern Politics* and Brotz, *Negro Social and Political Thought*.

16. Kämpfen für die Demokratie

The first general account of African Americans in World War I was Emmett J. Scott's *The American Negro in the World War* (Washington, D.C., 1919). A more recent one is Arthur E. Barbeau and Florette Henri, *Unknown Soldiers: Black American Troops in World War I* (Philadelphia, 1974). The difficult problems that blacks faced both at home and abroad are treated in Arthur W. Little, *From Harlem to the Rhine, The Story of New York's Colored Volunteers* (New York, 1936) and Charles H. Williams, *Sidelights on Negro Soldiers* (Boston, 1923, reprinted 1970). Chester D. Heywood's *Negro Combat Troops in the World War: The Story of the 371st Infantry* (Worcester, Mass., 1928) is diminished in importance by the condescending attitude of the author. The difficulties of the ranking African-American officer are related in Abraham Chew, *A Biography of Colonel Charles Young* (Washington, D.C., 1923). The efforts to raise the morale of black soldiers are described in Addie W. Hunton and Katherine M. Johnson, *Two Colored Women with the American Expeditionary Forces* (New York, 1920). See also Robert R. Moton, *Finding a Way Out* (Garden City, N.Y., 1921).

The phenomenon of African-American migration during the war is treated in a variety of ways in numerous works. Among the better analyses are the following: Louise V. Kennedy, *The Negro Peasant Turns Cityward* (New York, 1930); Emmet J. Scott, *Negro Migration during the War* (New York, 1920); Ray S. Baker, »The Negro Goes North«, *World's Work*, XXXIV (July 1917); and Henderson Donald, »The Negro Migration, 1916-1918«, *journal of Negro History*, Vl (October 1921). Four works with valuable discussions of African-American patterns of migration in the United States during the twentieth century are Jacqueline Jones, *Labor of Love, Labor of Sorrow: Black Women, Work: and tile Family from Slavery to the Present* (New York, 1985); James R. Grossman, *Land of Hope: Chicago, Black Southerners, and the Great Migration* (Chicago, 1989); Carole Marks, *Farewell We're Good and Gone: The Great Black Migration* (Bloomington, Ind., 1989); and Joe William Trotter, *The Great Migration in Historical Perspective* (Bloomington, Ind., 1991). For articles dealing with the problems of adjustment, see John H. Bracey and others, *The Rise of the Ghetto** (Belmont, Calif., 1971). The impact of migration on Washington, D.C., is discussed in Constance M. Green, *The Secret City: A History of Race Relations in the Nation's Capital** (Princeton, N.J., 1967). For discussions of the problems of black labor, see Spero and Harris, *The Black Worker;* Wesley, *Negro Labor in the United States;* and three works by George E. Haynes: »The Effect of War Conditions on Negro Labor«, *Proceedings of the Academy of Political Science,* VIII (February 1919); *The Negro at Work during the World War and during Reconstruction* (Washington, D.C., 1921); and *The Trend of the Races* (New York, 1922). Examples of wartime violence are extensively treated in Elliott M. Rudwick, *Race Riot at East St. Louis, July 2, 1917** (Carbondale, Ill., 1964) and Robert V. Haynes, *A Night of Violence: The Houston Riot of 1917* (Baton Rouge, La., 1976).

The way in which America's attitude toward blacks influenced the treaties is discussed by Rayford W. Logan in *The Senate and the Versailles Mandate System* (Washington, D.C., 1945). See also George L. Beer, *African Questions at the Paris Peace Conference* (New York, 1923). Such periodicals as *Crisis, Afro-American,* and the Pittsburgh *Courier* are important sources of information on the conditions among African Americans during World War I.

17. Die Demokratie rückt in weite Ferne

The violent reaction against African Americans in the postwar period is described in Walter White, *Rope and Faggot, A Biography of Judge Lynch* (New York, 1929); Frank Tannenbaum, *Darker Phases of the South* (New York, 1924); and Moorfield Storey, *Problems of Today* (Boston, 1920). The rise of the new Ku Klux Klan is traced and analyzed in John M. Mecklin, *The Ku Klux Klan: A Study of the American Mind* (New York, 1924); Walter White, »Reviving the Ku Klux Klan«, *Forum,* LXV (April 1921); and Chalmers, *Hooded Americanism.* The best report of a race riot during the period of reaction is the study made by the Chicago Commission on Race Relations, *The Negro in Chicago: A Study of Race Relations and a Race Riot* (Chicago, 1922). An excellent study of that riot is William M. Tuttle's *Race Riot: Chicago in the Red Summer of 1919** (New York, 1970). Several of the postwar riots are discussed as a background to recent developments in Arthur I. Waskow, *From Race Riot to Sit-In: 1919 and the 1960s* (New York, 1966). For the reaction of blacks, see the collection of articles from newspapers in Robert T. Kerlin, *The Voice of the Negro, 1919* (New York, 1920). See also Mary Frances Berry, *Black Resistance, White Law: A History of Constitutional Racism in America* (New York, 1971).

Efforts to find solutions to the problems during the period are discussed in Paul Baker, *Negro-White Adjustments* (New York, 1934); Herbert A. Miller, *Races, Nations and Classes* (Philadelphia, 1924); and Thomas J. Woofter, *The Basis of Racial Adjustment* (Boston, 1925). Programs that African Americans developed to improve their status are vividly described by James Weldon Johnson in *Along This Way** (New York, 1933). See also Abram L. Harris, »The Negro Problem as Viewed by Negro Leaders«, *Current History,* XVIII (June 1923) and Horace M. Bond, »Negro Leadership Since Washington«, *South Atlantic Quarterly,* XXW (April 1925). The efforts to secure relief in the courts are described in Bernard Nelson, *The Negro and the Fourteenth Amendment Since 1920* (Washington, D.C., 1946); Mangum, *The Legal Status of the Negro;* and Darlene Clark Hine, *Black Victory: The Rise and Fall of the White Primary in*

Texas (Millwood, N.Y., 1979). For information on the Garvey movement, see Amy Jacques-Garvey, *Philosophy and Opinions of Marcus Garvey** (New York, 1923); McKay, *Harlem: Negro Metropolis;* Roi Ottley, *New World A-Coming* (New York, 1943); E. David Cronon, *Black Moses: The Story of Marcus Garvey and the Universal Negro Improvement Association,** second edition (Madison, 1969); and Robert A. Hill, ed., *The Marcus Garvey and Universal Negro Improvement Association Papers,* seven volumes (Berkeley, Calif., 198#1991), an invaluable resource. See also Theodore Draper, *The Rediscovery of Black Nationalism** (New York, 1970). Father Divine's movement is described in Robert Weisbrot, *Fatr Divine and the Struggle for Racial Equality* (Urbana, Ill., 1983) and Jill Watts, *Harlem U.S.A.: The Father Divine Story* (Berkeley, Calif., 1992).

18. Die Harlem Renaissance und die polititsche Rolle der afroamerikanischen Kultur

Many of the important works that shed light on the new African-American literary movement were mentioned in the text. In Spero and Harris, *The Black Worker,* important socioeconomic aspects of the movement are discussed. The forces that gave rise to the Renaissance are taken up in Rollin L. Hartt, »The New Negro«, *Independent,* CV (January 15, 1921), while she difficulties involved in the new movement are the concern of James Weldon Johnson in »The Dilemma of the Negro Author«, *American Mercury,* XV (December 1928). A careful and successful treatment of the period is Nathan I. Huggins's *Harlem Renaissance** (New York, 1971). A quite different but excellent work is David L. Lewis, *When Harlem Was in Vogue* (New York, 1981). For a very critical assessment of the period, see Harold Cruse, *The Crisis of the Negro Intellectual** (New York, 1967). The movement is traced carefully and ably by Langston Hughes in *The Big Sea** (New York, 1940) and by James Weldon Johnson in two of his works, *Black Manhattan* and *Along This Way.* An authoritative biography of Johnson is by Eugene Levy, *James Weldon Johnson: Black Leader, Black Voice** (Chicago, 1973). For an account by participants see Arna Bontemps, ed., *The Harlem Renaissance Remembered* (New York, 1972). See also Blanche Ferguson, *Countee Cullen and the Harlem Renaissance** (New York, 1966); Claude McKay, A *Long Way from Home** (New York, 1937); James Richard Giles, *Claude McKay* (Boston, 1976); Wayne F. Cooper, *Claude McKay, Rebel Sojourner in the Harlem Renaissance* (Baton Rouge, La., 1986); and Robert E. Hemenway, *Zora Neale Hurston: A Literary Biography* (Urbana, Ill., 1978). For the impact of the movement on a philosopher and a scientist, see Russell J. Linneman, ed., *Alain Locke: Reflections on a Modern Renaissance Man* (Baton Rouge, La., 1983) and Kenneth R. Manning, *Black Apollo of Science: The Life of Ernest Everett Just** (New York, 1983). See also, Linda O. McMurry, *George Washington Carver: Scientist and Symbol* (Baton Rouge, La., 1981). Outstanding is Arnold Rampersad, *The Life of Langston Hughes,* Volume 1: *1902–1941 – I, Too, Sing, America* and Volume 2: *1941–1967 – I Dream a World* (New York, 1986, 1988). Every aspect of the movement is analyzed and interpreted in Alain Locke, *The New Negro: An Interpreta-*

tion* (New York, 1925). Among the many critical studies of the literary aspects of the movement, the following are outstanding: Brown, *The Negro in American Fiction;* Elizabeth L. Green, *The Negro in Contemporary American Literature* (Chapel Hill, N.C., 1928); J. Saunders Redding, *To Make a Poet Black* (Chapel Hill, N.C., 1939); and Frederick W. Bond, *The Negro and the Drama* (Washington, D.C., 1940); the works mentioned in the first section of »Bibliographical Notes« can also be consulted. See also Benjamin Brawley, »The Negro Literary Renaissance«, *Southern Workman,* LVI (April 1927). Anthologies that furnish satisfactory selections of African-American writers are Brown and others, *The Negro Caravan;* Calverton, *Anthology of American Negro Literature;* James Weldon Johnson, The *Book of American Negro Poetry,** revised edition (New York, 1969); Arna Bontemps, *American Negro Poetry,* revised edition (New York, 1974); James Weldon Johnson, *The Book of American Negro Spirituals* (New York, 1925); James Weldon Johnson, *The Second Book of Negro Spirituals* (New York, 1926); Miller, *Black American Literature;* and Southern, *The Music of Black Americans.* For an able discussion of art during the period, see Porter, *Modern Negro Art;* Marcia M. Mathews, *Henry Ossawa Tanner: American Artist* (Chicago, 1969); and Samella Lewis, *Art: African American* (New York, 1978).

19. Der New Deal

The impact of the Depression on African Americans has claimed the attention of several authors. See, for example, T. Arnold Hill, *The Negro and Economic Reconstruction* (Washington, D.C., 1937); Myrdal, *An American Dilemma;* Richard Sterner, *The Negro's Share* (New York, 1943); And Raymond Wolters, *Negroes and the Great Depression: The Problem of Economic Recovery** (Westport, Conn., 1970). The political regeneration of African Americans is an engrossing story that is told, for one locality, by Harold F. Gosnell, *Negro Politicians: The Rise of Negro Politics in Chicago** (Chicago, 1935). See also James Q. Wilson, *Negro Politics: The Search for Leadership** (Glencoe, Ill., 1960); Margaret Price, *The Negro Voter in the South* (Atlanta, Ga., 1957); Ralph Bunche, »The Negro in the Political Life of the United States«, *Journal of Negro Education,* X (July 1941); Kenneth W. Goings, ›The NAACP Comes of Age‹: The Defeat of Judge John J. Parker (Bloomington, Ind., 1990); and Paula F. Pfeffer, A. *Philip Randolph, Pioneer of the Civil Rights Movement* (Baton Rouge, La., 1990). The desertion of the Republican party by blacks is treated in Nancy Weiss, *Farewell to the Party of Lincoln: Black Politics in the Age of F.D.R.* (Princeton, N.J., 1983). The role of the Communist party is the focus of several works: Mark Naison, *Communists in Harlem during the Depression* (Urbana, Ill., 1983); Wilson Record, *The Negro and the Communist Party* (Chapel Hill, N.C., 1951); Nell I. Painter, *The Narrative of Hosea Hudson: His Life as a Negro Communist in the South* (Cambridge, Mass., 1979); and Charles H. Martin, *The Angelo Herndon Case and Southern Justice* (Baton Rouge, La., 1976). The political implications of one of the best-known incidents of the period are examined in Dan Carter, *Scottsboro: A Tragedy of the American South** (Baton Rouge, La., 1969).

The black press, especially *Afro-American*, Norfolk *Journal and Guide*, the Chicago *Defender*, Pittsburgh *Courier*, *Crisis*, and *Opportunity*, are important sources of information concerning political activities among African Americans. Analyses of the political activities of African Americans are made in »The Fortune Quarterly Survey: XIII«, *Fortune*, XVIII (July 1938); James E. Allen, »The Negro and the 1940 Presidential Election«, unpublished master's thesis (Howard University, 1943); and Harold F. Gosnell, »The Negro Vote in Northern Cities«, *National Municipal Review*, XXX (May 1941). For an able description of the rise of the New Deal, see Louis M. Hacker, *A Short History of the New Deal* (New York, 1934). The activities of the African-American »advisers« in the federal government are discussed in Laurence J. W. Hayes, *The Negro Federal Governmental Worker* (Washington, D.C., 1941); Ottley, *New World A-Coming*; and William J. Davis, »The Role of the Adviser on Negro Affairs and the Racial Specialist in National Administration, 1933-1940«, unpublished master's thesis (Howard University, 1940).

The relationship of African Americans to the many new government agencies formed in the New Deal era is treated in John P. Davis, »Blue Eagles and Black Workers«, *New Republic*, LXXXI (November 14, 1934); Marian T. Wright, »Negro Youth and the Federal Emergency Programs, CCC and NYA«, *Journal of Negro Education*, IX (July 1940); John H. Kirby, *Black Americans in the Roosevelt Era: Liberalism and Race* (Knoxville, Tenn., 1980); Harvard Sitkoff, *A New Deal for Blacks: The Emergence of Civil Rights as a National Issue: The Depression Decade* (New York, 1978); and Nancy L. Grant, *TVA and Black Americans: Planning for the Status Quo* (Philadelphia, 1990). See also Charles S. Johnson, *The Economic Status of Negroes* (Nashville, Tenn., 1933) and Bernard Sternsher, ed., *The Negro in Depression and War: Prelude to Revolution, 1930-1945** (Chicago, 1969). There have been several excellent studies of African-American labor. Among them are Horace Cayton and George S. Mitchell, *Black Workers and the New Unions* (Chapel Hill, N.C., 1939); Charles L. Franklin, *The Negro Labor Unionist of New York* (New York, 1936); Herbert R. Northrup, *Organized Labor and the Negro* (New York, 1944); Robert C. Weaver, *Negro Labor, A National Problem* (New York, 1946); August Meier and Elliott Rudwick, *Black Detroit and the Rise of the UAW* (New York, 1979); add Dtmald H. Grubbs, *Cry from the Cotton: The Southern Tenant Farmers Union and the New Deal* (Chapel Hill, N.C., 1971). See also Milton Cantor, ed., *Black Labor in America* (Westport, Conn., 1970). The story of the growth of a powerful African-American labor union is ably told by B. R. Brazeal in *The Brotherhood of Sleeping Car Porters* (New York, 1946) and William H. Harris, *Keeping the Faith: A. Philip Randolph, Milton P. Webster, and the Brotherhood of Sleeping Car Porters, 1925-1937* (Urbana, Ill., 1977).

20. Das amerikanische Dilemma

Walter A. Jackson, *Gunnar Myrdal and America's Conscience: Social Engineering and Racial Liberalism, 1938-1987* (Chapel Hill, N.C., 1990) and David R. Goldfield, *Black, White, and Southern: Race Relations and Southern Culture, 1940 to the Present* (Baton Rouge, La., 1990) contain valuable intellectual histories of American race relations in the mid-twentieth century, while satisfactory general statements concerning trends in the education of African Americans may be found in Bond, *Education of the Negro in the American Social Order* and Holmes, *Evolution of the Negro College*. The psychological and social factors involved in separate education are treated in Buell G. Gallagher, *American Caste and the Negro College* (New York, 1938) and Doxey A. Wilkerson, *Special Problems in Negro Education* (Washington, D.C., 1939). For discussions of the influence of education on the process of integration, see Charles S. Johnson, ed., *Education and the Cultural Process* (Westport, Conn., 1943) and Paula S. Fass, *Outside in: Minorities and the Transformation of American Education* (New York, 1989). The yearbook issue of the *Journal of Negro Education* deals with some aspects of the problem of African-American education each year. Especially important are the issues for July 1933, »A Survey of Negro Higher Education«, and for July 1940, »A Critical Survey of the Negro Adolescent and His Education«. The inequalities of African-American education receive special attention in Rayford W. Logan, »Educational Segregation in the North«, *Journal of Negro Education*, II (January 1933); Henry J. McGuinn, »The Courts and Equality of Educational Opportunity«, *Journal of Negro Education*, VIII (April 1939); and Leon A. Ransom, »Legal Status of Negro Education under Separate School Systems«, *Journal of Negro Education*, VIII (July 1939). For discussions of the growing interest in provisions for graduate training, see Rufus E. Clement, »Legal Provisions for Graduate and Professional Instruction for Negroes in States operating Separate School Systems«, *Journal of Negro Education*, VIII (April 1939); Oliver C. Cox, »Provisions for Graduate Work among Negroes and the Prospects of a New System«, *Journal of Negro Education*, IX (January 1940); and Fred McCuiston, *Graduate Instruction for Negroes in the United States* (Nashville, Tenn., 1939).

Material on education and especially on school desegregation has been exceedingly voluminous. Virtually all yearbook (summer) editions, as well as other issues, of the *Journal of Negro Education* contain material on the subject. *Southern School News* began publication shortly after the 1954 Supreme Court decision on desegregating the schools and has valuable information on events and trends. *Integrated Education* also should be consulted. Herbert Hill and Jack Greenberg, *Citizen's Guide to Desegregation** (Boston, 1955) and Harry Ashinore, *The Negro and the Schools,** revised edition (Chapel Hill, N.C., 1970) provide excellent overall treatments of school desegregation. Specific experiencesiand examples of school desegregation are presented in Robin Williams and Margaret W. Ryan, eds., *Schools in Transition: Community Experiences in Desegregation* (Chapel. Hill, N.C., 1954); Numan Bartley, *The Rise of Massive Resistance: Race and Politics in the South in the 1950s* (Baton Rouge, La., 1969); Robert C. Smith, *They Closed Their Schools* (Chapel Hill, N.C., 1965); James H. Tipton, *Community in Crisis* (New York, 1953); Wilson and Jane Record, *Little Rock, U.S.A.: Materials for Analysis** (San Francisco, 1960); and James W. Silver, *Mississippi: The Closed Society** (New York, 1964). The drama of fighting segregation in the courts is captured in Richard Kluger, *Simple Justice: The History of Brown v. Board of Education and Black America's Struggle for Equality** (New York, 1976). Jennifer L. Hochschild, in *Thirty Years after Brown* (Washington, D.C., 1985), surveys the process of desegregation since the Supreme Court decision, while Raymond Wolters's *The Burden* *of Brown: Thirty Years of School Desegregation* (Knoxville, Tenn., 1984) regards the effort as essentially a failure.

Concerning the problems and achievements of African Americans in various fields, see Harry W. Greene, *Holders of Doctorates among American Negroes* (Boston, 1946); Charles S. Johnson, *The Negro College Graduate* (Chapel Hill, N.C., 1938); Carter G. Woodson, *The Negro Professional Man and the Community* (Washington, D.C., 1934); G. Franklin Edwards, *The Negro Professional Class* (Glencoe, Ill., 1959); Dietrich C. Reitzes, *Negroes and Medicine* (Cambridge, Mass., 1958); and Daniel C. Thompson, *The Negro Leadership Class** (Englewood Cliffs, N.J., 1963). Eliza Atkins Gleason has discussed the African-American library as an educative force in *The Southern Negro and the Public Library* (Chicago, 1911). Books dealing with music and art discussed in Chapter 18 should be consulted for this period, especially Southern, *The Music of Black Americans*, and Lewis, *Art: African American*. A recent study that provides valuable information is Michael W. Harris, *The Rise of Gospel Blues: The Music of Thomas Andrew Dorsey in the Urban Church* (New York, 1992). An important but seldom noticed aspect of the two worlds of race is explored in Donn Rogosin, *Invisible Men: Life in Baseball's Negro Leagues* (New York, 1985).

The African-American world is exhaustively described in Myrdal, *An American Dilemma*. Shorter, but able descriptions of the African-American community are contained in Van Deusen, *Black Man in White America;* Davie, *Negroes in America;* and Frazier, *The Negro in the United States*. Two useful community studies are Joe William Trotter, *Black Milwaukee: The Making of an Industrial Proletariat* (Urbana, Ill., 1985) and Earl Lewis, *In Their Own Interests: Race, Class, and Power in Twentieth-Century Norfolk, Virginia* (Berkeley, Calif., 1991). For a searching, critical analysis of the black middle class, see E. Franklin Frazier, *Black Bourgeoisie** (Glencoe, Ill., 1957). Important sources of information are Florence Murray, *The Negro Handbook* (New York, 1946); Smythe, *The Black American Reference Book:* Talcott Parsons and Kenneth Clark, *The Negro American** (Boston, 1966); Karl and Alma Taeuber, *Negroes in Cities** (Chicago, 1965); Stanley Lieberson, *Ethnic Patterns in American Cities* (New York, 1963); and Hollis R. Lynch, ed., *The Black Urban Condition* (New York, 1973). Special aspects of the African-American world are discussed in Detweiler, *The Negro Press in the United States;* Mays and Nicholson, *The Negro's Church;* and the yearbook issue of the *Journal of Negro Education*, VIII (July 1939), »The Position of the Negro in the American Social order«. Privation and opportunities are discussed in Michael Harrington, *The Other America: Poverty in the United States** (New York, 1962) and Eli Ginzberg, *The Negro Potential** (New York, 1962). one should also consult Gerda Lerner, ed., *Black Women in White America** (New York, 1972) and George Frederickson, *The Black Image in the White Mind** (New York, 1971).

Lives of individual African Americans are presented in Bardolph, *The Negro Vanguard;* Logan and Winston, *Dictionary of American Negro Biography;* Ridgeley Torrence, *The Story of John Hope* (New York, 1948); Mary Church Terrell, A *Colored Woman in a White World* (Washington, D.C., 1940); Helen Buckler, *Dr. Dan: Pioneer in American Surgery* (Boston, 1954); Roi 0ttley, *The Lonely Warrior: The Life and Times of Robert S. Abbott* (Chicago, 1955); Rackham Holt, *George Washington Carver*

(Garden City, N.Y., 1943); Edwin R. Embree, *Thirteen against the Odds* (New York, 1945); *The Autobiography of Malcolm X** (New York, 1965); Anthony M. Platt, *E. Franklin Frazier Reconsidered* (New Brunswick, N.J., 1991); and Martha Graham Goodson, *Chronicles of Faith: The Autobiography of Frederick D. Patterson* (Tuscaloosa, Ala., 1991). Three valuable works that illuminate the lives and experiences of African-American women are Sara Lawrence Lightfoot, *Balm in Gilead: Journey of a Healer* (Reading, Mass., 1988); Idella Parker with Mary Keating, *Marjorie Rawlings' »Perfect Maid«* (Gainesville, Fla., 1992); and Carole Ione, *Pride of Family: Four Generations of American Women of Color* (New York, 1992). The problem of the relationship between blacks' Americanization and African background is discussed in Harold R. Isaacs, *The New World of Negro Americans** (New York, 1963).

The American Youth Commission studies shed considerable light on the problem of adjustment that African Americans in America faced in this period. The principal titles are J. H. Atwood and others, *Thus Be Their Destiny** (Washington, D.C., 1941); Allison Davis and John Dollard, *Children of Bondage** (Washington, D.C., 1940); E. Franklin Frazier, *Negro Youth at the Crossways** (Washington, D.C., 1940); Charles S. Johnson, *Growing Up in the Black Belt** (Washington, D.C., 1941); Ira DeA. Reid, *In a Minor Key** (Washington, D.C., 1940); Robert L. Sutherland, *Color, Class, and Personality** (Washington, D.C., 1942); and W. Lloyd Warner and others, *Color and Human Nature** (Washington, D.C., 1941). Programs for the improvement of the status of African Americans are discussed in Rayford W. Logan, ed., *What the Negro Wants* (Chapel Hill, N.C., 1944); the entire issue of *Survey Graphic*, XXXI (November 1942), »Color, Unfinished Business of Democracy«; and Ralph J. Bunche, »The Programs of organizations Devoted to the Improvement of the Status of the American Negro«, *Journal of Negro Education*, VIII (July 1939). See also *Crisis, Opportunity, Southern Patriot,* and *New South*, the last two journals being the official publications of the Southern Conference for Human Welfare and the Southern Regional Council, respectively. Linda Reed provides a full account of the work of the Southern Conference for Human Welfare in *Simple Decency and Common Sense: The Southern Conference Movement, 1938–1963* (Bloomington, Ind., 1991). Broader programs for the improvement of intergroup relations are discussed in Theodore Brameld, *Minority Problems in the Public Schools* (New York, 1946); Rachel David Du Bois, *Build Together Americans* (New York, 1945); Hortense Powdermaker, *Probing Our Prejudices* (New York, 1944); Kenneth B. Clark, *Prejudice and Your Child** (Boston, 1955); and George E. Simpson and J. Milton Yinger, *Racial and Cultural Minorities,* revised edition (New York, 1972).

21. Der Kampf für die vier Freiheiten

William R. Scott, *The Sons of Sheba's Race: African Americans and the Italo-Ethiopian War, 1935–1941* (Bloomington, Ind., 1992) illustrates the connections American blacks made between their battles in the United States and the Ethiopian conflict. Releases of the press sections of the War and Navy Departments and of the office of War Information provide considerable information on the activities of African Americans both on the home front and on the battlefields during World War II. Many excellent pictures of African Americans in the war are provided in John D. Silvera, *The Negro in World War II* (New York, 1947, reprinted 1969). A good summary of the military operations is included in Roger W. Shugg and H. A. De Weerd, *World War II* (Washington, D.C., 1946). The definitive work on African Americans in the army is the volume in the Special Studies Series of the United States Army in World War II: Ulysses Lee, *The Employment of Negro Troops* (Washington, D.C., 1966). The basic history of racial military policy is set forth in Morris J. MacGregor, Jr., *Integration of the Armed Forces, 1940–1965* (Washington, D.C., 1981). See also Richard M. Dalfiume, *Fighting on Two Fronts: Desegregation of the U.S. Armed Forces, 1939–1953* (Columbia, Mo., 1969); Dennis D. Nelson, *The Integration of the Negro into the United States Navy* (New York, 1951); Alan Gropman, *The Air Force Integrates, 1945–1964* (Washington, D.C., 1978); Robert J. Jakeman, *The Divided Skies: Establishing Segregated Flight Training at Tuskegee, Alabama, 1934–1942* (Tuscaloosa, Ala., 1992); Ralph W. Donnelly, *Blacks in the Marine Corps* (Washington, D.C., 1975); and Lee Nichols, *Breakthrough on the Color Front* (New York, 1954). Walter White's *A Rising Wind* (New York, 1945) is an excellent account of the activities of African Americans on the fighting front. An overall perspective is provided in Jack D. Foner, *Blacks and the Military in American History: A New Perspective* (New York, 1974); and Mary Penick Motley, *The Invisible Soldiers: The Experience of the Black Soldier in World War II* (Detroit, 1975).

The black press is indispensable in getting a complete picture of African Americans during the war. See also L. D. Reddick, »The Negro in the Navy in World War II«, *Journal of Negro History*, XXXII (April 1947). The problem of integrating blacks in the war efforts is the principal concern of Earl Brown, »American Negroes and the War«, *Harper's Magazine*, CLXXXIV (April 1942); Earl Brown and George R. Leighton, *The Negro and the War* (New York, t942); and »The Negro's War«, *Fortune*, XXV (June 1942). Several journals have devoted entire issues to the problem of the impact of the war on African Americans. Among them are *Survey Graphic*, »Color, Unfinished Business of Democracy«, XXX (November 1942); *Annals of the American Academy of Political and Social Science*, »Minority Peoples in a Nation at War«, CCXXIII (September 1942); *Journal of Negro Education*, »The American Negro in World War I and World War II«, XII (Summer 1943); and two issues of the *Journal of Educational Sociology* with L. D. Reddick as special editor, »The Negro in the North during Wartime«, XVIII (January 1944) and »Race Relations on the Pacific Coast«, XIX (November 1945). Dominic J. Capeci, Jr., and Martha Wilkerson, *Layered Violence: The Detroit Rioters of 1943* (Jackson, 1991), offers a fresh perspective on the race riot in that city. The apprehension of Southern whites concerning African Americans and the war is expressed by John Temple Graves in »The Southern Negro and the War Crisis«, *Virginia Quarterly Review*, XVIII (Autumn 1942).

The part that African Americans played in producing the goods of war has received special attention in the Council for Democracy's *The Negro and Defense* (New York, 1941); Weaver, *Negro Labor;* and Northrup, *Organized Labor and the Negro*. African-American morale was the concern of many writers, but the following were particularly concerned about this subject: Horace M. Bond, »Should the Negro Care Who Wins the War?« *Annals of the American Academy of Political and Social Science,* CCXXIII (September 1942); James A. Bayton, »The Psychology of Racial Morale«, *Journal of Negro Education,* XI (April 1942); Guion G. Johnson, »The Impact of the War upon the Negro«, *Journal of Negro Education,* X (July 1941); and J. Saunders Redding, »A Negro Looks at This War«, *American Mercury,* LV (November 1942).

22. Die Afroamerikaner im Kalten Krieg

For a discussion of some of the major problems confronting African Americans during the postwar years, see Rayford W. Logan, *The Negro and the Post-War World: A Primer* (Washington, D.C., 1945). The several publications of the Truman administration that deal with postwar problems are mentioned in the text. The development of legal machinery with respect to fair employment is discussed in Malcolm Ross, *All Manner of Men* (New York, 1948); Louis Ruchames, *Race, Jobs, and Politics* (New York, 1953); and Louis Kesselman, *The Social Politics of FEPC* (Chapel Hill, N.C., 1948). For trends in housing, see Morton Deutsch, *Interracial Housing* (Minneapolis, Minn., 1951) and Robert C. Weaver, *The Negro Ghetto** (New York, 1948). Race and radical politics are discussed in Wilson Record, *The Negro and the Communist Party** (Chapel Hill, N.C., 1951), and Martin Bauml Duberman, *Paul Robeson* (New York, 1988), while other political matters are covered in Henry L. Moon, *Balance of Power: The Negro Vote* (New York, 1948). Two valuable studies of the leading African-American politician during these years are Charles V. Hamilton, *Adam Clayton Powell, Jr.: The Political Biography of an American Dilemma* (New York, 1991) and Wil Haygood, *King of the Cats: The Life and Times of Adam Clayton Powell, Jr.* (New York, 1992). The successful fight to make their vote effective in the Democratic party is described in Darlene Clark Hine, *Black Victory, The Rise and Fall of the White Primary in Texas* (Millwood, N.Y., 1979). See also Steven Lawson, *Black Ballots: Voting Rights in the South, 1944-1969* (New York, 1976). Leadership in the fight to Secure equality for blacks in voting, education, and civil rights has been portrayed in Genna Rae McNeil, *Groundwork: Charles Hamilton Houston and the Struggle for Civil Rights* (Philadelphia, 1983); Gilbert Ware, *William Has tie: Grace under Pressure* (New York, 1984); Benjamin Rivlin, *Ralph Bunche: The Man and His Times* (New York, 1990); and Brian Urquhart, *Ralph Bunche: An American Life* (New York, 1993). Various problems of the postwar years are treated in Paul Burstein, *Discrimination, Jobs, and Politics: The Struggle for Equal Employment Opportunity in the United States Since the New Deal* (Chicago, 1985). For a view of problems related to foreign policy, see Gerald Horne, *Black and Red: W. E. B. Du Bois and the Afro-American Response to the Cold War, 194#1963* (Albany, N.Y., 1986). For treatment of a racial incident that helped set the agenda for the African-American civil rights movement of the 1950s and 1960s, see Stephen J. Whitfield, A *Death in the Delta: The Story of Emmet Till* (Baltimore, 1991).

The civil rights record of the Truman administration is examined in Donald R. McCoy and Richard T. Ruetten, *Quest and Response: Minority Rights and the Truman*

Administration (Lawrence, Kans., 1973) and William C. Berman, *The Politics of Civil Rights in the Truman Administration* (Columbus, Ohio, 1970). For a critical assessment, see Barton J. Bernstein's essay in a book edited by him, *Politics and Policies of the Truman Administration** (Chicago, 1970).

In Howard Zinn, *The Southern Mystique** (New York, 1964) there is a stimulating analysis of the forces in the South that are opposed to change. Carl Rowan, *Go South to Sorrow* (New York, 1957) discusses the South's resistance to social change in a climate that calls for economic change. There are several valuable treatments of Southern reaction to the move to desegregate the schools, including Hodding Carter, *The South Strikes Back* (New York, 1959) and John B. Martin, *The Deep South Says »Never«* (New York, 1957). The Southern position is summarized in William D. Workman, *The Case for the South* (New York, 1960).

Demographic changes in the African-American population are discussed in William P. O'Hare, *Blacks on the Move: A Decade of Demographic Change* (Washington, D.C., 1982). See also Daniel M. Johnson and Rex R. Campbell, *Black Migration in America: A Social Demographic History* (Durham, N.C., 1981). Allan B. Ballard, *One More Day's Journey: The Story of a Family and a People* (New York, 1984); Nicholas Lemann, *The Promised Land: The Great Black Migration and How It Changed America* (New York, 1991); and James R. Grossman, *Land of Hope: Chicago, Black Southerners, and the Great Migration* (Chicago, 1989) deal with the impact of migration on African-American families. For an examination of the extent of progress among blacks, see Reynolds Farley, *Blacks and Whites: Narrowing the Gap?* (Cambridge, Mass., 1984). The problems of the black church are canvassed in James H. Cone, *For My People: Black Theology and the Black Church: Where Have We Been and Where Are We Going?* (Maryknoll, N.Y., 1984); C. Eric Lincoln, *Race, Religion, and the Continuing American Dilemma* (New York, 1984); and Rubye F. Johnston, *The Religion of Negro Protestants: Changing Religious Attitudes and Practices* (New York, 1956).

The files of *Black Enterprise* and *Dollars and Sense* provide intimate details and important generalizations about black businesses in the postwar years. Many important sources about African-American writers are provided in the text. Developments in the literary, artistic, and musical fields can be followed in the sources provided in Chapter 18. See also Dexter Fisher and Robert B. Stepto, *Afro-American Literature: The Reconstruction of Instruction* (New York, 1979); Elsa Honig Fine, *The Afro-American Artist: A Search for Identity* (New York, 1982); and Frank Kotsky, *Black Nationalism and the Revolution in Music* (New York, 1970). A perceptive critical analysis of recent writing is Nathan A. Scott, Jr.'s »Black Literature«, in Daniel Hoffman, ed., *Harvard Guide to Contemporary American Writing* (Cambridge, Mass., 1979).

Southern's *The Music of Black Americans* contains considerable information on the evolution of black popular music in the decades after World War II. Two standard histories of jazz are Marshall Stearns, *The Story of Jazz** (New York, 1962) and Winthrop Sergeant, *Jazz: A History* (New York, 1964). Three other studies that contain valuable information on other forms of black music are Harold Courlander, *Negro Folk Music U.S.A.* (New York, 1963); Paul Oliver, *The Story of the Blues* (Philadelphia, 1969); and Mahalia Jackson, *Movin' On Up: The Mahalia Jackson Story** (New York, 1966).

The expanded African-American presence in popular culture has only recently begun to receive the attention of historians. Three significant works on the cinema are M. Donald Bogle, *Toms, Coons, Mulattoes, Mammies, and Bucks: An Interpretive History in American Films* (New York, 1973); Thomas Cripps, *Slow Fade to Black: The Negro in American Film, 1900–1942* (New York, 1977); and *Making Movies Black: The Hollywood Message Movie from World War II to the Civil Rights Era* (New York, 1993). Two insightful works on television are F. Fred McDonald, *Blacks and White T.V.: Afro-Americans in Television Since 1946* (Chicago, 1983) and Melvin Patrick Ely, *The Adventures of Amos 'n' Andy: A Social History of an American Phenomenon* (New York, 1991). The late Arthur P. Ashe, Jr., wrote the first general history of African Americans in sports in *A Hard Road to Glory: A History of the African-American Athlete, 1919–1945,* three volumes (New York, 1988). A number of other significant works have also appeared, among them Randy Roberts, *Papa Jack: Jack Johnson and the Era of White Hopes* (New York, 1983); Al-Tony Gilmore, *Bad Nigger: The National Impact of Jack Johnson* (Port Washington, N.Y., 1975); Jules Tygiel, *Baseball's Great Experiment: Jackie Robinson and His Legacy* (New York, 1984); and Janet Bruce, *The Kansas City Monarchs: Champions of Black Baseball* (Lawrence, Kans., 1985). See, also, Donald Spivey, ed., *Sport in America: New Historical Perspectives* (Westport, Conn., 1985).

23. Die Revolution der Schwarzen

The beginnings of the Black Revolution are discussed in Martin Luther King, Jr., *Stride toward Freedom: The Montgomery Story** (New York, 1962); Robert F. Burk, *The Eisenhower Administration and Black Civil Rights* (Knoxville, Tenn., 1984); and Louis Lomax, *The Negro Revolt** (New York, 1962). For a treatment of the Black Muslims as a factor in the growing black revolt, see C. Eric Lincoln, *The Black Muslims in America** (Boston, 1973) and Essien U. Essien-Udom, *Black Nationalism: A Sea rch for Identity in America** (Chicago, 1962). The work of the United States Commission on Civil Rights is set forth in its own publications, including its annual reports, the reports of its state advisory committees, and its hearings.

There are considerable materials on the militant drive for equality. Among the works that give perspective and background are Loren Miller, *The Petitioners: The Story of the Supreme Court of the United States and the Negro* (New York, 1966); Milton Konvitz, *A Century of Civil Rights** (New York, 1961); United States Commission on Civil Rights, *Freedom to the Free** (Washington, D.C., 1963); and Rhoda L. Blumberg, *Civil Rights: The 1960s Freedom Struggle** (New York, 1984). Also valuable are two recent biographies: Nancy J. Weiss, *Whitney M. Young, Jr., and the Struggle for Civil Rights* (Princeton, N.J., 1989) and Denton L. Watson, *Lion in the Lobby: Clarence Mitchell, Jr.'s Struggle for the Passage of Civil Rights Laws* (New York, 1990).

The problems which the militant movement addressed are the main interest of several works. See especially, John P. Roche, *The Quest for the Dream: The Development of Civil Rights and Human Relations in Modern America* (New York, 1963);

Charles Silberman, *Crisis in Black and White** (New York, 1964); William J. Brink and Louis Harris, *The Negro Revolution in America** (New York, 1964); August Meier and Elliott Rudwick, *CORE: A Study of the Civil Rights Movement** (New York, 1973); and Robert Brisbane, *Black Activism: Black Revolution in the U.S., 1954–1970** (Valley Forge, Pa., 1984). The student group most influential in the movement is treated in Howard Zinn, *SNCC: The New Abolitionists** (Boston, 1964) and Clayborne Carson, *In Struggle: SNCC and the Black Awakening of the 1960s* (Cambridge, Mass., 1981). See also William H. Chafe, *Civilities and Civil Rights: Greensboro North Carolina and the Black Struggle for Freedom** (New York, 1980). For a discussion of the movement by some of the leaders, see Kenneth B. Clark, ed., *The Negro Protest** (Boston, 1963).

Militant positions are set forth in Stokely Carmichael and Charles Hamilton, *Black Power: The Politics of Liberation in America** (New York, 1967); Eldridge Cleaver, *Soul on Ice** (New York, 1968); Bobby Seale, *Seize the Time** (New York, 1970); and the *Autobiography of Malcolm X*. See also LeRoi Jones and Billy Abernathy, *In Our Terribleness* (Indianapolis, Ind., 1971). More recent writings on the Black Panther Party and its leaders include Kathleen Rout, *Eldridge Cleaver* (Boston, 1991); Elaine Brown, *A Taste of Power: A Black Woman's Story* (New York, 1993); and David Hilliard and Lewis Cole, *This Side of Glory: The Autobiography of David Hilliard and the Story of the Black Panther Party* (Boston, 1993). The most noteworthy of the recent publications on Malcolm X include Clayborne Carson, *Malcolm X and the F.B.I.* (New York, 1991); David Gallen, *Malcolm X as They Knew Him* (New York, 1992); and Bruce Perry, *Malcolm: The Life of a Man Who Changed America* (New York, 1991). Discussions and analyses of black militancy can be followed in John H. Bracey and others, eds., *Black Nationalism in America** (Indianapolis, Ind., 1970); Theodore Draper, *The Rediscovery of Black Nationalism** (New York, 1970); August Meier and Elliott Rudwick, eds., *Black Protest in the Sixties** (Chicago, 1970); and Lerone Bennett, *Confrontation: Black and White** (Chicago, 1965). Violence in the Black Revolution is discussed in *Report of the National Advisory Commission on Civil Disorders,* Kerner Commission (New York, 1968); Richard Hofstadter and Michael Wallace, eds., *American Violence: A Documentary History** (New York, 1970); Robert H. Connery, ed., *Urban Riots: Violence and Social Change* (New York, 1968); Arthur Waskow, *From Race Riot to Sit-In;* and James W. Button, *Black Violence: Political Impact of the 1960s Riots* (Princeton, N.J., 1978).

For a unique, highly imaginative appraisal of the civil rights movement that also has merit for its literary quality, see Derrick Bell, *And We Are Not Saved: The Elusive Quest for Racial Justice* (New York, 1987). Even more pessimistic is Bell's *Faces at the Bottom of the Well: The Permanence of Racism* (New York, 1992). Civil Rights leaders themselves have begun to tell their own story. See, for example, James Farmer, *Lay Bare the Heart: An Autobiography of the Civil Rights Movement* (Ann Arbor, Mich., 1985) and *Standing Fast: The Autobiography of Roy Wilkins* (New York, 1982).

The experiences of participants in marches, demonstrations, and other forms of protest are covered in the following works: Martin Luther King, Jr., *Why We Can't Wait** (New York, 1964); James Forman, *The Making of Black Revolutionaries* (New York, 1972); Len Holt, *The Summer That Didn't End* (New York, 1965); Merrill

Proudfoot, *Diary of a Sit-In** (Chapel Hill, N.C., 1962); James Peck, *Freedom Ride* (New York, 1962); Nicholas Von Hoffman, *Mississippi Notebook* (New York, 1964); John Ehle, *The Free Men* (New York, 1965); James W. Silver, *Mississippi: The Closed Society;* and J. L. Chesnut, Jr., and Julia Cass, *Black in Selma: The Uncommon Life of J. L. Chesnut, Jr.* (New York, 1990). Lorraine Hansberry, *The Movement: Documentary of a Struggle for Equality** (New York, 1964) and Doris E. Saunders, *The Day They Marched** (Chicago, 1963) contain excellent photographs of events in the movement. President Kennedy's role is assessed in Harry Golden's *Mr. Kennedy and the Negroes** (Cleveland, 1964) and in Doris Saunders, ed., *The Kennedy Years and the Negro: A Photographic Record** (Chicago, 1964). The best biography of Martin Luther King is by David Lewis, *King, A Critical Biography** (New York, 1970). A more recent one is Stephen B. Oates, *Let the Trumpet Sound: The Life of Martin Luther King, Jr.* (New York, 1982). In 1986, *American Visions, Ebony,* and the *Union Seminary Quarterly Review* devoted entire issues to various aspects of King's life and work. An excellent collection of King's writings is James M. Washington, ed., A *Testament of Hope: The Essential Writings of Martin Luther King, Jr.* (San Francisco, 1986). Recent noteworthy works on King include Taylor Branch, *Parting the Waters: America in the King Years, 1954–1963* (New York, 1988); James H. Cone, *Martin & Malcolm & America: A Dream or a Nightmare* (New York, 1991); and Vincent Harding, *Hope and History: Why We Must Share the Story of the Movement* (New York, 1990). An especially valuable source on King is the publication project on his papers, one volume of which has already been issued: Clayborne Carson, Ralph E. Luker, and Penny A. Russell, eds., *The Papers of Martin Luther King, Jr.,* Volume 1: Called to Serve, January 1929–June 1951 (Berkeley, Calif., 1992).

Various aspects of the Black Revolution have been treated by a number of authors who can be read with profit. Virginia Durr, an Alabama white woman, tells of the involvement of herself and her family in the civil rights struggle in *Outside the Magic Circle* (University, Ala., 1985). Tony Freyer, *The Little Rock Crisis: A Constitutional Interpretation* (Westport, Conn., 1984) deals with a critical juncture in the Black Revolution. See also E. Culpepper Clark, *The Schoolhouse Door: Segregation's Last Stand at the University of Alabama* (New York, 1993). Others are Aldon D. Morris, *The Origins of the Civil Rights Movement: Black Communities Organizing for Change* (New York, 1984); Robert J. Norrell, *Reaping the Whirlwind: The Civil Rights Movement in Tuskegee* (New York, 1985); and David J. Garrow, *Protest at Selma: Martin Luther King, Jr. and the Voting Rights Act of 1965* (New Haven, Conn., 1978). For an insightful study of civil rights activity in the North, see Ronald P. Formisano, *Boston against Busing: Race, Class, and Ethnicity in the 1960s and 1970s* (Chapel Hill, N.C., 1991). The growing number of writings that describe the involvement and perspective of women in the civil rights movement include Daisy Bates, *The Long Shadow of Little Rock: A Memoir* (Fayetteville, Ark., 1987); Sheyann Webb and Rachel West Nelson, *Selma, Lord, Selma: Girlhood Memories of the Civil Rights Days* (Tuscaloosa, Ala., 1980); Septima Clark, *Ready from Within: Septima Clark and the Civil Rights Movement* (Navarro, 1986); Catherine Clinton, »Ella Baker (1903–1986)«, *Portraits of American Women* (New York, 1991); and Vickie L. Crawford, Jacqueline Anne Rouse, and Barbara Woods, *Women in the Civil Rights Movement, 1941–1965* (New York, 1990). Children and young adults have told of their role in the civil rights movement in Ellen Levine, *Freedom's Children: Young Civil Rights Activists Tell Their Own Stories* (New York, 1993). A seasoned head of the Southern Poverty Law Center has recounted his experiences in Morris Dees, *A Season for Justice: The Life and Times of a Civil Rights Lawyer* (New York, 1991).

Important social and economic problems related to the Black Revolution are discussed in Parsons and Clark, *The Negro American* and Daniel P. Moynihan, *The Negro Family: The Case for National Action* (Washington, D.C., 1965), as well as in President Lyndon B. Johnson's commencement address at Howard University in June 1965. There are illuminating discussions of discrimination in industry and the relationship between black employment and the national economy in the following: Dale L. Hiestand, *Economic Growth and Employment Opportunities for Minorities* (New York, 1964); Paul Bullock, *Merit Employment* (Los Angeles, 1960); and Vivian W. Henderson, *The Economic Status of Negroes: In the Nation and in the South** (Atlanta, Ga., 1963). The search for new industrial opportunities for African Americans is discussed in Eli Ginzerg, ed., *The Negro Challenge to the Business Community* (New York, 1964). For other aspects of the problem of equal economic opportunity, see Whitney M. Young, *To Be Equal** (New York, 1964) and Nat Hentoff, *The New Equality* (New York, 1964). Kenneth B. Clark, *Dark Ghetto: Dilemmas of Social Power** (New York, 1965) discusses poverty in the inner city and ways of solving the problem. Also important are Arthur M. Ross and Herbert Hill, *Employment, Race, and Poverty** (New York, 1967); Dawn Day Wachtel, *The Negro and Discrimination in Employment** (Ann Arbor, Mich., 1965); and Charles C. Killingsworth, *Jobs and In come for Negroes** (Ann Arbor, Mich., 1968). For a different perspective see Thomas Sowell, *The Economics and Politics of Race: An International Perspective* (New York, 1983). Two works by Theodore Cross suggest strategies that blacks could pursue in two important areas. They are *Black Capitalism: Strategy for Business in the Ghetto* (New York, 1969) and *The Black Power Imperative: Racial Inequality and the Politics of Nonviolence* (New York, 1984).

There have already been numerous assessments of the significance and consequences of the Black Revolution. Frank Hercules, *American Society and the Black Revolution* (New York, 1972) regards the positive results as minimal. In *Protest, Politics, and Prosperity: Black Americans and White Thstituhbns, 1940–75* (New York, 1978), Dorothy K. Newman and her associates do not paint a very favorable picture of the results. Less pessimistic is William J. Wilson, *The Declining Significance of Race: Blacks and Changing American Institutions* (Chicago, 1978). See also John Hope Franklin, *Racial Equality in America* (Chicago, 1976); Steven F. Lawson, *Running for Freedom: Civil Rights and Black Politics in America Since 1941* (Philadelphia, 1991); Hugh Davis Graham, *The Civil Rights Era: Origins and Developments of National Policy, 1960–1972* (New York, 1990); and Donald G. Nieman, *promises to Keep: African Americans and the Constitutional Order* (New York, 1991). Current assessments may be found in special reports as well as the annual reports of such organizations as the NAACP, the National Urban League, and the Joint Center for Political and Economic Studies.

24. Neue Formen des Aktivismus

In moving so close to the period of the 1990s one has to rely increasingly on television, radio, and the print media for information. Already, however, a number of monographs, biographies, and special studies have appeared that provide fairly reliable information as well as some tentative interpretations. *Focus,* the monthly newsletter of the Joint Center for Political and Economic Studies, contains current information regarding housing, employment, demographic changes, and voting patterns among African Americans. Some books, moreover, have appeared that assist one in understanding developments during the Reagan years. Among them are Robert Dallek, *Ronald Reagan: The Politics of Symbolism* (Cambridge, Mass., 1984); Richard Reeves, *The Reagan Detour* (New York, 1985); Laurence I. Barrett, *Gambling with History: Ronald Reagan in the White House* (Garden City, N.Y., 1983); Lloyd Demause, *Reagan's America* (New York, 1984); Ronnie Dugger, *On Reagan: The Man and His Presidency* (New York, 1983); and Haynes Johnson, *Sleepwalking through History: America in the Reagan Years* (New York, 1991).

Understandably, there is no satisfactory biography of Jesse Jackson as indeed there is none of Ronald Reagan or George Bush. Several years ago, Barbara Reynolds published a study of Jackson called *Jackson, the Man, the Movement and the Myth* (Chicago, 1975). Recently, it was issued as *Jesse Jackson, America's David* (Washington, 1985). In Adolph Reed, Jr.'s *The Jesse Jackson Phenomenon: The Crisis in Afro-American Politics* (New Haven, Conn., 1986), the author argues that the Jackson candidacy was untimely and smacked of opportunism more than a serious bid for office. But see Charles P. Henry's *Jesse Jackson: The Search for Common Ground* (Oakland, Calif., 1991). Jackson's efforts on behalf of black businesses and black labor are described in detail in *Black Enterprise* and *Dollars and Sense.* Several works issued by the Joint Center for Political and Economic Studied deal not only with Jackson's candidacy but the black electorate in general. They are Thomas E. Cavanagh, *The Impact of the Black Electorate* (Washington, D.C., 1984); Thomas E. Cavanagh and Lorn S. Foster, *Jesse Jackson's Campaign, the Primaries and Caucuses* (Washington, D.C., 1984); and Thomas E. Cavanagh, *Inside Black Amgrica: The Message of the Black Vote in the 1984 Elections* (Washington, D.C., 1985).

Political and economic problems of African Americans in the Reagan and Bush years receive attention in several significant works, including Kevin Phillips, *The Politics of Rich and Poor: Wealth and the American Electorate in the Reagan Aftermath* (New York, 1990); Andrew Hacker, *Two Nations: Black and White, Separate, Hostile, Unequal* (New York, 1992);.Thomas Byrne Edsall with Mary D. Edsall, *Chain Reaction: The Impact of Race, Rights, and Taxes on American Politics* (New York, 1991); Katherine Tate, *From Protest to Politics: The New Black Voters in American Elections* (Cambridge, Mass., 1993); John Hope Franklin, *The Color Line: Legacy for the Twenty-first Century* (Columbia, 1993); and Carol M. Swain, *Black Faces, Black Interests: The Representation of African Americans in Congress* (Cambridge, Mass., 1993).

Works dealing with social and intellectual matters in recent years include Andrew

Billingsley, *Climbing Jacob's Ladder: The Enduring Legacy of African-American Families* (New York, 1993); Jannette L. Dates add William Barlow, eds., *Split Image: African Americans in the Mass Media* (Washington, D.C., 1990); Toni Morrison, ed., *Race-ing Justice En-Gendering Power: Essays on Anita Hill, Clarence Thomas and the Construction of Social Reality* (New York, 1992); and Cornel West, *Race Matters* (Boston, 1993).

Ralph Bunche, A *World View of Race** (Washington, D.C., 1936) calls attention to the relationship between imperialism, colonialism, and the problem of race. See also Merze Tate, »The War Aims of World War I and World War II and Their Relation to the Darker Peoples of the World«, *Journal of Negro Education*, XII (Summer 1943). W. E. B. Du Bois discusses the connection between colonies and world peace in two works: *Color and Democracy* (New York, 1945) and *The World and Africa* (New York, 1947). For discussions of the interest of African Americans in Africa see Harold Isaacs, *The New World of Negro Americans** (New York, 1963) and *Emergent Americans: A Report on Crossroads Africa** (New York, 1961); John A. Davis, ed., *Africa As Seen by American Negroes** (Paris, 1958); and articles in *Freedomways* and the *Journal of African History*. Publications by TransAfrica and the African-American Institute may also be read with profit.

For a delineation of the attitudes of black Americans toward the war in Vietnam, see Wallace Terry, *Bloods: An Oral History of the Vietnam War by Black Veterans** (New York, 1984). Martin Luther King, Jr., set forth his views on the Vietnam War on numerous occasions. Some of his statements on the subject are in Washington's *A Testament of Ho pe. A comment on King's views of the war is made by Vincent Harding in »The Land Beyond: Reflections on Martin Luther King, Jr.'s ›Beyond Vietnam‹ Speech«, in *Sojourners* (Washington, D.C., 1986). The role of the highest-ranking African-American military officer is examined in Howard Means, *Colin Powell: Soldier/Statesman–Statesman/Soldier* (New York, 1992).

PERSONENREGISTER

Abbott, Anderson 309
Abbott, Robert S. 595
Abernathy, Ralph 717
Abram, Morris 733 f.
Abu Issak (Ibrahim Es Saheli) 20
Adams, Abigail 110, 121
Adams, Henry 398
Adams, John (Präsident) 111, 144
Adams, John (Lehrer) 234
Adams, John Quincy 255
Adams, Samuel 109
Addams, Jane 451
Adderly, Cannonball 674
Alaoma, Idris 26
Alarcón 56
Aldridge, Ira 522
Alexander, Will W. 502, 549, 553
Allen, Henry J. 541
Allen, Richard 150 f., 160, 245, 256
Allen, Sam 666
Allen, William G. 235, 262
Allensworth, Allen 398
Almagro, Diego 55
Alston, Charles 669
Alvarado 55
Ames, Adelbert 360
Ames, Alexander 113
Anderson, Elijah 269

Anderson, Marian 584 ff., 640
Anderson, Osborn Perry 281
Andros, Edmund 93
Angelou, Maya 665, 768
Antoine, C. C. 345
Arafat, Yasir 740
Aristide, Jean-Bertrand 766
Armstrong, Louis 524, 581
Armstrong, Samuel Chapman 331, 387
Asbury (Bischof) 150 f.
Ashe, Arthur 752 f.
Askia Mohammed 22-25
Assad, Hafez el 740 f.
Atkinson (Bischof) 197
Attaway, William 588
Attucks, Crispus 109
Atwell, Ernest 480
Atwood, Rufus B. 473
Augusta, Alexander T. 309
Avery, Charles 235

Babbitt, Bruce 742
Bagayogo 24
Badger, Roderick 225
Baer, Buddie 631
Bailey, Herman 670
Bailey, Thurman 586
Baker, Ella 688

Baker, George (Father Divine) 506
Baker, Gregory 673
Baker, Houston 669
Baker, Josephine 523
Baker, Newton D. 463
Baker, Ray Stannard 441
Balboa 55
Baldwin, James 589 ff., 659, 664
Baldwin, Roger N. 454
Baldwin, W. H. (Mrs.) 453 f.
Baldwin, William 384
Ballou, C. C. 466
Bambara, Toni Cade 668
Bancroft, Frederic 172
Bandera, Quintin 421
Banks, Charles 398
Banks N. P. (General) 291, 308
Banneker, Benjamin 143-146, 256
Bannister, Edward Mitchell 524 f.
Barnett, Claude 596
Barnett, Ross 694
Barthé, Richmond 387, 671
Basie, Count 581
Bates, Daisy 688
Battle, Kathleen 673

PERSONENREGISTER

Beale, Howard K. 317
Bearden, Romare 669
Beavers, Louise 591, 676
Beckwourth, James P. 158
Beebe, J. A. 333
Beecher, Henry Ward 385
Beecher-Stowe, Harriet 278, 299
Belafonte, Harry 589, 675
Belknap, Jeremy 123
Bell, George 234
Bell, James Madison 415
Bell, Phillip A. 262
Bell, William 732
Bellegarde, Dantes 433
Beltrán, Gonzalo Aguirre 83
Benedict, Ruth 631
Benét, Stephen Vincent 586 f.
Benezet, Anthony 108, 148
Benjamin, Eli 624
Bennett, William J. 751
Benson, George 674
Bentsen, Lloyd 744
Béranger, Jean Pierre de 237
Berlin, Ira 131
Berry, Mary Frances 572, 733 f., 763
Berstein, Leonhard 671
Bethune, Mary McLeod 544, 547, 549, 553, 635, 672
Bibb, Henry 210, 237
Bickett (Gouverneur) 483
Bidwell, Barnabas 138
Bilali, Salih 38
Billings, Maria 234
Birney, James G. 239, 243, 251–255
Blackwell, David 580
Blackwell, Gordon 602
Blaine, James G. 350, 362

Blair, Henry 194
Blake, Eubie 523
Blanton, J. E. 475
Blassingame, John 49, 202
Bledsoe, Jules 522, 524
Bluford, Guion D. Jr. 729
Blunt, James G. 311
Boas, Franz 35, 531
Boatner, D. W. 374
Bogle, Donald 526, 675
Bond, Horace Mann 351
Bond, Julian 761
Bonga, George 158
Bonga, Pierre 158
Bontemps, Arna 529, 587
Boon, James 228
Booth, William 340
Boude, Thomas 265
Bourke-White, Margaret 559
Bowen, J. W. E. 444
Bowler, Jack 211
Bowles, John R. 309
Bowman, Laura 521
Boxley, George 212
Boyd, R. H. 406
Bradford, Sarah 411
Bradley, James 261
Bradley, Melvin 732
Bradley, Stephen R. 138
Bradley, Tom 743
Brady, Tom P. 681
Braithwaite, William Stanley 527
Braun, Carol Mosely 767
Brawley, Benjamin 521
Bremer, Frederika 200
Brewer, James 304
Brice, Carol 584
Bridges, Harry 564
Brimmer, Andrew 707, 728
Brisbane, Arthur 505
Broadnax, Walter D. 769

Brooke, Edward 348, 723, 768
Brooks, Angie 640
Brooks, Gwendolyn 587, 665, 725
Brown, Ann 584
Brown, Arthur M. 423
Brown, Caesar 113
Brown, Corinne 768
Brown, Edgar 549
Brown, Edward 272
Brown, Henry Box 266
Brown, James 674
Brown, Jesse 769
Brown, John 268, 280 ff., 294, 450
Brown, Lawrence 524
Brown, Morris 151, 231
Brown, Ronald 767 f.
Brown, Sterling 528, 531, 580
Brown, William Wells 170, 237, 259, 261, 299, 413
Browne, W. W. 404
Bruce, Blanche K. 347 f.
Bryan, Andrew 150
Buckmast, Henrietta 265, 586
Bullock, Matthew 475
Bumbry, Grace 586, 673
Bunche, Ralph 550, 580, 635, 638, 640, 704, 721, 757
Bunzel, John 734
Burke, Selma 671
Burke, Yvonne 723 f.
Burleigh, Harry T. 524
Burleigh, William 160
Burrows (Reverend) 152
Bush, George 470, 742, 744–748, 751, 753 f., 756, 764 ff.
Butcher, James W. Jr. 590

Butler, Benjamin F. 286 ff., 290, 292, 308, 311, 340, 362
Bynum, J. T. 475
Byrd, Harry F. 681
Byrnes, James F. 757

Cain, R. H. 333
Calhoun, John C. 199, 276 f.
Caliver, Ambrose 571
Calloway, Cab 581
Calverton, Victor F. 510
Cambridge, Godfrey 675
Campbell, E. Simms 669
Canby, E. R. S. 311
Cannon, Joseph D. 534
Cardozo, Francis L. 200, 344
Cardozo, T. W. 344
Carmichael, Stokely 710
Carnegie, Andrew 384
Carroll, Diahann 583, 676
Carroll, Richard 423
Carter, Hodding 586
Carter, Jack 521
Carter, Jimmy 618, 726 f., 731, 733, 764
Carter, W. Beverly 435
Carver, George W. 580, 671
Cary, Archibald 640
Cary, Lott 246
Cass, Lewis 158
Castro, Fidel 764
Catlett, Elizabeth 670
Chafee, Zechariah 433
Chamberlain, Alexander 24
Chamberlain, Daniel H. 361
Chapman, Maria Weston 254
Charles, Ray 674

Chase, Salmon P. 277, 282, 298
Chastang, Pierre 218
Chauncey (Kommodore) 160
Chavis, John 231, 234
Chesnutt, Charles W. 411, 413
Chetlain, Augustus 292
Child, Lydia 254
Childress, Alvin 676
Chisholm, Shirley 722 f.
Choate, Rufus 111
Church, Robert 539
Clark, Kenneth 580, 604, 721
Clark, Ramsey 739
Clark, Septima 648
Clark, William 157
Clarke, Lewis 237
Clarkson, Thomas 257
Clay, Cassius (Muhammad Ali) 678 f., 683, 729
Clay, Henry 243, 277
Clayton, Eva 768
Cleaver, Eldridge 718 f.
Cleburne, Patrick 306
Clemenceau, Georges 479
Clement, Rufus E. 650
Cleveland, Grover 421
Cleveland, James 674
Clifton, Lucile 666
Clinton, Bill 767 ff.
Clyburn, Jim 768
Coffin, Levi 253, 267 f.
Coker, Daniel 151, 233
Colburn, Titus 113
Cole, Bob 522
Cole, Nat King 583, 655, 674, 676
Cole, Vinson 673
Collins, Cardiss 723
Collins, George 151
Coltrane, John 674

Columbus, Christopher 55
Commoner, Barry 739
Condorcet, Antoine 144
Conkling, Roscoe 296, 362
Connelly, Marc 522
Conroy, Jack 587
Conway, Moncure 169
Conyers, John 739
Cook, Mercer 692, 707
Cooke, Jay 340 f.
Coolidge, Calvin 431, 505
Coopper, Anna Julia 412, 414
Cooper, Grant 113
Cooper, Thomas 272
Copeland, John Anthony 281
Cornell, Katherine 671
Cornish, Samuel 238, 241, 259, 261, 415
Coronado 56
Cortés, Hernando 55, 82
Cosby, Bill 676, 729
Cotter, Joseph Seamon 529
Couper, James Hamilton 38
Couvent (Madame) 234 f.
Covarrubias, Miguel 525
Cowper, William 140
Craft, Ellen 261
Craft, William 261
Craig, A. U. 480
Crandall, Prudence 255
Cranston, Alan 740
Cravath, Erastus 331
Crawford, Anthony 460
Crichlow, Ernest 669
Crockett, George 735
Cromwell, John W. 409, 429
Cromwell, Oliver 119
Croom, J. C. 475

Crum, William D. 437, 440
Crummel, Alexander 246, 261, 409
Cudgo 79
Cuffe, Paul 146 f., 243
Cullen, Countee 517 f., 531
Cuney, Waring 528
Curry, J. L. M. 381, 390
Curtin, Philip D. 22, 69 f.

Dancy, John C. 370
Danfort, John C. 746
Daquin (Major) 161
Darrow, Clarence 496, 527
Davey, Gloria 586
Davids, Tice 265
Davis, A. K. 344
Davis, Angela 688
Davis, Allison 602
Davis, Arthur F. 669
Davis, Benjamin 539
Davis, Benjamin O. Jr. 610, 620
Davis, David Brion 90
Davis, Ellabelle 584
Davis, Jefferson 194, 289, 305 ff., 310, 346, 348, 394
Davis, John 161
Davis, John W. 538
Davis, Miles 674
Davis, Ossie 674
Davis, Sammy Jr. 674, 729
Dawson, William L. 584, 650
Day, Thomas 227
Days, Drew 770
Dean, William H. 550, 640
DeBerry, W. N. 407
Decatur, Stephen 121
Dede, Edward 234
Dee, Ruby 674
DeGrasse, John W. 309

Delany, Martin R. 237, 245 f., 259, 309
DePriest, Oscar 538, 540, 544
Derham, James 145 f.
Destro, Robert 733 f.
Dett, R. Nathaniel 524, 584
Dew, Thomas R. 169
Dewey, John 451
Diagne, Blaise 479
Dickerson, Caesar 113
Dickson, Moses 263
Diggs, Charles C. 640, 650, 724
Dillard, James, H. 382, 465
Dinkins, David 743
Dirksen, Everett, M. 700
Diton, Carl 524
Dixon, Alan 768
Dixon, Dean 584, 671
Dixon, Thomas 459
Dobbs, Mattiwilda 586
Dodds, Johnny 524
Dodson, Owen 587, 590
Dollard, John 602
Dorsey, Decatur 311
Dorsey, Thomas 583
Dotson, Andy 376
Douglas, Aaron 525
Douglas, Stephen A. 276 ff.
Douglass, Charles 427
Douglass, Frederick 199, 237, 238, 241, 259, 261 ff., 279, 294, 299, 308, 340, 399, 411, 413, 415, 434, 595
Douglass, H. Ford 309
Dove, Rita 666
Doyle, H. S. 369
Dreiser, Theodore 509
Dresser, Amos 200, 275
Drew, Charles 580, 631

Drinkwater, John 521
Driskell, David 670
Du Bois, W. E. B. 52, 135, 386, 392 ff., 409 f., 412, 449, 451 ff., 479, 486, 498, 504, 511, 514 f., 517, 519, 521, 529, 573, 580, 635, 698, 757
Dukakis, Michael 742, 744
Dumas, F. E. 309
Dumond, Dwight L. 271, 282
Dunbar, Edward E. 69 f.
Dunbar, Paul Lawrence 413 f., 666
Dunbar, Rudolph 584
Dunbar, William 208
Duncan, John B. 692
Duncan, Todd 584
Dungey, Jim 227
Dunn, Oscar J. 345 f.
Dunmore, Lord 115 f.
Duvalier 766
Duvernay, Terrence 769
Dwight, Theodore 123
Dyer, L. C. 500
Dymally, Mervyn 723

Eaton, John 287
Eckstein, Billy 674
Edelman, Marian Wright 769
Edmonds, Randolph 590
Edsall, Mary 744
Edsall, Thomas 744
Eisenhower, Dwight D. 647, 650, 658, 682 f., 690
El Akit 24
Elders, Lonnie 666
Elders, Joycelyn 769
Elizabeth I. (Königin von England) 73
Ellicott, George 143, 145

Ellington, Duke 581
Elliott, Robert B. 344
Elliott, Stephen 273
Ellis, William 309
Ellison, Ralph 413, 589, 664, 668
El Mamer 20
El Omari 20
Embree, Elihu 248
Ervin, Charles W. 534
Espy, Mike 768
Es-Sadí 46
Estes, Simon 673
Estevanico 56
Ethridge, Mark 613
Europe, James R. 467, 475
Evans, Henry 231
Evans, Lewis 257
Evans, Mari 669
Everett, Bruce 673
Evers, Medgar 696 f.

Fairbanks, Calvin 268
Fairfield, John 268 f.
Farley, Reynolds 658
Farmer, James 698
Farrakhan, Louis 741
Fast, Howard 586
Faubus, Orval 681
Faulkner, W. J. 475
Fauntray, Walter 763
Fauset, Crystal Bird 550, 627
Fauset, Jessie Redmond 519 f., 527, 531
Ferraro, Geraldine 741
Fileds, Cleo 768
Finney, Charles G. 250
Fisher, Rudolph 520
Fitzgerald, Ella 583
Fitzhugh, George 274
Fleming 427
Flemming, Arthur S. 733
Flipper, Henry Ossian 411

Foraker, Joseph B. 445
Forbes, George 415
Ford, Gerald 726
Ford, James, W. 542, 740
Foreman, Clark 548
Forman, James 719
Forrest, Leon 664
Forrest, Nathan B. 310
Forten, James 121, 147, 160, 227, 241, 245
Fortune, Thomas T. 409, 413, 513, 595
Foster, Henry 261
Franco, Francisco 634, 639
Frankfurter, Felix 433
Franklin, Aretha 674
Franklin, Benjamin 108, 114, 123, 126
Franklin, Nicholas 234
Franks, Gary 748
Frazier, E. Franklin 48, 202, 521, 559, 580, 602, 640
Freeman, Ralph 231
Frémont, John C. 296
Frissell, A. S. 453
Fuller, Meta Warrick 525
Furness, Henry W. 434

Gage (General) 152
Gaines, Ernest J. 665
Gaines, Lloyd 574
Gaither, Frances 586
Galloway, J. C. 242
Gardner, Charles 261
Gardner, James 311
Garner, John Nance 542
Garnet, Henry Highland 231, 259, 261 f., 263
Garrison, William Lloyd 241, 243, 248 f., 252–257, 261, 263 f., 274, 283, 287, 291, 299, 451

Garvey, Marcus 503–506, 511
Gates, Daryl 756
Gates, Henry Louis Jr. 236, 669
Gayle, Addison 667
Georg III. (König von England) 111
George, Walter 653
Gephardt, Richard 742
Gershwin, George 584, 673
Gibbs, Jonathan 342, 347
Gibson, Truman K. 619
Giddings, Joshua 255 f.
Gielgud, John 671
Gillespie, Dizzy 673
Gilliard, Nicholson 151
Gilmore (Generalmajor) 311
Gilpin, Charles 521
Giovanni, Nikki 666
Glass, Carter 375
Gleaves, Richard H. 344
Goldwater, Barry 700, 703
Goode, Wilson W. 743
Goodell, William 252
Goodman, Robert 741
Gordon, Taylor 524
Gordones, Charles 666
Gore, Albert 742, 767
Goybet (General) 470, 474
Grady, Henry W. 366, 368
Grandy, Moses 237
Granger, Lester 631
Grant, William 287, 352 f.
Greeley, Horace 298
Green, Beriah 252
Green, Paul 510, 522, 586
Green, Shields 281
Green, William 562
Greene, Christopher 118
Greene, Lorenzo 106

Greener, Richard T. 399
Gregg, J. A. 632
Gregg, Lucius 728
Gregory, Dick 675
Griffith, D. W. 525
Grimké, Angelina W. 528
Grimke, Francis J. 491
Griswold, Erwin 748
Gumbel, Bryant 677
Gutman, Herbert 172, 202, 327

Habersham, James 270
Hagan, Helen 475
Hahn, George M. 323
Haley, Alex 665
Haley (Mrs.) 233
Hall, Adelhaide 523, 583
Hall, Primus 148
Hall, Prince 113, 152 f., 256
Halleck, Henry Wagner 287
Hamer, Fannie Lou 688
Hammon, Jupiter 140, 146
Hammond (Gouverneur) 272
Hammond, Jabez 255 f.
Hampton, Lionel 581
Hampton, Wade 356, 361
Handy, W. C. 524
Hansberry, Lorraine 591
Hanson, Howard 584
Hapgood, Emily 521
Harlan, Louis R. 390
Harlan, John Marshall 567
Harleston, Edward A. 525
Harmon, H. S. 347
Harmon, Leonhard 624
Harmon, William E. 599
Harper, Frances 235, 261, 415, 527
Harper, Michael 666, 669
Harper, William 652

Harris, Abram L. 395, 521, 550, 580
Harris, Andrew 261
Harris, Patricia 707, 727, 732
Harris, Trudier 669
Harrison, Benjamin 372, 438, 547
Harrison, Richard B. 522, 529
Harrison, Samuel 309
Harrison, Pat (Senator) 501
Hart, Gary 742
Hart, Sam B. 733, 740
Hastie, William 431, 549, 610, 619, 650
Hasting, Alcee 768
Hatch, Orin 748
Hatcher, Richard 724, 739
Hawkins, Dexter 383
Hawkins, John 60, 73
Hawkins, John R. 465
Hayden, Robert 587, 665
Hayes, Cuff 113
Hayes, Roland 524, 584
Hayes, Rutherford B. 360, 362 f., 381
Haynes, George Edmund 453 f., 483, 580
Haynes, Lemuel 120, 231
Haynes, Thomas 398
Hays, Arthur Garfield 496
Hayward, William 467
Heath, Gordon 590
Heinrich der Seefahrer (Prinz von Portugal) 53
Heinrich VIII. (König von England) 61
Henderson, Fletscher 581
Henderson, George W. 587
Hendricks, Barbara 673
Henson, Josiah 203, 269
Henson, Matt 599

Herbert, Bob 677
Herndon, Angelo 543
Herndon, A. F. 408
Hershey, Lewis B. 550
Herskovits, Melville J. 49, 602
Heyward, Dorothy 522
Heyward, DuBose 522
Higgenson, Wentworth Thomas 308
Hill, Anita 748
Hill, James 344
Hilliard, Earl 768
Hilliard, William A. 677
Hillquit, Morris 534
Himes, Chester 588
Hines, Earl Fatha 581
Hinton, William A. 573, 580
Hitler, Adolf 607 f.
Hocutt, Thomas 574
Hodel, Derek 753
Holiday, Billie 583
Holliday, Preston 426 f.
Hollings, Ernest 740
Holsey, Albon 557
Holsey, L. H. 333
Hood, J. W. 347
Hooks, Benjamin 739
Hoover, Herbert 431, 480, 539 ff.,
Hope, John 403, 475, 571
Hopkins, John H. 254
Hopkins, Samuel 123, 243
Hopper, Isaac T. 264
Horne, Frank S. 529, 549
Horne, Lena 583, 591
Hood, J. W. 333
Horne, Lena 583
Horton, George Moses 236, 257, 515
Horton, Myles 648
Horton, Willie 744
Houston, Charles H. 639

Hoving, Walter 572
Howard, Oliver Otis 330
Howard, Perry 539
Howells, William Dean 413, 451, 509
Hubbard, Gregory 673
Hudson, Hosea 542
Huggins, Nathan 512, 515
Huggins, Willis N. 607
Hughes, Charles Evans 499, 574
Hughes, Langston 516, 518 f., 530 f.
Hughes, Richard 723
Humboldt, Alexander von 83
Hume, David 144
Humphrey, Hubert 702 f., 707, 724
Humphreys, David 118
Humphries, Solomon 227
Hunt, Richard 671
Hunter, David 292, 296
Hunter, Nell 627
Hunter, William 309
Huntingdon (Gräfin) 142
Huntington, Collis P. 384, 395
Hunton, Addie 475
Hunton, William A. 455
Hurlbut, S. A. 311
Hurst, Fannie 586, 591
Hurston, Zora Neale 510, 527, 530 f.
Hussein, Saddam 765
Hyman (Abgeordneter) 349

Ibn Battuta 20
Ickes, Harold L. 548, 585
Imes, Elmer S. 580
Imes, G. Lake 465
Inikori, J. E. 70

Jack, Hulan 650
Jackson, Andrew 161 f.
Jackson, Blyden 669
Jackson, Jesse 717, 725, 737–743, 764, 767
Jackson, Luther P. 121, 226
Jackson, Mahalia 583, 674
Jackson, Maynard 743
Jackson, Michael 674
Jackson, R. R. 427
Jackson, William 309
Jacob, John 739
Jacobs, Harriet 201
Jakob II. (König von England) 108
James, Horace 288
Jarreau, Al 674
Jay, John 123
Jeanes, Anna T. 382
Jefferson, Thomas 110 ff., 116, 123, 138, 144 f., 157, 222, 243, 271
Jemison, Mae E. 729
Jenkins, Esau 648
Jocelyn, Simeon 239
Johnson, Andrew 319, 323–326, 330, 355, 362
Johnson, Campbell 550, 610
Johnson, Charles S. 580, 602, 637
Johnson, Earvin 752 ff.
Johnson, Edda Bernice 768
Johnson, Edward A. 412, 538
Johnson, George 526
Johnson, Georgia Douglas 527 f.
Johnson, Guy B. 410, 602
Johnson, Henry 473 f., 624
Johnson, Jack 679
Johnson, John H. 558

Johnson, Kathryn 475
Johnson, Noble 526
Johnson, J. Rosamond 515, 522, 524
Johnson, James Weldon 492, 500, 511, 513 ff., 516, 521, 525, 527, 530
Johnson, John 161
Johnson, Lyndon B. 691 f., 695, 700, 702 ff., 707, 761
Johnson, Mordecai W. 635
Johnson R. M. 165
Johnson, Robert L. 676
Jones, Absolom 151, 160, 256
Jones, Quincy 674
Jones, Edward 235
Jones, Eugene Kinckle 454, 484, 549
Jones, Gayle 668
Jones, Jehu 227
Jones, Jim 647
Jones, LeRoi (Amiri Baraka) 590, 666, 724 f.
Jones, Lois Mailou 669
Jones, William 261
Joplin, Scott 524
Jordan, Barbara 723
Jordan, Louis
Jordan, Vernon 768
Julian, Percy 580
Just, Ernest E. 580

Karl II. (König von Spanien) 59, 82
Kati 46
Katz, William L. 158
Katzenbach, Nicholas 705
Kay, Ulysses 584
Keene, Paul 670
Keith, George 102
Kelly, Sharon Pratt 743

Kelly, William D. 351
Kemble, Fanny 240
Kennedy, Anthony 747
Kennedy, John F. 593, 690–695, 697, 699 f., 718, 723
Kennedy, Robert F. 690 ff., 698
Kent, George 667 f.
Kerlin, Robert 510
Killens, John Oliver 589
King, Martin Luther 651, 686, 690, 695 f., 698, 704, 706, 717 f., 735 ff., 761
King, Rodney 756
King, Rufus 126
Kings, Jesse Helms 735
Klerk, F. W. de 763
Klineberg, Otto 602
Knight, Charles 484
Knox, Frank 612
Kuczynski, R. R. 69 f.
Kussewitzki, Serge 584

Lacoste (Major) 161
La Follette, Robert 539
Lafon, Thomy 227, 234 f., 409
Lafontant, Jewell 640
La Guardia, Fiorello 558, 612
Lamartine 237
Landon, Alf 544 f.
Lane, Isaac 333
Lane, Lunsford 218, 237, 261
Langston, John M. 294, 411, 434
Lanusse, Armand 237
Larsen, Nella 520
Las Casas, Bartolomeo 59
Laurens, John 118
Lawrence, David 691

Lawrence, Jacob 670
Lawrence, Samuel 118
Lawson, Marjorie 691
Lawson, Warner 584
Lear, Norman 676
Leary, Lewis Sheridan 281
Leavenworth, Henry 158
Leavitt, Joshua 252
Le Clerc (General) 135
Lee, Canada 590
Lee, Charles 114
Lee, Don 666
Lee, George W. 588
Lee, Richard Henry 115 f.
Lee, Robert E. 307, 312
Lee, Samuel J. 344
Lee, Spike 675
Lee, Ulysses 580
L'Enfant (Major) 145
Leopold (König von Belgien) 417 f.
Lew, Barzillai 113
Lewis, Alpheus 206
Lewis, David 526
Lewis, Edmonia 159
Lewis, Jane 269
Lewis, John 562
Lewis, Julian 580
Lewis, Meriwether 157
Lewis, Samella 670
Lewis, Sinclair 509
Lewis, William H. 538
Liele, George 150
Lilly, Robert 618
Lincoln, Abraham 282, 285 ff., 292, 294–300, 312, 319, 322 f., 328, 330, 355, 438, 449, 451, 539, 541, 544 f., 634, 694 f.
Litwack, Leo 328
Livermore, George 111
Liverpool, Moses 234
Livingstone, David 417

Locke, Alain 521, 525, 528, 580
Locke, John 97, 108
Lockwood, L. C. 290
Logan, John A. 362
Logan, Rayford W. 550, 580, 757
Loggins, Vernon 413
Loguen, J. W. 203 237
Long, Jefferson 347
Lorde, Audre 666
Louis, Joe 608, 631, 679
Lovejoy, Elijah 254, 451
Lucy, Autherine 655, 693
Lunceford, Jimmie 581
Lundy, Benjamin 167, 248 f.
Lyell, Charles 203
Lyle, Aubrey 523
Lynch, John R. 345, 349, 361, 423
Lynch, Thomas 114
Lyon, Ernest W. 434

Macandal 79
Maceo, Antonio 421
Madden, Martin B. 540
Mahoney, Charles H. 640
Malcolm X. 593, 716, 718, 720
Mandela, Nelson 763 f.
Manigault, Charles 207
Mansa Musa 19 ff.
Marsalis, Wynton 674
Marsant, John 158
Marshall, John R. 423, 427
Marshall, Thurgood 650, 691, 707, 721, 748
Martin, Louis 727
Mary, Aristide 234
Mason, John 269
Mathis, Johnny 674
Matthews, Edward 584
Matthews, W. D. 309

Matzeliger, Jan E. 400
Maxwell (Mrs.) 206
May, Samuel 252
Maynor, Dorothy 584
Mayo, A. D. 383
McCabe, Edward P. 398
McClendon, Rose 522
McCoy, Elijah 400
McCree, Wade 691, 707, 727
McCrummell, James 259
McCulloch, Roscoe 541
McCurdy, Merle 692
McDaniel, Hattie 591, 676
McDonald, William 539
McDowell, Irvin 287
McFerrin, Robert 586
McHenry, James 144
McHenry, Jerry 277 f.
McKay, Claude 496, 515 ff., 530 f., 668
McKinley 437
McLaurin, G. W. 575
McPherson, James A. 665
Meek, Carnie 768
Meese, Edwin 732
Melbourn, Julius 200
Melvin, John 166
Menard, John W. 345
Menin (Tunka) 18
Meredith, James 694
Merrick, John 408
Meserve, Charles F. 428
Metcalf, Ralph 608
Metoyer, Marie 227
Micheaux, Oscar 526
Michel, Robert 734
Middleton 118
Miles, Nelson A. 427
Miles, W. H. 333
Milholland, John 445, 451
Miller, Doris 624
Miller, F. E. 523
Miller, Irving 523

Miller, Kelly 409, 429, 450, 454, 463
Miller, Phineas 133
Miller, Thoman E. 373
Miller, William E. 703
Mills, Florence 523
Miner, Myrtilla 235
Mitchell, Abbie 521 f., 524
Mitchell, Arthur W. 544
Mitchell, Clarence, Jr. 684
Mitchell, Leona 673
Mitchell, William 269
Mondale, Walter 740 f.
Monk, Thelonious 674
Monroe (Gouverneur) 211
Monroe, James 243
Montgomery, Benjamin 194
Montgomery, Isaiah T. 372, 398
Moody, Ann 688
Moore, A. M. 408
Moore, Fred 484
Moore, Tim 676
Moore, William 697
Moorland, Jesse E. 455
Moreau (Vizeadmiral) 471
Morgan, Edmund 122
Morgan, Thomas A. 572
Morris (Gouverneur) 126
Morris, Robert 332
Morrison, Toni 664
Morrow, E. Frederick 650
Morse, Jedidiah 123
Morton, Jelly Roll 524
Moskowitz, Henry 451
Moten, Etta 591
Motley, Archibald J. 525
Moton, Robert R. 454, 465, 477 f., 484
Mott, Lucretia 254
Muhammad, Elijah 593, 683

Muhammad, Wallace 593
Mulzac, High 621
Murphie, Eddie 675
Murphy, John 595
Murray, Albert 665
Murray, Donald 574
Murray, Pauli 688
Muse, Clarence 521
Mussolini, Benito 607
Myrdal, Gunnar 602

Nabrit, James M. 759
Napoleon 135, 137
Narváez 56
Nash, Beverly 342 f., 349
Naylor, Gloria 668
Neal, Laurence 666
Nell, William C. 237, 241
Newby, Dangerfield 281
Newton, Huey P. 718 f.
Nickens, David 261
Niño, Pedro Alonso 55
Nixon, Richard M. 690, 712
Nott, Joseph Clark 273
Noriega, Manuel Antonio 764 f.
Norman, Jessye 673
Northup, Solomon 237
Norton, Eleanor Holmes 722, 732, 763
Nunn, Sam 748

Odum, Howard 602
Ogden, Peter 229
Ogden, Robert C. 384, 395
Ogé 78
Olano, Nuflo de 55
O'Leary, Hazel 769
Oliver, Joseph King 524
Olmsted, Frederick L. 191, 194, 240
Olney, Jeremiah 118
Omar Mohammed 23

O'Neill, Eugene 510, 521 f.
Osborn, Charles 248
Otis, James 108 f.
Overstreet, H. A. 586
Ovington, Mary White 451
Owen, Chandler 485, 534
Owens, Jesse 608
Oxley, Lawrence A. 549

Padmore, George 637
Painter, Nell 542
Pakenham (General) 162
Palmer, B. M. 273
Pankey, Aubrey 584
Park, Robert E. 48
Parker, Charly 673
Parker, John 269
Parker, John J. 541, 569
Parker, John P. 400
Parks, Rosa 686
Parrot, Russel 147
Parsons, C. G. 200
Parsons, James 691
Parsons, Talcott 685
Paul, Nathaniel 261
Paul, Thomas 152
Pawley, Thomas D. 590
Payne, Daniel A. 236, 246, 411
Peabody, George 380
Peabody, George Foster 455
Peake, Mary S. 290
Pearce, William 208
Pearson, W. G. 408
Peary, Robert 599
Pease, William 199
Pendleton, Clarence 733 f.
Pendleton, Edmund 116
Penn, William 102
Pennington, James W. C. 237, 259
Perry, Oliver 160

Pershing (General) 474, 477
Petry, Ann 588
Phelps-Stokes, Caroline 382
Phillips, Kevin 745
Phillips, Ulrich B. 192
Phillips, Wendell 254, 283, 287, 291, 297
Pickens, William 627
Pierce, Samuel R. Jr. 732
Pinchback, P. B. S. 309, 343, 345 f., 348
Pinckney, Alphonso 737
Pinckney, Charles 126
Pinckney, C. C. 126
Pinckney, William 624
Pitcairn, John 113
Pizarro 55
Pleasants, Robert 149
Point du Sable, Jean Baptiste 56
Poitier, Sidney 675
Polites, Carlene Hatcher 667
Polk (Bischof) 199
Polk, Leonidas L. 368
Pompey 120
Poole, Cecil f. 692
Poole, Elijah 593
Poor, Salem 113
Porter, James 669 f.
Porter, Kenneth W. 158
Porters, David 121
Poston, Ted 550, 631
Potter, Henry 233
Powell, Adam Clayton 650
Powell, Colin 745, 764 ff.
Powell, William 309
Powell, William F. 434
Prescott, Richard 120
Price, Leontyne 586, 671, 673
Proctor, H. H. 406, 475

Prophet, Elizabeth 670
Prosser, Gabriel 211, 214
Pryor, Richard 675
Pryor, Roger A. 350
Purvis, Charles B. 309
Purvis, Robert 259
Putnam, Israel (Generalmajor) 114

Quaison-Sackey, Alex 640
Quarles, Benjamin 580
Quayle, Danforth J. 753
Quitman (Gouverneur) 270

Raboteau, Albert 49, 197
Rahn, Murial 583
Rainey, Gerturde 582
Rainey, Julian 544
Rainey, J. H. 349
Ramirez, Blandina Ordenas 733 f.
Rampersad, Arnold 519
Ramsay, David 116
Ramsey, Leroy 470
Randolph, A. Philip 485, 534 f., 543, 561, 609, 611 f., 646, 698
Randolph, John 159, 168, 218, 239, 243
Rankin, John 241, 269
Ransier, Alonzo J. 344
Ransom, F. B. 544
Rapier, John 309
Rawls, Lou 674
Ray, Charles B. 259, 262, 299
Ray, James Earl 718
Reagan, Ronald 731-736, 738, 741 f., 747 f., 751, 753, 763
Reason, Charles L. 235
Redding, J. Saunders 580
Reese, David M. 254, 363

Rehnquist, William H. 747
Reid, Ira DeA. 550, 602
Reinhardt, John 434, 727
Reiss, Winold 525
Remond, Charles Lenox 261, 294
Remond, Sarah 260 f.
Reuther, Walter 698
Revels, Hiram R. 347
Rhodes, Cecil 417
Rhodes, James Ford 349
Ricard, Cyprian 227
Richardson, George 448
Richardson, Gloria 688
Richardson, Scovel 650
Ridgway, Matthew 644
Rillieux, Norbert 225
Rivas, Andrés de 83
Roach, Max 674
Roberts, Lucile 670
Roberts, Needham 473 f.
Roberts, Thomas 425
Robeson, Paul 522, 524, 584, 590
Robinson, Bill 523, 591
Robinson, Jackie 679
Robinson, Jo Ann 688
Robinson, Max 677
Robinson, Randall 763
Robinson, Spottswood 691
Rockefeller, John D. 381, 455
Rockefeller, John D. Jr. 572
Rockefeller, Nelson 694, 697
Rodney, Robert 63
Rogers, H. H. 384, 521
Rogers, J. A. 608
Rogers, William 123
Rogues, Charles 227
Romero, Fernando 84
Roosevelt, Franklin D. 542–548, 551, 557, 609, 630, 634, 650, 671
Roosevelt, Eleanor 544, 547, 549, 585, 612, 633, 636
Roosevelt, Theodore 390, 426 f., 431, 436 ff., 440, 445 f., 458
Rose, Billy 583
Rose, Edward 157 f.
Rosenwald, Julius 382, 454 f., 568 f., 572
Ross 694
Ross, Diana 674
Rousseau, Jean Jacques 108
Rowan, Carl 677, 692
Ruckelshaus, Jill 733 f.
Ruggles, David 259, 262
Rush, Benjamin 108, 123, 145 f.
Rush, Christopher 151, 259
Russwurm, John 235, 238, 261
Rutherford, S. W. 408
Rutledge, Edward 114
Ryan, Leo J. 647

Saffin, John 270
Salem, Peter 113
Saltzman, Murray 733 f.
Sampson, Edith 640
Sanchez, Sonia 666
Saunders, Raymond 670
Savage, Augusta 670
Sawyer, George S. 273
Saxton, Rufus 288, 292
Scalia, Anthony 747
Schiefflin, W. J. 453
Schloezer 119
Schmeling, Max 608
Schomburg, Arthur A. 521
Schurz, Carl 353 f.

Schuyler, George S. 520 f.
Scott, Bobby 768
Scott, Dred 279
Scott, Emmet J. 463, 466 f., 484 f.
Scott, Hazel 591
Scott, Winfield 287
Seabrook, Whitemarsh B. 272
Seale, Bobby 718 f.
Seldes, Gilbert 197
Seligman, E. R. A. 454
Senegambia 106
Senghor, Leopold Sedar 70
Sewall, Samuel 270
Seward, William 277 f., 282, 298
Shadd, Abraham 259, 261
Shadrach 277
Shafter (General) 425
Shaler, Nathaniel 161
Shange, Ntozake 668
Shays, Daniel 125
Shaw, Bernard 677
Shaw, Robert Gould 308, 311
Shepard, James E. 408, 571
Sherman, Roger 127
Sherman, Thomas W. 292
Shingler, W. P. 310
Shirley, George 586
Shortridge, Samuel 541
Siebert, Wilbur H. 267, 270
Simms, Hilda 590
Simms, William Gilmore 274
Singleton, »Pap« 398
Sipuel, Ada 575
Sissle, Noble 467, 475, 523
Sisson, Tack 120
Skillman, Isaac 110

Skinner, Elliot 707
Slater, John F. 381
Sloan, Margaret 722
Smalls, Robert 304, 349
Smith, Alfred E. 539
Smith, Bessie 582 f.
Smith, E. E. 434
Smith, Gerrit 243, 278
Smith, James McCune 238
Smith, Lilian 586
Smith, Mary Louise 734
Smith, Muriel 583
Smith, Stephen 265
Smith, W. F. 311
Smuts, Jan 636, 638
Smyth, John Henry 434
Smythe, Hugh 707
Sonni Ali 22 f.
Sorrell, Thomas 206
Southern Eileen 524, 583
Spaulding, C. C. 408
Spencer, Anne 529
Spencer, Kenneth 584
Spero, Sterling 395
Spingarn, Arthur B. 452
Spingarn, Joel 452, 460, 462, 510
Stamps, T. B. 374
Stanley, Henry M. 417
Staples, Thomas 302
Steinem, Gloria 739
Steptoe, Robert 669
Sterner, Richard 602
Stevens, Thaddeus 325 f., 362
Stevenson, Adlai 649
Steward, Austin 237
Stewart, John 158, 204
Stewart, Ollie 632
Stimson, Henry L. 612
Stiles, Ezra 123, 243
Still, William 259, 411
Still, William Grant 584

Storey, Moorfield 433, 451, 510
Stowers, Freddie 470
Suleiman 21
Sullivan, Louis W. 745
Sullivan, Maxine 583
Sumner, Charles 283, 287, 323, 326, 362
Sundjata Keita 19
Survance, Anthony 147
Sutherland, Robert L. 602
Swaim, William 248
Sweatt, Heman 576
Sweet, O. H. 496
Swift, Zepheniah 123
Sydnor, Charles S. 190

Taft, William Howard 457, 538
Talbert, Mary B. 480, 500
Talbert, Sampson 113
Taney, Roger B. 279
Tannenbaum, Frank 510
Tanner, Henry Ossawa 525
Tappan, Arthur 241, 243, 252 f., 274
Tappan, Lewis 253, 255, 290
Tarry, Lucy 106
Tate, Claudia 669
Tate, Merze 634, 757
Taylor, A. A. 347, 580
Taylor, C. S. 423
Taylor, Hobart 707
Taylor, Susie King 293
Teague, Colin 246
Terrell, Robert H. 538
Terry, Alfred H. 311
Tharpe, Rosetta 583
Thirkield, W. P. 465
Thomas, Charles L. 618
Thomas, Clarence 748 ff.
Thomas, Edna 521

Thomas, James 233
Thomas, Lorenzo 292, 310
Thompkins, William T. 544
Thompson, Charles H. 580
Thompson, Era Bell 758
Thompson, James E. 398
Thompson, Marie 443
Thompson, William H. 540
Thomson, J. E. W. 434
Thornwell, James Henley 273
Thurman, Wallace 520, 527
Thurmond, Strom 735, 748
Tillman, Ben 360, 372 f., 445, 451
Tolson, Melvin B. 586
Toomer, Jean 517
Torrence, Ridgely 521
Toussaint L'Ouverture 79, 135, 670
Townsed, Willard 646
Trail, William 166
Travis, Joseph 213
Trent, William J. 549
Trotter, Monroe 415, 451, 459
Truman, Harry S. 431, 550, 643, 645, 650, 658, 683
Truth, Sojouner (Isabella Baumfree) 259, 261
Tubman, Harriet 259, 267, 269, 309, 411
Tucker, Alpheus 309
Tucker, Beverly 274
Tuckers, St. George 123
Tufts, Cato 113
Turner, Carolina 208
Turener, David 398

PERSONENREGISTER

Turner, Frederick Jackson 157, 178
Turner, Henry M. 309, 333, 347
Turner, J. Milton 434
Turner, Lorenzo 49
Turner, Nat 213 f., 248 f.
Turpin, Waters 588
Tyler, John 176, 290
Tyler, Ralph 485

Ubri 25
Underdue, James 309
Underwood, Oscar W. (Senator) 501

Vaca, Cabeza de 56
Valdivia 55
Van Buren, Martin 176, 351
Van Evrie, John H. 273
Van Sertima, Ivan 55
Van Vechten, Karl 393, 510, 527, 586
Vance, Rupert 602
Vanderhorst, R. H. 333
Vann, Robert L. 544, 549, 595
Vardaman, J. K. 376, 388, 451
Varick, James 151
Vashon, George B. 235, 259
Vashon, John B. 241
Vassa, Gustavus 27, 65, 142 f., 146
Vaughan, Sarah 674
Velas 55
Verrett, Shirley 673
Vesey, Denmark 212
Victoria (Königin von England) 417
Vidor, King 591

Villard, Oswald Garrison 451
Vinson, Frederick 576

Waddy, Joseph 691
Wagner, Robert 697, 723
Walker, A'Lelia 527
Walker, Alice 668, 675
Walker, Andrew 423
Walker, C. J. 404, 527
Walker, C. T. 423
Walker, David 213, 248 ff., 256, 263, 274
Walker, George 522
Walker, Margaret 587
Walker, William 309
Wall, O. S. B. 309
Wallace, George 694, 701
Wallace, John 411
Wallace, Michelle 668
Walling, William English 450 f.
Walls, J. T. 349
Walronds, Eric 520
Ward, Artemas (Generalmajor) 114
Ward, Ada 523
Ward, Clara 583
Ward, Douglas Turner 666
Ward, Samuel Ringgold 231, 261
Ware, Edmund 331
Warfield, William 584
Waring, J. Waties 648, 651
Waring, Laura Wheeler 525
Waring, William 309
Warmoth, Henry C. 346
Warner, W. Lloyd 602
Warren, Earl 577
Warwick, Dionne 674
Washington, Booker T. 374, 376, 386-396, 398, 403, 409, 411 f., 415, 436 f., 449, 453 f., 460, 463, 477, 506, 547, 599, 671
Washington, Bushrod 243
Washington, Dinah 674
Washington, Fredi 591
Washington, George 114 f., 117 ff., 122 f., 129, 142, 145, 188, 211, 264, 547
Washington, Harold 739, 743
Washington, Irving 157
Washington, Jesse 460
Washington, Walter 707, 721
Waters, Ethel 523, 583, 676
Waters, Maxine 739
Waters, Muddy 674
Watson, George 624
Watson, Tom 365, 368 ff.
Watt, Melvin 768
Watts, André 671
Wayne, Anthony 120
Weaver, George L. P. 692, 759
Weaver, Robert C. 549, 580, 692, 721, 732
Webster, Noah 123
Webster (Miss) 268
Weiss, Nancy 545
Weitzel, Godfry 311
Weld, Theodore Dwight 251 ff.
Welles, Gideon 298
Wells, Ida B. 412, 416, 451
Wesley, Charles 140
Wesley, Charles H. 224, 580
West, Don 648
Weyler, Valeriano 420

Wharton, Clifton 572, 692, 769
Wheatley, Phillis 140 ff., 146, 666 f.
Wheatley, Susannah 142
Whipple, Prince 119
White, Charles 670
White, George L. 385, 540
White, Josh 528
White, Theodore 689
White, Walter 501, 520, 609, 612, 632, 635
White, William 151
Whitefield, George 270
Whitman, Albery A. 415
Whitney, Eli 133
Whittier, John Greenleaf 254
Wiener, Leo 55
Wigg, James 373
Wilder, Douglas 742
Wiley, Bell I. 301
Wilhelm (Deutscher Kaiser) 417
Wilkings, Ernest J. 759
Wilkins, J. Ernest 650
Wilkins, Roy 698, 724
Williams, Aubrey 547, 553, 612
Williams, Bert 522 f.
Williams, Camilla 584
Williams, Charles H. 465
Williams, Daniel H. 580
Williams, Eric 57
Williams, George Washington 310, 412, 415, 418, 732
Williams, Frank 707
Williams, Mary Lou 581
Williams, Michael L. 751 f.
Williams, Peter 151, 259
Williams, Spencer 676
Willkie, Wendell 545
Wilson, Frank 521 f.
Wilson, Harriet E. 236
Wilson, Joseph T. 308, 411
Wilson, Nancy 729
Wilson, Samuel 147
Wilson, Teddy 581
Wilson, William J. 728
Wilson, Woodrow 457 ff., 538, 542, 638, 726
Winfrey, Oprah 677
Winters, Lawrence 586
Wise (Gouverneur) 282
Wonder, Stevie 674
Wood, Leonard 462
Wood, L. Hollingworth 454
Wood, Peter 98
Woodruff, Hale 669
Woods, Granville T. 401
Woodson, Carter G. 49, 580, 599
Woodward, C. Vann 369
Woolfolk, Austin 167
Woolman, John 108
Work, John W. 584
Wright, Elizur 252
Wright, George C. 443
Wright, Richard 588 f., 758
Wright, Richard R. 423
Wright, Sela G. 332
Wright, Theodore S. 261

Yancey, William 177
Yerby, Frank 589
Yergan, Max 475
York 157
Young, Andrew 727, 759
Young, Charles 423, 462, 485
Young, Colman 743
Young, James H. 370, 423, 428
Young, P. B. 595
Young, Robert A. 257